TRATADO DE MUSCULAÇÃO

TRATADO DE MUSCULAÇÃO

2ª EDIÇÃO AMPLIADA

Mario Augusto Charro

Aylton Figueira Junior

Gustavo Allegretti João

(Organizadores)

Phorte editora

São Paulo, 2022

Rua Rui Barbosa, 408
Bela Vista – São Paulo – SP
CEP 01326-010
Tel.: (11) 3141-1033
Site: www.phorte.com.br
E-mail: phorte@phorte.com.br

CIP-BRASIL. CATALOGAÇÃO NA PUBLICAÇÃO
SINDICATO NACIONAL DOS EDITORES DE LIVROS, RJ

T698
2. ed.

Tratado de musculação / organização Mario Augusto Charro, Aylton Figueira Junior, Gustavo Allegretti João. - 2. ed., ampl. - São Paulo : Phorte, 2022.
: il. ; 28 cm.

Inclui bibliografia
ISBN 978-65-88868-16-4

1. Musculação. 2. Exercícios físicos. I. Charro, Mario Augusto. II. Figueira Junior, Aylton. III. João, Gustavo Allegretti.

22-76885 CDD: 613.71
CDU: 613.71

Meri Gleice Rodrigues de Souza - Bibliotecária - CRB-7/6439
ph2462.2

Este livro foi avaliado e aprovado pelo Conselho Editorial da Phorte Editora.

Impresso no Brasil
Printed in Brazil

AGRADECIMENTOS

Agradeço aos meus pais Joaquim dos Santos Charro e Therezinha Prioli Charro, que me deram apoio e incentivo em todas as horas e que se desdobraram para que eu tivesse todas as oportunidades que tive. Sou muito grato a minha esposa (Sueli Gomes Charro) e aos meus filhos (Daniel Charro e Giuliana Charro) que, mesmo brigando muito comigo por trabalhar demais, sempre me deram todo apoio que precisei para poder tornar todos os meus sonhos realidade. Sou grato também aos meus amigos (Aylton e Gustavo) e parceiros desta jornada que não me deixaram ser vencido pelo cansaço e estiveram ao meu lado por todo tempo.

E, por fim, um agradecimento especial ao grande amigo Prof. Fabio Mazzonetto por sempre confiar no meu trabalho e me passar mais esta enorme tarefa que foi organizar esta obra que muito me orgulha.

Mario Augusto Charro

Em momento ímpar da minha vida pessoal e profissional, tenho que separar e ratificar os verdadeiros fiéis da balança do caminho que me trouxeram até aqui. Enalteço a paciência e sabedoria do meu pai, Aylton Figueira e de minha saudosa mãe, Maria Olenca Colombi Figueira (*in memoriam*), pela orientação, dedicação, pelos princípios éticos do valor da vida em sociedade, respeito a pessoa e a sua condição. Compartilho o quanto minha esposa, Luciene Daniel Alvares Figueira, e minha filha, Sophia Daniel Alvares Figueira, me estimulam a continuar para novos desafios, desejando que consigamos continuar viajando juntos para os lugares mais bonitos, pois assim é minha vida de crescimento ao lado delas. Agradecimento especial aos meus amigos, Prof. Me. Mario Augusto Charro e Prof. Dr. Gustavo Allegretti, pela parceria de muitos anos, materializada nesta obra. Aos meus alunos da graduação da Universidade São Judas Tadeu e da Universidade Nove de Julho – Uninove, por me fazerem uma pessoa melhor a cada dia. Aos meus alunos e ex-alunos do Programa de Mestrado e Doutorado em Educação Física da Universidade São Judas Tadeu por trazerem tantos desafios a cada dia. Meu muito obrigado.

Aylton Figueira Junior

Em um momento especial da minha vida gostaria de aproveitar a oportunidade para agradecer a minha amada mãe, Leila Gerty Allegretti, e meu amado pai, Arnaldo Polidoro João, que nos momentos difíceis souberam me trazer conforto com suas palavras, quando eu tive medo, souberam me incentivar e, quando tive dúvida, souberam me guiar. Agradeço a minha irmã, Fernanda Allegretti João, que não me deixou desistir da faculdade de Educação Física. Compartilho toda essa alegria e esse momento tão especial com minha amada esposa, Fernanda Lopes Allegretti – sem o seu apoio e amor, eu não conseguiria chegar onde estou.

Nos últimos 10 anos, a minha carreira profissional tomou um novo rumo... O ingresso no mundo acadêmico por um lado trouxe novos desafios, mas por outro vem me proporcionando momentos especiais e oportunidades únicas. Agradecer aqueles que estão ao meu lado é um gesto pequeno, mas sincero, de reconhecimento e carinho pelos anos que estamos juntos nessa jornada tão especial do conhecimento. Portanto, quero de forma muito especial agradecer ao Prof. Me. Mario Augusto Charro e o Prof. Dr. Aylton Figueira Júnior, amigos que a vida me trouxe e que me proporcionam alegrias e momentos ímpares. Aos meus alunos e todo o corpo docente da Faculdades Metropolitanas Unidas (FMU), que são meus grandes incentivadores.

Meu eterno agradecimento.

Gustavo Allegretti João

APRESENTAÇÃO

O treinamento muscular, que atualmente é conhecido como treinamento de força, é reconhecidamente importante. Desde a antiga Grécia, Sócrates (470 a.C.-399 a.C.), um dos maiores pensadores da época, postulou teorias que contribuiriam para as mudanças conceituais introduzidas na cultura ocidental, baseadas na filosofia, no princípio da ética e da moral, além de conhecimentos relativos ao físico e à psicologia. Um de seus discípulos, o gigante Aristóteles, influenciou o pensamento do século XII e a revolução científica europeia e, a partir do século XVI, contribuiu com o conhecimento da anatomia e da importância dos músculos e a supremacia dessa estrutura. Nesse momento histórico do Renascimento, as obras de Michelangelo (1475-1564) demonstram sensibilidade, permitindo destacar a escultura de Davi, momento que se evidenciam as fortes relações da existência física do homem. Porém, é com Leonardo Da Vinci (1452-1519) que a anatomia e as proporções corporais passam a ter importância científica, em especial quando estuda a fundo as Escalas Universais das Proporções Humanas – Homem Vitruviano. Foi nesse momento que as proporções das estruturas corporais foram mais bem apresentadas. As pinturas de Da Vinci demonstram a evolução conceitual do estudo da anatomia topográfica, pois se aprofundam no estudo dos músculos e tendões que, nas atividades cotidianas, podem ser interpretados pela contração muscular, pelo trabalho mecânico, suas sensações, e nos efeitos na saúde das pessoas.

Dessa forma, o conhecimento atual reflete historicamente os conceitos baseados no levantar e sustentar sobrecarga, na força física e na estética – aspectos construídos há mais de 500 anos. Entretanto, destaco o avanço científico dos últimos 50 anos, pois a profundidade e o cuidado apresentados pelos autores nesta obra tecem uma redação didática com aplicação imediata, elevando o *Tratado de Musculação* a uma referência mandatória no âmbito acadêmico.

Observando o treinamento de força como uma das atividades mais interessantes e estudadas nos últimos 70 anos, e com número de evidências científicas em crescimento, ainda não se pode afirmar que todas as adaptações do tecido muscular e os efeitos adaptativos nos demais sistemas em condição crônica do treinamento são conhecidos.

Vamos refletir sobre o treinamento de força então: devemos entender que o puxar e o empurrar são movimentos básicos, e vão muito além dos exercícios – manifestam-se na vida cotidiana, como nas atividades da lavoura, nos currais e no supermercado. Esse conceito trouxe o entendimento recente dos benefícios do movimento humano na saúde, pois o estresse mecânico cria alterações importantes no gasto calórico, atividade endócrina, resposta cardiovascular, observando-se na publicação clássica de J. N. Morris, em 1953, no *Lancet*, que a intensidade e a quantidade de movimentos foram positivamente associadas a uma menor mortalidade. O treinamento de força se associa positivamente à autonomia física, o que aumenta a disposição, reduz a fadiga, eleva a quantidade de movimento e o gasto energético. Dessa perspectiva, pesquisadores, como C. Caspersen, R. S. Paffembarger, S. Blair, entre outros, deixam o conceito da importância do movimento físico e da atividade física sistematizada. Esse olhar se associa a outros importantes pesquisadores da área do treinamento de força, como S. Fleck, W. Kraemer,, P. Komi, C. Scott, Schoenfeld, entre outros, os quais são significativamente importantes para a formação dos pesquisadores que escreveram o *Tratado de Musculação*. Digo isso porque se sabe que as adaptações crônicas ao treinamento de força se associam ao equilíbrio fisiológico e ao gasto energético, explicados pela combinação entre métodos de treinamento e periodização, considerando que as mudanças ocorrem em virtude da relação entre a intensidade, o volume do treinamento, a densidade, o tipo de exercício e a duração do programa de treinamento.

Diante desses aspectos, não se pode esquecer que a espécie humana se beneficia das evoluções científicas, estando à luz do entendimento racional da ciência, e não o inverso, como alguns pensam.

Assim, declaro minha gratidão em escrever a apresentação desta brilhante obra, diretamente do Cerrado Brasileiro, ao som do piano de um desconhecido da vida acadêmica e das Ciências do Exercício, na sensibilidade e delicadeza de Mozart, e agradeço a oportunidade em compartilhar minhas palavras nesta obra. O *Tratado de Musculação* traz os mais renomados pensadores da ciência do treinamento de força convergindo no pensamento das evidências, formalizando o contraditório como crescimento à luz de novas informações.

Com tamanha envergadura tenho que ratificar que, das profundezas da Terra aos Terceiros Céus, os profissionais que aqui escrevem apresentaram o melhor de seus conhecimentos, pesquisas e projetos, sendo, por legitimidade acadêmica, expoentes de uma área consolidada, mas ainda em crescimento – a qual deve ser humilde para continuar vencendo seus limites, mas sábia para responder até a pergunta mais simples.

Portanto, entender o processo que envolve as adaptações ao treinamento requer ponderação na análise, fato que nesta obra foi construído com base nos princípios da fisiologia e respostas biomecânicas aplicadas ao treinamento de força; e metodologias de avaliação, organização, princípios e estratégias do treinamento de força.

A ciência é dinâmica e fico, nas minhas últimas linhas, desejando que o *Tratado de Musculação* possa contribuir com uma nova etapa de discussão do treinamento de força, sendo base para que se continue escrevendo e pesquisando com muita energia, pautando-se pela crença de que tal esforço contribuirá na construção de um mundo melhor.

Desejo que os próximos passos desta obra sejam construídos com enorme satisfação pessoal e profissional, pois foi nesse contexto que a humanidade sonhou e construiu patamares cada vez maiores, pautando-se pela ética e pelo serviço da ciência à vida. Foi, portanto, a crença que mudou a vida humana e assim é que deve ser.

Parabenizo todos os autores pelo trabalho ímpar na construção do *Tratado de Musculação*.

Ao olhar para o horizonte e para essa breve reflexão, vem a minha memória, com muita alegria e saudosismo, que muitos que aqui escrevem foram meus alunos na graduação, outros na pós-graduação, e ainda no mestrado-doutorado. Fiquei uma figueira velha, mas com frutos. Amém!

Desejo que os leitores absorvam o que é apresentado aqui e consigam transformar isso em ações positivas no seu campo trabalho, seja com seus atletas ou alunos, pois, assim, farão a diferença nas vidas das pessoas.

Muitas felicidades a todos e que a vida siga em harmonia.

Prof. ph.D. *Aylton Figueira Junior*
Docente do Programa de Mestrado e Doutorado em Educação Física – Universidade São Judas Tadeu
Coordenador do Curso de Pós-Graduação em Treinamento Esportivo – Centro Universitário das Faculdades Metropolitanas Unidas
Docente do Curso de Educação Física – Universidade Nove de Julho

SUMÁRIO

SEÇÃO 1

Princípios fisiológicos aplicados ao treinamento de força

1

Bioenergética e aspectos do metabolismo associados ao treinamento de força

Gustavo Allegretti João

Rodrigo Gambaro Chaves

Aylton Figueira Júnior

OBJETIVO DO CAPÍTULO

Proporcionar compreensão de bioenergética e metabolismo celular e do aumento da demanda energética no treinamento de força (TF).

A função celular é um dos processos mais robustos e complexos da resposta orgânica, destacando os ajustes e adaptações estruturais e funcionais promovidas pelo exercício. Embora se tenha conhecimento amplo sobre a resposta metabólica celular, discutir como o exercício aumenta a demanda energética, os ajustes hormonais e enzimáticos, é relevante para explicar o processo de emagrecimento, de resposta hipertrófica muscular, assim como a melhora associada aos sistemas cardiovascular, respiratório, imunológico e osteoarticular.

A demanda metabólica que uma atividade promove se associa à carga total do treinamento. A carga total de treinamento é a relação entre as variáveis de volume e de intensidade. No treinamento de força, ressaltamos que a maior demanda metabólica ocorrerá em função do volume de treinamento (número de repetições, séries e número de exercícios). Embora a intensidade seja importante, o total de trabalho tem maior relação com a quantidade de exercícios realizados.

Carga de trabalho (CT) = Volume x Intensidade

Nesse sentido, no recrutamento das fibras, independentemente da ação neural do grupo muscular envolvido, a necessidade energética é determinante. A energia oriunda dos alimentos será reduzida em unidades menores (substratos) pelo processo de digestão. Esses substratos contribuem como fonte de energia na manutenção da função celular durante o exercício, assim como na recuperação entre as séries, exercícios e no pós-esforço.

Figura 1.1 – Processo metabólico dos macronutrientes

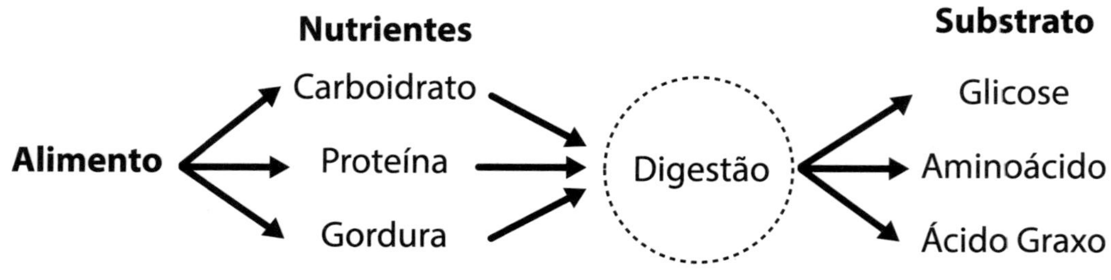

Nos processos relacionados à formação de energia utilizável para as funções celulares, o oxigênio desempenha um importante papel, tanto na sua predominância no substrato unitizado, quanto no fornecimento de energia durante o exercício e o repouso.

1.1 Bioenergética associada ao gasto calórico

Para melhor compreendermos o gasto calórico, os princípios da bioenergética e vias metabólicas são fundamentais para posteriormente associá-los ao TF.

Em repouso, em atividade e mesmo durante o sono, é necessário energia para manter as funções corporais. No entanto, quando realizamos atividades físicas, os músculos utilizam energia para gerar força que resultará nos movimentos corporais. Dessa forma, os nutrientes consumidos dos alimentos constituem as principais fontes de energia que mantêm as regulações fisiológicas em conjunto com a atividade hormonal e imunológica. No entanto, as fontes de energia consumidas na forma de alimentos (nutrientes) são convertidas em substratos, possibilitando assim que o organismo absorva compostos orgânicos e as células transformem, pelas vias metabólicas, a energia química das ligações entre os carbonos, hidrogênios, oxigênios e nitrogênios dos alimentos, em movimento possibilitando, assim, que o organismo absorva compostos orgânicos e que as células, pelas vias metabólicas, transformem em movimento a energia química das ligações entre os carbonos, hidrogênios, oxigênios e nitrogênios dos alimentos. Essa energia será utilizada pelo nosso corpo na manutenção do metabolismo ou para gerar a energia necessária a qualquer exercício (Robergs *et al.*, 2004; Hug *et al.*, 2005; Burgomaster *et al.*, 2006; Chance *et al.*, 2006; Volp *et al.*, 2011).

Quadro 1.1 – Demanda energética dos macronutrientes

Macronutrientes	Substrato	Estrutura química
Carboidratos	Glicose	Ex.: Glicose $C_6 - H_{12} - O_6$
Gordura	Ácido Graxo	Ex.: Ácido palmítico $C_{16} - H_{32} - O_2$
Proteína	Aminoácido	Ex.: Alanina $C_3 - H_7 - NO_2$

O processo químico de conversão do alimento em energia é denominado metabolismo. Esse processo é similar em muitos aspectos ao uso de qualquer fonte de energia como, por exemplo, carvão ou gasolina para fornecer energia a uma máquina em funcionamento. Na célula humana, os macronutrientes (carboidrato, gordura e proteína) são depletados, transformando energia das ligações químicas em energia mecânica (adenosina trifosfato — ATP), necessária para a contração muscular (Burgomaster *et al.*, 2006; Chance *et al.*, 2006; Grassi, 2005; Hug *et al.*, 2005; Meirelles *et al.*, 2004; Robergs *et al.*, 2004; Scott, 2011b).

Todos os macronutrientes são compostos orgânicos que apresentam os mesmos elementos químicos, permitindo assim ser transformados em uma única forma de energia chamada adenosina trifosfato (ATP). Entretanto, para reações químicas acontecerem, uma quantidade de oxigênio é necessária, e a produção de energia é por via metabólica aeróbia. No entanto, ainda é possível produzir ATP quando não houver quantidade suficiente de oxigênio conhecida como via metabólica anaeróbia (Achten e Jeukendrup, 2004; Burgomaster *et al.*, 2006; Chance *et al.*, 2006; Furber *et al.*, 2017; Gastin, 2001; Grassi, 2005; Hug *et al.*, 2005; Juel *et al.*, 2004; Kaplan, 2001; Leblanc *et al.*, 2004; Robergs *et al.*, 2004).

A produção de ATP inicialmente é realizada pelo sistema fosfogênico (ATP-CP). Quando um ATP é hidrolisado (ATP → ADP + Pi + H^+ + energia) para substituir rapidamente um grupo de fosfato da fosfocreatina (PC), ele é transferido para o ADP resultando em ATP. No entanto, essa via será capaz de manter a produção de ATP no exercício por pouco tempo: aproximadamente 30 segundos. Conforme a exigência do exercício permaneça ou aumente, sobe a necessidade de mais ATP que deverá ser gerada pela glicólise (Burgomaster *et al.*, 2006; Chance *et al.*, 2006; Crowther *et al.*, 2002; Grassi, 2005; Hug *et al.*, 2005; MacDougall *et al.*, 1998; Parra *et al.*, 2000; Robergs *et al.*, 2004).

A glicólise é uma série de reações enzimáticas que metabolizam a glicose e que ocorrem no sarcoplasma das células musculares, o que é considerada metabolismo não oxidativo, pois não precisa de oxigênio. Portanto, essa via será capaz de manter a produção de ATP no exercício por aproximadamente três minutos. A não disponibilidade de quantidades adequadas de oxigênio somente se torna relevante nos estágios finais da glicólise, quando o produto final do piruvato servirá para ser convertido em ácido láctico (também chamado de lactato quando na forma ionizada) ou convertido em acetil-CoA que acionará as mitocôndrias no metabolismo aeróbio (Achten e Jeukendrup, 2004; Burgomaster *et al.*, 2006; Chance *et al.*, 2006; Gastin, 2001; Grassi, 2005; Hug *et al.*, 2005; Juel *et al.*, 2004; Kaplan, 2001; Leblanc *et al.*, 2004; Meirelles *et al.*, 2004; Robergs *et al.*, 2004).

Figura 1.2 – Glicólise anaeróbia

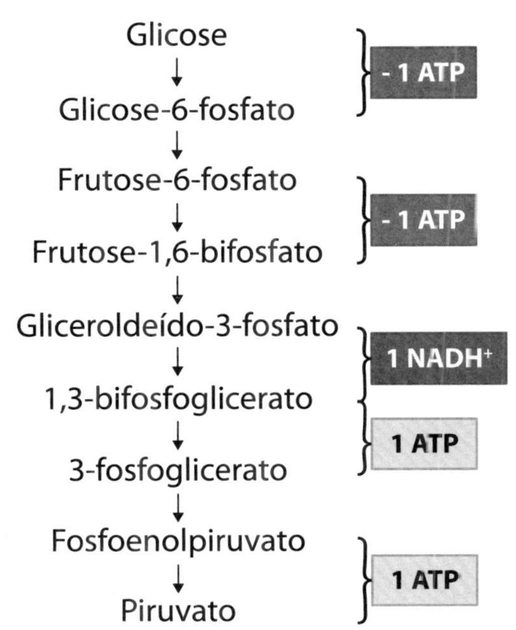

A produção de ATP por via oxidativa ocorre nas mitocôndrias e envolve dois importantes sistema de enzimas: o ciclo de Krebs (também conhecido como ciclo do ácido cítrico) e o sistema enzimático de cadeia transportadora de elétrons.

Figura 1.3 – Mitocôndria e ATP

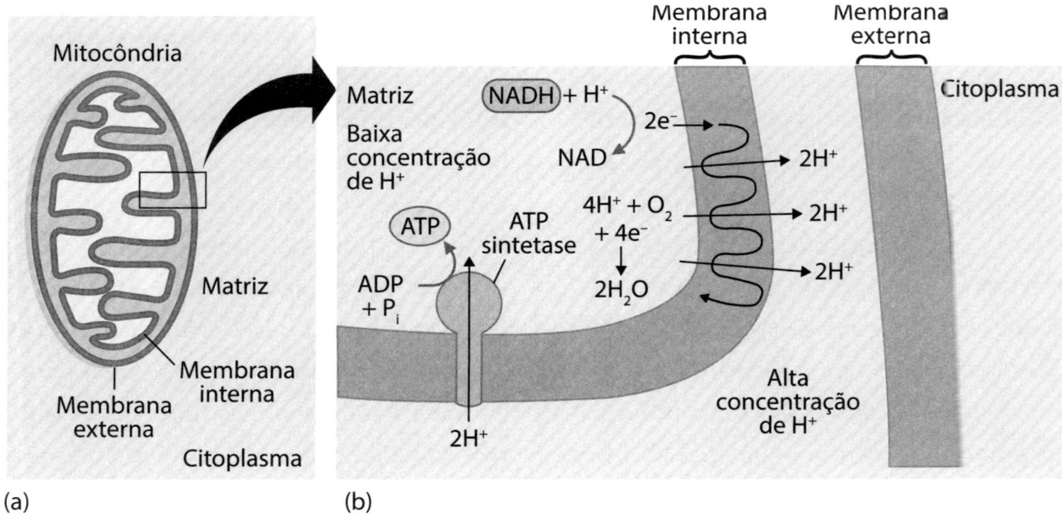

O ciclo de Krebs foi descrito por Sir Hans Adolf Krebs (1900-1981). Trata-se de uma série de reações enzimáticas metabólicas que produzem energia na célula. Na cadeia respiratória, todos os elétrons (H^+) separados durante a depletação de um substrato energético, como a glicose, são conduzidos para a membrana interna da mitocôndria pelos carregadores de elétrons nicotinamida adenina dinucleotídeo (NAD) e flavina adenina dinucleotídeo (FAD). A baixa concentração de íons de hidrogênio no compartimento interno da membrana mitocondrial e a elevada concentração de íons de hidrogênio no compartimento externo da membrana mitocondrial faz com que a enzima ATP sintase seja acionada quando os elétrons se movem da membrana externa para a membrana interna da mitocôndria produzindo ATP (Achten e Jeukendrup, 2004; Burgomaster *et al.*, 2006; Chance *et al.*, 2006; Furber *et al.*, 2017; Grassi, 2005; Juel *et al.*, 2004; Kaplan, 2001; Leblanc *et al.*, 2004; Meirelles *et al.*, 2004; Robergs *et al.*, 2004; Volp *et al.*, 2011).

Figura 1.4 – Ciclo de Krebs

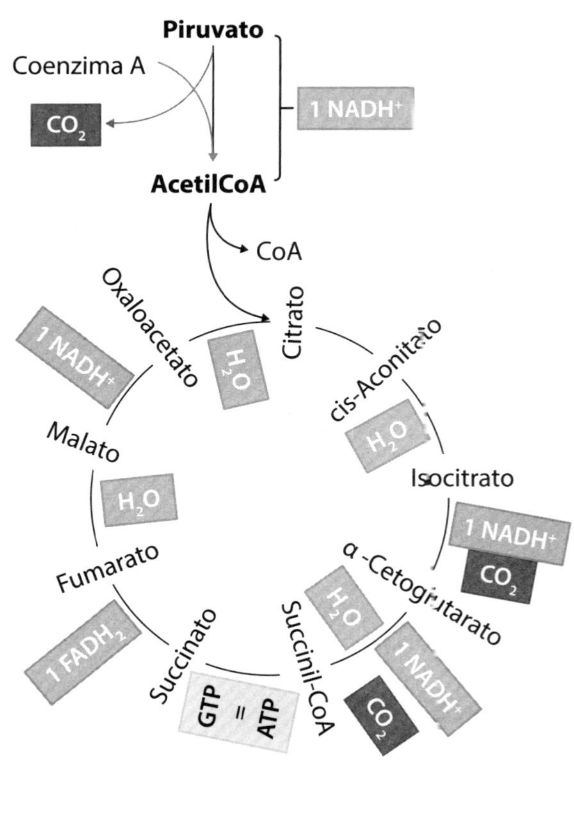

Ambos os metabolismos aeróbio ou anaeróbio são capazes de fornecer energia (ATP) nas atividades físicas, embora as atividades de curta duração e alta intensidade requeiram energia rápida via metabolismo anaeróbio, pois a glicólise é capaz de fornecer rapidamente ATP sem a presença do oxigênio. Nesse caso, a produção é de dois ATP quando proveniente da glicose e três ATP quando proveniente do glicogênio.

Por outro lado, o metabolismo aeróbio fornece de 32 a 36 ATP de energia, mas, para isso, requer quantidades suficiente de oxigênio, o que favorece atividades de baixa intensidade, mas de longa duração (Achten e Jeukendrup, 2004; Burgomaster *et al.*, 2006; Chance *et al.*, 2006; Furber *et al.*, 2017; Grassi, 2005; Juel *et al.*, 2004; Kaplan, 2001; Leblanc *et al.*, 2004; Meirelles *et al.*, 2004; Robergs *et al.*, 2004; Volp *et al.*, 2011).

Além da especificidade das vias metabólicas, deve-se considerar que ambas ocorrem, com maior ou menor resposta, em função das capacidades metabólicas dos músculos esqueléticos, de acordo com o tipo de fibra envolvida. As fibras classificadas como tipo II são de contração rápida e não apresentam muitas mitocôndrias, portanto produzem ATP por glicólise. As fibras do tipo I são fibras de capacidade metabólica aeróbia, de contrações lenta e apresentam grandes quantidades de mitocôndrias, o que possibilita atividades de longa duração e baixa intensidade, necessitando de quantidade suficiente de oxigênio para produzir ATP por ciclo de Krebs e cadeia respiratória (Achten e Jeukendrup, 2004; Burgomaster *et al.*, 2006; Chance *et al.*, 2006; Furber *et al.*, 2017; Grassi, 2005; Juel *et al.*, 2004; Kaplan, 2001; Leblanc *et al.*, 2004; Meirelles *et al.*, 2004; Robergs *et al.*, 2004; Volp *et al.*, 2011).

Quadro 1.2 – Tipologias das fibras musculares

	Tipo de fibra		
Características	I	**IIA**	**IIB**
Histoquímicos			
Cor	Vermelho	Branco	Branco
Aspectos neurais			
Tamanho do motoneurônio	Pequeno	Grande	Grande
Frequência de recrutamento	↓	↑	↑
Aspectos enzimáticos			
Glicolítica	↓	↑	↑
Oxidativa	↑	↑	↓
Aspectos energéticos			
Glicogênio	↓	↑	↑

Quadro 1.2 – Tipologias das fibras musculares (continuação)

	Tipo de fibra		
Características	**I**	**IIA**	**IIB**
Triglicérides	↑	→	↓
Fosfocreatina	↓	→	→
Aspectos estruturais			
Densidade capilar	Alta	Média	Baixa
Densidade capilar mitocondrial	Alta	Baixa	Baixa
Conteúdo de mioglobina	Alta	Baixa	Baixa
Aspectos funcionais			
Produção de força	Baixa	Alta	Alta
Velocidade de contração	Lenta	Rápida	Rápida
Velocidade de relaxamento	Lenta	Rápida	Rápida
Resistência à fadiga	Alta	Baixa	Baixa
Metabolismo predominante	Oxidativo	Oxidativo/ Glicolítico	Glicolítico

Contudo, a maior parte da energia produzida pelo metabolismo humano ocorre no repouso para manutenção das funções vitais. No estado de repouso, definimos como momento de taxa metabólica de repouso ou taxa metabólica basal.

Quadro 1.3 – Taxa metabólica

Taxa metabólica basal (TMB)	Determinada em decúbito dorsal, 12-18 h após uma refeição, imediatamente após acordar, em ambiente termoneutro. Responsável por 60%-75% do total de calorias metabolizadas durante o dia.
Taxa metabólica de repouso (TMR)	Definida como o gasto energético necessário à manutenção dos processos fisiológicos no estado pós-absortivo, cerca de 4 h depois de uma leve refeição, aproximadamente 30-60 min de repouso.

Fonte: Kraemer *et al.* (2016) e Meirelles *et al.* (2004).

Tanto a TMB quanto a TMR são responsáveis por consumir a maior parte da energia metabólica total produzida (60%-75%), 7%-10% são efeitos térmicos dos alimentos, o restante (20%-35%) associado ao exercício (Achten e Jeukendrup, 2004; Burgomaster *et al.*, 2006; Chance *et al.*, 2006; Grassi, 2005; Juel *et al.*, 2004; Kaplan, 2001; Leblanc *et al.*, 2004; Meirelles *et al.*, 2004; Robergs *et al.*, 2004; Volp *et al.*, 2011).

Dessa forma, compreender a influência do balanço energético (produção de energia via ingestão de alimentos *vs* gasto energético via taxa metabólica) e os fatores que a influenciam é fundamental para o entendimento da regulação da massa corporal (Meirelles *et al.*, 2004). Dessa forma, o balanço energético pode ser definido pelo consumo de energia *vs* o gasto energético. O acúmulo ou redução excessivos de energia armazenada endogenamente, por exemplo, gordura corporal por células adiposas, pode ocorrer quando o balanço energético se encontra em desequilíbrio (Meirelles *et al.*, 2004).

1.2 Métodos de mensuração do gasto calórico

A mensuração do gasto calórico de um indivíduo em repouso ou durante uma atividade física possui muitas aplicações práticas como reduzir ou manter a massa corporal com auxílio de exercícios (Buitrago *et al.*, 2013; Cheema *et al.*, 2014; Mess *et al.*, 2009; Scott *et al.*, 2009; Stec e Rawson, 2010; Vezina *et al.*, 2014).

O gasto calórico está associado aos processos metabólicos, aeróbio ou anaeróbio, os quais fornecem energia via substratos, transformando a energia química em ATP (Burgomaster *et al.*, 2006; Chance *et al.*, 2006; Crowther *et al.*, 2002; Gastin, 2001; Robergs *et al.*, 2004; Scott *et al.*, 2009, 2011b; Vezina *et al.*, 2014). Um mol de ATP, quando degradado, produz energia de 7,3 kcal. A energia potencial liberada pela oxidação de um mol de glicose é de 686 kcal. Portanto, o valor de eficiência do metabolismo aeróbio considera os 38 mols de ATP multiplicados por 7,3 kcal/mol, totalizando 277,4 kcal divididos pela energia potencial total da glicose (686 kcal) e chegando ao valor de 0,4043 ou 40% de energia para trabalho celular (277,4 / 686 = 0,4043 × 100 = 40,4%). Portanto, a eficiência metabólica da cadeia respiratória aeróbia é de aproximadamente 40% e os 60% remanescentes de energia livre da oxidação da glicose são liberados como calor (Burgomaster *et al.*, 2006; Chance *et al.*, 2006; Crowther *et al.*, 2002; Gastin, 2001; Robergs *et al.*, 2004; Scott *et al.*, 2009, 2011b; Vezina *et al.*, 2014).

Dessa forma, a produção de energia e calor pode ser mensurada e quantificada por uma unidade conhecida como caloria.

> A caloria é definida como o calor necessário para elevar a temperatura de 1g de água em 1 °C. No entanto, uma caloria representa pouco calor produzido, por isso utiliza-se a unidade de quilocalorias (kcal) (quilo = 1000g contêm 1000 calorias. 1 kcal = 4,186 kj) para medir a taxa metabólica.

A depleção metabólica da glicose ou do glicogênio (glicose quando armazenada no músculo) tem o gasto calórico (despesa de energia) estimada de 1 L de oxigênio absorvido igual a 5,04kcal ou 21,1kj (Meirelles *et al.*, 2004; Prampero e Ferretti, 1999; Reis *et al.*, 2011; Santos, 2013; Scott, 2011b).

Portanto, a taxa metabólica pode ser mensurada de maneira direta por produção de calor, chamada de calorimetria direta, ou pelo consumo de oxigênio associado com oxidação dos diferentes substratos e produção de dióxido carbônico

(CO_2), a calorimetria indireta (Burgomaster *et al.*, 2006; Grassi, 2005; Reis *et al.*, 2011; Santos, 2013).

A técnica de calorimetria direta consiste em uma câmara hermética que mede o calor produzido responsável por elevar a temperatura da água no compartimento em volta da câmara. Com a temperatura da água, é possível calcular as quilocalorias durante determinado período (alimento + O_2 → ATP + calor, ATP = calor pelo trabalho celular). Embora o calorímetro direto seja mais preciso para determinar a taxa metabólica, trata-se de um equipamento de custo elevado e técnica complicada, assim, a maioria dos estudos utiliza o calorímetro indireto para estimar as quilocalorias gastas em atividades ou repouso (Burgomaster *et al.*, 2006; Grassi, 2005; Reis *et al.*, 2011; Scott, 2011; Volp *et al.*, 2011).

Figura 1.5 – Calorimetria direta

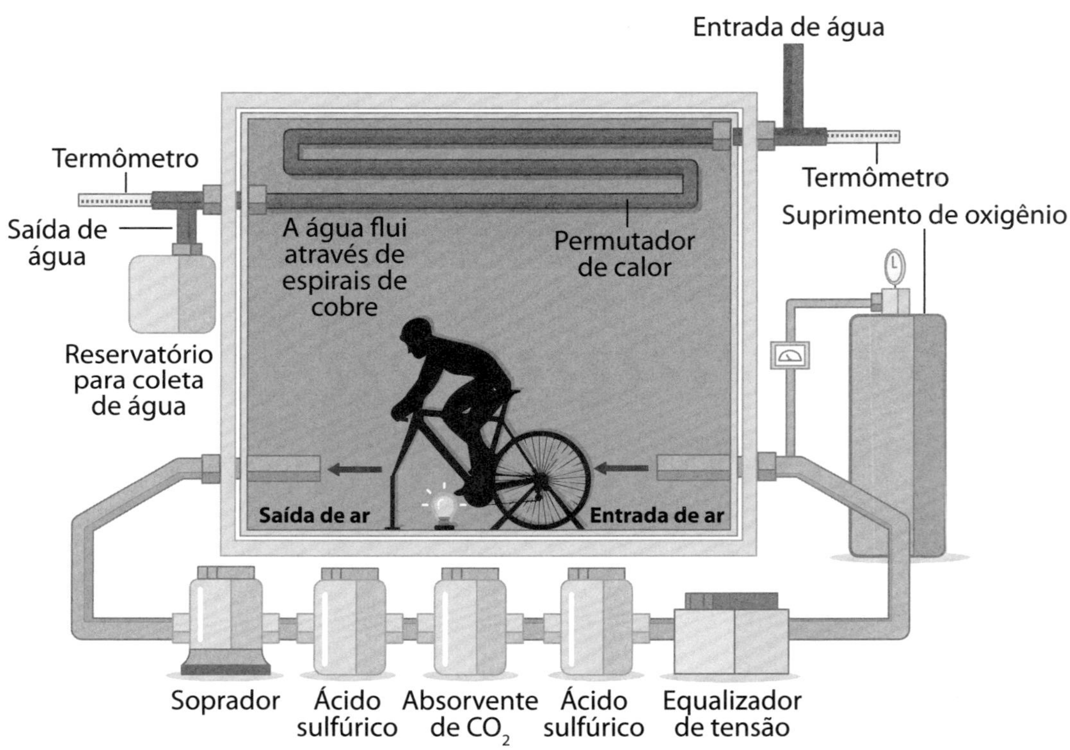

A calorimetria indireta é uma técnica de custo aceitável, não invasiva e com grande reprodutibilidade (Santos, 2013; Kraemer *et al.*, 2016). Mensura a quantidade de oxigênio inspirado e de dióxido de carbono (CO_2) expirado pelos processos metabólicos (anaeróbio e/ou aeróbio), fornecendo energia utilizando substratos energéticos (glicose e ácidos graxos) que também necessitam de oxigênio e produzem CO_2 e água durante a sua metabolização (Achten e Jeukendrup, 2004; Burgomaster *et al.*, 2006; Crowther *et al.*, 2002; Grassi, 2005; Kaplan, 2001; Pinto *et al.*, 2011; Reis *et al.*, 2011; Santos, 2013; Volp *et al.*, 2011).

Figura 1.6 – Calorimetria indireta

Desse modo, a calorimetria indireta é o método que permite calcular a produção de energia ou taxa metabólica a partir da oxidação dos substratos (glicose e ácidos graxos) pela medida dos valores do oxigênio consumido e produção de CO_2 trocados nos pulmões. Essa metodologia permite determinar o percentual que cada substrato contribui para a produção de energia e a sua razão de troca respiratória (Burgomaster *et al.*, 2006; Grassi, 2005; Meirelles *et al.*, 2004; Reis *et al.*, 2011; Robergs *et al.*, 2004; Santos, 2013; Scott, 2011b;Volp *et al.*, 2011). Dessa forma, para quantificar a taxa metabólica por calorimetria indireta devemos mensurar o consumo de oxigênio (VO_2 predominantemente aeróbio) expresso em litros por minuto (l/min) ou mililitros por quilograma de massa corporal por minuto (ml/kg/min), o que permite a conversão em gasto calórico (Meirelles *et al.*, 2004; Reis *et al.*, 2011; Santos, 2013).

Conforme mencionado anteriormente, o método mais utilizado para mensurar o gasto calórico durante o esforço é a calorimetria indireta, que permite calcular a produção de energia a partir da oxidação dos diferentes substratos pela razão de troca respiratória.

Portanto, a razão da troca respiratória (RER, na sigla em inglês) refere-se à razão do volume de oxigênio consumido (VO_2) e o volume de CO_2 (VCO_2)produzido durante o metabolismo (aeróbio e/ou anaeróbio) (VCO_2/VO_2). O gasto calórico pode ser calculado pela RER, pois o oxigênio necessário para metabolizar o carboidrato e lipídio e o CO_2 produzido são diferentes e estão em proporção específica. Para uma molécula de glicose (C_6-H_{12}-O_6) são adicionados 6 oxigênios e produzidos 6 CO_2 ($6O_2 + C_6\text{-}H_{12}\text{-}O_6 \rightarrow 6CO_2 + H_2O$ + 30 ATP). Dessa forma, a RER da glicose será de 1,0 ($6CO_2/6O_2 = 1{,}0$). Por outro lado, quando ocorre a predominância do triglicerídeo (C_{16}-H_{32}-O_2) durante o exercício, são adicionados 16 oxigênios e produzidos 23 CO_2 ($23\ O_2 + C_{16}\text{-}H_{32}\text{-}O_2 \rightarrow 16CO_2 + 16H_2O$ + 129 ATP), resultando em uma RER de 0,7 (Burgomaster *et al.*, 2006; Gastin, 2001; Grassi, 2005; Pinto *et al.*, 2011).

Tabela 1.1 – Macronutrientes e razão da troca respiratória

Macronutrientes	**Razão da troca Respiratória (RER) VCO_2/VO_2**	**Valor do RER**
Carboidrato	$6CO_2/6O_2$	1,0
Gordura	$16CO_2/23O_2$	0,6956

O metabolismo da proteína é mínimo, portanto, ignorar o metabolismo da proteína resulta em um erro relativamente pequeno (Burgomaster *et al.*, 2006; Gastin, 2001; Grassi, 2005; Juel *et al.*, 2004; Kaplan, 2001; Scott, 2011b). A utilização da RR no cálculo do gasto calórico por minuto ou da porcentagem de substratos (glicose ou ácido graxo) metabolizados são mais precisos quando realizado em exercícios com predominância do metabolismo aeróbio que apresentam equilíbrio metabólico também chamados de estado estável (*steady-state*) (Gastin, 2001; Grassi, 2005; Ferrannini, 1988; Pinto *et al.*, 2011; Scott, 2011b).

No entanto, valores acima de 1,0 da RR significam que o exercício não encontra-se em equilíbrio metabólico, também chamado de estado não estável (*non-steady-state*) (Almeida *et al.*, 2009; Aniceto *et al.*, 2013; Hunter *et al.*, 2005; Kelleher *et al.*, 2010; Pinto *et al.*, 2011; Scott *et al.*, 2006, 2009, 2011a; Scott, 2011b). Quando as cargas de trabalho são altas, existe a possibilidade do valor de RR ser superior a 1,0 devido ao sistema de tamponamento de bicarbonato que é utilizado para remover a acidose do sangue (íons de hidrogênios produzidos em excesso), que aumenta a produção de CO_2 expirados pelos pulmões ($H^+ + HCO_3 \rightarrow H_2CO_3 \rightarrow CO_2 + H_2O$), e produzir lactato que também auxilia na remoção da acidose celular. Dessa forma, o CO_2 resultante da oxidação eleva o valor da RR acima de 1,0 (Kraemer *et al.*, 2016; Robergs *et al.*, 2004; Pinto *et al.*, 2011; Scott, 2011b).

1.3 Gasto calórico no treinamento de força a partir da teoria do consumo do oxigênio pós-exercício e via lactato

No início do exercício ocorre aumento do consumo de oxigênio, devido à necessidade muscular, sendo que o tempo necessário para um novo ajuste da resposta oxidativa é conhecido por déficit de oxigênio. O déficit é entendido como a diferença entre o oxigênio realmente consumido durante o exercício em relação ao que seria consumido se as demandas energéticas pudessem ser atendidas somente pelo metabolismo aeróbio.

O período de déficit de oxigênio tem uma duração aproximada entre 3 e 5 minutos, o que representa o ajuste necessário para que no exercício exista uma quantidade suficiente de oxigênio. A quantidade de energia poderia vir ao mesmo tempo por duas vias metabólicas, sendo que a regulação é determinada pelo oxigênio. Dessa forma, o estado de equilíbrio metabólico está relacionado entre a oferta e a demanda de oxigênio durante o exercício. No final do exercício, o consumo de oxigênio permanece por um período elevado devido à dívida de oxigênio (déficit de oxigênio) no início do exercício. Dessa forma, o débito de oxigênio descreve o oxigênio usado em valores acima do repouso após o exercício e o termo sugerido atualmente é excesso de consumo de oxigênio pós-exercício (EPOC — *excess post-exercise oxygen consumption*) (Gaesser e Brooks, 1984; Greer *et al.*, 2015; Pinto *et al.*, 2011; Scott, 2011b).

O débito de oxigênio é dividido em dois componentes, sendo o primeiro o componente rápido ou consumo rápido de oxigênio. Quando quantidades significativas de oxigênio são consumidos durante o EPOC, sua principal função é restaurar ATP (ressíntese do ATP) e creatina fosfato consumidos durante o exercício (McMahon e Jenkins, 2002; Pinto *et al.*, 2011; Scott, 2011b). O segundo é o componente lento ou consumo de oxigênio lento, que deriva da síntese da glicose, restaurando reservas de oxigênio no sangue proveniente da degradação da glicose e do glicogênio durante o exercício (Pinto *et al.*, 2011; Scott, 2011b).

Figura 1.7 – Déficit e débito de oxigênio e EPOC

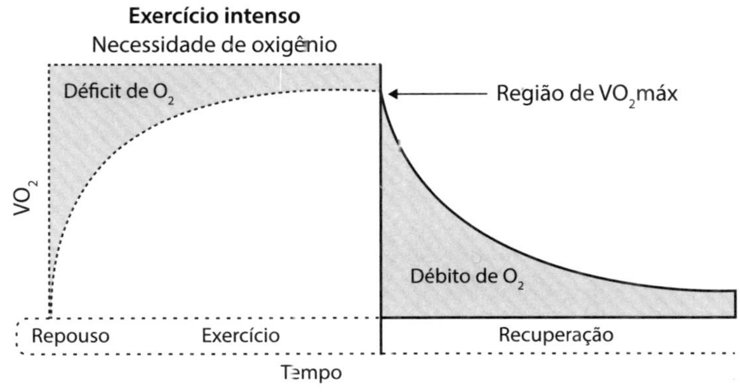

Em geral, maiores intensidades de exercício, independentemente do método, produzem maior EPOC do que intensidades mais baixas e o mesmo vale para a duração do exercício, produzindo maior EPOC. Contudo, a intensidade representa uma porcentagem muito maior da variância total em EPOC do que a duração (Borsheim e Bahr, 2003; Greer *et al.*, 2015).

Além do consumo de oxigênio após o esforço, outra via metabólica é a fermentação láctica que ocorre no final da glicólise (depletação da glicose até piruvato). A fermentação láctica ocorre para suprir a demanda de ATP durante o exercício de alta intensidade, no qual não é possível seguir para a cadeia respiratória devido à quantidade insuficiente de oxigênio. O produto final da fermentação láctica será a produção de lactato (C_3-H_6-O_3). O lactato será produzido quando é atribuído ao piruvato (C_3-H_4-O_3) dois íons de hidrogênios (H^+) doados pelo NAD então $NADH^+$. O lactato produzido é removido da célula pelo transportador monocarboxilato e pode ser utilizado como substrato no metabolismo em outros tecidos, como outras células musculares (esqueléticas e cardíacas), fígado e rim, reutilizado por via gliconeogênese no fígado (lactato convertido em glicose) pelo ciclo de Cori (Burgomaster *et al.*, 2006; Chance *et al.*, 2006; Kraemer *et al.*, 2016; Robergs *et al.*, 2004).

Figura 1.8. – Bioquímica do metabolismo do lactato

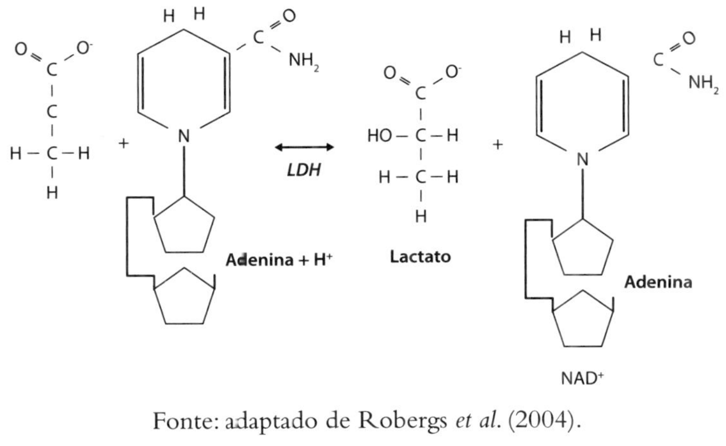

Fonte: adaptado de Robergs *et al.* (2004).

O lactato é o produto final da glicólise, importante na manutenção do fornecimento de energia quando a presença de oxigênio é limitada dificultando a ressíntese de ATP via metabolismo oxidativo (Figura 1.9).

Figura 1.9 – Via metabólica glicolítica – lactato, com quantidades limitadas de oxigênio impossibilitando a via metabólica oxidativa

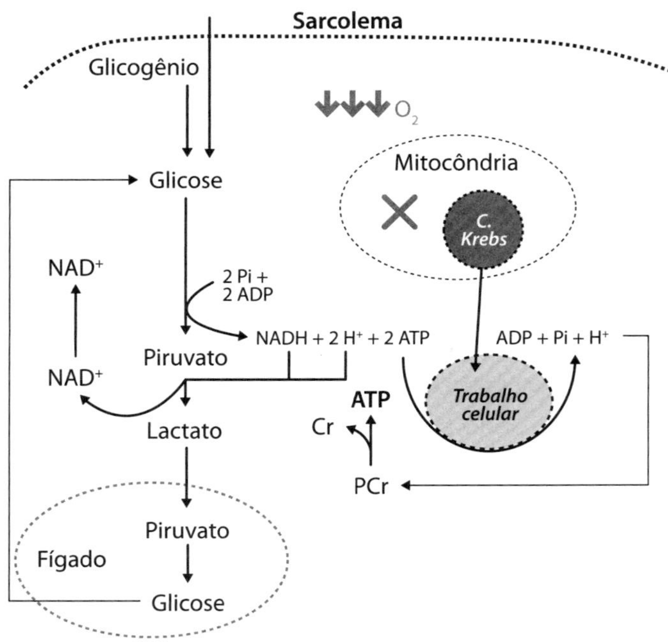

Fonte: adaptado de Robergs *et al.* (2004).

Dessa forma, a mensuração do gasto calórico é realizada por calorimetria indireta, que mensura a quantidade de oxigênio inspirado e de dióxido de carbono expirado. Nesse contexto, quando mensuramos o gasto calórico em exercício de predominância metabólica aeróbia devemos considerar a oxidação completa da glicose por ambos metabolismos (anaeróbio e aeróbio) associado ao consumo de 1 L de oxigênio expresso pelo valor de 5,05 kcal (21,1 kj) por litro de O_2 (Figura 1.10). Por outro lado, existe grande dificuldade da mensuração do gasto calórico em exercício de predominância metabólica anaeróbia (sem a presença de oxigênio) devido à ausência do oxigênio na produção de energia. Dessa forma, podemos interpretar que o componente anaeróbio representa 7% do ciclo, em comparação com a oxidação completa da glicose. O valor do metabolismo anaeróbio é de 0,3585 kcal (1,5 kj) por litro de O_2 (Figura 1.10). Em contraste, a gordura é oxidada apenas pelo metabolismo aeróbio, por meio da beta-oxidação formando Aceti-CoA que segue diretamente no ciclo de Krebs. Assim, não existe componente anaeróbio (glicólise), e o gasto calórico pelo consumo de oxigênio durante a oxidação da gordura pode ser expressado pelo valor de 4,68 kcal (19,6 kj) por litro de O_2 (Burgomaster *et al.*, 2006; Chance *et al.*, 2006; Reis *et al.*, 2011; Santos, 2013; Scott, 2011b).

O componente anaeróbio representa 7% do ciclo, similar ao percentual de ressíntese de ATP produzido de forma anaeróbia (2-3 ATP) em comparação à produção de ATP via metabolismo aeróbio (34-36 ATP) (Scott, 2011b). Ao remover o componente anaeróbio (1,5 kj = 0,3585 kcal) da oxidação completa da glicose (21,1 kj = 5,05 kcal), o excesso de consumo de oxigênio pós-exercício pode ser visto como processo inteiramente aeróbico (19,6 kj = 0,4511 kcal), que não representa de modo algum a produção ou remoção de lactato a hipótese do débito de O_2 (dívida) ou qualquer ATP associada à glicólise-lactato que foi sintetizada durante o exercício (Reis *et al.*, 2011; Santos, 2013; Scott, 2011b).

Figura 1.10 – Degradação da glicose por via glicólise anaeróbia e respiração aeróbia. O gasto calórico pode ser estimado em 1 L de absorção de O_2 = 21,1 kj (5,05 kcal). Componente anaeróbio de 1,5 kj (0,3585 kcal); Componente aeróbio de 19,6kj (4,6 kcal). A oxidação da gordura = 1 L de absorção de O_2 = 19,6 kj (4,6 kcal) no metabolismo aeróbio

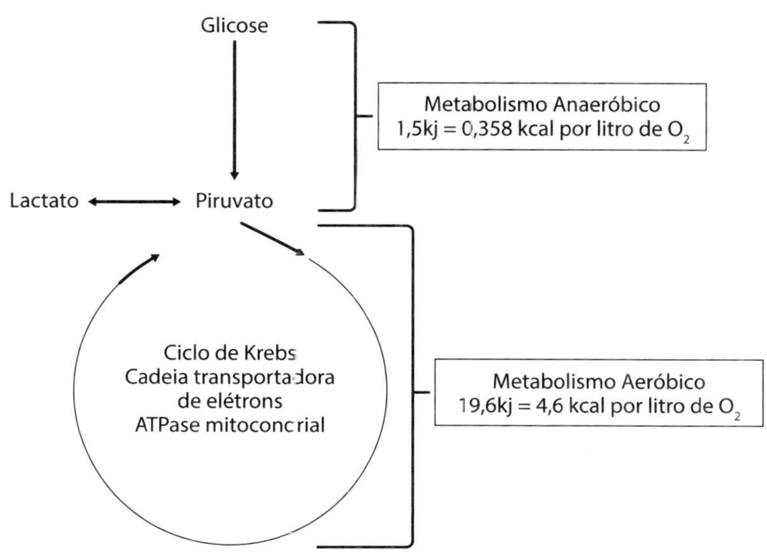

Fonte: adaptado de Scott (2011b).

A oxidação do substrato pós-exercício anaeróbio não foi suficientemente estudado para se extrair conclusões específicas. Devido a isso, a glicólise é limitada ao ponto em que a gordura e o lactato são oxidados predominantemente na recuperação após o exercício (Scott, 2011b).

Portanto, o nível de lactato sanguíneo tem sido usado para ajudar a estimar o componente de gasto de calórico via metabolismo anaeróbio, mas somente quando a produção de lactato excede a remoção (Almeida *et al.*, 2009; Burgomaster *et al.*, 2006; Chance *et al.*, 2006; Prampero *et al.*, 1999; Scott *et al.*, 2006, 2009, 2011a; Scott, 2011b; Kelleher *et al.*, 2010). Vale ressaltar que a remoção de lactato é complexa se for considerado apenas o contexto da oxidação, pois a quantidade significativa de lactato será oxidado, ou convertido, em glicose-glicogênio-aminoácidos e proteínas, além de ser encontrado no suor, urina e saliva (Robergs *et al.*, 2004; Scott *et al.*, 2011a; Scott, 2011b).

Dessa forma, o lactato sanguíneo pode ser convertido em valores equivalentes de oxigênio, sendo que o aumento de 1mmol^{-1} de lactato representa 3ml de oxigênio por kg de massa corporal. Dessa forma, o gasto calórico do componente anaeróbio dos exercícios deve ser calculado com a diferença entre o repouso e o pico de lactato multiplicado pela massa corporal e por 3ml de oxigênio. O equivalente de oxigênio será convertido em quilocalorias ao valor de 5,0kcal por litro de oxigênio (Almeida *et al.*, 2009; Aniceto *et al.*, 2013; Burgomaster *et al.*, 2006; Chance *et al.*, 2006; Hunter *et al.*, 2005; Kelleher *et al.*, 2010; Kraemer *et al.*, 2016; Pinto *et al.*, 2011; Reis *et al.*, 2011; Santos, 2013; Scott *et al.*, 2006, 2009, 2011a; Scott, 2011b).

Em resumo, nos métodos de treinamento que apresentam intensidade elevada e curta duração o fornecimento de energia não ocorre por intermédio do metabolismo aeróbio, dificultando, assim, a mensuração do gasto calórico pelo consumo de oxigênio. No treinamento de força, é comum a produção de lactato, tornando-se necessária a sua mensuração para uma estimativa mais precisa do gasto calórico. Além disso, o intervalo entre as séries ou o processo de recuperação após os treinamentos de força aumentam a necessidade de restaurar a concentração de ATP e glicogênio, consequentemente aumentando o consumo de oxigênio e gerando gasto calórico adicional ao existente antes do esforço. Dessa forma, a mensuração do consumo do oxigênio durante o período de recuperação ou após o termino do treinamento passam a ser determinantes para o cálculo do gasto calórico (Almeida *et al.*, 2009; Aniceto *et al.*, 2013; Hunter *et al.*, 2005; Kelleher *et al.*, 2010; Pinto *et al.*, 2011; Santos *et al.*, 2013; Scott, 2006, 2011b; Scott *et al.*, 2009, 2010; Vezina *et al.*, 2014).

1.4 Biogênese mitocondrial e gasto calórico

A maior parte da energia produzida pelas células ocorre na matriz da mitocôndria via metabolismo aeróbio, que necessita de oxigênio. Quando ocorre o aumento do consumo de oxigênio, também ocorre o aumento do gasto calórico, como elucidado anteriormente. Dessa forma, a mitocôndria é uma organela de fundamental importância na produção de energia tanto em repouso, quanto no exercício, tendo em vista que a partir dela é possível gerar grande quantidade de ATP. Portanto, a mitocôndria desempenha um papel importante no entendimento do gasto calórico no treinamento de força.

O músculo esquelético adapta-se em resposta a estímulos fisiológicos, sendo que a mitocôndria possui função central nessa característica desse tecido. A mitocôndria é uma das organelas mais estudadas na célula, sua função energética foi essencial no surgimento das células eucariontes, bem como o desenvolvimento de organismos complexos. A mitocôndria é composta por membrana interna (crista que amplifica a superfície total; gradiente eletroquímico íons de hidrogênio (H^+) igual a fosforilação oxidativa, ATP sintase); membrana externa (enzimas que convertem lipídios para serem metabolizados); espaço intermembranas (proteínas relacionados à apoptose celular); espaço interno da matriz, que contém seu próprio DNA e ribossomos, capaz de realizar a regulação da biogênese por fatores de transcrição PGC-1α e mtTFA (Gomez-Cabrera *et al.*, 2008; Junqueira e Carneiro, 2013).

A principal função da mitocôndria é produzir energia (ATP), a partir de substratos energéticos (glicose, ácido graxos, aminoácidos) e calor. A produção de energia pela mitocôndria ocorre por formação de Acetil-CoA (piruvato), degradação dos resíduos do Acetil por ciclo do ácido cítrico (libera CO_2 e coenzimas reduzidas $NADH^+$ e $FADH_2$), transferência de elétrons (complexo IV) pela cadeia de transporte de elétrons e fosforilação de ADP para ATP (enzima ATP sintase e complexo V e/ou F_0F_1) (Gomez-Cabrera *et al.*, 2008; Joseph *et al.*, 2006; Junqueira e Carneiro, 2013).

A biogênese mitocondrial ocorre por alterações adaptativas em resposta fisiológica ao treinamento, sendo o aumento da quantidade de mitocôndrias e/ou tamanho das organelas, responsável pelo aumento expressão de enzimas relacionadas à função de produção adicional de energia. A biogênese mitocondrial está associada à atividade de proteínas coativadoras reguladoras de transcrição que, embora, não se liguem ao DNA diretamente, podem controlar a resposta gênica. A proteína coativadora reguladora de transcrição conhecida na mitocôndria é o *peroxisome proliferator-activated receptor-coactivator* (PGC-1α). O PGC-1α, além de proteína reguladora do processo metabólico, também atua na betaoxidação mitocondrial, controla a resposta celular ao estresse oxidativo, aumenta a tolerância ao exercício e resistência à fadiga (Gomez-Cabrera *et al.*, 2008; Joseph *et al.*, 2006; Junqueira e Carneiro, 2013; Koh *et al.*, 2017; Lanza *et al.*, 2009; Ljubicic *et al.*, 2010; Peterson *et al.*, 2012; Stuart *et al.*, 2014).

No exercício quando ocorre o aumento da concentração de cálcio no citoplasmático, complexo cálcio/calmodulina, existe um aumento do consumo de O_2, formação de espécie reativa oxigênio ou radicais livres (EROS), ativação de óxido nítrico (ON) e óxido nítrico sintase (ONS), aumento razão de adenosina monofosfato (AMP/ATP), aumento das proteínas PPARβ sendo um fator de transcrição para NRF-1 desempenhando papéis essenciais na manutenção e aumento adaptativo em enzimas mitocondriais no músculo esquelético por exercício (Gomez-Cabrera *et al.*, 2008; Joseph *et al.*, 2006; Koh *et al.*, 2017; Stuart *et al.*, 2014). Por fim, a adenosina monofosfato quinase (AMPK) ativa PGC-1α que promove a sinalização (Gomez-Cabrera *et al.*, 2008; Joseph *et al.*, 2006; Junqueira e Carneiro, 2013; Koh *et al.*, 2017; Lanza *et al.*, 2009; Ljubicic *et al.*, 2010; Peterson *et al.*, 2012; Stuart *et al.*, 2014).

O ON e ONS são importantes no controle de diversas funções do organismo. O ON ocorre através do nitrogênio da guarnidina presente na L-arginina (enzima óxido nítrico sintase). São três isoformas: eONS e ONS3 endoteliais (membrana plasmática e citoplasma), (TI); neuronal nON (principalmente na Fibra TII). O ON influencia diretamente a velocidade de contração, aumenta a oxidação do ácido graxo, reduz a disponibilidade de malonil-CoA (eleva a lipólise basal), aumenta o transporte de glicose para o músculo, reduz a síntese de glicogênio hepático e reduz a lipogênese no tecido adiposo (Junqueira e Carneiro, 2013; Koh *et al.*, 2017; Stuart *et al.*, 2014).

Figura 1.11 – Biogênese mitocondrial

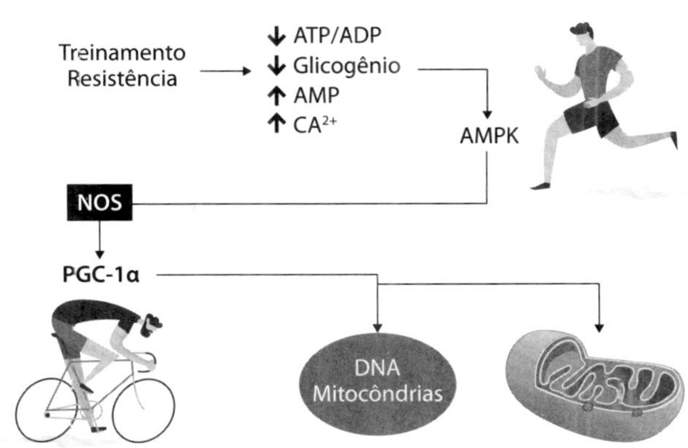

Na mitocôndria, o ON aumenta a disponibilidade de substratos, regula diretamente a ligação de oxigênio e liberação de hemoglobina, a adaptação à hipóxia (auxilia a melhor redistribuição de oxigênio às células vizinhas), impede o brusco incremento do consumo máximo de oxigênio (VO_2máx) e induz biogênese mitocondrial por incremento da expressão de ONS (Gomez-Cabrera *et al.*, 2008; Joseph *et al.*, 2006; Junqueira e Carneiro, 2013; Koh *et al.*, 2017; Lanza *et al.*, 2009; Ljubicic *et al.*, 2010; Peterson *et al.*, 2012; Stuart *et al.*, 2014).

O incremento mitocondrial pode acarretar em melhor produção de energia, por via AMPK, que apresenta importante papel na utilização dos substratos. Com o exercício, a AMPK aumenta e ocorre a ativação da lipase hormônio sensível (sigla em inglês LSH). A LSH é responsável por aumentar a hidrolise de triglicerídeos (ácidos graxos) no tecido adiposo. Quando o AMPK aumenta sua atividade, a carnitina palmitoil transferase I (CPT-I) transfere ácido graxo para dentro da mitocôndria possibilitando a betaoxidação. Por outro lado, a AMPK reduz a produção de glicerol-fosfato-acil transferase (GPAT), enzima que auxilia a produção de tecido adiposo. Dessa forma, a AMPK reduz a expressão de genes lipogênicos e neoglicogênicos e aumenta a produção de energia via triglicerídeos. Portanto, o aumento na expressão das proteínas mtTFA, AMPK, PPARß, NRF-1 e PGC -1α em resposta à elevação de ON e EROs e/ou AMPK pelo exercício consequentemente leva à biogênese mitocondrial (Gomez-Cabrera *et al.*, 2008; Joseph *et al.*, 2006; Junqueira e Carneiro, 2013; Koh *et al.*, 2017; Lanza *et al.*, 2009; Ljubicic *et al.*, 2010; Peterson *et al.*, 2012; Stuart *et al.*, 2014).

Considerações finais

Podemos entender que a demanda metabólica que uma atividade promove aumenta a necessidade energética de restaurar o ATP que foi utilizado durante o esforço. A restauração de energia ocorre utilizando macronutrientes que transformam material orgânico em energia química. O carboidrato é o macronutriente com melhor biodisponibilidade. No entanto, apenas 40% da sua energia disponibilizada é utilizada no trabalho celular. No treinamento de força, os carboidratos são a principal fonte de energia durante o esforço, devido à predominância do metabolismo anaeróbio. A participação do metabolismo aeróbio durante o treinamento de força é baixo, consequentemente, o consumo de oxigênio reduzido está associado com o baixo gasto calórico desse treinamento.

Outro fato que ainda não está esclarecido na literatura é o quanto, e se, ocorre o aumento mitocondrial no treinamento de força. Podemos delinear o fenômeno com a hipótese de que o aumento da massa magra induzido pelo treinamento de força também induz o aumento mitocondrial e pode influenciar o consumo de oxigênio, consequentemente elevando o gasto calórico. No nosso conhecimento, nenhum estudo até o presente momento elucidou essas observações.

Referências

ACHTEN J.; JEUKENDRUP A. E. Optimizing fat oxidation through exercise and diet. *Nutrition*. v. 20, n. 7–8, p. 716–727, jul-ago, 2004.

ALMEIDA, A. P.V. *et al.* Consumo de oxigênio de recuperação em resposta a duas sessões de treinamento de força com diferentes intensidades. *Rev Bras Med Esporte*, São Paulo, v. 17, n. 2, p. 132-136, abr, 2011.

ANICETO, R. R. *et al.* Efeitos agudos de diferentes métodos de treinamento com pesos sobre o gasto energético em homens treinados. *Rev Bras Med Esporte*, São Paulo, v. 19, n. 3, p. 181-185, jun, 2013.

BUITRAGO, S. *et al.* Mechanical load and physiological responses of four different resistance training methods in bench press exercise. *J Strength Cond Res.*, v. 27, n. 4, p. 1091-1100, abr, 2013.

BURGOMASTER, K. A.; HEIGENHAUSER, G. J. F.; GIBALA, M. J. Effect of short-term sprint interval training on human skeletal muscle carbohydrate metabolism during exercise and time-trial performance. *J Appl Physiol*, v. 100, n. 6, p. 2041-2047, jun, 2006.

CHANCE, B. *et al.* Skeletal muscle energetics with PNMR: Personal views and historic perspectives. *NMR Biomed,* v. 19, n. 7, p. 904-926, 2006.

CHEEMA, B. S. *et al.* Effect of progressive resistance training on measures of skeletal muscle hypertrophy, muscular strength and health-related quality of life in patients with chronic kidney disease: A systematic review and meta-analysis. *Sport Med.,* v. 44, n. 8, p. 1125–113, 2014.

CROWTHER, G. J. *et al.* Control of glycolysis in contracting skeletal muscle. I. Turning it on. *Am J Physiol Endocrinol Metab,* v. 282, n. 1, p. E67-E73, jan, 2002.

DI PRAMPERO, P. E.; FERRETTI, G. The energetic of anaerobic muscle metabolism: A reappraisal of older and more recent concepts. *Respir Physiol.*, v. 118, p. 855-866, 1999..

DRESSEL, U. *et al.* The peroxisome proliferator-activated receptor b/d agonist, GW501516, regulates the expression of genes involved in lipid catabolism and energy uncoupling in skeletal muscle cells. *Mol Endocrinol.*, v. 17, n. 12, p. 2477-2493, dez, 2003.

FERRANNINI, E. The theoretical bases of indirect calorimetry: a review. *Metabolism*, v. 37, n 3, p. 287-301, mar, 1988.

FURBER, M. *et al.* A 7-day high protein hypocaloric diet promotes cellular metabolic adaptations and attenuates lean mass loss in healthy males. *Clinical Nutrition Experimental*, v. 14, p. 13-25, ago, 2017.

GAESSER, G. A.; BROOKS, G. A. Metabolic bases of excess post-exercise oxygen consumption: a review. *Med Sci Sports Exerc.*, v. 16, n. 1, p. 29-43, jan, 1984.

GASTIN, P. B. Energy system interaction and relative contribution during maximal exercise. *Sports Med.*, v. 31, n. 10, p. 725-741, ago, 2001.

GOMEZ-CABRERA, M. C. *et al.* Oral administration of vitamin C decreases muscle mitochondrial biogenesis and hampers training-induced adaptations in endurance performance. *Am J Clin Nutrition.*, v. 87, n. 1, p. 142-149, jan, 2008.

GRASSI, B. Delayed metabolic activation of oxidative phosphorylation in skeletal muscle at exercise onset. *Med Sci Sports Exerc.*, v. 37, n. 9, p. 1567-1573, set, 2005.

GREER, B. K. *et al.* EPOC comparison between isocaloric bouts of steady-state aerobic, intermittent aerobic, and resistance training. *Research Quarterly for Exercise and Sport*, v. 86, n. 2, p. 1-6, fev, 2015.

HARMER, A. R. *et al.* Skeletal muscle metabolic and ionic adaptations during intense exercise following sprint training in humans. *J Appl Physiol.*, v. 89, n. 5, p. 1793-1803, nov, 2000.

HUG, F. *et al.* Metabolic recovery in professional road cyclists: a 31P-MRS study. *Med Sci Sports Exerc.*, v. 37, n. 5, p. 846–852, mai, 2005.

HUNTER, G. R.; BYRNE, N. M. Physical activity and muscle function but not resting energy expenditure impact on weight gain. *J Strength Cond Res.*, v. 19, n. 1, p. 225-230, jan, 2005.

JOSEPH, A. M. *et al.* Control of gene expression and mitochondrial biogenesis in the muscular adaptation to endurance exercise. *Essays Biochem.*, v. 42, p. 13-29, nov, 2006.

JUEL, C. *et al.* Effect of high-intensity intermittent training on lactate and H^+ release from human skeletal muscle. *Am J Physiol Endocrinol Metab.*, v. 286, n. 2, p. E245-E251, fev, 2004.

JUNQUEIRA, L. C.; CARNEIRO, J. *Histologia básica*. 12. ed. Rio de Janeiro: Gen Guanabara Koogan, 2013.

KAPLAN, R. S. Structure and function of mitochondrial anion transport proteins. *J Membr Biol.*, v. 179, n. 3, p. 165-183, fev, 2001.

KOH, J. H. *et al.* PPARb is essential for maintaining normal levels of PGC-1a and mitochondria and for the increase in muscle mitochondria induced by exercise. *Cell Metabolism*, v. 25, n. 5, p. 1176-1185, 2017.

LANZA, I. R.; NAIR, K. S. Muscle mitochondrial changes with aging and exercise. *Am J Clin Nutr.*, v. 89, n. 1, p. 467S-471S, jan, 2009.

LEBLANC, P. J. *et al.* Effects of aerobic training on pyruvate dehydrogenase and pyruvate dehydrogenase kinase in human skeletal muscle. *J Physiol.*, v. 557, n. 2, p. 559-570, mai, 2004.

LJUBICIC, V. *et al.* Transcriptional and post-transcriptional regulation of mitochondrial biogenesis in skeletal muscle: Effects of exercise and aging. *Biochimica et Biophysica Acta*, v. 1800, n. 3, p. 223-234, mar, 2010.

MACDOUGALL, J. D. *et al.* Muscle performance and enzymatic adaptations to sprint interval training. *J Appl Physiol.*, v. 84, n. 6, p. 2138-2142, jun, 1998.

MCMAHON, S.; JENKINS, D. Factors affecting the rate of phosphocreatine resynthesis following intense exercise. *Sports Med.*, v. 32, n. 12, p. 761-784, out, 2002.

MEIRELLES, C. M.; GOMES, P. S. C. Acute effects of resistance exercise on energy expenditure: Revisiting the impact of the training variables. *Rev Bras Med Esporte.*, v. 10, n. 2, p. 131-138, mar-abr, 2004.

PARRA, J. *et al.* The distribution of rest periods affects performance and adaptations of energy metabolism induced by high-intensity training in human muscle. *Acta Physiol Scand.*, v. 169, n. 2, p. 157-165, jun, 2000.

PETERSON, C.M.; JOHANNSEN, D. L.; RAVUSSIN, E. Skeletal muscle mitochondria and aging: a review. *J Aging Res.*, v. 2012, p. 1-20, 2012.

PINTO, R. S.; LUPI, R.; BRENTANO, M. A. Metabolic response to strength training: an emphasis on energy expenditure. *Res. Bras Cineantropometria e Desempenho humano*, v. 13, n. 2, p. 150-157, mar-abr, 2011.

RAWSON, E. S.; WALSH, T. M. Estimation of resistance exercise energy expenditure using accelerometry. *Med Sci Sports Exerc.*, v. 42, n. 3, p. 622-628, 2010.

REIS, V. M. *et al.* Energy cost of resistance exercises: an Uptade. *J Hum Kinet.*, n. 1, p. 33-39, 2011.

ROBERGS, R. A.; GHIASVAND, F.; PARKER, D. Biochemistry of exercise-induced metabolic acidosis. *Am J Physiol Regul Integr Comp Physiol.*, v. 287, n. 3, p. R502-R516, set, 2004.

SCOTT, C. B. Quantifying the immediate recovery energy expenditure of resistance training. *J Strength Cond Res.*, v. 25, n. 4, p. 1159-1163, abr, 2011b.

SCOTT, C. B.; CROTEAU, A.; RAVLO, T. Energy expenditure before, during, and after the bench press. *J Strength Cond Res.*, v. 23, n. 2, p. 611-618, mar, 2009.

SCOTT, C. B. *et al.* Aerobic, anaerobic, and excess postexercise oxigen consumption energy expenditure of muscular endurance and strength: 1-set of bench press to muscular fatigue. *J Strength Cond Res.*, v. 25, n. 4, p. 903-908, abr, 2011a.

STEC, M. J.; RAWSON, E. Estimation of resistance exercise energy expenditure using accelerometry. *Med Sci Sports Exerc.*, v. 42, n. 3, p. 622-628, 2010.

STUART, J. A. *et al.* A midlife crisis for the mitochondrial free radical theory of aging. *Longevity & Healthspan*, v. 3, n. 4, abr, 2014.

VEZINA, J. W. *et al.* An examination of the differences between two methods of estimating energy expenditure in resistance training activities. *J Strength Cond Res.*, v. 28, n. 4, p. 1026-1031, abr, 2014.

VOLP, A. C. P. *et al.* Energy expenditure: components and evaluation methods. *Nutr Hosp.*, v. 26, n. 3, p. 430-440, 2011.

WESTERBLAD, H.; ALLEN, D. G.; LANNERGREN, J. Muscle fatigue: lactic acid or inorganic phosphate the major cause? *News Physiol Sci.*, v. 17, p. 17-21, fev, 2002.

ZIERATH, J. R.; WALLBERG-HENRIKSSON, H. Looking ahead perspective: where will the future of exercise biology take us? *Cell Metab.*, v. 22, n. 1, p. 25-30, jul, 2015.

2

Fisiologia neuromuscular

Dilmar Pinto Guedes Jr.

OBJETIVO DO CAPÍTULO

Proporcionar compreensão da fisiologia dos sistemas nervoso e muscular para facilitar o entendimento dos métodos e estratégias de treinamento de força.

O treinamento de força proporciona um estímulo que promove uma série de ajustes nos sistemas nervoso e muscular, acarretando significativas alterações funcionais e morfológicas no corpo humano, respectivamente o aumento da força e a hipertrofia muscular. Dessa forma, é fundamental conhecer os aspectos fisiológicos do sistema nervoso e muscular para compreender a interação entre o exercício utilizado no treinamento de força e o sistema neuromuscular.

2.1 Sistema nervoso central e periférico

2.1.1 Divisão anatômica e funcional

O sistema nervoso é dividido em sistema nervoso central (SNC) e sistema nervoso periférico (SNP). O SNC consiste no encéfalo e na medula espinhal. Por sua vez, o encéfalo é constituído de cérebro, que representa sua maior porção, cerebelo e componentes do tronco encefálico. A medula espinhal, na coluna vertebral, tem cerca de 45cm de comprimento e 1cm de diâmetro. Vista através de um corte transversal, a medula espinhal possui um núcleo com um formato H de substância cinzenta onde se concentra uma grande quantidade de corpos de neurônios (somas). Os ramos desse núcleo são denominados raiz ou corno, sendo divididos em ventrais (anteriores) e dorsais (posteriores). A partir das raízes, ramificam-se os axônios dos neurônios que inervam todo o corpo. Pela raiz dorsal chegam os impulsos elétricos (sensações) ao SNC, denominada via aferente ou sensorial, e pela raiz ventral partem as respostas provenientes do SNC para a periferia, denominada via eferente ou motora (no caso do movimento). Esses neurônios formam um sistema de comunicação, por meio de impulsos elétricos, entre a periferia do corpo e o centro (SNC).

Esse sistema de comunicação entre a periferia e o centro ocorre graças ao SNP. O SNP consiste em 12 pares de nervos cranianos e 31 pares de nervos espinhais ou raquidianos. Os nervos espinhais consistem em 8 pares de nervos cervicais, 12 pares torácicos, 5 pares lombares, 5 sacrais e 2 coccígeos. Dessa forma, os nervos periféricos incluem todos os neurônios, aferentes ou sensoriais e eferentes ou motores. Percebe-se que a ligação entre toda a periferia do corpo com o SNC ocorre graças aos nervos periféricos que se localizam ao longo da medula espinhal, na coluna vertebral, e vão se ramificando ao longo do corpo humano, através dos forâmen intervertebrais. Assim sendo, os nervos periféricos aparecem aos pares, ramificando os lados direito e esquerdo do corpo.

A via sensorial é constituída, especialmente, por três neurônios. O corpo do primeiro neurônio (soma) fica no gânglio da raiz dorsal, a partir do qual seu axônio retransmite a informação para a medula espinhal. O soma do segundo neurônio localiza-se na medula, e seu axônio sobe por ela até o tálamo, onde se localiza o corpo do terceiro neurônio. O axônio do terceiro neurônio leva a informação ao centro de comando central, no córtex cerebral. Processada a informação, o SNC organiza a resposta, que é enviada pelos neurônios motores alfa (motoneurônios alfa), através da raiz ventral (via eferente), chegando até as fibras musculares esqueléticas que, ao se contrair promovem movimento, através de sistemas de alavancas que será discutido no Capítulo 12.

Os nervos aferentes (via sensorial) são ainda divididos em somáticos e autônomos. Os nervos somáticos inervam o músculo estriado esquelético, proporcionando contração voluntária. Os nervos autônomos inervam os músculos lisos e cardíaco, que proporcionam contração involuntária. Baseado em diferenças anatômicas e fisiológicas, o sistema nervoso autônomo se divide em simpático e parassimpático. Simplificando, o componente simpático tende a ativar determinado órgão, enquanto o componente parassimpático tende a inibi-lo.

Resumindo, o movimento humano ocorre graças à comunicação entre a periferia corporal e o centro (SNC). O papel de ligar a periferia ao centro fica por conta dos nervos periféricos (SNP), que possuem uma via que leva as informações ao centro, pela via aferente ou sensorial e por outra via que leva a resposta de volta à periferia (via eferente ou motora), até os músculos esqueléticos, que, ao se contrair, produzem movimento. Logo, um sistema neuromotor bem elaborado pode gerar ajustes importantes que levarão ao aumento da força muscular graças a treinamento (Guedes Jr. *et al.*, 2008).

Figura 2.1 – Divisão funcional e anatômica do sistema nervoso

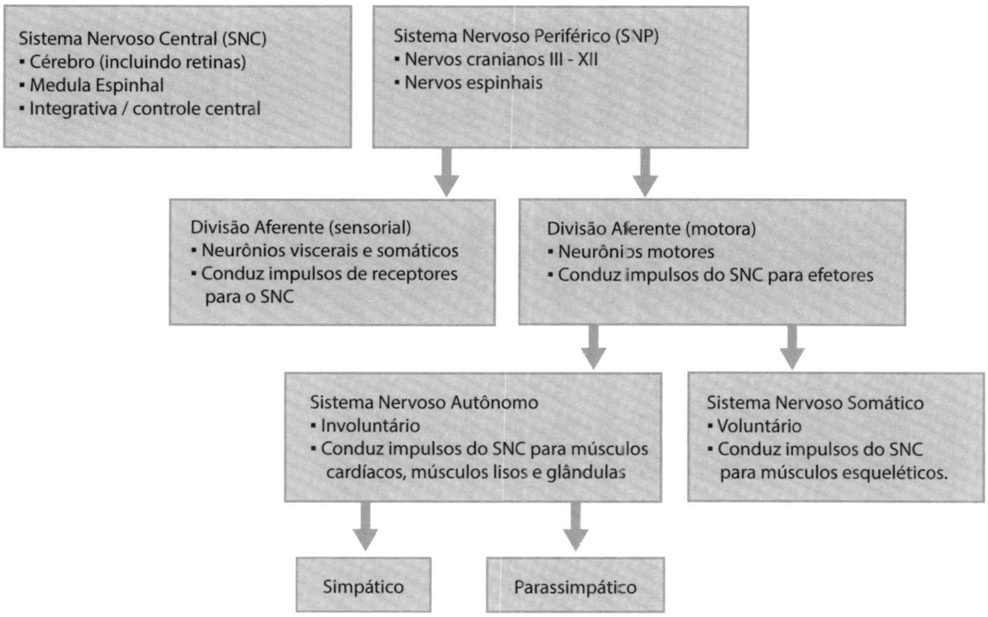

2.1.2 O neurônio motor

O tecido nervoso é constituído por dois tipos de células: as células da glia (neuroglia) e os neurônios. As células da glia têm função de manter a organização e integridade do tecido nervoso. O neurônio é a unidade funcional do sistema nervoso (Brooks *et al.*, 2014).

O neurônio motor possui um corpo celular, que é denominado soma, localizado na medula espinhal. O soma possui ramificações denominadas dendritos. A função dos dendritos é receber sinais elétricos provenientes de outros neurônios. O neurônio possui também uma ramificação única e maior, o axônio, que adentra a via eferente no nervo periférico, transmitindo o sinal elétrico ou químico para as fibras musculares. Alguns axônios são bastante longos, podendo ultrapassar 100cm de comprimento, pois devem partir da região inferior da medula espinhal e levar o sinal até o músculo que se deseja contrair, como é o caso no músculo flexor do hálux, localizado na extremidade inferior do corpo. Na extremidade distal, o axônio se ramifica formando terminações nervosas e placas motoras terminais. Os axônios motores possuem uma membrana, o axolema, que é revestido por uma lipoproteína, chamada bainha de mielina, que deriva das células de Schwann. A bainha de mielina não é contínua ao longo do axônio. Os espaços em que não há bainha de mielina são denominados Nodos de Ranvier. O espaço entre dois Nodos de Ranvier limita uma célula de Schwann. Essa estrutura facilita a propagação do impulso elétrico ao longo do axônio. A bainha de mielina além de proporcionar proteção ao axônio garante a direção e eficiência na propagação do impulso, ou seja, exerce papel semelhante ao revestimento de borracha que envolve um fio elétrico.

Os sinais elétricos se propagam entre os neurônios, ao longo da medula espinhal, por meio de sinapses, em que o axônio de um neurônio pré-sináptico transmite o impulso elétrico ao dendrito de um neurônio pós-sináptico. A região onde ocorre a ligação entre o axônio do motoneurônio da via eferente e a fibra muscular se chama junção neuromuscular ou junção mioneural.

2.1.3 A junção neuromuscular

A área onde há o contato entre a placa motora do axônio do neurônio motor alfa e a membrana da fibra muscular se chama junção neuromuscular. Na realidade, essas duas estruturas não se tocam, pois existe um espaço entre elas denominado fenda sináptica.

Na placa motora existem vesículas sinápticas que armazenam a acetilcolina, o neurotransmissor excitatório. Quando a acetilcolina passa das vesículas sinápticas para a fenda sináptica ela se acopla aos receptores específicos localizados na membrana da fibra muscular. Sendo a acetilcolina (ACh) um neurotransmissor químico excitatório, esse processo facilita a propagação do impulso elétrico (potencial de ação), através da abertura de canais iônicos, ao longo da membrana da fibra muscular (excitação-despolarização), ocorrendo a contração muscular (Figura 2.2).

Figura 2.2 – A junção neuromuscular

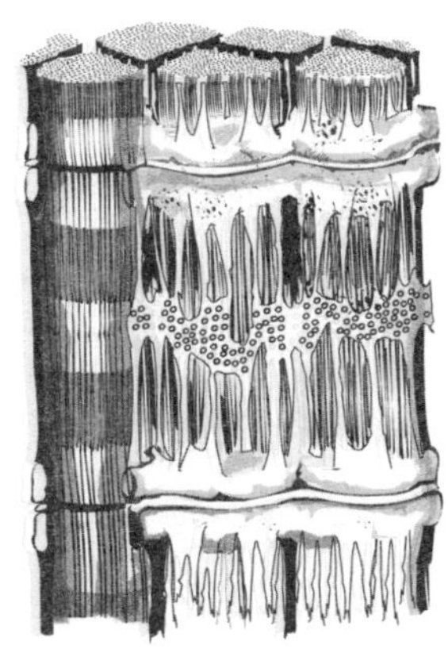

2.1.4 A unidade motora

A unidade motora (UM) consiste no axônio do neurônio motor alfa e todas as fibras musculares por ele inervadas. Esse nome é devido ao fato de quando o impulso elétrico se propaga ao longo do axônio, todas as fibras musculares recebem o estímulo e se contraem juntas, gerando força e, consequentemente, movimento.

Figura 2.3 – A unidade motora

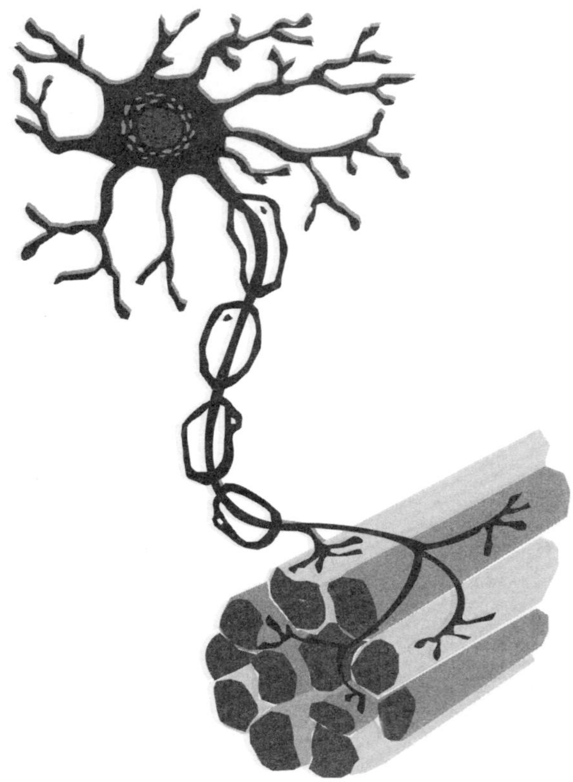

As fibras de uma UM estão distribuídas no músculo esquelético de modo que as fibras adjacentes de uma determinada região pertençam a UMs diferentes (Brooks *et al.*, 2014). Daí a sensação de que o músculo sempre se contrai inteiramente durante o movimento, independente da carga.

Tipos de unidade motora (UM)

As UMs são classificadas segundo os seguintes critérios de força e precisão:

a) Tamanho da UM: considera o número de fibras musculares inervadas por um axônio. UMs pequenas constituem poucas fibras musculares, geralmente predominam para músculos que requerem alto grau de coordenação fina, como nos músculos intraoculares. UMs grandes constituem muitas fibras musculares (centenas), como no caso de músculos que não têm grande solicitação de coordenação fina, mas necessidades de força, como os músculos da coxa. Pode se considerar que UMs maiores produzem mais força do que UMs menores.

b) Velocidade de condução do impulso elétrico ao longo do axônio, que depende da espessura da bainha de mielina, a facilitadora da velocidade de condução. Nesse caso, são classificadas como rápidas ou lentas (Billeter, 1992).
c) Então, em qualquer músculo esquelético dos seres humanos são encontrados três tipos de UMs:
   I. Lentas Oxidativas (LO): UMs pequenas, cuja velocidade de contração é lenta e são altamente resistentes à fadiga.
   IIa. Rápidas Oxidativas (RO): grandes, cuja velocidade de contração é rápida e resistentes à fadiga.
   IIb. Rápidas Glicolíticas (RG): grandes, muito rápidas, muito fortes e de baixa resistência à fadiga.

As fibras de uma UM (tipo I, tipo IIa e tipo IIb) estão distribuídas no músculo esquelético aleatoriamente (Brooks *et al.*, 2014), o que resulta na sensação que o músculo sempre se contrai inteiramente durante o movimento, independente da carga.

Princípio do tamanho neurônio motor

As unidades motoras são recrutadas respeitando uma ordem sequencial e aditiva que vai das UMs menores para as maiores, dependendo da magnitude do estímulo (carga). Por exemplo, para produzir um baixo nível de força muscular são recrutadas primeiro as UMs lentas oxidativas, que possuem menor limiar excitatório. Quando a solicitação de força aumenta, são recrutadas respectivamente as UMs rápidas oxidativas e as rápidas glicolíticas. No entanto, quando são recrutadas as UMs rápidas glicolíticas as demais também estão sendo solicitadas. Por exemplo, numa caminhada são solicitadas as LO, num tiro de velocidade são recrutadas as LO, RO e as RG (Burke *et al.*, 1975).

2.1.5 Mecanismos proprioceptivos

Cinestesia compreende a percepção consciente da posição das partes do corpo entre si e em relação ao espaço, assim como a taxa de mudança de posição de tais partes (Proske *et al.* 2009).

Esse mecanismo ocorre graças a receptores sensoriais localizados nas articulações e nos músculos que informam ao sistema nervoso, por meio de *feedback*, a posição e a velocidade de mudança de posição do corpo e dos membros. Além disso, informam também o estiramento e a tensão nos músculos esqueléticos. Os receptores articulares incluem as terminações nervosas livres, corpúsculos de Paccini e receptores do tipo Golgi. Para o objetivo dessa obra, descreveremos apenas a ação dos receptores musculares que são os quimiorreceptores, fuso muscular e órgão tendinoso de Golgi (OTG).

Quimiorreceptores musculares

São terminações nervosas livres especializadas que informam ao sistema nervoso central sobre as alterações no pH muscular e nas pressões parciais de O_2 e CO_2. Tais receptores são importantes para a regulação cardiopulmonar durante a realização do exercício (Proske *et al.*, 2009)

Fuso muscular

Fusos musculares são receptores em paralelo, encontrados entre as fibras musculares esqueléticas que informam ao SNC sobre o grau de estiramento, assim como a mudança de comprimento das fibras musculares.

O fuso muscular é constituído de fibras musculares encapsuladas (intrafusais), daí o nome fuso muscular, inervadas por um motoneurônio gama. Quando as fibras musculares extrafusais são estiradas, o fuso muscular, através de uma fibra nervosa sensorial, leva a informação sobre o grau de estiramento até a medula espinhal que indica o recrutamento de mais UMs, aumentando a produção de força. Essa resposta medular imediata é denominada reflexo miotático. Pode se considerar um mecanismo de defesa contra possíveis lesões nas fibras musculares esqueléticas. O ciclo do alongamento-encurtamento utilizado no treinamento pliométrico ou reativo é uma forma de otimizar a ação reflexa do fuso muscular e dessa forma potencializar a força máxima e a força explosiva (Schmidtbleicher, 1982). Cabem ao fuso muscular também o tônus muscular e a manutenção do equilíbrio estático e dinâmico.

Órgão tendinoso de Golgi (OTG)

Os órgãos tendinosos de Golgi (OTG) encontram-se encapsulados, em série, nas fibras tendinosas, próximos à junção musculotendínea. São sensíveis à tensão que ocorre no músculo esquelético, mas menos sensíveis que o fuso muscular. Ao contrário do fuso muscular, informam ao SNC (medula espinhal) sobre o grau de tensão nas fibras musculares, que então promove inibição no recrutamento de UMs fazendo com que o músculo relaxe. Pode-se também considerar um mecanismo de defesa contra lesões musculares.

Figura 2.4 – Fuso muscular e OTG

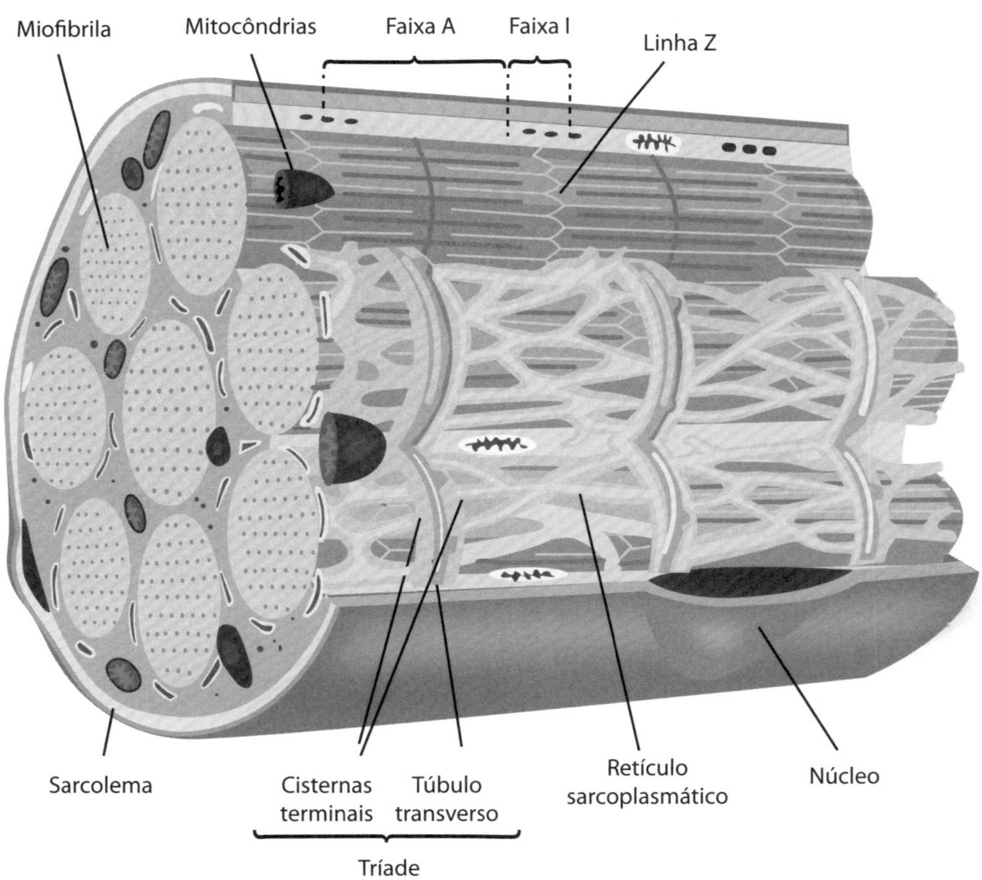

2.1.6 Fatores neurais que modificam a força devido ao treinamento

Os exercícios utilizados no treinamento de força promovem ajustes significativos no sistema nervoso que proporcionam aumento da força muscular. Esse aumento decorrente desses ajustes predomina nas primeiras 8 a 12 semanas de treinamento. Nesse período, a hipertrofia muscular ocorre, porém é pouco significativa e quase imperceptível (Deschenes *et al.*, 2002). Isso explica o fato de, ao ser perguntado na academia quando ocorrerão os resultados, o profissional costuma responder entre dois e três meses, pois o resultado sugerido é a hipertrofia muscular que passa a ser significativa a partir desse período. Esses fatores compreendem:

- Coordenação intermuscular — significa entender que o exercício é a reprodução de um movimento com sobrecarga e o movimento não é realizado por um músculo, mas por cadeias musculares que atuam de forma organizada para tornar o movimento eficiente. Dessa forma, o treinamento regular otimiza a coordenação entre músculos agonistas e sinergistas, além de inibir a co-contração do músculo antagonista. Co-contração antagonista significa dizer que ao contrair o agonista também ocorre ativação no antagonista.
- Coordenação intramuscular — melhora o padrão de recrutamento das UMs do músculo agonista, em que essas UMs são recrutadas de forma mais sincrônica. Aumenta também a superfície da junção neuromuscular e a quantidade de neurotransmissores excitatórios, levando ao aumento da frequência de descarga de impulsos elétricos em cada UM. Ocorre ainda a inibição do OTG, que potencializa a força, mas pode aumentar o risco de lesões (Deschene *et al.*, 2002; Aagard, 2003).

2.2. Músculo estriado esquelético

O corpo humano possui mais de 600 músculos. A principal função dos músculos esqueléticos é produzir movimento. Por meio da contração muscular, é produzida tensão que exterioriza força que move sistemas de alavancas gerando movimento.

2.2.1 Estrutura do músculo esquelético

O músculo esquelético é revestido por uma camada de tecido conjuntivo denominado epimísio (fáscias). As fibras musculares, que são as células que formam os músculos, são dispostas em grupos (fascículos), revestidos por tecido conjuntivo, o perimísio. Na extremidade, esses tecidos conjuntivos se fundem para formar os tendões que se prendem à camada externa do osso (periósteo). Assim se formam os sistemas de alavanca, originando movimento.

A fibra muscular

A fibra muscular é a célula muscular. Portanto, todos os componentes de uma célula são identificados na fibra muscular.

A membrana da fibra muscular é denominada sarcolema, que se divide em membrana basal e plasmalema. Na membrana se encontram vários receptores, como os canais iônicos que permitem a comunicação entre o meio extra e intracelular. O citoplasma da fibra muscular denomina-se sarcoplasma. Nele estão contidas as organelas celulares (mitocôndrias, ribossomos, lisossomos e outras), além dos substratos energéticos, creatina fosfato, glicogênio, gotículas de lipídios e água. Também no sarcoplasma, ao longo do eixo longitudinal da fibra muscular se encontram as miofibrilas. São filamentos contráteis que possuem um a dois micrometros de diâmetro. São constituídas de várias proteínas, entre elas:

- proteínas contráteis — actina e miosina;
- proteínas regulatórias — complexo troponina (T, C, I) e tropomiosina;
- proteínas estruturais — titina e nebulina.

As miofibrilas são formadas por estruturas delimitadas por dois discos Z e dispostas em série e em paralelo denominadas sarcômero. O sarcômero é considerado a menor unidade contrátil muscular, onde ocorre a teoria do deslizamento entre os filamentos de actina e miosina que explica a contração muscular.

Envolvendo as miofibrilas se encontra um sistema de canais e tubos. São eles:

- Retículo sarcoplasmático — sistema de canais paralelos às miofibrilas, onde se encontram os canais de cálcio (rianodina) e a bomba de cálcio que controlam a contração muscular.
- Túbulos transversais (T) — canais perpendiculares às miofibrilas em intervalos regulares. Sua função principal é conduzir os impulsos elétricos da superfície para o interior da fibra muscular sinalizando a abertura dos canais de cálcio.

Vale destacar ainda as células satélite, consideradas células tronco musculares, localizam-se ao longo da membrana celular, possuem papel importante na regeneração das fibras musculares e hipertrofia muscular (MacIntosh *et al.*, 2006).

Figura 2.5 – A fibra muscular

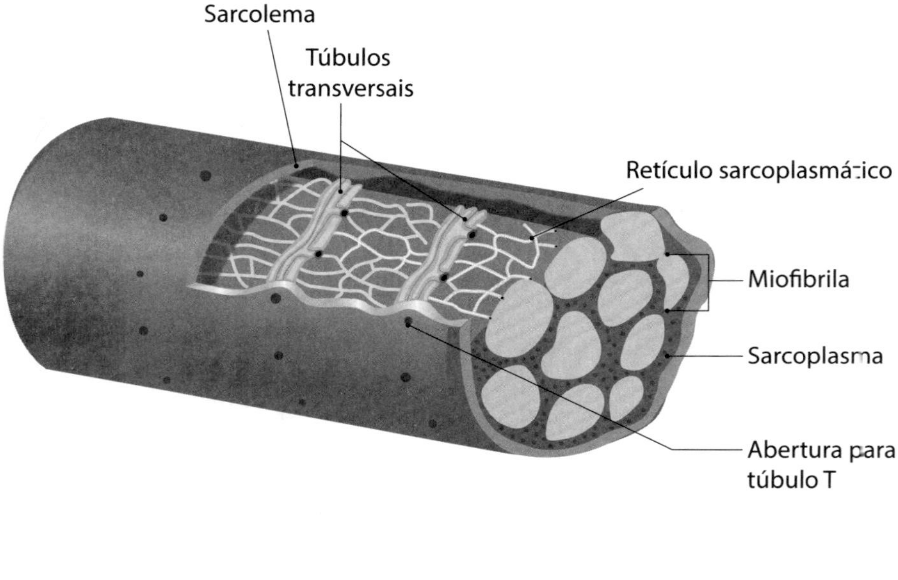

O sarcômero

Considerado a menor unidade contrátil muscular. É o espaço entre dois discos Z na miofibrila. Ocupando a posição central do sarcômero se encontra o filamento grosso de miosina, formado por moléculas de miosina, que se prende em cada extremidade ao disco Z, através da proteína titina. O filamento de miosina é circundado por seis filamentos finos de actina, formado por moléculas de actina, em ambos os lados do sarcômero. Os filamentos de actina se prendem nas extremidades aos discos Z (Figura 2.6).

Figura 2.6 – Disposição dos filamentos de actina e miosina no sarcômero

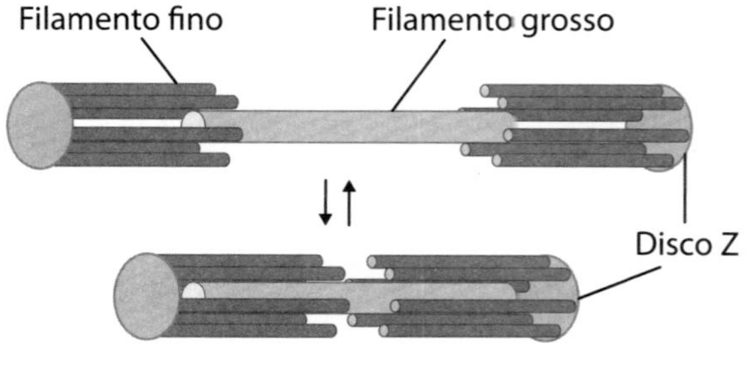

Espiralado ao redor dos filamentos de actina encontra-se o filamento de tropomiosina. Ao longo do filamento de actina, também se encontra o complexo troponina, que se fixa ao filamento de actina pela troponina I e à tropomiosina pela troponina T. A troponina C possui afinidade por íons cálcio, fundamental no processo de contração muscular.

Figura 2.7 – O sarcômero

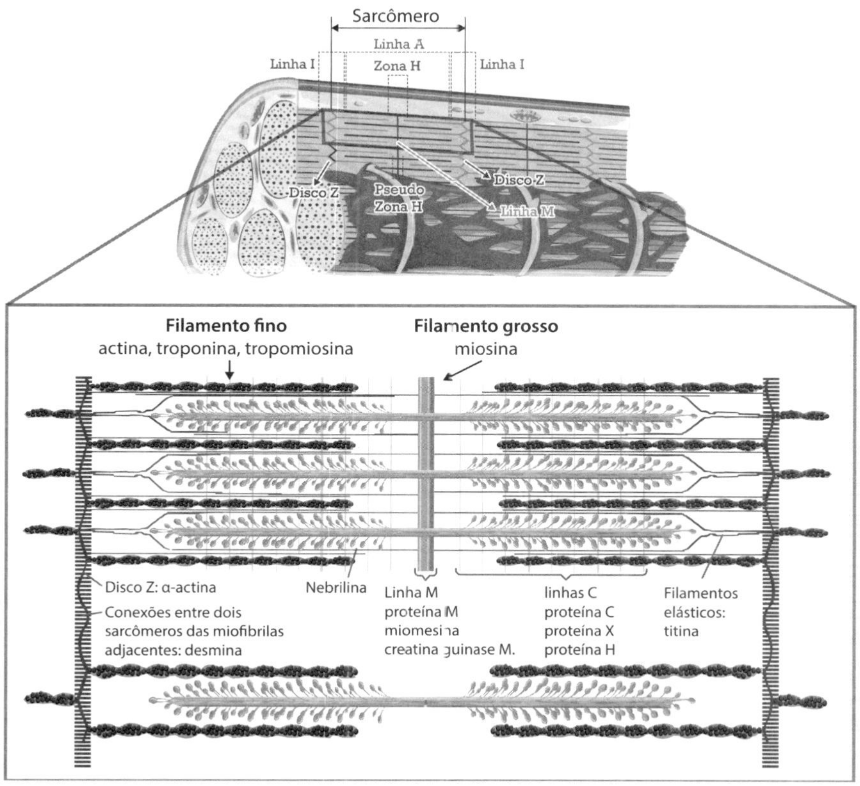

Essa estrutura e disposição das proteínas no sarcômero permite descrever e entender as etapas do mecanismo da contração muscular, por meio da teoria dos filamentos deslizantes ou modelo da alavanca oscilatória (Huxley, 2000; Sellers Jr, 2004). Tal teoria é detalhada a seguir:

- Na junção neuromuscular, a chegada do impulso elétrico, via axônio (via eferente) na placa motora terminal, libera a acetilcolina na fenda sináptica.
- A acetilcolina se liga a receptores específicos localizados no sarcolema, formando o complexo acetilocolina-receptor.
- São abertos os canais iônicos (sódio, potássio) ao longo do sarcolema.
- Com a abertura dos canais de sódio, o sódio que, em repouso, está mais concentrado no meio extracelular, entra para o meio intracelular. Essa mudança de concentração iônica para o sódio desenvolve um *potencial de ação*, ocorrendo *despolarização da membrana*.
- Milissegundos após a abertura dos canais de sódio, eles se fecham e são abertos os canais de potássio. O potássio, que no repouso tem sua concentração maior no meio intracelular, sai para o meio extracelular, reestabelecendo um potencial de membrana-repolarização.

- Nesse mesmo momento a enzima acetilcolinesterase localizada na membrana, é ativada e hidrolisa a acetilcolina, formando ácido acético e colina.
- O impulso elétrico entra pelos túbulos T e aciona a proteína DHP (dihidropiridina) que sinaliza para a abertura dos canais de cálcio (rianodina) localizados no retículo sarcoplasmático.
- Os íons cálcio saturam o sarcoplasma e se ligam à troponina C numa proporção de 3:1.
- Ocorre mudança na posição espacial do complexo troponina-tropomiosina que se encontra acoplado ao filamento de actina, liberando assim o *sítio ativo*, no filamento de actina.
- Isso promove ligação forte entre o sítio ativo da actina e a ponte *cruzada* da miosina.
- Essa ligação ativa a enzima miosina ATP-ase que hidrolisa o ATP localizado na cabeça da ponte cruzada, gerando energia (ADP+Pi+energia).
- A energia permite que as pontes cruzadas se desloquem como alavancas, deslizando os filamentos de actina sobre o filamento de miosina ciclo de pontes cruzadas.
- A chegada de um novo 1mmol de ATP na ponte cruzada permite que a ligação forte se desfaça, ocorrendo então vários ciclos de ponte cruzada.
- As actinas de lados opostos deslizam em direção ao centro do sarcômero aproximando os discos Z e desaparecendo a zona H (região entre filamentos de actina de lados opostos do sarcômero).
- Ocorrendo a **contração muscular**.

Tipos de Contração Muscular

Se considerarmos que a contração muscular é o processo descrito anteriormente, podemos classificá-la em:

- Contração dinâmica — quando ocorre movimento articular.
- Contração estática — quando não ocorre movimento articular.

Como resultado da contração muscular, que produz tensão e gera força, pode-se classificar a ação ou trabalho muscular em:

- Concêntrico ou superador — ao contrair o músculo encurta, aproxima origem e inserção e supera a resistência. Resultado de uma contração dinâmica.
- Excêntrico ou cedente — ao contrair o músculo estende, afasta origem e inserção e cede à resistência. Resultado de uma contração dinâmica.
- Isométrico — ao contrair não ocorre movimento articular. Resultado de uma contração estática (Guedes Jr *et al.*, 2008).

Curva Comprimento–Tensão

A distância entre a origem e a inserção das fibras musculares exerce influência na capacidade do músculo produzir força:

- Insuficiência ativa — capacidade limitada de produzir força quando um músculo biarticular se encontra em posição articular que afrouxa a tensão muscular — músculo encurtado.
- Insuficiência passiva — incapacidade do músculo biarticular alongar até o comprimento necessário para permitir a amplitude máxima de movimento — alongado ao extremo (Kapandji, 2011).

Tipos de fibras musculares

As fibras musculares de uma mesma unidade motora possuem características fisiológicas e bioquímicas semelhantes. Várias técnicas são utilizadas para classificar os tipos de fibras musculares encontradas em seres humanos. Entre elas podemos citar técnicas bioquímicas, imunocitoquímicas, histoquímicas e fisiológicas (Brooks *et al.*, 2014).

Considerando a estrutura da cadeia pesada de miosina (MHC) e entendendo que as fibras musculares nos seres humanos se apresentam num *continuum* de adaptações fisiológicas e metabólicas (Kadi *et al.*, 2000) (Figura 2.8), pode-se classificar as fibras musculares em:

- Fibras do tipo I ou lentas ou oxidativas — velocidade de contração lenta, produção de força baixa, resistência à fadiga muito alta. Compõem as UMs LO.
- Fibras do tipo IIa ou rápidas ou intermediárias ou glicolítico-oxidativas — velocidade de contração rápida, produção de força alta, resistência à fadiga alta. Compõem as UMs RO.
- Fibras do tipo IIb (IIx) ou rápidas ou glicolíticas — velocidade de contração muito alta, produção de força muito alta, resistência à fadiga baixa. Compõem as UMs RG.

Figura 2.8 – Adaptação das fibras musculares

$$I \leftarrow I_C \overset{?}{\leftarrow} II_C \leftarrow II_{AC} \leftarrow II_A \leftarrow II_{AB} \leftarrow II_B$$

Quadro 2.1 – Características detalhadas de cada tipo de fibra muscular

Característica	Tipo II B	Tipo II A	Tipo I
Densidade mitocondrial	Baixa	Alta/moderada	Elevada
Resistência à fadiga	Baixa	Alta/moderada	Elevada
Sistema energético predominante	Anaeróbio	Misto	Aeróbio
Atividade de ATPase	Muito elevada	Elevada	Baixa
Velocidade de contração	Muito elevada	Elevada	Baixa
Eficiência	Baixa	Moderada	Elevada
Tensão específica	Elevada	Elevada	Moderada
Reserva intramuscular de ATP	Elevada	Elevada	Baixa
Reserva intramuscular de PC	Elevada	Elevada	Baixa
Tempo de relaxamento	Rápido	Rápido	Lento
Endurance	Baixa	Moderada	Alta
Reserva intramuscular de triglicérides	Baixa	Moderada	Alta
Conteúdo de mioglobina	Baixo	Alto/moderado	Elevado
Densidade capilar	Baixa	Alta/moderada	Elevada
Atividades das enzimas aeróbias	Baixa	Alta/moderada	Elevada

Com o treinamento regular as fibras do tipo IIb podem sofrer ajustes e assumirem característica de fibras IIa. Com o destreinamento o processo ocorreria inversamente (Aagard, 2004).

Referências

AAGARD, P. Making muscles stronger. J. Musculoskel. *Neuron Interact*, v.4, n.2, p. 165-714, 2004.

AAGARD, P. Training-induced changes in neural function. A review. *Exerc. Sports Sci*, v. 31, n.2, p. 61-67, 2003.

BILLETER, R.; HOPPELER, H. Muscular basis of strength. *Strength and Power in Sports*. London: Blackwell Scientific Publication, p. 39-62, 1992.

BROOKS, G. A.; FAHEY, T. D.; BALDWIN, K. M. *Fisiologia do Exercício: Bioenergética Humana e suas Aplicações*. 4. ed. São Paulo: Phorte, 2014.

BURKE, R. F. A comment on the existance of motor unit types. *In*: TOWER, D. B. The nervous system. *The basic Neurosciences*. Nova York: Raven Press, v.1, p. 611-619, 1975.

DESCHENES, M. R.; KRAEMER, W. J. Performance and Physiologic Adaptations to Resistance Training. *Am. J. Phys. Med. Rehabil.*, v. 81, p. 3-16, 2002.

GUEDES Jr., D. P.; SOUZA JUNIOR, T. P.; ROCHA, A. C. *Treinamento Personalizado na Musculação*. São Paulo: Phorte, 2008.

HUXLEY, H. E. Past, Present and Future Experiments on Muscle. *Philosophical Transactions of the Royal Society of London*. V.355. p. 539-543, 2000.

KADI, F. Adaptations of Human Skeletal Muscle to Training and Anabolic Steroids. *Acta Physiol. Scand.* v.168, p. 646-652, 2000.

KAPANDJI, A. *O Que é Biomecânica*. São Paulo: Manole, 2011.

MACINTOSH, B. R.; GARDINER, P. F.; MCCOMAS, A. *Skeletal Muscle: Form and Function (second Edition)*. Champaign: Human Kinetics, 2006.

PROSKE, U.; GANDEVIA, S. C. The kinesthetic senses. *The Journal of Physiology*, v. 587, p. 4139-4146, 2009.

SCHMIDTBLEISHER, D. L'entraînement de Force. *Science du Sport*, p. 1-13, 1982.

SELLERS, J. R. Fifty Years of Contractility Research Post Sliding Filament Hypothesis. *J. Muscle Res. Cell. Motil*, v. 25, p. 475-482, 2004.

3

Fisiologia endócrina associada ao treinamento de força

Reury Frank Pereira Bacurau

OBJETIVO DO CAPÍTULO

Discutir aspecto gerais, porém fundamentais, da fisiologia do sistema endócrino durante a execução do exercício físico e na fase de recuperação.

Qual a explicação do uso, neste capítulo, da estratégia de discutir aspectos fundamentais da fisiologia do sistema endócrino durante a realização do exercício físico e na posterior fase de recuperação, em vez de uma estratégia que explore exaustivamente os mecanismos moleculares envolvidos na resposta orgânica ao exercício? A principal explicação é a de que, em mais de duas décadas de docência universitária, tenho percebido uma crescente confusão sobre o assunto. Em minha opinião, tal confusão tem uma explicação bem simples: o crescente entendimento dos mecanismos moleculares da resposta ao exercício tem promovido confusão aos efeitos mais importantes dos hormônios. Note: os mecanismos moleculares são a forma com que tal ação promovida por um hormônio é efetivada. Dessa forma, em termos hierárquicos, vias como as da Akt/mTOR não são os "comandantes" das adaptações, mas soldados para essas. Portanto, não tem o menor sentido ficar advogando que um exercício é bom pelo fato de algum estudo ter observado alterações moleculares nos tecidos em resposta ao exercício. Enfim, para lidar com a crescente quantidade de informação trazida por abordagens como a da biologia molecular é sempre bom se ater aos "bons e velhos" princípios básicos da fisiologia que, ano após ano, continuam válidos.

3.1 A necessidade de manter a homeostase no exercício

O fato de sermos seres unicelulares implica a necessidade de coordenação entre os trilhões de células que compõem nosso organismo. Afinal, só dessa maneira é possível que cada um dos diferentes tecidos trabalhem uns pelos outros. Mantendo o estado de compatibilidade com a vida conhecido como homeostase.

Muito embora o sistema nervoso (SN) tenha como função primordial manter a coesão do organismo recebendo informações por suas vias aferentes e promovendo ajustes pelas eferentes, seu alcance não vai a cada uma de nossas células. É por isso que o sistema endócrino (SE) é comandado pelo SN e trabalha em sintonia com ele.

Como se sabe, o exercício está listado entre as condições capazes de alterar as variáveis fisiológicas de tal modo que, se tais alterações não forem corrigidas, o corpo pode sofrer graves danos. Por exemplo, a depender da intensidade e duração do exercício, a temperatura corporal irá aumentar a níveis perigos, haverá, por consequência, desidratação; o metabolismo intermediário será afetado, ocorrendo redução dos estoques de carboidratos (obviamente as gorduras e proteínas também são utilizadas, mas para propósitos práticos, nunca em quantidades significativas em sessões agudas de exercício).

Dessa forma, veremos que o SN e o SE atuam para corrigir as alterações fisiológicas durante a realização do exercício e também promovem adaptações que tornaram esse mesmo estresse mais suportável.

Mas como o SE, especificamente, atua nesses cenários? Basicamente promovendo alterações de catabolismo das reservas orgânicas durante o exercício e o anabolismo durante a sua recuperação.

3.2. Resposta aguda ao exercício

O SN e o SE apresentam respostas estereotipadas, isto é, padronizadas diante da ocorrência de estresse. Essas respostas em seu conjunto, bem como as modificações promovidas por elas, são chamadas de resposta de luta ou fuga. Note que o nome foi dado na tentativa de incluir tudo num modelo teórico de cunho evolucionista no qual a resposta teria surgido pela necessidade de nossos antepassados lidarem com predadores (ora lutando, ora fugindo).

Também deve ficar claro que a decisão entre lutar e fugir é do indivíduo. O corpo produz o conjunto de respostas e o sujeito, de acordo com sua interpretação do contexto, decide o que fazer. Eis aqui um ponto muito importante: boa parte dos estímulos estressores enfrentados pelo corpo surge da interpretação que damos aos fatos. Assim, no contexto do esporte de alto nível, é comum que diversos atletas se apresentem ansiosos no período pré-competitivo. Obviamente que pessoas diferentes vão apresentar níveis de ansiedade também diferentes por motivos tão diversos como personalidade, nível de experiência em competições e questões contextuais (por exemplo, se o sujeito entende que o local no qual a competição ocorrerá pode afetá-lo de alguma forma).

Utilizando ainda o esporte como exemplo, já foi observado o chamado efeito competição no qual se notou um aumento na concentração de testosterona e ativação do sistema cardiovascular. Quando essas e outras respostas hormonais à competição são avaliadas pela perspectiva dualista "vencedor-perdedor" já foi observado que os vencedores apresentam mais testosterona antes da competição. Por outro lado, um comportamento passivo em relação à competição (que está mais associado à derrota) tem resultado em aumentos de cortisol antes da competição.

Mas voltemos um pouco. Como poderemos, em termos hormonais, entender a resposta de luta ou fuga? Bem, assim que o hipotálamo (parte do diencéfalo que, junto com o telencéfalo forma nosso cérebro) percebe algum estressor real, ele ativa simultaneamente um resposta simpática em outra neuroendócrina.

A resposta simpática é mais rápida, uma vez que o comando do hipotálamo vai até a parte interna (medula) das glândulas adrenais por meio dos nervos. Então, quase de imediato ao estímulo hipotalâmico, observa-se que a medula das adrenais libera adrenalina e noradrenalina (na proporção 80:20) e esses dois hormônios, conhecidos como catecolaminas, iniciam a resposta de luta ou fuga. O resto já é conhecido: função fisiológicas que ajudam na hora do exercício são potencializadas (como o aumento do débito cardíaco), enquanto as que não são necessárias naquele momento (exercício) são inibidas (como a digestão).

Já a resposta neuroendócrina desencadeada pelo hipotálamo, ainda que ativada simultaneamente a outra, tem resultados mais demorados. Aqui, o hipotálamo ativa a glândula hipófise que, por sua vez, secreta um hormônio denominado corticotropina (cuja sigla inglesa é muito usada é ACTH). Corticotropina significa que esse hormônio atua no córtex das glândulas adrenais (o simpático atua na parte interna; o córtex é a externa) resultando na produção de cortisol. Uma vez que não há cortisol pronto no córtex, ele precisa ser produzido a partir do colesterol e seu aumento significativo será observado depois de 15-30 minutos de exercício (esteja esse ainda sendo realizado ou já terminado).

3.3. Alterações metabólicas observadas durante o exercício

Como já foi mencionado, as respostas de luta ou de fuga priorizam as modificações fisiológicas que permitam lidar melhor com o estímulo estressor.

Em termos metabólicos isso significa o seguinte: catabolizar as reservas de energia de modo a propiciá-la à musculatura esquelética em contração. Logo, podemos citar diversos processos catabólicos que tem tal efeito. A glicogenólise, ou quebra de glicogênio, é observada no fígado e nos músculos em resposta às catecolaminas, por exemplo. A lipólise, ou quebra de gordura, será observada no tecido adiposo. Basta lembrar que durante o exercício aeróbio usamos prioritariamente uma mistura de carboidratos e ácidos graxos (a proporção depende da intensidade/duração e isso pode ser observado pela mensuração da razão de troca respiratória).

Certamente que sempre há a possibilidade de o organismo ter suas reservas de carboidratos reduzidas pelo esforço ou do indivíduo iniciar seu exercício estando a tempos sem se alimentar. Por isso, existe também a gliconeogênese, processo no qual produtos como aminoácidos são convertidos em glicose a fim de manter a glicemia.

Nesse contexto, o cortisol não é muito bem quisto (sem motivo real) por aqueles que desejam hipertrofiar uma vez que ele promove proteólise (quebra de proteínas) para fornecer substratos à gliconeogênese.

Vale mencionar também que outros hormônios como glucagon e hormônio do crescimento (GH) auxiliam na produção de processos catabólicos fornecedores de substratos (direta ou indiretamente) ao músculo esquelético. As ações anabólicas do GH ocorrerão na fase de recuperação ao exercício.

O mesmo padrão mencionado para o GH pode ser pensado para a testosterona. As já conhecidas ações desse hormônio na hipertrofia muscular estariam ocorrendo na fase de recuperação. Enquanto que durante o exercício estariam ocorrendo efeitos neurais não genômicos que resultariam, por exemplo, em aumento de força. O que permite entender os aumentos desse hormônio quando são investigados sob o prisma *dual* de "vencedor-perdedor".

Se quisermos entender melhor os efeitos hormonais sobre o metabolismo durante o exercício, precisamos falar de outro hormônio: a insulina. Não que ela ajude a aumentar a oferta de substratos à musculatura ativa, pelo contrário. Uma vez que a insulina estimula o aumento das reservas de substratos, oposto ao que se precisa no exercício, ela deve ser inibida em resposta ao exercício. Assim, se por um lado há um aumento dos hormônios catabólicos durante o exercício, de outro, ocorre a inibição da insulina.

Os efeitos da insulina devem servir de alerta para aqueles que são dependentes dela, de modo geral, os portadores a doença autoimune denominada diabetes mellitus tipo I. Em primeiro lugar é preciso lembrar que durante o exercício a captação de glicose pela musculatura esquelética ocorre independentemente da insulina que, conforme mencionamos, está inibida por mecanismos fisiológicos (no caso, pelo sistema simpático). Pois bem, a insulina como se sabe, também promove a captação de glicose pela musculatura esquelética (ainda que não só por este tecido), contudo, isso ocorre após o consumo de carboidratos enquanto não há exercício.

Imagine agora o que pode acontecer com um diabético que está fazendo exercício e simultaneamente tem presente em seu corpo a insulina atuando. Isso jamais aconteceria em condições fisiológicas normais, mas, nesse caso a pessoa faz uso de hormônio exógeno devido à sua patologia. Basicamente, serão dois estímulos induzindo a captação de glicose: a contração muscular e o efeito do hormônio exógeno. Isso pode resultar numa queda brutal da glicemia (hipoglicemia) o que, em casos severos, pode levar à morte.

Portanto, toda vez que se acaba um exercício é importante lembrar, antes da próxima aplicação de insulina, que a maior sensibilidade para captar glicose promovida pela contração muscular ainda pode estar presente. Por outro lado, sempre que o diabético do tipo I for iniciar um exercício deve considerar se o efeito de sua dose anterior de insulina ainda não está atuando. Obviamente que esses mesmos efeitos ocorrem para qualquer um que use insulina, tais como diabéticos tipo II que usam o hormônio como mais um recurso terapêutico ou pessoas desmioladas e sem patologia que usam insulina para aumentar a massa magra (geralmente após a musculação, visando potencializar o efeito anabólico do exercício).

> Para os que não respeitam a insulina é preciso frisar que ela é o único hormônio que já foi usado para matar pessoas rapidamente. Portanto, brincar com ele é bem perigoso.

E o que se pode esperar como resultado dessas ações do SE durante o exercício em termos de metabolismo? Aumento da glicemia, da concentração de ácidos graxos e de aminoácidos. Particularmente quanto a esses últimos, há uma falsa ideia de que acontece uma grande perda durante o esforço físico, o que de fato não acontece. Ainda que diversos atletas e/ou praticantes de atividade física adorem consumir suplementos proteicos de modo a compensar supostas perdas do exercício, essas perdas são pouco relevantes em termos quantitativos e acabam sendo facilmente compensadas por uma alimentação equilibrada.

3.4. Controle hormonal dos líquidos corporais durante o exercício

De todo os substratos utilizados para a produção de ATP, a maior parte tem sua energia convertida em calor. Isso aumenta o risco de elevar a temperatura do organismo a níveis perigosos, o que exige a presença do SE mediando a situação.

Para que se tenha uma ideia mais precisa do quadro vejamos o seguinte: mais de 70% da energia dos nutrientes usados como fonte de energia é convertida em calor. Some-se a isso o fato de que durante o exercício a transferência de energia pelo organismo pode aumentar cerca de mil vezes em relação ao repouso!

É verdade que existem meios físicos que ajudam o corpo humano a perder calor. A condução, por exemplo, que ocorre quando o corpo em contato com um meio (por exemplo, a água) e transfere seu calor diretamente a este. Outro exemplo é a convecção que se observa quando um meio em movimento leva o calor embora (por exemplo, o vento). O problema dessas formas de perder calor é que este vai do mais quente para o mais frio, assim, se a pessoa estiver fazendo exercício num ambiente quente, vai acabar não transferindo seu calor, mas de fato, receber calor do meio mais quente (já tentou nadar numa piscina muito quente?). Há ainda a perda de calor por irradiação, contudo, todo ambiente em volta ao indivíduo irradia calor de volta a ele.

Logo, a carta na manga dos mamíferos é a chamada *evaporação*. Das quatro formas de perder calor, a evaporação é a mais eficaz num ambiente cuja temperatura é igual ou maior que a do corpo. E, como o próprio nome diz, na evaporação a dissipação do calor no corpo ocorre quando a água evapora na superfície da pele. Eis, portanto, o motivo pelo qual no exercício (intenso e prolongado especialmente, como já se deu a entender), a perda de água corporal torna-se uma séria perturbação para o já mencionado complexo sistema de ações hormonais, autonômicas e comportamentais.

A evaporação depende do reflexo simpático que induz vasodilatação na pele e simultaneamente ativa as glândulas sudoríparas. Vê-se, portanto, que as mudanças na circulação durante o exercício em princípio "antagonizam" a evaporação. Além do mais, como ocorre com as proteínas, o organismo humano não tem reservas de água. Assim, uma vez que todos os processos vitais devem ocorrer no meio aquoso, a quantidade de água corporal deve ser distribuída entre os compartimentos intra e extracelulares por meio de um complexo sistema de ações hormonais, autonômicas e comportamentais. Nesse tópico falaremos especificamente das ações hormonais.

Como é sabido, fazer exercício aumenta a necessidade de nutrientes e oxigênio para a musculatura ativa, bem como a remoção de subprodutos de sua contração. Por esse motivo, há aumento do débito cardíaco e da pressão arterial sistólica para atender às demandas musculares. Mas isso não é só, ocorre vasoconstrição renal e de outras vísceras para aumentar ainda mais a oferta de sangue. Nesse sentido, direcionar líquido (isto é, a parte líquida do sangue) para as glândulas sudoríparas na pele acaba representando uma "concorrência" por sangue (daí a ideia de antagonismo exercido pela necessidade de evaporação).

Tanto os ajustes cardiovasculares mencionados quanto a vasodilatação da pele são rapidamente ativadas durante o exercício graças ao aumento da atividade autonômica simpática. Já a vasoconstrição visceral e vasodilatação da musculatura esquelética ativa são resultados da ação de diferentes hormônios bem como de mensageiros locais (autócrinos e parácrinos da musculatura esquelética).

De modo geral, pode-se dizer que a ação hormonal relacionada à manutenção do balanço hídrico atua em três frentes:

- redistribuição de líquidos corporais entre compartimentos em função da desidratação imposta pelo exercício;
- regulação da hidratação celular;
- regulação do volume plasmático.

É importante lembrar que a distribuição e o movimento de fluidos entre os compartimentos intra e extracelulares é parcialmente dependente da osmolalidade, isto é, da concentração dos solutos dissolvidos nesses compartimentos. A perda de água pela evaporação aumenta a osmolalidade dos líquidos extracelulares, o que, por sua vez, "puxa" água intracelular para reequilibrar a osmolalidade aumentada do extracelular. Para destacar a importância da água intracelular, lembre-se de que dois terços de toda a água no corpo estão nesse estado.

O aumento da osmolalidade é detectado por diversas estruturas nervosas centrais (*organum vasculosum da lamina terminalis* [OVLT], órgão subfornical e hipófise posterior [ou neurohipófise]) resultando na liberação do hormônio arginina vasopressina (AVP), também conhecido por hormônio antidiurético (ADH) a partir da própria hipófise posterior. A ação primária do ADH é suprimir a produção de urina por meio de sua concentração de modo a aumentar o balanço osmótico do fluido extracelular. O ADH induz a formação de canais de água nos rins chamados aguaporinas que ajudam na reabsorção de água e evitam que ela vá para a urina.

Além da osmolalidade, a perda de volume plasmático compromete a capacidade do corpo em manter a perfusão adequada para todos os tecidos ativos que necessitam de energia e oxigênio. A correção adequada da perda de plasma pelo exercício exige que um tanto de água quanto de sódio sejam recapturados antes de sua excreção renal, além da necessidade de se adotar um comportamento ativo no sentido de obter líquidos (ingestão).

Um hormônio que exerce essas ações é a angiotensina II (AngII).

Por meio de sua ação vasoconstritora, a AngII aumenta a pressão arterial (PA) (lembre-se de que a perda de volume em função do exercício ameaça a capacidade de manter a pressão, afinal, a PA é o produto do débito cardíaco pela resistência vascular periférica e o débito cai com o menor volume sistólico). Uma curiosidade com extrema relevância clínica é que a atividade excessiva da AngII explica, em parte, o aumento da PA em hipertensos, dessa forma os inibidores da enzima conversora de AngII (enzima que produz AngII) e os bloqueadores do receptor AT1 de AngII são fármacos que exercem um papel determinante no tratamento farmacológico da hipertensão.

Ang II também ajuda na restauração do volume plasmático por estimular a secreção do hormônio aldosterona, que reabsorve sódio nos rins, além de também estimular a liberação de ADH, que como vimos aumenta a absorção de água nos rins.

Uma terceira ação da AngII para a restauração do volume plasmático é a indução de sede e do apetite por sódio. Ainda que exista essa ação, a recomendação para os que se exercitam em condições capazes de induzir grandes perdas de volume plasmático é que ingiram líquido antes mesmo de sentir sede. Isso se explica pelo fato de quando o indivíduo vir a sentir sede já terá desidratado o equivalente a 1-2% do seu peso corporal. Pode parecer pouco, mas já é suficiente para prejudicar o desempenho.

3.5. Ações hormonais pós-exercício

Essas são as ações que vão ocorrer na fase de recuperação do exercício. E, evidentemente, tais ações envolvem desde a renovação dos estoques energéticos depletados pelo exercício quanto as adaptações em resposta a ele.

Nesse rol de respostas ao exercício, não há dúvida que as duas mais desejadas pelos praticantes são a perda de gordura corporal (emagrecimento) e o ganho de massa muscular (hipertrofia). Nesse sentido, acredita-se que ambas as respostas são o resultado do somatório de sessões agudas, isto é, cada treino contribuiria um pouco para o resultado final. Em termos de validade de conteúdo, esse argumento faz todo o sentido.

O grande problema dessa forma de entender as adaptações ao exercício é adotar algumas medidas práticas para tentar dar uma ajuda à "Mãe Natureza".

Por exemplo, não é incomum que alguns praticantes de exercício físico fiquem procurando tipos de exercício ou formas de organizar determinados exercícios de modo a potencializar o emagrecimento. Na prática, isso se observa na tentativa de fazer exercícios que "queimem mais gordura" ou que resultem em um metabolismo aumentado por mais tempo após o término do exercício.

Bem, iniciamos este capítulo falando de como os hormônios têm como função manter a homeostase. O que isso implica? Antes de mais nada, no fato de que as reservas de energia diminuem (lembre-se estamos falando com alguém que deseja reduzir sua gordura corporal). Imagine se a cada perda de determinada quantidade de gordura de nossas reservas, começássemos a emagrecer de pronto. Seria totalmente incompatível com a homeostase. Dessa forma, no que se refere à composição corporal, o organismo precisa de sinais mais confiáveis para que o indivíduo possa emagrecer. O fato é que, para nós, não é possível acompanhar o dia a dia da perda de peso, o momento a momento. O que se pode fazer é um acompanhamento indireto e grosseiro do processo. E isso se faz por meio do acompanhamento do déficit calórico.

Esse acompanhamento é indireto, pois, como já dissemos, a redução do tecido adiposo ocorre em longos intervalos de tempo, e para ser observado são necessárias várias semanas. O grosseiro fica por conta do fato de que, ainda que se saiba quanto gordura há acumulada num quilo de tecido adiposo, por inúmeros fatores, a perda de caloria não reflete exatamente a quantidade de massa (gordura) perdida. Nesse sentido, muito mais que organizar exercício para "queimar gordura" durante e/ou nas horas que se seguem a ele, a melhor atitude prática a se tomar quando o assunto é emagrecimento fica por conta de praticar atividades que induzam maior gasto calórico (sem fazer conta da origem imediata dessas calorias, embora, claro, saibamos que a médio/longo prazo a redução se dará pela perda das reservas de energia acumulada na forma de gordura no tecido adiposo).

Tente se lembrar dessas questões na próxima vez que vir uma comparação entre treinamento intervalado de alta intensidade (HIIT, para a sigla em inglês) e o tradicional exercício contínuo. Se quisermos pensar em termos fisiológicos, fica valendo a questão do gasto calórico (ainda que você discuta o exercício e seus efeitos em termos moleculares, celulares e hormonais, no final das contas, quem regula tudo isso para promover emagrecimento é o gasto calórico). Agora, se a ideia é discutir praticidade, tempo ou outros aspectos da prescrição do exercício, isso pode ser feito quanto à combinação de exercício que, feita de modo seguro e adequado ao cliente, leve-o a gastar mais calorias.

Quanto à hipertrofia, a ideia de que o crescimento muscular é o somatório de cada treino é posta em prática de várias maneiras sendo consumir proteínas talvez a mais popular (com ou sem carboidratos) pós-treino. A ideia aqui é otimizar os efeitos do exercício para que as respostas adaptativas sejam máximas. Tem-se estudado muito o efeito do "*timing*" (tempo) de consumo de proteínas com base na crença que assim que termina o treino passa a existir "uma janela", um período durante o qual a musculatura está mais propícia a incorporar proteínas.

Por exemplo, o consumo de carboidratos associado a proteínas visa "pegar carona" no efeito da insulina no metabolismo de macronutrientes. Supostamente, o aumento desse hormônio levaria à elevação da síntese proteica o que, se repetido cronicamente, um dia resultaria em maior massa muscular. Acontece que tentar mimetizar ou potencializar um mecanismo fisiológico não é o mesmo que conseguir fazê-lo. Já foi demonstrado que as concentrações de insulina para auxiliar na síntese proteica são de apenas, duas a três vezes maiores que as concentrações basais desse hormônio. Ou seja, não se faz necessário o consumo de grandes quantidades de carboidrato com proteína para permitir que os efeitos estimulados pelo exercício se tornem fato. Não é sem motivo, portanto, que estudos têm demonstrado que o consumo de carboidratos associado a proteínas não é mais eficaz em promover síntese que o consumo apenas de proteínas.

Além do *timing*, a quantidade total de proteínas foi sempre considerada (por praticantes) um fator fundamental no ganho de massa associado ao treinamento de força, por exemplo. Muito embora ainda existam discussões sob a quantidade real, o fato é que consumir um nutriente não altera o funcionamento do sistema endócrino. Quer dizer, seja a insulina, a testosterona ou fator de crescimento similar à insulina I (IGF-I), é o estímulo hipertrófico do exercício e o consequente desiquilíbrio provocado na homeostase que determina o crescimento muscular, não o que se come. O que se come permite que o objetivo seja cumprido, mas não o determina. Ah, mas não dá no mesmo? Não. Exercício determina adaptações, alimentação não. Logo, se você comer mais do que precisa, o nutriente do alimento não será usado para aquilo que você deseja. Também vale mencionar aos desavisados que NÃO há estoque de proteínas no organismo, não existindo, portanto, a necessidade de guardá-la para depois.

Também vale mencionar que atualmente se sabe que o músculo esquelético produz hormônios em resposta ao exercício e que tais hormônios interferem em seu próprio crescimento. Assim, além dos hormônios classicamente conhecidos (como testosterona, IGF-1, hormônio do crescimento, insulina) que podem afetar a hipertrofia muscular em resposta ao exercício, há os fatores endógenos, isto é, produzidos na própria massa muscular e envolvidos no mesmo processo.

Considerações finais

Hormônios são mensageiros que o SE, sob as ordens do SN, usa de modo a sincronizar informações entre todas as células que compõe o corpo humano. Essa sincronização é a única maneira de manter tais células trabalhando de modo cooperativo e garantindo as condições ideais para a sobrevivência do organismo e que, em seu conjunto, recebe o nome de homeostase.

A homeostase pode ser "quebrada" (as variáveis fisiológicas alteradas) por diversos fatores denominados estresse, entre os quais está o exercício físico; que é um estressor muito especial já que podemos controlar sua magnitude de modo a obter uma resposta adaptativa do organismo, isto é, torná-lo mais forte ao estressor.

Assim, características qualitativas, como a intensidade, e quantitativas, como o volume, bem como o atual nível de condicionamento do indivíduo que se exercita irão determinar o quanto a homeostase orgânica será afetada. O SN vai responder ao estresse ativando diferentes mecanismos fisiológicos que, numa resposta estereotipada, irão permitir ao corpo fazer frente ao estressor. Se aplicado com regularidade e dentro de limites adequados, os estressores vão promover mudanças no organismo, tornando-o o mais forte (pesquisas mostram, inclusive, que um indivíduo bem condicionado suporta uma situação de estresse social que um não estressado. Ou seja, há uma transferência de adaptação entre diferentes estressores. Talvez pelo fato de a resposta ser estereotipada?).

Nesse cenário, são os hormônios que, em conjunto com o SN, irão promover as mudanças agudas (durante o exercício e imediatamente após) e as mudanças na estrutura e função do corpo (adaptação). Conforme vimos, enquanto a insulina deve ser inibida durante o exercício por perfil anabólico de suas ações, hormônios como as catecolaminas e o cortisol têm suas concentrações aumentadas pelo exercício.

Como avisos, ficam as dicas de que os mecanismos moleculares da resposta ao exercício não podem ser utilizados para prescrever exercícios muito menos serem considerados mais importantes que o exercício em si. Uma forma de "se proteger" da torrente de informações sobre hormônios é entender os aspectos gerais e básicos da fisiologia. A fisiologia do exercício serve muito mais para que entendamos como as coisas funcionam do que para corrigir as informações oriundas da ciência do treinamento esportivo que, até pouco tempo atrás, era empírica e obtinha seus conhecimentos a partir da constatação daquilo que funcionava. A forma de prescrever exercício é muito complexa para ficar à mercê de novidades sobre novas moléculas e novas vias. Concordo plenamente com Shakespeare quando disse que "há mais entre o Céu e a Terra do que julga a vã filosofia", mas gostaria de acrescentar que, em se tratando de exercício físico, estamos na fase de entender como essa multiplicidade de coisas funciona, não na de criar novidade. Então, fecho este capítulo com a máxima de outro célebre "filósofo", esse brasileiro, chamado Abelardo Barbosa (também conhecido com Chacrinha): "nada se cria, tudo se copia". Isso vale na maioria dos casos para prescrição do exercício e não vai ser o SE que vai mudar essa realidade.

Bibliografia consultada

BORER, K. T. Exercise and the Nutrient Partitioning Between Structure and Storage. *In*: *Exercise Endocrinology*. Champaign: Human Kinetics, 2003. cap. 7.

FARRELL P. A.; GALBO H. The Endocrine System: Actions of Select Hormones. *In*: *History of Exercise Physiology*, 2014. cap. 15.

GARBER, C. E.; BLISSMER, B. *et al.* American College of Sports Medicine Position Stand. Quantity and quality of exercise for developing and maintaining cardiorespiratory, musculoskeletal, and neuromotor fitness in apparently healthy adults. *Guidance for prescribing exercise*. *Med Sci Sports Exerc*, v. 7, p. 1334-1359, 2011.

GREENBERG, J. S. *Administração do Estresse*, 6 ed. São Paulo: Manole, 2002.

GUYTON, A. C.; HALL, J. E. Functional Organization of the Human Body and Control of the "Internal Environment". *In*: *Textbook of Medical Physiology*. Philadelphia: Saunders, 1996. cap. 1.

IMPELLIZZERI, F. M.; RAMPININI, E.; MARCORA, S. M. Physiological assessment of aerobic training in soccer. *J Sports Sci*, v. 6, p. 583-592, 2005.

KREHER, J. B.; SCHWARTZ, JB. *Overtraining Syndrome*: a Practical Guide. Sports Health 2:128-138, 2012.

MILES, M. P. Neuroendocrine Modulation of the Immune System with Exercise and Muscle Damage. *In*: KRAEMER W. J.; ROGOL A. D. (ed.). *The Endocrine System in Sports and Exercise*. Malden, MA: Backwell Publishing, 2005.

PLOWMAN, S. A.; SMITH D. L. *Exercise Physiology – for Health, Fitness, and Performance*. Boston: Allyn and Bacon, 1997.

SILVERTHORN, D. U. *Human Physiology – an Integrated Approach*. 2 ed. Nova Jersey: Prentice Hall, 2001.

VIRU, A.; VIRU, M. Nature of training effects. *In*: GARRET, W. E.; KIRKENDALL, D. T. (org.). *Exercise and Sport Science*. Philadelphia: Lippincott Willians and Wilkins, 2000.

4

Nutrição e treinamento de força

Reury Frank Pereira Bacurau

OBJETIVO DO CAPÍTULO

Proporcionar compreensão adequada sobre os aspectos nutricionais associados ao treinamento, às exigências metabólicas e à demanda energética no treinamento.

Existem dois objetivos principais com o treinamento físico: (1) condicionamento físico relacionado à saúde e (2) condicionamento físico específico do esporte, também chamado de condicionamento atlético.

O primeiro visa prevenir ou reabilitar doenças e normalmente é constituído de três componentes: resistência aeróbia, composição corporal e condicionamento muscular (resistência muscular, força e flexibilidade). O condicionamento físico específico do esporte por sua vez é o objetivo direcionado ao aperfeiçoamento do desempenho esportivo.

Os principais determinantes na obtenção dos objetivos traçados tanto no que se refere ao condicionamento físico relacionado à saúde quanto ao relacionado a elementos específicos do esporte são a herança genética e o programa de treinamento. Em função deste último, irá ocorrer uma adaptação na estrutura e funcionalidade dos componentes orgânicos utilizados durante as sessões de treinamento. Por exemplo, indivíduos submetidos regularmente ao treinamento de força irão aumentar a quantidade de proteínas contráteis em seus músculos treinados (componente estrutural) e as enzimas responsáveis pelo metabolismo anaeróbio (componente funcional). Por outro, aqueles submetidos ao treinamento de *endurance* apresentarão aumento no número e tamanho das mitocôndrias (componente estrutural) da musculatura treinada e nas enzimas do metabolismo aeróbio (componente funcional).

De modo geral, tanto as adaptações estruturais quanto as funcionais irão exigir três condições: a presença de energia (durante e depois do exercício, essencialmente carboidratos e lipídios), regulação e controle de determinadas reações químicas (durante e depois do exercício, vitaminas e minerais) e síntese de macromoléculas (principalmente durante a recuperação após o exercício, proteínas). Tais condições constituem, na realidade, as funções dos nutrientes presentes em nossos alimentos.

4.1 Os nutrientes

4.1.1 Carboidratos

Destacam-se três importantes funções dos carboidratos no exercício:

1. Quanto mais alta a intensidade do exercício (seja contínuo ou intermitente; aeróbio, anaeróbio ou aeróbio-anaeróbio), mais importante é o glicogênio muscular como substrato energético.
2. Os estoques de carboidratos no organismo são limitados. O treinamento aumenta a capacidade de armazenar carboidratos e reduz sua utilização em um exercício de mesma intensidade absoluta depois da adaptação. Apesar disso, a redução desse estoque é inevitável e está associada ao surgimento da fadiga.
3. O metabolismo de gordura está associado ao dos carboidratos.

Os alimentos contendo quantidades significativas de carboidratos foram tradicionalmente categorizados em função da classificação estrutural de seu principal carboidrato. Isto levou a uma classificação simplista em fontes contendo carboidratos simples (contendo açúcares mono-, di- e oligossacarídeos) e carboidratos complexos (contendo polissacarídeos).

Apesar de servir como elemento didático, essa forma de classificação de alimentos contendo carboidratos não faz o mais importante: servir como modelo para o "comportamento" dos carboidratos no organismo. Ou seja, não explica o efeito do alimento sobre a glicemia e a liberação de insulina.

Dessa forma, um novo critério foi desenvolvido, o índice glicêmico (IG). Esse índice compara a elevação da glicose sanguínea causada pela ingestão de 50g de qualquer fonte de carboidrato com a elevação provocada pela ingestão de 50 g de pão branco. O IG não depende da estrutura química que o carboidrato apresenta no alimento, mas sim da velocidade na qual o conteúdo de carboidratos dessa fonte é absorvido e digerido. O pão branco foi adotado como padrão e recebeu um IG igual a 100. Dessa maneira, os carboidratos foram classificados conforme seu IG:

- IG alto: IG ≥ 85;
- IG moderado: IG de 60-85;
- IG baixo: IG < 60.

Alguns autores sugerem que esse talvez seja o critério mais importante na tomada de decisão de qual carboidrato deve ser consumido quando se deseja a reposição rápida dos estoques desse nutriente (como imediatamente após o exercício, ver recomendações para a ingestão pós-exercício adiante). Assim, recomenda-se que o tipo de carboidrato consumido deve ser o de alto IG, pois a elevação da glicemia (e logo, da insulinemia) promovida por esses nutrientes promove uma recuperação mais rápida do estoque de glicogênio muscular. Deve-se observar, porém, que muitos estudos não observaram diferença quanto a taxa de reposição de glicogênio muscular quando fontes de carboidratos com diferentes IG foram testadas.

Além disso, uma vez que o aumento crônico de insulina poderia promover tanto a aterosclerose quanto a hipertensão, manter a glicemia sempre elevada com esse tipo de fonte de carboidratos pode não ser bom negócio. Ou seja, embora a maioria das pessoas acredite ser normal o consumo de grandes quantidades de alimentos com alto IG, isso não é a verdade. Uma refeição mista contendo 60% das calorias totais na forma de carboidrato aumenta apenas moderadamente a glicemia (logo, a quantidade de insulina no plasma).

Dessa forma, indivíduos fisicamente ativos e não atletas parecem se encontrar diante de um dilema: deixar de consumir carboidratos de alto IG que podem promover uma reposição das reservas mais rapidamente (embora já se saiba que isso é polêmico) e ter fadiga, ou manter a saúde pagando o preço de não se recuperar rápido o bastante para o próximo treino ou competição.

A resposta pode estar nos resultados de estudos que demonstram que carboidratos de IG moderado podem ser tão eficazes quanto os de alto IG no que se refere à promoção do anabolismo de aminoácidos (captação pela musculatura). Em relação à reposição de carboidratos deve se considerar o fato de que a primeira fase da síntese de glicogênio é **independente** de insulina. Considere também o fato de que indivíduos que, embora ativos, não são atletas de *endurance* (assim como os sedentários) apresentam um menor estoque de glicogênio e, nesses indivíduos, a ingestão de uma dieta contendo de 70%-80% de sua energia na forma de carboidratos (principalmente se de alto índice glicêmico) pode alterar o perfil de gorduras no plasma (triacilglicerol e colesterol). Tal alteração está relacionada ao aumento no risco de doenças cardiovasculares. Portanto, o consumo de 10%-20% do consumo calórico diário na forma de carboidratos não é recomendado para indivíduos sedentários ou não atletas praticantes de atividades de *endurance*. Eles devem consumir de 55%-58% do valor calórico total na forma de carboidratos.

Os atletas de *endurance* apresentam menor aumento na quantidade de glicose plasmática e de insulina para uma dada dose de carboidratos em relação a indivíduos sedentários. Assim, esses indivíduos parecem estar mais protegidos que não atletas dos riscos potenciais do aumento crônica da insulina.

4.1.2 Lipídios

Os lipídios (ácidos graxos) são um importante substrato energético para os exercícios de intensidade baixa e moderada. Nesse tipo de exercício, o principal papel dos ácidos graxos é poupar o uso de carboidratos por meio de sua própria oxidação (um efeito desenvolvido pelo treinamento).

Esse efeito dos lipídios tem levado a proposição de manobras como o consumo de dietas ricas em gordura pelo período de algumas semanas (4 a 5 semanas) para permitir o aumento na capacidade de utilização de gordura e, consequentemente, da redução do estoque de carboidratos. Essas estratégias não parecem adequadas por dois motivos: não sustentam a intensidade e duração de exercício nas quais os atletas normalmente se exercitam e induzem um aumento na concentração plasmática de colesterol.

Vale lembrar ainda que a quantidade de lipídios presentes tanto na musculatura esquelética (principalmente se o indivíduo for treinado em exercícios de *endurance*) quanto no tecido adiposo não justifica esse tipo de manobra (conforme foi discutida, a depleção dessas reservas não ocorre durante uma sessão de exercício).

4.1.3 Proteínas

Diante do papel de pouco destaque que as proteínas desempenham no metabolismo energético do exercício, o consumo de proteínas para indivíduos fisicamente ativos tem como objetivo principal propiciar a matéria-prima necessária às adaptações estruturais e funcionais promovidas pelo treinamento. Portanto, pense bem antes de consumir proteínas imediatamente antes e durante seu treino ou competição. É muito provável que esses nutrientes não sejam de nenhuma valia (ver as recomendações para a ingestão de nutrientes antes, durante e depois do exercício).

4.1.4 Vitaminas

Apesar das agências de publicidade insistirem na ideia de que indivíduos estressados ou "desanimados" podem ter uma súbita e fantástica recuperação desses estados ao ingerirem algum tipo de vitamina, a verdade não é bem essa.

Obviamente, as vitaminas são muito importantes para o funcionamento adequado de nosso organismo e não se pode descuidar de sua ingestão. Treze vitaminas são consideradas essenciais para humanos, mas essas não são as vitaminas indicadas atrás da embalagem de shampoo.

Estudos demonstram que existe uma quantidade ideal para que o organismo funcione adequadamente para cada uma dessas vitaminas. A ingestão de quantidades muito baixas pode causar problemas sérios e, o que a maioria das pessoas não está atenta, doses elevadas também. Diante da pequena necessidade diária (por isso mesmo são chamadas de micronutrientes), a ingestão de vitaminas não se faz necessária imediatamente antes, durante ou imediatamente após o exercício para promover a recuperação. Na realidade, em mais de 50 anos de pesquisas, não existem evidências de que a suplementação de vitaminas, em indivíduos que se alimentam adequadamente, melhore o desempenho, acelere a recuperação ou diminua as lesões.

Ou seja, o importante é que o indivíduo tenha uma alimentação balanceada, caso isso ocorra, não há o que fazer quanto às vitaminas.

4.1.5 Minerais

Os minerais, assim como as vitaminas, são essenciais e não podem ser produzidos em nenhuma extensão em nosso organismo, pois são inorgânicos. Dentre os minerais, há uma subdivisão em relação às nossas necessidades orgânicas, embora todos sejam necessários em pequenas quantidades (são micronutrientes), alguns o são em quantidades maiores (macrominerais) e outros em menores (microminerais).

Apesar de seu número mais elevado em comparação aos demais nutrientes, apenas alguns minerais têm sido associados ao exercício. Por exemplo, dos 14 microminerais, somente quatro atendem a essa condição (zinco, cromo, selênio e ferro). Devido aos mesmos motivos apresentados para as vitaminas, não se recomenda a ingestão de minerais em períodos imediatamente anteriores ao exercício, nem durante ou imediatamente após o treino. O segredo está em ter uma dieta adequada em relação a esses nutrientes.

4.1.6 Água

A água é o nutriente mais importante para o organismo e, em relação ao exercício, é aquele cujo consumo inadequado está relacionado aos comprometimentos mais graves à saúde do indivíduo (a desidratação durante o exercício pode levar, inclusive, à morte). Durante o exercício, o principal papel da água é de manter a temperatura corporal sobre controle; trabalho que é bastante dificultado pela elevada produção de energia durante o exercício e pelo efeito do ambiente (quente e com elevada umidade relativa do ar).

Não bastasse a dificuldade imposta pela produção metabólica de energia e pelo ambiente, fatores normalmente associados com a obtenção das quantidades necessárias de água estão prejudicados durante o exercício. A sede, por exemplo, não é um bom parâmetro para a percepção da necessidade iminente da ingestão de água. Por sua vez, a capacidade gastrointestinal de absorção de água não acompanha o ritmo no qual esse importante macronutriente é perdido pela sudorese.

4.2 Nutrição para o exercício

Uma vez que a função dos nutrientes está em plena concordância com as necessidades impostas pelo treinamento ao organismo, a alimentação correta para o praticante de atividade física é aquela que está ajustada a seu regime de treinamento — de outra forma, ela não tem sentido. É sabido, por exemplo, que uma vez elaborado o programa de treinamento, ele deve ser aplicado de forma que seja mais benéfica ao organismo. Esse padrão de aplicação é chamado de ciclo de treinamento ou periodização e deve ser utilizado tanto para a aquisição dos objetivos do condicionamento relacionado à saúde quanto ao relacionado ao esporte.

A forma mais adequada de ajustar a alimentação à periodização é observar que o exercício impõe ao organismo a necessidade de ajustes durante a sua execução (efeitos agudos) bem como durante todo o período de treinamento (efeito crônico). Assim, considerando esses efeitos, pode-se dividir a alimentação em: para *competição/treino* e para *treinamento*. Na alimentação para *competição/treino*, o indivíduo irá se preocupar com o que ingerir antes, durante e imediatamente após (normalmente visando acelerar a recuperação pelo aproveitamento de algum estímulo persistente do exercício) o esforço. Por alimentação para *treinamento*, pode-se entender a nutrição nos demais períodos do dia que não os diretamente relacionados aos períodos citados acima (antes, durante e depois do exercício) (Figura 4.1).

Figura 4.1 – Períodos do dia para alimentação para competição/treino e para treinamento

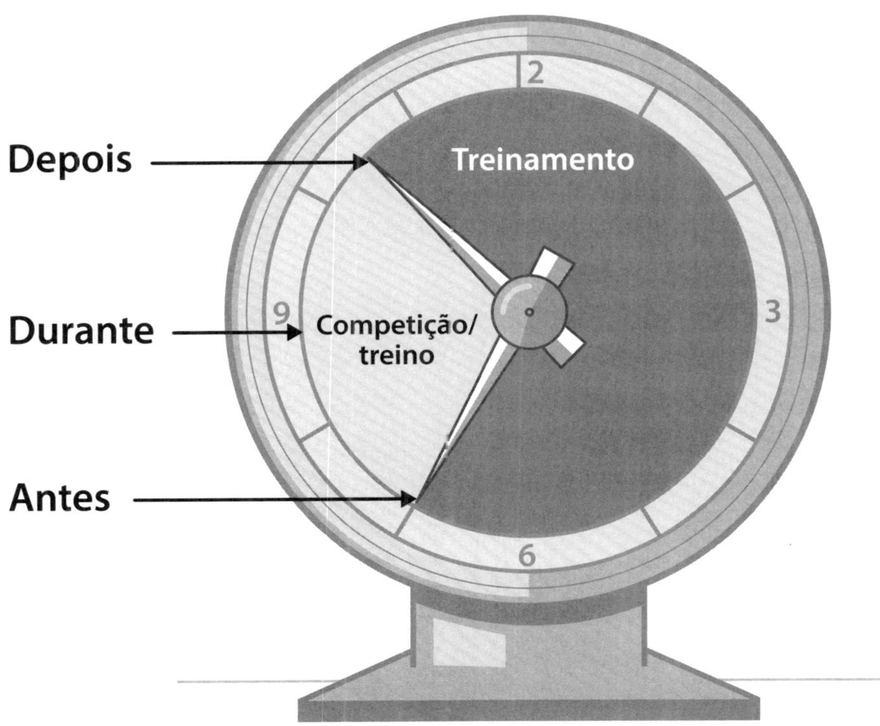

4.2.1 Nutrição para a competição/treino

Os objetivos para uma dieta para a competição ou sessões de treino são:

1. garantir o fornecimento adequado de nutrientes no período que antecede o evento;
2. garantir o fornecimento adequado de nutrientes durante o evento, não importando qual a duração do mesmo;
3. facilitar a regulação da temperatura corporal por meio da prevenção da desidratação;
4. obter o peso desejado ao mesmo tempo que fornece energia e água;
5. evitar desconforto gastrointestinal durante o evento.

Antes do exercício

Procedimentos a serem seguidos quanto à ingestão de nutrientes no período que antecede o exercício:

a) o momento de ingestão e a quantidade de alimentos devem ser baseados considerando-se a intensidade e a duração do treino/competição;
b) consumir de 50-150 g de carboidratos;
c) consumir alimentos que contenham poucas fibras, pois elas diminuem o esvaziamento gástrico;
d) montar uma sacola contendo os alimentos a serem consumidos no dia do treino;
e) incluir uma pequena quantidade de proteínas com pouca gordura associada;
f) alimentos recomendados são cereais, pães e derivados, leite e iogurte desnatados, leite de soja e sucos;
g) consumir aproximadamente meio litro de água nas horas que antecedem o treino/competição.

Durante o exercício

A alimentação adequada durante o exercício pode seguir os seguintes passos:

a) consumir de 30 a 60 g de carboidratos por hora;
b) beber de 150-200 ml de líquido a cada 15-20 minutos;
c) consumir líquidos com carboidratos e eletrólitos;
d) consumir géis, barras ou qualquer alimento sólido que se tolere bem (não deixe para descobrir sua tolerância no dia de uma competição importante, não vá se arriscar a consumir alimentos ainda não testados por você).

Após o exercício

A alimentação após o exercício tem quatro objetivos principais, os quais podem ser contemplados por meio de um sistema denominado R**4** por alguns autores. Os componentes desse sistema são:

a) *restaurar* os líquidos e minerais importantes perdidos pela desidratação;
b) *repor* o glicogênio muscular; uma fonte primária de produção de energia;
c) *reduzir* as lesões musculares e a redução da função do sistema imunológico resultantes do estresse do exercício;
d) *reconstruir* as proteínas musculares, as quais são importantes para a manutenção e função dos músculos.

Os seguintes passos podem ser adotados para que os objetivos anteriores sejam alcançados:

1. consumir de 50-100 g de carboidratos de moderado a alto índice glicêmico combinados com proteínas nos primeiros 15-30 minutos de recuperação de um exercício, sugere-se a proporção de carboidratos e proteínas de 4:1;

2. consumir alimentos com conteúdo elevado em carboidratos a cada duas horas (50 g) nas primeiras 6-8 horas de recuperação;
3. consumir meio litro de água por quilo de peso corporal perdido.

4.2.2 Nutrição para o treinamento

A alimentação ajustada ao regime de treinamento deve permitir que o organismo se ajuste às demandas imposta pela necessidade de adaptação e garantir ao mesmo tempo a manutenção da saúde do indivíduo. Assim, os objetivos da alimentação ideal para o treinamento são:

- atender às necessidades calóricas e de nutrientes essenciais;
- adotar práticas nutricionais que promovam a saúde;
- atingir e manter o peso e composição ótimos para a saúde e participação na modalidade na qual se está inserido;
- promover a recuperação das sessões de treinamento (também um objetivo da alimentação imediatamente após o exercício) e as adaptações fisiológicas;
- testar variações na ingestão de fluídos e alimentos antes e durante as competições para determinar as respostas corporais.

Considerando os objetivos citados anteriormente, existem algumas diferenças na alimentação de indivíduos regularmente envolvidos com o treinamento daqueles que são sedentários. Normalmente isso não é entendido muito bem, o que leva a adoção de práticas alimentares inadequadas por pessoas que não treinam o suficiente para isso (por exemplo, o consumo de suplementos por pessoas iniciando a prática) ou a distúrbios alimentares devido a adoção de metas inadequadas (como a anorexia ou a bulimia em atletas com fixação para manter ou perder o peso corporal).

O organismo tem maior necessidade (e, consequentemente, menor autonomia de ficar sem) de água, de carboidratos e de gordura e proteínas; não é sem razão que são chamados macronutrientes, pois normalmente nossa necessidade diária é de algumas gramas.

Embora muitas pessoas ainda acreditem que a água corporal tem alguma relação com o fenômeno de engordar, esse é o único dos macronutrientes que não fornece energia. Se analisarmos os outros três macronutrientes, podemos concluir que a principal diferença na alimentação de pessoas fisicamente ativas e inativas está na quantidade de calorias necessárias. Certamente vitaminas e minerais são necessários em maiores quantidades nos indivíduos fisicamente ativos, mas esse aumento não é tão significativo quanto aquele observado em relação as calorias dada a pequena necessidade corporal diária (que, sem dúvida, está diretamente relacionada com o tempo em que essas vitaminas levam para serem depletadas do organismo).

As necessidades calóricas dos indivíduos fisicamente ativos, particularmente atletas, depende de alguns fatores:

- composição e tamanho corporais;
- sexo;
- idade;
- grau de atividade física;
- e, em menor extensão, o tipo de alimentação e as condições ambientais.

A nutrição para o treinamento é bem mais complicada que a nutrição para o treino/competição. Existem diversos fatores que apoiam essa afirmação:

- indivíduo não passa a maior parte de seu dia treinando ou competindo, portanto, a nutrição para o treinamento vai se preocupar com a alimentação para a maior parte do dia;

- existem cerca de quarenta nutrientes que são fundamentais para a manutenção da saúde e do desempenho humano. Na nutrição para a competição/treino, o enfoque é apenas nos nutrientes que estão relacionados ao surgimento da fadiga (principalmente carboidratos, água e sais minerais);
- a distribuição dos nutrientes necessários ao organismo não é homogênea nos diferentes tipos de alimentos, daí a necessidade de selecioná-los adequadamente;
- durante o exercício, as opções de alimentos, bem como sua forma de consumo, são bem mais restritas o que facilita a opção do indivíduo;
- de nada adianta a nutrição adequada para o dia de um determinado treino e/ou competição se durante toda a preparação a alimentação do indivíduo foi inadequada, não permitindo que seu organismo alcançasse seu melhor em termos de adaptação.

Villa *et al.* (2000) fornecem os parâmetros necessários para que a alimentação do indivíduo fisicamente ativo possa atender às suas necessidades energéticas e de nutrientes essenciais (que seu organismo não produz ou o faz em quantidades insuficientes).

1. Os alimentos devem ser selecionados com base na pirâmide alimentar. Deve-se construir um registro diário dos alimentos ingeridos. Açúcares e gorduras devem ser consumidos com moderação.
2. Estabelecer padrões adequados de alimentação desde o café da manhã até os alimentos consumidos entre as refeições. Os alimentos escolhidos devem apresentar uma alta densidade nutricional.
3. Beber líquidos, limitar a lácteos desnatados, caldos sem gordura, bebidas cítricas e água. Limitar o consumo de bebidas alcóolicas e café (não beber em todas as refeições, só em algumas).

4.3 Distribuição das refeições

Um grande erro da maioria das pessoas é consumir o total da ingestão calórica em uma ou duas refeições ao dia.

Esse padrão de alimentação implica a manutenção de períodos prolongados de jejum durante boa parte do dia. Isso implica uma série de "ajustes" (com a insulina envolvida) orgânicos que facilitam o acúmulo de gordura corporal (para se proteger o corpo aumenta sua capacidade de aproveitamento dos nutrientes que virão entre um período de jejum e outro).

Portanto, aconselha-se que a ingestão alimentar seja feita em pelo menos em quatro refeições. Eis uma proposta de distribuição do total das calorias:

- Café da manhã: 15%-20% das calorias totais
- Lanche 1: 10%-15% das calorias totais
- Almoço: 25%-30% das calorias totais
- Lanche 2: 10%-15% das calorias totais
- Jantar: 25%-30% das calorias totais

Algumas observações são necessárias: aconselha-se que não mais que 30% das calorias totais sejam consumidas numa única refeição. Além disso, a principal refeição do dia deve ser aquela realizada após a sessão de treinamento. Dessa forma, os porcentuais de calorias consumidas em cada refeição podem ser ajustados conforme o horário da sessão de exercício.

Foi sugerido que a quantidade de calorias do almoço pode ser menor e a diferença ser acrescida no lanche da tarde quando a sessão de treinamento estiver programada para o período entre essas duas refeições. Ao longo da temporada, o programa de treinamento muda, logo a alimentação tem de ser flexível em função dessa mudança, ajustando-se a ela.

4.4 Porcentual de calorias *versus* recomendação pelo peso corporal

A recomendação para a quantidade diária a ser ingerida tanto de carboidratos quanto de proteínas foi feita tanto em relação às calorias totais consumidas diariamente, quanto em relação ao peso corporal do indivíduo. Esse detalhe é muito importante, pois a ausência de sua observância pode levar a erros grosseiros.

Um desses erros é cometido por indivíduos interessados em ganhar massa muscular por meio de exercícios resistidos. Eles acreditam que 10%-15% das calorias totais consumidas é muito pouco para suas necessidades, uma vez que se exercitam intensamente (na realidade esse treino pode nem ser tão intenso) e que essas recomendações não consideram pessoas em suas condições.

Em primeiro lugar, não consideram que a principal diferença entre indivíduos sedentários e fisicamente ativos é justamente a quantidade de calorias consumidas. Ao queimarem mais calorias, os indivíduos ativos têm que consumir 10%-15% das calorias diárias de uma porção maior, portanto, consomem mais proteínas. Na dúvida, a quantidade ajustada por quilo de peso corporal pode servir de parâmetro, quantidades superiores a 2,7 $g. kg^{-1}. dia^{-1}$ estão relacionadas com o aumento da oxidação das proteínas e, portanto, de seu uso como energia e não matéria-prima para a produção de músculos.

Outro possível erro está relacionado ao consumo de carboidratos. Como se sabe, a maior parte das calorias totais deve consumida na forma de carboidratos (60%-70%). Entretanto, existe uma capacidade limitada de armazenamento de carboidratos nos estoques corporais e quantidades iguais a 600-700 g parecem alcançar tal limite. Em indivíduos que tem o consumo calórico elevado (acima de 3000 calorias) o consumo de 70% de carboidratos é igual a 750 g, ou seja, aproximadamente o limite superior da capacidade de armazenamento de glicogênio muscular e hepático. Portanto, o consumo de carboidratos considerando o peso corporal é mais adequado para indivíduos com uma ingestão calórica elevada. Além disso, nesses indivíduos o consumo desnecessário de quantidades excessivas de carboidratos pode levar ao balanço calórico negativo. Pois para eles é muito difícil consumir a quantidade de energia necessária devida a baixa quantidade de gordura.

Considerações finais

Macro e micronutrientes são fundamentais para que o exercício físico possa ser adequadamente realizado e suas adaptações implementadas. Muito embora os modismos e crenças inadequadas levem os indivíduos a tentarem adequar os nutrientes aos seus desejos pessoais, são as propriedades dos alimentos, as características do exercício, assim como as condições físicas do praticante, os reais determinantes do papel da nutrição esportiva.

Bibliografia consultada

BACURAU, R. F. P.; UCHIDA, M. C.; TEIXEIRA, L. F. M. (org.). *Nutrição Esportiva e do Exercício Físico*. São Paulo: Phorte, 2017.

5

Adaptações moleculares ao treinamento de força

Audrei dos Reis Santos

Marcelo Saldanha Aoki

OBJETIVO DO CAPÍTULO

Proporcionar compreensão da resposta molecular ao treinamento de força e da modulação das vias hipertróficas mais conhecidas.

O treinamento de força (TF), reconhecidamente, induz a hipertrofia do músculo esquelético e aumenta a capacidade de gerar força (Kraemer *et al.*, 2002; Reeves *et al.*, 2004; Seynnes *et al.*, 2007). Essas respostas adaptativas aumentam o desempenho físico, garantindo constante e difundida participação desse método de treinamento físico no esporte. Tais adaptações também têm sido associadas com a manutenção da saúde (Ratamess *et al.*, 2009; Winett e Carpinelli, 2001; Zavanela *et al.*, 2012), possibilitando que o TF seja utilizado como estratégia não farmacológica de prevenção primária, secundária e terciária (Cakt *et al.*, 2010; Martins *et al.*, 2010; Strasser *et al.*, 2010).

O ganho de força e o aumento da massa muscular são as adaptações mais exploradas do TF. No entanto, as respostas moleculares, que contribuem para o desenvolvimento dessas adaptações funcionais, são pouco conhecidas e necessitam de mais investigações. Diante desse cenário, é imprescindível o avanço das investigações nessa área para o melhor entendimento do processo de hipertrofia do músculo esquelético, bem como para o aprimoramento da prescrição dessa estratégia de treinamento. Entre as moléculas mais estudadas destacam-se: MGF, mTOR, miostatina, folistatina, folistatin-like three, Atrogin-1(MAFbx) e MuRF-1.

5.1 MGF

MGF (*mechano-growth factor*) é uma das diferentes isoformas do IGF-I (*insulin-like growth factor I*) expressa no músculo esquelético. Localizado principalmente no núcleo celular, a expressão de MGF ocorre por meio de regulações ascendentes de seu RNAm (Dai *et al.*, 2010; Tan e Cook; Chew, 2002). Expresso tanto em condições de repouso ou em atividade, o MGF é responsivo a aplicação de sobrecargas mecânicas agudas e crônicas e ao dano muscular (Bamman *et al.*, 2007; Greig *et al.*, 2006; Hameed *et al.*, 2008; Yang *et al.*, 1996). Os aumentos do RNAm para MGF e da sua respectiva proteína têm sido relacionados ao calor e materiais ácidos (como o ácido lático) produzidos pela ação muscular; e ao hormônio do crescimento (GH), responsável direto e preferencial do aumento da expressão de MGF *in vivo* e *in vitro* (Dai *et al.*, 2010; Imanaka *et al.*, 2008; Kravchenko *et al.*, 2008). Outros tecidos também expressam MGF: ossos, tendões, coração e encéfalo. Sua atividade se dá de maneira autócrina/parácrina e a sua função biológica corresponde a transcrição de RNAm e síntese de proteínas, ativação e proliferação de células satélites e ação protetora neural e cardiovascular (Dai *et al.*, 2010; Dluzniewska *et al.*, 2005; Shioura *et al.*, 2006). Além do mais, a MGF induz aumento da força muscular e contribui para proliferações de células progenitoras miogênicas em pessoas saudáveis ou com desordens musculares como caquexia, distrofia e esclerose lateral amiotrófica (Ates *et al.*, 2007; Goldspink, 2006). As adaptações moleculares descritas exercem papel vital no tratamento de condições e/ou doenças degenerativas musculares.

Figura 5.1 – Visão geral da via de sinalização da MGF e IGF-I

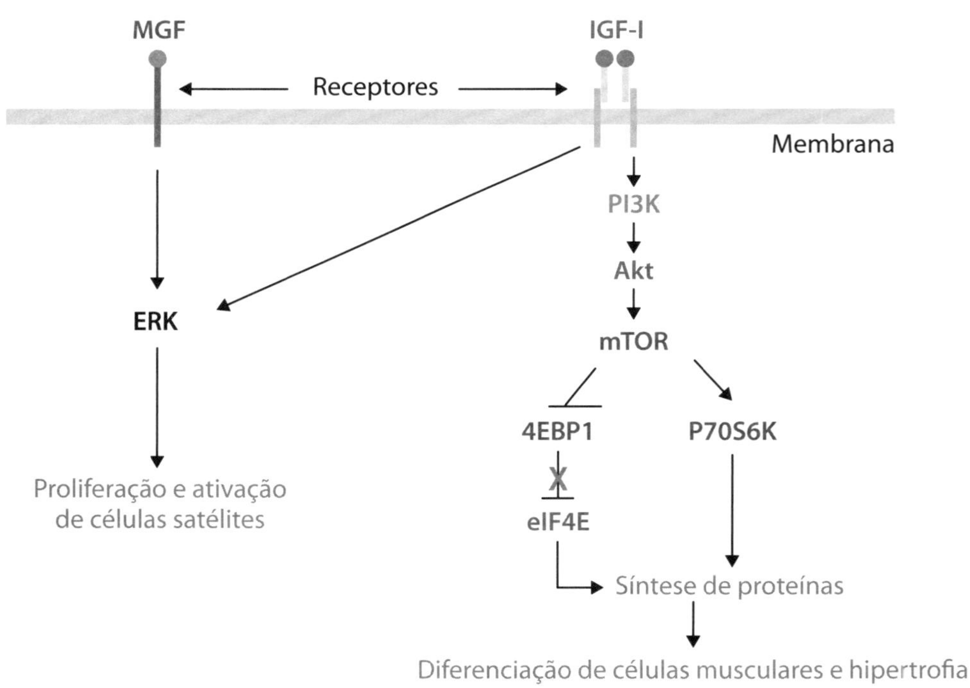

Fonte: adaptado de Matheny, Nindl e Adamo (2010); Zanou e Gailly (2013).

A MGF ativa (fosforila) ERK de maneira independente do receptor IGF-I (IGF-IR). Essa ativação ocorre por meio de um receptor de cadeia simples específico a MGF. Já, a IGF-I estimula a síntese proteica e diferenciação celular por meio da ativação da via PI3K/Akt. A ERK, também conhecida como MAPK, é uma proteína quinase que regula a atividade de fatores de transcrição.

5.1.1 MGF e Treinamento de Força

É sabido que MGF e IGF-IEa promovem ativação e proliferação de células satélites. Além do mais, foi atribuído a MGF maior potencial para induzir rápida hipertrofia muscular esquelética (Dai *et al.*, 2010). Contudo, pouco é conhecido sobre os mecanismos pelos quais esses fatores de crescimento contribuem para o remodelamento do músculo esquelético frente ao estímulo agudo do exercício de força e o estímulo crônico do treinamento de força.

Os efeitos do exercício sobre os diferentes transcritos de IGF-I foram previamente analisados em diferentes faixas etárias (Hameed *et al.*, 2003). Uma sessão de exercício de força foi realizada por oito jovens de aproximadamente 29 anos e sete idosos de aproximadamente 74 anos (10 séries de seis repetições a 80% de 1 RM de extensões unilaterais de joelho com dois minutos de recuperação entre as séries). Após 150 minutos do estímulo, o nível de RNAm de MGF aumentou de dois a 864% apenas nas amostras do músculo vasto lateral dos jovens, enquanto IGF-IEa não apresentou alterações significativas intra e intergrupos experimentais. A ausência de alterações no RNAm das isoformas de IGF-I nos idosos pode ser atribuído ao fato de que o processo de recuperação de microlesões induzidas por contrações seja prejudicado em relação aos jovens (Hameed *et al.*, 2003). Entretanto, o curto período de tempo em que as amostras foram coletadas e analisadas pode ter sido insuficiente para induzir resposta regulatória miogênica ao estímulo do exercício de força (Hameed *et al.*, 2003). Recentemente, Roberts *et al.* (2010) não observaram diferença significativa na expressão do RNAm para MGF, IGF-IEa e peptídeos IGF-I entre os grupos: jovens, 10 pessoas de 18 a 25 anos; e idosos, 10 pessoas de 60 a 75 anos, após três intervenções de exercício de força (três séries de 10 repetições a 80% 1 RM no *leg press*, *hack squat* e *leg extension*, com dois a três minutos de intervalo entre as séries). As amostras musculares (vasto lateral) foram coletadas em quatro momentos: T1 – basal, T2 – 48 horas depois da 1ª sessão, T3 – 48 horas após a 2ª sessão e T4 – 24 horas após a 3ª sessão. De acordo com as análises moleculares, houve efeito de tempo apenas para o grupo idoso, mostrando valores de expressão de RNAm para MGF aumentados em T2 (+224%), T3 (+174%) e T4 (+290%) em relação a T1. A frequência de expressão de MGF/IGF-IEa também não foi diferente entre os grupos e novamente houve efeito de tempo para o grupo idoso, que apresentou nível aumentado de RNAm para MGF/IGF-IEa em T3 e T4 em relação a T1. Os resultados sugerem que a expressão de MGF, IGF-IEa e peptídeos IGF-I permanecem estáveis com a idade e em condições de repouso e destreinado, além de serem minimamente afetados em período de 24 a 48 horas após exercício de força (Roberts *et al.*, 2010).

Previamente, foi observado aumento significativo no nível de RNAm para IGF-IEa, em 50 horas após *exercício isométrico agudo* realizado por oito mulheres com idade média de 35 anos (20 séries de seis contrações voluntárias máximas de 20 segundos no *knee extension* e 30 segundos de intervalo entre as repetições e dois minutos entre as séries) (Greig *et al.*, 2006). O aumento desse transcrito entre o estado basal e 150 minutos pós-exercício foi significativo apenas depois de retirado o indivíduo *outlier* (0.75 · ng). Embora os valores para o RNAm de MGF estivessem em menor ordem de magnitude (ng vs ng) em relação ao IGF-IEa, este aumentou em 206% em 150 minutos depois do exercício de força e manteve-se após 50 horas, porém altamente variável, indicando grande variação interindividual no curso temporal de resposta depois de 150 minutos do exercício de força. Os dados demonstraram que o treinamento de força intenso, não necessariamente lesivo ou fatigante, foi suficiente para aumentar a expressão de IGF-IEa e MGF (Greig *et al.*, 2006).

Em pesquisa realizada com oito homens treinados, uma única sessão de exercício de força dinâmico (5 séries de 10 RM no *leg press* e 4 séries de 10 RM no agachamento) aumentou significativamente, em relação ao nível basal, a expressão de RNAm para MGF e IGF-IEa nas amostras do vasto lateral coletadas após 48 horas do estímulo. Esse dado indica que a resposta das isoformas de IGF-I, sensíveis à sobrecarga mecânica, pode estar relacionada ao processo regenerativo agudo do músculo, além de contribuir para as adaptações musculares induzidas pelo exercício físico (Ahtiainen *et al.*, 2011). Dados semelhantes foram previamente demonstrados por Liu *et al.* (2008). Em seu estudo, homens com experiência em treinamento de força apresentaram aumento significativo na expressão de IGF-I e MGF após seis semanas de intervenção de força (1160%) e treinamento combinado (59%). Sugerindo, ainda, resposta distinta da expressão dos fatores de crescimento em função do tipo de treinamento realizado (Liu *et al.*, 2008).

A resposta miogênica ao treinamento de força também foi investigada em função da responsividade individual ao exercício físico (Bamman *et al.*, 2007). Após 16 semanas de treinamento, foi observado um aumento significativo de RNAm para MGF e IGF-IEa com o exercício dinâmico realizado três vezes por semana (3 séries de 8 a 12 repetições até a fadiga volitiva no *knee extension, leg press,* e *squats*, com 90 segundos de intervalo entre as séries). Divididos nos grupos: extremamente (XTR); moderado (MOD); e não responsivos (NON), mulheres (n=16 de 30 a 35 anos e n=15 de 60 a 75 anos) e homens (n=21 de 20 a 35 anos e n=14 de 60 a 75 anos) cederam amostras do vasto lateral antes, 24 horas após a primeira sessão do treino e 24 horas depois da última sessão das 16 semanas de treinamento. O RNAm para MGF aumentou 74% e 71% para o MOD e XTR após 24 horas da primeira sessão de treinamento e 73% e 126% para os grupos MOD e XTR, respectivamente ao final das 16 semanas. O RNAm para MGF tendeu a aumentar em quatro meses nos NON, porém esse aumento não foi significativo. A expressão de RNAm para IGF-IEa aumentou 96% acima do nível basal e 40% acima da resposta aguda (1ª sessão) para o MOD e 105% e 68% para o XTR em relação ao nível basal e a resposta aguda, respectivamente, após 16 semanas de treinamento. O NON também apresentou nível elevado de IGF-IEa (61%) ao final de 16 semanas (Bamman *et al.*, 2007). Devido a ausência de diferenças genotípicas, fenotípicas ou comportamentais entre os três grupos, sugere-se que as diferenças entre os sujeitos possam estar na sensibilidade ou na eficiência da sinalização das vias de mecanotransdução (por exemplo, complexo proteínas transmembrana associado à distrofina e proteínas do complexo de adesão focal envolvidas na sinalização de integrinas) (Anderson, 2000; Bamman *et al.*, 2007; Gordon, Fluckm e Booth, 2001; Tatsumi *et al.*, 2002; Wozniak *et al.*, 2005).

Um estudo prévio comparou diferentes estratégias de treinamento de força: força (A) *vs* treinamento combinado (B), realizados por

24 homens jovens com experiência em exercícios de força. Nesse estudo, Liu *et al.* (2008) demonstraram aumento significativo na expressão de IGF-1 (335%) e MGF (1160%) nas amostras do músculo tríceps braquial, coletadas antes e depois da última sessão de treinamento, no grupo A (5 séries de 3 RM no *bench press* — realizadas três vezes por semana) e apenas uma moderada regulação ascendente de MGF (59%), sem alterações significativas de IGF-1 após as seis semanas de treinamento no grupo B (5 séries de 3 RM, *bench press* no 1º dia; 10 movimentos balísticos a 30% de 1 RM — fase de arremesso do *bench press*, no 2º dia; e 10 flexões de cúbito — ciclo alongamento-encurtamento, no 3º dia com intervalos de três a quatro segundos entre as repetições e seis minutos entre as séries para ambos os tipos de treinamento). As distintas respostas dos fatores de crescimento às estratégias de treinamento podem ser atribuídas aos diferentes estímulos mecânicos ou a outros fatores como metabolismo de energia (Deldicque *et al.*, 2005; Liu *et al.*, 2008). O MGF é mais responsivo ao estímulo mecânico e o IGF-1 às mudanças metabólicas, talvez essa seja uma explicação para os dados encontrados entre os grupos, levando em consideração que no grupo B as mudanças metabólicas foram menores (Liu *et al.*, 2008).

Não há dados disponíveis sobre treinamento de força com oclusão/restrição vascular do fluxo sanguíneo e expressão de MGF em indivíduos saudáveis. Entretanto, Gualano *et al.* (2009), demonstraram indícios prévios sobre o efeito desse modelo de treinamento físico, em um estudo de caso realizado com um homem de 65 anos diagnosticado com miosite corporal inclusiva (IBM). A IBM, miopatia inflamatória idiopática, é caracterizada por uma notável atrofia musculoesquelética que leva a uma fraqueza proximal e distal e perda de função. Após 12 semanas de treinamento de força (3 séries de 15 RM no *leg press*, cadeira extensora e agachamento com oclusão vascular parcial de 50% da oclusão total, aproximadamente 65% mmHg e 30 segundos de intervalo entre as séries), foi observado aumento significativo de 3,97 vezes na expressão de RNAm para MGF em amostras do vasto lateral depois de 24 horas da última sessão de treino. Dado o impacto de exercício sobre a regulação de MGF, especula-se que sua expressão aumentada em aproximadamente quatro vezes possa estimular a síntese de proteínas musculares e contribuir para hipertrofia, elevada em 4,7% no paciente, além de melhorar a função muscular (Gualano *et al.*, 2009).

Comparando os tipos de ação muscular, concêntrica (CON) *vs.* excêntrica (ECC), Bamman *et al.* (2001) observaram aumento significativo de RNAm para IGF-I após uma sessão de exercício ECC (62%) e apenas uma tendência ao aumento desse gene depois de uma sessão de exercício CON. Esse estudo foi composto por amostra de sete homens e três mulheres com idade superior a 19 anos. As análises moleculares foram realizadas em biópsias do vasto lateral coletadas 48 horas antes e 48 horas depois de cada intervenção CON e ECC. Embora não se tenha diferenciado as isoformas do referido fator de crescimento, foi possível presumir a hipótese de que as ações ECC (8 séries de 8 repetições a 110% de 1 RM) promoveriam maior regulação ascendente de IGF-I quando comparada as ações CON (8 séries de 8 repetições a 85% de 1 RM) (Bamman *et al.*, 2001). Em outro estudo, o exercício excêntrico promoveu aumento significativo na expressão das isoformas de IGF-I (Hameed *et al.*, 2008). O nível de RNAm para MGF em um grupo de nove homens jovens de 20 a 27 anos e oito idosos de 67 a 75 anos aumentou após 135 minutos de ciclismo excêntrico realizado em cicloergômetro (60 minutos a 6 rotações por minuto [RPM] divididos em seis etapas: 0 a 6 minutos a 50%; 6 a 12 minutos a 75%; 12 a 20 minutos a 100%; 20 a 25 minutos a 130%; 25 a 40 minutos a 100% e 40 a 60 minutos a 75% do VO_2máx da carga concêntrica). Em contraste, o nível de RNAm para IGF-IEa não sofreu alteração significativo em ambos os grupos. A expressão de MGF e IGF-IEa não diferiram entre os grupos tanto em condições basais quanto após ao estímulo agudo (Hameed *et al.*, 2008). Os dados indicam que o aumento de MGF ocorre logo após o estímulo e que este é regulado diferentemente do IGF-IEa (Hameed *et al.*, 2003; Hameed *et al.*, 2008). Além do mais, o estudo sugere que não há comprometimento na regulação de MGF relacionado à idade em resposta ao exercício excêntrico (Hameed *et al.*, 2008). Roschel *et al.* (2011) compararam a velocidade do exercício excêntrico: lento — EL (onze homens) *vs.* rápido — ER (nove sujeitos), a cinco séries de 8 RM de extensões excêntricas em aparelho isocinético, de 0° a 90°, sendo 60° de flexão = 0°, sobre o mecanismo de síntese de proteínas musculares. Nesse estudo foi observado aumento do nível de RNAm para MGF com as EL duas horas pós-exercício (241%) em relação aos valores medidos no basal e imediatamente após o exercício. Nenhuma diferença estatística foi encontrada entre o valor basal, apesar do aumento próximo a duas vezes no RNAm para MGF 120 minutos após o treino para a ER. O nível de RNAm para MGF não diferiu entre os grupos. Esse dado não confirmou, portanto, a hipótese inicial de que as ER promoveriam maior expressão de RNAm para MGF e ativação de vias de síntese proteica do que as EL (Roschel *et al.*, 2011).

Sobre o curso temporal, Bickel *et al.* (2005) demonstraram redução de aproximadamente 46% na expressão e/ou acúmulo de RNAm para IGF-I 12 horas após sessão de exercício de força isométrico (2 séries de 20 repetições elicitadas por estímulo elétrico neuromuscular, 1-s 30-Hz e 450μs de pulso, aplicados sobre o vasto lateral e repouso de dois segundos e dois minutos entre as contrações e as séries, respectivamente) realizado por seis homens e três mulheres de 25 anos em média em 0 e 24 horas. Entretanto, o nível de RNAm para MGF esteve inalterado em todos os períodos analisados: biópsias do vasto lateral coletada em 0, 12, 24, 48 e 96 horas pós-exercício, sendo 48 e 96 horas correspondente a 24 e 72 horas do segundo estímulo (Bickel *et al.*, 2005). Em estudo prévio, Psilander *et al.* (2003), evidenciaram redução de 44% no conteúdo de RNAm para IGF-IEac (isoformas *a* e *c*/MGF) em 60 minutos e 6 horas após EF dinâmico (4 séries de 6 a 8 e 6 a 8, 10 a 14 e 10 a 14 RM no *leg press* e *knee extension*, com 90 segundos de repouso) realizado por seis homens de 23 anos em média. No entanto, essa redução não foi observada quando a isoforma *a* foi retirada da análise. Esse resultado indica que essa diminuição foi devido a uma redução de IGF-IEa, enquanto as isoformas ***b*** e ***c*** permaneceram também inalteradas durante os períodos analisados: biópsias do vasto lateral coletadas em 90 minutos pré-exercício, imediatamente após o exercício de força = 0, 60 e 120 minutos, 6, 24 e 48 horas depois do estímulo agudo (Psilander *et al.*, 2003). Em contraste aos dados de Bickel *et al.* (2005) e Psilander *et al.* (2003), Hameed *et al.* (2003) observaram aumento de 2 a 864% no nível de RNAm para MGF no músculo de jovens *vs.* idosos, após 150 minutos do exercício de força (10 séries de 6 repetições a 80% de 1 RM de extensões unilaterais de joelho e dois minutos de repouso entre as séries). Embora IGF-IEa tenha aumentado em apenas 5%, não exibiu alteração significativo depois do estímulo e não foi observado associação entre a expressão do RNAm para IGF-IEa e MGF. Essa resposta sugere que a expressão dos produtos desses genes é independentemente controlada (Hameed *et al.*, 2003). Os diferentes resultados encontrados nesses estudos podem ser devido a diferenças individuais no modelo de expressão gênica, dependendo da organização genômica herdada, uso de diferentes protocolos de treinamento e/ou diferentes momentos de análise. Além do mais, sinais produzidos pelo exercício poderiam conduzir para a diminuição na produção de IGF-IEa e a maior produção de MGF, uma vez que certos tipos de sinais podem alterar o processamento do RNAm (*splicing*), reduzindo a formação de uma isoforma e aumentando a formação de outra. Assim, mudanças individuais nas isoformas de RNAm para IGF-I podem ocorrer sem mudanças na transcrição do gene IGF-I (Hameed *et al.*, 2003; Psilander *et al.*, 2003).

A expressão das isoformas de IGF-I seguindo o dano muscular induzido por contrações excêntricas foi previamente estudada por Mckay *et al.* (2008). A resposta do RNAm para IGF-IEa, IGF-IEb e MGF foi analisada em biópsias do vasto lateral antes, 4, 24, 72 e 120 horas após estímulo de exercício de força realizado por oito homes de 20 anos em média (30 séries de 10 extensões unilaterais máximas de joelho realizadas a 180° em equipamento isocinético com um minuto de intervalo entre as séries). Os transcritos de IGF-I aumentaram após a intervenção, no entanto suas expressões contrastaram ao longo dos períodos avaliados. A MGF aumentou aproximadamente 3,3 vezes em 24 horas e reduziu em 72 e 120 horas. No entanto, esse transcrito tendeu a permanecer elevado acima do nível basal. A IGF-IEa aumentou aproximadamente quatro vezes em 72 horas e reduziu em 120 horas; e a IGF-IEb aumentou aproximadamente 5,8 vezes em 72 horas e manteve-se elevado em 120 horas. A diferença temporal no curso de expressão das isoformas de IGF-I sugere que ambos os transcritos possam ter papéis específicos sobre a lesão provocada pelo exercício (Mckay *et al.*, 2008). A expressão das isoformas IEa e IEb (menos conhecida) correlacionaram positivamente com a expressão de miogenina e MRF4 (fatores de transcrição miogênica). Esse resultado sugeriu que IGF-IEa e IGF-IEb estão temporalmente relacionadas à diferenciação miogênica tardia e a MGF à fase de proliferação/ativação do programa miogênico, como indicado pela correlação positiva entre a expressão aumentada do RNAm para MyoD e Myf5 e a expressão de MGF (Mckay *et al.*, 2008).

Comprovadamente o exercício de força altera a expressão dos transcritos de IGF-I, os quais somam ao processo a hipertrofia muscular induzida por sobrecarga. A MGF atua nesse processo por meio de proteínas quinase ativada por mitogene (MAPK), Raf/Ras/MEK/ERK via receptor desconhecido (Philippou *et al.*, 2009). Já, o IGF-I hepático age por meio da Akt/mTORC1 via receptor de IGF-I (Philippou *et al.*, 2009). No entanto, resta saber como esses mecanismos interagem ou mesmo se há outros elementos que influenciam essas vias de síntese quando estimuladas por diferentes tipos exercício físico. Além do mais, permanece desconhecido os efeitos do nível de RNAm para MGF sobre a transcrição de proteínas e como isso afetaria o crescimento muscular esquelético (Hameed *et al.*, 2003).

5.2 mTOR

A mTOR (*mamalian target of rapamicin*) é uma quinase relacionada às quinases de lipídeos da superfamília do fosfatidilinositol 3 quinase (Hoekstra, 1997; Hunter, 1995; Keith; Schreiber, 1995). Conhecida por regular a proliferação e o crescimento celular (Tee; Blenis,

2005), possui também as funções: biogênese de ribossomos e RNAt; organização de actina citoesquelética; sinalização de proteínas quinase C; *turnover* de nutrientes; tráfico de membranas; degradação de proteínas; e repressão da autofagia e da fase estacionária G_0 (Schmelzle; Hall, 2000).

A síntese proteica segue uma ordem hierárquica de fosforilação. Inicialmente PI3K é ativada e fosforila PIP2, permitindo a formação de PIP3 que ativa e liga PDK a Akt (Thr308) via mTORC1 (Thomas; Hall, 1997). Essa cascata de fosforilação estimula mTOR, que ativa P70S6K (substrato ribossomal — S6) e 4EBP1 (proteína 1 de ligação a EIF4E) (Thomas; Hall, 1997), vias promotoras do início da tradução e progressão de fase G1. A P70S6K é requerida para a tradução de RNAm 5'TOP (*terminal oligopirimidine tract*) que codifica componentes do aparato traducional (Jefferies *et al.*, 1997). A atividade da P70S6K é complexa e envolve a fosforilação de diversos sítios de fosforilação por diferentes quinases (Raught; Gingras; Sonenberg, 2001). O início da tradução ocorre via localização e ligação dos ribossomos ao final 5´ de um RNAm. Ribossomos eucarióticos não são capazes de realizar esse processo, portanto, dependem dos fatores de iniciação para guiá-los (Raught; Gingras; Sonenberg, 2001). A interação entre EIF4E (fator de iniciação eucariótica) e seu congênere EIF4G (proteína citoesquelética) direciona a maquinaria de tradução ao final 5´ do RNAm. A 4EBP1 inibe a ação de EIF4E e compete com eIF4G por seus sítios de ligação. A fosforilação de 4EBP1 a dissocia da EIF4E e permite que a EIF4G e fatores associados se liguem ao cap 5´ (cap-dependente). Esse processo permite recrutar a subunidade ribossomal 40S e escanear o RNAm para o códon de iniciação da síntese proteica (Gingras; Raught; Sonenberg, 2001; Pause *et al.*, 1994; Sonenberg; Gingras, 1998; West; Stoneley; Willis, 1998).

Figura 5.2 – Via de sinalização da mTOR

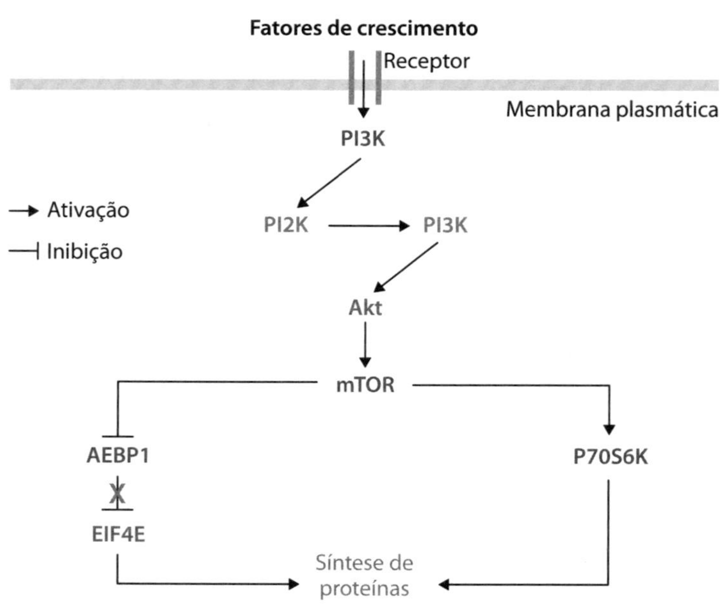

Fonte: adaptado de Bundscherer, 2007; Thomas; Hall (1997).

5.2.1 mTOR e treinamento de força

Associada aos processos de síntese, a via mTOR (PI3K – Akt – mTOR) tem sido considerada como regulador crucial do crescimento da célula muscular, dada a ativação de P70S6K e 4EBP1, durante o processo hipertrófico (LÉGER *et al.*, 2006). Além do mais, essa via parece ser também crucial à hipertrofia induzida por sobrecarga mecânica e na recuperação da massa muscular após o processo de atrofia (Bodine *et al.*, 2001). Esse potencial anabólico da mTOR tem aumentado o interesse em investigar os eventos moleculares vinculados a sua sinalização em resposta ao TF.

No que se refere ao metabolismo proteico e à sinalização para o início da tradução de proteínas, Mayhew *et al.* (2009) avaliaram resposta de uma sessão de exercício de força e subsequente hipertrofia muscular esquelética após o TF. Participaram deste estudo 21 homens jovens e 15 idosos de 27 e 64 anos, em média, respectivamente. Para as análises moleculares, foram coletadas amostras do vasto lateral em estado basal, 24 horas após o exercício (sessão aguda) e depois de 24 horas da última sessão de TF de 16 semanas (3 séries de 8 a 12 RM no agachamento, *leg press* e extensão de joelhos e 90 segundos de repouso entre as séries). Os resultados da sessão aguda demonstraram aumento de 15% de Akt fosforilada e aumento de 20% no conteúdo dessa proteína em ambos os grupos experimentais. Entre os grupos, porém, foi observado aumento da Akt fosforilada na ordem de 60% para os jovens e 39% para os idosos. Nenhuma alteração significativa foi notada sobre o conteúdo proteico e o estado fosforilado de mTOR e P70S6K ([1]Thr389, sítio de fosforilação específico para mTOR). Entretanto, a fosforilação de P70S6K (Thr421/Th424 — domínio autoinibitório) foi melhorada em 61% em ambos os grupos, sem que houvesse mudança estatisticamente significativa em seu conteúdo proteico total. A subunidade S6 fosforilada ([2]Ser240/Ser244) aumentou em 199% no grupo dos idosos. Entretanto, o conteúdo proteico não foi alterado. Uma interação idade *vs.* tempo foi encontrada entre os idosos, representando aumento de 335% na fosforilação da subunidade S6. Para a proteína 4EBP1 fosforilada foi observado aumento de 23% no grupo dos jovens e nenhuma mudança em seu conteúdo proteico. Já para EIF4E foi observado aumento de 23% em seu estado fosforilado e 19% em seu conteúdo proteico no grupo dos idosos. A magnitude das mudanças foi semelhante entre jovens e idosos. A fosforilação da EIF4G foi aumentada em 53% e sua resposta pareceu ser mais elevada nos idosos. Embora, não houvesse nenhum termo de interação significativa. O conteúdo de EIF4G não sofreu alteração após treinamento. Os dados indicam que a idade não influenciou a sinalização e a resposta hipertrófica (aumentada em ambos os grupos), medida após 16 semanas de TF. Sugerindo que a maquinaria de síntese de proteínas musculares está intacta e razoavelmente responsiva entre os idosos (Mayhew *et al.*, 2009).

Há evidências de que o aumento na fosforilação de AMPK esteja associado à redução da fosforilação de mTOR/p70S6K/4EBP-1 em ratos (Atherton *et al.*, 2005; Bolster *et al.*, 2002; Thomson *et al.*, 2008). Nessa perspectiva, foi investigado uma possível inibição da via mTOR por AMPK (Dreyer *et al.*, 2006) sobre a reduzida síntese de proteínas musculares após o exercício de força. Nesse estudo, sete homens e quatro mulheres de 27 anos em média realizaram exercício de força em aparelho isocinético (extensão de joelho, 10 séries de 10 repetições a 70% de 1 RM e três minutos de repouso). Amostras de sangue e tecido muscular (vasto lateral) foram coletadas

[1] Thr - sítio de fosforilação Treonina.

[2] Ser - sítio de fosforilação Serina.

antes, durante, 60 e 120 minutos depois do exercício. Os resultados para atividade de proteínas demonstraram reduzida fosforilação de 4EBP1 (Thr36/Th47 - 36%) e aumento na atividade de AMPK (75%). Essas respostas podem ter causado os 32% de redução na síntese de proteínas musculares durante o exercício. O mecanismo pelo qual AMPK possa reduzir a fosforilação de 4EBP1 é desconhecido. Entretanto, sugere-se que a atividade de AMPK durante o exercício possa influenciar a fosforilação de 4EBP1 durante a regulação da ligação da proteína RAPTOR a mTOR e/ou via fosforilação direta (Dreyer *et al.*, 2008). O aumento na ativação da Akt (Ser473) em 60 minutos e mTOR (Ser2448) em 60 e 120 minutos após o exercício, pode ser responsável pelo retorno gradual da 4EBP1 aos valores basais e pelo aumento da fosforilação de P70S6K1 em 120 minutos pós-exercício, apesar da continuada ativação da AMPK (60 minutos após) (Dreyer *et al.*, 2006). Interessantemente, o aumento na atividade da mTOR não foi associada às mudanças na fosforilação da 4EBP1. Sugerindo que a regulação da 4EBP1 e P70S6K pode ser controlada por outros mecanismos: TSC2 (*tuberous sclerosis complex*), fosforilação direta e/ou ligação da proteína RAPTOR (Cheng *et al.*, 2004; Inoki *et al.*, 2003; Kim *et al.*, 2002; LONG *et al.*, 2005). A fosforilação de eEF2 reduziu em 60 e 120 minutos depois do exercício de força. Existem diferentes mecanismos que regulam a eEF2: Ca^{2+}; AMPK; e mTOR (Hawley *et al.*, 2005; Browne; Proud, 2002; Wang *et al.*, 2001; Rose *et al.*, 2005; Woods *et al.*, 2005). O aumento na atividade de mTOR e P70S6K pode ter substituído o efeito da AMPK sobre eEF2, reduzindo o seu estado de fosforilação. O aumento na síntese de proteínas musculares na fase de recuperação foi, então, relacionada à redução da eEF2 e aumento na fosforilação de Akt/mTOR/P70S6K, que pode ter substituído o efeito negativo da AMPK sobre essa via de síntese (Dreyer *et al.*, 2008).

O efeito agudo e crônico do exercício de força *vs.* exercício de resistência sobre a via Akt/mTOR/P70S6K foi previamente investigado (Wilkinson *et al.*, 2008). Nesse estudo, 10 homens de 20 anos em média foram submetidos ao exercício físico unilateral de força (1 a 5 séries de 8 a 10 repetições a 80% de 1 RM) e resistência — ER (45 minutos a 75% do VO_2 de pico). Além de realizarem por 10 semanas o TF (1ª e 2ª semana — 3 séries de 10 a 12 repetições a 80% de 1 RM; 3ª semana — 4 séries de 8 a 10 repetições a 80% de 1 RM, 4ª e 5ª semana — 5 séries de 8 a 10 RM; 6ª e 7ª semana — 5 séries de 8 RM; e 8ª e 10ª semana — 5 séries de 6 a 8 RM) e treinamento de resistência (TR) (30 minutos a 75% do VO_2 de pico). Os participantes ingeriram bebida (75% de carboidrato — CHO, 18% de proteína — PRO e 8% lipídeos) antes, durante e depois da sessão aguda e crônica. Amostras de sangue e biópsias do quadríceps foram coletadas no repouso (basal) e depois de uma e três horas após o os exercícios. Os resultados das análises moleculares demonstraram aumentado estado de fosforilação da Akt (Ser473), mTOR (Ser2448) e P70S6K (Thr389), para ambos os modelos de exercício (força e resistência) e S6 (Ser235/Ser236) apenas para o exercício de força, imediatamente após e em 4 horas depois o estímulo agudo. Em longo prazo, a fosforilação da Akt/mTOR/p70S6K, sustentada após 4 horas do exercício em condição destreinada (agudo), retornou ao basal em 4 horas após da última sessão de treinamento (força e resistência). Esses dados indicam mudança no estado de ativação de moléculas anabólicas para o estado de responsividade e eficiência de sinalização aumentados, em que essas proteínas são ativadas e desativadas mais rapidamente no indivíduo treinado (Tang *et al.*, 2008; Wilkinson *et al.*, 2008). Foi observada mudanças na fosforilação de EIF4E (Ser209), apenas com o estímulo de longo prazo para ambos modelos de treinamento. Os dados sobre a ativação de eIF4E em humanos ainda são limitados (Wilkinson *et al.*, 2008). A fosforilação de AMPKα (Thr172) aumentou imediatamente, mas retornou ao basal em 4 horas pós-exercício em ambos os modelos de treinamento e em ambas as condições (agudo e crônico). Foi observado o aumento simultâneo de AMPK, mTOR e P70S6K acima dos valores de repouso. É possível que essa resposta seja devido a hiperaminoacidoemia e hiperinsulinemia durante o exercício e que esses fatores possam substituir o efeito inibitório da AMPK sobre a mTOR (Wilkinson *et al.*, 2008).

A atividade de proteínas da via da mTOR foi previamente avaliada nos diferentes tipos de fibras musculares em resposta ao exercício de força de alta intensidade (Koopman *et al.*, 2006). Nesse estudo, oito homens de 22 anos em média, realizaram uma sessão de exercício (8 séries de 10 repetições a 75% de 1 RM e dois minutos de pausa entre as séries de *chest press*, *shoulder press*, *lat pulldown*, *leg press* e *leg extention*). Os participantes foram, então, submetidos a biópsias do vasto lateral antes, imediatamente após, 30 e 120 minutos depois do exercício de força. As análises da atividade de proteínas demonstraram aumentada fosforilação de AMPK (Thr172) e P70S6K (Thr421/Ser424 – significativamente mais alta em 30 minutos) após o exercício de força e reduzida fosforilação de 4EBP1 (Thr32) imediatamente após o EF e retorno ao estado basal em 120 minutos. A fosforilação de P70S6K não foi acompanhada por uma ativação substancial de p70S6K. Esses resultados indicam que a ativação de AMPK (estimulada pelo declínio de glicogênio e aumentada concentração de lactato) reduz a fosforilação de 4EBP1 e ativação de P70S6K (Koopman *et al.*, 2006). Nenhuma alteração significativa sobre a fosforilação de S6 (Ser235/Ser236) foi observada depois do exercício de força. Isso confirma a ausência da atividade de P70S6K (Koopman *et al.*, 2006). As análises histoquímicas para P70S6K fosfoespecífica demonstraram localização predominante de p70S6K fosforilada no núcleo antes do exercício e aumento de p70S6K fosforilada no citosol 120 minutos pós-exercício. A fosforilação de P70S6K aumentou depois do exercício de força em ambos os tipos de fibras (I e II) (Karlsson *et al.*, 2004; Koopman *et al.*, 2006). Porém, esse aumento foi maior nas fibras do tipo II (Koopman *et al.*, 2006). Após a sessão de exercício de força, o conteúdo proteico de P70S6K estava significativamente aumentado apenas em fibras do tipo II, indicando que a sua sinalização é específica ao tipo de fibra (Koopman *et al.*, 2006).

Em outro estudo, foi investigado a possível potencialização na sinalização de mTOR após o exercício de força de baixa intensidade e oclusão parcial do fluxo sanguíneo (TFO) (Fujita *et al.*, 2007). Participaram desse estudo seis homens com 32 anos em média. Eles foram separados em dois grupos: controle e experimental. Ambos os grupos realizaram o mesmo protocolo de exercício, porém apenas o grupo experimental o fez com restrição do fluxo sanguíneo (pressão final de 200 mmHg). As amostras de sangue e tecido muscular (vasto lateral) foram coletadas antes, durante, 60, 120 e 180 minutos após uma sessão de exercício de força (4 séries no *leg extention* a 20% de 1 RM, sendo a 1° com 30 e as demais com 15 repetições e intervalo de 30 segundos entre as séries). Os resultados demonstraram aumento de três vezes no estado de fosforilação de P70S6K em relação ao grupo controle. Além da tendência ao aumento da Akt (Ser473) fosforilada e nenhuma alteração para mTOR (Ser2448) em ambos os grupos. A partir das análises hormonais, não foi confirmado se as alterações na concentração de hormônio do crescimento — GH (aumentado com TFO) exerce papel chave na ativação da mTOR. O aumento na frequência de síntese de proteínas musculares (46%) observada com TFO, foi associado à elevada fosforilação de p70S6K e redução da fosforilação de eEF2. Esses dados sugerem melhora na iniciação da tradução e elongamento de proteínas. O aumento da atividade de P70S6K com o TFO sugere potencialização na eficiência do processo de tradução. Essa maior tendência permitiria a síntese de RNAm específicos — essenciais ao crescimento muscular (Fujita *et al.*, 2007). Os mecanismos de sinalização da mTOR para P70S6K no TFO não foram identificados. É possível que o estresse metabólico e/ou a mecanotransdução possam estar envolvidos. Além do mais, o aumento no recrutamento de fibras do tipo II, causado por esse modelo de treinamento, também pode ter contribuído para o aumento no estado de fosforilação de P70S6K (Fujita *et al.*, 2007). Tem sido mostrado que uma precondição isquêmica pode estar envolvida na sobrevivência celular e controle do crescimento por meio da sinalização de mTOR (Crozier *et al.*, 2006; Harada *et al.*, 2001; Jonassen *et al.*, 2001). Aparentemente, apenas a restrição do fluxo não é um estímulo eficaz para induzir respostas anabólicas musculares. Embora não tenha sido medido se a condição hipóxia-hiperemia estava presente nos sujeitos, é interessante especular que a combinação — contração mais isquemia-reperfusão — ativamente estimula a sinalização da via mTOR e a síntese de proteínas pela promoção de uma regulação ascendente de mecanismos de sobrevivência celular (Fujita *et al.*, 2007).

No que se refere ao tipo de ação muscular, Eliasson *et al.* (2006) compararam o efeito das ações concêntrica máxima (CM) *vs.* excêntrica máxima (EM) e CM *vs.* excêntricas submáximas (ES) sobre a sinalização da via Akt/mTOR/P70S6K. Nesse estudo, 16 homens de 26 anos em média foram submetidos ao exercício de força. O primeiro protocolo foi realizado por 10 homens e constou de 4 séries de 6 RM para CM com uma perna e, após 60 minutos, mais 4 séries de 6 RM para EM com a perna contralateral. O segundo protocolo foi realizado por seis participantes e foi utilizado o mesmo protocolo. Porém, em vez de EM, os participantes realizaram 4 séries de 6 repetições submáximas (mesma força exercida nas CM). Os resultados de análise proteica (*Western Imunoblot Analyses*), feito com amostras do vasto lateral, demonstraram aumento significativo de quatro vezes no estado de fosforilação da P70S6K (Ser424/Thr421), duas vezes para P70S6K (Thr389) e quatro e oito vezes para S6 (Ser235/Ser236) imediatamente pós-exercício, após 60 minutos e depois de 120 minutos somente para as EM. Apenas uma tendência ao aumento na fosforilação da mTOR (Ser2448) foi observado após as EM. Entretanto, a análise estatística não revelou significância sobre o efeito principal de tempo ou tipo de contração (Eliasson *et al.*, 2006). Essa tendência ao aumento indica que a mTOR pode ativar P70S6K, ou que a P70S6K fosforila mTOR via mecanismo de feedback (Chiang; Abraham, 2005; Holz; Blenis, 2005). Nenhuma mudança foi encontrada no estado de fosforilação para mTOR (Ser2481) e Akt (Ser473) em ambos modelos de ação muscular. A atividade de Akt depende do conteúdo de glicogênio (Creer *et al.*, 2005), inalterado no presente estudo (Eliasson *et al.*, 2006). A ausência de mudança no estado de fosforilação de Akt sugere que P70S6K é fosforilada por outra via de sinalização alternativa, independente de Akt (Eliasson *et al.*, 2006). A ausência de mudanças na fosforilação de Akt/mTOR/P70S6K/S6, após as CM e ES, sugere que as EM exercem estímulo mais potente para a iniciação da tradução de proteínas específicas na ausência imediata de ingestão nutricional (Eliasson *et al.*, 2006).

Roschel *et al.* (2011) avaliaram o efeito da velocidade de execução das ações excêntricas sobre a via Akt/mTORC1/P70S6K (excêntrica lenta – EL [n=11 homens] *vs.* excêntrica rápida – ER [n=9 homens]). Nesse estudo, os pesquisadores demonstraram aumentada fosforilação da mTOR (189%) imediatamente pós-exercício, da Akt (593% e 457%) e da P70S6K (6176% e 3761%) imediatamente e após 120 minutos do exercício de força realizado em dinamômetro isocinético (5 séries de 8 RM de extensões excêntricas realizadas em uma amplitude de 0° a 90°, sendo 60° de flexão = 0°). O conteúdo total dessas proteínas não foi alterado intra e intergrupos. Esse dado não sustentou a hipótese inicial de que as ER promoveriam maior expressão/ativação da via Akt,/mTORC1/p70S6K. Sugerindo que a velocidade parece não ter efeito sobre sua ativação transiente ou que outra via possa ser ativada em resposta a esse modelo de exercício (Roschel *et al.*, 2011). A sobrecarga mecânica foi relacionada à ativação da via Akt,/mTORC1/P70S6K (Kimball *et al.*, 2002; Sartorelli; Fulco, 2004). A maior tensão muscular induzida pelas ER pode ter ativado/aumentado a mecanotransdução, resultando em similar ativação dessa via quando comparado às EL (Roschel *et al.*, 2011). A tensão aumentada sobre a linha Z (Shepstone *et al.*, 2005), ponto crítico de mecanotransdução devido à presença de fosfolipase D (Hornberger *et al.*, 2006a), com as ER pode ativar a PLD, que ativa mTORC1/P70S6K independente de Akt (Hornberger *et al.*, 2006a e b). Tem sido demonstrado que o ácido fosfatídico (resultante da atividade aumentada de PLD) estimula P70S6K em um modelo independente de mTOR (Lehman *et al.*, 2007). Assim, é possível que a tensão exerça um papel na ativação de uma via hipertrófica específica à velocidade, o que pode ser compensado pela diferença no tempo sobre tensão observado entre EL e ER (Roschel *et al.*, 2011).

Os mecanismos envolvidos na sinalização da mTOR e a interação entre as proteínas da via em resposta ao TF ainda não foram totalmente elucidados. Entretanto, os achados constatam a participação da via mTOR nos processos de síntese de proteínas musculares em resposta a esse tipo de estímulo. Em estudos futuros, seria interessante avaliar o seu efeito em longo prazo seguindo o TF e seus distintos modelos e princípios que o regem.

5.3 Miostatina

A miostatina (MSTN), ou GDF-8, pertence à superfamília TGF-β (McPherron *et al.*, 1997; McPherron; Lee, 1997). Essa proteína participa da via de sinalização proteolítica (Lokireddy *et al.*, 2012; Mcfarlane *et al.*, 2006) e, consequentemente, do processo de atrofia do músculo esquelético (Amirouche *et al.*, 2009; Durieux *et al.*, 2007; Leger *et al.*, 2008). Experimentos conduzidos em laboratório com camundongos nocaute para a MSTN permitiram observar que a deleção do gene que codifica essa proteína está associada tanto à hipertrofia quanto à hiperplasia muscular esquelética (McPherron *et al.*, 1997). O aumento da massa muscular observado no modelo animal mencionado sugere que essa proteína exerça a função de reguladora negativa do crescimento e desenvolvimento do músculo esquelético (McPherron *et al.*, 1997). Essa função foi comprovada no final da década de 1990 (McPherron *et al.*, 1997; McPherron; Lee, 1997). Em 1997, foi demonstrado que mutações no gene que codifica esta proteína são capazes de promover um ganho extraordinário de massa muscular em bovinos (McPherron; Lee, 1997), o que, posteriormente, foi também constatado em cães da raça *Whippet*

(Mosher *et al.*, 2007; Shelton; Engvall, 2007). Além dos fenótipos relacionados à mutação no gene da MSTN observados em animais, em 2004 foi descrito o primeiro caso identificado de mutação em um ser humano (Schuelke *et al.*, 2004). Descrita como uma substituição de um nucleotídeo "g" para um "a" no gene da MSTN (g IVS1+5), essa mutação foi caracterizada pela perda de função no gene que codifica a MSTN, sugerindo que a sua inativação tenha efeito semelhante em animais e humanos (Schuelke *et al.*, 2004).

A MSTN é sintetizada associada ao seu propeptídeo, o qual a mantém em estado latente (Hill *et al.*, 2002; Lee; McPherron, 2001). Quando secretada, a MSTN passa por dois processos de clivagens, induzidos, provavelmente, por metaloproteases (MMP) (Huet *et al.*, 2001), para se tornar biologicamente ativa (McPherron *et al.*, 1997).

A ação da MSTN sobre o controle da massa muscular esquelética é exercido de maneira autócrina-parácrina. Em sua forma ativa, ou seja, livre de seu propeptídeo, essa proteína é capaz de interagir com seu receptor de membrana ActIIB (receptor quinase do tipo serina/treonina) que recruta receptores do tipo I (receptor quinase 4 e ou 5 semelhantes a activina). A sinalização modulada pela MSTN ocorre por meio de uma cascata de eventos envolvendo a fosforilação de receptores tipo II-I, ActIIB e ALK4/ALK5, que, por sua vez, fosforilam as proteínas SMAD-2 e 3 (Bogdanovich *et al.*, 2002; Rebbapragada *et al.*, 2003; Zhu *et al.*, 2004). As SMADs são proteínas que agem como transdutores de sinais intracelulares e, quando fosforiladas, funcionam como fatores de transcrição, ativando ou inibindo a síntese de proteínas envolvidas na regulação da massa muscular (por exemplo, E3 ligases) (Zhu *et al.*, 2004).

Figura 5.3 – Via de sinalização da MSTN

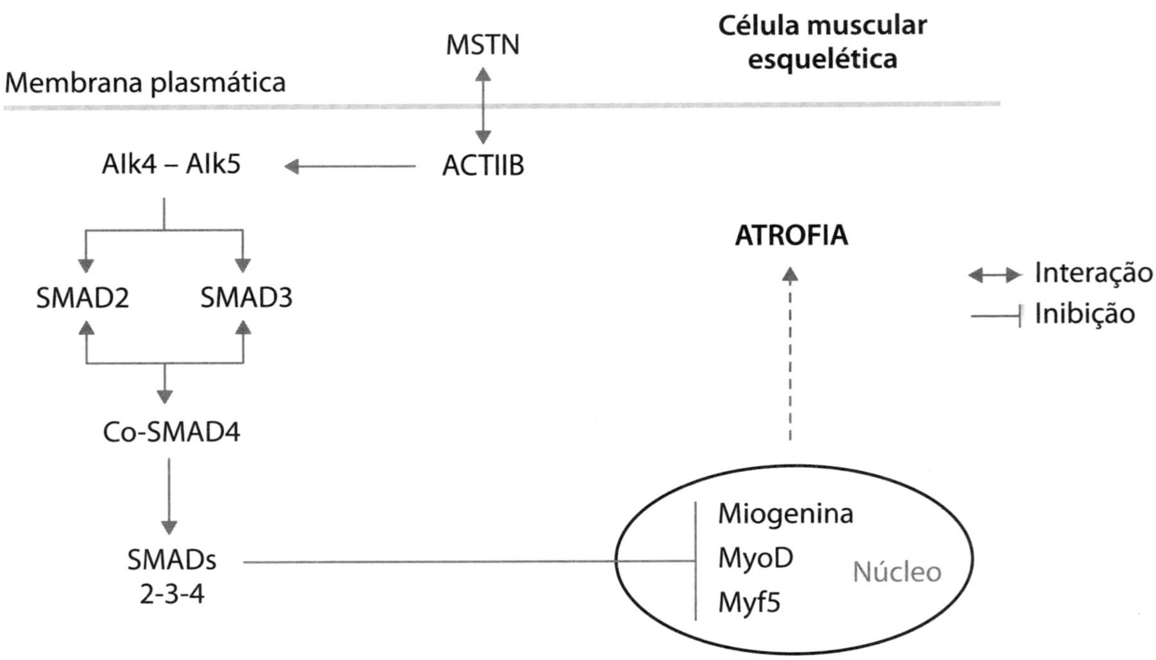

Fonte: adaptado de Rodino-Klapac *et al.*, 2009; Smith; Lin (2013).

A interação entre a MSTN e seu receptor de membrana induz à formação do complexo SMAD 2-3- 4 que, no núcleo, inibe fatores de transcrição chave à síntese de proteínas musculoesqueléticas.

Estudos mostraram que a expressão da MSTN é regulada em situações de alteração na massa muscular (Patel; Amthor, 2005; Lee *et al.*, 2004). Patologias que promovem intenso catabolismo, como câncer e AIDS, estão positivamente relacionadas ao aumento na expressão da MSTN (Gonzalez-Cadavid *et al.*, 1998; Zimmers *et al.*, 2002). Em contrapartida, seria esperado que o estímulo do TF pudesse exercer algum tipo de modulação sobre a expressão/atividade da MSTN, uma vez que esta estratégia é capaz de promover a hipertrofia do músculo esquelético.

5.3.1 Miostatina e treinamento de força

Considerando que o TF é capaz de promover alteração da massa muscular, tem-se investigado seu potencial em influenciar a expressão/atividade da MSTN, uma vez que essa molécula apresenta importante função no controle do volume do músculo esquelético.

No que se refere ao estímulo de curto prazo, Willoughby e Taylor (2004) compararam o efeito de uma única sessão de exercício de força concêntrico *vs.* excêntrico sobre o nível de MSTN no soro sanguíneo de homens jovens (21 anos em média). Após um período de 24 e 48 horas da realização da sessão dos exercícios (7 séries de 10 repetições a 75% de 1 RM para a extensão e 150% de 1 RM para flexão de joelhos e três minutos de intervalo entre as séries), foi observado semelhante aumento do nível proteico entre os grupos experimentais. Esses resultados sugerem que o exercício de força, independente do tipo de ação muscular priorizada, é capaz de promover aumento da MSTN no soro (Willoughby; Taylor, 2004). Por outro lado, Kim, Cross e Bamman (2005) avaliaram a resposta molecular do exercício de força em homens e mulheres jovens (20 a 35 anos) e idosos (60 a 75 anos). Após 24 horas de uma única sessão de exercício de força (3 séries de 8 a 12 repetições até fadiga nos exercícios: agachamento, *leg press* e extensão de joelhos com 90 segundos de intervalo entre as séries), demonstraram decréscimo de 56%, 40% e 48% no conteúdo do RNAm para a MSTN em amostras do vasto lateral de homens jovens, idosos e mulheres jovens, respectivamente. Embora, o efeito do treinamento tenha sido conduzido principalmente pelo gênero masculino, não houve diferença na redução de MSTN entre os grupos etários. A falha em reduzir a expressão de MSTN poderia explicar a limitação em promover a hipertrofia induzida por sobrecarga em mulheres idosas (Kim; Cross; Bamman, 2005). Em outro estudo, Dalbo *et al.* (2011) avaliaram o efeito do exercício de força repetido em homens jovens (21 anos em média) e idosos (66 anos em média) em três momentos: T1 — basal; T2 — 48 horas após a primeira sessão de exercício; T3 — 48 horas depois da segunda sessão de exercício; e T4 — 24 horas após a terceira sessão de exercício. Entre os períodos avaliados, foi observada tendência para redução da expressão de MSTN em T2 e T3 em ambos os grupos experimentais e redução significativa no conteúdo de RNAm para MSTN nas amostras de vasto lateral de idosos após 24 horas do exercício de força (3 séries de 10 repetições a 80% de 1 RM em três exercícios para membros inferiores e dois minutos de intervalo). Esses dados suportam que o exercício de força é capaz de reduzir a expressão da MSTN em curto prazo (Dalbo *et al.*, 2011).

Em relação ao efeito de longo prazo, Roth *et al.* (2003) demonstraram redução na expressão gênica da MSTN (37%) em amostras do vasto lateral coletadas após nove semanas de TF dinâmico realizado por homens e mulheres (jovens e idosos) em equipamento isocinético (extensão unilateral de joelho, três vezes por semana; 5 séries, 1ª — aquecimento com 5 repetições a 50% de 1 RM, 2ª — 5 RM, 3ª — 10 repetições, 4ª — 15 repetições e 5ª — 20 repetições, cujas 4-5 primeiras repetições foram realizadas com carga equivalente a 5 RM e para as restantes, a carga foi reduzida para que o total de repetições [10, 15 e 20] fossem completados). Em contraste, Willoughby (2004) evidenciou aumento no conteúdo do RNAm para a MSTN (32%) e da sua proteína no vasto lateral (53%) e no plasma (56%) após 6 e 12 semanas de TF (3 séries de 6 a 8 repetições a 85% a 90% de 1 RM nos exercícios *leg press*, extensão e flexão de joelhos, realizados três vezes por semana). Por outro lado, Jespersen *et al.* (2011) não demonstraram qualquer alteração no conteúdo do RNAm para a MSTN nas amostras de vasto lateral após 24 horas da última sessão de exercício, avaliados em 30 e 90 dias dos três meses de TF realizado por homens com 24 anos em média (4 a 5 séries de 6 a 15 RM e dois a três minutos de intervalos entre as séries de agachamento, *leg press* inclinado, extensão e flexão dos joelhos). Ao avaliarem o efeito de diferentes modelos de TF (força máxima [TFF] *vs.* potência [TP]) sobre a expressão da MSTN em homens com idade entre 20 e 30 anos, Santos *et al.* (2015) também não observaram qualquer alteração no conteúdo de RNAm nas amostras do vasto lateral coletadas após 48 horas da última sessão de ambos os modelos de treinamento de oito semanas. Dados controversos sobre a resposta molecular MSTN ao TF podem ser resultado da utilização de distintos protocolos de treinamento, ou ainda, de diferentes períodos de coleta das amostras musculares. Neste caso, o curso temporal da expressão da MSTN deve ser mais explorado.

Ao investigar o comportamento temporal da expressão de fatores proteolíticos e miogênicos, Louis *et al.* (2007) verificaram redução do conteúdo de RNAm para MSTN em amostras do vasto lateral de homens e mulheres jovens (25 anos em média) em todos os momentos avaliados, ou seja, 60 e 120 minutos, 4, 8, 12 e 24 horas após a execução de uma sessão de exercício de força (extensão bilateral de joelhos em equipamento isocinético — 3 séries de 10 repetições a 70% de 1 RM). Enquanto isso, Hulmi *et al.* (2007) avaliaram o efeito agudo e crônico do TF sobre a expressão de MSTN em homens idosos (62 anos em média). As biópsias do vasto lateral foram colhidas 60 minutos antes, 60 minutos após e 48 horas após a sessão de TF, em duas condições diferentes: pré-treinamento (sujeitos destreinados) e pós-treinamento (sujeitos treinados). Seguida a sessão aguda, não foi observada alteração significativa na expressão de MSTN entre os períodos analisados. Porém, ao final de 21 semanas, o conteúdo de seu RNAm reduziu após 60 minutos e esteve ainda menor 48 horas após a última sessão de treinamento (*leg press* em máquina isocinética — 5 séries de 10 RM). Contudo, é importante destacar que o nível de MSTN depois de 21 semanas de TF estava maior do que na condição pré-treinamento.

O estudo conduzido por Willoughby (2004) também evidenciou aumento na expressão do RNAm para a MSTN após 12 semanas de TF. Esse aumento foi associado à elevação da concentração de cortisol e do conteúdo de receptores para o mesmo no músculo esquelético. A elevação deste hormônio ativa a transcrição do gene da MSTN, em mecanismo mediado por receptores de glicocorticóides. Isso provavelmente ocorre devido à presença de supostos elementos responsivos aos glicocorticóides no promotor do gene que codifica a MSTN

(Ma *et al.*, 2001). Mesmo com o conteúdo de MSTN aumentado a força, a massa muscular e o volume da coxa estavam com valores maiores no grupo experimental *vs.* de controle (Willoughby, 2004). Esses dados indicam que o nível elevado de MSTN no soro não parece necessariamente afetar o ganho de força e de massa muscular, além de confirmar a eficiência do TF em promover hipertrofia e aquisição de força. Embora a MSTN estivesse aumentada, houve também aumento de 127% da FL3 (antagonista da MSTN) no soro e redução de 18% do receptor ActIIB (Willoughby, 2004). Isso sugere a ocorrência de resposta coordenada: quando a expressão de MSTN é aumentada, ocorre redução do seu receptor e aumento dos inibidores. Essa suposta resposta coordenada corrobora a ideia dos dados apresentados por Gharakhanlou *et al.* (2009) que, em vez de aumento, demonstraram redução do nível sérico da MSTN, seguido de aumento do nível sérico da GASP-1 (inibidor da MSTN) após 4 e 8 semanas de treinamento de força realizado por homens jovens (3 séries de 8 a 10 repetições a 60 a 70% de 1 RM no *bench press*, *lat pull down*, *biceps curl*, *leg press*, *knee extension*, e *knee flexion*, dois minutos de intervalo de recuperação, três vezes por semana). Juntos, esses dados sugerem que é necessário analisar não somente o comportamento da MSTN, mas também dos outros componentes dessa via de sinalização, a fim de estimar o seu grau de atividade. É possível que esse padrão de resposta coordenada, no qual a expressão do ligante (MSTN) é reduzida, e a dos seus inibidores aumentada, maximize a resposta de hipertrofia.

O papel específico da intensidade do treinamento de força sobre a expressão de genes envolvidos com o trofismo do músculo esquelético ainda não é bem conhecido. Os únicos estudos que relacionaram diretamente os efeitos da intensidade têm demonstrado efeitos distintos sobre a expressão da MSTN (Hulmi *et al.*, 2007; Kim *et al.*, 2005; Roth *et al.*, 2003; Willoughby, 2004).

Apesar dos achados sobre MSTN, exercício de força e TF é importante ressaltar que não existe um consenso sobre o padrão de resposta deste gene ao estímulo do treinamento físico e ainda existem dúvidas sobre o quanto a MSTN participa e contribui para o processo de desenvolvimento da massa muscular em resposta ao TF.

5.4 Folistatina

Conhecida como uma proteína ligante de activina e MSTN, a FLST é uma glicoproteína extracelular expressa no miótomo (Currie; Ingham, 1998). A FLST é um importante antagonista de numerosos membros da superfamília TGF-β, como a MSTN e as *bone morphogenic protein* (BMP) (Amthor *et al.*, 2002; Amthor *et al.*, 2004). Essa proteína também pode exercer similar função inibitória para a activina e receptores do tipo II, como a ActIIB (Harrison e Chan; Robertson, 2006; Link; Nishi, 1997; Sugino *et al.*, 1993). Inicialmente isolada em fluídos gonadais, a FLST atua de maneira autócrina-parácrina, exercendo inúmeros papéis fisiológicos como a regulação endócrina (produção) do hormônio pituitário folículo estimulante (FSH), maturação do folículo ovariano, homeostase hepática, reparo de lesões e espermatogênese, além de responder também ao estímulo inflamatório (Sidis *et al.*, 2006). O seu mecanismo de ação ainda não é totalmente conhecido, mas sabe-se que a ausência da FLST está associada ao desenvolvimento anormal: queda de cabelo, enfraquecimento muscular e morte prematura (Sidis *et al.*, 2006). Além do mais, sua deficiência também induz uma total redução da massa muscular esquelética, sugerindo exercer importante papel na morfogênese do miótomo (Matzuk *et al.*, 1995).

Existem diversas isoformas de FLST. Por exemplo, via *splicing* alternativo dos genes codificadores da FLST humana, pré-FLST-317 e pré-FLST-344, são produzidos respectivamente os transcritos FLST-288 e FLST-315 (Shimasaki *et al.*, 1988). Um terceiro transcrito, FLST-303, parece surgir da clivagem da FLST-315, entre os aminoácidos 300 e 303 de sua região C-terminal (Sugino *et al.*, 1993). Essas isoformas da FLST apresentam um domínio N-terminal (ND) e três domínios FLST (FSD1, 2 e 3), que unem a molécula aos seus respectivos ligantes, e uma região de resíduos básicos (sítios de ligação a heparina) conhecidos como *heparin-binding sequence* — HBS, que permitem a sua ligação a proteoglicanas heparina-sulfatadas (Cash *et al.*, 2012; Sidis *et al.*, 2005; Sumitomo *et al.*, 1995). A interação com essas proteoglicanas (via ligação a heparina) permite a sua ligação na membrana celular e consequente ação local (Hileman *et al.*, 1998). Além dessas isoformas, um gene semelhante ao da FLST codifica a *folistatin-like three* (FL3). Inicialmente descoberta como uma molécula envolvida na leucemia (Hayette *et al.*, 1998), essa proteína possui função homóloga a da exercida pela FLST (Tsuchida *et al.*, 2000). Em sua estrutura, entretanto, ocorre ausência do domínio FSD3 e do HBS (Sidis *et al.*, 2005). Isso indica que os domínios FSD1, FSD2 e ND são os meios de interação com seus ligantes (MSTN, por exemplo) (Cash *et al.*, 2012). Além do mais, a ausência do HBS em sua estrutura sugere que a FL3 e a FSTN associem-se a heparina por meio de diferentes vias (Tsuchida *et al.*, 2000). Contudo, ambas as isoformas da FLST e a FL3 suprimem a ação dos fatores inibitórios da morfogênese, porém cada uma possui capacidade inibitória (Sidis *et al.*, 2006) e de ligação a diferentes ligantes (Cash *et al.*, 2012) potencialmente distintas.

O mecanismo de ligação entre FLST/FL3 e MSTN ainda é incerto. No entanto, estima-se que essas proteínas interajam por alta afinidade, de maneira direta e concentração dependente (Amthor *et al.*, 2004). A interação entre MSTN e ActIIB induz fosforilação e consequente ligação das R-SMAD-2/3 e Co-SMAD-4 e posterior migração desse complexo para o núcleo. O complexo SMAD formado modula a transcrição de genes alvo envolvidos no desenvolvimento do músculo esquelético, como pax-3 e MyoD. No entanto, a FLST e a FL3 parecem inibir completamente a ativação da MSTN, prevenindo sua ação inibitória sobre o desenvolvimento muscular (Amthor *et al.*, 2004). Portanto, é possível afirmar que a FLST e a FL3 são potentes inibidores da sinalização exercida pela MSTN. Isso foi comprovado pelo estudo conduzido por Lee e McPherron (2001). Estes autores demonstraram que a superexpressão da FLST em ratos transgênicos maximizou o ganho de massa muscular. Willoughby (2004) demonstrou aumento do conteúdo proteico da FL3 (127%), concomitante ao ganho de massa muscular após 12 semanas de treinamento de força realizado por homens, reforçando o papel da FLST/FL3 no processo de hipertrofia.

Figura 5.4 – Ação inibitória da FLST e FL3 sobre a sinalização da MSTN

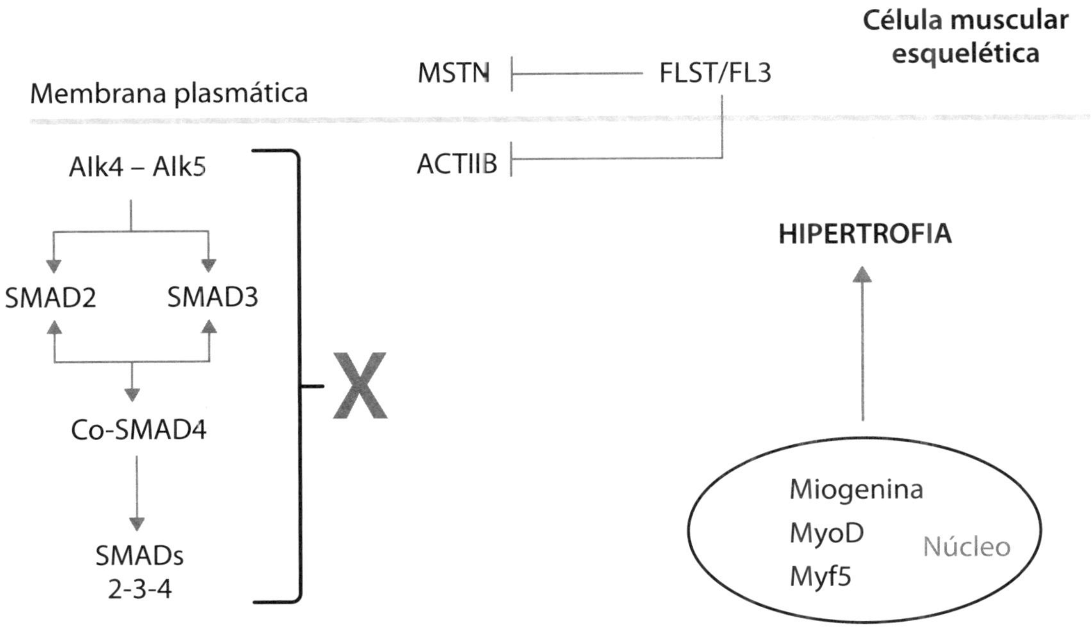

Fonte: adaptado de Rodino-Klapac *et al.*, 2009; Smith; Lin (2013).

A inibir a interação entre MSTN/ActIIB, FLST e FL3 impedem a formação do complexo SMAD 2-3-4. Permitindo, assim, a ação de fatores de transcrição chave à síntese proteica muscular esquelética.

5.4.1 Folistatina e treinamento de força

A FLST e a FL3 exercem importante função antagonista aos efeitos da MSTN. Favorecendo, dessa forma, a atividade de fatores de transcrição chave ao crescimento e desenvolvimento do músculo esquelético (Amthor *et al.*, 2004). Embora a atividade biológica dessas moléculas represente um papel relevante no controle da massa muscular, poucos estudos têm avaliado a sua expressão em resposta ao exercício de força e ao treinamento de força.

Nessa perspectiva, Hansen *et al.* (2010) demonstraram que a concentração plasmática da proteína FLST aumentou sete vezes depois de 180 minutos da realização do exercício aeróbio (ciclismo em bicicleta ergométrica a 50% do VO_2máx) e duas vezes após a realização do exercício de força (120 minutos de extensão unilateral de joelho a 50% de 1 RM realizada em um ergômetro modificado). Entretanto, estes pesquisadores não observaram alterações no conteúdo do RNAm para a FLST em amostras do vasto lateral após um período de 6, 12, 18 e 24 horas do exercício de força (Hansen *et al.*, 2010). Previamente, Jensky *et al.* (2007) também não encontraram alteração na expressão gênica da FLST em amostras do vasto lateral de homens jovens (23 a 35 anos) e idosos (60 a 75 anos) após 24 horas do exercício excêntrico (flexão de joelho, seis séries de 16 RM separadas por 120 a 180 segundos de intervalo).

Recentemente, Jensky *et al.* (2010) também não encontraram mudanças no nível do RNAm para FLST em amostras do vasto lateral de mulheres jovens 8 horas após a primeira sessão de extensão isocinética unilateral de joelho e depois de 8 horas da sétima e última sessão de ações CON *vs.* EXC. Em contraste, Dalbo *et al.* (2011) demonstraram aumento no conteúdo do RNAm para a FLST em amostras do vasto lateral de idosos 48 horas após o exercício de força. Nesse estudo, foi avaliado o efeito de estímulos repetidos de exercício de força (3 séries de 10 repetições a 80% de 1 RM em três exercícios para membros inferiores e dois minutos de intervalo) em três momentos: T1 — basal; T2 — 48 horas após a primeira sessão de exercício de força; T3 — 48 horas depois da segunda sessão de exercício de força; e T4 — 24 horas após a terceira sessão de exercício de força. Os efeitos do exercício foram evidenciados somente nos idosos em T2 (Dalbo *et al.*, 2011). Nos demais períodos foram observados apenas tendência ao aumento da FLST em ambos os grupos (Dalbo *et al.*, 2011). Ao avaliarem o efeito de oito semanas do treinamento de força de alta e baixa intensidade (AI e BI) com o treinamento de força de baixa intensidade e restrição do fluxo sanguíneo (BIO) (extensão de joelhos, 3-4 séries de 8-15 repetições a 20% de 1 RM para BI, 80% para AI e 20% para BIO e um minuto de repouso), Laurentino *et al.*, (2011) também demonstraram aumento significativo do conteúdo de RNAm para FSTN nas amostras do vasto lateral de ambos os grupos experimentais — homens jovens com 20 anos em média. Em elegante investigação, Santos *et al.*, (2015) avaliaram a resposta molecular induzida por distintos modelos de treinamento de força (força, TFF vs potência, TP) realizado por homens com idade entre 20 e 30 anos. Assim como apresentado em estudo prévio, ao final de 48 horas da última sessão de treinamento de força, oito semanas depois do início do estudo, foi observado semelhante aumento no conteúdo do RNAm para a FLST nas amostras do vasto lateral de ambos os grupos TFF e TP (4 séries de 4-10 RM e 4 séries de 6-8 repetições a 30%-60% de 1 RM respectivamente) (Santos *et al.*, 2015).

Em relação a FL3, Willoughby (2004) demonstrou aumento de 127% da proteína FL3 no soro sanguíneo após 15 minutos da última sessão de exercício em 6 e 12 semanas de treinamento de força realizado por homens com 20 anos em média (3 séries de 6-8 repetições a 85%-90% de 1 RM nos exercícios *leg press*, extensão e flexão de joelhos, realizados três vezes por semana). Em outro estudo, Willoughby e Taylor (2004) observaram semelhante aumento da proteína FL3 no soro sanguíneo de homens jovens (21 anos em média) depois de 24 e 48 horas do exercício de força excêntrico vs concêntrico (7 séries de 10 repetições a 75%-150% de 1 RM para flexão e extensão de joelhos respectivamente e três minutos de intervalo entre as séries). Por outro lado, Hulmi *et al.* (2007), avaliando a expressão gênica, não identificaram alterações no nível do RNAm para FL3 após 48 horas do exercício de força (uma única sessão) e do treinamento de força (21 semanas) em homens idosos (5 séries de 10 RM no *leg press* em máquina isocinética). Em contraste, Santos *et al.* (2015) demonstraram aumento no conteúdo do RNAm para FL3 após 48 horas da última sessão de TFF vs TP, após oito semanas de treinamento de força realizados por adultos jovens. Previamente, Dalbo *et al.* (2011) demonstraram aumento no conteúdo do RNAm para a FL3 após 24 horas do terceiro estímulo do exercício de força no grupo de idosos. Em consonância, Laurentino *et al.* (2011) observaram aumento semelhante no conteúdo de FL3 após oito semanas de treinamento de força de baixa intensidade com e sem oclusão do fluxo sanguíneo e aumento significativo no nível de RNAm para o grupo de treinamento de força de alta intensidade quando comparado aos demais. Apesar de diferirem ente si, em relação ao período do estímulo (agudo *vs.* crônico), idade dos sujeitos (idosos *vs.* jovens) e protocolo de treinamento, juntos esses estudos indicam que o TF pode alterar a expressão da FL3 independente de sua configuração. Além do mais, parece que o TP é igualmente capaz de induzir alterações na expressão do gene da FL3 (Santos *et al.*, 2015).

Mesmo havendo certa discordância de resultados entre os estudos produzidos, é possível afirmar que tanto a FLST quanto a FL3 são responsivas à sobrecarga mecânica do exercício de força e do treinamento de força. Esses estímulos parecem potencializar a expressão dessas moléculas de maneira semelhante e, até mesmo, independentemente da configuração de suas variáveis. O que representa um efeito positivo ao crescimento muscular esquelético, uma vez que FSTN e FL3 permitem a ação de fatores de transcrição chave aos processos hipertróficos.

5.5 Atrogin-1 e MuRF-1

Atrogin-1, também conhecida como MAFbx, e MuRF-1 são E3 ligases (atrogenes) produzidas especificamente no músculo esquelético. Essas proteínas pertencem à via de degradação proteolítica ubiquitina-proteassoma (Lecker *et al.*, 1999) e estão associadas à atrofia muscular em diversas condições: doenças crônicas (diabetes, insuficiência renal, HIV/AIDS etc.), imobilização, envelhecimento, uso de fármacos (glicocorticóides) e lesões na coluna (Foletta *et al.*, 2011). Estruturalmente, as E3 ligases possuem sítios de ligação para substratos, E2 ligases (enzimas de conjugação) e outras moléculas ubiquitinas (Lecker *et al.*, 1999). O reconhecimento de seus substratos depende da sequência de aminoácidos e/ou de domínios estruturais específicos e fosforilados (Foletta *et al.*, 2011).

Atrogin-1 é membro das proteínas do complexo SCF E3 ligase (SPK1 e Culina1) dotadas de domínios F-box (Gomes *et al.*, 2001) e MuRF-1 é um tipo de proteína *RING-B-box-coiled-coil* (RBCC), subclasse de proteínas que contém o *RING-finger* (tipo de ligação Cis/His de zinco). Esses atrogenes têm sido descritos como participantes dos processos de miogênese (iniciação e formação de miotubos), estabilização microtubular nas células do músculo esquelético, além de ligar e estabilizar microtúbulos contra agentes despolimerizantes, e poliubiquitinação (Gomes *et al.*, 2001; Spencer *et al.*, 2000).

Atrogin-1 e MuRF-1 catalisam a ligação da ubiquitina a proteínas-alvo, via processo de poliubiquitinação. A **ubiquitina** é uma pequena proteína designada a marcar proteínas a serem degradadas no sistema proteassoma. Este sistema compreende um complexo de proteínas de conformação cilíndrica, presente no citoplasma e no núcleo celular. A função do proteassoma é degradar proteínas danificadas e/ou desnecessárias (Joazeiro e Weissman, 2000; Reid, 2005; Socnd e Chantry, 2011).

O processo de poliubiquitinação envolve a ligação de uma ubiquitina à enzima ligase de ativação E1, que a transfere para uma ligase de conjugação E2. Em seguida, E3 ligases (MuRF-1 e Atrogin-1) interagem com a ligase E2 e o substrato, possibilitando a ligação da ubiquitina à proteína-alvo. As proteínas ubiquitinadas, ligadas à ubiquitina, seguem para o proteassoma, onde serão degradadas. Esse processo contribui para atrofia muscular esquelética (Hershko e Ciechanover, 1998 *apud* Joazeiro e Weissman, 2000).

As proteínas alvo de Atrogin-1 e MuRF-1 ainda não são amplamente conhecidas. As proteínas eIF3-f *(identified elongation initiation factor 3 subunit 5)* e MyoD são alvos da Atrogin-1 (Lagirand-Cantaloube 2008;Tintignac *et al.*, 2005). A superexpressão desse atrogene está relacionada à redução do nível dos referidos fatores de transcrição (Lagirand-Cantaloube *et al.*, 2008; 2009), sugerindo um papel para Atrogin-1 na regulação da diferenciação de mioblastos (Foletta *et al.*, 2011). Entre os substratos alvo de MuRF-1 estão a titina (Centner *et al.*, 2001), a miosina de cadeia pesada e a miosina de cadeia leve — isoformas MCL1 e MCL2 (Cohen *et al.*, 2009; Fielitz *et al.*, 2007). MuRF-1 também foi relacionada à interação de proteínas associadas à produção de glicose e com o metabolismo do glicogênio (Hirner *et al.*, 2008). Porém, ainda restam dúvidas se essas proteínas são realmente degradadas (Foletta *et al.*, 2011). Diversos estímulos podem ativar Atrogin-1 e MuRF-1, os quais afetam a ação de distintas proteínas. Enquanto Atrogin-1 está relacionado ao controle (redução) dos processos de síntese e crescimento muscular, MuRF-1 pode agir no controle (aumento) do nível de degradação de proteínas e, talvez, também contribua para o metabolismo muscular (Foletta *et al.*, 2011).

A transcrição de Atrogin-1 e MuRF-1 é regulada por membros da família FOXO, entre outros fatores de transcrição. FOXO1 parece não ser suficiente para induzir a transcrição de Atrogin-1 e MuRF-1, porém a sua inibição, via PI3K/AKT, é necessária para que IGF-1 exerça ação repressora sobre a expressão desses atrogenes induzida por glicocorticoides (Stitt *et al.*, 2004). Por outro lado, FOXO3a induz a transcrição de Atrogin-1 por meio de uma interação direta com seu promotor (Sandri *et al.*, 2004) e FOXO4 parece aumentar o nível desse transcrito no miotúbulo de ratos via TNFα (Moylan *et al.*, 2008). A miogenina ativa a expressão de ambos atrogenes em condição de atrofia induzida por denervação (Moresi *et al.*, 2010). Já a testosterona reduz o nível de Atrogin-1 via fator de transcrição Oct-1 e receptores de androgênio (Zhao *et al.*, 2008), enquanto NF-kB ativa diretamente a transcrição de MuRF-1 (Cai *et al.*, 2004). Curiosamente, a regulação desses atrogenes via FOXO em condições de atrofia muscular parece ser diferente quando comparando modelos animais e humanos (Foletta *et al.*, 2011). Em ratos esses atrogenes têm sido demonstrados estarem elevados em condições de inanição (Gomes *et al.*, 2001) e envelhecimento (Clavel *et al.*, 2006), enquanto nenhuma alteração foi encontrada para as mesmas condições em humanos (Foletta *et al.*, 2009; Larsen *et al.*, 2006; Leger *et al.*, 2008).

Em revisão feita por Foletta *et al.* (2011), concluiu-se que a atenuação da atrofia muscular em condições catabólicas pode ser reduzida independente do nível de RNAm de Atrogin-1 e MuRF-1. Essa informação sugere que a atividade desses atrogenes pode ser alterada sem que ocorra mudanças em sua expressão ou que a função primária não seja potencializar a atrofia. Sendo assim, deve-se ter cautela ao utilizar o nível de expressão desses atrogenes como indicadores de acelerada quebra de proteína muscular (Foletta *et al.*, 2011).

Figura 5.5 – Transcrição, tradução e atividade de Atrogin-1 e MuRF-1

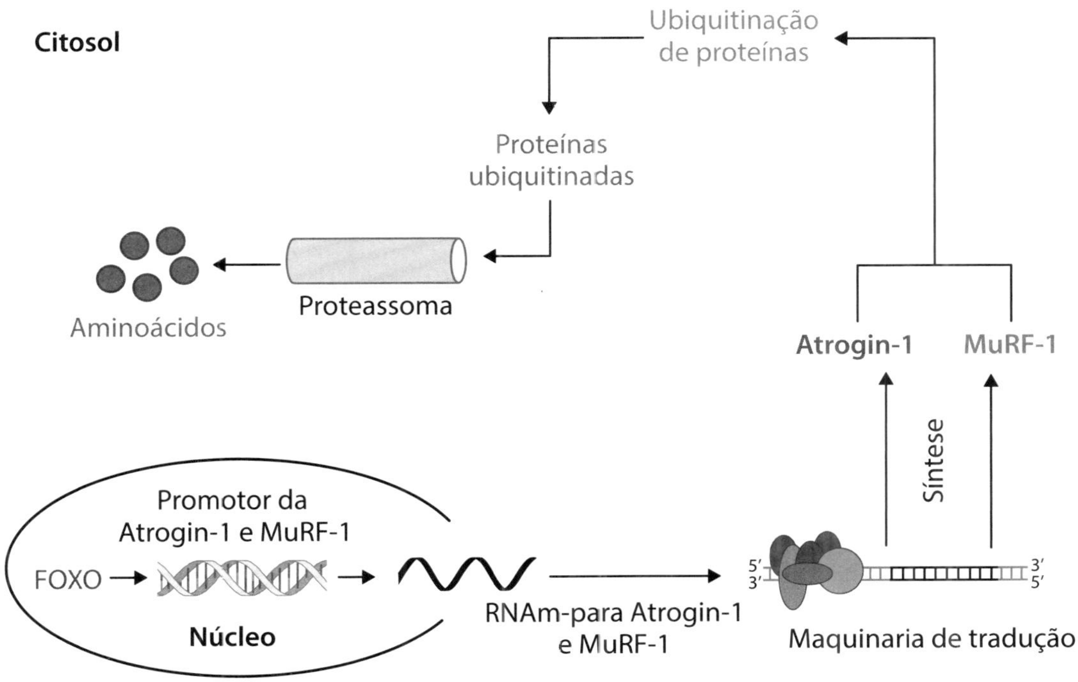

Fonte: adaptado de Foletta *et al.* (2011); Hershko e Ciechanover (1998).

5.5.1 Atrogin-1 e MuRF-1 e Treinamento de Força

Pertencentes à via de degradação ubiquitina-proteassoma, Atrogin-1 e MuRF-1 apresentam importante função sobre o remodelamento do músculo esquelético, uma vez que estão relacionadas à atrofia muscular (Foletta *et al.*, 2011). Entretanto, há poucos estudos relacionando a expressão/ativação-ação desses atrogenes ao exercício de força ou treinamento de força. Estímulos comprovadamente capazes de afetar a expressão de genes pertencentes a vias catabólicas e anabólica (Dalbo *et al.*, 2011; Yang *et al.*, 2006) e aumentar o volume muscular esquelético em longo prazo (Lamas *et al.*, 2009; Leal *et al.*, 2011).

Ao avaliar o efeito do exercício de força repetido sobre a expressão de Atrogin-1 e MURF-1, Mascher *et al.* (2008) submeteram oito homens destreinados a duas sessões de exercício de força dinâmico (4 séries de 10 repetições a 80% 1 RM no *leg press* e cinco minutos de repouso entre as séries). A segunda sessão de exercício ocorreu dois dias após a primeira. Em seguida, foram realizadas análises moleculares de amostras de tecido muscular extraídas do vasto lateral antes e após 120 minutos de cada sessão de exercício. Os resultados das análises demonstraram uma redução de 32% no conteúdo de RNAm para Atrogin-1 depois da primeira sessão de exercício e 40% após a segunda sessão. Para MuRF-1, foi observado um aumento do nível de RNAm em duas vezes após a primeira sessão e 1,6 vezes depois da segunda sessão de exercício de força. Esses dados indicam que o exercício de força repetido atenua a expressão de MURF-1 e reduz a expressão de Atrogin-1. Sugerindo, contudo, que a expressão dessas ubiquitinas ligases é diferentemente afetada pelo exercício de força. Além do mais, os dados demonstram que a sessão repetida de exercício não induz grandes mudanças na expressão de Atrogin-1 e MuRF-1, dado que as alterações observadas entre as duas sessões de EF foram estatisticamente insignificantes (Mascher *et al.*, 2008).

O curso temporal de expressão de Atrogin-1 e MuRF-1 foi única e previamente descrito por Louis *et al.* (2007). Nesse estudo, voluntários fisicamente ativos, sendo duas mulheres e quatro homens, realizaram exercício de força em equipamento isocinético (extensão de joelhos — 3 séries de 10 repetições a 70% de 1 RM). Biópsias do músculo vasto lateral foram coletadas em oito momentos distintos: antes do exercício, imediatamente após a última sessão, 60 e 120 minutos, 4, 8 e 24 horas depois do exercício de força. O resultado das análises moleculares demonstrou alteração no conteúdo de RNAm para MuRF-1 em 60 e 120 minutos e 4 horas após o exercício de força. Sendo respectivamente observado aumento de 3,5, 3,4 e 2 vezes em relação ao nível gênico pré-exercício. Em contraste, o conteúdo de RNAm para Atrogin-1 diminuiu 3,3 vezes em 8 horas e 1,9 vez em 12 horas. Nos demais períodos, ambos os genes que codificam essas ubiquitinas ligases não sofreram alterações estatisticamente significativas. Essas evidências indicam, portanto, que Atrogin-1 e MuRF-1 exibem distinto perfil de resposta ao exercício de força (Louis *et al.*, 2007; Mascher *et al.*, 2008).

A fim de caracterizar a expressão molecular (RNAm) de marcadores de proteólise em fibras de contração lenta e rápida (miosina de cadeia pesada – MHC, I e IIa) seguindo o exercício de força, Yang *et al.* (2006) submeteram oito homens sedentários a uma sessão de extensão bilateral de joelhos (3 séries de 10 repetições a 65% de 1 RM). Análises moleculares foram realizadas em amostras coletadas do vasto lateral nos seguintes momentos: pré-exercício, 4 e 24 horas depois do exercício de força. O resultado das análises moleculares demonstram que há maior expressão de RNAm para Atrogin-1 (2,7 vezes) e MuRF-1 (2 vezes) em fibras MHC-I do que em fibras MHC-IIa em condições basais (pré-exercício). Essa diferença de expressão gênica específica ao tipo de fibra permaneceu somente para Atrogin-1 após 4 horas (1,7 vezes) e 24 horas (2,5 vezes) do exercício de força. Em relação às alterações no conteúdo de seu RNAm, foi observada uma redução em 24 horas (1,6 vezes) em relação ao período de 4 horas pós-exercício. Entretanto, nenhuma alteração estatisticamente significativa foi evidenciada quando comparado à condição basal. Em contraste, foi evidenciado semelhante aumento no conteúdo de RNAm para MuRF-1 em ambos os tipos de fibras: MHC-I, 2,2 vezes; e MHC-IIa 4,8 vezes após 4 horas do exercício de força em relação a condição basal. Após 24 horas do estímulo do exercício de força, o seu nível gênico retornou à condição basal, sem que houvesse diferença na expressão de MuRF-1 entre os tipos de fibras. Tendo em vista a possível ação regulatória de MuRF-1 sobre a degradação miofibrilar e/ou miofibrilogenese, o aumento na expressão de MuRF-1 seguindo do exercício de força indica aumento da atividade da via proteolítica ubiquitina-proteassoma e/ou a regulação de genes como parte do processo de remodelamento do músculo esquelético (Reid, 2005 *apud* Yang *et al.*, 2006). Atrogin-1 tem sido implicado na interação proteína-proteína (Lecker, 2003), além da ligação à MyoD (Tintignac *et al.*, 2005), induzindo-a à degradação. Assim sendo, a expressão constantemente alta do RNAm para Atrogin-1 em ambos os tipos de fibras em todos os períodos de tempo avaliados, sugere a essa ubiquitina ligase um papel na regulação geral da degradação ou na inibição da síntese de proteínas (Yang *et al.*, 2006).

O efeito do treinamento de força sobre a expressão de MURF-1 e Atrogin-1 entre seis mulheres jovens de 24 anos em média e seis idosas de 85 anos em média foi avaliado por Williamson *et al.* (2010). Nesse estudo, as participantes foram submetidas a 12 semanas de treinamento de força (3 séries de 10 repetições a 70%-75% de 1 RM, realizado três vezes por semana no *leg extension* em equipamento isocinético e dois minutos de repouso). Ambos os grupos foram avaliados em duas condições: destreinada (sessão aguda) e treinada. Sendo coletadas amostras do vasto lateral nos períodos pré e pós-sessões de curto e longo prazo. De acordo com os resultados das análises moleculares, foi observada redução significativa na expressão de RNAm para MuRF-1 no grupo das mulheres jovens após 12 semanas de treinamento. Entretanto, no grupo das mulheres idosas o conteúdo gênico desse atrogene permaneceu inalterado durante o período avaliado. Por outro lado, Greig *et al.* (2011) não observaram alteração na expressão do RNAm para MuRF-1 em amostras do vasto lateral de mulheres jovens (25 anos em média) e idosas (75 anos em média) após o exercício de força dinâmico (10 séries de 6 repetições concêntrica/excêntrica máxima e dois minutos de recuperação). Em relação à Atrogin-1, nenhuma alteração estatisticamente significativa foi constatada nos grupos jovem e idosa após o treinamento de força (Williamson *et al.*, 2010). Resultado também demonstrado em curto prazo, em que Greig *et al.* (2011) não observaram alteração na expressão gênica de Atrogin-1 nas biópsias do grupo de jovens e idosas mensuradas 150 minutos depois do exercício de força. Vale ressaltar que o nível gênico (pré e pós-treinamento) de MuRF-1 e Atrogin-1 estiveram tendentemente mais elevados no grupo das idosas (Williamson *et al.*, 2010). Esses resultados estão de acordo com estudos prévios que demonstraram nível de atrogenes aumentado em função do processo sarcopênico em mulheres idosas (Raue *et al.*, 2007). As diferenças na expressão desses atrogenes entre os grupos avaliados demonstra que o músculo de mulheres idosas tem resposta gênica alterada (Williamson *et al.*, 2010). O que explicaria parcialmente as diferenças relacionadas à idade (Williamson *et al.*, 2010). A incapacidade em reduzir genes proteolíticos pode atenuar as adaptações ao exercício de força e do treinamento de força em mulheres idosas submetidas ao esforço físico (Greig *et al.*, 2011; Raue *et al.*, 2009; Williamson *et al.*, 2010).

O exercício de força e o treinamento de força são capazes de afetar a expressão de Atrogin-1 e MuRF-1. O que representa uma adaptação importante, tendo em vista o potencial catabólico desses atrogenes. Entretanto, o efeito do exercício físico, de curto e longo prazo, sobre essas ubiquitinas ligases necessita ser mais explorado. A fim de que se conheça melhor o mecanismo pelo qual esses estímulos afetam a ação de Atrogin-1 e MuRF-1, independente de alterações gênico-proteicas.

Considerações finais

A modulação de genes pertencentes às vias de síntese e degradação — induzidas pelo treinamento de força —, tem sido associada ao aumento da massa muscular esquelética. Contudo, permanece incerto o quanto cada via é determinante ao processo hipertrófico. Além disso, poucos estudos atentaram-se a interação entre as diferentes vias miogênicas e entre fatores proteolíticos e miogênicos em resposta ao referido modelo de treinamento. A ausência de método próprio para analisar a proteína bioativa em amostras humanas, induz apenas estimativas sobre a função proteica. Haja vista incerteza sobre a especificidade de anticorpos utilizados para mensurar o nível proteico de MSTN (Hulmi *et al.*, 2007) — bem como MGF, cujo peptídeo sintético, produzido a fim de correlacionar o nível de RNAm com a síntese proteica, foi considerado como "algo misterioso" por não existir em sistemas biológicos (Barton, 2006 *apud* Matheny, Nindl e Adamo, 2010). Além do mais, a incerteza sobre quais são os substratos alvo e os mecanismos reguladores de Atrogina-1 e MuRF-1 (Yang *et al.*, 2015), limita a interpretação sobre o mecanismo de ação dessas E3 ligases em resposta ao treinamento de força. Nessa perspectiva, também pouco se sabe sobre os mecanismos jusantes à sinalização da AMPK/mTOR em resposta a diferentes modelos de treinamento físico (Qi, Zhai e Ding, 2013). Adicionalmente, diferenças entre modelos de treinamento, tempo de coleta de amostras (biópsias) e a organização das variáveis agudas do treinamento físico — adotadas nos diversos estudos —, torna difícil o estabelecimento de um padrão de respostas moleculares induzidas pelo treinamento de força (Qi, Zhai e Ding, 2013; Santos *et al.*, 2015).

Além das lacunas a serem preenchidas, pesquisas futuras devem atentar-se a investigação de mecanismos moleculares, tais como: vias adjacentes e diretamente envolvidas na ativação e proliferação de células quiescentes (Matheny, Nindl e Adamo, 2010); proteínas relacionadas à mecanotransdução (Roschel *et al.*, 2011); ramificação de vias proteolíticas, bem como seus coativadores e correpressores (Schisler, Willis e Patterson, 2008); e a quantificação da sinalização e eventos moleculares envolvidos tanto na síntese quanto na degradação proteica (Murtona e Greenhaffb, 2013). Sobretudo, investigações realizadas em condições cônicas de treinamento, principalmente quando envolvem múltiplos períodos e medidas dinâmicas de avaliação da síntese proteica, melhorariam nossa compreensão sobre as adaptações morfológicas induzidas pelo treinamento de força (Murtona e Greenhaffb, 2013; Santos *et al.*, 2015).

Referências

AHTIAINEN, J. P. *et al.* Recovery after heavy resistance exercise and skeletal muscle androgen receptor and insulin-like growth factor-I isoform expression in strength trained men. *Journal of Strength and Conditioning Research*, v. 25, n. 3, p. 767-777, 2011.

AMIROUCHE, A. *et al.* Down-regulation of Akt/mammalian target of rapamycin signaling pathway in response to myostatin overexpression in skeletal muscle. *Endocrinology*, v. 150, n. 1, p. 286-294, 2009.

AMTHOR, H. *et al.* Follistatin complexes Myostatin and antagonises Myostatin-mediated inhibition of myogenesis. *Devolopmental Biology*, v. 270, n. 1, p. 19-30, 2004.

AMTHOR, H. *et al.* Follistatin regulates bone morphogenetic protein-7 (BMP-7) activity to stimulate embryonic muscle growth. *Developmental Biology*, v. 243, n. 1, p. 115-127, 2002.

ANDERSON, J. E. A role for nitric oxide in muscle repair: nitric oxide-mediated activation of muscle satellite cells. *Molecular Biology off the Cell*, v. 11, n. 5, p.1859-74, 2000.

ATES, K. *et al.* The IGF-I splice variant MGF increases progenitor cells in ALS, dystrophic, and normal muscle. *FEBS Letters*, v. 581, n. 14, p. 2727-2732, 2007.

ATHERTON, P. J. Selective activation of AMPK-PGC-1alpha or PKB-TSC2-mTOR signaling can explain specific adaptive responses to endurance or resistance training-like electrical muscle stimulation. *FASEB Journal*, v. 19, n. 7, p. 786-788, 2005.

BAMMAN, M. M. *et al.* Cluster analysis tests the importance of myogenic gene expression during myofiber hypertrophy in humans. *Journal of Applied Physiology*, v. 102, n. 6, p. 2232-2239. 2007.

BAMMAN, M. M. *et al.* Mechanical load increases muscle IGF-I and androgen receptor mRNA concentrations in humans. *American Journal of Physiology - Endocrinology and Metabolism*, v. 280, n. 3, p. 383-390, 2001.

BARTON, E.R. The ABCs of IGF-I isoforms: impact on muscle hypertrophy and implications for repair. *Applied Physiology, Nutrition, and Metabolism*, v. 31, n. 6, p. 791–797, 2006.

BICKEL, C.S. *et al.* Time course of molecular responses of human skeletal muscle to acute bouts of resistance exercise. *Journal Applied Physiology*, v. 98, n. 2, p. 482-488, 2005.

BODINE, S. C. *et al.* Akt/mTOR pathway is a crucial regulator of skeletal muscle hypertrophy and can prevent muscle atrophy in vivo. *Nature Cell Biology*, v. 3, n. 11, p. 1014-1019. 2001.

BOGDANOVICH, S. *et al.* Functional improvement of dystrophic muscle by myostatin blockade. *Nature*, v. 420, n. 6914, p. 418-421, 2002.

BOLSTER, D.R. *et al.* AMP-activated protein kinase suppresses protein synthesis in rat skeletal muscle through down-regulated mammalian target of rapamycin (mTOR) signaling. *The Journal of Biological Chemistry*, v. 277, n. 27, p. 23977-23980, 2002.

BROWNE, G. J.; PROUD, C. G. Regulation of peptide-chain elongation in mammalian cells. *European Journal of Biochemistry*, v. 269, n. 22, p. 5360–5368, 2002.

BUNDSCHERER, A. *et al. Tratamiento oncologico no radical dirigido al estroma*. Siicsalud, 2007.

CAI, D. IKKbeta/NF-kappaB activation causes severe muscle wasting in mice. *Cell*, v. 119, n. 2, p. 285-298. 2004.

CAKT, B. D. *et al.* Cycling progressive resistance training for people with multiple sclerosis a randomized controlled study. *American Journal of Physical Medicine & Rehabilitation*, v. 89, n. 6, p. 446-457, 2010.

CASH, J. N. *et al.* Structure of myostatin · follistatin-like 3: N-terminal domains of follistatin-type molecules exhibit alternate modes of binding. *The Journal of Biological Chemistry*, v. 287, n. 2, p. 1043-1053, 2012.

CENTNER, T. *et al.* Identification of muscle specific ring finger proteins as potential regulators of the titin kinase domain. *Journal of Molecular Biology*, v. 306, n. 4, p. 717–726, 2001.

CHENG, S.W. *et al.* Thr2446 is a novel mammalian target of rapamycin (mTOR) phosphorylation site regulated by nutrient status. *Journal of Biological Chemistry*, v. 279, n. 16, p. 15719-15722, 2004.

CHIANG, G. G.; ABRAHAM, R. T. Phosphorylation of mammalian target of rapamycin (mTOR) at Ser-2448 is mediated by p70S6 kinase. *The Journal of Biological Chemistry*, v. 280, n. 27, p. 25485-25490. 2005.

CLAVEL, S. Atrophy-related ubiquitin ligases, atrogin-1 and MuRF1 are up-regulated in aged rat Tibialis Anterior muscle. *Mechanisms of Ageing and Development*, v. 127, n. 10, p. 794-801, 2006.

COHEN, S. *et al.* During muscle atrophy, thick, but not thin, filament components are degraded by MuRF1-dependent ubiquitylation. *Journal of Cell Biology*, v. 185, n. 6, p. 1083–1095, 2009.

CREER, A. Influence of muscle glycogen availability on ERK1/2 and Akt signaling after resistance exercise in human skeletal muscle. *Journal of Applied Physiology*, v. 99, n. 3, p. 950-956, 2005.

CROZIER, S. J. *et al.* Activation of signaling pathways and regulatory mechanisms of mRNA translation following myocardial ischemia-reperfusion. *Journal of Applied Physiology*, v. 101, n. 2, p. 576-582. 2006.

CURRIE, P. D.; INGHAM, P. W. The generation and interpretation of positional information within the vertebrate myotome. *Mechanisms of Development*, v. 73, n. 1, p. 3-21, 1998.

DAI, Z. *et al.* IGF-IEc expression, regulation and biological function in different tissues. *Growth Hormone and IGF Research*, v. 20, n. 4, p. 275-281, 2010.

DALBO, V. J. *et al.* Acute loading and aging effects on myostatin pathway biomarkers in human skeletal muscle after three sequential bouts of resistance exercise. *The Journal of Gerontology Series A: Biological Sciences and Medical Sciences*, v. 66, n. 8, p. 855-865, 2011.

DELDICQUE, L. *et al.* Increased IGF mRNA in human skeletal muscle after creatine supplementation. *Medicine and Science in Sports and Exercises*, v. 37, n.5, p. 731-736, 2005.

DLUZNIEWSKA, J. *et al.* A strong neuroprotective effect of the autonomous C-terminal peptide of IGF-1 Ec (MGF) in brain ischemia. *FASEB Journal*. v. 19, n. 13, p. 1896-1898, 2005.

DREYER, H. C. *et al.* Resistance exercise increases AMPK activity and reduces 4E-BP1 phosphorylation and protein synthesis in human skeletal muscle. *Journal of Physiology*, v. 576, n. 2, p. 613-624, 2006.

DURIEUX, A. C. *et al.* Ectopic expression of myostatin induces atrophy of adult skeletal muscle by decreasing muscle gene expression. *Endocrinology*, v. 148, n. 7, p. 3140-3147, 2007.

ELIASSON, J. *et al.* Maximal lengthening contractions increase p70 S6 kinase phosphorylation in human skeletal muscle in the absence of nutritional supply. *American Journal of Physiology - Endocrinology and Metabolism*, v. 91, n. 6, p. 1197-1205, 2006.

FIELITZ, J. *et al.* Myosin accumulation and striated muscle myopathy result from the loss of muscle RING finger 1 and 3. *Journal of Clinical Investigation*, v. 117, n. 9, p. 2486–2495, 2007.

FOLETTA, V. C. *et al.* NDRG2, a novel regulator of myoblast proliferation, is regulated by anabolic and catabolic factors. *Journal of Physiology*. v. 587, n. 7, p. 1619–1634, 2009.

FOLETTA, V. C. *et al.* The role and regulation of MAFbx/atrogin-1 and MuRF1 in skeletal muscle atrophy. *Pflugers Archv*, v. 461, n. 3, p. 325-335, 2011.

FUJITA, S. *et al.* Blood flow restriction during low-intensity resistance exercise increases S6K1 phosphorylation and muscle protein synthesis. *Journal of Applied Physiology*, 1985. v.103, n. 3, p. 903-910, 2007.

GHARAKHANLOU, R. *et al.* Effect of resistance training on serum myostatin, GASP-1, IGF-I and IGFBP-3 in young men. *Journal of Movement Science Spring-Summer*, v. 7, n. 13, p. 67-79, 2009.

GINGRAS, A. C.; RAUGHT, B.; SONENBERG, N. Regulation of translation initiation by FRAP/mTOR. *Genes and Development*, v. 15, n. 7, p. 807-826, 2001.

GOLDSPINK, G. *et al.* Impairment of IGF-I gene splicing and MGF expression associated with muscle wasting. *International Journal of Biochemistry and Cell Biology*, v. 38, n. 3, p. 481-489, 2006.

GOMES, M. D. *et al.* Atrogin-1, a muscle-specific F-box protein highly expressed during muscle atrophy. *Proceedings of the National Academy of Sciences* - USA, v. 98, n. 25, p. 14440-14445. 2001.

GONZALEZ-CADAVID, N. F. *et al.* Organization of the human myostatin gene and expression in healthy men and HIV-infected men with muscle wasting. *Proceeding of the National Academy of Science of the United States of America*, v. 95, n. 25, p. 14938-14943, 1998.

GORDON, S.E.; FLUCK, M.; BOOTH, F.W. Selected Contribution: Skeletal muscle focal adhesion kinase, paxillin, and serum response factor are loading dependent. *Journal of Applied Physiology*, v. 90, n. 3, p. 1174-1183, discussion 65, 2001.

GREIG, C. A. *et al.* Blunting of adaptive responses to resistance exercise training in women over 75y. Experimental Gerontology, v. 46, n. 11, p. 884-890. 2011.

GREIG, C. A. *et al.* Skeletal muscle IGF-I isoform expression in healthy women after isometric exercise. *Growth Hormone and IGF Research*, v.16, n. 5-6, p. 373-376, 2006.

GUALANO, B. *et al.* Resistance training with vascular occlusion in inclusion body myositis: a case study. *Medicine and Science in Sports and Exercise*, v. 42, n. 2, p. 250-254, 2010.

HAMEED, M. *et al.* Effects of eccentric cycling exercise on IGF-I splice variant expression in the muscles of young and elderly people. *Scandinavian Journal of Medicine & Science in Sports*, v. 18, n. 4, p. 447-452, 2008.

HAMEED, M. *et al.* Expression of IGF-I splice variants in young and old humanskeletal muscle after high resistance exercise. *Journal of Physiology*, v. 547, n. 1, p. 247–254, 2003.

HANSEN, J. *et al.* Exercise induces a marked increase in plasma follistatin: evidence that follistatin is a contraction-induced hepatokine. *Endocrinology*, v. 152, n. 1, p. 164-171, 2010.

HARADA, H. *et al.* p70S6 kinase signals cell survival as well as growth, inactivating the pro-apoptotic molecule BAD. Proceedings of the National Academy of Sciences-*USA*, v. 98, n. 17, p. 9666-9670. 2001.

HARRISON, C. A.; CHAN, K. L.; ROBERTSON, D. M. Activin-A Binds Follistatin and Type II Receptors through Overlapping Binding Sites: Generation of Mutants with Isolated Binding Activities. *Endocrinology*, v. 14, n. 6, p. 2744-2753, 2006.

HAYETTE, S. *et al.* FLRG (follistatin-related gene), a new target of chromosomal rearrangement in malignant blood disorders. *Oncogene*, v. 16, n. 22, p. 2949-2954, 1998.

HAWLEY, S. A. *et al.* Calmodulin-dependent protein kinase kinase-beta is an alternative upstream kinase for AMP-activated protein kinase. *Cell Metabolism*, v. 2, n. 1, p. 9-19, 2005.

HERSHKO, A.; CIECHANOVER, A. The ubiquitin system. *Annual Review of Biochemistry*, v. 67, p. 425-479, 1998.

HILEMAN, R. E. *et al.* Glycosaminoglycan-protein interactions: definition of consensus sites in glycosaminoglycan binding proteins. *BioEssays*, v. 20, n. 2, p.1 56-167, 1998.

HILL, J. J. *et al.* The myostatin propeptide and the follistatin-related gene are inhibitory binding proteins of myostatin in normal serum. *Journal of Biological Chemistry*, v. 277, n. 43, p. 40735-40741, 2002.

HIRNER, S. *et al.* MuRF1-dependent regulation of systemic carbohydrate metabolism as revealed from transgenic mouse studies. *Journal of Molecular Biology*, v. 379, n. 4, p. 666-677. 2008.

HOEKSTRA, M. F. Reponses to DNA damege and relation of cell cicle checkpoint by the ATM protein kinase. *Current Opinion in Genetics*, v. 7, n. 2, p. 170-175, 1997.

HOLZ, M. K.; BLENIS, J. Identification of S6 kinase 1 as a novel mammalian target of rapamycin (mTOR)-phosphorylating kinase. *Journal of Biological Chemistry*, v. 280, n. 28, p. 26089-26093, 2005.

HORNBERGER, T.A. *et al.* The role of phospholipase D and phosphatidic acid in the mechanical activation of mTOR signaling in skeletal muscle. *Proceedings of the National Academy of Sciences — USA*, v. 103, n.12, p. 4741-4746, 2006 a.

HORNBERGER, T.A. *et al.* Regulation of mTOR by mechanically induced signaling events in skeletal muscle. *Cell Cycle*, v. 5, n 13, p. 1391-1396, 2006b.

HUET, C. *et al.* Skeletal muscle cell hypertrophy induced by inhibitors of metalloproteases; myostatin as a potential mediator. *American Journal of Physiology - Cell Physiology*, v. 281, n. 5, p. 1624-1634, 2001.

HULMI, J. J. *et al.* Postexercise myostatin and activin IIb mRNA levels: effects of strength training. *Medicine and Science in Sports and Exercise*, v. 39, n. 2, p. 289-297, 2007.

HUNTER, T. When is a lipid kinase not a lipid kinase? When it is a protein kinase. *Cell*, v. 83, n. 1, p. 1-4, 1995.

IMANAKA, M. *et al.* Growth hormone stimulates mechano growth factor expression and activates myoblast transformation in C2C12 cells. *Kobe Journal of Medical Sciences*, v. 4, n. 1, p.p 46-54, 2008.

JEFFERIES, H. B. *et al.* Rapamycin suppresses 5'TOP mRNA translation through inhibition of p70s6k. *EMBO Journal*, v. 16, n. 12, p. 3693-3704, 1997.

INOKI, K.; ZHU, T.; GUAN, K. L. TSC2 mediates cellular energy response to control cell growth and survival. *Cell*, v. 115, n. 5, p. 577-590, 2003.

JENSKY, N. E. *et al.* Exercise does not influence myostatin and follistatin messenger RNA expression in young women. *The Journal of Strength and Conditioning Research*, v. 24, n. 2, p. 522-530, 2010.

JENSKY, N. E. *et al.* The influence of eccentric exercise on mRNA expression of skeletal muscle regulators. *European Journal of Applied Physiology*, v. 101, n. 4, p. 473-480, 2007.

JESPERSEN, J. G. *et al.* Myostatin expression during human muscle hypertrophy and subsequent atrophy: increased myostatin with detraining. *Scandinavian Journal of Medicine and Science in Sports*, v. 21, n. 2, p. 215-223, 2011.

JOAZEIRO, C. A.; WEISSMAN, A. M. RING finger proteins: mediators of ubiquitin ligase activity. *Cell*, v. 102, n. 5, p. 549-552, 2000.

JONASSEN, A. K. *et al.* Myocardial protection by insulin at reperfusion requires early administration and is mediated via Akt and p70s6 kinase cell-survival signaling. *Circulation Research*, v. 89, n. 12, p. 1191-1198, 2001.

KARLSSON, H. K. *et al.* Branched-chain amino acids increase p70S6k phosphorylation in human skeletal muscle after resistance exercise. *American Journal of Physiology - Endocrinology and Metabolism*, v. 287, n.1, p. 1-7, 2004.

KEITH, C.T.; SCHREIBER, S. L. PIK-related kinases: DNA repair, recombination, and cell cycle checkpoints. *Science*, v. 270, n. 5233, pp .50-51, 1995.

KIM, D. H. *et al.* mTOR interacts with raptor to form a nutrient-sensitive complex that signals to the cell growth machinery. *Cell*, v. 110, n. 2, p.163-175, 2002.

KIM, J. S. *et al.* Impact of resistance loading on myostatin expression and cell cycle regulation in young and older men and women. *American Journal of Physiology - Endocrinology and Metabolism*, v. 288, n. 6, p. 1110-1119, 2005.

KIMBALL, S.R. *et al.* Invited review: Role of insulin in translational control of protein synthesis in skeletal muscle by amino acids or exercise. *Journal of Applied Physiology*, v. 93, n. 3, p.1168–1180,2002.

KOOPMAN, R. *et al.* Increase in S6K1 phosphorylation in human skeletal muscle following resistance exercise occurs mainly in type II muscle fibers. *American Journal of Physiology - Endocrinology and metabolism*, v. 290, n. 6, p. 1245-1252, 2006.

KRAEMER, W. J. *et al.* American College of Sports Medicine position stand. Progression models in resistance training for healthy adults. *Medicine and Science in Sports and Exercise*, v. 34, n. 2, p. 364-380, 2002.

KRAVCHENKO, I.V. *et al.* Hyperthermia and acidification stimulate mechano-growth factor synthesis in murine myoblasts and myotubes. *Biochemical and Biophysical Research Communication*, v. 375, n. 2, p. 271-274, 2008.

LAGIRAND-CANTALOUBE, J. *et al.* Inhibition of atrogin-1/MAFbx mediated MyoD proteolysis prevents skeletal muscle atrophy in vivo. *PLoS One*, v. 4, n. 3, p. e4973, 2009.

LAGIRAND-CANTALOUBE, J. *et al.* The initiation factor eIF3-f is a major target for atrogin1/MAFbx function in skeletal muscle atrophy. *EMBO Journal*, v. 27, n. 8, 23, p. 1266-1276. 2008.

LAMAS, L. *et al.* Expression of genes related to muscle plasticity after strength and power training regimens. *Scandinavian Journal of Medicine and Science in Sports*, v. 20, n. 2, p. 216-225, 2009.

LARSEN, A. E. *et al.* Actions of short-term fasting on human skeletal muscle myogenic and atrogenic gene expression. *Annals Nutrition and Metabolism*, v. 50, n. 5, p. 476-481. 2006.

LAURENTINO, G. C. *et al.* Strength training with blood flow restriction diminishes myostatin gene expression. *Medicine and Science in Sports and Exercise*, v. 44, n. 3, p. 406-412, 2011.

LEAL, M. L. *et al.* Effect of different resistance-training regimens on the WNT-signaling pathway. *European Journal of Applied Physiology*, v. 111, n. 10, p. 2535-2545, 2011.

LECKER, S. H. Ubiquitin-protein ligases in muscle wasting: multiple parallel pathways? *Current Opinion in Clinical Nutrition and Metabolic Care*, v. 6, n. 3, p. 271-275. 2003.

LECKER, S. H. *et al.* Muscle protein breakdown and the critical role of the ubiquitin-proteasome pathway in normal and disease states. *Journal of Nutrition*, v. 129, n. 1, p. 227S-237S, 1999.

LEE, S. J.; MCPHERRON, A. C. Regulation of myostatin activity and muscle growth. *Proceeding of the National Academy of Science — USA*, v. 98, n. 16, p. 9306-9311, 2001.

LEE, S. W. *et al.* Regulation of muscle protein degradation: coordinated control of apoptotic and ubiquitin-proteasome systems by phosphatidylinositol 3 kinase. *Journal of the American Society Nephrology*, v. 15, n. 6, p. 1537-1545, 2004.

LÉGER, B. *et al.* Akt signalling through GSK-3β, mTOR and Foxo1 is involved in human skeletal muscle hypertrophy and atrophy. *The Journal of Physiology*, v.576, n.3, p. 923–933, 2006.

LÉGER, B. *et al.* Human sarcopenia reveals an increase in SOCS-3 and myostatin and a reduced efficiency of Akt phosphorylation. *Rejuvenation Research*, v. 11, n. 1, p. 163-175, 2008.

LEHMAN, N. *et al.* Phospholipase D2-derived phosphatidic acid binds to and activates ribosomal p70 S6 kinase independently of mTOR. *FASEB Journal*, v. 21, n. 4, p. 1075-1087, 2007

LINK, B. A.; NISHI, R. Opposing effects of activin A and follistatin on developing skeletal muscle cells. *Experimental Cell Research*, v. 233, n. 2, p. 350-362, 1997.

LIU, Y. *et al.* Response of growth and myogenic factors in human skeletal muscle to strength training. *British Journal of Sports Medicine*, v. 42, n. 12, p. 989-993, 2008.

LOKIREDDY, S. *et al.* Identification of atrogin-1-targeted proteins during the myostatin-induced skeletal muscle wasting. *American Journal of Physiology - Cell Physiology*, v. 303, n. 5, p. 512-529, 2012.

LONG, X. *et al.* Rheb binds and regulates the mTOR kinase. Current Biology. v. 15, n. 8, p. 702-713, 2005.

LOUIS, E. *et al.* Time course of proteolytic, cytokine, and myostatin gene expression after acute exercise in human skeletal muscle. *Journal of Applied Physiology*, v. 103, n. 5, p. 1744-1751, 2007.

MA, K. *et al.* Characterization of 5'-regulatory region of human myostatin gene: regulation by dexamethasone in vitro. *American Journal of Physiology - Endocrinology and Metabolism*, v. 281, n. 6, p. 1128-1136, 2001.

MARTINS, R. A. *et al.* The effect of aerobic versus strength-based training on high-sensitivity C-reactive protein in older adults. *European Journal of Applied Physiology*, v. 110, n. 1, p. 161-169, 2010.

MASCHER, H. *et al.* Repeated resistance exercise training induces different changes in mRNA expression of MAFbx and MuRF-1 in human skeletal muscle. *American Journal of Physiology - Endocrinology and Metabolism*, v. 294, n. 1, p.43-51. 2008.

MATHENY Jr, R. W.; NINDL, B. C.; ADAMO, M. L. Minireview: Mechano-growth factor: a putative product of IGF-I gene expression involved in tissue repair and regeneration. *Endocrinology*, v. 151, n. 3, p.865-875, 2010.

MATZUK, M. M. *et al.* Multiple defects and perinatal death in mice deficient in follistatin. *Nature*, v. 374, n. 6520, p. 360-363, 1995.

MAYHEW, D.L. *et al.* Translational signaling responses preceding resistance training-mediated myofiber hypertrophy in young and old humans. *Journal Applied Physiology*, v. 107, n. 5, p. 1655-1662, 2009.

MCFARLANE, C. *et al.* Myostatin induces cachexia by activating the ubiquitin proteolytic system through an NF-kappaB-independent, FoxO1-dependent mechanism. *Journal of Cellular Physiology*, v. 209, n. 2, p. 501-514, 2006.

MCKAY, B. R. *et al.* Co-expression of IGF-1 family members with myogenic regulatory factors following acute damaging muscle-lengthening contractions in humans. *Journal of Physiology*, v. 586, n. 22, p. 5549-5560, 2008.

MCPHERRON, A. C.; LEE, S. J. Double muscling in cattle due to mutations in the myostatin gene. *Proceeding of the National Academy of Science — USA*, v. 94, n. 23, p. 12457-12461, 1997.

MCPHERRON, A. C. *et al.* Regulation of skeletal muscle mass in mice by a new TGF-beta superfamily member. *Nature*, v. 387, n. 6628, p. 83-90, 1997.

MORESI, V. *et al.* Myogenin and class II HDACs control neurogenic muscle atrophy by inducing E3 ubiquitin ligases. *Cell*, v. 143, n. 1, p. 35-45, 2010.

MOSHER, D. S. *et al.* A mutation in the myostatin gene increases muscle mass and enhances racing performance in heterozygote dogs. *PLoS Genetics*, v. 3, n. 5, p. 779-786, 2007.

MOYLAN, J. S. *et al.* TNF induction of atrogin-1/MAFbx mRNA depends on Foxo4 expression but not AKT-Foxo1/3 signaling. *American Journal of Physiology - Cell Physiology*, v. 295, n. 4, p. 986-993, 2008.

PATEL, K.; AMTHOR, H. The function of Myostatin and strategies of Myostatin blockade-new hope for therapies aimed at promoting growth of skeletal muscle. *Neuromuscular Disorders*, v. 15, n. 2, p. 117-126, 2005.

PAUSE, A. *et al.* Insulin-dependent stimulation of protein synthesis by phosphorylation of a regulator of 5'-cap function. *Nature*, v. 371, n. 6500, p. 762-767, 1994.

PHILIPPOU, A. *et al.* Expression of IGF-1 isoforms after exercise-induced muscle damage in humans: characterization of the MGF E peptide actions in vitro. *In Vivo*, v. 23, n. 4, p. 567-575, 2009.

PSILANDER, N.; DAMSGAARD, R.; PILEGAARD, H. Resistance exercise alters MRF and IGF-I mRNA content in human skeletal muscle. *Journal Applied Physiology*, v. 95, n. 3, p. 1038-1044, 2003.

QI, Z.; ZHAI, X.; DING, S. How to explain exercise-induced phenotype from molecular data: rethink and reconstruction based on AMPK and mTOR signaling. *Springerplus*,. v. 28, n. 2, p. 1-10, 2013.

RATAMESS, N. A. *et al.* American College of Sports Medicine position stand. Progression models in resistance training for healthy adults. *Medicine and Science in Sports and Exercise*, v. 41, n. 3, p. 687-708, 2009.

RAUE, U. *et al.* Improvements in whole muscle and myocellular function are limited with high-intensity resistance training in octogenarian women. *Journal of Applied Physiology*, v. 106, n. 5, p. 1611–1617, 2009.

RAUE, U. *et al.* Proteolytic gene expression differs at rest and after resistance exercise between young and old women. *Journals of gerontology. Series A, Biological sciences and medical sciences*, v. 62, n. 12, p. 1407-1412, 2007.

RAUGHT, B. *et al.* The target of rapamycin (TOR) proteins. *Proceedings of the National Academy of Sciences*, v. 98, n. 13, p. 7037-7044. 2001.

REID, M. B. Response of the ubiquitin-proteasome pathway to changes in muscle activity. *Regulatory, Integrative and Comparative Physiology*, v. 288, n. 6, p. 1423-1431, 2005.

ROBERTS, M. D. *et al.* IGF-1 splice variant and IGF-1 peptide expression patterns in young and old human skeletal muscle prior to and following sequential exercise bouts. *European Journal of Applied Physiology*, v. 110, n. 5, p. 961-969, 2010.

RODINO-KLAPAC, L. R. *et al.* Inhibition of myostatin with emphasis on follistatin as a therapy for muscle disease. *Muscle and Nerve*, v. 39, n.3, p. 283–296, 2009.

ROSCHEL, H. *et al.* Effect of eccentric exercise velocity on akt/mtor/p70(s6k) signaling in human skeletal muscle. *Applied Physiology, Nutrition and Metabolism*, v. 36, n. 2, p. 283-290, 2011.

ROSE, A. J. *et al.* Exercise rapidly increases eukaryotic elongation factor 2 phosphorylation in skeletal muscle of men. *Journal of Physiology*. v. 569, n. 1, p. 223-228, 2005.

ROTH, S. M. *et al.* Myostatin gene expression is reduced in humans with heavy-resistance strength training: a brief communication. *Experimental Biology and Medicine*, v. 228, n. 6, p. 706-9, 2003.

SANDRI, M. *et al.* Foxo transcription factors induce the atrophy-related ubiquitin ligase atrogin-1 and cause skeletal muscle atrophy. *Cell*, v. 117, n. 3, p. 399-412, 2004.

SANTOS, A. R. *et al.* Different Resistance-Training Regimens Evoked a Similar Increase in Myostatin Inhibitors Expression. *International Journal of Sports Medicine*. v. 36, n. 9, p. 761-8, 2015.

SARTORELLI, V.; FULCO, M. Molecular and cellular determinants of skeletal muscle atrophy and hypertrophy. *Science STKE Journal*. v. 2004, n. 244, re11, 2004.

SCHMELZLE, T.; HALL, M. N. TOR, a central controller of cell growth. *Cell*, v. 103, n. 2, p. 253-262, 2000.

SCHUELKE, M. *et al.* Myostatin mutation associated with gross muscle hypertrophy in a child. *New England Journal of Medicine*, v. 350, n. 26, p. 2682-2688, 2004.

SEYNNES, O. R. *et al.* Early skeletal muscle hypertrophy and architectural changes in response to high-intensity resistance training. *Journal of Applied Physiology*, v. 102, n. 1, p. 368-373, 2007.

SHELTON, G. D.; ENGVALL, E. Gross muscle hypertrophy in whippet dogs is caused by a mutation in the myostatin gene. *Neuromuscular Disorders*, v. 17, n. 9-10, p. 721-722, 2007.

SHEPSTONE, T. N. *et al.* Short-term high- vs. low-velocity isokinetic lengthening training results in greater hypertrophy of the elbow flexors in young men. *Journal of Applied Physiololy*, v. 98, n. 5, p. 1768–1776, 2005.

SHIMASAKI, S. *et al.* Primary structure of the human follistatin precursor and its genomic organization. *Proceeding of the National Academy of Science of the United States of America*, v. 85, n. 12, p. 4218-4222, 1988.

SHIOURA, K. M. *et al.* The unique e-domain of an IGF-I isoform expressed in muscle preserves cardiac function and prevents apoptosis following myocardial infarction. *Circulation*, v. 114, n. 2, p. 232–233, 2006.

SIDIS, Y.; SCHNEYER, A. L.; KEUTMAN, H. T. Heparin and activin-binding determinants in follistatin and FSTL3. *Endocrinology*, v. 146, n. 1, p. 130-136, 2005.

SIDS, Y. *et al.* Biological activity of follistatin isoforms and follistatin-like-3 is dependent on differential cell surface binding and specificity for activin, myostatin, and bone morphogenetic proteins. *Endocrinology*, v. 147, n. 7, p. 3586-3597, 2006.

SMITH, R. C.; LIN, B. K. Myostatin inhibitors as therapies for muscle wasting associated with cancer and other disorders. *Current Opinion in Supportive and Palliative Care*, v. 7, n.4, p. 352–360, 2013.

SONENBERG, N.; GINGRAS, A.C. The mRNA 5' cap-binding protein eIF4E and control of cell growth. *Current Opinion in Cell Biology*, v. 10, n. 2, p. 268-275, 1998.

SOOND, S. M.; CHANTRY, A. How ubiquitination regulates the TGF-β signalling pathway: new insights and new players: new isoforms of ubiquitin-activating enzymes in the E1-E3 families join the game. *Bioessays*, v. 33, n. 10, p. 749-758, 2011.

SPENCER, J. A. *et al.* Regulation of microtubule dynamics and myogenic differentiation by MURF, a striated muscle RING-finger protein. *Journal of Cell Biology*, v. 21, n. 150, p. 771-784, 2000.

STITT, T. N. *et al.* The IGF-1/PI3K/Akt pathway prevents expression of muscle atrophy-induced ubiquitin ligases by inhibiting FOXO transcription factors. *Molecular Cell*, v. 14, n. 3, p. 395-403, 2004.

STRASSER, B. *et al.* Resistance training in the treatment of the metabolic syndrome: a systematic review and meta-analysis of the effect of resistance training on metabolic clustering in patients with abnormal glucose metabolism. *Sports Medicine*, v. 40, n. 5, p. 397-415, 2010.

SUGINO, K. *et al.* Molecular heterogeneity of follistatin, an activin-binding protein. Higher affinity of the carboxyl-terminal truncated forms for heparan sulfate proteoglycans on the ovarian granulosa cell. *Journal of Biological Chemistry*, v. 268, n. 21, p. 15579-15587, 1993.

SUMITOMO, S. *et al.* The heparin binding site of follistatin is involved in its interaction with activin. *Biochemical and Biophysical Research Communication*, v. 208, n. 1, p.p 1-9, 1995.

TAN, D. S. *et al.* Nucleolar localization of an isoform of the IGF-I precursor. *BMC Cell Biology*, v.3, n. 17, p. 1-6 2002.

TANG, J. E. *et al.* Resistance training alters the response of fed state mixed muscle protein synthesis in young men. *American Journal of Physiology - Regulatory, Integrative and Comparative Physiology*. v. 294, n. 1, p.172-178, 2008.

TATSUMI, R. *et al.* Release of hepatocyte growth factor from mechanically stretched skeletal muscle satellite cells and role of pH and nitric oxide. *Molecular Biology of the Cell*, v.13, n. 8, p. 2909-2918, 2002.

TEE, A.R.; BLENIS, J. mTOR, translational control and human disease. *Seminars in Cell and Development Biology*, v.16, n.1, p. 29-37, 2005.

THOMAS, G.; HALL, M. N. TOR signalling and control of cell growth. *Current Opinion in Cell Biology*. v. 9, n. 6, p. 782–787, 1997.

THOMSON, D. M.; FICK, C. A.; GORDON, S.E. AMPK activation attenuates S6K1, 4E-BP1, and eEF2 signaling responses to high-frequency electrically stimulated skeletal muscle contractions. *Journal of Applied Physiology*, v. 104, n. 3, p. 625-632, 2008.

TINTIGNAC, L. A. *et al.* Degradation of MyoD mediated by the SCF (MAFbx) ubiquitin ligase. *Journal of Biological Chemistry*, v. 280, n. 4, p. 2847-2856, 2005.

TSUCHIDA, K. *et al.* Identification and characterization of a novel follistatin-like protein as a binding protein for the TGF-beta family. *Journal of Biological Chemistry*, v. 275, n. 52, p. 40788-40796, 2000.

WANG, X. *et al.* Regulation of elongation factor 2 kinase by p90RSK1 and p70, S6 kinase. *EMBO Journal*, v. 20, n. 16, p. 4370–4379, 2001.

WEST, M. J.; STONELEY, M.; WILLIS, A. E. Translational induction of the c-myc oncogene via activation of the FRAP/TOR signalling pathway. *Oncogene*, v. 17, n. 6, p. 769-780, 1998.

WILKINSON, S. B. *et al.* Differential effects of resistance and endurance exercise in the fed state on signalling molecule phosphorylation and protein synthesis in human muscle. *Journal of Physiology*, v. 586, n. 15, p. 3701-3717, 2008.

WILLIAMSON, D. L. *et al.* Resistance exercise, skeletal muscle FOXO3A, and 85-year-old women. *Journal of Gerontology Series A: Biological Sciences and Medical Sciences*, v. 65, n. 4, p. 335-43, 2010.

WILLOUGHBY, D. S. Effects of heavy resistance training on myostatin mRNA and protein expression. *Medicine and Science in Sports and Exercise*, v. 36, n. 4, p. 574-582, 2004.

WILLOUGHBY, D. S.; TAYLOR, L. Effects of concentric and eccentric muscle actions on serum myostatin and follistatin-like related gene levels. *Journal of Sports Science and Medicine*, v. 3, n. 4, p. 226-233, 2004.

WINETT, R. A.; CARPINELLI, R. N. Potential health-related benefits of resistance training. *Preventive Medicine*, v. 33, n. 5, p. 503-513, 2001.

WOODS, A. *et al.* Ca2+/calmodulin-dependent protein kinase kinase-beta acts upstream of AMP-activated protein kinase in mammalian cells. *Cell Metabolism*. v.2, n.1, p. 21–33, 2005.

WOZNIAK, A.C. *et al.* Signaling satellite-cell activation in skeletal muscle: markers, models, stretch, and potential alternate pathways. *Muscle and Nerve*. v. 31, n. 3, p. 283-300, 2005.

YANG, S. *et al.* Cloning and characterization of an IGF-1 isoform expressed in skeletal muscle subjected to stretch. *Journal of Muscle Research and Cell Motility*, v. 17, n. 4, p. 487-495, 1996.

YANG, S. B. *et al.* Expression and Regulation of MuRF-1 and Atrogin-1 are Required for Skeletal Muscle Atrophy. *Austin Journal of Anatomy*, v. 2, n. 1, p.1-6, 2015.

YANG, Y. *et al.* Proteolytic mRNA expression in response to acute resistance exercise in human single skeletal muscle fibers. *Journal of Applied Physiology*, v. 101, n. 5, p. 1442-1450, 2006.

ZANOU, N.; GAILLY, P. Skeletal muscle hypertrophy and regeneration: interplay between the myogenic regulatory factors (MRFs) and insulin-like growth factors (IGFs) pathways. *Cellular and Molecular Life Sciences*, v. 70, n. 21, p. 4117-4130, 2013.

ZAVANELA, P. M. *et al.* Health and fitness benefits of a resistance training intervention performed in the workplace. *Journal of Strength and Conditioning Research*, v. 26, n. 3, p. 811-817, 2012.

ZHAO, W. *et al.* Expression of the muscle atrophy factor muscle atrophy F-box is suppressed by testosterone. *Journal of Endocrinology*, v. 149, n. 11, p. 5449-5460, 2008.

ZIMMERS, T. A. *et al.* Induction of cachexia in mice by systemically administered myostatin. Science, v. 296, n. 5572, p. 1486-1488, 2002.

6

Respostas imunológicas associadas ao treinamento de força

Walter Krause Neto

OBJETIVO DO CAPÍTULO

Apresentar os conceitos da imunologia básica e associá-los aos efeitos – agudo e crônico – da prática regular do treinamento de força.

Após a fundação da Sociedade Internacional de Exercício e Imunologia, um rápido e crescente conteúdo literário foi responsável pelo atual *status* da discussão sobre as respostas imunológicas ao exercício físico com características de *endurance* ou força (Walsh *et al.*, 2011).

Em 2011, essa instituição publicou o seu posicionamento oficial sobre função imune e exercício. Contudo, a base desse texto foi descrita levando em consideração apenas o efeito do exercício físico com características de *endurance* sobre o montante de células imunológicas e parâmetros fisiológicos. No ano seguinte, publicou-se o texto envolvendo as respostas imunológicas aos treinamentos de força e suas relações com dieta, envelhecimento e ajustes endócrinos (Freidenreich e Volek, 2012).

É compreensível que muitos autores busquem respostas relativas ao exercício de longa duração, uma vez que essa característica torna o exercício mais desgastante e possivelmente mais supressor. À luz dos fatos, está claro para a maioria dos estudiosos que a "janela de imunossupressão induzida pelo exercício físico" é potencialmente maior nos exercícios contínuos e de longa duração. Tal informação sugere que os mecanismos agudo e crônico podem ser diferentes conforme os tipos de exercício físico, além de variáveis como volume e intensidade parecerem afetar diferentemente ambos os ajustes.

É cada vez mais certo que existe uma fina interação entre as ações do sistema imune e as do sistema endócrino. Esta relação parece não ser apenas importante no controle sistêmico dos níveis leucocitários, mas também na regulação da quimiotaxia para os sítios de lesão celular. O tecido muscular sofre desarranjos estruturais tanto nos sarcômeros como no sarcolema, devido ao estresse mecânico induzido pelos vários tipos de exercício físico e, possivelmente, por seus mais variados protocolos. Contudo, as respostas imunológicas podem ser controladas de forma diferente nos níveis sistêmico e local.

O dano muscular induzido pelo exercício agudo de força é mais intenso do que em outros, devido à sobrecarga mecânica imposta por ele. Potencialmente, esse dano é proporcional ao acúmulo de fatores externos e internos como carga de treinamento, ação muscular, acúmulo de metabólitos e outros. Assim, a reparação tecidual poderá necessitar de um intervalo temporal maior devido à ação subsequente da infiltração leucocitária e da alteração de força muscular provenientes da perda estrutural gerada por esse fato. Notavelmente, espera-se que homens e mulheres apresentem diferentes níveis de produção de força e, assim, diferentes índices de dano muscular e necessidade temporal para remodelação. Contudo, os resultados a seguir podem refletir uma visão não esperada sobre alguns fatos citados.

Daqui em diante, daremos início à nossa leitura, partindo do campo da imunologia e seus intrigantes conceitos. Em seguida, apresentaremos a relação entre as respostas – agudas e crônicas – do sistema imunológico durante o exercício e treinamento de força. Após verificar que as variáveis de intensidade e volume podem afetar a resposta imunológica, abordaremos a relação imuno-endócrina que rege a forma de coordenação da resposta efetora. Finalmente, descreveremos a ação leucocitária no início do processo de reparo muscular induzido pelo treinamento de força e como esse o coordena.

6.1. Entendendo os conceitos imunológicos

Imunologia refere-se ao estudo da função do sistema imunológico, frente a várias condições patológicas e diversos tipos de estresse. Em latim, "*immunis*" significa que uma célula ou grupos de células tem permissão especial para agir. Tal condição objetiva caracteriza as respostas do sistema imunológico contra diversas condições patológicas tais como gripes, resfriados, AIDS, cânceres, doenças autoimunes, dentre outros. Assim, a imunologia do exercício também tem como enfoque estudar o potencial efeito do exercício físico agudo e crônico sobre uma grande variedade de doenças infecciosas ou não infecciosas (Cheena *et al.*, 2014; Gardner *et al.*, 2014; Mendes *et al.*, 2013). Possivelmente, e ainda mais importante, ela estuda e identifica as alterações momentâneas induzidas pelos mais diferentes tipos de exercício físico e a influência de suas finitas variáveis de controle metodológico sobre a fisiologia de indivíduos saudáveis. Caso o efeito agudo da sessão de treinamento induza tais alterações, uma janela de imunossupressão deixará nosso organismo mais susceptível a infecções (Walsh *et al.*, 2011). Sabendo disso, torna-se de fundamental importância ter o controle sobre tais efeitos e sobre o tempo de imunossupressão

Imunidade refere-se à capacidade do indivíduo de se defender frente a qualquer que seja o organismo invasor. Todavia, tal capacidade de defesa só é possível se as células do sistema imunológico trabalharem de maneira integrada e rápida. Dessa forma, faz-se necessário conhecer o modo atuante dos componentes do sistema imune, além de suas funções e formas de ação.

O sistema imunológico é formado por dois grandes componentes anatômicos: os tecidos linfoides (divididos entre primário e secundário) e as células leucocitárias. O tecido linfoide primário é composto por órgãos como o timo e a medula óssea. Durante o desenvolvimento embrionário, os linfócitos indiferenciados da medula óssea sofrem diferenciação em linfócitos T (Mesquita Júnior *et al.*, 2010). Após o nascimento, essas células continuam a se multiplicar e, durante o processo maturacional, inserem receptores em suas próprias membranas (Lima e Carneiro-Sampaio, 2007). Durante a adolescência, o timo começa a atrofiar, sendo então substituído por tecido gorduroso na velhice. Apesar disso, tal alteração não impacta negativamente a população linfocitária, pois esta apresenta alta capacidade de replicação celular e longo tempo de vida.O tecido linfoide secundário, por sua vez, é formado de tecidos capsulados e difusos não encapsulados. Dentre os tecidos encapsulados, considera-se o baço e os linfonodos. Ambos são extremamente importantes na remoção e destruição de patógenos e restos celulares. As tonsilas, localizadas na nasofaringe posterior, e o tecido linfoide, associado ao intestino, são identificados como tecidos não encapsulados e conhecidos por serem pontos de ação estratégicos de algumas células leucocitárias.

As células do sistema imunológico são conhecidas como células brancas ou leucócitos (Quadro 6.1). Os leucócitos constituem um grupo de células que foram diferenciadas a partir de células-tronco pluripotentes, advindas da medula de nossos ossos e órgãos linfoides. Os leucócitos têm como função combater e eliminar microrganismos e estruturas químicas não identificadas por meio de sua captura. Esse grupo compreende células que se apresentam numa grande variedade de formas, tamanhos, números e funções. Muitas dessas células estão dispostas em locais estratégicos ou diluídas no sangue. O processo que algumas células imunológicas usam para atravessar as paredes dos capilares de modo a realizar sua ação é chamado de diapedese. A origem, função e atuação destas células estão atreladas a locais específicos. Além disso, alguns leucócitos agem como se fossem organismos independentes, capazes de se descolar e capturar patógenos por conta própria. Outros têm capacidade de autorreplicação e diferenciação, que pode ser tanto na medula óssea como em órgãos específicos.

O nome das células leucocitárias reflete sua função ou aspecto. Elas são divididas entre os grupos morfológico (granulócitos) e funcional (fagócitos e imunócitos). As células imunológicas buscam inativar e destruir antígenos. Os antígenos (ou patógenos) são partículas ou moléculas capazes de iniciar uma resposta imunológica.

Quadro 6.1 – Apresentação dos leucócitos e suas funções

LEUCÓCITOS						
	Basófilos e Mastócitos	**Neutrófilos**	**Eosinófilos**	**Monócitos e Macrófagos**	**Linfócitos**	**Células Dendríticas**
Funções Gerais	Mediação de respostas alérgicas e inflamatórias	Combate e destruição de patógenos	Combate a doenças parasitárias	Combate e destruição de patógenos	Combate e destruição de patógenos, mediação de respostas específicas e produção de anticorpos	Reconhecimento e ativação de células de combate a patógenos
Fagócitos	Não	Sim	Sim	Sim	Não	Não
Granulócitos	Sim	Sim	Sim	Não	Não	Não
Imunócitos	Não	Não	Não	Não	Sim	Não
Células Citotóxicas	Não	Não	Sim	Não	Sim	Não
Apresentadoras de Antígenos	Não	Não	Não	Sim	Sim	Sim

Os leucócitos do grupo morfológico compreendem duas principais famílias: granulares e agranulares. Os leucócitos granulares compreendem a maior parte das células brancas e são nomeados neutrófilos, eosinófilos, basófilos e mastócitos.

Os neutrófilos são células rapidamente recrutadas e estão envolvidos no combate bacteriano e na reparação tecidual após o sofrimento de estresse físico. Os eosinófilos são leucócitos alocados em regiões específicas (trato digestório, pulmões e tecido conjuntivo da pele) e estão associados a reações alérgicas e doenças parasitárias. Basófilos e mastócitos são células muito raras na circulação, sendo mais encontradas na mucosa do trato digestório e pulmões. Seus grânulos contêm histamina (que é vasodilatadora) e heparina (que é anticoagulante), sendo importantes mediadores químicos nas reações alérgicas.

Dentre as células agranulares encontram-se os monócitos (macrófagos) e os linfócitos. Os monócitos são oriundos de uma estrutura chamada monoblasto e diferenciam-se nos tecidos em macrófagos. Esses, por vez, agem nos tecidos e tem a função de fagocitar (digerir) organismos invasores.

Por fim, a extensa lista de linfócitos tem ação importante no reconhecimento e destruição de substâncias patógenas. Os linfócitos são células do sistema linfático e estão distribuídos em linfócitos B, plasmócitos, linfócitos T, células *Natural Killer* (NK) e células dendríticas. Os linfócitos B e plasmócitos são os responsáveis em produzir anticorpos, que se ligam ao patógeno e os conduzem à destruição pelos linfócitos T citotóxicos. Além disso, após uma primeira exposição, essas células se multiplicam, formando células de memória, que agem mais rapidamente em recorrência de uma segunda exposição.

Os linfócitos T são subdivididos em dois principais subtipos: auxiliares e citotóxicos.

Linfócitos T auxiliares (CD4+) executam a coordenação da resposta imune frente a um patógeno, estimulando, por sua vez, a produção de anticorpos e ação humoral dos linfócitos B. Já os linfócitos T citotóxicos (CD8+) possuem sítios de ligação específicos para um único antígeno, sendo capazes de destruir células infectadas quando apresentadas por células apresentadoras de antígenos. As células NK possuem receptores específicos para várias classes de antígenos e são conhecidas como a elite das células citotóxicas do sistema imune. Parte das evidências sugere que essas células são capazes de destruir células infectadas ou até mesmo tumorais (Kim *et al.*, 2016). Tais células apresentam marcadores de superfície de membrana do tipo receptor III para região constante (Fc) de anticorpos IgG, como o Fcg (CD16), e uma molécula de adesão celular neuronal (CD56) (Almeida-Oliveira; Diamond, 2008; Cooper *et al.*, 2001).

Após análise de expressão de células de adesão CD56, duas categorias são apresentadas: $CD56^{dim}$ e $CD56^{bright}$ (Cagliuri, 2008; Cooper *et al.*, 2001). As $CD56^{dim}$ apresentam altos níveis de CD16 e são potencialmente mais citotóxicas. Por outro lado, as $CD56^{bright}$ têm menor nível de CD16 e correspondem a um pequeno percentual total no sangue (Caligiuri, 2008). Apesar disso, apresentam capacidade de liberar grande variedade de citocinas, se tornando tão citotóxicas quanto as $CD56^{dim}$. A grande variedade de moléculas de adesão e de receptores de quimiocinas expressos por essas categorias ocasiona diferentes sítios de migração para as duas categorias. Isto é, a $CD56^{dim}$ direciona-se para os locais de inflamação aguda, ao passo que a $CD56^{bright}$ é direcionada para órgãos linfoides secundários (Cooper *et al.*, 2001; Poli *et al.*, 2009).

Por último, temos as células dentríticas, apresentadoras de antígenos, que são leucócitos ativadores de linfócitos e auxiliam na identificação de invasores. Estas células fazem parte do grupo funcional. Assim, os neutrófilos, macrófagos, monócitos e eosinófilos são fagócitos que identificam e destroem patógenos. Já linfócitos e células derivadas são conhecidos como imunócitos.

Muitos leucócitos têm capacidade e formas de ação muito especificas. Macrófagos são capazes de realizar a diapedese e capturar antígenos com um processo chamado fagocitose. Nesses processo, os leucócitos lançam suas extremidades (pseudópodes) e capturam corpos estranhos para a fagocitose. Após a captura e internalização do antígeno, há o envelopamento do patógeno por um fagossomo. Dentro desse corpo, substâncias como peróxidos e ácido hipoclorídrico induzem a *lise* (quebra) do antígeno, dispensando, em seguida, seus restos particulados por exocitose.

O sistema imunológico pode agir de diversas formas no combate às infecções ou doenças. Entretanto, a coordenação da resposta imune pode ser um tanto demorada e impactar negativamente o controle infeccioso. Isso é fato, uma vez que sua ação é dependente do tipo de imunidade e do quão rápido os leucócitos são recrutados. Assim, a imunidade é dividida em dois tipos: inata e adquirida.

A imunidade inata tem ação mais rápida (minutos a horas após exposição), usa barreiras físicas e químicas e é mediada por macrófagos, neutrófilos, células dentríticas, células NK, óxido nítrico e algumas espécies reativas a oxigênio, como o ânion superóxido. A marca clássica da imunidade inata é o processo inflamatório, que é iniciado pela ação de leucócitos específicos, produzindo uma intensa comunicação via substâncias citocinas. Ela também pode produzir proteínas de fase aguda, histamina e bradicinina, atraindo novas células imunológicas para o local da infecção e induzindo a vasodilatação, o início da dor e uma febre. Adicionalmente, as proteínas de complemento, que são lipoproteínas solúveis sintetizadas pelo fígado, têm a função de aumentar a atividade fagocitária e a reação inflamatória. Esse grupo induz a inserção e formação de poros na membrana dos patógenos, estimulando a entrada de sódio e água, causando a *lise* do invasor.

A resposta imunológica inclui quatro principais etapas: descoberta e identificação do invasor, comunicação com as células leucocitárias para integração da resposta imunológica, recrutamento e coordenação do ataque e, por fim, destruição e supressão do invasor. Essas etapas dependem de um complexo e extenso conjunto de sinais químicos. Para isso, são utilizadas as seguintes classes funcionais: proteínas de fase aguda, quimiotaxinas, citocinas, opsoninas e substâncias pirógenas.

As proteínas de fase aguda potencializam a resposta inflamatória e agem como opsoninas, recobrindo patógenos e potencializando o reconhecimento pelos fagócitos. As quimiotaxinas atraem os fagócitos para o local da infecção, tendo ajuda das citocinas na comunicação entre os leucócitos e na coordenação do ataque ao invasor. Por fim, quanto mais intensa for a guerra, maior será a liberação de substâncias pirógenas, induzindo quadros febris.

As citocinas são glicoproteínas que desempenham um papel central na mediação e regulação das respostas imunológicas e são classificadas como pró e anti-inflamatórias (Izquierdo *et al.*, 2009). De forma geral, as citocinas agem de forma semelhante a hormônios, sendo mensageiros químicos responsáveis pela ação e interação dos sistemas imuno-neuro-endócrino. As principais citocinas anti-inflamatórias são interleucina 4 (IL-4), interleucina 10 (IL-10), interleucina 13 (IL-13) e o fator de transformação de crescimento beta (TGF-β). Por outro lado, existem várias citocinas pró-inflamatórias, como a interleucina 1 (IL-1), interleucina 2 (IL-2), interleucina 12 (IL-12), interleucina 18 (IL-18), interferon gama (IFN-γ) e o fator de necrose tumoral alfa (TNF-α). Algumas moléculas antagonistas são citadas como tendo propriedades anti-inflamatórias. Dentre essas, destaca-se o antagonista do receptor de IL-1 (IL-1ra). Já a IL-12 apresenta uma subunidade p40. Esta arquitetura pode inibir a ação da IL-12 e, assim, indiretamente demonstrar propriedade anti-inflamatória. A proteína quimiotática de monócitos (MCP-1) também pode ter ação anti-inflamatória, inibindo a produção de IL-12. Fatores hormonais podem regular a produção de citocinas tanto *in vitro* como *in vivo* (Ramirez *et al.*, 1996; Sondergaard *et al.*, 2000; Steensberg *et al.*, 2003). As catecolaminas (adrenalina e noradrenalina) e glicocorticoides estimulam a produção de IL-4, IL-10, IL-13 e IL-1ra. A prostaglandina E2 (PGE2) estimula a produção de IL-10, IL-12p40 e IL-13 (Demeure *et al.*, 1997; Kalinski *et al.*, 2001).

A interleucina 6 (IL-6) é uma citocina que participa tanto do processo inflamatório como do anti-inflamatório. Essa citocina é secretada por diversos tecidos, dentre eles o tecido adiposo e o muscular (Pedersen e Febbraio, 2008). Sua ação molecular depende do local de sua expressão – ela, por exemplo, será inflamatória via tecido adiposo e anti-inflamatória via músculo esquelético (nesse caso, é chamada de miocina). Sua ação anti-inflamatória corresponde à sua atividade indireta via estimulo à síntese de IL-1ra e de IL-10 (Pedersen e Febbraio, 2008). A contração muscular exigida em exercícios prolongados potencializa a liberação de grandes concentrações desta miocina na circulação. Outras miocinas, como a IL-8 e IL-15, também demonstram ação anti-inflamatória (Febbraio e Pedersen, 2005).

A imunidade adquirida tem ação lenta (pode levar dias) e depende da ação humoral – ou seja, após a primeira exposição ao antígeno, os linfócitos produzem anticorpos específicos que marcam e mostram quem são os invasores. A partir daí, o combate é iniciado. Um detalhe importante é que repetidas exposições ao antígeno, ou fragmentos deste, fazem a resposta ser cada vez mais rápida.

Esse fenômeno é conhecido como memória imunológica e é a base para o desenvolvimento e atualização de vacinas. As células envolvidas na imunidade adquirida são os macrófagos e os linfócitos B, TCD4+ e CD8+, além da comunicação molecular e da ação dos anticorpos.

A imunidade adquirida é subdividida em ativa e passiva. A imunidade adquirida ativa é a adaptação do sistema imune quando exposto a um patógeno, desenvolvendo seus próprios anticorpos. Por outro lado, na imunidade passiva, nós recebemos anticorpos de outro ser vivo. Um clássico exemplo disso é demonstrado durante o período de amamentação, cujo neonato recebe anticorpos advindos do leite materno.

Como já citado previamente, nossos linfócitos sofrem diferenciação no timo e, durante nossa vida, esse importante órgão perde sua função até se tornar permanentemente inativo. Esse fato só nos garante saúde porque os linfócitos têm alta capacidade de replicação e diferenciação frente aos patógenos. Podemos nomear esse processo de clonagem como "guerra linfocitária". Uma vez exposto a um determinado antígeno, o linfócito sofre um processo denominado "expansão clonal". Isto é, esse único linfócito se multiplica e se subdivide em duas populações distintas: células de memória (vida longa e alta taxa de replicação) e efetoras (vida curta e resposta imediata). Essa resposta imunológica primária é produto dessa primeira expansão, sendo que exposições subsequentes produzem respostas mais potentes e rápidas. É importante salientar que apenas linfócitos "virgens" podem responder com este tipo de ação.

Durante essas exposições, os linfócitos produzem citocinas primárias do tipo interleucinas e interferons. Como já citado, as interleucinas trabalham como sinais em diversos processos inflamatórios e virais. Os interferons, por sua vez, potencializam a atividade imunológica e interferem na reprodução viral dentro do organismo. Os interferons são divididos em três subtipos: alfa (IFN-α), beta (IFN-β) e gama (IFN-γ). As subunidades α e β são direcionados a células não infectadas e ativam vias para prevenir a replicação viral. Por sua vez, o INF-γ ativa macrófagos e outras células imunes, além de auxiliar o processo de prevenção de infecções nas células não infectadas.

Linfócitos T auxiliares são subdivididos em: 1 (Th1) e 2 (Th2). Os linfócitos T sofrem diferenciação para Th1 estimulados pela IL-12, que é produzida pelas células apresentadoras de antígeno (macrófagos e células dentríticas). Este grupo produz predominantemente IFN-γ e está relacionado à resposta imune celular e ao controle de infecções causadas por microrganismos. Por outro lado, os linfócitos Th2 demonstram ação autócrina da IL-4, estando relacionados à resposta imune humoral e ao controle de infecções extracelulares.

Os linfócitos B e plasmócitos tem função de produzir anticorpos específicos para cada tipo de antígeno. A superfície dos linfócitos B é recoberta por centenas de milhares de anticorpos. As regiões distais dos anticorpos se ligam e "abraçam" o antígeno formando uma alça (Figura 6.1). A terminação Fc se insere na membrana linfocitária, enquanto que as regiões Fab (braçadeiras) ficam livres, permitindo a ligação externa com o antígeno. Os anticorpos – ou imunoglobulinas (Ig) – têm a função de facilitar o reconhecimento, marcação e fagocitose, além de agrupar antígenos e ativar outras células imunológicas.

Em geral, existem cinco isoformas de anticorpos: IgG, IgA, IgE, IgM e IgD. A IgG corresponde à maioria dos anticorpos plasmáticos, sendo a isoforma materna que passa pela membrana placentária, conferindo imunidade nos primeiros meses de vida, além de ser produzida em respostas imunológicas secundárias. O anticorpo IgA é encontrado na saliva, nos mucos intestinal e brônquico e no leite materno, estando ainda alocado em pontos estratégicos. O IgE é o anticorpo associado às respostas alérgicas, através da mediação química da histamina. A imunoglobulina IgM participa de respostas imunes primárias e reagem aos antígenos do grupo sanguíneo. Por fim, o IgD atua junto ao IgM na superfície do linfócito B e seus efeitos podem ser interdependentes. Um estudo experimental indicou que, na fase inicial da resposta primária dependente de células T, a aceleração mediada por IgD da maturação por afinidade pode conferir ao animal uma vantagem crítica na defesa contra patógenos (Roes e Rajewsky, 1993).

Além da sinalização via citocinas ou anticorpos, o sistema imune pode ser auxiliado pelas próprias células nucleadas. Todas as células nucleadas presentes em nosso sistema apresentam uma família de proteínas de membrana complexas codificadas por um conjunto específico de genes chamado Complexo de histocompatibilidade principal (MHC) (Hivroz e Saitakis, 2016). Esse grupo de proteínas sinaliza aos linfócitos T que as células estão infectadas e que devem ser eliminadas. Esse mecanismo é similar à apresentação dos fragmentos de antígenos processados, e é determinante na compatibilidade entre pacientes em casos de transplantes. O complexo MHC é dividido entre as classes I e II. A MHC-I é encontrada em todas as células nucleadas, onde, após a *lise* e degradação do antígeno, fragmentos são carregados sobre plataformas MHC-I e inseridos na membrana celular. Já a MHC-II é encontrada em células imunes apresentadoras de antígenos e ativam outras células imunes após o aparecimento de fragmentos na membrana.

Figura 6.1 – Forma e estrutura clássica de um anticorpo

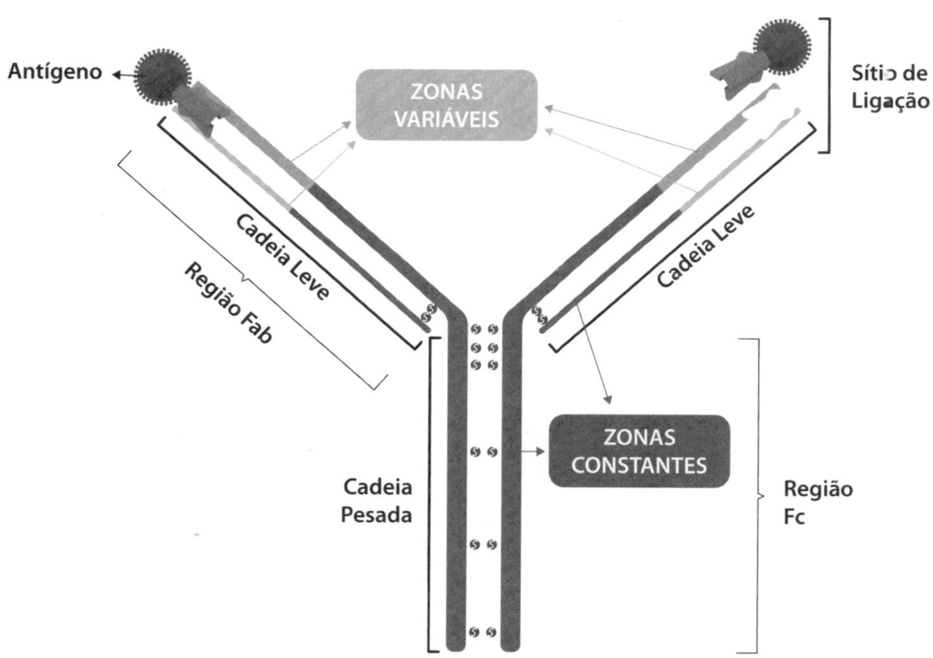

Agora que já sabemos e conhecemos um pouco sobre os conceitos de imunologia, seus componentes e forma de ação de suas células, discutiremos o modo atuante do sistema imune e o efeito do treinamento de força sobre esses parâmetros.

6.2. Respostas agudas do sistema imunológico ao treinamento de força

Sabemos que a manutenção do quadro homeostático é fundamental para a boa condição de vida e manutenção da saúde sistêmica. Contudo, quanto mais intensa for a sessão de treinamento, maior será a demanda exigida para todos os componentes dos diversos sistemas fisiológicos. Assim, ajustes agudos são necessários durante e após a sessão de treinamento, tornando-se claro o impacto do exercício físico sobre os vários parâmetros do sistema imunológico (Leandro *et al.*, 2007; Terra *et al.*, 2012; Walsh *et al.*, 2011). Por muito tempo, nos questionamos a respeito de qual seria a relação de volume e de intensidade no comportamento da imunidade física. Atualmente, é demonstrado que apenas o exercício de intensidade moderada-alta e longa duração (extenuante) causa supressão momentânea das defesas de nosso organismo. Esse fenômeno é descrito como "janela de imunossupressão induzida pelo exercício" e obviamente caracteriza-se pelo exercício físico do tipo *endurance* (Walsh *et al.*, 2011). Um detalhe importante desse fenômeno parece ser a característica do tempo de duração e modo de aplicação do exercício de *endurance* em comparação ao exercício de força. Contudo, este capítulo tem como objetivo discutir os efeitos do exercício de força sobre as respostas imunológicas. Assim, para aqueles interessados no exercício de *endurance,* sugere-se a leitura de artigos de revisão de referência na literatura em questão (Kruger *et al.*, 2016; Peake *et al.*, 2016; Simpson *et al.*, 2015).

Ajustes agudos e crônicos podem ser influenciados pela variação dos componentes que formam a prescrição do treinamento de força. Variáveis como o número de repetições e séries, magnitude relativa e absoluta da carga, tempo de intervalo entre as séries, tempo sob tensão, tipo de ação muscular, forma de execução dos exercícios e várias outras já foram demasiadamente estudadas frente a muitos sistemas fisiológicos. Contudo, a quantidade de evidências acerca das alterações induzidas por estas variáveis na modulação leucocitária é pouco conhecida.

Em geral, o treinamento de força causa um aumento agudo dos níveis de neutrófilos circulantes imediatamente após o término da sessão de treino, retornando aos valores prévios em torno de duas horas (Freidenreich e Volek, 2012). Contudo, um número menor de dados foi descrito sobre os mais variados tipos e sistemas de treinamento de força. Ramel *et al.* (2004) descreveram que o treinamento de força em modelo de circuito, 10 exercícios e intensidade de 75% de uma repetição máxima (1 RM), aumenta significativamente os valores de neutrófilos pós-sessão. Foschini e Prestes (2007) verificaram aumento significativo de 28% na contagem de neutrófilos após a realização de trabalho resistido utilizando o método *bi-set* em comparação a séries mais tradicionais. Por outro lado, Farias *et al.* (2012) não encontraram nenhuma alteração neutrofílica ao comparar um protocolo de exercício tradicional com o método piramidal crescente. Posteriormente, Brunelli *et al.* (2014) compararam os métodos *tri-set* e tradicional, demonstrando aumento da contagem de neutrófilos imediatamente e 15 minutos após o término da sessão. Contudo, foi demonstrado uma significativa redução destes leucócitos 24 horas pós-esforço. Recentemente, uma revisão sistemática demonstrou que o treinamento de força com intensidade moderada-alta promove, em média, um aumento de 51% na contagem de neutrófilos circulantes. Tal fato parece deixar claro que, semelhantemente ao exercício de *endurance*, o treinamento de força é capaz de aumentar a concentração aguda de neutrófilos proporcionalmente ao aumento da intensidade ou do volume impostos durante a sessão (Brown *et al.*, 2015).

Durante o treinamento de força, o padrão mais comum de resposta encontrada nos monócitos foi um rápido aumento durante a sessão, com pico incialmente após o término dessa, retornando seguidamente aos valores pré-exercício (Freidenreich e Volek, 2012). Em geral, alguns estudos têm verificado significativa monocitose por até 2 horas pós-sessão. Mayhew *et al.* (2005) estudaram a influência do tempo de intervalo entre as séries (1 *vs* 3 minutos) sobre a resposta imune aguda de homens adultos submetidos a uma sessão de treinamento de força (10 séries com 10 repetições, *Leg press*, 65% de 1 RM). O intervalo mais curto demonstrou aumento de 47% nos níveis de monócitos imediatamente após o término da sessão em comparação ao intervalo mais longo. Nieman *et al.* (1995) solicitaram que homens treinados realizassem séries exaustivas de agachamento e verificaram respostas tão semelhantes quanto as já vistas em exercícios cardiorrespiratórios intensos. Ainda, os níveis de catecolaminas aumentaram 465% em decorrência da sessão de treinamento. Simonson e Jackson (2004) avaliaram homens ativos submetidos a uma sessão de treinamento de força com 3 séries de 8–10 repetições e intensidade de 75% de 1 RM ao longo de 8 exercícios. As medidas sanguíneas foram feitas antes, imediatamente depois e 15 e 30 minutos pós-sessão. Os níveis leucocitários aumentaram significativamente após a sessão, reduzindo após 15 e 30 minutos de recuperação. O aumento do nível de leucócitos foi majoritariamente induzido pelo aumento de monócitos. Fora isso, Ramel *et al.* (2003) registraram níveis máximos de leucocitose e monocitose após 2 horas de treinamento de força submáximo.

No treinamento de força, as células NK respondem rapidamente durante a sessão e imediatamente após seu término (Ramel *et al.*, 2003). Seus níveis retornam aos valores pré-sessão em torno de 30 a 45 minutos ou diminuem além disso por um período de até 2 horas. Um dos mecanismos propostos para explicar esta resposta decorre dos efeitos da adrenalina. De acordo com Host *et al.* (1995), o número de linfócitos diminui cinco minutos pós-exercício em decorrência do efeito persistente do hormônio cortisol liberado, diferentemente da adrenalina, que tende a reduzir logo após o fim do exercício físico. Em geral, 4 a 6 horas após a sessão e, com certeza após 24 horas de repouso, os linfócitos circulantes retornam aos valores basais (Meyer *et al.*, 2004). Dorneles *et al.* (2016) compararam a expressão periférica de células NK durante uma sessão de treinamento de força de baixa intensidade com oclusão vascular e um treinamento de alta intensidade. Jovens do sexo masculino foram randomizados em grupos de sessão de treinamento de força de alta intensidade (*HI*; sigla em inglês) e baixa intensidade com oclusão vascular (*LI-BFR*; sigla em inglês). A sessão de exercício consistiu na extensão do joelho e flexão do cotovelo com 80% de 1 RM (HI) e 30% 1 RM (*LI-BFR*) e volumes equalizados. Análises foram feitas antes, imediatamente após e 24 horas após cada sessão de treinamento. A frequência periférica de células NK não mostrou diferença significativa no grupo de *LI-BFR* na relação tempo-efeito, ao passo que uma redução gradual de células NK foi identificada no grupo *HI* antes da sessão e após 24 horas. Contudo, diferenças significativas foram encontradas na alteração relativa das células NK imediatamente após o exercício entre as sessões. As células NK permaneceram em frequência semelhante durante os momentos estudados em *LI-BFR*, mas não no grupo *HI*, sugerindo que a hipóxia local criada pela restrição do fluxo sanguíneo foi capaz de evitar uma alteração na frequência de células periféricas e uma possível imunossupressão.

De acordo com Freidenreich e Volek (2012), linfócitos TCD4+ não apresentam alteração significativa durante uma sessão de treinamento de força ou após o seu término. É sugerido que talvez exista relação entre os níveis de linfócitos TCD4+ e volume total de carga. Porém, células TCD8+ apresentam aumento imediatamente pós-sessão, seguido por redução até níveis basais entre 15 e 45 minutos. Contudo, dependendo do tempo da medida pós-exercício, podemos encontrar resultados conflitantes. Simonson e Jackson (2004) não encontraram nenhuma alteração na razão TCD4/CD8 em homens moderadamente ativos e submetidos ao treinamento de força. Já Ramel *et al.* (2003) registraram redução de 14% das células TCD8+ durante o pós-sessão, retornando aos valores pré-exercício após 120 minutos. Os dados de análise dos linfócitos B podem ser ainda mais variados. Tal verificação é explicada pelo tipo de marcação feita. A marcação CD19 representa células imaturas, enquanto que CD20 representam células maduras. Assim, parece que apenas as células CD19 respondem ao treinamento de força com um imediato aumento, seguido por um retorno aos níveis basais por volta de 120 minutos após o término da sessão.

As diferentes variáveis que compõem o treinamento de força também podem afetar a resposta imune encontrada, uma vez que intensidades maiores podem elevar em um grau maior a contagem linfocitária (Mayhew *et al.*, 2005). Prestes *et al.* (2014) compararam protocolos projetados para hipertrofia e para resistência muscular localizada (RML) na apoptose e migração de células TCD4+ e CD8+. Quatorze sujeitos não treinados foram submetidos a protocolos projetados para hipertrofia muscular em 10 RM e RML a 60% de 10 RM com intervalos de um minuto entre cada série. Os linfócitos investigados foram: CD4+, CD4+/CD69RA+, CD8+ e CD8+/CD69RA+ com marcadores de superfície celular anexina V e CX3CR1 analisados por citometria de fluxo. A porcentagem de CD4+ positiva para anexina V+ foi mais elevada imediatamente após e 24 horas após o protocolo de hipertrofia em comparação com o de RML, enquanto a porcentagem de CD4+ positiva para CX3CR1 foi maior imediatamente após e inferior nas 24 horas após o protocolo RML em comparação com a sessão de hipertrofia. Os linfócitos CD8+ responderam de forma semelhante aos protocolos de hipertrofia e de RML com elevação na migração celular e morte celular imediatamente após e 24 horas após os episódios. Com base nos resultados obtidos, os autores sugerem que devemos considerar uma adaptação gradual ao programa de hipertrofia para minimizar o efeito nos linfócitos CD4+ e reduzir a susceptibilidade potencial aos antígenos durante esse período. Considerações semelhantes foram feitas para o programa de RML baseado na resposta de linfócitos CD8+ observada.

Quanto ao perfil de basófilos e eosinófilos, poucos são os estudos que avaliam seu comportamento frente ao treinamento de força. De maneira geral, os trabalhos de Kraemer *et al.*, (1996) e Simonson e Jackson (2004) não encontraram alterações significativas pós-exercício. Contudo, basófilos podem se elevar de forma semelhante aos neutrófilos e têm sido associado a níveis mais elevados de lactato plasmático (Nieman *et al.*, 1995). Alterações na contagem de eosinófilos também não parecem ser significativas. O Quadro 6.2 resume as principais alterações agudas induzidas pelo treinamento de força sobre os diversos leucócitos.

Quadro 6.2 – Efeito agudo de uma única sessão de treinamento de força nas células leucocitárias

LEUCÓCITOS	EFEITO AGUDO			
	Durante	**Imediatamente após**	**Até 30 minutos após**	**Até 120 minutos após**
Monócitos	↑	↑	↑	↑
Neutrófilos	↔	↑	↑	↑
Linfócitos T CD4+	↔	↔↑	↔	↔
Linfócitos T CD8+	↔	↑	↔↑	↔↓
Linfócitos B	↔	↑	↔↑	↔
Células Natural Killer	↑	↑	↔	↓
Basófilos	↔	↔↑	↔↑	↔↑
Eosinófilos	↔	↔	↔	↓

Legenda: ↑= aumento significativo; ↓= redução significativa; ↔ = sem alteração significativa

Muitos estudos relataram aumentos nas concentrações de citocinas após diferentes tipos de exercício físico. O aumento da miocina IL-6 está associado à intensidade, à duração, e à quantidade de massa muscular solicitada. O pico de IL-6 foi demonstrado no final da realização do exercício ou em um curto período pós-sessão (Fisher *et al.*, 2004). Além de seu efeito modulador, esta miocina também apresenta importantes efeitos metabólicos, tais como: participação na captação de glicose, oxidação de ácidos graxos pelo músculo esquelético, gliconeogênese hepática e lipólise no tecido adiposo (Terra *et al.*, 2012). Outras miocinas, como IL-8 e 15, estão associadas a efeitos angiogênicos, anabólicos e relativos à adiposidade (Nielsen e Pedersen, 2007). Além dessas miocinas, também é relatado aumento nas concentrações de IL-1ra, IL-4, IL-10, IL-12p40 e MCP-1 em diferentes modalidades de exercício físico (Hirose *et al.*, 2004; Malm *et al.*, 2004; Suzuki *et al.*, 2003; Toft *et al.*, 2002). Izquierdo *et al.* (2009) relataram aumento de citocinas após uma sessão de treinamento de força. A produção de citocinas antiinflamatórias possivelmente serve para restringir ações pró-inflamatórias, vistas como decorrência do dano muscular induzido pelo treinamento. Ihalainen *et al.* (2014) analisaram a resposta imune aguda (níveis circulantes de leucócitos, citocinas e adipocitocinas) de protocolos de treinamento resistido para força máxima (MAX; 15 × 1 RM) e hipertrofia muscular (HIP; 5 × 10 RM) antes, imediatamente após e 15 e 30 minutos após os exercícios. Os leucócitos circulantes aumentaram significativamente imediatamente após HIP, ao passo que em MAX, os aumentos tornaram-se significativos após 30 min. Os linfócitos aumentaram apenas após HIP, já o exercício MAX induziu linfopenia durante a recuperação. O monócito MCP-1 diminuiu e o antagonista do receptor da interleucina-1 (IL-1ra) aumentou após HIP. Essas mudanças não foram observadas após MAX. A adipsina e a resistina diminuíram após ambos os episódios de esforço, o que sugere que o exercício resistido com altas cargas é transitoriamente benéfico para o perfil de adipocitocina. A maior magnitude da demanda metabólica refletida em maior resposta de lactato no HIP poderia ser a razão para as respostas significativamente altas em leucócitos, IL-1ra e a diminuição de MCP-1.

O tempo de intervalo entre as séries é corriqueiramente manipulado com o intuito de aumentar a intensidade de treinamento. Mayhew *et al.* (2005) compararam o efeito de diferentes tempos de intervalo (1 *vs* 3 minutos) sobre os níveis leucocitários. O intervalo mais curto ocasionou aumento mais significativo nos níveis de linfócitos (83% *vs* 16%) e monócitos (47% *vs* 15%) imediatamente após o término da sessão em comparação ao intervalo mais longo. Pereira *et al.* (2012) examinaram os efeitos agudos sobre a apoptose e migração de linfócitos TCD4+ e CD8+. Doze sujeitos realizaram duas sessões: (3 séries de 9 exercícios) com um e três minutos de intervalo entre séries e exercícios. Os autores observaram aumento da apoptose e migração dos linfócitos CD4+ e CD8+ 24 horas após a sessão de treinamento, com efeitos mínimos do tempo de intervalo.

Por sua vez, as cargas relativa e absoluta de treinamento, além da velocidade de execução, podem influenciar a resposta imunológica. Carlson *et al.* (2008) demonstraram que o treinamento de força aumenta a contagem total de leucócitos, neutrófilos e monócitos, com valores superiores aos valores *baseline* imediatamente após a sessão. Contudo, os neutrófilos apresentaram níveis mais elevados em cargas de 55% de 1 RM em comparação a 65% de 1 RM. Estes achados não foram os esperados, vez que a expectativa seria a de que quanto maior fosse a carga relativa, maior seria a resposta imunológica. Olhando os dados mais de perto, percebemos que a execução das cargas mais leves foi feita numa cadência mais elevada – isto é, menor tempo entre cada repetição –, ficando assim mais claro o resultado obtido. Seguindo essa linha de raciocínio, faria sentido achar que quanto maior for a produção de lactato, maior será a leucocitose. Como evidenciado por Miles *et al.* (2003), existe uma tendência a favor de um maior aumento nas células NK, linfócitos B e células T citotóxicas em indivíduos com maior resposta ao lactato. Entretanto, esses mesmos autores demonstraram não haver diferença na contagem de granulócitos e monócitos entre sujeitos com maior ou menor produção de lactato. Todavia, sabemos que quanto maior for a produção de lactato, maior será a resposta adrenérgica. Assim, é esperado que maiores níveis de catecolaminas possam afetar de maneira diferente a resposta do sistema imunológico. Portanto, faz-se necessário novos estudos para avaliar os desfechos relacionados às muitas variáveis que compõem a prescrição do treinamento de força.

Foi sugerido que idosos são mais susceptíveis a doenças infecciosas devido à imunossenescência. O bem descrito efeito transitório imunossupressor do exercício pode aumentar os riscos para a saúde dessa população. Embora o treinamento de força tenha sido recomendado para indivíduos mais velhos, pouco se sabe sobre seu efeito agudo nos índices imunológicos. Assim, Neves *et al.* (2009) analisaram o efeito agudo das sessões de treinamento de força em diferentes intensidades (50% e 80% de 1 RM) sobre a imunoglobulina A (IgA) salivar, leucócitos totais, linfócitos e seus subconjuntos. Nesse estudo, 15 idosas foram submetidas a duas sessões de treinamento de força para os principais grupos musculares ou a uma sessão de controle sem exercício. A sessão 1 consistiu em 2 séries de 13 repetições a 50% de 1 RM, enquanto que a sessão 2 consistiu em 2 séries de 8 repetições a 80% de 1 RM. Amostras foram coletadas em repouso, imediatamente após, 3 e 48 horas após o término das sessões. As sessões de treinamento de força não conseguiram reduzir significativamente os índices de função imunológica. Contudo, a IgA salivar aumentou significativamente em ambas as sessões. Os autores concluíram que as sessões com 50% ou 80% de 1 RM não apresentavam efeitos supressores sobre os parâmetros imunológicos investigados. Recentemente, Szlezak *et al.* (2016) publicaram uma revisão sistemática, demonstrando efeito dose-dependente do exercício de força sobre a contagem leucocitária. Entretanto, os autores sugerem que a forma e o tempo de mensuração dos níveis leucocitários podem enviesar a pesquisa e induzir a uma leitura equivocada dos efeitos da sessão de treinamento.

Muitos são os mecanismos propostos como responsáveis pela imunossupressão induzida pelo exercício físico. Morozov *et al.* (2006) demonstraram que uma única sessão de exercício intenso aumenta de forma significativa a enzima Mieloperoxidase (MPO). A MPO é um marcador de migração de neutrófilos para o músculo esquelético e de desgranulação. Estudos sugerem que o exercício pode mobilizar neutrófilos altamente funcionais para a circulação, sendo que, durante a recuperação, a capacidade deles de responderem a estímulos externos pode estar diminuída (Walsh *et al.*, 2011). Gleeson *et al.* (2006) identificaram que exercícios extenuantes reduzem a expressão de receptores tipo Toll-like (TLRs) em macrófagos. Além disso, o exercício realizado em níveis exaustivos tem sido associado à redução da expressão de MHC-II (Woods *et al.*, 1997). Essa molécula é fundamental na apresentação do antígeno e na redução da função antiviral de macrófagos alveolares. Wang e Huang (2005) relataram redução da concentração de glutationa (GSH) em linfócitos e estresse oxidativo, além do aumento no conteúdo de caspases 8, 9 e 3 ativas e fragmentação do ácido desoxirribonucleico (DNA) após exercício intenso. A associação do exercício intenso à apoptose parece ocorrer devido à ação das catecolaminas e ao aumento do estresse oxidativo. Todavia, esses mecanismos foram estudados no treinamento de *endurance*; assim, não sabemos se eles influenciam com a mesma magnitude no treinamento de força.

6.3. Respostas crônicas do sistema imunológico ao treinamento de força

Freidenreich e Volek (2012) definem o termo crônico como estudos com pelo menos seis ou mais meses de duração e frequência semanal de duas a três vezes. Devido à dificuldade do controle amostral, muitas evidências são publicadas com durações inferiores a essa.

O engajamento regular no treinamento de força provoca benefícios para a saúde, incluindo melhora da força muscular, hipertrofia e sensibilidade à insulina. Entretanto, estudos demonstraram que nem o tipo de rotina (hipertrofia ou força) ou carga total de treinamento alteram os níveis leucocitários em períodos de até seis meses de treinamento de força em indivíduos saudáveis. Curiosamente, os poucos estudos descritos foram realizados em mulheres, tornando não possível inferir as mesmas conclusões para homens (Miles *et al.*, 2002; Miles *et al.*, 2003). Takahashi *et al.* (2008) determinaram os efeitos do treinamento de força com diferentes frequências semanais na atividade de células NK (NKCA) em jovens universitárias saudáveis. O estudo foi realizado com 22 estudantes, divididas em três grupos: 5–6×/semana (A), 3–4×/semana (B) e grupo controle. As amostras de sangue foram obtidas no início do estudo e ao final de 8 semanas de treinamento para determinar a NKCA. A média de NKCA mostrou aumento significativo no grupo de exercícios B, mesmo não havendo diferença significativa entre a NKCA no grupo sem exercício ou no grupo de exercícios A entre os períodos pré e pós-treinamento. Os autores concluíram que, com relação aos efeitos da frequência de treinamento de força na NKCA, sugere-se que o exercício realizado três vezes por semana pode estar associado a um aumento na NKCA.

Recentemente, Denham *et al.* (2016) buscaram determinar a influência de oito semanas de treinamento de força sobre a metilação do DNA e a expressão gênica de genótipos de leucócitos em homens jovens e saudáveis. O estudo foi conduzido com voluntários que treinaram três vezes por semana e exercícios com 3 séries de 8–12 repetições com carga equivalente a 80% de 1 RM. As amostras de sangue foram coletadas em repouso, antes e após a intervenção do treinamento de força. Os resultados demonstraram que o treinamento de força melhorou significativamente a força muscular de membros superiores e inferiores em simultâneo com diversas alterações de metilação e de expressão gênica em todo o genoma. Alterações de metilação do DNA ocorreram em várias regiões ao longo do genoma, em contexto com genes e locais CpG e em genes relacionados à orientação do axônio, diabetes e vias imunológicas. Houve múltiplos genes com expressão aumentada que foram enriquecidos para processamento do ácido ribonucleico (RNA) e proteínas de desenvolvimento. Os resultados indicaram que o treinamento de força está associado com a reprogramação do DNA de leucócitos.

Apesar da pouca quantidade de estudos avaliando o efeito crônico do treinamento de força sobre a resposta imunológica de indivíduos jovens e saudáveis, um montante considerável de evidências corrobora seu efeito positivo em populações com necessidades especiais (Fairman *et al.*, 2017; Papa *et al.*, 2017). Hagstrom *et al.* (2016) demonstraram que o treinamento de força tem um efeito benéfico na expressão das células NK, indicando ser uma ferramenta importante na melhora do perfil inflamatório em pacientes sobreviventes de câncer de mama. Menon *et al.* (2012) examinaram o perfil inflamatório do quadríceps femoral de pacientes com doença pulmonar obstrutiva crônica (DPOC) e o treinamento de força claramente atenuou a resposta inflamatória aguda desse grupo de indivíduos. Bartholomeu-Neto *et al.* (2015) investigaram a influência do treinamento de força a longo prazo sobre a atividade oxidativa de neutrófilos e monócitos em mulheres idosas saudáveis com diferentes níveis de treinabilidade. Os resultados indicaram que o índice de fagocitose dos neutrófilos (mas não dos monócitos) no grupo adaptado ao treinamento de força foi significativamente maior em comparação ao dos indivíduos sedentários. Em contraste, a atividade oxidativa de neutrófilos ou monócitos não foi significativamente influenciada pelo *status* de treinamento. Além disso, tanto a ingestão total de energia e carboidratos como os níveis séricos de IL-6 tiveram uma influência significativa na atividade fagocitária dos neutrófilos. Shimizu *et al.* (2011) demonstraram que o treinamento de força pode suprarregular a imunidade regulada por monócitos e células T em indivíduos idosos. Corroborando, McFarlim (2005) indicaram que o aumento da atividade das células NK após o treinamento de força sugere seu potencial efeito sobre a imunidade. Apesar de tantos resultados positivos associando o treinamento de força crônico com a melhora da imunidade, Raso *et al.* (2012) descobriram que alterações psicológicas associadas com o envelhecimento podem ter um substancial efeito adverso sobre o sistema imunológico e que a função imunológica pode ser melhorada por abordar estas questões mais do que por se concentrar em treinamento aeróbio ou treinamento de força.

6.4. Treinamento de força e relação imuno-endócrina

As catecolaminas parecem responder de forma aguda a vários programas de treinamento de força. Essa resposta parece depender do trabalho total, recuperação entre séries e repetições, treinabilidade e nível de stress metabólico (Freidenreich; Volek, 2012). Evidências têm demonstrado que as catecolaminas e as células NK plasmáticas elevam-se em momentos semelhantes (Ramel *et al.*, 2003). Esse fato é demonstrado pela redução dos níveis circulantes de células NK após cessar a ação de infusões de adrenalina, demonstrando certa ação adreno-dependente na manutenção dos níveis circulantes de células NK e importante influência disso na adesão celular (Schedlowski *et al.*, 1996).

Assim como as catecolaminas, o cortisol plasmático aumenta durante e imediatamente após o treinamento de força, principalmente em períodos mais curtos de recuperação, retornando aos valores *baseline* por volta de 4 horas após a sessão de treinamento (Ramel *et al.*, 2003). Esses dados são importantes, uma vez que neste mesmo tempo, leucócitos estão elevados, demonstrando uma relação pontual entre alterações leucocitárias e cortisol (Nieman *et al.*, 1995; Ramel *et al.*, 2003). Após a sessão de treinamento de força, o cortisol é correlacionado a aumento de neutrófilos e monócitos, além da redução de linfócitos TCD8+ e células NK. Há evidência de que o cortisol pode influenciar a transcrição e, portanto, a expressão de moléculas de adesão por células epiteliais, sugerindo assim um mecanismo em potencial (Cronstein *et al.*, 1992). Sabendo que as catecolaminas aumentadas no pós-exercício também podem influenciar a redistribuição de células como moléculas de adesão, faz-se plausível que algum efeito da interação entre catecolaminas e cortisol regule a redistribuição de monócitos. Da mesma forma, as células NK permanecem elevadas na presença de catecolaminas imediatamente no pós-exercício. Porém, após os níveis de catecolaminas diminuírem, o cortisol torna-se o fator dominante na compartimentalização. A relação entre esses dois hormônios pode ser um fator crucial para determinar a manutenção de leucócitos da circulação (Freidenreich; Volek, 2012).

6.5. Treinamento de força, dano muscular agudo, processo inflamatório e reparação tecidual

Ambos treinamentos, de *endurance* e/ou de força, resultam em dano muscular agudo, sendo a quimiotaxia leucocitária direcionada ao local da lesão estrutural, proporcional ao nível de estresse e tensão mecânica. Portanto, sugere-se que os exercícios de maior duração (ex.: corridas) sejam mais associados à resposta imune sistêmica e os exercícios relacionados ao incremento da força a respostas mais localizadas. Traumas no tecido muscular via treinamento de força são associados a desarranjos estruturais no citoesqueleto, nos sarcômeros, na matriz extracelular, na lâmina basal e no sarcolema. Em decorrência do dano causado na estrutura do tecido muscular, instala-se um processo inflamatório e a ativação, migração e adesão leucocitária (Figura 6.2). Parte do processo de quimiotaxia para o tecido muscular é comandado por um conjunto de miocinas. A miocina IL-6 comanda a mediação e interação entre células satélites e macrófagos, sinalizando com fatores de crescimento muscular o processo de remodelamento tecidual (Bente *et al.*, 2008).

Figura 6.2 – Esquema demonstrando dano muscular induzido pelo treinamento de força e consequente resposta imune para reparação tecidual

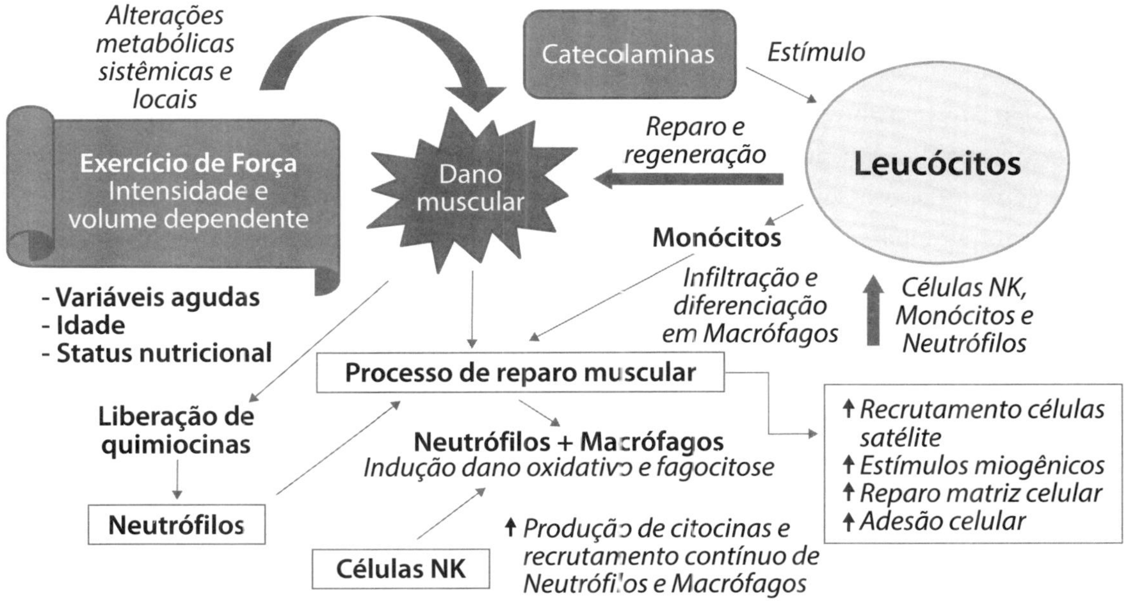

A quimiotaxia leucocitária é mediada pelas moléculas de adesão endoteliais chamadas selectinas e integrinas, que trabalham de maneira a cooperar na adesão leucocitária ao endotélio e na consequente translocação celular. Os neutrófilos são os primeiros leucócitos a chegar no local do dano, promovendo a desgranulação de histamina e prostaglandinas, causando vasodilatação e iniciando uma resposta imune mais potente. Em seguida, macrófagos adentram o tecido, passando a ser esse o leucócito mais abundante nas primeiras 24 horas de reparação. Essas células influenciam fortemente os processos mitóticos, fagocitando os fragmentos das células danificadas e liberando IL-6 e fatores de crescimento (Bente *et al.*, 2008). Dentre esses, podemos citar o fator de crescimento símile a insulina (IGF), o fator de crescimento derivado dos hepatócitos (HGF) e o fator de crescimento de transformação (TGF). A IL-6, conjuntamente com fatores de crescimento, ativa a proliferação e diferenciação das células satélites (Hawke, 2005; Menetrey *et al.*, 2000). As células satélites, por sua vez, migram para o local do dano e fundem-se à fibra muscular, agora compondo novos mionúcleos (Foschini *et al.*, 2007). Após esse processo estar concluído, ocorre a redução do processo inflamatório, por meio do processo de indução para apoptose dos neutrófilos e macrófagos no tecido, realizado pela própria IL-6.

O dano causado pelo estresse mecânico e o subsequente aparecimento da dor muscular de início tardio (DMIT) podem reduzir a taxa de produção de torque pelos músculos durante o tempo de reparação tecidual. MacIntyre *et al.* (1996) observaram queda na produção de força muscular devido a infiltração leucocitária após uma sessão aguda, com variações nos níveis de produção de força. Raastad *et al.* (2003) indicaram que há, então, uma relação inversamente proporcional entre quimiotaxia leucocitária e produção de força. Os mesmos autores citaram uma infiltração leucocitária maior entre 10 e 20 horas após o treinamento de força, com queda na força observada por até 10 a 28 horas após o esforço.

Outros estudos avaliaram se a quimiotaxia induzida pelo treinamento de força apresenta diferença na produção e no padrão de dano muscular entre gêneros. Stupka *et al.* (2000) demonstraram que mulheres apresentam menor infiltração leucocitária nos músculos exercitados, mas o mesmo potencial de dano tecidual. Possivelmente, a diferença está na ação antioxidante do hormônio 17β-estradiol. Gerando, assim, um efeito protetor pela redução do dano estrutural induzido pelo exercício e, portanto, impedindo a queda na produção de força muscular (Tiidus, 1995). A reduzida infiltração leucocitária vista no gênero feminino, mesmo com o mesmo nível de dano tecidual, pode nos auxiliar a entender a relação do gênero com a recuperação muscular mais rápida dos níveis de força visto em levantadoras de peso – em comparação com os homens – em curto espaço de tempo após a sessão de treinamento (Hakkinen, 1993).

Alterações no programa de treinamento de força corriqueiramente induzem a DMIT, inflamação miofibrilar e aumento dos marcadores de lesão celular no plasma. Antiinflamatórios podem atenuar a DMIT e os índices de inflamação em humanos. Bourgeois *et al.* (1999) estudaram os efeitos do naproxeno sódico (500 mg, duas vezes ao dia, por 48h), antes e após o treinamento de força em homens saudáveis e moderadamente treinados. O protocolo de treinamento consistiu em exercício unilateral de extensão de joelhos (6 séries de 10 repetições em 80–85% de 1 RM). As biópsias musculares de cada vasto lateral foram realizadas 24 horas após o exercício, por meio de coloração imuno-histoquímica de células inflamatórias (antígeno comum de leucócito). Os autores também determinaram por 24 e 48 horas após o exercício as medidas de: DMIT, atividade plasmática da enzima creatina quinase (CK) e torque dos extensores do joelho. Interessantemente, a administração do fármaco não alterou a elevação da CK, o déficit de força muscular 24 horas após o exercício, nem a dor muscular percebida. Ainda, a CK aumentada às 24 horas após o exercício não foi associada ao infiltrado de células inflamatórias miofibrilares agudas.

Dados sobre outros fármacos (ex. ibuprofeno) na modulação inflamatória e seu impacto sobre a síntese proteica e recuperação pós-esforço têm sido publicados na literatura, relatando efeitos negativos (Trappe *et al.*, 2001; Trappe *et al.*, 2002). A investigação de Markworth *et al.* (2014) demonstrou que parte do processo inicial de sinalização muscular ao treinamento de força é sensível ao ibuprofeno. Porém, Vella *et al.* (2016) encontraram sugestivos resultados de que a administração de ibuprofeno não tem nenhum efeito sobre o acúmulo de neutrófilos, marcadores de danos ou dor muscular durante as primeiras 24 horas pós-esforço. Por fim, Kretz *et al.* (2008) demonstraram que doses moderadas de ibuprofeno após repetidas sessões de treinamento de força não prejudicam a hipertrofia nem a força muscular.

Ao longo deste capítulo, demonstramos que a resposta imunológica aguda é dose-dependente. Isto é, variáveis como magnitude da carga e menor tempo de intervalo podem induzir alterações leucocitárias significativas. Contudo, diferentemente da resposta ao exercício de *endurance*, o exercício de força impõe alterações de curta duração e não causa, necessariamente, a mesma magnitude de imunossupressão vista em exercícios de maior duração. Adicionalmente, mas não menos importante, vale ressaltar que indivíduos iniciantes são mais propensos a alterações leucocitárias em comparação a grupos mais experientes.

Assim, ajustes crônicos em grupos leucocitários específicos, como macrófagos, são esperados e podem, potencialmente, garantir uma melhor proteção imunológica ao longo do tempo.

Referências

ALMEIDA-OLIVEIRA, A.; DIAMOND, H. Atividade antileucêmica das células natural killer (NK). *Rev Bras Cancerol*, v. 54, n. 3. p. 297-305, 2008.

BARTHOLOMEU-NETO, J. *et al.* Adaptation to Resistance Training Is Associated with Higher Phagocytic (but Not Oxidative) Activity in Neutrophils of Older Women. *J Immunol Res*. 2015; 2015: 724982.

BOURGEOIS, J. *et al.* Naproxen does not alter indices of muscle damage in resistance-exercise trained men. *Med Sci Sports Exerc.*, n 1, p. 4-9, jan, 1999.

BROWN, W. M. C. *et al.* A Systematic Review of the Acute Effects of Exercise on Immune and Inflammatory Indices in Untrained Adults. *Sports Medicine – Open.*, v. 1, p. 35, 2015.

BRUNELLI, D.T. *et al.* Immune responses to an upper body tri-set resistance training session. *Clin Physiol Funct Imaging*, v 34, p. 64–71, 2014.

CALIGIURI, M.A. Human natural killer cells. *Blood*, v. 112, p. 461–469, 2008.

CARLSON, L.A. *et al.* Carbohydrate supplementation and immune responses after acute exhaustive resistance exercise. *Int J Sport Nutr Exerc Metab*, v. 18, p. 247–259, 2008.

CHEEMA, B.S. *et al.* Safety and efficacy of progressive resistance training in breast cancer: a systematic review and meta-analysis. *Breast Cancer Research Treatment*, v. 148, p. 249–268, 2014.

COOPER, M. A.; FEHNIGER, T. A.; CALIGIURI, M. A. The biology of human natural killer cell subsets. *Trends Immunol*, v. 22, p. 633–640, 2001.

COOPER, M.A. *et al.* Human natural killer cells: a unique innate immunoregulatory role for the CD56(bright) subset. *Blood*, v. 97, p. 3146–3151, 2001.

CRONSTEIN, B.N. *et al.* A mechanism for the antiinflammatory effects of corticosteroids: the glucocorticoid receptor regulates leukocyte adhesion to endothelial cells and expression of endothelial-leukocyte adhesion molecule 1 and intercellular adhesion molecule 1. *Proc Natl Acad Sci USA*, v. 89, p. 9991–9995, 1992.

DEMEURE, C.E. *et al.* Prostaglandin E2 primes naive T cells for the production of anti-inflammatory cytokines. *Eur J Immunol*, v. 27, p. 3526–3531, 1997.

DENHAM, J. *et al.* Epigenetic changes in leukocytes after 8 weeks of resistance exercise training. *Eur J Appl Physiol*, v. 116, n. 6, p. 1245–1253, jun, 2016

DORNELES, G.P. *et al.* Acute response of peripheral CCr5 chemoreceptor and NK cells in individuals submitted to a single session of low-intensity strength exercise with blood flow restriction. *Clin Physiol Funct Imaging*, v. 36, n 4, p. 311–317, jan, 2015.

FAIRMAN, C. M. *et al.* A Scientific Rationale to Improve Resistance Training Prescription in Exercise Oncology. *Sports Med.* doi: 10.1007/s40279-017-0673-7, jan, 2017

FARIAS, U.S. *et al.* Respostas imunes agudas a dois métodos de treinamento de força. *Educação física em Revista*, v. 6, n. 2, 2012.

FEBBRAIO, M. A.; PEDERSEN, B.K. Contraction-induced myokine production and release: is skeletal muscle an endocrine organ? *Exerc Sport Sci Rev*, v. 33, p. 114–119, 2005.

FOSCHINI, D.; PRESTES, J. Respostas hormonais e imunes agudas decorrentes do treinamento de força em bi-set, *Fit Perf J.*, v. 6, n. 1, p. 38–44, 2007.

FOSCHINI, D.; PRESTES, J.; CHARRO, M.A. Relação entre exercício físico, dano muscular e dor muscular de início tardio. *Rev. Bras. Cineantropom. Desempenho Hum*, v. 9, n. 1, p. 101–106, 2007.

FREIDENREICH, D. J.; VOLEK, J.S. Immune responses to resistance exercise. *Exercise Immunology Reviews*, v. 18, p. 8–41, 2012.

GARDNER, J. R.; LIVINGSTON, P. M.; FRASER, S. F. Effects of exercise on treatment-related adverse effects for patients with prostate cancer receiving androgen-deprivation therapy: a systematic review. *Journal of Clinical Oncology*, v. 32, n. 4, p. 335–346, 2014.

GLEESON, M.; MCFARLIN, B.; FLYNN, M. Exercise and Toll-like receptors. *Exerc Immunol Rev.*, v. 12, p. 34–35, 2006.

HAGSTROM, A.D. *et al.* The effect of resistance training on markers of immune function and inflammation in previously sedentary women recovering from breast cancer: a randomized controlled trial. B*reast Cancer Res Treat*, n. 3, p. 471-482, fev, 2016.

HAKKINEN, K. Neuromuscular fatigue and recovery in male and female athletes during heavy resistance exercise. *Int J Sports Med*, v. 14, n. 2, p. 53–59, 1993.

HAWKE, T. J. Muscle stem cell and exercise training. *Exerc Sport Sci Rev*, v. 33, n. 2, p. 63–68, 2005.

HIROSE, L. *et al.* Changes in inflammatory mediators following eccentric exercise of the elbow flexors. *Exerc Immunol Rev*, v. 10, p. 75–90, 2004.

HIVROZ, C.; SAITAKIS, M. Biophysical Aspects of T Lymphocyte Activation at the Immune Synapse. *Front Immunol.* 15 fev. 2016; 7:46. doi: 10.3389/fimmu.2016.00046. eCollection, 2016.

HOST, C. R. *et al.* The effects of altered exercise distribution on lymphocyte subpopulations. *Eur. J. Appl. Physiol*, v. 72, p. 157–164, 1995.

IHALAINEN, J. *et al.* Acute leukocyte, cytokine and adipocytokine responses to maximal and hypertrophic resistance exercise bouts. *Eur J Appl Physiol*, v. 114, n. 12, p. 2607-2626, 2014.

IZQUIERDO, M. *et al.* Cytokine and hormone responses to resistance training. *Eur J Appl Physiol*, 2009.

KALINSKI, P. *et al.* Prostaglandin E2 is a selective inducer of interleukin-12 p40 (IL-12p40) production and an inhibitor of bioactive IL-12p70 heterodimer. *Blood*, v. 97, p. 3466–3469, 2001.

KIM, P. S. *et al.* IL-15 superagonist/IL-15RαSushi-Fc fusion complex (IL-15SA/IL- 15RαSu-Fc; ALT-803) markedly enhances specific subpopulations of NK and memory CD8+ T cells, and mediates potent anti-tumor activity against murine breast and colon carcinomas. *Oncotarget*. 18 fev. 2016. doi: 10.18632/oncotarget.7470.

KRAEMER, W. J. *et al.* The effects of plasma cortisol elevation on total and differential leukocyte counts in response to heavy-resistance exercise. *Eur. J. Appl. Physiol. Occup. Physiol*, v. 73, p. 93-97, 1996.

KRENTZ, J. R. *et al.* The effects of ibuprofen on muscle hypertrophy, strength, and soreness during resistance training. *Appl Physiol Nutr Metab*, v. 33, n. 3, p. 470–475, 2008.

KRÜGER, K; MOOREN, F.C.; PILAT, C. The Immunomodulatory Effects of Physical Activity. *Curr Pharm Des*, v. 22, n. 24, p. 3730–3748, 2016.

LEANDRO, C. G. *et al.* Mecanismos adaptativos do sistema imunológico em resposta ao treinamento físico. *Revista Brasileira de Medicina do Esporte*, v. 12, n. 5, p. 343--348, 2007.

LIMA, F. A.; CARNEIRO-SAMPAIO, M. O papel do timo no desenvolvimento do sistema imune. *Pediatria*, v. 29, n. 1, p. 33–42, 2007.

MACINTYRE, D. *et al.* Presence of WBC, decreased strength, and delayed soreness in muscle after eccentric exercise. *J Appl Physiol*, v. 80, n. 3, p. 1006–1013, 1996.

MALM, C. *et al.* Leukocytes, cytokines, growth factors and hormones in human skeletal muscle and blood after uphill or downhill running. *J Physiol*, v. 556, p. 983–1000, 2004.

MARKWORTH, J. F. *et al.* Ibuprofen treatment blunts early translational signaling responses in human skeletal muscle following resistance exercise. *J Appl Physiol*, v. 117, n. 1, p. 20-28, 1985.

MAYHEW, D. L.; THYFAULT, J. P.; KOCH, A. J. Rest-interval length affects leukocyte levels during heavy resistance exercise. *J Strength Cond Res*, v. 19, n. 1, p. 16–22, 2005.

MCFARLIN, B. K. *et al.* Chronic resistance exercise training improves natural killer cell activity in older women. *J Gerontol A Biol Sci Med Sci*, v. 60, n. 10, p. 1315–1318, out, 2005.

MENDES, E. L. *et al.* Treinamento físico para indivíduos HIV positivo submetidos a HAART: Efeitos sobre parâmetros antropométricos e funcionais. *Revista Brasileira de Medicina do Esporte*, v. 19, n. 1, p. 16–21, 2013.

MENETREY, J. *et al.* Growth factors improve muscle healing *in vivo*. *J Bone Joint Surg Br*, v. 82, n. 1, p. 131–137, 2000.

MENON, M. K. *et al.* Inflammatory and satellite cells in the quadriceps of patients with COPD and response to resistance training. *Chest*, v. 142, n. 5, p. 1134–1142, nov, 2012.

MESQUITA JÚNIOR, D. *et al.* Sistema imunitário – parte II: fundamentos da resposta imunológica mediada por linfócitos T e B. *Revista Brasileira de Reumatologia*, v. 50, n. 5, p. 552–580, 2010.

MEYER, T. *et al.* Different effects of two regeneration regimens on immunological parameters in cyclists. *Med. Sci. Sports Exerc*, v. 36, p. 1743–1749, 2004.

MILES, M.P. *et al.* Effects of resistance training on resting immune parameters in women. *Eur J Appl Physiol*, v. 87, p. 506–508, 2002.

MILES, M.P. *et al.* Strength, workload, anaerobic intensity and the immune response to resistance exercise in women. *Acta Physiol Scand*, v. 178, p. 155–163, 2003.

MOROZOV, V. L. *et al.* The effects of high-intensity exercise on skeletal muscle neutrophil myeloperoxidase in untrained and trained rats. *Eur J Appl Physiol*, v. 97, p. 716–722, 2006.

NEVES JÚNIOR, S. da C. *et al.* Resistance exercise sessions do not provoke acute immunosuppression in older women. *J Strength Cond Res*, v. 23, n. 1, p. 259–265, jan, 2009.

NIELSEN, A. R.; PEDERSENA, B. K. The biological roles of exercise-induced cytokines: IL-6, IL-8, and IL-15. *Applied Physiology, Nutrition, and Metabolism*, v. 32, n. 5, p. 833–839, 2007.

NIEMAN, D.C. *et al.* The acute immune response to exhaustive resistance exercise. *Int J Sports Med*, v. 16, n. 5, p. 322–328, 1995.

PAPA, E.V.; DONG, X.; HASSAN, M. Skeletal Muscle Function Deficits in the Elderly: Current Perspectives on Resistance Training. *J Nat Sci*, n. 1, jan, 2017.

PEAKE, J. M. *et al.* Recovery of the immune system after exercise. *J Appl Physiol* (1985). 1 dez. 2016: jap.00622.2016.

PEDERSEN, B.K.; FEBBRAIO, M.A. Muscle as an Endocrine Organ: Focus on Muscle-Derived Interleukin-6. *Physiological reviews*, out, 2008.

PEDERSEN, B. K.; TVEDE, N. The immune system and physical training. *Ugeskr Laeger*, v. 155, p. 856–862, 1993.

PEREIRA, G. B. *et al.* Acute resistance training affects cell surface markers for apoptosis and migration in CD4+ and CD8+ lymphocytes. *Cell Immunol*, v. 279, n. 2, p. 134–139, out, 2012.

POLI, A. *et al.* CD56bright natural killer (NK) cells: an important NK cell subset. *Immunology*, v. 126, p. 458–465, 2009.

PRESTES, J. *et al.* The acute response of apoptosis and migration to resistance exercise is protocol-dependent. *Int J Sports Med*, v. 35, n. 12, p. 1051–1056, nov, 2014.

RAASTAD, T. *et al.* Temporal relation between leukocyte accumulation in muscles and halted recovery 10–20 h after strength exercise. *J Appl Physiol*, v. 95, n. 6, p. 2503–2509, 2003.

RAMEL, A.; WAGNER, K.H.; ELMADFA, I. Acute impact of submaximal resistance exercise on immunological and hormonal parameters in young men. *J Sports Sci*, v. 21, n. 12, p. 1001–1008, 2003.

RAMEL, A.; WAGNER, K. H.; ELMADFA, I. Correlations between plasma noradrenaline concentrations, antioxidants, and neutrophil counts after submaximal resistance exercise in men. *Br J Sports Med*, v. 38, E22, 2004.

RAMIREZ, F. *et al.* Glucocorticoids promote a Th2 cytokine response by CD4+ T cells *in vitro*. *J Immunol*, v. 156, p. 2406–2412, 1996.

RASO, V. *et al.* Immunological parameters in elderly women: correlations with aerobic power, muscle strength and mood state. *Brain Behav Immun*, v. 26, n. 4, p. 597–606, mai, 2012.

ROES, J.; RAJEWSKY, K. Immunoglobulin D (IgD)-deficient mice reveal an auxiliary receptor function for IgD in antigen-mediated recruitment of B cells. *J Exp Med*, v. 177, n. 1, p. 45–55, jan, 1993.

SCHEDLOWSKI, M. *et al.* Catecholamines modulate human NK cell circulation and function via spleen-independent beta 2-adrenergic mechanisms. *J Immunol*, v. 156, p. 93–99, 1996.

SHIMIZU, K. *et al.* Monocyte and T-cell responses to exercise training in elderly subjects. *J Strength Cond Res*, v. 9, p. 2565–2572, set, 2011.

SIMONSON, S. R.; JACKSON, C. G. Leukocytosis occurs in response to resistance exercise in men. *J Strength Cond Res*, v. 18, n. 2, p. 266–271, 2004.

SIMPSON, R.J. *et al.* Exercise and the Regulation of Immune Functions. *Prog Mol Biol Transl Sci*, v. 135, p. 355–380, 2015.

SONDERGAARD, S. R. *et al.* Changes in plasma concentrations of interleukin-6 and interleukin-1 receptor antagonists in response to adrenaline infusion in humans. *Eur J Appl Physiol*, v. 83, p. 95–98, 2000.

STEENSBERG, A. *et al.* IL-6 enhances plasma IL-1ra, IL-10, and cortisol in humans. *Am J Physiol*, v. 285, E433-437, 2003.

STUPKA, N. *et al.* Gender differences in muscle inflammation after eccentric exercise. *J Appl Physiol*, v. 89, n. 6, p. 2325–2332, 2000.

SUZUKI, K. *et al.* Exhaustive exercise and type-1/ type-2 cytokine balance with special focus on interleukin-12 p40/p70. *Exerc Immunol Rev*, v. 9, p. 48–57, 2003.

SZLEZAK, A.M. *et al.* Establishing a dose--response relationship between acute resistance-exercise and the immune system: Protocol for a systematic review. *Immunol Lett*, v 180, p. 54–65, dec, 2016.

TAKAHASHI, T. *et al.* Effects of resistance training on physical fitness, muscle strength, and natural killer cell activity in female university students. *Nihon Eiseigaku Zasshi*, v. 63, n. 3, p. 642–650, mai, 2008.

TERRA, R. *et al.* Efeito do exercício no sistema imune: resposta, adaptação e sinalização celular. *Revista Brasileira de Medicina do Esporte*, v. 18, n. 3, p. 208–214, 2012.

TIIDUS, P. M. Can estrogens diminish exercise-induced muscle damage? *Can J Appl Physiol*, v. 20, n. 1, p. 26–38, 1995.

TOFT, A. D. *et al.* Cytokine response to eccentric exercise in young and elderly humans. *Am J Physiol*, v. 283, p. C289–295, 2002.

TRAPPE, T.A. *et al.* Effect of ibuprofen and acetaminophen on postexercise muscle protein synthesis. *Am J Physiol Endocrinol Metab*, v. 282, n. 3, p. E551–556, mar, 2002.

TRAPPE, T.A. *et al.* Skeletal muscle PGF(2)(alpha) and PGE(2) in response to eccentric resistance exercise: influence of ibuprofen acetaminophen. *J Clin Endocrinol Metab*, v. 86, n. 10, p. 5067–5070, out, 2001.

VELLA, L. *et al.* Ibuprofen Ingestion Does Not Affect Markers of Post-exercise Muscle Inflammation. *Front Physiol*, 2016.

WALSH, N.P. *et al.* Position Statement Part one: Immune function and exercise. *Exercise Immunology Reviews*, v. 17, p. 6–63, 2011.

WANG, J.; HUANG, Y. Effects of exercise intensity on lymphocyte apoptosis induced by oxidative stress in men. *Eur J Appl Physiol.*, v. 95, p. 290–297, 2005.

WOODS, J.A. *et al.* Effects of exercise on the macrophage MHC II response to inflammation. *Int J Sports Med.* v. 18, n. 6, p. 483–488, 1997.

SEÇÃO 2*

Biomecânica aplicada ao treinamento de força

*Seção organizada por Paulo Henrique Marchetti

7

Tecido ósseo: cargas mecânicas

Guanis de Barros Vilela Júnior

Paulo Henrique Marchetti

OBJETIVO DO CAPÍTULO

Compreender as propriedades biomecânicas do tecido ósseo; os tipos de ossos e de solicitações mecânicas que atuam sobre eles em diferentes contextos. Discutir suas funções no corpo humano, notadamente em situações locomotoras, nos esportes e nas atividades cotidianas. Refletir sobre as diferentes propriedades físicas do tecido ósseo e suas implicações frente ao estresse causado pelo exercício físico.

Os ossos constituem a parte passiva do aparelho locomotor, sendo estruturas dinâmicas vivas, providas de vasos sanguíneos, vasos linfáticos e nervos, cujo metabolismo influi em sua função. Sendo assim, este tecido está continuamente se formando e se remodelando. Devido às forças internas e externas às quais está sujeito, pode alterar suas propriedades visando manter a integridade mecânica do tecido. O treinamento de força possui papel importante na aplicação direta e indireta de sobrecarga no tecido ósseo. A sobrecarga aplicada pelo treinamento de força, no tecido ósseo, pode ter caráter de tração (rádio e ulna durante um exercício de *pulley* costas), compressão (fêmur durante o agachamento) ou flexão (tíbia durante o exercício de cadeira extensora) (Marchetti *et al.*, 2007).

7.1 Osteologia

De acordo com Dangelo e Fattini (1988, p. 12), "Osteologia, em sentido restrito e etimologicamente, é o estudo dos ossos. Em sentido mais amplo inclui o estudo das formações intimamente ligadas ou relacionadas com os ossos, com eles formando um todo – o esqueleto".

Os ossos são órgãos rígidos, esbranquiçados, constituídos por tecido conjuntivo mineralizado, e que, reunidos entre si, participam na formação do esqueleto. Eles possuem nervos e vasos sanguíneos. O tecido ósseo é composto por três frações básicas: a orgânica, a celular e a mineral.

A fração orgânica é representada por uma malha proteica, conhecida também como matriz orgânica ou matriz proteica fixa, esta também dividida em outras duas frações; o colágeno composto de 90% a 95% desse tipo de proteína e os demais 10% são compostos de proteína não colágena. A formação incorreta da fração orgânica pode levar a distúrbios graves tornando os ossos quebradiços.

A fração celular tem importante função no processo de formação do tecido ósseo, sendo composta por três células importantes: osteoclastos, osteoblastos e osteócitos.

1. Osteoclastos: Responsáveis pela degradação da matriz óssea.
2. Osteoblastos: Células construtoras que entram em ação após a destruição das células velhas pelos osteoclastos.
3. Osteócitos: Células que servem como uma rede viva de comunicação dos ossos onde as substâncias proteicas e minerais trafegam pelo seu interior.

A fração mineral é de extrema importância para as funções motoras, uma vez que sem esta os ossos não teriam a resistência à compressão, capacidade esta conferida pelo carbonato de cálcio, fosfato de cálcio e outros minerais (60%-70%), que contribuem para sua rigidez. Esta fração se complementa com o colágeno e a água (25%-30%), que conferem elasticidade ao osso, aumentando a sua resistência à tração. Estes percentuais variam de acordo com a idade e saúde do osso.

O tecido ósseo apresenta várias funções importantes no corpo humano, dentre elas destacamos:

1. Os ossos que compõem o esqueleto humano são o suporte para inserção dos músculos que exercem forças sobre ele, possibilitando o movimento humano.
2. Os ossos e suas articulações são determinantes para a constituição de diferentes tipos de alavancas anatômicas, que podem privilegiar o desenvolvimento de velocidade ou de força; sendo que, usualmente, os ossos longos são o *locus* de ação das forças que atuam sobre o segmento corporal e as articulações são os eixos rotacionais que possibilitam os diferentes tipos de movimentos axiais, tais como flexão, extensão, adução, abdução, rotação, dentre outros.
3. Ossos saudáveis são ossos estressados na medida certa; ou seja, os ossos precisam estar sob atuação de forças adequadas para que suas funções estejam otimizadas. Nesse sentido, o treinamento de força é uma estratégia importante para a saúde das pessoas.
4. Estruturalmente, o esqueleto humano é dividido em axial e apendicular, o primeiro apresenta importante função de proteger órgãos e elementos vitais como o coração, o cérebro, os pulmões e a medula. O segundo, com membros superiores e inferiores, possibilitam uma vasta gama de movimentos locomotores, através de ossos longos, com complexos articulares atravessados por potentes músculos biarticulares, capazes de gerar e dissipar forças durante a execução desses movimentos.
5. O tecido ósseo é o responsável pela produção de células sanguíneas (a chamada hematopoese). O sangue nutre quase a totalidade das células que mantêm a homeostase do corpo humano.
6. O tecido ósseo é a principal reserva de cálcio e fósforo do corpo humano, presentes em uma miríade de funções bioquímicas e biofísicas que possibilitam o funcionamento de nosso organismo.

Esses aspectos estão intimamente imbricados e serão aprofundados ao longo deste capítulo, mas evidenciam que o tecido ósseo é vivo, vascularizado e muito distante das aulas de osteologia, onde muitas vezes são apresentados ao aluno apenas ossos calcificados, uma lacônica caricatura de um biomaterial que é complexo e está integrado com toda a manutenção da vida.

7.1.1 Crescimento e desenvolvimento dos ossos

Segundo Hall (2009, p. 90),

> O crescimento dos ossos começa precocemente no desenvolvimento fetal, com o osso vivo modificando continuamente sua composição e estrutura durante a vida. Muitas dessas mudanças representam o crescimento e a maturação normais do osso [...] Essas mudanças no formato e no tamanho dos ossos resultam do trabalho de células especializadas denominadas osteoblastos e osteoclastos, que formam e reabsorvem respectivamente o tecido ósseo.

7.1.2 Tipos de substância óssea

O tecido ósseo é composto por dois tipos de substância: a compacta e a esponjosa. Conforme esclarecem Dangelo e Fattini (1988, p. 21),

> embora os elementos constituintes sejam os mesmos nos dois tipos de substância óssea, eles dispõem-se diferentemente conforme o tipo considerado e seu aspecto macroscópico também difere. Na substância óssea compacta, as lamínulas de tecido ósseo encontram-se fortemente unidas umas às outras pelas suas faces, sem que haja espaço livre interposto. Por esta razão, este tipo é mais denso e rijo. Na substância óssea esponjosa as lamínulas ósseas, mais irregulares em forma e tamanho, se arranjam de forma a deixar entre si espaços ou lacunas que se comunicam umas com as outras.

7.1.3 Composição e estrutura do tecido ósseo

O osso responde às cargas mecânicas em conformidade com sua composição material e sua organização estrutural. "A composição e a estrutura do osso dão origem a um material que é resistente para seu peso relativamente leve" (Hall, 2009, p. 87).

Componentes materiais

Em relação à composição material do tecido ósseo, Hall (2009, p. 88) assinala:

> os principais blocos formadores do osso são carbonato de cálcio, fosfato de cálcio, colágeno e água. Os percentuais relativos desses materiais variam com a idade e saúde do osso. Em geral, o carbonato de cálcio e o fosfato de cálcio representam aproximadamente 60 a 70% do peso do osso seco. Esses minerais conferem ao osso sua rigidez e são os determinantes primários de sua resistência compressiva. Os outros minerais, incluindo magnésio, sódio e fluoreto, também desempenham funções estruturais e metabólicas vitais para o crescimento e o desenvolvimento do osso. O colágeno é uma proteína que confere ao osso sua flexibilidade e que contribui para sua resistência tensiva (resistência à tração).

Organização estrutural

Já acerca da organização estrutural do tecido ósseo, Hall (2009, p. 88) esclarece que

> O percentual relativo de mineralização óssea varia não apenas com a idade do indivíduo,

mas também com o osso específico no corpo. Alguns ossos são mais porosos que outros. Quanto mais poroso for o osso, menor será a proporção de fosfato de cálcio e de carbonato de cálcio e maior a proporção de tecido não mineralizado. O tecido ósseo é classificado em duas categorias com base em sua porosidade. Se a porosidade é baixa, com 5 a 30% do volume ósseo ocupados por tecido não mineralizado, o tecido é chamado de osso cortical. O tecido ósseo com porosidade relativamente alta com 30 a mais de 90% do volume ósseo ocupados por tecido não mineralizado, é conhecido como osso trabecular, esponjoso ou reticular. O osso trabecular possui uma estrutura do tipo favo de mel com barras verticais e horizontais mineralizadas, denominadas trabéculas, formando células cheias com medula óssea e gordura.

As características mecânicas do tecido ósseo estão diretamente relacionadas às suas características de porosidade. A esse respeito, Hall (2009, p. 89) explica:

> Com seu conteúdo mineral mais alto, o osso cortical é mais rígido, o que lhe permite suportar maior estresse, porém menos sobrecarga ou deformação relativa do que o osso trabecular. Por ser mais esponjoso que o osso cortical, consegue suportar mais sobrecarga antes de sofrer fratura.
>
> A função de determinado osso determina sua estrutura. As diáfises dos ossos longos são formadas por osso cortical mais resistente. O conteúdo relativamente alto em osso trabecular das vértebras contribui para sua capacidade de absorver os choques. O osso trabecular desenvolve quatro tipos de estruturas, conforme a necessidade de ter que suportar forças relativamente altas ou relativamente baixas e de a carga primária se axial (tensão ou compressão) ou assimétrica (inclinação). Por causa disso, a resistência e a elasticidade do osso trabecular variam consideravelmente com a localização no corpo, bem como a idade e a saúde do indivíduo.
>
> Os ossos corticais e trabecular *são anisotrópicos; isto é, exibem resistência e rigidez diferentes em resposta às forças aplicadas a partir de diferentes direções. O osso é mais forte para resistir ao estresse compressivo e mais fraco para resistir ao estresse de cisalhamento.*

Quanto à forma, os ossos podem ser classificados em: ossos longos, presentes no esqueleto apendicular (fêmur, úmero etc.); ossos curtos (do carpo e do tarso); ossos planos (costelas, escápula, esterno e do crânio); ossos irregulares (vértebras) e ossos sesamoides (patela). Todas essas formas são importantes para a compreensão das respostas adaptativas do tecido ósseo.

> Ossos curtos, cujo formato é aproximadamente cúbico, incluem apenas os ossos do carpo e os ossos do tarso. Esses ossos tornam possível a realização de movimentos limitados de deslizamento e funcionam como absorventes dos choques. (...) Os ossos planos são descritos também por seu nome. Protegem os órgãos subjacentes e os tecidos moles e proporcionam também grandes áreas para as inserções dos músculos e ligamentos. Os ossos planos incluem as escápulas, o esterno, as costelas, as patelas e alguns dos ossos do crânio. (...) Os ossos irregulares possuem formatos diferentes para poderem desempenhar funções especiais no corpo humano. Por exemplo, as vértebras proporcionam um túnel ósseo protetor para a medula espinhal,

oferecem vários processos para as inserções de músculos e ligamentos e sustentam o peso das partes superiores do corpo, ao mesmo tempo que permitem o movimento do tronco em todos os três planos cardinais. O sacro, o cóccix e a maxila são exemplos de ossos irregulares. (Hall, 2009, p. 90)

A anatomia de um osso longo, em cujas extremidades estão localizadas as placas epifisárias, responsáveis pelo crescimento longitudinal do osso durante o processo de desenvolvimento da infância até a fase adulta. Os ossos longos são de dois tipos: esponjoso e trabecular, sendo que o esponjoso é responsável pela flexibilidade do tecido ósseo ao passo que o compacto envolve o trabecular e sua elevada densidade garante um suporte forte para a inserção dos músculos, sendo 80% da massa óssea é formada por este.

A Figura 7.1 mostra as estruturas de um osso longo; na porção compacta dele pode-se observar o periósteo, os canalículos, os osteócitos e os canais de Volkmann e de Havers por onde passam vasos sanguíneos que vão carregar metabólitos para o tecido ósseo. Mais internamente, vê-se o osso esponjoso com suas trabéculas. É evidente que estas configurações são fundamentais para a compreensão dos diferentes tipos de forças ou solicitações mecânicas que atuam sobre os ossos (Aerssens *et al.*, 1994).

Figura 7.1 – Características ósseas

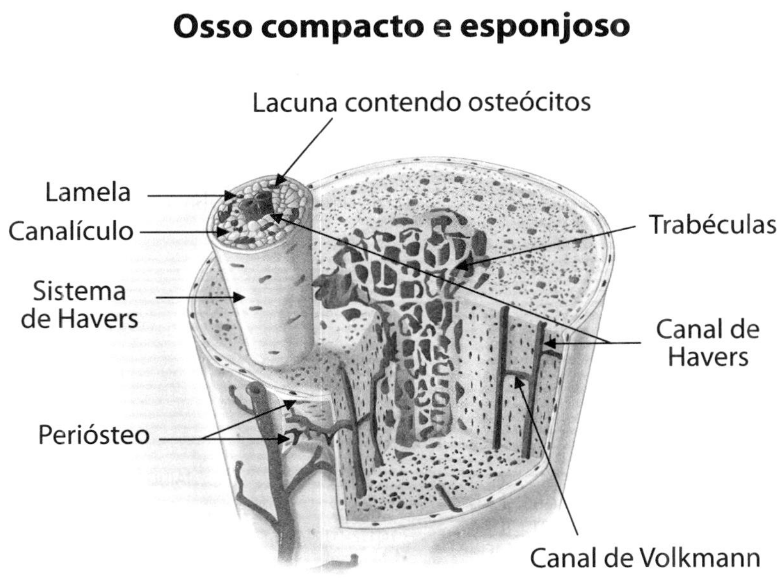

7.2 Esqueleto

"É uma armadura que constitui o suporte rígido do corpo. É uma armadura móvel, cujas peças (os ossos) servem de alavanca para a tração dos músculos" (Calais-Germain e Blandine, 1991, p. 12). É um conjunto de ossos e tecido cartilaginoso unidos entre si para dar conformação ao corpo, proteção e sustentação de partes moles.

Para melhor compreensão da osteologia é necessário dividir o esqueleto em duas partes: esqueleto axial e esqueleto apendicular (Figura 7.2).

7.2.1 Esqueleto axial

É formado pelos ossos que formam a cabeça, a coluna vertebral e o tórax, constituindo o eixo principal que suporta o corpo e confere proteção ao Sistema Nervoso Central (SNC) e os órgãos do tórax. Sendo assim, os ossos do esqueleto axial são os ossos do crânio e face, as vértebras, o osso sacro, o cóccix, as costelas e o osso esterno.

7.2.2 Esqueleto apendicular

É formado pelos ossos dos membros superiores (MMSS), membros inferiores (MMII) e também pelos ossos nos quais esses membros se articulam com o esqueleto axial, isto é, a cintura escapular e a cintura pélvica.

Figura 7.2 – Esqueleto completo

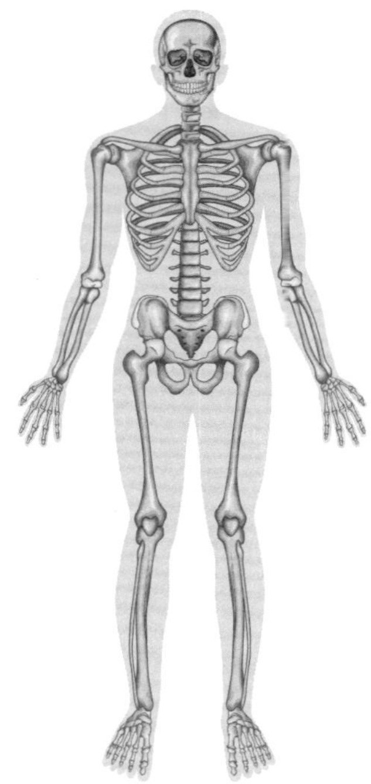

Tabela 7.1 – Número de ossos do corpo humano

Região	Número de ossos	Total
Esqueleto Axial		
Cabeça	29	80
Coluna vertebral	26	
Tórax (costela e esterno)	25	
Esqueleto Apendicular		
Cintura escapular	4	126
MMSS	60	
Cintura pélvica	2	
MMII	60	

Fonte: Hall (2009).

7.3 Forças que atuam no tecido ósseo

O tecido ósseo apresenta diferentes níveis de adaptação às diferentes solicitações mecânicas que atuam sobre ele. Essas solicitações mecânicas se referem às diferentes aplicações de forças que atuam sobre os ossos.

Existem, na mecânica clássica, quatro tipos de força, são elas:

7.3.1 Força Gravitacional ou Peso (P)

Refere-se à força de atração gravitacional que o planeta Terra exerce sobre todos os corpos em seu campo gravitacional. Na biomecânica, está sempre presente e é calculada pela equação:

$$P = m.g$$

Em que m é a massa do corpo ou segmento corporal medida no sistema internacional em quilogramas (kg) e g é a aceleração da gravidade no local onde o sujeito se encontra e que varia ligeiramente com a altitude e latitude do local. Usualmente é considerada como uma constante na qual g= 9,82 m/s^2.

Como sempre vivemos sob a ação dessa aceleração gravitacional, os ossos estão bastante adaptados à mesma, uma vez que a força P está sempre atraindo nosso corpo verticalmente para baixo. Um erro bastante comum é a confusão entre Peso e Massa; cumpre esclarecer que são grandezas físicas dimensionalmente diferentes; Peso é uma força, medida em Newtons no sistema internacional e Massa é a quantidade de matéria que constitui um corpo (Sears e Zemansky, 1978). A força Peso, na biomecânica, ajuda na realização de movimentos para baixo uma vez que está atuando na direção e sentido do movimento e obviamente é uma força que dificulta os movimentos para cima; por exemplo, durante um salto vertical, a força Peso será a principal resistência à subida do saltador e, após o mesmo atingir a altura máxima, ela será a responsável por sua volta ao solo.

Curiosidade: Um atleta que na superfície da Terra realiza um salto vertical de 1 metro de altura, na superfície da Lua saltaria 6 metros, uma vez que a gravidade na Lua tem 1/6 da gravidade na Terra.

7.3.2 Força de tração ou tensão

Refere-se às forças exercidas por materiais dúcteis, ou seja, que são flexíveis e, portanto, mudam a direção de atuação da força, tais como fios, cabos de aço, cordas etc.; no corpo humano, os biomateriais que apresentam tais características são os músculos, os tendões e os ligamentos. Nos músculos, as unidades contrácteis do complexo actina-miosina exercem forças que muitas vezes convergem para um tendão, tensionam os ossos e exercem os diferentes tipos de ação muscular: concêntrica, excêntrica e isométrica. Por exemplo, na Figura 7.3, pode-se observar o músculo quadríceps que gera forças, nas miofibrilas, em um amplo espectro de diferentes intensidades e direções que convergem para o tendão patelar, onde a patela funciona como roldana, e sua inserção na tuberosidade tibial, tracionando-a. Os ossos, portanto, são tensionados pelos músculos que neles se inserem. A tração também pode ser atribuída à sobrecarga externa dos pesos livres ou equipamentos sobre o tecido ósseo. Um exemplo típico é a sobrecarga de tração exercida sobre os membros superiores durante os exercícios de *pulley*, remadas ou barra gixa.

Figura 7.3 – Biomecânica e estruturas da articulação do joelho.

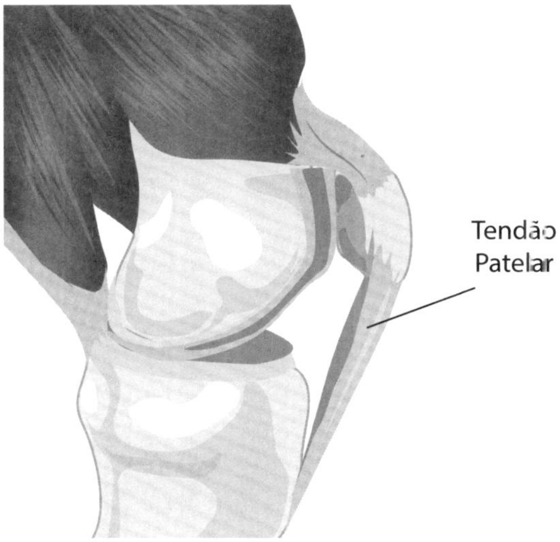

7.3.3 Forças de contato

Podem ser as forças de atrito e as forças de compressão.

As forças de atrito (ou resistência) sempre se opõem ao movimento ou à tendência de movimento, e são sempre tangentes às superfícies em contato. Por exemplo, durante a caminhada, entre o pé de apoio e o solo, existe uma tendência de movimento do mesmo para trás, portanto existirá uma força de atrito atuando no sentido oposto, que será uma das componentes da força externa resultante propulsora que atuará sobre o sujeito. A força de atrito está presente em todos os movimentos locomotores uma vez que sempre existirão forças atuando contra eles; um ciclista ao pedalar terá que vencer a resistência do ar que é diretamente proporcional ao quadrado de sua velocidade e à secção transversa de seu corpo.

No corpo humano, especialmente no sistema esquelético, a presença de atritos nas articulações com grande mobilidade é minimizada pela presença do líquido sinovial nas cápsulas articulares. O pH desse líquido diminui com lesões e com a idade, isto acarreta uma mudança na viscosidade do mesmo, tal processo pode levar ao comprometimento funcional da articulação com o surgimento de artrites e artroses, conforme atestam estudos clássicos (Jebens e Monk-Jones, 1959), onde são relatadas diminuições de 25% na viscosidade.

A força de atrito pode ser calculada através da equação:

$$F_{at} = \mu \cdot F_{comp}$$

Onde F_{at} é a força de atrito ou resistência medida em Newtons (N) no sistema internacional; μ é o coeficiente de atrito, que informa sobre nível de rugosidade ou aspereza entre as superfícies em contato, sendo dependente da viscosidade e temperatura destas superfícies e, por fim, a F_{comp} é a força compressiva que uma superfície exerce sobre a outra. A F_{at} e a F_{comp} serão sempre perpendiculares entre si e, portanto, o μ será a razão entre F_{at} e F_{comp} ($\mu = F_{at}/F_{comp}$). No caso da articulação do joelho durante uma flexão, a força de atrito que atua nos côndilos distais de fêmur e nos meniscos é relativamente baixa, caso estes meniscos estejam lesionados o coeficiente de atrito entre as superfícies aumentará comprometendo a funcionalidade articular.

As forças de compressão que atuam sobre o sistema esquelético também estão presentes em todos os movimentos locomotores, por exemplo, o osso tálus no tornozelo de um sujeito de pé, com apoio unipodal, sofre a ação de uma força compressiva equivalente ao peso de sua massa corporal. Ou mesmo em exercícios como o agachamento com relação aos membros inferiores e coluna. Outro exemplo são as forças compressivas que atuam sobre os discos intervertebrais na coluna vertebral, onde as vértebras apresentam dimensões maiores no sentido crânio-caudal, pois precisam suportar forças compressivas maiores. Ambos os exemplos citados se referem às forças compressivas internas no corpo humano. As forças compressivas externas que atuam sobre o corpo são fundamentais para estudos biomecânicos do movimento humano; um corredor dos 100 metros rasos precisa de musculatura potente de membros inferiores para exercer elevadas forças compressivas contra a pista e assim obter uma força propulsiva resultante capaz de acelerar seu corpo e atingir uma máxima velocidade antes de entrar na zona de desaceleração durante a prova. A compressão também pode ser atribuída à sobrecarga externa dos pesos ou equipamentos sobre o tecido ósseo. Um exemplo típico é a sobrecarga de compressão exercida sobre os membros inferiores durante agachamento ou *leg press*.

Um tipo específico de força compressiva atua sobre o corpo humano quando está imerso em um fluido (água ou ar); esta força é chamada de empuxo, atua verticalmente para cima e possui intensidade igual ao peso do fluido deslocado pelo corpo. Por exemplo, a facilidade de flutuação nas águas do Mar Morto é explicads pela elevada densidade dessas águas decorrente de sua salinidade, o que determina um empuxo maior. Todos os tipos de forças vistos acima determinam o comportamento biomecânico do movimento humano. A seguir serão discutidas as diferentes solicitações mecânicas que atuam sobre o tecido ósseo.

7.3.4 Forças de Flexão

São sobrecargas aplicadas ao tecido ósseo que causam o envergamento da estrutura em torno de um eixo, ficando sujeito à combinação de cargas de tração e compressão. No treinamento de força, o efeito de tração está presente em movimentos onde a sobrecarga externa é aplicada de forma "não paralela" ao alinhamento do tecido ósseo. Exemplos de tração no treinamento de força são os exercícios de extensão de joelhos na cadeira extensora (em relação às forças que agem na tíbia) e na rosca direta (em relação às forças que agem no rádio e na ulna). A Figura 7.4 mostra, esquematicamente, os diferentes tipos de solicitação atuando sobre um tecido ósseo.

Figura 7.4 – Direções e sentidos dos diferentes tipos de solicitações mecânicas atuando sobre o osso

7.4 Considerações biomecânicas sobre o tecido ósseo

7.4.1 *Stress*

É a força que atua em uma área, ou seja, o *stress* é diretamente proporcional à força e inversamente proporcional à área; no sistema internacional é medido em N/m^2 ou Pascal (Pa). Muitas vezes os pesquisadores usam a unidade MPa (mega Pascal) e Kgf/cm^2; portanto, vale lembrar que 1Pa é igual a 0,102 Kgf/m^2. Por exemplo, se forças de mesma intensidade atuarem sobre dois ossos de áreas (A e B), sendo B = 3A, portanto, o *stress* sobre A três vezes maior que o *stress* sobre B. Estudos de Reilly e Burstein (1975) mostram que o osso cortical femoral humano suportam estresses máximos no sentido longitudinal de 133MPa para a tração e 193MPa para a compressão ao passo que no sentido transversal são 51MPa para a tração e 133MPa para a compressão. Para o cisalhamento (*shear*) o *stress* máximo suportado é de 68MPa. Para ossos trabeculares, os valores são bem menores: 50MPa para a compressão e 8MPa para a tração. Tais variações apresentam grande importância nas respostas adaptativas do tecido ósseo ao exercício físico e na etiologia das fraturas.

7.4.2 *Strain*

É a razão entre a deformação sofrida pelo osso e seu comprimento inicial (antes da atuação da força que o deformou). Como é a razão entre grandezas de unidades iguais o *strain* é adimensional. O *strain* é, portanto, a medida da "deformabilidade" (via compressão, tensão, *shear*) do tecido ósseo. É importante ressaltar que não é sinônimo de deformação, uma vez que esta é medida em metros no sistema internacional e o *strain* é a razão entre as duas medidas de comprimento citadas (Braidotti *et al.*, 1997).

7.4.3 Módulo de Young (E)

É a razão entre o *stress* e o *strain*, ou seja:

$$E = \frac{\sigma}{\varepsilon}$$

Como Modulo de Young é adimensional, a unidade de E no sistema internacional é o Pascal (Pa); e este está associado às forças compressivas ou tensivas e portanto mede a elasticidade do tecido ósseo, principalmente no sentido de seu eixo longitudinal. Quando a elasticidade do osso é avaliada no sentido transversal e considerada a deformação produzida pelas forças de cisalhamento (*shear*) usualmente a expressão Módulo de Rigidez é adotada (Sears e Zemansky, 1978). O osso cortical femoral humano apresenta Módulo de Young de 17.000MPa e Módulo de Rigidez de 3.300MPa (Reilly e Burstein, 1975). Para ossos trabeculares, o Módulo de Young apresenta valores bem menores, chegando ao máximo de 400MPa; sendo dependente da densidade dos mesmos e direção da carga (Burstein, 1973).

7.4.4 Viscoelasticidade

Trata-se de uma propriedade que associa elasticidade (capacidade de um material de reconstituir sua condição inicial após sofrer uma deformação) com viscosidade (atrito interno entre as partículas de um biomaterial, por exemplo, forças de cisalhamento). O tecido ósseo também apresenta comportamento viscoelástico, que varia com a velocidade em que a carga é aplicada ou removida. Por exemplo, se o *stress* é mantido constante, o *strain* aumenta com o tempo (fenômeno conhecido como *creep*); a Figura 7.5 mostra em a) os três estágios do *creep*, sendo que no terceiro normalmente ocorre a fratura, e em b) a curva de histerese, onde de A para B ocorre o *loading* (carga) da solicitação mecânica e de B para C o *unloading* (descarga); a área entre estas duas curvas é igual à energia armazenada na estrutura (Resnick e Halliday, 1977).

Figura 7.5 – a) *Creep*: sob *stress* constante o *strain* aumenta em função do tempo, b) curva de *histerese* da força em função da deformação

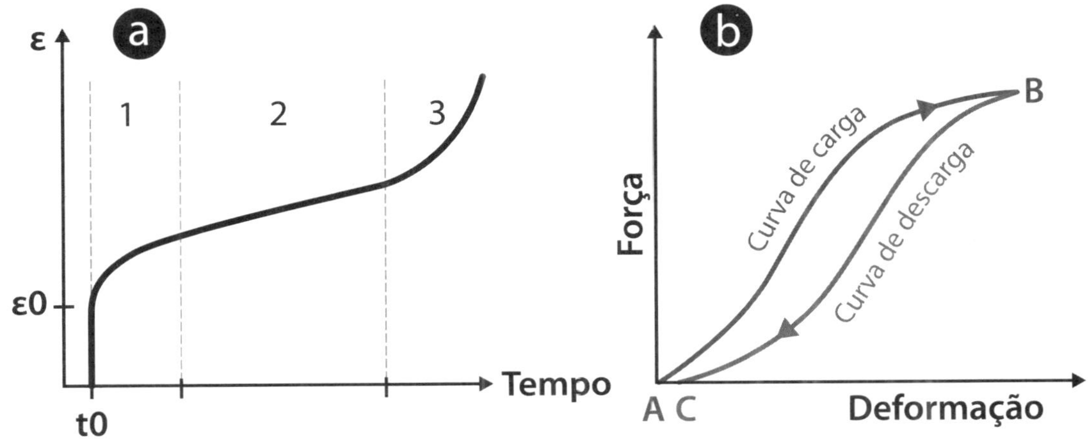

Outra consequência do comportamento viscoelástico do tecido ósseo é o relaxamento mostrado na Figura 7.6, onde mantido o *strain*, com o tempo, o *stress* diminui.

Figura 7.6 – Relaxamento: diminuição do stress em função do tempo

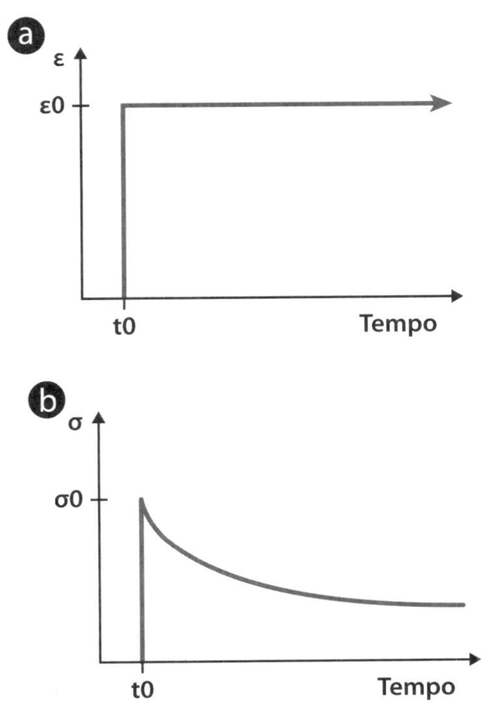

Por exemplo, tais propriedades mostram que com o aumento da velocidade de caminhada e para uma mesma taxa de deformação do tecido ósseo (1%) ocorre um aumento do *stress* no mesmo. Isto significa que a histerese na caminhada mais rápida apresenta maior área entre as curvas de carga e descarga (Nordin e Frankel, 2014). Tal fato, porém, possui obviamente um limite de eficiência para a atividade e, após certo tempo, o indivíduo terá que estabelecer alguma estratégia para não se lesionar: diminuir a velocidade da caminhada ou começar a correr e, assim, alterar o comportamento das solicitações mecânicas envolvidas.

7.5 Gráficos *stress* x *strain* e força x deformação

Em biomecânica as funções *stress x strain* são importantes para os estudos sobre biomateriais, uma vez que para diferentes comprimentos e diferentes áreas de secção transversais as variáveis força, área, deformação e comprimento inicial, estão implícitas e tal fato facilita a compreensão, conforme podemos observar na Figura 7.7, em que nos casos 1, 2 e 3 apesar dos diferentes comprimentos e secções transversais, as curvas *stress x strain* são coincidentes. Caso optasse-se por gráficos da força em função da deformação, obviamente teríamos curvas distintas (Luo e An, 1993).

Figura 7.7 – Gráfico *stress* x *strain* para osso com três casos diferenciados no comprimento inicial e na área de secção transversa

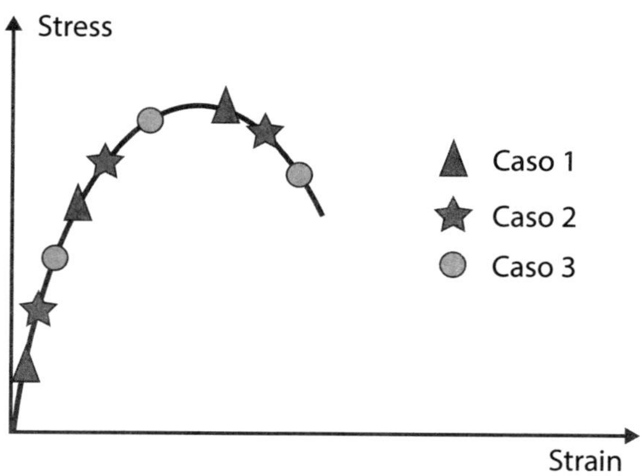

A curva característica da força em função da deformação está na Figura 7.8, onde temos três fases distintas: a de resposta elástica, a de resposta plástico-elástica e a de resposta plástica.

Figura 7.8 – Gráfico da força em função da deformação sofrida e os três tipos de solicitações mecânicas que são exercidas sobre o tecido ósseo

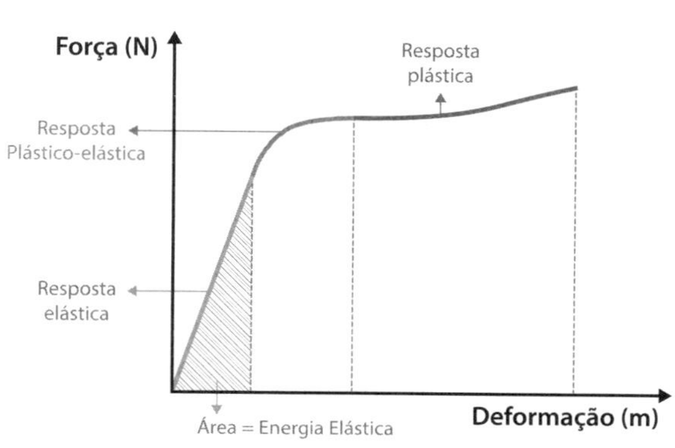

A fase elástica é aquela representada por uma reta, ou seja, nela existe uma relação linear entre a força deformadora e a deformação sofrida pelo osso. Sua principal característica é que após a retirada da força deformadora o osso volta à sua condição original (neutra). A área do triângulo formada com o eixo das abscissas é numericamente igual à energia elástica envolvida na deformação e a tangente do ângulo agudo no mesmo triângulo é numericamente igual à constante de elasticidade (K) do biomaterial; trata-se obviamente da Lei de Hook:

$$F = - k . X$$

Onde F é a força deformadora medida em Newtons no sistema internacional; X é a deformação medida em metros e k a constante de elasticidade medida em N/m^2. A constante depende do tipo de osso, de sua densidade, sua anatomia, temperatura e viscoelasticidade. Na fase elástico--plástica (ou limite elástico), não existe linearidade entre a força e a deformação, ou seja, o tecido ósseo não volta à sua condição inicial plenamente, já existem microlesões e o mesmo em condições específicas (repouso e osteoblastos) é capaz de se recuperar com facilidade (Lanyon, 1981). Na fase plástica, o tecido ósseo perde grande parte de sua elasticidade, em decorrência do acúmulo de microfraturas, que pode progressivamente acarretar uma lesão macroscópica do osso, podendo danificar, inclusive, tecidos moles que o envolve (artérias, nervos, músculos etc.).

7.6 Remodelamento ósseo

O tecido ósseo possui elevada capacidade de se remodelar num processo contínuo de adaptação ao estresse (Lei de Wolf). Tal processo está sempre presente — da vida intrauterina até a morte do indivíduo. O tecido ósseo em condições saudáveis precisa de impacto na medida adequada para sofrer respostas adaptativas que o fortaleçam através da síntese óssea realizada pelos osteoblastos. Com a falta de atividade física, ele sofre a ação dos osteoclastos que culmina em uma perda de massa óssea de até 1% por semana de repouso conforme atestam estudos de Krolner e Toft (1983).

Estudos conduzidos por Seeman (2006) destacam que as microfraturas no tecido ósseo são vitais no processo de remodelamento e estão ligadas à apoptose (morte autoprogramada da célula) dos osteócitos que, vivos, inibem a reabsorção de osso e a diminuição nas ligações de colágeno. A medicina reporta casos exemplares de remodelamento ósseo, tais como o de uma criança lactante que nasceu sem uma tíbia e, após um período de deambulação, sua fíbula se remodelou até ficar praticamente idêntica à tíbia da outra perna. Outro caso foi o de um jovem soldado que perdeu quatro dedos, e o remodelamento adaptou o dedo mínimo que restou, fazendo-o a ficar como o dedo médio. Com o processo de envelhecimento, a remodelagem óssea se torna mais difícil, dado que, após os 60 anos, é bastante comum a presença da osteopenia e osteoporose (Forestier-Zhang e Bishop, 2016; Miller, 1999).

Referências

ADRIAN, M.; COOPER, J. M. *Biomechanics of human movement*. Dubuque: Brown & Benchmark. 1999.

AERSSENS, J.; DEQUEKER, J.; MBUYI-MUAMBA, J-M. Bone tissue composition: Biochemical anatomy of bone. *Clin. Rheumat.*, v. 13 (suplemento 1), p. 54-62, 1994.

BRAIDOTTI, P.; BRANCA, F. P.; STAGNI, L. Scanning electron microscopy of human cortical bone failure surfaces. *J. Biomech.*, n. 30, p. 155-162, 1997.

BURSTEIN, A. H.; REILLY, D. T.; FRANKEL, V. H. Failure characteristics of bone and bone tissue. *In*: *Perspectives in Biomedical Engineering*, Baltimore: University Park Press, 1973.

CARTER, D. R. Anisotropic analysis of strain rosette information from cortical bone. *Journal of biomechanics*, v. 11, p. 199, 1978.

DE RIDDER, J. H. *et al. Kinathropometry in African sports*: Body composition and somatotypes of worlds class male African middle distance, long distance and marathon runners. presented at the meeting of the Kinathropometry VI: Proceedings of the Sixth Conference of the International Society for the Advancement of Kinathropometry, Adelaide, South Australia. 2000.

FORESTIER-ZHANG, L.; BISHOP, N. Bone strength in children: understanding basic bone biomechanics. *Arch Dis Child Educ Pract Ed.*, n. 101, p. 2-7, 2016.

JEBENS, E. H.; MONK-JONES, M. E., On the viscosity and pH of synovial fluid and pH of blood. *The Journal of Bone and Joint Surgery*, p. 388, 1959.

KROLNER, B.; TOFT, B. Vertebral bone loss: an unheeded side effect of therapeutic bed rest. *Clinical Science*, v. 64, n. 5, 1983.

LANYON, L. E. Bone remodeling, mechanical stress and osteoporosis. *In*: DELUCA, H. F. *et al.* (ed.). *Osteoporosis, Recent Aduances in Pathogenesis and Treatment*. Baltimore: University Park Press, 1981.

LUO, Z. P.; AN, K. N. A biphasic optimization model for prediction of cancellous bone architecture. *Proc. ASME Bioengineering Conf.* 1993.

MILLER, M.D. *Fundamentals in orthopaedics*. Philadelphia: Saunders, 1999.

NORDIN, M.; FRANKEL, V. H., *Biomecânica básica do sistema músculo esquelético*. 4. ed. Rio de Janeiro: Guanabara Koogan, 2014.

REILLY, D. T.; BURSTEIN, A. H. The elastic and ultimate properties of compact bone tissue. *Journal of Biomechanics*, p. 393, 1975.

REILLY, D. T.; BURSTEIN, A. H. The mechanical properties of bone tissue: A review. *J. Bone ht. Surg.*, v. 4, 56-A, 1974.

RESNICK, R.; HALLIDAY, D. *Física*, v.1, n. 1. Rio de Janeiro: LTC, 1977.

RUBIN, C. T. *et al.* Inhibition of osteopenia by low magnitude, high-frequency mechanical stimuli. *Drug Discovery Today*, v. 6, n. 16, 2001.

SEARS, F. W.; ZEMASNKY, M. W. *Física: mecânica – hidrodinâmica*, v. 1. Rio de Janeiro: Livros técnicos e científicos, 1978.

8

Anatomia e ação muscular de membros superiores, coluna e membros inferiores

Silvio Luiz Pecoraro

Paulo Henrique Marchetti

OBJETIVO DO CAPÍTULO

Anatomia é uma ciência que estuda a estrutura física dos seres vivos: os órgãos internos e externos, suas interações, funcionamento, localização e disposição. Já a anatomia humana tem como foco o estudo do corpo humano e é considerada uma das ciências básicas da medicina. A anatomia é de extrema importância para a medicina do esporte e, principalmente, para o treinamento de força. Este capítulo foca nos conhecimentos detalhados sobre a anatomia muscular e a ação muscular com uso de movimentos monoarticulares ou isolados.

8.1 Artrologia

É a parte da anatomia que estuda as articulações ou junturas. É o meio de união entre os ossos na constituição do esqueleto. É um ponto de contato entre os ossos, entre a cartilagem e os ossos, ou entre os dentes e os ossos. O movimento nas articulações é determinado pela forma dos ossos que se articulam, pela flexibilidade (tensão) do tecido conjuntivo que mantém os ossos unidos — sendo que a flexibilidade também pode ser afetada por hormônios — e pela posição dos ligamentos, dos músculos e os tendões associados.

As articulações do corpo humano governam essencialmente as capacidades de orientar os movimentos dos segmentos corporais. A estrutura anatômica de determinada articulação, como o joelho normal, varia pouco de uma pessoa para outra, o mesmo ocorrendo com as direções nas quais os segmentos corporais afixados, como a coxa e a perna, poderão movimentar-se ao nível da articulação. Entretanto, diferenças na firmeza ou frouxidão relativa dos tecidos moles circundantes resultam em diferenças nas amplitudes articulares de movimento (Hall, 2009, p. 114).

Os anatomistas classificaram as articulações de várias maneiras: com base na complexidade articular, no número de eixos presentes, na geometria articular ou na capacidade de realizar movimentos (Hall, 2000).

8.1.1 Classificação das articulações

De acordo com o grau de movimento que elas permitem. São elas:

a) Sinartroses – Articulações imóveis.
b) Anfiartroses – Articulações ligeiramente móveis.
c) Diartroses – Articulações que possuem movimentos livres.

Os movimentos nas articulações do tipo diartrose ocorrem entre as superfícies opostas, por deslizamento de uma face sobre a outra. Esta propriedade mecânica distingue esse tipo de articulação de outros dois grupos, nos quais o movimento ocorre entre os ossos unidos (interposto) por tecido fibroso ou cartilagem. Como muitos anatomistas reconhecem que tal distinção fornece uma base mais natural e simples para classificar as articulações, neste capítulo as junturas são descritas sob dois títulos gerais: articulações não sinoviais (que podem ser fibrosas ou cartilaginosas) e articulações sinoviais.

Articulações não sinoviais fibrosas: são as articulações nas quais os elementos que se interpõem às peças que se articulam é o tecido conjuntivo fibroso, estando presente (em sua maioria) no crânio, apresentando mobilidade extremamente reduzida. Existem dois tipos de articulações fibrosas:

a) Suturas — são encontradas entre os ossos do crânio. A maneira pela qual as bordas dos ossos articulados entram em contato é variável, reconhecendo-se suturas planas, suturas escamosas e suturas serreadas (Dangelo e Fattini, 1988, p. 31). Ver Figura 8.1.

Figura 8.1 – Suturas nos ossos do crânio

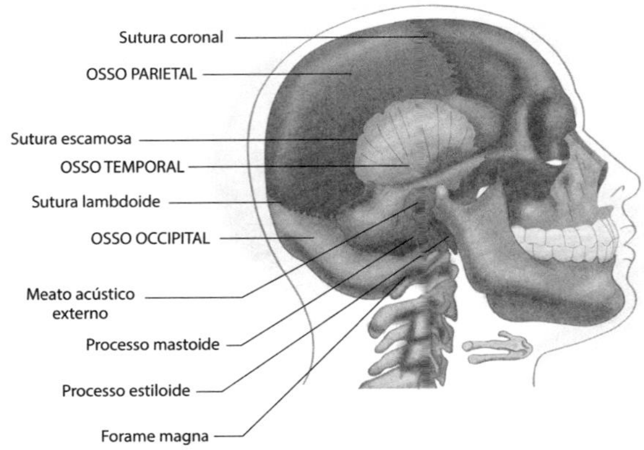

Fonte: Dangelo e Fattini (1988).

b) Sindesmoses — nessas articulações o tecido interposto é também o conjuntivo fibroso. Na verdade, a nomenclatura anatômica só registra dois exemplos: articulação tíbio-fibular distal e a articulação entre as diáfises do rádio e da ulna (Dangelo e Fattini, 1988). Ver Figura 8.2.

Figura 8.2 – Sindesmoses entre a tíbia e a fíbula

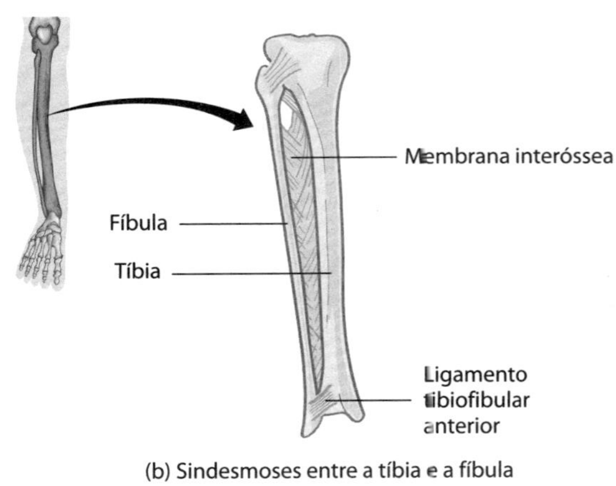

(b) Sindesmoses entre a tíbia e a fíbula

Fonte: Dangelo e Fattini (1988).

Articulações não sinoviais cartilaginosas: esse tipo de articulação possui mobilidade reduzida e o tecido que se interpõe é o cartilaginoso, podendo variar de acordo com o tipo de cartilagem.

a) Sincondrose: possui cartilagem do tipo hialina. São articulações raras, sendo os exemplos mais típicos a sincondrose esfeno-occipital e a primeira articulação esterno-costal (Dangelo e Fattini, 1988) (Figura 8.3).

Figura 8.3 – Sincondroses

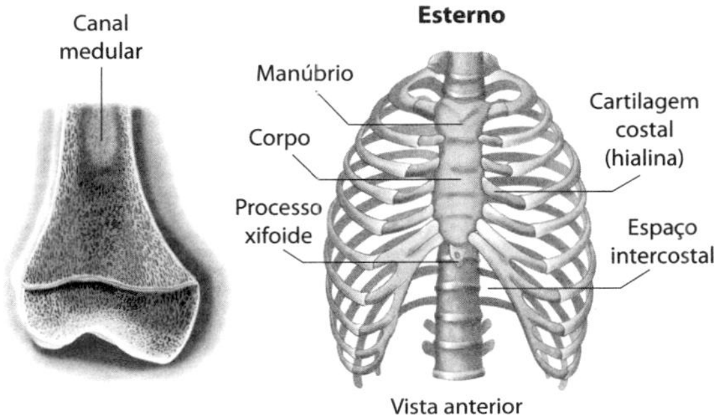

Fonte: Dangelo e Fattini (1988).

b) Sínfise: possui cartilagem do tipo fibrosa. Exemplo de sínfise encontra-se na união entre as porções púbicas do quadril (sínfise púbica) (Dangelo e Fattini, 1988) (Figura 8.4).

Figura 8.4 – Sínfise

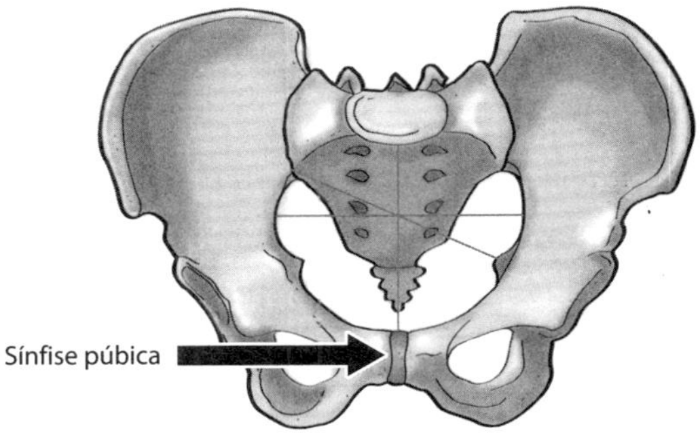

Fonte: Dangelo e Fattini (1988).

Articulações sinoviais: a ampla mobilidade exige livre deslizamento de uma superfície óssea contra a outra e isso é impossível quando, entre elas, interpõe-se um meio de ligação, seja conjuntivo fibroso ou cartilaginoso. Para que haja um grau desejável de movimento, em muitas junturas o elemento que se interpõe às peças que se articulam é um líquido denominado sinóvia ou líquido sinovial. Nas articulações sinoviais, o principal meio de união é representado pela cápsula articular, que envolve a articulação, prendendo-se nos ossos que se articulam (Dangelo e Fattini, 1988) (Figura 8.5).

Figura 8.5 – Articulação sinovial

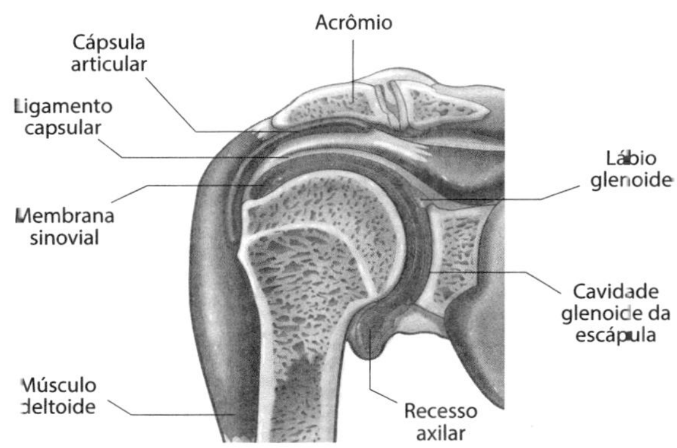

Fonte: Dangelo e Fattini (1988).

Classificação morfológica das articulações sinoviais: o critério utilizado para a classificação morfológica das articulações sinoviais é a forma das superfícies articulares, que apresentam consideráveis variações morfológicas, sendo importantes pois se sabe que a variedade (e a amplitude dos movimentos realizáveis) depende do tipo de encaixe ósseo, ou seja, da morfologia das superfícies que entram em contato, podendo ser:

a) Plana — As superfícies articulares são planas ou ligeiramente curvas, permitindo deslizamento de uma superfície sobre a outra em qualquer direção (por exemplo, a articulação sacroilíaca).

b) Gínglimo — esse tipo de articulação também é denominada dobradiça e os nomes referem-se muito mais ao movimento que realizam (flexão e extensão) do que às formas das superfícies articulares (por exemplo, a articulação do cotovelo e as articulações entre as falanges).

c) Trocoide (em pivô) — nesse tipo de articulação, as superfícies articulares são cilíndricas e, por essa razão, permitem o movimento de rotação, tendo seu único eixo de movimento na vertical (são monoaxiais). Um exemplo típico é a articulação rádio-ulnar proximal, responsável pelos movimentos de pronação e supinação do antebraço.

d) Condilar — as superfícies articulares são de forma elíptica (elipsoide), permitindo flexão, extensão, abdução e adução, mas não a rotação. Possuem dois eixos de movimento, sendo, portanto biaxiais (por exemplo, a articulação rádio-cárpica e a articulação temporomandibular).

e) Em sela — nesse tipo de articulação, a superfície articular de uma peça tem a forma de sela, apresentando concavidade num sentido e convexidade em outro; e a outra peça apresenta convexidade e concavidade no sentido inverso ao da primeira peça (por exemplo, a articulação carpo-metacárpica do polegar).

f) Esferoide — As articulações de tipo esferoides apresentam superfícies articulares que são segmentos de esferas e se encaixam em receptáculos ocos, realizando movimentos em torno de três eixos, sendo, portanto, triaxial, permitindo movimentos de flexão, extensão, adução, abdução, rotação e circundução (por exemplo, a articulação do ombro e a do quadril).

Na Figura 8.6, é possível identificar cada tipo de articulação sinovial, onde:

1. Esferoide
2. Condilar
3. Em sela
4. Gínglimo
5. Trocoide

Figura 8.6 – Tipos de articulações

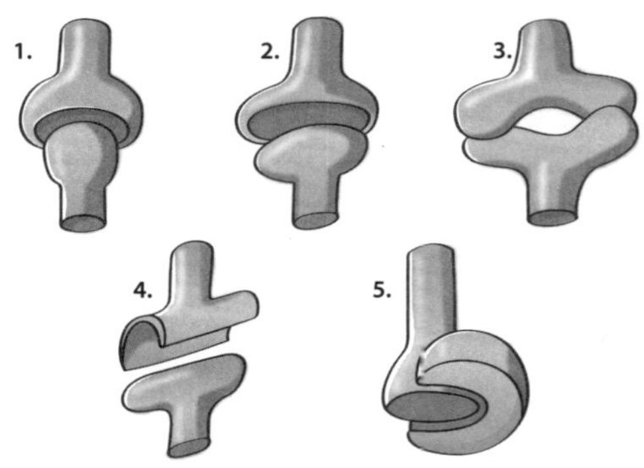

8.1.2 Posição anatômica

A posição anatômica ou de referência é um referencial para que se possa localizar e descrever as estruturas anatômicas e, principalmente em relação ao movimento humano, identificá-lo (Figura 8.7).

De acordo com Vilela Jr. (2011), algumas estruturas devem estar posicionadas da seguinte forma:

1. Cabeça — em posição simétrica sobre o pescoço, sem inclinações; olhos dirigidos para diante; queixo não levantado nem abaixado; nariz plano mediano do corpo.

2. Corpo — o peso corporal transmite-se para baixo em linha imaginária perpendicular ao solo e que passa logo atrás da orelha, pela articulação do quadril, tangencialmente anterior ao joelho e logo à frente do tornozelo.
3. Pés — dirigem-se para diante, sempre à frente.
4. Membros superiores — junto ao corpo, estendidos, com as mãos rodadas de palmas para frente.

Figura 8.7 – Posição anatômica

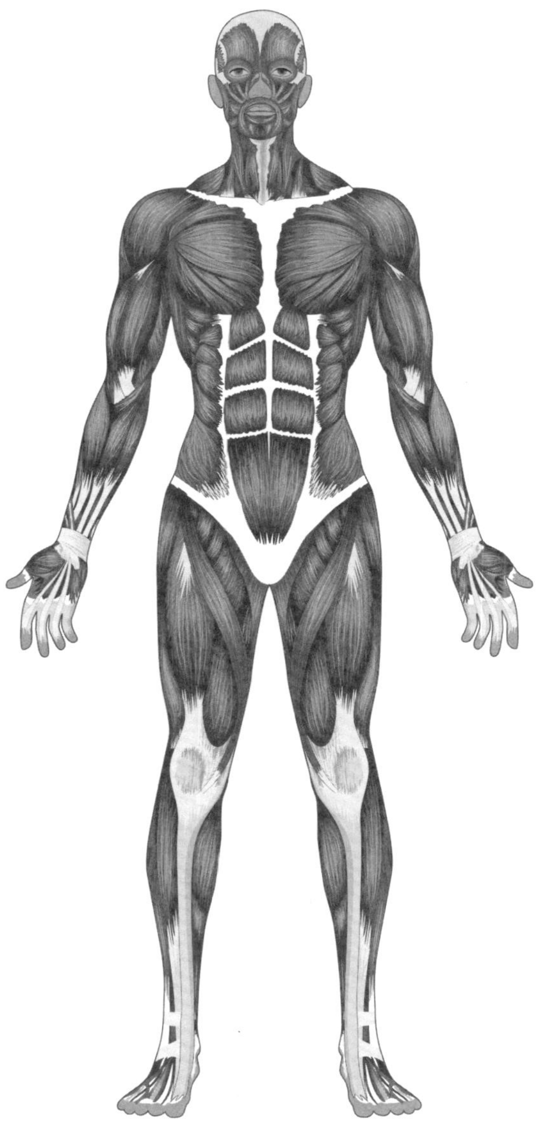

Planos anatômicos seccionais

Para identificar os movimentos que ocorrem no corpo humano são utilizados três planos seccionais fundamentais (Figura 8.8)

- Planos sagitais — são planos verticais que passam através do corpo, paralelos ao plano mediano, que divide o corpo em dois lados — direito e esquerdo.
- Planos frontais (coronais) — são planos verticais que passam através do corpo em ângulos retos com o plano mediano, dividindo-o em partes anterior (frente) e posterior (de trás).
- Planos transversos (horizontais) — são planos que passam através do corpo em ângulos retos com os planos coronais e mediano. Divide o corpo em partes superior e inferior.

Figura 8.8 – Planos anatômicos seccionais

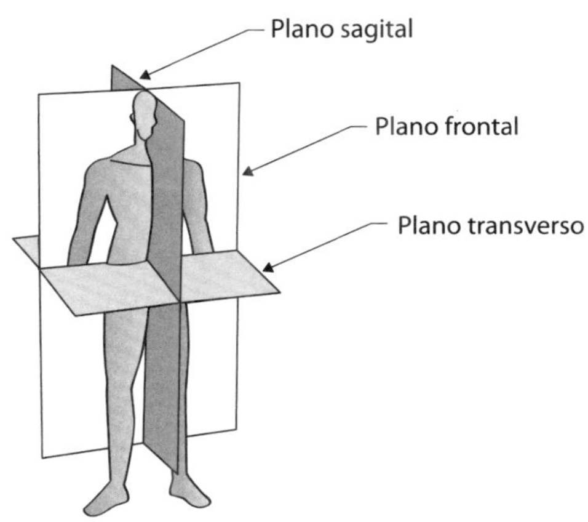

Os planos cardinais corpóreos orientam a posição exata do eixo dos movimentos, e a partir desta percepção pode-se:

a) identificar, na sequência, os movimentos articulares envolvidos;
b) identificar e listar os músculos responsáveis por cada movimento;
c) descrever funções e tipos de contrações desempenhadas pelo músculo ou grupo muscular envolvido;

d) descrever forças externas que agem nas articulações durante os movimentos;
e) descrever mudanças de função de cada músculo na sequência dos movimentos;
f) reconhecer movimentos que estão ocorrendo em uma cadeia cinemática;
g) rescrever a ação de uma determinado grupo muscular.

Sendo assim, será possível compreender as ações musculares durante um determinado movimento ou exercício.

Eixos anatômicos

Para cada plano anatômico seccional existe um eixo associado, que se encontra perpendicular a este plano (Figura 8.9).

1. Eixo transverso (laterolateral): atravessa o corpo de lado a lado, sendo perpendicular ao plano sagital.
2. Eixo sagital (anteroposterior): atravessa o corpo da frente para trás e está associado com a movimentação no plano frontal.
3. Eixo longitudinal: atravessa o corpo de cima para baixo, sendo perpendicular ao plano transverso.

Figura 8.9 – Eixos anatômicos

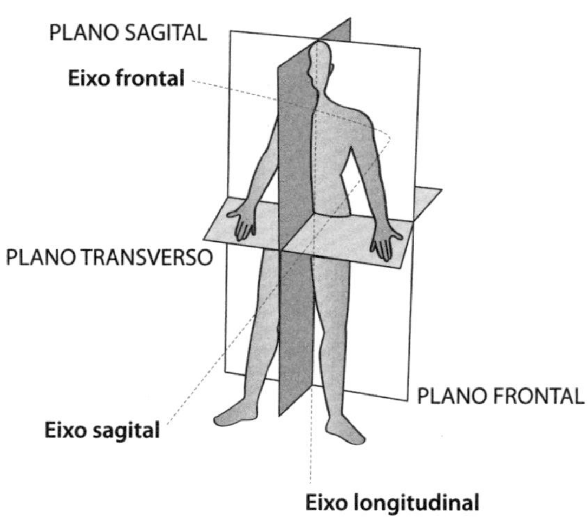

8.1.3 Classificação dos movimentos nas articulações

• Flexão: movimento de inclinação que resulta em diminuição do ângulo da articulação pela aproximação dos ossos.

• Extensão: movimento de alongamento que resulta em aumento do ângulo da articulação pela separação dos ossos.

• Abdução: movimento lateral afastado da linha média do tronco.

• Adução: movimento feito medialmente em direção à linha média do tronco.

• Circundução: movimento circular de um membro.

• Abdução diagonal: movimento de um membro num plano diagonal, afastando-se da linha média do corpo.

• Adução diagonal: movimento de um membro num plano diagonal na direção da linha média do corpo.

• Rotação externa (lateral): movimento rotacional em torno do eixo longitudinal de um osso, afastando da linha média do corpo.

• Rotação interna (medial): movimento rotacional em torno do eixo longitudinal de um osso em direção à linha média do corpo.

Figura 8.10 – Classificação dos movimentos nas articulações

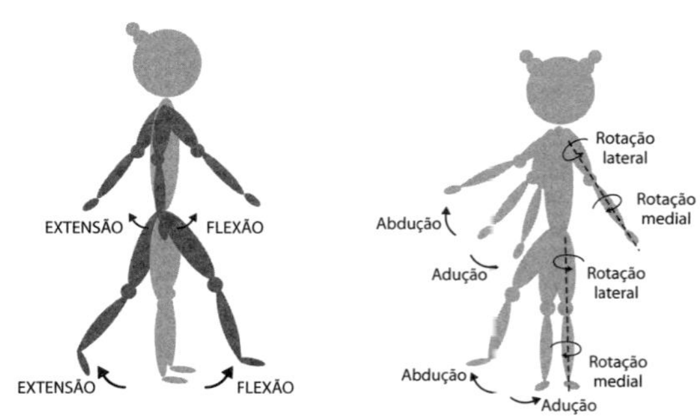

Movimentos específicos (articulação do tornozelo e pé)

• Eversão: virar a sola do pé para fora ou lateralmente no plano frontal.

• Inversão: virar a sola do pé para dentro ou medialmente no plano frontal.

• Flexão dorsal (dorsiflexão): movimento de extensão do tornozelo que resulta em o pé e/ou dedos moverem-se na direção da tíbia.

• Flexão plantar: movimento de extensão do tornozelo que resulta em pé e/ou dedos afastarem-se do corpo.

Figura 8.11 – Movimentos da articulação do tornozelo

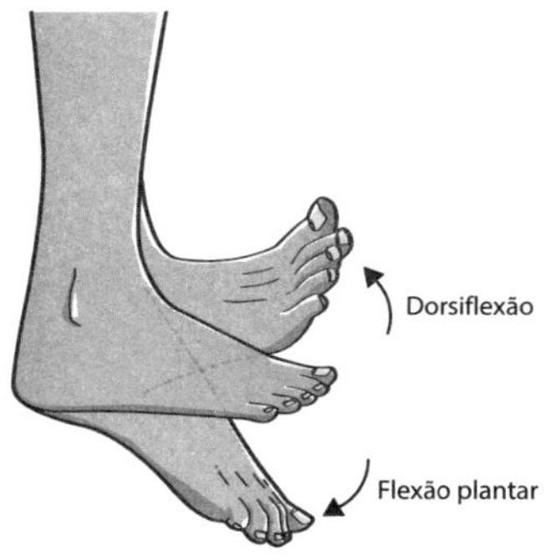

Movimentos específicos (articulação radioulnar):

• Pronação: girar internamente o rádio no plano transverso, de modo que ele fique diagonal em relação à ulna, resultando na posição do antebraço de palma da mão voltada para baixo.

• Supinação: girar externamente o rádio no plano transverso, de modo que ele fique paralelo à ulna, resultando na posição do antebraço de palma da mão para cima.

Figura 8.12 – Movimentos da articulação radioulnar

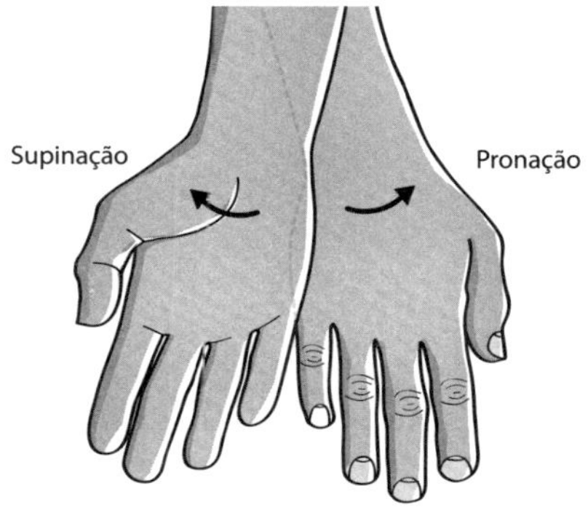

Movimentos específicos (articulação do quadril)

• Retroversão (encaixe do quadril): posição da pelve na qual o plano vertical através das espinhas anterossuperiores é posterior ao plano vertical através da sínfise púbica.

• Anteversão (desencaixe do quadril): posição da pelve na qual o plano vertical através das espinhas anterossuperiores é anterior ao plano vertical através da sínfise púbica.

Movimentos específicos (articulação da cintura escapular e ombro):

• Elevação: movimento superior da cintura escapular no plano frontal. Por exemplo, encolher os ombros.

• Abdução horizontal (extensão horizontal): movimento de afastamento do úmero, no plano horizontal, em relação à linha média do corpo.

• Adução horizontal (flexão horizontal): movimento do úmero no plano horizontal em direção à linha média do corpo.

• Protração (abdução da escápula): movimento para frente da cintura escapular no plano horizontal, afastando-se da coluna vertebral.

• Retração (adução da escápula): movimento para trás da cintura escapular no plano horizontal em direção à coluna vertebral.

• Rotação para baixo (interna): movimento rotacional da escápula no plano frontal com o ângulo inferior da escápula movendo-se medialmente e para baixo.

• Rotação para cima (externa): movimento rotatório da escápula no plano frontal com o ângulo inferior da escápula, movendo-se lateralmente e para cima (Vilela Jr., 2011).

Estruturas das articulações sinoviais: superfícies articulares são aquelas que entram em contato em uma determinada juntura, sendo revestidas por cartilagem hialina (cartilagem articular) que representa a porção do osso que não sofreu ossificação. A cartilagem articular é avascular e não possui inervação. Sua nutrição (principalmente nas áreas mais centrais) é precária, o que torna a regeneração, em caso de lesões, mais difícil e lenta (Dangelo e Fattini, 1988, p. 33) (Figura 8.13).

Figura 8.13 – Componentes da articulação sinovial

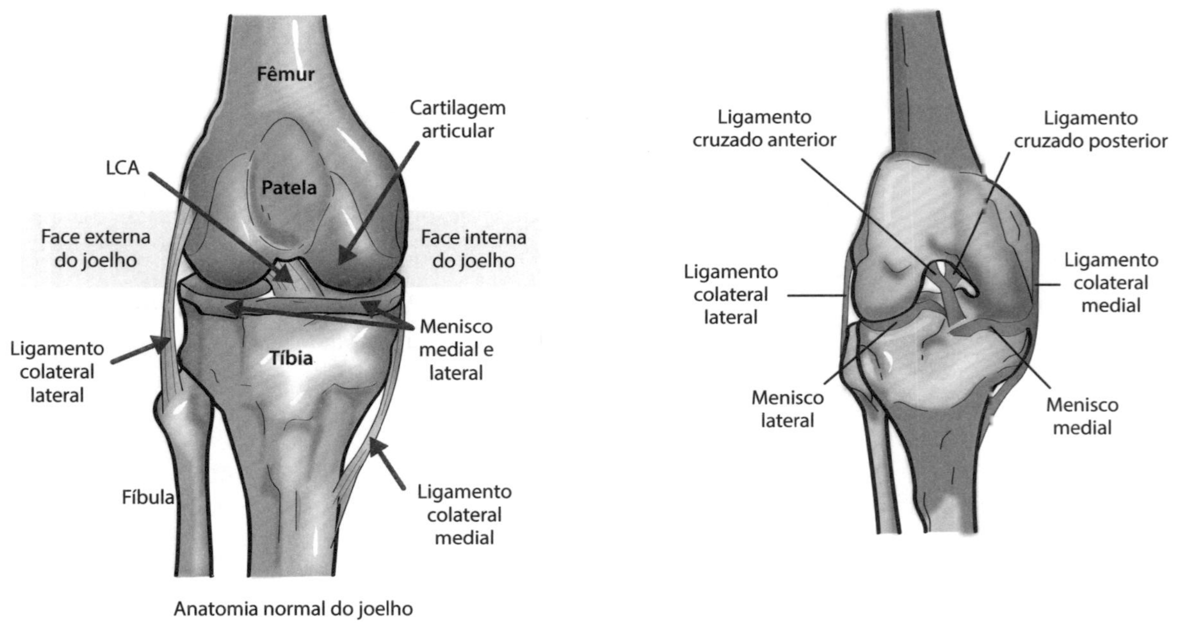

Cápsula articular: a cápsula articular é uma cobertura fina sobre as extremidades ósseas que fornece movimento às articulações sinoviais. Esse tecido conectivo é construído de condroblastos e condrócitos que produzem uma matriz extracelular de glicosaminiglicanas e de fibras com 60–75% de colágenos de alto teor hídrico (Cohen, 1998). A maioria das articulações é do tipo diartrose (sinoviais), em que as superfícies ósseas são cobertas por cartilagem articular e separadas por uma fenda articular. Os tecidos moles da articulação incluem a cápsula fibrosa que envolve a articulação, a membrana sinovial que secreta o líquido sinovial, os ligamentos de sustentação e a cartilagem hialina, importantes para a absorção de impactos (Cohen, 1998).

Discos e meniscos: são estruturas fibrocartilaginosas interpostas a algumas superfícies articulares, que servem para uma melhor adaptação das superfícies que se articulam (tornando-as congruentes) ou para receber violentas pressões, agindo como amortecedores (Smith, Weiss e Lehmkulhl, 1997) (Figura 8.14).

Figura 8.14 – Meniscos

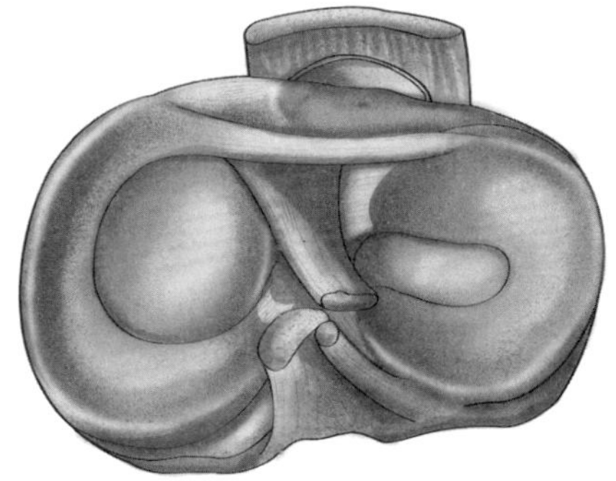

Cartilagem articular: as juntas de um dispositivo mecânico devem ser lubrificadas adequadamente para que suas partes móveis possam movimentar-se livremente e sem desgaste entre si. No corpo humano, um tipo especial de tecido conjuntivo denso e esbranquiçado, conhecido como cartilagem articular, proporciona lubrificação protetora. Uma camada protetora desse material, com 1 a 5 mm de espessura, reveste as extremidades dos ossos articulados nas articulações diartrodiais. A cartilagem articular desempenha duas funções importantes. Primeiro, espalha as cargas na articulação por sobre uma extensa área, de forma a reduzir a quantidade de estresse em qualquer ponto de contato entre os ossos. Segundo, permite o movimento dos ossos articulados na articulação com atrito e desgaste mínimos. A cartilagem articular é um tecido macio, poroso e permeável hidratado. Sofre deformação ao suportar cargas, exsudando líquido sinovial. Nas articulações sinoviais saudáveis, onde as extremidades ósseas que se articulam são cobertas por cartilagem articular, a movimentação de uma extremidade óssea sobre a outra é acompanhada normalmente por um fluxo de líquido sinovial que é espremido adiante da área móvel de contato, bem como absorvido atrás da área de contato. Ao mesmo tempo, a permeabilidade da cartilagem é reduzida na área de contato direto, proporcionando uma superfície sobre a qual poderá formar-se uma película líquida quando submetida a uma carga. A cartilagem articular pode reduzir em 50% ou mais o estresse máximo de contato que atua em uma articulação. A lubrificação proporcionada pela cartilagem articular é tão efetiva que o atrito presente em uma articulação é de apenas de 17 a 33% do atrito de um patim no gelo e de apenas metade daquele de um mancal lubrificado (Hall, 2009, p. 118) (Figura 8.15).

Figura 8.15 – Cartilagem articular

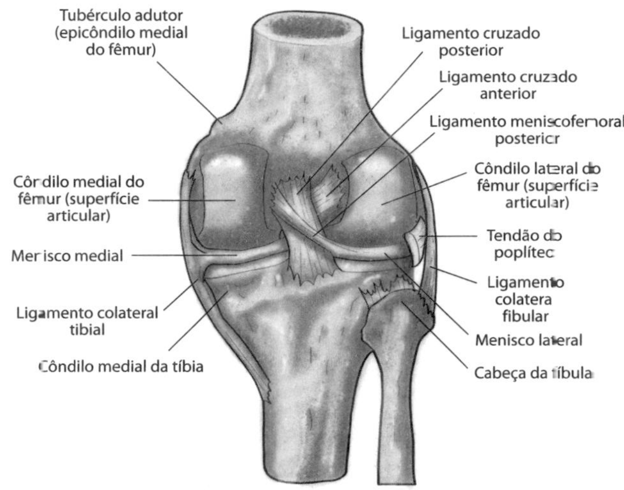

Tendão: o tendão conecta o ventre do músculo ao osso. Por isso, afirma-se que está em série com as fibras musculares. Tendões são tecidos conectivos densos que contém colágeno, elastina, proteoglicana e água. O colágeno tendíneo constitui aproximadamente 90% da proteína total do tendão (Peterson e Renströn, 1995), ou entre 65 e 75% da massa úmida do tendão (Józca e Kannus, 1997), ou ainda 68% de água e 2% de elastina (Thein, 1999). O tendão é composto principalmente de colágeno tipo I e de quantidades menores de colágeno tipos III, IV, V e VI. Eles se entrelaçam às fibras elásticas (Kisner e Colby, 1996). Embora o tendão tenha pouca elastina, aproximadamente 2%, o tecido elástico do tendão tem a função de conservar energia para manter o tônus durante o relaxamento, transmitir energia sofrendo pouca deformação e manter a forma ondulada do tecido.

A força de tensão do colágeno é inversamente relacionada com o colágeno tipo III, sendo a glicosaminoglicana importante para separar as fibras do colágeno e diminuir o atrito (Arendt, 1999). O colágeno tendíneo se desenvolve em paralelo e é muito resistente à extensão. Acredita-se que isso seja uma defesa contra forças excessivas para amortecer impactos e recuperar sua extensão (Halar e Bell, 2002).

Ligamento: o ligamento é formado por colágeno tipo I e tipo III, responsável por manter a pressão na superfície articular, para estabilizar e limitar o excesso de movimento e para promover informação e orientação sobre a posição articular (Gross *et al.*, 2000). O colágeno do ligamento não é bem organizado como os tendões, e sua capacidade de alongamento é aproximadamente de 10%, sem desestabilizar plasticamente (Thein, 1999). Nos ligamentos, a organização das fibras é mais lassa que a dos tendões. Isso se deve à quantidade de elastina entre 3 e 5% e de colágeno entre 70 e 80%. O ligamento é mais apropriado à elasticidade que o tendão, em razão de conter menos colágeno e maior quantidade de elastina. Além disso, os ligamentos demonstram estrutura sinuosa maior (ondas) em suas extremidades que o tendão. Os ligamentos se orientam em múltiplas direções, fornecendo condições para movimentos de rotação realizados em mais de um eixo. Os ligamentos que resistem às grandes sobrecargas articulares têm uma orientação paralela de fibras colágenas e uma área maior de secção transversa. A estabilidade dos ligamentos é influenciada por fatores ativos e passivos. A estabilidade ativa é mantida pela atividade muscular, que está sob o controle do indivíduo, ao passo que a estabilidade passiva é mantida, principalmente, pelos próprios ligamentos (Peterson e Renströn, 1995).

8.2 Sistema muscular esquelético

O corpo humano contém mais de quatrocentos músculos esqueléticos, os quais representam 40%-50% da massa corporal total. São órgãos ou parte de órgãos constituídos por células (fibras musculares) com capacidade de contração. O músculo é o único tecido capaz de desenvolver tensão ativamente. Essa característica permite ao músculo esquelético, ou estriado, realizar as importantes funções de manter a postura ereta do corpo, movimentar seus membros e absorver os choques. Levando-se em conta que o músculo somente consegue desempenhar essas funções quando devidamente estimulado, os sistemas nervoso e muscular humanos recebem com frequência a denominação coletiva de sistema neuromuscular (Hall, 2009, p. 141).

8.2.1 Constituição morfológica dos músculos

- Ventre: porção central, avermelhada e contrátil do músculo.
- Tendão: partes ou extremidades dos músculos por onde os músculos se fixam, sendo os tendões propriamente ditos, cilíndricos, ou em aponeurose (tendão em forma de fita).
- Fáscias: lâmina de tecido conjuntivo que envolve cada músculo, separando os grupos musculares em compartimentos conforme as suas funções. Para que os músculos possam exercer um trabalho eficiente de tração ao se contrair e para que estes deslizem entre si, é necessário que eles estejam dentro de uma bainha elástica de contenção.
- Retináculos: são espessamentos da fáscia, localizados nos membros, que servem para a contenção dos tendões (Ver Figura 8.16).

Figura 8.16 – Componentes anatômicos dos músculos estriados

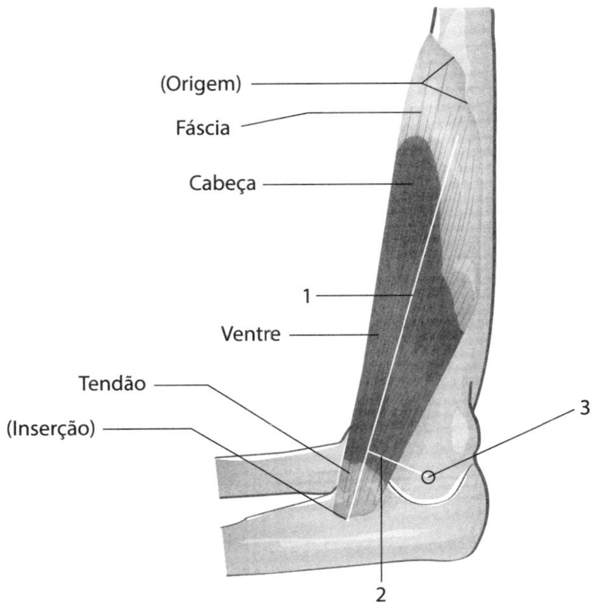

Propriedades comportamentais da unidade musculotendinosa: as quatro propriedades comportamentais do tecido muscular são extensibilidade, elasticidade, irritabilidade e a capacidade de desenvolver tensão. Essas propriedades são comuns a todos os tipos de músculo, incluindo o cardíaco, o liso e o esquelético do ser humano, e também de outros mamíferos, répteis, anfíbios, aves e insetos (Hall, 2009, p. 141).

- Extensibilidade e elasticidade: as propriedades de extensibilidade e de elasticidade são comuns a muitos tecidos biológicos. A extensibilidade é a capacidade de ser estirado (alongado) ou de aumentar em comprimento, ao passo que elasticidade é a capacidade de voltar ao comprimento normal após o estiramento (alongamento). A elasticidade do músculo o recoloca em seu comprimento normal de repouso após alongamento e torna possível a transmissão uniforme da tensão do músculo ao osso (Hall, 2009, p. 142).
- Irritabilidade e a capacidade de desenvolver tensão: outra das propriedades características do músculo, a irritabilidade é a capacidade de responder a um estímulo. Os estímulos que afetam os músculos ou são eletroquímicos, como um potencial de ação proveniente do nervo correspondente, ou mecânico, como um golpe externo aplicado a uma porção do músculo. Quando ativado por um estímulo, o músculo responde desenvolvendo tensão. A capacidade de desenvolver tensão é uma característica comportamental específica do tecido muscular. Historicamente, o desenvolvimento de tensão pelo músculo foi designado de contração, ou componente contrátil da função muscular. No entanto, a tensão em um músculo pode não resultar em seu encurtamento (Hall, 2009, p. 143).

Funções: dentre as suas funções, pode-se destacar a geração de força para a locomoção e a respiração, a sustentação postural, geração de calor nos períodos de exposição ao frio. Um músculo ativado consegue fazer apenas uma coisa: desenvolver tensão. Entretanto, levando-se em conta que um único músculo apenas raramente atua isoladamente, em termos de função ou do papel que determinado músculo está realizando, atua em combinação com outros músculos que atravessam a mesma articulação (Hall, 2009, p. 154).

Classificação dos músculos quanto à forma e ao arranjo de suas fibras: a função do músculo condiciona sua forma e o arranjo de suas fibras. De um modo geral e amplo, os músculos têm as fibras dispostas paralelas ou oblíquas à direção de tração exercida por ele (Dangelo e Fattini, 1988).

- Fibras paralelas ou fusiformes: possuem as fibras longas, dispostas paralelamente, têm um grande encurtamento e também uma alta velocidade (Figura 8.17). Tais fibras convergem em direção aos tendões de origem e inserção, sendo a parte média mais larga do que as extremidades, como o bíceps braquial. Entretanto, também pode ser considerado como "largo" quando os músculos apresentam a largura e o comprimento de dimensões similares, como o glúteo máximo.

Figura 8.17 – Músculos fusiformes

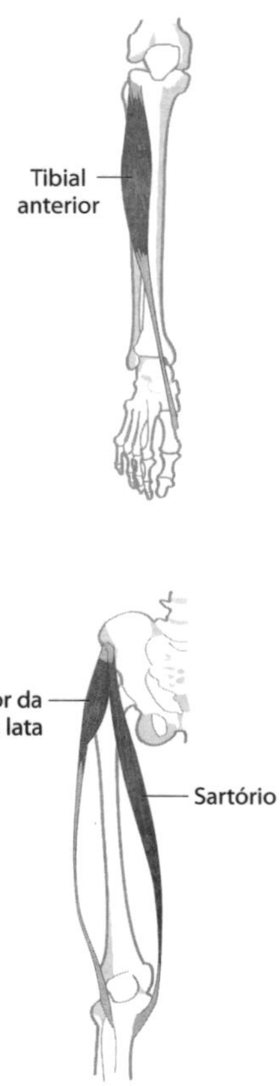

• Peniforme: possuem fibras curtas, quando comparados aos fusiformes, suas fibras são dispostas diagonalmente, tem um menor encurtamento e uma velocidade mais lenta. São classificados em unipenados, bipenados e multipenados (Figura 8.18).

» *Unipenados:* fibras paralelas inserem-se obliquamente em um dos lados dos tendões. Por exemplo: extensor longo dos dedos do pé.

» *Bipenados:* o tendão está no centro, e de cada lado se insere um feixe de fibras paralelas entre si. Por exemplo: reto femoral.

» *Multipenados:* apresentam várias disposições penadas. Por exemplo: deltoide.

Figura 8.18 – Músculos peniformes

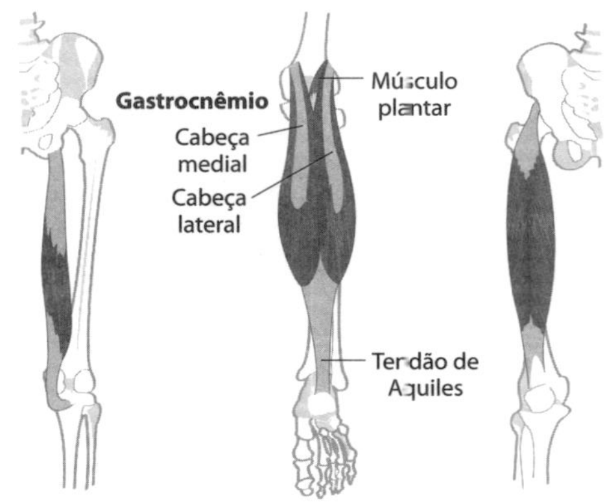

Origem: é a extremidade do músculo que está preso no segmento que permanecerá fixo durante o movimento.

Inserção: é a extremidade do músculo que está preso no segmento que se deslocará durante o movimento.

Nos membros, geralmente a origem de um músculo é proximal e a inserção é distal. Porém um músculo pode alterar seus pontos de origem e inserção em determinados movimentos (Figura 8.19). Do mesmo modo, os músculos podem inserir-se por mais de um tendão. Quando há dois tendões, são bicaudados; três ou mais, policaudados (por exemplo o flexor longo dos dedos do pé ou extensores dos dedos da mão) (Dangelo e Fattini, 1988).

Quando os músculos se originam por mais de um tendão, diz-se que apresentam mais de uma cabeça de origem. São então classificados como músculos bíceps, tríceps ou quadríceps, conforme apresentam duas, três ou quatro cabeças de origem" (Dangelo e Fattini, 1988).

Figura 8.19 – Exemplo de origem e inserção no sistema ósseo

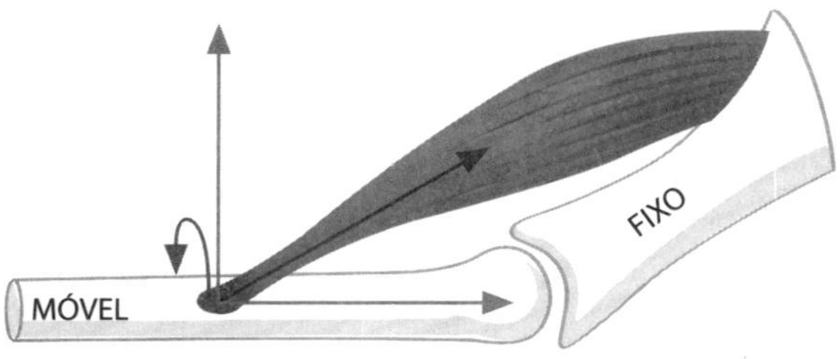

Alguns músculos apresentam mais de um ventre muscular, com tendões intermediários situados entre eles. São digástricos os músculos que apresentam dois ventres (por exemplo: músculo digástrico) e poligástricos os que apresentam número maior, como é o caso do reto do abdome (Dangelo e Fattini, 1988).

Quanto à ação: dependendo da ação principal resultante da contração do músculo, ele pode ser classificado como flexor, extensor, adutor, abdutor, rotador medial, rotador lateral, pronador, supinador, flexor plantar, flexor dorsal etc. (Dangelo e Fattini, 1988, 47).

Funções ligadas ao movimento humano:

- produção de movimento;
- manutenção de posturas e posições; e
- estabilização de articulações (Ruffini, Paccini, OTG).

Mudança do comprimento do músculo com o desenvolvimento de tensão

- Concêntrico: relativo à contração que envolve encurtamento do músculo (aproximação da origem e inserção).
- Isométrico: relativo à contração sem nenhuma variação no comprimento do músculo.
- Excêntrico: relativo à contração que envolve alongamento de músculo (afastamento da origem e inserção) (Hall, 2009, p. 154) (Quadro 8.1).

Quadro 8.1 – Relação entre movimento, ação muscular, comprimento e torque

Exercício	Ação muscular	Comprimento muscular	Relação torque muscular x torque externo
Estático	Isométrica	Não varia	Torque muscular = torque externo
Dinâmico	Concêntrica	Varia	Torque muscular > torque externo
Dinâmico	Excêntrica	Varia	Torque muscular < torque externo

Ações musculares

- Agonista – ação de um músculo para causar movimento. Por exemplo: bíceps braquial na flexão do cotovelo (Figura 8.20).

Figura 8.20 – Bíceps braquial na flexão do cotovelo

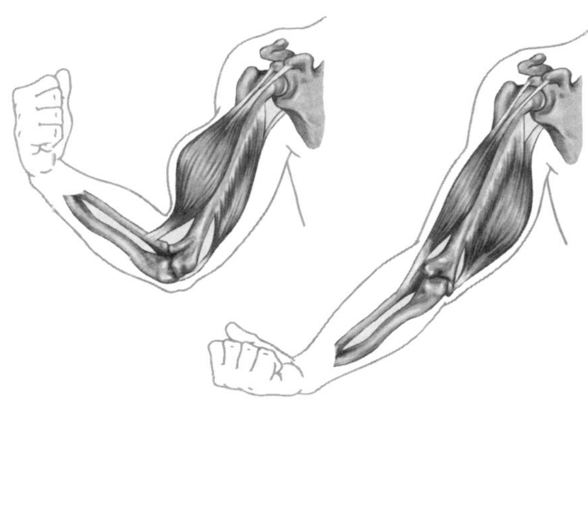

• Antagonista — ação de um músculo para oferecer resistência ou interromper o movimento. Por exemplo: tríceps na flexão do cotovelo (Figura 8.21).

Figura 8.21 – Tríceps na flexão do cotovelo

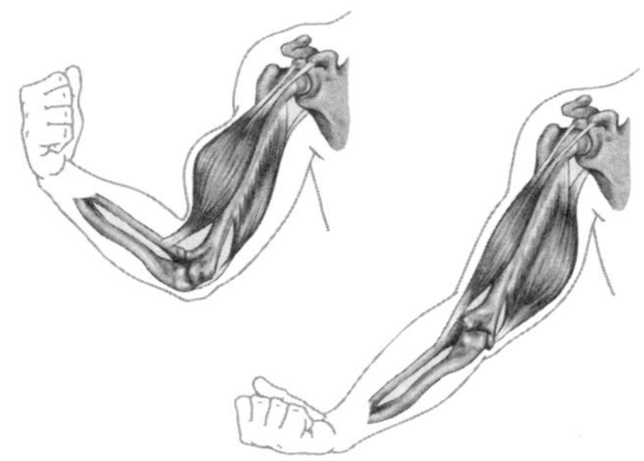

• Estabilizador — ação de um músculo para estabilizar uma parte do corpo contra alguma força. Por exemplo: o romboide fixa a escápula para movimentar somente o membro superior (Figura 8.22).

Figura 8.22 – Romboide

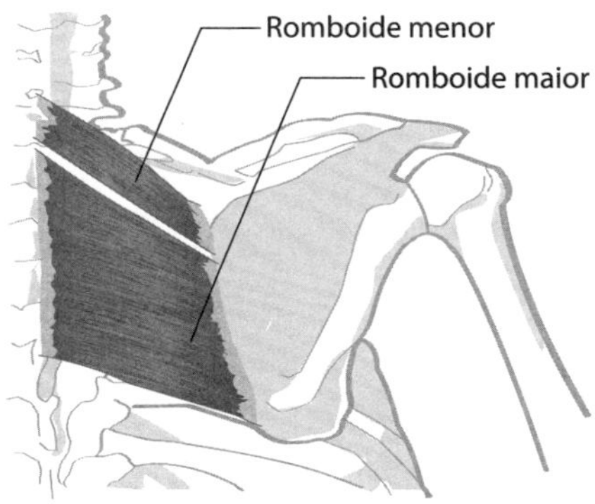

• Neutralizador — ação de um músculo para eliminar uma ação desagradável produzida por um agonista. Por exemplo, o bíceps braquial produz tanto flexão do cotovelo quanto supinação do antebraço. Se apenas a flexão do cotovelo é desejada, o pronador redondo age como neutralizador na supinação do antebraço (Figura 8.23).

Figura 8.23 – Pronador redondo neutralizando a supinação na articulação rádio-ulnar proximal

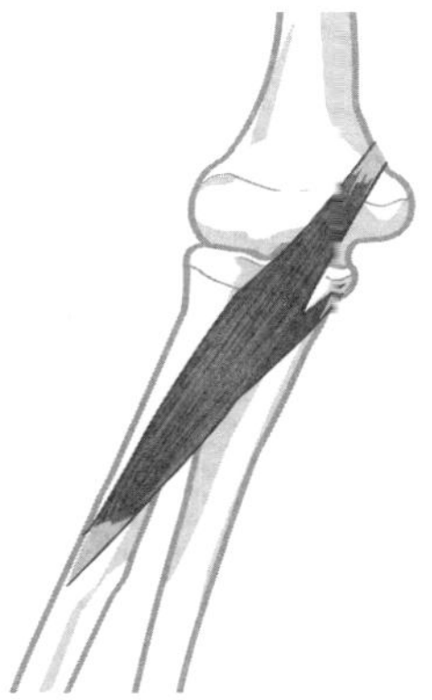

Quanto à origem ou ao número de cabeças

• Bíceps: têm duas cabeças.
• Tríceps: têm três cabeças.
• Quadríceps: têm quatro cabeças (Figura 8.24).

Figura 8.24 – Bíceps, tríceps e quadríceps

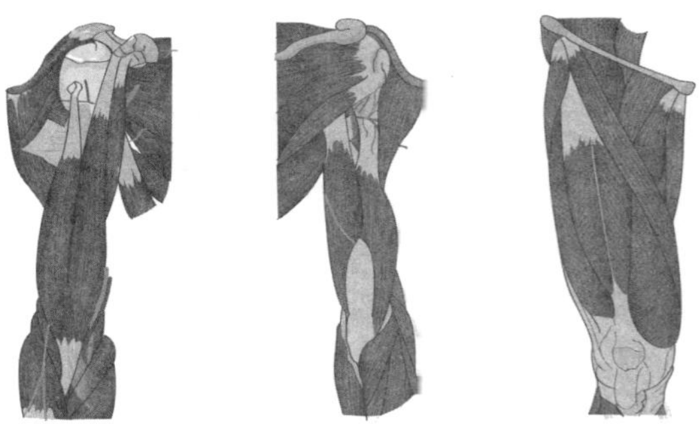

8.3 Ações musculares

Nesta seção do capítulo, iremos relacionar cada músculo com a(s) sua(s) ação(ões) agonista(s) nas articulações que participam.

Movimentos do cotovelo e da articulação radioulnar

O cotovelo possui amplitude média de 150°, sendo limitada na flexão pela massa muscular e, na extensão, a limitação é decorrente do contato entre o olecrano da ulna e o úmero.

Ações musculares do cotovelo e radioulnar

Tríceps braquial

Origem: a porção longa (na escápula); a porção lateral (da diáfise até o tubérculo maior); e a porção medial (dorso inferior do úmero).

Inserção: através de um único tendão no olecrano da ulna.

Ação: extensão do cotovelo.

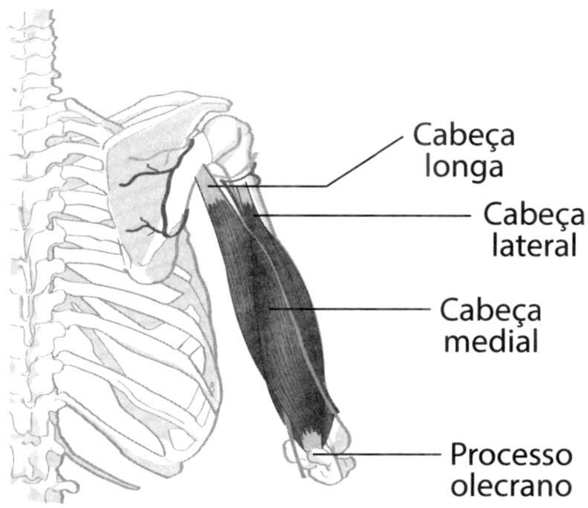

Ancôneo

Origem: epicôndilo lateral do úmero.

Inserção: no olecrano da ulna e 1/4 proximal da face posterior da diáfise da ulna.

Ação: extensor do cotovelo, além de participar da pronação.

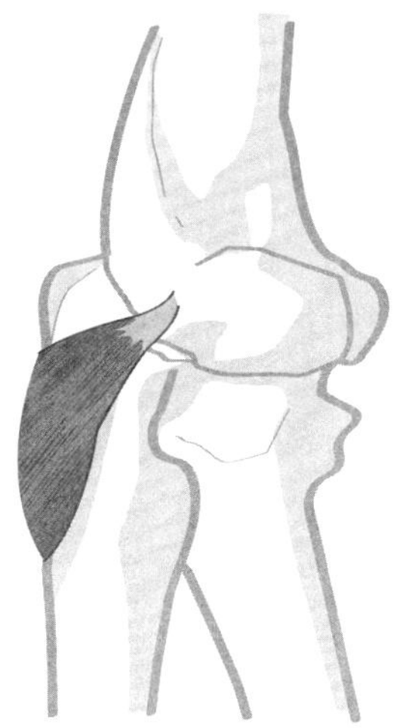

Bíceps braquial

Origem: a porção longa tem origem na parte superior da cavidade glenoide; a porção curta, por sua vez, tem origem no processo coracoide da escápula.

Inserção: tuberosidade do rádio.

Ação: na articulação do cotovelo, sua principal ação é a de flexão; na articulação radioulnar, auxilia na supinação.

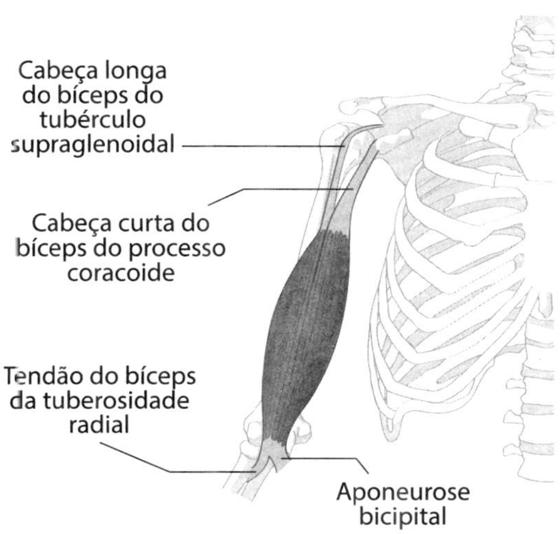

Braquiorradial

Origem: crista supracondilar do úmero e no septo lateral.

Inserção: processo estiloide do rádio.

Ação: flexão do cotovelo, além de auxiliar na supinação.

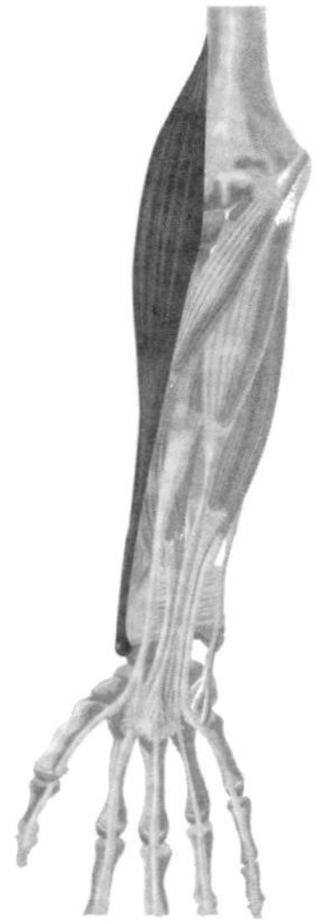

Braquial

Origem: terço médio do úmero.

Inserção: tuberosidade da ulna.

Ação: flexão do cotovelo.

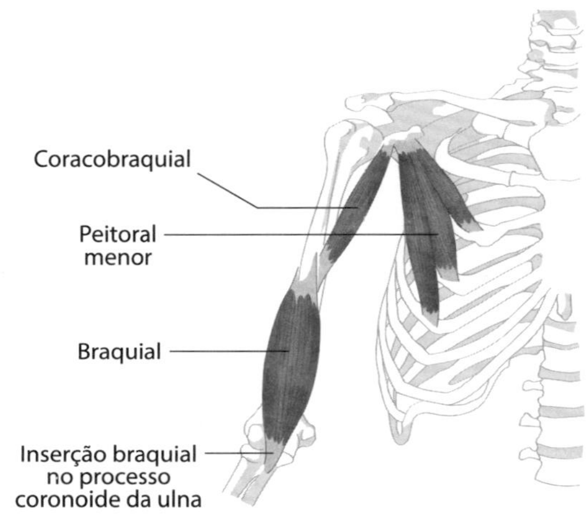

Pronador redondo

Origem: epicôndilo medial do úmero e processo coronoide da ulna.

Inserção: superfície central lateral do rádio.

Ação: auxiliar a pronação na articulação radioulnar e na flexão da articulação do cotovelo.

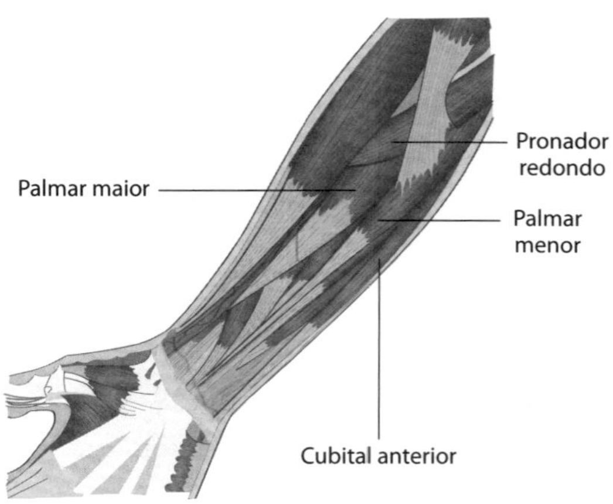

Pronador quadrado

Origem: porção anterior distal da ulna.

Inserção: porção anterior distal do rádio.

Ação: pronação da articulação radioulnar.

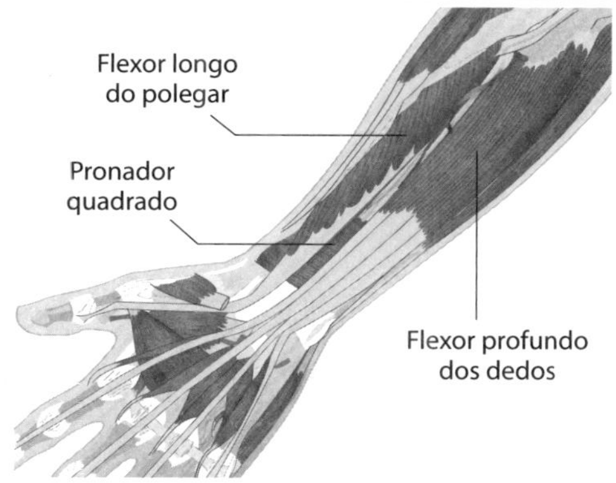

Supinador

Origem: epicôndilo lateral do úmero e crista supinadora ulnar.

Inserção: terça parte proximal lateral do rádio.

Ação: supinação da articulação radioulnar.

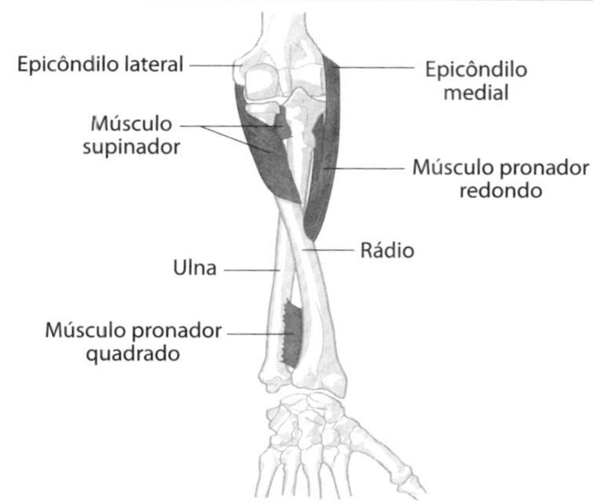

Movimentos da cintura escapular

A cintura escapular é uma estrutura bastante instável, pois não existe ligação óssea entre as escápulas; sua estabilidade e todo esforço que atuar sobre ela será transferido para coluna vertebral exclusivamente através da musculatura que compõe a região. A única articulação entre a cintura escapular e o esqueleto axial é a pequena área de contato entre a porção medial da clavícula e o manúbrio na parte superior do esterno. As clavículas e escápulas formam a chamada cintura escapular (Vilela, 2011).

Ações musculares da cintura escapular

Subclávio

Origem: superfície superior da primeira costela.

Inserção: ao longo do meio da superfície inferior da clavícula.

Ação: tracionar medialmente a clavícula, fixando-a no esterno.

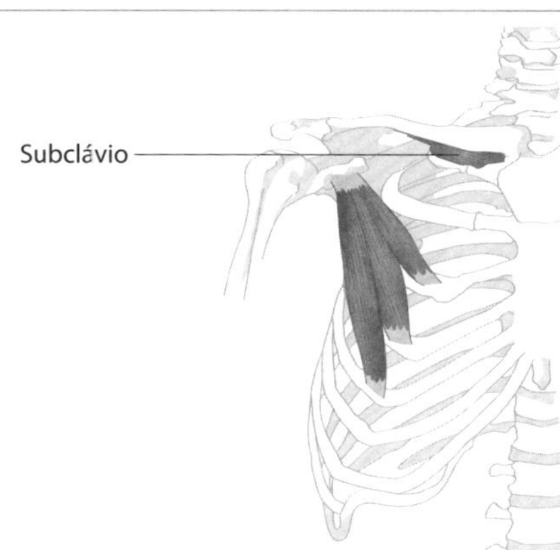

Serrátil

Origem: superfície externa e lateral das oito ou nove primeiras costelas.

Inserção: superfície anterior da borda medial da escápula, do ângulo superior ao inferior.

Ação: protração (porção superior) da escápula e rotação (porção inferior), além de atuar na respiração.

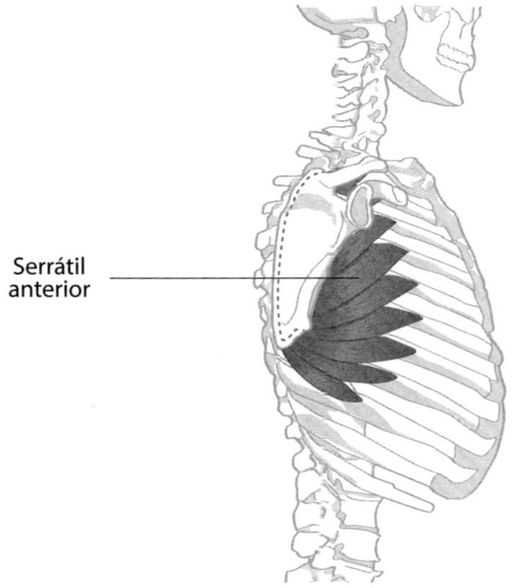

Peitoral maior

Origem: borda anterior da clavícula, esterno e cartilagens das seis primeiras costelas.

Inserção: borda externa da goteira bicipital (seu tendão é plano) do úmero.

Ação: a porção clavicular do peitoral maior é responsável pela flexão do ombro, auxiliando também sua abdução. Sua porção esternal é motor primário da extensão e adução do ombro. As porções esternal e clavicular realizam a adução horizontal.

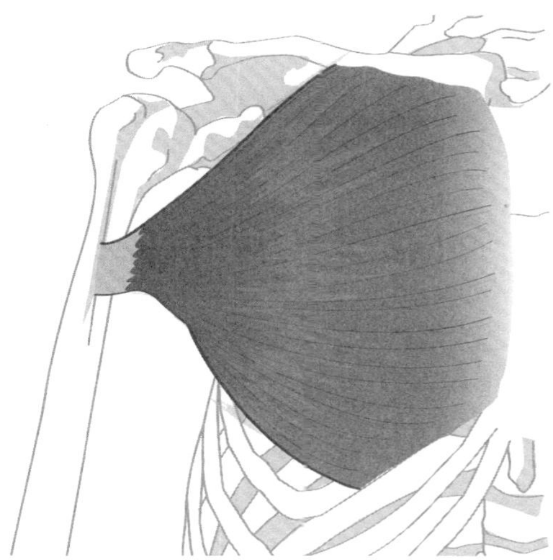

Peitoral menor

Origem: terceira, quarta e quinta costelas.

Inserção: extremidade do processo coracoide.

Ação: motor primário da abdução e rotação para baixo da escápula. Atua também na respiração profunda e forçada.

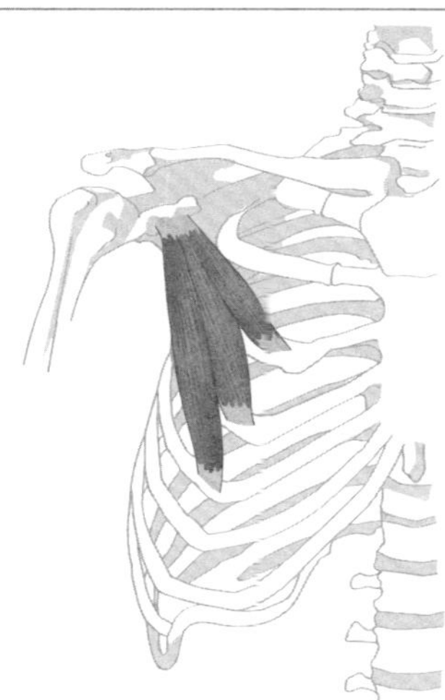

Trapézio

Origem: base do crânio e processos espinhosos da sétima vértebra cervical até a 12ª vértebra torácica.

Inserção: terço lateral da clavícula; acrômio e espinha escapular.

Ação: elevação da escápula pelas fibras superiores (porções 1 e 2); a retração e a adução escapular realizadas pelas fibras intermediárias (porções 2 e 3) e inferiores (porções 3 e 4) a deprimem. Quando as porções superior e inferior agem conjuntamente é realizada a rotação da escápula.

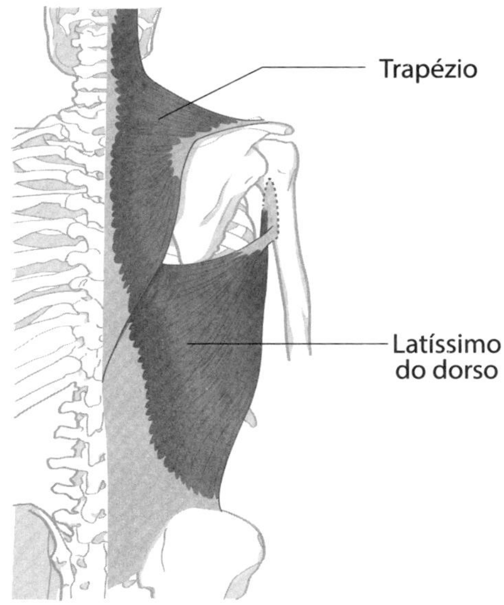

Levantador da escápula

Origem: processo transverso da quarta ou quinta primeira vértebra cervical.

Inserção: borda medial da escápula até o ângulo superior.

Ação: elevação da escápula e manutenção da sua postura.

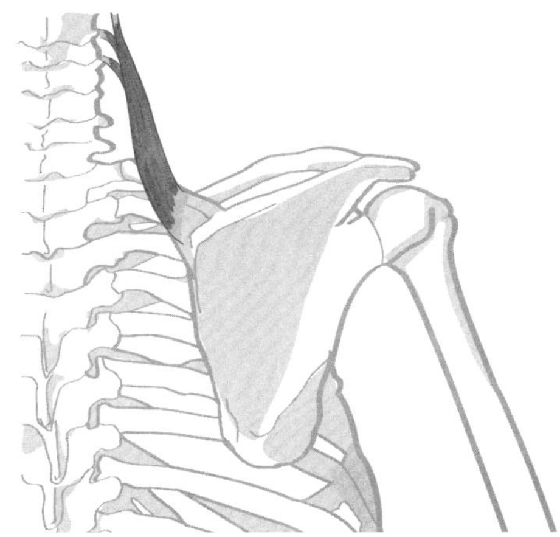

Romboide

Origem: processos espinhosos das vértebras sétima cervical a quinta torácica.

Inserção: borda medial da escápula, da espinha até o ângulo inferior.

Ação: adução do ângulo inferior da escápula (ou seja, gira a escápula para baixo, na direção da coluna vertebral). Limita a rotação escapular auxiliando no posicionamento da cavidade glenoide.

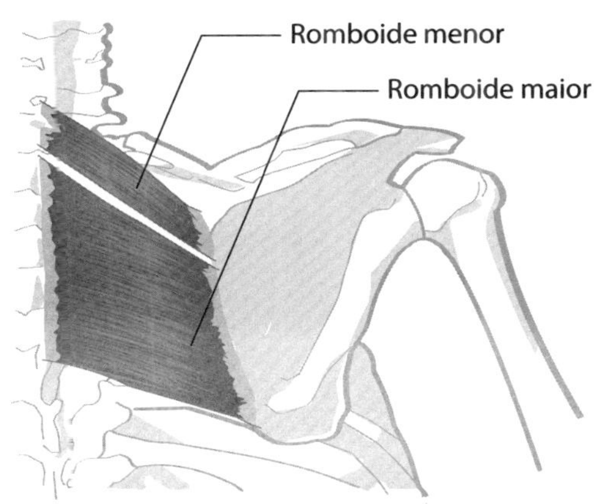

Movimentos da articulação do ombro

O ombro é constituído pela junção do úmero na cavidade glenoide da escápula sendo a mais móvel articulação do corpo humano.

Deltoide

Fibras anteriores: borda anterior, superfície superior, terço lateral da clavícula.

Fibras médias: margem lateral e superfície superior do acrômio.

Fibras posteriores: lábio inferior da borda posterior da espinha da escápula.

Inserção: tuberosidade deltoidea do úmero.

Ação: abdução da articulação do ombro, efetuada principalmente pelas fibras médias com estabilização pelas fibras anteriores e posteriores. Além disso, as fibras anteriores flexionam e, em decúbito dorsal, rodam medialmente a articulação do ombro; as fibras posteriores estendem e, em decúbito ventral, rodam lateralmente essa mesma articulação.

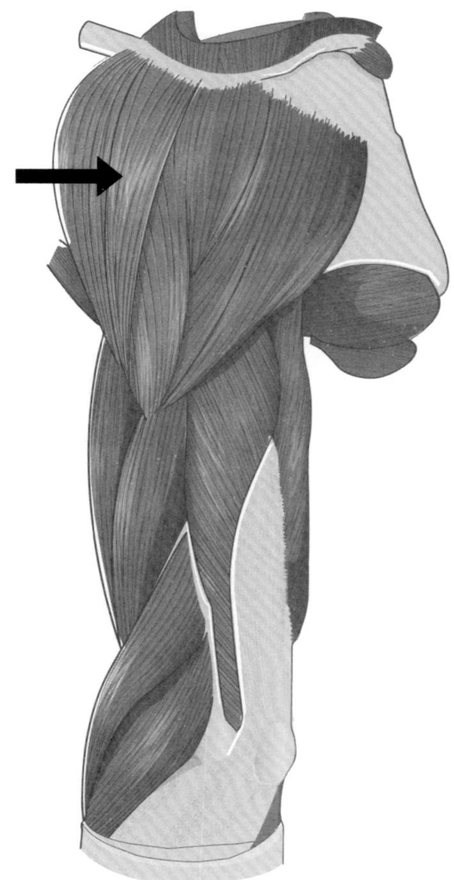

Supraespinhal

Origem: dois terços mediais da cavidade supraespinhal da escápula.

Inserção: faceta superior do tubérculo maior do úmero e cápsula da articulação do ombro.

Ação: abduz a articulação do ombro e estabiliza a cabeça do úmero na cavidade glenoide durante movimentos dessa articulação.

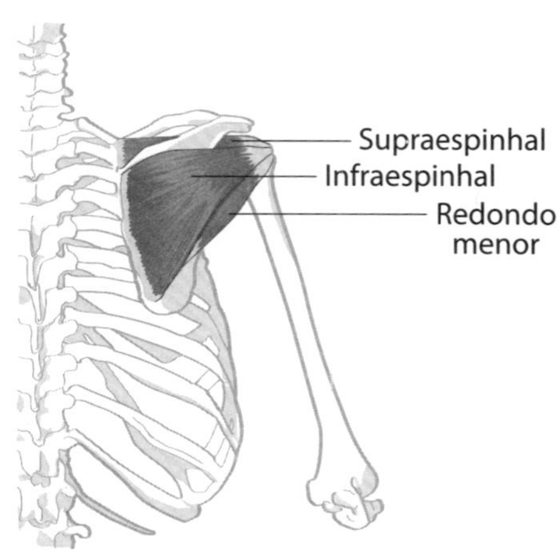

Coracobraquial

Origem: processo coracoide da escápula.

Inserção: porção anteromedial do úmero.

Ação: adução horizontal do ombro, além de auxiliar na flexão do mesmo. O coracobraquial é também um estabilizador do complexo articular do ombro.

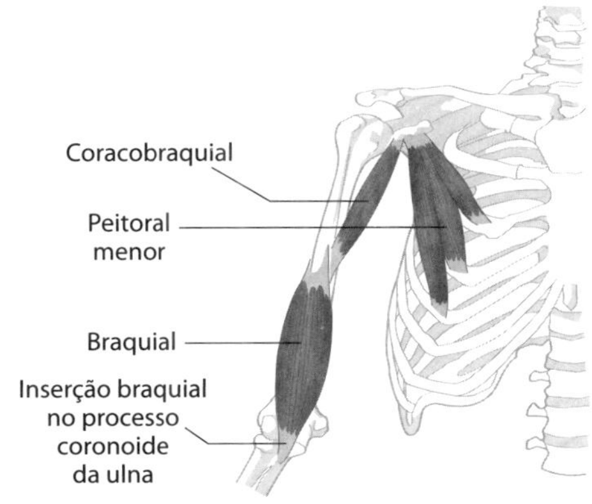

Redondo maior

Origem: ângulo inferior da escápula.

Inserção: goteira bicipital do úmero.

Ação: adução, extensão, rotação interna do ombro. É também estabilizador da articulação quando o indivíduo segura algum objeto. Alguns cinesiologistas o consideram como um músculo auxiliar do latíssimo do dorso.

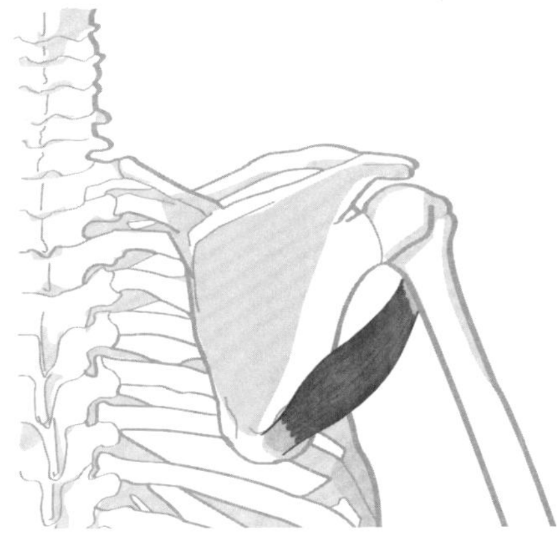

Latíssimo do dorso

Origem: processos espinhosos das últimas três ou quatro costelas, através da fáscia toracolombar a partir das vértebras lombares e sacras e terço posterior do lábio externo da crista ilíaca, uma tira a partir do ângulo inferior da escápula.

Inserção: sulco intertubercular do úmero.

Ação: com a origem fixada, roda medialmente, aduz e estende a articulação do ombro. Pela ação contínua, deprime a cintura escapular e auxilia na flexão lateral do tronco. Com a inserção fixada, auxilia quanto a inclinar a pelve anteriormente e lateralmente. Atuando bilateralmente, esse músculo auxilia quanto a hiperestender a coluna e inclinar anteriormente a pelve, ou quanto a flexionar a coluna, dependendo de sua relação com os eixos de movimentação.

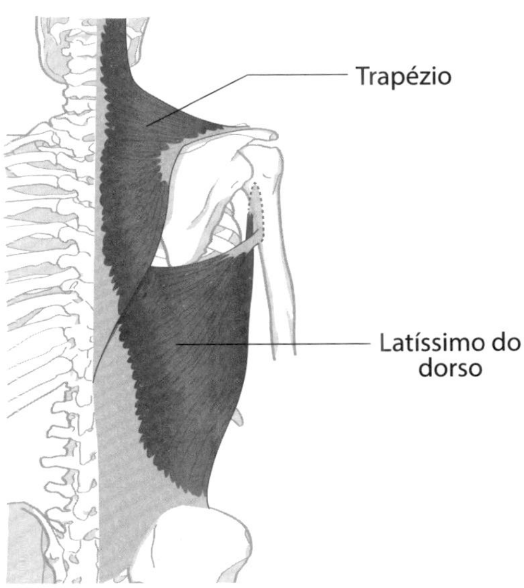

Redondo Menor

Origem: dois terços superiores, superfície dorsal da borda lateral da escápula.

Inserção: faceta mais inferior do tubérculo maior do úmero e cápsula da articulação do ombro.

Ação: roda lateralmente a articulação do ombro e estabiliza a cabeça do úmero na cavidade glenoide durante os movimentos dessa articulação.

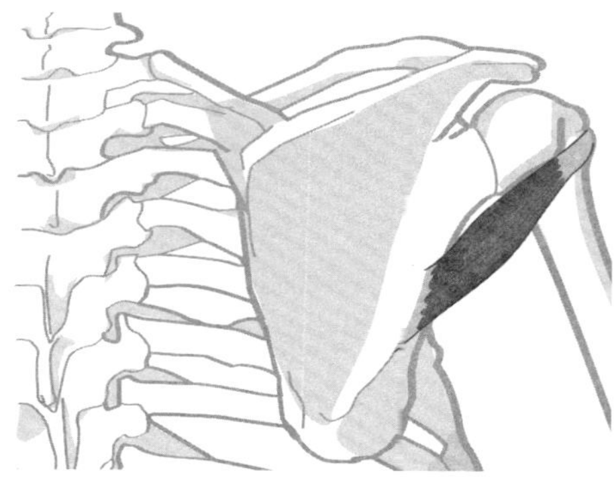

Infraespinhal

Origem: dois terços mediais da cavidade espinhosa da escápula.

Inserção: faceta intermediária do tubérculo maior do úmero e cápsula da articulação do ombro.

Ação: roda lateralmente a articulação do ombro e estabiliza a cabeça do úmero na cavidade glenoide durante movimentos dessa articulação.

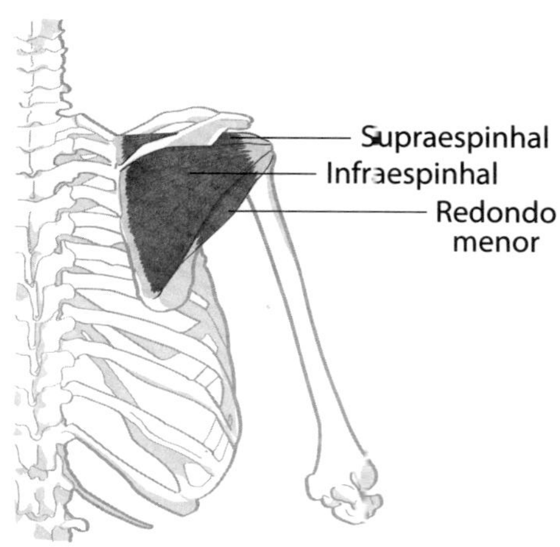

Subescapular

Origem: cavidade subescapular da escápula.

Inserção: tubérculo menor do úmero e cápsula da articulação do ombro.

Ação: roda medialmente a articulação do ombro e estabiliza a cabeça do úmero na cavidade glenoide durante movimentos dessa articulação.

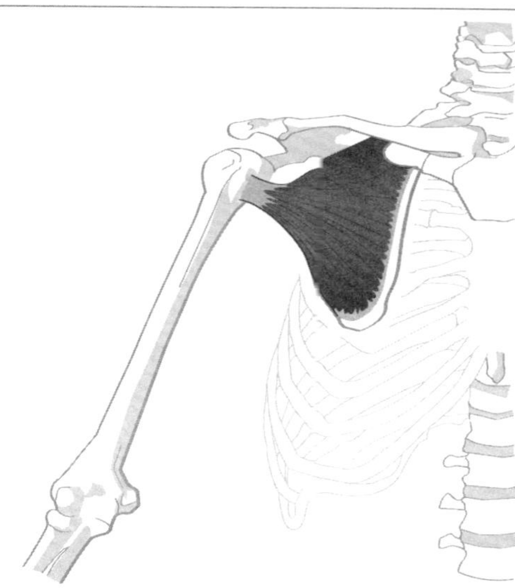

8.4 Coluna vertebral

A coluna vertebral é parte subcranial do esqueleto axial. Funciona como uma haste firme e flexível, constituída de elementos individuais unidos entre si por articulações, conectados por fortes ligamentos e suportados dinamicamente por uma poderosa massa musculotendinosa. É uma estrutura muito complexa e possui íntima relação com sua função, assim como a sua estabilidade com a sua mobilidade.

Arranjo anatômico geral da coluna vertebral: a coluna vertebral é uma série de ossos individuais – as vértebras – que ao serem articulados constituem o eixo central esquelético do corpo. A coluna é flexível porque as vértebras são móveis, mas a sua estabilidade depende, principalmente, dos músculos e ligamentos. Embora seja uma entidade puramente esquelética, do ponto de vista prático, quando nos referimos à "coluna vertebral", na verdade estamos também nos referindo ao seu conteúdo e aos seus anexos, que são os músculos, nervos e vasos com ela relacionados. Seu comprimento é de aproximadamente dois quintos da altura total do corpo (Figura 8.25).

Figura 8.25 – Curvaturas da coluna vertebral de um indivíduo adulto

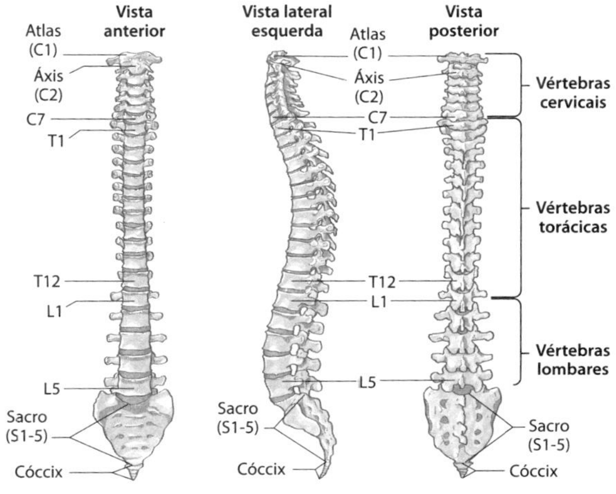

Funções da coluna vertebral

Uma de suas funções mais importantes é de proteção da medula espinhal, servindo também de suporte e mobilidade para a cabeça, agindo como uma base estável para a fixação de ossos, músculos, ligamentos para as extremidades, caixa torácica e pelve, conexão entre os músculos de membros superiores e músculos de membros inferiores, transferindo e atenuando as cargas da cabeça e tronco para o membro inferior. A porção anterior da coluna vertebral (corpos e discos) proporciona sustentação de peso, amortecimento de choques e mobilidade em todas as direções. A porção posterior da coluna proporciona orientação e limitação dos movimentos, e processos alongados para aumentar a alavancagem dos músculos do tronco e das extremidades (Hall, 2000).

Regiões da coluna vertebral

Vista de cima para baixo, apresenta várias regiões, com um total de 33 vértebras:

- 7 vértebras cervicais;
- 12 vértebras torácicas;
- 5 vértebras lombares;
- 5 vértebras sacrais (fundidas);
- 4 vértebras coccígeas (fundidas).

Aspecto geral no espaço

Em vista superior, a coluna é vertical. O alinhamento linear permanece quando se flexiona o tronco. Lateralmente, a coluna normal exibe curvaturas fisiológicas anteriores e posteriores que aumentam a resistência da coluna vertebral à compressão axial (Kapandji, 1974). Ao nascimento, a coluna vertebral tem uma curvatura única, que é convexa posteriormente. À medida que o lactente levanta a cabeça da posição prona e desenvolve a capacidade de sentar-se, as vértebras cervicais tornam-se convexas anteriormente (Figura 8.26). Conforme a criança alcança ficar de pé e andar, as vértebras lombares desenvolvem uma convexidade anterior, em grande parte por causa da tensão dos músculos psoas (Cailliet, 1981). Com cerca de 10 anos de idade, as curvaturas fisiológicas são semelhantes às encontradas no adulto (Kapandji, 1974), com três curvaturas: cervical (côncava posteriormente), torácica (convexa posteriormente) e lombar (côncava posteriormente) (Figura 8.26).

Figura 8.26 – Curvaturas da coluna vertebral no desenvolvimento

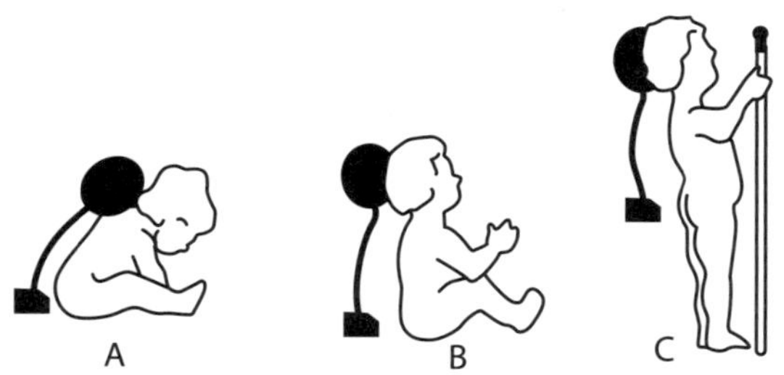

Vértebras

Uma vértebra típica consiste em um corpo, um anel oco, conhecido como arco neural, e vários processos ósseos. Os corpos vertebrais funcionam como componentes primários da coluna responsáveis pela sustentação do peso corporal. Os arcos neurais e os lados posteriores dos corpos e os discos intervertebrais formam uma passagem protetora para a medula espinhal e os vasos sanguíneos associados, conhecida como canal vertebral. A partir da superfície externa de cada arco neural, fazem protrusão vários processos ósseos. Os processos espinhosos e transversos funcionam como forquilhas destinadas a aprimorar a vantagem mecânica dos músculos inseridos (Hall, 2000) (Figura 8.27).

Existe um aumento progressivo no tamanho das vértebras da região cervical até a região lombar.

Figura 8.27 – Processos espinhosos e transversos das vértebras

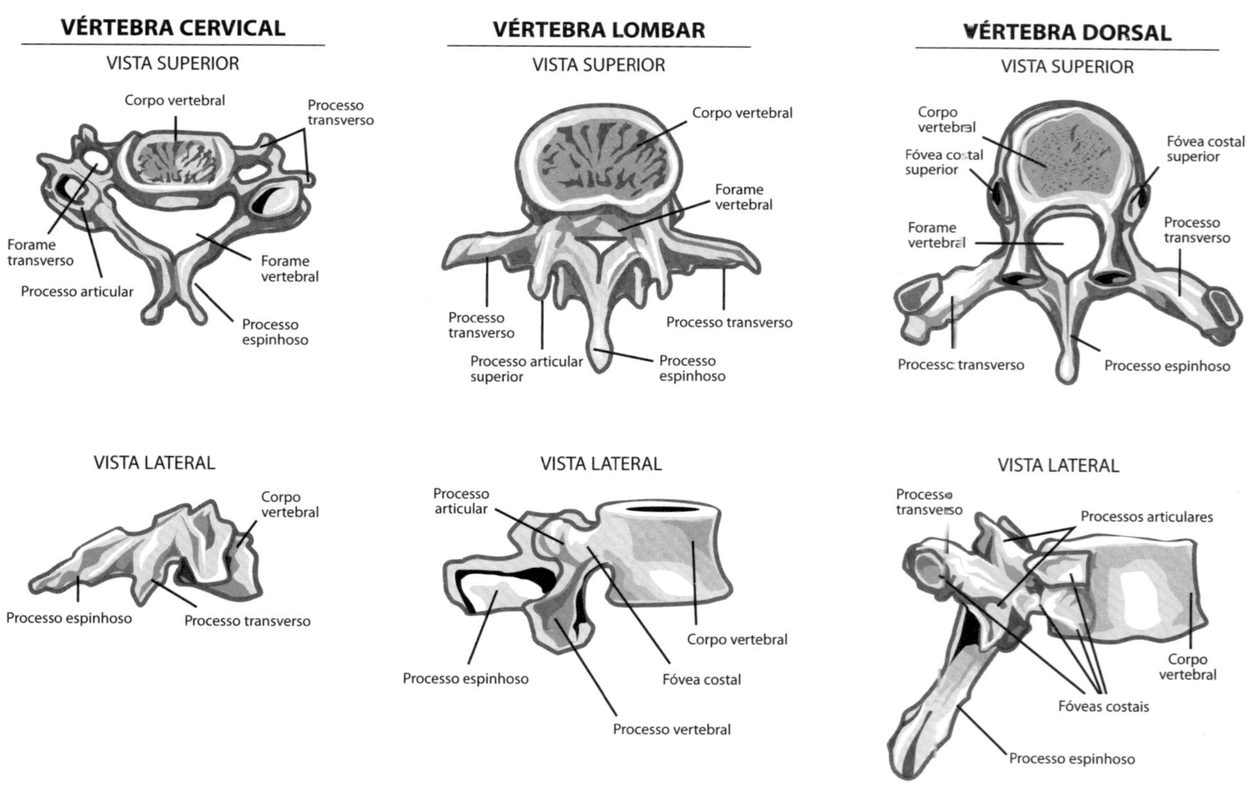

Em particular, as vértebras lombares são maiores e mais espessas que as vértebras das regiões superiores da coluna. Essa característica desempenha uma finalidade funcional porque, quando o corpo fica na posição ereta, cada vértebra terá que sustentar o peso não apenas dos braços e da cabeça, mas também de todo o tronco posicionado acima dela. A maior área superficial das vértebras lombares reduz a quantidade de estresse ao qual poderiam ser submetidas essas vértebras. A área superficial do disco intervertebral responsável pela sustentação do peso também aumenta com o peso sustentado em todos os mamíferos.

O tamanho e a angulação dos processos vertebrais variam por toda a coluna vertebral (Figura 8.28). Isso modifica a orientação das articulações facetárias, o que limita a amplitude de movimento nas diferentes regiões vertebrais. Além de canalizarem o movimento do segmento móvel, as articulações facetárias ajudam na sustentação das cargas. As articulações facetárias e os discos proporcionam cerca de 80% da capacidade da coluna em resistir à torção rotacional e ao cisalhamento, com metade dessa contribuição sendo feita por parte das articulações facetárias, as quais sustentam também cerca de 30% das cargas compressivas que agem sobre a coluna, principalmente quando esta se encontra em hiperextensão. As forças de contato são maiores nas articulações facetárias L5-S1 (Hall, 2000).

Figura 8.28 – Articulações facetárias das várias regiões da coluna vertebral.

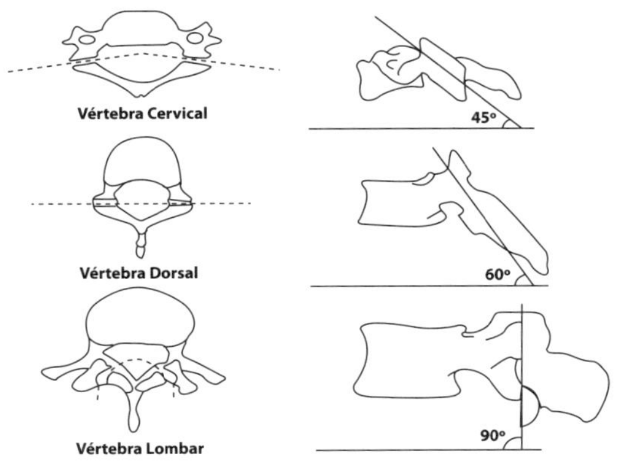

Unidade vertebral

Uma unidade vertebral é composta por porção anterior e porção posterior.

- Porção anterior: dois corpos vertebrais sobrepostos, disco intervertebral e ligamentos longitudinais. Esses corpos vertebrais são desenhados para sustentar principalmente cargas compressivas e o disco intervertebral sustenta, distribui a carga e restringe o movimento.
- Porção posterior: articulações intervertebrais, processos espinhosos e processos transversos e ligamentos. O tipo de movimento é determinado pela orientação das facetas em relação aos planos transverso ou frontal e as cargas nas facetas são maiores (30% da carga total) quando a coluna é hiperestendida (Nordin e Frankel, 2003) (Figuras 8.29 e 8.30).

Figura 8.29 – Porção anterior e posterior da unidade vertebral

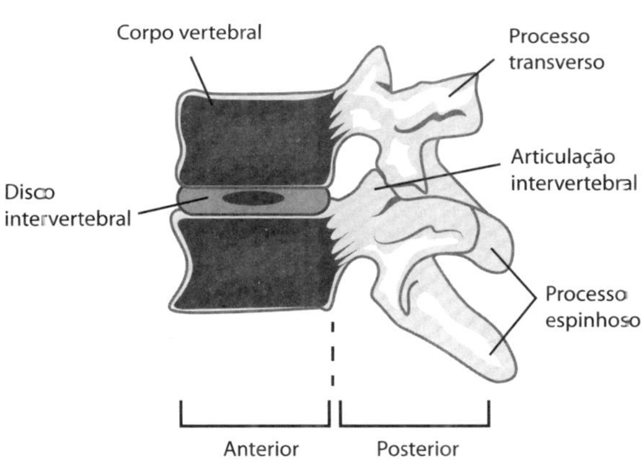

Figura 8.30 – Segmento motor da unidade vertebral

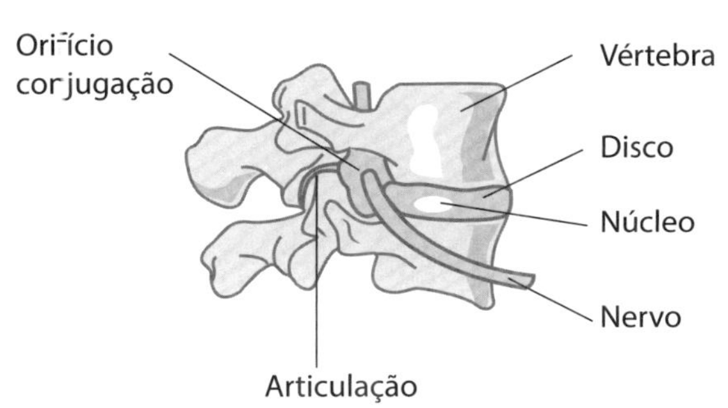

Coluna lombar

As vértebras lombares (L1 a L5) são mais largas e mais pesadas do que em outras regiões e estão localizadas entre as vértebras torácicas e as sacrais (Figura 8.31). Os corpos das vértebras lombares são maciços para sustentar o peso da coluna vertebral, pois ela provê suporte para a porção superior do corpo e transmite o peso dessa área para a pelve e os membros inferiores, por esse e outros motivos possuem características específicas que incluem o maior tamanho e corpos vertebrais mais alargados (Knoplich, 2003; Moore e Agur, 2000).

A coluna lombar possui uma curvatura fisiológica do tipo lordose classificada como secundária, pois se instala com o início da marcha, por volta do primeiro ano de idade. Os pedículos são mais curtos, com processos transversos longos, um pouco achatados anteroposteriormente, com direcionamento levemente posterior, posicionado em nível superior ao processo espinhoso da vértebra correspondente. As lâminas não são tão longas quantos as torácicas e são mais estreitas que os corpos, com processos espinhosos relativamente verticalizados, deixando entre si em espaço apreciável ocupado pelo ligamento amarelo. Os processos espinhosos são mais fortes e, na sua face posterior, apresentam prolongamentos arredondados, os processos mamilares, sendo inclinados no plano sagital, permitindo movimentos de flexo-extensão (Hebert *et al.*, 2003).

Figura 8.31 – Vértebra lombar

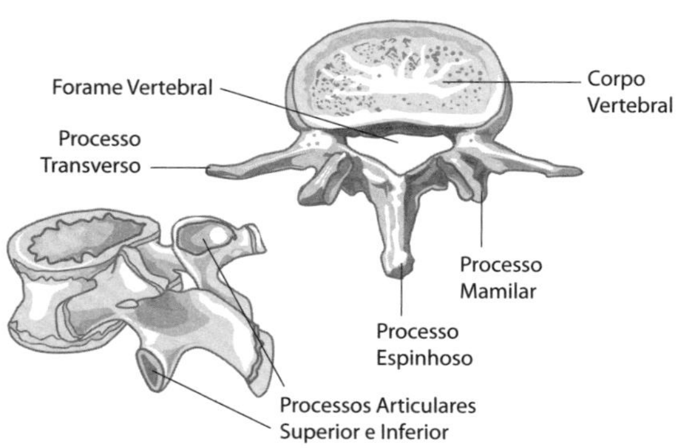

Discos intervertebrais

As articulações entre os corpos vertebrais adjacentes são sínfises com discos fibrocartilaginosos interpostos que atuam com coxins. Os discos intervertebrais saudáveis em um adulto são responsáveis por cerca de uma quarta parte da altura da coluna. Quando o tronco fica ereto, as diferenças nas espessuras anterior e posterior dos discos produzem as curvaturas lombar, torácica e cervical da coluna.

O disco intervertebral é constituído por duas estruturas funcionais: um anel externo espesso, formado por cartilagem fibrosa, denominado *anel fibroso* ou ânulo, circunda um material gelatinoso central, conhecido como *núcleo pulposo* ou núcleo (Hall, 2000) (Figura 8.32).

Figura 8.32 – Disco intervertebral

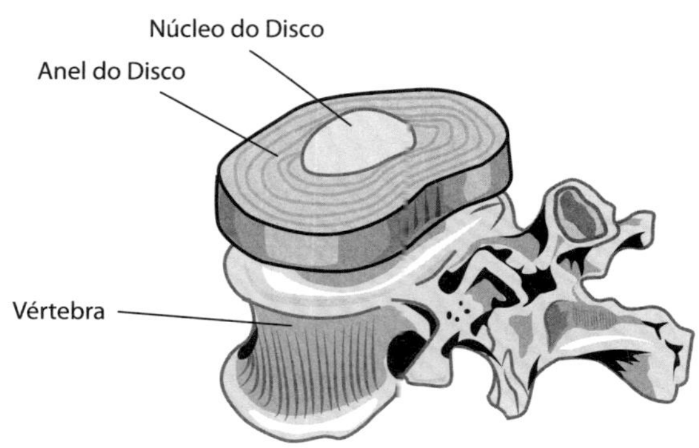

Composição do núcleo pulposo e anel fibroso

O ânulo é formado por cerca de 90 faixas concêntricas de tecido cartilaginoso, mantidas em íntimo contato umas com as outras. As fibras colágenas do ânulo se entrecruzam verticalmente, formando ângulos de aproximadamente 30° umas com as outras, o que torna essa estrutura mais sensível à pressão rotacional do que à compressão, à tensão e ao cisalhamento. O núcleo de um disco jovem e saudável é constituído por cerca de 90% de água, com o restante sendo formado por colágeno e proteoglicanos, materiais especializados que atraem a água através de processos químicos. O conteúdo hídrico extremamente alto do núcleo o torna resistente à compressão (Hall, 2000).

Mecanicamente, o ânulo atua como uma mola espiralada cuja tensão mantém juntos os corpos vertebrais contra a resistência do núcleo pulposo, com esse agindo como um rolamento contendo um gel incompressível (Figura 8. 33).

Figura 8.33 – Anel fibroso e sua forma de mola espiralada

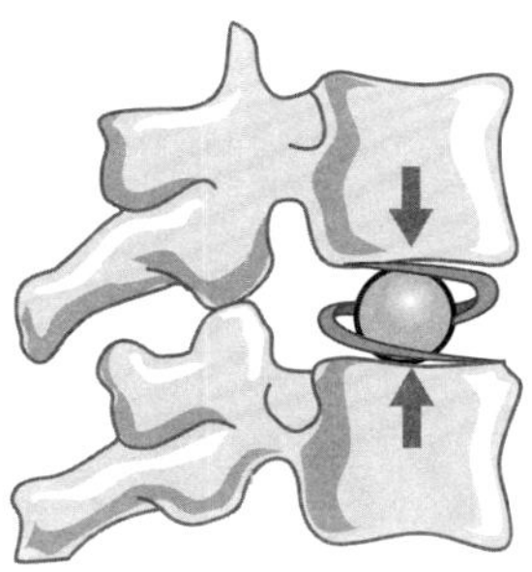

Durante a flexão e a extensão, os corpos vertebrais rodam sobre o núcleo, enquanto as articulações facetárias orientam os movimentos. A Figura 8.34 mostra que a flexão, a extensão e a flexão lateral da coluna produzem estresse compressivo em um lado dos discos e estresse de tração no outro lado, enquanto a rotação vertebral gera estresse e cisalhamento.

Figura 8.34 – Movimentos da coluna vertebral e estresse compressivo no disco intervertebral

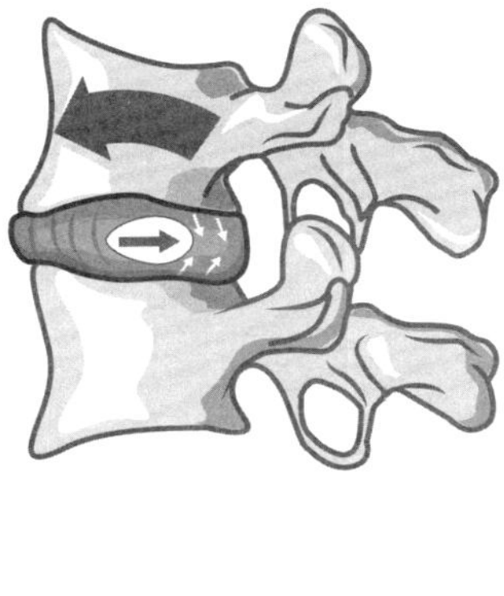

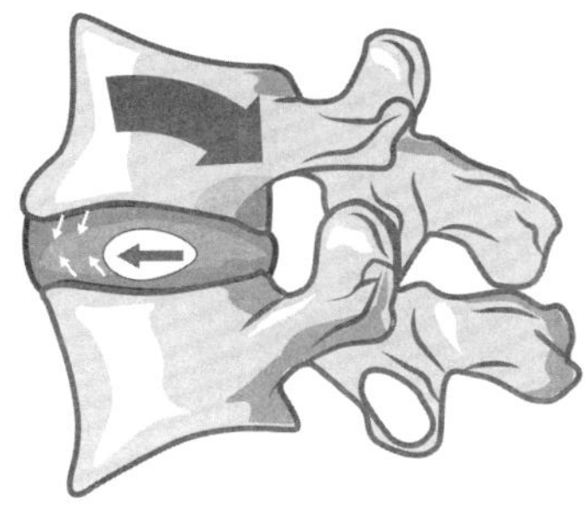

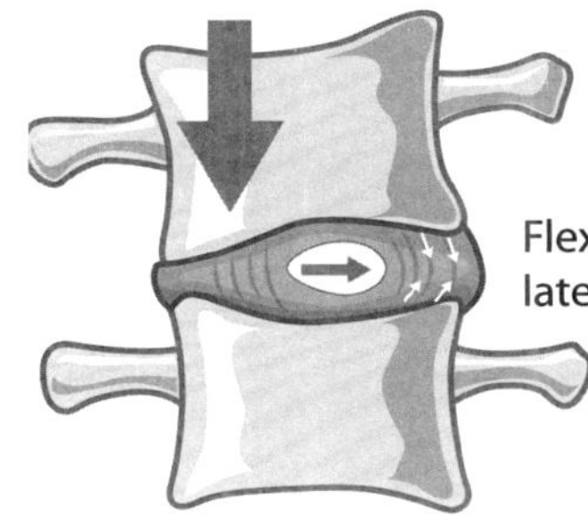

Quando um disco é sobrecarregado em compressão, tende, simultaneamente, a perder água e a absorver sódio e potássio até que sua concentração eletrolítica interna seja suficiente para prevenir qualquer perda adicional de água. Quando é alcançado esse equilíbrio químico, a pressão interna do disco é igual à pressão externa. Uma sobrecarga contínua por um período de várias horas resulta em ligeira redução adicional na hidratação do disco. Por essa razão, a coluna sofre uma diminuição na altura de até quase 2 cm no transcorrer do dia, com cerca de 54% dessa perda ocorrendo durante os primeiros 30 minutos após levantar-se pela manhã (Hall, 2000).

Uma vez eliminada a pressão exercida sobre os discos, esses reabsorvem água rapidamente e seus volumes e suas alturas aumentam. A altura e o volume dos discos são tipicamente maiores quando uma pessoa se levanta pela manhã. Como o aumento do volume do disco equivale também a maior rigidez vertebral, parece haver intensificação do risco de lesão discal no início da manhã.

Nutrição e inervação discal

Os discos intervertebrais possuem suprimento sanguíneo até aproximadamente os oito anos de idade, porém, depois dessa fase, os discos dependem de processos orgânicos para manter um estado nutricional saudável. As mudanças intermitentes na postura e na posição corporal alteram a pressão discal interna, dando origem a uma *ação de bombeamento* no disco. O influxo e o efluxo de água transportam nutrientes para dentro e removem produtos de desgaste metabólico, desempenhando basicamente a mesma função que o sistema circulatório proporciona às estruturas vascularizadas dentro do corpo. A manutenção de uma posição corporal fixa (mesmo que confortável) durante certo período de tempo reduz essa ação de bombeamento e pode afetar negativamente a saúde discal.

As lesões e o envelhecimento reduzem irreversivelmente a capacidade de os discos absorverem água, havendo diminuição concomitante na capacidade de absorção dos choques (Hall, 2000).

Ligamentos

Inúmeros ligamentos sustentam a coluna vertebral, contribuindo para a estabilidade dos segmentos móveis (Figura 8.35). O poderoso ligamento longitudinal anterior, composto por uma forte faixa fibrosa larga que cobre e conecta as faces anterolaterais dos corpos vertebrais e do disco intervertebral, desde a face pélvica do sacro até o tubérculo anterior da primeira vértebra cervical e o osso occipital (Snel, 2003), tem a função de manter a estabilidade anterior das articulações intervertebrais e ajuda a impedir a hiperextensão da coluna vertebral.

O ligamento longitudinal posterior, mais fraco, conectam os corpos vertebrais nas regiões cervical, torácica e lombar. É constituído por uma faixa bem mais estreita e ajuda a impedir a hiperflexão da coluna vertebral e a herniação ou protrusão posterior dos discos em função do seu posicionamento posterior. É altamente inervado com terminações nervosas nociceptivas, as quais produzem o estímulos de dor.

As vértebras adjacentes possuem conexões adicionais entre os processos espinhosos, os processos transversos e as lâminas, reforçadas, respectivamente, pelos ligamentos interespinais ocupam o espaço entre os processos espinhosos desde a raiz até o ápice, são fracos e membranáceos, porém ricos em nociceptores. Já o ligamento supraespinhal é um cordão fibroso que conecta os ápices dos processos espinhosos da sétima vértebra cervical até o sacro, sendo que, na região lombar, quase não se distingue da massa lombar comum (Moore e Agur, 2000; Wirhed, 1986), ligamentos intertransversários estabelecem a ligação entre os processos transversos das vértebras (Wirhed, 1986), constituídos por fibras espalhadas na região cervical e cordões fibrosos na região torácica. Na região lombar, eles são finos e membranáceos (Moore; Agur, 2000). Reforçando posteriormente e anteriormente a cápsula articular encontram-se os poderosos ligamentos interapofisários os quais são ricamente inervados.

Outro ligamento importante é o ligamento amarelo, que conecta as lâminas de vértebras adjacentes. Apesar de a maioria dos ligamentos vertebrais ser constituída principalmente por fibras colágenas que se estendem muito pouco, o ligamento amarelo contém alta proporção de fibras elásticas, que se alongam quando distendidas durante a flexão vertebral e se encurtam durante a extensão vertebral. O ligamento amarelo fica sob tensão até mesmo quando a coluna está em posição anatômica, o que aprimora a estabilidade vertebral. Essa tensão cria uma ligeira compressão constante nos discos intervertebrais, que recebe o nome de pré-estresse (Hall, 2000).

Na região lombossacra o mais importante ligamento é o iliolombar, que une as duas vértebras lombares ao osso ilíaco, estando dividido em dois feixes: feixe superior, que se origina no processo transverso da quarta vértebra lombar e dirige-se para a crista ilíaca o que ajuda a conter uma hiperflexão; e o feixe inferior, que se origina no processo transverso de L5 e se insere na crista ilíaca e lateralmente na asa sacral contendo o movimento de hiperextensão (Hebert *et al.*, 2003).

Figura 8.35 – Ligamentos da coluna vertebral

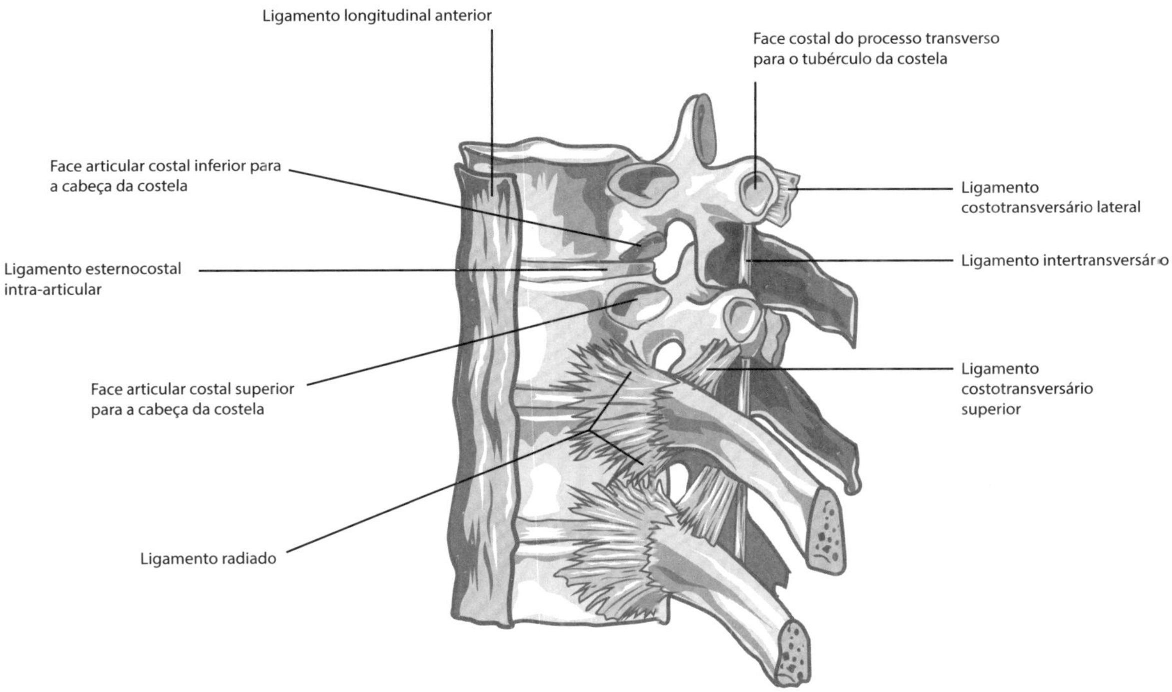

Articulações da coluna vertebral

O segmento de movimentação da coluna vertebral consiste em duas vértebras adjacentes, três articulações intervertebrais, os tecidos moles do disco intervertebral, ligamentos longitudinais e intersegmentares e as cápsulas das articulações facetárias (White e Panjabi, 1978). O disco e as articulações facetárias bilaterais formam um triângulo por meio do qual o movimento em uma articulação sempre produz movimento nas outras duas articulações. Na maioria das articulações vertebrais, seis graus de liberdade de movimento são permitidos. Estes são flexão e extensão, flexão lateral, rotação, cisalhamento anteroposterior, cisalhamento lateral e separação-compressão. Biomecanicamente, as estruturas ósseas e ligamentos das vértebras são divididas em estruturas vertebrais anteriores e posteriores. As estruturas anteriores funcionam principalmente para sustentar peso, e as estruturas posteriores são responsáveis principalmente por controlar a movimentação.

Estruturas articulares vertebrais anteriores

Os corpos vertebrais que sustentam peso, os discos intervertebrais e os ligamentos longitudinais formam as estruturas vertebrais anteriores. As funções biomecânicas dos corpos vertebrais incluem a resistência às forças compressivas do peso superposto; contrações musculares; e cargas externas que ocorrem com o levantar, o puxar e o empurrar. Os discos intervenientes protegem as articulações facetárias da lesão de compressão e permitem, bem como limitam, os movimentos das vértebras. No total, os discos intervertebrais responsabilizam-se por aproximadamente 25% da extensão da coluna vertebral.

Com a sustentação de peso ou contração muscular são transmitidas forças dos corpos vertebrais ao disco. O núcleo líquido normalmente está confinado, e a pressão aumenta para exercer forças sobre o anel elástico, que se salienta (estira) para absorver a força e limitar o movimento. Na maioria das situações de carga, a força não é aplicada no centro, mas, em vez disso, nas partes anterior, posterior ou laterais do corpo. Isto produz compressão do anel perto da força e tensão no lado oposto, cada um servindo para limitar a compressão vertebral.

O processo de envelhecimento faz com que os adultos maduros (30 a 50 anos) tornem-se propensos a lesões do anel e à herniação do núcleo de encontro às raízes nervosas. Os adultos mais velhos (50 a 90 anos) podem perder altura do tronco e ser propensos a desenvolver cifose torácica, uma curvatura convexa proeminente da coluna (Figura 8.36).

Figura 8.36 – Estruturas articulares vertebrais anteriores

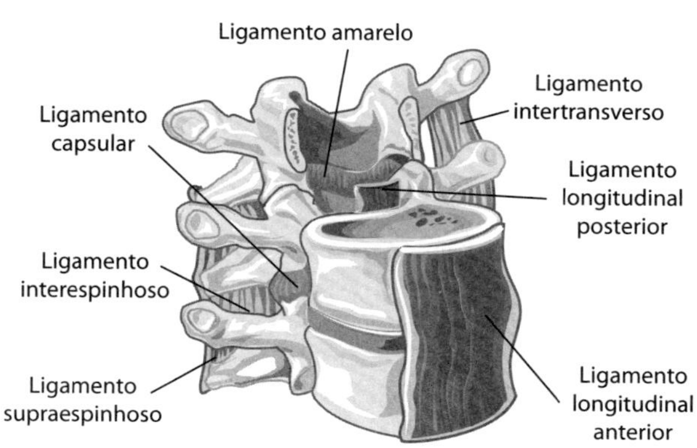

Estruturas articulares vertebrais posteriores

As estruturas vertebrais posteriores compreendem os arcos, os processos transversos e espinhosos, as articulações facetárias bilaterais, cápsulas articulares e ligamentos. As articulações facetárias (articulações apofisárias e zigoapofisárias) são formadas pelo processo articular inferior de uma vértebra com o processo articular superior da vértebra de baixo. As principais funções das articulações facetárias são controlar os movimentos vertebrais e proteger o disco de excessivo cisalhamento, flexão, flexão lateral e rotação. A direção e a quantidade de movimento permitida são determinadas pelos planos das superfícies articulares, os quais mudam na sua orientação desde a região cervical até a lombar (Figura 8.37).

Figura 8.37 – Estruturas articulares vertebrais posteriores

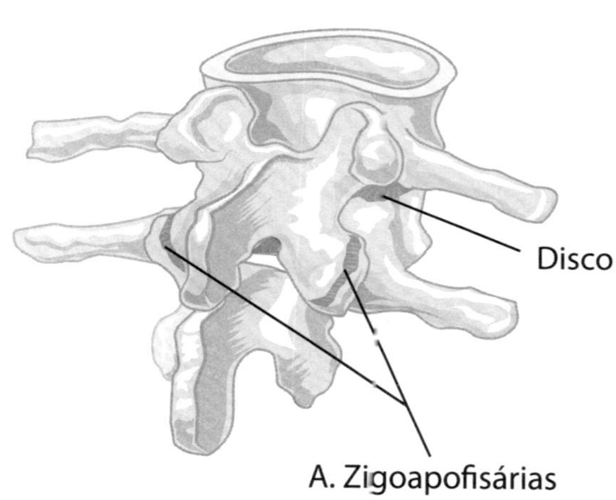

Movimentos da coluna vertebral

Como unidade, a coluna possibilita a mobilidade em todos os três planos de movimento, bem como a circundução. No entanto, por ser pequena a movimentação entre qualquer conjunto de duas vértebras adjacentes, os movimentos vertebrais envolvem sempre grande número de segmentos móveis. A amplitude de movimento permitida em cada segmento móvel é determinada pelas contenções anatômicas que variam através das regiões cervical, torácica e lombar da coluna vertebral.

Flexão, extensão e hiperextensão

A amplitude de movimento para flexão/ extensão dos segmentos móveis é considerável na região lombar, atingindo valores representativos de até 20° em L5-S1. No entanto, na coluna torácica, por causa da orientação das facetas, a amplitude de movimento aumenta de apenas aproximadamente 4° em T1-T2 para aproximadamente 10° em T11-T12.

A amplitude de movimento para a hiperextensão vertebral é considerável na região lombar, sendo necessária na execução de muitas habilidades esportivas, incluindo as braçadas da natação, os movimentos dos saltos em altura e com vara e em numerosas manobras na ginástica.

Flexão lateral e rotação

O movimento da coluna no plano frontal afastando-se da posição anatômica é denominado flexão lateral. Na região torácica pode atingir uma amplitude de movimento em torno de 6°, exceto nos segmentos inferiores, onde a capacidade de flexão lateral pode chegar a aproximadamente 8° a 9°. A flexão lateral da coluna lombar também é da ordem de 6°, exceto em L5-S1, onde é reduzida para apenas cerca de 3°.

Quanto à rotação, a região torácica permite cerca de 9° entre os segmentos móveis superiores. De T7-T8 para baixo, a amplitude da capacidade rotacional diminui progressivamente, com apenas cerca de 2° de movimento permitido na coluna lombar em virtude da conexão dos processos articulares nesse nível. No entanto, na articulação lombossacra é permitida rotação na ordem de 5°, como mostra a Figura 8. 38 (Hall, 2000).

Figura 8.38 – Amplitude dos movimentos nas diferentes regiões da coluna vertebral

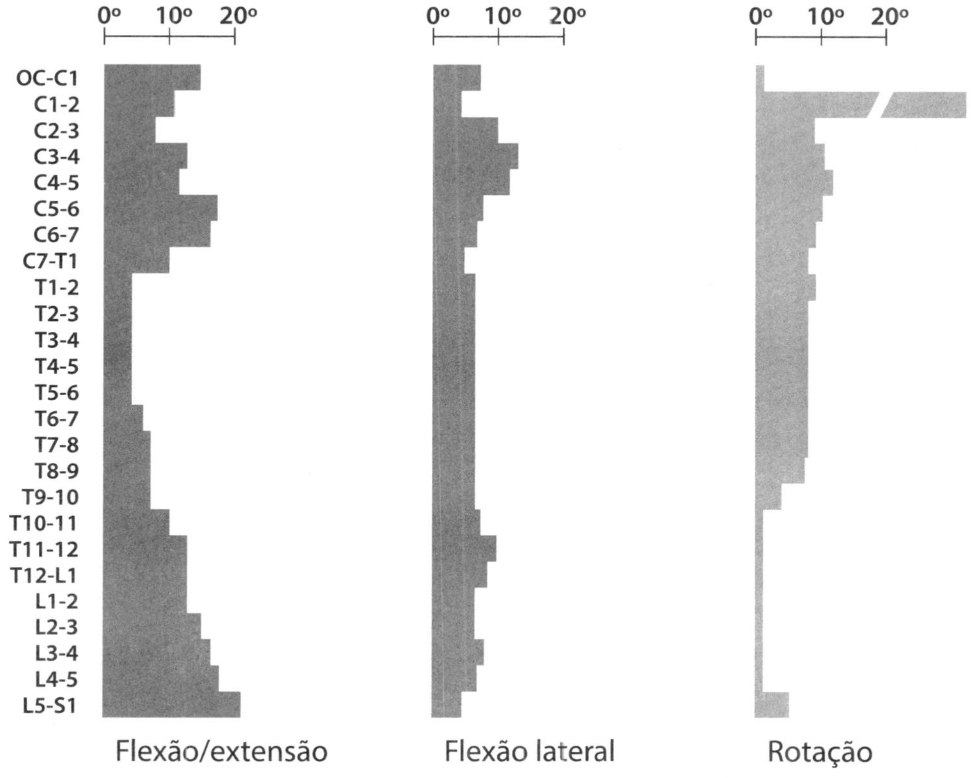

Anatomia da coluna vertebral

Os músculos do pescoço e do tronco são designados aos pares, com um no lado esquerdo e outro no lado direito do corpo. Esses músculos podem causar flexão lateral e/ou rotação do tronco, quando atuam unilateralmente, e flexão ou extensão do tronco quando atuam bilateralmente.

Face anterior

Os principais músculos abdominais são o reto abdominal, os oblíquos externos e oblíquos internos. Funcionando bilateralmente, esses músculos são os principais flexores vertebrais (espinhais) e reduzem também a inclinação pélvica anterior.

Reto do abdome

Origem: sínfise e cristas púbicas.

Inserção: cartilagens costais da quinta, sexta e sétima costelas e processo xifoide do esterno.

Ação: flexiona a coluna vertebral. Com a pelve fixa, o tórax se movimenta na direção da pelve; com o tórax fixo, a pelve se movimenta na direção do tórax. Flexiona lateralmente a coluna vertebral e deprime as costelas na expiração forçada. Realiza retroversão da pelve. Atua como suporte anterior das vísceras abdominais contra as forças gravitacionais. Aumenta a pressão intra-abdominal durante esforços realizados pelos membros para aumentar, indiretamente, a estabilidade da coluna.

A relação deste músculo com o eixo frontal da coluna é anterior.

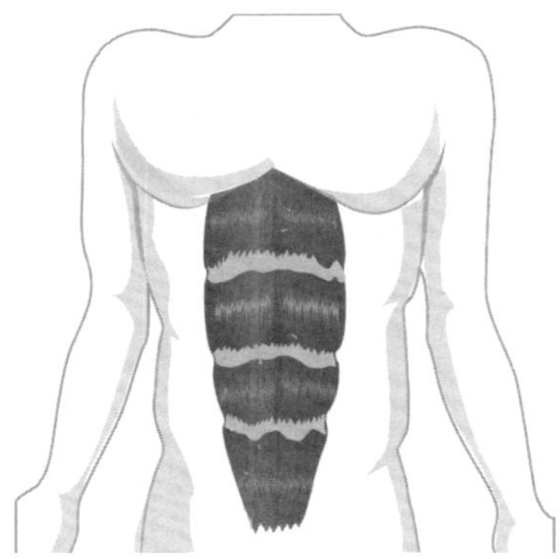

Oblíquo externo do abdome — Fibras anteriores

Origem: superfícies externas das costelas cinco até a oito, interdigitando com os músculos serrátil anterior e grande dorsal.

Inserção: em uma aponeurose larga, plana, terminando na linha alba, numa rafe tendinosa, que se estende a partir do processo xifoide.

Ação: atuando bilateralmente, as fibras anteriores flexionam a coluna vertebral, aproximando o tórax e a pelve anteriormente, suportam e comprimem as vísceras abdominais, deprimem o tórax e auxiliam na respiração. Atuando unilateralmente em conjunção com as fibras anteriores do oblíquo interno no lado oposto, as fibras anteriores do oblíquo externo rodam a coluna vertebral, trazendo o tórax para frente (quando a pelve está fixada), ou a pelve para trás (quando o tórax está fixado).

A relação deste músculo com o eixo frontal da coluna é anterior.

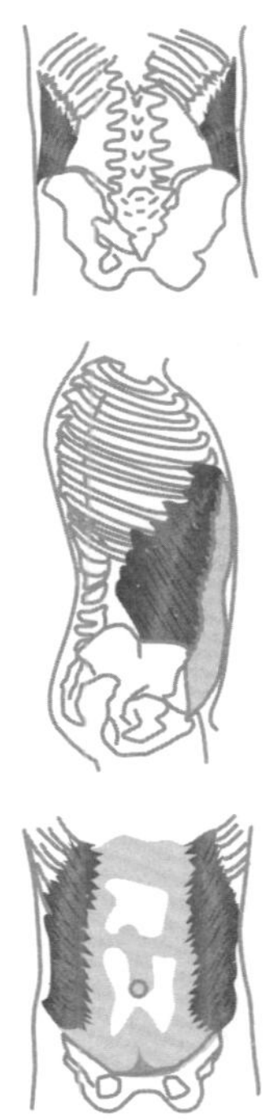

Oblíquo externo do abdome – fibras laterais

Origem: superfície externa da nona costela, interdigitando com o serrátil anterior; superfícies externas da décima, 11ª e 12ª costelas, interdigitando-se com o grande dorsal.

Inserção: sob a forma do ligamento inguinal, na espinha ilíaca anterossuperior e tubérculo púbico, e no lábio externo da metade anterior da crista ilíaca.

Direção das fibras: as fibras se estendem obliquamente para baixo e para o meio, mais nos sentido para baixo do que as fibras anteriores.

Ação: atuando bilateralmente, as fibras laterais do oblíquo externo fletem a coluna vertebral, com a pelve posteriormente. Atuando unilateralmente em conjunção como as fibras laterais do oblíquo interno do mesmo lado, as fibras laterais do oblíquo externo fletem lateralmente a coluna vertebral, aproximando o tórax e a crista ilíaca lateralmente. Essas fibras também atuam para rodar a coluna vertebral.

A relação deste músculo com o eixo sagital da coluna é lateral.

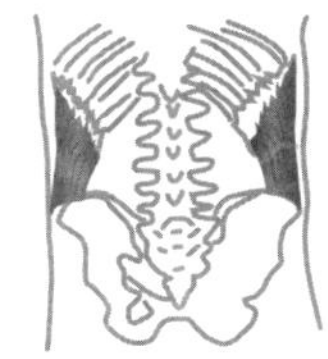

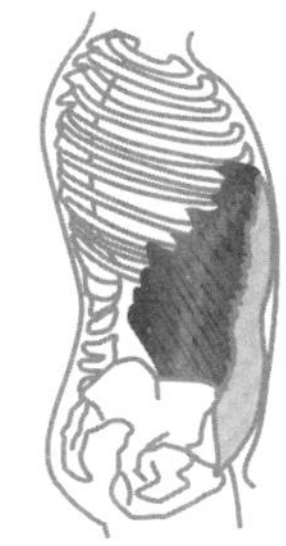

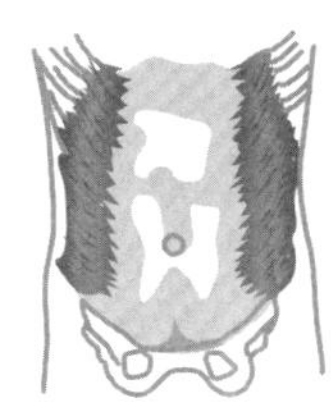

Oblíquo interno do abdome — fibras anteriores inferiores

Origem: dois terços laterais do ligamento inguinal e curta inserção na crista ilíaca próxima à espinha ilíaca anterossuperior.

Inserção: com o transverso do abdome na crista do púbis, parte medial da linha pectínea e na linha alba por meio de uma aponeurose.

Ação: as fibras anteriores inferiores comprimem e suportam as vísceras abdominais inferiores, em conjunção com o transverso do abdome, e realizam retroversão da pelve.

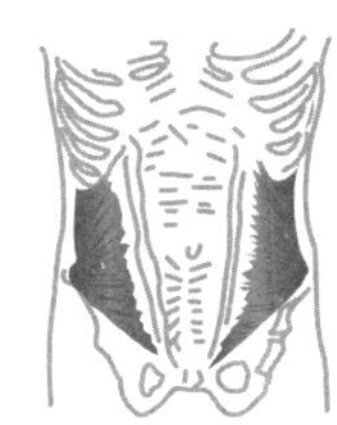

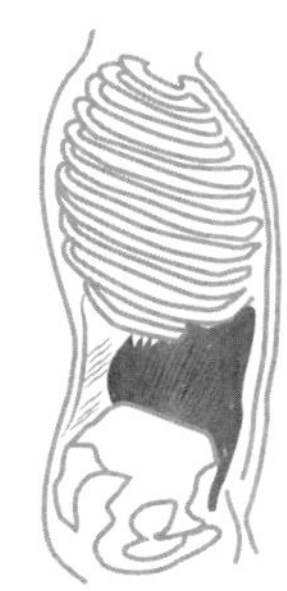

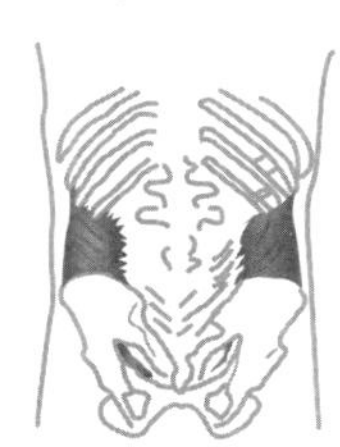

Oblíquo interno do abdome – fibras anteriores superiores

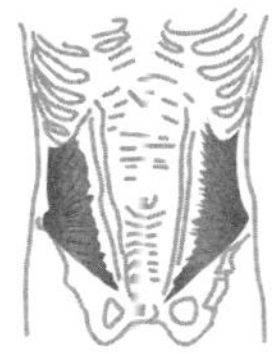

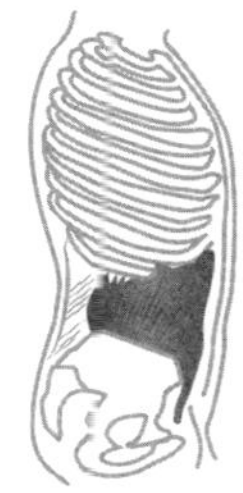

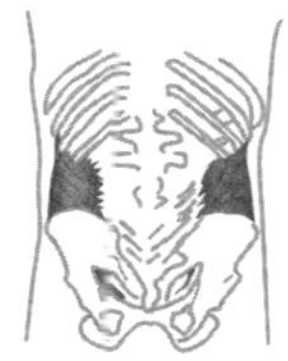

Origem: terço anterior da linha intermédia da crista ilíaca.

Inserção: linha alba por meio de aponeurose.

Ação: atuando bilateralmente, as fibras anteriores superiores fletem a coluna vertebral, aproximando o tórax e a pelve anteriormente; suportam e comprimem as vísceras abdominais; deprimem o tórax e auxiliam na respiração. Atuando unilateralmente, em conjunção com as fibras anteriores do oblíquo externo no lado oposto, as fibras anteriores superiores do oblíquo interno rodam a coluna vertebral, trazendo o tórax para trás (quando a pelve está fixada), ou a pelve para frente (quando o tórax está fixado) (Kendall, 1995).

A relação deste músculo com o eixo frontal da coluna é anterior.

Transverso do abdome

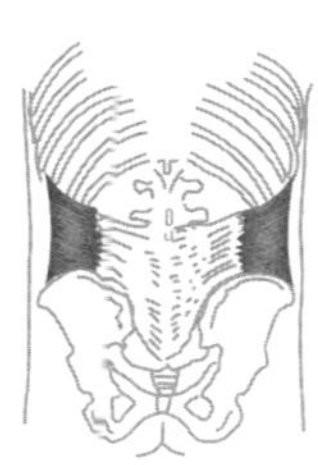

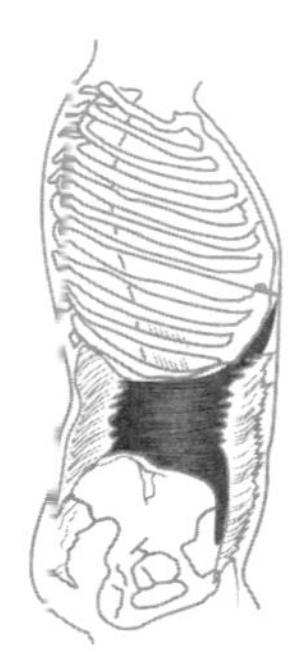

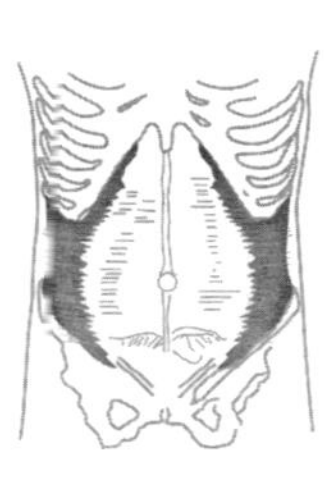

Origem: superfícies internas das cartilagens das seis costelas inferiores, interdigitando-se com o diafragma; fáscia toracolombar; três quartos anteriores do lábio interno da crista ilíaca e terço lateral do ligamento inguinal.

Inserção: linha alba, crista púbica e pécten do púbis.

Ação: achata a parede abdominal e comprime as vísceras abdominais; a porção superior ajuda a diminuir o ângulo infraesternal das costelas, como na expiração; aumenta a estabilidade da coluna lombar através da fáscia toracolombar; possui relação com o eixo longitudinal da coluna e sua contração unilateral pode realizar a rotação axial desta articulação; é o primeiro músculo a ser ativado para estabilizar a coluna vertebral durante movimentos em qualquer direção, tanto dos membros superiores como inferiores; também é o principal músculo responsável em elevar a pressão intra-abdominal para estabilizar a coluna vertebral durante o movimento de extensão.

Considerações gerais: é o mais profundo dos músculos abdominais. Pacientes com dores crônicas na região lombar exibem uma deficiência de controle motor (alteração no tempo de reação muscular e apoio antecipatório) neste músculo. Devido ao efeito mecânico da contração do transverso, ele pode controlar o conteúdo abdominal e contribuir para a respiração, aumentando a intensidade da taxa expiratória de ar, diminuindo o volume expiratório final do pulmão e sustentando o comprimento do diafragma. A contração do diafragma e músculos da parede pélvica é essencial para prevenir o deslocamento do conteúdo abdominal e permitir que o transverso desenvolva tensão para aumentar a pressão intra-abdominal e a tensão na fáscia toracolombar. Em movimentos do braço, por exemplo, o aparecimento da atividade do músculo transverso do abdome precede o aparecimento da atividade do músculo deltóide, em aproximadamente 30 milissegundos. Esse músculo também ajuda a estabilizar a linha alba e, por isso, ajuda a aumentar a eficiência de flexão da coluna pelos outros músculos abdominais (Kendall *et al.*, 1994).

Psoas maior

Origem: superfícies ventrais dos processos transversos de todas as vértebras lombares, lados dos corpos e correspondentes discos intervertebrais das últimas vértebras torácicas e todas as vértebras lombares e arcos membranosos que se estendem sobre os lados dos corpos de todas as vértebras lombares.

Inserção: trocanter menor do fêmur.

Ilíaco

Origem: dois terços superiores da fossa ilíaca, lábio interno da crista ilíaca, ligamentos iliolombar e sacroilíaco ventral e asa do sacro.

Inserção: lado lateral do tendão do psoas maior e imediatamente distalmente ao trocanter menor.

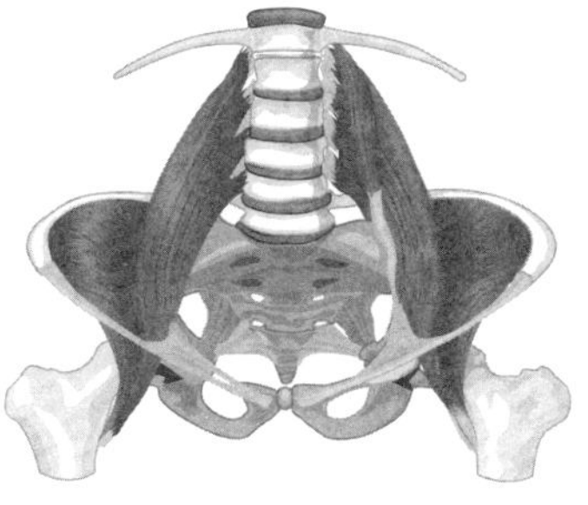

Iliopsoas

Ação: com a origem fixada, o iliopsoas flete a articulação do quadril ao flexionar o fêmur sobre o tronco, como na elevação de pernas alternadas em decúbito dorsal, e pode auxiliar na rotação lateral e abdução da articulação do quadril. Com a inserção fixada e atuando bilateralmente, o iliopsoas flexiona a articulação do quadril, flexionando o tronco sobre o fêmur como ao sentar-se a partir do decúbito dorsal. O psoas maior, atuando bilateralmente com a inserção fixada, pode aumentar a lordose lombar; atuando unilateralmente, auxilia na flexão lateral do tronco para o mesmo lado.

Psoas menor	
Não é um músculo do membro inferior, porque não cruza a articulação do quadril. É relativamente sem importância e está presente apenas em cerca de 40% da população. **Origem:** lados dos corpos da décima segunda vértebra torácica e primeira lombar e disco intervertebral entre elas. **Inserção:** Eminência iliopectínea, linha arqueada do ílio e fáscia ilíaca. **Ação:** Flexão da pelve entre a coluna lombar e vice-versa.	

Fáscia toracolombar: estrutura e mecanismo

A fáscia toracolombar (FTL) executa várias importantes funções na estabilização da coluna vertebral e da articulação sacroilíaca e possui três camadas:

1. Camada superficial: deriva da fáscia cobrindo o músculo quadrado lombar e se fixa nos processos transversos das vértebras, é contínua com o grande dorsal e glúteo máximo e, em alguns indivíduos, algumas fibras em partes do oblíquo externo e trapézio inferior.
2. Camada intermediária: por baixo do quadrado lombar, se fixa nos processos transversos e nos ligamentos intertransversais, e lateralmente se estende, para cobrir o músculo transverso abdominal.
3. Camada profunda: recobre os extensores da coluna, se fixa nos processos espinhosos das vértebras da região toracolombar.

O transverso abdominal, através de sua fixação na rafe lateral (formada pelos tecidos conectivos do grande dorsal, oblíquo interno e transverso abdominal), traciona a FTL. Embora as camadas superficial e profunda da FTL estejam inseridas na rafe lateral, a camada profunda possui uma angulação direcionada para baixo.

Por esse motivo, quando o transverso do abdome se contrai e traciona a rafe lateral, a força resultante tende a aproximar as vértebras, aumentando a estabilidade da coluna vertebral (Campos, 2002).

Figura 8.39 – Estrutura e mecanismo da fáscia toracolombar

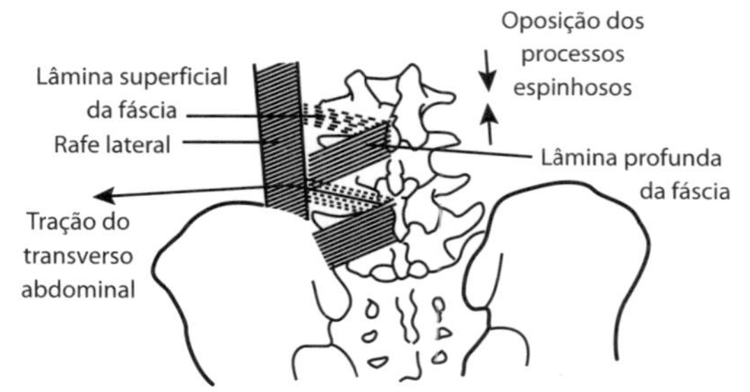

Face posterior

Os principais músculos da face posterior da coluna vertebral produzem primariamente a extensão, a hiperextensão e a flexão lateral. Encontram-se em camadas superficiais e profundas da coluna vertebral, como os eretores, semiespinhais, posteriores profundos, eretores espinhais, iliocostais, longo torácico e espinhais.

Eretores da espinha (superficiais) – Iliocostal lombar

Origem: origem comum a partir da superfície de um tendão largo fixado na crista média do sacro, processos espinhosos das vértebras lombares e 11ª a 12ª torácicas, parte posterior do lábio medial da crista ilíaca, ligamento supraespinhoso e cristas laterais do sacro.

Inserção: por tendões nas bordas inferiores dos ângulos das seis ou sete costelas inferiores.

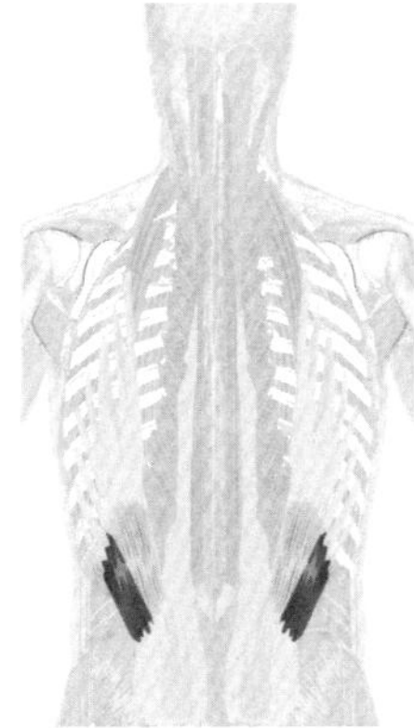

Iliocostal torácico

Origem: por tendões a partir das bordas superiores dos ângulos das seis costelas inferiores.

Inserção: bordas craniais dos ângulos das seis costelas superiores e dorso do processo transverso da sétima vértebra cervical.

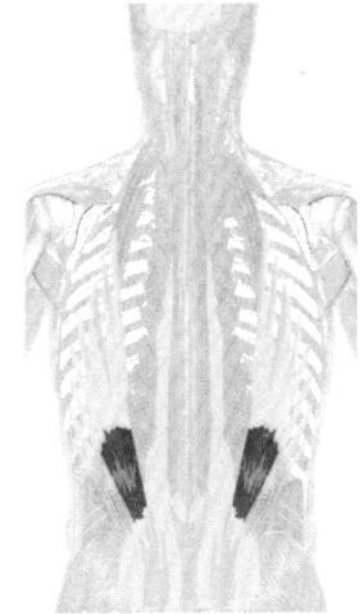

Longo do tórax

Origem: na região lombar ele está fundido com o iliocostal lombar, superfícies posteriores dos processos transversos e acessórios das vértebras lombares e camada anterior da fáscia toracolombar.

Inserção: por tendões nas extremidades dos processos transversos de todas as vértebras torácicas, e por digitações musculares nas nove ou dez vértebras inferiores entre o tubérculo e o ângulo.

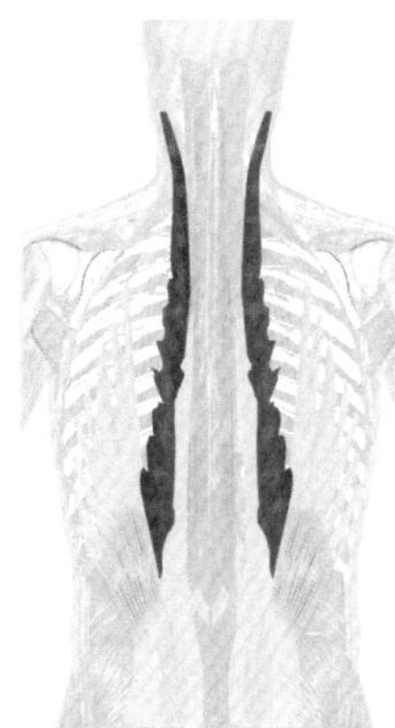

Espinhal do tórax

Origem: por tendões a partir dos processos espinhosos das duas primeiras vértebras lombares e duas últimas vértebras torácicas.

Inserção: processos espinhosos das 4-8 vértebras torácicas superiores (variável).

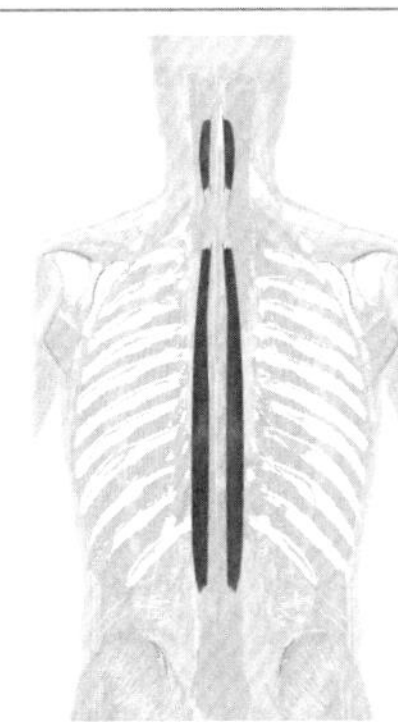

Transversoespinhal (profundo) – semi-espinhal primeira camada do tórax

Origem: processos transversos das vértebras torácicas inferiores.

Inserção: processos espinhosos das 4-8 vértebras torácicas superiores (variável), e duas vértebras cervicais inferiores.

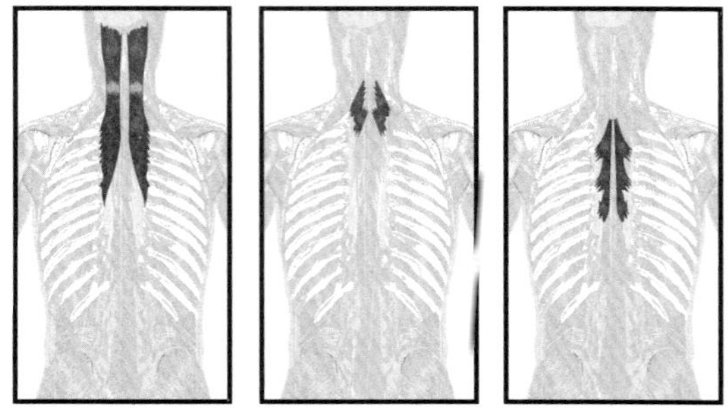

Multífidos

Origem: região sacra, superfície posterior do sacro, superfície medial da espinha ilíaca posterossuperior e ligamentos sacroilíacos posteriores.

Região lombar, região torácica e região cervical: processos transversos de L5 até C4.

Inserção: abrangendo duas a quatro vértebras, inserido no processo espinhoso de uma vértebra acima.

Ação: extensão e estabilização.

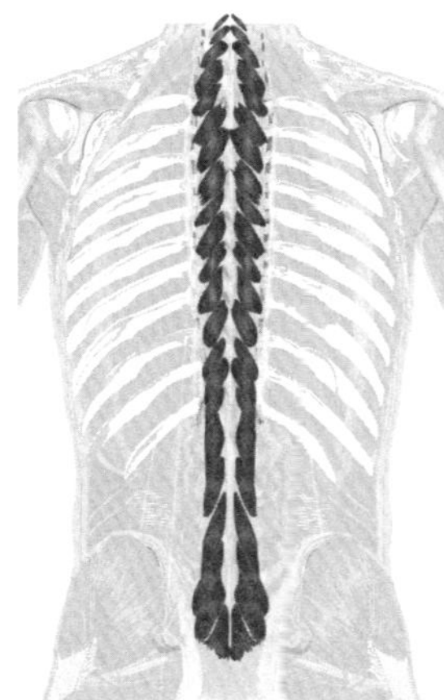

Interespinhais

Origem: colocados em pares entre os processos espinhosos das vértebras contíguas.

Torácicos: dois ou três pares; entre primeira e segunda (segunda e terceira) e 11ª e 12ª.

Lombares: quatro pares.

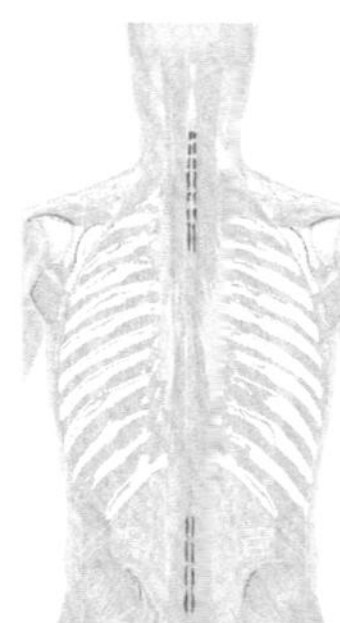

Intertransversários

Pequenos músculos colocados entre os processos transversos das vértebras contíguas nas regiões cervical, torácica e lombar.

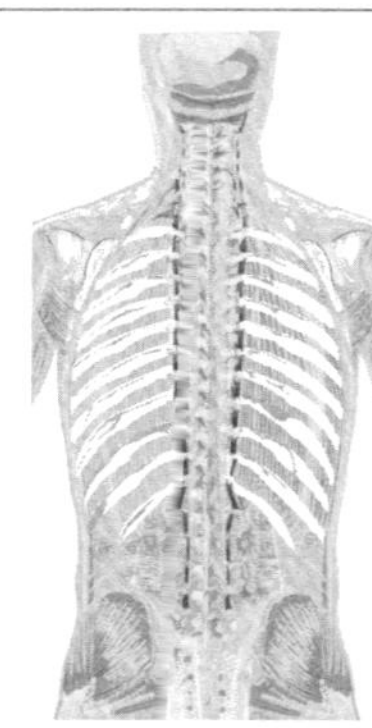

QUADRADO DO LOMBO	
Origem: ligamento iliolombar, crista ilíaca. Ocasionalmente a partir das bordas superiores dos processos transversos das três ou quatro vértebras lombares inferiores. **Inserção:** borda inferior da última costela e processos transversos das quatro vértebras lombares superiores. **Ação:** flexiona lateralmente a coluna vertebral, deprime a última costela, e fixa as últimas duas costelas, atuando conjuntamente com o diafragma, na respiração.	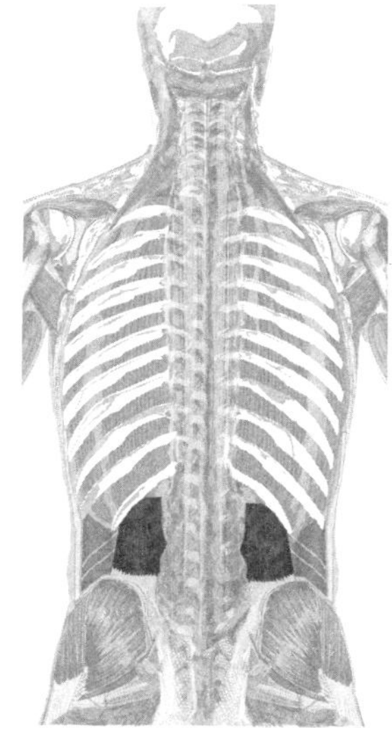

PRESSÃO INTRA-ABDOMINAL (IAP) E ESTABILIDADE DA COLUNA LOMBAR

A pressão intra-abdominal (IAP) é um mecanismo que contribui para a descarga e estabilização da coluna lombar e pode ser definida como a pressão criada dentro da cavidade abdominal por uma contração coordenada do diafragma e abdominais e os músculos pélvicos e da base. A IAP serve como um balão pressurizado que tenta separar o diafragma da base pélvica (Nordin e Frankel, 2003) (Figura 8.40). Segundo Panjabi (1992), a estabilidade da coluna decorre da interação de três sistemas: passivo, ativo e neural. O sistema passivo compõe-se das vértebras, discos intervertebrais, articulações e ligamentos, que fornecem a maior parte da estabilidade pela limitação passiva no final do movimento. O segundo, ativo, constitui-se dos músculos e tendões, que fornecem suporte e rigidez no nível intervertebral, para sustentar forças exercidas no dia a dia. Em situações normais, apenas uma pequena quantidade de coativação muscular, cerca de 10% da contração máxima, é necessária para a estabilidade. Em um segmento lesado pela frouxidão ligamentar ou pela lesão discal, um pouco mais de coativação pode ser necessária. O último sistema, o neural, é composto pelos sistemas nervosos central e periférico, que coordenam a atividade muscular em resposta a forças esperadas ou não, fornecendo assim estabilidade dinâmica. Esse sistema deve ativar os músculos corretos no tempo certo, para proteger a coluna de lesões e permitir o movimento.

Barr *et al.* (2005) definiram a estabilidade como um processo dinâmico que inclui posições estáticas e movimento controlado. Isso inclui um alinhamento em posições sustentadas e padrões de movimento que reduzam a tensão tecidual, evitem causas de trauma para as articulações ou tecidos moles, e forneçam ação muscular eficiente.

Bergmark (1989) propôs o conceito de vários músculos com diferentes papéis na estabilidade dinâmica. A hipótese é que há dois sistemas atuando na estabilidade. O global consiste de grandes músculos produtores de torque, atuando no tronco e na coluna sem serem diretamente ligados a ela. São eles o reto do abdome (RA), o oblíquo externo (OE) e a parte torácica do iliocostal lombar. Fornecem estabilidade ao tronco, não sendo capazes de influenciar diretamente a coluna. O sistema local é formado por músculos ligados diretamente à vértebra e responsáveis pela estabilidade e controle segmentar. Tais músculos são o multífido lombar (ML), o transverso do abdome (TA) e as fibras posteriores do oblíquo interno (OI). O quadrado lombar (QL) também tem funções estabilizadoras.

Figura 8.40 – Pressão intra-abdominal

Movimentos da pelve e quadril

A pelve é formada pelos ossos ílio, púbis e ísquio que estão fortemente unidos, inclusive no acetábulo onde a cabeça do fêmur se encaixa formando com a mesma a articulação do quadril. Geralmente os movimentos da pelve refletem em movimentos no quadril e também na coluna vertebral.

Pectíneo

Origem: superfície do ramo superior do púbis ventral à crista pectínea entre a eminência iliopectínea e o tubérculo púbico.

Inserção: linha pectínea do fêmur.

Ação: adução e flexão da articulação do quadril.

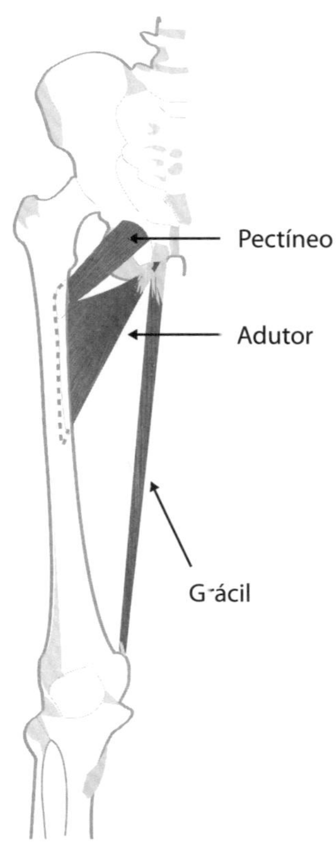

Iliopsoas

Origem: superfícies ventrais dos processos transversos de todas as vértebras lombares, lados dos corpos e correspondentes discos intervertebrais das últimas vértebras torácicas e todas as vértebras lombares e arcos membranosos que se estendem sobre os lados dos corpos de todas as vértebras lombares.

Inserção: trocânter menor do fêmur.

Ação: *com a origem fixada*, o iliopsoas flete a articulação do quadril ao flexionar o fêmur sobre o tronco, como na elevação das pernas alternadas em decúbito dorsal, e pode auxiliar na rotação lateral e abdução da articulação do quadril. *Com a inserção fixada* e atuando bilateralmente, o iliopsoas flete a articulação do quadril, flexionando o tronco sobre o fêmur, como ao sentar-se a partir do decúbito dorsal. O psoas maior atuando bilateralmente com a inserção fixada pode aumentar a lordose lombar; atuando unilateralmente, auxilia na flexão lateral do tronco para o mesmo lado.

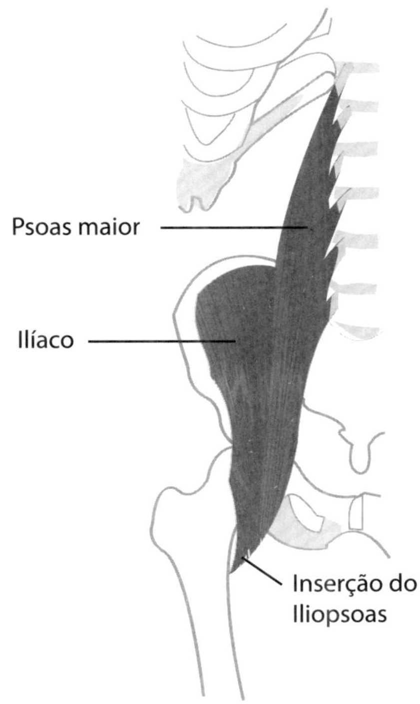

Tensor da fáscia lata

Origem: parte anterior do lábio externo da crista ilíaca, superfície externa da espinha ilíaca anterossuperior e superfície profunda da fáscia lata.

Inserção: no trato iliotibial da fáscia lata na junção dos terços proximal e médio da coxa.

Ação: flexiona, roda medialmente e abduz a articulação do quadril, tenciona a fáscia lata e pode auxiliar na extensão do joelho.

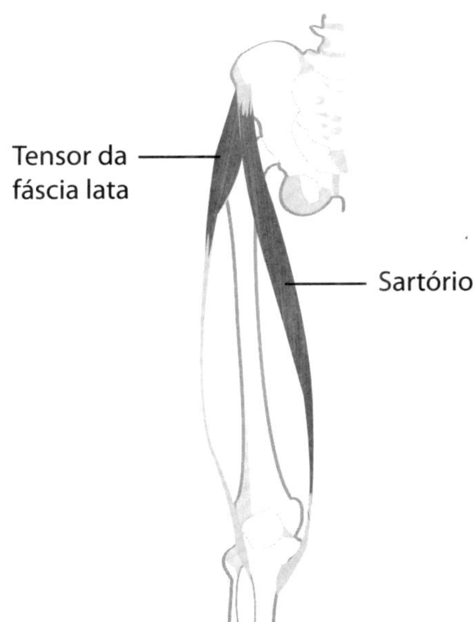

Glúteo máximo **Origem:** linha glútea posterior do ílio e porção do osso a ela superior e posterior, superfície posterior da parte inferior do sacro, lado do cóccix, aponeurose do eretor da espinha, ligamento sacrotuberoso e aponeurose glútea. **Inserção:** porção proximal maior e fibras superficiais da porção distal do músculo no trato iliotibial da fáscia lata. Fibras mais profundas da porção distal na tuberosidade glútea do fêmur. **Ação:** estende, roda lateralmente e fibras inferiores auxiliam na adução da articulação do quadril. Através de sua inserção no trato iliotibial, ajuda a estabilizar o joelho em extensão.	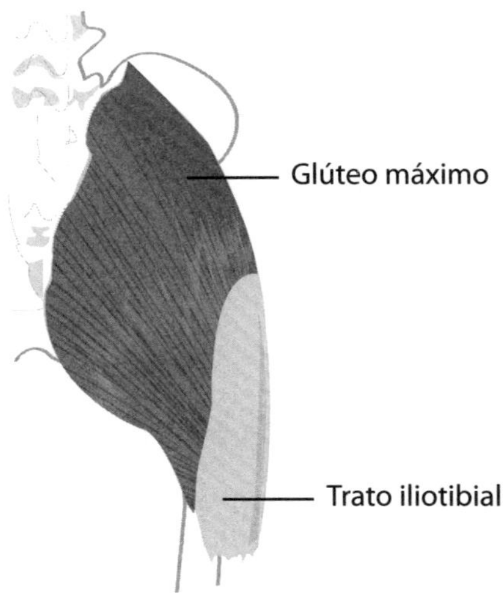

Glúteo médio **Origem:** superfície externa do ílio entre a crista ilíaca e a linha glútea posterior dorsalmente e linha glútea anterior ventralmente, aponeurose glútea. **Inserção:** crista oblíqua na superfície lateral do trocânter maior do fêmur. **Ação:** abduz a articulação do quadril. As fibras anteriores rodam medialmente e podem auxiliar na flexão da articulação do quadril; as fibras posteriores rodam lateralmente e podem auxiliar na extensão da articulação do quadril.	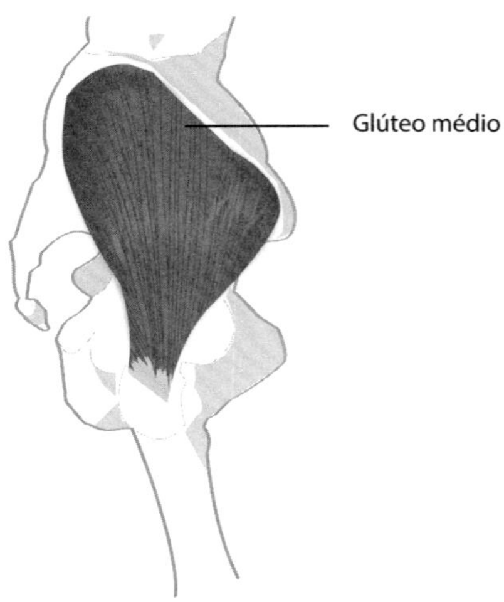

Glúteo mínimo **Origem:** superfície externa do ílio entre as linhas glúteas anterior e inferior e margem da incisura isquiática maior. **Inserção:** borda anterior do trocânter maior do fêmur e cápsula da articulação do quadril. **Ação:** abduz, roda medialmente e pode auxiliar na flexão da articulação do quadril.	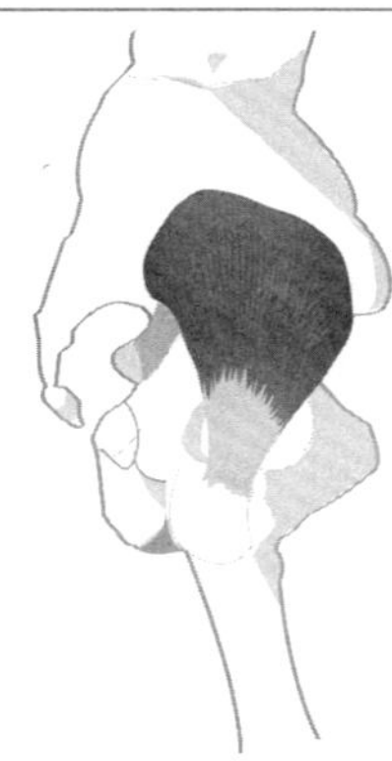

Adutor magno

Origem: ramo púbico inferior, ramo do ísquio (fibras anteriores) e tuberosidade isquiática (fibras posteriores).

Inserção: medial à tuberosidade glútea, meio da linha áspera, linha supracondilar medial, e tubérculo adutor do côndilo medial do fêmur.

Ação: as fibras anteriores do adutor magno que se originam dos ramos do púbis e ísquio podem auxiliar na flexão, enquanto que as fibras posteriores que se originam da tuberosidade isquiática podem auxiliar na extensão.

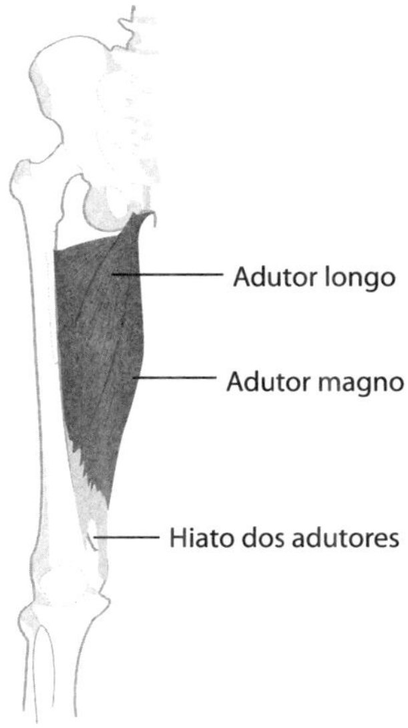

Adutor curto

Origem: superfície externa do ramo inferior do púbis.

Inserção: dois terços distais da linha pectínea e metade proximal do lábio medial da linha áspera.

Adutor longo

Origem: superfície anterior do púbis na junção da crista e sínfise.

Inserção: terço intermediário do lábio medial da linha áspera.

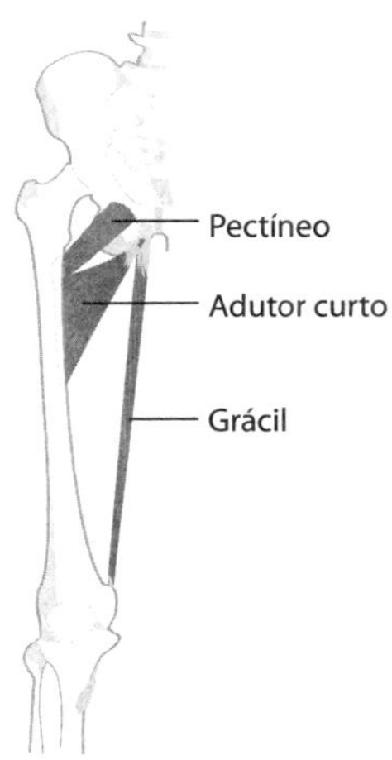

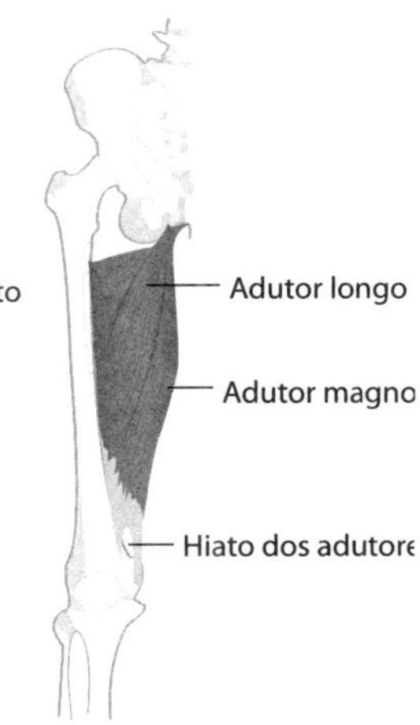

Grácil

Origem: metade inferior da sínfise púbica e margem medial do ramo inferior do osso púbico.

Inserção: superfície medial do corpo da tíbia, distal ao côndilo, proximal à inserção do semitendinoso e posterior à inserção do sartório.

Ação: todos os músculos acima aduzem a articulação do quadril. Além disso, adutor curto e longo flexionam a articulação do quadril. O grácil, além de aduzir a articulação do quadril, flexiona e roda medialmente a articulação do joelho.

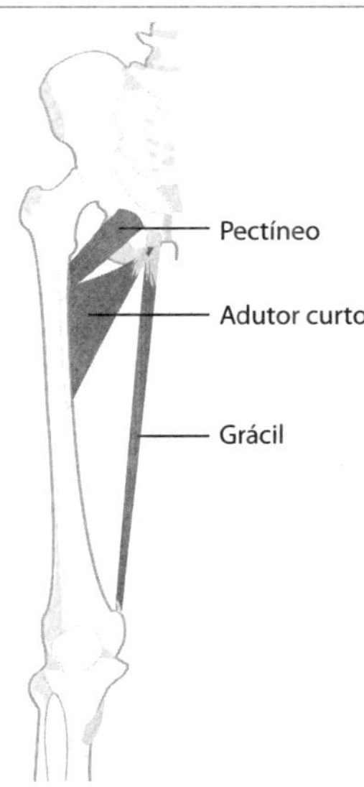

Rotadores laterais do quadril

Piriforme

Origem: superfície pélvica do sacro entre e lateralmente aos forames sacros pélvicos um, dois, três, quatro, margem da incisura isquiática maior e superfície pélvica do ligamento sacrotuberoso.

Inserção: borda superior do trocânter maior do fêmur.

Quadradofemoral

Origem: parte proximal da borda lateral da tuberosidade do ísquio.

Inserção: Parte proximal da linha quadrada estendendo-se distalmente desde a crista intertrocantérica.

Obturador interno

Origem: superfície interna ou pélvica da membrana obturadora e margem do forame obturador e superfície pélvica do ísquio posterior e proximal ao forame obturador e, em menor extensão, a partir da fáscia obturadora.

Obturador externo (não visível)

Origem: ramos do púbis e ísquio e superfície externa da membrana obturadora.

Inserção: fossa trocantérica do fêmur.

Gêmeo superior

Origem: superfície externa da espinha do ísquio.

Inserção: com tendão do obturador interno na superfície medial do trocânter maior do fêmur.

Gêmeo inferior

Origem: parte proximal da tuberosidade do ísquio.

Inserção: com o tendão do obturador interno na superfície medial do trocanter maior do fêmur.

Ação: todos os músculos citados rodam lateralmente a articulação do quadril. Além disso, o obturador externo pode auxiliar na adução da articulação do quadril; o piriforme, obturador interno e os gêmeos superior e inferior podem auxiliar na abdução quando o quadril está em flexão. O piriforme pode auxiliar na extensão.

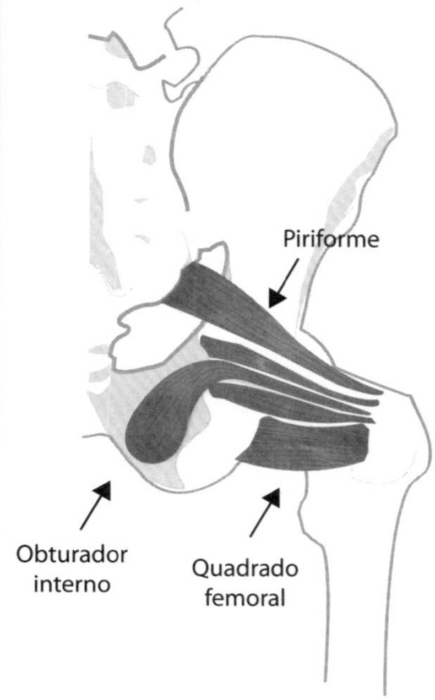

Os gêmeos superior e inferior estão, respectivamente, bem acima e abaixo do obturador interno.

Movimentos do complexo do joelho

Considerada por alguns cinesiologistas como a mais complexa articulação do corpo humano, o joelho une a porção distal do fêmur com as porções proximais da tíbia e fíbula. Sua estrutura articular, composta por meniscos e ligamentos, confere ao joelho uma grande capacidade de suportar forças elevadas, especialmente na corrida veloz e no instante da impulsão para os diferentes tipos de salto (Vilela, 2011).

Bíceps femoral

Origem da cabeça longa: parte distal do ligamento sacrotuberoso, e parte posterior da tuberosidade do ísquio.

Origem da cabeça curta: lábio lateral da linha áspera, dois terços proximais da linha supracondilar e septo intermuscular lateral.

Inserção: lado lateral da cabeça da fíbula, côndilo lateral da tíbia, fáscia profunda no lado lateral da perna.

Ação: as cabeças longa e curta do bíceps femoral flexionam e rodam lateralmente a articulação do joelho. Além disso, a cabeça longa estende e auxilia na rotação lateral da articulação do quadril.

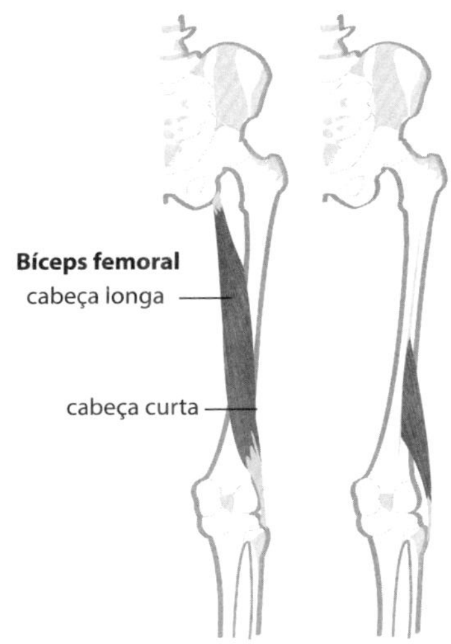

Semitendinoso

Origem: tuberosidade do ísquio por tendão comum com a cabeça longa do bíceps femoral.

Inserção: parte proximal da superfície medial do corpo da tíbia e fáscia profunda da perna.

Ação: flexiona e roda medialmente a articulação do joelho. Estende e auxilia na rotação medial da articulação do quadril.

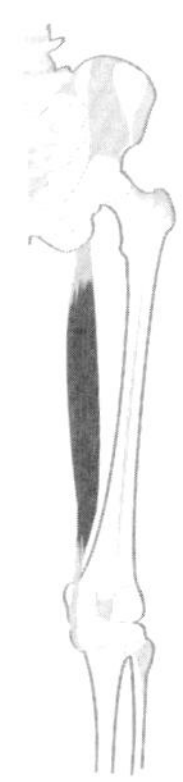

Semimembranoso

Origem: tuberosidade do ísquio proximal e lateral ao bíceps femoral e semitendinoso.

Inserção: face posteromedial do côndilo medial da tíbia.

Ação: flexiona e roda medialmente a articulação do joelho. Estende e auxilia na rotação medial da articulação do quadril.

Sartório

Origem: espinha ilíaca anterossuperior e metade superior da incisura imediatamente distal à espinha.

Inserção: parte proximal da superfície medial da tíbia próximo à borda anterior.

Ação: flexiona, roda lateralmente e abduz a articulação do quadril. Flexiona e auxilia na rotação medial da articulação do joelho.

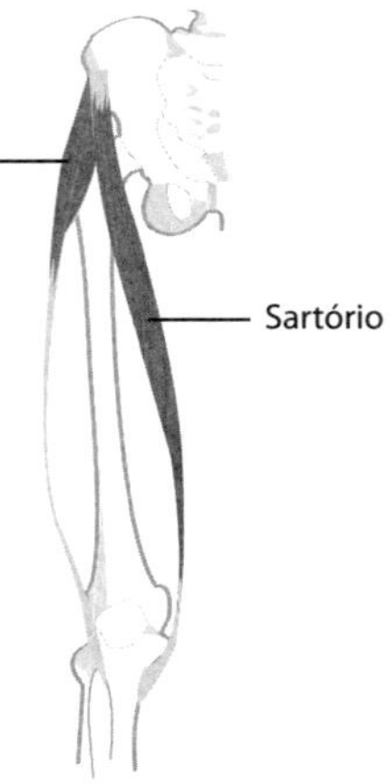

Quadríceps

Origem do reto femoral: cabeça reta a partir da espinha ilíaca anteroinferior. Cabeça rebatida a partir do sulco acima do rebordo do acetábulo.

Origem do vasto lateral: parte proximal da linha intertrocantérica, bordas anterior e inferior do trocanter maior, lábio lateral da tuberosidade glútea, metade proximal do lábio lateral da linha áspera e septo intermuscular lateral.

Origem do vasto intermédio: superfícies anterior e lateral dos dois terços proximais do corpo do fêmur, metade distal da linha áspera e septo intermuscular lateral.

Origem do vasto medial: metade distal da linha intertrocantérica, lábio medial da linha áspera, parte proximal da linha supracondilar medial, tendões do adutor longo e do adutor magno e septo intermuscular medial.

Inserção: borda proximal da patela e, através do ligamento patelar, na tuberosidade da tíbia.

Ação: o quadríceps estende a articulação do joelho e a porção do reto femoral flexiona a articulação do quadril.

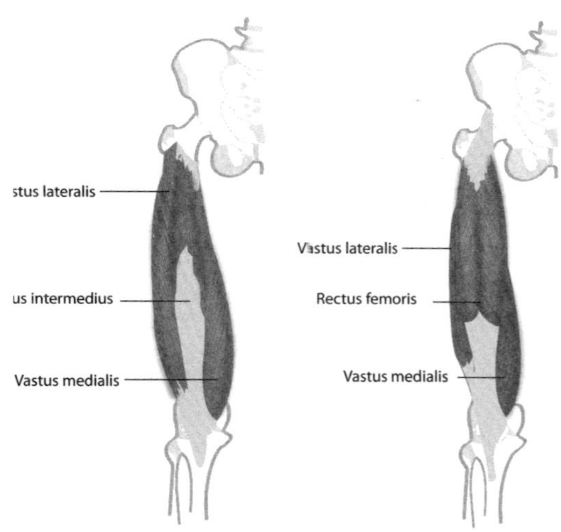

8.5 Movimentos do tornozelo e do pé

O pé, estrutura formada por 26 ossos que se unem por meio de 33 articulações, apresenta, na sua arquitetura óssea da parte inferior, curvaturas em forma de arco no sentido longitudinal e transversal, importantes para distribuir o peso corporal adequadamente quando o individuo está em pé, em repouso ou em movimento (Vilela, 2011).

Articulações do tornozelo e pé:

- Articulação do tornozelo (ou talocrural) – articulação do tipo dobradiça que faz a conexão da tíbia e fíbula com o talus. Vários ligamentos conectam fortemente estes ossos entre si, destes, os mais importantes são os ligamentos tibio-fibulares e talo-fibulares (anteriores e posteriores), ligamento transverso e ligamento deltoide.
- Articulações interfásicas – conectam os ossos do tarso que deslizam entre si.
- Articulações tarsometatársicas – conectam os ossos do tarso com as extremidades proximais dos cinco ossos metatársicos, também realizam movimentos de deslize entre si.
- Articulações metatarsofalângicas – conectam as extremidades distais metatarsianas e as falanges proximais. Realizam flexão e extensão, abdução e adução.
- Articulações Inter falângicas – conectam as falanges e realizam a flexão e extensão das falanges (Vilela, 2011).

Tibial anterior **Origem:** côndilo lateral e metade proximal da superfície lateral da tíbia, membrana interóssea, fáscia profunda e septo intermuscular lateral. **Inserção:** superfície medial e plantar do osso cuneiforme medial, base do primeiro osso metatársico. **Ação:** dorsiflexiona a articulação do tornozelo e auxilia na inversão do pé.	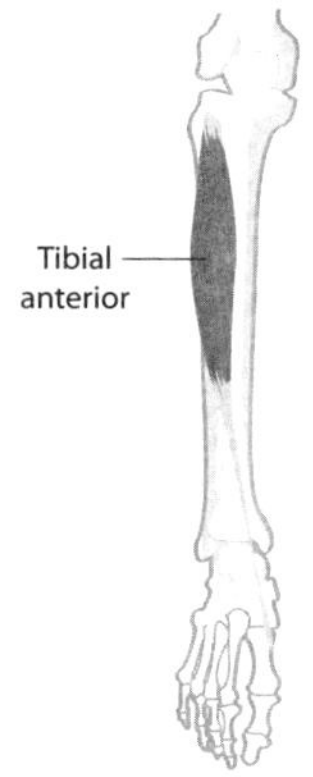

Extensor longo dos dedos **Origem:** côndilo lateral da tíbia, três quartos proximais da superfície anterior do corpo da fíbula, parte proximal da membrana interóssea, septos intermusculares adjacentes e fáscia profunda. **Inserção:** por quatro tendões no segundo até quinto dedo. Cada tendão forma uma expansão sobre a superfície dorsal do artelho, divide-se em uma tira intermediária e duas tiras laterais presas à base da falange distal. **Ação:** estende as articulações metatarsofalângicas e auxilia quanto a estender as articulações interfalângicas do segundo até o quinto dedo. Auxilia na dorsiflexão da articulação do tornozelo e eversão do tornozelo.	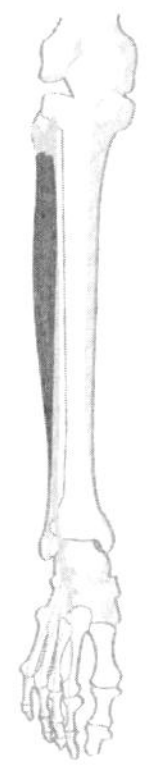

Extensor longo do hálux

Origem: dois quartos intermediários da superfície anterior da fíbula e membrana interóssea adjacente.

Inserção: base da falange distal do hálux.

Ação: estende as articulações metatarsofalângicas e interfalângicas do hálux. Auxilia na inversão do pé e na dorsiflexão da articulação do tornozelo.

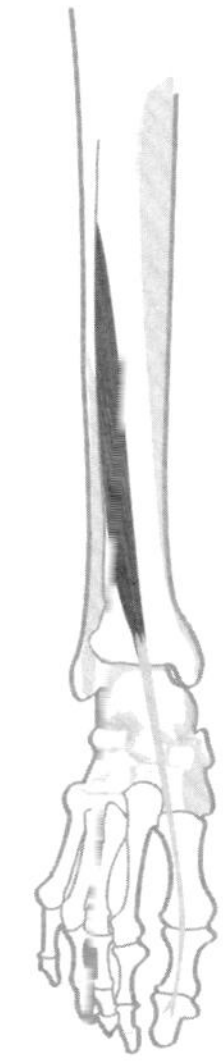

Gastrocnêmio

Origem da cabeça medial: parte proximal e posterior do côndilo medial e parte adjacente do fêmur, cápsula da articulação do joelho.

Origem da cabeça lateral: côndilo lateral e superfície posterior do fêmur, cápsula da articulação do joelho.

Inserção: parte média da superfície posterior do calcâneo.

Ação: flexão plantar da articulação do tornozelo e auxilia na flexão da articulação do joelho.

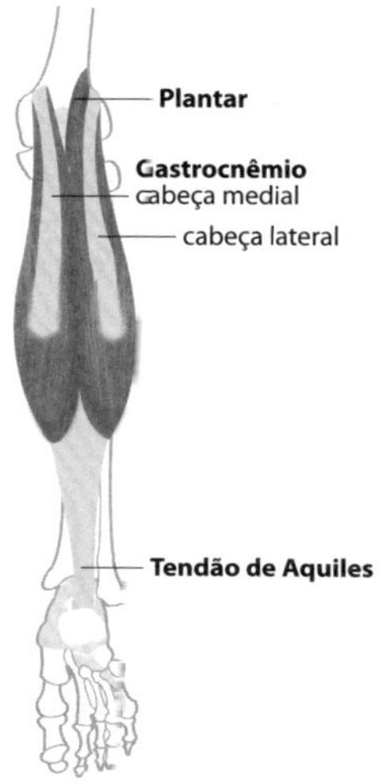

Sóleo

Origem: superfícies posteriores da cabeça da fíbula e terço proximal do seu corpo, linha solear e terço intermediário da borda medial da tíbia e arco tendíneo entre a tíbia e a fíbula.

Inserção: com o tendão do gastrocnêmio na superfície posterior do calcâneo.

Ação: flexiona plantarmente a articulação do tornozelo.

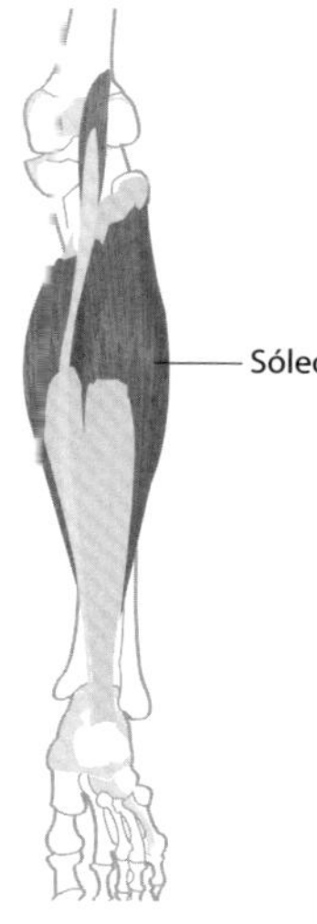

Plantar

Origem: parte distal da linha condilar lateral do fêmur e parte adjacente de sua superfície poplítlea, ligamento poplíteo oblíquo da articulação do joelho.

Inserção: parte posterior do calcâneo.

Ação: flexão plantar da articulação do tornozelo e auxilia na flexão da articulação do joelho.

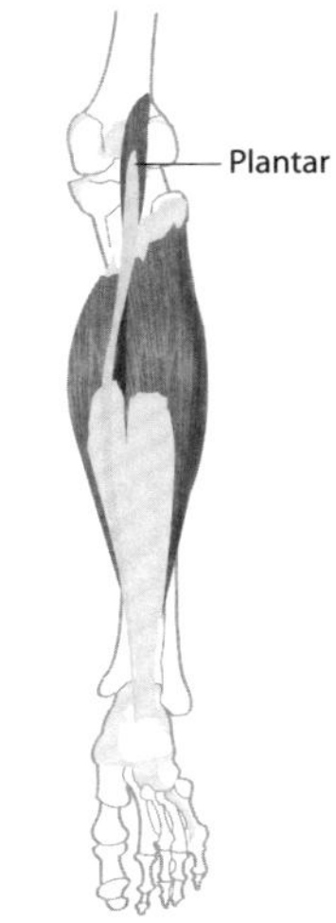

Fibular longo

Origem: côndilo lateral da tíbia, cabeça e dois terços proximais da superfície lateral da fíbula, septos intermusculares e fáscia profunda adjacente.

Inserção: lado lateral da base do primeiro metatársico e do osso cuneiforme medial.

Ação: everte o tornozelo, auxilia na flexão plantar da articulação do tornozelo e deprime a cabeça do primeiro metatársico.

Fibular curto

Origem: dois terços distais da superfície lateral da fíbula e septos intermusculares adjacentes.

Inserção: tuberosidade na base do quinto osso metatársico, lado lateral.

Ação: everte o tornozelo e auxilia na flexão plantar do tornozelo.

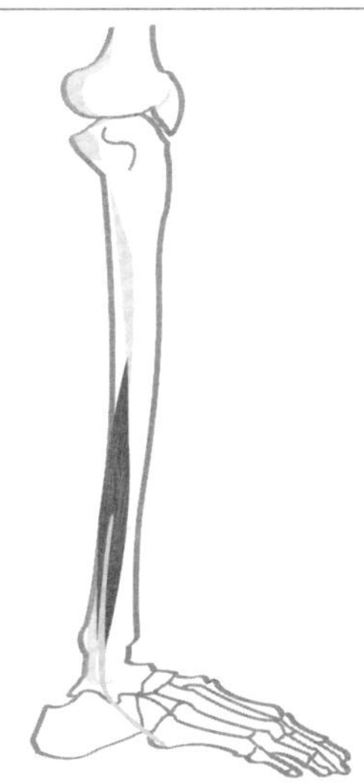

Fibular terceiro

Origem: 1/3 distal da face anterior da fíbula.

Inserção: base do quinto metatarso.

Ação: everte o tornozelo.

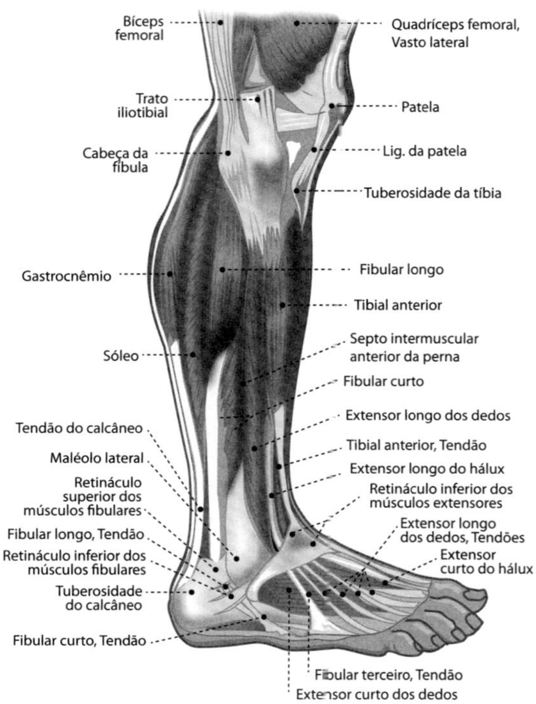

Flexor longo do hálux

Origem: superfície posterior dos dois terços distais da fíbula, membrana interóssea e septos intermusculares e fáscia adjacentes.

Inserção: base da falange distal do hálux, superfície plantar.

Ação: flexiona a articulação interfalângica do hálux e auxilia na flexão da articulação metatarsofalângica, flexão plantar da articulação do tornozelo e inversão do pé.

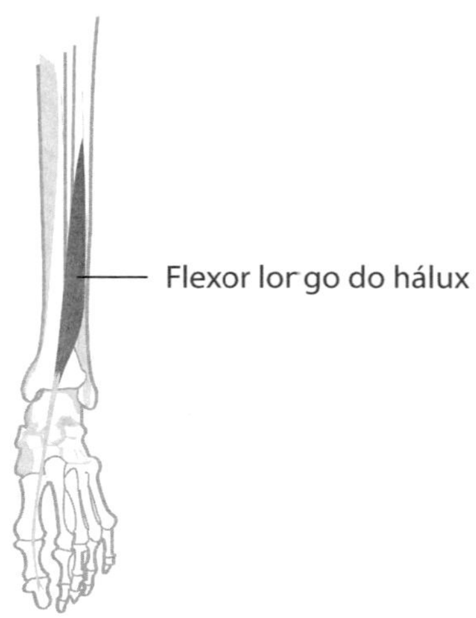

TIBIAL POSTERIOR

Origem: maior parte da membrana interóssea, porção lateral da superfície posterior da tíbia, dois terços proximais da superfície medial da fíbula, septos intermusculares adjacentes e fáscia profunda.

Inserção: tuberosidade do osso navicular e expansões fibrosas no sustentáculo do tálus, três cuneiformes, cubóide e bases do segundo, terceiro e quarto ossos metatársicos.

Ação: inverte o pé e auxilia na flexão plantar da articulação do tornozelo.

Referências

BARR, K. P.; GRIGGS, M.; CADBY, T. Lumbar stabilization: core concepts and current literature, part 1. *Am J Phys Med Rehabil* v. 84, p. 473-480, 2005.

BERGMARK, A. Stability of the lumbar spine: a study in mechanical engineering. *Acta Orthop Scand*, v. 230, e. 60, p. 20-24, 1989.

CAILLIET, R. *Low Back Pain Syndrome*. 3. ed. Philadelphia: FA Davis, 1981.

CAMPOS, M. de A. *Exercícios Abdominais: uma abordagem prática e científica*. Rio de Janeiro: Editora Sprint, 2002.

FRANKEL, V. H.; BURSTEIN, A. H. *et al.* Biomechanics of internal derangement of the knee. Pathomechanics as determined by analysis of the ICM. *J Bone Joint Surg*, v. 53A, p. 945-962, 1980.

HALL, S. J. *Biomecânica Básica*. 3. ed. Rio de Janeiro: Guanabara Koogan, 2000.

HEBERT, S. *et al. Ortopedia e traumatologia*: princípios e prática. 3. ed. Porto Alegre: Ed. Artmed, 2003.

KAPANDJI, I. A. The physiology of joints. *In*: *The Trunk and Vertebral Column*. Edinburgh: Churchill Livingstone, 1974.

KENDAL, F. P. *et al. Músculos – provas e funções*. 5. ed. São Paulo: Manole, 1995.

KNOPLICH, J. *Enfermidades da coluna vertebral*: uma visão clínica e fisioterápica. 3. ed. São Paulo: Robe, 2003.

MOORE, K.L.; AGUR, A.M.R. *Fundamentos de Anatomia Clínica*. 2. ed. Rio de Janeiro: Guanabara Koogan, 2000.

NORDIN, M.; FRANKEL, V. H. (ed.). *Biomecânica básica do sistema musculoesquelético*. 3. ed. Rio de Janeiro: Guanabara Koogan, 2003.

PANJABI, M. M. The stabilizing system of the spine, part 1: function, dysfunction, adaption and enhancement. *J Spinal Disord*, v. 5, p. 383-389, 1992.

SMITH, L. K., WEISS, E. L., LEHMKUHL, L. Don. *CinesiologiaClínica de Brunnstrom*. 5. ed. São Paulo: Manole 1995.

SNELL, R. S. *Neuroanatomia clínica para estudantes de medicina*. 5. ed. Rio de Janeiro: Guanabara Koogan, 2003.

WHITE, A. A.; PANJABI, M. M. The Basic Kinematics of the Lumbar Spine. *Spine*, v. 3, p. 12, 1978.

WIRHED, R. Treinamento de força. *In*: *Atlas de Anatomia do Movimento*. São Paulo: Manole, 1986.

9

Biomecânica aplicada aos equipamentos de treinamento de força

Enrico Gori Soares

Josinaldo Jarbas da Silva

Willy Andrade Gomes

Paulo Henrique Marchetti

OBJETIVO DO CAPÍTULO

O presente capítulo visa discutir os principais aspectos mecânicos e neuromusculares relacionados ao uso de equipamentos na musculação, além de diferenciá-los em sua função e em como influenciam o sistema neuromuscular.

A função dos equipamentos é alterar a magnitude e direção das forças e torques externos aplicados ao longo da amplitude de movimento em determinado exercício (Zatsiorsky e Kraemer, 2008). Consequentemente, o sistema nervoso responde a essa alteração ativando músculos específicos, que contraem produzindo forças e torques internos que se opõem aos produzidos pelos equipamentos (Marchetti *et al.*, 2007; Cardinale *et al.*, 2011). Tal modificação da força externa durante a execução do exercício implica a modificação das estratégias do sistema nervoso para vencê-las (Aboodarda *et al.*, 2012, 2013; McMaster *et al.*, 2009, 2010; Wilson e Kiritz, 2014). Portanto, a seleção do equipamento pode ser utilizada como estratégia de treinamento visando modificar o desafio neuromecânico produzido pelos exercícios e, como consequência, a carga de treinamento (Hall, 2013; Marchetti *et al.*, 2007).

Adicionalmente, a combinação de fatores mecânicos associados às constantes mudanças no comprimento muscular (nas tarefas dinâmicas) modifica a produção máxima de força ao longo de toda a amplitude de movimento (Hall, 2013; Marchetti *et al.*, 2007; McMaster *et al.*, 2009). Dessa forma, os exercícios podem ser classificados de acordo com a curva de força resultante ao longo de sua amplitude de movimento (Brown, 2008; McMaster *et al.*, 2009; Wilson; Kiritz, 2014). Quando selecionados corretamente, os equipamentos garantem um maior desafio mecânico em toda amplitude de movimento (McMaster *et al.*, 2009; Zatsiorsky e Kraemer, 2008).

Dessa forma, uma tarefa fundamental na escolha dos equipamentos para o treinamento de força é identificar suas influências no sistema neuromuscular. A escolha dos equipamentos determinará como as forças externas serão aplicadas no sistema neuromuscular, além de determinar como ele responderá a essas forças. Fisicamente, podem-se dividir as forças atuantes no treinamento de força em dois grupos: forças externas representam as forças aplicadas pelo equipamento no sistema neuromuscular (ex.: cabos, pesos livres, elásticos e máquinas) e forças internas que representam as forças atuantes dentro do próprio sistema (ex.: músculos, ligamentos e tendões). Entretanto, ambas as forças externas e internas atuam sobre sistema osteoarticular para que ocorra o movimento. Quando uma força tende a causar a rotação ou torção em um eixo de giro (articulação), diz-se que essa força produziu um torque (Okuno; Fratin, 2009). Dessa forma, forças externas (sobrecarga) produzem torques externos (rotação articular a favor da resistência externa), resultando na produção de forças internas (contração muscular) produzindo torques internos (rotação articular contra a resistência externa). Todo esse processo é resultado de uma complexa interação de eventos neuromecânicos que regulam o controle do movimento humano. O entendimento deste processo pode auxiliar o profissional a identificar os músculos ativos e o tipo de ação muscular (Coburn e Malek, 2012).

Figura 9.1 – Representação esquemática do efeito do equipamento na resposta neuromuscular

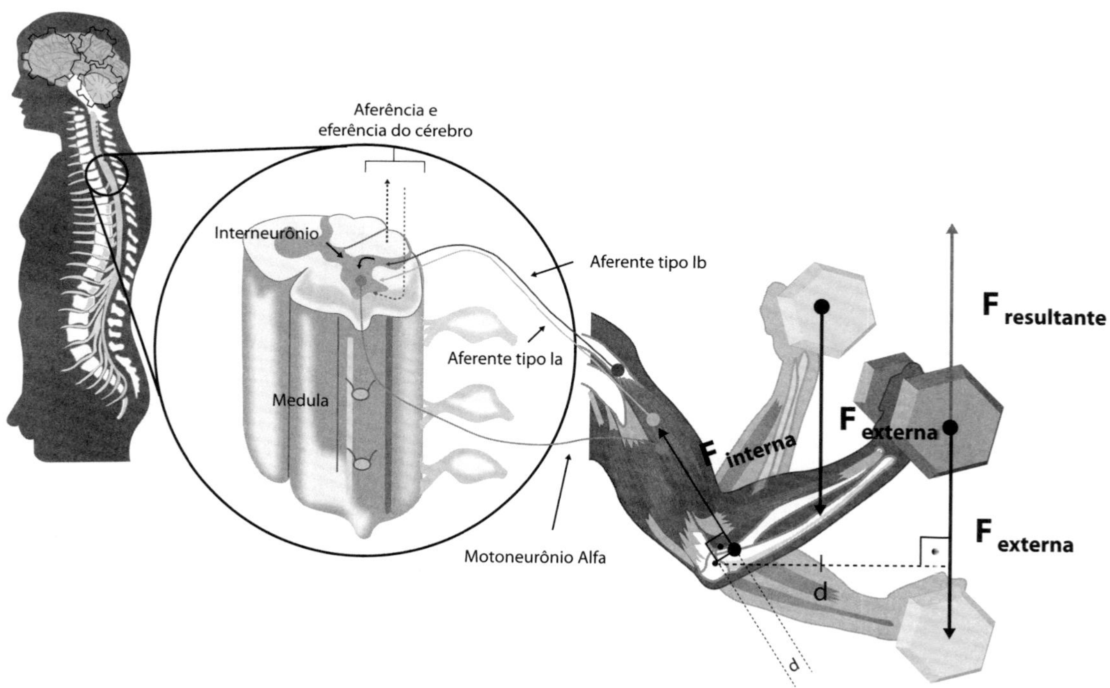

Como observado na Figura 9.1, o efeito do peso livre (força externa) provoca um efeito de rotação na articulação do cotovelo classificado como torque externo para extensão. Os músculos que se opõem à ação do torque externo (no caso, os flexores do cotovelo) identificam, sensorialmente via receptores aferentes, a variação no comprimento e na tensão muscular por meio de estruturas proprioceptivas especializadas e enviam essas informações para o sistema nervoso central.

Esses receptores são componentes do sistema somatosensorial especializados na "sensação corporal" ou propriocepção, que manda sinais aferentes para o cérebro sobre como o corpo se posiciona ou move no espaço. Após receber as informações proprioceptivas, o comando motor central trabalha de forma hierárquica o controle do movimento. Por fim, após o disparo dos motoneurônios alfa, as fibras musculares se contraem, produzindo tensão (força interna) e provocando um efeito de rotação na articulação do cotovelo (torque interno para flexão) que se opõe ao torque externo do equipamento. Assim, caso o torque interno seja maior que o torque externo, o cotovelo flexiona, caracterizando uma ação concêntrica. Se o torque externo é maior que o torque interno, o cotovelo estende, caracterizando uma ação excêntrica. Se ambos apresentarem similar magnitude, não ocorre movimento na articulação, caracterizando uma ação isométrica. O importante é destacar que os ajustes neuromusculares apresentados ocorrem instantaneamente, pois o movimento articular altera constantemente as relações entre as forças e torques internos e externos. Portanto, a seleção dos exercícios e equipamentos determina todo o sequenciamento de eventos neuromusculares.

9.1 Curvas de força e *sticking region*

A escolha dos exercícios realizados em uma sessão de treinamento de força é determinada pela seleção dos grupos musculares a serem ativados (Prestes *et al.*, 2016). Entretanto, somente o conhecimento da cinesiologia de cada exercício não garante a correta prescrição quanto aos efeitos mecânicos da carga de treino sobre os músculos alvo. Cada exercício — independentemente do grupo muscular ativado — possui características cinemáticas e cinéticas únicas que podem afetar as respostas agudas, principalmente pela variação da ação das forças internas e externas ao longo da amplitude de movimento (McMaster *et al.*, 2009).

A combinação da relação comprimento--tensão e do efeito da posição angular resultam em diferentes produções de força e torque para um movimento em particular. É importante notar que a curva de força representa a combinação de todos os músculos que atuam de forma sinérgica em um determinado exercício, portanto pode ser definida como força resultante (Cardinale *et al.*, 2011). Considerando, como exemplo, o movimento de extensão de cotovelo, somente a relação comprimento-tensão do tríceps braquial associado às alterações no ângulo do complexo do cotovelo afeta a produção de força resultante. Entretanto, em um exercício mais complexo, como supino reto, todos os músculos envolvidos na adução horizontal de ombros e na extensão do cotovelo – bem como suas respectivas alterações angulares – combinam-se na a produção da força resultante (Cardinale *et al.*, 2011). Dessa forma, os exercícios apresentam diferentes classificações quanto a sua capacidade de produção de força resultante ao longo da amplitude de movimento (Cardinale *et al.*, 2011; McMaster *et al.*, 2009, 2010; Wilson e Kiritz, 2014) (ver Figura 9.2).

Figura 9.2 – Relação força resultante-ângulo referente à carga externa aplicada ao sistema biológico

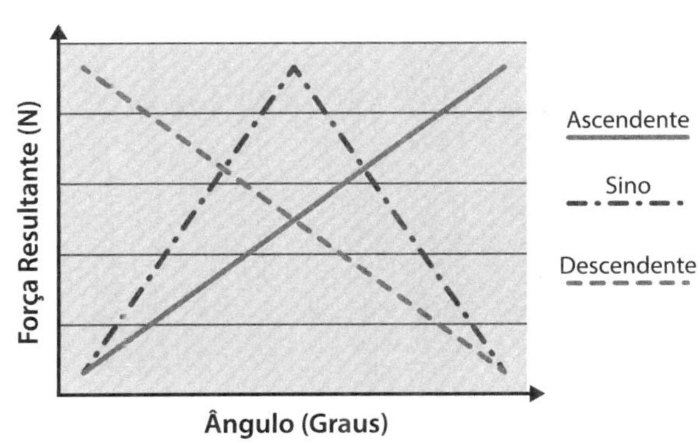

Fonte: adaptado de McMaster *et al.* (2009).

Exercícios de membros superiores (como puxadas e remadas) apresentam relação descendente entre força resultante e ângulo, pois permitem a máxima produção de força resultante no início do movimento. Exercícios monoarticulares/isolados, como rosca de bíceps e tríceps na polia, são exemplos de exercícios com relação em forma de sino, onde a máxima produção de força resultante ocorre no meio da amplitude de movimento. Por fim, exercícios como agachamento, levantamento terra e supino apresentam uma relação ascendente, pois oferecem máxima produção de força resultante no final do movimento (McMaster *et al.*, 2009; Wilson e Kiritz, 2014). Desta forma, a maior sobrecarga produzida em um exercício é limitada pela região de menor eficiência mecânica, onde geralmente ocorre a falha concêntrica. Essa região é conhecida como "*sticking region*" sendo determinada pela região entre o início da redução da velocidade do movimento e o ponto onde o movimento volta a ganhar velocidade (Figura 9.3). Tal ponto é facilmente observado em exercícios realizados com sobrecarga máxima e/ou próximas da máxima (Saeterbakken *et al.*, 2016). A Figura 9.3 demonstra a velocidade da barra na fase concêntrica em um levantamento máximo (1 RM) no supino reto. É possível identificar os momentos pré-*sticking region*, onde se inicia a fase concêntrica até o primeiro pico de velocidade (V_{max1}); *sticking region,* entre o primeiro pico de velocidade e o ponto de menor velocidade do levantamento (V_{min}); e pós-*sticking region,* onde a barra volta a ganhar velocidade até atingir o segundo pico do levantamento (V_{max2}).

Figura 9.3 – Velocidade linear da barra em um levantamento máximo (1 RM) no exercício supino reto

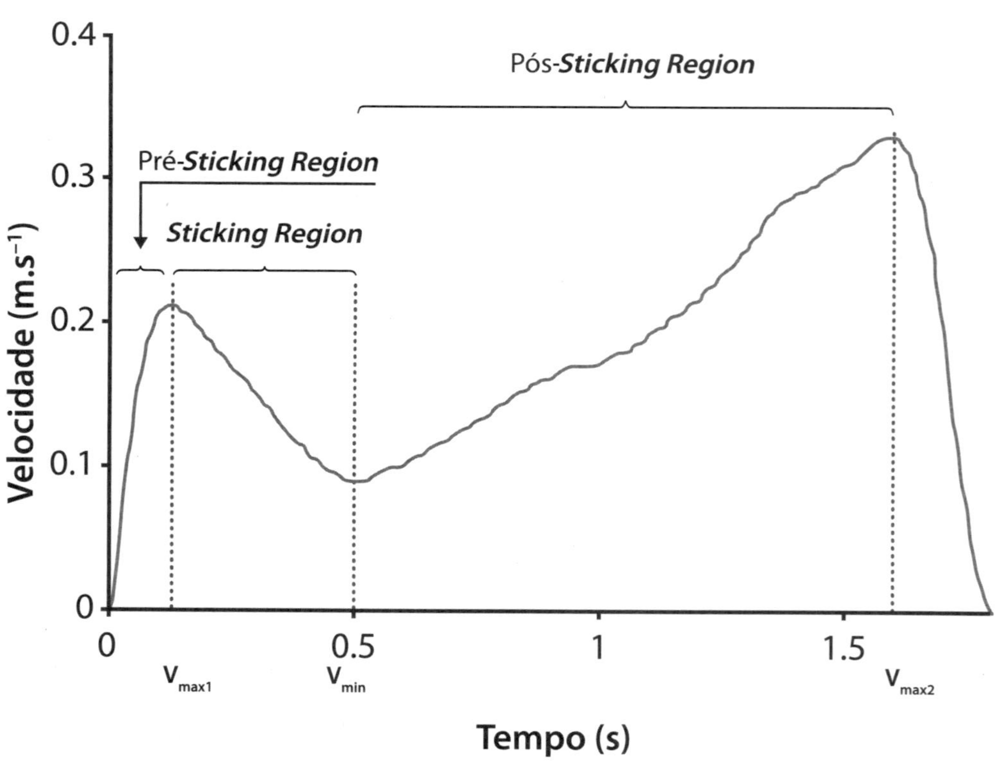

Fonte: adaptado de van den Tillaar *et al.* (2012).

Entretanto, identificar o mecanismo responsável pela *sticking region* não é tarefa fácil. Simplesmente definir o ponto onde a força externa (equipamento) tem o maior braço momento (torque externo máximo) não caracteriza a *sticking region*, pois nesse ponto a força interna (músculo) também pode ter o maior braço momento (torque interno máximo) (Coburn e Malek, 2012). Outro mecanismo proposto é a redução do efeito potencializador do ciclo alongamento-encurtamento entre as fases pré-*sticking region* e *sticking region*, associado a um atraso da ativação muscular para compensar a queda da potencialização (van den Tillaar e Ettema, 2010). O estudo de van den Tillaar *et al.* (2012) não observou diferenças na atividade mioelétrica do peitoral maior, do deltoide anterior e do tríceps braquial entre as fases no levantamento máximo no supino reto, tornando tal teoria pouco provável. Adicionalmente, a constante mudança no comprimento muscular nas tarefas dinâmicas modifica a produção da força interna durante toda a amplitude de movimento (Marchetti *et al.* 2007; McMaster *et al.* 2009; Hall, 2013). Sendo assim, a *sticking region* deve ocorrer na região em que a força externa tem a maior vantagem mecânica comparada à força interna, caracterizando, assim, a região de menor eficiência mecânica (Coburn e Malek, 2012; van den Tillaar *et al.*, 2012).

O conhecimento dos fatores neuromecânicos que influenciam o desempenho humano é fundamental para a escolha dos equipamentos adequados para a prescrição do treinamento de força. Como descrito anteriormente, a função dos equipamentos é alterar a magnitude e direção das forças e torques externos aplicados ao longo da amplitude de movimento em um determinado exercício. Portanto, os equipamentos podem ser selecionados de forma a ajustarem-se às curvas de produção de força; assim, posições mais fáceis de se executar com apenas um tipo de equipamento (ex.: peso livre) podem ser dificultadas, amplificando o efeito do exercício quanto à exigência do sistema neuromuscular (Fleck e Kraemer, 2006; McMaster *et al.*, 2009). Pesos livres, máquinas e equipamentos com cabos e polias são os principais equipamentos frequentemente encontrados em salas de musculação. Adicionalmente, a utilização de elásticos e correntes como equipamentos tem ganhado popularidade dentro das academias devido à sua simplicidade, variedade e baixo custo de aquisição.

A biomecânica aplicada e os efeitos agudos e crônicos desses equipamentos serão discutidos nos tópicos a seguir.

9.2 Tipos de Equipamentos

9.2.1 Polias (Roldanas)

As polias podem ser descritas como um disco com um sulco em sua volta (por onde passa um cabo, corda ou corrente) e um eixo central em torno do qual ela gira (Okuno; Fratin, 2009). Muito utilizada em equipamentos de musculação, as polias podem ser classificadas em fixas ou móveis de acordo com sua função dentro de um sistema mecânico (Okuno e Fratin, 2009).

As polias fixas possuem seu eixo fixado a uma região imóvel do equipamento de musculação; elas, portanto, não se movem em relação à máquina. Uma polia fixa permite a mudança da direção do cabo sem que a sobrecarga seja alterada, independente do número de polias fixas (Figura 9.4) (Okuno; Fratin, 2009). Basicamente, a tendência é que todos os corpos sejam atraídos para o centro da terra devido à ação da gravidade ($g = 9{,}8 m/s^2$) (Jewett Jr. e Serway 2011). Dessa forma, o redirecionamento da força proveniente da utilização de polias fixas possibilita a realização em condições favoráveis de exercícios que seriam impossíveis com a utilização de pesos livres, como por exemplo, durante a extensão de cotovelos no *cross over*, a extensão e adução de ombros associadas à flexão de cotovelos na "máquina de costas" (puxadas) etc.

Figura 9.4 – Modelo esquemático de uma polia fixa

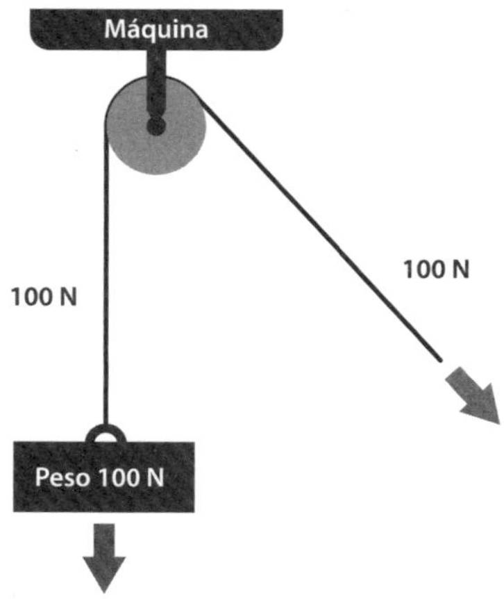

Já a polia móvel não se encontra fixada a uma região imóvel da máquina; ou seja, de alguma forma, ela possui liberdade de movimento. Geralmente, a polia móvel é fixada à sobrecarga ("peso") ou a uma parte móvel da máquina (Okuno e Fratin, 2009). Dessa forma, é importante se atentar ao local de fixação das polias móveis, bem como ao local de fixação das extremidades do cabo, visto que esses modificarão a magnitude da sobrecarga oferecida pelo equipamento ao praticante. Na Figura 9.5, observa-se que a polia não está presa diretamente à máquina e sim à sobrecarga da máquina, onde a resistência é representada por um peso de 100 N. No entanto, quando o cabo passa pela roldana o peso é dividido entre as duas extremidades do cabo. Ou seja, se uma das extremidades do cabo estiver presa à máquina, e a outra estiver sendo puxada por um praticante de musculação, a força necessária para que ele consiga levantar os 100 N será de apenas 50 N (metade do peso). Dessa forma, se as duas extremidades do cabo estiverem presas a uma região móvel da máquina, de forma que essa estrutura seja o ponto de interação entre o praticante e a máquina, será possível distribuir de maneira uniforme a sobrecarga de 100 N entre as estruturas de interação (50 N para cada lado), que, por sua vez, serão transferidas ao praticante como no equipamento *peck deck* convencional (ver Figura 9.5).

Figura 9.5 – Modelos de polia móvel, nos quais o peso é diminuído (dividido)

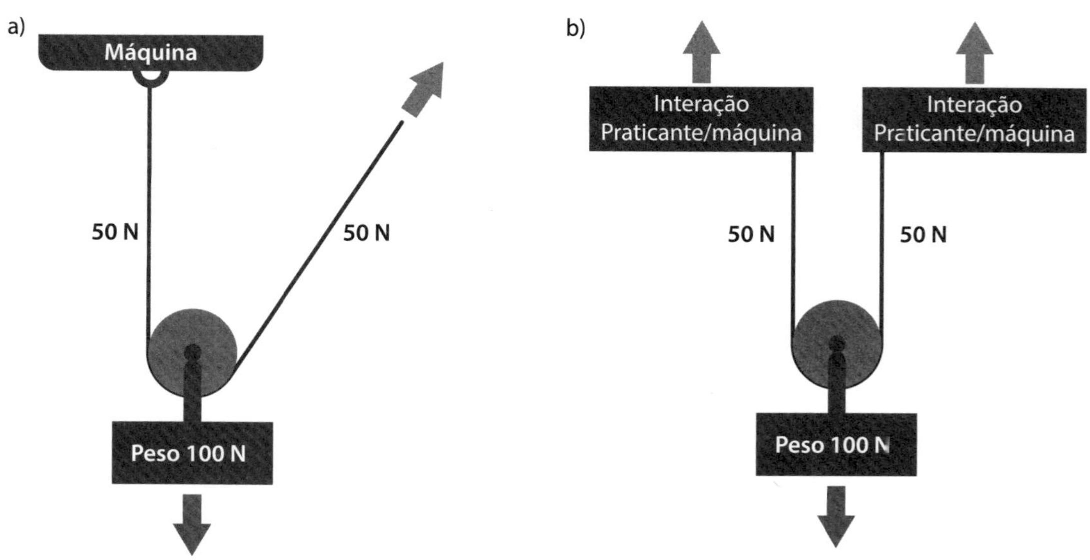

Outro modelo de polia móvel é aquela no qual ela está presa a uma estrutura móvel da máquina, de forma que essa estrutura seja o ponto de interação entre o praticante e a máquina (Figura 9.6). Ao contrário do exemplo anterior, essa disposição de roldanas dobra a resistência oferecida pela máquina, ou seja, mais força deverá ser produzida pelo praticante para vencer a resistência oferecida pelo equipamento. Observe na Figura 9.6 que uma das extremidades do cabo está presa a um peso de 100 N e a outra passa por uma roldana e é presa a uma estrutura imóvel da máquina. Dessa forma, quando o praticante interagir com a região móvel da máquina (interação praticante-máquina), a resistência total oferecida pelo equipamento será de 200 N, ou seja, o dobro da resistência externa oferecida pelo equipamento. Essa disposição mecânica das polias permite ao fabricante de equipamentos de musculação o desenvolvimento de máquinas que ofereçam grande resistência ao praticante, com um custo relativamente baixo.

É comum nos equipamentos de musculação a combinação de polias fixas e móveis com o intuito de transferir a força resultante da sobrecarga utilizada, bem como de dobrá-la (Figura 9.7) ou dividi-la (Figura 9.8). É possível observar na Figura 9.7 um esquema de combinação entre polias fixas e móveis. Neste modelo, a disposição das polias foi projetada para proporcionar um aumento da resistência externa do equipamento imposta ao praticante.

Figura 9.6 – Modelo de polia móvel, no qual a sobrecarga é aumentada

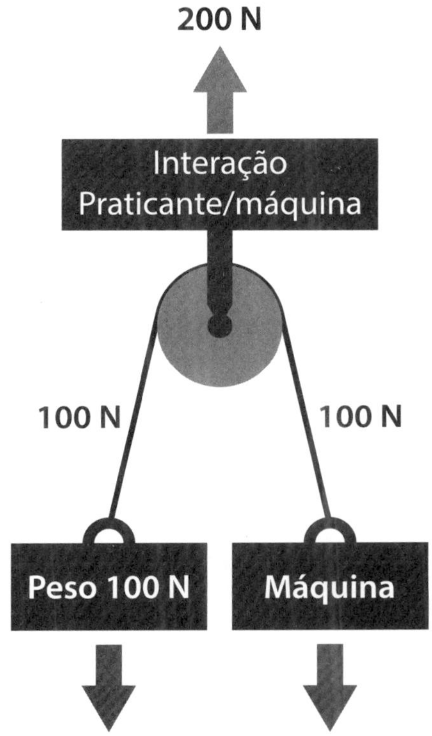

Figura 9.7 – Modelo de combinação entre polias fixas e móveis: aumento da sobrecarga externa

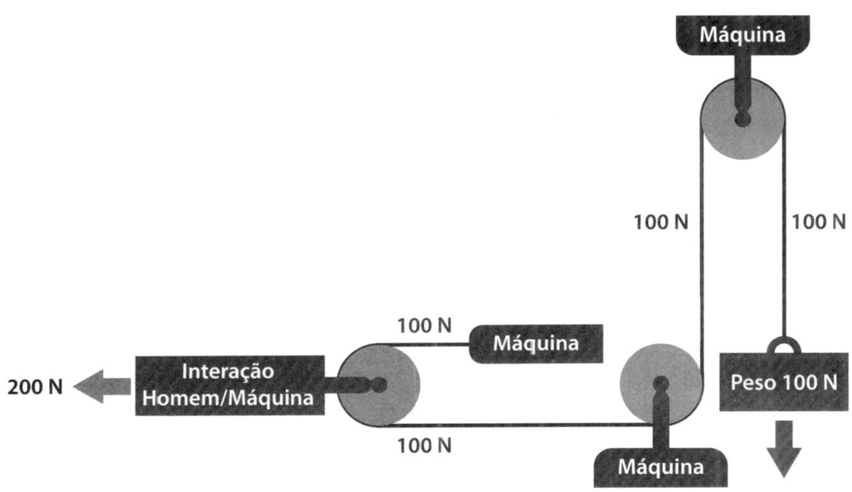

Na Figura 9.8, é possível observar outra combinação entre polias fixas e móveis; entretanto, essa visa dividir a sobrecarga externa entre as extremidades do cabo.

Figura 9.8 – Modelo de combinação entre polias fixas e móveis: diminuição da sobrecarga externa

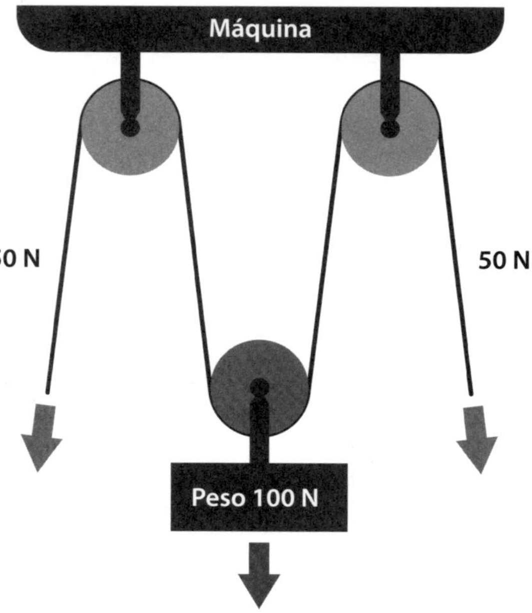

É importante ressaltar que os exemplos citados acima foram criados de forma didática e simplificados; portanto, somente os efeitos das polias foram analisados. Além disso, diversas combinações entre polias fixas e móveis podem ser utilizadas na construção de um equipamento, podendo oferecer resistências maiores ou menores do que as citadas nos exemplos acima. No entanto, seu princípio básico é sempre o mesmo, possibilitando assim a análise do sistema de disposição de polias e sua influência na manutenção, redução ou aumento da sobrecarga levantada.

As análises acima demonstram o quão importante pode ser a disposição das polias na construção de um aparelho de musculação. No entanto, é importante entender que existem diferenças mecânicas entre realizar o exercício em um aparelho com cabo (ex.: elevação lateral no *crossover*), com pesos livres (ex.: elevação lateral com halteres) e em máquinas guiadas (ex.: elevação lateral na máquina). Mesmo que os exercícios visualmente pareçam iguais, as exigências mecânicas e, consequentemente, as ações dos músculos são diferentes. Muitos acreditam que os exercícios realizados com pesos livres são os "melhores"; no entanto, é importante fortalecer a ideia de que não existe o "melhor exercício", e sim variações que, quando combinadas de forma adequada, podem atender as necessidades específicas de cada praticante.

O estudo de Peltonen *et al.* (2012) que comparou os efeitos da sobrecarga promovida por um equipamento com cabo e polia (CP) e por um equipamento com *came* (mecanismo que abordaremos adiante) de resistência variável (RV) sobre os músculos da articulação glenoumeral durante a rotação externa do úmero. Participaram do estudo 11 homens ativos e saudáveis, sem experiência na realização de exercícios de rotação externa de ombros tanto em equipamentos com cabo e polia como em máquinas de resistência variável. Foram realizadas, de maneira aleatorizada, duas rotações externas de ombro com o cotovelo a 90° e ombros a 13,5° de abdução (no plano da escápula) para ambas as condições experimentais (CP e RV). A velocidade de execução do movimento foi autosselecionada e a amplitude foi máxima (de 0° a 120°). A ativação muscular dos músculos deltoide médio, supraespinhal, infraespinhal e parte superior do trapézio foi avaliada por eletromiógrafo invasivo de fio, ao passo que o torque da rotação externa de ombro foi medido por dinamômetro em diferentes intensidades (10%, 50% e 100% de 1 RM). Os resultados mostraram que a amplitude de movimento em rotação de ombro para CP foi menor do que para RV apenas a 100% de 1 RM.

Foi verificada maior ativação muscular em RV do que em CP para o supraespinhal (em 0–30° e 60–90°) a 100% de 1 RM, para o trapézio porção superior a 50% e 100% de 1 RM durante toda a amplitude de movimento, para o infraespinhal (em 90–120°) a 100% de 1 RM e para o deltoide médio (em 0–30°, 30–60° e 60–90°) a 50% e 100% de 1 RM. Além disso, verificou-se que a força de cisalhamento que puxa a cabeça do úmero em uma direção posterior foi mais bem distribuída em RV do que em CP nos diferentes ângulos de rotação. O estudo concluiu que RV promove maior amplitude de movimento, com maior ativação muscular dos rotadores externos primários e com distribuição uniforme da força de cisalhamento quando comparado a CP. No entanto, realizar o exercício com RV em alta intensidade também aumenta a ativação da porção superior do trapézio, o que não é desejável, visto que a atividade da porção superior do trapézio tem sido associada a dores de cabeça em alguns pacientes com dor no pescoço e ombros.

9.2.2 *Cames*

O *came* pode ser descrito como uma polia diferenciada que possui braços de alavanca ou raios variáveis (Jewett Jr. e Serway, 2011; Zatsiorsky; Kraemer, 2008). Muito utilizado em equipamentos de musculação, o *came* possibilita, teoricamente, que os exercícios sejam realizados com maior torque externo possível em toda a amplitude de movimento articular (McMaster *et al.*, 2009; Zatsiorsky e Kraemer, 2008). Os *cames* podem variar de tamanho e de forma, de acordo com as características mecânicas e com as funções a serem desempenhadas no equipamento. Dessa forma, é possível projetar ou posicionar os *cames* que ofereçam maior resistência externa em ângulos articulares nos quais o praticante produz maior força, e menor resistência externa quando o praticante produz menos força, tornando a resistência externa relativamente linear durante toda amplitude de movimento (Zatsiorsky; Kraemer 2008) (ver Figura 9.9).

Figura 9.9 – *Came* com braços de alavanca variáveis. Neste esquema, os braços de alavanca tanto da força aplicada (F) como do peso da força (P) variam de acordo com o posicionamento do *came*. Em **a)**, o braço de alavanca da resistência (x) é maior do que o braço de momento da força aplicada (y) (x > y); em **b)**, o braço de alavanca da resistência (x) é igual o braço de momento da força aplicada (y) (x ≈ y); em **c)**, o braço de alavanca da resistência (x) é menor do que o braço de momento da força aplicada (y) (x < y).

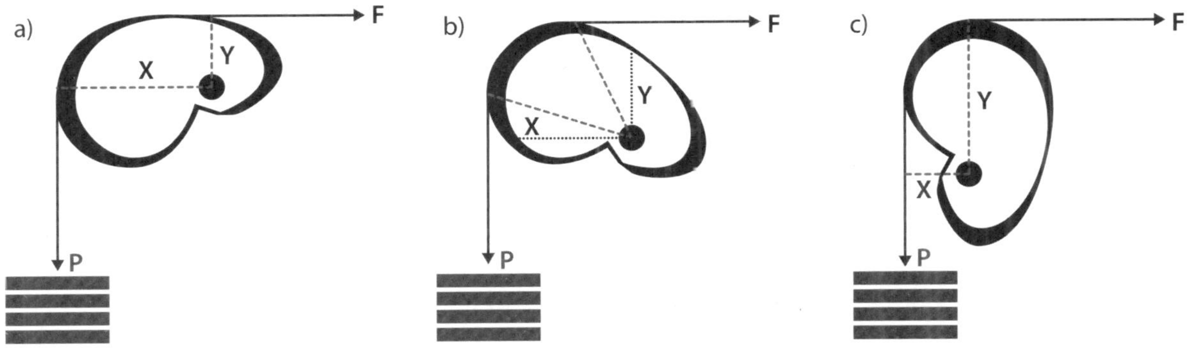

Fonte: adaptado de Zatsiorsky e Kraemer (2008).

Dessa forma, a utilização de equipamentos que contenham *cames* pode ser uma opção interessante quando o objetivo é promover torque externo "constante" ao praticante, visto que a utilização de pesos livres ou cabos com polias não possibilitam a manutenção do torque ao longo de toda a amplitude de movimento (Folland e Morris, 2008). No entanto, é importante deixar claro que equipamentos com *came* possuem algumas limitações (McMaster *et al.*, 2009):

1. Uma vez projetado e fixado ao equipamento, torna-se impossível realizar ajustes que alterem suas características mecânicas relacionadas à produção de torque. Dessa forma, cabe ao praticante se adaptar às características mecânicas do equipamento.
2. O *came* é projetado tendo como referência dados antropométricos (comprimento do membro, local de inserção do tendão) de uma média populacional. Assim, a relação entre o ângulo articular e o torque pode ser comprometido em praticantes acima ou abaixo da média populacional.
3. Reduz a liberdade de movimento, minimizando a ação de músculos estabilizadores.
4. Maior custo de compra e de manutenção. Além disso, as características mecânicas dos equipamentos de musculação podem variar de acordo com o modelo e/ou a marca do equipamento (Folland; Morris, 2008).

O estudo de Folland e Morris (2008) comparou o torque oferecido por diferentes equipamentos que possuíam *came* com o torque articular de extensores de joelho. Participaram do estudo dez sujeitos do gênero masculino, saudáveis e fisicamente ativos (estatura: 1,78 m ± 10 cm). Foram avaliados oito equipamentos com *came* de extensão de joelhos de seis marcas diferentes. Um dos sujeitos de estatura média (1,74 m) foi utilizado como modelo nos equipamentos para avaliar a posição dos braços de alavanca do equipamento de extensão de joelhos associados aos ângulos articulares do joelho avaliado. Foi avaliado o torque de extensores de joelhos para uma sobrecarga constante de forma isométrica e dinâmica. Para as contrações isométricas máximas (CVMI), os torques foram avaliados em cinco ângulos articulares (20°, 40°, 60°, 80° e 100°). Para cada ângulo articular, foram realizadas 3 CVMI durante 3 segundos por 30 segundos de intervalo e 90 segundos entre ângulos. O torque produzido por cada equipamento nos diferentes ângulos articulares e condições experimentais foi calculado pela força mensurada por uma célula de carga multiplicada pelo braço de alavanca de cada um dos cinco equipamentos testados. Já para as contrações dinâmicas, foram realizadas 3 contrações voluntárias máximas dinâmicas (CVMD), em duas velocidades ($90° \cdot s^{-1}$ e $180° \cdot s^{-1}$) e a uma amplitude de 120° a 0°. O torque produzido durante a amplitude de movimento foi mensurado por um equipamento isocinético.

Os resultados mostram que a relação entre os ângulos articulares e o torque de produzido durante a extensão de joelhos sem a utilização de *cames* (CVMI e CVMD) apresentaram um gráfico em forma de U ou sino (Figura 9.2) como esperado em pesos livres ou equipamentos que não possuem *cames*. Em contrapartida, dos oito equipamentos munidos de came analisados, sete apresentaram uma relação relativamente linear entre ângulo articular e torque, concluindo que os equipamentos munidos de *came* apresentam uma relação entre ângulo articular e torque horizontalmente linear, possibilitando um torque relativamente estável durante toda a amplitude de movimento. No entanto, os autores observaram nos equipamentos munidos de *came* uma grande variabilidade para a relação entre ângulo articular torque. Sendo assim, é importante destacar que a utilização de equipamentos munidos de *came* podem ou não promover maior torque durante toda a amplitude de movimento, visto que diferentes modelos de *came*, bem como sua posição em relação à máquina, podem alterar a relação entre o torque e o ângulo articular.

O estudo de Walker *et al.* (2013) observou treinamentos de força utilizando resistência constante e resistência variável e comparou os efeitos de cada um na fadiga neuromuscular, na secreção hormonal e na hipertrofia muscular. Participaram do estudo 33 sujeitos, do gênero masculino, dos quais 23 foram treinados em força, dividindo-se em dois grupos de sujeitos: o grupo que realizou o treinamento com resistência constante (RC [n=12]) e o grupo que realizou o treinamento com resistência variável (RV [n=11]), ambos por 20 semanas – havendo, além deles, o grupo controle de destreinados (GC [n=10]). Ambos os grupos treinados realizaram os mesmos exercícios nos mesmos equipamentos (*leg press*, extensão de joelhos e flexão de joelhos) frequência semanal de duas vezes. No entanto, para o grupo RV foram adicionados *cames* nos equipamentos, ao passo que para o grupo RC foram adicionadas polias no lugar dos *cames*. O protocolo de treinamento foi dividido em dois blocos de dez semanas, sendo que o protocolo de treinamento foi exatamente o mesmo em cada bloco (semanas 1ª a 4ª: 2 a 3 séries de 12 a 14 repetições [60% a 70% de 1 RM] por exercício; semana 5ª a 7ª: 2 a 3 séries de 10 a 12 repetições [70% a 80% de 1 RM] por exercício; semana 8ª a 10ª: 3 a 4 séries de 8 a 10 repetições [75% a 85% de 1 RM] por exercício). Para avaliar as possíveis adaptações induzidas pelo treinamento foram realizados os seguintes testes: teste de força máxima (1 RM) e de fadiga (repetições a 75% de 1 RM até a falha concêntrica) no *leg press*, com análise da área de secção transversa por meio de biópsia. Os resultados mostram que, para o número total de repetições, somente o grupo de treinamento com resistência variável aumentou o número total de repetições (41% ± 46%) e o volume *load* (52% ± 37%) durante o teste de fadiga. Para as variáveis de força máxima e hipertrofia muscular, ambos os grupos treinados apresentaram melhora, sem diferença significante entre eles. Conclui-se que o treinamento com RV é uma estratégia de treinamento interessante quando o objetivo é melhorar a resistência à fadiga e a capacidade de trabalho (volume: *load*).

9.2.3 Elásticos

A utilização de elásticos como equipamento de treinamento tem se popularizado entre profissionais de educação física e fisioterapia devido à sua capacidade de atender as necessidades de diversas populações (Aboodarda *et al.* 2013). Quando comparado aos equipamentos tradicionais da musculação (máquinas, *dumbbells*, barras e anilhas), exercícios realizados com elásticos combinam baixo custo de aquisição com praticidade de transporte e diversidade na seleção e na resistência externa (tensão) utilizada (McMaster *et al.*, 2010). Além do uso de forma isolada (Aboodarda *et al.*, 2012; Aboodarda *et al.*, 2013), os elásticos têm sido amplamente utilizados em combinação com exercícios tradicionais de musculação (Anderson *et al.*, 2008; Joy *et al.*, 2013; McMaster *et al.*, 2009, 2010; Wilson e Kiritz, 2014) visando incremento de tensão no exercício.

A tensão em tubos, bandas e cintos elásticos é determinada pela sua rigidez (relação tensão-deformação) (McMaster *et al.*, 2010). Qualquer incremento na deformação corresponde a um incremento na tensão e vice-versa; ou seja, a relação é linear até o ponto de limite elástico. Entretanto, ao ultrapassar tal limite, o material ainda possui alguma elasticidade, mas não mais retornará a forma anterior, ou seja, a deformação é permanente e apresenta relação curvilinear com a tensão (McMaster *et al.*, 2010; Trew e Everett, 2010) (Figura 9.10). Três são as possibilidades de aumentar a tensão produzida pelo elástico: (I) aumentar a deformação do elástico no início do exercício; (II) utilizar mais elásticos em paralelo; e (III) utilizar elásticos com maior rigidez (Aboodarda *et al.*, 2013). McMaster *et al.* (2010) quantificaram a relação tensão-deformação produzida por elásticos com diferentes graus de rigidez e analisaram elásticos capazes de produzir até 80 kg de tensão. Seus resultados demonstraram aumento da densidade e uma área de secção transversa em função da maior deformação e da consequente tensão do elástico. Tais resultados corroboram a ideia de que a utilização de elásticos pode ser uma estratégia para populações mais treinadas, devido à sua capacidade de impor grande tensão mecânica no sistema neuromuscular e, consequentemente, promover respostas agudas e crônicas favoráveis à adaptação.

Figura 9.10 – Relação tensão-deformação de diversos calibres de elásticos (A) e relação força-deslocamento de diversos calibres de correntes (A)

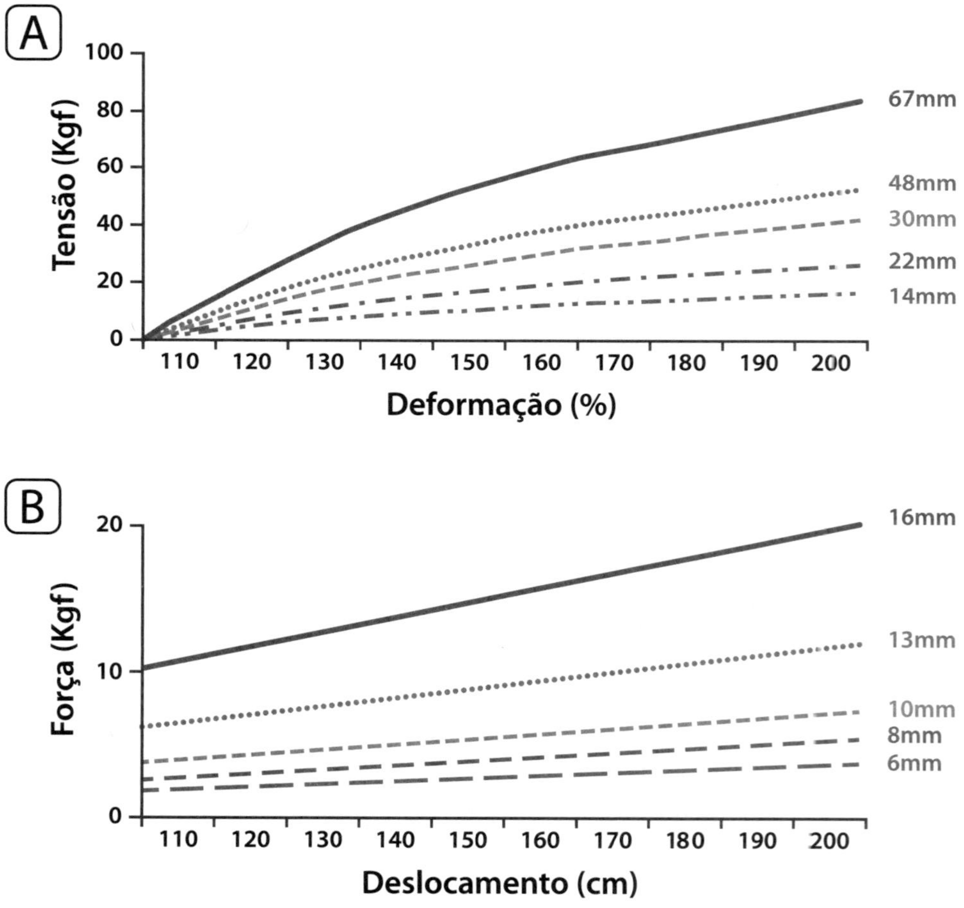

Fonte: adaptado de McMaster *et al.* (2010).

Aboodarda *et al.* (2012) compararam a resposta aguda na atividade mioelétrica e concentração sérica da testosterona, hormônio do crescimento e lactato após a realização de extensão de joelho na máquina ou utilizando elásticos. O protocolo de treinamento consistiu em 5 séries de 10 RM ajustadas para ambos os equipamentos e 90 segundos de intervalo entre séries. A realização da extensão do joelho na máquina apresentou maior produção de força ao longo da amplitude de movimento em comparação à utilização de elásticos. Entretanto, ambos os equipamentos demonstraram-se capazes de produzir similar ativação do vasto lateral (amplitude média e frequência mediana do sinal eletromiográfico), similar aumento do lactato e do hormônio do crescimento após 30 minutos e após 1 hora do término do protocolo. Posteriormente, Aboodarda *et al.* (2013) compararam o torque muscular resultante e a atividade mioelétrica de 8 RM de flexão de cotovelo utilizando *dumbbell* (peso livre), tubo elástico sem deformação no início do exercício e tubo elástico com 30% de deformação no início do exercício. A atividade mioelétrica e a produção de torque muscular apresentaram padrão similar à forma de sino para as três condições testadas. Entretanto, a condição de tubo elástico com 30% de deformação inicial apresentou maior atividade mioelétrica do bíceps braquial, bem como maior torque muscular, em comparação ao *dumbbell* e ao elástico sem deformação inicial. Coletivamente, os trabalhos demonstram que equipamentos elásticos podem ser utilizados em sessões de treinamento de força de alta intensidade. Principalmente por serem eficientes em produzir a tensão mecânica no sistema neuromuscular necessária para ativar a musculatura alvo e, assim, favorecer a resposta hormonal pós–sessão, similarmente às máquinas e pesos livres. Adicionalmente, é importante destacar que ambos os estudos apresentados utilizaram repetições máximas (RM), portanto, a utilização de elásticos no treinamento de força não implica que a sessão de treinamento seja considerada "leve".

Apesar de o uso isolado ser útil e aplicável a diversas situações, a principal estratégia para utilização de equipamentos elásticos é sua combinação com exercícios tradicionais que apresentam uma relação ascendente entre força e ângulo (como supino e agachamento) (Ebben e Jensen, 2002; Findley, 2004; Galpin *et al.*, 2015; McMaster *et al.*, 2009, 2010; Soria-Gila *et al.*, 2015; Stevenson *et al.*, 2010; Wilson e Kiritz, 2014). Uma limitação do contínuo uso de pesos livres é o fato que a resistência externa permanece constante em toda amplitude de movimento e, portanto, a sobrecarga limite é determinada pela *sticking region* e não pela amplitude favorável à maior produção de força (Wilson; Kiritz, 2014). A adição de elásticos em combinação com tais exercícios garante que o ápice da tensão elástica seja produzido próximo ao final do exercício, nos momentos que a musculatura é capaz de produzir mais força (McMaster *et al.*, 2009; Wilson; Kiritz, 2014). Dessa forma, a combinação de ambos os equipamentos (elásticos e pesos livres) requer uma alta produção de força em toda a amplitude de movimento do exercício (McMaster *et al.*, 2009; Wilson; Kiritz, 2014). Portanto, o uso combinado tem sido sugerido como superior ao treinamento tradicional (Anderson *et al.*, 2008; Ebben e Jensen, 2002; Galpin *et al.*, 2015; Joy et al., 2013; Saeterbakken *et al.*, 2016; Stevenson *et al.*, 2010; Wilson e Kiritz, 2014).

A combinação de elásticos ao exercício de agachamento tem sido alvo de uma série de estudos (Andersen *et al.*, 2016; Ebben e Jensen, 2002; Israetel *et al.*, 2010; Mina *et al.*, 2014; Saeterbakken *et al.*, 2014, 2016; Stevenson *et al.*,

2010; Wallace *et al.*, 2006). Devido à constante variação na cinética, cinemática e nível de atividade mioelétrica durante uma repetição do exercício agachamento (Marchetti *et al.*, 2013), os trabalhos frequentemente analisam cada repetição em seis fases distintas: início, meio (*sticking region*) e final das fases excêntrica e concêntrica (Andersen *et al.*, 2016; Israetel *et al.*, 2010; Saeterbakken *et al.*, 2014, 2016; Stevenson *et al.*, 2010). No início da fase excêntrica, a utilização de elásticos demonstra um aumento no pico de força, no pico de velocidade, no pico de potência (Israetel *et al.*, 2010) nas atividades mioelétricas do vasto lateral (Andersen *et al.*, 2016; Israetel *et al.*, 2010) e do vasto medial (Andersen *et al.*, 2016). Nas fases intermediária e final da fase excêntrica, a utilização de pesos livres parece favorecer o pico de força, o pico de potência (Israetel *et al.*, 2010) e a atividade mioelétrica do vasto medial (Andersen *et al.*, 2016). Já no início da fase concêntrica, a utilização de elásticos favorece o pico de velocidade (Saeterbakken *et al.*, 2016) e a utilização de pesos livres apresenta maior pico de força (Israetel *et al.*, 2010). Na fase intermediária (*sticking region*), Andersen *et al.* (2016) reportaram maior atividade mioelétrica do vasto lateral, vasto medial e reto femoral durante a utilização de elásticos no exercício de agachamento. No final da fase concêntrica com elásticos, os estudos demonstram maior pico de força, pico de velocidade (Israetel *et al.*, 2010), atividade do vasto lateral (Andersen *et al.*, 2016; Israetel *et al.*, 2010), vasto medial e bíceps femoral (Andersen *et al.*, 2016). Adicionalmente, Saeterbakken *et al.* (2014) não observaram diferença na atividade mioelétrica do reto do abdome, oblíquo externo e eretor da coluna em nenhuma das seis fases descritas no exercício de agachamento com e sem a utilização de elásticos. Portanto, os estudos encontrados demonstram diferenças cinéticas, cinemáticas e no nível de atividade mioelétrica significantes entre a realização do exercício de agachamento com e sem a utilização de elásticos, cabendo aos profissionais do treinamento (fisioterapeutas e profissionais de educação física) determinar a melhor aplicação para cada especificidade.

Outro exercício frequentemente utilizado no treinamento dos membros inferiores é o levantamento terra (Brown, 2008; Chandler e Brown, 2013). Galpin *et al.* (2015) examinaram os efeitos agudos da combinação de elásticos e pesos livres no levantamento terra. Três condições foram testadas utilizando 60% e 85% de 1 RM: 100% da contribuição de pesos livres (barra e anilhas), 15% da sobrecarga total proveniente de faixas elásticas e 35% da sobrecarga total proveniente de faixas elásticas. Em geral, os resultados demonstraram aumento de velocidade e potência associado à diminuição da força à medida que a contribuição de elásticos aumentava. Sendo assim, os autores sugerem a incorporação de elásticos quando o objetivo do praticante for velocidade e/ou potência, mas não quando objetivo principal for produção de força máxima.

Apesar do exercício de supino reto ser amplamente realizado entre praticantes de treinamento de força (Marchetti *et al.*, 2010) e apresentar relação ascendente na curva força-ângulo similarmente aos exercícios de agachamento e de levantamento terra (McMaster *et al.*, 2009; Wilson; Kiritz, 2014), somente um estudo foi encontrado investigando sua combinação com elásticos (García-Lopéz *et al.*, 2014). García-Lopéz *et al.* (2014) investigaram o efeito da combinação de elásticos e pesos livres nas características das fases de aceleração e desaceleração no supino reto em jogadores profissionais de rúgbi e sujeitos treinados recreacionalmente. Os sujeitos realizaram o supino reto com sobrecarga equivalente a 85% de 1 RM até a falha muscular concêntrica. Na primeira condição, somente pesos livres foram utilizados, já na segunda condição, 20% da sobrecarga deu-se pela utilização de elásticos. Não foram observadas diferenças entre condições ou grupos no número total de repetições realizadas. Entretanto, para a fase concêntrica, ambos os grupos apresentaram aumento aproximado de 17% na velocidade máxima, que foi associado a um aumento de 35% e 13% na porção de aceleração para os jogadores de rúgbi e para os sujeitos recreacionalmente treinados, respectivamente. Portanto, segundo os autores, a utilização de elásticos associados ao exercício diminuiu a porção de desaceleração da barra, ponto chave da transferência dos efeitos de treinamento para a atuação competitiva.

Os estudos apresentados utilizaram os elásticos "em paralelo", sendo ancorados a barras e/ou equipamentos de musculação e aumentando a sobrecarga devido às suas deformações durante a fase concêntrica. Uma última aplicação de elásticos encontrada na literatura científica é sua incorporação "em série" a equipamentos com cabos. Nesse caso, um elástico em série entre o cabo e a manopla é utilizado. García-Lopéz *et al.* (2010) investigaram tal combinação no número de repetições e parâmetros cinemáticos durante a rosca de bíceps executada na polia. Os sujeitos realizaram o exercício com sobrecarga equivalente a 70% de 1 RM da maneira tradicional e com a utilização de elástico em série com o cabo. Quando comparado ao exercício da maneira tradicional, os resultados do exercício com elástico demonstraram menor número de repetições e consistente declínio na aceleração média durante a série e queda do pico de aceleração. Segundo os autores, com uma uniforme distribuição da resistência externa, maior tensão muscular pode ter sido atingida durante toda a execução do exercício, induzindo maior fadiga e assim reduzindo o número total de repetições. Adicionalmente, os autores sugerem que a aplicação de força de maneira mais uniforme durante a realização de cada repetição é esperada para aumentar os benefícios do treinamento de força, especialmente para aqueles buscando maximizar a hipertrofia muscular.

Coletivamente, os estudos corroboram a utilização dos elásticos como equipamento versátil e eficiente em diversas situações, sendo capaz de criar tensão suficiente para o treinamento de alta intensidade necessário para produzir o efeito agudo característico das sessões de treinamento de força. Adicionalmente, a inclusão de elásticos em paralelo e/ou em série aos exercícios tradicionais garante uma aplicação mais uniforme de força em toda a amplitude de movimento, podendo diminuir o período de desaceleração no final da execução do exercício, sendo assim mais transferível para a o desempenho competitivo.

Como descrito anteriormente, a utilização de equipamentos de resistência variada aumenta a resistência de acordo com sua deformação ou deslocamento. Dessa forma, por alterarem o torque externo, os protocolos de treinamento com elásticos (quando combinado aos exercícios tradicionais) podem proporcionar agudamente um maior desenvolvimento da tensão muscular durante cada repetição quando comparados aos exercícios de peso livre isoladamente (Anderson *et al.*, 2008). Portanto, o treinamento com resistência variada pode levar a maiores adaptações crônicas decorrente do maior estresse mecânico no sistema neuromuscular (Anderson *et al.*, 2008).

Para entender essas adaptação neuromusculares de maneira crônica em atletas, Anderson *et al.* (2008) submeteram 44 atletas (21 no grupo controle e 23 no grupo experimental) a um protocolo que envolveu treinamento com pessos livres e treinamento com a combinação de pesos livres e resistência elástica utilizando os exercícios de agachamento e supino. Antes do treinamento e após sete semanas de sua realização, os sujeitos foram testados no ganho de força máxima pelo teste de 1 RM em ambos os exercícios e para o pico e a potência média em teste de salto com contramovimento. Os resultados mostraram aumento de quase três vezes no ganho da força para o teste de 1 RM e potência média para o agachamento e salto com contramovimento no grupo que utilizou a combinação de elásticos e pesos livres. Adicionalmente, o ganho de força no teste de 1 RM no exercício supino foi duas vezes superior que o grupo que utilizou somente pesos livres. Os autores concluíram que, por modificarem o torque externo, os protocolos de treinamento que combinam elásticos com pesos livres é mais eficiente quando comparado com os protocolos que utilizam apenas pesos livres para o desenvolvimento da força de membros inferiores e superiores em individuos treinados.

Soria-Gila *et al.* (2015) realizaram uma meta-análise com trabalhos usando resistência elástica com tempo de duração mínimo de sete semanas de treinamento e os resultados mostraram que o treinamento com elástico é uma estratégia eficaz para aumentar a força máxima (1 RM) em atletas de diferentes esportes. O treinamento com resistência elástica pode ser usado como um complemento ao treinamento tradicional com o objetivo de variar os estímulos (torque externo), uma vez que os praticantes se adaptam aos estímulos anteriores; nesse caso, ele é recomendado para indivíduos treinados. Os resultados do treinamento com elástco em indivíduos destreinados são similares ao treinamento com peso livre tradicional. Conclui-se que o treinamento com resistência variada (elástico), quando comparado com o treinamento com pesos livres de forma tradicional, promove maiores adaptações para os membros inferiores e superiores (Soria-Gila *et al.*, 2015).

Andersen *et al.* (2015) investigaram a combinção do treinamento de força com elástico, força constante e pesos livres, observando os efeitos neuromusculares nos membros inferiores de 32 mulheres treinando duas vezes por semana durante dez semanas. Os resultados mostraram melhora no desempenho do agachamento em 25% para o treinamento combinado com elásticos e 23% para o treinamento com pesos livres e sem alteração na ativação muscular entre os grupos. Shoepe *et al.* (2011) avaliaram a eficácia do treinamento com pesos livres e com resistência variada em jovens universitários do sexo masculino e feminino experientes no treinamento de força, divididos em: treinamento com pesos livres (seis homens e cinco mulheres) treinamento com elásticos em combinação com pesos livres (cinco homens e cinco mulheres) e controle (cinco homens e quatro mulheres). Não houve diferenças entre o controle, o peso livre e elástico para a idade, estatura, massa corporal, índice de massa corporal e percentual de gordura corporal. Foi realizado o teste de uma repetição máxima (1 RM) para os exercícios de agachamento e supino. Adicionalmente, a força e a potência foram avaliadas por um dinamômetro isocinético. Os grupos que utilizaram elásticos e pesos livres completaram 24 semanas de treinamento de alta intensidade (65%–95% de 1 RM) treinando três vezes por semana. Os programas de treinamento foram idênticos para ambos os grupos. O grupo que acrescentou o elástico aos exercícios de agachamento com barra, supino e levantamento terra adicionaram entre 20% e 35% do total de suas sobrecargas externas de treinamento prescritas vindo de resistência elástica (avaliada pela amplitude de movimento), com o restante vindo de resistência de peso livre. Os resultados revelaram que o pico de torque, pico e média da potência e 1 RM no exercício de agachamento foram significativamente maiores após o treinamento para o grupo que utilizou elásticos em relação ao controle. Além disso, o grupo que utilizou apenas pesos livres também mostrou melhorias significativamente maiores sobre o controle no pico de torque e 1 RM para agachamento e supino. Não foram observadas diferenças significativas entre o grupo elástico e o grupo de peso livre. Com isso, o estudo conclui que a combinação de exercícios com resistência variada (elástico) com exercícios de pesos livres é eficaz para aumentar a força e a potência em universitários homens e mulheres jovens. No entanto, devido à complexidade na configuração e atribuição de carga utilizando sobrecarga elástica, sua utilização por praticantes inexperientes em uma situação sem supervisão não é aconselhável.

9.2.4 Correntes

Mecanicamente, a adição de correntes ancoradas em barras e pesos livres possui efeito de adição de carga externa na direção vertical; isso, portanto, altera a força externa ao longo da execução de um determinado exercício (McMaster *et al.*, 2009). Na fase ascendente em um levantamento, a resistência aumenta progressivamente conforme mais elos da corrente são removidos do chão e "pendurados" na barra. Já na fase descendente, o oposto acontece. Dessa forma, de acordo com McMaster *et al.* (2010), a força aplicada pelas correntes é linear e é determinada pelo tipo de aço, densidade, diâmetro e deslocamento em relação ao solo.

Duas são as formas encontradas na literatura para ancorar as correntes à barra (Neelly *et al.*, 2010). A primeira delas consiste na ancoragem de uma corrente com o calibre-alvo à barra (ancoragem linear). Essa técnica resulta em uma parte significativa da corrente simplesmente atuando como massa estática (peso livre) e somente a parte inferior da corrente produzindo a resistência variável no decorrer do levantamento. Portanto, mesmo no ponto mais baixo do levantamento e/ou ponto de maior dificuldade do exercício (*sticking region*), a parte suspensa da corrente deverá ser sustentada.

A segunda maneira (ancoragem dupla) consiste em utilizar correntes de calibres diferentes. Nessa técnica, uma corrente de menor calibre ancorada na barra (massa estática pequena) puxa do chão uma ou mais correntes de calibre maior que produzem a resistência variável no decorrer do levantamento. Isso, portanto, facilita o exercício no ponto de maior dificuldade e aumenta a resistência nos pontos capazes de maior produção de força.

Em ambas as técnicas de ancoragem, recomenda-se, como medida de segurança, que parte da corrente permaneça no chão em todos os momentos para minimizar oscilações e balanços (McMaster *et al.*, 2009; Neelly *et al.*, 2010). Neelly *et al.* (2010) compararam as técnicas de ancoragem com diferentes sobrecargas (número de correntes) em um halterofilista experiente, com o exercício de agachamento e o uso de correntes suplementares. O exercício foi realizado com 50% de 1 RM, adicionando uma corrente com ancoragem linear, duas correntes com ancoragem linear, uma corrente com ancoragem dupla e duas correntes com ancoragem dupla. Os resultados demonstraram que a utilização da ancoragem dupla reduziu entre 80%-90% a contribuição da corrente no ponto mais baixo do agachamento. Entretanto, no método linear, somente 35%-45% da contribuição das correntes foi reduzida, com o restante basicamente servindo como resistência estática. Portanto, o método de ancoragem dupla produziu aproximadamente o dobro da resistência variável em comparação à ancoragem linear.

Somente dois estudos originais foram encontrados investigando o efeito agudo da inclusão de correntes aos exercícios tradicionais. Ebben e Jensen (2002) não observaram diferenças para o pico de força de reação do solo e para a atividade mioelétrica do quadríceps e dos isquiotibiais durante o agachamento utilizando 5 RM de sobrecarga com e sem a contribuição de 10% da carga total em forma de correntes. Entretanto, seus resultados podem ser questionados por não terem analisado as diferentes fases em cada repetição (início, meio e fim). Além disso, eles utilizaram uma frequência de aquisição de 500Hz, considerada insuficiente para a amostragem do sinal eletromiográfico (Marchetti e Duarte, 2006). Nijem *et al.* (2016) observaram menor atividade mioelétrica do glúteo máximo e pico de força de reação do solo vertical quando 20% dos 85% de 1 RM do exercício de levantamento terra foram substituídos por correntes. Entretanto, não foram observadas diferenças na taxa de produção de força e atividade mioelétrica do vasto lateral e eretor da coluna entre as duas condições.

Como destacado anteriormente, apesar do efeito similar aos elásticos, poucos são os estudos investigando os efeitos de correntes como forma de resistência variável no treinamento de força; sua aplicabilidade, portanto, permanece meramente especulativa (McMaster *et al.*, 2009). Adicionalmente, por ser dependente da gravidade, sua aplicabilidade limita-se a poucos exercícios específicos. Outra questão desfavorável à utilização de correntes é sua logística de transporte e o fato de elas serem potencialmente barulhentas.. Neelly *et al.* (2010) investigaram o efeito de 8 semanas de treinamento com correntes para o exercício de agachamento com o objetivo de avaliar as medidas de potência de membros inferiores em jogadores profissionais de beisebol. Os resultados mostraram aumento na altura do salto vertical e aumento na distância do salto horizontal. Os autores sugerem que a realização do exercício de agachamento utilizando resistência variada (correntes) é uma estratégia valiosa para melhorar a potência de membros inferiores em atletas de beisebol, devido às alterações externas promovidas por este tipo de equipamento. McCurdy *et al.* (2008) investigaram a validade e confiabilidade de duas sessões de treinamento com o exercício supino reto tradicional e o supino reto com o uso de resistência variada (correntes) para determinar possíveis efeitos de aprendizagem. Participaram do estudo nove homens e sete mulheres, todos experientes e treinados em força. O teste de 1 RM foi utilizado para avaliar a validade e a confiabilidade entre as sessões, os resultados mostraram uma alta confiabilidade relativa e média entre os exercícios tradicional e com correntes, tanto para os homens como para as mulheres. Foi verificado também aumento na força de ambos os grupos após a execução do supino reto com correntes. Com base nesses resultados, os exercícios com correntes podem ser administrados para monitorar o treinamento de força na obtenção de dados validos e confiáveis.

Coker *et al.* (2006) submeteram sete indivíduos altamente treinados no levantamento olímpico (quatro homens e três mulheres) a um protocolo de treinamento durante dez dias com e sem o uso de correntes. O teste de 1 RM foi realizado e os sujeitos realizaram o protocolo com 80% de 1 RM com e sem corrente e 85% de 1 RM com e sem correntes. Os resultados mostraram que não houve diferença entre as condições (80% e 85 % de 1 RM) com e sem o uso de correntes, embora os participantes tenham relatado maior percepção de esforço com o uso da corrente. As correntes, quando penduradas nas extremidades das barras, ao invés de usar anilhas convencionais, promovem adaptações neuromusculares por alterar o torque externo com a amplitude de movimento, levando a aumento da força e potência (Berning *et al.*, 2008; Neelly *et al.*, 2010). Berning *et al.* (2008) realizaram um estudo similar ao de Coker *et al.* (2006) para investigar a influência do uso de correntes no deslocamento vertical da barra, na velocidade de aceleração, na taxa de produção de força e na reação do solo vertical. Os resultados corroboraram o estudo anterior, sem mostrar diferença entre as variáveis analisadas e com um relato de maior percepção de esforço nos participantes quando os exercícios eram executados com o uso de correntes. O uso de correntes durante o treinamento resulta em uma maior sobrecarga máxima utilizada durante o movimento quando comparado com exercícios tradicionais (pesos livres), ganhos maiores de força são alcançados quando os praticantes utilizam cargas de 80%-100% de 1 RM, compostas de uma resistência com correntes responsáveis por 10%-15% do total da sobrecarga externa, com os 85%-90% restantes da sobrecarga compostos de resistências de peso livre (McMaster *et al.*, 2009).

McMaster *et al.* (2009) ainda citam que é possível utilizar uma sobrecarga leve com 90% (90 kgf) e adicionar 15% (15 kgf) com o uso de correntes, resultando em um ápice total de 1 RM, possivelmente levando ao aumento na produção de força máxima. No entanto, os benefícios do treinamento com correntes ainda não estão bem evidenciados em relação a algumas afirmações, carecendo de maior apoio da comunidade científica (McMaster *et al.*, 2009). Após nove semanas de treinamento de força com correntes, 28 atletas de beisebol apresentaram aumento na produção de força e redução no estresse da articulação do ombro para o exercício de supino reto (McCurdy *et al.*, 2009).

Referências

ABOODARDA, S. J. *et al.* Acute neuromuscular and hormonal responses to resistance exercise using variable external resistance loading. *Journal of Exercise Physiology*, v. 16, n. 6, p. 1-12, dez, 2012.

ABOODARDA, S. J. *et al.* Resultant muscle torque and electromyographic activity during high intensity elastic resistance and free weight exercises. *European Journal of Sport Science*, v. 13, n. 2, p. 155-163, 2013.

ANDERSEN, V. *et al.* Elastic bands in combination with free weights in strength training: Neuromuscular effects. *Journal of Strength and Conditioning Research*, v. 29, n. 10, p. 2932-2940, 2015.

ANDERSEN, V. *et al.* Electromyographic comparison of squats using constant or variable resistance. *Journal of Strength and Conditioning Research*, v. 30, n. 12, p. 3456-3463, 2016.

ANDERSON, C. E. *et al.* The effects of combining elastic and free weight resistance on strength and power in athletes. *Journal of Strength and Conditioning Research*, v. 22, n. 2, p. 567-574, 2008.

BERNING, J. M. *et al.* The biomechanical and perceptual influence of chain resistance on the performance of the olympic clean. *Journal of Strength and Conditioning Research*, v. 22, n. 2, p. 390-395, 2008.

BROWN, L. E. *Treinamento de força*. Barueri: Manole, 2008.

CARDINALE, M. *et al. Strength and conditioning: biological principles and practical applications*. Wiley-Blackwell, 2011.

CHANDLER, T. J.; BROWN L. E. *Conditioning for strength and human performance*. Philadelphia, PA: Lippincott: Williams & Wilkins, 2013.

COBURN, J. W.; MALEK, M. H. *NSCA's essentials of personal training*. Human Kinetics, 2012.

COKER, C. A. *et al.* A preliminary investigation of the biomechanical and perceptual influence of chain resistance on the performance of the snatch. *Journal of Strength and Conditioning Research*, v. 20, n. 4, . pp 887-891, 2006.

EBBEN, W. P.; JENSEN, R. L. Electromyographic and kinetic analysis of traditional, chain, and elastic band squats. *Journal of Strength and Conditioning Research*, v. 16, n. 4, p. 547-550, 2002.

FINDLEY, B. W. Training with rubber bands. *Strength and Conditioning Journal*, v. 26, n. 6, p. 68-69, 2004.

FLECK, S. J.; KRAEMER, W. J. *Fundamentos do treinamento de força*. Artmed, 2006.

FOLLAND, J.; MORRIS, B. Variable-cam resistance training machines: Do they match the angle – torque relationship in humans? *Journal of Sports Science*, v. 26, n. 2, p. 163-169, 2008.

GALPIN, A. J. *et al.* Acute effects of elastic bands on kinetic characteristics during the deadlift at moderate and heavy loads. *Journal of Strength and Conditioning Research*, v. 29, n. 12, p. 3271-3278, 2015.

GARCÍA-LOPÉZ, D. *et al.* Free-weight augmentation with elastic bands improves bench-press kinematics in professional rugby players. *Journal of Strength and Conditioning Research*. 2014.

GARCÍA-LOPÉZ, D. *et al.* Influence of "in series" elastic resistance on muscular performance during a biceps-curl set on the cable machine. *Journal of Strength and Conditioning Research*, v. 24, n. 9, p. 2449-2455, 2010.

HALL, S. J. *Biomecânica básica*. 6. ed. Guanabara Koogan, 2013.

ISRAETEL, M. A. *et al.* Kinetic and kinematic differences between squats performed with and without elastic bands. *Journal of Strength and Conditioning Research*, v. 24, n. 1, p. 190-194, 2010.

JEWETT JR, J. W.; SERWAY, R. A. *Física para cientistas e engenheiros*: mecânica. São Paulo: Cengage, 2011.

JOY, J. M. *et al.* Elastic bands as a component of periodized resistance training *Journal of Strength and Conditioning Research*. 2013.

MARCHETTI, P. H.; DUARTE, M. Instrumentação em eletromiografia. Laboratório de Biofísica, Escola de Educação Física e Esporte da Universidade de São Paulo (EEFEUSP), São Paulo, 2006.

MARCHETTI, P. H. *et al.* Aspectos neuromecânicos do exercício agachamento. *Revista do Centro de Pesquisas Avançadas em Qualidade de Vida*, v. 5, n. 2, 2013.

MARCHETTI, P. H. *et al.* *Biomecânica aplicada: uma abordagem para o treinamento de força*. São Paulo: Phorte, 2007.

MARCHETTI, P. H. *et al.* Exercício supino: uma breve revisão sobre os aspectos biomecânicos. *Brazilian Journal of Sports and Exercise Research*, v. 1, n. 2, p. 135-142, 2010.

MCCURDY, K. *et al.* Comparison of chain- and plate-loaded bench press training on strength,joint pain, and muscle soreness in division ii baseball players. *Journal of Strength and Conditioning Research*, v. 23, n. 1, p. 187-195, 2009.

MCCURDY, K. *et al.* The validity and reliability of the 1rm bench press using chain-loaded resistance. *Journal of Strength and Conditioning Research*, v. 22, n. 3, p. 678-683, 2008.

MCMASTER, T. *et al.* Forms of variable resistance training. *Strength and Conditioning Journal*, v. 31, n. 1, p. 50-64, 2009.

MCMASTER, T. *et al.* Quantification of rubber and chain-based resistance modes. *Journal of Strength and Conditioning Research*, v. 24, n. 8, p. 2056-2064, 2010.

MINA, M. A. *et al.* Influence of variable resistance loading on subsequent free weight maximal back squat performance. *Journal of Strength and Conditioning Research*, v. 28, n. 10, p. 2988-2995, 2014.

NEELLY, K. R. *et al.* A mechanical comparison of linear and double-looped hung supplemental heavy chain resistance to the back squat: a case study. *Journal of Strength and Conditioning Research*, v. 24, n. 1, p. 278-281, 2010.

NEELLY, K. R. *et al.* The effects of an 8-week supplemental heavy chain resistance training program on lower extremity power in an elite athlete: A single-subject study. *Journal Strength and Conditons Research*, v. 24. 2010.

NIJEM, R. M. *et al.* Electromyographic and force plate analysis of the deadlift performed with and without chains. *Journal of Strength and Conditioning Research*, v. 30, n. 5, p. 1177-1182, 2016.

OKUNO, E.; FRATIN, L. *Desvendando a física do corpo humano*. Barueri: Manole, 2009.

PELTONEN, H. *et al.* Muscle loading and activation of the shoulder joint during humeral external rotation by pulley and variable resistance. *Journal of Electromyography and Kinesiology*, v. 22, p. 424-430, 2012.

PRESTES, J. *et al. Prescrição e periodização do treinamento de força em academias*. São Paulo: Phorte, 2016.

SAETERBAKKEN, A. H. *et al.* Comparison of kinematics and muscle activation in free-weight back squat with and without elastic bands. *Journal of Strength and Conditioning Research*, v. 30, n. 4, p. 945–952, 2016.

SAETERBAKKEN, A. H. *et al.* Effects of replacing free weights with elastic band resistance in squats on trunk muscle activation. *Journal of Strength and Conditioning Research*, v. 28, n. 11, p. 3056-3062, 2014.

SHOEPE, T. C. *et al.* The effects of 24 weeks of resistance training with simultaneous elastic and free weight loading on muscular performance of novice lifter. *Journal of Human Kinetics*, v. 29, p. 93–106, 2011.

SORIA-GILA, M. A. *et al.* Effects of variable resistance training on maximal strength: A meta-analysis. *Journal of Strength and Conditioning Research*, v. 29, n.11, p. 3260–3270, 2015.

STEVENSON, M. W. *et al.* Acute effects of elastic bands during the free-weight barbell back squat exercise on velocity, power, and force production. *Journal of Strength and Conditioning Research*, v. 24, n. 11, p. 2944–2954, 2010.

TREW, M.; EVERETT, T. *Movimento humano*. São Paulo: Editorial Premier, 1998.

VAN DEN TILLAAR, R.; ETTEMA, G. The 'sticking period' in a maximum bench press. *Journal of Sports Sciences*, v. 2, n. 5, p. 529–535, 2010.

VAN DEN TILLAAR, R. *et al.* Is the occurrence of the sticking region the result of diminishing potentiation in bench press?. *Journal of Sports Science*, v. 30, n. 6, p. 591–599, 2012.

WALKER, S. *et al.* Variable resistance training promotes greater fatigue resistance but not hypertrophy versus constant resistance training. *Eur J Appl Physiol*, v. 113, p. 2233-2244, 2013.

WALLACE, B. J. *et al.* Effects of elastic bands on force and power characteristics during the back squat exercise. *Journal of Strength and Conditioning Research*, v. 20, n. 2, p. 268–272, 2006.

WILSON, J.; KIRITZ, M. Practical guidelines and considerations for the use of elastic bands in strength and conditioning. *Strength and Conditioning Journal*, v. 36, n. 5, p. 1–9, 2014.

ZATSIORSKY, V. M.; KRAEMER, W. J. *Ciência e prática do treinamento de força*. São Paulo: Phorte, 2008.

10

Torque e alavancas

Guanis de Barros Vilela Junior

Carlos Noriega

Paulo Henrique Marchetti

OBJETIVO DO CAPÍTULO

O presente capitulo visa compreender o conceito básico de torque e força, assim como o uso e efeito das diferentes alavancas corporais. Adicionalmente, ele busca refletir sobre as diferentes propriedades físicas que podem influenciar o exercício quando o sistema apresenta torques de força e de resistência opostos em relação ao eixo articular.

10.1 Torque/força

Força pode ser definida como um agente físico capaz de acelerar e/ou deformar um corpo qualquer. Sua intensidade, direção e ponto de aplicação podem produzir ou um movimento linear (se todos os pontos do corpo em questão deslocarem a mesma distância ao mesmo tempo) ou um movimento angular (quando todos os pontos do corpo deslocam-se ao redor de um eixo). A maioria dos movimentos corporais locomotores realizam movimentos curvilíneos em relação a alguma articulação alvo.

Toda grandeza cinemática linear possui seu equivalente em relação ao movimento angular – por exemplo, ao flexionar o cotovelo, a mão do indivíduo percorre um espaço linear descrito por sua trajetória, com uma velocidade linear que varia ao longo da flexão, fruto da ação de uma aceleração linear atuante. O mesmo movimento, quando analisado sob o ponto de vista angular, possuirá um espaço, uma velocidade e uma aceleração angular. A razão de proporcionalidade entre essas grandezas lineares e angulares é o raio da trajetória descrita. Para a força que gera o movimento linear, seu equivalente angular é o torque. Torques e alavancas são decisivos para a análise biomecânica do movimento humano, e também a base para o entendimento do treinamento de força (Adrian e Cooper, 1989).

10.1.1 Torque (Momento Angular da força)

Trata-se do análogo rotacional da força em relação a um eixo. É calculado pelo produto do módulo da força pela distância entre a força e o eixo de rotação alvo:

$$T = \pm |F| . b$$

T é o torque medido em N . m; **|F|** é o valor absoluto da força e **b** é o braço da força. O braço da força é a menor distância perpendicular entre o eixo e a força considerada. A Figura 10.1 mostra esquematicamente o braço e antebraço de um sujeito. O braço está tensionado por uma força **F** e o antebraço pela força **R**; $\mathbf{b_F}$ e $\mathbf{b_R}$ são respectivamente os braços de F e R. Dimensionalmente, eles possuem a mesma unidade de trabalho, mas fisicamente são conceitos diferentes, uma vez que se trata de uma grandeza vetorial, ao passo que o trabalho é uma grandeza escalar. Sua direção é perpendicular ao plano formado pelos vetores F e R (vetor posição que vai da articulação até o centro de massa do segmento corporal), e seu sentido é dado pela regra da mão direita (Resnick e Halliday, 1977).

Figura 10.1 – Esquematicamente, o braço (L), o cotovelo (eixo), o antebraço (na horizontal) e os braços das forças F e R

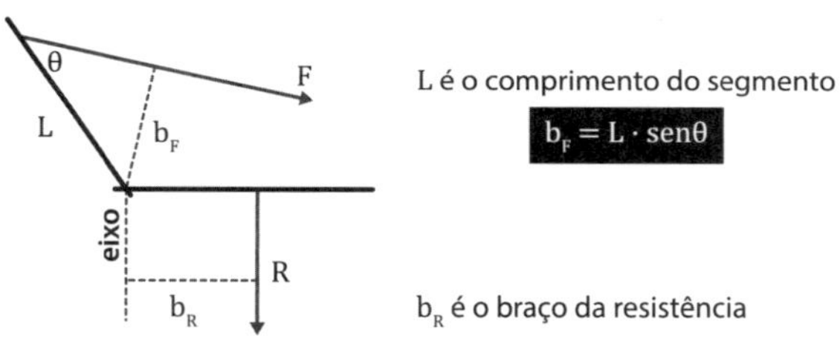

Durante o exercício físico, os braços das forças que atuam no segmento corporal podem ser alterados, e isso muda a realização do exercício. Admitindo um segmento corporal como um corpo extenso, esse estará em equilíbrio quando a força resultante que atua sobre ele e a somatória dos torques for nula. Essa situação é amplamente utilizada em modelos biomecânicos que simulem uma isometria.

Especificamente durante o treinamento de força, dois tipos de torque podem ocorrer, sendo classificados como torques internos e externos. As forças internas (músculos, ligamentos e cápsulas), que produzem rotação em relação ao eixo articular, são chamadas de torques internos, e as forças externas (peso livre, máquinas, elásticos etc.), que também produzem rotações em relação ao mesmo eixo articular, são chamadas de torque externos. Na musculação, a manipulação dos torques externos afeta diretamente os torques internos, seja em relação à sobrecarga tecidual ou ao grau de solicitação e ativação muscular. Dessa forma, entender a correta maneira de se aplicar a carga externa na musculação pode reduzir as sobrecargas de rotação desnecessárias e otimizar a ação muscular. Como exemplo, pode-se citar a realização do supino reto utilizando a técnica de alinhar a barra à região do mamilo. Essa forma de execução do supino aumenta o torque externo de rotação interna de ombro (em função da maior distância entre a força externa e o eixo articular do ombro), gerando maior estresse nos músculos do manguito rotador. Caso a barra do supino seja redirecionada na linha vertical do ombro, a distância entre força externa e eixo é zero, reduzindo o efeito rotacional que sobrecarrega o manguito (consequentemente permitindo que o músculo realize apenas a estabilização do ombro) e aumentando a exigência dos músculos-alvo que realizarão o torque interno contra o externo.

10.1.2 Momento Angular (J)

No movimento de rotação, por exemplo, nas articulações, outro conceito fundamental é o chamado Momento Angular (J), também chamado de "quantidade de movimento rotacional" ou, ainda, de "momento cinético", que é calculado pelo produto entre o momento de inércia (I) do segmento e a velocidade angular (ω) do seu centro de massa (CM), ou seja:

$$\mathbf{J = I\omega}$$

O momento de inércia (I) é diretamente proporcional ao quadrado da distância do centro de massa (CM) em relação à articulação e à massa do corpo (ou segmento corporal), medida no SI em $kg.m^2$, sendo a medida da resistência que esse corpo (ou segmento corporal) oferece à mudança em seu movimento de rotação. No movimento humano, o momento de inércia do corpo ou segmento varia amplamente, uma vez que são realizados em diferentes eixos de rotação – o antebraço, por exemplo, apresentará momento de inércia menor nos movimentos de pronação e supinação do que nos de flexão e extensão do cotovelo. A velocidade angular (ω) é medida em rad/s no SI; portanto, a unidade de media de J no SI é $kg.m^2.rad/s$.

Na musculação, isso significa que o aumento na distância da força externa em relação ao eixo articular alvo aumenta o torque externo, dificultando a execução do exercício – já que os torques internos precisam ser maiores – e assim fazendo com que os músculos tenham que ser mais ativados.

10.1.3. Alavancas anatômicas

A alavanca é um objeto rígido que é usado junto com um eixo para multiplicar a força mecânica (esforço) ou força de resistência (carga) aplicada a ele. No corpo humano, nossos ossos seriam os objetos rígidos, as articulações corresponderiam aos eixos e os músculos e cargas resistentes aplicariam as forças. Componentes de uma alavanca: fulcro (que é o ponto de apoio ou base), a resistência ou força de resistência (R) ou peso, e o esforço ou força aplicada (E).

Vantagem mecânica de uma alavanca

A eficiência de uma alavanca é chamada de Vantagem Mecânica (VM). Quanto maior a vantagem mecânica, menor será o esforço solicitado. A equação que comporta a VM é:

VM = Braço de força (**BF**)
/ Braço de resistência (**BR**)

Braço de força (também chamado braço de potência) é a distância do eixo até a força. Braço de resistência é a distância do eixo até a resistência.

Quando VM = 1: a força necessária para movimentar uma resistência é igual à resistência ou o Braço de força = o Braço de resistência.

Quando Vm > 1: a força necessária para movimentar uma resistência é menor do que a resistência. Aqui, temos pouco esforço, porém também obtemos menor velocidade de movimento (segunda classe) BF > BR.

Quando Vm < 1: a força necessária para movimentar uma resistência é maior do que a mesma resistência. Significa um maior esforço, porém maior velocidade de movimento (terceira classe). BF < BR.

Um exemplo da utilização das alavancas é quando executamos elevação lateral com halteres (exercício para os ombros), conforme vamos flexionando os cotovelos até chegar a 90°, começamos a sentir uma maior facilidade para executar o movimento. Isso se deve ao fato de que cada vez mais estamos aproximando o peso para o ponto de apoio (fulcro), gerando, assim, um braço de resistência (BR) menor. O entendimento e aplicação das alavancas são importantes para execução dos movimentos ou para a compreensão da técnica de algumas modalidades esportivas.

Tipos de Alavancas

Existem três tipos de alavancas:

- Primeira classe ou interfixa: o fulcro se encontra entre o ponto de aplicação da força e a carga resistente.

Figura 10.2 – Alavanca de primeira classe exemplificada

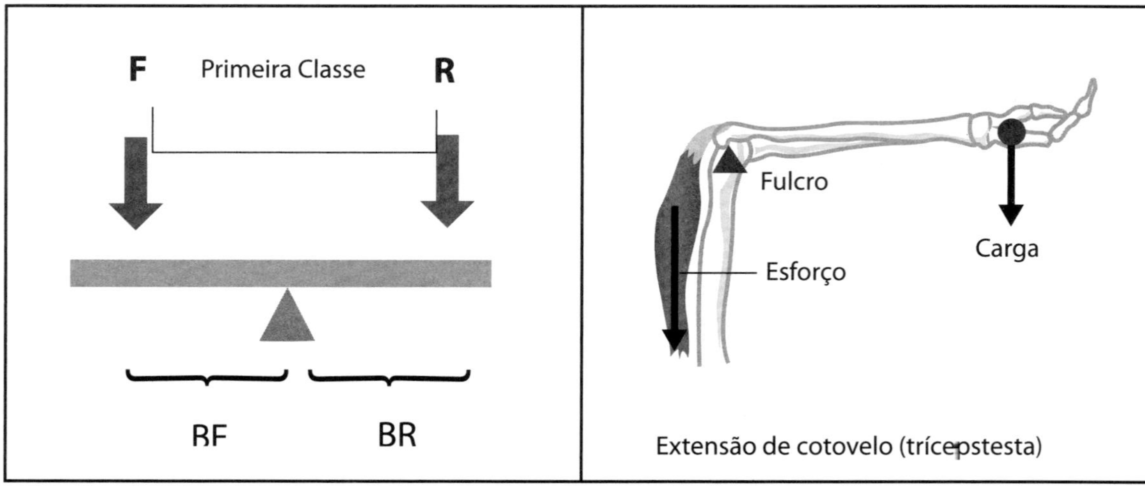

Fonte: adaptado de Davis (2000).

- Segunda classe ou inter-resistente: o fulcro se encontra em um dos extremos, a força é aplicada no outro extremo e a carga resistente fica entre eles. A vantagem mecânica é sempre maior que 1 (porque o braço de força sempre é maior que o braço de resistência).

Um exemplo: imaginemos que temos a resistência a 5cm do fulcro e a força está sendo aplicada a 10cm do fulcro, encontrando vantagem mecânica (VM). Sendo BF=10 e BR=5, obtemos 2. Temos que VM > 1, ou seja, a força necessária será menor que a resistência na ordem de 2, ou seja, se aplico 10N de força ou esforço, poderei, então mover 20N de resistência.

Figura 10.3 – Alavanca de segunda classe exemplificada

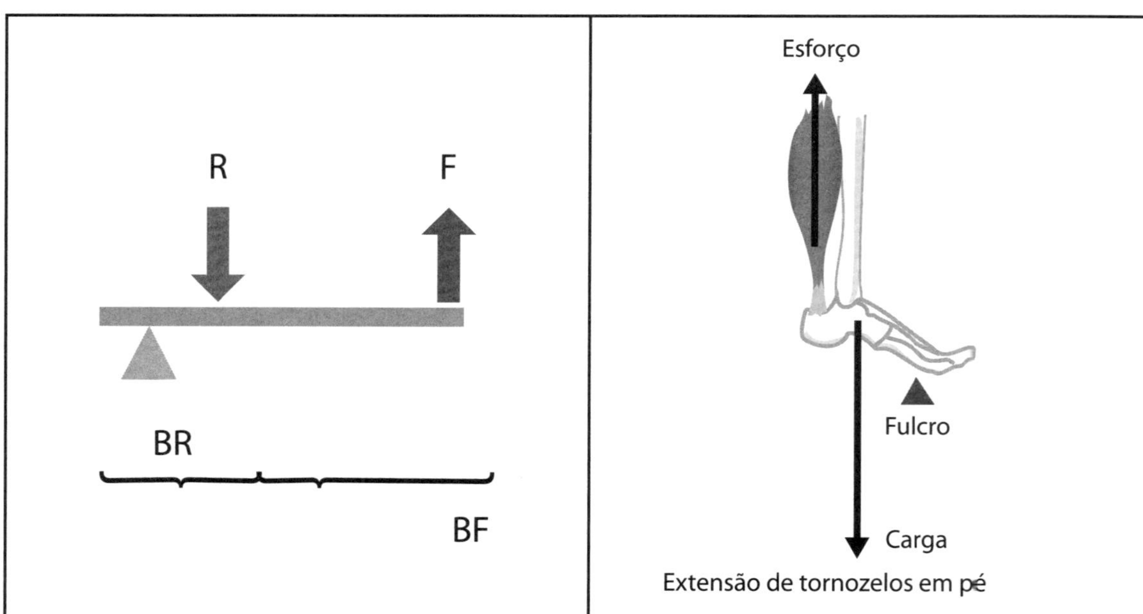

Fonte: adaptado de Davis (2000).

- Terceira classe ou interpotente: o fulcro se encontra em um dos extremos da alavanca, a carga resistente no outro extremo e a força é aplicada entre ambos. Esse tipo de classe de alavanca é a que encontramos mais comumente no corpo humano. Elas apresentam baixo rendimento em termos de força. Como exemplo desta alavanca, vamos a imaginar que a resistência (R) esteja a 20cm do ponto de apoio e a força (F) ou esforço esteja a 10cm do ponto de apoio, então, VM = BF / BR resulta em VM = 0,5. Isso significa que com uma força aplicada, por exemplo, de 40N conseguiremos balancear uma resistência de 20N.

Figura 10.4 – Alavanca de terceira classe exemplificada

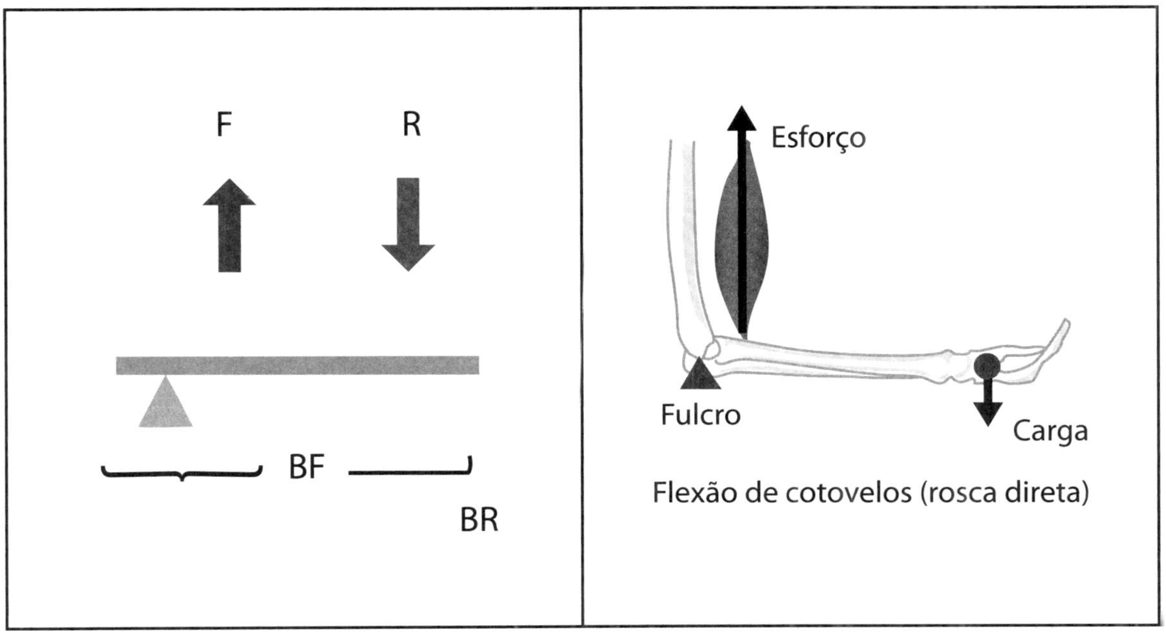

Fonte: adaptado de Davis (2000).

10.1.4. Proporções antropométricas e alavancas

É evidente que diferentes modalidades esportivas demandam diferentes proporções antropométricas no esporte de alto rendimento, essas proporções, associadas às diferentes tipos de alavancas, podem oferecer uma ganho no rendimento. Muitos treinadores recorrem a alguns índices e medidas antropométricas para formarem suas equipes. Os principais índices são:

- Índice Crural: (tamanho da perna/tamanho da coxa) × 100
- Índice Braquial: (tamanho do antebraço/tamanho do braço) × 100
- Razão entre tamanho membro inferior dominante e tronco
- Razão entre altura sentado e estatura

Ridder *et al.* (2000) citam que jogadores de tênis com membros superiores e inferiores longos têm como vantagem batidas muito velozes enquanto jogadores menores tem que compensar sua desvantagem antropométrica com mais agilidade. Na natação, nadadores de velocidade devem ter alto índice braquial e pernas e pés menores que dos nadadores de meia-distância ou distâncias maiores. Especialistas no nado *crawl* devem ter membros longos, enquanto especialistas em nado borboleta tendem a ter troncos maiores. Ginastas devem ter estatura pequena e baixo índice crural e razão entre membro inferior e tronco baixa. Levantadores de pesos tendem a ter troncos longos, índice crural baixo, índice braquial baixo e pequena razão entre membros inferiores e o tronco – mas com razão elevada entre altura sentado e estatura. Ciclistas levam vantagem quando possuem elevado índice crural, pois assim têm vantagem mecânica nas pedaladas. Atletas da luta greco-romana e de judô devem ter baixa razão entre os membros inferiores e o tronco, além de um baixo índice crural, para manter o centro de gravidade mais baixo e assim ganhar estabilidade. Lançadores de disco e dardo devem ter membros superiores longos e troncos normais.

Tais exemplos mostram como são infinitas as possibilidades de aplicação de conceitos aparentemente simples, mas que, na verdade, trazem consigo um suporte teórico rigoroso da biomecânica, que, além de auxiliar o já complexo sistema esquelético, auxilia o sistema muscular, que, por sua vez, é controlado pelo sistema nervoso central, mediado por ações bioquímicas, biofísicas e psíquicas, fazendo a vida acontecer.

10.1.5. Leis de Newton aplicadas aos movimentos rotacionais

1ª Lei – Princípio da conservação do momento angular: o momento angular de um corpo em rotação permanece constante a menos que um torque externo atue sobre ele. Por exemplo, na fase aérea da corrida ou de um salto, o momento angular será constante e só será alterado na volta ao solo, quando forças externas atuarão sobre o sujeito.

2ª Lei – Princípio fundamental da dinâmica: o torque resultante do movimento rotacional de um corpo é diretamente proporcional ao momento de inércia (I) e à sua aceleração angular (a), ou seja, $\mathbf{t_R = I \,.\, a}$, que é o equivalente a $\mathbf{F_r = m \,.\, a}$ para movimentos lineares. Por exemplo, durante uma rosca direta, quanto maior for a aceleração angular desenvolvida nas flexões e extensões, maior será o torque resultante.

3ª Lei – Princípio da Ação e Reação: para todo torque exercido por um corpo (ou segmento corporal) sobre um segundo corpo (ou segmento corporal) existe um torque igual e oposto que esse segundo corpo exerce sobre o primeiro. Por exemplo, durante o exercício supino, a força e consequente torque produzidos terão que ser resistidos por no mínimo um torque igual e contrário.

10.1.6. Analogia entre grandezas físicas translacionais e rotacionais

Todo movimento pode ser analisado sob o ponto de vista linear (translação, deslocamento linear da barra do agachamento) ou sob o ponto de vista angular (rotacional, movimento das articulações de joelho e quadril durante o agachamento). É evidente que se trata do mesmo fenômeno estudado através de grandezas físicas distintas, mas que apresentam analogias entre si. Por exemplo, durante a execução de uma flexão do joelho, a posição, velocidade e aceleração do centro de massa (CM) da perna do sujeito podem ser avaliadas linearmente ou angularmente, conforme a conveniência. Se o CM neste caso descreve um espaço angular Df (radianos) e percorre um arco de comprimento DS (metros) a razão DS/Df é igual à distância do CM até a articulação do joelho, ou seja, o raio (R) do movimento descrito pela perna durante a referida flexão. Esta é a razão de proporcionalidade entre as grandezas cinemáticas, portanto: $\boldsymbol{v = \omega \,.\, R}$ (em que v é a velocidade linear e w, a angular) e $a = a \cdot R$ (em que a é a aceleração linear e R, a angular).

A força (F) capaz de acelerar linearmente e/ou deformar um corpo qualquer possui seu equivalente angular, o torque (T), que é capaz de rotacionar e/ou deformar um corpo qualquer em relação a um eixo. A massa (m), conforme já visto, tem seu equivalente momento de inércia (I) para os movimentos rotacionais. Isso facilita bastante a discussão biomecânica do movimento humano, pois se a potência pode ser calculada tanto pela equação $P = F \cdot V$, como pela equação $P = t_R \cdot \omega$.

Outra consideração importante é que podemos calcular a Energia Cinética através de grandezas lineares e angulares conforme mostram, respectivamente, as equações a seguir:

$$E_c = m.v^2/2$$

$$E_c = I.\omega^2/2$$

Em que, ao igualarmos ambas, chegaremos em $R = \frac{v}{\omega} = \sqrt{\frac{I}{m}}$. Ou seja, a velocidade linear é inversamente proporcional à raiz quadrada da massa e diretamente proporcional à raiz quadra do momento de inércia, sendo R a distância do CM até a articulação.

Várias outras grandezas biomecânicas podem ser obtidas por tais analogias entre grandezas lineares e angulares, como é o caso do impulso e da energia potencial, além de outras.

10.2 Curiosidades

- A localização do tendão em sua inserção no osso é um importante fator para o desenvolvimento máximo da força.
- Um atleta com um maior braço de força tem habilidade para levantar mais peso em detrimento da velocidade.
- Durante uma contração muscular, um músculo que tem um tendão inserido mais próximo da articulação apresentará maior amplitude de movimento.
- Jogadores de basquete e tênis se beneficiam mais quando possuem braços de força menores; levantadores de peso serão beneficiados por braços de força maiores.
- A inserção do tendão no osso é geneticamente determinada e não muda com o treinamento.
- Atletas com membros superiores e inferiores longos são beneficiados em corridas (tamanho da passada) e na natação com braçadas fortes e velozes.

Referências

ADRIAN, M.; COOPER, J. M. *Biomechanics of human movement*. Dubuque: Brown & Benchmark, 1999.

AERSSENS, J.; DEQUEKER, J.; MBUYI-MUAMBA, J. M. Bone tissue composition: Biochemical anatomy of bone. *Clin Rheumat*. v. 13, S1:54-62, 1994.

BRAIDOTTI, P.; BRANCA, F. P.; STAGNI L. Scanning electron microscopy of human cortical bone failure surfaces. *J Biomech*, n. 30, p. 155-162, 1997.

BURSTEIN, A. H.; REILLY, D. T.; FRANKEL, V. H. Failure characteristics of bone and bone tissue. *Perspectives in Biomedical Engineering* (editado por KENEDI, R. M.). Baltimore: University Park Press, 1973.

CARTER, D. R. Anisotropic analysis cs strain rosette information from cortical bone. *Journal of biomechanics*, v. 11, p. 199, 1978.

DE RIDDER, J. H. *et al.* Kinathropometry in African sports: Body composition and somatotypes of worlds class male African middle distance, long distance and marathon runners. *The Meeting of the Kinathropometry VI: Proceedings of the Sixth Conference of the International Society for the Advancement of Kinathropometry*. Adelaide, Austrália. 2000.

FORESTIER-ZHANG, L.; BISHOP, N. Bone strength in children: understanding basic bone biomechanics. *Arch Dis Child EducPract Ed.*, n. 101, p. 2–7, 2016.

JEBENS, E. H.; MONK-JONES, M. E. On the viscosity and pH of synovial fluid and pH of blood. *In*: *The Journal of Bone and Joint Surgery*. Londres, 1959. p. 388.

KROLNER, B.; TOFT, B. Vertebral bone loss: an unheeded side effect of therapeutic bed rest. *Clinical Science*, v. 64, n.5, 1983.

LANYON, L. E. Bone remodelling, mechanical stress and osteoporosis. *In*: DELUCA, H. F. *et al. Osteoporosis, Recent Aduances in Pathogenesis and Treatment*. Baltimore: University Park Press,1981.

LUO, Z. P.; AN, K. N. A biphasic optimization model for prediction of cancellous bone architecture. *Proc. ASME Bioengineering Conf.* 1993.

MILLER, M. D. *Fundamentals in orthopaedics*. Philadelphia: Saunders, 1999.

NORDIN, M.; FRANKEL, V. H., *Biomecânica básica do Sistema músculo esquelético*. 4. ed. Rio de Janeiro: Guanabara Koogan. 2014.

REILLY, D. T.; BURSTEIN, A. H. The elastic and ultimate properties of compact bone tissue. *Journal of biomechanics*, p. 393, 1975.

REILLY, D.T.; BURSTEIN, A H. The mechanical properties of bone tissue: A review. *J. Bone ht. Surg,* 56-A, 4, 1974.

RESNICK, R.; HALLIDAY, D. *Física*. Rio de Janeiro: LTC. 1977.

RUBIN, C. T. *et al*. Inhibition of osteopenia by low magnitude, high-frequency mechanical stimuli. *Drug Discovery Today*, v. 6, n. 16, 2001.

SEARS, F. W.; ZEMASNKY, M. W. *Física: mecânica – hidrodinâmica*. v.1. Rio de Janeiro: Livros técnicos e científicos, 1978.

11

Eletromiografia: técnicas e aplicação no treinamento de força

Paulo Henrique Marchetti

OBJETIVO DO CAPÍTULO

A eletromiografia é uma técnica para detectar, identificar e analisar a atividade elétrica dos músculos. É composta por fases, onde ocorre a **aquisição do sinal** que é realizada por eletrodos, após isto deve ser realizado o **tratamento do sinal** assim este será adequado para posterior análise. Nesse momento que ele é convertido de analógico para digital, amplificado e filtrado. Finalmente ocorre **análise do sinal** por um programa específico (software). Portanto, o objetivo deste capítulo será auxiliar o leitor a entender o que é eletromiografia, suas aplicações e métodos para realizar e/ou interpretar uma avaliação eletromiográfica.

A eletromiografia de superfície é amplamente utilizada como uma forma de entender o *output* do sistema nervoso em relação ao recrutamento e controle do músculo ou grupo de músculos em determinada situação ou exercício. No treinamento de força, entender o padrão de ativação muscular pode auxiliar na escolha do exercício ou de um melhor padrão para o exercício, gerando, assim, uma melhor prescrição. Entretanto, a eletromiografia de superfície também pode ser mal interpretada caso o usuário não possua conhecimento básico suficiente para analisar e entender seu uso, suas limitações, sua aplicabilidade ou mesmo os procedimentos de aquisição e interpretação do sinal. Este capítulo, portanto, visa descrever os conceitos básicos sobre o assunto para que o leitor possa interpretar a informação de forma adequada.

Eletromiografia é uma técnica de monitoramento da atividade elétrica das membranas excitáveis, representando a medida dos potenciais de ação do sarcolema como efeito de voltagem em função do tempo. O sinal eletromiográfico (EMG) é a soma algébrica de todos os sinais detectados em certa área do músculo, podendo ser afetado por propriedades musculares, anatômicas e fisiológicas, assim como pelo controle do sistema nervoso periférico e pela instrumentação utilizada para a aquisição dos sinais (De Luca, 1993, 1997, 2006; Marchetti e Duarte, 2007, 2011). Utiliza-se o termo "eletromiograma" para indicar a atividade elétrica muscular captada por eletrodos posicionados na superfície da pele sobre o músculo ou por eletrodos inseridos no músculo (Figura 11.1).

A eletromiografia de superfície também é uma ferramenta importante na análise do *timing* de ativação da musculatura envolvida no movimento, a intensidade de sua ativação e a duração de sua atividade e a variabilidade, além de prestar importante auxílio no entendimento da força e da fadiga neuromuscular (Gardiner, 2011; Latash, 2015; Winter, 1995, 2009).

Figura 11.1 – Representação do sinal sEMG bruto

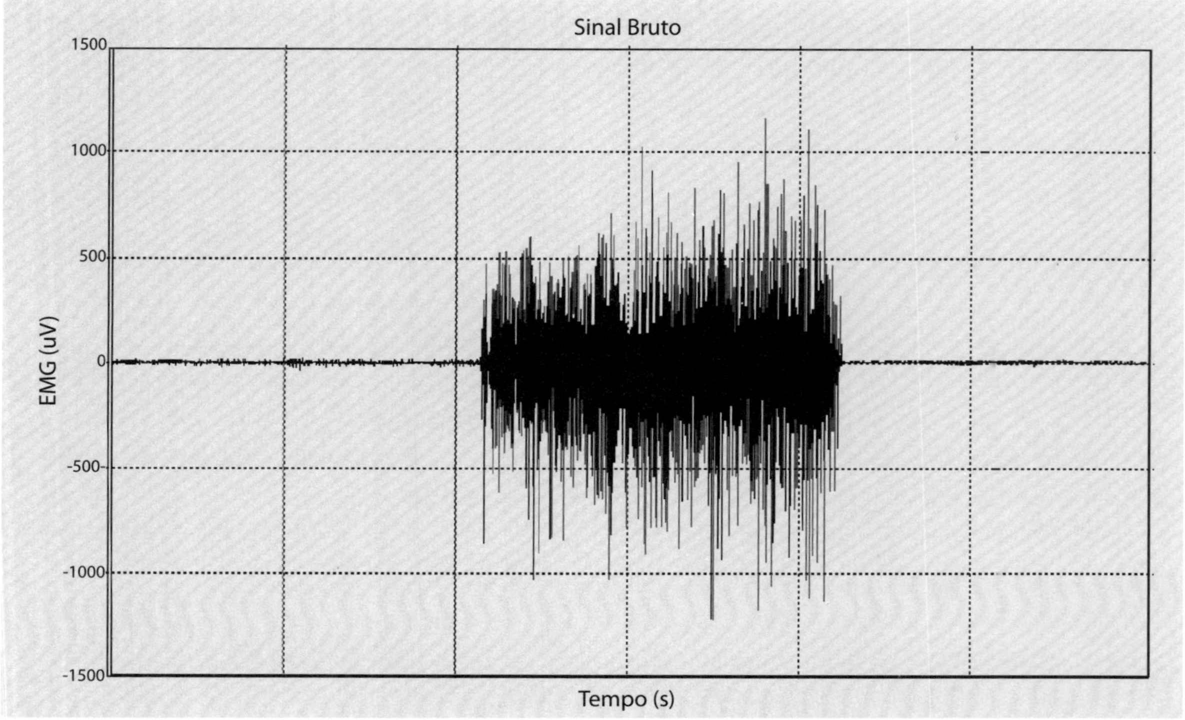

11.1. Aquisição do sinal sEMG

O sinal EMG é adquirido por um eletromiógrafo e captado no corpo humano. Assim, o sinal biológico (potencial de ação das fibras musculares) apresenta caráter analógico (sinal contínuo no tempo), que deve ser convertido e armazenado de forma digital (sinal discreto, que é definido somente para certos intervalos de tempo). Para isso, alguns parâmetros devem ser ajustados, como a frequência de amostragem e componentes como eletrodo, amplificadores, filtro e conversor analógico-digital, além do equipamento de armazenagem dos dados (computador) (Kamen e Gabriel, 2015; Marchetti e Duarte, 2007, 2011).

A **frequência de amostragem** representa o número de pontos (dados de EMG) que serão coletados durante um período de tempo. A definição da frequência de amostragem cumpre um papel crítico para a correta reprodução digital do sinal EMG analógico. Um sinal analógico reproduzido digitalmente com uma baixa frequência de amostragem pode não conter todas as informações relevantes. A base para a definição da frequência de amostragem é o teorema de Nyqüist (ou teorema de Shannon), que propõe a utilização de uma frequência de amostragem de, no mínimo, o dobro da maior frequência do sinal biológico. O sinal EMG de superfície (sEMG) pode ter frequências de até cerca de 400Hz a 500Hz (a frequência máxima é afetada por fatores como tipo de unidade motora, contração, tamanho do eletrodo, distância entre eletrodos e músculos, entre outros). Portanto, considera-se que a frequência de amostragem mínima para o sinal sEMG é de 1000Hz ou mais (Marchetti e Duarte, 2007, 2011).

Os **eletrodos** sEMG são dispositivos de entrada de corrente, sendo a conexão entre o corpo e o sistema de aquisição. A área da interface eletrodo-tecido é chamada de "superfície de detecção", comportando-se como um filtro passa-baixa. cujas características dependem do tipo de eletrodo e do eletrólito utilizado. Os eletrodos superficiais são aderidos à pele, constituindo uma superfície de detecção que capta a corrente na pele através da interface pele-eletrodo. São geralmente compostos por um sistema Ag-AgCL associado a um gel condutor (eletrólito) (De Luca, 1993, 1997, 2006; Delsis, 2001; Delsis, 2006; Marchetti e Duarte, 2007, 2011). Duas questões principais devem ser consideradas quanto à escolha do eletrodo, sendo a primeira relacionada à distância entre as superfícies de detecção. Essa distância inter-eletrodos é definida como a distância de centro a centro entre as áreas condutivas deles, afetando o comprimento de banda das frequências e a amplitude do sinal sEMG. Uma pequena distância altera o comprimento de banda para altas frequências e diminui a amplitude do sinal sEMG. Por essa razão, a distância pode ser fixada para comparações quantitativas entre aquisições feitas dentro ou entre músculos. A segunda questão a ser considerada é o tamanho e a forma das superfícies de detecção. Quanto maior o tamanho da superfície de detecção, maior a amplitude do sinal sEMG detectado e menor o ruído elétrico que será gerado na interface entre a pele e a superfície de detecção; entretanto, ele deve ser pequeno o bastante para evitar o *cross-talk* de outros músculos (Delsis, 1996; Hermens *et al.*, 2000). A qualidade do sinal sEMG por parte dos eletrodos depende também da influência da impedância pele-eletrodo. Desse modo, certos cuidados devem ser tomados, tais como limpeza da pele, remoção dos pêlos e leve abrasão para remoção de células mortas. O local e o posicionamento dos eletrodos podem ter grande influência na qualidade do sinal sEMG, bem como a localização do eletrodo com relação ao ponto motor; as formas de interferência do sinal sEMG (batimento cardíaco, *cross-talk* e artefatos eletromecânicos); os movimentos do equipamento ou do cabo; as condições da rede elétrica; e a direção do eletrodo em relação às fibras musculares (preferencialmente ficando no mesmo sentido das fibras musculares) (Hermens *et al.*, 2000).

O **ganho** caracteriza-se pela quantidade de amplificação aplicada ao sinal sEMG. Em movimentos rápidos, por exemplo, pode ser necessário aumentar as frequências de corte, pois os artefatos do movimento podem conter componentes de alta frequência. Isso pode ser feito sem eliminar o sinal EMG útil, desde que com frequências menores que 20Hz, pois elas tendem a ser instáveis ou oscilarem. O limite superior pode ser ajustado em valores ligeiramente acima do sinal desejado. O menor valor deste ajuste geralmente é 400–500Hz para eletrodos superficiais (Marchetti e Duarte, 2007, 2011).

O **filtro** é um dispositivo designado para atenuar variações específicas de frequências. Os filtros possuem duas utilidades importantes: de separação e restauração do sinal. A separação do sinal é necessária quando esse for contaminado com alguma interferência, ruído ou outro sinal. A restauração do sinal é utilizada quando esse for distorcido de alguma forma. Portanto, a proposta dos filtros é permitir a passagem de algumas frequências inalteradas e atenuar outras (Marchetti e Duarte, 2007, 2011). Em geral, há quatro comportamentos de filtro em eletromiografia: filtros passa-alta (*high pass*), no qual todas as frequências abaixo da frequência de corte (*Fc*) são atenuadas a zero; filtros passa-baixa (*low pass*), no qual todas as frequências maiores que *Fc* são atenuadas a zero; filtro rejeita-banda (*stop band*), no qual todas as frequências maiores que *Fc1* e menores que *Fc2* são atenuadas a zero; e filtros passa-banda (*band pass*), que permite que as frequências menores que *Fc1* e maiores do que *Fc2* sejam atenuadas a zero (Marchetti e Duarte, 2007, 2011).

O processo de digitalização de um sinal sEMG analógico é realizado por conversores analógico-digitais (*analog-to-digital converter* ou ADC). Esses dispositivos são componentes comuns dos equipamentos eletrônicos e são utilizados para capturar sinais de voltagem (analógico) e expressar a informação em formato numérico (digital). Uma vez digitalizada, a informação pode ser processada pelo *software* e *hardware* para alcançar objetivos específicos. O processo de digitalização impõe limites inerentes ao grau de precisão. Contudo, se a tarefa é representar corretamente o sinal original, esse pode, então, ser reconstruído sem perda de informação. Todos os ADCs possuem um número fixo de *bits* para quantificar a voltagem do sinal de entrada detectado. A digitalização do sinal (analógico) de voltagem é especificada por um intervalo particular, definido por uma voltagem de entrada máxima e mínima.

11.2. Processamento do Sinal sEMG

Uma vez adquirido o sinal sEMG, existem diversos métodos de processamento que podem ser utilizados para a interpretação dos dados. Duas importantes características do sinal sEMG são a frequência e a amplitude. Afinal, o sEMG em estado bruto não apresenta condição de interpretação. Assim, duas são as formas mais comuns para representar tais informações contidas nos sinais; elas podem ser chamadas de análise no domínio temporal e no domínio de frequência (Kamen e Gabriel, 2015; Marchetti; Duarte, 2007; Marchetti; Duarte, 2011).

Quando o nível de atividade está sendo investigado, o sinal retificado pode ser alisado por um filtro passa-baixa para suprimir flutuações de alta frequência, permitindo uma avaliação clara da amplitude do sinal sEMG, chamada de envoltório linear. O envoltório linear é um tipo de média móvel que indica a magnitude do sinal sEMG. Uma das formas de avaliar o nível de atividade do sinal sEMG é chamado de *root mean square* (RMS). Essa forma de processamento não requer retificação, pois a amplitude do sinal EMG é elevada ao quadrado. Associar a técnica de RMS a um intervalo de tempo determinado constitui o RMS móvel, utilizado para observar as alterações do sinal sEMG em função do tempo (Figura 11.3). O sinal sEMG integrado (IEMG) é também utilizado para avaliar o nível de atividade. O IEMG representa a área sobre a curva EMG retificada.

A análise no domínio temporal descreve quando algo ocorre e qual a amplitude da ocorrência. A amplitude é um indicador da magnitude da atividade muscular, produzida predominantemente por aumentos na atividade das unidades motoras e em sua taxa de disparo. O sinal sEMG adquirido durante uma atividade em função do tempo pode ser quantificado por diversas formas de processamento, entre elas o envoltório linear, a retificação, o RMS e a integração. A retificação consiste em tomar o valor absoluto do sinal EMG, ou seja, rebater as fases negativas (*full-wave*) ou remover os valores negativos do sinal bruto (*half-wave*) (Figura 11.2).

Figura 11.2 – Representação do sinal sEMG retificado

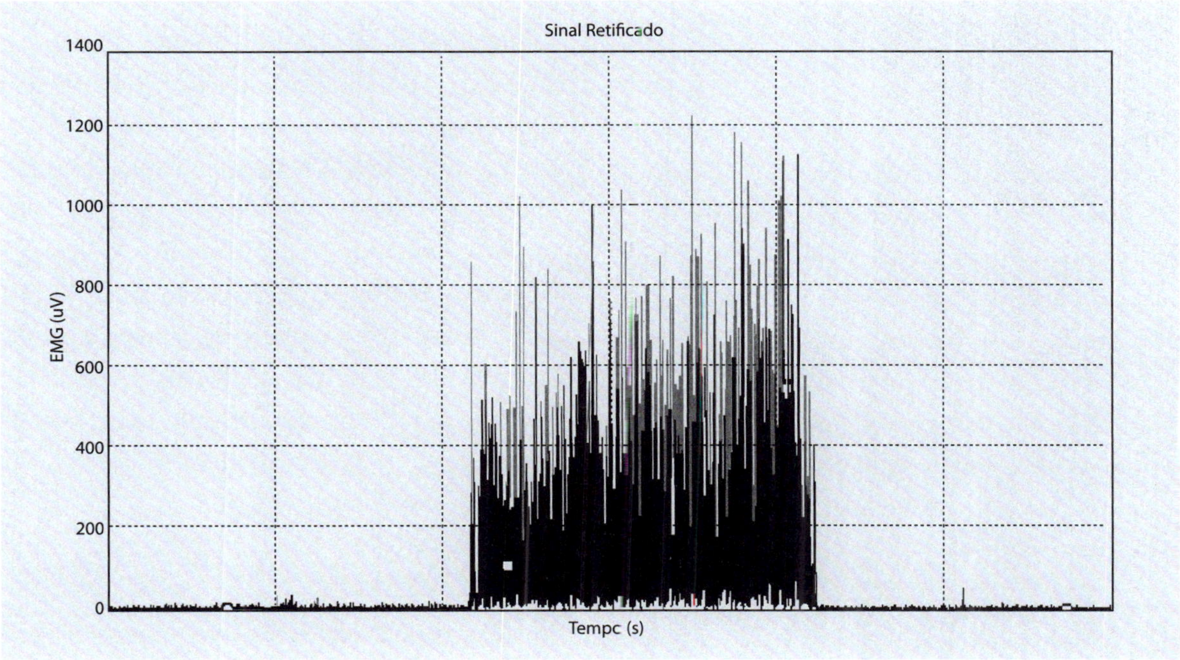

Figura 11.3 – Representação do sinal sEMG RMS janelado em 150ms

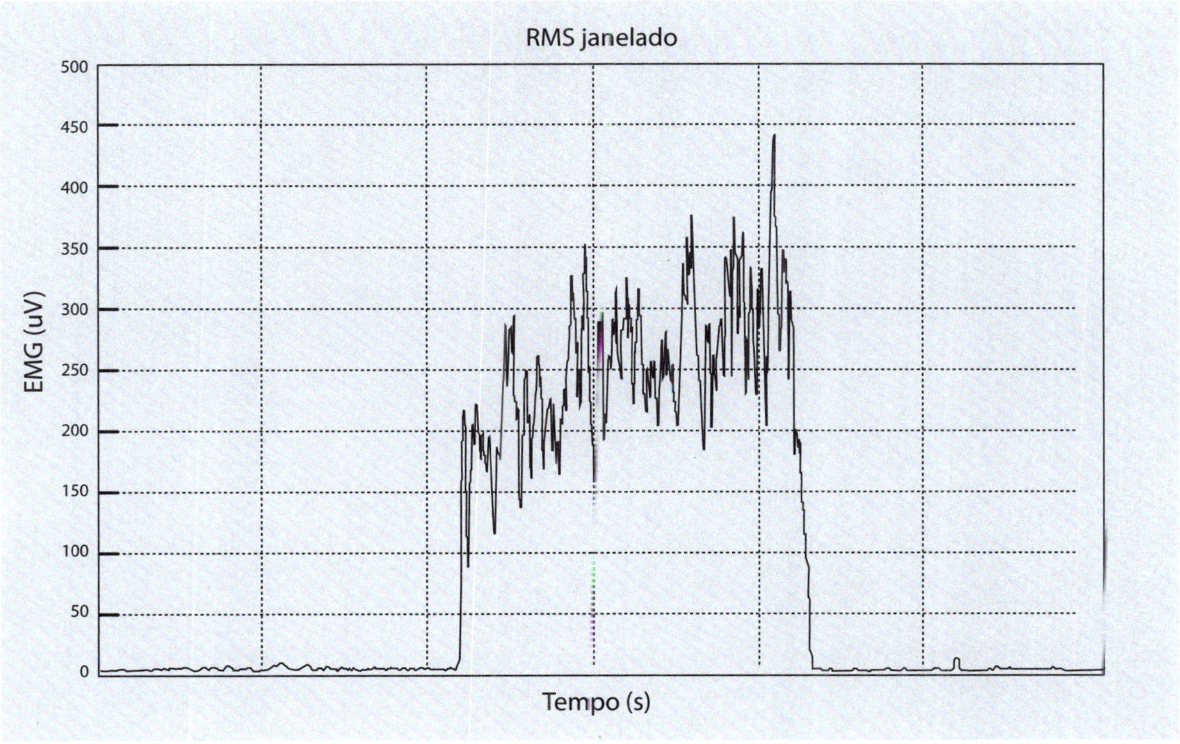

11.3. Procedimento de Normalização do sinal sEMG

Quando o objetivo é analisar e comparar sinais sEMGs de diferentes indivíduos, músculos ou aquisições, faz-se necessário a utilização de técnicas de normalização, que consiste em uma forma de transformação dos valores absolutos da amplitude em valores relativos referentes a um valor de amplitude caracterizada como 100% (Figura 11.4). Entretanto, fatores como posição do membro, envolvimento de músculos sinérgicos e esforço voluntário podem interferir nos resultados (Marchetti e Duarte, 2007, 2011). Diversas são as formas de normalização do sinal sEMG, baseadas normalmente no pico ou média de uma tarefa específica: Contração Voluntária Máxima Isométrica (CVMI) ou dinâmica (CVMD); Contração Voluntária Submáxima Isométrica (CVSI) ou dinâmica (CVSD); Contração Voluntária Máxima Isométrica com ângulo arbitrário ou ângulo específico; Contração Voluntária Máxima Dinâmica com ângulo específico; Contração Voluntária Máxima Dinâmica com ângulo e velocidade angular específicos; método biomecânico (que utiliza variáveis como pico de força para definir o momento de análise do sEMG) etc. (Burden, 2010).

Figura 11.4 – Representação do sinal sEMG normalizado pela CVMI

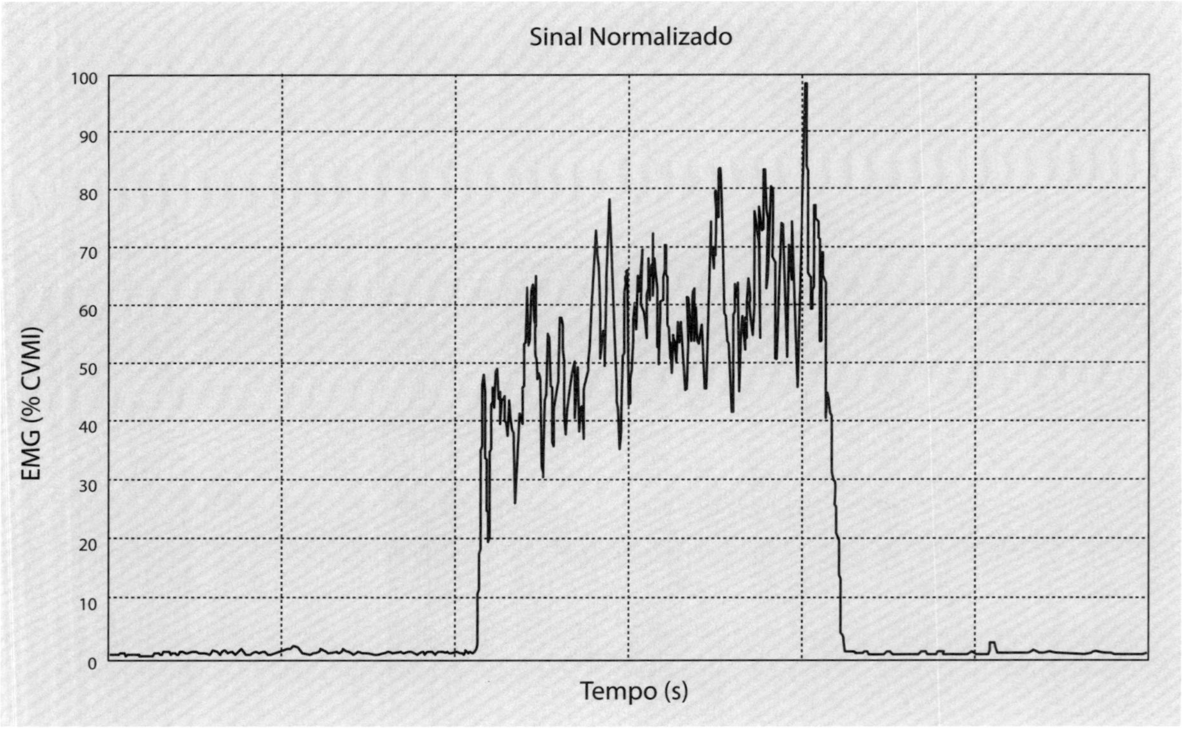

Outra forma de normalização fundamental para a análise de tarefas em diferentes tempos de execução é a "normalização na base temporal", que permite que sinais sEMG apresentem a base do tempo representada pelo percentual do ciclo de movimento (0 a 100% do ciclo de movimento) (Figura 11.5).

Figura 11.5 –Gráfico demonstrativo de normalização na base temporal

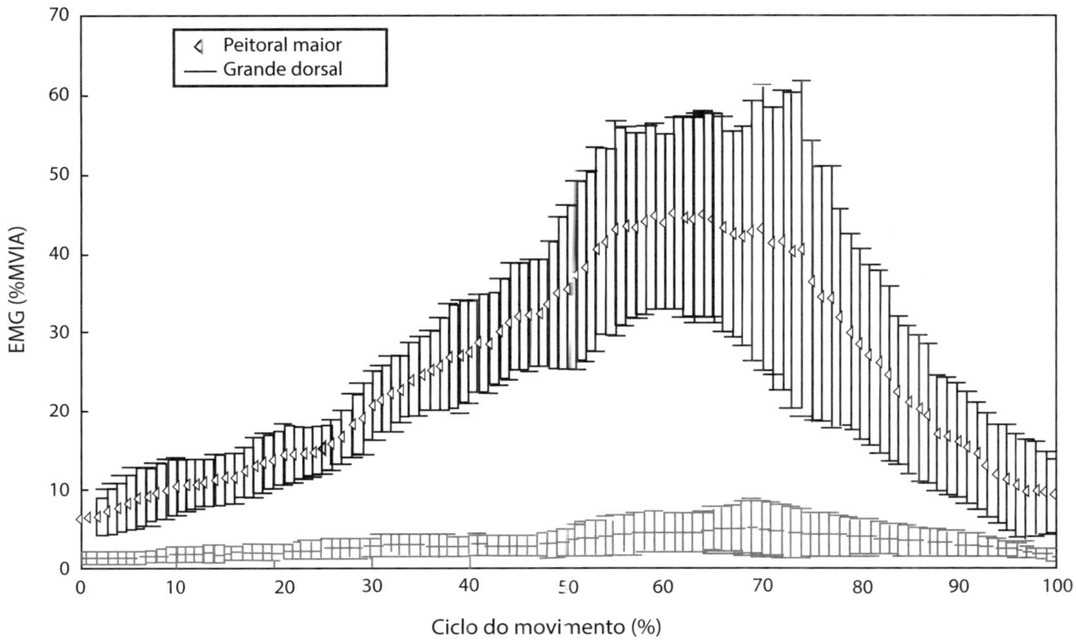

Fonte: Marchetti e Uchida (2011).

A informação representada pelo **domínio de frequências** é um método alternativo, caracterizado pela determinação do conteúdo das frequências do sinal sEMG. Esse método geralmente envolve a determinação do espectro de frequências utilizando a transformada de Fourier. Qualquer sinal contínuo real pode ser expresso por uma combinação de senos e cossenos necessários para duplicar o sinal. Como os sinais biológicos associados ao movimento humano não são funções puras de seno e cosseno, faz-se necessário combinar várias funções diferentes para representar o sinal EMG. Enoka (2000) apresenta três características que influenciam o conteúdo de frequências: taxa de disparo das unidades motoras (UMs), tempo relativo de disparo dos potenciais de ação por diferentes UMs e forma dos potenciais de ação. Quando a forma dos potencias de ação se alteram, suas frequências também mudam. Geralmente, a análise de frequências envolve a determinação do espectro de frequências pela Transformada Rápida de Fourier (FFT), e então a obtenção da análise de densidade espectral de energia (PSD). O PSD pode ser utilizado para calcular as frequências médias e medianas e o comprimento de banda do sinal sEMG (Figura 11.6).

Figura 11.6 – Representação da densidade espectral de potência do sinal sEMG

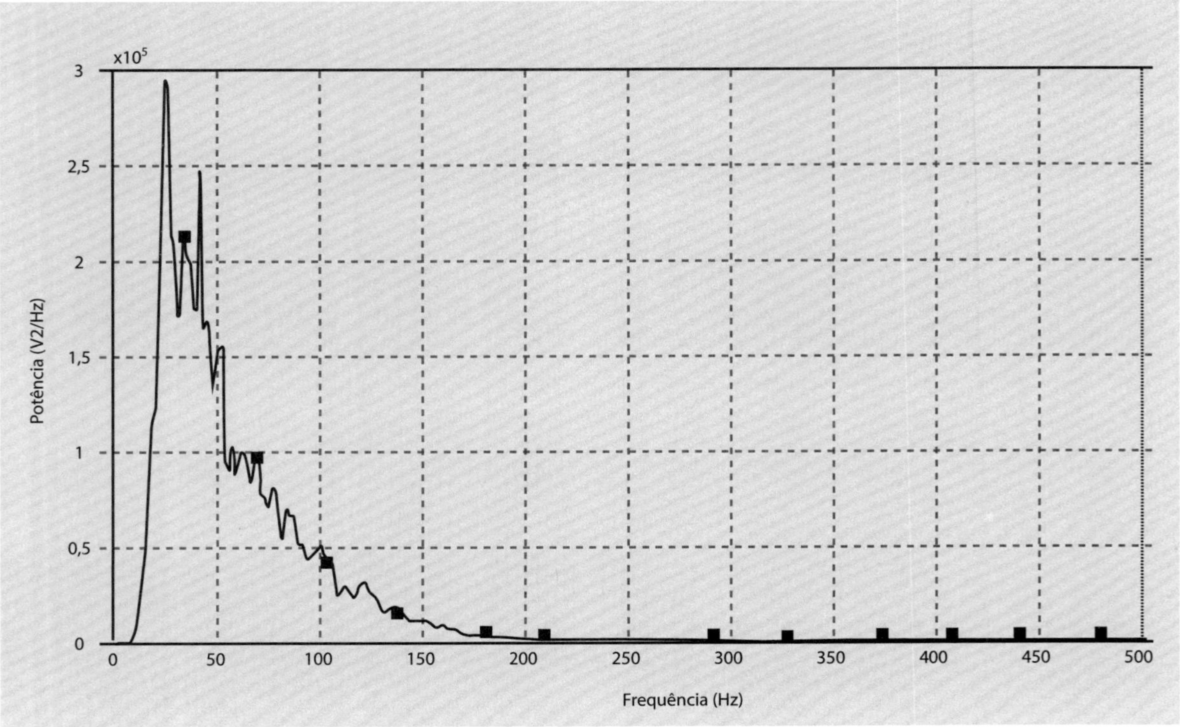

11.4. Relação do sEMG e Força Muscular

O conceito mais complexo relativo à interpretação da eletromiografia é sua relação com a força muscular ou torque. Diversos fatores podem afetar a relação sEMG-Força: a análise de apenas alguns músculos de um movimento com diversos músculos agindo de forma sinérgica, características das fibras musculares, velocidade de movimento, músculo estudado, modificação das alavancas corporais, entre outros. Dessa forma, a relação sEMG-Força é considerada linear apenas em alguns casos de contração isométrica, sendo que mesmo nessas condições as regiões de menor e maior produção de força apresentam padrão não linear. Já em contrações dinâmicas, a relação sEMG-Força não pode ser considerada linear. Portanto, deve-se tomar certo cuidado quando se interpreta essa relação diretamente, pois se pode observar alta atividade muscular via sEMG e baixa produção de força em virtude de um posicionamento articular mecanicamente desfavorável (Kamen e Gabriel, 2015).

Referências

BURDEN, A. How should we normalize electromyograms obtained from healthy participants? What we have learned from over 25 years of research. *Journal of Electromyography and Kinesiology*, v. 20, p. 1023-1035, 2010..

DE LUCA, C. J. Electromyography. *In*: *Encyclopedia of Medical Devices and Instrumentation*. v. 1. Boston: John Wiley Publisher, 2006. p. 98–109.

DE LUCA, C. J. The use of surface electromyography in biomechanics. *Journal of Applies Biomechanics*, v. 13, n. 2, p. 135-163, 1997.

DE LUCA, C. J. Use of the surface EMG signal for performance evaluation of back muscles. *Muscle Nerve.*, v. 16, n. 2, p. 210–216, 1993.

DELSIS. *EMG Tutorial*. Boston University. Boston, Neuromuscular Center. 2006.

DELSIS. *Manual de Eletromiografia*. 1996.

DELSIS. *Manual de Eletromiografia*. 2001.

ENOKA, R. M. *Bases neuromecânicas da cinesiologia*. São Paulo: Manole, 2000.

GARDINER, P. F. *Advanced neuromuscular exercise physiology*. Champain: Human Kinetics, 2011.

HERMENS, H. J. *et al.* Development of recommendations for SEMG sensors and sensor placement procedures. *Journal of Electromyography and Kinesiology*, v. 10, n. 5, p. 361–374, 2000.

KAMEN, G.; GABRIEL, D. A. *Fundamentos da Eletromiografia*. São Paulo: Phorte, 2015.

LATASH, M. L. *Bases neurofisiológicas do movimento*. São Paulo: Phorte, 2015.

MARCHETTI, P. H.; DUARTE, M. Eletromiografia: uma breve revisão sobre os procedimentos de aquisição do sinal. *Terapia Manual*, v. 9, n. 44, p. 548–553, 2011.

MARCHETTI, P. H.; DUARTE, M. Instrumentação em eletromiografia. 2011.

MARCHETTI, P. H.; UCHIDA, M. C. The effect of pullover on pectoralis major and latissimus dorsi evaluated by EMG activity. *J Appl Biomech*, v. 27, n. 4, p. 380–384, 2011.

SENIAM. *Normas para eletromiografia superficial*.

WINTER, D. A. *A.B.C. (Anatomy, Biomechanics and Control) of balance during standing and walking*. Canada: Waterloo Biomechanics, 1995.

WINTER, D. A. *Biomechanics and motor control of human movement*. EUA: Wiley, 2009.

12

Biomecânica das lesões no treinamento de força

Guanis de Barros Vilela Junior

Raul Marcel Casagrande

André Serra Bley

Paulo Henrique Marchetti

OBJETIVO DO CAPÍTULO

A questão central que será discutida nas páginas subsequentes se refere ao tênue balanço entre o quanto o sistema musculoesquelético suporta ser lesionado, sofrendo respostas adaptativas às lesões e, assim, se fortalecendo; e a partir de que ponto estas lesões se tornam nocivas para o corpo humano, comprometendo em algum nível, seja local ou sistêmico, a funcionalidade e eficiência do aparelho locomotor. A chave de uma vida saudável e/ou do elevado rendimento de um sujeito está no equilíbrio a ser procurado entre os ingredientes que compõem esta orquestração, que são: as condições do sujeito que realiza a musculação; seu grau de treinabilidade; o efeito das forças externas que atuam em seu corpo; a frequência com a qual o sujeito é submetido a tais estresses; além de outros mais pontuais.

Ao longo da história, a ciência possibilitou a melhoria e o ajuste fino dos fatores estressores suportados para que a biomecânica humana seja cada vez mais compreendida, para que o número de lesões seja reduzido, para que o tempo de recuperação de uma lesão seja o menor possível e para que, em situações dramáticas (por exemplo, uma perna amputada), a pessoa consiga a ter condições de continuar a se exercitar utilizando próteses inteligentes, exoesqueletos, microchips e todo um arsenal tecnológico que poderá lhe garantir uma vida saudável. No presente capítulo discorremos, inicialmente, sobre generalidades das lesões musculoesqueléticas e, posteriormente, vamos nos ater a articulações e segmentos corporais específicos.

Este capítulo não tem como objetivo discutir lesões na perspectiva da intervenção ortopédica (que não raro exige intervenções cirúrgicas bastante complexas), mas sob um ponto de vista palatável ao profissional de educação física que trabalha na fase das respostas elásticas após sofrer microlesões no sistema musculoesquelético, e ao fisioterapeuta, que exerce seu ofício, principalmente, na perspectiva da reabilitação, ou seja, nas respostas plástico-elásticas diante do estresse.

12.1 Riscos de lesão

Zernicke e Whiting (2004) reportam que para todas as forças relacionadas às lesões (muscular, óssea, ligamentar, articular ou tendínea), sete fatores combinados são os responsáveis pela natureza e gravidade. São eles:

1. magnitude da força;
2. ponto de aplicação da força (local no corpo onde a força é exercida);
3. direção da força;
4. duração da aplicação da força;
5. frequência de aplicação da força;
6. variabilidade da força durante o intervalo de tempo de aplicação; e
7. taxa de aplicação da força (com que rapidez a força é aplicada).

Isso mostra a complexidade inerente aos mecanismos que determinam a lesão sob o ponto de vista exclusivo de aspectos físicos. Se considerarmos aspectos psicológicos — que aqui não serão considerados —, por exemplo, essa complexidade aumenta significativamente.

Tradicionalmente os fatores de risco de lesões são classificados em intrínsecos (ou internos) e extrínsecos (ou externos) conforme destacam Bahr e Holme (2016). Os fatores de risco de lesões intrínsecos são: idade, maturação, sexo, composição corporal, antropometria, condicionamento físico, habilidade na execução da tarefa, histórico de doenças e lesões, dentre outros. Os fatores de risco de lesões extrínsecos são: competição, excesso de carga mecânica, velocidade, qualidade dos equipamentos utilizados, montagens de treino inadequadas, técnica incorreta, dentre outros. A combinação dos sete fatores relacionados à lesão com os fatores intrínsecos e extrínsecos de risco de lesão é responsável por sua instalação, aguda ou crônica, numa vasta gama de possibilidades de mecanismos que a desencadeiam, sua etiologia e a capacidade de recuperação do indivíduo lesionado. Por exemplo, a priori, é temerário colocar uma mulher pós-menopausa para realizar agachamentos com cargas elevadas, pois são conhecidos os índices de incidência de osteopenia e osteoporose e o consequente aumento de risco de fratura, conforme destacam Khan *et al.* (2016). Neste exemplo um dado é crucial: uma mulher pós-menopausa terá uma taxa de desmineralização (perda de cálcio) de 1% de sua massa óssea se ficar uma semana de cama por um motivo qualquer (Ernst, 1994). Nesse exemplo, identifica-se pelo menos três fatores de risco de lesão intrínsecos: a idade, o sexo e a osteopenia ou osteoporose. Como possíveis fatores extrínsecos de risco de lesão, poderíamos citar a carga utilizada, a orientação técnica durante a execução e o uso de equipamento protetor.

12.2 Lesões no complexo articular do ombro

O complexo articular do ombro é composto por quatro articulações:

1. glenoumeral;
2. esternoclavicular;
3. acrômioclavicular; e
4. escapulotorácica (articulação falsa).

Dessas, a glenoumeral é a que apresenta maior mobilidade, podendo fazer flexão, extensão, abdução, adução, rotação interna, rotação externa e circundução. Sua elevada amplitude de movimento é consequência da área da cavidade glenoide ser de três a quatro vezes menor que a área da cabeça do úmero (Vilela Junior *et al.*, 2011). Via de regra, quanto maior a amplitude de movimento de uma articulação maior será seu risco de lesões, dado que elevadas amplitudes de movimento garantem espaço para acelerar (e desacelerar). Maiores acelerações (positivas ou negativas) geram forças resultantes maiores (F = m.a) aumentando o risco de lesões. Como consequência de um longo processo adaptativo filogenético, os tendões dos músculos — subescapular, supraespinhal, infraespinhal e redondo menor — envolvem a cabeça do úmero, aumentando a compressão dela contra a cavidade glenoide; esse conjunto de tendões é conhecido como manguito rotador. Portanto, o manguito rotador ajuda na estabilização dessa articulação, assim fica patente que fortalecer tais músculos diminuirá o risco de lesões na articulação. Peterson e Renstrom (2002) classificam a estabilidade do ombro em estática e dinâmica. A estabilidade estática é garantida pela pressão intra-articular negativa, o *labrum* glenoidal, os componentes articulares e principalmente pelos ligamentos. Os nomes desses ligamentos são autoexplicativos, pois identificam em si mesmos os processos ósseos que ligam, são eles:

- Ligamento glenoumeral superior: presente em 90% dos indivíduos (mais uma evidência da filogênese de nossos antepassados, seu meio ambiente e as atividades físicas que mais executavam). Impede a translação inferior da cabeça do úmero estando o braço ao longo do corpo.
- Ligamento glenoumeral médio: presente em 70% dos indivíduos e atua como estabilizador na translação anterior.
- Ligamento glenoumeral inferior: presente em 90% dos indivíduos; é por excelência o estabilizador quando o ombro realiza abdução e rotação externa.
- Ligamento coracoumeral: é tensionado na rotação externa e minimiza a subluxação inferior da articulação.

A estabilidade dinâmica é determinada pelos músculos do manguito rotador (subescapular, supraespinhal, infraespinhal e redondo menor). Todos participam ativamente do posicionamento da cabeça do úmero em uma posição ótima com a cavidade glenoide, para a realização dos movimentos com os membros superiores.

No entanto, a estabilidade proporcionada pelo manguito rotador somente pode ser efetiva quando a escápula está estável, uma vez que todos os músculos do manguito rotador tem inserção de origem nessa estrutura óssea. O último consenso sobre a dinâmica escapular (Kibler *et al.*, 2013) chama a atenção para a importância da escápula na função do ombro, pois ela age como um elo entre o tronco e o membro superior, atuando como uma "plataforma estável" para os movimentos do úmero. O posicionamento adequado da escápula mantém uma posição ótima da cabeça umeral na fossa glenoide, garantindo um bom espaço entre a cabeça umeral e o acrômio, além de uma relação comprimento-tensão muscular favorável para a ação do manguito rotador durante a amplitude completa de elevação do membro superior.

Kibler e McMullen (2003) referem que essa dinâmica harmônica entre o úmero e a escápula é conhecida como ritmo escapuloumeral, o qual é fundamental para biomecânica normal do complexo articular do ombro livre de lesões. Ludewig e Cook (2000) explicam que quando o músculo deltoide contrai para realizar a abdução do ombro, sua ação produz uma força resultante de deslizamento superior da cabeça umeral e de rotação para baixo da escápula. Tais fatores diminuem o espaço entre a cabeça do úmero e o acrômio, comprimindo estruturas como os tendões do manguito rotador, bursa subacromial, tendão da cabeça longa do bíceps e lábio glenoidal.

Diante de uma biomecânica normal do ombro, forças contrárias devem ser geradas no intuito de contrapor a força de deslizamento superior do úmero e a rotação para baixo da escápula, sendo assim, a ação do manguito rotador como depressor da cabeça umeral e principal estabilizador da articulação glenoumeral é imprescindível, porém só pode ser eficiente se a escápula se movimentar de forma estável durante toda a amplitude de movimento do braço (Reinold *et al.*, 2009).

Dessa forma, é importante que o fortalecimento dos músculos escapulares (serrátil anterior, trapézio fibras ascendentes e transversas, romboides) faça parte de qualquer programa destinado ao complexo articular do ombro, de forma a aumentar a efetividade do manguito rotador, consequentemente aumentando a estabilidade da articulação glenoumeral e diminuindo o risco das principais lesões do ombro. Kibler *et al.* (2006) e Merolla *et al.* (2010) apontam que a simples melhora da estabilidade escapular pode contribuir então com o aumento da eficiência do manguito rotador.

Outros detalhes que podem ajudar num bom desempenho biomecânico do ombro (Kibler e Sciascia, 2010), seja de forma preventiva ou como de intervenção, são: alongamento dos peitorais menor e maior (evita um posicionamento inadequado da escápula), alongamento da cápsula posterior do ombro (pois diminui o espaço entre a cabeça do úmero e o acrômio, além de não permitir um bom ritmo escapuloumeral), amplitude de rotação externa (esta amplitude é fundamental para permitir a abdução do ombro, mantendo o tubérculo maior do úmero afastado do acrômio). O músculo trapézio descendente (superior) deve ser trabalhado com cautela e tardiamente, já que muitas vezes está hiperativado em pessoas com lesões no ombro.

Para Reinold *et al.* (2009), durante a realização dos exercícios para estabilização do ombro recomenda-se que os músculos escapulares e do manguito rotador sejam enfatizados inicialmente, evitando, a todo custo, exercícios de fortalecimento do deltoide. Os grandes grupos musculares e o deltoide somente devem ser iniciados assim que tenha sido obtido estabilidade escapular e ganho de força do manguito rotador. Sugere-se que a abordagem do manguito rotador deve ser visando o treinamento com baixas cargas e grande número de repetições, dada sua natureza estabilizadora, de braços de alavancas curtos, não sendo eficientes na geração de torque. Cargas altas podem estimular o recrutamento de grandes músculos produtores de torque ao redor da articulação do ombro, não sendo eficientes para melhorar o recrutamento dos estabilizadores articulares.

O trabalho do deltoide deve ser estimulado sempre em rotação externa e no plano escapular (plano diagonal ao plano frontal entre 30° e 45°), evitando-se assim a sobrecarga excêntrica do tendão do supraespinhal e conferindo uma elevação do braço livre de compressão do tubérculo maior do úmero sobre o acrômio (Alenabi *et al.*, 2015; Matsuki *et al.*, 2012; Reinold *et al.*, 2009).

Meta-análise realizada por Charbonneau *et al.* (2015) sobre lesões no manguito rotador mostra que injeções de corticosteroides são significativamente mais eficazes para a eliminação dos sintomas desta tendinopatia do que a terapia manual, essa sendo significativamente mais eficaz que o grupo que recebeu tratamento placebo.

Entretanto, é cabível uma crítica a tais achados dado que é discutível o uso de corticosteroides, pois eles geralmente eliminam os sintomas e não a causa da lesão. Nesse sentido, o fortalecimento da musculatura que cruza o complexo articular do ombro pode ser a melhor solução a médio e longo prazo, como demonstrado no estudo de Bennel *et al.* (2010).

12.2.1 Lesões mais comuns

- Fratura da clavícula: usualmente resultado de impacto sobre o ombro. É comum no esqui, no ciclismo, na equitação e nos esportes de muito contato corporal. O atleta sente dor ao movimentar o ombro e a área fica muito sensível à dor e com inchaço significativo.
- Luxação da articulação acromioclavicular: também comum em esportes de contato, além do ciclismo, luta livre e judô. Numa classificação de severidade que varia de grau I a grau VI, até o grau III é usual a imobilização na fase de recuperação, do grau IV em diante a intervenção é cirúrgica.
- Luxação glenoumeral: é relativamente comum em handebol, futebol americano, equitação, luta livre e vôlei. Zatsiorsky (2004) reporta que 90% das luxações glenoumerais acontecem anteriormente, resultado de forças de anteriorização da cabeça umeral comuns quando o ombro se encontra em abdução e rotação externa. Peterson e Renstrom (2002) afirmam que é três vezes mais comum em homens com idade entre 20 e 30 anos. Em atletas, o retorno ao esporte é possível entre quatro a seis meses, por meio de condicionamento progressivo para melhor a mobilidade articular e fortalecimento da musculatura que passa pelo ombro, conforme descrição anterior.
- Fraturas do úmero: são mais comuns na extremidade proximal do úmero em função de quedas, esportes de contato, ciclismo, dentre outros. Podem ocorrer por estresse repetitivo também, por exemplo, em arremessadores de dardo. Nas fraturas mais simples o braço é engessado e a reabilitação ocorre em até seis meses. Nas fraturas mais complexas, com fragmentos do tecido ósseo é necessária intervenção cirúrgica.
- Síndrome do impacto do ombro (tendinopatias do manguito rotador, bursite subacromial, tenossinovite da cabeça longa do bíceps e lesões do lábio glenoidal): condição mais comum no ombro, representando cerca de 44-65% de todas as reclamações de dor no ombro na população de meia idade, idosa e praticantes de atividade física em geral (com predomínio dos membros superiores). Decorre da aproximação excessiva da cabeça do úmero com o acrômio, impactando as estruturas citadas e causando quadro sintomatológico que pode evoluir para ruptura dos tendões do manguito rotador em estágios mais avançados. Alterações intrínsecas e extrínsecas podem contribuir para essa condição, como formato do acrômio, postura cifótica, desequilíbrios musculares, pobre controle motor escapular, alterações na flexibilidade muscular e capsular, posturas assumidas no trabalho e esportes. Nessa condição é essencial o equilíbrio entre os estabilizadores do ombro e o deltoide, conforme discutido anteriormente.

12.3 Lesões no cotovelo

O complexo articular do cotovelo é formado pelas articulações umerorradial e umeroulnar, que possibilitam a sua flexão e extensão apenas em um único plano. No entanto, a articulação radioulnar proximal está envolvida pela mesma cápsula que envolve as duas articulações previamente citadas, sendo esta responsável pelo movimento de pronação e supinação. O cotovelo possui amplitude média de 150 graus no plano sagital, sendo limitada na flexão pela massa muscular e na extensão a limitação é decorrente do contato entre o olécrano da ulna e o úmero (Vilela Jr., 2011).

Em relação às lesões nos esportes é comum o uso de expressões vagas e sem rigor científico como "cotovelo de tenista", "cotovelo de golfista", dentre outros. Em concordância com o posicionamento de Zatsiorsky (2004) entendemos ser importante a adoção da nomenclatura adequada a cada tipo de lesão. As mais comuns no cotovelo são:

- Epicondilite (o termo epicondilagia seria mais apropriado, porém pouco difundido) (Waugh, 2005): usualmente é consequência de esforços repetitivos da articulação do cotovelo nos diferentes esportes (tênis, badminton, golfe, beisebol etc.) que utilizam implementos como raquetes, tacos e similares. Esses esforços repetitivos causam microlesões assintomáticas que geram calcificação intracitoplasmática, separação de fibras de colágeno e desarranjo das ligações cruzadas nos epicôndilos lateral e medial (Zatsiorsky, 2004). Tal quadro evolui macroscopicamente para dano tecidual e inflamação/degeneração sintomática local. Nos tenistas é mais comum entre aqueles que estão entre 35 e 50 anos e jogam pelo menos três vezes por semana, por mais de meia hora cada dia, estando associada, na maioria das vezes, à falta de habilidade técnica na execução do *backhand,* sendo cinco vezes mais comum no epicôndilo lateral (Peterson e Renstrom, 2002). Normalmente é atribuída à inflamação na inserção proximal do músculo extensor radial curto do carpo (Safran, 1995).
- Fratura da extremidade distal do úmero: comum em crianças nas aulas de ginástica, equitação e ciclismo. Apresenta riscos potenciais em crianças e adolescentes uma vez que fragmentos do tecido ósseo podem romper nervos e artérias. Se for simples, a imobilização será suficiente e a volta à prática esportiva pode levar até dez meses; caso contrário, é necessária intervenção cirúrgica (Kamien, 1988).

A estabilidade da articulação do cotovelo é, essencialmente, proporcionada pela ação ligamentar (ligamentos colaterais), cápsula articular e formato anatômico de encaixe entre a tróclea umeral e a ulna. Potentes músculos cruzam essa articulação (bíceps braquial, braquial e tríceps braquial) e devem ser trabalhados após lesões, no intuito de recuperar a força decorrente da hipotrofia após longos períodos de imobilização, porém pouco contribuem na estabilidade articular. Nos casos de epicondilites, recomenda-se o fortalecimento dos flexores e extensores do punho e dedos, priorizando, especialmente, o treinamento excêntrico (Soderberg *et al.*, 2012), sendo superior ao treinamento de flexibilidade destes músculos (Svernlov e Adolfsson, 2001). No entanto, parece que a estabilidade do ombro e escápula são importantes para a recuperação plena desta condição, já que jogadores de tênis apresentam alterações no recrutamento motor dos músculos proximais (Lucado *et al.*, 2012). Dessa forma, o treinamento adequado dos extensores e flexores do punho associado à estabilidade do complexo articular do ombro pode contribuir na recuperação das epicondilites. A medida da força de preensão, livre de dor, é uma importante característica que pode ser utilizada no acompanhamento de portadores de epicondilites, uma vez que está associada a melhores níveis funcionais (Chourasia *et al.*, 2013).

12.4 Lesões no antebraço, punho e mão

As lesões no antebraço, punho e mão são raras, mas podem acontecer onde são recorrentes quedas da própria altura e/ou naqueles onde existem esforços repetitivos sobre uma estrutura musculoesquelética. Vejamos alguns exemplos de lesões no antebraço, punho e mão:

- Fratura da ulna: pode ocorrer em várias modalidades esportivas (apesar de raras) ou quando o sujeito tenta se defender de um golpe com o antebraço. Muitas vezes, neste tipo de fratura na ulna, é importante observar (raio X) a integridade do cotovelo que pode ter sofrido uma luxação (fratura de Monteggia). No caso de ocorrência de luxação no cotovelo é necessária intervenção cirúrgica. Após a retirada do gesso, são necessárias, em média, oito semanas de fortalecimento muscular antes de o atleta voltar às atividades.
- Fratura distal do rádio: é a mais comum das lesões no punho em diferentes esportes (handebol, ciclismo, lutas etc.). Na maioria das vezes, imobilização de até cinco semanas é suficiente para posterior fortalecimento da musculatura. Em casos graves é necessária cirurgia. A consequência mais comum relacionada a este tipo de lesão após longos períodos de imobilização é a perda de amplitude de movimento do punho, sendo importante a restauração desses movimentos o quanto antes, quando possível (pois depende da gravidade da fratura e qualidade da restauração anatômica após a intervenção médica), através do alongamento capsular.
- Fratura do escafoide: comum após quedas com a mão espalmada. Este osso do carpo apresenta recuperação difícil e lenta, podendo evoluir, em alguns casos, para necrose óssea. O escafoide tem vascularização precária, fazendo com que sua recuperação seja complicada, quando não é necessária intervenção cirúrgica, um gesso acima do cotovelo é colocado em torno de 60 dias e então, outro gesso abaixo do cotovelo é colocado por mais 30 dias para que ocorra a consolidação da fratura. Nos casos de contusão desse osso, sem fratura, a dor pode persistir por vários meses.
- Fratura por estresse do hamato: pode ocorrer em esportes que utilizam raquetes ou tacos como tênis, golfe, hóquei e beisebol, que, por inúmeros impactos sobre o hamato, podem fraturá-lo. Como pode ser facilmente negligenciada, se não tratada, pode levar o sujeito a ter uma neurite ulnar distal.
- Lesão do ligamento fibrocartilaginoso triangular do punho: comum em praticantes de musculação e outras modalidades esportivas que envolvem força de preensão. Esse ligamento está entre a ulna e os ossos do carpo, possui vascularização precária, que torna sua recuperação difícil, com quadro sintomatológico duradouro. Em alguns casos, torna-se necessária intervenção cirúrgica. Os movimentos de flexão e extensão de punho, associado ao desvio ulnar (adução do punho) comprime a região e pode estar relacionado com o mecanismo de lesão. Nos sujeitos com lesão deste ligamento, tais movimentos provocam dor intensa no punho, próximo ao processo estiloide da ulna.

12.5 Lesões na coluna vertebral

É amplamente conhecido o fato que 80% das pessoas algum dia terão algum problema relacionado à coluna vertebral (Vilela Jr., 2011; Peterson e Renstrom, 2002). A postura em bipedia e a manutenção de uma postura saudável é um dos grandes desafios da atualidade. Sendo a coluna vertebral o eixo de nosso corpo, qualquer desvio no esqueleto apendicular acarretará desvios no esqueleto axial e vice-versa.

Observando a musculatura anterior e posterior do corpo humano, concluímos que, para elevarmos o tronco, precisamos vencer a gravidade e, portanto, temos vários músculos estabilizadores posteriores da coluna vertebral (eretores da espinha, esplênios, suboccipitais, semiespinhais, interespinhais, intertransversais, multífidos, quadrado lombar, serrátil posterior superior e serrátil posterior inferior, dentre outros) e apenas quatro músculos estabilizadores da coluna anteriormente (reto do abdome, oblíquo interno, oblíquo externo e psoas) uma vez que para flexionar o tronco a partir da posição ortostática a gravidade nos ajuda enormemente nesta tarefa, assim usamos pouco a musculatura anterior do tronco quando comparada com a posterior. Uma possível flacidez desta musculatura anterior da coluna pode acarretar desvios posturais e lesões altamente incapacitantes (Vilela Jr., 2011).

Figura 12.1 – Força resultante dos estabilizadores anteriores da coluna vertebral

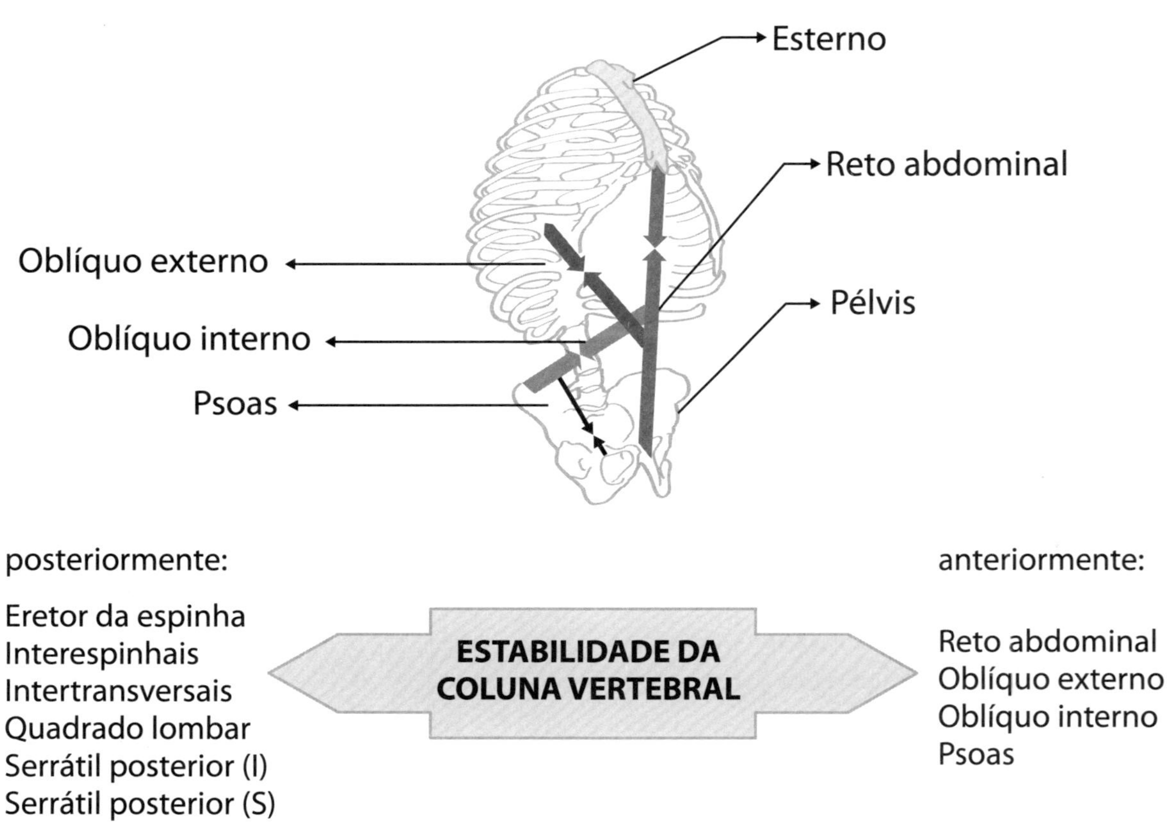

A Figura 12.1 mostra a força resultante dos estabilizadores anteriores da coluna vertebral. É importante observar que estas formam um triedro e quando em harmonia funcional, posicionam a coluna e pélvis adequadamente.

Figura 12.2 – Alinhamento postural da coluna vertebral e pélvis

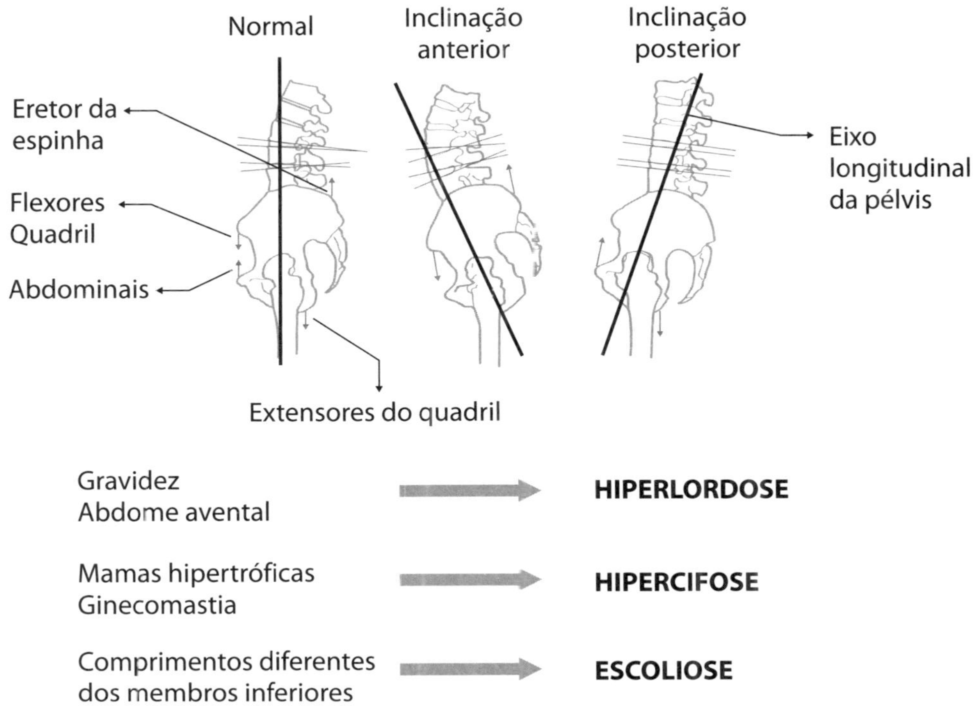

Na Figura 12.2 observamos o alinhamento normal da coluna com a pelve e o desvio anterior e posterior da coluna em função de grupamentos musculares enfraquecidos. Na inclinação anterior, a musculatura anterior do abdome e extensora do quadril estão enfraquecidas, o que produz um torque na pelve, rotacionando-a no sentido anti-horário. Isto acarreta a instalação de uma hiperlordose lombar, usualmente compensada com uma hipercifose torácica. Quando os desvios da coluna acontecem lateralmente temos a escoliose, muitas vezes fruto de diferentes comprimentos de membros inferiores.

Tais desvios são patológicos e, portanto, precisam de tratamento específico. O tratamento clássico consiste no fortalecimento do grupamento muscular debilitado de modo que seja possível o realinhamento da coluna e da pelve.

Para alinhamento da coluna lombar é necessário um bom equilíbrio entre os músculos anteriores e posteriores que cruzam a pelve, em direção ascendente ou descendente. Os abdominais, juntamente com o glúteo máximo e isquiotibiais produzem torque de rotação posterior da pelve (sentido horário – conforme Figura 12.2), consequentemente conduzem a coluna lombar a sua retificação. Os músculos anteriores do quadril (iliopsoas, retofemoral, tensor da fáscia lata, adutores do quadril) juntamente com o quadrado do lombo e os paravertebrais ou eretores da espinha produzem torque de rotação anterior da pelve (sentido anti-horário – conforme Figura 12.2), consequentemente conduzem a um aumento da lordose lombar. Entendendo esta relação, o volume de treinamento e o treino de flexibilidade deve ser estabelecido baseado no desvio que a pessoa apresenta. Por exemplo, uma pessoa com hiperlordose lombar deve visar o movimento dessa região da coluna no sentido de diminuir sua curvatura, dessa forma a carga de treino deve ser maior para os músculos que realizam rotação posterior da pelve e o treinamento de flexibilidade deve ser priorizado nos músculos que realizam a rotação anterior da pelve (Neumann, 2011).

No entanto, é importante destacar que a postura estruturada numa pessoa adulta pouco pode alterar diante do treinamento, sendo que as mudanças positivas na postura são mais evidentes nas pessoas com alteração postural decorrente de "postura desleixada" e, possivelmente, em crianças. Normalmente, durante a fase de crescimento, a postura está sujeita a maior influência externa, seja positiva ou negativa. O mesmo pode-se dizer durante o processo de envelhecimento, porém a postura dos idosos tende a sofrer alterações negativas, devido às degenerações discais e ao comprometimento na microarquitetura óssea decorrente da osteoporose.

As intervenções nas escolioses também parecem não demonstrar efeitos convincentes nas mudanças angulares das curvas instaladas (Weiss, 2012). Dessa forma, o exercício, por meio do fortalecimento ou alongamento muscular, é, então, utilizado como forma preventiva, afim de contribuir na estabilidade postural, evitar a piora que pode ocorrer durante o envelhecimento.

12.5.1 Lombalgias

A dor na região baixa da coluna é a condição musculoesquelética mais comum na população. Muitas vezes se torna incapacitante e pode levar a pessoa a se afastar do trabalho e do convívio social. Inúmeras formas de intervenção têm sido propostas para a recuperação desta condição, porém o sucesso nem sempre é garantido.

É importante destacarmos que lombalgia, apenas se refere a uma condição sintomatológica, que pode ser resultado de diferentes lesões na coluna vertebral, como hérnia de disco, fratura por estresse (espondilólise), processo inflamatórios, afecções degenerativas (artrose), dentre outras. Porém, recentes estudos têm demonstrado que nem sempre as lesões (diagnosticadas por exames de imagem) apresentam associação positiva com o quadro sintomatológico e incapacitante dos sujeitos acometidos (Chou *et al.*, 2011). Por exemplo, uma pessoa pode apresentar uma hérnia de disco lombar extrusa, identificada no exame de ressonância magnética, e apresentar dor e incapacidade muito inferior a uma pessoa que no mesmo exame de imagem realizado, indicou apresentar pequenos abaulamentos discais lombares.

Dessa forma, a recuperação desses indivíduos não deve ser baseada em exames e nem as expectativas devem ser subestimadas ou hiperestimadas dado o resultado "positivo" ou "negativo" do exame. Nourbakhsh e Arab (2002) demonstraram em seu estudo que a lombalgia não apresenta associação positiva com alterações posturais na lombar ou mesmo encurtamentos musculares, porém, havia associações positivas com a resistência muscular em torno da coluna, especialmente dos extensores.

Tal fato indica que a reabilitação por meio de exercícios, visando a melhora da resistência muscular, pode ser um caminho positivo na recuperação das lombalgias. O tratamento por meio da estabilização central da coluna (músculos profundos, *powerhouse* ou *core*) e os exercícios em academia apresentam boa indicação para pacientes com dor lombar com mais de doze semanas, assim como para pacientes com quadros de hérnia discal sem comprometimento neurológico importante (dor irradiada abaixo dos joelhos ou deficiência motora) ou para pós-operatórios de hérnia discal (Delitto *et al.*, 2012).

É importante destacar que, costumam se beneficiar do tratamento por meio da estabilização da coluna os portadores de lombalgia *mecânica*, ou seja, aquelas que melhoram ou pioram com mudanças posturais, com os movimentos da coluna, durante o repouso ou atividade. Além disso, pessoas que apresentem relações cinesiofóbicas (medo do movimento, relação de piora com exercício, entre outras) costumam não apresentar bons resultados por meio dos exercícios e devem ser conduzidas com cautela ou mesmo encaminhadas para um profissional especialista.

O treinamento dos multifidos e transverso do abdome parecem estar alterados em sujeitos com dor lombar (Hodges e Richardson, 1999) e o treinamento de estabilização tem apresentado boa relação com a recuperação das lombalgias (Hides *et al.*, 2008). Exercícios de pranchas e em posição quadrúpede (isometrias), associado com a manobra de murchar a barriga são recomendados e apresentam boa qualidade de recrutamento destes músculos, devendo ser muitas vezes associados a superfícies instáveis, pois além de aumentar o recrutamento desses músculos, possivelmente, ajudam no controle motor dos mesmos (Imai *et al.*, 2010; Okubo *et al.*, 2010; Teyhen *et al.*, 2005).

Mais que um mero modismo, fortalecer o *core* é fundamental para a saúde das pessoas, uma vez que sem esta musculatura fortalecida qualquer treinamento ficará seriamente comprometido.

12.6 Lesões no joelho, coxa e perna

O complexo articular do joelho é composto por três articulações:

1. Entre os côndilos mediais do fêmur e tíbia.
2. Entre os côndilos laterais do fêmur e tíbia.
3. Entre a patela e o fêmur.

Portanto, trata-se de uma estrutura articular altamente especializada em suportar elevadas forças comuns em várias atividades. O joelho possui ligamentos que junto com a musculatura ajudam a garantir a estabilidade articular, são eles:

- Ligamento colateral tibial — insere-se no côndilo medial do fêmur e no côndilo medial da tíbia. É intimamente aderente ao menisco medial. Impede o movimento de afastamento dos côndilos mediais do fêmur e tíbia (bocejo medial).
- Ligamento colateral fibular — insere-se no côndilo lateral do fêmur e na cabeça da fíbula. Impede o movimento de afastamento dos côndilos laterais do fêmur e tíbia (bocejo lateral).
- Ligamento cruzado anterior (LCA) — insere-se na eminência intercondilar da tíbia e vai se fixar na face medial do côndilo lateral do fêmur. Impede o movimento de deslizamento anterior da tíbia ou deslizamento posterior do fêmur (movimento de gaveta anterior), além da hiperextensão do joelho.
- Ligamento cruzado posterior (LCP) — é mais robusto, porém mais curto e menos oblíquo em sua direção quando comparado ao LCA. Insere-se na fossa intercondilar posterior da tíbia e na extremidade posterior do menisco lateral e dirige-se para frente e medialmente, para se fixar na parte anterior da face medial do côndilo medial do fêmur. O LCP é estirado durante a flexão da articulação joelho. Impede o movimento de deslizamento posterior da tíbia ou o deslocamento anterior do fêmur (movimento de gaveta posterior).

Qualquer desequilíbrio na musculatura de membros inferiores alterará de alguma maneira a biomecânica do joelho. Entretanto, uma medida muito realizada no joelho é a do ângulo quadricipital (ângulo Q). Esse ângulo é formado pela intersecção de duas retas: uma que vai da tuberosidade tibial até o meio da patela e a outra que vai do meio da patela até a crista ilíaca superior anterior. Nas mulheres, ele é maior em média que nos homens (entre 11 e 17 graus para homens e entre 14 e 20 graus para mulheres). O aumento desse ângulo pode ser resultado de diferentes alterações, como torção tibial externa, joelhos valgos, anteversão do colo femoral (que conduz a uma rotação medial excessiva do quadril), entre outras.

O ângulo apenas representa a força com que a patela tende a lateralizar decorrente da ação do quadríceps, nas mais diferentes atividades diárias que realizamos. Ângulos maiores têm maior potencial de lateralização da patela, fazendo com que um maior atrito ocorra contra o côndilo lateral do fêmur e, possivelmente, causando a dor femoropatelar (condromalácia/condropatia patelar). No entanto, quando o ângulo Q está aumentado devido um valgo excessivo, além de crescer o potencial de lateralização patelar, este desvio anatômico postural faz com que o ligamento colateral tibial fique permanentemente tensionado, podendo estar predisposto à entorse em valgo do joelho (bocejo medial), lesando este ligamento e possivelmente o menisco.

Quando as alterações estão ligadas às alterações estruturais anatômicas, pouco pode ser feito para corrigir, sendo que procedimentos cirúrgicos são indicados quando essas alterações são consideradas o motivo principal das lesões ou do quadro sintomatológico do sujeito. Atualmente, tem sido discutida a influência das alterações do ângulo Q dinâmico nas lesões dos membros inferiores, especialmente no joelho.

O ângulo Q dinâmico está relacionado ao alinhamento dinâmico do membro inferior durante atividades funcionais realizadas com o membro apoiado (subir e descer escadas, agachar, saltar, correr, dentre outras), ou seja, nessas diversas situações, um excesso de adução e rotação medial do quadril, associada com pronação excessiva do tornozelo, acarreta numa medialização excessiva do joelho, situação que aumenta o ângulo Q (porém agora, durante uma tarefa dinâmica) (Powers, 2003, 2010). Essa alteração passou a ser conhecida como valgo dinâmico e, atualmente, é mais abordada como mau alinhamento dinâmico do membro inferior.

As consequências deste fato, são inúmeras: 1) a medialização excessiva do joelho faz com que o estresse com a patela aumente, porém, agora não pela lateralização excessiva da patela e sim pelo fêmur medializando em direção a patela; 2) a posição do joelho favorece uma entorse ligamentar (possivelmente com lesão do cruzado anterior e colateral tibial) em atividade esportivas ou recreacionais de impacto; 3) a posição na qual os pés se encontram conduzem a um desabamento do arco plantar, estirando a fáscia (fascite plantar) e estressando o tendão calcâneo (tendinopatia), além de propiciar uma postura mais instável do tornozelo e pé (pronado), que favorece a entrose; e 4) a adução excessiva contribui para uma posição instável do quadril, que pode aumentar o desgaste condral e lesões labrais (impacto femoracetabular).

Dessa forma, a melhora do alinhamento dinâmico do membro inferior deve ser aprimorada nas atividades realizadas com apoio. O fortalecimento dos músculos abdutores e rotadores laterais do quadril tem sido a principal abordagem para esse desequilíbrio funcional. Os músculos do tornozelo recebem pouca atenção dado o baixo potencial que têm (pequena área de secção transversa) para impedir o valgo dinâmico ocorra. Talvez uma abordagem conjunta seria a melhor opção; fortalecendo o glúteo médio, glúteo máximo, piriforme e supinadores, especialmente o tibial posterior associada a um treinamento sensório-motor de controle do alinhamento durante as atividades de apoio (Rabelo *et al.*, 2014). Todas as atividades que requerem apoio do membro inferior (*leg press*, agachamento etc.) devem ser realizadas com supervisão e orientação para manter o joelho alinhado ao quadril e, variavelmente, estímulos podem ser feitos para intensificar o mau alinhamento (faixas elásticas ao redor do joelho), para que o sujeito ative os músculos de controle.

A condropatia patelar (ou condromalácia patelar) é a condição clínica mais comum que afeta o joelho entre os praticantes de atividade física regular. Caracterizada por ser uma síndrome dolorosa femoropatelar que evolui gradativamente com danos na cartilagem articular da patela e fêmur. A cartilagem é um tecido de baixo potencial de recuperação, então o tratamento é baseado na diminuição do estresse articular, melhorando a congruência entre a patela e o fêmur, e consequentemente diminuindo o estresse entre as superfícies desses dois ossos. Para atingir esse objetivo, a reabilitação é baseada na melhora do alinhamento dinâmico do membro inferior (como discutido no parágrafo anterior) e no fortalecimento do quadríceps. Alguns autores recomendam o alongamento do tensor da fáscia lata (pois sua inserção pode aumentar a lateralização da patela), isquiotibiais e quadríceps (pois podem aumentar a retropressão patelar), porém não há estudos que apontem resultados efetivos com essas condutas. Sugerimos que o alongamento desses grupos musculares sejam realizados na presença de encurtamentos importantes.

O fortalecimento do quadríceps é um dos principais assuntos relacionados às lesões do joelho, especialmente diante de distúrbios femoropatelares. A simples contração desse grupo muscular aumenta o estresse femoropatelar e pode, ao invés de ajudar, prejudicar a recuperação. Por muito tempo se pensou que o fortalecimento do quadríceps deveria priorizar o recrutamento do vasto medial, uma vez que esta porção seria capaz de melhorar o alinhamento da patela com o fêmur. Muitos estudos foram propostos e poucas conclusões foram obtidas, dada a natureza controversa dos resultados (Wong, 2009).

Contudo, estudos sobre reabilitação femoropatelar apontaram então para o fortalecimento de quadríceps com menor estresse femoropatelar sem se importar com o recrutamento do vasto medial (Syme *et al.*, 2009). O fortalecimento com dor articular não deve ser realizado, pois a dor causa uma inibição artrogênica do quadríceps, impedindo a progressão dos resultados de um programa de ganho de força. Sendo assim, ao realizar o fortalecimento desse grupo muscular, a sobrecarga muscular aplicada deve estar associada a um menor potencial de estresse articular. Na cadeira extensora, tem sido recomendado angulações entre 90° e 45°, no entanto, caso haja dor articular durante a execução, outras angulações podem ser utilizadas, e, em atividades com apoio, recomenda-se angulações entre 0° e 45°, evitando-se que o joelho passe a frente dos pés durante a execução (Escamilla *et al.*, 2009; Powers *et al.*, 2009).

Em situações nas quais a dor femoropatelar está sempre presente, o treinamento com oclusão vascular pode ser uma opção, pois, mesmo com baixas cargas utilizadas, respostas adaptativas positivas no ganho de força são alcançadas e com baixos limiares de estresse articular. No entanto, atenção deve ser dada aos riscos do uso dessa técnica em qualquer indivíduo, sendo que mais estudos devem ser realizados para que sua prática seja realizada com segurança na reabilitação. As contrações isométricas não parecem apresentar benefícios na recuperação dessa condição.

A força do quadríceps contribui na recuperação funcional e na diminuição do quadro álgico, porém indivíduos que apresentam uma biomecânica que recruta mais esse grupo muscular nas atividades com apoio do membro inferior, aumenta o estresse femoropatelar. Então, o fortalecimento do glúteo máximo e tríceps sural também devem ser enfatizados, de forma a ensinar o sujeito a utilizar mais esses músculos e menos o quadríceps (diminuindo a alavanca das forças externas sobre o joelho). Por exemplo, ao agachar, utilizar maior inclinação anterior do tronco, contribuindo, assim, para menor recrutamento do quadríceps e, consequentemente, menor estresse femoropatelar (Powers, 2010; Teng e Powers, 2014; Blackbern e Padua, 2009).

12.7 Lesões no tornozelo e pé

Tornozelo e pé constituem uma das mais complexas estruturas biomecânicas do corpo humano. A arquitetura óssea dos arcos longitudinal, arco transversal e do arco de parábola da porção superior do tálus é perfeitamente adaptada a suportar o peso corporal. Os ligamentos e musculatura intrínseca do pé armazenam e dissipam energia nos diferentes ciclos do passo na caminhada e na corrida (modelo *spring – damper*).

Anatomicamente, tornozelo se refere à articulação talocrural, mas inclui a articulação tibiofibular distal; e pé se refere à toda estrutura distal à tíbia e fíbula. O osso tálus está presente no tornozelo e no pé. As principais articulações do tornozelo e do pé são: talocrural, subtalar e mediotársica. Mecanicamente, o tálus participa dessas três articulações e possui 70% de sua superfície envolta pela cartilagem articular.

Na Figura 12.3 temos um exemplo de mecanismo de lesão de tornozelo. Podemos observar um jogador, que sofre um impacto na altura do joelho com o pé fixo no chão enquanto realiza uma rotação medial da perna. Tal contexto gera um torque suficiente para romper os ligamentos tibiofibulares.

Figura 12.3 – Lesão no tornozelo

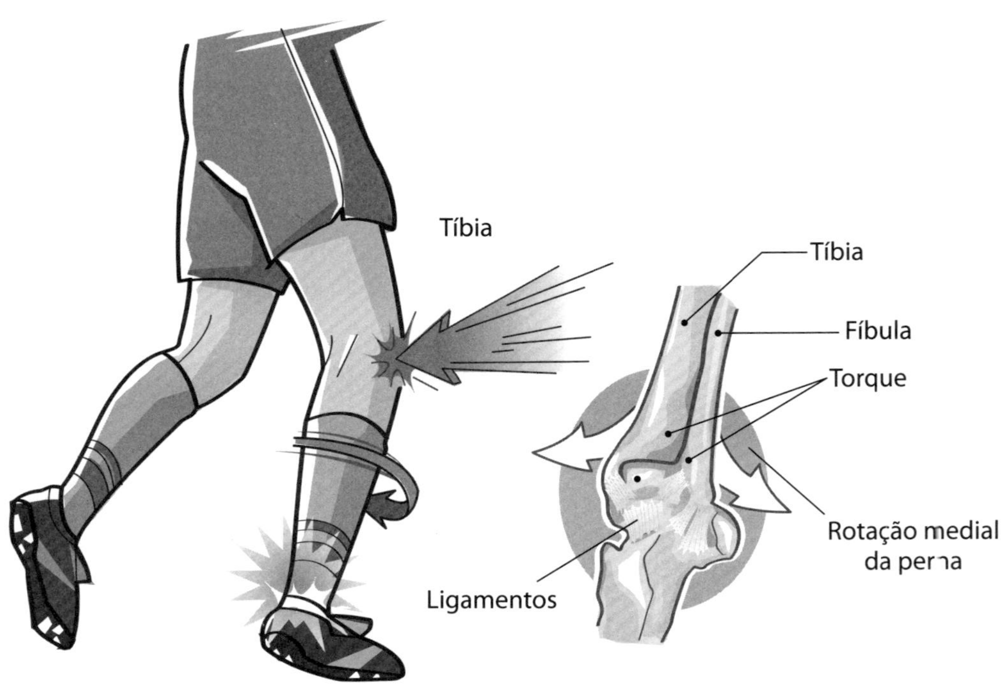

Outro exemplo de mecanismo de lesão é o uso excessivo de salto alto pelas mulheres. Com seu uso, a descarga de peso corporal sobre o calcâneo é desviada para o médio/antepé e o consequente encurtamento do tríceps sural e aumento da lordose lombar são fatores que aumentarão as chances de quadros álgicos nestas regiões.

Figura 12.4 – Descarga de peso corporal sobre o calcâneo e antepé com e sem uso de salto alto

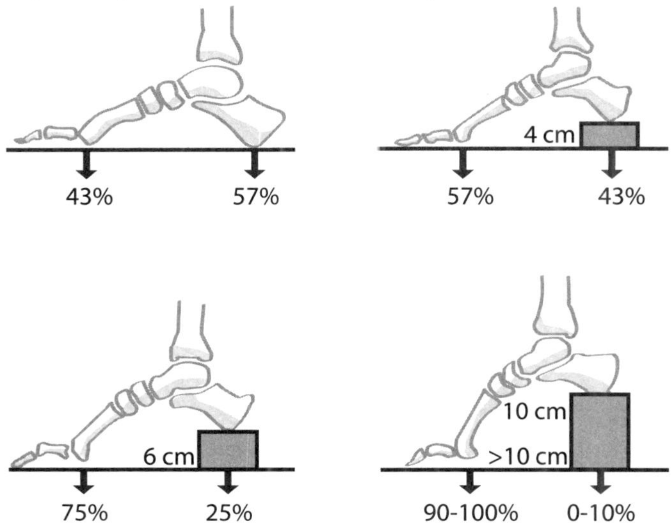

A Figura 12.4 mostra em percentual do peso corporal e o quanto é descarregado sobre o calcâneo e antepé — para os pés descalços e com saltos de diferentes alturas. Para saltos com 10 cm ou mais de altura, a biomecânica do pé está muito comprometida e é improvável que seu uso prolongado não traga vários tipos de lesões.

12.7.1 Lesões mais comuns

- Entorse de tornozelo: a mais comum ocorre quando o tornozelo está em flexão plantar (ao descer um degrau, usar salto alto, aterrissar de um salto etc.) e subitamente realiza uma inversão, levando a provável lesão dos ligamentos laterais do tornozelo (talofibular anterior e calcâneo fibular). Essa situação ocorre em tais circunstâncias pois o tálus em flexão plantar sua porção mais estreita se articula com a tíbia e fíbula deixando a articulação menos estável. O tratamento é baseado na melhora da estabilidade local, fortalecendo os fibulares, alongamento do tríceps sural (ganho de dorsiflexão é fundamental), treinamento sensório-motor (estático e dinâmico) (Martin *et al.*, 2013) e, possivelmente, melhora o alinhamento dinâmico do membro inferior, conforme discutido na seção do joelho (Lee e Powers, 2014).
- Fascite plantar: dor na planta dos pés, principalmente ao se levantar pela manhã, causada pela irritação mecânica da fáscia plantar, principalmente em atividades de apoio, sendo que a pronação excessiva do pé contribui para o estresse da fáscia. A melhora da dorsiflexão e nos mecanismos de sustentação dos arcos são recomendados para tratamento de tal condição (McPoil *et al.*, 2008). Recomenda-se o alongamento de tríceps sural, fortalecimento dos supinadores (especialmente o tibial posterior), fortalecimento dos músculos intrínsecos do pé e melhora do alinhamento dinâmico do membro inferior, conforme discutido anteriormente.

- Tendinopatia calcânea: ocorre pelos traumas de repetição comuns em atividades que envolvem a corrida. Uma porção pouco vascularizada do tendão calcâneo, por apresentar baixa capacidade de reparação, tende a degenerar. Inicialmente causa quadro álgico local, que aumenta durante as atividades até impossibilitar a sua realização. Além disso, pode predispor a ruptura do tendão. O alinhamento do pé é um importante fator biomecânico que pode reduzir o estresse sobre esse tendão, devendo ser estimulado. Para casos de pé hiperpronado, as mesmas recomendações descritas para fascite plantar são adotadas, além disso, a confecção de palmilhas sob medida e o fortalecimento excêntrico durante a reabilitação são estratégias importantes na recuperação do sujeito (Knobloch *et al.*, 2008; Carcia *et al.*, 2010).

Conclusão

As lesões são um capítulo à parte da biomecânica, uma vez que falar em lesões é falar da complexidade inerente ao sujeito que sofre a lesão. Biomecanicamente, a multifatoriedade e a ampla gama de fatores de risco que conduzem as lesões dificultam uma abordagem única e certeira para todos os indivíduos. Ultimamente, dentro de um amplo espectro, o contexto psicossocial também tem recebido maior atenção e relacionado às lesões, como vimos nas lesões da coluna vertebral. Os mesmos mecanismos que lesionam um sujeito não lesiona outro, até mesmo na hipotética situação de treinarmos identicamente gêmeos univitelinos que passaram rigorosamente pela mesma dieta alimentar. Como, se são geneticamente idênticos? A resposta, apesar de simples, parece razoável: ser geneticamente iguais, ter o mesmo treinamento e a mesma dieta, não garante a mesma performance e tão pouco as mesmas lesões; afinal, quando nos aproximamos de cada um desses gêmeos, veremos que eles são também o resultado da interação com o meio e que cada um já sofreu várias mutações genéticas nesta interação com o mundo e que, na biofísica de suas moléculas, eles já são muito diferentes. E este é um dos princípios da complexidade: pequenas diferenças fazem uma enorme diferença!

Referências

ALENABI, T. *et al.* The effects of plane and arc of elevation on electromyography of shoulder musculature in patients with rotator cuff tears. *Clin Biomech (Bristol, Avon)*. 2015.

BENNELL, K. *et al.* Efficacy of standardised manual therapy and home exercise programme for chronic rotator cuff disease: randomised placebo controlled trial. *Bmj*, v. 340, c2756, 2010.

BLACKBURN, J. T.; PADUA, D. A. Sagittal-Plane Trunk Position, Landing Forces, and Quadriceps Electromyographic Activity. *J Athl Train*, v. 44, n. 2, p. 174-179, 2009.

CARCIA, C. R. *et al.* Achilles pain, stiffness, and muscle power deficits: achilles tendinitis. *J Orthop Sports Phys Ther*, v. 40, n. 9, p. A1-26, 2010.

CHOU, R. *et al.* Diagnostic imaging for low back pain: advice for high-value health care from the American College of Physicians. *Ann Intern Med*, v. 154, n. 3, p. 181-189, 2011.

CHOURASIA, A.O. *et al.* Relationships between biomechanics, tendon pathology, and function in individuals with lateral epicondylosis. *J Orthop Sports Phys Ther*, v. 42, n. 4, p. A1-57, 2012.

DELITTO, A. *et al.* Low back pain. *J Orthop Sports Phys Ther*, v. 42, n. 4, p. A1-57, 2012.

ESCAMILLA, R. F. *et al.* Patellofemoral joint force and stress during the wall squat and one-leg squat. *Med Sci Sports Exerc*, v. 41, n. 4, p. 879-888, 2009.

HIDES, J. A. *et al.* Effect of stabilization training on multifidus muscle cross-sectional area among young elite cricketers with low back pain. *J Orthop Sports Phys Ther*, v. 38, n. 3, p. 101-108, 2008.

HODGES, P.W.; RICHARDSON, C. A. Altered trunk muscle recruitment in people with low back pain with upper limb movement at different speeds. *Arch Phys Med Rehabil*, v. 80, n. 9, p. 1005-1012, 1999.

HULLEMANN, K. D. *Medicina esportiva clínica e prática*. São Paulo: Edusp. 1978.

IMAI, A. *et al.* Trunk muscle activity during lumbar stabilization exercises on both a stable and unstable surface. *J Orthop Sports Phys Ther*, v. 40, n. 6, p. 369-375, 2010.

KAMIEN, M. Tennis elbow in long time tennis players. *Australian journal of science and medicine in sport*, v..20, n. 2, 1988.

KIBLER, W. B.; MCMULLEN, J. Scapular dyskinesis and its relation to shoulder pain. *J Am Acad Orthop Surg*, v. 11, n. 2, p. 142-151, 2003.

KIBLER, W. B.; SCIASCIA, A. Current concepts: scapular dyskinesis. *Br J Sports Med,* v. 44, n. 5, p. 300-305, 2010.

KIBLER, W. B.; SCIASCIA, A.; DOME, D. Evaluation of apparent and absolute supraspinatus strength in patients with shoulder injury using the scapular retraction test. *Am J Sports Med,* v. 34, n. 10, p. 1643-1647, 2006.

KIBLER, W. B. *et al.* Clinical implications of scapular dyskinesis in shoulder injury: the 2013 consensus statement from the 'Scapular Summit'. *Br J Sports Med*, v. 47, n. 14, p. 877-885, 2017.

KNOBLOCH, K. *et al.* Eccentric exercises for the management of tendinopathy of the main body of the Achilles tendon with or without the AirHeel Brace. A randomized controlled trial. A: effects on pain and microcirculation. *Disabil Rehabil,* v. 30, n. 20-22, p. 1685-1691, 2008.

LEE, S. P.; POWERS, C. M. Individuals with diminished hip abductor muscle strength exhibit altered ankle biomechanics and neuromuscular activation during unipedal balance tasks. *Gait Posture*, v. 39, n. 3, p. 933-938, 2014.

LUCADO, A. M. *et al.* Upper extremity strength characteristics in female recreational tennis players with and without lateral epicondylalgia. *J Orthop Sports Phys Ther*, v. 42, n. 12, p. 1025-1031, 2012.

LUDEWIG, P. M.; COOK, T. M. Alterations in shoulder kinematics and associated muscle activity in people with symptoms of shoulder impingement. *Phys Ther,* v. 80, n. 3, p. 276-291, 2000.

MARTIN, R. L. *et al.* Ankle stability and movement coordination impairments: ankle ligament sprains. *J Orthop Sports Phys Ther*, v. 43, n. 9, p. A1-40, 2013.

MATSUKI, K. *et al.* Dynamic in vivo glenohumeral kinematics during scapular plane abduction in healthy shoulders. *J Orthop Sports Phys Ther,* v. 42, n. 2, p. 96-104, 2012.

MCPOIL, T.G. *et al.* Heel pain-plantar fasciitis: clinical practice guildelines linked to the international classification of function, disability, and health from the orthopaedic section of the American Physical Therapy Association. *J Orthop Sports Phys Ther,* v. 38, n. 4, p. A1-A18, 2008.

MEROLLA, G. *et al.* Infraspinatus scapular retraction test: a reliable and practical method to assess infraspinatus strength in overhead athletes with scapular dyskinesis. *J Orthop Traumatol,* v. 11, n. 2, p. 105-110, 2010.

NEUMANN, D. A. *Cinesiologia do aparelho musculoesquelético*. Rio de Janeiro: Elsevier, 2011.

NOURBAKHSH, M. R.; ARAB, A. M. Relationship between mechanical factors and incidence of low back pain. *J Orthop Sports Phys Ther*, v. 32, n. 9, p. 447-460, 2002.

OKUBO, Y. *et al.* Electromyographic analysis of transversus abdominis and lumbar multifidus using wire electrodes during lumbar stabilization exercises. *J Orthop Sports Phys Ther.*, v. 40, n. 11, p. 743-750, 210.

PETERSON, L.; RENSTROM, P. *Lesões do esporte*. São Paulo: Manole, 2002.

POWERS, C. M. The influence of abnormal hip mechanics on knee injury: a biomechanical perspective. *J Orthop Sports Phys Ther*, v. 40, n. 2, p. 42-51, 2010.

POWERS, C. M. The influence of altered lower-extremity kinematics on patellofemoral joint dysfunction: a theoretical perspective. *J Orthop Sports Phys Ther*, v. 33, n. 11, p. 639-646, 2003.

POWERS, C. M. *et al*. Patellofemoral joint stress during weight-bearing and non-weight-bearing quadriceps exercises. *J Orthop Sports Phys Ther,* v. 44, n. 5, p. 320-327, 2014.

RABELO, N. D. *et al*. Neuromuscular training and muscle strengthening in patients with patellofemoral pain syndrome: a protocol of randomized controlled trial. *BMC Musculoskelet Disord*. v. 15, p. 157, 2014.

SAFRAN, M.R. Elbow injuries in athletes: a review. *Clinical Orthopaedics and related research*, v. 310, p. 257-277, 1995.

SODERBERG, J.; GROOTEN, W. J.; ANG, B. O. Effects of eccentric training on hand strength in subjects with lateral epicondylalgia: a randomized-controlled trial. *Scand J Med Sci Sports,* v. 22, n. 6, p. 797-803, 2012.

SVERNLOV. B.; ADOLFSSON, L. Non-operative treatment regime including eccentric training for lateral humeral epicondylalgia. *Scand J Med Sci Sports,* v. 11, n. 6, p. 328-334, 2001.

SYME, G. *et al*. Disability in patients with chronic patellofemoral pain syndrome: a randomised controlled trial of VMO selective training versus general quadriceps strengthening. *Man Ther*, v. 14, n. 3, p. 252-263, 2009.

TENG, H. L.; POWERS, C. M. Sagittal plane trunk posture influences patellofemoral joint stress during running. *J Orthop Sports Phys Ther,* v. 44, n. 10, p. 785-792, 2014.

TEYHEN, D. S. *et al*. The use of ultrasound imaging of the abdominal drawing-in maneuver in subjects with low back pain. *J Orthop Sports Phys Ther,* v. 35, n. 6, p. 346-355, 2005.

VILELA JUNIOR, G. B. *et al*. *Cinesiologia*. Ponta Grossa: Editora UEPG, 2011.

WAUGH, E. J. Lateral epicondylalgia or epicondylitis: what's in a name? *J Orthop Sports Phys Ther*, v. 35, n. 4, p. 200-202, 2005.

WEISS, H-R. Intervention studies on scoliosis – Review of the reviews. *Polish Annals of Medicine,* v. 19, n. 1, p. 72-83, 2012.

WONG, Y. M. Recording the vastii muscle onset timing as a diagnostic parameter for patellofemoral pain syndrome: fact or fad? *Phys Ther Sport*, v. 10, n. 2, p. 71-74, 2009.

ZATSIORSKY, V. *Biomecânica do esporte*. Rio de Janeiro: Guanabara Koogan, 2004.

13

Neuromecânica aplicada ao treinamento sensório-motor

Angélica Castilho Alonso

Paulo Henrique Marchetti

OBJETIVO DO CAPÍTULO

O objetivo principal deste capítulo é elucidar alguns conceitos que servirão de base para profissionais que se utilizam dos exercícios sensório-motores em seus treinamentos, aulas ou terapias. Secundariamente propor um programa sensório-motor de exercícios baseados nesses conceitos para que obedeçam a uma progressão adequada e, por fim, como avaliar os resultados.

13.1 Conceitos básicos

Por muitos anos utilizou-se o termo exercícios proprioceptivos para descrever exercícios que proporcionassem estímulos suficientes para desafiar as respostas do Sistema Nervoso Central (SNC) em manter o corpo em equilíbrio postural. No entanto, após diversas discussões, chegou-se ao consenso que o termo exercício sensório-motor (sensório porque envolve o mecanismo sensorial: mecano/termo/noci/receptores) seria mais adequado por influenciar as vias aferentes, eferentes e o SNC. Conceitualmente, propriocepção e equilíbrio não são sinônimos, pois propriocepção é um precursor do bom equilíbrio e do funcionamento adequado, e os exercícios sensório-motores visam provocar estímulos para que o indivíduo busque seu equilíbrio postural (Alonso *et al.*, 2007). Adicionalmente, utilizar-se-á o termo equilíbrio postural como sinônimo de "*balance*" ou "*sway*", entretanto, alguns especialistas utilizam apenas o termo equilíbrio, o qual pode também ser referido como a equalização de forças/torques entre a musculatura agonista/antagonista. Portanto, equilíbrio postural é a capacidade de manter o centro de massa do corpo, no interior da base de suporte, para que o rápido deslocamento da massa corporal possa ocorrer coordenadamente em diferentes direções. Isso requer ajustes constantes de atividade muscular e posicionamento articular. Para controlar equilíbrio postural, depende-se de informações sensoriais fornecidas pelos sistemas visual, proprioceptivo e vestibular, integradas e processadas centralmente em diferentes áreas no SNC e este responde com ajustes motores (Figura 13.1) (Alonso *et al.*, 2012).

Figura 13.1 - Esquema dos sistemas que envolvem o equilíbrio postural

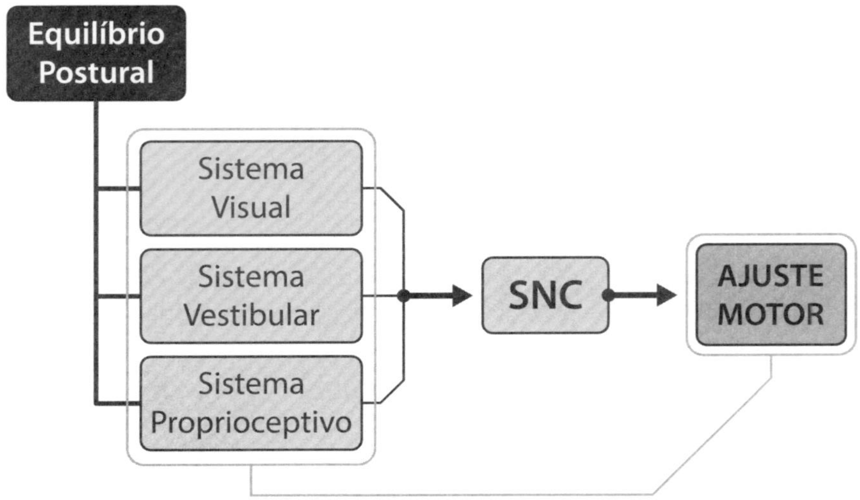

Duarte e Freitas (2010) afirmaram que mecanicamente um corpo está em equilíbrio quando a somatória de todas as forças (F) e momentos de força (M) que agem sobre ele é igual a zero. Portanto, não existe uma condição de perfeito equilíbrio devido às forças internas e externas que agem sobre o corpo; no entanto, se pensarmos em equilíbrio postural numa condição de diferentes tarefas e alcances, a maior amplitude (limite de estabilidade) sem cair pode ser favorável às atividades de vida diária e prevenção de quedas.

Os limites de estabilidade são os máximos ângulos anteroposterior e medial-lateral que mantêm a projeção vertical do centro de gravidade com a área representada como base de apoio. Quando o centro de gravidade excede esses limites de estabilidade o indivíduo cai, a menos que ajustes posturais efetivos sejam feitos com o uso do tornozelo, quadril ou do passo. Cada uma das estratégias para se manter o equilíbrio possui componentes reflexos, automáticos e voluntários que interagem para fazer com que a resposta seja compatível com a provocação (Alonso *et al.*, 2015).

13.2 Conceitos do treinamento sensório-motor

O treinamento sensório-motor é uma atividade de preparação física ou reabilitação que visa desenvolver e/ou melhorar a proteção articular por meio do condicionamento e treinamento reflexivo (Sampaio *et al.*, 1994). Esse tipo de atividade tem como objetivo desenvolver ou devolver, em caso de lesão, ao indivíduo (atleta ou não) habilidade, agilidade e confiança por meio do aumento da velocidade da resposta de defesa e da estabilidade articular para realizar suas atividades esportivas e atividades de vida diária (AVD) (Alonso *et al.*, 2007).

Para que esse objetivo se concretize, devemos seguir um princípio básico da fisiologia: as adaptações específicas a demandas impostas (AEDI) que declaram que o corpo irá adaptar-se aos esforços e tensões a ele aplicados. Atletas não podem ter sucesso se não estiverem preparados para atender todas as demandas das atividades específicas (Sampaio *et al.*, 1994; Voight e Blackburn, 2002).

As estruturas músculo-cápsulo-menisco-ligamentares das articulações, além da função estabilizadora mecânica da articulação, são mecanorreceptores, também chamados de proprioceptores, que constituem o órgão sensorial dessa articulação, detectando a posição e movimento articular. O "*feedback*" aferente sensitivo dos receptores nas estruturas capsoligamentares projeta-se diretamente até as vias reflexas e corticais, mediando a atividade muscular reativa para limitação dinâmica (Sampaio *et al.*, 1994; Voight e Blackburn, 2002).

Propriocepção ou percepção da posição dos segmentos corpóreos no espaço e a correção automática da postura dependem da integridade dos receptores especializados nas estruturas capsuloligamentares e musculotendíneas e da perfeita interação entre a formação reticular, o sistema vestibular e as vias piramidais e extrapiramidais (Iwasa *et al.*, 2000; Johansson *et al.*, 2000; Riemann e Guskiewicz, 2000; Voight e Blackburn, 2002; Alonso *et al.*, 2010).

Os sentidos da posição são também chamados de sentido proprioceptivos. Podem ser divididos em dois subtipos: (1) *sentido da posição estática*, o que significa percepção consciente da orientação de diversas partes do corpo em relação às outras, e (2) *sentido da velocidade do movimento,* também chamado de *cinestesia* ou *propriocepção dinâmica*. Voight e Blackburn (2002) ainda completam com um terceiro componente que é uma resposta reflexa eferente em alça fechada necessária para a regulação do tônus e da atividade muscular (Alonso *et al.*, 2010).

Esses sentidos ou percepções são atribuídos aos mecanorreceptores, que são órgãos de aferência periférica, estimulados pelo deslocamento mecânico de algum tecido mole que oferecem informações para o SNC sobre as mudanças de posição, movimentos e estresse articular, e num determinado tempo de resposta o cérebro inicia o reflexo de contração da musculatura em torno da articulação, criando um campo de proteção e estabilização dessa articulação. Sua implicação funcional é detectar a mudança e as velocidades de mudança ao contrário das condições de estado e equilíbrio. As condições das estruturas articulares são encaminhadas ao SNC de modo que possam ser avaliados os estados estáticos em comparação com os estados dinâmicos, equilíbrio em comparação com desequilíbrio, ou relações de esforços biomecânicos e de tensões. Uma vez processada e avaliada essa informação proprioceptiva passa a ser capaz de influenciar o tônus muscular, programas de execução motora e percepções somáticas cognitivas ou consciências sinestésica (Iwasa *et al.*, 2000; Johansson *et al.*, 2000; Riemann e Guskiewicz, 2000; Voight e Blackburn, 2002).

A informação proprioceptiva também pode proteger a articulação contra lesões causadas pelo movimento que excede a amplitude de movimento fisiológico e normal, e ainda determina o apropriado equilíbrio entre forças sinergistas e antagônicas. Toda essa informação ajuda a gerar uma imagem somato-sensitiva no âmbito do SNC. Portanto, os tecidos moles que circundam uma articulação atendem a uma dupla finalidade: proporcionam apoio biomecânico aos ossos que compõem a articulação, mantendo-os em alinhamento anatômico relativo e, por meio de extensa rede neurológica aferente, fornecem informações proprioceptivas valiosas (Iwasa *et al.*, 2000; Johansson *et al.*, 2000; Riemann e Guskiewicz, 2000; Voight e Blackburn, 2002).

A falta de informações de como os mecanorreceptores contribuem para as atividades funcionais específicas, e como esses receptores podem ser ativados, faz com que técnicas terapêuticas para tal não sejam incorporadas num programa global de reabilitação, por isso a importância de se conhecer o mecanismo fisiológico e biomecânico destes, e traçar exercícios que estimulem todos os tipos de receptores sensoriais (Alonso *et al.*, 2012).

13.3 Adaptação dos receptores

Uma característica especial de todos os receptores sensoriais é que eles se adaptam, parcial ou completamente, a seus estímulos depois de algum tempo. Isto é, quando um estímulo sensorial contínuo é aplicado, os receptores respondem inicialmente com uma alta frequência de impulsos, e, depois, com uma progressivamente mais lenta, até que, finalmente, muitos não respondem mais (Figura 13.2).

Figura 13.2 – Adaptação dos receptores

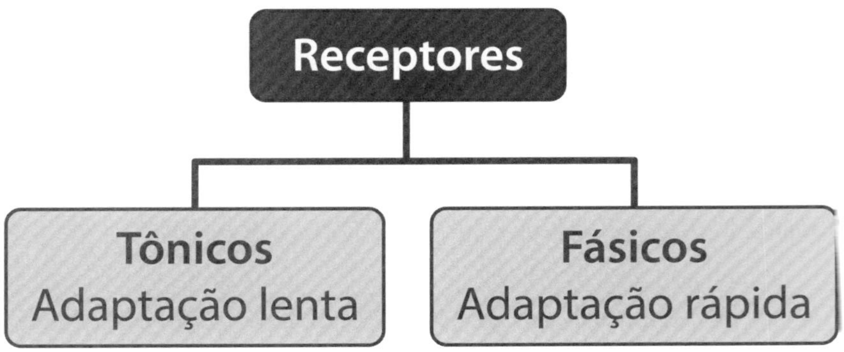

Os receptores de adaptação lenta continuam a transmitir impulsos para o cérebro enquanto o estímulo estiver presente (ou, pelo menos, durante muitos minutos ou horas). Portanto, mantém o cérebro constantemente informado sobre o estado do corpo e sua relação com o ambiente. Pelo fato dos receptores de adaptação lenta poderem continuar a transmitir informações durante muitas horas, são chamados de tônicos.

Receptores de adaptação rápida detectam alterações da força do estímulo. Os receptores que se adaptam rapidamente são estimulados apenas quando muda a força do estímulo. Reagem intensamente enquanto uma mudança estiver ocorrendo. O número de impulsos transmitidos é diretamente relacionado com a *velocidade com que a mudança ocorre.* Por isso, são chamados de receptores de velocidade, receptores de movimento ou receptores fásicos (Johansson *et al.*, 2000; Riemann e Guskiewicz, 2000).

O controle adequado da função muscular requer não apenas a excitação no músculo pelos neurônios motores anteriores, mas também *feedback* sensorial contínuo de informações a partir de cada músculo para a medula espinhal a respeito do estado do músculo a cada instante, isto é, qual o comprimento do músculo, qual a sua tensão naquele instante e com que rapidez seu comprimento ou sua tensão estão mudando.

Para fornecer estas informações, os músculos e seus tendões são abundantemente supridos por dois tipos especiais de receptores sensoriais: (1) os Fusos Neuromusculares, distribuído por todo o ventre do músculo que mandam informações para o sistema nervoso sobre o comprimento do músculo ou sobre a velocidade de alteração de seu comprimento e são também extraordinariamente importantes ao ajudar no controle dos movimentos musculares. Quando o ângulo de uma articulação está mudando, alguns músculos estão sendo estirados, enquanto outros são afrouxados, e essas informações acerca do estiramento a partir dos fusos são levadas para o sistema computacional da medula espinhal e das regiões superiores do sistema da coluna dorsal para decifrar as complexas inter-relações das angulações articulares, e (2) os Órgãos Tendinosos de Golgi, localizados nos tendões dos músculos e que transmitem informações sobre a tensão dos tendões ou a velocidade da tensão (Guyton e Hall, 1997; Johansson *et al.*, 2000; Riemann e Guskiewicz, 2000;Voight e Blackburn, 2002).

Os sinais a partir desses dois receptores são inteiramente, ou quase inteiramente, para que o músculo controle a si próprio, porque operam de modo quase total em nível subconsciente. Mesmo assim, transmitem quantidades extraordinárias de informações não apenas para a medula espinhal, mas também para o cerebelo e, até mesmo, para o córtex cerebral, ajudando cada uma dessas porções do sistema nervoso na sua função de controle da contração muscular (Guyton e Hall, 1997; Johansson *et al.*, 2000; Riemann e Guskiewicz, 2000).

13.3.1 Receptores Tônicos

São receptores de adaptação lenta. os fusos neuromusculares e o órgão tendinoso de Golgi que permitem que o SNC reconheça a cada instante o estado de contração muscular e qual a carga sobre os tendões musculares, terminações de Ruffini, discos de Merkel, terminações nervosas livres.

As terminações de Ruffini apresentam um baixo limiar no mecanismo de estresse e é uma terminação de adaptação lenta. Assim, sinalizam a posição articular estática, pressão intra-articular e amplitude da rotação articular e sua velocidade.

As terminações nervosas livres permanecem inativas durante condições normais, mas iniciam atividade quando o tecido articular é submetido a deformações mecânicas perigosas e por certas substâncias. Entre elas, está localizado um considerável número de unidades quimioceptoras. Estas são ativadas por certos íons e diferentes substâncias bioquímicas, tal como mediadores inflamatórios (Johansson *et al.*, 2000).

Os discos de Merkel, localizados na epiderme, estão envolvidos com informações de tato e pressão continua (Voight e Blackburn, 2002).

13.3.2 Receptores Fásicos

O corpúsculo de Paccini é um mecanoceptor dinâmico. Demonstra um baixo limiar no mecanismo de estresse, mas, em contraste com a terminação de Ruffini, é de adaptação rápida, inativo durante as condições estáticas e quando a articulação é rodada em velocidade constante, mas é muito sensível na aceleração e desaceleração.

Os corpúsculos de Meissner são mecanoceptores sensíveis a estímulos vibratórios e tato, estão localizados entre a derme e epiderme.

Durante muito tempo, discutiu-se sobre o papel dos receptores cutâneos, articulares ou musculares na informação proprioceptiva e manutenção do equilíbrio postural. A convicção contemporânea é que todos contribuem significantemente e que se complementam no complexo sistema aferente, ou seja, os mecanorreceptores musculares e articulares funcionam conjuntamente na produção do movimento fluente, controlado e coordenado.

A compreensão dessas relações e implicações funcionais possibilitam aos profissionais uma maior variabilidade e êxito na tarefa de fazer com que o paciente retorne ao seu ambiente, seja esportivo ou simplesmente às suas AVD.

Em seguida às lesões às estruturas capsulo-ligamentares ocorre uma desaferência parcial da articulação, quando os mecanorreceptores ficam lesionados. Essa desaferência secundária à lesão pode estar ligada a lesões diretas ou indiretas. Um efeito do trauma direto pode ser a ruptura da cápsula ou ligamentos articulares, enquanto que o edema articular ou a hemorragia pós-traumática pode ilustrar os efeitos indiretos, de qualquer forma há uma alteração das vias reflexas até as estruturas estabilizadoras dinâmicas (Voight e Blackburn, 2002).

13.4 Exercícios sensório-motores

Os exercícios sensório-motores são cruciais na preparação física e na reabilitação. No segundo caso, após as lesões, há necessidade de se desenvolver uma capacidade adaptativa dos numerosos mecanorreceptores que existem na articulação, para fornecer informações ao SNC sobre posição, movimento e estresse articular (Sampaio *et al.*, 1994; Alonso *et al.*, 2007).

A perda de informações proprioceptivas decorrentes de lesões contribui para o agravamento da instabilidade devido à diminuição da sensação de posição e pela ausência de estímulos para a contração muscular reflexa (Alonso *et al.*, 2010).

Por outro lado, apesar da lesão e da perda de informações aferentes dos mecanorreceptores localizados na articulação (ex.: nos ligamentos), existem nas demais estruturas não lesionadas inúmeras outras fontes de informações proprioceptivas, que através de treino específico de coordenação neuromuscular podem suprir a demanda da reação muscular necessária para o controle dinâmico da articulação lesada (Barrack *et al.*, 2000; Iwasa *et al.*, 2000; Johansson *et al.*, 2000; Riemann e Guskiewicz, 2000).

Um programa bem estruturado deve obedecer a alguns critérios, a fim de não colocar o cliente em risco, além do quê, deve fornecer exercícios que estimulem tanto os receptores fásicos como os tônicos. Estes critérios são:

- progressividade das dificuldades dos exercícios;
- exercícios com estímulos especiais;
- habilidade; e
- avaliação.

13.4.1 Progressividade nas dificuldades dos exercícios

Do simples aos mais complexos, com caráter repetitivo até atingir um nível de habilidade compatível com a atividade.

- Passagem da posição bipodal para diminuição de bases até a posição unipoda.
- A passagem do equilíbrio de solo estável para solo instável.
- Reequilíbrio baseado no próprio desequilíbrio e provocados por um agente externo.
- Passagem do pé no solo para a retirada do pé (saltitos e saltos).
- Redução das informações periféricas.

13.4.2 Exercícios com estímulos especiais

São aqueles que usam o desequilíbrio provocado e controlado para produzir maior número de informações proprioceptivas em torno das articulações.

13.4.3 Habilidade

Para que o atleta possa progredir a cada exercício é necessário que este tenha a capacidade de realizar os exercícios de maneira adequada, para exercícios de maior complexidade (Sampaio *et al.*, 1994). Também nos serve como parâmetro para evoluir com os exercícios, para a passagem de um exercício para outro mais complexo, ter uma desenvoltura perfeita nos exercícios, com flexibilidade, coordenação e trofismo muscular, e não apresentar dor e/ou derrame articular. O tempo que o atleta/paciente passa por cada um dos graus de dificuldade para outro depende de habilidade prévia, motivação e dedicação aos exercícios, bem como o tipo e a evolução do tratamento de sua lesão. O tempo estimado para iniciar o programa de exercícios proprioceptivos não é consenso entre os autores, alguns iniciam tão logo tenha ocorrido uma cicatrização adequada. Em nossa prática, iniciamos de acordo com o tipo de lesão e/ou cirurgia e tão logo o indivíduo seja liberado para descarga de peso. Mesmo que não seja um esportista, não devemos privá-lo de realizar alguns exercícios mais complexos, por que nas AVD estão sempre presentes situações em que o indivíduo necessita de movimentos mais complexos e respostas rápidas.

O programa proposto é possível de ser realizado em qualquer lugar, mas para isso são necessários alguns aparelhos simples, e um pequeno espaço livre para a realização das mudanças de direção e saltos. O profissional deve preocupar-se com as informações sinestésicas e a qualidade dos padrões de movimento, e não com o número de séries e repetições. As repetições sugeridas são ajustadas de acordo com o condicionamento do atleta. Tão logo ocorra a fadiga, o controle motor torna-se insatisfatório e todos os efeitos do treinamento se perdem. Durante a progressão do exercício, devem ser observados todos os aspectos da normalidade. Esses aspectos incluem controles musculares isométricos, concêntricos e excêntricos; aplicação e retirada de carga na articulação; controle do equilíbrio durante alterações de direção e de mudança do peso; aceleração e desaceleração controladas, e demonstração de controle, tanto consciente como inconsciente (Voight e Blackburn, 2002). Em cada progressão, o profissional deve pedir ao atleta/paciente que feche os olhos, a fim de diminuir as informações visuais e aumentar a percepção sinestésica.

13.4.4 Avaliação

A avaliação proposta aqui está diretamente relacionada às habilidades do atleta/paciente; são as observações dos profissionais em relação ao bom padrão motor que apresentam ao realizar o exercício.

- Deve-se observar se conseguem fazer o exercício sem perder o equilíbrio; se estabilizam rapidamente após uma ação que gere um desequilíbrio.
- Observar quais as estratégias que está utilizando (tornozelo, quadril ou passo), para poder progredir com os exercícios, como dito anteriormente.
- Além disso, existem alguns testes utilizados pelos profissionais pré e pós-tratamento para verificar a eficácia do exercício, como, por exemplo: teste unipodal ou outros testes mais ligados aos esportes que envolvem força, agilidade, equilíbrio, bastante utilizado pelos profissionais, como o teste do salto horizontal em que é possível medir simetria dos membros.
- E por fim os testes utilizados em laboratórios, como testes que medem sinestesia, senso de posicionamento e as medidas computadorizadas como as plataformas de força que medem o equilíbrio postural por meio das oscilações posturais, porém, mais utilizados em pesquisas (Alonso *et al.*, 2014).

13.5 Programa de exercícios

13.5.1 Estabilização estática

Esta fase envolve pequenos movimentos da articulação. Fisiologicamente ocorre uma compressão das estruturas articulares, visando facilitar as contrações musculares isométricas, proporcionando uma estabilização reflexa dinâmica. Os mecanorreceptores solicitados para esse tipo de movimento são os de adaptação lenta – fusos musculares, órgão tendinoso de Golgi que mandam informações ao SNC sobre o estado de contração muscular e a carga sobre os tendões musculares e as terminações de Ruffini que sinalizam a posição articular estática, pressão intra-articular, e amplitude da rotação articular e sua velocidade.

As oscilações geradas por solos instáveis estimulam o controle do equilíbrio, que requer para sua manutenção, como estudamos anteriormente, além das informações periféricas (somato-sensório) uma combinação com o sistema visual e vestibular.

- Início da descarga de peso – o indivíduo deve ficar em pé sustentando o corpo com igual distribuição do peso sobre as extremidades inferiores, progredindo para a transferência do peso do corpo de um membro para outro por meio de movimentos do quadril, laterolateral e anteroposterior sem tirar os pés do chão.
- Diminuição da base de suporte – diminuir a base como, por exemplo, unir os pés, colocar um pé na frente do outro; ficar na ponta dos pés.
- Deslocamentos – andar em linha reta para a frente, para trás, de lado, andar na ponta dos pés, no calcanhar, nas bordas laterais; andar pé a pé.
- Realizar todos estes exercícios quicando ou jogando uma bola, ou realizando outra atividade que requeira mais habilidades; fechar os olhos a fim de diminuir as informações sensoriais.
- Passagem da posição bipodal para unipodal – o indivíduo fica em apoio unipodal com uma pequena flexão de joelho por alguns segundos.
- Aumento das dificuldades em apoio unipodal – causar desequilíbrios através de toques em articulações mais distantes até aproximar-se da articulação acometida.
- Pedir ao indivíduo que segure a ponta de um bastão e na outra ponta um profissional causando desequilíbrios; quicar ou jogar uma bola; fechar os olhos (Figura 13.3).

Figura 13.3 – Exercícios em solo estável com e sem estímulos especiais

- **Passagem do equilíbrio em solo estável para solo instável.**

Existem diferentes tipos de solos instáveis os quais podemos simular. A dificuldade reside na mobilidade oferecida pelos solos e as direções.

Exemplos de exercícios em solo instável e suas progressões:

- *Tábua de equilíbrio*: iniciando por unidirecional, passando para bidirecional e multidirecional.

  Pedir ao indivíduo que mantenha o equilíbrio driblando ou quicando uma bolinha no chão.

  Jogar uma bola e pedir que lhe devolva, pode ser com as mãos ou com os pés, em apoio unipodal.

- *Bloco de espuma*: andar para a frente e para trás, trotar, trotar elevando os joelhos, trotar batendo o calcanhar nas nádegas.
- *Cama elástica*: trotar no lugar, trotar elevando os joelhos à frente, batendo o calcanhar nas nádegas, aumentando e diminuindo a base anteroposterior e laterolateral.
- *Disco de equilíbrio.*
- *Skate/Patinete.*
- *Balancim.*
- *Slide* – deslize dos pés anteroposterior, laterolateral, em apoio unipodal (Figura 13.4).

Figura 13.4 – Exercícios em solo instável com movimentação de membros inferiores e superiores

13.5.2 Estabilização dinâmica

Nesta fase, ocorre a substituição da atividade isométrica por uma atividade concêntrica e excêntrica ao longo de toda amplitude de movimento funcional (Figura 13.5). Fisiologicamente o movimento estimula os mecanorreceptores de duas formas: (1) o movimento articular provoca estiramento capsular em determinadas direções e velocidade, (2) as mudanças na posição do corpo e os saltos provocam aplicações e retiradas de carga nas estruturas articulares e mudanças de pressão no líquido intracapsular, com isso, há estimulação da resposta dinâmica e facilitação de contrações excêntricas e concêntricas, via compressão e translação das estruturas articulares (Perrin e Shultz, 2000). Os principais mecanorreceptores solicitados para este tipo de movimento são os de adaptação rápida: corpúsculo de Paccini, muito sensível na aceleração e desaceleração, e corpúsculo de Meissner.

Figura 13.5 – Exercício em solo instável com movimentação de membros inferiores e superiores

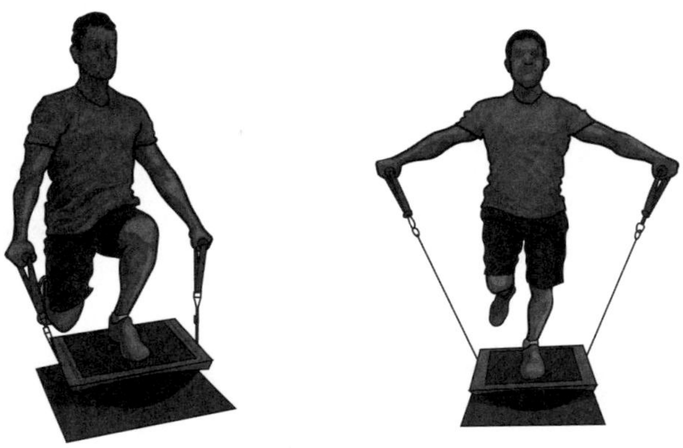

Mudanças de direção:

- *No solo*: andar em oito.
- *Com o auxílio de cones:* cone em Z, pedir ao indivíduo que toque nos cones, deslocando-se para a frente.
- *Uma única fileira de cone:* com indivíduo atrás dos cones, pedir que se desloque (trotando) para a frente, entre o espaço de um cone e outro, freie o movimento e volte para trás e assim sucessivamente entre os outros espaços. Aumentando o grau de dificuldade, jogar uma bola ao paciente e pedir que faça o movimento entre os cones lhe devolvendo a bola com os pés ou com as mãos (Figura 13 6).

Figura 13.6 – Mudança de direção com bola

- *No bloco de espuma:* deslocamentos laterais, anterior e posteriores.
- *Dois cones, distantes aproximadamente um passo do outro*: indivíduo atrás dos cones, jogar a bola por fora do cone, ora de um lado, ora de outro e pedir que lhe devolva chutando. Trabalho com as duas pernas.
- *Slide*: deslizamentos laterais.

Pé fixo para pé móvel (saltos):

- *No solo:* saltitos bipodais, laterolaterais, anteroposteriores, idem em apoio unipodal (Figuras 13.7 e 13.8).

Figura 13.7 – Saltos horizontais

Figura 13.8 – Salto lateral

- *No bloco de espuma e cama elástica*: saltitos bipodais, laterolaterais, anteroposteriores, idem em apoio unipodal. Simular um cabeceio (Figura 13.9).

Figura 13.9 – Saltitos em solo instável com deslocamento anterior e lateral

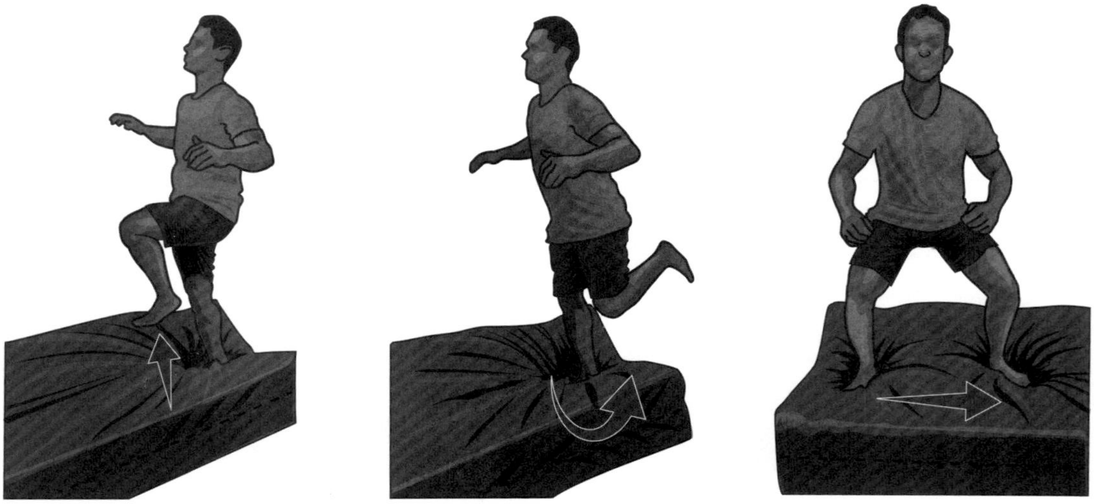

• *Aumentar a dificuldade e concentração*: jogar uma bola e pedir que lhe devolva, pode ser com as mãos ou com os pés, a perna contralateral em saltos unipodal.

Com uma bola presa ao teto, pedir que a chute, com a perna contralateral saltando em apoio unipodal.

• *Amarelinha*: consiste em uma tábua ou espuma, onde são desenhados vários números. Ao comando verbal, falando um número, o indivíduo deve saltar e colocar o pé, iniciando de pequenas distâncias a grandes e de pouca velocidade a maiores.

• *Com o auxílio de barreirinhas*: colocar uma fileira de barreirinhas, de aproximadamente 30cm de altura, e um metro de distância uma da outra, pedir ao indivíduo que faça saltos, iniciando das mais simples e menores distâncias aos mais complexos.

• *Com auxílio de uma corda*: pular corda em apoio bipodal, evoluindo para unipodal, diferentes velocidades.

Com uma ponta da corda amarrada em uma pilastra, e a outra segura pelo profissional, saltar em apoio bipodal e unipodal, de frente e de costa, de um lado para o outro, aumentar a altura da corda. Pedir ao indivíduo que faça um giro de 180°, e um mais complexo de 360°, lembrando sempre de variar os lados do giro.

• *Borrachão*: com um cinto preso à cintura, seguro por borrachas onde o profissional irá oferecer resistência, simular uma corrida para a frente, saltos bipodais e unipodais, saltos unipodais laterais.

• *Saltos em solo instável* (Figura 13.10).

Figura 13.10 - Salto vertical em solo instável

- *Pliométricos*: esses exercícios promoverão um ciclo de alongamento e encurtamento, a função dos pliométricos baseia-se na velocidade do alongamento para que seja gerada uma contração mais vigorosa. Isso é feito de duas maneiras: (1) o reflexo miotático é uma resposta neuromuscular à tensão produzida no músculo passivamente. O músculo responde com uma contração imediata para reorientar-se para a nova posição, proteger-se e manter a postura. Se uma contração voluntária é acrescentada conjuntamente a esse reflexo, poderá ser gerada uma contração mais vigorosa. (2) As propriedades elásticas do tendão permitem que essa estrutura armazene energia temporariamente e a libere. Quando um rápido pré-alongamento é seguido por uma contração voluntária, o tendão aumentará a força da contração ao proporcionar força na direção oposta ao pré-alongamento (Chu e Cordier, 2002; Voight e Blackburn, 2002).
- *Com o auxílio de caixotes ou* steps: o movimento consiste em subir (explosão na aceleração) e descer o *step* (desaceleração) (Figura 13.11).

Figura 13.11 – Saltos em diferentes profundidades

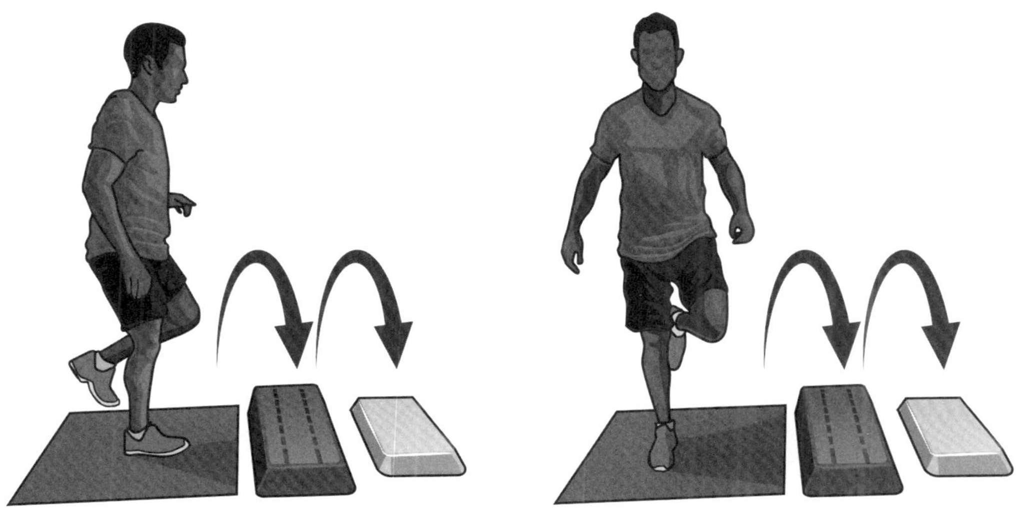

- *Variações*: saltar em apoio bipodal, unipodal, saltar com giros, subir e descer de lateral, giros de 180 e 360°.

A cada critério desenvolvido é gerada uma progressão crescente de dificuldade, do mais simples ao mais complexo.

Quando pedimos ao paciente que feche os olhos e realize o exercício, eliminamos o *feedback* visual e estimulamos ainda mais os outros sistemas a suprir a demanda necessária para o controle dinâmico da articulação. Por isso a importância de se realizar exercícios que sejam possíveis de olhos fechados.

13.6 Exercício sensório-motor específico para o esporte

1. Um programa específico para o esporte exige a compreensão da mecânica do esporte mediante uma análise de necessidades.
2. Os exercícios utilizados devem ser similares aos utilizados durante a prática real do esporte e em situações de jogo.
3. O atleta deve iniciar os exercícios em um ambiente controlado, sem outros atletas a sua volta. No final desse está-

gio, o profissional pode simular outro atleta e distrair o atleta. Isso aumenta a intensidade e propõe um desafio para o equilíbrio, coordenação e propriocepção, além disso, essa abordagem permite que o atleta aumente a confiança em suas capacidades antes de retornar a um ambiente partilhado por outros colegas.

4. Se possível, faça com que o atleta se exercite na sua exata superfície do jogo ou na superfície mais parecida com a utilizada no esporte.
5. As repetições sugeridas são ajustadas de acordo com o condicionamento do atleta (Chu e Cordier, 2002).

Referências

ALONSO, A. C.; BRECH, G. C.; GREVE, J. M. D. Técnicas de avaliação proprioceptiva do ligamento cruzado anterior do joelho. *Acta Fisiatr*, v. 17, n. 3, p. 134-140, 2010.

ALONSO, A. C.; VIEIRA, P.R.; MACEDO, O. G. Avaliação e Reeducação proprioceptiva. *In*: GREVE, J. M. D. *Tratado de Medicina de Reabilitação*. São Paulo: Roca, 2007. cap. 131, p. 997-1004.

ALONSO, A. C. *et al.* Functional Balance Assessment: review. *Medical Express*, v. 1, n. 6, p. 298-301, 2014.

ALONSO, A. C. *et al.* Relation between the Sensory and Anthropometric Variables in the Quiet Standing Postural Control: Is the Inverted Pendulum Important for the Static Balance Control? *Biomed Res Int.*, doi: 10.1155/2015/985312. Epub. Acesso em 11 out. 2015.

ALONSO, A. C. *et al.* The influence of anthropometric factors on postural balance: the relationship between body composition and posturographic measurements in young adults. *Clinics*, v. 67, n. 12, p. 1433-1441, 2012.

BARRACK, R. L.; MUNN, B. G. Effects of Knee ligament Injury and reconstruction on Proprioception. *In*: LEPHART, S. M.; FU, FH. *Proprioception and Neuromuscular Control in Joint Stability*. Philadelphia: Human Kinetics, 2000. cap. 19, p. 197-212.

CHU, D. A.; CORDIER, D. J. Pliometria na Reabilitação. *In*: ELLENBECKER, T.S. *Reabilitação dos Ligamentos do Joelho*. São Paulo: Manole, 2002. cap. 24, p. 357-381.

DUARTE, M.; FREITAS, S. Revisão sobre posturografia baseada em plataforma de força para avaliação do equilíbrio. *Rev Bras Fisioter.*, v.14, n. 3, p. 183-92, 2010.

GUYTON, A. C.; HALL, J. E. *Tratado de Fisiologia Médica*. Rio de Janeiro: Guanabara Koogan, 1997. cap. 55, p. 633-645.

IWASA, J. *et al.* Proprioceptive Improvement in Knees with Anterior Cruciate Ligament Reconstruction. *Clin Orthop.*, v. 381, p. 168-176, Dec., 2000.

JOHANSSON, H. *et al.* Peripheral afferents of the knee: Their effects on central mechanisms regulating muscle stiffness joint stability, and proprioception and coordination. *Proprioception and Neuromuscular Control in Joint Stability*. Philadelphia: Human Kinetics, 2000. cap. 1, p. 5-17.

PERRIN, D. H.; SHULTZ, S. J. Models for Clinical Research Involving Proprioception and Neuromuscular Control. *In*: *Proprioception and Neuromuscular Control in Joint Stability*. Philadelphia: Human Kinetics, 2000. cap. 31.

RIEMANN, B. L.; GUSKIEWICZ, K. M. Contribution of the Peripheral Somatosensory System to balance and Postural Equilibrium. *In*: LEPHART, S. M.; FU, F. H. *Proprioception and Neuromuscular Control in Joint Stability*. Philadelphia: Human Kinetics, 2000. cap. 4, p. 37-51.

SAMPAIO, T. C. F. V. S.; SOUZA, J. M. G. Reeducação proprioceptiva nas lesões de ligamento cruzado anterior do joelho. *Rev. Bras Ortop.*, v. 29, p. 303-309, maio, 1994.

VOIGHT, M.; BLACKBURN, T. Treinamento e testes de propriocepção e Equilíbrio após a lesão. *In*: ELLENBECKER, T. S. *Reabilitação dos ligamentos do joelho*. São Paulo: Manole, 2002. cap. 26, p. 401-426.

SEÇÃO 3

Avaliação física e treinamento de força

14

Princípios básicos da avaliação física

Fábio Luís Ceschini

OBJETIVO DO CAPÍTULO

O objetivo central é chamar a atenção dos profissionais de Educação Física sobre a real importância de utilizar a ferramenta chamada "avaliação física" em seu dia a dia, seja ao atender pessoas na academia, no clube ou como *personal training*, pois todos buscam na prática regular de exercícios diferentes objetivos e expectativas que podem ou não ser atingidos. A avaliação física permite ao profissional de Educação Física quantificar se os objetivos foram devidamente atingidos.

Nas últimas décadas, o treinamento de força tem atravessado fronteiras e ganhado espaço no cotidiano de milhares de pessoas que frequentam diariamente as academias para prática de exercício com os mais diversos objetivos e expectativas. Em meados das décadas de 1930 e 1940, apenas uma minúscula parcela de pessoas utilizavam o treinamento de força, em especial atletas como fisiculturistas e levantadores de peso olímpicos. Em meados da década de 1950, atletas de outras modalidades passaram a utilizar o treinamento de força na preparação física, como um importante recurso para melhora da performance muscular.

Atualmente, o treinamento de força é utilizado, de alguma forma, na preparação física de atletas de todas as modalidades esportivas de alto rendimento, em atletas amadores, em praticantes recreacionais de exercício e, mais recentemente, em pessoas que desejam prevenir ou tratar qualquer tipo de doença crônica degenerativa não transmissível. Essa grande utilização do treinamento de força em pessoas de diversas idades nas academias se deve aos diversos benefícios propiciados e já comprovados pela literatura científica como, por exemplo, o aumento da força, *endurance* e potência muscular, auxiliar no controle e na redução dos indicadores de adiposidade corporal, melhora da resposta óssea, melhora da resposta imunológica, dentre outros.

Diante de todos os benefícios, instituições como o Colégio Americano de Medicina do Esporte tem incluído o treinamento de força como parte obrigatória de um programa de exercício para crianças, adolescentes, adultos saudáveis, idosos e pessoas portadoras de doenças crônicas degenerativas em seus posicionamentos oficiais, inclusive para àquelas pessoas que desejam emagrecimento como resultado de um programa de exercício.

Nesse sentido, a grande maioria das pessoas que procuram os profissionais de Educação Física para aderir a programas de exercício na academia ou no formato treinamento personalizado deseja obter, como resultado, a redução dos indicadores de adiposidade corporal (emagrecimento) e/ou aumentar a quantidade de massa muscular (hipertrofia) para melhorar a estética corporal.

Associado a isso, uma boa parte dos alunos, infelizmente, não tende a manter o programa de exercício em longo prazo, mas deseja atingir seus objetivos em 15 ou 20 semanas de treinamento. Assim, realizar a avaliação física se torna essencial para qualquer pessoa que decide iniciar um programa de exercícios, pois somente com isso pode se identificar a condição inicial do aluno, identificar parâmetros individuais que serão extremamente úteis para a correta definição de metas e para a prescrição do exercício, além de fornecer informações relevantes para comprovação dos benefícios do programa de exercício que possibilitaram o profissional de Educação Física demonstrar, efetivamente, a importância de seu trabalho no que se refere à prescrição e monitoração de programas de exercício, podendo, assim, fidelizar seus alunos em longo prazo.

14.1 A importância da avaliação física no trabalho cotidiano dos profissionais de educação física

Profissionais de Educação Física têm diversas possibilidades de atuação profissional, podendo exercer diferentes funções em diferentes locais, como escolas, academias, centros esportivos, ONGs, empresas, unidades básicas de saúde, entre outras possibilidades, além de poderem trabalhar como *personal trainers*. De forma geral, esses profissionais são responsáveis pela prescrição, orientação e monitoramento de programas de atividade física, exercício ou treinamento físico para pessoas saudáveis ou atletas e, mais recentemente, para pessoas com diagnóstico de algum tipo de doença, em especial as doenças crônicas degenerativas (Conselho Federal de Educação, 2002).

Independentemente do local de atuação, ao longo da carreira os profissionais de Educação Física deverão atender pessoas com diferentes objetivos, expectativas, metas e tempo disponível para prática de exercício, além de atender pessoas de diferentes idades, níveis socioeconômicos e condições físicas.

No entanto, embora exista grande variedade entre as pessoas em relação às condições de saúde, faixa etária, nível socioeconômico, condição física, objetivos, expectativas e tempo disponível para o programa de atividade física, exercício ou treinamento físico, uma variável é quase unanimidade entre os alunos que, em algum momento da vida, irão procurar profissionais de Educação Física. Essa variável se chama resultado.

É exatamente isso, resultado. A grande maioria dos alunos, ao procurar uma academia, um treinamento personalizado ou um treinamento atlético, tem intrinsicamente objetivos e expectativas pré-definidas em relação ao programa de exercício. Como exemplo, há pessoas que vão procurar a academia com o objetivo exclusivo de melhorar as questões estéticas corporais como o emagrecimento ou ganho de massa muscular, enquanto outros terão como objetivo, dentro de um período de tempo qualquer (semanas, meses ou anos), emagrecer e ganhar massa muscular ao mesmo tempo (Donnelly *et al.*, 2009).

Por outro lado, pessoas como os idosos, que talvez, os resultados e as expectativas esperadas de um programa de exercício não sejam as questões estéticas, mas as questões ligadas aos indicadores de saúde e melhora da capacidade funcional, como aumento da força muscular, diminuição das dores musculares e articulares, melhora da resposta óssea, melhora da capacidade de locomoção, dentre outras, que possibilitam melhorar a qualidade de vida (Chodzko-Zajko *et al.*, 2009).

Ainda, há o perfil de pessoas que já praticam regularmente exercício, no entanto desejam participar de provas atléticas amadoras, como provas de corridas de rua, individual ou em equipe, com ou sem revezamento, cujo número de adeptos tem crescido nos últimos anos.

Para isso, a melhora da condição cardiorrespiratória, bem como a melhora da força e potência muscular são essenciais para atingir o resultado esperado. Para muitos, o resultado não é ser o vencedor, mas sim simplesmente conseguir completar o percurso ou completá-lo no menor tempo possível.

Então, fica claro que os alunos que o profissional irá atender ao longo de sua carreira terão objetivos e expectativas diferentes ao iniciar um programa de atividade física, exercícios ou treinamento físico, porém todos desejarão algum tipo de resultado. Todos desejam melhorar alguma coisa. Todos têm algum tipo de objetivo e expectativa que os movem a participar diariamente de programas de exercício. Portanto, de certa forma todos buscam um resultado ao longo de um determinado período de tempo. Em algum momento pode parecer que o texto está ficando repetitivo. Isso foi proposital. Sugiro, apenas um pequeno exercício reflexivo nessa fase inicial. Você profissional de Educação Física que atende alunos em academias ou como *personal training*, faça apenas duas perguntas básicas: uma para seus alunos(as) e outra para você mesmo.

Para seus alunos, pergunte:

"Você está praticando atividade física, exercício ou treinamento físico com qual(is) objetivo(s)"?

Então você ouvirá que a maioria esmagadora dos seus alunos tem algum objetivo que os move a praticar regularmente alguma atividade física.

Após ouvir as respostas dos alunos, avance para a segunda pergunta, aquela que você deve fazer para você mesmo:

"O quanto o meu trabalho e conhecimento está auxiliando meus alunos a atingirem os resultados esperados?"

Seu trabalho está associado à parte do resultado que o aluno irá alcançar ao longo do tempo.

O tão esperado resultado que os alunos desejam é o resultante de um processo multifatorial dependente da combinação de fatores como o tempo (semana, meses, anos) disponível para o programa, fatores ligados ao aluno e fatores ligados ao profissional de Educação Física.

Ao aluno, cabe manter uma alimentação equilibrada, comparecer às sessões de atividade física, exercício ou treinamento físico com regularidade e cumprir a programação estabelecida.

Ao profissional de Educação Física cabe conhecer as características físicas individuais de cada aluno, prescrever e monitorar adequadamente o programa de exercício, respeitando as características individuais, objetivos, expectativas e preferências de exercício de cada aluno, além de educar e motivá-lo para que ele se mantenha ativo em longo prazo, e quantificar os resultados obtidos ao longo do tempo.

Nesse ponto, pode se dizer que, a atuação dos profissionais de Educação Física vai muito além da orientação, prescrição e monitoramento de programas de atividade física, exercício ou treinamento físico. O profissional de Educação Física precisa, através da atividade física e do exercício, auxiliar o aluno a atingir o resultado esperado, dentro de um determinado período de tempo. Esse resultado pode ser detectado somente de duas maneiras:

1. Pela própria percepção subjetiva do aluno (opinião do aluno);
2. Por meio de um processo bem elaborado de avaliação física.

Muitos profissionais de Educação Física atuantes em academias, como *personal training* ou em outra frente de atuação profissional, não fazem uso dessa importante ferramenta da avaliação física para orientação, prescrição e acompanhamento de programas de atividade física ou exercício e, portanto, o resultado acaba, muitas vezes, sendo ofuscado e não aparecendo, não porque o programa de exercício não promoveu os resultados esperados, mas sim, porque o resultado não foi devidamente quantificado e conhecido. Isso faz com que muitos alunos decidam abandonar o programa de exercício e a academia, sendo um dos principais motivos pelo qual há grande rotatividade de alunos nesses ambientes.

Portanto, a avaliação física é uma ferramenta que deve ser utilizada por profissionais de Educação Física cotidianamente por diversos motivos que serão apresentados e discutidos neste capítulo, mas também, para a detecção de **resultados** em relação aos indicadores de adiposidade corporal, de massa muscular, de força muscular, da condição cardiorrespiratória, do equilíbrio, da flexibilidade, da velocidade de corrida, dentre outros, e para motivação dos alunos. Como os resultados esperados são decorrentes do programa de exercício, para a correta prescrição do exercício, as informações obtidas na avaliação física devem ser consideradas.

Prescrição do exercício é um conjunto de decisões que permitem ao profissional de Educação Física determinar os critérios relacionados à indicação de exercícios que resultam em mudanças previsíveis das variáveis de condicionamento físico ao longo de um período de tempo. Os critérios que compõem a prescrição do exercício são: tipo de exercício (aeróbio, anaeróbio, flexibilidade, entre outros), volume (dias por semana, minutos por sessão, quantidade de exercícios, entre outros), intensidade (percepção do esforço pelo aluno durante o exercício), meios de treinamento (bicicleta, esteira, *transfer*, aparelhos na musculação, pesos livres, entre outros) e métodos de treinamento (aeróbio [contínuo constante, contínuo variativo, intervalado], musculação [linear, ondulatório, *tri set*, entre outros]).

Então, em quais critérios o profissional de Educação Física se apoia para tomar decisões relacionadas à melhor prescrição do exercício para um aluno iniciante ou intermediário? Não basta apenas considerar os objetivos e expectativas do aluno, mas também deve ser considerada a condição física momentânea do aluno e isso, somente é possível, por meio da avaliação física. É exatamente isso: a avaliação física faz parte do processo de prescrição do exercício e dos resultados que serão obtidos em decorrência de um programa de exercício (ver Figura 14.1).

Figura 14.1 – Modelo esquemático da relação entre avaliação, prescrição do exercício e o resultado ao longo do tempo

14.1.1 Conceitos e definições

Avaliação

É um processo no qual, por meio da coleta de informações individuais, pode-se, subjetivamente ou objetivamente, expressar e comparar critérios anteriormente definidos pelo avaliador (Marins e Giannichi, 1998).

Avaliação física

É um processo no qual, por meio da coleta de informações gerais do estilo de vida e de variáveis de condicionamento físico de um indivíduo, é possível expressar, quantitativamente, as características individuais das pessoas. As informações conhecidas de um processo de avaliação física podem, então, ser comparadas com critérios de referência conhecidos, com os resultados anteriores do próprio indivíduo ou até comparar com a média do grupo em que o aluno está inserido.

Medida

É caracterizada pela determinação de grandeza, sendo uma técnica que expressa dados quantitativos da variável que se está medindo. Peso corporal, estatura, circunferências de membros e tronco, dobras cutâneas e diâmetros ósseos são exemplos de medidas.

Teste

É um instrumento utilizado para determinar medidas. Por meio dos testes, pode-se determinar os valores numéricos das medidas. Assim, o processo de avaliação física é composto por testes e medidas que têm, como objetivo central, identificar as características individuais da aptidão física.

Aptidão física

É um conjunto de atributos pessoais, genéticos e adquiridos, que permitem a uma pessoa realizar as tarefas cotidianas sem prejuízo de seu equilíbrio biológico, psicológico e social (Matsudo *et al.*, 2005a).

A aptidão física geral é composta tanto por aspectos biológicos como por aspectos psicossociais que, por sua vez, são constituídos por diferentes características. Os aspectos biológicos da aptidão física são subdivididos em três componentes, conforme demonstrado no Quadro 14.1.

Quadro 14.1 – Classificação dos componentes da aptidão física geral

<table>
<tr><th rowspan="2">Grupo de Variáveis</th><th colspan="2">Componentes da Aptidão Física Geral</th></tr>
<tr><th>Biológicos</th><th>Psicossociais</th></tr>
<tr><td>Antropométricas</td><td>Peso
Estaturas
Envergadura
Circunferências
Diâmetros</td><td rowspan="4">Personalidade
Relacionamento interpessoal
Socialização
PSE*</td></tr>
<tr><td>Composição Corporal</td><td>Peso de massa gorda
Peso de massa isenta de gordura
Peso Ósseo</td></tr>
<tr><td>Metabólicos</td><td>Potência anaeróbia alática
Potência anaeróbia lática
Potência aeróbia</td></tr>
<tr><td>Neuromotoras</td><td>Força muscular
Flexibilidade
Velocidade
Agilidade
Equilíbrio
Ritmo
Coordenação</td></tr>
<tr><td colspan="3">SER HUMANO ⇨ ATIVIDADES DIÁRIAS</td></tr>
</table>

*PSE: Percepção Subjetiva de Esforço / Modelo adaptado de Matsudo (2005b).

Portanto os indicadores de aptidão física refletem diretamente na capacidade das pessoas realizarem suas tarefas diárias. Como exemplo, considere um indivíduo do sexo masculino de meia idade, com níveis de aptidão cardiorrespiratória e força muscular abaixo do ideal e com excesso de adiposidade corporal. Naturalmente, esse indivíduo ficará mais cansado ao realizar as tarefas da vida diária em comparação com outro indivíduo da mesma idade com indicadores em melhores condições. Isso significa que nem todas as pessoas iniciantes em programas de exercício terão exatamente as mesmas condições de aptidão física, pois existem vários fatores que podem interferir resultando em sua variação (Figura 14.2).

Figura 14.2 – Modelo esquemático das variáveis que influenciam a aptidão física

Modelo Adaptado do ACSM (2006).

14.2 Variáveis da aptidão física mensuradas na avaliação física

A possibilidade de variáveis da aptidão física que podem ser mensuradas no processo de avaliação física são amplas. Porém, o profissional de Educação Física deve considerar a inclusão de variáveis primárias, que são aquelas que têm relação direta com os objetivos e as expectativas do aluno, além das variáveis que fornecem indicadores de saúde. No caso específico de um atleta, todas as variáveis da aptidão física são importantes dentro de um processo de preparação física, sendo, portanto, altamente necessário a coleta dessas informações.

Como exemplo, imagine um aluno que se matriculou na academia no início de agosto e tem como objetivo reduzir da adiposidade corporal em função do exercício até o final de dezembro, ou seja, o tempo disponível para atingir o resultado é ao redor 20 semanas. Seguindo as recomendações vigentes da prática de exercício para redução da adiposidade corporal (Donnelly *et al.*, 2009), o profissional de Educação Física logo pensa em prescrever atividades aeróbias e de musculação. Para esse aluno, quais variáveis da aptidão física seriam necessárias para que o professor possa ter parâmetros individuais relevantes da aptidão física para prescrição do exercício? Quais variáveis da aptidão física são necessárias para demonstrar o resultado tão esperado pelo aluno ao final das 20 semanas de exercício?

Para esse exemplo, variáveis antropométricas (peso corporal, estatura, circunferências de membros e tronco), de composição corporal (% de gordura e massa isenta de gordura, peso gordo e peso de massa isenta de gordura), metabólicas (potência aeróbia [VO_2máx]) e neuromotoras (força muscular e flexibilidade) são essenciais para prescrição do exercício e para demonstrar o resultado ao longo do programa. Por outro lado, variáveis como potência anaeróbia, velocidade, agilidade e ritmo não são necessárias nesse contexto. Isso significa então que, dentro de um processo de avaliação física, devem ser incorporadas as variáveis que permitam o profissional de Educação Física prescrever adequadamente o exercício e detectar as alterações morfofuncionais resultantes do programa de exercício ao longo do tempo.

Ainda, considerando o exemplo, variáveis antropométricas e de composição corporal são essenciais para detectar o processo de emagrecimento e as alterações nos componentes corporais como massa gorda e massa isenta de gordura ao longo do programa de exercício. A potência aeróbia permite conhecer o VO_2máx, que é um indicador de intensidade de trabalho para exercícios aeróbios e permite estimar o gasto calórico em esforço, e a força muscular pode ser utilizada para indicador de intensidade da musculação e de alterações adaptativas neuromusculares.

As informações contidas no Quadro 14.2 fornecem uma direção para que profissionais de Educação Física possam decidir quais seriam as melhores variáveis que deverão ser coletadas para cada aluno.

Quadro 14.2 – Organização das variáveis biológicas da aptidão física e seus os respectivos instrumentos de medida ou testes e unidades de medida

Variáveis da aptidão física	Instrumento/teste	Unidade de medida	Importância
Antropométricas			
Peso	Balança digital	Quilogramas (kg)	• Saúde • Performance
Estatura	Estadiômetro fixo ou móvel	Metros ou centímetros	• Saúde
Circunferências	Fita métrica de avaliação	Centímetros	• Saúde • Performance
Diâmetros Ósseos	Paquímetro		• Performance
Composição corporal			
Percentual de Gordura	• Dobras cutâneas • Combinação de variáveis antropométricas • Bioimpedância	Percentual (%) em relação ao peso corporal total	• Saúde • Performance
Percentual de massa isenta de gordura	• Dobras cutâneas • Combinação de variáveis antropométricas • Bioimpedância	Percentual (%) em relação ao peso corporal total	• Saúde • Performance
Peso de massa gorda	• Dobras cutâneas • Combinação de variáveis antropométricas • Bioimpedância	Quilogramas (kg) em relação ao peso corporal total	• Saúde • Performance

Quadro 14.2 – Organização das variáveis biológicas da aptidão física e seus os respectivos instrumentos de medida ou testes e unidades de medida (continuação)

Variáveis da aptidão física	Instrumento/teste	Unidade de medida	Importância
Composição corporal			
Peso de massa isenta de gordura	• Dobras cutâneas • Combinação de variáveis antropométricas • Bioimpedância	Quilogramas (kg) em relação ao peso corporal total	• Saúde • Performance
Somatótipo			• Saúde • Performance
Variáveis metabólicas			
Potência aeróbia	• Esteira (máximo e submáximo) • Bicicleta ergométrica (máximo e submáximo) • Testes de corrida • Teste em piscina	• VO_2máx • Litros por minutos (L/min) • Mililitros por quilo de peso por minutos (ml/kg/min) • Limiar aeróbia e anaeróbio (% FC máx/ % do VO_2máx/bmp)	• Saúde • Performance
Potência anaeróbia alática	• Teste de pista de 50 metros	Segundos	• Performance
Potência anaeróbia lática	• Teste de corrida dos 40 segundos	Minutos e segundos	• Performance
Variáveis neuromotoras			
Flexibilidade	• Sentar e alcançar (Banco de Wells) • Flexímetro • Goniômetro • Testes adimensionais	• Centímetros • Graus	• Saúde • Performance
Força muscular	• Testes de 1 RM • Testes de repetições máximas • Teste de impulsão vertical e horizontal • Testes de força abdominal • Testes de flexão de braços	• Percentual de 1 RM • Carga em kg para um determinado número de repetições • Centímetros ou metros	• Saúde • Performance
Velocidade	• Pista • Cronômetro	Tempo (segundos ou minutos)	• Performance
Agilidade	• Pista • Cronômetro	Tempo (segundos ou minutos)	• Performance

14.3 Dez motivos para realizar a avaliação física

Antes de iniciar qualquer teste ou medida da aptidão física, o avaliador (profissional de Educação Física), deve ter muito claro os principais motivos pelos quais a avaliação física é um procedimento importante, tanto para o aluno, quanto para o seu trabalho. Assim, elencamos os dez principais objetivos de um processo de avaliação física. São eles:

1. Identificar o histórico de vida e os indicadores relacionados ao estilo de vida do aluno. Esse passo é realizado por um processo que antecede os testes de aptidão física, chamado anamnese.
2. Quantificar numericamente as variáveis que podem ser influenciadas pela prática de exercício (composição corporal, força, flexibilidade, potência aeróbia, dentre outras).
3. Verificar a condição física inicial do aluno.
4. Obter informações para tomar decisões em relação aos componentes da prescrição do exercício (volume, intensidade, tipo de exercício, métodos de treinamento).
5. Incluir, excluir ou indicar um determinado exercício.
6. Acompanhar a progressão das variáveis de aptidão física do aluno durante um programa de atividade física, exercício ou treinamento.
7. Verificar periodicamente se os objetivos e as metas que foram pré-estabelecidas no início do programa de exercício estão sendo alcançados.
8. A avaliação física pode ser utilizada como fator motivacional, pois a continuidade no programa de exercício tem relação com os resultados alcançados.
9. Detectar possíveis deficiências físicas, permitindo a adequada orientação para superá-las.
10. Evitar que a dose de exercício seja acima do suportável pelo aluno, prevenindo, assim, riscos desnecessários.

14.4 A avaliação física deve ser realizada somente no início de um programa de exercício?

Dentro de um programa de exercício, o profissional de Educação Física deve considerar os três tipos de avaliação física durante o período de tempo em que o aluno estiver sob sua orientação. Os tipos de avaliação física são:

- Avaliação diagnóstica — a avaliação diagnóstica é empregada sempre no início de qualquer programa de atividade física, exercício ou treinamento físico. É realizada com alunos iniciantes ou com alunos que, por alguma razão, precisaram parar suas atividades por algum tempo e desejam retornar ao programa de atividade física, exercício ou treinamento físico. O objetivo central dessa avaliação é conhecer as condições iniciais de estilo de vida e aptidão física do aluno, seus pontos fortes e fracos, para que, em posse dessas informações, o profissional de Educação Física possa prescrever o tipo de atividade que será praticada, o volume, a intensidade, os meios e métodos de treinamento considerando a individualidade do aluno, seus objetivos e expectativas.
- Avaliação formativa — é aquela utilizada durante o período de prática do programa de atividade física, exercício ou treinamento físico e tem como objetivo central saber se as variáveis de aptidão física estão se adaptando da forma como foi prevista no início das atividades e identificar se os objetivos estão sendo atingidos, pois, caso seja necessário, há a possibilidade de alterar o volume, a intensidade, os

meios e métodos de treinamento empregados inicialmente.

- Avaliação somativa — a avaliação somativa é aquela realizada ao final de um programa de atividade física, exercício ou treinamento físico e tem como objetivo central averiguar os resultados finais alcançados pelo aluno e realizar uma avaliação final de como foi o andamento do programa de exercício.

Considere como exemplo uma equipe de futebol profissional da série A1 do Campeonato Brasileiro. Em meados de janeiro, os jogadores retornam de férias para a pré-temporada que tem como objetivo preparar fisicamente os atletas para suportar, em bom nível físico e técnico, 90 minutos de partida. Na reapresentação dos jogadores, antes de iniciar qualquer trabalho físico, os jogadores passam um ou dois dias fazendo exames médicos e avaliação física. Somente após isso que o preparador físico, juntamente ao fisiologista da equipe, iniciam a orientação, prescrição e a distribuição das cargas de treinamento de forma individual para cada atleta. Essa é a avaliação diagnóstica.

Em meados de março ou abril, quando houver uma folga no calendário, o preparador físico refaz toda a bateria de testes e medidas da avaliação física para entender se as cargas de treinamento estão adequadas para os objetivos definidos e se as variáveis de aptidão física estão em processo de adaptação. Essa é a avaliação formativa. No final da temporada, caso o calendário permita, o preparador físico organiza uma nova bateria de avaliação física, com objetivo de entender se os objetivos da temporada foram alcançados e, em alguns casos, para atletas específicos, até para prescrever um programa de treinamento que deverá ser realizado durante o período de férias. Essa é a avaliação somativa.

Somente através desse processo completo podemos efetivamente demonstrar o resultado que é tão esperado pelo aluno e essa é também uma excelente forma de demonstrar ao aluno o seu profissionalismo e o seu trabalho.

Considere um segundo exemplo, demonstrando a importância da reavaliação física utilizando as informações apresentadas no Quadro 14.3, descritas na sequência.

Quadro 14.3 – Modelo hipotético das alterações na composição corporal ao longo do tempo resultantes da dieta restritiva e da prática de exercício

Variáveis de composição corporal	Dieta restritiva Aluno A		Aeróbio Aluno B		Aeróbio + Musculação Aluno C	
	Pré	Pós	Pré	Pós	Pré	Pós
Peso (kg)	90,0	85,0	90,0	87,0	90,0	92,0
Percentual de gordura	35	40	35	38	35	32
Percentual de MIG*	65	60	65	62	65	68
Peso gordo (kg)	31,5	34,0	31,5	33,0	31,5	29,4
Peso MIG (kg)	58,5	51,0	58,5	54,0	58,5	62,6

*MIG (Massa Isenta de Gordura); Ŧ Modelo hipotético

Imagine três condições diferentes: o aluno A decidiu iniciar, por conta própria, uma dieta com características restritivas na segunda-feira pela manhã e vai ficar 40 dias em dieta, sem praticar qualquer tipo de exercício. O seu objetivo é emagrecimento. Você deve conhecer muitas pessoas assim. O aluno B resolveu, por conta própria, criar alterações razoáveis em sua dieta e procurou uma academia para iniciar um programa de exercícios aeróbios com objetivo de emagrecimento. O profissional de Educação Física prescreveu três sessões por semana de 60 minutos cada, durante quatro meses. E o aluno C resolveu procurar um nutricionista para a adequação da dieta e uma academia para iniciar seu programa de exercício. Nesse caso, o profissional de Educação Física prescreveu trabalhos aeróbios duas vezes por semana por 60 minutos e musculação três vezes na semana de treino convencional para hipertrofia, durante quatro meses.

Nesse contexto, a pergunta seria: qual dos três alunos atingiu o objetivo e a expectativa esperada após um determinado período de tempo? Para responder essa pergunta, vamos utilizar as informações do Quadro 14.3, que traz a descrição dos indicadores de composição corporal pré e pós-intervenção. Alguém poderia dizer assim: o indivíduo A, aquele que fez por conta própria alterações restritivas na dieta durante apenas 40 dias e sem praticar qualquer tipo de exercício, atingiu o objetivo (emagrecimento) de forma mais rápida do que o indivíduo B e o indivíduo C, afinal, no início seu peso corporal era de 90 kg e após 40 dias foi para 85 kg, emagrecendo, portanto, 5 kg. Muitas pessoas leigas acreditariam nisso, pois para eles, o parâmetro é apenas o peso corporal. Mas isso não é verdade. Outros poderiam dizer: o indivíduo B, aquele que fez alterações moderadas na dieta por conta própria e praticou por quatro meses somente exercícios aeróbios atingiu o resultado, afinal, o peso corporal antes do exercício era de 90 kg e, após quatro meses, foi para 87 kg, então teria emagrecido 3 kg. Mas isso também não é verdade.

O único indivíduo que realmente atingiu o resultado esperado, com certeza, foi o indivíduo C. Olhando para os dados do indivíduo C no Quadro 14.3, você poderia falar que o peso corporal aumentou 2 kg após quatro meses de exercício. O peso corporal aumentou! Mas observe agora as informações sobre o percentual de gordura e o peso gordo (peso de gordura em quilogramas) em relação ao peso corporal total. O indivíduo C reduziu 2,1 kg de gordura, enquanto que o indivíduo B aumentou 1,5 kg de gordura e o indivíduo A aumentou 2,5 kg de gordura. A verdade é que, para todos os indivíduos, o peso corporal total caiu, porém somente no indivíduo C, conseguiu atingir o resultado esperado.

Existem explicações fisiológicas que sustentam essa ideia, mas o essencial nesse exemplo é demonstrar para você, profissional de Educação Física que:

a) a importância de realizar a avaliação física diagnóstica e a formativa para que possa entender efetivamente o que realmente está acontecendo com os indicadores de aptidão física ao longo do tempo;
b) que o peso corporal de forma isolada não é parâmetro para verificar emagrecimento, pois emagrecimento significa redução do peso gordo e não necessariamente do peso total;
c) a importância de considerar outros indicadores na avaliação física para o adequado entendimento das alterações morfofuncionais resultantes de um programa de exercício;

d) não passar informações equivocadas seus alunos, criando a ilusão de um resultado que efetivamente não ocorreu.

Portanto, tão importante quanto realizar a primeira avaliação física é reavaliar, pois, somente assim, poderemos demonstrar quantitativamente as alterações nos indicadores de aptidão física dos alunos. A literatura especializada não apresenta parâmetros claros em relação a quanto tempo após iniciar um programa de exercício o profissional de Educação Física deve realizar a reavaliação.

Muitos falam que o ideal seria reavaliar somente após três meses do início, porém, vale lembrar que, para muitos alunos, três meses será aproximadamente o tempo total que você terá para trabalhar. Imagine que um aluno chegue em sua academia em meados de agosto, querendo reduzir três quilos de gordura até o início de dezembro. Se a reavaliação for realizada somente após três meses, será realizada quase no final da periodização e, talvez, você tenha os resultados pré e pós, mas não terá tempo hábil para ajustar o programa de exercício caso não esteja atingindo os objetivos definidos.

Então levar em consideração fatores como o bom senso, os objetivos do programa, as expectativas do aluno, o tipo de exercício praticado e o tempo total de treinamento (semanas ou meses), pode auxiliar na decisão de quanto tempo após o início deverá ser realizada a reavaliação. Como exemplo, imagine um aluno de meia idade que deseja reduzir quilos de gordura. Esse aluno iniciará seu programa de exercício na segunda semana de agosto e irá terminar na segunda semana de dezembro. Serão praticamente 18 semanas programadas de exercício para o emagrecimento, nas quais esse aluno precisará reduzir ao redor de 1,4 quilos de gordura a cada quatro semanas. Uma sugestão, nesse contexto, seria realizar a primeira avaliação antes de iniciar o programa de exercício, realizar a avaliação formativa (1ª reavaliação) após nove semanas, ou seja, na metade do tempo previsto de exercício e avaliação somativa (2ª reavaliação), após a última sessão de exercício.

14.5 Locais para realização da avaliação física

Muitos profissionais de Educação Física acreditam que os melhores locais para realizar a avaliação física são laboratórios muito bem equipados com aparelhos, computadores e *softwares* de última geração. Na verdade, seria fantástico se assim fosse e se todos pudessem utilizar esses locais. No entanto, você pode mensurar as variáveis de aptidão física em academias, clubes, escolas e outros locais similares, desde que saiba as variáveis que deseja medir, qual o público que será avaliado, quais os objetivos e quais os instrumentos que estão disponíveis para a avaliação. Para cada local descrito, faz-se necessário equipamentos específicos.

Por exemplo, considere um atleta profissional de futebol de campo, que precisa realizar uma avaliação para quantificar o consumo máximo de oxigênio (VO_2máx), e seu limiar anaeróbio e aeróbio para que o preparador físico possa prescrever o exercício com o objetivo de melhorar esses indicadores. Sem dúvida nenhuma, o melhor ambiente para realizar essa avaliação em um atleta é o laboratório, e o clube investe muito dinheiro para ter esse local à disposição da comissão técnica. No entanto, milhares de academias e profissionais de Educação Física jamais terão condições de realizar uma avaliação cardiorrespiratória em seus alunos em um laboratório, devido ao elevado custo financeiro e a alta complexidade para realizar essa avaliação.

Por outro lado, na própria academia, por exemplo, o profissional de Educação Física poderá ter os dados desses três indicadores metabólicos por meio de um teste simples de bicicleta ergométrica, sendo necessário apenas uma bicicleta que tenha marcador de velocidade (km/h ou mph) e carga (kg ou watts), um frequencímetro, papel e caneta.

Os seguintes pontos devem ser considerados por profissionais de Educação Física na elaboração de uma avaliação física:

- Local: deve ser adequado, limpo e ventilado;
- Instrumentos: o profissional de Educação Física deverá escolher corretamente os instrumentos de medida, pois isso irá garantir o êxito nas medidas — somente utilize instrumentos que foram devidamente validados, que sejam adequados à sua população e que saiba manipular adequadamente:
- Procedimentos — devem ser seguidos rigorosamente segundo as normas e procedimentos de cada teste. Isso garante a exatidão na medida.
- Orientação ao aluno — orientar previamente o aluno em relação aos procedimentos pré-teste, aos procedimentos e normas dos testes e à vestimenta adequada.

14.6 Etapas da avaliação física

A realização da avaliação física é considerada um processo que não envolve apenas a aplicação dos testes em si e a atribuição de uma classificação segundo critérios conhecidos como "Abaixo, Regular ou Acima", mas considera outras etapas que devem anteceder e suceder a aplicação dos testes. Nesse sentido, toda avaliação física tem uma *fase inicial*, uma *fase mediana* e uma *fase final*. Podemos considerar a aplicação dos testes em si como a fase mediana do processo. A elaboração, interpretação e utilização dos resultados para a prescrição do exercício é a fase final do processo e o planejamento e a organização para aplicação dos testes é a fase inicial.

Muitos profissionais de Educação Física, não conseguem extrair todos os benefícios de um processo de avaliação física simplesmente porque não a tratam como processo e sim como apenas um fator isolado, ou seja, apenas aplicam os testes, sem considerar a fase inicial e a final do processo. Quais seriam então, os resultados desse fracionamento das etapas de organização? Com certeza seria a redução na qualidade do resultado adquirido da avaliação, redução na qualidade ao tomar decisões sobre os objetivos, metas e variáveis de prescrição do programa de exercício e, portanto, uma redução importante na capacidade de demonstração de resultado ao longo de um período de tempo.

Assim, em todo processo de avaliação física devem ser consideradas algumas etapas básicas em sequência, sendo elas:

1. Conhecer os reais objetivos da avaliação. Para isso, o profissional de Educação Física deve ter em mente o seguinte questionamento: quais variáveis da aptidão física devem efetivamente ser mensuradas para um determinado aluno? Podemos mensurar os aspectos da aptidão física dependendo do tipo de população, como sexo e faixa etária, tipo de treinamento que o aluno pretende realizar ou da etapa de treinamento. Essa é a *fase inicial* do processo de avaliação e é tão essencial quanto a aplicação dos testes.
2. Conhecendo as variáveis que deverão ser medidas, podemos então selecionar os procedimentos, técnicas e instrumentos que serão utilizados para um determinado aluno, ou seja, como medir

determinada variável da aptidão física. Essa é a *fase mediana* do processo de avaliação física.

3. A interpretação e aplicação prática dos resultados da avaliação física devem ser consideradas segundo o tipo de avaliação, isto é, para uma avaliação diagnóstica, os resultados individuais devem ser comparados com um referencial teórico. Para uma avaliação formativa ou somativa, além de comparar os resultados individuais com uma referência teórica, podemos também comparar os resultados atuais com aqueles obtidos na avaliação diagnóstica para quantificar a evolução de determinada variável da aptidão física. Isso permite ao profissional de Educação Física entender se os resultados e as metas do programa de exercício estão sendo atingidos ou se o programa precisa de reformulação para atingir os resultados e metas.
4. Tão importante quanto realizar a primeira avaliação é reavaliar ao longo de um programa de exercício. Nesse ponto, seria importante lembrar que os mesmos protocolos, instrumentos e procedimentos adotados em avaliações anteriores devem ser obrigatoriamente repetidos até o final do programa. Como exemplo, considere um aluno iniciante e sedentário que irá realizar a primeira avaliação (diagnóstica) da variável potência aeróbia e o avaliador optou pelo teste de bicicleta ergométrica submáximo protocolo de Åstrand para determinar o VO_2máx. Após três meses de exercício aeróbio e de força muscular, o aluno agenda uma nova avaliação na academia. O avaliador, tendo que reavaliar a potência aeróbia do aluno, agora opta por realizar um teste submáximo de esteira, que também tem como objetivo determinar o VO_2máx. Apesar de ambos os teste proporcionarem o conhecimento do indicador de potência aeróbia, no caso o VO_2máx, são protocolos e instrumentos diferentes o que anularia a possibilidade de qualquer tipo de comparação entre a primeira e a segunda avaliação e, embora se tenha um resultado de VO_2máx da primeira e da segunda avaliação, o avaliador não poder dizer que o VO_2máx aumentou 15% como resultante do programa de exercício, pois esse aumento pode ter ocorrido devido à mudança de protocolo, de procedimento ou do instrumento. Dessa forma, para todas as reavaliações que serão realizadas com seu aluno, considere para efeito de comparação e interpretação dos resultados os mesmos protocolos, procedimentos e instrumentos que foram utilizados na primeira avaliação.

14.7 Seleção dos testes que serão utilizados na avaliação física

A seleção adequada de um determinado teste que fará parte da avaliação física é fundamental para garantir a qualidade na obtenção do resultado. É muito comum avaliadores escolherem determinados testes sem sequer pensar na importância da seleção adequada. Alguns critérios devem ser levados em consideração na escolha de um teste que fará parte do processo de avaliação física. Nesse sentido, sugerimos atentar para dois pontos fundamentais:

14.7.1 Não existe teste bom ou ruim

O que existe são testes mais adequados de acordo com o contexto no qual o avaliador e o aluno estão inseridos. Esse contexto envolve os seguintes aspectos:

- objetivos do programa de atividade física, exercício ou treinamento;
- necessidade de acesso á informações fisiológicas adicionais;
- preparo técnico do avaliador;
- instrumental disponível para realizar a avaliação física;
- real necessidade de elevada precisão nos resultados.

Pensando nessa questão, podemos considerar o seguinte exemplo: imagine dois profissionais de Educação Física que são responsáveis por realizar avaliação física, porém em contextos diferentes. O avaliador A trabalha dentro de uma academia de porte médio, onde a maioria dos alunos são não atletas e procuraram o exercício para melhorar a estética corporal (reduzir a adiposidade e tonificar os músculos) e melhorar os indicadores de saúde.

O avaliador B faz parte da comissão técnica de um time de voleibol feminino que irá iniciar a preparação física para disputar a Superliga.

Em ambos os casos, o avaliador deve coletar informações sobre variáveis antropométricas, composição corporal, metabólicas e neuromotoras, que serão essenciais para a correta prescrição do exercício. Considere a avaliação do consumo máximo de oxigênio (VO_2máx), que é uma variável importante para a definição da intensidade de trabalho para exercícios aeróbios, tanto para os alunos não atletas da academia, quanto para as atletas de voleibol.

No caso do avaliador A, que trabalha com avaliação física na academia e atende não atletas com objetivo de melhorar a estética corporal e indicadores de saúde, a necessidade de avaliar o consumo máximo de oxigênio (VO_2máx) está na possibilidade de classificar a potência aeróbia em baixa, média ou elevada, de acordo com algum critério já definido para sexo e idade, definir a intensidade do exercício aeróbio, podendo, até, estimar o gasto calórico em esforço. No caso do avaliador B, que trabalha com avaliação física na equipe feminina adulta de voleibol, a necessidade de avaliar o VO_2máx está, além dos objetivos descritos, em conhecer a resposta da pressão arterial ao esforço, conhecer o equivalente respiratório, dentre outras variáveis fisiológicas que são importantes para prescrever o treinamento de uma atleta, porém, não são necessárias para uma pessoa comum.

Perceba que, em ambos os casos, a variável que será mensurada é a mesma, porém, com objetivos e necessidade de informações fisiológicas adicionais diferentes. Para o avaliador A, um simples teste de bicicleta ergométrica submáximo com um monitor de frequência cardíaca poderia atender as necessidades, porém, esse teste não seria suficiente para o avaliador B. Para atender a necessidade do avaliador B seria necessário um teste ergoespirométrico, que tem elevado custo financeiro, materiais como esteira, computador, *software*, kit de analisador de gases, avaliação eletrocardiográfica e um profissional com preparo técnico específico para realizar a avaliação.

Considerando todos os pontos discutidos, surge a seguinte pergunta: qual seria o melhor tipo de teste para incluir em minha avaliação física? A resposta seria muito simples. O melhor seria o teste que o avaliador tem disponível de acordo com seu contexto, aquele que o avaliador sabe aplicar corretamente respeitando o protocolo e o teste que apresente os critérios de cientificidade.

14.7.2 Critérios de cientificidade

Os critérios de cientificidade significam considerar que os testes, instrumentos ou procedimentos de avaliação física foram devidamente aprovados pela ciência para serem utilizados dentro do contexto de cada avaliador. Portanto, nunca selecione ou trabalhe com testes de aptidão física onde os critérios de cientificidade não são conhecidos, pois se assim o fizer, o resultado adquirido na avaliação física estará seriamente comprometido.

Existem três critérios de cientificidade que devem ser considerados:

- *Validade*: podemos definir o termo validade como a capacidade que um teste tem de medir exatamente aquilo no qual se propõe medir. Para um teste, instrumento ou procedimento ser considerado válido, ele é comparado com testes de Padrão-Ouro, que seriam a forma mais fidedigna de adquirir um resultado qualquer por meio da utilização de testes diretos. Atualmente, utilizamos equações para estimativa de percentual de gordura e percentual de massa isenta de gordura, ou ainda, equações para estimativa do VO_2máx em academias, porque essas equações foram devidamente validadas anteriormente.
- *Reprodutibilidade*: é um indicador da consistência da medida. Podemos definir a reprodutibilidade como sendo a capacidade que um teste tem de apresentar resultados similares quando avaliado o mesmo grupo de pessoas pelo mesmo avaliador com o mesmo instrumento em condições similares em dois momentos diferentes, normalmente separados por entre três a cinco dias. A reprodutibilidade demonstra a capacidade do resultado no teste de se reproduzir, ou seja, se o protocolo for seguido, o resultado tem que ser similar em dois momentos diferentes.
- *Objetividade*: também é considerado um indicador da consistência da media. Podemos definir objetividade como a capacidade que um teste tem de apresentar resultados similares, quando avaliado o mesmo grupo de pessoas por dois avaliadores diferentes com o mesmo instrumento em condições similares em dois momentos diferentes, normalmente separados por entre três a cinco dias. A objetividade demonstra a capacidade do resultado no teste ser similar, ou seja, se o protocolo for seguido, o resultado tem que ser similar em dois momentos diferentes independentemente de quem for o avaliador.

Assim, considerar os critérios de cientificidade garante ao avaliador selecionar testes para a avaliação física que realmente são confiáveis cientificamente.

Todo esse cuidado na seleção e aplicação dos testes de aptidão física é necessário para minimizar os possíveis erros que possam ocorrer durante um processo de avaliação física. Lembre-se, ao realizar uma avaliação física, queremos adquirir o resultado mais verdadeiro possível. Nesse sentido, todo avaliador está exposto há dois tipos de erros em avaliação física que devem ser observados (Marins e Giannichi, 1998). São eles:

1) *Erro sistemático*: tipo de erro que pode interferir nos resultados, é aquele no qual o avaliador não é fator direto de influência, estando associado a fatores climáticos, horários, dentre outros. Por exemplo, avaliar a flexibilidade no inverno e reavaliar no verão. Parece algo simples, mas pode interferir no resultado levando o avaliador a concluir que o aumento na flexibilidade foi exclusivamente devido ao programa de exercício.

2) *Erro de medida:* esse é o tipo de erro mais comum em avaliação física e tem influência direta do avaliador.

O erro de medida se relaciona com três fatores:

- Erro administrativo — associado ao processo de planejamento, organização e execução da avaliação física. Por exemplo, não permitir o aquecimento prévio para determinados testes em que o aquecimento se faz necessário, selecionar um determinado teste que não forneça a informação que se deseja, fazer as medidas de dobras cutâneas após um teste de potência aeróbia, dentre outros.
- Erro de equipamento: quando o equipamento não está devidamente calibrado para realizar a avaliação física. Lembre-se que a conservação e a calibragem dos instrumentos são fatores importantes para garantir qualidade na medida.
- Erro de medidor: erro muito comum, que está associado ao avaliador, como, por exemplo, o avaliador não seguir corretamente os procedimentos do teste, fazer a leitura ou anotação de um resultado errado, não explicar corretamente os procedimentos para o aluno, dentre outros.

14.8 Organização dos testes de aptidão física

Muitos fatores podem, de alguma maneira, interferir no resultado final dos testes e medidas. Antes de iniciar o processo de avaliação física, o profissional de Educação Física deve atentar para alguns aspectos importantes ligados à organização para a adequada aplicação dos testes e medidas, buscando sempre adquirir o resultado mais fidedigno possível (Matsudo, 2005b). Para isso, sugerimos os seguintes aspectos:

1. Familiarização do avaliador: o profissional de Educação Física que será o avaliador deve estar ciente dos objetivos gerais da avaliação física, bem como, conhecer todos os procedimentos e detalhes técnicos para a correta aplicação dos testes. Para isso, o avaliador precisa estar devidamente treinado para realizar uma avaliação física.
2. Orientação ao avaliado: antes de iniciar qualquer teste, o avaliador deve informar o aluno a respeito dos objetivos e procedimentos que deverão ser seguidos. Em alguns testes, o esforço máximo será requerido, portanto, o avaliador deve motivar o aluno.
3. Escolha do local de avaliação: o local adequado para a realização da avaliação física pode variar de acordo com os objetivos. No entanto, sugerimos atentar para alguns pontos, como dimensão, luminosidade, limpeza, temperatura, condição do solo, acesso de pessoas ao local disponibilizado para avaliação e segurança.
4. Instrumentos de avaliação: tão importante quanto escolher o melhor teste para mensurar uma determinada variável, é a escolha e aquisição do instrumento que será utilizado para mensuração. Nesse sentido, sugerimos:

- *Aquisição do instrumento* — adquira somente os instrumentos que realmente se adequem às reais condições de trabalho e que sejam devidamente validados, é importante considerar os critérios de validade, reprodutibilidade e objetividade.
- *Manipulação* — procure conhecer o procedimento e o uso correto do instrumento,

pois sua correta manipulação garante melhor qualidade de medida e um menor tempo de execução.

• *Calibração do instrumento* — antes de iniciar a avaliação física, procure verificar se o instrumento de mensuração está devidamente calibrado, pois a utilização de instrumentos não calibrados pode comprometer seriamente o resultado adquirido em determinado teste.

• *Conservação do instrumento* — adquirir instrumentos para a realização da avaliação física requer um considerável investimento financeiro da academia, clube ou, em muitas vezes, do próprio profissional de Educação Física. Nesse sentido, é dever do profissional prezar pela conservação e manutenção do instrumental, o que aumentará o seu período de vida útil. Procure manter o instrumento sempre limpo, calibrado e não permita a manipulação por pessoas não habilitadas.

14.9 Aplicação dos testes de aptidão física

Existem alguns fatores que podem influenciar a aplicação dos testes e podem comprometer o resultado adquirido na avaliação física. Consequentemente, esses fatores podem contribuir na tomada de decisão do profissional de Educação Física quanto à definição dos objetivos, metas e à prescrição de um programa de atividade física, exercício ou treinamento. Dessa forma, sugerimos a atenção para os seguintes pontos:

1. No cotidiano dos profissionais que trabalham em academias, clubes ou como *personal training*, a grande maioria dos testes selecionados e que serão descritos na presente obra para a avaliação física podem ser aplicados de forma individual. É importante garantir um ambiente agradável e ético para que o avaliado se sinta confortável para realização dos testes.
2. Normalmente, dependendo do número de variáveis que serão coletadas na avaliação física, o processo pode demorar alguns poucos minutos ou até uma hora. Assim, é importante reservar uma aula ou um dia somente para realizar a avaliação física.
3. Deve ser utilizada uma folha de protocolo individual e padronizada para a devida anotação dos resultados. Atualmente, há disponível no mercado diversos *softwares* de avaliação física que, além de facilitar o processo de alimentação da ficha de avaliação com os resultados dos testes, análise e interpretação das informações, geram relatórios padronizados dos resultados, facilitando a tomada de decisão quanto à prescrição do exercício e à devolutiva dos resultados para o aluno.
4. Em uma avaliação física, o avaliador deverá coletar muitas informações sobre um determinado aluno em uma única sessão, deve ser observado a uma ordem coerente na aplicação dos testes. Por exemplo, para um aluno que irá começar um programa de exercício com o objetivo de redução da adiposidade corporal, uma sequência de aplicação dos testes seria: anamnese; mensuração de variáveis fisiológicas no estado de repouso como frequência cardíaca e pressão arterial de repouso; variáveis antropométricas; variáveis de composição corporal; potência aeróbia; testes de força e resistência muscular, e, por fim, teste de flexibilidade.

Observar a ordem dos testes é extremamente importante, pois poderia alterar resultados em testes específicos levando à interpretação equivocada dos resultados. Como exemplo, considere um aluno iniciante, portanto sedentário, que realizou um teste de força máxima, sendo que após cinco ou seis minutos de descanso, fez um teste de resistência muscular e na sequência um teste de esteira, cicloergômetro ou de pista para avaliar a potência aeróbia.

Nesse caso, o fato do aluno ter realizado os testes de força muscular minutos antes do teste de potência aeróbia poderia alterar a frequência cardíaca de repouso e de esforço durante o teste de potência aeróbia. Como a maioria dos testes de potência aeróbia aplicados em academias utiliza a frequência cardíaca de esforço como parâmetro para definir a potência aeróbia, o resultado não seria fidedigno, podendo levar ao profissional de Educação Física a tomar decisões precipitadas em relação à prescrição do exercício.

14.9.1 Orientações ao aluno para aplicação dos testes de aptidão física

Algumas orientações básicas para devem ser passadas para o aluno dias antes da realização da avaliação física. Essas orientações são importantes para a adequada aplicação dos testes de aptidão física e, consequentemente, para atingir o melhor resultado possível. São elas:

- o avaliado deve, preferencialmente, dormir entre sete e oito horas no dia anterior à realização da avaliação física;
- o avaliado não deve ingerir bebidas alcoólicas no dia da avaliação física;
- o avaliado não deve ingerir alimentação pesada na refeição que antecede a realização da avaliação física;
- o avaliado não deve fazer uso de tabaco ou ingestão de café ou produtos com cafeína pelo menos três horas antes da avaliação física;
- o avaliado não deve realizar exercícios vigorosos a partir do dia anterior ao dia da avaliação física, pois alguns testes podem exigir o máximo de desempenho;
- o avaliado deve utilizar vestimentas adequadas e tênis confortável para realizar a avaliação física;
- observar sinais de intolerância ao esforço como fadiga, náuseas, vômitos, tontura, mal-estar, entre outros.

Conclusão

Diante de toda discussão apresentada neste capítulo, pode-se concluir que a realização da avaliação física é um processo inerente à atividade diária dos profissionais de Educação Física, sendo uma excelente oportunidade que irá potencializar a prestação de serviço para pessoas de todas as idades e com diferentes objetivos e expectativas. Ademais, a aplicação da avaliação física e a prescrição e adequação do exercício baseada em resultados tornará seu trabalho mais profissional, podendo criar um vínculo importante com os alunos, que facilitará a manutenção do programa de exercício a médio e longo prazo. Sendo assim, incorpore a avaliação física em seu cotidiano.

Referências

AMERICAN COLLEGE OF SPORTS MEDICINE. *Manual do ACSM para avaliação da aptidão física relacionada à saúde*. Rio de Janeiro: Guanabara Koogan, 2006.

BARBANTI, V.J. *Dicionário de educação física e esporte*. 3ª edição. São Paulo: Editora Manole, 2011.

BENEDETTI, T. R. B. *et al*. *A formação do profissional de Educação Física para o setor saúde*. Florianópolis: Postmix, 2014.

CHODZKO-ZAJKO, W. J. *et al.* Exercise and Physical Activity for Older Adults. Position Stand. *Medicine & science in sports & exercise*, 2009, American College of Sports Medicine. 2009. DOI: 10.1249/MSS.0b013e3181a0c95c.

CONSELHO FEDERAL DE EDUCAÇÃO FÍSICA. Resolução CONFEF nº 046/2002. Disponível em: <http://www.confef.org.br/extra/resolucoes/conteudo.asp?cd_resol=82>. Acesso em: 7 fev. 2016.

DE LIZ, C. M. *et al.* Aderência à prática de exercícios físicos em academias de ginástica. *Motriz*, v. 16, n. 1, p.181-188, jan.-mar. 2010.

DONNELLY, J. E. *et al.* Appropriate Physical Activity Intervention Strategies for Weight Loss and Prevention of Weight Regain for Adults. American College of Sports Medicine. Position Stand. *Medicine & Science in Sports & Exercise*, 2009, American College of Sports Medicine. 2009. DOI: 10.1249/MSS.0b013e3181949333.

GARBER, C. E. *et al.* Quantity and Quality of Exercise for Developing and Maintaining Cardiorespiratory, Musculoskeletal, and Neuromotor Fitness in Apparently Healthy Adults: Guidance for Prescribing Exercise. Position Stand. *Medicine & Science in Sports & Exercise*, 2011, American College of Sports Medicine. DOI: 10.1249/MSS.0b013e318213fefb.

GUEDES, D. P.; GUEDES J. *Manual prático para avaliação em Educação Física.* São Paulo: Manole, 2006.

HEYWARD, V. H. *Avaliação física e prescrição do exercício: técnicas avançadas*. 6. ed. Porto Alegre: Artmed, 2013.

MARINS, J.C.B.; GIANNICHI, R.S. *Avaliação e prescrição da atividade física*. Guia prático. 2. ed. Rio de Janeiro: Shape, 1998.

MATSUDO, V. K. R. *Testes em ciências do esporte.* São Caetano: CELAFISCS, 2005b.

MATSUDO, V. K. R. *et al.* Dislipidemias e a promoção da atividade física: uma revisão na perspectiva de mensagens de inclusão. *Revista Brasileira de Ciência e Movimento*. v. 13, n. 2, p. 161-170. 2005a.

NATIONAL STRENGHT AND CONDITIONING ASSOCIATION. *Guia de condicionamento físico: diretrizes para elaboração de programas.* São Paulo: Manole, 2015.

PITANGA, F.J.G. *Testes, medidas e avaliação em Educação Física e Esportes*. São Paulo: Phorte, 2005.

SAMULSKI, D. *Psicologia do Esporte*. Edição revisada e ampliada. 2. ed. São Paulo: Manole, 2009.

TAYLOR, D. Physical activity is medicine for older adults. *Postgrad Med J*, v. 90, p. 26–32, 2014.

15

Antropometria e composição corporal

Mauro Ferreira

OBJETIVO DO CAPÍTULO

Os objetivos deste capítulo são (a) analisar os fatores antropometria e composição corporal por meio de abordagem teórica direcionada à prática, estabelecendo os princípios de suas aplicações, bem como limitações, no diagnóstico e acompanhamento do praticante de treinamento de força; (b) apresentar, com foco no método antropométrico, as principais dimensões antropométricas e modelos de quantificação dos constituintes corporais, reunindo elementos que fundamentam os temas abordados.

Estabelecidos como componentes básicos da aptidão física conjuntamente aos aspectos metabólico e neuromotor, os fatores antropométrico e composição corporal possibilitam, por intermédio de suas mensurações, quantificar variáveis importantes do aspecto biológico do ser humano.

O fato de as dimensões corporais como massa, estatura e perímetros dos membros, bem como as quantidades relativas dos principais constituintes corporais, exemplificados pelas massas óssea, muscular e adiposa, sofrerem influência de uma diversidade de fatores genéticos e ambientais como crescimento, desenvolvimento, maturação, envelhecimento, nutrição, atividade física e patologias, entre outros, torna suas mensurações imprescindíveis do ponto de vista do diagnóstico e acompanhamento no âmbito da saúde e do desempenho físico do indivíduo.

Na especificidade do treinamento de força, onde a principal proposta é o aprimoramento da variável neuromotora diretamente a ele associada, ou seja, a força muscular (expressa por seus elementos de força máxima, resistência e potência musculares), adaptações agudas e crônicas são verificadas com seu desenvolvimento.

Na área neuromuscular, tais adaptações podem ser verificadas por metodologias de testes neuromotores que buscam quantificar o comportamento da variável força muscular com a participação no treinamento de força, enquanto na área somática, medidas das dimensões, estrutura e composição corporais visam expressar as adaptações morfológicas, devendo-se considerar, além do eventual ganho de massa muscular (hipertrofia), o aspecto estético, muitas vezes, o estímulo inicial que leva o indivíduo ao engajamento na prática regular do exercício físico orientado.

Assim, as referidas medidas na área somática objetivam inicialmente, diagnosticar a condição do praticante em termos de indicadores antropométricos e de sua composição corporal, enquanto no decorrer de sua participação no programa, atuar na verificação do comportamento de características morfológicas frente aos estímulos proporcionados pelo treinamento de força prescrito, proporcionando um meio objetivo de indicar se este toma a direção da meta proposta inicialmente em sua elaboração.

Agrega-se, dessa forma, ao aspecto técnico do diagnóstico e do acompanhamento do treinamento de força na área somática, o fator motivacional do praticante na adesão ao programa.

Nas seções a seguir, abordam-se itens que fundamentam as áreas da antropometria e composição corporal, suas delimitações, inter-relações, especificidades, aplicações e limitações no estudo da constituição física humana.

15.1 Antropometria e composição corporal – Abrangências

Originária dos termos gregos *antropos* significando "humano" e *metron* que denota "medida", pode-se definir antropometria como uma série de técnicas de mensuração sistematizadas que expressam quantitativamente as dimensões do corpo humano (Malina, 1995), ou de forma mais abrangente, referindo-se à mensuração externa do corpo humano (Boileau e Lohman, 1977).

Considerada como instrumento básico e tradicional da antropologia física ou biológica, a antropometria possui longa tradição em sua aplicação nas áreas da Educação Física, Ciências do Esporte e da Atividade Física, verificando-se sua crescente utilização nas Ciências Biomédicas (Malina, 1995).

Com interesse na investigação e compreensão da variabilidade biológica humana, onde se inclui sua variação morfológica, a antropometria pode ser considerada como seu principal instrumento de aplicação neste estudo, uma vez que o corpo humano pode ser descrito com satisfatória acurácia por meio de uma série de medidas de sua morfologia externa, ao mesmo tempo em que reflete informações sobre a sua estrutura e a composição dos tecidos internos (Behnke e Wilmore, 1974; Carter, 1984; Malina, 1988).

Com diversas possibilidades de utilização, as medidas de massa corporal, estatura, perímetros obtidos em diferentes regiões corporais, diâmetros ósseos e dobras cutâneas proporcionam informações sobre as dimensões gerais do indivíduo e sobre tecidos e partes corporais específicas (Malina, 1984). Comumente, as medidas de massa corporal e estatura são indicativas das dimensões corporais gerais, enquanto os perímetros ou circunferências, dobras cutâneas, diâmetros ósseos e comprimentos dos segmentos são utilizados na avaliação das dimensões e proporções das diferentes partes corporais. Isoladamente ou em conjunto, tais medidas são também utilizadas com o propósito de avaliar a composição corporal total e regional.

Como recurso acessível e útil na obtenção de informações quantitativas referentes aos aspectos somáticos (próprios do organismo considerado fisicamente), a antropometria possui vantagens quanto a sua aplicação em diferentes áreas do conhecimento biológico do ser humano, sendo o único método aplicado universalmente, não invasivo, de baixo custo, apresentando relativa simplicidade de métodos, aplicável em um número grande de indivíduos, permitindo a portabilidade dos instrumentos que utiliza em ambientes diversos (campo esportivo, clínicas, academias, escolas, laboratórios etc.) e a existência de literatura substancial sobre o assunto (Lohman *et al.*, 1988; Malina, 1995; WHO, 1995; Heyward e Stolarczyc, 1996; Roche *et al.*, 1996; Wang *et al.*, 2000).

Dados antropométricos apresentam uma variedade de aplicações dentre as quais se incluem: descrição (do estado morfológico de um indivíduo ou grupo de pessoas), comparação (entre diferentes grupos populacionais como crianças, adolescentes, adultos e idosos, bem como grupos de atletas da mesma ou de diferentes modalidades esportivas), avaliação de intervenções (como indicador dos efeitos do exercício físico nas alterações da massa corporal total e gordura subcutânea, ou com relação aos efeitos do treinamento de força nos perímetros musculares), na identificação de indivíduos em risco e que requerem atenção especial (no acompanhamento do tratamento da obesidade e de crianças que não apresentam crescimento adequado à sua idade cronológica), além de sua utilização na identificação de indivíduos com características morfológicas potencialmente apropriadas para o sucesso em uma modalidade esportiva particular (Malina, 1995).

Em sua aplicação prática, a obtenção de dados antropométricos considera a definição cuidadosa dos locais de medida no corpo, posicionamento do indivíduo para a mensuração e uso de instrumental apropriado (Malina, 1995), denotando-se como método não invasivo no sentido fisiológico, possibilitando medir dimensões externas do corpo assim como suas diferentes partes ou segmentos (Malina e Bouchard, 1991; Malina, 1995).

Destaca-se que a antropometria é um método, devendo ser vista como tal, isto é, um meio utilizado para determinado fim e não um fim em si própria. Ao decidir por sua utilização, deve-se definir sua etapa inicial, ou seja, a consideração da seleção das medidas necessárias a serem coletadas, efetuada na fase de planejamento da pesquisa ou intervenção prevista, e no qual a análise lógica abrangente resultará em um conceito claro do conhecimento a ser obtido (Malina, 1995).

Tal cuidado é em razão de que o número de medidas que podem ser obtidas em um indivíduo é quase ilimitado (Abernethy, 1997; Malina, 1995) e, assim, a efetiva seleção das opções será determinada pelos objetivos do estudo ou das informações que o pesquisador deseja obter (Abernethy, 1997). Com essa finalidade, recomenda-se que cada medida deve ser selecionada a fim de proporcionar um elemento específico de informação dentro do contexto do desenho da pesquisa ou intervenção, seu propósito e as questões sob consideração (Malina, 1995) e, dessa forma, correspondendo a uma finalidade exata, sendo capaz de expressar numericamente uma dimensão antropométrica que tenha real interesse (Hegg e Luongo, 1971).

Com base nas características apresentadas, constata-se que a antropometria possui caráter técnico, abrangendo procedimentos para mensurar e observar as variações somáticas do ser humano e possibilitando, por seu intermédio, expressar quantitativamente os aspectos relativos à sua constituição física, fator apresentado na seção a seguir.

15.2 Constituição física

A constituição física humana pode ser definida como a reunião de três aspectos distintos e, ao mesmo tempo, inter-relacionados, descritos como dimensões, estrutura e composição corporais, ilustrados na Figura 15.1:

Figura 15.1 — Fatores distintos e inter-relacionados da constituição física humana

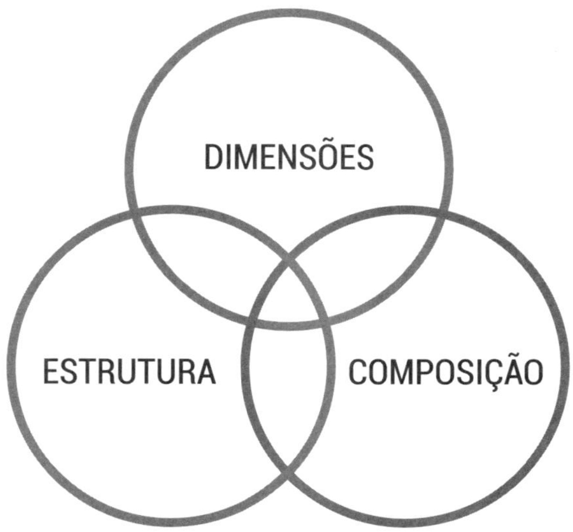

Fonte: adaptado de Boileau e Lohman (1977); Abernethy, (1997).

Com base na Figura 15.1 são descritos, em linhas gerais e resumidamente, cada um dos aspectos da constituição física:

- Dimensões corporais: refere-se à magnitude física ou dimensões espaciais do corpo humano em termos de seu volume, massa, comprimentos e área de superfície, sendo o aspecto mais reconhecido da constituição física e do qual os demais aspectos (estrutura e composição corporais) dependem para suas determinações. Incluem-se nesse aspecto as variáveis antropométricas mais comumente utilizadas como as medidas de massa corporal, estatura, perímetros, diâmetros e dobras cutâneas.
- Estrutura corporal: refere-se à disposição ou "arranjos" das partes corporais, como a distribuição da adiposidade, massa muscular e esquelética pelo corpo. Sua análise possibilita descrever a forma, aspecto ou configuração morfológica do corpo humano em relação às suas proporções.
- Composição corporal: refere-se às quantidades relativas e/ou absolutas dos diferentes componentes corporais como gordura, massas muscular e óssea, água, dentre outros.

Com relação direta à constituição física e seus aspectos integrados, a antropometria é a ciência que lida com a mensuração das dimensões, estrutura e composição corporais (Abernethy, 1997), fatores importantes quanto à aptidão e desempenho físicos, atuando como meio para suas quantificações (Malina e Bouchard, 1991) e gerando subsídios para posterior análise e tomada de decisão voltada à orientação das pessoas nos diferentes segmentos da população, considerando atletas e não atletas, sendo útil a diversos profissionais em diferentes campos de atuação com interesse no conhecimento biológico do ser humano. Nesse sentido, a antropometria é central a muitas áreas de investigação como a da atividade e do exercício físico, da ciência do esporte e da saúde.

A seguir, abordam-se itens da interface entre antropometria e cada um dos aspectos da constituição física: dimensões, estrutura e composição corporais. Em razão da temática abordada no presente capítulo, destaques e maior aprofundamento são direcionados aos itens das dimensões corporais e, especialmente, da composição corporal.

15.2.1 Antropometria e dimensões corporais

Como método de escolha visando a quantificação das diferentes dimensões corporais, a antropometria requer a utilização de instrumentos específicos a cada variável de interesse a ser mensurada, além do conhecimento técnico necessário por parte do profissional que os utiliza com relação à sua aferição (ajuste e calibração), manipulação, posicionamento do avaliado (ao qual se exige, em geral, participação passiva) e leitura das respectivas escalas de medida. No Quadro 15.1 são apresentadas as principais dimensões antropométricas:

Quadro 15.1. – Principais dimensões antropométricas, respectivos instrumentos de mensuração, unidades, símbolos, resoluções, tolerâncias, exemplos e interpretações das medidas

Dimensão corporal	Instrumental de mensuração	Unidade de medida	Símbolo da unidade de medida	Resolução da medida (fração decimal)	Tolerância*	Exemplo Interpretação
Massa	Balança	Quilograma	kg	100 gramas (g)	0,5 kg	**63,7 kg** 63 unidades de quilograma e 7 frações decimais de 100 g
Estatura	Estadiômetro	Centímetro	cm	1 mm	3 mm	**165, 3 cm** 165 unidades de centímetro e 3 frações decimais de 1 mm
Perímetro	Fita métrica	Centímetro	cm	1 mm	0,2 mm - 1 cm	**36,0 cm** 36 unidades de centímetro e 0 (zero) frações decimais de mm
Diâmetro	Paquímetro	Centímetro	cm	1 mm	1 mm - 2 mm	**7,9 cm** 7 unidades de centímetro e 9 frações decimais de mm
Dobra cutânea	Compasso de dobra cutânea	Milímetro	mm	Dependente do modelo de compasso (em geral, 1 mm ou décimo de mm)	5%	**11 mm** 11 unidades de mm **12,4 mm** 12 unidades de mm e 4 frações decimais de décimo de mm

*Limites gerais aceitáveis de diferenças entre medidas repetidas; não especificadas às várias medidas de perímetros e diâmetros (Lohman *et al.*, 1988; Crawford, 1996).

As dimensões corporais apresentadas no Quadro 15.1 constituem as variáveis antropométricas mais utilizadas, individualmente ou em conjunto, em estudos de campo com aplicações no diagnóstico e acompanhamento individual, como no caso de intervenção como o de treinamento de força, ou em investigações de grupos de indivíduos com finalidades diversificadas como levantamentos antropométricos em larga escala que resultam em dados referenciais, e que podem gerar aplicações que vão além do sentido exclusivamente descritivo, possibilitando avaliar a saúde e o estado nutricional de uma população e, dessa forma, tais medidas são frequentemente vistas como indicadores dos padrões de vida e como medidas gerais de saúde (Lohman *et al.*, 1988).

Em seguida, são descritas características gerais de cada uma das dimensões antropométricas apresentadas, complementadas com uma breve descrição de suas medições.

Massa corporal

Dimensão antropométrica básica que indica a quantidade de matéria que constitui o corpo humano (Bartlett, 1997), a massa corporal é uma medida tridimensional composta que expressa, quantitativamente e em sua totalidade, o conjunto de seus diversos componentes anatômicos (ossos, músculos, gordura, órgãos, fluidos dentre outros).

Dada a sua complexidade orgânica, o corpo humano é constituído por uma variedade de tecidos que se alteram em função de fatores diversos (Roche *et al.*, 1996), como as influências nutricional e do estímulo da atividade física em diferentes níveis de exigência, sendo sua massa uma medida heterogênea que integra muitos elementos que podem variar independentemente (Malina, 1995).

Embora importante do ponto de vista do diagnóstico e acompanhamento do indivíduo, a massa corporal, por suas características, apresenta limitações inerentes quanto à necessidade da quantificação de eventuais modificações individuais ocorridas em seus referidos constituintes.

Alterações para mais ou para menos nos valores da massa corporal podem ser indicações das consequências dos estímulos proporcionados pelas intervenções desenvolvidas, sem, no entanto e de forma objetiva, poderem ser mensuradas em relação às alterações em seus diversos elementos anatômicos. Ainda mais complicada no sentido de sua interpretação, é a situação onde a massa corporal permanece sem alterações, contudo, com prováveis modificações nas proporções quantitativas dos principais componentes corporais como adiposidade, massas muscular e óssea, como resposta adaptativa a uma determinada intervenção, como as atuações, individuais ou conjuntas, dos fatores nutricional e exercício físico.

Como consequência, complementando o uso da medida de massa corporal, informações a respeito de sua composição são necessárias (Heyward e Stolarczyc, 1996), visando agregar um número maior de subsídios a respeito das respostas às intervenções sobre os constituintes anatômicos de interesse, sendo este o principal objeto de estudo da composição corporal.

Para a obtenção do valor da massa corporal utiliza-se a balança, mecânica ou eletrônica, adequadamente aferida e sendo necessária uma única medida na ocasião da coleta de dados, levando-se em conta os cuidados para sua correta medição (balança posicionada em local plano, nivelado e rígido, orientação do avaliado quanto à vestimenta, sendo esta a mínima possível, e posicionamento sobre a plataforma da balança, leitura e eventuais ajustes da escala de medida no caso de balança mecânica, registro do horário da coleta de dado, entre outros).

Estatura

Termo usado com referência à altura do ser humano, a estatura é sua dimensão antropométrica linear (longitudinal ou em linha reta) mais utilizada, sendo descrita como a medida linear da distância compreendida entre o solo (plano de apoio dos pés) e o vértex cranial (ponto mais elevado do crânio), obtida com o indivíduo descalço e em postura ereta padronizada (Malina, 1984; Malina, 1995). O resultado quantitativo obtido de sua mensuração é um composto das dimensões lineares dos membros inferiores, tronco, pescoço e cabeça (Malina, 1984). A estatura (ou altura) é obtida na direção vertical (perpendicular) em relação ao plano de apoio no solo, e quando medida com o indivíduo em decúbito (posição deitada) ou horizontal a este, como por exemplo, no caso de um recém-nascido, denomina-se comprimento deitado (Hegg e Luongo, 1971; Lohman *et al.*, 1988).

Importante no acompanhamento do crescimento físico, a estatura, da mesma forma que a massa corporal, é uma variável antropométrica básica, sendo um indicador da dimensão corporal geral, assim como se relacionando às dimensões ósseas (Lohman *et al.*, 1988), por sua vez, influenciadas por fatores genéticos e ambientais. Especialmente em crianças e adolescentes, variações em seus valores, além da faixa considerada normal para a idade e sexo, podem estar associadas a distúrbios do crescimento devido a doenças e/ou nutrição deficiente (Malina e Bouchard, 1991). Com relação ao jovem, a estatura, quando acompanhada periodicamente, é um recurso útil na identificação de anormalidades do crescimento, auxiliando na verificação, em cada sexo, de sua adequação cronológica e com referência à massa corporal, respectivamente interpretadas em crianças pelas curvas de altura-para-idade e de peso-para-altura, ou no adolescente por meio do índice de massa corporal relativo à idade, um dos indicadores mais utilizados em avaliações antropométricas (WHO, 1995; Crawford, 1996; Conde e Monteiro, 2006).

Com referência à estatura do adulto, onde se verifica relativa estabilidade em seus valores, sua utilização é de significativa importância quando relacionada à massa corporal, estabelecendo um parâmetro de análise conjunta entre ambas e, de modo similar ao jovem, expressa pelo índice de massa corporal, no entanto, com valores referenciais únicos para homens e mulheres.

Além dessa aplicação, mais voltada a aspectos de saúde, a estatura pode ser um fator decisivo na seleção da modalidade esportiva com maior probabilidade de alcance de sucesso, na qual se destaca, dentre diversos outros fatores antropométricos, bem como das áreas metabólica e neuromotora, a exigência de características antropométricas da baixa ou elevada estatura, respectivamente exemplificadas pelas modalidades de ginástica artística e voleibol (Hegg e Luongo, 1971; Malina, 1995; Abernethy, 1997).

Como orientação geral na mensuração da estatura, utiliza-se o estadiômetro (aparelho com duas bases unidas em ângulo de 90°, uma horizontal posicionada no solo para apoio dos pés e outra vertical onde é fixada a fita métrica para obtenção da medida, além de um cursor ou esquadro móvel a ser posicionado no vértex do avaliado, auxiliando na leitura da escala de medida pelo avaliador) ou fita métrica fixada à parede com os cuidados de seu correto posicionamento, orienta-se o avaliado a permanecer em postura ereta, pés unidos, membros superiores ao lado do corpo, mantendo a cabeça orientada no plano de Frankfurt (olhando diretamente à frente) e solicitando que mantenha apneia inspiratória no momento da coleta de dados, complementando-se com o registro do horário de mensuração.

Quanto ao número de medidas a serem obtidas na mesma ocasião da coleta de dados, cabe a explicação que diferindo da massa corporal indicada pelo próprio instrumento de sua medida (balança), medidas que dependem, em grande parte, da participação e habilidade de quem as coleta, isto é, o avaliador responsável em orientar o indivíduo a assumir e manter a postura correta para a mensuração, manipular e posicionar o instrumento de medida no avaliado e realizar a leitura simultânea de sua escala, aumenta-se a chance de variações em seus resultados. Em vista disso, recomenda-se que a mensuração de tais variáveis antropométricas, como é o caso da estatura (e da mesma forma os perímetros, diâmetros e dobras cutâneas), seja realizada, no mínimo, duas vezes e considerando a média aritmética dos valores obtidos (no caso de três medidas pode-se considerar a média ou mediana como valor final) (ISAK Manual, 2001; Matsudo, 2005), minimizando-se assim as eventuais variações entre as mesmas dentro da tolerância esperada (Quadro 15.1).

Perímetro

De acordo com a característica de sua mensuração, a dimensão antropométrica de perímetro (ou circunferência) é uma indicação do comprimento da linha que delimita o contorno de um segmento corporal específico, medido em diferentes regiões corporais (central ou tronco, pescoço, cabeça e extremidades: membros superiores e inferiores), sendo um meio de quantificar seus aspectos perimétricos e de secção transversa (Lohman *et al.*, 1988).

Perímetros utilizados individualmente, em combinação com dobras cutâneas obtidas no mesmo local de sua mensuração ou em relação a outros perímetros, são medidas indicativas do crescimento físico, de índices de estado nutricional e de níveis do padrão de distribuição de adiposidade corporal (Lohman *et al.*, 1988).

Em crianças abaixo dos seis anos de idade, o perímetro da cabeça é um indicador do crescimento encefálico, e sua relação com o perímetro torácico é uma medida indireta do estado nutricional (Lohman *et al.*, 1988), enquanto o perímetro do pescoço é usado na verificação do grau de obesidade em jovens na faixa etária entre seis e 18 anos (Nafiu *et al.*, 2010). Por sua vez, perímetros dos membros são ocasionalmente usados como indicadores de muscularidade relativa, contudo, considerando que sua medida inclui diversas outras estruturas, dentre as quais o osso que é envolto por músculos e estes sendo circundados por camada de tecido subcutâneo sobreposto por pele, impossibilita-se, assim, a obtenção de uma medida do tecido muscular propriamente dita. Entretanto, uma vez que o principal tecido que compõe o perímetro medido é o muscular (com provável exceção no indivíduo obeso), perímetros dos membros são usados na indicação do desenvolvimento muscular relativo (Malina, 1995).

Correções podem ser aplicadas nas medidas de perímetros dos membros, visando obter estimativas mais detalhadas de sua perimetria e área musculares, bem como da área de secção transversa de gordura que a envolve. Para tanto, dois dos perímetros mais utilizados são os de braço e perna combinados com dobras cutâneas medidas em suas respectivas regiões (bíceps e/ou tríceps no braço; medial e/ou lateral na perna) (Frisancho, 1981; Himes *et al.*, 1980; Malina, 1995), permitindo corrigir matematicamente seus valores, incluindo-se a possibilidade de correção da área óssea interposta na área muscular estimada (Heymsfield *et al.*, 1982). As áreas muscular e adiposa assim obtidas podem ser usadas no monitoramento de níveis e mudanças da gordura corporal e massa muscular durante terapia nutricional ou programas de reabilitação e de exercícios físicos (Lohman *et al.*, 1988), contribuindo na avaliação nutricional, na identificação de deficiências proteico-calóricas e no acompanhamento de adaptações morfológicas do treinamento físico.

Por outro lado, visando a estimativa indireta do componente específico de massa muscular esquelética total, as medidas de perímetros de membros (braço e antebraço, coxa e perna, corrigidas por dobras cutâneas obtidas nas mesmas regiões) são priorizadas em equações antropométricas de predição, dimensionadas para a quantificação desse componente corporal (Martin *et al.*, 1990; Doupe *et al.*, 1997).

Em sua maioria, os perímetros são medidos com o indivíduo em posição ortostática e naturalmente relaxado, sendo que em algumas aplicações, como no caso de sua medida no braço, pode-se obtê-lo com a articulação do cotovelo flexionada e com os músculos flexores em contração, quando houver interesse no acompanhamento do desenvolvimento muscular ou no cálculo do componente de muscularidade relativa (mesomorfia) do somatótipo usado no estudo do tipo físico constitucional (Behnke e Wilmore, 1974; Lohman *et al.*, 1988; Abernethy, 1997). Quando utilizados na região do tronco, especialmente quando obtido na região abdominal onde se destaca o perímetro da cintura, ou sua relação com o perímetro do quadril, os perímetros possibilitam uma visão mais direcionada ao fator do padrão anatômico de distribuição da adiposidade corporal, importante do ponto de vista da saúde com relação à risco cardiometabólico, independentemente da adiposidade corporal total (Ashwell *et al.*, 1985; Bjorntorp, 1985; Lean *et al.*, 1995, WHO, 2008).

Em linhas gerais, os perímetros são medidos com fita métrica de material inextensível (como metal ou fibra de vidro), com comprimentos variáveis dependendo da região corporal onde será posicionada e largura de até sete milímetros, sendo flexível (permitindo amoldar-se no contorno do segmento corporal a ser medido). Na aplicação no avaliado que se mantém em pé e em postura ereta, a fita métrica deve contornar a região de medida de modo a ajustar-se ao seu redor, sem comprimir a pele e o tecido subcutâneo, mantendo, dependendo do segmento corporal a ser mensurado, um ângulo reto (perpendicular) a este ou um plano horizontal em relação ao solo. Nos membros, recomenda-se a medida no hemicorpo direito e, para maior adequação ao protocolo adotado, indica-se a demarcação prévia de seu referencial anatômico.

Diâmetro

Em geral, em aplicações antropométricas, o diâmetro é uma dimensão linear correspondente à distância entre dois pontos referenciais da superfície óssea de um mesmo osso, ou entre estruturas ósseas de regiões corporais específicas, sendo um indicador das dimensões gerais do esqueleto (Behnke e Wilmore, 1974; Lohman *et al.*, 1988).

Os diâmetros biepicondilares do úmero e fêmur são exemplos de medidas no mesmo osso e indicativas das dimensões ósseas respectivas às extremidades superior e inferior, ao passo que os diâmetros biacromial (obtido entre os processos acromiais de ambas as escápulas) e bicristailiaco (medido entre as duas cristas ilíacas da pelve) proporcionam informações, respectivamente, sobre as dimensões ósseas das cinturas escapular e pélvica. Em análise conjunta, estes dois últimos diâmetros podem ser combinados entre si ([diâmetro biacromial/diâmetro bicristailiaco] × 100) ilustrando as mudanças proporcionais na relação entre as referidas cinturas ósseas durante o crescimento e comparativamente entre os sexos (Malina, 1984, 1995).

Assim, as medidas de diâmetros ósseos têm aplicações na investigação do crescimento físico, da maturação e da diferenciação sexual com relação à dimensão esquelética, na análise do tipo físico estrutural (somatótipo) com referência ao componente musculoesquelético (mesomorfia), na predição de massa óssea em estudos de composição corporal (Lohman *et al.*, 1988) e no estabelecimento do perfil dimensional ósseo de atletas de diferentes modalidades esportivas (Carter, 1982).

Na mensuração dos diversos diâmetros ósseos, utilizam-se paquímetros, de diversos modelos e tamanhos de abertura entre suas hastes dependendo da região corporal onde serão aplicados, considerando nas extremidades (membros superiores e inferiores), seu posicionamento em regiões próximas às articulações como nos casos dos diâmetros de úmero e fêmur, punho e tornozelo, onde as superfícies ósseas de referência ficam mais evidentes, facilitando suas localizações e recomendando-se a medida no hemicorpo direito, além das medidas obtidas nas regiões das cinturas escapular e pélvica, torácicas lateral e anteroposterior, bem como cabeça. Mantendo o paquímetro seguro por ambas as mãos, o avaliador utiliza os dedos médios na localização dos pontos referências das superfícies ósseas onde as extremidades de suas hastes fixa e móvel serão colocadas para leitura da escala de medida, recomendando-se, ao posicioná-las, exercer pressão sobre os tecidos moles que as sobrepõem visando minimizar as variações entre as medidas.

Como exemplo de exceção à regra no uso de referenciais ósseos na medida antropométrica, o diâmetro sagital do abdômen, usado na verificação do acúmulo de gordura visceral nessa região utiliza os referenciais das paredes abdominal anterior e posterior, sendo medido com paquímetro especial com uma haste móvel posicionada horizontalmente sobre a cicatriz umbilical do indivíduo que permanece em decúbito dorsal em superfície plana e rígida, onde também fica apoiada a haste fixa vertical do instrumento com sua escala de medida (Parr, 2006).

Dobra cutânea

Utilizada na indicação quantitativa da adiposidade (gordura) corporal, a dobra cutânea é a dimensão antropométrica correspondente à espessura comprimida de uma dupla camada de pele e tecido adiposo subcutâneo, medida em locais específicos da superfície corporal (Martin *et al.*, 1985; Lohman *et al.*, 1988; Malina e Bouchard, 1991).

Dessa forma, o valor resultante de sua mensuração, obtido por meio de compassos especiais que exercem pressão padronizada entre as áreas de superfície de seus ramos ou hastes é, em última análise, a indicação da distância (em mm) entre as duas superfícies das extremidades das hastes do instrumento de medida, enquanto este aplica compressão nas referidas estruturas anatômicas (Martin *et al.*, 1985; Malina e Bouchard, 1991).

Dada a facilidade de acesso aos locais de medida e o fato de o tecido adiposo subcutâneo conter uma grande fração do conteúdo total de gordura corporal (entre 50 a 70% em adultos jovens), a mensuração da espessura da dobra cutânea por meio de seu instrumento de medida, o compasso de dobra cutânea, disponível em diversos tipos e modelos, parece ser o método indireto e não invasivo mais viável com a finalidade de medir a gordura subcutânea, isto é, a porção de gordura corporal localizada no tecido adiposo imediatamente sob a pele (Martin *et al.*, 1985; Malina e Bouchard, 1991; Lohman, 1992).

Portanto, a dobra cutânea é uma medida indireta do componente de gordura situada em um único depósito do corpo humano, limitando-se ao compartimento subcutâneo, com evidências apoiando a noção de que a soma de várias dobras cutâneas obtidas em diferentes locais da superfície corporal representam adequadamente a gordura subcutânea total. Outros compartimentos corporais onde a gordura se localiza são o intermuscular, o intramuscular, o visceral (ao redor dos órgãos das cavidades torácica e abdominal) e o da gordura essencial encontrada na medula óssea, sistema nervoso central e outros órgãos. Entretanto, uma vez que a gordura subcutânea total é associada com o conteúdo corporal total deste componente, acredita-se que a soma de várias dobras cutâneas podem ser usadas na estimativa do total de adiposidade do corpo humano, no entanto, devendo-se levar em conta a chance de considerável variação biológica na distribuição de gordura, como visto, em diferentes compartimentos corporais (Lohman, 1981).

As medidas de dobras cutâneas são obtidas com propósitos científicos assim como recursos utilizados na orientação nas áreas de crescimento, nutrição, saúde, atividade física, esporte e estilo de vida (Martin *et al.*, 1985). Dados obtidos em sua mensuração proporcionam meio relativamente simples de estimar a adiposidade corporal geral, sendo um dos recursos antropométricos de campo mais aplicados em estudos de composição corporal e item essencial em diversas equações de predição do componente adiposo de atletas e não atletas (Lohman *et al.*, 1988).

Outra aplicação importante da dobra cutânea é na caracterização da distribuição da adiposidade subcutânea ou de seu padrão de deposição na superfície corporal (indicativa de sua topografia anatômica), com evidências de consideráveis variações individuais (Garn, 1955; Mueller e Stallone, 1981; Martin *et al.*, 1985; Lohman *et al.*, 1988; Malina e Bouchard, 1991) e, por essa razão, sendo um aspecto a ser considerado em sua utilização direta na monitoração de mudanças relacionadas à diversos fatores como crescimento, exercício físico, dieta, entre outros (Martin *et al.*, 1985).

São várias as formas de utilização da dobra cutânea onde, além de sua inclusão em equações de estimativa da composição corporal, referenciam-se algumas de suas análises: de cada dobra em específico nas várias regiões corporais (proporcionando indicações do padrão de distribuição da adiposidade subcutânea); da soma de várias dobras cutâneas das diferentes regiões corporais (indicativa da adiposidade subcutânea geral); considerando separadamente o conjunto de dobras cutâneas centrais e das extremidades (indicando a adiposidade subcutânea por região); relacionando dobras cutâneas das regiões central e extremidades (obtendo-se índices de proporção da adiposidade subcutânea entre as regiões corporais) (Martin *et al.*, 1985; Lohman *et al.*, 1988; Malina e Bouchard, 1991; Birminghan *et al.*, 1993).

Diversos fatores devem ser considerados na mensuração das diversas dobras cutâneas, em geral, recomendando-se: adoção e estreita adequação ao protocolo de medida selecionado; seu correto pinçamento e elevação (aproximadamente a um centímetro do local de medida) utilizando os dedos polegar e indicador de uma das mãos (normalmente, direita), enquanto a outra mão que segura o compasso coloca a extremidade de suas hastes no local específico de mensuração, em seguida permitindo que este exerça sua total compressão; manutenção de seu pinçamento enquanto é realizada a leitura da escala de medida do compasso após aguardar entre dois a quatro segundos (dependendo do protocolo adotado) de sua aplicação no local de medida; sempre que possível medir preferencialmente em ordem rotacional (onde cada dobra cutânea é medida uma única vez, seguida pela medida da próxima dobra até que todas sejam medidas, resultando em uma série completa do conjunto de dobras selecionadas, repetindo-se o mesmo procedimento uma segunda e, eventualmente, uma terceira vez) sendo recomendada a medida no hemicorpo direito; orientar o avaliado quanto à vestimenta adequada de modo a possibilitar acesso direto aos locais de medida, dentre outros itens, como a experiência do avaliador em sua medição, são alguns dos cuidados a serem levados em conta, o que confere à dobra cutânea maior complexidade em sua mensuração em relação às demais dimensões antropométricas.

Paradoxalmente, a mensuração da dobra cutânea é limitada em indivíduos em um extremo da população e que apresentam maiores depósitos de gordura subcutânea, como os obesos em geral, onde há, por parte do avaliador, dificuldade no pinçamento e preensão manuais da dobra a ser medida e na localização da interface músculo-tecido adiposo subcutâneo. A possibilidade da espessura da dobra exceder a máxima abertura do compasso e de suas hastes se deslocarem quando pressionando ambos os lados da dobra é um provável desconforto imposto ao examinado, entre outros fatores. No caso, a alternativa da dimensão antropométrica de perímetro pode ser utilizada, uma vez que não é limitada pelo instrumento de medida (fita métrica) e apresenta erro de mensuração inferior ao da dobra cutânea, sendo uma opção viável na estimativa da composição corporal nesses indivíduos (Weltman *et al.*, 1987, 1988; Heyward e Stolarczyc, 1996).

15.2.2 Aplicação do método antropométrico na mensuração das dimensões corporais

Correspondentes às medidas somáticas exteriores, as dimensões corporais descritas proporcionam informações sobre uma diversidade de fatores biológicos do ser humano, sobretudo, referentes à sua morfologia, e tendo a antropometria como método viável na mensuração de seus diferentes aspectos, nos variados segmentos da população.

Embora objetiva e consistente nas mãos de um antropometrista treinado, a antropometria apresenta limitações devidas à sua característica indireta, considerando que as medidas obtidas, em sua maioria, incluem uma variedade de tecidos e onde suas influências individuais no valor obtido não são sempre claras (como exemplos: os diâmetros interpretados como dimensões ósseas são influenciados por tecidos moles interpostos entre os locais referenciais de medida; os perímetros dos membros reúnem várias estruturas em sua mensuração como pele, tecido adiposo subcutâneo, músculos, ossos, vasos sanguíneos e nervos, enquanto no tronco incluem órgãos dentre outros tecidos; nas dobras cutâneas intervêm em sua mensuração a espessura da pele e a compressibilidade do tecido subcutâneo, com diferenças intra e interindivíduos nos diferentes locais de medida), além do pressuposto, nem sempre levado em conta, de que no momento da coleta de dado, é necessário que os diversos tecidos corporais incluídos nas diferentes medidas, apresentem uma condição padrão, por exemplo, com os músculos relaxados e demais tecidos moles em estado normal de hidratação (Martin *et al.*, 1992; Malina, 1995; Roche *et al.*, 1996; Ackland *et al.*, 2012).

Outro item a ser considerado na quantificação das dimensões antropométricas diz respeito à variação associada ao processo de mensuração, em especial, quanto à variabilidade do próprio avaliador (ou intra-avaliador), onde se destaca o erro de medida ou sua imprecisão (Lohman *et al.*, 1988; Malina, 1995).

Erro é a discrepância entre o valor medido e sua real magnitude (ou quantidade), podendo ser aleatório ou sistemático. O erro aleatório é aspecto normal da antropometria (exemplos: variação intra e interavaliadores na técnica de mensuração; variações na fabricação do instrumento de medida; registro ou transposição incorreta dos valores obtidos), sendo não direcional, isto é, maior ou menor em relação à sua verdadeira quantidade (exemplo: erros aleatórios tendem a cancelar uns aos outros em estudos antropométricos de larga escala). Por outro lado, erros sistemáticos resultam da tendência do avaliador ou do instrumento de medida sub ou superestimar de modo consistente uma dimensão antropométrica particular (exemplos: uma balança ou compasso de dobra cutânea inapropriadamente calibrados; uma fita métrica para medir a estatura fixada de forma incorreta na parede; a não observância do avaliador em posicionar o instrumento de medida no avaliado de acordo com o indicado no protocolo adotado), sendo um erro direcional e introduzindo vieses no processo de mensuração.

Mesmo considerando sua tradicional e ampla utilização, tais características inerentes à antropometria, aliadas ao extenso número de medidas possíveis, é indicação de que a significância biológica ou funcional de muitas de suas dimensões ainda não foram adequadamente estabelecidas (Malina, 1995).

Entretanto, as limitações, ao invés de serem impeditivas do uso do método antropométrico, ressaltam que é essencial a compreensão do significado e relevância de cada dimensão específica para sua efetiva utilização, assim como o conhecimento técnico do profissional que irá realizar sua mensuração, considerando os mais diversos propósitos de seu uso.

15.2.3 Antropometria e estrutura corporal

A mensuração científica dos fatores inter-relacionados da constituição física vem ocorrendo nos últimos 80 anos, entretanto, nas áreas de medicina e biologia humana o interesse neste campo de conhecimento já decorre de vários séculos (Bloomfield *et al.*, 1994).

Ainda mais antecedente em termos históricos, a representação do corpo humano é evidenciada nas mais diversas formas de expressão artística, que buscavam reproduzi-lo em seus pormenores por meio de desenhos, pinturas e esculturas, sendo a arte o mais provável predecessor do interesse na investigação do aspecto estrutural do corpo humano, por sua vez, caracterizado pelas proporções de suas diferentes partes e na forma corporal como um todo, indicativas, respectivamente, da proporcionalidade corporal e do tipo físico constitucional.

Mais recentemente, a investigação da relação entre a estrutura corporal (assim como os demais aspectos antropométricos) e a capacidade de desempenho físico, especialmente na ciência do esporte, vem se desenvolvendo de forma expressiva em uma emergente especialização científica denominada cineantropometria (Carter, 1984).

A seguir, abordam-se os fatores estruturais do corpo humano.

Proporcionalidade corporal

Quando combinados entre si, as partes ou segmentos corporais permitem obter informações sobre as proporções do corpo humano, expressando, em geral, percentualmente, a dimensão de uma parte em relação à outra. Na criança e no adolescente, a variação nas dimensões entre partes corporais específicas é responsável pelas mudanças nas proporções corporais durante o crescimento físico (Malina e Bouchard, 1991).

Este fator, além de possibilitar o estudo da alometria, isto é, a relação sistemática entre as dimensões corporais durante a fase de crescimento, é potencialmente importante na seleção do talento esportivo e na orientação da técnica de execução de movimentos, uma vez que indica as dimensões das alavancas anatomomecânicas e suas inter-relações (Malina e Bouchard, 1991; Bloomfield *et al.*, 1994).

Em comparação ao jovem, verifica-se no adulto relativa estabilidade nas proporções corporais, com sua mensuração trazendo importantes contribuições no estabelecimento de características antropométricas de proporcionalidade de atletas, permitindo analisá-las quanto à sua influência no desempenho em diferentes modalidades esportivas (Carter, 1984; Bloomfield *et al.*, 1994).

Em sua maioria, as proporções corporais são obtidas considerando as medidas de comprimentos segmentares, que, embora sendo, individualmente, indicadores dimensionais, podem ser combinados na verificação de características físicas proporcionais. Os comprimentos segmentares podem ser obtidos (Lohman *et al.*, 1988; ISAK Manual, 2001):

a) por meio da medida de altura projetada (comprimento derivado), onde o segmento corporal é medido verticalmente a partir do solo (com o indivíduo posicionado em pé em postura ereta padrão) até o ponto referencial particular do segmento a ser medido, posteriormente relacionado a outro segmento;

b) por meio de comprimento direto medido no eixo longo do próprio segmento corporal, indicando a distância entre seus pontos referenciais anatômicos.

Duas das medidas proporcionais mais utilizadas e que geram índices antropométricos de proporcionalidade corporal são: a altura tronco-cefálica obtida no estadiômetro com o indivíduo sentado em um banco de tamanho padrão, indicando o comprimento conjunto do tronco, pescoço e cabeça, posteriormente dividido pela estatura; a relação entre os diâmetros bicristailíaco e biacromial obtidos com o paquímetro (Malina e Bouchard, 1991).

Ainda quanto ao estudo da proporcionalidade corporal, verifica-se uma estratégia mais complexa e diversificada no número e tipo de medidas antropométricas utilizadas, proposta no estudo do crescimento proporcional e igualmente aplicável no adulto, referida como "estratégia *phantom*" (Ross e Wilson, 1974), fundamentalmente baseada no conceito de um ser humano teórico referencial arbitrário, unissex, modelo simétrico bilateral, derivado de dados referenciais masculinos e femininos, ao qual o indivíduo examinado é comparado, uma vez ajustada matematicamente sua estatura ao referido modelo. A estratégia pode ser usada na análise de diferenças proporcionais intra e interindivíduos, ou mesmo em relação a um protótipo (média amostral, por exemplo, de um grupo de atletas de uma determinada modalidade esportiva).

Tipo físico constitucional

Como referido, o estudo da estrutura física humana remonta à antiguidade, onde, já no século quinto antes de Cristo (400 a. C.), o médico grego Hipócrates procurava descrever diferentes tipos corporais, constituindo-se num dos primeiros sistemas de classificação biológica do tipo físico humano (Ferreira, 2009a, 2009b).

Buscando estabelecer aplicação prática ao estudo da biotipologia morfológica, metodologias mais objetivas de classificação de tipos corporais foram desenvolvidas a partir da década de 1940, ganhando destaque o método do somatótipo de Heath-Carter (Carter e Heath, 1990; Ferreira, 2009a, 2009b) proposto como meio para a descrição quantitativa da forma e composição do corpo humano, utilizando imagens fotográficas do indivíduo ou, de modo mais acessível, o recurso da antropometria.

Resumidamente, por meio de medidas antropométricas (massa corporal; estatura; perímetros: braço e perna; diâmetros: úmero e fêmur; dobras cutâneas: tricipital, subescapular, suprailíaca e medial da perna) são quantificados em cálculos matemáticos específicos, três numerais dispostos em sequência, sempre na mesma ordem e separados por hífen (por exemplo: 1 - 4 - 2), onde o primeiro representa o componente de endomorfia (adiposidade relativa), o segundo referindo-se ao componente de mesomorfia (relativo desenvolvimento musculoesquelético por unidade de altura) e o terceiro indicando o componente de ectomorfia (relativa linearidade da forma corporal).

Embora os componentes do somatótipo sejam descritos numericamente em separado, devem ser vistos como entidade única que descreve a presente conformação morfológica de um indivíduo, considerando a forma geral de sua estrutura física (aspecto referido na literatura internacional com termos diversificados como *physique*, *body build* ou *body shape*), independentemente de suas dimensões absolutas e em detrimento de suas características específicas (Ferreira, 2009a, 2009b).

O resultado do somatótipo assim obtido indica as proporções relativas em que os componentes se apresentam no indivíduo, podendo ser posicionado em um gráfico (Figura 15.2) que permite compará-lo aos demais somatótipos e em relação à sua proximidade ou distanciamento de regiões onde se concentram valores médios, por exemplo, de atletas de determinada modalidade esportiva, sendo uma indicação da adequação física estrutural individual a um esporte ou tarefa física em particular.

Figura 15.2 – Gráfico do somatótipo de Heath-Carter

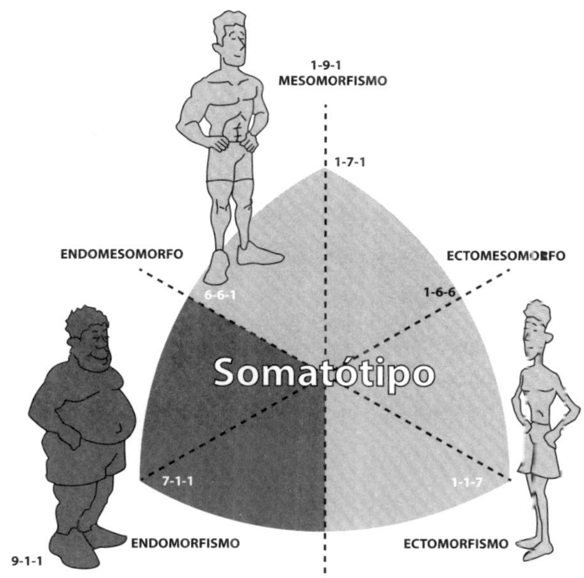

15.2.4 Antropometria e composição corporal

Inicialmente, dentro de uma visão geral da área, o aspecto da composição corporal é apresentado em suas bases históricas e conceituais, em seguida, de modo complementar, abordam-se os métodos de mensuração, com destaque à metodologia antropométrica nas diversas aplicações de campo.

Breve histórico

O estágio atual de desenvolvimento da área da composição corporal tem origem antiga, sendo ilustrativo um relato sucinto de sua trajetória em diferentes épocas (Heymsfield e Wang, 1997; Wang *et al.*, 1999).

Do ponto de vista histórico, o interesse no conhecimento da composição corporal já era constatado na Grécia antiga onde Hipócrates, considerado o pai da medicina, propunha que o corpo humano era constituído por quatro elementos: sangue, muco, biles negra e amarela. De modo similar, antigos sábios chineses acreditavam na presença de cinco elementos no corpo humano: metal, madeira, água, fogo e terra, onde boa saúde dependia do equilíbrio entre eles.

Desde então, o ser humano percorreu um longo caminho na busca da compreensão, em bases científicas, de seu próprio corpo.

Como área da ciência moderna, o estudo da composição corporal tem uma história de aproximadamente 160 anos que pode, de forma resumida, ser dividida em dois períodos descritos como seus estágios inicial e recente.

No estágio inicial com duração entre os anos de 1850 e 1950, diversos pesquisadores, com o auxílio do desenvolvimento na mesma época, de vários campos da ciência como química, anatomia e nutrição, estabeleceram as bases do moderno estudo da composição corporal.

Seguiu-se, a partir daí, uma década de transição, onde foram reunidos os conhecimentos sobre a área até então, dando início ao estágio recente do estudo da composição corporal a partir do ano de 1960 até o presente, destacando-se seu reconhecimento como ramo específico da biologia humana, o desenvolvimento de novas tecnologias de mensuração, como a análise de ativação de nêutrons e técnicas de imagem, bem como a expansão sem precedentes da pesquisa e publicação na área.

Composição corporal – Fundamentos

A mensuração da massa corporal representa quantitativamente a soma de todos os componentes corporais que podem, individualmente, sofrer alterações específicas, muitas vezes, de maneira imprevisível (Frisancho, 1988). Como um composto de diferentes tecidos corporais onde se destacam ossos, músculos, gordura e vísceras, esta dimensão antropométrica não possibilita adequadas informações sobre as quantidades ou distribuição de seus elementos constituintes (Malina e Bouchard, 1991). Para um mesmo total quantitativo de massa corporal, as proporções relativas de seus componentes podem apresentar consideráveis variações individuais e inter indivíduos, sendo importantes do ponto de vista fisiológico (Hegg e Luongo, 1971).

Considerando tais limitações e na tentativa de superá-las, recursos visando separar e quantificar os principais constituintes da massa corporal se tornam importantes na avaliação do fator somático da aptidão física, tanto com relação à saúde quanto ao desempenho esportivo, sendo o elemento que estabelece as bases do estudo da composição corporal.

Definição e organização da área

Caracterizada de modo simplificado, a composição corporal é a indicação, em separado e quantitativa (em valores relativos e/ou absolutos), dos diferentes constituintes anatômicos corporais que, em conjunto, resultam na massa corporal total do indivíduo (Johnston, 1982; Heyward e Stolarczyc, 1996). Assim, a massa corporal obtida pelos procedimentos do uso da balança pode, por meio de diversos métodos, ser dividida ou fracionada nos diferentes componentes que a integram, possibilitando que sejam analisados individualmente em situações de diagnóstico e de monitoramento de seus comportamentos quantitativos, frente às demandas impostas por intervenções eventualmente aplicadas, como a nutricional e/ou da atividade física.

Mais detalhadamente, o estudo da composição corporal humana compreende três áreas distintas e simultaneamente associadas, investigadas no indivíduo vivo e indicando, além de sua organização geral, uma visão ampla de seu campo de pesquisa como um todo (Wang *et al.*, 1992, 1999):

1. **Quantificação dos componentes corporais**: direcionada à obtenção de informações quantitativas dos diversos constituintes anatômicos, suas inter-relações e níveis de definição.
2. **Metodologia em composição corporal**: direcionada ao estudo dos métodos de mensuração dos vários constituintes corporais.
3. **Estudo das mudanças quantitativas nesses componentes em relação aos vários fatores de influência**: direcionada às alterações ou efeitos biológicos nos constituintes anatômicos em decorrência de estímulos diversos.

Por sua delimitação, reconhece-se o estudo da composição corporal como ramo especial e distinto da biologia humana, direcionado às características quantitativas do corpo humano onde, em complemento às informações apresentadas, são considerados em seu estudo diferentes modelos que podem ser organizados em cinco níveis de investigação, ilustrados na Figura 15.3 e descritos em sequência.

Figura 15.3 – Hierarquia dos níveis de investigação do estudo da composição corporal humana

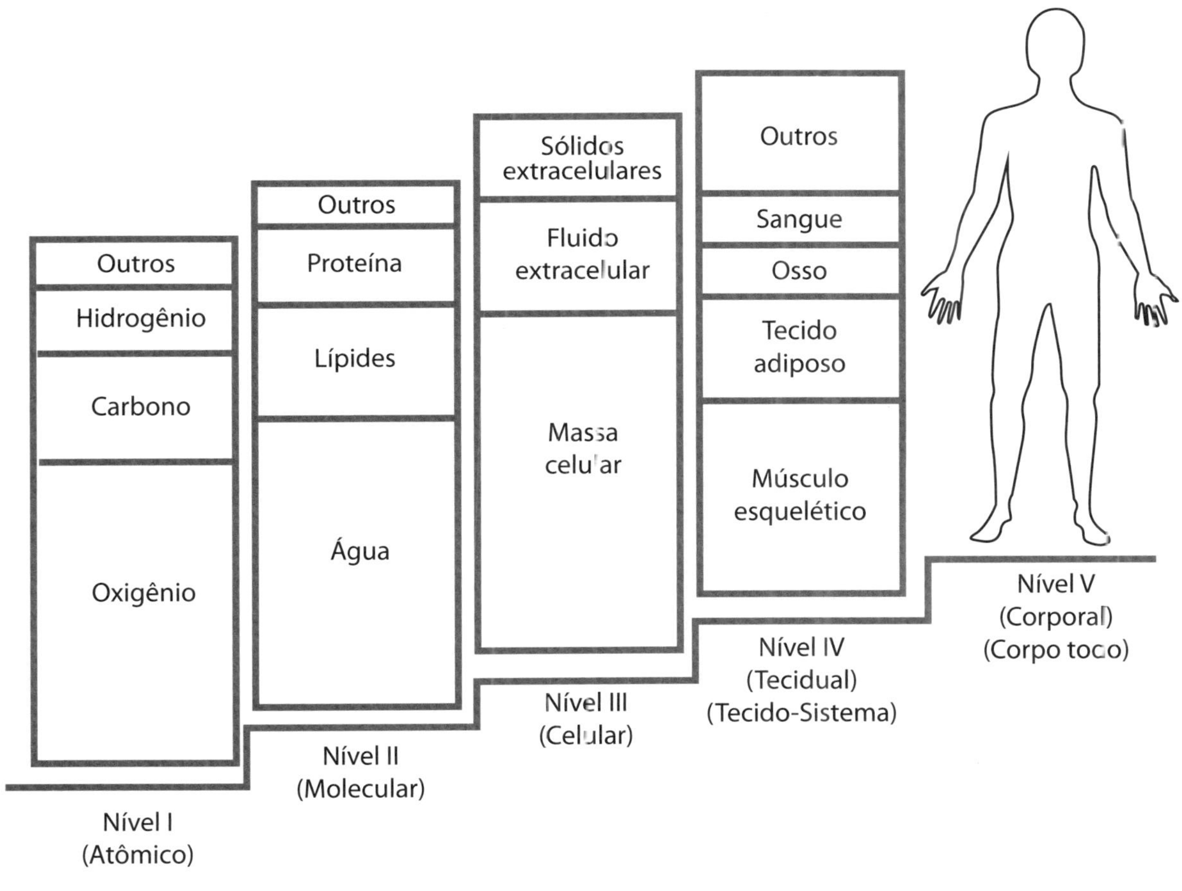

Fonte: adaptado de Wang *et al.* (1992).

Segue breve descrição dos níveis de investigação apresentados na Figura 15.3:

1. **Nível atômico**: reunindo átomos ou elementos fundamentais da construção do corpo humano, aproximadamente 50 elementos e onde 98% da massa corporal é constituída por seis desses elementos (oxigênio, carbono, hidrogênio, nitrogênio, cálcio e fósforo).
2. **Nível molecular**: em que os elementos são incorporados na formação de moléculas que integram os principais componentes moleculares como água, lipídeos, proteínas, minerais e glicogênio.
3. **Nível celular**: reunindo os componentes moleculares em células que constituem o organismo vivo, integrando os três principais compartimentos neste nível como as próprias células, o fluido e os sólidos extracelulares.
4. **Nível tecidual**: em que os componentes celulares são organizados em tecidos que podem ser agrupados nas categorias muscular, conectivo, epitelial e nervoso, com estes, em conjunto, dando origem aos órgãos e sistemas orgânicos. Neste nível, três tecidos – ósseo, adiposo e muscular – são particularmente importantes no estudo da composição corporal, compreendendo aproximadamente 75% da massa corporal total.
5. **Nível corporal**: referindo-se às dimensões, conformação estrutural e características físicas externas do corpo humano como um todo, expressas pelas várias medidas antropométricas que podem ser obtidas do indivíduo.

Embora existam propriedades distintas a cada um dos cinco níveis apresentados, todos relacionam-se entre si onde um nível superior mantém características de seu imediatamente inferior bem como de outros níveis (Wang *et al.*, 1992).

Convém ressaltar que cada nível de investigação descrito possui metodologia própria quanto a aspectos técnicos e instrumental de mensuração, contudo, sendo aplicável a todos, o princípio fundamental que direciona o estudo da composição corporal, indicando que a somatória dos respectivos componentes em cada nível resultará no valor quantitativo da massa corporal total do indivíduo.

Os modelos apresentados são também denominados de acordo com o número de componentes (ou compartimentos) em que se dividem, por exemplo, o modelo de dois componentes (o mais básico e tradicionalmente utilizado, consistindo de gordura e massa livre de gordura) e os modelos de multicompartimentos como o modelo de três componentes (gordura, água e matéria seca livre de gordura constituído por proteína e mineral) e o modelo de quatro componentes (gordura, proteína, água e minerais) (Fuller *et al.*, 1992; Withers *et al.*, 1998; Ellis, 2000).

Aplicações

Com diversas possibilidades de aplicação, o campo de pesquisa em composição corporal evidencia rápida expansão, estimulada, em parte, pela imposição de crescente demanda por sua utilização em razão de importantes informações que proporciona em diversas áreas como saúde, nutrição e exercício físico (Heymsfield e Wang, 1997), sendo um indicativo de seu relativo destaque frente aos demais aspectos da constituição física.

Além da proposta objetiva de quantificação dos principais constituintes da massa corporal, algumas das aplicações das medidas de composição corporal úteis a diversos profissionais interessados no estudo biológico do ser humano são descritas (Heyward e Stolarczyc, 1996):

- identificar o risco à saúde associado a níveis excessivamente reduzidos ou elevados da gordura corporal total;
- identificar o risco à saúde associado ao acúmulo excessivo de gordura intra-abdominal;
- promover a compreensão dos riscos à saúde associados ao acúmulo muito reduzido ou muito elevado de gordura corporal;
- monitorar mudanças na composição corporal associadas a certas doenças;
- avaliar a efetividade da intervenção nutricional e do exercício físico na alteração da composição corporal;
- estimar o peso ideal de atletas e não atletas;
- formular recomendações dietéticas e de prescrição do exercício;
- monitorar mudanças na composição corporal relacionadas ao crescimento, desenvolvimento, maturação e idade;
- estabelecer características de composição corporal de atletas, possibilitando, da mesma forma quanto aos aspectos das dimensões e estrutura corporais, conhecer seu perfil e analisá-lo em sua influência no desempenho em diferentes modalidades esportivas (Carter, 1984; Bloomfield *et al.*, 1994).

Referenciais masculino e feminino

Homens e mulheres diferem nas quantidades de seus diversos constituintes corporais, sendo necessários indicadores que possibilitem uma visão individualizada de suas características quanto a este fator.

Como um parâmetro representativo da composição corporal humana, valores quantitativos de algumas de suas dimensões corporais, bem como componentes molecular e teciduais (reunidos de estudos antropométricos envolvendo milhares de indivíduos a partir de amostras da população geral, militares e de estudos laboratoriais de composição corporal), são descritos na Tabela 15.1, estabelecendo o conceito do homem e da mulher referência:

Tabela 15.1 – Modelos teóricos de composição corporal do homem e mulher referenciais

	Homem referência	**Mulher referência**
Idade	20 – 24 anos	20 – 24 anos
Estatura	174,0 cm	163,8 cm
Massa corporal total	70,0 kg	56,7 kg
Gordura corporal total	10,5 kg (15% da massa corporal total)	15,3 kg (27% da massa corporal total)
Gordura essencial	2,1 kg (3% da massa corporal total)	6,8 kg (12% da massa corporal total)
Gordura armazenada (Gordura de depósito ou reserva)	8,4 kg (12% da massa corporal total)	8,5 kg (15% da massa corporal total)

Tabela 15.1 – Modelos teóricos de composição corporal do homem e mulher referenciais (continuação)

	Homem referência	Mulher referência
Massa muscular	31,3 kg (44,7% da massa corporal total)	20,4 kg (36% da massa corporal total)
Massa óssea	10,4 kg (14,9% da massa corporal total)	6,8 kg (12% da massa corporal total)
Remanescentes (Componentes restantes)	17,8 kg (25,4% da massa corporal total)	14,2 kg (25% da massa corporal total)
Massa corporal magra	61,6 kg (88% da massa corporal total)	48,2 kg (85% da massa corporal total)
Massa corporal livre de gordura	59,5 kg (85% da massa corporal total)	41,4 kg (73% da massa corporal total)

Fonte: adaptado de Mcardle *et al.* (2003).

Contudo, os dados apresentados na Tabela 15.1 devem ser considerados apenas como indicação ou guia geral, de características anatômicas quantitativas do adulto, podendo ser útil em comparações e interpretações de dados de estudos de diferentes grupos populacionais, sem o propósito de que sejam preditivos de uma pessoa em particular ou de um grupo de pessoas.

Ainda com relação ao homem e mulher referenciais e em complemento às informações da Tabela 15.1, são apresentados, na Tabela 15.2, dados referentes ao componente de adiposidade corporal, em específico, indicando os diferentes locais em que são encontradas as gorduras essenciais (necessária a diversas funções fisiológicas do organismo) e armazenada (situada no tecido adiposo, atuando no isolamento térmico, termogênese e como substrato energético a ser mobilizado em demandas metabólicas, como no exercício físico):

Tabela 15.2 – Distribuição da gordura corporal no homem e mulher referenciais

Localização da gordura	Homem referência	Mulher referência
Gordura essencial (lípides na medula óssea, sistema nervoso central, glândulas mamárias e outros órgãos)	2,1	4,9
Gordura armazenada	8,2	10,4
Subcutânea	3,1	5,1
Intermuscular	3,3	3,5
Intramuscular	0,8	0,6
Outras (gordura nas cavidades torácica e abdominal)	1,0	1,2
Gordura corporal total	10,3 kg	15,3 kg

Tabela 15.2 – Distribuição da gordura corporal no homem e mulher referenciais (continuação)

Localização da gordura	Homem referência	Mulher referência
Massa corporal total	70,0 kg	56,8 kg
Percentual de gordura corporal	14,7%	26,9%

Fonte: adaptado de Lohman (1981).

NOTA: Alguns valores atribuídos ao homem e mulher referenciais se diferenciam dos valores na Tabela 15.1 em razão da inclusão de dados complementares de outros estudos.

Na Tabela 15.3, são apresentados padrões do percentual de gordura corporal para homens e mulheres:

Tabela 15.3 – Padrões do percentual de gordura corporal para homens e mulheres

	Homens	Mulheres
Muito abaixo da média (Risco[a])	≤ 5%	≤ 8%
Abaixo da média	6 – 14%	9 – 22%
Média	15%	23%
Acima da média	16 – 24%	24 – 31%
Muito acima da média (Risco[b])	≥ 25% (Obesidade)	≥ 32% (Obesidade)

Fonte: adaptado de Heyward e Stolarczyc (1996); Lohman (1992).
Risco[a]: para doenças e desordens associadas com malnutrição.
Risco[b]: para doenças associadas com obesidade.

15.3 Composição corporal – Métodos de mensuração

Visando à obtenção de informações quantitativas dos componentes fundamentais constituintes do corpo humano, diversos métodos (entendidos como processos ou técnicas que determinam a maneira de proceder para a obtenção de dados em composição corporal) são propostos com essa finalidade, verificando-se sua grande diversidade em termos de opções, tecnologias envolvidas, complexidade de aplicação, informações que possibilitam obter, custo financeiro, conhecimento técnico envolvido na sua utilização, número de indivíduos que permitem mensurar na ocasião da coleta de dados, dentre outros.

Lidando com essas questões, a metodologia da composição corporal é a área de investigação dedicada ao estudo e aplicações de métodos que visam quantificar os diferentes componentes corporais (Wang *et al.*, 1995). Duas divisões básicas são descritas quanto aos seus aspectos metodológicos e referidas como métodos: a) *in vitro*; e b) *in vivo*, especificados em seguida:

a) in vitro — refere-se à mensuração de componentes corporais obtidos em cadáveres ou em tecidos extraídos do corpo humano, sendo considerado método direto;

b) in vivo — refere-se aos métodos usados na quantificação dos componentes corporais em seres humanos vivos, sendo considerados métodos indiretos e os que são abordados nesta seção.

Ainda com relação aos aspectos metodológicos, os sistemas de classificação de alguns métodos existentes são apresentados no Quadro 15.2 a seguir:

Quadro 15.2 – Exemplos de sistemas de classificação de métodos de mensuração em composição corporal

Lukaski, 1987	Martin e Drinkwater, 1991	Wang et al., 1995	Ellis, 2000	Ackland et al., 2012
Métodos categorizados como tradicionais ou novos	Métodos categorizados de acordo com o nível de validação de suas técnicas de estimativa do percentual de gordura corporal	Métodos categorizados por quantidades mensuráveis e funções matemáticas dos tipos I e II	Métodos categorizados de acordo com princípios físicos e/ou fisiológicos	Métodos categorizados como referenciais, laboratoriais ou de campo
Métodos tradicionais - Água corporal total - Potássio corporal total - Excreção de creatinina urinária - Densimetria - Antropometria	**Nível de validação I** *Método Direto* Técnica: dissecação **Nível de validação II** *Método Indireto* (baseado em pressupostos quantitativos) Técnicas: - Contagem potássio 40 - Densimetria - Água corporal total	Métodos baseados em propriedades – **função tipo I** (análise de regressão) Métodos baseados em propriedades – **função tipo II** (pressupostos quantitativos)	Medidas do volume e **densidade corporais** - Pesagem subaquática - Pletismografia Métodos de diluição - Água corporal total - Água extracelular - Água intracelular	**Métodos referenciais** - Dissecação de cadáver - Modelos de multicomponentes - Imagens: ressonância magnética e tomografia computadorizada

Quadro 15.2 – Exemplos de sistemas de classificação de métodos de mensuração em composição corporal (continuação)

Lukaski, 1987	Martin e Drinkwater, 1991	Wang et al., 1995	Ellis, 2000	Ackland et al., 2012
Métodos categorizados como tradicionais ou novos	Métodos categorizados de acordo com o nível de validação de suas técnicas de estimativa do percentual de gordura corporal	Métodos categorizados por quantidades mensuráveis e funções matemáticas dos tipos I e II	Métodos categorizados de acordo com princípios físicos e/ou fisiológicos	Métodos categorizados como referenciais, laboratoriais ou de campo
Métodos novos - Análise de ativação de nêutrons - Análise de metabólitos musculares - Medida da absorção fotônica - Condutância elétrica - Tomografia computadorizada - Ultrassonografia - Interactância infravermelha - Imagem de ressonância magnética	**Nível de validação III** *Método duplamente Indireto* (calibrado por método com nível de validação II) *Técnicas*: - Antropometria - Impedância - Condutividade elétrica	Métodos baseados em componentes – **função tipo I** Métodos baseados em componentes – **função tipo II** Métodos combinados (propriedades e componentes) – **função tipo I** Métodos combinados – **função tipo II**	Métodos de condutância e **impedância bioelétrica** - Análise de impedância bioelétrica - Espectroscopia de impedância bioelétrica - Condutividade elétrica corporal total Análise de ativação de nêutrons e contagem do **potássio corporal total** Medida da absorção de **raio X de dupla energia** Tomografia computadorizada e imagem de ressonância **magnética**	Métodos laboratoriais - Medida da absorção de raio-X de dupla energia - Densimetria - Hidrometria (água corporal) - Ultrassonografia - Escaneamento fotônico tridimensional Métodos de campo - Antropometria - Análise de impedância bioelétrica - índice de massa corporal e índice de massa

Fonte: adaptado de Lukaski (1987); Martin e Drinkwater (1991); Wang *et al.* (1995); Ellis (2000); Ackland *et al.* (2012).

Uma vez definido pelo pesquisador o modelo ou nível de investigação a ser utilizado em seu estudo de composição corporal, segue-se a etapa de escolha do método de mensuração que melhor se adeque ao mesmo.

Sem dúvida, o desenvolvimento de métodos indiretos na análise da composição corporal proporcionou a oportunidade de quantificar, de forma mais acessível ao pesquisador, os componentes da massa corporal em diferentes maneiras dependendo do propósito em questão (Novak, 1974), com implicações práticas em estudos científicos investigando a relação existente entre os diferentes compartimentos corporais e aspectos de saúde, assim como influências da atividade física sobre esses componentes.

No entanto, nem todos os métodos indiretos são viáveis em sua aplicação no dia a dia, em função, como visto, do equipamento usado e às vezes restrito a ambientes laboratoriais, dependendo do equipamento o nível de radiação a que expõe o examinado, necessidade de adequada qualificação técnica do profissional que irá manipulá-lo, além dos custos envolvidos tanto no uso quanto em sua manutenção, entre outros fatores.

É nesse sentido que o método antropométrico apresenta vantagens sobre os demais, em sua aplicação na obtenção de informações sobre composição corporal, sendo o tema abordado na seção a seguir.

15.4 Aplicação do método antropométrico no estudo da composição corporal

Tendo como meta a obtenção de informações sobre composição corporal de forma rotineira, tanto no diagnóstico quanto no acompanhamento individual nos diferentes segmentos da população, o método antropométrico se destaca por sua viabilidade e praticidade de uso, valendo-se de dados sobre as dimensões corporais.

De acordo com os níveis de investigação em composição corporal descritos, fica claro que mudanças significativas nos quatro primeiros níveis irão se manifestar igualmente no quinto nível, ou seja, no nível corporal e onde, em sentido inverso, mudanças estarão relacionadas à composição nos quatro outros níveis. Essa última relação é o fundamento para a estimativa dos componentes dos quatro primeiros níveis por intermédio da mensuração no quinto nível (Wang *et al.*, 1992).

Dados antropométricos facilitam a estimativa da composição corporal fora do ambiente laboratorial, onde dados da espessura de dobras cutâneas em vários locais da superfície corporal, dimensões ósseas e perímetros de membros podem ser usados em cálculos matemáticos como equações estatísticas de regressão múltipla, a fim de predizer a densidade corporal total (relação entre a massa corporal expressa em gramas [g] e o espaço que esta ocupa, ou seja, seu volume, descrito em mililitros [ml] ou centímetros cúbicos [cc]: densidade corporal [g/ml ou g/cc] = massa corporal ÷ volume corporal), fator que possibilita o cálculo da adiposidade e da massa corporal livre de gordura (Lukaski, 1987).

Grande interesse em estudos de composição corporal diz respeito à mensuração de seu componente de gordura (Martin e Drinkwater, 1991; Ackland, 2012) onde, dentre as dimensões antropométricas usadas com essa finalidade, destaca-se a dobra cutânea, com a medida de sua espessura sendo variável antropométrica das mais utilizadas, e tendo maior ênfase como variável independente nas equações de regressão aplicadas no fracionamento da massa corporal total com base no modelo de dois componentes (Lukaski, 1987; Heyward, 1996). Visa-se assim, à quantificação da gordura ou massa gorda (reunindo todos os lípides extraíveis do tecido adiposo e outros tecidos, em grande parte, triglicérides) e da massa corporal livre de gordura (consistindo de todos os resíduos químicos e teciduais restantes incluindo água, músculo, osso, tecido conectivo e órgãos internos) (Heyward e Stolarczyc, 1996).

Cabe nesse momento a observação que a massa corporal livre de gordura é referida, muitas vezes, como massa corporal magra, no entanto, sendo conceitos distintos, embora relacionados. Diferentemente da massa corporal livre de gordura que não contém lipídeos, a massa corporal magra inclui quantidade residual de lipídeos essenciais (2% a 3% em homens e 5% a 8% em mulheres) necessária às funções fisiológicas normais (ou seja: massa corporal magra = massa corporal livre de gordura + lipídeos essenciais) (Lohman, 1992; Heyward e Stolarczyc, 1996). No presente capítulo, optou-se pela terminologia massa corporal livre de gordura, em razão de ser o recomendado na condução de estudos de validação em composição corporal, além de apresentar diferença no valor de sua densidade em comparação à da massa corporal magra e dos dados empíricos limitados referentes à quantidade real de gordura essencial que os indivíduos possuem (Lohman, 1981, 1992; Martin e Drinkwater, 1991).

Uma vez que a unidade de medida da dobra cutânea é o mm, a leitura obtida da escala de seu instrumento de mensuração (compasso de dobras cutâneas) deve sofrer uma transformação que resulte em valor da quantidade total de gordura corporal, parâmetro objetivo da composição corporal.

Com esse propósito, algumas etapas são encadeadas de modo a transformar o valor da espessura da dobra cutânea em um resultado final correspondente ao valor percentual de gordura corporal, posteriormente possibilitando a quantificação da massa absoluta (kg) desse componente em específico. Sequencialmente, realizam-se as etapas de coleta do valor da espessura da dobra cutânea, seguida por sua conversão que resultará no referido valor percentual. Verifica-se, desse modo, que a etapa fundamental desse processo é o da transformação do valor métrico (mm) da dobra cutânea em um indicador quantitativo da composição corporal, no caso, o percentual de gordura corporal, com consequente e posterior obtenção do valor absoluto (kg) do componente.

Isto é realizado, mais comumente, por intermédio de cálculos matemáticos de origem estatística, como referido, fórmulas ou equações de regressão de estimativa ou fracionamento da composição corporal, elaboradas a partir de amostragens com números variáveis de indivíduos e que, em geral, requerem duas ou mais dobras cutâneas em seu cálculo (Heyward, 1996), podendo ser associadas a informações como idade e/ou outras dimensões antropométricas.

Em um primeiro momento, o resultado obtido refere-se ao valor da densidade corporal total do examinado, seguindo-se por cálculo adicional que o converte em valor percentual da gordura corporal. O dado relativo (%) obtido pode, em seguida, ser traduzido em termos absolutos (kg) por sua multiplicação pela massa corporal total, resultando no componente em separado de sua gordura corporal. Para a obtenção da massa corporal livre de gordura, subtrai-se da massa corporal total o valor do componente de gordura corporal (kg), procedimento correspondente ao modelo de 2 componentes. A sequência descrita é ilustrada na Figura 15.4.

Figura 15.4 – Algorítimo do cálculo da composição corporal pelo método antropométrico utilizando dobras cutâneas e o modelo de 2 componentes

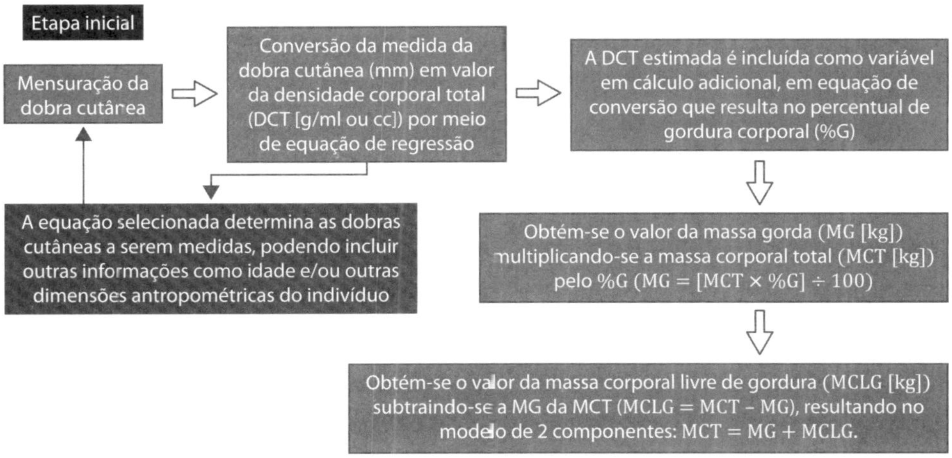

A validação deste método de estimativa da composição corporal é baseada em estudos estatísticos de correlação que utilizam como referência o método laboratorial clássico da densimetria por imersão (hidrodensimetria) baseado no princípio de Arquimedes (quantificando o volume corporal por meio de pesagem hidrostática do indivíduo quando totalmente submerso em meio aquático utilizando tanques especiais, com correção de seu volume pulmonar residual, isto é, a quantidade de ar que permanece nos pulmões após expiração voluntária máxima), resultando na densidade corporal total, fator posteriormente confrontado com a dobra cutânea para a definição dos elementos matemáticos (constantes) a serem incluídos na equação de regressão (Martin e Drinkwater, 1991).

As dobras cutâneas selecionadas por esse procedimento (bem como outras variáveis que podem ser incluídas no modelo matemático) resultam na equação de regressão que utiliza variáveis antropométricas para o cálculo indireto da densidade corporal total do indivíduo, em substituição à complexa técnica da densimetria que, por sua vez, é utilizada como medida critério para validação de outras técnicas indiretas, ou duplamente indiretas como é o caso da antropometria (Quadro 15.2), na estimativa do percentual de gordura corporal.

Entretanto, limitações são verificadas na aplicação de equações de regressão desenvolvidas por esse método, em especial, no modelo de 2 componentes utilizado, onde são assumidos valores constantes (também referidos como pressupostos quantitativos), entre estes, na proporção da gordura do compartimento subcutâneo em relação à gordura corporal total (isto é, a existência de uma relação determinada entre as gorduras subcutânea e interna, com mudanças sendo proporcionais entre ambas), e nas densidades das massas gorda (0,901 g/ml) e corporal livre de gordura (1,100 g/ml) (assumindo-se nesta a constância de sua composição em termos das proporções de seus constituintes e dos conteúdos de água e mineral ósseo), independentemente dos fatores sexo, idade, características étnicas, atividade física, entre outros (Martin *et al.*, 1985; Lukaski, 1987; Martin e Drinkwater, 1991; Heyward, 1996; Roche *et al.*, 1996; Ackland, 2012). Uma vez que os referidos pressupostos não se confirmem, existe a possibilidade de incorreções no cálculo do percentual de gordura corporal, elaborado com base na densidade corporal total do indivíduo.

Além desses aspectos, a acurácia do método antropométrico utilizando a dobra cutânea na estimativa da composição corporal é também afetada pela habilidade do avaliador em sua mensuração, tipo de compasso usado, variabilidade biológica na estimativa da gordura subcutânea pela espessura da dobra cutânea, diferenças interindividuais na relação entre os compartimentos de gordura subcutânea e gordura corporal total, equação de predição selecionada e erro atribuído ao método referência (hidrodensimetria) (Lohman, 1992; Heyward e Stolarczyc, 1996).

Levando em conta os fatores citados, a maioria das equações antropométricas de predição da composição corporal apresentam erro padrão da estimativa (indicando a quantidade de erro no cálculo de regressão) entre 3% a 7%, para mais e para menos, do valor estimado (Wang *et al.*, 2000). Analisando, em específico, o erro de predição do percentual de gordura corporal tendo como parâmetro o modelo referência da hidrodensimetria, considera-se aceitável erros de até 3,5%, com valores crescentes a partir deste e se aproximando de 5% (ou superiores), constituindo erros de magnitude progressivamente elevada (Lohman, 1992; Heyward e Stolarczyz, 1996; Ackland, 2012).

Embora a densidade média da massa corporal livre de gordura para certos subgrupos populacionais possa ser próxima do valor assumido (1,100 g/ml), estimativas derivadas de modelos de multicomponentes indicam um alto grau de variação interindividual. Assim, os referidos modelos são propostos como meio de minimizar as limitações em assumir um valor fixo para a densidade desse compartimento corporal, ao proporcionarem valores mais precisos dos principais componentes que a determinam, ou seja, seu nível de hidratação e conteúdos mineral e de proteína, resultando em equações (população-específicas ou ajustadas às variações individuais) de conversão da densidade corporal total em percentual de gordura considerando os fatores idade, sexo, etnia, nível de adiposidade e atividade física. No entanto, a maioria dos métodos de campo existentes e as equações de predição, tem como base a hidrodensimetria e o modelo de 2 componentes (Martin e Drinkwater, 1991; Fuller *et al.*, 1992; Heyward e Stolarczyc, 1996).

Em vista disso, é importante a investigação da equação de regressão a ser utilizada, por meio de metodologia de validação que indique sua aplicabilidade em outros grupos ou indivíduos a serem avaliados (e que não participaram de sua construção), estabelecendo, ou não, sua adequação na estimativa da composição corporal com base em indicadores estatísticos, como correlação e comparação das médias entre dados provenientes da equação investigada e o método critério de comparação, bem como a quantificação da magnitude de seu erro padrão da estimativa (Lohman, 1992; Johnston, 1982).

A partir da década de 1950, o crescente interesse na estimativa de componentes da composição corporal resultou em mais de uma centena de equações de predição da densidade corporal total verificadas em referenciais científicos sobre o tema, podendo as mesmas serem divididas em duas categorias: equações específicas e equações generalizadas (Lohman *et al.*, 1988; Pollock e Garzarella, 1995; Heyward e Stolarczyc, 1996; Ackland, 2012).

As equações específicas são desenvolvidas em amostragens de indivíduos relativamente restritas e homogêneas, sendo aplicáveis a indivíduos ou grupos que apresentem similaridade às características da amostra que as originou, portanto, sendo mais restritas em seu uso geral, enquanto as equações generalizadas são elaboradas a partir de grandes amostragens de pessoas com características heterogêneas, sendo aplicáveis em indivíduos ou grupos que variam em idade e nível de adiposidade corporal, o que aumenta as possibilidades de sua utilização.

No Quadro 15.3 são apresentados exemplos de equações generalizadas para o cálculo da densidade corporal total a partir das dobras cutâneas em indivíduos adultos:

Quadro 15.3 – Exemplos de equações generalizadas para o cálculo da densidade corporal total (DCT) a partir da soma de três dobras cutâneas (Σ3DC) – Indivíduos adultos

Homens: 18 a 61 anos; Soma das dobras cutâneas (Σ3DC): torácica + abdominal + coxa

DCT [g/cc] = 1,109380 - 0,0008267 (Σ3DC) + 0,0000016 (Σ3DC)2 - 0,0002574 (Idade [anos])

Mulheres: 18 a 55 anos; Soma das dobras cutâneas (Σ3DC): tricipital + suprailíaca + coxa

DCT [g/cc] = 1,0994921- 0,0009929 (Σ3DC) + 0,0000023 (Σ3DC)2 - 0,0001392 (Idade [anos])

Fonte: adaptado de Heyward e Stolarczyc (1996, p. 180).

No Quadro 15.4 a seguir, é apresentado um exemplo do cálculo da composição corporal de um indivíduo hipotético a partir de uma equação generalizada selecionada no Quadro 15.3, considerando o uso da dobra cutânea e o modelo de dois componentes:

Quadro 15.4 – Exemplo de cálculo da composição corporal com base na dobra cutânea e no modelo de dois componentes de um indivíduo hipotético

Equação selecionada: ***DCT [g/cc] = 1,109380 - 0,0008267 (Σ3DC) + 0,0000016 (Σ3DC)² - 0,0002574 (Idade [anos])***
Características da equação selecionada:
Equação generalizada para cálculo da densidade corporal total (DCT [g/cc])
Homens; brancos; faixa etária: 18 a 61 anos de idade
Σ3DC = somatória (mm) de três dobras cutâneas: torácica + abdominal + coxa
ID: idade (anos)

Indivíduo hipotético avaliado:
46 anos de idade
Massa corporal total (MCT): 78,5 kg
Dobras cutâneas: tórax= 18,0 mm; abdômen= 22,0 mm; coxa= 15,0 mm; Σ3DC = 55,0 mm

Resolução do modelo de dois componentes:
1ª etapa: *Cálculo da DCT*
DCT [g/cc] = 1,109380 - 0,0008267 (55,0) + 0,0000016 (55,0)² - 0,0002574 (46)
= 1,109380 - 0,0454685 + 0,00484 - 0,0118404
= **1,0569**
2ª etapa: *Cálculo do percentual de gordura corporal* (%G) (Equação de Siri, 1961)
%G = ([4,95÷DCT] - 4,50) × 100 => ([4,95÷1,0569] - 4,50) × 100 => (4,684 - 4,50) × 100 => 0,184 × 100 => **18,4%**
3ª etapa: *Cálculo da massa gorda* (MG [kg]):
MG = (MCT [kg] × %G) ÷ 100 => (78,5 × 18,4) ÷ 100 => 1444,4 ÷ 100 => **14,4 kg**
4ª etapa: *Cálculo da massa corporal livre de gordura* (MCLG [kg]):
MCLG = MCT – MG => 78,5 - 14,4 => **64,1 kg**
Modelo de 2 componentes: **MG** (14,4 kg) + **MCLG** (64,1 kg) = **MCT** (78,5 kg)

Além dessas e muitas outras equações estrangeiras (Heyward e Stolarczyc, 1996, 2000), pesquisadores em nosso meio trouxeram contribuições referentes à temática no desenvolvimento de equações nacionais para o fracionamento da composição corporal (Salem *et al.*, 2007).

Frente à diversidade de métodos e o número de equações antropométricas de predição da composição corporal disponíveis, a escolha da opção a ser utilizada, pode ser tarefa difícil ao seu profissional. Uma vez utilizando o método antropométrico e optando-se pelo recurso do uso de equações de estimativa da composição corporal, fatores como idade, sexo, nível de adiposidade e de atividade física, assim como características étnicas, influenciam em sua escolha, além do que, se deve levar em conta o método critério usado na derivação do modelo matemático estatístico no desenvolvimento da equação, no caso, a densimetria, com pressupostos que podem acarretar em erros de medição (Heyward, 1996).

Mesmo adequando o indivíduo ou grupo examinado a uma equação de predição, limitações ainda podem persistir. Como exemplo, uma amostra de indivíduos utilizada para gerar uma equação irá resultar no modelo matemático mais adequado para a mesma, indicando as qualidades únicas de sua matriz de correlação, podendo não ser adequada na medição da composição corporal em outra amostra, mesmo se forem geneticamente similares. Além disso, o erro padrão da estimativa de uma equação de predição proveniente da amostra que a originou não é indicativo dos prováveis resultados ao utilizá-la em outras amostras, o que reforça a noção da necessidade de sua validação ao propor aplicá-la em populações distintas da que a desenvolveu (Johnston, 1982). Isto atribui às equações a característica de serem amostra específicas, aspecto ilustrado pelo grande número de equações existentes, o que pode reduzir sua validade externa, ou seja, a possibilidade de gerar erros quando aplicadas em outras amostras (Martin e Drinkwater, 1991). Tais aspectos referentes às equações de predição da composição corporal, sugerem limitações em sua aplicação geral, razão pela qual se propõe a alternativa da utilização da antropometria por si própria ao invés de realizar estimativas dos constituintes corporais por meio de equações disponíveis (Johnston, 1982; Martin *et al.*, 1985). Essa forma de utilização de variáveis antropométricas, permite a categorização dos indivíduos, porém, não proporcionando valores objetivos para os componentes corporais (Roche *et al.*, 1996).

Medidas antropométricas isoladas como dobras cutâneas e perímetros permitem descrever seus perfis em subgrupos de indivíduos adultos com base na idade, sexo e etnia (Wang *et al.*, 2000), verificando-se igualmente normas referenciais de diversas medidas e índices antropométricos de crianças e adolescentes para ambos os sexos (WHO, 1995; Conde e Monteiro, 2006) possibilitando, além do diagnóstico inicial, que sejam monitorados de forma longitudinal.

Mesmo com as limitações verificadas quanto ao uso das equações antropométricas de predição da composição corporal, vislumbra-se o aspecto favorável de novos caminhos de pesquisa na área, visando o refinamento das técnicas existentes e o desenvolvimento de novas técnicas de mensuração que permitam suprir as deficiências do modelo de dois componentes bem como a possibilidade de ampliarem o acesso aos modelos de multicomponentes, considerados os métodos *in vivo* mais precisos na estimativa dos constituintes corporais (em especial, de sua adiposidade) e com potencial de se tornarem métodos de referência aos demais (Lohman, 1992; Heyward e Stolarczyc, 1996; Ackland, 2012).

Contudo, a antropometria é ainda o método mais amplamente utilizado na indicação da composição corporal, onde se espera que o aprimoramento das atuais e o desenvolvimento de novas tecnologias possam ampliar o alcance de sua aplicação, aumentando sua precisão na predição dos diferentes componentes corporais (Wang *et al.*, 2000).

15.5 Índices antropométricos

Derivados das variáveis dimensionais, os índices antropométricos (relações numéricas baseadas em mensurações somáticas) resultam da combinação entre duas ou mais das dimensões corporais descritas (massa corporal, estatura, perímetros, diâmetros e dobras cutâneas), encontrando uma diversidade de aplicações, em grande parte, contribuindo na interpretação das medidas e em melhor compreensão dos fatores inter-relacionados da constituição física humana (Hegg e Luongo, 1971; Malina e Bouchard, 1991; WHO, 1995).

Como descrito com referência à massa corporal e estatura, variáveis antropométricas mais comumente utilizadas na mensuração das dimensões corporais gerais, proporcionando, cada uma, informações específicas, índices que as relacionam são exemplificados: peso-para-altura em crianças, como indicador da adequação entre ambas as variáveis no processo de crescimento frente a curvas referenciais, ou nas diversas faixas etárias, combinando-as no que se refere genericamente como índices de massa corporal (peso ÷ altura; peso ÷ altura^2; peso ÷ altura^3) apresentando relações de diferentes magnitudes com a adiposidade corporal (Florey, 1970; Frisancho *et al.*, 1982), assim como os índices ponderal ([$\sqrt[3]{\text{peso}}$ ÷ altura] × 100) e seu recíproco (altura ÷ $\sqrt[3]{\text{peso}}$), usados na análise morfológica estrutural do corpo humano, como na técnica do somatótipo usada na classificação do tipo físico (Wartenweiler *et al.*, 1974; Malina, 1995).

Além desses, outros índices antropométricos podem ser obtidos, pois em teoria, quaisquer das medidas dimensionais somáticas podem ser relacionadas entre si, geralmente resultando em informações sobre a configuração e proporções corporais (Hegg e Luongo, 1971; Malina, 1995) (como indicadas pelas relações: altura tronco-cefálica ÷ estatura, usada na verificação da contribuição relativa dos segmentos corporais superior e inferior na dimensão da estatura; diâmetro bicristailiaco ÷ diâmetro biacromial, usada na verificação da dimorfia sexual na relação proporcional das cinturas pélvica e escapular) e na indicação da distribuição relativa da gordura corporal em adultos, por meio de perímetros (índices cintura ÷ quadril e cintura ÷ coxa) (Heyward e Stolarczyc, 1996; Kahn *et al.*, 1996) e dobras cutâneas (relação dobras cutâneas do tronco ÷ dobras cutâneas das extremidades) (Després *et al.*, 1991; Malina e Bouchard, 1991).

Com atenção voltada a aspectos da prevenção e/ou tratamento de doenças crônico-degenerativas, índices antropométricos são dimensionados visando estabelecer associação com o componente de gordura corporal, tanto em seu aspecto geral como no de sua distribuição anatômica, fatores importantes com relação à saúde e exemplificados pelos índices: cintura-quadril (ICQ), de conicidade (IC), de adiposidade corporal (IAC), de Quetelet (IQ ou IMC) e de cintura para a altura (ICA), descritos resumidamente a seguir:

O ICQ (perímetro de cintura [cm] ÷ perímetro do quadril [cm]), também denominado relação cintura-quadril, é referido com um índice de gordura intra-abdominal por sua associação com a gordura localizada nessa região corporal. Como indicadores gerais, valores para esse índice a partir de 0,94 para homens e 0,82 para mulheres aumentam o risco de consequências adversas à saúde (Ashwell *et al.*, 1985; Heyward e Stolarczyc, 1996; WHO, 2008).

Com potencial de predição da distribuição de gordura e do risco de doença, o IC (perímetro de cintura ÷ 0,109 √[peso ÷ altura]), se baseia na ideia que a forma do corpo humano muda da figura de um cilindro para o formato de um duplo cone com o acúmulo de gordura ao redor da cintura. O limite teórico de seus valores é de 1,00 (cilindro perfeito) a 1,73 (duplo cone perfeito), com aumento significativo do risco à saúde graduado do menor para o maior valor (Valdez, 1991; Heyward e Stolarczyc, 1996).

Por sua vez, o IAC ([circunferência do quadril ÷ [altura^{1,5}]]-18) propõe uma estimativa direta do percentual de gordura corporal para homens e mulheres de diferentes etnias, com a premissa de que uma informação mais objetiva da adiposidade corporal é a característica fisiológica de indivíduos com sobrepeso ou obesidade que os coloca em risco de doenças cardiovasculares (Bergman *et al.*, 2011). A classificação de seus valores e indicação do risco à saúde, podem ser verificadas em tabelas referentes a padrões de adiposidade corporal total, como na Tabela 15.3.

Ganha destaque por sua ampla utilização e crescente popularidade, o IQ (peso [kg]÷altura [m^2]), assim denominado em homenagem a seu autor e descrito inicialmente no ano de 1836 (Jellife e Jellife, 1979), sendo mais referido como índice de massa corporal (IMC) e um dos mais utilizados em estudos epidemiológicos em larga escala e na prática clínica, como uma medida simples do grau de obesidade, sobrepeso ou magreza. Na Tabela 15.4 são apresentados os valores do IMC (Quetelet) e correspondentes indicadores de classificação para adultos:

Tabela 15.4 – Valores do índice de massa corporal (IMC) e respectivos indicadores de classificação para indivíduos adultos, ambos os sexos

IMC (kg/m^2)	≤ 15,99	16,0 - 16,99	17,0 - 18,49	18,50 - 24,99	25,0 - 29,99	30,0 - 34,99	35,0 - 39,99	≥ 40
Classificação	Magreza Grau III	Magreza Grau II	Magreza Grau I	Normal	Sobrepeso (Pré--obesidade)	Obesidade Grau I	Obesidade Grau II	Obesidade Grau III

Fonte: adaptado de WHO (1995, 2000).

Deve-se, entretanto, considerar que o IMC não possibilita indicar as contribuições variáveis das proporções de massa magra e de gordura que constituem a massa corporal total, isto é, fatores da composição corporal (Garn *et al.*, 1986; WHO, 1995). Por essa razão, limitações em seu uso são verificadas, especialmente em atletas e indivíduos que apresentam acentuado desenvolvimento musculoesquelético, ambos reunindo maior massa corporal devido a seus componentes de massa magra (principalmente massas muscular e óssea) e podendo ser classificados, segundo esse índice antropométrico, erroneamente na categoria de obesidade. Sugere-se assim, ao utilizar o IMC, a consideração dessa limitação e, sempre que possível, aliar recursos complementares específicos de composição corporal no acompanhamento do indivíduo como, por exemplo, a mensuração de dobras cutâneas como meio relativamente mais direto de verificação de sua gordura corporal.

Buscando superar as limitações do IMC e da medida do perímetro de cintura usada individualmente, refere-se o ICA (perímetro da cintura [cm] ÷ altura [cm]) como indicador do risco cardiovascular e metabólico em jovens e adultos de diferentes etnias e a ambos os sexos, propondo-se 0,5 como valor limiar deste índice no delineamento de indivíduos com risco cardiometabólico significante, aumentando com valores crescentes (Ashwell *et al.*, 2012).

Como visto na área da saúde, os índices antropométricos ganham crescente aplicação em razão da praticidade na obtenção das medidas antropométricas necessárias aos seus cálculos, além do baixo custo operacional e de equipamentos, possibilitando mensurar um grande número de indivíduos em tempo mais reduzido e sendo amplamente utilizados em estudos que envolvem um grande número de participantes, como em investigações epidemiológicas.

Contudo, verifica-se ainda ampla discussão a respeito da adequação desses índices em diferentes populações, com questionamentos a respeito do grau em que se associam a aspectos de saúde considerando fatores como etnia e faixa etária, valores referenciais que podem diferir entre grupos ou populações com características distintas, bem como a não uniformidade na padronização das medidas antropométricas que utilizam, indicando assim, a importância da continuidade da investigação nesta área.

15.6 Obras para estudo da antropometria e composição corporal

Uma ampla diversidade de dimensões antropométricas e técnicas de mensuração da composição corporal são apresentadas em obras sobre esta temática, detalhando seus aspectos teórico-práticos.

Na área da antropometria, as obras Lohman *et al.*, 1988; ISAK Manual, 2001; Norton e Olds, 2005 abordam as técnicas de mensuração das principais dimensões corporais, enquanto em composição corporal as obras Heyward e Stolarczyc, 1996, 2000 (reunindo diversas equações antropométricas para ambos os sexos, diferentes faixas etárias, características étnicas e nível de atividade física); Roche *et al.*, 1996; Heymsfield *et al.*, 2005 descrevem os principais métodos *in vivo* laboratoriais e de campo na estimativa dos diferentes constituintes da massa corporal.

Considerações finais

No presente capítulo, buscou-se reunir os principais conceitos em antropometria e composição corporal, suas especificidades e inter-relações.

Como visto, a efetiva aplicação da antropometria requer a mensuração das dimensões corporais necessárias à intervenção que se deseja realizar.

Embora se destacando por sua praticidade nas diversas aplicações de campo, deve-se assegurar a sistemática e rigorosa adequação à padronização ou protocolo adotado na coleta de informações antropométricas, uma vez que a conformidade à técnica de mensuração preconizada é fator crítico na confiabilidade e validade do método antropométrico, o que inclui sua aplicação na obtenção de dados em composição corporal.

Diversos referenciais em antropometria podem descrever diferentes técnicas de mensuração para a mesma dimensão corporal, sendo crucial a seleção e a adoção de um protocolo em particular e o atendimento às suas orientações, assegurando sua utilidade diagnóstica e de acompanhamento.

Como item fundamental, a correta obtenção dos dados antropométricos requer, por parte do profissional responsável por sua mensuração, domínio teórico-prático envolvendo conhecimentos de anatomia e localização anatômica dos locais e pontos referenciais de medição, estudo de cada medida (o que está especificamente sendo mensurado e qual informação proporciona), orientação ao examinado em assumir e manter a postura correta para a medição, além do desenvolvimento da habilidade na manipulação do instrumental de medida.

Em vista dessas exigências, orientam-se os profissionais iniciantes no método antropométrico a obterem instruções e praticarem sob a supervisão de um antropometrista experiente. Além disso, recomenda-se a colaboração de um auxiliar com conhecimento dos procedimentos e técnicas de mensuração, no registro dos dados obtidos pelo avaliador, na monitoração do posicionamento do examinado e supervisão da colocação do instrumental de medida no mesmo, bem como checagem de todas as medidas necessárias em determinado protocolo.

Em suma, o método antropométrico, ao utilizar diretamente os dados obtidos das diversas dimensões antropométricas ou convertendo-as em informações quantitativas dos diferentes componentes da massa corporal, proporciona informações importantes do fator biológico somático do ser humano.

Entretanto, o profissional que visa a melhor utilização desse recurso deve, da mesma forma, estar ciente de suas limitações inerentes, seja em sua metodologia, interpretação dos dados obtidos ou pressupostos em que se baseia.

Referências

ABERNETHY, B. *et al.* Basics concepts of anthropometry. *In*: ABERNETHY, B. *et al.* *The biophysical foundations of human movement*. Champaign: Human Kinetics, 1997. p. 57-67.

ACKLAND, T. R. *et al.* Current status of body composition assessment in sport – review and position statement on behalf of the Ad Hoc Research Working Group on Body Composition Health and Performance, under the auspices of the I.O.C. Medical Commission. *Sports Med.*, v. 42, n. 3, p. 227-249, 2012.

ASHWELL, M.; COLE, T. J.; DIXON, A. K. Obesity: new insight into the anthropometric classification of fat distribution shown by computed tomography. *BMJ*, v. 290, p. 1692-1694, 1985.

ASHWELL, M.; GUNN, P.; GIBSON, S. Waist-to-height ratio is a better screening tool than waist circumference and BMI for adult cardiometabolic risk factors: systematic review and meta-analysis. *Obesity Reviews*, v. 13, n. 3, p. 275-286, 2012.

BARTLETT, R. *Introduction to sports biomechanics*. London: E & FN Spon, 1997.

BEHNKE, A. R; WILMORE, J. H. *Evaluation and regulation of body build and composition*. New Jersey: Prentice-Hall Inc., 1974.

BERGMAN, R. N. *et al.* A better index of body adiposity. *Obesity*, v. 19, n. 5, p. 1083-1089, 2011.

BIRMINGHAN, B.; DYER, A. R.; SHEKELLE, R. B. Subscapular and triceps skinfold thicknesses, body mass index and cardiovascular risk factors in a cohort of middle-aged employed men. *J Clin Epidemiol.*, v. 46, n. 3, p. 289-302, 1993.

BJÖRNTORP, P. Regional patterns of fat distribution. *Ann Intern Med.*, v. 103, n. 6, pt. 2, p. 994-995, 1985.

BLOOMFIELD, J.; ACKLAND, T. R.; ELLIOT, B. C. *Applied anatomy and biomechanics in sport*. Melbourne: Blackwell: 1994.

BOILEAU, R. A.; LOHMAN, T. G. The measurement of human physique and its effect on physical performance. *Orthop Clin North Am.*, v. 18, p. 563-581, 1977.

BUREAU INTERNATIONAL DES POIDS ET MESURES. *The international system of units (SI)*. 8. ed. Paris: Stedi Media; 2006.

CARTER, J. E. L. Introduction: the kinanthropometric approach. *In*: CARTER, J. E. L. (ed.). *Physical structure of Olympic athletes – part II*. San Diego: Karger, 1984. p. 1-6.

CARTER, J. E. L. (ed.). *Physical structure of Olympic athletes – part I*. San Diego: Karger, 1982.

CARTER, J. E. L.; HEATH, B. H. *Somatotyping – development and applications*. Cambridge: Cambridge University Press, 1990.

CONDE, W. L.; MONTEIRO, C. A. Body mass index cutoff points for evaluation of nutritional status in Brazilian children and adolescents. *J Pediatr (Rio J)*, v. 82, p. 266-272, 2006.

CRAWFORD, S. M. Anthropometry. *In*: DOCHERTY, D. (ed.). *Measurement in pediatric exercise science*. Champaign: Human Kinetics, 1996, p. 17-86.

DESPRÉS, J. P. *et al.* Estimation of deep abdominal adipose-tissue accumulation from simple anthropometric measurements in men. *Am J Clin Nutr.*, v. 54, p. 471-477, 1991.

DOUPE, M. B. *et al.* A new formula for population-based estimation of whole muscle mass in males. *Can J Appl Physiol.*, v. 22, n. 6, p. 598-608, 1997.

ELLIS, K. J. Human body composition: in vivo methods. *Physiological Reviews*, v. 80, n. 2, p. 649-680, 2000.

FERREIRA, M. Um estudo sobre o somatotipo – 1ª parte. *Jornal da Musculação & Fitness*, v. 75, p. 28-31, 2009a.

FERREIRA, M. Um estudo sobre o somatotipo – 2ª parte. *Jornal da Musculação & Fitness*, v. 76, p. 92-96, 2009b.

FLOREY, C. D.V. The use and interpretation of ponderal index and other weight-height ratios in epidemiological studies. *J Chron Dis.*, v. 23, p. 93-103, 1970.

FRISANCHO, A. R. New norms of upper limb fat and muscle areas for assessment of nutritional status. *Am J Clin Nutr.*, v. 34, p. 2540-2545, 1981.

FRISANCHO, A. R. Nutritional anthropometry. *J Am Diet Assoc.*, v. 88, n. 5, p. 553-555, 1988.

FRISANCHO, A. R.; FLEGEL, P. N. Relative merits of old and new indices of body mass with reference to skinfold thickness. *Am J Clin Nutr.*, v. 36, p. 697-699, 1982.

FULLER, N. J. *et al.* Four-component model for the assessment of body composition in humans: comparison with alternative methods and evaluation of the density and hydration of fat-free mass. *Clinical Science*, v. 82, p. 687-693, 1992.

GARN, S. M. Relative fat patterning: an individual characteristic. *Hum Biol.*, v. 27, p. 75-89, 1955.

GARN, S. M.; LEONARD, W. R.; HAWTHORNE, V. M. Three limitations of the body mass index. *Am J Clin Nutr.*, v. 44, p. 996-997, 1986.

HEGG, R.; LUONGO, J. *Elementos de biometria humana*. São Paulo: Nobel; 1971.

HEYMSFIELD, S. B.; WANG, Z. M. Human body composition: advances in models and methods. *Annu Rev Nutr.*, v. 17, p. 527-558, 1997.

HEYMSFIELD, S. B. *et al.* Anthropometric measurement of muscle mass: revised equations for calculating bone-free arm muscle area. *Am J Clin Nutr.*, v. 36, p. 680-690, 1982.

HEYMSFIELD, S. B. *et al. Human body composition*. 2. ed. Champaign: Human Kinetics, 2005.

HEYWARD, V. H. Evaluation of body composition – current issues. *Sports Med.*, v. 22, n. 3, p. 146-156, 1996.

HEYWARD, V. H.; STOLARCZYC, L. M. *Applied body composition assessment*. Champaign: Human Kinetics, 1996.

HEYWARD, V. H.; STOLARCZYC, L. M. *Avaliação da composição corporal aplicada*. São Paulo: Manole, 2000.

HIMES, J. H.; ROCHE, A. F.; WEBB, P. Fat areas as estimates of total body fat. *Am J Clin Nutr.*, v. 33, p. 2093-2100, 1980.

ISAK Manual. International standards for anthropometric assessment. *International Society for the Advancement of Kinanthropometry*. 2001.

JELLIFE, D. B.; JELLIFE, E. F. P. Underappreciated pioneers – Quételet: man and index. *Am J Clin Nutr.*, v. 32, p. 2519-2521, 1979.

JOHNSTON, F. E. Relationships between body composition and anthropometry. *Hum Biol.*, v. 54, p. 221-245, 1982.

KAHN, H. S. *et al.* Simple anthropometric indices associated with ischemic heart disease. *J Clin Epidemiol.*, v. 49, n. 9, p. 1017-1024, 1996.

LEAN, M. E. J.; HAN, T. S.; MORRISON, C. E. Waist circumference as a measure for indicating need for weight management. *BMJ*, v. 311, p. 158-162, 1995.

LOHMAN, T. G. *Advances in body composition assessment*. Monograph number 3. Current issues in exercise sciences series. Champaign: Human Kinetics, 1992.

LOHMAN, T. G. Skinfolds and body density and their relation to body fatness: a review. *Hum Biol.*, v. 53, p. 181-225, 1981.

LOHMAN, T. G.; ROCHE, A. F.; MARTORELL, R. *Anthropometric standardization reference manual*. Champaign: Human Kinetics, 1988.

LUKASKI, H. C. Methods for the assessment of human body composition: traditional and new. *Am J Clin Nutr.*, v. 46, p. 537-556, 1987.

MALINA, R. M. Anthropometry. *In*: MAUD, P. J.; FOSTER, C. (ed.). *Physiological assessment of human fitness*. Champaign: Human Kinetics, 1995, p. 205-219.

MALINA, R. M. Physical growth and maturation. *In*: THOMAS, J. R. (ed.) *Motor development during childhood and adolescence*. Minneapolis: Burgess, 1984, p. 2-26.

MALINA, R. M.; BOUCHARD, C. *Growth, maturation, and physical activity*. Champaign: Human Kinetics, 1991.

MARTIN, A. D.; DRINKWATER, D. T. Variability in the measures of body fat – assumptions or technique? *Sports Med.*, v. 11, n. 5, p. 277-288, 1991.

MARTIN, A. D.; SPENST, L. F.; CLARYS, J. P. Anthropometric estimation of muscle mass in men. *Med Sci Sports Exerc.*, v. 22, p. 729-733, 1990.

MARTIN, A. D. *et al.* Effects of skin thickness and skinfold compressibility on skinfold thickness measurement. *Am J Hum Biol.*, v. 4, p. 453-460, 1992.

MARTIN, A. D. *et al.* Prediction of body fat by skinfold caliper: assumptions and cadaver evidence. *Int J Obes.*, v. 9 (suplemento 1), p. 31-39, 1985.

MATSUDO, V. K. R. *Testes em ciências do esporte*. 7. ed. São Caetano do Sul: Midiograf, 2005.

MCARDLE, W. D.; KATCH, F. I.; KATCH, V. L. *Fisiologia do exercício – energia, nutrição e desempenho humano*. 5. ed. Rio de Janeiro: Guanabara Koogan, 2003.

MUELLER, W. H.; STALLONES, L. Anatomical distribution of subcutaneous fat: skinfold choice and construction of indices. *Hum Biol.*, v. 53, p. 321-335, 1981.

NAFIU, O. O. *et al.* Neck circumference as a screening measure for identifying children with high body mass index. *Pediatrics*, v. 126, n. 2, e. 306-310, 2010.

NORTON, K.; OLDS, T. *Antropométrica*. Porto Alegre: Artmed; 2005.

NOVAK, L. P. Analysis of body compartments. *In*: LARSON, L. A. (ed.) *Fitness, health, and work capacity – international standards for assessment*. New York: Macmilllan Publishing, 1974. p. 241-255.

PARR, R. Abdominal visceral fat: the new direction in body composition. *ACSM'S Health & Fitness Journal*, v. 10, n. 4, p. 26-30, 2006.

POLLOCK, M. L.; GARZARELLA, L. The measurement of body composition. *In*: MAUD, P. J.; FOSTER, C. (ed.). *Physiological assessment of human fitness*. Champaign: Human Kinetics, 1995, p. 205-219.

ROCHE, A. F.; HEYMSFIELD, S. B.; LOHMAN, T. G. (ed.). *Human body composition*. Champaign: Human Kinetics, 1996.

ROSS, W. D.; WILSON, N. C. A stratagem for proportional growth assessment. *Acta Paediatrica Belgica*, v. 28 (suplemento), p. 169-182, 1974.

SALEM, M.; PIRES NETO, C. S.; WAISSMANN, W. Equações nacionais para a estimativa da gordura corporal de brasileiros. *Revista de Educação Física*, v. 136, p. 66-78, 2007.

VALDEZ, R. A simple model-based index of abdominal adiposity. *J Clin Epidemiol.*, v. 44, n. 99, p. 955-956, 1991.

WANG, J. *et al.* Anthropometry in body composition – an overview. *Ann N Y Acad Sci.*, v. 904, p. 317-326, 2000.

WANG, Z.; WANG, Z. M.; HEYMSFIELD, S. B. History of the study of body composition: a brief review. *Am J Hum Biol.*, v. 11, p. 157-65, 1999.

WANG, Z. M.; PIERSON, R. N.; HEYMSFIELD, S. B. The five-level model: a new approach to organizing body-composition research. *Am J Clin Nutr.*, v. 56, p. 19-28, 1992.

WANG, Z. M. *et al.* Systematic organization of body-composition methodology: an overview with emphasis on component-based methods. *Am J Clin Nutr.*, v. 61, p. 457-465, 1995.

WARTENWEILER, J.; HESS, A., WÜEST, B. Anthropologic measurements and performance. *In:* LARSON, L. A. (ed.). *Fitness, health, and work capacity – international standards for assessment*. New York: Macmilllan Publishing, 1974, p. 211-240.

WELTMAN, A.; SEIP, R. L.; TRAN, Z. V. Practical assessment of body composition in adults obese males. *Hum Biol.*, v. 59, n. 3, p. 523-535, 1987.

WELTMAN, A. *et al.* Accurate assessment of body composition in obese females. *Am J Clin Nutr.*, v. 48, p. 1179-1183, 1988.

WITHERS, R. T. *et al.* Comparisons of two-, three-, and four-compartment models of body composition analysis in men and women. *J Appl Physiol.*, v. 85, n. 1, p. 238-245, 1998.

WHO. *Obesity: preventing and managing the global epidemic.* Report of a WHO Consultation. WHO Technical Report Series 894. Geneva: World Health Organization, 2000.

WHO. *Physical status: the use and interpretation of anthropometry*. Report of a WHO Expert Committee. WHO Technical Report Series 854. Geneva: World Health Organization, 1995.

WHO. *Waist circumference and waist-hip ratio.* Report of a WHO Expert Consultation. Geneva: World Health Organization, 2008.

16

Testes de força e flexibilidade

Mario Augusto Charro

Ruy Calheiros Netto

OBJETIVO DO CAPÍTULO

Como forma de aplicação das medidas neuromotoras, o objetivo deste capítulo é apresentar testes físicos para avaliar a força muscular e a flexibilidade, o que permite verificar as condições muscular e articular, além de permitir uma adequação na prescrição de exercícios e no acompanhamento da evolução dos indivíduos.

São vários os aspectos que devem ser levados em conta na hora de fazer uma avaliação física em alguém que já realiza ou pretende realizar um treinamento de força muscular. Um dos principais é para ter parâmetros em relação ao nível de condição física apresentado pelo aluno e assim adequar a prescrição do treinamento (avaliação diagnóstica). Além disso, realizar o acompanhamento da evolução da força muscular e/ou da flexibilidade ao longo de um período de treinamento (avaliação somativa) é muito importante para ter parâmetros que mostrem se o treinamento proposto está atingindo os seus objetivos. E ainda somado ao fato de permitir a prescrição individualizada, é necessário fazer o acompanhamento no dia a dia para a adequação de carga de trabalho, sempre que necessária, criando assim uma característica formativa (Charro *et al.*, 2010b).

Ao realizar uma busca na bibliografia, encontramos uma quantidade enorme de testes que podem ser aplicados, mas não se pode dizer que um é correto e outro errado. Em sua grande maioria, eles são adequados, mas cada um com a sua especificidade. Os treinamentos de força e de flexibilidade podem ser propostos para atingir vários objetivos diferentes, como estética, saúde, prevenção, reabilitação, desempenho ou até mesmo como forma de educar para uma vida ativa; para cada um dos casos, existe uma prescrição apropriada, bem como a indicação dos testes mais adequados.

Para se obter os melhores resultados na avaliação de força, sugere-se que seja realizado um aquecimento prévio e que sejam definidas a manifestação da força e o tipo de contração muscular que serão treinadas para atingir os objetivos do avaliador e do avaliado, a fim de se indicar o teste mais adequado. Já em relação à flexibilidade, o aquecimento prévio não é indicado na maioria dos casos, e os métodos de treinamento propostos serão determinantes para a escolha dos testes.

16.1. Força muscular

Na maioria dos casos, os testes de força são a principal maneira de acompanhar a evolução da força muscular, mas existe um caso específico que a melhor opção não é esta: quando os indivíduos que tem objetivos estéticos de aumento de massa muscular ou redução de gordura corporal. Nesse caso, o melhor é realizar medidas antropométricas de circunferências e de dobras cutâneas (ou ainda outros métodos de avaliação da composição corporal), pois estes indivíduos não estão preocupados com a alteração na força muscular, mas sim na mudança das circunferências dos segmentos corporais e na relação existente entre massa gorda e massa isenta de gordura.

Quando o interesse é verificar se o treinamento que está sendo proposto está com a carga adequada, podemos utilizar o teste de uma repetição máxima (1 RM) ou o teste de repetições máximas. Porém, como a realização regular do teste demanda tempo e disponibilidade do Professor, o que nem sempre é fácil conseguir, o método da percepção subjetiva de esforço (PSE) da sessão, proposto por Foster *et al.* (2001), pode ser uma boa alternativa – afinal, pode-se utilizar a premissa de que as adaptações induzidas pelo treinamento estão relacionadas ao nível de estresse imposto ao organismo (ou seja, à carga interna de treino) e de que a magnitude dessa carga, por sua vez, está relacionada ao treino realizado (carga externa de treino) (Nakamura *et al.*, 2010). O princípio da individualidade biológica nos mostra que a carga interna também será influenciada pelas características individuais, como o nível de condicionamento e o potencial genético. Assim, podemos determinar a magnitude da carga interna de treinamento – responsável pelas adaptações e pelo desempenho almejados – combinando a carga externa com as características individuais (Debien *et al.*, 2015). Como pode ser observado no estudo de Charro *et al.* (2010a), diversos parâmetros podem ser utilizados para avaliar a carga interna, como, por exemplo, o perfil hormonal (relação entre testosterona e cortisol), a concentração de metabólitos (lactato e amônia) e o comportamento da frequência cardíaca (FC), mas como esses parâmetros são pouco aplicáveis no treinamento diário, a PSE da sessão aparece como uma alternativa viável para a adequação de carga.

Independentemente das outras possibilidades de avaliação ou acompanhamento dos treinos de força muscular, os testes de força são excelentes medidas de aptidão física e são indicadas para indivíduos iniciados (aqueles que já se familiarizaram com os exercícios), intermediários e avançados em treinamento de força. Os testes não são realizados em indivíduos iniciantes em virtude de, por muitas vezes, apresentarem limitação na coordenação para a realização do movimento (inviabilizando o teste) e de os grandes aumentos na carga de trabalho ocorrerem pelo aprimoramento do gesto motor, o que superestimaria a sua evolução da primeira para a segunda avaliação (Charro *et al.*, 2010b).

A força muscular é uma capacidade física que, quando desenvolvida, apresenta muitas vantagens para o indivíduo, pois colabora na redução de dores corporais e problemas posturais, aumentando a estabilidade articular (Prestes *et al.*, 2016, Uchida *et al.*, 2013); melhora as funções fisiológicas de indivíduos saudáveis e de grupos específicos como cardíacos, diabéticos, portadores de câncer e de artrite (Kraemer e Fragala, 2006); ajuda na autonomia para a realização de atividades da vida diária e potencializa o rendimento esportivo (Nakamura *et al.*, 2010).

O American College of Sports Medicine (2009), em seu posicionamento sobre prescrição do treinamento de força para adultos saudáveis, caracteriza esse tipo de treinamento como essencial para programas elaborados que visem desempenho e saúde, relacionando também os benefícios nos sistemas ósseo, articular, cardiovascular, respiratório e endócrino.

Uchida *et al.* (2013) sugerem que para atingir os objetivos propostos, o treinamento de força pode ser realizado nos regimes estático ou dinâmico e nas seguintes manifestações:

16.1.1. Regime estático

Resistência Muscular Localizada (RML) – sustentar 2 a 3 séries durante o maior tempo possível sem perder a eficiência do exercício (alterar o ângulo articular), utilizando entre 55% e 65% de 1 RM e com intervalos de 30 segundos a 45 segundos.

Força Máxima – sustentar em 5 a 20 séries durante o maior tempo possível sem perder a eficiência do exercício (alterar o ângulo articular), utilizando acima de 100% de 1 RM. Isto pode parecer estranho, pois é difícil imaginar a realização de um exercício com um peso acima do seu máximo, mas, nesse caso, não será necessário vencer o peso, apenas sustentá-lo.

16.1.2. Regime dinâmico

Resistência Muscular Localizada (RML) – realizado em torno de 2 a 3 séries por exercício, com 15 a 25 repetições, 55% a 65% de 1 RM, velocidade moderada e 30 a 45 segundos de intervalo entre as séries.

Força Explosiva – não tem número de séries e de repetições definido, pois pode ser realizado tanto com uma repetição como com muitas. Quando o número de repetições é baixo, o número de séries é alto (podendo chegar a 20), já quando o número de repetições é alto, o número de séries é menor. Realizado entre 30% e 60% de 1 RM à maior velocidade possível (sem a perda da eficiência). Quando o objetivo é o rendimento, deve-se utilizar de 2 a 5 minutos de intervalo entre as séries.

Força Hipertrófica – realizado em torno de 3 a 6 séries por exercício, com 6 a 12 repetições, 70% a 85% de 1 RM, velocidade moderada e 1min a 2min de intervalo entre as séries.

Força Máxima – com o objetivo de rendimento esportivo, é realizado em torno de 5 a 20 séries por exercício, com 1 a 3 repetições, 90% a 100% de 1 RM, velocidade lenta e 2 a 5 minutos de intervalo entre as séries.

As avaliações dos resultados em testes de força muscular são muito específicas. Ao avaliar a resistência de força, o importante é verificar a capacidade de realizar um gesto por tempo prolongado sem perder a eficiência do movimento. Já na força explosiva, o importante é verificar a relação da força com a velocidade; assim, a potência muscular pode ser avaliada ao impulsionar o corpo todo ou parte dele, bem como ao arremessar implementos, tudo isto podendo acontecer uma única vez ou várias vezes repetidamente. A avaliação da força máxima é o procedimento mais tradicional para determinar a maior resistência que pode ser vencida ou sustentada por tempo restrito, tanto que caracteriza uma das competições mais antigas do treinamento de força muscular que é o halterofilismo.

Relacionaremos aqui os testes de força mais indicados para objetivos estéticos e de saúde e os mais indicados para o rendimento esportivo e para escolares. Em seguida, para auxiliar na aplicação e utilização deles, relatamos os procedimentos mais comuns em cada um dos casos, bem como os critérios comparativos para determinar o nível de aptidão física para a força muscular.

TESTES MAIS INDICADOS PARA ESTÉTICA E SAÚDE
Teste de 1 repetição máxima ou contração voluntária máxima (1 RM); Teste de Repetições Máximas (TRM) e Dinamometria Isocinética Eletromecânica.

TESTES MAIS INDICADOS PARA ESCOLARES E PARA O RENDIMENTO
Testes de impulsão horizontal, impulsão vertical, abdominal, arremesso de *medicine ball*, plataforma de força e alguns testes funcionais.

A aplicação desses testes serve para determinar o nível de aptidão física para a força muscular em qualquer das suas manifestações, tanto para prescrever adequadamente a carga de treino como para acompanhar a evolução de um indivíduo. Em todos os casos, os procedimentos precisam ser padronizados para evitar erros na hora de comparar, seja com uma média populacional, seja com o próprio indivíduo em uma reavaliação. Essas padronizações estão disponíveis em protocolos validados na bibliografia científica; aqui, faremos uma sugestão de protocolo para cada um dos casos. Para mais detalhes em relação a outros testes, sugerimos a leitura do livro *Manual de Avaliação Física* proposto por Charro *et al.* (2010b).

16.2. Teste de 1 RM

Este é o teste de força mais indicado e utilizado pelos praticantes de musculação, bem como pelos pesquisadores que estudam a força muscular.

A escolha dos exercícios em que os testes serão aplicados está relacionada aos objetivos do trabalho. Caso a intenção seja apenas determinar a força de membros superiores e membros inferiores, o ACSM sugere a utilização dos exercícios de supino e *leg press*. Porém, caso a intenção seja a prescrição dos exercícios e acompanhamento da evolução em cada um deles, a sugestão é que seja realizado o teste de 1 RM em todos os exercícios da sequência de treino. Existem avaliações dos resultados propostas pelo Cooper Institute for Aerobics Research e revisada por Heyward (2004) que abordam a força relativa (peso máximo realizado / peso corporal) e, neste caso, são utilizados os dois exercícios sugeridos anteriormente (supino e *leg press*) ou seis exercícios: supino regulamentar, *pulley* frente, rosca direta, *leg press*, cadeira extensora e mesa flexora.

Seguem abaixo os procedimentos para a realização do teste.

É necessário realizar um aquecimento prévio. Além de movimentos articulares e alongamentos que o avaliado estiver habituado a realizar, existe a necessidade de um aquecimento específico com a realização de algumas repetições (entre 3 e 10) com um peso de leve a moderado (40% a 80% do valor estimado de 1 RM) do exercício que será testado (Kraemer e Fry, 1995), sugerimos aqui realizar inicialmente 5 repetições com 50% do máximo estimado, descansar 3 minutos e, então, realizar 3 repetições com 60% do máximo estimado antes de iniciar o teste propriamente dito.

Earle (1999) sugere que, após o aquecimento, o avaliador deverá estabelecer um peso próximo ao máximo (utilizando, para isso, uma comparação dos valores de treinamento do avaliado com a Tabela 16.1 e solicitar que o praticante realize uma repetição completa. Caso o praticante faça com sucesso essa tentativa, realiza-se um intervalo de 3 a 5 minutos, aumenta-se o peso em até 10% da tentativa anterior e solicita-se ao praticante que realize uma nova repetição.

Repete-se o procedimento enquanto o praticante obtiver sucesso, sendo o máximo de 5 tentativas; quando ele não conseguir realizar a repetição completa, considera-se o último peso em que a repetição foi realizada com sucesso e mantendo a técnica adequada como sendo o valor do teste de 1 RM. Se o avaliado conseguir determinar o máximo em 5 tentativas, o teste deverá ser cancelado nesse dia (em virtude da possibilidade de fadiga) e marcada uma nova data para sua aplicação, em que serão reiniciadas as tentativas com um peso mais adequado.

Tabela 16.1 – Valores correspondentes de números de repetições e % de 1 RM.

% de 1 RM	**Número de repetições**
100	1
95	2
93	3
90	4
87	5
85	6
83	7
80	8
77	9
75	10
70	11
67	12
65	15

Fonte: adaptado de Beachle, Earle e Wathen (2000).

Procedimentos para determinação do valor máximo estimado (que pode ser utilizado desta maneira para acompanhamento da condição e evolução do aluno/cliente ou para a realização do teste de 1 RM):

1. Verificar o número médio de repetições que o avaliado costuma utilizar em seus treinamentos.
   Exemplo: o avaliado costuma realizar em um determinado exercício com séries com 12 repetições e 86 kg.

2. Aplicar uma "regra de três" entre os valores por ele utilizado e a Tabela 16.1.
   Exemplo: O avaliado é do gênero masculino, tem 25 anos, peso corporal de 75 kg e utiliza 86 kg para realizar suas séries de treinamento com 12 repetições no exercício de supino regulamentar. Isso significa que, segundo a Tabela 16.1, este peso representa aproximadamente 67% do máximo. Assim, é só aplicar a "regra de três" (conforme abaixo).

86 kg – 67%
x – 100%

x = 86 × 100 / 67
x = 128 kg

Para aplicação do teste de 1 RM, esse valor servirá para propor o aquecimento prévio ao teste, além de servir como referência para a primeira tentativa do teste. No exemplo, teríamos:

Tabela 16.2 – Exemplo para aplicação do teste de 1 RM com os valores citados

Fase	Repetições	Peso	Intervalo	Resposta (realizou ou não)	Observações
Aquecimento	5	64 kg	3 min	Realizou	Com facilidade
	3	76 kg	3 min	Realizou	Com facilidade
Teste	1	128 kg	3 min	Realizou	1ª. tent. com dificuldade
	1	132 kg	5 min	Realizou	2ª. tent. Aumentou 2,5%
	1	134 kg	---------	Não realizou	3ª. tent. Aumentou 1,5%
	1	---------	---------	---------	4ª. tent. – Não realizou
	1	---------	---------	---------	5ª. tent. – Não realizou

Neste exemplo, o valor do teste de 1 RM foi de 132 kg, pois esse foi o último peso no qual o avaliado conseguiu realizar uma repetição completa.

Ainda nesse exemplo, se dividirmos os 132 kg (último peso realizado) pelos 75 kg (seu peso corporal), teremos sua força relativa (FR).

FR= 132 / 75
FR = 1,76

Sabendo que a sua força relativa é igual a 1,76, basta consultar as tabelas abaixo para saber sua condição de força muscular em membros superiores (Tabela 16.3) e verificaremos que a sua classificação é "Superior" e que a pontuação no supino para os seis exercícios (Tabela 16.5) teria obtido 10 pontos. Em ambos os casos, a condição física do avaliado em questão se apresenta bem acima da média populacional.

Tabela 16.3 – Nível de aptidão física em força relativa para o supino regulamentar no teste de 1 RM – Regime dinâmico

Supino – Classificação para idade/sexo no teste de 1 RM							
		Idade (anos)					
	Classificação	< 20	20 a 29	30 a 39	40 a 49	50 a 59	> 60
Homens	Superior	≥ 1,34	≥ 1,32	≥ 1,12	≥ 1,00	≥ 0,90	≥ 0,82
	Excelente	1,20 – 1,33	1,15 – 1,31	0,99 – 1,11	0,89 – 0,99	0,80 – 0,89	0,72 – 0,81
	Boa	1,07 – 1,19	1,00 – 1,14	0,89 – 0,98	0,81 – 0,88	0,72 – 0,79	0,67 – 0,71
	Média	0,90 – 1,06	0,89 – 0,99	0,79 – 0,88	0,73 – 0,80	0,64 – 0,71	0,58 – 0,66
	Fraca	≥ 0,89	≥ 0,88	≥ 0,78	≥ 0,72	≥ 0,63	≥ 0,57
Mulheres	Superior	≥ 0,78	≥ 0,81	≥ 0,71	≥ 0,63	≥ 0,56	≥ 0,55
	Excelente	0,66 – 0,77	0,71 – 0,80	0,61 – 0,70	0,55 – 0,62	0,49 – 0,55	0,48 – 0,54
	Boa	0,59 – 0,65	0,60 – 0,70	0,54 – 0,60	0,51 – 0,54	0,44 – 0,48	0,43 – 0,47
	Média	0,54 – 0,58	0,52 – 0,59	0,48 – 0,53	0,44 – 0,50	0,40 – 0,43	0,39 – 0,42
	Fraca	≥ 0,53	≥ 0,51	≥ 0,47	≥ 0,43	≥ 0,39	≥ 0,38

Fonte: *Manual de Certificação para Especialistas em Aptidão Física*. The Cooper Institute for Aerobics Research, Dallas, TX, Revisado em 1997. Adaptado de Heyward (2004).

Tabela 16.4 – Nível de aptidão física em força relativa para o *leg press* no teste de 1 RM – Regime dinâmico

***Leg Press* – Classificação para idade/sexo no teste de 1 RM**							
	Classificação	**Idade (anos)**					
		< 20	**20 a 29**	**30 a 39**	**40 a 49**	**50 a 59**	**> 60**
Homens	**Superior**	≥ 2,28	≥ 2,13	≥ 1,93	≥ 1,82	≥ 1,71	≥ 1,62
	Excelente	2,05 – 2,27	1,98 – 2,12	1,78 – 1,92	1,69 – 1,81	1,59 – 1,70	1,50 – 1,61
	Boa	1,91 – 2,04	1,84 – 1,97	1,66 – 1,77	1,58 – 1,68	1,47 – 1,58	1,39 – 1,49
	Média	1,71 – 1,90	1,64 – 1,83	1,53 – 1,65	1,45 – 1,57	1,33 – 1,46	1,26 – 1,38
	Fraca	≥ 1,70	≥ 1,63	≥ 1,52	≥ 1,44	≥ 1,32	≥ 1,25
Mulheres	**Superior**	≥ 1,71	≥ 1,68	≥ 1,47	≥ 1,37	≥ 1,25	≥ 1,18
	Excelente	1,60 – 1,70	1,51 – 1,67	1,34 – 1,46	1,24 – 1,36	1,11 – 1,24	1,05 – 1,17
	Boa	1,39 – 1,59	1,38 – 1,50	1,22 – 1,33	1,14 – 1,23	1,00 – 1,10	0,94 – 1,04
	Média	1,23 – 1,38	1,23 – 1,37	1,10 – 1,21	1,03 – 1,13	0,89 – 0,99	0,86 – 0,93
	Fraca	≥ 1,22	≥ 1,22	≥ 1,09	≥ 1,02	≥ 0,88	≥ 0,85

Fonte: *Manual de Certificação para Especialistas em Aptidão Física*. The Cooper Institute for Aerobics Research, Dallas, TX. Adaptado de Heyward (2004).

Tabela 16.5 – Nível de aptidão física em força relativa para os exercícios supino, rosca direta, *pulley* frente, cadeira extensora e mesa flexora no teste de 1 RM – Regime dinâmico para homens e mulheres

Força Relativa – Força Máxima (1 RM) / Peso Corporal Total							
	Supino	**Rosca Direta**	***Pulley***	***Leg Press***	**Cadeira Extensora**	**Mesa Flexora**	**Pontos**
Homens	1,50	0,70	1,20	3,00	0,80	0,70	10
	1,40	0,65	1,15	2,80	0,75	0,65	9
	1,30	0,60	1,10	2,60	0,70	0,60	8
	1,20	0,55	1,05	2,40	0,65	0,55	7
	1,10	0,50	1,00	2,20	0,60	0,50	6
	1,00	0,45	0,95	2,00	0,55	0,45	5
	0,90	0,40	0,90	1,80	0,50	0,40	4
	0,80	0,35	0,85	1,60	0,45	0,35	3
	0,70	0,30	0,80	1,40	0,40	0,30	2
	0,60	0,25	0,75	1,20	0,35	0,25	1
Mulheres	0,90	0,50	0,85	2,70	0,70	0,60	10
	0,85	0,45	0,80	2,50	0,65	0,55	9
	0,80	0,42	0,75	2,30	0,60	0,52	8
	0,70	0,38	0,73	2,10	0,55	0,50	7
	0,65	0,35	0,70	2,00	0,52	0,45	6
	0,60	0,32	0,65	1,80	0,50	0,40	5
	0,55	0,28	0,63	1,60	0,45	0,35	4
	0,50	0,25	0,60	1,40	0,40	0,30	3
	0,45	0,21	0,55	1,20	0,35	0,25	2
	0,35	0,18	0,50	1,00	0,30	0,20	1

Fonte: *Manual de Certificação para Especialistas em Aptidão Física*. The Cooper Institute for Aerobics Research, Dallas, TX. Adaptado de Heyward (2004).

Figura 16.1 – Posições inicial e final para o teste de 1 RM ou CVM no exercício supino

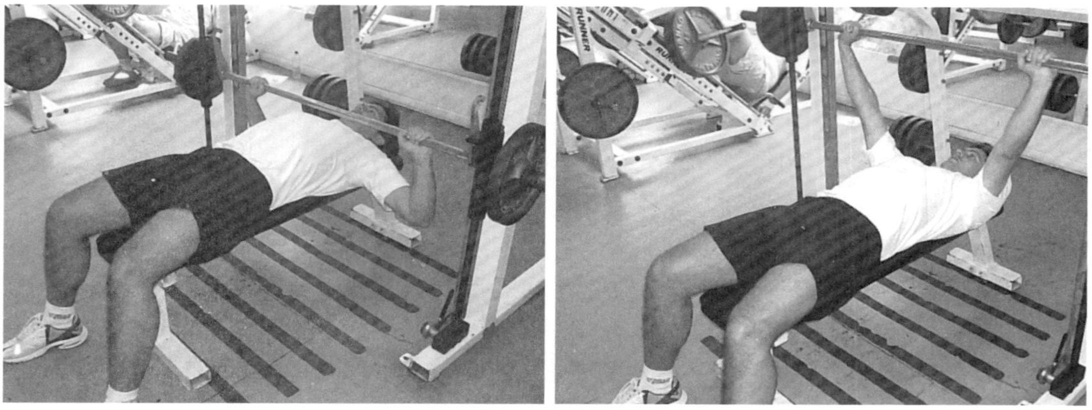

Figura 16.2 – Posições inicial e final para o teste de 1 RM ou CVM no exercício rosca direta

Figura 16.3 – Posições inicial e final para o teste de 1 RM ou CVM no exercício pulley frente

Figura 16.4 – Posições inicial e final para o teste de 1 RM ou CVM no exercício *leg press*

Figura 16.5 – Posições inicial e final para o teste de 1 RM ou CVM no exercício cadeira extensora

Figura 16.6 – Posições inicial e final para o teste de 1 RM ou CVM no exercício mesa flexora

Tabela 16.6 – Classificação do Condicionamento de Força Muscular

Total de Pontos	Classificação do Condicionamento de Força
48 – 60	Excelente
37 – 47	Bom
25 – 36	Médio
13 – 24	Satisfatório
00 – 12	Fraco

Fonte: *Manual de Certificação para Especialistas em Aptidão Física*. The Cooper Institute for Aerobics Research, Dallas, TX. Adaptado de Heyward (2004).

16.3. Testes para escolares: saúde e desempenho esportivo

A avaliação da força e da flexibilidade para crianças e adolescentes foi estruturada a partir da necessidade de se estabelecer uma fundamentação teórica e prática para escolares. Para tanto, o enfoque do conteúdo foi principalmente sobre o comportamento motor, para que seja possível avaliar programas adequados de educação física e/ou estruturação de treinamento físico.

A educação física para crianças e adolescentes, quando estruturada com base nos conhecimentos técnicos, pode criar um ambiente propício ao desenvolvimento e aprendizagem que favorecerá a aptidão física e as potencialidades de movimento.

Segundo o posicionamento oficial sobre aptidão física na infância e adolescência do Colégio Americano de Medicina Esportiva (ACSM), as escolas, comunidades e organizações nacionais devem adotar uma aproximação lógica e científica sobre a avaliação da aptidão física. O foco da avaliação física deve estar relacionado à saúde e à aptidão física, cujos desenvolvimento e manutenção são importantes em todas as fases da vida.

Assim, vamos descrever as principais sugestões e recomendações de modelos para avaliação física na infância e adolescência, através de manuais, protocolos e regulamentos nacionais e internacionais.

Um dos manuais que apresentam uma proposta interessante devido à aplicabilidade dos testes é o da PROESP-BR (Gaya e Gaya, 2016), pois ele leva em consideração as limitações em estrutura física e disponibilidade de materiais para as aulas de educação física; assim, desenvolveu uma bateria de testes para avaliação de parâmetros de saúde e desempenho motor de baixo custo e poucos materiais, resguardando, contudo, os critérios de validade, fidedignidade e objetividade.

Testes de força muscular para saúde

Resistência muscular localizada	Nº de abdominais em 1 minuto *Sit-up*

Testes de força muscular para o desempenho esportivo

Força explosiva de membros superiores	Arremesso de *medicine-ball* (2 kg)
Força explosiva de membros inferiores	Salto horizontal (em distância)
Força explosiva de membros inferiores	Salto vertical (em distância)
Força para membros superiores	Flexão de braços

Tendo como objetivo a aplicação da avaliação pelo professor durante as aulas de educação física, Gaya e Gaya (2016) sugerem que a bateria de testes seja dividida em quatro aulas, realizando os testes de aptidão física para a saúde nas duas primeiras e os testes para o desempenho esportivo nas duas seguintes. Também apontam a associação em crianças e adolescentes brasileiros entre determinados valores do teste de flexibilidade (sentar e alcançar) e de resistência abdominal (*sit-up*) a ocorrências de dor e hiperlordose lombar. Para isto, estabeleceram pontos de corte (que variam de acordo com idade e sexo) que dividem crianças e adolescentes entre a zona de risco à saúde e a zona saudável, conforme as Tabelas 16.7 e 16.8. Valores abaixo dos pontos de corte são considerados como a zona de risco à saúde e valores acima dos pontos de corte são considerados como a zona saudável.

Tabela 16.7 – Valores críticos do teste de flexibilidade (sentar e alcançar sem banco) para a saúde

Idade	Rapazes	Moças
6	28,9	40,5
7	28,9	40,5
8	32,5	39,5
9	29,2	35,0
10	29,5	36,5
11	29,5	34,5
12	29,5	39,5
13	26,5	38,5
14	30,5	38,5
15	31,0	38,5
16	34,5	39,5
17	34,0	39,5

Fonte: Gaya e Gaya (2016).

Tabela 16.8 – Valores críticos do teste de resistência abdominal (*sit up*) para saúde

Idade	Rapazes	Moças
6	18	18
7	18	18
8	24	18
9	26	20
10	31	26
11	37	30
12	41	30
13	42	33
14	43	34
15	45	34
16	46	34
17	47	34

Fonte: Gaya e Gaya (2016).

16.4. Descrição dos testes e tabelas de referência

16.4.1. Resistência de força

Abdominal (Aahper, 1976)

Este teste tem por objetivo determinar a resistência de força da musculatura abdominal, utilizando como material colchonete, cronômetro e uma pessoa para auxiliar.

O avaliado deverá iniciar o teste em decúbito dorsal, com os joelhos flexionados (formando um ângulo de 90° entre coxas e pernas) e mantendo a região posterior do quadril, coluna e escápulas todos em contato com o colchonete. Os braços deverão ficar cruzados à frente do peito. Partindo dessa posição, deve-se flexionar a coluna e o quadril até tocar os antebraços na coxa e só então voltar à posição inicial. O movimento deve ser repetido quantas vezes o avaliado conseguir durante 1 minuto e serão contadas apenas as repetições executadas corretamente. Não é permitido descanso maior que 2 segundos entre uma repetição e outra.

O auxiliar deverá segurar os pés do avaliado para não permitir que eles percam o contato com o solo.

Figura 16.7 – Realização do abdominal.

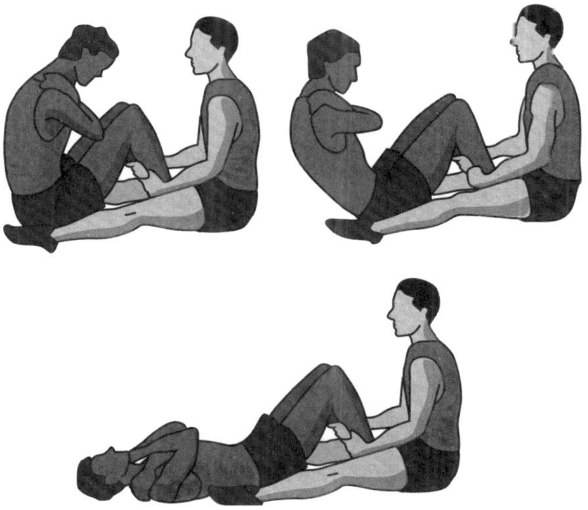

16.4.2. Força explosiva

Arremesso de *medicine ball* (Johnson e Nelson, 1979)

Este teste objetiva determinar a força explosiva (potência) de membros superiores e cintura escapular.

Os materiais necessários são uma cadeira, um *medicine ball* de 2 kg, uma corda, fita adesiva, uma trena e material para anotação.

O avaliado deverá estar sentado na cadeira e preso a ela com a corda na altura do peito. Após isso, ele deverá segurar a bola com as duas mãos na altura do peito e mantendo-a o mais próxima possível do corpo. O arremesso será realizado somente pelos membros superiores e cintura escapular, não realizando movimento em nenhuma outra parte do corpo.

O resultado será a distância em centímetros entre os pés da cadeira e o local do primeiro contato da bola com o solo.

Serão realizadas três tentativas, utilizando-se a maior distância como resultado final.

Tabela 16.9 – Classificação do teste do arremesso do *medicine ball*

Nível de Rendimento	Sexo Masculino	Sexo Feminino
Avançado	763 cm ou mais	428 cm ou mais
Intermediário / Avançado	611 cm – 762 cm	367 cm – 427 cm
Intermediário	367 cm – 610 cm	214 cm – 366 cm
Iniciante / Intermediário	275 cm – 366 cm	123 cm – 213 cm
Iniciante	274 cm ou menos	122 cm ou menos

Fonte: adaptado de Johnson e Nelson (1979).

Impulsão horizontal (Johnson e Nelson, 1979)

Este teste objetiva determinar a potência de membros inferiores no plano horizontal sem a necessidade de muitos materiais.

Para a realização do teste, é necessário utilizar um piso liso e não escorregadio, com no mínimo 6 metros, além de fita adesiva para demarcar a linha inicial, trena e material para anotação.

O teste será realizado a partir da posição em pé, com os pés paralelos e um pequeno afastamento lateral entre eles, atrás da linha inicial e o mais próximo possível da linha. Após o sinal sonoro, o avaliado deverá realizar uma impulsão para frente com o auxílio dos membros superiores, tentando atingir o ponto mais distante possível.

O resultado será o valor, em centímetros, correspondente à distância entre a linha inicial e a ponta dos pés mais próxima dela no primeiro contato com o solo.

Serão realizadas três tentativas, utilizando a melhor marca como valor da impulsão horizontal do avaliado.

O teste também poderá ser realizado com deslocamento antes do salto.

Figura 16.8 – Realização da impulsão horizontal

Tabela 16.10 – Classificação do teste de impulsão horizontal

Classificação	Resultados (metros)
Fraco	< 2,30
Regular	2,30 – 2,49
Bom	2,50 – 2,69
Muito Bom	2,70 – 2,89
Excelente	> 2,90

Fonte: Rocha e Caldas (*apud* Marins e Gianicchi, 2007).

Tabela 16.11 – Classificação do teste de impulsão horizontal para jovens

Classificação do Teste de Impulsão Horizontal para Homens e Mulheres de 11 a 16 anos						
Sexo	**Idade**	**Excelente**	**Muito bom**	**Bom**	**Regular**	**Fraco**
Masculino	11 – 12	2,10 ou mais	2,09 – 2,00	1,99 – 1,90	1,89 – 1,80	1,79 ou menos
Masculino	13 – 14	2,46 ou mais	2,45 – 2,32	2,31 – 2,21	2,20 – 2,07	2,06 ou menos
Masculino	15 – 16	2,71 ou mais	2,70 – 2,57	2,56 – 2,43	2,42 – 2,29	2,28 ou menos
Feminino	11 – 12	2,02 ou mais	2,01 – 1,94	1,93 – 1,86	1,85 – 1,78	1,77 ou menos
Feminino	13 – 14	2,06 ou mais	2,07 – 1,96	1,95 – 1,88	1,87 – 1,83	1,82 ou menos
Feminino	15 – 16	2,23 ou mais	2,12 – 2,06	2,05 – 1,99	1,98 – 1,92	1,91 ou menos

Fonte: Lancetta, 1988 (*apud* Marins e Gianicchi, 2007).

Impulsão vertical (Johnson e Nelson, 1979)

Este teste objetiva determinar a potência de membros inferiores no plano vertical sem a necessidade de muitos materiais.

Para a realização do teste, é necessário utilizar uma parede ou pilar liso com no mínimo 3 metros de altura, acrescentando-se uma escala graduada em centímetros; pó de giz; e material para anotação.

O teste será organizado em duas etapas, onde, na primeira etapa, o avaliado deverá estar em pé, de lado para o instrumento de medida e elevando a mão dominante acima da cabeça, tentando tocar o ponto mais alto possível sem perder o contato das plantas dos pés com o solo. Então, o avaliador deverá anotar a marca atingida. Já na segunda etapa, o avaliado deverá sujar os dedos da mão dominante com pó de giz e, após flexionar quadris e joelhos, impulsionar seu corpo verticalmente, saindo do solo e tentando novamente tocar o ponto mais alto possível da escala, podendo para isso utilizar o auxílio dos membros superiores.

O resultado do teste será o valor em centímetros da subtração da marca de giz mais alta (durante o salto) do valor anotado pelo avaliador na primeira etapa.

Serão realizadas três tentativas, utilizando a melhor marca como valor da impulsão vertical do avaliado.

O teste também poderá ser realizado sem o auxílio dos braços (mantendo-os acima da cabeça durante as duas fases), ou ainda, em qualquer uma das duas situações, é possível realizar o teste com deslocamento (um ou dois passos).

Figura 16.9 – Posições de marcação, inicial e final para o teste de impulsão vertical

Figura 16.10 – Nomograma de Lewis para determinar a potência anaeróbia pelo resultado do teste de impulsão vertical em relação ao peso corporal

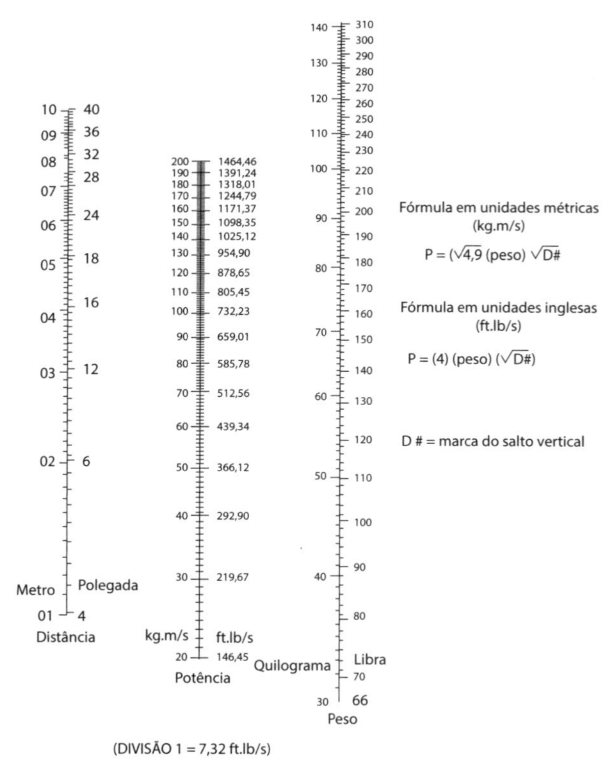

Tabela 16.12 – Nível de aptidão física para jovens dos gêneros masculino e feminino no teste de impulsão vertical

Classificação para o teste de impulsão vertical (masculino e feminino)						
Sexo	**Idade**	**Excelente**	**Muito bom**	**Bom**	**Regular**	**Fraco**
Masculino	11 – 12	44 ou mais	43 – 41	40 – 37	36 – 34	33 ou menos
Masculino	13 – 14	56 ou mais	55 – 50	49 – 44	43 – 38	37 ou menos
Masculino	15 – 16	60 ou mais	59 – 55	54 – 50	49 – 45	44 ou menos
Feminino	11 – 12	41 ou mais	40 – 37	36 – 33	32 – 29	28 ou menos
Feminino	13 – 14	50 ou mais	49 – 45	44 – 40	39 – 35	34 ou menos
Feminino	15 – 16	51 ou mais	50 – 47	46 – 43	42 – 39	38 ou menos

Fonte: Lancetta (1988 *apud* Marins e Gianicchi, 1996).

16.4.3. Força muscular

Flexão de braços (Aahper, 1976)

Este teste visa mensurar de maneira indireta a resistência de força de membros superiores, utilizando como material um colchonete e um cronômetro.

O avaliado deverá estar com as mãos e os pés em contato com o solo, mantendo o alinhamento entre a cabeça, o tronco e os membros inferiores e dispondo as mãos com um afastamento pouco maior que a distância dos ombros, partindo de uma posição inicial na qual os cotovelos estejam em extensão. Em seguida, ele deverá descer, flexionando os cotovelos, até que se forme um ângulo inferior a 90° entre braço e antebraço e só então voltar à posição inicial. O movimento será repetido quantas vezes o avaliado conseguir durante 1 minuto. Devem ser contadas somente as repetições executadas corretamente.

Figura 16.11 – Realização da flexão de braços

Tabela 16.13 – Padrões de resistência muscular para flexão de braços

Sexo	Classificação	20-29 anos	30-39 anos	40-49 anos	50-59 anos	60-69 anos
Masculino	Excelente	55 ou +	45 ou +	40 ou +	35 ou +	30 ou +
	Bom	45 – 54	35 – 44	30 – 39	25 – 34	20 – 29
	Regular	35 – 44	25 – 34	20 – 29	15 – 24	10 – 19
	Satisfatório	20 – 34	15 – 24	12 – 19	08 – 14	05 – 09
	Fraco	00 – 19	00 – 14	00 – 11	00 – 07	00 – 04
Feminino	Excelente	49 ou +	40 ou +	35 ou +	30 ou +	20 ou +
	Bom	34 – 48	25 – 39	20 – 34	15 – 29	05 – 19
	Regular	17 – 33	12 – 24	08 – 19	06 – 14	03 – 04
	Satisfatório	06 – 16	04 – 11	03 – 07	02 – 05	01 – 02
	Fraco	00 – 05	00 – 03	00 – 02	00 – 01	00

Fonte: adaptado de Pollock, Wilmore e Fox (1978).

Referências

AMERICAN ALLIANCE FOR HEALTH, PHYSICAL EDUCATION AND RECREATION (AAHPER). *Aahper Youth Fitness Test Manual*. Washington, EUA, 1976.

AMERICAN COLLEGE OF SPORTS MEDICINE (ACSM). *Diretrizes do ACSM para os Testes de Esforço e sua Prescrição*. Rio de Janeiro: Guanabara/Koogan, 2000.

AMERICAN COLLEGE OF SPORTS MEDICINE (ACSM). Position Stand: Progression models in resistance training for healthy adults. *Med Sci Sports Exerc*, v. 41, n. 3, p. 687–708, 2009.

BAECHLE, T. R.; EARLE, R. W.; WATHEN, D. Resistance training. *In*: BAECHLE, T. R.; EARLE, R. W. (org.). *Essentials of strength training and conditioning*. 2. ed. Champain: Human Kinetics, 2000. p. 395–425.

BRAGA, F.C.C. *Desenvolvimento de força nas aulas de educação física*. Dissertação de Mestrado em Ciências do Movimento Humano – Universidade Federal do Rio Grande do Sul – UFRGS. Brasil, 2006.

CHARRO, M.A. *et al*. Session-RPE, hormonal and metabolic responses to different resistance training systems. *Journal of Sports Medicine and Physical Fitness*, v. 50, n. 2, p. 229–234, 2010a.

CHARRO, M. A. *et al*. *Manual de Avaliação Física*. São Paulo: Phorte, 2010b.

DEBIEN, P. B. *et al*. Caracterização das cargas de treinamento da Seleção Brasileira de Conjutos de Ginástica Rítmica durante o período preparatório. XIX Congresso Brasiliero de Ciências do Esporte (CONBRACE). Vitória, Espírito Santo. 2015.

EARLE, R. W. Weight training exercise prescription. *In*: *Essentials of personal training symposium workbook*. Lincon: NSCA Certification Commission, 1999.

FOSTER, C. *et al*. A new approach to monitoring exercise training. *Journal of Strength and Conditioning Research*, v. 15, n. 1, p. 109–115, 2001.

GAYA, A. C. A.; GAYA, A. *Projeto esporte Brasil: manual de testes e avaliação – PROESP-BR*. UFRGS. Porto Alegre: Editora Perfil, 2016.

HEYWARD, V. H. *Avaliação física e prescrição de exercício*. Técnicas avançadas. 4.ed. Porto Alegre: Artmed, 2004.

JOHNSON B. L; NELSON J. K. *Practical Measurements for Evaluation in Physical Education*. Minnesota: Burgess Publishing Company, 1979.

KRAEMER, W. J.; FRAGALA, M. S. Personalize It: Program design in resistance training. *ACSM'S Health & Fitness Journal*, v. 10, n. 4, p. 7–17, 2006.

KRAEMER, W. J.; FRY, A. C. Strength testing: development and evaluation of methodology. *In*: MAUD, P. J.; FOSTER, C. (ed.). *Physiological assessment of human fitness*. Champaign: Human Kinetics, 1995. p. 115–38.

MARINS, J. C. B; GIANNICHI, R. S. *Avaliação e prescrição de atividade física: Guia prático.* 3. ed. Rio de Janeiro: Shape, 2007.

MOREIRA, R. B. *et al.* Teste sentar-e-alcançar sem banco como alternativa para a medida de flexibilidade de crianças e adolescentes. *RBAFS*, v.1, n.3, 2009.

NAKAMURA, F. Y.; MOREIRA, A.; AOKI, M. S. Monitoramento da carga de treinamento: A percepção subjetiva do esforço da sessão é um método confiável? *Revista da Educação Física*, v. 21, n. 1, p. 1–11, 2010.

POLLOCK M. L; WILMORE J. H; FOX S. M. *Health and fitness thorough physical activity*. Nova York: John Wiley & Sons, 1978.

PRESTES, J. *et al. Prescrição e periodização do treinamento de força em academias*. 3. ed. São Paulo: Manole, 2016.

UCHIDA, M. *et al. Manual de Musculação*. 7. ed. São Paulo: Phorte, 2013.

SEÇÃO 4

Organização, princípios e prescrição do treinamento de força

17

Treinamento de força e suas aplicações na saúde, na estética e na performance

Marco Carlos Uchida

Hélio José Coelho Júnior

Vinícius Freitas

OBJETIVO DO CAPÍTULO

O objetivo deste capítulo será apresentar os objetivos e as recomendações associadas ao treinamento de força, bem como suas principais aplicações.

O treinamento de força, treinamento resistido ou ainda musculação foi popularmente conhecido na década de 1970, a partir da apresentação de fisiculturistas e entusiastas do treinamento com pesos, que se destacavam pela significativa hipertrofia muscular ou do físico "avantajado". Porém, desde as décadas de 1950 e 1960, muitos atletas já utilizavam o treinamento de força para a melhora do rendimento esportivo, muitos por meio da sistematização do treinamento físico. E, finalmente, a partir da década de 1980, o treinamento de força foi incluído com mais destaque nas academias de ginástica, principalmente com maior aceitação e até indicação pela comunidade médica.

Atualmente, o praticante do treinamento de força tem bem claro quais os possíveis efeitos de um período sob estímulo das contrações musculares vigorosas, decorrentes do treinamento de força. Uma das respostas mais óbvias e desejadas é o aumento da força muscular, que inicialmente é causada por adaptação neural. A força muscular, assim como a potência muscular (i.e., potência = força × velocidade), são capacidades físicas desejadas na superação esportiva, na busca do melhor desempenho, claramente representado pelos termos em latim: *citius, altius, fortius*, que significam, respectivamente, "mais rápido", "mais alto" e "mais forte"; lema criado por Pierre de Coubertin, conhecido por inaugurar os Jogos Olímpicos da era moderna. Porém, é importante deixar bem claro que a força e a potência muscular não são capacidades físicas importantes apenas no rendimento esportivo, artes marciais ou na dança, mas para inúmeras atividades da vida diária, como as domésticas, profissionais e/ou de lazer.

Com isso, apagamos o paradigma da força *apenas* para o desempenho esportivo, e salientamos sua importância para a saúde geral. Haja visto que na década de 1970 apenas as atividades de resistência aeróbia eram consideradas importantes para a saúde, pois levavam a adaptações cardiorrespiratórias e metabólicas, mas tinham papel discreto sobre a manutenção da força, potência, massa muscular, óssea e na estrutura articular. A evolução das pesquisas na área do treinamento de força deixa muito claro que esse tipo de intervenção possui papel fundamental em diversas frentes, principalmente na manutenção e melhora da funcionalidade física, como durante o envelhecimento — período de perdas fisiológicas que acarretam no decréscimo de força, potência, resistência e massa muscular —, e como na saúde osteoarticular, além do seu papel profilático sobre as lesões.

Dentre as diversas adaptações oriundas do treinamento de força, as alterações nos aspectos morfológicos, principalmente o aumento da massa muscular ou hipertrofia muscular que também está associada à maior capacidade de gerar força, são, sem dúvida alguma, uma das alterações mais almejadas pelos praticantes. Essa adaptação é uma resposta positiva no balanço entre a síntese e a degradação proteica da fibra muscular, portanto, predominando a síntese. Os estímulos que levam a esse fenômeno são diversos, ocorrendo em função das inúmeras combinações entre as variáveis do treinamento físico, e.g. intensidade, volume, intervalo entre as séries, ordem dos exercícios, velocidade e tipo da contração muscular.

Portanto, o praticante do treinamento de força (recreacional, atleta de alto rendimento ou até um idoso frágil) pode, definitivamente, ser beneficiado das suas diversas adaptações morfofuncionais, como o aumento de massa muscular, força e potência, resultando na melhora do seu desempenho físico, seja ele destinado para o esporte ou a saúde.

Quadro 17.1 – Principais objetivos gerais e específicos do treinamento de força

Objetivo geral	Objetivo específico
Estética	Aumento da massa muscular Diminuição da gordura corporal
Saúde	Aumento ou manutenção da força Aumento ou manutenção da potência muscular Melhora ou manutenção do equilíbrio Aumento e manutenção da massa muscular Melhora ou manutenção na realização das atividades da vida diária Melhor controle da glicemia Proteção articular Aumento e/ou manutenção da massa óssea Melhor recuperação após as lesões e cirurgias
Performance	Aumento da força Aumento da potência muscular Economia de movimento Proteção articular

17.1 Aplicação do treinamento de força na estética

Um dos objetivos com maior destaque entre aqueles que ingressam em uma academia de musculação é a melhora da estética, que se baseia no aumento da massa muscular e/ou na diminuição da gordura corporal. O aumento da massa muscular, ou também denominado de hipertrofia muscular, se baseia no aumento do tamanho das fibras ou células musculares, ou seja, do ponto de vista molecular há amento no número de miofilamentos (i.e., actina e miosina), resultando no aumento do número de sarcômeros em paralelo. Este aumento no número de miofilamentos, resulta no aumento do tamanho e até número de miofibrilas (cuidado, esse aumento no número de miofibrilas não é a hiperplasia muscular), causando aumento no tamanho dos feixes ou fascículos musculares e, finalmente, aumento do músculo como um todo. Há ainda a hipótese da hipertrofia muscular sarcoplasmática, que se dá pelo aumento de elementos não contráteis, tecido conjuntivo, glicogênio e fluidos, mais presente em fisiculturistas (*bodybuilders*) do que em *powerlifters* (atletas de levantamento básico [supino, terra e agachamento]) (Schoenfeld, 2010).

A diminuição da gordura corporal, por sua vez, pode ser vista como uma resposta ao balanço energético ou calórico negativo, em que existe maior gasto energético em comparação ao consumo. Esse fenômeno possui impacto positivo na estética e na saúde, pois o excesso de gordura corporal está relacionado diretamente a doenças crônico degenerativas não transmissíveis, como a síndrome metabólica. A hipertrofia muscular e a diminuição da gordura corporal serão amplamente discutidas neste livro, sendo aqui, portanto, dada apenas uma introdução a respeito de questões gerais sobre o tema.

O músculo esquelético, um tecido proteico, portanto uma estrutura dependente de processos biológicos constantes, tem como resultado possíveis alterações morfológicas, aumentando (i.e., hipertrofia), diminuindo (i.e., atrofia) ou simplesmente não se alterando. Por esse motivo, o músculo é conhecido como um tecido com alta plasticidade (i.e. propriedade de adaptação de uma estrutura a diferentes estímulos), ou seja, em função de um adequado treinamento físico e nutrição a resposta do músculo muito provavelmente vai apresentar um perfil anabólico, resultando no aumento da massa muscular. No entanto, é também possível que, a ausência de estímulos mecânicos, como ficar acamado, deixar um segmento articular imobilizado ou durante um significativo destreinamento muscular, e/ou uma ingestão calórica e/ou proteica inadequada possa culminar em um perfil catabólico, resultando na diminuição da massa muscular do indivíduo.

É importante salientar que as estruturas proteicas estão a todo momento em um processo de síntese e degradação proteica, gerando seu remodelamento. Dessa forma, é importante que haja um balanço positivo, a favor da síntese proteica, que significa:

1. mais síntese, e manutenção da degradação de proteínas;
2. menos degradação, mantendo a síntese de proteínas constante; e
3. mais síntese e menor degradação de proteínas (talvez o ideal).

A síntese proteica muscular é deprimida durante o exercício de força, por outro lado. Após o exercício, no período de recuperação, há aumento na taxa de síntese proteica, podendo persistir por até 48 horas após a sessão de exercícios de força em indivíduos alimentados (Kumar *et al.*, 2009). Caso isso aconteça, haverá predominância anabólica e, consequentemente, hipertrofia muscular. No entanto, de forma muito simplista, muitos instrutores e treinadores se preocupam apenas com a síntese proteica e poucos reportam o papel da degradação proteica, sendo as duas faces fisiológicas e importantes, o que denominamos de *turnover* (metabolismo) proteico (Kumar *et al.*, 2009). Portanto, é importante pensar que tem pouca serventia o aumento da síntese proteica, caso esse fenômeno não seja acompanhado de manutenção, ou mesmo da diminuição do catabolismo proteico.

Está bem descrito em livros e textos da área de treinamento de força a necessidade de um perfil especifico sobre as variáveis do treinamento (e.g. intensidade, volume, intervalo entre as séries, tipo de ação muscular) que melhor estimulariam a hipertrofia muscular. A intensidade do treinamento é uma das variáveis mais investigadas e associadas a esse fenótipo, sendo que grande parte dos estudos e livros relatam que a intensidade deve ser superior a 60% de uma repetição máxima (1 RM) para que haja um estímulo eficiente para causar hipertrofia muscular. Porém, já existem relatos na literatura científica demonstrando sessões de exercício físico de baixa intensidade (e.g. 30% 1 RM) realizados até a falha muscular na ação muscular concêntrica, de forma aguda, tem um efeito anabólico positivo pelas vias de sinalização moleculares (Burd *et al.*, 2010). Além disso, já é possível verificar que realmente há aumento da massa muscular cronicamente (e.g., 10 semanas de treinamento) mesmo em baixas intensidades, 30% 1 RM, também com a realização de repetições até a fadiga, demonstrando que não existe apenas uma faixa de intensidade restrita para se atingir a hipertrofia muscular. Porém, vale ressaltar que na questão da força muscular, um aumento superior foi registrado em protocolos com maior intensidade (e.g. 80% 1 RM), comparado a protocolos de baixa intensidade (Mitchell *et al.*, 2012). No entanto, outros fatores são importantes e devem ser considerados, tal como o nível de treinamento dos praticantes, pois muitos estudos são realizados com indivíduos não treinados. Outro ponto de grande discussão é a questão de treinar até a fadiga para se aumentar a massa muscular, pois o treinamento dessa natureza a médio e longo prazo são desestimulantes, cansativos e lesivos, podendo ser mais um componente para se atingir a síndrome de *overtraining*.

O treinamento de força tem como componente principal ações de contração muscular vigorosa (tensão), considerado como um estresse mecânico, que pode gerar a quebra da homeostasia muscular esquelética, causando uma resposta molecular e celular mecano-químico-transdutiva sobre as miofibrilas e células satélites, o que resultaria em um balanço predominantemente positivo para a síntese proteica. Por outro lado, um estresse denominado metabólico, resultado do acúmulo de metabólitos como lactato, fosfato inorgânico e H+ parecem também ter um papel sobre o estímulo positivo na hipertrofia muscular, isso reflete em treinos com grande utilização da via glicolítica, e diminuição do pH intramuscular, como pode ser observado em sessões com mais repetições e curto intervalo entre as séries (e.g. inferior a um minuto), ou ainda, em treinos com restrição vascular, ou *Kaatsu training* (Schoenfeld, 2013). Outra forma, bem conhecida e mais popular, para se atingir a hipertrofia muscular é aquela relacionada ao dano muscular (também conhecida como microlesões), altamente associada a dor muscular de início tardio (DMIT), onde o pico de dor está presente nas primeiras 48 horas. O dano pode ser entendido como o rompimento do sarcolema (membrana da célula muscular), lâmina basal, tecido conjuntivo, atingindo as estruturas contráteis (Schoenfeld, 2010).

Após o miotrauma ocorre uma cascata de eventos para a reparação celular, como a atividade do sistema imunológico, inflamação, estímulos hormonais, migração e atividade de células satélites, entre outros. Tudo isso resulta na recuperação da célula muscular e sua hipertrofia. Porém, deve-se deixar claro que o termo em inglês "*no pain, no gain*" (sem dor, sem ganho), deve ser visto com cautela, já que quanto mais treinado o sujeito for, menos dor e dano terá, pois as estruturas proteicas da célula muscular estarão mais preparadas e fortes para os estímulos intensos.

Muitos praticantes buscam, não apenas a hipertrofia muscular, mas também a chamada "definição muscular". Isso simplesmente é a associação de uma pronunciada massa muscular, com baixa gordura corporal, dessa forma há o destaque da musculatura em sua aparência. Para isso, o treinamento deve gerar um estímulo para hipertrofia muscular, mas também se preocupar com a questão da diminuição da gordura corporal, portanto, um balanço energético negativo. Muitos atletas de fisiculturismo (Figura 17.1) optam por planejar o treinamento anual e, por vezes, destacam um dos períodos como "*off season*" (i.e. fora do período de competição), que tem por objetivo a hipertrofia muscular ótima, através de uma nutrição muitas vezes hipercalórica, o que resulta não só no aumento da massa muscular, mas também da gordura corporal. No entanto, já mais próximo do período de apresentação e competição, esses atletas fazem um treinamento com mais volume conjuntamente com uma restrição calórica total, gerando um balanço energético negativo, portanto, com um perfil mais catabólico não só para gordura, mas também para o músculo. Existem também fisiculturistas que se mantêm "definidos" (mas não na mesma condição das competições) praticamente o ano inteiro, fazendo ajustes mais finos na alimentação e treinamento, sem grande mudanças nos compartimentos (massa muscular e gordura), algo mais controlado e planejado.

Figura 17.1 – Fisiculturista (*bodybuilder*) treinando

Em relação a diminuição da gordura corporal, é necessário ter bem claro a necessidade de se atingir o balanço energético (ou calórico) negativo, gastar mais e ingerir menos calorias, para isso alguns itens do treinamento podem ser importantes e contribuintes para esse objetivo, como o próprio gasto de energia da sessão de treinamento; a presença da EPOC (*excess post-exercise oxygen consumption*, i.e. gasto de energia adicional mesmo após o término da sessão de exercício); aumento do metabolismo de repouso (i.e. gasta-se uma energia extra, esta pode ser relacionada a hipertrofia muscular, porém vale lembrar que o aumento não é tão significativo, e não temos um aumento da massa muscular de forma significativa todos os meses); aumento do gasto energético da atividade física da vida diária (i.e. isso pode acontecer principalmente com idosos), mas algo importante que deve ser destacado é que o treinamento de força tem o papel de preservar a massa muscular, ou minimizar a sua perda em períodos de restrição calórica.

17.2 Aplicação do treinamento de força na saúde

17.2.1 Efeito do treinamento de força na saúde neuromuscular de idosos

Um grande número de evidências científicas apresentam resultados positivos do treinamento de força (TF) sobre a massa muscular e a capacidade funcional (e.g. força e potência) nas diversas populações, do sedentário ao atleta de alto rendimento. É importante descrever que os efeitos benéficos do TF não são exclusivos de idosos comprometidos funcionalmente, mas também podem ser observados em idosos que não apresentam síndromes geriátricas e doenças crônicas degenerativas, denominados de idosos robustos.

O declínio da massa muscular, bem como da capacidade do músculo esquelético em produzir força e potência, parece ser uma condição inerente ao sistema orgânico humano, podendo levar ao desenvolvimento de síndromes, como a **sarcopenia** (do grego, *sarx* = carne, *penia* = perda). Ainda que durante muito tempo esse fenômeno tenha sido caracterizado apenas como a perda da massa muscular esquelética, recentemente, grupos de estudo europeus (e.g. *European working group on sarcopenia in older people*) e asiáticos (e.g. *Asian working group for sarcopenia*) propuseram que o diagnóstico dessa síndrome deve agregar a **dinapenia** (i.e. perda da força e potência) e/ou a perda da funcionalidade física do indivíduo; que se refere a sua capacidade de realizar tarefas que mimetizam as atividades da vida diária (e.g. sentar e levantar). Devido principalmente a fatores temporais, comportamentais (e.g. baixo nível de atividade física, alimentação inadequada) e fisiológicos (e.g. alterações hormonais, neuromusculares e/ou imunológicas), a síndrome de sarcopenia possui alta prevalência na população idosa. Esse fator causa grande preocupação para a equipe multidisciplinar de cuidados com a saúde do idoso, haja vista que os desfechos da síndrome de sarcopenia estão associados a diminuição da capacidade desse indivíduo em realizar as tarefas do dia a dia, aumentando a necessidade do cuidado de terceiros, e, muitas vezes, levando a institucionalização (e.g. asilos), ou ainda chegando a morte precoce.

O treinamento de força vem sendo estudado como uma terapia profícua na reversão da sarcopenia. Estudiosos sugerem que o treinamento de força pode atuar postergando ou contrapondo os efeitos deletérios associados a essa condição. Além disso, segundo o Colégio Americano de Medicina do Esporte (ACSM), o TF não parece ser apenas uma opção dentre outras modalidades de exercício físico, mas sim o único capaz de manter o sistema neuromuscular ativo por mais tempo.

Klitgard *et al.* (1990) estudaram a relação da prática de diferentes tipos de modalidades de exercício físico, incluindo o treinamento de força, na massa muscular e força de idosos. Os autores recrutaram idosos e jovens sedentários para servir como controle, e idosos que praticavam o mesmo tipo de modalidade física a aproximadamente 15 anos. Estes fisicamente ativos foram divididos em três grupos: 1) natação, 2) corrida e 3) treinamento de força (musculação). Como resultado, verificou-se que a área de secção transversa dos músculos da coxa dos idosos praticantes de natação e corrida apresentaram valores aproximadamente 24% menores que o grupo de jovens sedentários e similares ao grupo de idosos sedentários. Entretanto, o grupo de idosos praticantes de treinamento de força, apresentava resultados 18% maiores na área da coxa e 72% mais força que o grupo de idosos sedentários. Ademais, ambos parâmetros (i.e., massa muscular e força muscular) no grupo de idosos que praticava treinamento de força (Figura 17.2) eram similares aos jovens sedentários.

Figura 17. 2 – Idoso em treinamento de força

Principalmente em idosos com baixa mobilidade funcional, protocolos simples com apenas um exercício e sem muita alteração nas variáveis do treinamento pode causar aumento de até 11,7 % na massa muscular e de 226,7% na força, porém a recomendação é que a intensidade nestes casos deve ser alta próxima de 80% 1 RM. Além disso, alguns artigos relatam que idosos que se utilizavam de implementos para conseguir caminhar no início do programa de treinamento físico, tal como bengalas, por exemplo, podem, em resposta ao protocolo de treinamento de força, não necessitar mais da utilização dessas órteses (Fiatarone *et al.*, 1990).

Embora o declínio da massa e força muscular sejam motivo de grande atenção durante a vida adulta, principalmente no período da velhice; a diminuição da potência muscular foi apontado como um aspecto mais importante que os dois desfechos supracitados. Isso acontece devido ao crescente número de evidências científicas, demonstrando que a queda na potência muscular (potência = força x velocidade; o praticante faz a ação muscular concêntrica em alta velocidade) pode preceder o decréscimo na massa muscular e força, além de ocorrer em maior magnitude. No estudo de Lauretanni *et al.* (2003) essa associação parece ficar clara, ao passo que próximo de 50 anos de idade a força muscular de membros inferiores apresenta queda de 20% em relação ao jovem adulto (i.e., aproximadamente 25-30 anos). No entanto, a potência muscular de membros inferiores no mesmo período apresenta decréscimo de aproximadamente 50%. A perda da potência muscular parece estar mais associada à funcionalidade física que à força muscular, implicando a capacidade de caminhar, transferir-se de um lugar para o outro, e a reação de um desequilíbrio, portanto a manutenção da potência muscular poderia diminuir o risco de quedas.

Todos esses fatores relacionados a potência muscular levaram a ACSM, em 2009, a recomendar a adição de sessões de treinamento de potência muscular aos programas de treinamento. No intuito de investigar qual seria o melhor estímulo, alguns estudos compararam a eficiência de ambos protocolos de treinamento, força e potência, em causar adaptações relacionadas a massa, força e potência muscular de idosos. De forma geral, os estudos não têm demonstrado diferenças significantes nos resultados entre os protocolos de força e potência muscular. No entanto, há evidências que o treinamento de força seria capaz apenas de causar adaptações nas zonas de potência muscular onde ocorrem o programa de treinamento, assim, caso o indivíduo treine a 80% 1 RM, a potência muscular pode aumentar em cargas próximas (e.g. 70%-90% 1 RM), mas não em menores. Em contrapartida, o treinamento de potência muscular, mesmo realizado em cargas moderadas (e.g. 60% 1 RM), elicia aumento em toda a extensão de zonas de intensidade da análise da potência muscular (Fielding, LeBrasseur *et al.* 2002). Diante disso, conjugar ambos os estímulos (força e potência muscular) no programa de treinamento pode ser mais interessante do que os oferecer separadamente ou oferecer apenas um. Uma importante consideração em relação ao treinamento de força e potência é que eles não precisam necessariamente ser realizados dentro da sala de musculação. É possível a utilização do peso do próprio corpo, ou ainda o uso de bandas ou faixas elásticas.

As recomendações da ACSM para prescrição de treinamento de força para manutenção ou aumento da massa muscular e das capacidades físicas em adultos jovens e idosos recomenda a utilização da periodização do treinamento de força (Ratamess *et al.*, 2009). Além disso, de forma geral, é recomendado que as sessões ocorram ao menos duas vezes na semana, com exercícios que comtemplem os grandes grupos musculares (e.g. peitoral, quadríceps), utilizando-se de contrações concêntricas, excêntricas e, caso necessário, contrações isométricas. Em relação a intensidade do programa de exercícios físicos, um protocolo para aumento ou manutenção da força e massa muscular para iniciantes deve preconizar cargas moderadas, de 60%-75% 1 RM (ou 5-6 na escala de Borg CR-10 adaptada por Foster *et al.* [2001]). No entanto, deve haver progressão do treinamento para indivíduos considerados bem treinados ou avançados.

Para o treinamento de potência, o principal fator é a velocidade da contração concêntrica, a qual deve ser realizada na maior velocidade possível, e a excêntrica de forma moderada e controlada (aproximadamente dois segundos). Porém, no início de um programa de treinamento de potência, logo após a fase excêntrica, o indivíduo pode iniciar o movimento concêntrico de forma lenta, e depois, aumentar a velocidade. Esse mecanismo pode colaborar com a saúde osteoarticular. A intensidade do treinamento de potência pode, e comumente é, menor que a do treinamento de força, de 30%-50% 1 RM, quanto mais leve, maior é a velocidade imposta.

17.2.2 Efeito do treinamento de força na saúde óssea

A osteoporose é, muito provavelmente, o principal comprometimento ósseo encontrado na população adulta jovem e idosa. Essa doença crônico-degenerativa esquelética com perfil sistêmica e metabólica é caracteriza por baixa massa óssea associada a deterioração da microarquitetura óssea. Dados populacionais demonstram que essa doença afeta cerca de 12 milhões de mulheres na Europa, compondo cerca de 21% da população. Diferente de outros estados patológicos com caráter crônico degenerativo, como a hipertensão arterial sistêmica e o diabetes mellitus tipo II, por exemplo, as quais demonstram alta prevalência na velhice, a osteoporose se apresenta precocemente já durante o climatério, normalmente na menopausa.

Pessoas com osteoporose aumentam substancialmente o risco de quedas e fraturas devido ao aumento da fragilidade óssea. Não obstante, condições associadas a diminuição da capacidade em realizar as atividades básicas da vida diária são comuns nessas pessoas e, claramente, comprometem sua qualidade de vida e saúde. Com isso, é inerente a necessidade de atenção e terapias que evitem o desenvolvimento dessa doença crônico-degenerativa, haja vista que a fratura óssea em idosos, principalmente do osso fêmur e do quadril, está associada a dor crônica, perda de função musculoesquelética, hospitalização, podendo levar à morte precoce.

Ainda que os estudos e recomendações proponham, prevalentemente, a reversão ou estabilização do quadro osteoporótico por meio da alteração na ingesta alimentar ou até mesmo por meio da terapia farmacológica, o *National Osteoporosis Foundation* (NOF) e a *International Osteoporosis Foundation* (IOF) pontuam que o treinamento de força associado às atividades de impacto (e.g. caminhada, corrida, saltos em plataforma) possam ser usados como uma possível ferramenta no combate à osteoporose. Entretanto, é importante destacar o cuidado com as atividades de impacto, afinal, a faixa etária acometida pela osteoporose também pode apresentar comprometimento osteoarticular, como a osteoartrite e a hérnia de disco. Dessa forma, ainda que esse estímulo possa ser superior (atividades de impacto) ao treinamento de força para causar osteogênese, sua prescrição no início do programa de treinamento deve ser vista com cautela. Em relação ao treinamento de força, a literatura científica tem demonstrado que esse tipo de treinamento pode colaborar impedindo a desmineralização óssea, e, consequentemente, causando manutenção da densidade mineral óssea em homens e mulheres, adultos jovens e idosos. Além disso, protocolos com maior tempo de intervenção (menor que seis meses) têm observado aumento da densidade mineral óssea, mesmo sem agregar a suplementação de minerais (e.g. cálcio) ou a reposição hormonal (Gómez-Cabello *et al.*, 2012; Watson *et al.*, 2015).

A ação do treinamento de força sobre as estruturas ósseas acontece devido à intensa contração muscular, a qual irá tracionar o tendão e consequentemente a estrutura óssea, resultando em tensão e compressão sobre o osso, o que inicia uma cascata de sinalizações na estrutura óssea e assim estimula o metabolismo ósseo com a deposição de minerais (e.g. cálcio). Ademais, segundo a lei de Wolff, nome do cirurgião e anatomista alemão que descreveu a teoria, o tecido ósseo aumenta de acordo com a carga imposta (i.e., intensidade) sobre ele, sendo esse fenômeno sítio-dependente. Portanto, diante de ambas informações, o treinamento de força deve contemplar inerentemente programas que ofereçam exercícios para regiões comumente afetadas pela osteoporose (e.g. quadril, fêmur), e possuir estratégias para que períodos de alta intensidade sejam agregados à prescrição do treinamento.

Os protocolos de treinamento com baixo número de repetições e intensidade elevada têm demonstrado causar aumento superior da densidade mineral óssea que protocolos que preconizam maior volume de treinamento e com menor intensidade. Sendo assim, o programa para iniciantes deve ser composto de 10-12 exercícios que contemplem os grandes grupos musculares, principalmente regiões afetadas pela osteoporose (i.e. com exercícios como: extensão da coluna [região lombar], *leg press* [quadril e fêmur]). A prescrição deve conter de 3-4 séries de 4-10 repetições, com intensidade de moderada a alta. De acordo com a progressão do treinamento, avanço do nível de conhecimento e físico do paciente, bem como melhora do seu quadro, períodos de alta intensidade (80% 1 RM) devem ser incluídos à prescrição. Além disso, alguns autores sugerem que exercícios básicos como levantamento terra, agachamento e até saltos também podem fazer parte da prescrição de exercícios para sujeitos treinados (Gómez-Cabello *et al.*, 2012; Watson *et al.*, 2015).

A proficuidade do treinamento de potência muscular também já foi observada, sendo que alguns trabalhos demonstram superioridade do modelo em relação ao treinamento de força (Von Stengel *et al.*, 2007). No caso, o treinamento de potência deve contemplar as mesmas características do treinamento de força, sendo alterada apenas a velocidade da contração muscular (Von Stengel *et al.*, 2007).

É importante citar que a osteogênese é um processo lento, o qual demanda tempo. Dessa forma, a avaliação do programa de treinamento de força e montagem do macrociclo devem ser planejado para longos períodos, sendo no mínimo, seis meses (Watson *et al.*, 2015).

17.2.3 Relação entre treinamento de força e condições associadas a lesões e a intervenções cirúrgicas

A lesão osteomusculoarticular é certamente um fenômeno que acarreta a diminuição da performance do atleta profissional e amador, causando, muitas vezes, seu afastamento por longos períodos, alterações psicológicas (e.g. aumento de sintomas depressivos) e sociais, diminuição no rendimento e prejuízos financeiros.

A exposição de atletas ao treinamento de força no período preparatório (i.e., pré-temporada) causa diminuição do risco de lesões musculares (e.g. bíceps femoral), articulares (e.g. joelho) e ligamentares (e.g. cruzado-anterior), em comparação a grupos não submetidos a essa intervenção. Um dos efeitos mais versados em relação ao TF acontece diante de sua relação com aos músculos isquiotibiais (posteriores da coxas). É interessante citar que a incidência de lesões nos isquiotibiais é muito presente em determinados atletas, principalmente aqueles que realizam *sprints* ou corridas de alta velocidade. Devido às características intermitentes de alguns esportes, algumas etapas serão compostas por corridas com mudança de direção, as quais são caracterizadas por momento de aceleração e desaceleração. A prevenção de lesões nessas estruturas não parece necessitar de protocolos de treinamento de força com sessões complexas, haja vista que a adição de um exercício composto por ações excêntricas dos isquiotibiais (e.g. exercícios como *glute ham raise* ou *nordic hamstring*, exercícios para sujeitos muito bem treinados) nas sessões semanais de exercício reduz o risco de lesões consideravelmente (Maniar *et al.*, 2016).

Pouco ainda é versado sobre a relação do treinamento de força com as condições de intervenção cirúrgica. No entanto, alguns pesquisadores sugerem que a realização de um programa de treinamento de força prévio a um procedimento cirúrgico, principalmente aqueles que irão ocorrer nos membros inferiores, podem beneficiar o paciente proporcionando adaptações neuromusculares que irão impedir perdas funcionais de grande magnitude, permitindo ao paciente melhor recuperação. Calatayud *et al.* (2016) realizaram um estudo clínico randomizado e submeteram pacientes com estágio avançado de osteoartrite que iriam realizar artroplastia total do joelho (i.e. cirurgia de substituição) a um programa de treinamento de força de alta intensidade. O pós-operatório é comumente associado a diminuição da amplitude do movimento da articulação, dor, diminuição da força muscular e funcionalidade. O treinamento de força foi realizado antes da cirurgia, com frequência de três vezes por semana ao longo de 8 semanas. O protocolo de treinamento foi de 4 exercícios para a musculatura dos membros inferiores (i.e., quadríceps, isquiotibiais e abdutores do quadril), sendo estes realizados em 5 séries de 10 repetições máximas. Os resultados pós-cirurgia para aqueles submetidos ao prévio programa de treinamento de força foram: menor sensação de dor, maior amplitude articular, maior força muscular e funcionalidade, além de uma alta hospitalar 29% mais rápida que aqueles que não treinaram (grupo controle).

17.2.4 Efeito do treinamento de força na saúde metabólica

O diabetes mellitus compromete grande parte da população mundial, sendo o diabetes mellitus tipo II (DMTII) a forma mais prevalente com 90%-95% dos pacientes com diabetes. Essa alta prevalência é muito provavelmente produto de diversos fatores como envelhecimento, diminuição da massa muscular, inatividade física, obesidade, aspecto familiar (i.e., genéticos e comportamentais) e dieta inadequada, sendo que, por ano, 1,7 milhões de novos casos são diagnosticados.

A grande preocupação quanto a progressão do DMTII se dá diante da sua capacidade em comprometer severamente a qualidade de vida do paciente, já que a ausência de seu controle adequado pode levar à cegueira, perda da função muscular, resultado da neuropatia diabética, aumento significante da necessidade de serviços de urgência, chegando a amputação de membros superiores e inferiores. Além disso, o DMTII é um fator de risco para o aparecimento de outras condições patológicas, como hipertensão arterial sistêmica, síndrome metabólica, doença crônica renal e cardiovascular. Diante de todos esses fatores, é evidente que o DMTII apresenta associação com altos índices de mortalidade, sendo classificado como sétimo fator que mais leva a morte no mundo.

O *American Diabetes Association* pontua o exercício físico como uma medida para prevenção e tratamento do DMTII. Segundo as recomendações, o treinamento aeróbio deve ser realizado em intensidade moderada-vigorosa durante, no mínimo, 150 minutos semanais. Em relação ao treinamento de força, esse deve ser combinado (somado) ao programa de treinamento aeróbio, com frequência de 2 a 3 vezes na semana e intensidade de leve a moderada (Colberg *et al.*, 2010).

No entanto, alguns pesquisadores sugerem a atualização das recomendações, devido à miríade de benefícios oriundos do treinamento de força em indivíduos com DMTII, como a melhora do controle glicêmico, além das respostas tradicionais, como o aumento da força e potência muscular, o qual está associado a manutenção e melhora da funcionalidade física e qualidade de vida. Todavia, apesar das recomendações, evidências de trabalhos europeus demonstram que uma pequena quantidade de pacientes faz uso desse tipo de intervenção (i.e., aproximadamente 12%). É possível, e provável, que a população diabética brasileira apresente resultado semelhantes, ou ainda, inferiores (Hordern *et al.*, 2011; O'Hagan *et al.*, 2013; Armstrong *et al.*, 2015).

A partir da primeira sessão de treino, as ações do treinamento de força podem ser agudas ou crônicas. As repostas agudas são caracterizadas, predominantemente, pelo aumento da captação de glicose pós-treino por vias independentes da insulina. Já as respostas crônicas estão relacionadas ao aumento no número de receptores e da sensibilidade dos receptores ao hormônio insulina (responsável pela ação hipoglicemiante). Além disso, maior densidade, número e translocação dos transportadores de glicose (*glucose transporters* – 4 ou Glut-4), diminuição de marcadores de estresse oxidativo e inflamatórios e diminuição da gordura visceral (discreta). Ademais, como supracitado, o envelhecimento é um dos eventos que está associado à diminuição do equilíbrio glicêmico. Um dos fatores responsáveis por esse fenômeno é a perda de massa muscular, uma vez que é um dos principais sítios de captação de glicose em nosso organismo. Desta forma, o treinamento de força pode aumentar a capacidade do organismo em captar glicose do sangue, melhorando o controle da glicemia.

Trabalhos recentes trazem evidências da vantagem do treinamento de força em causar decréscimo em marcadores sistêmicos do estado diabético, como a hemoglobina glicada (HbA1c). A hemoglobina glicada está relacionada positivamente com as concentrações de glicose no sangue, portanto, em condições como a hiperglicemia, maior será a porcentagem de HbA1c. Esse marcador não é exclusivamente associado ao controle glicêmico, mas também pode ser um preditor de desfechos cardiovasculares e renais negativos. Dois trabalhos que se utilizaram de regressão meta-analítica, agregando dados de 27 estudos com homens e mulheres de diversos continentes, demonstram que o treinamento de força pode causar diminuições significantes de 0.34%-0.57% nas concentrações de HbA1c no sangue (Umpierre *et al.*, 2011; Ishiguro *et al.*, 2016).

Os protocolos de treinamento que demonstraram maior efeito foram os realizados com sujeitos com maior porcentagem de HbA1c, possuíam índice de massa corporal (IMC) menor de 32 kg/m^2 e tempo de diagnóstico menor de seis anos. No entanto, não se chegou a uma conclusão quanto as principais variáveis de treinamento de força que influenciam esse fenômeno. De fato, os trabalhos eram compostos por programas de treinamento de força que tinham de 5-48 semanas de duração, ocorriam de 2-5 vezes na semana e possuíam intensidade de 45%-81% 1 RM. De modo geral, para melhor controle glicêmico de sujeitos pré-diabéticos e diabéticos de forma aguda e crônica, é preconizado que o treinamento de força seja composto por exercícios que contemplem os principais grupos musculares, de 2-4 séries, de 8-10 repetições submáximas com intensidade de moderada a vigorosa, sendo a frequência de, no mínimo, duas sessões semanais (Umpierre *et al.*, 2011; Ishiguro *et al.*, 2016). Além disso, tal como em outras morbidades, períodos compostos por sessões de alta intensidade podem causar maior efeito hipoglicemiante. É importante citar que a monitorização glicêmica deve ser realizada antes, durante e após a sessão do TF. Além disso, é dever do profissional do exercício físico o conhecimento dos fármacos hipoglicemiantes, e da ingesta alimentar dos pacientes, evitando que o paciente possa sofrer quadros de hipoglicemia.

Outra condição associada à desordem metabólica e que possui alta prevalência na população é a síndrome X, ou também denominada síndrome metabólica. Para que o indivíduo seja diagnosticado com síndrome metabólica, é necessário que ele apresente glicemia acima de 100 mg/dl, valores de pressão arterial sistólica e diastólica iguais ou superiores a 130 mmHg e 85 mmHg, respectivamente, concentrações de triacilglicerol superiores a 150 mg/dl, concentrações no sangue de HDL inferior a 40 mg/dl em homens e inferior a 50 mg/dl em mulheres, e circunferência da cintura ≥102 cm para homens e ≥ 88 cm para mulheres, segundo o *American Heart Association*. Algumas evidências oriundas de trabalhos de corte transversal têm demonstrado que pacientes com síndrome metabólica possuem menor força que pacientes sem síndrome metabólica. Diante disso, o treinamento de força pode colaborar com a melhora do estado do paciente com síndrome metabólica. No entanto, poucos estudos com essa temática vêm sendo publicados.

17.2.5 Efeito do treinamento de força na saúde cardiovascular

A hipertensão arterial sistêmica (HAS) é uma das doenças com maiores índices de prevalência na população, afetando mais de 40% de homens e mulheres ao redor do mundo. Segundo a Organização Mundial da Saúde (OMS), a HAS é o principal fator de risco para o desenvolvimento do acidente vascular encefálico (i.e, hemorrágico e isquêmico) e doença arterial coronariana. Além disso, a HAS supera a obesidade, inatividade física e DMTII no quesito de condições que mais levam a morte no mundo.

O treinamento de força atua de duas formas no controle dos valores pressóricos: através de um mecanismo agudo e um mecanismo crônico (Coelho-Junior *et al.*, 2016). O efeito agudo do treinamento de força é caracterizado pela diminuição transitória dos valores pressóricos após o fim da sessão de exercício físico, fenômeno denominado de hipotensão pós-exercício (HPE). O efeito hipotensor é avaliado, geralmente, dentro da primeira hora após o fim da sessão de exercício, e acontece devido à capacidade do treinamento de força em eliciar alterações de substâncias bioativas (e.g. cininas, óxido nítrico) e da modulação do sistema simpático e parassimpático para o coração. Essas alterações fisiológicas agudas acontecem diante da modulação das variáveis do treinamento de força, sendo que pequenas alterações em qualquer uma das variáveis (e.g. ordem dos exercícios, intensidade, volume) podem influenciar a magnitude da hipotensão. Em relação a intensidade do treinamento de força, por exemplo, evidências na literatura demonstram que protocolos com intensidade elevada (70%-85% 1 RM) podem ser superiores a sessões de exercício físico com intensidade menor para causar HPE. Entretanto, ainda não se sabe o modelo de treinamento de força mais propício para gerar esse fenômeno.

Além disso, é importante citar que um artigo recente de Moreira *et al.* (2014) demonstraram que as alterações agudas na pressão arterial sistólica, diastólica e média, frequência cardíaca e duplo produto estavam correlacionadas com as respostas crônicas ao treinamento de força, assim, quanto maior o efeito hipotensor, maior a diminuição crônica dos valores pressóricos. Ainda que essa seja uma evidência isolada, ela pode colaborar com profissionais do exercício físico no momento da prescrição, de forma que diante da resposta hemodinâmica à sessão de treinamento de força, este pode decidir por manter ou alterar o protocolo de treinamento visando as respostas crônicas.

No que diz respeito ao treinamento de força dinâmico — aquele caracterizado por contrações concêntricas e excêntricas, realizadas de forma cíclica e respeitando um pequeno intervalo de tempo — uma recente meta-análise de artigos clínicos randomizados demonstrou que esse tipo de intervenção é capaz de causar diminuições de 1,8 mmHg e 3,2 mmHg na pressão arterial sistólica e diastólica, respectivamente (Cornelissen, 2013). Esse resultado é extremamente importante, já que alterações nessa magnitude colaboram para diminuição do risco por morte cardiovascular. Ademais, é possível que os valores pressóricos permaneçam diminuídos mesmo após quatro semanas de destreinamento, sem que os pacientes se utilizem da terapia farmacológica.

A prescrição do treinamento de força para melhoria da saúde cardiovascular pode agregar exercícios para os grandes grupos musculares e ser realizado de 2-3 por semana, com intervalos mínimo de 48 horas entre as sessões. No entanto, dois fatores relacionados devem ser de extrema atenção no momento da prescrição: a intensidade do treinamento de força e a possibilidade do indivíduo realizar manobra de Valsalva (não realizar). Isso pode ser evitado com o cuidado na zona de repetições em que será realizada a sessão de treinamento, sendo que as recomendações preconizam repetições submáximas, evitando a fadiga muscular, garantindo a segurança.

Um último adendo se faz importante, principalmente para pontuar os objetivos do treinamento de força na saúde cardiovascular. É bem estabelecido que a maior magnitude de efeitos do treinamento — agudos e crônicos — acontecem em pacientes com maiores valores pressóricos em repouso ou no momento inicial, ou seja, pacientes hipertensos descompensados (que não utilizam medicação ou utilizam a medicação de forma errada) com altos valores pressóricos, tendem a apresentar maior diminuição da pressão arterial sistêmica em resposta ao treinamento de força em comparação a pacientes normotensos com pressão arterial controlada por medicação.

17.2.6 Efeito do treinamento de força na saúde cognitiva

A cognição é uma capacidade cerebral formada por diversos domínios (e.g. memória, raciocínio, fluência verbal), formando um complexo essencial para que o ser humano possa entender, raciocinar e interagir com o meio onde está inserido. A diminuição do funcionamento de um ou mais domínios cognitivos levam a um estado sindrômico crônico e progressivo denominado de demência. Essa condição patológica está associada ao decréscimo na autonomia do indivíduo, comprometendo drasticamente sua capacidade em trabalhar, viver em sociedade e, até, realizar atividades básicas da sobrevivência, tal como tomar banho e comer. Segundo a OMS, a demência é o fator que mais leva a perda da capacidade funcional no mundo.

Hoje cerca de 47,5 milhões de pessoas possuem demência, sendo a maior prevalência em idosos. No entanto, a perspectiva é de que esse número aumente, alcançando valores próximo de 80 milhões em 2050, haja vista que a incidência dessa condição é de 7,4 milhões de pessoas por ano. Esse dado é preocupante devido à velocidade de progressão da demência, ao passo que após o diagnóstico, em aproximadamente cinco anos, os pacientes alcançam o estágio final da doença, o qual é caracterizado pelo desenvolvimento de morbidades, como a incapacidade de reconhecer amigos e familiares, impossibilidade de se alimentar, banhar-se, urinar e defecar sem ajuda de terceiros, dificuldade na locomoção e alterações comportamentais. Grande parte das pesquisas que abordam a temática procuram encontrar os fatores que podem predizer o desenvolvimento de demência, assim impedindo seu desenvolvimento. A inatividade física, juntamente com a saúde cardiovascular e o tempo de educação/estudo, vem sendo pontuada com um dos principais fatores. Estudos de intervenção em condições de demência (e.g. doença de Alzheimer) são emergentes na literatura, e têm demonstrando resultados positivos com o treinamento de força. Evidências na literatura demonstram que pacientes com Alzheimer podem se beneficiar apresentando aumento nas capacidades físicas (e.g. força muscular) e funcionalidade física (i.e., mobilidade).

Poucos estudos, mas com alto rigor metodológico, têm se proposto a estudar o impacto do treinamento de força nos domínios cognitivos em idosos saudáveis. De forma interessante, diferente da modulação exercida pelo treinamento de força em outras condições, a melhora dos domínios cognitivos parece ser pouco sensível à intensidade do treinamento, sendo que protocolos aplicados por seis meses de intensidade moderada (50% 1 RM) e alta (80% 1 RM) não apresentam diferenças significativas no aumento da memória, atenção e função executiva. No entanto, uma frequência mínima de duas sessões semanais parece ser necessária para maior magnitude de melhora na cognição. Uma variável importante, no que concerne o efeito do treinamento de força nos domínios cognitivos, parece ser a questão temporal, haja vista que protocolos com tempo de intervenção menores que seis meses não apresentam resultados de alteração significativos. Além disso, a intervenção deve ocorrer ao menos duas vezes na semana, ser composta por exercícios que contemplem os grandes grupos musculares, com 3-4 séries por exercício, 8-15 repetições com intensidade de 50%-80% 1 RM. Embora a intensidade do treinamento de força possa não demonstrar relação direta com o aumento da cognição, é interessante que o programa contemple períodos de aumento da intensidade, permitindo a manutenção de outras capacidades fisiológicas, principalmente as neuromusculares (e.g. força muscular) (Cassilhas *et al.*, 2007; Liu-Ambrose *et al.*, 2010; Liu-Ambrose *et al.*, 2012);

Na Tabela 17.1 é apresentado um resumo dos principais efeitos do treinamento de força nos diferentes tópicos supracitados. É importante mencionar que o número de setas (↑) está relacionado a magnitude do efeito e número de evidências na literatura que apresentavam o fenômeno. Em alguns casos, como nas variáveis cognitivas e na recuperação pós-cirúrgica, o número baixo de setas não representa ausência de efeito do treinamento de força, mas sim um hiato na literatura quanto a esse fenômeno.

É necessário que os treinadores e preparadores físicos estudem individualmente cada sujeito ou atleta, além da modalidade, adicionando exercícios, volume e intensidade ao treinamento de força de acordo com a necessidade de cada etapa de preparação física do praticante de exercício físico ou atleta.

Tabela 17.1 – Efeito do treinamento de força nos parâmetros de saúde

PARÂMETROS	EFEITO
Neuromuscular	
Massa muscular	↑↑
Força muscular	↑↑↑
Potência muscular	↑↑↑
Ósseo	
Densidade mineral óssea	↑↑↑

Tabela 17.1 – Efeito do treinamento de força nos parâmetros de saúde (continuação)

Metabolismo	Efeito
Captação de glicose	↑↑
Sensibilidade a insulina	↓↓
Marcadores inflamatórios	=↓
Gordura corporal e visceral	=↓
Hemoglobina glicada (HbA1c)	↓↓
Cardiovascular	
Pressão arterial	↓↓↓
Colesterol total	=
HDL colesterol	=
LDL colesterol	=
Cognição	
Memória	↑↑
Atenção	↑↑
Função executiva	↑↑
Qualidade de vida	↑↑↑
Lesões e condições cirúrgicas	
Prevenção	↑↑↑
Recuperação	↑↑

HDL= *High density lipoprotei*, LDL= *Low density lipoprotein*

↑ Aumento do parâmetro, ↓ Diminuição do parâmetro; = ausência de alteração.

17.3 Aplicação do treinamento de força na performance

É sabido que o treinamento de força apresenta um papel, muitas vezes, determinante no caráter esportivo, seja por gerar adaptações morfológicas, bem como neurais, como o aumento da força muscular, por exemplo. Em alguns esportes, a vertente de força é a capacidade mais importante, senão a única, para determinar o sucesso em uma competição. A melhora da capacidade de produção de força muscular de um indivíduo no âmbito esportivo implica melhoras também para tarefas que exijam velocidade e potência, assim como na redução do risco de lesões. No entanto, dentro do seu planejamento é preciso levar em consideração as variáveis especificas do esporte em questão, fase da periodização, assim como a interferência nas sessões de prática esportiva específica, sendo que o treinamento de força assume, em muitas oportunidades, um papel de treinamento geral.

Além da atenção em torno das variáveis externas do treinamento (i.e. volume das sessões, intensidade, intervalo de recuperação), é preciso levar em consideração a capacidade de transferência de um exercício oriundo do treinamento de força (i.e. agachamento, supino horizontal) para a modalidade em si, já que, muitas vezes, o treinamento isolado em equipamentos guiados ou exercícios que não condizem com a modalidade, possam assumir efeito reverso, não gerando melhora ou até mesmo criando padrões de movimento inadequados, resultando em quebra de performance, com perda de valiosas sessões de treinamento.

O treinamento de força possui capacidade de melhorar a condição geral do atleta, não apenas a específica do rendimento esportivo. Outros objetivos como a ação profilática com o fortalecimento muscular (e.g. músculo estabilizadores do tronco [*core*], membros inferiores) podem resultar na melhora da estabilidade articular (desde que realizado de forma equilibrada, agonista/antagonista), maior absorção de impacto pela resposta muscular, resultando na diminuição de lesões osteomusculoarticulares; há ainda o papel como um catalisador na recuperação pós-cirúrgica dos atletas.

Quando isolamos uma das vertentes do treinamento de força, damos total atenção a sua principal característica: a força. Esta capacidade tem relação direta nos esportes coletivos e individuais, estando relacionadas com aceleração, velocidade do movimento e habilidade de saltar. Essas ações musculares, por sua vez, estão associadas a momentos decisivos no esporte como um chute, um tiro (i.e., *sprint*), ou um lançamento. No entanto, quando pensamos em esportes, não apenas o treinamento de força ocupará seu espaço em uma periodização, haverá também o treinamento específico da modalidade, não raramente, gerando efeitos concorrentes.

Todavia, o treinamento de força pode ser modulado de maneira que a interferência seja reduzida e os ganhos sejam maximizados. Em pesquisa realizada pela *Norwegian University of Science and Technology*, 21 jogadores de futebol (elite) foram submetidos a protocolos de treinamento envolvendo treinamento aeróbio intervalado e treinamento de força de alta intensidade. Durante o período de pré-temporada, foram utilizadas sessões de 4 séries de 4 minutos em esteira a 5,5% de inclinação e intensidade de 90%-95% da $FC_{Máx}$ (frequência cardíaca máxima). O intervalo do treinamento aeróbio era de 3 minutos de pausa ativa, com 50%-60% de $FC_{Máx}$. Após 15 minutos de intervalos, os sujeitos realizaram 4 séries de 4 repetições máximas de agachamentos. Os resultados demonstram que existindo uma modulação adequada, é possível obter ganhos relevantes da capacidade aeróbia, VO_2máx (8,6% de aumento) e de força máxima (51,7%), resultando ainda em uma melhora em parâmetros de avaliação da potência muscular de membros inferiores, a citar o tempo de *sprint* em um tiro de 10 metros, e o salto vertical contramovimento (Helgerud *et al.*, 2011).

Recentemente, quando estudamos os principais métodos de treinamento de força para esportes, encontramos na literatura estratégias de treinamento de levantamento de peso olímpico para esportistas, como jogadores de futebol americano, jogadores de basquete e muitas outras modalidades competitivas: individuais e coletivas. O levantamento de peso olímpico, caracterizado pelo ato de arremessar uma barra do solo até acima da cabeça por meio de suas diversas técnicas, é uma ferramenta de elevado caráter neural e que possibilita um trabalho integrado de todo o corpo, sendo aplicado tanto em zonas competitivas como em zonas de pré-temporada. Sua eficiência para aumento da performance esportiva é comprovada, no entanto, sua aplicação não está de todo esclarecida como treinamento de força ou treinamento de potência.

Muitos estudos têm sido conduzidos acerca do impacto do levantamento de peso olímpico em uma sessão de treino, sendo possível encontrar que esse tipo de treinamento possui capacidade de alterar significativamente o condicionamento aeróbio e anaeróbio dos seus praticantes, no entanto, sendo mais utilizado em um período de treino de preparação geral. As adaptações fisiológicas e metabólicas são explicadas tanto pela elevada demanda do sistema cardiorrespiratório, sobretudo nos períodos de treinamento, como nos sistemas energéticos fosfagênicos, oxidativos e glicolíticos, especialmente por causa do processo de recuperação. O descanso (intervalo) entre as séries, inicialmente utiliza-se do sistema glicolítico, no entanto, em sequência, o metabolismo oxidativo é utilizado predominantemente para repor os estoques de ATP.

As alterações morfológicas também estão presentes, sobretudo as musculares, onde as adaptações incluem transições do tipo de fibras assim como hipertrofia a nível miofibrilar, levando ao aumento da área da secção transversa. Ocorre o aumento da taxa de produção de força, resultando em transferência para movimentos específicos de cada modalidade a que se foi submetido o treinamento geral. Sua relação com os movimentos esportivos é baseada na semelhança entre os do levantamento de peso olímpico e as ações explosivas de cada esporte, como saltos e arremessos, no entanto, é preciso ter atenção sobre quais serão os indicadores de força ou potência muscular a se levar em consideração quanto à medição da efetividade do treinamento de peso olímpico para transferência para o esporte (Loren *et al.*, 2005).

Apesar da capacidade de força máxima ser erroneamente associada apenas a ações de força máxima, esta capacidade está relacionada a atividades que envolvam resistência (*endurance*). Isso se deve sobretudo ao fato de alguns mecanismos se fazerem presentes em muitas ações ao longo do treinamento desportivo, por exemplo, o treinamento de força com alto volume pode resultar em ganhos no VO_2máx, o que poderia estar diretamente relacionado à melhora na capacidade de *endurance* e, mesmo que essa teoria ainda seja discutível, atletas mais fortes podem ser capazes de se mover de maneira mais eficiente, o que poderia gerar uma facilitação na realização de determinadas tarefas em relação a uma determinada intensidade (como uma adaptação ao treinamento), o que resultaria em menor esforço para cumprir determinados objetivos (Stone *et al.*, 2006).

17.3.1 Potência muscular

A capacidade de fazer força com velocidade, ou potência, está associada diretamente ao desempenho competitivo, mas também na saúde. O treinamento de força cumpre um papel muito importante para que a capacidade geral e específica do atleta em gerar força em grande velocidade seja melhorada. O treinamento de potência possui os mais diversos métodos, desde o treinamento convencional, na sala de musculação (i.e. executando a ação muscular concêntrica de forma veloz) até a utilização de matérias como os trenós de tração ou exercícios pliométricos (e.g. saltos), possuindo a característica de trabalhar com intensidades relativamente baixas mas com grande velocidade de movimento.

Na melhora da potência em um atleta, segundo Haff *et al.* (2012), é preciso levar em consideração três principais elementos: primeiro, é necessário que a força muscular geral do atleta se encontre maximizada, dada a relação direta da capacidade de força com a capacidade de gerar potência; em seguida, é importante potenciar a capacidade de desenvolver muita força por curtos períodos de tempo, que são refletidos pela taxa de desenvolvimento de força; e, por último, desenvolver força nas mais diversas amplitudes de movimento, sobretudo em amplitudes críticas, exemplo na extensão máxima de uma articulação (i.e. ações de aceleração).

Um dos métodos que tem se destacado tanto para o treinamento de força tradicional como para o de potência muscular é o levantamento de peso olímpico (Figura 17.3). Como retratado na seção anterior, Haff *et al.* (2012) explica que a utilização de métodos variados entre estímulos de alta resistência e de alta velocidade é uma maneira muito interessante de se aumentar a transferência da capacidade de potência de um atleta na sala de treinamento com pesos (musculação) para a realidade esportiva. Este método caracteriza-se por combinar momentos com uso de cargas elevadas a baixas velocidades e momentos de uso de cargas leves, mas em altas velocidades, compreendendo todas as vertentes mais específicas para a melhora da capacidade de produção de força, melhorando dessa maneira toda a curva de relação entre força e velocidade.

Figura 17.3 – Atleta de levantamento de peso olímpico

O método de treinamento baseado na velocidade de execução do exercício também aumenta a capacidade do atleta em se tornar mais potente, ampliando tanto a capacidade de força quanto a capacidade de se exercer força rápida, resultando em maiores velocidades de movimento, também fator determinante para o sucesso em muitos esportes. Brown *et al.* (2006) apresentam sugestões para o treinamento de velocidade em uma periodização que visa aumentar tanto a força quanto a capacidade de potência de atletas. As ideias se baseiam, principalmente, no conceito de especificidade: o treinamento deve sempre ser o mais específico possível a uma modalidade, visando melhorar tanto a condição física geral do atleta quanto a sua capacidade específica para os gestos principais de seu esporte ou modalidade. Mesmo em uma situação de treinamento não específico, a velocidade a ser treinada deve em quase todos os momentos assemelhar-se às velocidades de movimento da modalidade, respeitando a estrutura de um modelo de periodização (i.e. progressão, volume e intensidade), mas principalmente fornecendo ao atleta um cenário muito próximo ao competitivo.

Alguns autores, como Verkhoshansky (1989), defendem que o principal objetivo de qualquer periodização de treinamento de força para atletas é desenvolver mais velocidade, na ordem de atingir um pico de velocidade mais rápido, conseguir manter essa velocidade por mais tempo e conseguir mais velocidade com menos dispêndio de energia. Em uma periodização linear clássica deve conter aproximadamente 3 a 4 fases, inicialmente melhorar a capacidade de resistência de força; em seguida, a força máxima; e por fim, desenvolver o máximo de força e velocidade conjuntamente, enfatizando a velocidade de execução, sempre se atentando a especificidade do treinamento e sua transferência positiva para o esporte.

17.3.2 Transferência para o esporte

O treinador ou preparador físico responsável pela programação e aplicação de uma periodização para o treinamento de força geral e específico de um atleta precisa ter em mente que sempre estará trabalhando para melhorar sua performance, seja do ponto de vista do rendimento em jogo, como o de aumentar a sua longevidade em uma temporada ou carreira. São inúmeros os desafios, muitos deles já explanados nesta seção, no entanto, o maior deles é adequar o treinamento para que este seja o máximo eficiente na sua transferência para o esporte.

Primeiro, precisamos entender o conceito de especificidade. Esse conceito refere-se à seleção e implementação de uma metodologia ou exercícios que contribuam da melhor forma para um movimento desejado. Em algumas situações, como necessidade de saltar mais alto, a simples utilização de exercícios pliométricos com resistência igual ao peso corporal ou com um incremento de carga relativamente baixo são suficientes. O treinamento pliométrico consiste em saltos, das mais variadas complexidades (i.e. unipodal, em progressão, horizontal, vertical) englobando ações de curta duração e intensidade moderada a alta. Assim como o treinamento tradicional, ele deve ser regido por suas variáveis externas: volume, intervalo de recuperação entre séries e entre sessões, peso corporal do atleta, carga externa, utilização de implementos de complexidade (i.e. barreiras, plintos, cinto de tração).

Para isso, são utilizadas estratégias de decomposição do movimento, que partem de um treinamento proximal para distal, ou seja, fortalecemos o centro e em seguida fortalecemos a extremidade, dado que em muitas ações esportivas o movimento é tridimensional. Além da análise do movimento, é preciso atentar para a carga fisiológica do trabalho, ou seja, qual o impacto do treinamento na fadiga do atleta em um período preparatório ou competitivo, quais adaptações serão necessárias, qual é o volume de jogo da modalidade em estado competitivo, qual o tempo de cada ação, quanto tempo entre uma ação e outra, entre outras variáveis.

Portanto, a utilização do treinamento de força para o esporte é determinante para o sucesso em uma modalidade e maximizar a performance. Os pequenos detalhes farão toda a diferença entre ganhar e perder, e um trabalho bem planejado quanto a sua periodização, distribuição das cargas e estímulos de velocidade distintas, especificidade da modalidade e condição geral do atleta levarão a um substancial ganho de performance e melhora da longevidade do atleta como um todo.

Considerações finais

O aumento da força, potência e hipertrofia muscular são os principais objetivos relativos ao treinamento de força ou treinamento resistido. Porém, com o aumento do número de pesquisas e publicações científicas na área do exercício físico, fica claro, atualmente, suas implicações diretas nas áreas da estética, saúde e performance física e se mostra uma ferramenta democrática e importante para todas as populações, desde idosos frágeis até atletas olímpicos, na melhora da saúde e performance esportiva, respectivamente. Dessa forma, quebrando paradigmas antigos de que o treinamento de força estaria relacionado apenas às adaptações morfofuncionais, chegamos a relatos das diversas adaptações fisiológicas como a diminuição da pressão arterial, melhor controle metabólico (e.g. glicemia e trigliceridemia), aumento da massa óssea e até influência positiva sobre aspectos cognitivos. Portanto, a prescrição do treinamento de força consciente e individualizada é a chave para um caminho longo e saudável para todos os interessados em praticar o treinamento de força.

Referências

ARMSTRONG, M. J.; SIGAL, R. J. Exercise as Medicine: Key Concepts in Discussing Physical Activity with Patients who have Type 2 Diabetes. *Canadian journal of diabetes*, v. 39, S129-S133, 2015.

BROWN, L. E.; MURRAY, D. P. Variable Velocity Training in the Periodized Model. *Journal of Strength and Conditioning*, v. 28, n. 1, p.86-92, 2006.

BURD, N. A. *et al*. Low-load high volume resistance exercise stimulates muscle protein synthesis more than high-load low volume resistance exercise in young men. *PloS one*, v. 5, n. 8, e12033, 2010.

CALATAYUD, J. *et al*. High-intensity preoperative training improves physical and functional recovery in the early post-operative periods after total knee arthroplasty: a randomized controlled trial. *Knee Surgery, Sports Traumatology, Arthroscopy*, n. 1-9, 2016.

CASSILHAS, R. C. *et al*. The impact of resistance exercise on the cognitive function of the elderly. *Medicine and Science in Sports and Exercise*, v. 39, n. 8, p. 1401, 2007.

COELHO-JUNIOR, H. J. *et al*. Efeito do treinamento resistido nas variáveis pressóricas de idosos: uma revisão crítica. *Revista da Socesp*, v. 26, n. 1, 2016.

COLBERG, S. R. *et al*. Exercise and type 2 diabetes the American College of Sports Medicine and the American Diabetes Association: joint position statement executive summary. *Diabetes care*, v. v. 33, n. 12, p. 2692-2696, 2010.

CORNELISSEN, V. A.; SMART, N. A. Exercise training for blood pressure: a systematic review and meta-analysis. *Journal of the American Heart Association*, v. 2, n. 1, e004473, 2013.

FIATARONE, M. A. *et al*. High-intensity strength training in nonagenarians: effects on skeletal muscle. *Jama*, v. 263, n. 22, p. 3029-3034, 1990.

FIELDING, R. A. *et al*. High-velocity resistance training increases skeletal muscle peak power in older women. *Journal of the American Geriatrics Society*, v. 50, n. 4, p. 655-662, 2002.

GÓMEZ-CABELLO, A. *et al*. Effects of training on bone mass in older adults. *Sports Medicine*, v. 42, n. 4, p. 301-325, 2012.

HAFF, G. G.; NIMPHIUS, S. Training Principles for Power. *Journal of Strength and Conditioning*. v.34, n.8, p. 2-12, 2012.

HELGERUD, J. *et al*. Strength and endurance in elite football players. *Int. J. Sports Med*, v. 32, p. 677-682, 2011.

HORDERN, M. D. *et al*. Acute response of blood glucose to short-term exercise training in patients with type 2 diabetes. *Journal of Science and Medicine in Sport*, v. 14, n. 3, p. 238-242, 2011.

ISHIGURO, H. *et al*. *In*: Search of the Ideal Resistance Training Program to Improve Glycemic Control and its Indication for Patients with Type 2 Diabetes Mellitus: A Systematic Review and Meta-Analysis. *Sports Medicine*, v. 46, n. 1, p. 67-77, 2016.

KLITGAARD, H. *et al*. Function, morphology and protein expression of ageing skeletal muscle: a cross-sectional study of elderly men with different training backgrounds. *Acta Physiologica Scandinavica*, v. 140, n. 1, p. 41-54, 1990.

KUMAR, V. *et al*. Human muscle protein synthesis and breakdown during and after exercise. *Journal of Applied Physiology*, v. 106, n. 6, p. 2026-2039, 2009.

LAURETANI, F. *et al*. Age-associated changes in skeletal muscles and their effect on mobility: an operational diagnosis of sarcopenia. *Journal of Applied Physiology*, v. 95, n. 5, p. 1851-1860, 2003.

LIU-AMBROSE, T. *et al.* Resistance training and executive functions: a 12-month randomized controlled trial. *Archives of Internal Medicine*, v. 170, n. 2, p. 170-178, 2010.

LIU-AMBROSE, T. *et al.* Resistance training and functional plasticity of the aging brain: a 12-month randomized controlled trial. *Neurobiology of Aging*, v. 33, n. 8, p. 1690-1698, 2012.

LOREN, Z. F. C; SCHILLING, B. K. A Primer on Weightlifting: From Sports to Sports Training. *Journal of Strength and Conditioning*, v.27, n. 1, p. 42-48, 2005.

MANIAR, N. *et al.* Hamstring strength and flexibility after hamstring strain injury: a systematic review and meta-analysis. *British Journal of Sports Medicine*, 2015.

MITCHELL, C. J. *et al.* Resistance exercise load does not determine training-mediated hypertrophic gains in young men. *Journal of Applied Physiology*, v. 113, n. 1, p. 71-77, 2012.

MOREIRA, S. R. *et al.* Acute blood pressure changes are related to chronic effects of resistance exercise in medicated hypertensives elderly women. *Clinical Physiology and Functional Imaging*, 2014.

O'HAGAN, C. *et al.* Exercise prescription in the treatment of type 2 diabetes mellitus. *Sports medicine*, v. 43, n. 1, p. 39-49, 2013.

RATAMESS, N. A. *et al.* Progression models in resistance training for healthy adults [ACSM position stand]. *Med Sci Sports Exerc*, v. 41, n. 3, p. 687-708, 2009.

SCHOENFELD, B. J. Potential mechanisms for a role of metabolic stress in hypertrophic adaptations to resistance training. *Sports medicine*, v. 43, n. 3, p. 179-194, 2013.

SCHOENFELD, B. J. The mechanisms of muscle hypertrophy and their application to resistance training. *Journal of Strength & Conditioning Research*, v. 24, n. 10, p. 2857-2872, 2010.

STONE, M. H. *et al.* Maximum strength and strength training – A relationship to endurance? *Journal of strength and conditioning*, v. 28, n. 3, p. 44-53, 2006.

UMPIERRE, D. *et al.* Physical activity advice only or structured exercise training and association with HbA1c levels in type 2 diabetes: a systematic review and meta-analysis. *Jama*, v. 305, n. 17, p. 1790-1799, 2011.

VERKHOSHANSKY, Y.V.; LAZAREV, V. V. Principles of planning speed and strength/speed endurance training in sports. *NSCA Journal*, v. 11, n. 2, 1989.

VON STENGEL, S. *et al.* Differential effects of strength versus power training on bone mineral density in postmenopausal women: a 2-year longitudinal study. *British journal of sports medicine*, v. 41, n. 10, p. 649-655, 2007.

WATSON, S. L. *et al.* Heavy resistance training is safe and improves bone, function, and stature in postmenopausal women with low to very low bone mass: novel early findings from the LIFTMOR trial. *Osteoporosis International*, v. 26, n. 12, p. 2889-2894, 2015.

18

Sistemas e meios de treinamento de força

Lucas Duarte Tavares

Gilberto Candido Laurentino

OBJETIVO DO CAPÍTULO

O objetivo do capítulo será apresentar o estado da arte a respeito dos sistemas e meios de treinamento de força, bem como possibilidades de aplicações práticas e de organização deles.

O desenvolvimento de programas de treinamento de força para diferentes populações (i.e., indivíduos saudáveis, sedentários, idosos, portadores de doenças crônicas e atletas de alto rendimento) tem apresentado grande relevância por proporcionar benefícios na saúde (e.g., melhora da capacidade funcional), nas modificações da composição corporal (e.g., manutenção ou aumento da massa muscular), e no desempenho físico (e.g., melhora do desempenho da força muscular, da potência muscular e da velocidade) (Fonseca *et al.*, 2014; Souza *et al.*, 2014; Hartmann *et al.*, 2015), em função da ocorrência de adaptações neurais (e.g., eficiência na sincronização, e no recrutamento das unidades motoras) (REFS), de adaptações morfológicas (e.g., aumento da área muscular, e mudança do ângulo de penação muscular) (Schoenfeld, 2010; Henselmans e Schoenfeld, 2014; Grgic *et al.*, 2017; Fyfe *et al.*, 2018), de respostas metabólicas (e.g., aumento da síntese e estratificação de creatina fosfato e de lactato sanguíneo) (REFS), e de respostas mecânicas (e.g., aumento dos níveis de transmissão da tensão mecânica e das forças de tração) que possibilitam otimizar a capacidade do indivíduo de executar suas atividades diárias em diferentes contextos.

Nesse sentido, a organização de programas de treinamento é um fator crucial, uma vez que para cada objetivo estabelecido inicialmente ocorrerá a necessidade de adequar a manipulação de diferentes estímulos ao longo de todo programa proposto. Para o estabelecimento dessa organização, a utilização de diferentes sistemas e meios de treinamento de força tem apresentado grande popularidade e despertado o interesse da comunidade científica para identificar os níveis de eficiência e segurança para possibilitar melhor adequação dos estímulos ao longo de diferentes períodos do processo. De fato, o crescente interesse da comunidade científica a respeito dos sistemas de treinamento do TF está vinculado ao fato de que a maioria dos sistemas conhecidos foram constituídos a partir de observações empíricas, o que pode colocar em cheque sua real eficiência em adequar os estímulos do treinamento aos objetos estabelecidos. Assim, é de grande importância identificar os pressupostos lógicos para configuração dos diferentes sistemas de treinamento, que derivam de duas teorias clássicas sendo elas: 1) a teoria do estresse *mecânico* associado à grande produção de tensão mecânica durante as ações musculares (e.g., dano muscular induzido pelo treinamento, ativação de células satélites seguida do aumento de mionúcleos) (De Souza *et al.*, 2014; Schoenfeld, Ogborn e Krieger, 2017b; Fyfe *et al.*, 2018); 2) a teoria do estresse *metabólico* induzido pelo tempo de duração da tensão produzida (i.e., tempo sob tensão), pela hipóxia tecidual no músculo esquelético (i.e., proliferação de proteínas reguladoras do balanço síntese e degradação proteica a partir da restrição de O_2 no tecido muscular), e pelo ambiente hormonal favorável a mudanças na morfologia muscular (e.g., aumento na produção de testosterona, IGF-1 e GH) (Schoenfeld, 2010; Schoenfeld *et al.*, 2014, 2017; Schoenfeld, Ogborn e Krieger, 2017a).

Assim, ao longo deste capítulo serão apresentados diferentes sistemas e meios de treinamento de força formulados a partir dos pressupostos teóricos das teorias do estresse mecânico e do estresse metabólico, bem como os fatores que devem ser considerados para suas aplicações práticas.

18.1 Sistemas de treinamento baseados na teoria do estresse mecânico

Os sistemas de treinamento baseados na teoria do estresse mecânico induzido pelo exercício possuem algumas características comuns tais como: 1) a aplicação de intensidades elevadas (i.e., acima de 65% 1 RM) de forma constante, ou possivelmente com variações crescentes (i.e., entre 65% 1 RM e 120% RM), ou decrescentes (i.e., entre 120% 1 RM e 65% 1 RM) normalmente associadas a um número reduzido de repetições (e.g., entre 1 e 8 repetições); 2) a utilização de maiores intensidades de esforço durante as ações excêntricas de cada contração muscular; 3) um alto volume de treinamento relativo ao número de séries aplicadas (e.g., acima de 3 séries por exercício, mais de 12 séries por segmento muscular); 4) a realização de intervalos entre séries que apresentam duração moderada a longa (i.e., entre 2 e 5 minutos entre séries), no qual podem estar associados a utilização de intervalos entre repetições com curtíssima duração (i.e., até 20 segundos entre repetições).

Coletivamente, são creditadas ao conjunto de manipulação de variáveis nos diferentes sistemas de treinamento baseados na teoria do estresse mecânico as adaptações fisiológicas ao treinamento de força, tais como: 1) aumento da tensão mecânica durante as ações concêntricas e excêntricas em função da alta intensidade, que pode estar vinculada a um alto volume de treinamento e, consequentemente, ao aumento da ativação das unidades motoras; 2) aumento do estresse neuromuscular (e.g., disruptura dos sarcômeros associada à perda da continuidade das linhas Z e o mais elevado recrutamento de unidades motoras), e o aumento do estresse hormonal (e.g., aumentos na produção de testosterona possivelmente vinculada ao aumento do número de células satélites) de forma mais acentuada em comparação aos sistemas de treinamento baseados no estresse metabólico; 3) aumento da proliferação de células satélites, associadas a aumentos no número de mionúcleos e, consequentemente, ao processo de síntese proteica miofibrilar (i.e., a ocorrência da hipertrofia muscular) (Seger *et al.*, 1998; Coratella e Schena, 2016; Iglesias-Soler *et al.*, 2016; Looney *et al.*, 2016; Angleri *et al.*, 2017; Prestes *et al.*, 2017). Contudo, as evidências até o momento apresentam resultados controversos a respeito dos sistemas de treinamento baseados nesse pressuposto teórico, em possível decorrência das diferentes interações que as variáveis no processo de treinamento podem apresentar.

Quadro 18.1 – Sistemas de treinamento baseados na teoria do estresse mecânico

Sistema de treinamento	Características Principais	Principais variáveis manipuladas	Nível de Treinabilidade
Piramidal	Aumento ou diminuição progressiva da intensidade (entre 15 RM e 1 RM) com intervalo entre séries fixo (entre 1 e 3 minutos) em múltiplas séries (acima de 5 séries)	Volume (número de repetições) e intensidade (nível de força aplicado)	Do iniciante ao avançado
Treinamento Negativo	Aumento da intensidade (entre 80 e 120% 1 RM) na fase excêntrica de cada repetição executada em múltiplas séries (acima de 3 séries)	Intensidade (nível de força aplicada na fase excêntrica)	Avançado
Rest-pause	Manutenção da mais alta intensidade possível (entre 80% e 90% 1 RM) para um volume de treinamento (número de repetições) predeterminado, em múltiplas séries (acima de 3 séries), com intervalos fracionados (entre 6 e 20 segundos)	Intensidade (nível de força aplicado), volume (número de repetições) e intervalo entre séries (entre 6 e 20 segundos)	Intermediário e avançado
Repetições Forçadas	Utilização da mais alta intensidade possível (entre 80% e 100% 1 RM) com a realização de repetições adicionais (entre 2 a 4 repetições) após a falha mecânica ao longo de múltiplas séries (acima de 3 séries)	Intensidade (nível de força aplicado) e volume (número de repetições adicionais)	Avançado
Cluster set	Manutenção da mais alta intensidade possível (entre 50% e 100% 1 RM) para um volume de treinamento (número de repetições) predeterminado, em múltiplas séries (acima de 3 séries), com intervalos fracionados (entre 6 e 20 segundos)	Intensidade (nível de força aplicado), volume (número de repetições) e intervalo entre séries (entre 6 e 20 segundos)	Do iniciante ao avançado
RM = Repetições máximas; % 1 RM = variação percentual baseada no teste de uma repetição máxima			

18.1.1 Piramidal

O sistema piramidal de treinamento consiste em promover variações na intensidade do exercício a cada série em que ele é realizado. Pode ser utilizado para o desenvolvimento de força de resistência, força hipertrófica e a força máxima do indivíduo, uma vez que o exercício deve ser feito até a falha, com a carga relativa ao número de repetições proposto pelo objetivo da manifestação da força. Tradicionalmente, são utilizadas duas variações desse sistema de treinamento sendo: 1) crescente: aumentos progressivos do peso utilizado em cada série, associados a reduções no número de repetições; 2) decrescente: reduções progressivas no peso utilizado em cada série, associadas a aumentos no número de repetições.

Além das duas variações mencionadas, o sistema piramidal permite uma adaptação na estrutura da pirâmide, na qual o indivíduo que efetua o treinamento não atinge o ápice da pirâmide (i.e., interrompe a realização do exercício antes de alcançar uma repetição máxima), denominada pirâmide truncada, sendo a variação mais utilizada no cotidiano de prática do treinamento de força. Esse sistema é possivelmente aplicável desde indivíduos iniciantes com menores intensidades até indivíduos avançados que toleram as sessões de treinamento com grandes intensidades.

A respeito das recomendações de como utilizar esse sistema de treinamento, indica-se a utilização de múltiplas séries (i.e., acima de 3 séries), com intensidades a partir de 50% 1 RM podendo chegar a 100% 1 RM, com o início do treinamento efetuando exercícios multiarticulares, para depois efetuar exercícios monoarticulares, com frequência semanal de três ou mais sessões por semana, com duração do programa de treinamento prevista para quatro semanas. Embora essas recomendações tenham sido propostas por Prestes *et al.* (2010) e diversos relatos empíricos sugiram grande efetividade do sistema, as evidências mais recentes na literatura científica reportam que esse sistema de treinamento demonstra efetividade similar a outros tais como *drop-set* e o treinamento de força convencional de múltiplas séries (Goto *et al.*, 2016; Angleri *et al.*, 2017). Nesse sentido, é de grande importância que sejam delimitadas as características individuais do sujeito submetido a esse tipo de treinamento, uma vez que diversas interações entre o indivíduo e os estímulos aplicados a partir desse método de treinamento parecem afetar mais do que a variação de estímulos propostas.

18.1.2 Treinamento negativo

O treinamento negativo tem como proposta promover incrementos na tensão mecânica gerada durante a fase excêntrica de uma ação muscular. Em tese, esse aumento de tensão promovido durante a ação excêntrica é decorrente de aumentos na intensidade do exercício durante essa fase do movimento, em associação com as características mecânicas da própria fase excêntrica, que implica, diretamente, aumentar a tensão nos filamentos contráteis à medida que o sarcômero aumenta seu comprimento e os elementos estruturais localizados nas linhas Z (i.e., titina e nebulina) transmitem estímulos ao sinalizar essa tensão aumentada (Seger *et al.*, 1998; Farthing e Chilibeck, 2003; Coratella e Schena, 2016; Franchi *et al.*, 2017; Schoenfeld *et al.*, 2017; Maeo *et al.*, 2018).

Nesse sentido, para esse sistema de treinamento é creditado também que em função de maiores intensidades aplicadas durante a fase excêntrica aumentos significativos sejam observados na liberação de testosterona, bem como na taxa de recrutamento e de sincronização das unidades motoras, o que coletivamente podem potencializar os níveis de respostas ao ganho da força muscular e a ocorrência da hipertrofia muscular. Adicionalmente, nesse sistema de treinamento é esperado também aumento na capacidade de produção da velocidade uma vez que os estímulos afetam diretamente os filamentos estruturais do sarcômero (i.e., filamentos de titina e nebulina), ao possibilitar aumentos na energia acumulada durante a fase excêntrica das ações musculares (Franchi *et al.*, 2017; Schoenfeld *et al.*, 2017; Maeo *et al.*, 2018).

A respeito das recomendações de como utilizar esse sistema de treinamento, indica-se a utilização de múltiplas séries (i.e., acima de 3 séries), com intensidades a partir de 70% 1 RM, podendo chegar a 120% 1 RM principalmente no momento de execução da ação excêntrica, com o início do treinamento efetuando exercícios multiarticulares para, depois, realizar os monoarticulares, com frequência semanal de três ou mais sessões por semana, com duração do programa de treinamento prevista entre duas a quatro semanas. Embora essas recomendações tenham sido propostas por Prestes *et al.* (2010) e diversos relatos empíricos sugiram grande efetividade desse sistema, as evidências mais recentes na literatura científica reportam que a efetividade desse sistema de treinamento está atrelada diretamente ao nível de experiência do indivíduo e ao seu nível de força relativa, cuja recomendação é nível superior a 2,0 1 RM/kg para membros inferiores, e superior a 1,3 1 RM/kg para membros superiores (Franchi *et al.*, 2017; Schoenfeld *et al.*, 2017; Maeo *et al.*, 2018).

18.1.3 *Rest-pause*

O *rest-pause* é um sistema de treinamento no qual o objetivo é possibilitar ao indivíduo o maior número de repetições executadas até a falha, com a mais elevada intensidade possível. Para viabilizar a utilização desse sistema de treinamento, o indivíduo deve inicialmente definir o número total de repetições que será executado para cada exercício, seguido de intervalos de recuperação com duração entre 20 segundos a 2 minutos entre as séries. O número de séries varia em função do número de repetições que o indivíduo consegue executar em cada série, tendo em vista que a intensidade mínima utilizada está entre 70 e 80% 1 RM.

De acordo com as evidências da literatura científica, esse sistema de treinamento tem como mérito promover um elevado estresse mecânico em decorrência das elevadas intensidades utilizadas, consequentemente favorecendo os aumentos na taxa de desenvolvimento de força e que também resultam de aumentos significativos na taxa de recrutamento das unidades motoras (Looney *et al.*, 2016; Korak *et al.*, 2017; Prestes *et al.*, 2017). Em adição, essas mudanças também apresentam associações com aumentos na produção de testosterona e na síntese proteica miofibrilar acarretando em respostas positivas associadas à hipertrofia. Porém, cabe destacar que os achados até o presente momento indicam essas adaptações inerentes ao *rest-pause* em indivíduos altamente treinados, limitando grandes extrapolações desses fenômenos em indivíduos destreinados ou com menor nível de aptidão física.

A respeito das recomendações de como utilizar esse sistema de treinamento, indica-se a utilização de múltiplas séries (i.e., acima de 3 séries), com intensidades a partir de 80% 1 RM podendo chegar a 100% 1 RM, com o início do treinamento efetuando exercícios multiarticulares para, depois, realizar exercícios monoarticulares, com frequência semanal de três ou mais sessões por semana, com duração do programa de treinamento prevista para quatro semanas. Embora essas recomendações tenham sido propostas por Prestes *et al.* (2010) e diversos relatos empíricos sugiram grande efetividade desse sistema, as evidências mais recentes na literatura científica reportam que o *rest-pause* demonstra efetividade similar ao treinamento de força convencional de múltiplas séries em relação a hipertrofia (Looney *et al.*, 2016; Korak *et al.*, 2017; Prestes *et al.*, 2017). Contudo, os resultados observados para melhora no desempenho da força máxima e da potência muscular indicam efetividade maior desse sistema de treinamento.

18.1.4 Repetições forçadas

Esse sistema de treinamento consiste em executar as repetições em cada série dos exercícios até a falha mecânica, com intensidades elevadas, sendo solicitado ao indivíduo que execute, até tal falha, repetições adicionais para potencializar o estresse mecânico induzido pelo exercício. Tradicionalmente, esse sistema de treino segue características similares ao treinamento negativo, contudo as repetições forçadas envolvem sobrecarga adicional tanto nas ações excêntricas quanto nas concêntricas de forma conjunta, além de envolver uso específico em exercícios considerado prioritários na sessão de treino conforme os objetivos estabelecidos com o indivíduo antes de iniciar o treinamento.

É atribuído ao sistema de repetições forçadas efeitos similares ao que são observados no treinamento negativo e ao *rest-pause*, porém o número de repetições adicionais efetuadas pelo indivíduo é fator determinante nas respostas observadas. Nesse sentido, algumas evidências sugerem que até duas repetições adicionais são capazes de aumentar a liberação de hormônios associados a regulação da síntese proteica (e.g., testosterona, IGF-1 e GH), além de possibilitar maiores taxas de ativação muscular seguidas de maiores respostas associadas a taxa de desenvolvimento de força (Ahtiainen *et al.*, 2003; Drinkwater *et al.*, 2007; Coratella e Schena, 2016). Coletivamente, esses fatores colocam esse sistema como opção viável para o desenvolvimento de programas de treinamento para indivíduos altamente treinados.

A respeito das recomendações de como utilizar esse sistema de treinamento, indica-se múltiplas séries (i.e., acima de 3 séries), com intensidades a partir de 80% 1 RM podendo chegar a 120% 1 RM, com o início do treino efetuando exercícios multiarticulares para, depois, realizar exercícios monoarticulares, com frequência semanal de duas a três sessões por semana, com duração do programa de treinamento prevista para quatro semanas. Embora essas recomendação tenham sido propostas por Prestes *et al.* (2010), e diversos relatos empíricos sugiram grande efetividade desse sistema, as evidências mais recentes na literatura científica reportam efetividade superior ao treinamento de força convencional de múltiplas séries, quando o número de repetições forçadas se limita a no máximo duas repetições adicionais.

> Quando são efetuadas mais de duas repetições forçadas, a relação custo-benefício desse método reduz drasticamente, uma vez que o risco de desenvolvimento de lesões e outras complicações aumentam significativamente.

18.1.5 *Cluster set*

Esse sistema de treinamento apresenta as mesmas características que o sistema *rest-pause* (i.e., definir inicialmente o número de repetições totais a serem executadas por exercício, com o número de séries variável em função do número de repetições executadas em cada série, com intervalos entre 6 e 30 segundos), com a diferença de que é possível de se utilizar intensidades mais baixas (i.e., a partir de 50% 1 RM), sem a obrigatoriedade do indivíduo chegar até a falha mecânica em cada série.

Recentemente, esse sistema tem demonstrado possibilitar o menor acúmulo de metabólitos (e.g., Pi e H+), o que favorece a manutenção da capacidade de produzir força e velocidade ao longo do protocolo de treinamento. Adicionalmente, o *cluster set* favorece ao indivíduo aumentar significativamente o volume de treinamento em níveis mais elevados em comparação ao treinamento de força convencional, porém com menor estresse fisiológico e maior controle de diferentes funções neuromusculares (i.e., capacidade de transmissão dos impulsos elétricos), cardiovasculares (i.e., menor duplo produto associado a menor resistência vascular periférica) e metabólicas (i.e., menor acúmulo de Pi, favorecendo a atividade do sistema ATP-CP). Assim, esse sistema de treinamento se configura como uma opção que atende a objetivos que transitam em populações com necessidades especiais (i.e., cardiopatas, obesos, pessoas com lesões neuromusculares), até indivíduos altamente treinados em diferentes modalidades esportivas (i.e., atletas de *rugby*, atletas de judô e atletas de futebol americano) (Iglesias-Soler *et al.*, 2012; Iglesias-Soler *et al.*, 2014; Mayo *et al.*, 2014; Iglesias-Soler et al., 2015; Paz *et al.*, 2017).

A respeito das recomendações de como utilizar esse sistema de treinamento, indica-se a utilização de múltiplas séries (i.e., acima de 3 séries), com intensidades a partir de 50% 1 RM podendo chegar a 100% 1 RM, com o início do treino efetuando exercícios multiarticulares para, depois, realizar monoarticulares, com frequência semanal de três ou mais sessões por semana, com duração do programa de treinamento prevista para oito semanas. Embora essas recomendações tenham sido propostas por Prestes *et al.* (2010) e diversos relatos empíricos sugiram grande efetividade deste sistema, as evidências mais recentes na literatura científica reportam que o *cluster set* demonstra efetividade similar a outros sistemas de treino tais como o treinamento de força convencional de múltiplas séries, porém com a vantagem de promover um estresse fisiológico menor, o que pode auxiliar em maior aderência e assimilação dos estímulos.

18.2 Sistemas de treinamento baseados na teoria do estresse metabólico

Diferentemente do que é observado em relação ao estresse mecânico, os sistemas de treinamento baseados no estresse metabólico apresentam como premissa para a manipulação das variáveis do treinamento as seguintes características: 1) a aplicação de intensidades baixas ou moderadas de forma constante, ou possivelmente com variações crescentes (i.e., entre 20% 1 RM e 60% 1 RM), ou decrescentes (i.e., entre 60% 1 RM e 20% 1 RM); 2) a utilização de um alto volume de treinamento relativo ao número de séries aplicadas (e.g., acima de 3 séries por exercício, mais de 12 séries por segmento muscular) e ao número de repetições desenvolvidas em cada série (i.e., acima de 8 repetições por série, mais de 30 repetições por exercício); 3) a realização de intervalos entre séries que apresentam duração curtíssima a moderada (i.e., entre 30 e 90 segundos entre séries), no qual podem estar associados a utilização de dois ou mais exercícios, realizados de forma combinada na mesma série; 4) a utilização de ações musculares com amplitude reduzida ou diferentes, como a isometria associada a ações dinâmicas; 5) a realização de ações musculares concêntricas e excêntricas com velocidades variadas (e.g., durações das ações musculares entre 0,5 e 10 segundos por repetição).

Contrariamente ao estresse mecânico, é creditado ao conjunto de manipulação de variáveis nos diferentes sistemas de treinamento baseados na teoria do estresse metabólico adaptações fisiológicas ao treinamento de força, tais como: 1) aumento do tempo sob tensão durante as ações concêntrica e excêntrica, em função de um alto volume de treino e consequentemente ao aumento da ativação das unidades motoras; 2) acúmulo de metabólitos (i.e., aumento no número de íons de H^+ e aumento do número de Pi liberados ao longo das séries e repetições) e o aumento do estresse hormonal (e.g., aumentos na produção de GH e IGF-1, possivelmente vinculados ao ambiente metabólico desenvolvido na sessão de treino) de forma mais acentuada em comparação aos sistemas de treinamento baseados no estresse mecânico; 3) aumento da proliferação de radicais livres e agentes pró-inflamatórios (i.e., produção de IL-6 e IL-10) associados à hipóxia tecidual, em decorrência do volume de treinamento, do curto tempo de recuperação entre as séries e os exercícios e ao tempo sob tensão aumentado durante o treinamento, o que pode, consequentemente, modificar processo de síntese proteica miofibrilar (i.e., a ocorrência da hipertrofia muscular) (Schoenfeld, 2010; Schoenfeld *et al.*, 2014, 2015, 2016, 2017; Schoenfeld, Ogborn e Krieger, 2017a; Grgic *et al.*, 2017). Entretanto, assim como foi observado no estresse mecânico, as evidências até o momento apresentam resultados controversos a respeito dos sistemas de treinamento baseados nesse pressuposto teórico, em possível decorrência das diferentes interações que as variáveis no processo podem apresentar, o que será detalhado nos diferentes sistemas a seguir.

Quadro 18.2 – Sistemas de treinamento baseados na teoria do estresse metabólico

Sistema de treinamento	Características principais	Principais variáveis manipuladas	Nível de treinabilidade
Bi-set	Realização de dois exercícios de forma conjunta, sem intervalos, com intensidade de moderada para alta (entre 50% e 70% 1 RM), induzindo a falha mecânica	Volume (número de repetições) e intervalo entre séries (só após a realização de dois exercícios de forma conjunta)	Intermediário e avançado
Tri-set	Realização de três exercícios de forma conjunta, sem intervalos, com intensidade de moderada para alta (entre 50% e 70% 1 RM), induzindo a falha mecânica	Volume (número de repetições) e intervalo entre séries (só após a realização de três exercícios de forma conjunta)	Intermediário e avançado

Quadro 18.2 – Sistemas de treinamento baseados na teoria do estresse metabólico (continuação)

Sistema de treinamento	Características principais	Principais variáveis manipuladas	Nível de treinabilidade
Drop-set	Realização de um exercício com variações decrescente na intensidade (entre 80% e 50% 1 RM) em múltiplas séries, com repetições até a falha mecânica	Volume (número de repetições) e intervalo entre séries (só após a realização de dois exercícios de forma conjunta)	Intermediário e avançado
Super-série	Realização de quatro exercícios (ou mais) de forma conjunta, sem intervalos, com intensidade de moderada para alta (entre 50% e 70% 1 RM), induzindo a falha mecânica	Volume (número de repetições) e intervalo entre séries (só após a realização de quatro exercícios de forma conjunta)	Intermediário e avançado
Pré-Exaustão	Realização de dois exercícios de forma conjunta, sempre iniciando a sessão de treinamento por um exercício monoarticular seguido de um exercício multiarticular, sem intervalos, com intensidade de moderada para alta (entre 50% e 70% 1 RM) induzindo a falha mecânica	Ordem dos exercícios (monoarticular para multiarticular), volume (número de repetições) e intervalo entre séries (só após a realização de dois exercícios de forma conjunta)	Intermediário e avançado
Treinamento de força com restrição de fluxo sanguíneo	Realização dos exercícios em associação à restrição do fluxo sanguíneo, através de um aparato específico (esfigmomanômetro), em baixa intensidade (entre 20% e 40% 1 RM)	Intensidade (nível de força aplicado), volume (número de repetições entre 15 e 20) e pressão de restrição do fluxo sanguíneo (80% da pressão máxima)	Do iniciante ao avançado
Sem relaxamento	Realização do exercício em uma faixa de amplitude específica, no qual o fluxo sanguíneo é restrito e a tensão mecânica é constante, com intensidade moderada (entre 50% e 65% 1 RM) em múltiplas séries	Intensidade (nível de força aplicado), volume (número de repetições) e intervalo entre séries (entre 6 e 20 segundos)	Do iniciante ao avançado

RM = Repetições máximas; % 1 RM = variação percentual baseada no teste de uma repetição máxima

18.2.1 Séries combinadas: *bi-set, tri-set, drop-set*, super-série e pré-exaustão

Os sistemas de treinamento que envolvem séries combinadas têm como característica comum a utilização de dois ou mais exercícios para o mesmo segmento muscular ou para segmentos musculares diferentes (e.g., alternado por segmento entre exercícios de membros inferiores e membros superiores), sem intervalos entre os exercícios efetuados (e.g., *bi-set, tri-set*, super-série e pré-exaustão), ou com a realização de apenas um exercício associado a reduções de intensidade entre 20 e 30% em relação à série inicial do exercício (*drop-set*). Nesse contexto, recentes estudos têm sido efetuados para atestar a efetividade prática, bem como o quanto os conceitos lógicos dos sistemas de treinamento mencionados são verdadeiros (Robbins, Young e Behm, 2010; Robbins *et al.*, 2010; Paz *et al.*, 2017).

Nos sistemas *bi-set, tri-set* e super-série, as sessões de treinamento devem ser iniciadas por exercícios multiarticulares, seguidos posteriormente por um ou mais exercícios monoarticulares, nos quais é sugerido que a intensidade proposta em cada exercício seja fixa e tenha valores entre 55 e 70% 1 RM, em múltiplas séries (i.e., acima de três séries), com intervalos de recuperação inseridos somente após a realização do último exercício em cada série. A única diferença entre os três sistemas de treinamento é a quantidade de exercícios envolvidos, no qual o *bi-set* envolve conjuntos de dois em dois exercícios, o *tri-set* envolve três, e a super-série é composta por quatro, sendo que, atualmente, esse sistema de treinamento é comumente utilizado como circuito, apresentando outra nomenclatura (e.g., HIRT – treinamento de força em circuito de alta intensidade) (Goto *et al.*, 2016; Looney *et al.*, 2016; Angleri *et al.*, 2017; Fink *et al.*, 2017). Por outro lado, embora o sistema de pré-exaustão apresente as mesmas características mencionadas para o *bi-set*, um aspecto é diferente: no início da sessão de treinamento deve ser orientada e priorizada a realização de um exercício monoarticular para, posteriormente, ser executado um multiarticular.

Coletivamente, é creditado a esses sistemas de treinamento a ocorrência do maior acúmulo de metabólitos tais como Pi, H^+ e o lactato sanguíneo, que em tese favoreceriam a maior liberação de hormônios associados ao aumento da síntese proteica (e.g., testosterona, IGF-1 e GH), além de possibilitar o aumento do tempo sob tensão da estrutura do sarcômero com essa maior quantidade de exercícios e de repetições sendo efetuadas ao longo do treinamento. Nesse sentido, é possível que esses fatores conjuntamente possibilitem respostas crônicas mais elevadas em relação ao desempenho da força e, principalmente, a hipertrofia muscular, o que situa esses sistemas de treino como opções a serem consideradas na elaboração de programas de treinamento.

A respeito das recomendações de como utilizar esses sistemas de treinamento, indica-se a utilização de múltiplas séries (i.e., acima de três séries), com intensidades a partir de 50% 1 RM podendo chegar a 70% 1 RM, com o início do treinamento efetuando exercícios multiarticulares para, depois, realizar exercícios monoarticulares (com exceção apenas para o sistema pré-exaustão), com frequência semanal de três ou mais sessões por semana, com duração do programa de treinamento prevista entre duas e quatro semanas. Embora essas recomendações tenham sido propostas por Prestes *et al.* (2010) e diversos relatos empíricos sugiram grande efetividade do sistema, as evidências mais recentes na literatura científica reportam que esses programas demonstram efetividade similar a outros sistemas de treinamento tais como o de força convencional de múltiplas séries (Goto *et al.*, 2016; Looney *et al.*, 2016; Angleri *et al.*, 2017; Fink *et al.*, 2017). Ademais, os poucos estudos até o momento, em sua grande maioria, verificaram respostas agudas, que indicam de fato maior estresse metabólico e ambiente hormonal mais favorável a respostas associadas à hipertrofia muscular (e.g., aumento na produção de IGF-1, aumento na produção do GH e aumento na produção da testosterona). Porém, quando observadas em estudos que verificaram efeitos crônicos, tais respostas ao longo do tempo demonstram similaridade ao treinamento de força convencional, o que nos indica a necessidade em se ter cuidado na utilização desses treinos, ao nos provocar a necessária reflexão a respeito das respostas individuais que podem limitar conclusões mais genéricas a respeito dos mesmos.

18.2.2 Treinamento de força com restrição de fluxo sanguíneo (oclusão vascular)

Na atualidade, o treinamento de força com restrição de fluxo sanguíneo é um dos sistemas de treinamento que tem recebido maior destaque e atenção da comunidade científica e de entusiastas, em função de suas possibilidades de aplicações práticas e benefícios para diversas populações (e.g., atletas, indivíduos fisicamente ativos, portadores de doenças reumatológicas e crônicas) (Gualano *et al.*, 2010; Gualano *et al.*, 2010; Loenneke *et al.*, 2012; Laurentino *et al.*, 2016; Teixeira *et al.*, 2018). Esse sistema de treinamento consiste na utilização de baixas intensidades (entre 0%-40% 1 RM) e a aplicação de pressão para a restrição do fluxo sanguíneo dos membros inferiores ou superiores através de um aparato (i.e., esfigmomanômetro ou *straps*), no qual, durante todo o exercício, o fluxo sanguíneo deve permanecer com restrição entre 80 e 100%.

Esse sistema de treinamento tem reportado efeitos significativos para ocorrência da hipertrofia muscular, em níveis considerados similares ou superiores ao treino de força convencional em algumas situações. Esses achados são explicados pela literatura científica em função de modificações estruturais que ocorrem no músculo esquelético envolvendo adaptações moleculares (e.g., diminuição da atividade das proteínas Activina IIb, GASP-1 e folistatina, associadas ao comportamento da miostatina; aumento da atividade das proteínas PI3K, Akt, mTOR e p70s6k1), metabólicas (e.g., acúmulo de Pi e acúmulo de H^+) e neuromusculares (e.g., aumento da taxa de recrutamento das unidades motoras e da sincronização das unidades motoras). Coletivamente, essas respostas promovem condições fisiológicas amplamente favoráveis para gerar as respostas associadas à hipertrofia observadas em diversos estudos, sendo que as evidências demonstram efetividade bastante similar desse sistema de treinamento em diferentes populações, tais como indivíduos fisicamente ativos, atletas, idosos frágeis e portadores de patologias reumatológicas (Gualano *et al.*, 2010; Gualano *et al.*, 2010; Loenneke *et al.*, 2012; Scott *et al.*, 2015; Dankel *et al.*, 2016; Laurentino *et al.*, 2016; Loenneke *et al.*, 2017; Grant Mouser *et al.*, 2018; Teixeira *et al.*, 2018). Nesse sentido, é importante destacar que a restrição de fluxo sanguíneo utilizada sem a realização concomitante de exercícios promove efeitos preventivos à ocorrência de atrofia e do ônus do desuso induzido por lesões ou por condições clinicas indesejáveis. Quando associada ao treinamento de força, a restrição de fluxo sanguíneo parece potencializar uma série de benefícios e adaptações vinculadas a ele (i.e., melhora no desempenho da força e respostas mais efetivas em relação à hipertrofia), o que reforça a utilização desse sistema.

Para o desenvolvimento de programas de treinamento com oclusão vascular, algumas recomendações são consideradas importantes: 1) a intensidade utilizada deve ser inferior a 40% 1 RM para não anular o efeito da hipóxia promovida pela restrição do fluxo sanguíneo. Alguns estudos demonstraram que, ao utilizar intensidades superiores, o próprio processo de contração muscular promove restrição mecânica dos vasos, em decorrência da diminuição do lúmen nos capilares periféricos; 2) a restrição do fluxo sanguíneo deve ser parcial (i.e., em aproximadamente 80% da restrição total) e controlada. Para realizar a oclusão e controlá-la ao longo do treinamento é recomendada a utilização de um dispositivo auscultatório (i.e., doppler vascular portátil), para determinar os valores de pressão para a restrição do fluxo com precisão, ou a utilização da escala de pressão percebida validada por Loenneke *et al.* (2013) com valores entre 5 e 7 para aplicação da restrição; 3) as repetições não precisam ser executadas até a falha mecânica, ao contrário dos demais sistemas de treinamento, pois a restrição de fluxo sanguíneo já promove um estresse metabólico grande o suficiente; 4) a oclusão vascular do fluxo sanguíneo deve ser contínua e sem interrupções ao longo da sessão de treinamento, para favorecer de maneira mais efetiva os efeitos desse sistema; 5) a frequência semanal pode ser elevada, sendo possível efetuar mais de três sessões de treinamento por semana, ou até mais de duas sessões por dia; 6) os intervalos entre séries devem ser muito curtos (i.e., entre 30 e 45 segundos), uma vez que ao longo do intervalo o estimulo de restrição do fluxo sanguíneo será preservado.

Quadro 18.3 – Recomendações para a realização do treinamento de força com restrição do fluxo sanguíneo

Variáveis do sistema de treinamento	Recomendações	Considerações
Características do aparato	Medidas: entre 5 e 6 cm para braço; entre 6 e 13,5 cm para perna/ambos colocados no ponto proximal do segmento corporal	É mais efetivo o aparato composto de tecido, por ser menos deformável ao longo do tempo, e favorecer o controle da pressão
Pressão de oclusão	O valor de 80% de restrição é observado como o mais efetivo	Valores de pressão acima de 80% não apresentam efeito aditivo, somente mais desconforto associado à oclusão
Tipo de exercício	Aplicável em exercícios monoarticulares e multiarticulares para quase todos os segmentos corporais	Efetividade similar entre os diferentes tipos de exercício, o que pode sugerir amplas combinações entre eles
Intensidade do exercício	Entre 20% e 40% 1 RM para maior efetividade da restrição promovida pelo aparato	Intensidade superiores a 40% 1 RM não apresentam efeitos aditivos à utilização da restrição do fluxo sanguíneo, o que indica ineficiência da estratégia com intensidades mais elevadas

Quadro 18.3 – Recomendações para a realização do treinamento de força com restrição do fluxo sanguíneo (continuação)

Variáveis do sistema de treinamento	Recomendações	Considerações
Volume do exercício	Entre 50 e 80 repetições por sessão de treinamento sem a necessidade de chegar à falha mecânica	Em média, tem sido observado que é possível fazer 15 repetições por série sem grandes complicações
Intervalo entre as séries	Intervalos curtos entre 30 e 45 segundos	A restrição do fluxo é preservada durante o intervalo, por isso a duração é muito curta
Frequência semanal	Entre 2 e 5 sessões de treinamento por semana	É possível efetuar mais de uma sessão de treinamento por dia com o método
RM = Repetições máximas; % 1 RM = variação percentual baseada no teste de uma repetição máxima		

18.2.3 Sem relaxamento

De maneira similar ao sistema de treinamento associado à restrição do fluxo sanguíneo, o sistema sem relaxamento tem como pressuposto a promoção do estresse metabólico a partir da hipóxia. Esse fenômeno é promovido durante as ações musculares que devem ser realizadas com menor variação angular de movimento, no qual aumenta a duração da restrição do fluxo sanguíneo, uma vez que durante grande parte da realização do movimento os vasos efetuam a vasoconstricção e, consequentemente reduzem o lúmen arterial de passagem do sangue. De maneira adicional, o sistema de treinamento sem relaxamento tem como característica a manutenção da tensão mecânica gerada durante o exercício em toda a amplitude predeterminada para sua realização.

Embora tenha grande semelhança com o treinamento de força com restrição de fluxo sanguíneo, poucos estudos foram efetuados para atestar a efetividade do treino, sendo que a grande maioria demonstra apenas efeitos agudos, em que foi notado grandes aumentos nas concentrações de lactato, Pi e H+, associados à grande atividade de proteínas que regulam a hipertrofia muscular (e.g., aumento na AKT fosforilada, na mTOR fosforilada, e na p70S6K1 fosforilada) (Popov *et al.*, 2015; Scott *et al.*, 2015; Goto *et al.*, 2016; Schoenfeld *et al.*, 2017). Embora não obrigatoriamente de forma crônica possa ser confirmado que essas respostas se mantenham elevadas e apresentem maior efetividade em comparação a outros sistemas de treinamento. Um aspecto importante é o fato de que tal treino faz uso de intensidades moderadas (i.e., valores entre 50% e 65% 1 RM) e segue as mesmas características observadas nos sistemas de treinamento anteriormente descritos (i.e., acima de 3 séries, exercícios multiarticulares e monoarticulares, repetições até a falha mecânica, intervalos entre 30 e 90 segundos), o que o torna uma opção viável para desenvolvimento de programas de treinamento que tenham, como premissa, privilegiar o volume de treino, em comparação com a intensidade.

Considerações finais

Embora ainda careçam de maiores evidências para alguns esclarecimentos, é possível concluir que os sistemas de treinamento de força são ferramentas úteis quanto às aplicações práticas de estratégias de variação de estímulos de treino. Contudo, é necessário ponderações a respeito de interpretações sobre a efetividade de cada um dos sistemas mencionados neste capítulo, pois, aparentemente, os níveis de respostas positivas entre eles tendem a apresentar similaridade, principalmente, a respeito da promoção da hipertrofia muscular.

Referências

AHTIAINEN, J. P. *et al.* Acute hormonal and neuromuscular responses and recovery to forced vs maximum repetitions multiple resistance exercises. *Int J Sports Med,* v. 24, n. 6, p. 410-418, ago. 2003.

ANGLERI, V.; UGRINOWITSCH, C.; LIBARDI, C. A. Crescent pyramid and drop-set systems do not promote greater strength gains, muscle hypertrophy, and changes on muscle architecture compared with traditional resistance training in well-trained men. *Eur J Appl Physiol,* v. 117, n. 2, p. 359-369, fev. 2017.

CORATELLA, G.; SCHENA, F. Eccentric resistance training increases and retains maximal strength, muscle endurance, and hypertrophy in trained men. *Appl Physiol Nutr Metab,* v. 41, n. 11, p. 1184-1189, nov. 2016.

DANKEL, S. J. *et al.* The Effects of Blood Flow Restriction on Upper-Body Musculature Located Distal and Proximal to Applied Pressure. *Sports Med,* v. 46, n. 1, p. 23-33, jan. 2016.

DE SOUZA, E. O. *et al.* Effects of concurrent strength and endurance training on genes related to myostatin signaling pathway and muscle fiber responses. *J Strength Cond Res,* v. 28, n. 11, p. 3215-3223, nov. 2014.

DRINKWATER, E. J. *et al.* Increased number of forced repetitions does not enhance strength development with resistance training. *J Strength Cond Res,* v. 21, n. 3, p. 841-847, ago. 2007.

FARTHING, J. P.; CHILIBECK, P. D. The effects of eccentric and concentric training at different velocities on muscle hypertrophy. *Eur J Appl Physiol,* v. 89, n. 6, p. 578-586, ago. 2003.

FINK, J. *et al.* Effects of drop set resistance training on acute stress indicators and long-term muscle hypertrophy and strength. *J Sports Med Phys Fitness*, abr. 26 2017.

FONSECA, R. M. *et al.* Changes in exercises are more effective than in loading schemes to improve muscle strength. *J Strength Cond Res,* v. 28, n. 11, p. 3085-3092, nov. 2014.

FRANCHI, M.V.; REEVES, N. D.; NARICI, M. V. Skeletal Muscle Remodeling in Response to Eccentric vs. Concentric Loading: Morphological, Molecular, and Metabolic Adaptations. *Front Physiol,* v. 8, p. 447, 2017.

FYFE, J. J. *et al.* Enhanced skeletal muscle ribosome biogenesis, yet attenuated mTORC1 and ribosome biogenesis-related signalling, following short-term concurrent versus single-mode resistance training. *Sci Rep,* v. 8, n. 1, p. 560, 12 jan. 2018.

GOTO, M. *et al.* Effects of the Drop-set and Reverse Drop-set Methods on the Muscle Activity and Intramuscular Oxygenation of the Triceps Brachii among Trained and Untrained Individuals. *J Sports Sci Med,* v. 15, n. 4, p. 562-568, dez. 2016.

GRANT MOUSER, J. *et al.* Blood flow restriction: Methods matter. *Exp Gerontol,* v. 104, p. 7-8, abr. 2018.

GRGIC, J. *et al.* The effects of short versus long inter-set rest intervals in resistance training on measures of muscle hypertrophy: A systematic review. *Eur J Sport Sci,* v. 17, n. 8, p. 983-993, set. 2017.

GUALANO, B. *et al.* Resistance training with vascular occlusion in inclusion body myositis: a case study. *Med Sci Sports Exerc,* v. 42, n. 2, p. 250-254, fev. 2010.

GUALANO, B. *et al.* Vascular occlusion training for inclusion body myositis: a novel therapeutic approach. *J Vis Exp*, n. 40, 5 jun. 2010.

HARTMANN, H. *et al.* Short-term Periodization Models: Effects on Strength and Speed-strength Performance. *Sports Med,* v. 45, n. 10, p. 1373-1386, out. 2015.

HENSELMANS, M.; SCHOENFELD, B. J. The effect of inter-set rest intervals on resistance exercise-induced muscle hypertrophy. *Sports Med,* v. 44, n. 12, p. 1635-1643, dez. 2014.

IGLESIAS-SOLER, E. *et al.* Acute effects of distribution of rest between repetitions. *Int J Sports Med,* v. 33, n. 5, p. 351-358, mai. 2012.

IGLESIAS-SOLER, E. *et al.* Effect of set configuration on hemodynamics and cardiac autonomic modulation after high-intensity squat exercise. *Clin Physiol Funct Imaging,* v. 35, n. 4, p. 250-257, jul. 2015.

IGLESIAS-SOLER, E. *et al.* Inter-repetition rest training and traditional set configuration produce similar strength gains without cortical adaptations. *J Sports Sci,* v. 34, n. 15, p. 1473-1484, ago. 2016.

IGLESIAS-SOLER, E. *et al.* Performance of maximum number of repetitions with cluster-set configuration. *Int J Sports Physiol Perform,* v. 9, n. 4, p. 637-642, jul. 2014.

KORAK, J. A. *et al.* Effect of rest-pause vs. traditional bench press training on muscle strength, electromyography, and lifting volume in randomized trial protocols. *Eur J Appl Physiol,* v. 117, n. 9, p. 1891-1896, set. 2017

LAURENTINO, G. C. *et al.* The Effect of Cuff Width on Muscle Adaptations after Blood Flow Restriction Training. *Med Sci Sports Exerc,* v. 48, n. 5, p. 920-925, maio 2016.

LOENNEKE, J. P. *et al.* Blood flow restriction: an evidence based progressive model (Review). *Acta Physiol Hung,* v. 99, n. 3, p. 235-250, set. 2012.

LOENNEKE, J. P. *et al.* Blood flow restriction pressure recommendations: a tale of two cuffs. *Front Physiol,* v. 4, p. 249, 2013.

LOENNEKE, J. P. *et al.* The influence of exercise load with and without different levels of blood flow restriction on acute changes in muscle thickness and lactate. *Clin Physiol Funct Imaging,* v. 37, n. 6, p. 734-740, nov. 2017.

LOONEY, D. P. *et al.* Electromyographical and Perceptual Responses to Different Resistance Intensities in a Squat Protocol: Does Performing Sets to Failure With Light Loads Produce the Same Activity? *J Strength Cond Res,* v. 30, n. 3, p. 792-799, mar. 2016.

MAEO, S. *et al.* Neuromuscular Adaptations to Work-matched Maximal Eccentric vs Concentric Training. *Med Sci Sports Exerc*, 22 mar. 2018.

MAYO, X.; IGLESIAS-SOLER, E.; FERNANDEZ--DEL-OLMO, M. Effects of set configuration of resistance exercise on perceived exertion. *Percept Mot Skills,* v. 119, n. 3, p. 825-837, dez. 2014.

PAZ, G. A. *et al.* Postexercise Hypotension and Heart Rate Variability Responses Subsequent to Traditional, Paired Set, and Superset Training Methods. *J Strength Cond Res*, 11 dez. 2017.

PAZ, G. A. *et al.* Volume Load and Neuromuscular Fatigue During an Acute Bout of Agonist-Antagonist Paired-Set vs. Traditional-Set Training. *J Strength Cond Res,* v. 31, n. 10, p. 2777-2784, out. 2017.

POPOV, D. V. *et al.* Influence of resistance exercise intensity and metabolic stress on anabolic signaling and expression of myogenic genes in skeletal muscle. *Muscle Nerve,* v. 51, n. 3, op. 434-442, mar. 2015.

PRESTES, J. *et al. Prescrição e periodização do treinamento de força em academias*. São Paulo: Phorte, 2010.

PRESTES, J. *et al.* Strength And Muscular Adaptations Following 6 Weeks Of Rest-Pause Versus Traditional Multiple-Sets Resistance Training In Trained Subjects. *J Strength Cond Res*, abr. 2017.

ROBBINS, D. W.; YOUNG, W. B.; BEHM, D. G. The effect of an upper-body agonist-antagonist resistance training protocol on volume load and efficiency. *J Strength Cond Res,* v. 24, n. 10, p. 2632-2640, out. 2010.

ROBBINS, D. W. *et al.* Physical performance and electromyographic responses to an acute bout of paired set strength training versus traditional strength training. *J Strength Cond Res,* v. 24, n. 5, p. 1237-1245, maio 2010.

SCHOENFELD, B. J. The mechanisms of muscle hypertrophy and their application to resistance training. *J Strength Cond Res,* v. 24, n. 10, p. 2857-2872, out. 2010.

SCHOENFELD, B. J.; OGBORN, D.; KRIEGER, J. W. Dose-response relationship between weekly resistance training volume and increases in muscle mass: A systematic review and meta-analysis. *J Sports Sci,* v. 35, n. 11, p. 1073-1082, jun. 2017b.

SCHOENFELD, B. J.; OGBORN, D. I.; KRIEGER, J. W. Effect of repetition duration during resistance training on muscle hypertrophy: a systematic review and meta-analysis. *Sports Med,* v. 45, n. 4, p. 577-585, abr. 2015.

SCHOENFELD, B. J.; OGBORN, D.; KRIEGER, J. W. The dose-response relationship between resistance training volume and muscle hypertrophy: are there really still any doubts? *J Sports Sci,* v. 35, n. 20, p. 1985-1987, out. 2017a.

SCHOENFELD, B. J. *et al.* Differential Effects of Heavy Versus Moderate Loads on Measures of Strength and Hypertrophy in Resistance-Trained Men. *J Sports Sci Med,* v. 15, n. 4, p. 715-722, dez. 2016.

SCHOENFELD, B. J. *et al.* Effects of different volume-equated resistance training loading strategies on muscular adaptations in well-trained men. *J Strength Cond Res,* v. 28, n. 10, p. 2909-2918, out. 2014.

SCHOENFELD, B. J. *et al.* Effects of Low- vs. High-Load Resistance Training on Muscle Strength and Hypertrophy in Well-Trained Men. *J Strength Cond Res,* v. 29, n. 10, p. 2954-2963, out. 2015.

SCHOENFELD, B. J. *et al.* Hypertrophic Effects of Concentric vs. Eccentric Muscle Actions: A Systematic Review and Meta-analysis. *J Strength Cond Res,* v. 31, n. 9, p. 2599-2608, set. 2017.

SCHOENFELD, B. J. *et al.* Strength and hypertrophy adaptations between low- versus high-load resistance training: A systematic review and meta-analysis. *J Strength Cond Res*, 22 ago. 2017.

SCOTT, B. R. *et al.* Exercise with blood flow restriction: an updated evidence-based approach for enhanced muscular development. *Sports Med,* v. 45, n. 3, p. 313-325, mar. 2015.

SEGER, J. Y.; ARVIDSSON, B.; THORSTENSSON, A. Specific effects of eccentric and concentric training on muscle strength and morphology in humans. *Eur J Appl Physiol Occup Physiol,* v. 79, n. 1, p. 49-57, dez. 1998.

SOUZA, E. O. *et al.* Early adaptations to six weeks of non-periodized and periodized strength training regimens in recreational males. *J Sports Sci Med,* v. 13, n. 3, p. 604-609, set 2014.

TEIXEIRA, E. L. *et al.* Blood flow restriction increases metabolic stress but decreases muscle activation during high-load resistance exercise. *Muscle Nerve,* v. 57, n. 1, p. 107-111, jan. 2018.

19

Montagem de programas: manipulação das variáveis do treinamento de força

Lucas Duarte Tavares

Thiago Lasevicius

Valmor Tricoli

OBJETIVO DO CAPÍTULO

O objetivo do capítulo é proporcionar o conhecimento prévio sobre as possíveis manipulações das variáveis que compõem a carga de treinamento e seus efeitos nas adaptações morfológicas e no desempenho da força muscular. Esse conhecimento é fundamental para a organização e elaboração de programas de treinamento que atendam diferentes populações, bem como diferentes objetivos.

A manipulação das variáveis que compõem as cargas de treinamento em programas de treinamento de força é crucial para a obtenção dos objetivos estipulados para cada uma das diferentes populações (*i.e.*, indivíduos fisicamente ativos, deficientes físicos e indivíduos altamente treinados) (Kraemer *et al.*, 2002; Ratamess, 2009). Nesse contexto, as diferenças pontuais entre os programas de treinamento de força se apresentam na organização das cargas de treinamento em função de modificações ou orientações específicas para a intensidade, o volume, os intervalos de recuperação entre as séries, o número de sessões a serem realizadas ao longo da semana (*i.e.*, frequência semanal), a sequência de realização dos exercícios nas sessões de treinamento e a velocidade das contrações musculares ao longo da realização dos exercícios (Simao *et al.*, 2012; Schoenfeld *et al.*, 2016; Schoenfeld, Ogborn e Krieger, 2016b). Assim, o conhecimento prévio sobre os efeitos que as possíveis manipulações das variáveis que compõem a carga de treinamento em sessões de treinamento têm nas adaptações morfológicas (*e.g.*, hipertrofia muscular) e no desempenho da força muscular é fundamental para a organização e elaboração de programas de treino que atendam diferentes populações, bem como diferentes objetivos (Carneiro *et al.*, 2015; Mitchell *et al.*, 2012; Ribeiro *et al.*, 2015; Rønnestad *et al.*, 2007).

Recentemente, diversas sociedades acadêmicas e profissionais, bem como centros de pesquisa e investigação científica, têm sugerido diversas estratégias de manipulação das variáveis das sessões de treinamento. Diversas evidências têm sugerido que os benefícios obtidos com a realização de programas de treinamento de força estão associados à ocorrência da hipertrofia muscular, ao aumento do desempenho da força muscular, ao aumento da eficiência de respostas fisiológicas (*e.g.*, modulação de ambiente hormonal mais favorável a adaptações musculoesqueléticas, maior tolerância ao estresse metabólico e melhora do controle motor), seguidos pela melhora do desempenho das capacidades funcionais (*i.e.*, atividades de vida diária e desempenho de ações motoras como saltos e movimentos da prática esportiva) (Keeler *et al.*, 2001; Schoenfeld *et al.*, 2015; Schoenfeld, Ogborn e Krieger, 2016a; Schuenke *et al.*, 2012; Tanimoto e Ishii, 2006). Entretanto, os efeitos promovidos pelas diferentes estratégias de manipulação das variáveis da carga de treinamento são semelhantes em diversas situações, o que dificulta a compreensão de suas diferenças e a escolha de qual estratégia será aplicada em função do contexto ao qual o profissional da área do treinamento se encontra inserido. Adicionalmente, conceitos empíricos a respeito da elaboração de programas de treino de força ainda permanecem enraizados em grande parcela dos profissionais da área do treinamento, ao passo que o estado da arte em relação aos conhecimentos produzidos no campo acadêmico no TF apresenta evidências contraditórias das ações no campo profissional executadas de forma empírica. Isso tudo reforça a necessidade de mais discussões e elucidações sobre os efeitos das diferentes variáveis da carga em programas de treinamento de força.

Diante da importância e da necessidade em compreender como os diferentes programas de treinamento de força podem ser estruturados, o leitor, ao longo deste capitulo, terá contato com o estado da arte a respeito da manipulação das variáveis principais que compõem as cargas de treinamento no treinamento de força, sendo elas: 1) intensidade das sessões; 2) volume da sessão e do programa de treino; 3) intervalo de recuperação entre séries e exercícios; 4) frequência de treinamento; 5) ordem de realização dos exercícios; 6) velocidade das ações musculares.

Figura 19.1 – Representação esquemática da relação entre as variáveis do treinamento de força, as adaptações fisiológicas e os objetivos dos diferentes programas de treinamento.

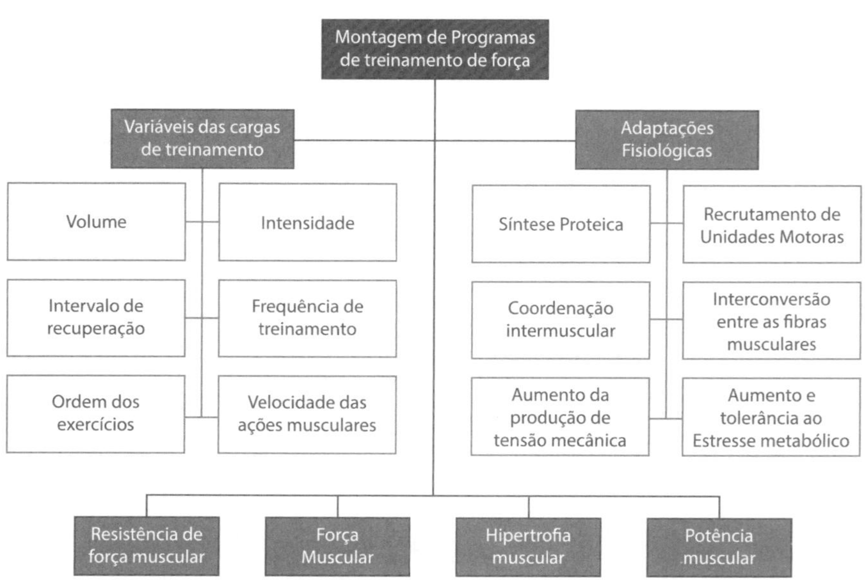

19.1. Manipulação da intensidade

A intensidade no treinamento de força pode ser expressa em valores relativos, pelo percentual de uma repetição máxima (1 RM) ou de forma absoluta, por meio da utilização de repetições máximas (RM). Esta variável, independentemente da forma em que ela é prescrita, pode modular os ganhos de força.

A prescrição da intensidade depende do objetivo que você pretende alcançar com o treinamento de força. Quando pensamos nos ganhos de força máxima, devemos utilizar intensidades de treinamento entre 85% a 100% de 1 RM – ou entre 1-6 RM, caso queiramos prescrever a intensidade de forma absoluta. Em contrapartida, ao pensarmos nas adaptações para resistência muscular localizada, é recomendado utilizar intensidade entre 50% a 60% de 1 RM (ou entre 15-20 RM) para obter as maiores adaptações. Quando pensamos na hipertrofia muscular, a intensidade pode variar consideravelmente, podendo utilizar-se desde baixas intensidades de treinamento (em torno de 30% de 1 RM) até altas intensidades (90% de 1 RM) (Campos *et al.*, 2002; Mitchell *et al.*, 2012; Ogasawara *et al.*, 2013; Schoenfeld *et al.*, 2015). Essa nova abordagem de amplitude da intensidade tem demonstrado ser bastante eficaz quando o objetivo é o ganho de massa muscular. Entretanto, ao utilizar uma baixa intensidade de treinamento — como, por exemplo, 30% de 1 RM —, seria necessário realizar um volume muito elevado, utilizando alto número de repetições por séries para que as adaptações referentes aos ganhos de massa muscular sejam semelhantes entre baixa e alta intensidade. Em contrapartida, as adaptações decorrentes dessa amplitude são bem distintas. Apesar de baixas intensidades de treinamento obterem os mesmos ganhos de massa muscular que altas intensidades, quando olhamos para as adaptações neuromusculares ao treinar com intensidades tão baixas, há um menor ganho de força comparado a intensidades elevadas de treinamento e, em contrapartida, um alto ganho de resistência muscular. Da mesma forma que a utilização de altas intensidades de treinamento promovem grandes aumentos na força máxima e menor aumento na resistência muscular.

Essas diferentes adaptações decorrentes dessa grande amplitude podem ser explicadas pela ativação muscular e pelo tipos de fibra mais estimulados durante o exercício (Campos *et al.*, 2002; Mitchell *et al.*, 2012). Quando utilizamos baixas intensidades de treinamento, a ativação muscular tende a ser menor, estimulando mais as fibras do tipo I. Em contrapartida, ao utilizarmos altas intensidades de treinamento, temos uma maior ativação muscular, promovendo maior estímulo das fibras do tipo II. Assim, essas diferentes adaptações decorrentes da estimulação de diferentes tipos de fibra somadas a diferentes ativações musculares poderiam explicar as divergências entre as adaptações decorrentes da manipulação das intensidades de treinamento.

Ao manipular a intensidade ao longo do treinamento para os ganhos de massa muscular, devemos nos atentar às diferentes adaptações promovidas pela grande amplitude que pode ser utilizada. Seria interessante alternar, ao longo do treinamento, entre intensidade baixa ou moderada e intensidade alta para obtermos o máximo de benefícios que essa amplitude pode oferecer para os ganhos de massa muscular (Ogasawara *et al.*, 2013; Schoenfeld *et al.*, 2015, 2016). Por exemplo, ao utilizar baixa ou moderada intensidade ao longo de um período de treinamento, a resistência muscular será mais desenvolvida que a força máxima, o que pode ser benéfico por um período de tempo, levando o indivíduo a realizar mais repetições. Entretanto, devemos tomar cuidado em treinar com intensidade baixa ou moderada por longos períodos devido a menores ganhos de força, o que poderia diminuir o volume de treino, o que por sua vez pode atenuar os ganhos de massa muscular. Infelizmente, ainda não sabemos ao certo qual seria o período indicado para a realização de baixas intensidades sem que haja prejuízos na força máxima; em média, parece que em um período de seis semanas de treinamento não há uma atenuação da força máxima.

Por outro lado, em programas de treinamento em que o objetivo está associado ao desenvolvimento da potência muscular, é recomendado que a intensidade seja determinada a partir da zona ótima de produção de potência. Nesse contexto, diversas evidências apontam que a intensidade referente à zona ótima de potência é relativa, principalmente ao tipo de exercício a ser utilizado ao longo do programa de treinamento. Podemos exemplificar isso com dois exercícios bastante comuns: o *power clean* (exercício utilizado para desenvolvimento técnico do levantamento de peso olímpico), em que é recomendado trabalhar com intensidades entre 60%-80% de 1 RM, e o *jump squat* (agachamento com salto), no qual é recomendado trabalhar com intensidades entre 0%-40% de 1 RM (Da Silva *et al.*, 2015; Loturco *et al.*, 2015; Maloney *et al.*, 2014; Young *et al.*, 2015; Zaras *et al.*, 2013). Essas variações entre os exercícios se devem à variação cinética e ao padrão cinemático que esses exercícios possuem, pois isso acarretam nas diferentes maneiras em que a curva força-velocidade se manifesta (Soriano *et al.*, 2015, 2016). No entanto, permanece pouco esclarecido quais seriam os efeitos crônicos da manipulação da intensidade dentro da zona ótima de potência em comparação às demais estratégias de manipulação da intensidade. Porém, neste contexto ao qual o desempenho da potência está inserido, a especificidade da prática esportiva tem grande influência e relevância para tal estratégia de treinamento, o que limita eventuais comparações com as possíveis manipulações da intensidade previamente mencionadas.

Quadro 19.1 – Efeitos da manipulação da intensidade em programas de treinamento de força

Autor e ano	Sujeito	Protocolo de treinamento	Volume equalizado	Treino até a falha	Medidas	Resultados
Campos *et al.*, 2002	32 homens jovens destreinados (5 no grupo controle)	Distribuição aleatória: IA (4 × 3–5 RM; 3 min intervalo), IM (3 × 9–11 RM; 2 min de intervalo) ou IB (2 × 20–28 RM; 1 min intervalo). Exercícios utilizados: agachamento, *leg press*, cadeira extensora. Três dias por semana durante 8 semanas	Sim	Sim	Biópsia	Aumento significativo na AST no grupo IA; não houve diferença na AST no grupo IB

Quadro 19.1 – Efeitos da manipulação da intensidade em programas de treinamento de força (continuação)

Autor e ano	Sujeito	Protocolo de treinamento	Volume equalizado	Treino até a falha	Medidas	Resultados
Mitchel *et al.*, 2012	18 homens jovens destreinados	3 séries de 30% de 1 RM; 3 a 80% de 1 RM, ou 1 série a 80% de 1 RM. O treinamento foi realizado 3 dias por semana durante 10 semanas	Não	Sim	RM e Biópsia	Não houve diferença na AST entre os grupos
Ogasawara *et al.*, 2013	9 homens jovens destreinados	*Crossover*. Quatro séries de supino reto a 75% de 1 RM. O treinamento foi realizado 3 dias por semana durante 6 semanas. Depois de um período de *washout* de 12 meses, omesmo protocolo foi realizado em 30% de 1 RM	Não	Sim	RM	Não houve diferença na AST entre os grupos
Schoenfeld *et al.*, 2015	18 homens jovens treinados	Treino de corpo todo com dois grupos distintos. Um grupo realizou 25–35 repetições e o outro grupo realizou 8–12 repetições, todos os grupos realizavam 3 séries de 7 exercícios distintos	Sim	Sim	Espessura muscular	Não houve diferença na espessura muscular entre os grupos

IA= intensidade alta, IM= intensidade moderada, IB= intensidade baixa, RM= ressonância magnética, AST= área de secção transversa

19.2. Manipulação do volume

O volume de treino no treinamento de força é tradicionalmente expresso como o número de séries realizado em uma única sessão ou em uma semana de treinamento para um dado grupo muscular. Esaa variável tem demonstrado impactar diretamente as respostas neurais, morfológicas, metabólicas e hormonais, sendo considerada uma das principais variáveis para maximizar os ganhos de massa muscular.

As recomendações de número de séries por grupo muscular em uma única sessão de treino variam de acordo com o nível de treinamento do indivíduo. Para praticantes iniciantes e intermediários, as recomendações são de 1–3 séries por grupo muscular; já para praticantes avançados, as recomendações são de 3–6 séries por grupo muscular (Radaelli *et al.*, 2015; Rønnestad *et al.*, 2007; Schoenfeld *et al.*, 2016). Quando pensamos em quantidades de séries na semana de treinamento, elas podem ser classificadas como: menos de 5 séries por grupo muscular na semana de treinamento, o que poderia ser considerado para indivíduos iniciantes; entre 5 e 9 séries por grupo muscular na semana de treinamento, utilizado para indivíduos intermediários; e 10 séries ou mais por grupo muscular na semana de treinamento para indivíduos avançados.

Outra abordagem para o volume de treino é a somatória do total de repetições realizadas em um dado exercício por grupo muscular multiplicada pela carga utilizada (séries × repetições × peso levantado), sendo o valor encontrado expresso em quilogramas. A quantificação do volume total de treino é feita para cada grupo muscular. Por exemplo: ao realizar dois exercícios para o quadríceps (*leg press* e cadeira extensora), quantificamos o volume total de treino de cada exercício e somamos para saber a quantidade de quilos alcançada pela musculatura do quadríceps em uma sessão de treinamento (Schoenfeld, Ogborn e Krieger, 2016a, 2016b). Assim, ao alterar o número de séries, repetições ou a carga levantada, isso afeta diretamente a quantidade de quilos levantada por determinada musculatura e, dependendo da manipulação dessas variáveis, podemos promover adaptações distintas na musculatura esquelética.

Ao observar a forma de calcular o volume total de treino, fica claro que podemos gerar demandas distintas no treinamento e alcançar o mesmo volume total de treino. Por exemplo: digamos que o indivíduo 1 realizou três séries de 10 repetições com 200kg no *leg press*, totalizando 6000kg levantados na sessão de treinamento; digamos que o indivíduo 2 realize as mesmas 3 séries, só que, ao invés de 10 repetições, esse indivíduo decida realizar 20 repetições com uma carga de 100kg, totalizando os mesmos 6000kg. Apesar disso, as adaptações decorrentes dos dois treinamentos provavelmente serão distintas quando pensamos nos ganhos de força e resistência muscular: o indivíduo 1, provavelmente, irá obter mais ganhos de força muscular e o indivíduo 2 obterá mais ganhos de resistência muscular.

Ao iniciar um programa de treinamento, deve haver um cuidado na prescrição do volume de treino em relação à utilização de grandes e pequenos grupos musculares. Em sua grande maioria, exercícios multiarticulares que trabalham grandes grupos musculares têm demonstrado uma ativação equivalente dos músculos estabilizadores e sinergistas em relação ao agonista – por exemplo, ao prescrever o volume de treino para o grupo muscular do peitoral, é preciso cuidado na prescrição do volume dos grupos musculares do deltoide e do tríceps, devido à ativação muscular ser muito semelhante à do peitoral maior. Dessa maneira, ao prescrever o volume de treino para grandes grupos musculares, deve-se levar em consideração a sobrecarga realizada nos músculos sinergistas e estabilizadores para a prescrição dos exercícios subsequentes (De Franca *et al.*, 2015; Gentil *et al.*, 2013). Utilizando o mesmo exemplo, digamos que foi prescrito 6 séries para o grupo muscular do peitoral, sendo 3 séries no supino reto e as outras três no crucifixo inclinado. Após a realização das séries para o peitoral, serão realizados exercícios para o tríceps. Devemos nos atentar para a prescrição do volume de treino para essa musculatura, tendo em vista a sobrecarga imposta nos exercícios anteriores. Vamos voltar ao exemplo: no caso do indivíduo realizar 6 séries para o grupo muscular peitoral, seria necessário a realização de 1–3 séries somente para o tríceps, devido à alta ativação imposta nos exercícios para peitoral. Digamos que o mesmo exemplo se aplique para um indivíduo iniciante; nesse caso, não haveria a necessidade da realização de exercícios específicos para o tríceps na sessão de treinamento, já que os exercícios para o peitoral já dariam conta de estimular a musculatura do tríceps.

Quadro 19.2 – Efeitos da manipulação do volume em programas de treinamento de força.

Autor e ano	Sujeito	Protocolo de treinamento	Treino até a falha	Medidas	Resultados
Ronnestad *et al.*, 2007	18 homens jovens destreinados	O estudo utilizou dois grupos. O primeiro grupo treinou 3 séries para membro inferior e uma série para membro superior. O outro grupo realizou 3 séries para membro superior e 1 série para membro inferior	Sim	RM	O treino de séries múltiplas para membros inferiores foi mais eficiente em aumentar a AST
Sooneste *et al.*, 2013	8 homens jovens destreinados	Intrassujeito Um lado do corpo realizava 1 série e o lado contralateral realizava 3 séries de 80% de 1 RM no exercício de extensão de cotovelo.	Sim	RM	Os grupos que utilizaram múltiplas séries tiveram aumento da AST superior aos grupos de séries simples
Radaelli *et al.*, 2015	48 homens jovens destreinados	Treino de corpo todo com três grupos distintos. Um grupo realizava 1 série, o outro grupo realizava 3 séries e o terceiro grupo realizava 5 séries. Todos os grupos realizavam entre 8 RM a 12 RM em nove exercícios distintos. Duração de seis meses de treino.	Sim	Espessura muscular	Os grupos que utilizaram múltiplas séries tiveram aumento de AST superior aos grupos de séries simples

RM= ressonância magnética, AST= área de secção transversa

19.3. Manipulação do intervalo entre as séries

O intervalo de recuperação entre as séries é uma das variáveis do treinamento de força mais controversas e pouco compreendidas, devido aos resultados conflitantes encontrado na literatura científica. Quando pensamos na manipulação desse intervalo, devemos levar em conta o objetivo de treinamento do indivíduo; dependendo do objetivo a ser atingido, haverá mudanças na manipulação do intervalo de recuperação entre as séries (Ahtiainen *et al.*, 2005; Buresh *et al.*, 2009; Henselmans e Schoenfeld, 2014; Schoenfeld *et al.*, 2015). Para maximizar os ganhos de massa muscular, alguns autores indicam intervalos em torno de 60 segundos para promover uma elevada produção de hormônios anabólicos, mais especificamente, o de crescimento (GH). Quando o objetivo é o aumento da força máxima e da potência muscular, recomenda-se a utilização de um intervalo de 3–5 minutos para haver a recuperação completa de uma série para outra, para evitar a presença da fadiga nas séries subsequentes e permitir a recuperação ótima dos estoques de creatina fosfato (PC), a fim de preservar o desempenho da força durante a realização dos exercícios. Por outro lado, o Colégio Americano de Medicina do Esporte (ACSM) recomenda, em programas de treinamento que tenham como objetivo principal o ganho de massa muscular, um intervalo de recuperação de 1–2 minutos para indivíduos iniciantes e intermediários e um intervalo de 2–3 minutos para indivíduos avançados (devido a utilização de cargas mais elevadas de treinamento).

Neste contexto, a utilização de curtos intervalos de recuperação (< 1 min) para aumentar as produções hormonais e o estresse metabólico – pensando em obter uma maior hipertrofia muscular – é comumente utilizada por fisiculturistas que têm como característica de treino intensidades moderadas, volumes elevados e um baixo intervalo de recuperação (Ahtiainen *et al.*, 2005; Buresh *et al.*, 2009; Schoenfeld *et al.*, 2015). Entretanto, a utilização de curtos intervalos de recuperação tem demonstrado diminuir o volume total de treino, o que pode ser uma estratégia ineficaz quando o objetivo é o aumento da massa muscular, pois o volume de treino parece ser uma variável determinante para tal aumento. Ao utilizarmos curtos intervalos de recuperação, temos uma produção de GH elevada e um alto acúmulo de metabólitos como o lactato, o fosfato inorgânico e os íons de hidrogênio, o que aumenta o estresse metabólico. Entretanto, mesmo obtendo tal elevação hormonal e alto estresse metabólico, o que, teoricamente, poderia favorecer os aumentos de massa muscular, não foi encontrado maior hipertrofia muscular com a utilização de intervalos mais curtos. Um quesito importante é que, embora a maioria dos estudos argumente que curtos intervalos de recuperação promovem maiores ganhos de massa muscular devido à maior elevação hormonal e maiores níveis de estresse metabólicos, têm sido observadas, em estudos de caráter agudo, respostas que não mensuraram os ganhos de massa muscular de maneira crônica. Uma tendência apresentada na maioria dos estudos que manipularam diferentes intervalos de recuperação e mensuraram os ganhos de massa muscular é que os intervalos mais longos parecem promover maiores ganhos de massa muscular; a justificativa para isso sempre retoma a maior produção de volume de treino que os intervalos de recuperação mais longos promovem. A realização de curtos intervalos de recuperação faz com que as repetições das séries subsequentes caia drasticamente, diminuindo assim o volume de treino.

Embora diversas evidências indiquem que intervalos curtos não favorecem a manutenção do número de repetições entre as séries, é amplamente comum o uso de intervalos extremamente curtos (entre 5–20 segundos) quando o objetivo do programa de treinamento é o desenvolvimento da potência muscular. Nesse contexto, essa estratégia de manipulação do intervalo é denominada como *cluster sets* (*i.e.*, "séries agrupadas") cujo objetivo é minimizar o aumento do estresse metabólico e possibilitar aumentos na tensão mecânica, em função da manutenção prolongada dos estoques de PC. Assim, ao longo da sessão de treinamento, o indivíduo é submetido a uma quantidade mais elevada de intervalos, o que torna possível ao individuo realizar um número mais elevado de séries (i.e., mais do que 6 séries por exercício), sendo cada série executada com números entre 2–6 repetições (Girman *et al.*, 2014; Hardee *et al.*, 2013; Iglesias-Soler *et al.*, 2014; Moir *et al.*, 2013; Tufano *et al.*, 2016). Conjuntamente, essas características associadas a esse tipo de manipulação do intervalo de recuperação permitem melhoras significativas do desempenho da potência, além de possibilitar ajustes crescentes na intensidade, no volume de treino e na manutenção da velocidade das ações musculares de forma mais estável e mais eficiente, de modo a promover melhoras significativas no desempenho da força e da potência.

Dessa forma, quando pensamos na manipulação do intervalo de recuperação entre as séries, é necessário levar em consideração o objetivo do indivíduo. Caso o objetivo seja a hipertrofia muscular, seria mais sensato a utilização de intervalos de recuperação de 1–2 minutos para que não haja uma queda muito acentuada do volume de treino – o que poderia prejudicar os ganhos de massa muscular, uma vez que essa variável parece apresentar uma influencia crítica para tal adaptação. Por outro lado, quando o objetivo é obter aumentos no desempenho da força ou da potência muscular, é recomendado a utilização de intervalos de recuperação de 3–5 minutos, ou muito curtos de 5–20 segundos com um número mais elevado de séries e com poucas repetições, a fim de evitar a ocorrência de fadiga, o que pode limitar ou prejudicar o desempenho.

Quadro 19.3 – Efeitos da manipulação do intervalo de repouso em programas de treinamento de força

Autor e ano	Sujeito	Protocolo de treinamento	Volume equalizado	Treino até a falha	Medidas	Resultados
Ahtiainen *et al.*, 2005	13 homens jovens treinados	Três séries de 8–12 RM. Nos primeiros 3 meses, os sujeitos realizaram um IR de 2 minutos; após os 3 primeiros meses, o IR utilizado foi de 5 minutos.	Não	Sim	RM	Ambos os grupos aumentaram a AST e não houve diferença entre eles
Burish *et al.*, 2009	12 homens jovens destreinados	Três séries de 8–11 RM com dois intervalos distintos: um grupo realizava 1 minuto de IR e o outro grupo realizava 2,5 minutos de IR. O treinamento foi realizado por 10 semanas.	Sim	Sim	RM	O grupo que treinou com maior IR obteve mais ganhos de AST
Schoenfeld *et al.*, 2014	21 homens jovens treinados	Treino de corpo todo com dois grupos distintos: um grupo realizava 1 minuto de IR e o outro grupo realizava 3 minutos IR. Todos os grupos realizavam 3 séries de 8–12 RM em 7 exercícios distintos	Sim	Sim	Espessura muscular	Houve uma maior espessura muscular para o grupo que treinou com IR mais longo

IR= intervalo de recuperação, RM= ressonância magnética, AST= área de secção transversa

19.4. Manipulação da frequência semanal

A frequência de treino corresponde ao número de sessões que serão efetuadas ao longo de uma semana durante um programa de treinamento de força. Segundo diversas evidências, o número de sessões de treinamento ao longo da semana pode potencializar e acrescentar efeitos positivos em repostas adaptativas do tecido muscular,como o aumento da síntese proteica, o aumento do recrutamento de unidades motoras e a capacidade de produzir tensão mecânica durante a realização dos exercícios (Candow e Burke, 2007; Carneiro *et al.*, 2015; Gentil *et al.*, 2015; Schoenfeld, Ogborn e Krieger, 2016c). Essas respostas fisiológicas são de grande importância para elaboração de programas de treinamento que tenham como objetivo o aumento da massa muscular, do desempenho da força muscular e da potência muscular. Nesse contexto, muitas discussões têm sido efetuadas a fim de verificar a magnitude dos efeitos que o número de sessões de treinamento promove nos respectivos objetivos citados, bem como quais seriam as relações do número de sessões semanais com o comportamento das demais variáveis da carga de treinamento, uma vez que algumas evidências sugerem um papel secundário da frequência semanal em promover as adaptações citadas anteriormente.

Atualmente, a manipulação da frequência semanal de treinamento tem sido pensada de duas formas distintas: 1) aumentar o número de sessões de treinamento em que são realizados exercícios para o corpo inteiro (*e.g.*, efetuar exercícios de membros inferiores e superiores de maneira conjunta ou subsequente na mesma sessão); 2) aumentar o número de sessões de treinamento em que sejam realizados mais exercícios por grupamento muscular de forma isolada (*e.g.*, modelos de treinamento chamados de *split routine*, nos quais são realizados exercícios por divisões de distintos segmentos musculares como membros superiores e membro inferiores, em momentos distintos dentro do mesmo dia ou ao longo da semana) (Carneiro *et al.*, 2015; Gentil *et al.*, 2015; Schoenfeld *et al.*, 2015; Schoenfeld, Ogborn e Krieger, 2016c). Ambas as estratégias tem como premissa estimular, de maneira mais apropriada, mecanismos fisiológicos como a síntese proteica miofibrilar e a produção de tensão mecânica em função do maior número de miofibrilas e de miofilamentos envolvidos na produção da força. Assim, acredita-se que para promover ganhos mais expressivos para hipertrofia muscular e desempenho da força, um número mais elevado de sessões de treinamento de força executadas ao longo da semana poderia ser mais eficaz do que um número menor (*e.g.*, uma sessão por semana). Contudo, os resultados na literatura são extremamente controversos e indicam que fatores como nível de treinabilidade do indivíduo, volume diário de treino (*i.e.*, número de series) e volume semanal de treinamento (*i.e.*, tonelagem de peso levantada ao longo da semana) podem afetar de maneira crucial os efeitos de diferentes números de sessões de treinamento executadas ao longo de uma semana.

Nesse sentido, as mais recentes evidências sobre a manipulação da frequência semanal de treinamento têm sugerido que esta apresenta papel secundário em comparação a variáveis como volume e intensidade nas repostas fisiológicas promovidas pelo treinamento de força. Conforme pode ser observado em indivíduos fisicamente ativos e destreinados com treinamento de força, a realização de uma a três sessões de treinamento por semana apresenta efeitos similares na hipertrofia e na força muscular de membros inferiores e superiores em relação a quando o volume semanal de treinamento é equalizado. Por outro lado, em indivíduos treinados, outras evidências sugerem que frequências de treinamento mais elevadas (*e.g.*, mais de duas sessões por grupo muscular ao longo da semana) podem promover efeitos mais pronunciados no desempenho da força e da hipertrofia muscular, mesmo quando o volume de treino semanal estiver equalizado. Dessa maneira, uma quantidade mais elevada de sessões de treinamento realizada ao longo da semana parece ser preponderante em favorecer efeitos mais pronunciados em indivíduos considerados avançados (*i.e.*, com mais de dois anos de prática regular do treinamento de força). No entanto, permanecem desconhecidos os efeitos de programas de treinamento de força em que sejam aplicadas frequências superiores a três sessões por semana por grupamento muscular, sendo que recentemente tem sido apontado que essa seria uma possível estratégia para situações em que é necessário possibilitar uma maior quantidade de estímulos para a ocorrência de adaptações mais pronunciadas no treinamento de força – em especial quando o objetivo do programa está associado à hipertrofia muscular.

Dessa forma, é importante que a manipulação da frequência semanal esteja associada à organização e à progressão das demais variáveis, em especial ao volume de treinamento, uma vez que a quantidade de sessões a serem efetuadas ao longo da semana parece ter uma associação positiva e significativa com a quantidade de peso levantada semanalmente, principalmente em indivíduos que apresentam mais experiência com a prática regular do treinamento de força.

Quadro 19.4 – Efeitos da manipulação da frequência semanal em programas de treinamento de força

Autor	População	Protocolo de treino	Frequência semanal	Duração	Volume equalizado	Medidas	Resultados
Gentil *et al.*, 2015	Homens destreinados	3 × 10–12 RM; 8 exercícios de membros superiores.	G1 = 1 vez por semana (flexores de cotovelo); G2 = 2 vezes por semana (flexores de cotovelo).	10 semanas	Sim	CVIM; Espessura Muscular	Aumentos significativos na CVIM e na espessura muscular, sem diferenças entre os grupos.
Schoenfeld *et al.*, 2015	Homens treinados (mais de 3 anos de experiência)	3 × 8–12 RM; 21 exercícios (9 membros superiores; 9 membros inferiores; 3 abdominais).	G1 = 2 vezes por semana (exercícios para o corpo todo, sendo 1 exercício por grupo muscular); G2 = 3 vezes por semana (exercícios divididos em 3 sessões semanais por grupo muscular, sendo 3 exercícios por grupo muscular)	8 semanas	Sim	1 RM; Espessura Muscular	Aumentos significativos no 1 RM para membros inferiores e superiores e na espessura muscular

Quadro 19.4 – Efeitos da manipulação da frequência semanal em programas de treinamento de força (continuação)

Autor	População	Protocolo de treino	Frequência semanal	Duração	Volume equalizado	Medidas	Resultados
Candow e Burke, 2007	Homens e mulheres destreinados	3 × 10 RM; 9 exercícios (4 membros superiores; 4 membros inferiores; 1 abdominal).	G1 = 1 vez por semana (todos os exercícios); G2 = 2 vezes por semana, (sendo 4 exercícios por sessão).	6 semanas	Sim	10 RM; DXA	Aumentos significativos na massa livre de gordura, e para 10 RM de membros superiores e inferiores, sem diferenças significativas entre os grupos
Ribeiro *et al.*, 2015	Fisiculturistas	23 exercícios (10 membros superiores; 10 membros inferiores; 3 abdominais).	G1 = 2 vezes por semana (cada grupo muscular); G2 = 3 vezes por semana (cada grupo muscular).	4 semanas	Sim	1 RM; DXA	Aumentos significativos na massa livre de gordura, e para 1 RM de membros superiores e inferiores, sem diferenças significativas entre os grupos

Legenda: G1 = grupo 1; G2 = grupo 2; CVIM = contração isométrica voluntária máxima; 1 RM = uma repetição máxima; 10 RM = dez repetições máximas; DXA = raios X de dupla energia

19.5. Manipulação da ordem dos exercícios

A sequência em que são efetuados os exercícios durante as sessões de treinamento pode afetar as repostas neuromusculares e metabólicas associadas ao programa. Nesse contexto, tal manipulação da ordem dos exercícios é uma das variáveis mais estudadas nos últimos anos, sendo observadas diversas respostas agudas em função da variação com a qual são executados os diferentes exercícios ao longo das sessões de treinamento (Simao *et al.*, 2012). Por outro lado, os efeitos crônicos associados à manipulação da ordem dos exercícios são extremamente controversos, e as evidências a respeito apontam a necessidade de mais observações dadas às diversas possibilidades de combinações e organizações entre os diferentes exercícios nas sessões de treinamento de força (Simao *et al.*, 2010; Spineti *et al.*, 2010).

Até o momento, a grande maioria dos estudos têm proposto três diferentes manipulações da ordem dos exercícios: 1) iniciar a sessão de treinamento com exercícios multiarticulares e finalizar com os monoarticulares; 2) iniciar a sessão de treinamento com exercícios monoarticulares e finalizar com os multiarticulares; 3) alternar os exercícios entre membros inferiores e superiores ao longo da sessão de treino (Brennecke *et al.*, 2009; Simao *et al.*, 2012). Diante desse contexto, as diferentes variações de ordem dos exercícios apontam efeitos distintos, principalmente em relação às repostas agudas das sessões de treinamento e no que diz respeito ao nível de ativação muscular, à percepção subjetiva de força e ao estresse metabólico por parte dos diferentes segmentos musculares. Para melhora da força máxima, da resistência de força, da potência muscular e da hipertrofia, o ACSM recomenda como estratégia mais apropriada a utilização de exercícios multiarticulares no início da sessão de treinamento (*e.g.*, supino reto, *pulley* costas, *leg press* ou agachamento), em função de possibilitar um volume de treino mais elevado, bem como efeitos mais pronunciados nas adaptações neuromusculares (*i.e.*, recrutamento de unidades motoras, sincronização de unidades motoras e aumento da tensão mecânica por parte dos músculos agonistas) e, consequentemente, na produção da força e no aumento da massa muscular. Por outro lado, é extremamente comum a utilização de exercícios monoarticulares (*e.g.*, crucifixo reto, crucifixo inverso, e cadeira extensora) no início da sessão de treinamento, com a premissa de promover aumentos na taxa de recrutamento de unidades motoras e, consequentemente, potencializar a produção de força, o que permitiria aumentar o volume total de treino. Entretanto, o que diversas evidências têm reportado são reduções significativas no nível de ativação muscular quando se praticam exercícios multiarticulares após a realização dos monoarticulares, conjuntamente com a redução do volume de treinamento. Já em protocolos em que são executados inicialmente os exercícios multiarticulares, observa-se a produção de um volume de treino mais elevado, além de maior produção de tensão mecânica e a manutenção do nível de ativação muscular ao longo da sessão de treinamento. Isso indica comportamento oposto ao argumento que justificaria o uso da ordem inversa, o que eleva a validade das recomendações sugeridas pelo ACSM para a organização dessa variável.

Embora as recomendações e as evidências conjuntamente sugiram que iniciar a sessão de treinamento de força com a realização de exercícios multiarticulares é mais interessante para promover resultados mais efetivos aos diferentes objetivos com o treinamento, estudos recentes têm demonstrado que os efeitos crônicos das diferentes estratégias de manipulação da ordem dos exercícios são semelhantes – principalmente em programas no qual os objetivos são promover aumentos no desempenho da força e da hipertrofia muscular e mesmo em situações nas quais o volume de treinamento das sessões não é previamente equalizado (Simao *et al.*, 2010; Spineti *et al.*, 2010). Adicionalmente, os resultados observados até o momento indicam que os exercícios efetuados no inicio da sessão de treinamento apresentam um número de repetições mais elevado, independentemente do número de articulações envolvidas no exercício. Ainda segundo essas evidências, é provável que a ordem dos exercícios tenha uma importância secundária para mudanças na massa muscular, uma vez que os efeitos associados a essa variável parecem sofrer grandes influências da individualidade biológica do indivíduo submetido ao treinamento. A manipulação da ordem dos exercícios possivelmente tem como aspecto primário favorecer o efeito dos intervalos de recuperação, a fim de dar condições mais apropriadas para o tecido muscular preservar a produção da força e da tensão mecânica. Assim, conforme os exercícios são ordenados ao longo de uma sessão, é possível aumentar o tempo de recuperação entre os diferentes segmentos musculares durante a realização dos exercícios.

Seguindo essa lógica, uma estratégia comum para possibilitar esse aumento no tempo de recuperação ao longo das sessões de treino é a alternância entre segmentos corporais, que tem como característica intercalar exercícios de membros inferiores com os de membros superiores durante a realização do treinamento. Por exemplo: o indivíduo iniciaria a sessão pelo exercício de *leg press* e, após sua realização, seria submetido à realização do supino reto. No andamento da sessão de treinamento, o indivíduo sempre alterna entre um exercício para membros inferiores e um para os superiores, o que poderia retardar a ocorrência de fadiga ou de situações que comprometam o desempenho da força (Tavares *et al.*, no prelo). Contudo, poucos estudos observaram os efeitos da alternância entre segmentos musculares no treinamento de força, nos quais têm sido demonstrado que, com essa estratégia, o volume de treino apresenta aumentos significativos quando comparado às sessões em que os segmentos musculares são treinados separadamente. Adicionalmente, até o momento, os efeitos crônicos desse tipo de ordenação dos exercícios permanecem desconhecidos, o que limita ainda mais conclusões a respeito dessa estratégia de treinamento.

Assim, a manipulação da ordem dos exercícios em programas de treinamento de força parece ser importante em situações em que os exercícios que são considerados prioritários devam ser efetuados inicialmente; os exercícios multiarticulares, quando realizados no início da sessão, favorecem um estresse mecânico e um volume de treino mais elevados. Os efeitos crônicos são controversos, o que sugere uma participação secundária da ordem dos exercícios por sua influência no volume de treino e no intervalo de recuperação entre os exercícios. A alternância de exercícios entre segmentos corporais parece ser a estratégia mais eficiente para promover um repouso mais elevado durante o treino, o que pode favorecer ganhos de força e de hipertrofia muscular mais favoráveis. Contudo, os efeitos crônicos dessa estratégia de treinamento na força e na hipertrofia muscular permanecem desconhecidos.

Quadro 19.5 – Efeitos da manipulação da ordem dos exercícios em programas de treinamento de força

Autor	População	Protocolo de treino	Ordem dos exercícios	Volume equalizado	Medidas	Resultados
Brennecke *et al.*, 2009	Homens com 2 anos de experiência	Duas sessões de treino; 2 exercícios (supino inclinado, crucifixo inclinado)	P1 = crucifixo inclinado/supino inclinado; P2 = supino inclinado	Não	Ativação muscular	Ativação muscular similar no peitoral maior e no deltoide anterior. Ativação muscular mais elevada no tríceps braquial no P1.
Spineti *et al.*, 2010	Homens destreinados	Doze semanas; 2 vezes por semana; 4 exercícios (supino reto, *pulley* costas, tríceps *pulley* e rosca direta)	G1 = supino reto, *pulley* costas, rosca direta, tríceps *pulley*; G2 = tríceps *pulley*, rosca direta, supino reto, *pulley* costas	Não	1 RM; espessura muscular	Aumento significativo no desempenho de 1 RM e na espessura muscular, sem diferenças entre os grupos.

Quadro 19.5 – Efeitos da manipulação da ordem dos exercícios em programas de treinamento de força (continuação)

Autor	População	Protocolo de treino	Ordem dos exercícios	Volume equalizado	Medidas	Resultados
Simão *et al.*, 2010	Homens destreinados	Doze semanas; 2 vezes por semana; 4 exercícios (supino reto, *pulley* costas, tríceps *pulley* e rosca direta)	G1 = supino reto, *pulley* costas, rosca direta, tríceps *pulley*; G2 = tríceps *pulley*, rosca direta, supino reto, *pulley* costas	Não	1 RM; espessura muscular	Aumento significativo no desempenho de 1 RM e na espessura muscular, sem diferenças entre os grupos.
Tavares *et al.*, No prelo	Homens destreinados	Três Sessões de treino; 6 exercícios (meio agachamento, *leg press*, cadeira extensora, supino, rosca Scott, e desenvolvimento frontal)	P1 = meio agachamento, *leg press*, extensora, supino reto, desenvolvimento frontal, e rosca Scott; P2 = supino reto, desenvolvimento frontal, rosca Scott, meio agachamento, *leg press*, cadeira extensora; P3 = meio agachamento, supino reto, *leg press*, desenvolvimento frontal, cadeira extensora, rosca Scott	Não	1 RM; 10 RM; lactato	Quedas similares no desempenho de 1 RM entre os protocolos. Quantidade de peso significativamente maior para 10 RM em P3. Concentrações significativamente maiores de lactato no P3.

Legenda: G1 = grupo 1; G2 = grupo 2; P1 = protocolo 1; P2 = protocolo 2 = P3 = protocolo 3; 1 RM = uma repetição máxima; 10 RM = dez repetições máximas

19.6. Manipulação da velocidade das ações musculares

A velocidade das ações musculares durante sessões de treinamento de força corresponde ao tempo de execução para cada repetição efetuada nos diferentes exercícios. Neste contexto, a velocidade é uma variável utilizada com o propósito de maximizar tanto o estresse metabólico como o mecânico associados a diferentes programas de treinamento que podem ser propostos a partir desta. Sendo que essa variável em programas de treinamento pode ser controlada pela cadência dos movimentos (mensurada em segundos) ou através de instrumentos como os *encoders* lineares (potenciômetros que quantificam a variação de velocidade, além de indicadores de desempenho da potência e da força), e acelerômetros triaxiais (instrumentos que mensuram a velocidade produzida em cada movimento e suas variações nos eixos horizontal, vertical e anteroposterior) (Claflin *et al.*, 2011; Loturco *et al.*, 2015; Schoenfeld *et al.*, 2015).

Diante das possibilidades de aplicações práticas da variação de velocidade, os estímulos de treinamento podem ser propostos com variações de tempo entre as fases da contração muscular, como, por exemplo, a realização de contrações super lentas (estratégia conhecida como super *slow*), em que os movimentos apresentam duração de 4–20 segundos, sendo que esse tempo pode ser efetuado com a duração distribuída entre as fases concêntrica e excêntrica do exercício ou com a associação de uma ação isométrica entre as fases de realização da ação muscular completa dos exercícios (Claflin *et al.*, 2011; Keeler *et al.*, 2001; Tanimoto e Ishii, 2006). Nesse tipo de estratégia, a premissa utilizada para justificar sua aplicação prática é o maior tempo sob tensão (*i.e.*, duração da tensão mecânica produzida) que a menor velocidade promove na estrutura muscular, o que tem como característica o aumento do estresse metabólico e o consequente favorecimento de mudanças no ambiente hormonal, bem como o aumento da atividade de mecanismos associados à hipertrofia muscular. Por outro lado, também é possível a utilização de contrações musculares com duração inferior a 3 segundos entre as fases excêntrica e concêntrica, na qual temos como exemplo o treinamento de força balístico (um treinamento de força baseado na máxima velocidade de contração) e aquele denominado como convencional (*i.e.*, duração das ações musculares em até 2 segundos), que apresentam como premissa a produção da máxima tensão mecânica no menor intervalo de tempo, associada à maior ativação de mecanismos que favoreçam o aumento tanto da força muscular (*i.e.*, aumento do recrutamento das unidades motoras no menor intervalo de tempo, principalmente de fibras musculares do tipo II) como da hipertrofia muscular (*i.e.*, aumento da síntese proteica em função do aumento do número de mionúcleos).

Diante das repostas que podem estar associadas às diferentes variações de velocidade das ações musculares, os resultados apresentados na literatura científica são controversos, principalmente em relação a quando são efetuadas contrações musculares lentas. Recentemente, diversos estudos têm demonstrado que os programas de treinamento efetuados com contração lenta apresentam respostas similares para aumento da massa muscular em comparação aos programas efetuados com contração rápida; contudo, em relação ao desempenho da força e da potência muscular, os resultados tendem a ser superiores quando são utilizadas contrações rápidas em comparação a contrações lentas. O que pode explicar as respostas encontradas em relação à hipertrofia muscular é a contribuição dos diferentes estímulos fisiológicos que cada variação de velocidade de contração pode promover, sendo que tanto por aumentos no estresse metabólico induzido pela menor velocidade de contração como pelo estresse mecânico induzido pela maior velocidade de contração é possível promover aumentos na massa muscular de forma semelhante, uma vez que ambas as estratégias vão estimular alterações associadas ao aumento da síntese proteica muscular (*i.e.*, aumento da biogênese dos ribossomos; aumento do número de mionúcleos). Por outro lado, em relação às diferenças observadas no desempenho da força e da potência muscular, é provável que as contrações em maior velocidade, por apresentarem maior especificidade com a realização de movimento e com a máxima produção de tensão, possibilitam aumentos significantemente maiores na ativação das unidades motoras do tipo II, em comparação com as contrações em menor velocidade. Adicionalmente, para programas de treinamento com objetivo de melhorar o desempenho da potência, é recomendado que seja utilizada a velocidade considerada ótima para a realização dos movimentos durante as sessões de treinamento, sendo que essa velocidade está associada a uma variação média de 1,0–1,5 m/s^{-1}, que corresponde a durações inferiores a 1 segundo por fase de cada movimento (Loturco *et al.*, 2015; Soriano *et al.*, 2015, 2016; Young *et al.*, 2015; Zaras *et al.*, 2013).

Coletivamente, essas respostas adaptativas indicam que, em programas de treinamento cujo objetivo é a ocorrência da hipertrofia muscular, a variação de velocidade das ações musculares pode acontecer entre 0,5 e 8,0 segundos durante as ações excêntrica e concêntrica. Porém, quando o objetivo do programa de treinamento é a melhora da força ou da potência muscular, os resultados indicam que a velocidade das contrações musculares deve acontecer entre 0,5 e 2 segundos durante as ações excêntrica e concêntrica de cada movimento.

Quadro 19.6 – Efeitos da manipulação da velocidade das ações musculares em programas de treinamento de força

Autor	População	Protocolo de treino	Velocidade dos movimentos	Medidas	Resultados
Claflin *et al.*, 2011	Homens e mulheres idosos destreinados	Quatorze semanas; 3 vezes por semana; membros inferiores (flexor de quadril, extensor de joelho).	G1 = 0,5–0,66s; G2 = 1–2s; G3 = 2–6s; G4 = 4–8s	Biopsia e CVIM	Sem modificações nas fibras do tipo I e aumentos significativos na AST das fibras do tipo II e da CVIM, sem diferença entre os grupos.
Schuenke *et al.*, 2012	Mulheres destreinadas	Seis semanas; 2 vezes por semana; membros inferiores (*leg press*, agachamento e cadeira extensora)	G1 = 2 - 4s; G2 = 14s (10 concêntrica; 4 excêntrica);	Biopsia e 1 RM	Aumentos significativamente maiores de 1 RM e AST de fibras do tipo II para o G1 em comparação ao G2.
Tanimoto e Ishi, 2006	Jovens destreinados	Doze semanas; 3 vezes por semana; membros inferiores (cadeira extensora)	G1 = 2s; G2 = 6s	RM e 1 RM	Aumentos significativos de 1 RM e AST, sem diferenças entre os grupos.
Keeler *et al.*, 2001	Mulheres sedentárias	Dez semanas; 3 vezes por semana; corpo todo (supino reto, *pulley* costas, *leg press*, cadeira extensora, cadeira flexora)	G1 = 6s; G2 = 15s (10 concêntricas; 5 excêntricas)	DXA e 1 RM	Aumentos significativos na massa livre de gordura, sem diferenças entre os grupos.

G1 = grupo 1; G2 = grupo 2; G3 = grupo 3; G4 = grupo 4; s = segundos; RM = ressonância magnética; CVIM = contração isométrica voluntária máxima; 1 RM = uma repetição máxima; DXA = raios X de dupla energia; AST = área de secção transversa

Considerações finais

A partir deste capítulo, é possível ter uma visão amplificada de como a manipulação das variáveis que compõem a carga externa do TF podem influenciar a eficácia de diferentes programas de treinamento, bem como a utilização apropriada dessas variáveis para diferentes objetivos com as aplicações práticas do treino de força. Ao observarmos as evidências em relação à hipertrofia muscular, é possível aplicar as mais distintas variações em todas as variáveis, com uma maior atenção ao volume de treinamento, uma vez que este parece possuir um papel crucial para que os mecanismos fisiológicos que regulam o crescimento do tecido muscular sejam estimulados de forma apropriada. Por outro lado, em relação ao desempenho da força e da potência muscular, é necessário levar em consideração ajustes pontuais em algumas das variáveis (como a intensidade, o intervalo de recuperação e, principalmente, a velocidade de execução das ações musculares), em função de cada uma delas promover efeitos adaptativos extremamente específicos no desempenho dessas manifestações da força muscular.

Referências

AHTIAINEN, J. P. *et al.* Short vs. long rest period between the sets in hypertrophic resistance training: influence on muscle strength, size, and hormonal adaptations in trained men. *The Journal of Strength & Conditioning Research*, v. 19, n. 3, p. 572–582, 2005.

BRENNECKE, A. *et al.* Neuromuscular activity during bench press exercise performed with and without the preexhaustion method. *J Strength Cond Res*, v. 23, n. 7, p. 1933–1940, out. 2009.

BURESH, R.; BERG, K.; FRENCH, J. The effect of resistive exercise rest interval on hormonal response, strength, and hypertrophy with training. *The Journal of Strength & Conditioning Research*, v. 23, n. 1, p. 62–71, 2009.

CAMPOS, G. E. *et al.* Muscular adaptations in response to three different resistance-training regimens: specificity of repetition maximum training zones. *European Journal of Applied Physiology*, v. 88, n. 1–2, p. 50–60, 2002.

CANDOW, D. G.; BURKE, D. G. Effect of short-term equal-volume resistance training with different workout frequency on muscle mass and strength in untrained men and women. *J Strength Cond Res*, v. 21, n. 1, p. 204–207, fev. 2007.

CARNEIRO, N. H. *et al.* Effects of different resistance training frequencies on flexibility in older women. *Clin Interv Aging*, v. 10, p. 531–538, 2015.

CLAFLIN, D. R. *et al.* Effects of high- and low-velocity resistance training on the contractile properties of skeletal muscle fibers from young and older humans. *J Appl Physiol* (1985), v. 111, n. 4, p. 1021–1030, out. 2011.

DA SILVA, B.V. *et al.* Optimal load for the peak power and maximal strength of the upper body in Brazilian Jiu-Jitsu athletes. *J Strength Cond Res*, v. 29, n. 6, p. 1616–1621, jun. 2015.

DE FRANCA, H. S. *et al.* The effects of adding single-joint exercises to a multi-joint exercise resistance training program on upper body muscle strength and size in trained men. *Appl Physiol Nutr Metab*, v. 40, n. 8, p. 822–826, ago. 2015.

GENTIL, P. *et al.* Effect of adding single-joint exercises to a multi-joint exercise resistance-training program on strength and hypertrophy in untrained subjects. *Appl Physiol Nutr Metab*, v. 38, n. 3, p. 341–344, mar. 2013.

GENTIL, P. *et al.* Effects of equal-volume resistance training performed one or two times a week in upper body muscle size and strength of untrained young men. *J Sports Med Phys Fitness*, v. 55, n. 3, p. 144–149. , mar. 2015.

GIRMAN, J. C. *et al.* Acute effects of a cluster-set protocol on hormonal, metabolic and performance measures in resistance-trained males. *Eur J Sport Sci*, v. 14, n. 2, p. 151–159, 2014.

HARDEE, J. P. *et al.* Effect of cluster set configurations on power clean technique. *J Sports Sci*, v. 31, n. 5, p. 488–496, 2013.

HENSELMANS, M.; SCHOENFELD, B. J. The effect of inter-set rest intervals on resistance exercise-induced muscle hypertrophy. *Sports Med*, v. 44, n. 12, p. 1635–1643, dez. 2014.

IGLESIAS-SOLER, E. *et al.* Performance of maximum number of repetitions with cluster-set configuration. *Int J Sports Physiol Perform*, v. 9, n. 4, p. 637–642, jul. 2014.

KEELER, L. K. *et al.* Early-phase adaptations of traditional-speed vs. superslow resistance training on strength and aerobic capacity in sedentary individuals. *J Strength Cond Res*, v. 15, n. 3, p. 309–314, ago. 2001.

KRAEMER, W. J. *et al.* American College of Sports Medicine position stand. Progression models in resistance training for healthy adults. *Med Sci Sports Exerc*, v. 34, n. 2, p. 364–380, fev. 2002.

LOTURCO, I. *et al.* Half-squat or jump squat training under optimum power load conditions to counteract power and speed decrements in Brazilian elite soccer players during the preseason. *J Sports Sci*, v. 33, n. 12, p. 1283–1292, 2015.

MALONEY, S. J.; TURNER, A. N.; FLETCHER, I. M. Ballistic exercise as a pre-activation stimulus: a review of the literature and practical applications. *Sports Med*, v. 44, n. 10, p. 1347–1359, out. 2014.

MITCHELL, C. J. *et al.* Resistance exercise load does not determine training-mediated hypertrophic gains in young men. *Journal of applied physiology*, v. 113, n. 1, p. 71–77, 2012.

MOIR, G. L. *et al.* Effect of cluster set configurations on mechanical variables during the deadlift exercise. *J Hum Kinet*, v. 39, p. 15–23, 18 dez. 2013.

OGASAWARA, R. *et al.* Low-load bench press training to fatigue results in muscle hypertrophy similar to high-load bench press training. *International Journal of Clinical Medicine*, v. 4, n. 02, p. 114, 2013.

RADAELLI, R. *et al.* Dose-response of 1, 3, and 5 sets of resistance exercise on strength, local muscular endurance, and hypertrophy. *The Journal of Strength & Conditioning Research*, v. 29, n. 5, p. 1349–1358, 2015.

RATAMESS, N. *et al.* American College of Sports Medicine position stand. Progression models in resistance training for healthy adults. *Med Sci Sports Exerc*, v. 41, n. 3, p. 687–708, mar 2015.

RIBEIRO, A. S. *et al.* Effect of Two- Versus Three-Way Split Resistance Training Routines on Body Composition and Muscular Strength in Bodybuilders: A Pilot Study. *Int J Sport Nutr Exerc Metab*, v. 25, n. 6, p. 559–565, dez. 2015.

RØNNESTAD, B. R. *et al.* Dissimilar effects of one-and three-set strength training on strength and muscle mass gains in upper and lower body in untrained subjects. *The Journal of Strength & Conditioning Research*, v. 21, n. 1, p. 157–163, 2007.

SCHOENFELD, B. J.; OGBORN, D.; KRIEGER, J. W. Dose-response relationship between weekly resistance training volume and increases in muscle mass: A systematic review and meta-analysis. *J Sports Sci*, p. 1–10, 19 jul. 2016b.

SCHOENFELD, B. J.; OGBORN, D. I.; KRIEGER, J. W. Effect of repetition duration during resistance training on muscle hypertrophy: a systematic review and meta-analysis. *Sports Med*, v. 45, n. 4, p. 577–585, abr. 2015.

SCHOENFELD, B. J.; OGBORN, D.; KRIEGER, J. W. Effects of Resistance Training Frequency on Measures of Muscle Hypertrophy: A Systematic Review and Meta-Analysis. *Sports Med*, v. 46, n. 11, p. 1689–1697, nov. 2016c.

SCHOENFELD, B. J.; OGBORN, D.; KRIEGER, J. W. The dose-response relationship between resistance training volume and muscle hypertrophy: are there really still any doubts?. *J Sports Sci*, p. 1–3, 2 nov. 2016a.

SCHOENFELD, B. J. *et al.* A Comparison of Increases in Volume Load Over 8 Weeks of Low-Versus High-Load Resistance Training. *Asian J Sports Med*, v. 7, n. 2, p. e29247, jun. 2016.

SCHOENFELD, B. J. *et al.* Effects of low-vs. high-load resistance training on muscle strength and hypertrophy in well-trained men. *The Journal of Strength & Conditioning Research*, v. 29, n. 10, p. 2954–2963, 2015.

SCHOENFELD, B. J. *et al.* Influence of Resistance Training Frequency on Muscular Adaptations in Well-Trained Men. *J Strength Cond Res*, v. 29, n. 7, p. 1821–1829, jul. 2015.

SCHOENFELD, B. J. *et al.* Longer inter-set rest periods enhance muscle strength and hypertrophy in resistance-trained men. *Journal of Strength and Conditioning Research/National Strength & Conditioning Association*, 2015.

SCHOENFELD, B. J. *et al.* Muscular adaptations in low- versus high-load resistance training: A meta-analysis. *Eur J Sport Sci*, v. 16, n. 1, p. 1–10, 2016.

SCHUENKE, M. D. *et al.* Early-phase muscular adaptations in response to slow-speed versus traditional resistance-training regimens. *Eur J Appl Physiol*, v. 112, n. 10, p. 3585–3595, out. 2012.

SIMAO, R. *et al.* Exercise order in resistance training. *Sports Med*, v. 42, n. 3, p. 251–265, mar. 2012.

SIMAO, R. *et al.* Influence of exercise order on maximum strength and muscle thickness in untrained men. *J Sports Sci Med*, v. 9, n. 1, p. 1–7, 2010.

SORIANO, M. A.; SUCHOMEL, T. J.; MARIN, P. J. The Optimal Load for Maximal Power Production During Upper-Body Resistance Exercises: A Meta-Analysis. *Sports Med*, 3 out. 2016.

SORIANO, M. A. *et al.* The Optimal Load for Maximal Power Production During Lower-Body Resistance Exercises: A Meta-Analysis. *Sports Med*, v. 45, n. 8, p. 1191–1205, ago. 2015.

SPINETI, J. *et al.* Influence of exercise order on maximum strength and muscle volume in nonlinear periodized resistance training. *J Strength Cond Res*, v. 24, n. 11, p. 2962–2969, nov. 2010.

TANIMOTO, M.; ISHII, N. Effects of low-intensity resistance exercise with slow movement and tonic force generation on muscular function in young men. *Journal of applied physiology*, v. 100, n. 4, p. 1150–1157, 2006.

TAVARES, L. D. *et al.* Efeito agudo da ordem dos exercícios no treinamento de força no volume de treino, na resposta metabólica, e no desempenho da força máxima. *Rev Bras Med Esp*.

TUFANO, J. J.; BROWN, L. E.; HAFF, G. G. Theoretical and Practical Aspects of Different Cluster Set Structures: A Systematic Review. *J Strength Cond Res*. 25 jul. 2016.

YOUNG, K. P. *et al.* Assessment and monitoring of ballistic and maximal upper-body strength qualities in athletes. *Int J Sports Physiol Perform*, v. 10, n. 2, p. 232–237, mar. 2015.

ZARAS, N. *et al.* Effects of Strength vs. Ballistic-Power Training on Throwing Performance. *J Sports Sci Med*, v. 12, n. 1, p. 130–137, 2013.

20

Princípios e periodização do treinamento de força

Douglas Popp Marin

OBJETIVO DO CAPÍTULO

O objetivo do capítulo é entender a aplicação dos princípios do treinamento de força, definir e conceituar sua periodização e discutir os benefícios da divisão sistemática dos ciclos de treino.

Para que um programa de treinamento físico seja adequadamente estruturado, é importante que as metas e objetivos estejam previamente estabelecidos. O sucesso do programa é avaliado por meio do cumprimento dessas metas em períodos planejados. Para otimizar a prescrição do programa de treinamento de força e a organização e planejamento de metas realistas, é necessário que os princípios do treinamento sejam compreendidos. Conforme sugerido pela própria terminologia, princípios são, nesse contexto, regras gerais que norteiam a conduta nesse processo. Os princípios do treinamento discutidos neste capítulo auxiliarão na elaboração dos protocolos de TF, bem como, no controle das cargas de treino e ajustes das necessidades individuais.

A manipulação das variáveis agudas de montagem de programas e sistemas de treinamento com pesos é direcionada para a otimização das adaptações crônicas do exercício regular os ajustes das demandas psicológicas do treinamento, evitar platôs de desempenho e reduzir a incidência de lesões e sintomas relacionados à síndrome do *overtraining*. Para realizar essa tarefa, o treinador de força e condicionamento deve incluir variações sistemáticas planejadas nas variáveis qualitativas e quantitativas do treinamento de força de forma organizada, em ciclos bem definidos, objetivando adaptações específicas em cada fase. Tal estratégia de organização é denominada periodização. Este capítulo discute o conceito de periodização e suas formas de aplicação nos programas de treinamento.

20.1 Princípios do treinamento

Os princípios do treinamento físico são regras gerais com base nas ciências biológicas e pedagógicas. O conhecimento deles facilitará a seleção de conteúdos, meios, métodos, e a organização do treinamento físico.

20.1.1 Princípio da sobrecarga

Possivelmente o princípio da sobrecarga seja conhecido e aplicado desde o ano VI A.C. Segundo relatos, um famoso atleta grego, Milo de Croton, carregava um bezerro todos os dias para treinar a força muscular. Sua força aumentava à medida que o bezerro crescia e, quando o bezerro se tornou um touro, Milo de Croton já era campeão de luta romana em várias olimpíadas e passou a ser considerado o homem mais forte do mundo.

O princípio da sobrecarga se fundamenta no fato de que, para adquirir adaptações adicionais, o organismo necessita receber estímulos de treinamento maior do que o nível habitual. Portanto, a sobrecarga deve ser estruturada para garantir sua aplicação de forma progressiva e coerente ao estado físico do indivíduo. No treinamento de força, a maneira mais simples de aplicação do principio da sobrecarga é o incremento da carga de treinamento (peso em kg) durante um número específico de repetições. Recentemente, a ACSM (2009) recomendou incremento de sobrecarga na ordem de 2%-5% para pequenos grupos musculares e de 5%-10% para grandes. O momento adequado para elevar a sobrecarga *pode ser identificado quando o indivíduo é capaz de realizar 1 ou 2 repetições acima da zona de treinamento prescrita em duas sessões de treinamento consecutivas*. Entretanto, é possível aumentar a sobrecarga com outras manipulações além do peso aplicado no exercício. Por exemplo, é possível aumentar a sobrecarga metabólica do treino pela redução do intervalo de recuperação entre as séries, ou aumentar o tempo de tensão por meio da redução da velocidade de movimento.

20.1.2 Princípio da individualidade biológica

Este princípio parte do pressuposto de que existem diferenças entre as pessoas e, portanto, cada indivíduo responderá de maneira diferente às cargas impostas no treinamento. Tais diferenças ocorrem em razão de fatores genéticos (genótipo — potencial genético) e ambientais (fenótipo). Devemos considerar as necessidades especificas e objetivos do indivíduo para elaboração do programa de treinamento. Por meio do conhecimento de protocolos de exercício já descritos ou de recomendações de órgãos de pesquisa, devemos empregar a criatividade e o conhecimento técnico específico, adequando estes os protocolos de treinamento às necessidades e expectativas individuais. A análise dos fatores não deve ficar restrita a somente aos aspectos biológicos, mas também aos psicológicos, sociais, culturais, entre outros relevantes à prescrição do treinamento.

20.1.3 Princípio da adaptação

Do ponto de vista biológico, adaptação significa o ajuste do organismo ao seu meio ambiente. Em resposta ao treinamento físico o princípio da adaptação se manifesta de forma crônica por meio de alterações orgânicas estruturais. Quando a grandeza do estímulo do treino é suficiente para causar perturbações na homeostase, o organismo promove uma série de reações fisiológicas como resposta (adaptação), a fim de restabelecer o equilíbrio em relação ao novo regime ao qual ele é submetido. As respostas adaptativas podem variar em função da intensidade e duração do estímulo aplicado, da capacidade de remodelamento do tecido (por exemplo, tecido muscular *vs* pulmonar) e do tempo necessário para ocorrer as adaptações necessárias (por exemplo, aumento da força muscular *vs* mudanças na composição corporal).

20.1.4 Princípio da reversibilidade

Este princípio pode ser visto em decorrência da descontinuidade ou redução drástica do volume ou intensidade do treinamento. A reversibilidade representa a regressão do processo adaptativo com prejuízo das medidas de desempenho e resultados adquiridos. Pelo fato do organismo se adaptar a um nível habitual (regular) de solicitação, os efeitos do treinamento podem ser transitórios quando o indivíduo se torna inativo. Com intuito de preservar os recursos biológicos e reduzir o custo energético, o organismo tende a eliminar as estruturas não utilizadas.

20.1.5 Princípio da manutenção

À medida que o indivíduo alcança os resultados pretendidos em um programa de treinamento físico e pretende mantê-los, ele deve seguir o principio da manutenção. A redução do volume de treinamento (número de series e exercícios, duração total de sessão e dias de treino) associada à preservação da intensidade do estímulo auxilia a sustentação dos resultados obtidos. Isso significa que a intensidade deve ser mantida nas sessões de treinamento, enquanto o volume e a frequência podem ser alterados. Nas academias o período de manutenção pode ser conduzido nos momentos em que o indivíduo tiver pouco tempo disponível para o treino ou sustentar os ganhos obtidos para segmentos ou grupos musculares específicos.

20.1.6 Princípio da variabilidade

Este princípio fundamenta-se no fato de que, independente do programa de treinamento elaborado, ele deve ser aplicado durante um curto período de tempo. Quando o indivíduo apresenta algum tipo de adaptação ao estímulo aplicado, um novo programa deve ser construído para evitar o processo de estagnação dos resultados, principalmente observado em praticantes de nível avançado. O princípio da variabilidade é aplicado quando alterações conscientes e sistemáticas nas variáveis do programa de treinamento (principalmente volume e intensidade) são programadas em períodos de curto, médio e longo prazo. Além de potencializar os resultados, a modificação das variáveis configura um novo estímulo para motivação no treinamento, reduzindo a monotonia comumente observada no treino com pesos.

20.1.7 Princípio da especificidade

O processo de adaptação do organismo ao treinamento ocorre de maneira altamente específica ao estímulo aplicado. Isso quer dizer que o programa de treinamento deve ser elaborado de maneira específica do ponto de vista metabólico e biomecânico. As modificações fisiológicas induzidas pelo exercício são próprias do tipo de ação muscular, da velocidade e de movimento, do sistema energético predominante, dos grupos musculares treinados e ângulos articulares envolvidos. Fundamentalmente, o princípio da especificidade tem relação direta com o treinamento desportivo em atletas de alto rendimento.

20.1.8 Princípio da conscientização

Por meio deste princípio, o aluno ou atleta deve compreender os motivos da aplicação do exercício ou programa de treinamento. Dessa forma, o praticante direciona suas expectativas e realiza o treino de forma consciente e mais eficiente em direção aos objetivos pretendidos. O princípio da conscientização baseia-se no potencial do profissional de Educação Física por meio da informação adequada e fundamentada, favorecer o processo de adoção (iniciar), modificação (comportamento relacionado à saúde) e adesão (prática de exercício regular) ao treinamento físico.

20.1.9 Princípio da acomodação

Do ponto de vista biológico, acomodação se refere à resposta de um determinado objeto biológico a um estímulo constante que tende a diminuir ao longo do tempo. Indivíduos engajados em programas de exercício regular que utilizam carga de treinamento constante (mantém o mesmo número de séries, exercícios e repetições) poderão experimentar redução da capacidade adaptativa e estagnação dos resultados pretendidos. Sendo assim, os programas de treinamento precisam variar.

20.2 Periodização do treinamento

A periodização do treinamento desportivo não é uma novidade ou um descobrimento recente, mas está presente desde o Egito Antigo e Grécia Antiga até os dias de hoje. No entanto, várias teorias e conhecimentos evoluíram, modificando as práticas do treino físico.

Na concepção do modelo tradicional, a preparação física geral era primordial para o rendimento esportivo, quando a forma física só poderia ser mantida por períodos de tempo muito curtos. O modelo tradicional ainda continua sendo utilizado por um grande número de treinadores nos dias atuais. Esse conceito de periodização foi proposto em meados de 1960 pelo professor Lev Pavlovic Matveev. No treinamento físico, a periodização é um processo de estruturação das fases de treino, que busca atingir níveis máximos ou ótimos das capacidades físicas, da técnica, tática e psicológica dos atletas, por meio de avaliações periódicas com a finalidade de verificar quais são os pontos que foram bem trabalhados e áreas que devem sofrer alterações na aplicação dos treinamentos. Segundo Stone (1999), periodizar é aplicar o método lógico de manipulação das variáveis de treinamento, tendo como fim o aumento do potencial para atingir objetivos de desempenho.

A periodização do treinamento de força pode ser entendida como progressão temporal das cargas de treino (Baechle e Earle, 2008). A progressão de cargas é um processo necessário devido à alta capacidade de adaptação (plasticidade) do organismo aos estímulos do treinamento, ao nível estrutural (enzimas, proteínas, organelas celulares) e neurológico. Podemos observar a plasticidade muscular no desenvolvimento dos parâmetros externos funcionais como força, potência, resistência e hipertrofia muscular.

20.3 Importância da periodização no treinamento

Os programas de treinamento de força e condicionamento físico promovem alterações significativas nos componentes da aptidão física relacionados à saúde e desempenho. Entretanto, praticantes avançados ou atletas podem eventualmente experimentar períodos de estagnação e platô nos resultados. Isso pode significar muitas vezes aumento do risco de lesões e sintomas associados ao *overtraining*. Para promover incremento no desempenho físico em longo prazo, recomenda-se que professores e treinadores conduzam um modelo de treinamento planejado, com alterações sistemáticas na carga de treino em ciclos de curto, médio e longo prazo.

A periodização do treinamento está ligada à ideia de dividir o desempenho físico em períodos. Embora a periodização tenha sido desenvolvida para o esporte de alto rendimento, os modelos disponíveis podem ser adaptados para praticantes de exercício com objetivos estéticos ou de promoção à saúde. Aplicar os conceitos da metodologia do treinamento esportivo é de grande importância para o treino personalizado, principalmente no que tange o emprego consciente das cargas de treinamento em longo prazo.

A periodização do treinamento foi baseada nos estudos da resposta orgânica ao estresse, denominada pelo endocrinologista canadense Hans Seyle como síndrome geral de adaptação. Essa síndrome constitui em uma série de reações funcionais não específicas e desencadeadas quando o organismo é exposto a um estímulo que ameace à manutenção do seu equilíbrio dinâmico interno. Atualmente, sabemos que as respostas do treinamento são altamente específicas ao protocolo aplicado, no entanto, o conjunto de reações da síndrome geral de adaptação foi descrito a partir de três fases.

20.3.1 Reação de alarme

Descreve a resposta ao estresse empregado pela sobrecarga do treinamento. Quando o organismo experimenta um novo estresse ou um mais intenso daquele habitual (por exemplo, maior intensidade ou volume de exercícios), dispara a reação de alarme. Essa reação se inicia no sistema nervoso central estimulando a síntese de hormônios, os quais estimulam uma série de reações químicas voltadas para aumentar a disponibilidade de energia para o trabalho muscular. Na presença do estresse, cresce a velocidade do consumo de energia, aumentando a necessidade de ATP (Gomes, 2009). Quando o estímulo do exercício não é removido, verifica-se o esgotamento gradativo dos recursos de adaptação aguda, surgindo, assim, um padrão de reações defensivas do organismo, percebida pelo indivíduo como fadiga. Essa fase pode perdurar por vários dias e semanas, durante a qual o praticante pode experimentar dor muscular de início tardio, rigidez muscular e redução do desempenho de força e potência (Baechle e Earle, 2008).

20.3.2 Reação de resistência

Descreve as adaptações do organismo que substitui os mecanismos de fadiga aguda pelas mudanças estruturais e funcionais em longo prazo, especialmente para satisfazer a demanda de energia. Nesse momento, não ocorre somente a mobilização dos recursos energéticos e plásticos estruturais do organismo, mas, também, a redistribuição desses recursos para o sistema dominante do organismo responsável pela adaptação (Gomes, 2009). O aumento da capacidade de resposta do organismo frente a um agente estressor é também conhecido como supercompensação. O tempo de obtenção dessa reação é de semanas ou meses, e depende da capacidade do indivíduo responder ao estímulo.

Segundo Gomes (2009), adaptação em longo prazo do organismo ao processo de treinamento pode ocorrer de diferentes maneiras:

1. acúmulo de elementos estruturais dos órgãos e dos tecidos que asseguram o crescimento de suas reservas funcionais, tais como o aumento da massa muscular e do VO_2máx;
2. aperfeiçoamento da capacidade coordenativa dos movimentos;
3. aperfeiçoamento dos mecanismos de regulação que asseguram a atividade de diversos componentes do sistema funcional do organismo; e
4. adaptação psicológica às particularidades do treinamento físico e de competição.

Na verdade, a obtenção da fase de resistência às cargas aplicadas constitui o objetivo primário do processo de treinamento.

20.3.3 Reação de exaustão (esgotamento)

Esta fase ocorre quando a ação do agente estressor não diminui e, dessa maneira, verifica-se o esgotamento progressivo da capacidade de adaptação aguda. Nesse momento, surge a reação defensiva do organismo, percebida subjetivamente pelo individuo como fadiga. Essa fase pode ocorrer quando o nível de sobrecarga aplicada está acima da capacidade de adaptação do indivíduo, ou acima da capacidade de mobilizar sua reserva atual de adaptação. Sintomas de *overtraining* podem aparecer, porém, a estagnação crônica das adaptações (princípio da acomodação) pode acorrer com maior frequência. Além dos aspectos relacionados ao treinamento, outras fontes de estresse (estresse ocupacional, restrição de sono e dieta inadequada) podem contribuir para a reação de exaustão.

20.4 Efeitos do treinamento

A influência da carga de treinamento sobre o organismo não se restringe ao *tempo de execução* do exercício, mas abrange também o *período de recuperação* após o trabalho muscular. De acordo com Gomes (2009) o efeito do treinamento pode ser entendido como:

- Imediato: caracterizado pelas alterações que ocorrem no organismo durante a aplicação do estímulo do exercício ou imediatamente após a sua conclusão. Muitas vezes o efeito imediato é também denominado como efeito agudo. As adaptações funcionais do organismo em longo prazo ocorrem de acordo com os processos de adaptação imediata (aguda) e o desenvolvimento dos processos de fadiga.
- Efeito posterior: caracterizado pelas alterações no organismo durante o período de recuperação até a próxima sessão de treino. As adaptações ao treinamento dependem diretamente da qualidade dos processos de recuperação pós-treino.
- Efeito somatório: representa o resultado dos efeitos de várias cargas de treinamento. As alterações funcionais no organismo são determinadas pela interação dos efeitos de diferentes cargas aplicadas.
- Efeito acumulativo: é o resultado da soma dos efeitos de alguns ciclos de treinamento e se caracteriza pelas consideráveis reestruturações de adaptação em longo prazo dos sistemas funcionais. A eficiência do treinamento está condicionada à compreensão da relação entre carga e o efeito do treino.

20.5 Recuperação do treinamento

O conhecimento dos aspectos bioquímicos, fisiológicos e psicológicos do treinamento físico tem sido bem estudado na literatura. Entretanto, a maioria dos estudos focou no treino, embora as adaptações do organismo que conduzem ao incremento da força e hipertrofia muscular ocorrem durante a recuperação. Esse processo sem dúvida nenhuma representa a parte do ciclo de adaptação ao exercício menos conhecida. Em uma perspectiva prática, a recuperação representa a habilidade do organismo em restabelecer, ou mesmo, elevar os indicadores de desempenho em uma atividade em particular.

McLester *et al.* (2003) investigaram a recuperação após o treinamento de força utilizando indivíduos treinados. A sessão de treino incluiu 3x10 RM em 8 exercícios até a exaustão (falha muscular). A recuperação muscular foi avaliada pelo número de repetições executados após 24, 48, 72 ou 96 horas de recuperação para os mesmos exercícios. Conforme esperado, houve uma importante variabilidade entre os voluntários (princípio da individualidade biológica) para os resultados. Entretanto, nenhum dos participantes foi capaz de empregar o mesmo desempenho na sessão de treino após 24 horas, sugerindo um estado de recuperação incompleta. Após 48 horas de recuperação, 40% dos voluntários estavam recuperados e realizaram o mesmo desempenho no protocolo e, em 72 e 96 horas, 80% dos voluntários apresentavam recuperação completa.

Recentemente, a literatura tem apontado o estresse psicológico como um importante modulador da resposta de recuperação pós-treino. O estresse psicológico vivenciado no cotidiano pode retardar os processos de recuperação após uma sessão de exercício. Pessoas que apresentam maior estresse psicológico podem apresentar curvas de recuperação mais lentas e profundas, ao passo que pessoas com menor nível e percepção de estresse recuperam o desempenho de força muscular mais rapidamente após uma sessão exaustiva de treinamento (Stults-Kolehmainen *et al.*, 2014). Nessas condições, podemos observar uma combinação de alta demanda física e psicológica imposta ao indivíduo, as quais podem estar acima de sua capacidade adaptativa. Como consequência, o indivíduo pode experimentar uma resposta afetiva negativa ao exercício (exercício não prazeroso), reduzindo sua possibilidade de adesão ao treinamento. O treinador pode monitorar a percepção de estresse (sugestão de questionário: versão brasileira da PSS – Escala de Estresse Percebido) e de recuperação dos alunos para prescrever um tempo mais adequado de recuperação durante períodos de maior demanda psicológica no treinamento.

20.6 Ciclo de supercompensação

A recuperação deve ser encarada como um processo multifatorial que depende de fatores intrínsecos e extrínsecos, com relação aos aspectos metabólicos, neurais, sistêmicos e periféricos. Quando o indivíduo inicia uma sessão de exercício, uma série de estímulos perturba o organismo, principalmente pela depleção dos estoques energéticos. Com o passar do tempo, se o estímulo não for interrompido, o aumento da percepção de fadiga reduz a capacidade funcional e a capacidade de desempenho. A queda abrupta da homeostase (Figura 20.1) representa a rápida elevação dos níveis de fadiga. Após o término da sessão de treinamento, o organismo repõe os estoques de energia durante a etapa de recuperação. O retorno da curva de desempenho na direção do estado inicial é um processo lento, progressivo, e dependente do tipo do tecido biológico acionado no treino. Além disso, o tempo necessário para retornar à capacidade de desempenho ao nível pré-exercício dependerá do tipo de via de transferência de energia utilizada, da modalidade de exercício, do volume e intensidade, da velocidade de movimento e tipo de ação muscular. No caso dos níveis de energia, a supercompensação dos estoques de glicogênio ocorre após algumas horas do exercício. Toda vez que ocorrer uma resposta de supercompensação, o indivíduo estabelece um novo e elevado nível de homeostase. Devemos considerar o fenômeno da supercompensação como a base para a elevação funcional do desempenho. Se o período de tempo entre as sessões de treinamento for muito longo, a supercompensação pode falhar, levando à involução ou estagnação das adaptações no treinamento.

Figura 20.1 – Ciclo de supercompensação e síndrome de adaptação geral.

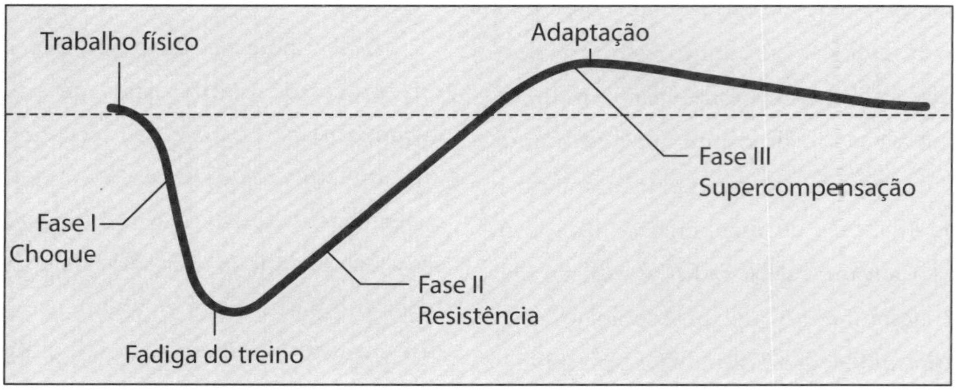

O ciclo de supercompensação apresenta as seguintes etapas:

- Aplicação do estímulo – ocorre depleção das reservas energéticas e percepção de fadiga com redução do desempenho físico (reação de alarme).
- Recuperação após a sessão de treinamento – ocorre restabelecimento das reservas de energia e retorno da capacidade funcional.
- Supercompensação – o organismo excede os estoques de energia acompanhados de incremento dos níveis de desempenho (reação de resistência).
- Destreinamento – se o organismo não é submetido a um novo estímulo do exercício no momento ideal (durante a fase de supercompensação), então ocorre a regressão das adaptações (princípio da reversibilidade).

Na montagem da periodização para praticantes do treinamento de força, uma fase importante que deve ser incluída é a fase de recuperação, que envolve microciclos de baixo volume e/ou intensidade reduzida, proporcionando a recuperação orgânica geral. Não devemos esquecer que o planejamento do microciclo de recuperação é baseado na frequência de treinamento do aluno. Dessa maneira, devemos incluir microciclos recuperativos para praticantes regulares e engajados em programas intensos. No caso do treinamento personalizado, em que a frequência de treino geralmente não é alta (menor que quatro vezes por semana), recomenda-se que os microciclos de recuperação sejam programas durante o período de férias do aluno, ou durante feriados prolongados.

Comumente, o período de recuperação envolve microciclos de 4 a 7 dias, caracterizados principalmente pela redução do volume total de treinamento (redução do número de séries e exercícios). Fleck e Kraemer (2014) recomendam um microciclo de recuperação para cada 12 semanas de treinamento.

20.7 Organização e estruturação do ciclo anual de treinamento

O rendimento esportivo do atleta, ou a magnitude de resposta adaptativa do praticante de exercícios voltados para a saúde, estética e desempenho, depende, em grande parte, da distribuição das cargas de treinamento no ciclo anual. O efeito acumulado das cargas propicia adaptação funcional no organismo especificamente aos objetivos do treino. Estruturar a preparação de um atleta ou praticante avançado de exercício é uma tarefa muito difícil a ser resolvida pelo professor ou treinador. Selecionar os conteúdos do treinamento, bem como controlar a influência dos diversos tipos de carga no organismo do praticante, representa um importante desafio para as ciências envolvidas no treino desportivo.

A periodização possui determinados níveis de organização. Podemos organizar a carga de trabalho por uma semana, um mês, um período de meses ou anos. Os ciclos de treinamento caracterizam um ritmo determinado de estímulos e recuperação, ou seja, verifica-se um aumento progressivo da carga até atingir os valores ótimos, seguindo-se de uma fase de redução do trabalho muscular total para proporcionar o organismo um período adequado de recuperação (Baechle e Earle, 2008).

Figura 20.2 – Estruturação do macrociclo anual

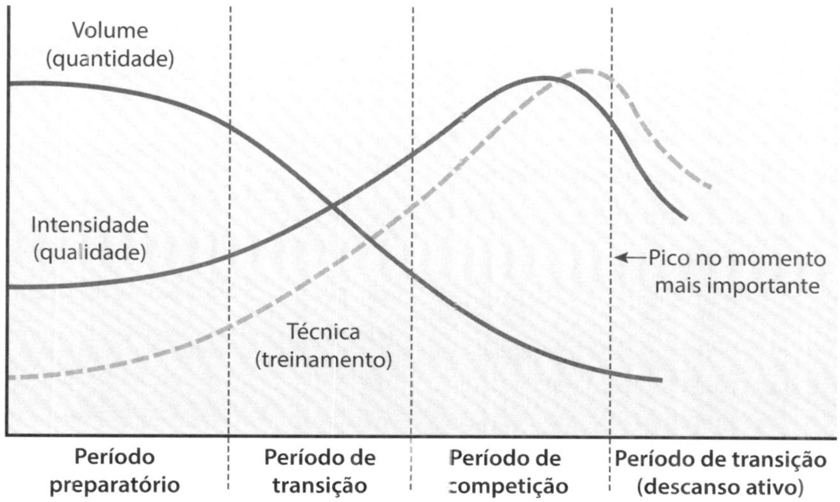

Fonte: adaptado de Ratamessa (2012).

20.8 Macrociclo

O macrociclo, do ponto de vista estrutural, representa o período de adaptação do organismo ao treinamento. O conteúdo, a organização e a duração do macrociclo dependem basicamente do calendário disponível e do tempo necessário para mobilização da reserva adaptativa do organismo do indivíduo.

Matveyev dividiu o macrociclo em três períodos distintos: período preparatório, período competitivo ou manutenção e período transitório. Cada período do treinamento está relacionado com uma organização de volume e intensidade.

Conforme sugerido por Monteiro e Lopes (2009), na metodologia específica do treinamento personalizado, entendemos que seria coerente utilizar um período preparatório, um de manutenção e um transitório. Nesse caso, o período de manutenção pode ser aplicado quando os resultados são alcançados e os objetivos passam a ser de *estabilização* dos níveis de aptidão física. Podemos estruturar o macrociclo somente utilizando os períodos preparatório e transitório. Isso deve ocorrer quando a duração do macrociclo é insuficiente para atingir os valores desejados com relação a um determinado nível de adaptação.

As curvas de volume e intensidade variam de acordo com o período e as etapas de treinamento. O período preparatório é dividido em etapa geral e especial. Durante a etapa geral, o volume é aumentado acentuadamente enquanto a intensidade é aumentada de forma bem mais paulatina. Durante a etapa especial, o volume é reduzido e a intensidade é aumentada de maneira acentuada. É esperado que os marcadores de desempenho aumentem de maneira proporcional ao incremento da intensidade de treinamento.

20.8.1 Período preparatório

O período preparatório deve garantir o desenvolvimento das capacidades determinantes e predominantes para a modalidade de exercício ou desporto, e a solução de tarefas específicas do estado de preparação. No treinamento personalizado os objetivos não são diferentes. Esse período é voltado para o incremento do nível de aptidão física incluindo a força, resistência e flexibilidade. Destacamos o período preparatório geral e preparatório específico.

Preparatório geral

Compreende o treinamento com alta ênfase nos processos de adaptação biomotora geral. Neste período, observa-se ênfase na preparação física voltada para desenvolver as capacidades gerais. Estas capacidades servirão de alicerce para que o indivíduo consiga suportar alto volume e intensidade do treinamento. Os exercícios de condicionamento iniciam com intensidade relativamente baixa e alto volume de trabalho como: corrida de longa duração (métodos contínuos), exercícios pliométricos de baixa intensidade, treinamento de força voltado para resistência de força (altas repetições). O alto volume deve promover alterações profundas nos sistemas orgânicos e, dessa maneira, pode-se observar fadiga acentuada e comprometimento dos valores de desempenho (capacidade de força ou resistência).

Durante a preparação geral a ênfase deve ser dada ao volume de trabalho muscular, enquanto a intensidade vai sendo aumentada ao longo dos microciclos de preparação.

Preparatório específico (especial)

O principal objetivo desse período é dar ênfase adaptativa nas capacidades especificas e determinantes para o desempenho da modalidade. No treinamento de força a intensidade deve ser priorizada ao invés do volume de treinamento, garantindo as adaptações específicas com relação ao aumento da força e hipertrofia muscular.

20.8.2 Período de Manutenção ou Competitivo

O período de manutenção deve estar voltado para a estabilidade do condicionamento físico adquirido. A carga de treinamento deve ter o volume semanal reduzido, mas com a manutenção da intensidade para evitar o destreinamento das capacidades físicas adquiridas.

20.8.3 Período transitório

Esta etapa contribui para os processos de recuperação completa do potencial adaptativo do organismo e serve como conexão entre os macrociclos. A recuperação do praticante deve ocorrer no nível físico e no psicológico. Os microciclos de treinamento adquirem caráter de descanso ativo ou passivo para propiciar baixa incidência de dano muscular, promovendo a regeneração tecidual e elevação da síntese proteica. Geralmente, o período transitório é organizado de duas a quatro semanas, a fim de proporcionar recuperação das reservas energéticas. O critério principal da determinação da duração do período transitório deve ser o calendário disponível dos alunos e/ou o grau de estresse dos períodos anteriores.

20.9 Mesociclo

O mesociclo representa o elemento intermediário da estrutura de preparação que inclui uma série de ciclos menores (microciclos).

O mesociclo geralmente é composto por um período de 2 a 6 semanas, ou microciclos, fase em que se aplica a organização e a dinâmica das cargas de treinamento dentro do macrociclo. Os mesociclos devem garantir a progressão contínua dos estímulos de treinamento e devem ser voltados para a resolução de tarefas especificas. Os mesociclos devem ser construídos levando em consideração dois grandes aspectos:

1) inicialmente o calendário disponível;

2) pela definição dos objetivos de cada etapa do treinamento.

É esperado que o indivíduo inicie um novo mesociclo sempre em ótimo estado de recuperação, em outras palavras, não é esperada a presença de fadiga residual para iniciar o próximo mesociclo. Isso pode ser acessado por meio de avaliações físicas e de desempenho ao final de cada mesociclo.

Podemos classificar os mesociclos de acordo com os seguintes critérios (Gomes, 2009):

- Principal tarefa a ser resolvida pelo mesociclo no sistema de preparação.
- Momento do mesociclo na estrutura do macrociclo.
- Composição dos meios e métodos de treinamento aplicados.
- Os tipos de microciclos que compõem o conteúdo predominante do mesociclo estabelecido.
- A grandeza da carga e sua dinâmica no mesociclo.

20.10 Microciclo

Os microciclos representam estruturas de organização de cargas ao longo de uma sequência de sessões de treinamento (Monteiro e Lopes, 2009) e geralmente descrevem períodos de 1 a 4 semanas de duração. O principal papel dos microciclos é garantir a variabilidade das cargas de treino e aumentar o nível de especialização dentro da elaboração do programa de treinamento (Baechle e Earle, 2008). No planejamento dos microciclos, devemos discriminar o nível de solicitação de carga e os conteúdos da distribuição das sessões de treinamento em cada dia da semana, bem como descrever detalhadamente os procedimentos metodológicos de cada sessão.

Para construir os microciclos corretamente é necessário conhecer o impacto fisiológico do protocolo de treinamento (i.e., escolha e manipulação das variáveis agudas de montagem de programa) sobre o organismo do indivíduo, e qual é a dinâmica e a duração dos processos de recuperação. Além disso, entendemos a necessidade de compreensão do efeito acumulativo das cargas a curto e médio prazo, ou seja, a somatória de todos os efeitos das sessões de treinamento realizadas naquele microciclo em particular.

20.11 Periodização do treinamento de força

A periodização do treinamento de força pode ser definida como as variações planejadas nas variáveis agudas de montagem de programa em intervalos de tempo regulares, cuja intenção é induzir ganhos ótimos das expressões da força muscular (Fleck e Kraemer, 2014).

Está bem esclarecido que programas de treinamento periodizados apresentam adaptações superiores quando comparados a modelos variados, principalmente se comparados a longo prazo (Fleck, 1999). Programas não periodizados que utilizam cargas fixas, como muitas vezes observado em academias, também promovem adaptações neuromusculares e na composição corporal. Porém, tais adaptações se manifestam por períodos limitados (por volta de 4-5 meses) (Hoffman, 2014). Comparando programas não periodizados com os periodizados, a maioria dos estudos reporta o desenvolvimento da força muscular significativamente maior com a periodização do TF, variando entre 8% a 29% para membros superiores e 11% a 48% para membros inferiores (Baker *et al.*, 1994; Willoughby, 1993; Hoffman, 2014). Entretanto, Hoffman *et al.* (2009) não encontraram melhor desempenho de força e potência em atletas experientes com o treinamento periodizado de 14 semanas em relação ao grupo não periodizado. Os autores sugerem que os benefícios da periodização podem não ser identificados em períodos relativamente curtos de treinamento (maior que 16 semanas) para praticantes avançados. Do ponto de vista prático, para avaliar o efeito de modelos de periodização no aumento de indicadores de desempenho em praticantes avançados (aumento da força e hipertrofia muscular) requer longos ciclos de treinamento. Isso pode ser importante quando fazemos observações empíricas tentando descobrir a "melhor" forma de treinar, ou aquela forma que promoveu mais resultados em determinado período de tempo.

Periodizar o treinamento por meio de alterações do volume e intensidade, associado com períodos programados de recuperação física e psicológica, pode reduzir a estagnação dos resultados, diminuindo a probabilidade de sintomas de *overtraining* e potencializando os ganhos de força, potência e hipertrofia muscular.

A periodização do treinamento de força torna-se uma ferramenta importante para facilitar e tornar mais eficaz a organização do programa de treinamento, adequando cada fase específica e suas variáveis, para alcançar os objetivos propostos em momentos planejados. Os resultados superiores com o treino periodizado parecem ser devido à melhor organização da variedade de métodos e sistemas de treinamento disponíveis, pela implementação estratégica das fases e das cargas de trabalho (Prestes *et al.*, 2016). Na verdade, esse processo exige conhecimento teórico nos aspectos biológicos e pedagógicos do treinamento físico, e não se trata em somente selecionar as variáveis do TF de forma aleatória. A periodização deve ser construída sobre conceitos específicos da fisiologia do exercício, respeitando as adaptações do organismo em ciclos programados de forma consciente.

Os principais objetivos da periodização do treinamento de força incluem maximizar o princípio da sobrecarga e garantir uma melhor relação entre estresse e recuperação (heterocronismo). Relembrando, o princípio da sobrecarga se refere ao processo de aplicação das cargas de treinamento acima das quais o organismo está adaptado.

Para iniciarmos a construção de um modelo de periodização aplicado ao treino personalizado, inicialmente devemos ter a noção da divisão do processo de treinamento de força em ciclos de adaptação específica. A divisão ocorre a partir de um macrociclo com duração variável dependente do nível de aptidão física e calendário do praticante. Tradicionalmente, nos modelos de periodização de atletas de levantamento de pesos, os mesociclos eram determinados por períodos de 2 a 3 meses. Atualmente, procuramos programar a duração dos mesociclos com base em ciclos mensais, ou seja, com duração de 4 a 6 semanas. O microciclo se refere normalmente a uma semana de treinamento, no entanto, dependendo do formato do programa podemos programar microciclos de 1 a 4 semanas.

É importante chamar a atenção de que os mesociclos estão dispostos ao longo do macrociclo com objetivos definidos e voltados para resolução de tarefas específicas do treinamento. Dessa forma, a duração de cada mesociclo deve variar conforme o tempo necessário para atingir determinadas adaptações no treinamento. Em resumo, para a organização das fases, existe a necessidade da determinação do objetivo. Podemos incluir: fase de resistência, força, hipertrofia, definição muscular, potência etc.

20.12 Modelo linear (tradicional)

O modelo tradicional de periodização, também chamado de modelo linear, é caracterizado pelo alto volume e pela baixa intensidade de treino na fase inicial de preparação. Esse modelo caracteriza a progressão de cargas com redução gradual do volume e aumento da intensidade aplicando ênfases para adaptações de força máxima e potência muscular.

Para o treinamento de força, isso significa que um número relativamente alto de repetições é executado em baixa intensidade no início do macrociclo e, à medida que o treinamento progride, o número de repetições é reduzido e a sobrecarga no exercício é aumentada (Tabela 20.1).

Embora esse modelo seja referido como linear, a estrutura da periodização não é obrigatoriamente linear em toda sua duração (Ratamess, 2012). Observamos que a progressão de intensidade entre os mesociclos possui um caráter linear, entretanto, o volume e intensidade ao longo dos microciclos podem flutuar. Geralmente, cada mesociclo é designado para maximizar os ganhos de força e potência muscular, ou para picos de desempenho anaeróbio. As mudanças no número de repetições por série contribuem para as maiores alterações na intensidade e no volume de treino. Do ponto de vista fisiológico, a progressão do treinamento tem como objetivo um incremento gradativo no recrutamento de unidades motoras, transição do metabolismo glicolítico para o ATP-CP e redução da incidência de dano muscular e dor muscular de início tardio. A progressão das cargas de treinamento ocorre tipicamente em ciclos de 1 a 4 semanas. Tradicionalmente, dentro dos mesociclos, a intensidade e o volume são mantidos constantes, ou seja, o aumento da sobrecarga só ocorrerá após o término do ciclo proposto (mesociclo). Contudo, podemos aplicar maior variabilidade de cargas em praticantes avançados. O modelo de periodização linear também permite a variação de volume e intensidade para grupos musculares específicos ou exercícios desejados, baseado na análise de necessidades ou objetivos de cada aluno.

As fases do modelo de periodização linear são:

- Fase de resistência de força e hipertrofia — ocorre nas semanas iniciais do período preparatório por volta de 6 a 12 semanas. Nesta fase, busca-se desenvolver a massa muscular e uma boa base metabólica para suportar o treino mais intenso nas fases posteriores. Durante esta fase, o treinamento é composto por alto volume de intensidade baixa-moderada.
- Fase de hipertrofia e força — no final do período preparatório a fase de força básica é treinada com objetivo de aumentar a força muscular até níveis ótimos para os objetivos específicos do programa. Tipicamente, utiliza-se de 4 a 12 semanas em função do nível de adaptação do praticante.
- Fase de força e potência — o último estágio do período preparatório é a fase de força e potência. O treinamento de força é direcionado para a execução de exercícios de levantamento olímpico e exercícios explosivos utilizando sobrecarga elevada e baixo volume.

Tabela 20.1 – Modelo linear clássico para o treinamento com pesos

Período	Preparatório			Competitivo		Transitório
Fase	**Resistência/ Hipertrofia**	**Hipertrofia/ Força**	**Força/ Potência**	**Potência/ Pico**	**Manutenção**	**Transição**
Intensidade	Moderada	Alta	Alta	Muito alta	Moderada/Alta	Recuperação ativa
	50%-75% IRM	80%-90% IRM	87%-95% IRM	>93% IRM	80%-85% IRM	
Volume	Alto	Moderado	Moderado/ Baixo	Baixo	Moderado/ Baixo	
	3-10 séries	3-5 séries	3-5 séries	1-3 séries	2-3 séries	
	10-20 repetições	4-8 repetições	2-5 repetições	1-3 repetições	6-8 repetições	
Frequência	3-4 dias/semana	3-5 dias/semana	3-5 dias/semana	3-5 dias/semana	1-5 dias/semana	

Fonte: adaptado de Beachle e Earle (2008).

A Figura 20.3 representa um modelo de 25 semanas de periodização linear. Nas primeiras 12 semanas de treinamento, as variações de intensidade ocorrem entre os mesociclos. Esta primeira parte do macrociclo apresenta cargas relativamente estáveis, com taxa de progressão lenta, tipicamente voltada para praticantes iniciantes e intermediários. As tarefas propostas por cada mesociclo são bem nítidas, resistência de força (semanas 1-4), resistência de força/hipertrofia (semanas 5-8), hipertrofia muscular (semanas 9-12). Em contraste, nas 11 semanas finais do macrociclo se observa uma grande variação no volume de treinamento, evidenciada pelas alterações frequentes nas zonas de repetições máximas. À medida que o praticante se torna mais condicionado, é necessário aumentar o volume de trabalho (total de séries e exercícios) por microciclo, bem como programar microciclos de recuperação (T1 e T2). As flutuações de intensidade propostas pelos microciclos não descaracterizam o modelo linear.

Figura 20.3 – Modelo de periodização linear para o treinamento com pesos.

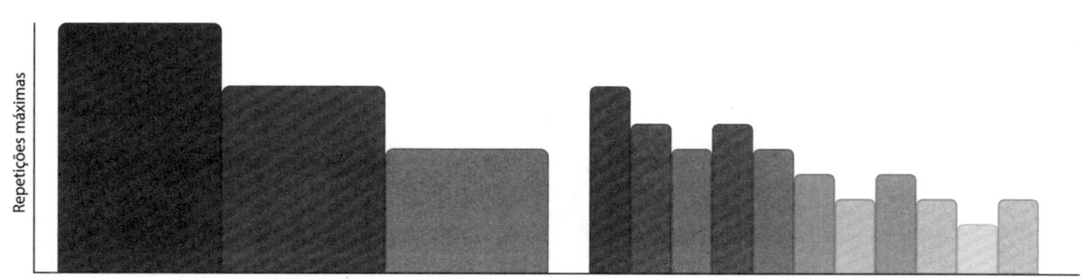

Período	Preparatório Geral								Prep. Específico				T1	Prep. Geral				Prep. Específico							T2
Mesociclo	Resistência				Resistência/Hipertrofia				Hipertrofia				R	Resistência/Hipertrofia				Hipertrofia				Hipertrofia/Força			R
Microciclo	1	2	3	4	5	6	7	8	9	10	11	12	13	14	15	16	17	18	19	20	21	22	23	24	25
Repetições máximas	20	20	20	20	15	15	15	15	10	10	10	10	R	15	12	10	12	10	8	6	8	6	4	6	R

R = recuperação; T1 = transitório 1; T2 = transitório 2

Artigos científicos qualitativos concluíram que a maioria dos programas de treinamento periodizado linear proporcionam maiores ganhos de força e potência se comparados com programas não periodizados (Fleck, 1999). Os mesmos trabalhos também demonstraram modificações favoráveis na composição corporal, principalmente com relação ao incremento da massa muscular. Porém, uma pequena quantidade de estudos investigou o efeito da periodização na composição corporal e, desse modo, as conclusões referentes a este tópico devem ser analisadas com cautela.

Willoughby (1993) realizou um estudo para investigar o efeito da periodização linear sobre os ganhos de força nos membros inferiores e superiores. As sessões de treinamento foram executadas três vezes por semana durante 16 semanas de treinamento. O estudo apresentou dois modelos não periodizados que consistiam em 5x10 repetições com cerca de 79% de 1 RM, e 6x8 repetições com cerca de 83% de 1 RM. O programa de treinamento periodizado foi composto de quatro microciclos de 4 semanas. As fases consistiam em 5x10 (79% 1 RM), 6x8 (83% 1 RM), 3x6 (88% 1 RM) e 3x4 (92% 1 RM). No exercício de supino reto, o programa linear mostrou superioridade a partir da oitava semana de treinamento (entre a oitava e a 16ª semana), quando comparado com os dois programas não periodizados, os quais atingiram o platô entre a quarta e a 12ª semana. Para o exercício de agachamento, o modelo de periodização linear e o programa não periodizado de 6x8 repetições proporcionaram ganhos significativos na força muscular. A superioridade do modelo linear somente foi observada na 16ª semana. Os resultados revelaram que o comportamento no incremento da força muscular não é similar entre os grupos musculares ou no mesmo período de tempo do programa de treinamento. Os programas de periodização *requerem um longo período* de treinamento para mostrar sua superioridade nos processos de adaptação no organismo. Isso ocorre porque as adaptações fisiológicas, como a hipertrofia muscular e as adaptações neurais, necessitam de tempo suficiente para se manifestarem em níveis ótimos e em períodos específicos.

20.13 Modelo linear reverso

Existe uma variação interessante do modelo linear, a periodização linear reversa. Conforme a nomenclatura sugere, as alterações na intensidade e no volume ocorrem de maneira inversa. Na prática, o modelo implica o aumento gradual do volume com redução progressiva da intensidade em cada ciclo. Da mesma maneira que o modelo linear, a periodização linear reversa pode sustentar o padrão de sobrecarga durante os mesociclos, promovendo alteração somente nos ciclos subsequentes.

Com o aumento progressivo do volume de treinamento (número de séries e repetições), o objetivo primário de periodização linear reversa é produzir um pico de adaptação de resistência e hipertrofia muscular ao final do macrociclo. Esse modelo é frequentemente utilizado por fisiculturistas em preparação para competições (Ratamess, 2012).

Figura 20.4 – Modelo de periodização linear reversa

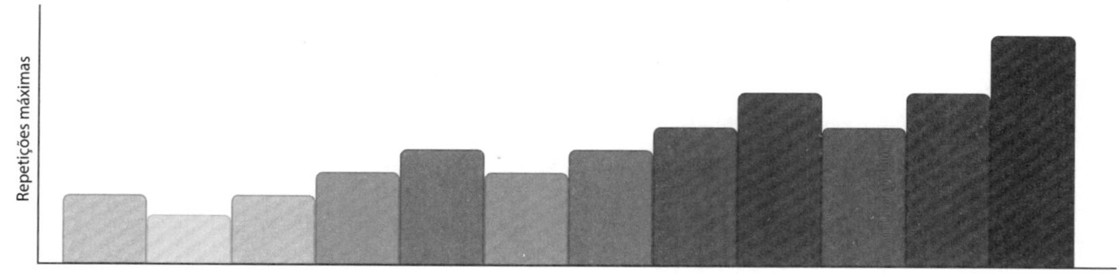

Mesociclo	Força/Hipertrofia				Força/Hipertrofia										Hipertrofia/Resistência						Resistência				R
Microciclo	1	2	3	4	5	6	7	8	9	10	11	12	13	14	15	16	17	18	19	20	21	22	23	24	25
Repetições máximas	6	6	4	4	6	6	8	8	10	10	8	8	10	10	12	12	15	15	12	12	15	15	20	20	R

20.14 Modelo ondulatório (não linear)

O modelo ondulatório, também conhecido como não linear, fundamenta-se na premissa que alterações mais frequentes nas variáveis agudas de montagem de programa no treinamento de força potencializam o desenvolvimento da força muscular (Prestes *et al.*, 2016). Os modelos ondulatórios têm sido aplicados para manter a variação do estímulo de treinamento durante os ciclos programados.

Basicamente, ao contrário das modificações realizadas dentro de um período de semanas e meses, o modelo ondulatório é construído por variações no volume e na intensidade em períodos de 7 a 14 dias. Essas modificações podem ser programadas de forma semanal ou mesmo diárias (a cada sessão de treinamento). Quando o professor ou treinador optar pela periodização ondulatória diária, é importante ressaltar que a variação do volume e da intensidade deve ser realizada para cada grupo muscular, ou seja, quando o indivíduo repetir o protocolo de treinamento para um determinado grupo muscular, o estímulo deve ser trocado (Prestes *et al.*, 216).

Na concepção do modelo de periodização ondulatória diária voltada para o treino personalizado, geralmente são selecionadas três zonas de sobrecarga, por exemplo, segunda-feira (3-5 RM), quarta-feira (8-10 RM) e sexta-feira (12-15 RM). Entretanto, isso não significa que ao longo do programa outras zonas de treinamento não possam ser incorporadas Dependendo da fase da periodização, pode-se dar mais ênfase a uma determinada carga ou zona de repetições máximas para que o objetivo deste ciclo de treinamento seja atingido.

As outras variáveis de montagem de programa, como o intervalo de recuperação entre as séries, ordem dos exercícios, velocidade, amplitude de movimento e escolha dos exercícios devem seguir o mesmo esquema de ondulação. Por exemplo, no modelo ondulatório diário podemos fazer ajustes na escolha dos exercícios em função da zona de RM. Quando for realizada a zona de 3-5 RM podemos substituir exercícios monoarticulares (crucifixo reto e elevação lateral) por exercícios estruturais multiarticulares (supino reto e desenvolvimento com barra) que possibilitarão aumentar a sobrecarga no exercício com mais segurança e técnica de execução. Em uma próxima sessão, a zona de RM escolhida pode ser 12-15 RM, permitindo outros ajustes na escolha dos exercícios, intervalo entre as séries, entre outros.

Figura 20.5 – Modelo de periodização ondulatória diária

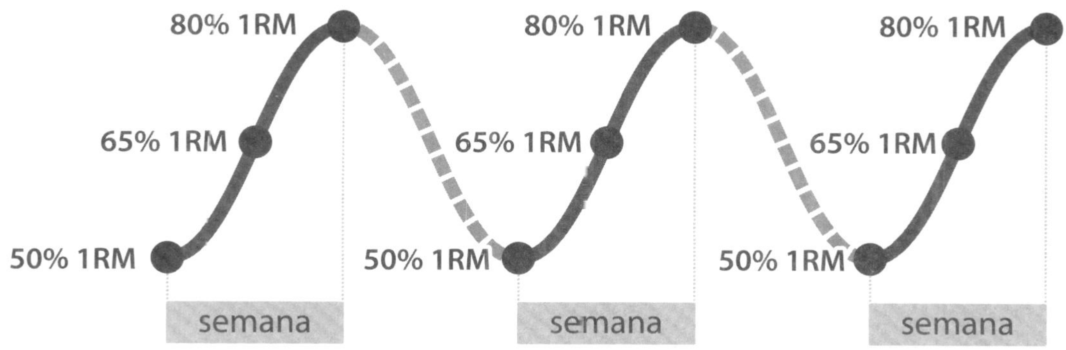

Fonte: adaptado de Prestes *et al.* (2016).

Tabela 20.2 – Modelo de periodização ondulatória diária com frequência de 6x/semana

Frequência 6x/semana	Segunda-feira	Terça-feira	Quarta-feira	Quinta-feira	Sexta-feira	Sábado
Semana 1	Treino A 4 a 6 RM	Treino B 4 a 6 RM	Treino C 4-6 RM	Treino A 12 a 15 RM	Treino B 12 a 15 RM	Treino C 12 a 15 RM
Semana 2	Treino A 8 a 10 RM	Treino B 8 a 10 RM	Treino C 8-10 RM	Treino A 4 a 6 RM	Treino B 4 a 6 RM	Treino C 4 a 6 RM
Semana 3	Treino A 12 a 15 RM	Treino B 12 a 15 RM	Treino C 12-15 RM	Treino A 8 a 10 RM	Treino B 8 a 10 RM	Treino C 8 a 10 RM
Semana 4	Treino A 4 a 6 RM	Treino B 4 a 6 RM	Treino C 4-6 RM	Treino A 12 a 15 RM	Treino B 12 a 15 RM	Treino C 12 a 15 RM

Fonte: adaptado de Prestes *et al.* (2016).

20.14.1 Periodização ondulatória parcial

Na proposta original, a periodização ondulatória apresentava quatro zonas de treinamento: força, hipertrofia, resistência de força e potência. No modelo parcial, são utilizadas duas variações de sobrecarga (RM) durante o microciclo. Esse modelo pode ser vantajoso quando o professor busca desenvolver uma expressão da força muscular em especial. Além disso, utilizar menos zonas de RM promove alterações menos abruptas na sobrecarga do treinamento, possibilitando maior facilidade de adaptação/recuperação e menor magnitude da fase de alarme. Por exemplo, o indivíduo treinará utilizando somente duas zonas de RM voltadas para desenvolver a hipertrofia muscular. Na primeira sessão ele realiza o treino com cargas de 10-12 RM e, na próxima sessão para o mesmo grupo muscular, o indivíduo executa o treinamento com cargas de 6-8 RM.

Tabela 20.3 – Modelo de periodização ondulatória parcial com frequência de 3x/semana

Frequência 3x/semana	Segunda-feira	Terça-feira	Quarta-feira	Quinta-feira	Sexta-feira	Sábado
Semana 1	Treino A 4-6 RM		Treino B 4 a 6 RM		Treino AB 4 a 6 RM	
Semana 2	Treino A 10 a 12 RM		Treino B 10 a 12 RM		Treino AB 10 a 12 RM	
Semana 3	Treino A 4-6 RM		Treino B 4 a 6 RM		Treino AB 4 a 6 RM	
Semana 4	Treino A 10 a 12 RM		Treino B 10 a 12 RM		Treino AB 10 a 12 RM	

Fonte: adaptado de Prestes *et al.* (2016).

20.14.2 Periodização ondulatória semanal

A variação semanal da periodização ondulatória propõe que a intensidade e o volume das sessões de treinamento sejam mantidos durante todo o microciclo, ou seja, o indivíduo deve realizar todas as sessões na mesma zona de RM. A intensidade e o volume de treinamento devem ser modificados semanalmente ou quinzenalmente, utilizando três zonas de RM. Em academias, esse modelo parece ser bem aplicável e de fácil controle e planejamento.

Conforme observado por Prestes *et al.* (2016), a diferença metodológica entre a periodização ondulatória diária e a semanal é o intervalo para alteração da intensidade.

Tabela 20.4 – Modelo de periodização ondulatória com progressão semanal e bissemanal

	Semana 1	Semana 2	Semana 3	Semana 4	Semana 5	Semana 6
Periodização ondulatória semanal	12 a 15 RM	4 a 6 RM	8 a 10 RM	12 a 15 RM	4 a 6 RM	8 a 10 RM
Periodização ondulatória bissemanal	12 a 15 RM	12 a 15 RM	4 a 6 RM	4 a 6 RM	8 a 10 RM	8 a 10 RM

Fonte: adaptado de Fleck e Kraemer (2014).

20.14.3 Periodização ondulatória flexível

O modelo de periodização ondulatória flexível envolve alterações na zona de treinamento em função do estado de prontidão do praticante para realizar o protocolo de treino planejado (Fleck e Kraemer, 2014). Essa variação surgiu para adequar o estado fisiológico e psicológico do praticante à carga de treinamento, a fim de garantir que ele treine com a carga adequada (Prestes *et al.*, 2016). A decisão de manter a sessão planejada ou fazer alterações na zona de treinamento para a sessão atual deve ser tomada com base em informações relevantes para o desempenho.

Kraemer e Fleck (2009) e Prestes *et al.* (2016) recomendam:

- analisar do estado de fadiga no momento da sessão;
- comparar a carga inicial de treinamento;
- teste de estado físico no dia.

Por exemplo, durante um microciclo da periodização ondulatória diária foi programada uma sessão de treino com sobrecarga entre 5-8 RM para um aluno avançado. Este aluno está habituado a realizar 6 RM para um determinado exercício e com sobrecarga específica (por exemplo, 6 RM de supino reto com 100 kg). No início da sessão, o indivíduo somente foi capaz de realizar 3 RM no exercício. Podemos especular que a fadiga (periférica ou central), fatores psicológicos, ou outros indicadores fisiológicos como a dor muscular de início tardio, podem ser decorrentes de sessões anteriores, ainda com efeito residual ou sub-recuperação. Essas alterações agudas na capacidade de treinamento podem também ser decorrentes do sono insuficiente, estresse ambiental e nutrição inadequada. Nesse caso, o professor ou treinador poderá optar fazer alterações na zona de repetições ou na sobrecarga utilizada para ajustar a intensidade do esforço. Este tipo de autorregulação fortalece o princípio da individualidade biológica e a promoção da autonomia do praticante na estruturação do treinamento.

A periodização ondulatória flexível pode trazer algumas vantagens em relação aos outros modelos apresentados (Kraemer e Fleck, 2009):

- permite maior variação na sequência dos exercícios;
- permite que praticantes do treinamento com pesos retornem mais rapidamente após uma lesão;
- propicia uma rotina de treinamento menos entediante;
- ajusta-se a diversas situações do dia da sessão de treinamento (como estresse do trabalho, redução da força por cansaço, nutrição inadequada para o exercício, restrição de sono na noite anterior etc.).

McNamara e Stearne (2010) compararam durante 12 semanas o efeito da periodização ondulatória diária com a ondulatória flexível em homens e mulheres iniciantes no treinamento de força. Antes de iniciar a sessão, os voluntários que realizavam o modelo ondulatório flexível podiam compor o protocolo de treino, baseado no seu estado prévio de fadiga, com uma das três zonas de repetições disponíveis (10, 15 ou 20 RM por série). Entretanto, ao final das 12 semanas de treinamento, os voluntários do grupo periodização ondulatória flexível deveriam realizar o mesmo número de sessões em cada zona de repetições máximas, conforme o grupo ondulatório diário (equalização do volume total). Os resultados indicaram que os dois grupos obtiveram ganhos significativos de força de supino reto. No entanto, a força de membros inferiores avaliada no exercício de *leg press* foi significativamente maior no grupo ondulatório flexível. Os autores acreditam que tal modelo pode promover respostas adaptativas mais favoráveis para o treinamento dos músculos dos membros inferiores, devido ao maior potencial de recuperação fisiológico e psicológico.

20.15 Comparação entre modelos de periodização

Esta sessão é dedicada à comparação entre alguns estudos que utilizaram diferentes modelos de periodização e progressão das cargas de treinamento. Sempre que compararmos os efeitos de diferentes programas, devemos considerar a duração total (total de semanas ou sessões) e o nível de aptidão física dos indivíduos envolvidos nos experimentos.

Estudos de curto-prazo dificilmente podem expressar o efeito real de um modelo de periodização, devido à reserva atual de adaptação dos voluntários. Em outras palavras, qualquer diferença entre os programas (ganhos de força, potência e desempenho anaeróbio) pode ser mascarada pelo potencial dos indivíduos se adaptarem nas primeiras semanas de treinamento. Isso é particularmente importante, uma vez que a maioria dos estudos utilizou indivíduos iniciantes ou intermediários no TF. Por outro lado, atletas bem treinados e praticantes avançados parecem se beneficiar do treinamento periodizado somente em programas a longo prazo (maior que 16 semanas) (Hoffman *et al.*, 2009).

A resposta adaptativa observada nos estudos é altamente específica dos grupos musculares e exercícios avaliados, ou seja, nem todos os grupos musculares responderão na mesma magnitude e taxa de ganhos (ganhos por unidade de tempo). Dessa forma, os ganhos de força no exercício de supino reto durante a periodização linear foi substancialmente menor do que os ganhos de força no agachamento após 4, 8, 12 e 16 semanas de treinamento (Willoughby, 1993).

Alguns estudos que compararam os diferentes modelos de periodização para o desenvolvimento da força, resistência e hipertrofia muscular são apresentados nos Quadros 20.1 e 20.2. Observando os estudos com cautela, encontramos que uma grande variedade de prescrição do volume (número de séries e repetições, esta última variando entre 4-25) e intensidade de treinamento. Isto é particularmente importante na resposta adaptativa ao treinamento e para futuras comparações entre os modelos.

20.15.1 Força máxima

Estudos comparativos entre modelos de periodização mostram resultados conflitantes em relação ao desenvolvimento da força muscular. Isso se deve, particularmente, às diferenças importantes no nível de aptidão física dos voluntários, assim como, às importantes diferenças metodológicas entre os ensaios (manipulação de volume e intensidade) e a duração do treinamento. Alguns trabalhos reportam aumento significativamente maior na força muscular com o modelo ondulatório diário em homens treinados (Monteiro *et al.*, 2009; Rhea *et al.*, 2002; Simão *et al.*, 2012). Por outro lado, outros trabalhos não encontraram diferenças estatisticamente significativas (Buford *et al.*, 2007; Hoffman *et al.*, 2009).

Prestes *et al.* (2009b) reportaram maior incremento na força muscular nos testes de supino reto, rosca direta e *leg press* no grupo que realizou 12 semanas de treinamento utilizando o modelo de periodização ondulatória diária. Rhea *et al.* (2002) indicaram que o modelo ondulatório diário (dia 1 = 8 RM; dia 2 = 6 RM; dia 3 = 4 RM) foi superior para ganhos de força em relação ao modelo linear após 12 semanas de treinamento. Entretanto, as diferenças nos ganhos de força foram estabelecidas nas primeiras 6 semanas do estudo. Não foram observadas diferenças adicionais entre 6 a 12 semanas.

Conforme já visto, o modelo de periodização linear apresenta um ou mais picos de intensidade ao final do macrociclo para garantir um alto desempenho de força e potência muscular. Isso quer dizer que o acúmulo de sessões de treinamento de alto volume no início do macrociclo, seguido por aumento progressivo na intensidade (Figura 20.3) pode resultar em fadiga residual no final do período de treinamento. De fato, estudos que compararam o efeito do modelo linear com o modelo ondulatório podem ter encontrado este fenômeno devido à ausência de microciclos de recuperação (Rhea *et al.*, 2002). Em suporte para esta hipótese, Apel *et al.* (2011) compararam 12 semanas de periodização linear com a periodização ondulatória semanal em praticantes moderadamente treinados. O modelo de progressão de cargas incluiu três semanas de treinamento para uma semana de testes. Dessa forma, as sessões de treino ocorreram nas semanas 1 a 3 (57% a 62% 1 RM), 5 a 7 (73% a 79% 1 RM), e 9 a 11 (75% a 80% 1 RM), enquanto os testes foram realizados nas semanas 4, 8 e 12. Esse padrão de progressão caracteriza modelos clássicos de periodização linear envolvendo três microciclos de cargas progressivas, seguido por uma semana de recuperação, caracterizando mesociclos de 3:1. Os resultados mostraram aumento de força significativamente maior nos testes de supino reto (23,9%) e agachamento (53,5%) em favor da periodização linear.

Especialmente em relação ao modelar, Prestes *et al.* (2009a) verificaram maior incremento na força muscular dos membros superiores de mulheres moderadamente treinadas (mais de seis meses de experiência) após 12 semanas de periodização linear em comparação à linear reversa. Isso sugere que o aumento progressivo da intensidade entre os microciclos proporciona maior possibilidade de desenvolver a força, o que, de certa forma, suporta a aplicação dos modelos de periodização linear nos programas de treinamento de levantadores de peso *weightlifters* e *powerlifters*.

Quadro 20.1 – Comparação entre modelos de periodização voltados para o desenvolvimento da força muscular

Estudo	Medida de hipertrofia	Amostra	Comparação entre modelos de periodização	Duração do estudo	Resultados	Diferenças percentuais
Kok *et al.* (2009)	Área de secção transversa – reto femoral (ultrasson)	20 mulheres não treinadas	Periodização linear Periodização ondulatória diária	9 semanas	Sem diferença entre os grupos	Periodização linear = 8,7% Periodização ondulatória = 14,8%
Monteiro *et al.* (2009)	Massa magra (dobras cutâneas)	27 homens treinados (> 24 meses)	Não periodizado Periodização linear Periodização ondulatória diária	12 semanas	Sem diferença entre os grupos	Não periodizado = -3% Periodização linear = 1,2% Periodização ondulatória = 0,3%
Prestes *et al.* (2009a)	Massa magra (dobras cutâneas)	20 mulheres treinadas (> 6 meses)	Periodização linear Periodização linear reversa	12 semanas	Linear superior à linear reversa	Periodização linear = 7,7% Periodização linear reversa = 3,6%
Prestes *et al.* (2009b)	Massa magra (dobras cutâneas)	40 homens treinados (> 12 meses)	Periodização linear Periodização ondulatória	12 semanas	Sem diferença entre os grupos	Não informado

Quadro 20.1 – Comparação entre modelos de periodização voltados para o desenvolvimento da força muscular (continuação)

Estudo	Medida de hipertrofia	Amostra	Comparação entre modelos de periodização	Duração do estudo	Resultados	Diferenças percentuais
Simão *et al.* (2012)	Área de secção transversa – bíceps e tríceps braquial (ultrasson)	30 homens não treinados	Periodização linear Periodização ondulatória diária	12 semanas	Ondulatória superior à linear	Tríceps/bíceps braquial Periodização ondulatória = 3% / 9,1% Periodização linear = 0,7% / -0,2%
De Lima *et al.* (2012)	Massa magra (dobras cutâneas)	28 mulheres não treinadas	Periodização linear Periodização ondulatória diária	12 semanas	Sem diferença entre os grupos	Periodização linear = 4,7%% Periodização ondulatória = 3,5%
Souza *et al.* (2014)	Área de secção transversa – quadríceps (ressonância magnética)	31 homens não treinados	Não periodizado Periodização linear Periodização ondulatória diária	6 semanas	Sem diferença entre os grupos	Não periodizado = 5,1% Periodização linear = 4,6% Periodização ondulatória = 5,2%
Harries *et al.* (2016)	Massa magra (bioimpedância)	26 adolescentes (atletas de rúgbi)	Periodização linear Periodização ondulatória diária	12 semanas	Sem diferença entre os grupos	Periodização linear = 2,2% Periodização ondulatória = 1%

Recentemente, Harries *et al.* (2015) realizaram um estudo de meta-análise comparando a periodização ondulatória e a periodização linear. O estudo não encontrou diferença significativa entre os modelos para a força muscular. Os autores sugerem que a curta duração dos estudos analisados e as diferenças no lastro de treinamento dos voluntários representam uma limitação importante para a comparação e interpretação dos resultados.

20.15.2 Hipertrofia muscular

Com relação à hipertrofia muscular, não encontramos um grande corpo de evidências na literatura sobre o efeito de diferentes modelos de periodização.

O Quadro 20.2 mostra que a literatura não suporta superioridade de um modelo de periodização sobre o outro com respeito à hipertrofia muscular.

Quadro 20.2 – Comparação entre modelos de periodização voltados para o desenvolvimento da hipertrofia muscular

Estudo	Medida de força	Amostra	Comparação entre modelos de periodização	Duração do estudo	Resultados	Diferenças percentuais
Rhea *et al.* (2002)	1 RM *leg press* e supino reto	20 homens treinados (> 24 meses)	Periodização linear Periodização ondulatória diária	12 semanas	Ondulatória superior à linear	*Leg press* PL = 25,7%, ONDD = 55,8% Supino reto PL = 14,4%, ONDD = 28,8%
Buford *et al.* (2007)	1 RM supino reto e *leg press*	28 homens e mulheres treinados	Periodização linear Periodização ondulatória diária Periodização ondulatória semanal	9 semanas	Sem diferença entre os grupos	Supino reto PL = 24%, ONDD = 18%, ONDS = 25% *Leg press* PL = 85%, ONDD = 79%, ONDS = 100%
Hoffman *et al.* (2009)	1 RM supino reto e agachamento	51 homens treinados (atletas de futebol americano)	Não periodizado Periodização linear Periodização ondulatória diária	15 semanas	Sem diferença entre os grupos	Agachamento NP = 20,3% PL = 20,7%, ONDD = 11,1% Supino reto NP = 8,5% PL = 7,7%, ONDD = 8,3%
Prestes *et al.* (2009b)	1 RM supino reto, cadeira extensora, rosca direta e puxada pela frente	40 homens treinados (> 12 meses)	Periodização linear Periodização ondulatória	12 semanas	Sem diferença entre os grupos	*Leg press* PL = 24,7%, ONDD = 40,6% Supino reto PL = 18,2%, ONDD = 25% Rosca direta PL = 14,1%, ONDD = 23,5%
Apel *et al.* (2011)	10 RM supino reto e agachamento	42 homens não treinados	Periodização linear Periodização ondulatória semanal	12 semanas	Linear superior à ondulatória	Supino reto PL = 23,9%, ONDS = 18,6% Agachamento PL = 53,5%, ONDS = 33,7%
Miranda *et al.* (2011)	1 RM supino reto e *leg press*	20 homens treinados (> 24 meses)	Periodização linear Periodização ondulatória diária	12 semanas	Sem diferença entre os grupos	Supino reto PL = 15%, ONDD = 15% *Leg press* PL = 10%, ONDD = 18%
Souza *et al.* (2014)	1 RM agachamento	31 homens não treinados	Não periodizado Periodização linear Periodização ondulatória	6 semanas	Ondulatória e não periodizado superior à linear	Não periodizado = 17% Periodização linear = 8% Periodização ondulatória = 13%

Simão *et al.* (2012) comparou um programa linear com um modelo misto de periodização em homens não treinados. O modelo misto incluiu 6 semanas de periodização linear (progressão a cada 2 semanas) seguido por 6 semanas de periodização ondulatória diária (sessão 1 – 2x12-15 RM; sessão 2 – 3x8-10 RM; sessão 3 – 4x3-5 RM). O grupo linear realizou um modelo de progressão de intensidade a cada 4 semanas (semanas 1 a 4 – 2x12-15 RM; semanas 5 a 8 – 3x8-10 RM; semanas 9 a 12 – 3-5 RM). O modelo misto promoveu aumento significativo na hipertrofia muscular dos flexores e extensores do cotovelo em relação ao grupo controle. Entretanto, não houve diferença na hipertrofia muscular para o grupo periodização linear, ou entre os outros grupos. Kok *et al.* (2009) encontraram aumento significativo da hipertrofia muscular no vasto lateral após 9 semanas de treinamento de força periodizado. Os achados deste estudo mostraram que o modelo de periodização ondulatório foi superior para hipertrofia muscular somente nas primeiras 3 semanas de treino. Ao final do período experimental, tanto o grupo linear quanto o grupo ondulatório obtiveram a mesma magnitude de ganhos de hipertrofia muscular. De Lima *et al.* (2012) encontraram alterações significativas na composição corporal induzidas por 12 semanas de treinamento seguindo o modelo de periodização linear e ondulatória de alto volume (séries de 15-30 RM) em mulheres não treinadas. O modelo linear promoveu maior redução no percentual de gordura (-12,7%) comparado ao ondulatório (-9,9%), porém houve diferença entre os grupos com relação ao incremento da massa magra.

Souza *et al.* (2014) não encontraram diferenças em relação aos ganhos de hipertrofia muscular comparando a periodização linear (4,6%) e ondulatória (5,2%) com um modelo não periodizado (5,1%) em homens não treinados. Os autores hipotetizaram que o volume de treinamento equalizado (o mesmo volume total para todos os grupos) produz resposta de hipertrofia similar, independentemente do modelo de periodização. No entanto, estes dados devem ser analisados com cuidado. A duração total do estudo foi de somente 6 semanas, o que, conceitualmente, se refere a duração de um mesociclo de treinamento.

Até o momento, somente um estudo comparou a periodização linear com a linear reversa em relação à massa muscular. Prestes *et al.* (2009b) investigaram o efeito de um programa de 12 semanas de treinamento utilizando o modelo linear e linear reverso para progressão das cargas de treinamento em mulheres moderadamente treinadas. O grupo linear iniciou o programa com 12-14 RM e progrediu a intensidade dos exercícios até 4-6 RM. Em contraste, o grupo linear reverso começou o programa de treinamento com 4-6 RM e terminou com 12-14 RM. Os autores encontraram aumento na massa magra (6,6%) e redução no percentual de gordura (17,7%) em comparação ao início do programa somente para o grupo linear. Não foram observadas alterações significativas na massa muscular no grupo linear reverso.

Não existem dados disponíveis na literatura para sugerir algum tipo de superioridade de um modelo de periodização sobre o outro para a hipertrofia muscular. Portanto, o professor ou treinador deve conduzir a progressão das cargas de acordo com os princípios do treinamento, o nível de treino, estado de prontidão para o exercício, disponibilidade de tempo, entre outras. Desse modo, a periodização ondulatória, que apresenta um alto grau de variabilidade na aplicação dos estímulos, pode ser aplicada principalmente em indivíduos com experiência no treinamento. Consistente com essas observações, Rhea *et al.* (2002) e Apel *et al.* (2011) reportaram maiores escores de dor muscular de início tardio e percepção de fadiga em voluntários que treinaram utilizando o modelo ondulatório.

Praticantes avançados apresentam adaptações fisiológicas e celulares suficientes para suportar maior demanda psicológica e neuromuscular com estímulos variáveis. Por outro lado, alunos iniciantes podem se beneficiar com progressão mais paulatina, microciclos mais longos e cargas mais estáveis, tipicamente observados na periodização linear.

20.15.3 Resistência muscular

Rhea *et al.* (2003) investigaram o efeito de diferentes modelos de periodização sobre o desenvolvimento da resistência de força em homens e mulheres treinados. Os voluntários do grupo ondulatório diário realizaram sessões de 25 RM, 20 RM e 15 RM, ajustadas a cada sessão de treinamento (duas vezes por semana). O grupo linear executou progressão de carga com redução do volume a cada 5 semanas (semanas 1 a 5 – 25 RM; semanas 6 a 10 – 20 RM; semanas 11 a 15 – 15 RM), enquanto que o grupo linear reverso aumentou o volume a cada 5 semanas (semanas 1 a 5 – 15 RM; semanas 6 a 10 – 20 RM; semanas 11 a 15 – 25 RM). Os resultados evidenciaram que todos os três modelos de periodização aumentaram significativamente a resistência de força após 15 semanas de treinamento. O grupo ondulatório obteve aumento de 54,5%, enquanto que o grupo linear e linear reverso obtiveram aumentos de 55,9% e 72,8%, respectivamente, para a resistência muscular de membros inferiores. Apesar da ausência de diferença estatística entre os grupos, houve uma maior magnitude do efeito do treinamento para o modelo linear reverso. Os autores especularam que o aumento progressivo do volume de treinamento (maior do número de repetições) pode potencializar os ganhos de resistência de força.

Embora o modelo linear reverso apresente o maior volume de treinamento ao final do macrociclo, nem todos os estudos utilizando periodização reversa demonstraram aumento da resistência de força. Por exemplo, Prestes *et al.* (2009b) não encontraram aumento significativo na resistência de força avaliada nos exercícios de rosca direta e cadeira extensora ao final de 12 semanas de treinamento.

20.16 *Taper* ou polimento

O polimento representa uma estratégia de redução do volume de trabalho com objetivo de remover a fadiga residual acumulada nos microciclos de treinamento e, por consequência, elevar os indicadores de desempenho físico (aumento de força, potência e resistência anaeróbia), por meio de um ambiente fisiológico predominantemente anabólico (Izquierdo *et al.*, 2007). O polimento no treinamento de força descreve uma redução no volume total (volume = número de exercícios × número de séries × número de repetições) ou na frequência durante um determinado período.

A literatura descreve três tipos de polimento: degrau (*step*), linear ou exponencial. O polimento em degrau envolve uma redução abrupta e imediata do volume de treinamento (por exemplo, reduzir 50% do volume total no primeiro dia de polimento e sustentá-lo até o final do período). O polimento linear pressupõe uma redução gradativa no volume ao longo das sessões de treinamento a partir de um valor de referência (por exemplo, reduzir 5% do volume inicial a cada sessão). Já o polimento exponencial sugere uma redução do volume em relação ao seu valor atual, ou seja, em relação à última sessão de treinamento (por exemplo, reduzir 5% do volume de treinamento em relação à sessão anterior).

Figura 20.6 – Metodologias de polimento

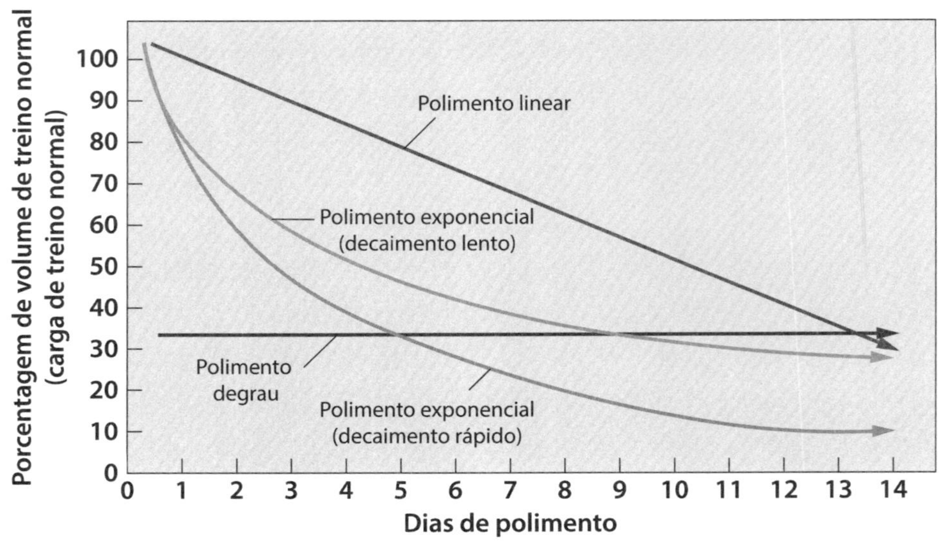

Fonte: adaptado de Ratamess, 2012.

O objetivo central do polimento é remover a fadiga residual para promover adaptações adicionais no sistema neuromuscular após um período de cargas elevadas no treinamento. Para investigar esse fenômeno, Izquierdo *et al.* (2007) avaliaram o efeito de um macrociclo de 16 semanas voltado para o incremento da força e potência muscular. Ao final do macrociclo, os participantes obtiveram ganhos significativos de força no teste de 1 RM de supino reto (17%-24%) e de meio agachamento (22%-27%). A seguir, os participantes foram divididos em dois grupos: polimento (redução do número de séries e repetições) e destreinamento (interrupção do treino). Após quatro semanas, o grupo polimento obteve ganhos adicionais de força (2% e 3%, respectivamente, para supino reto e agachamento), enquanto que o grupo destreinamento apresentou redução significativa na força muscular (-9% e -6%).

Os resultados da meta-análise de Bosquet *et al.* (2007) revelaram que polimento ótimo ocorre num período entre 8 a 14 dias, redução exponencial de 41-61% do volume total, ao passo que a intensidade e a frequência de treinamento devem ser mantidas. Entretanto, a redução de volume deve ser programada de acordo com a magnitude da fadiga acumulada ao longo do macrociclo.

20.17 *Overreaching*

As adaptações fisiológicas induzidas pelo treinamento não ocorrem de forma linear. Dessa forma, períodos curtos de treinamento de alto volume (*overreaching*), seguidos por períodos de polimento (*taper*), podem ser empregados nos programas para induzir aumentos adicionais nos indicadores de desempenho físico (Fry *et al.*, 1994). Entendemos por *overreaching* o acúmulo de estresse induzido pelo treinamento de alto volume que resulta em decréscimos na capacidade de desempenho físico a curto prazo, com ou sem marcadores fisiológicos e psicológicos de síndrome de *overtraining*, no qual, a recuperação e a supercompensação da capacidade de desempenho ocorre em alguns dias ou semanas (Fry e Kraemer, 1997).

A literatura é controversa com relação à aplicação do *overreaching* no treinamento de força e potência. Ratamess *et al.* (2003) demonstraram que, após 4 semanas de sobrecarga progressiva de *overreaching*, houve redução da capacidade de desempenho. Porém, quando o volume de treinamento foi reduzido (polimento) foi observado supercompensação significativa da força e potência muscular acima dos valores pré-treinamento. Algumas evidências suportam a hipótese de que indivíduos bem treinados necessitam de períodos curtos de *overreaching* para elevar o nível de aptidão física e evitar estagnação de resultados. Coutts *et al.* (2007) observaram redução da força muscular e do desempenho físico (velocidade, VO_2máx e potência muscular) após 6 semanas de *overreaching* em atletas de rúgbi, em paralelo com a redução da razão testosterona/cortisol. Além disso, durante o período de elevação das cargas de treinamento foi observado aumento da atividade de creatina quinase (indicador de dano muscular), aumento da concentração de glutamato plasmático e redução da razão glutamato/glutamina. Entretanto, após uma semana de treinamento de baixo volume (polimento com redução de 47%-56% do volume total) houve supercompensação dos indicadores de desempenho físico em relação aos valores pré-treinamento, sem recuperação dos indicadores bioquímicos.

Algumas hipóteses têm sido propostas para explicar a redução do desempenho de força e potência muscular durante o *overreaching*. O acúmulo das cargas de treinamento durante tal processo pode induzir ao dano muscular (Coutts *et al.*, 2007), elevação do cortisol plasmático (Volek *et al.*, 2004), desequilíbrio anabólico-catabólico muscular, aumento do estresse oxidativo e fadiga neural (Raastad *et al.*, 2001).

O decréscimo na razão testosterona livre/cortisol maior que 30% pode ser um importante marcador da síndrome de sobretreinamento (Fry *et al.*, 1998). Entretanto, evidências sugerem que o comportamento dos marcadores biológicos da síndrome de *overtraining* apresenta um padrão específico em resposta ao treinamento de força e potência. Raastad *et al.* (2001) documentaram redução de 12% e 11% na concentração de testosterona e IGF-I, respectivamente, após 8 dias de treinamento de alto volume e moderada intensidade para membros inferiores em indivíduos treinados. A concentração de repouso desses dois marcadores anabólicos retornou aos valores pré-treinamento após 4 dias de recuperação. De forma interessante, os autores não reportaram redução do desempenho muscular durante o período de acompanhamento. De fato, períodos de treinamento de alto volume podem significativamente reduzir a concentração de insulina, testosterona livre e total, além de aumentar a concentração de cortisol e SHBG (globulina de ligação aos hormônios sexuais). O percentual de alteração da razão testosterona/cortisol parece ser negativamente correlacionado com o volume de treinamento de força.

Ratamess *et al.* (2003) investigaram a resposta neuromuscular após 4 semanas de um programa de *overreaching* em indivíduos bem treinados. O programa incluiu exercícios multiarticulares para os grandes grupos musculares, realizados em sistema de múltiplas séries, durante quatro dias consecutivos por microciclo, e progressão de intensidade. A condição fundamental para induzir o *overreaching* foi o tempo limitado de recuperação entre as sessões de treinamento. Observamos que os mesmos grupos musculares foram treinados em todas as sessões, embora algumas variações na escolha dos exercícios foram aplicadas (por exemplo, segunda e quarta-feira – rosca direta com halter; terça e quinta-feira – rosca direta com barra). Após 4 semanas de *overreaching*, os participantes foram submetidos a 2 semanas de polimento (semanas 5 e 6 com redução de volume e frequência). Os resultados do estudo indicaram redução na força e potência muscular na primeira semana de treinamento, seguido por um efeito de supercompensação após o período de polimento. Comparando o efeito do *overreaching* pré *vs* pós-treinamento, foi observado aumento significativo na força e potência muscular de membros superiores e inferiores. Outro estudo utilizando o mesmo protocolo de Ratamess *et al.* (2003) encontrou aumento de 2 kg e 3,4 kg de massa muscular (após 4 semanas), respectivamente, para o grupo que realizou o *overreaching* e *overreaching* + suplementação de creatina (Volek *et al.*, 2004). Do ponto de vista prático, o *overreaching* é uma estratégia de curto prazo, altamente avançada, que visa quebrar o platô adaptativo. Quando bem planejado o *overreaching* pode ser uma ferramenta útil durante os ciclos de treinamento.

20.18 Monitoramento e controle de carga no treinamento de força

A escala de percepção de esforço é um marcador versátil para monitorar as cargas durante a periodização no treinamento. Os trabalhos apontam que as respostas coletadas nas sessões de treino, a partir da avaliação da escala de percepção de esforço, são altamente sensíveis a variações no volume total de trabalho e na intensidade (sobrecarga como percentual de 1 RM, ou quantidade de peso aplicado nos exercícios). Tipicamente, a percepção de esforço é monitorada pela escala de 0-10 pontos de OMNI por meio da pergunta: como foi sua sessão de treinamento em relação à dificuldade global? A resposta dos avaliados reflete uma percepção de sentimento baseado em um conjunto de fatores fisiológicos e psicológicos, induzida pelo protocolo de treinamento executado.

As sessões que apresentam valores mais elevados de percepção de esforço são aquelas de alto volume ou alta densidade de treinamento. Em outras palavras, protocolos que envolvam um alto número de séries e repetições e curtos períodos de recuperação, parecem induzir a maior percepção de esforço nos praticantes (Kraft *et al.*, 2014). Geralmente, recomenda-se avaliar a percepção 30 minutos após a sessão. Essa recomendação pode muitas vezes ser irreal no treinamento personalizado. Recentemente, Kraft *et al.* (2014) não encontraram diferenças na percepção de esforço entre 15 e 30 minutos após diferentes sessões de treinamento com pesos. Portanto, tal avaliação 15 minutos após o exercício é uma ferramenta confiável para monitorar as cargas de treinamento ao longo da periodização.

20.19 Programa de treinamento de força para o desempenho de resistência

Tradicionalmente, os praticantes avançados no treinamento de resistência são relutantes para inclusão do TF como parte da rotina de treino. Esta relutância é sustentada pela crença de que o treinamento de força resultará em hipertrofia muscular substancial e ganho de massa corporal, os quais poderão afetar negativamente o desempenho. Entretanto, recentes estudos refutam essa crença e oferecem argumentos sólidos para aplicação do treinamento de força nos programas de treino de resistência.

O papel do treinamento de força para o desempenho de resistência ainda causa muita confusão. Nesse caso, o objetivo é aumentar a força muscular sem comprometer as adaptações obtidas com as cargas de resistência aeróbia. Quando olhamos para os fatores que determinam o desempenho de resistência, vários podem ser destacados como o consumo máximo de oxigênio, limiar de lactato e economia de movimento. A Figura 20.7 apresenta os efeitos do treinamento de força e de resistência sobre o desempenho.

Figura 20.7 – Influência do treinamento com pesos e treinamento de resistência aeróbia sobre o desempenho

Fonte: adaptado de Reuter (2012).

O papel do treinamento de força no incremento do desempenho de resistência é provavelmente relacionado com adaptações ao nível fisiológico e biomecânico. De acordo com o modelo tradicional de periodização, o desenvolvimento da resistência de força deve ser programado no início do período preparatório como ferramenta para as adaptações gerais. Nesta fase, o volume de treinamento deve ser o mais elevado e, geralmente, aplicado por até 4 semanas. A segunda fase dentro do período preparatório é a fase de força básica. Nessa etapa, o volume de treinamento é significativamente reduzido e a intensidade aumentada proporcionalmente durante um período de 1 a 4 semanas. Embora a construção do programa de treinamento de força básica esteja voltada para o período preparatório, este mesmo protocolo deverá ser aplicado no período pré-competitivo. O incremento da força auxiliará no desenvolvimento da potência muscular nas fases subsequentes.

Podemos incluir a fase de potência muscular no treinamento durante o período competitivo. Esta fase geralmente tem duração de 1 a 4 semanas e é marcada por uma redução acentuada do volume de trabalho, seguido por aumento da intensidade de estímulo.

A próxima fase do treinamento depende da decisão do treinador em função do calendário competitivo. Se o atleta/praticante possui um período competitivo que requer um alto nível de desempenho por um período prolongado, então o treinador deve optar por um período de manutenção. Caso contrário, se o objetivo for elevar os indicadores de desempenho para uma competição principal, o período a ser selecionado deve ser o de pico/polimento. Quando o atleta/praticante opta pelo pico/polimento de desempenho em uma determinada competição, o programa de treinamento deve incluir 40-60% de redução de sobrecarga durante um período de 8 a 14 dias antes da competição, permitindo a dissipação da fadiga acumulada nos ciclos anteriores. A redução da sobrecarga de treinamento resultará em maximização do desempenho.

> Sequência básica do treinamento de força:
>
> Resistência de força » Força máxima » Potência » Pico ou Manutenção

A principal preocupação em adicionar o treinamento de força nos programas de treinamento de atletas/praticantes de resistência é de integrar adequadamente os dois tipos de treino. Um cuidado especial deve ser tomado em modular as cargas de ambas as orientações funcionais no planejamento, em ordem de gerenciar os processos de fadiga.

Quando o professor ou treinador optar por adicionar o treinamento de força no programa de treino de resistência aeróbia (treinamento concorrente), deve ter em mente a necessidade de reduzir o volume para acomodar a carga adicional de trabalho. Por exemplo, durante o período preparatório, quando o treinamento de força é voltado para o desenvolvimento da resistência de força e, portanto, necessita de maior frequência de treinamento, as cargas de resistência podem ser reduzidas de 20 a 35%. Já no período competitivo, o volume de trabalho de resistência pode ser diminuído em somente 20 a 25%, devido ao menor volume e frequência do treinamento de força (sobrecarga total) (Reuter, 2012). Durante o pico/polimento, parece ser mais adequado reduzir o volume de treinamento nas sessões individuais do que reduzir a frequência de treinamento.

Referências

AMERICAN COLLEGE OF SPORTS MEDICINE. Position Stand: progression models in resistance training for healthy adults. *Med Sci Sports Exerc*, v. 41, n. 3, p. 687-708, 2009.

APEL J. M.; LACEY R. M.; KELL, R. T. A comparison of traditional and weekly undulating periodized strength training programs with total volume and intensity equated. *J Strength Cond Res*, v. 25, n. 3, p. 694-703, 2011.

BAECHLE, T. R.; EARLE, R. W. *Essentials of Strength Training and Conditioning of NSCA*. 3. ed. Illinois: Human Kinetics, 2008.

BAKER, D.; WILSON, G.; CARLYON, R. Periodization: The effect on strength of manipulating volume and intensity. *J Strength Cond Res*, v. 8, n. 4, p. 235-242, 1994.

BOSQUET, L. *et al.* Effects of tapering on performance: A meta-analysis. *Med Sci Sports Exerc*, v. 39, n. 8, p. 1358-1365, 2007

BUFORD, T. W. *et al.* A comparison of periodization models during nine weeks with equated volume and intensity for strength. *J Strength Cond Res*, v. 21, n. 4, p. 1245-1250, 2007.

COUTTS, A. *et al.* Changes in selected biochemical, muscular strength, power, and endurance measures during deliberate overreaching and tapering in rugby league players. *International Journal of Sports Medicine*, v. 28, n. 2, p. 116-24, 2007.

DE LIMA, C. *et al.* Linear and daily undulating resistance training periodizations have differential beneficial effects in Young sedentary women. *Int J Sports Med*, v. 33, n. 9, p. 723-727, 2012.

FLECK, S. J. Periodized training: A critical review. *J. Strength Cond Res*, v. 13, n. 1, p. 82-89, 1999.

FLECK, S. J.; KRAEMER W. J. Designing resistance training programs. 4. ed. Illinois: Human Kinetics, 2014.

FRY, A. C.; KRAEMER, W. J. Resistance exercise overtraining and overreaching. Neuroendocrine responses. *Sports medicine*, v. 23, n. 2, p. 106-129, 1997.

FRY, A. C.; KRAEMER, W. J.; RAMSEY, L. T. Pituitary-adrenal-gonadal responses to high-intensity resistance exercise overtraining. *J Appl Physiol*, v. 85, n. 6, p. 2352-2359, 1998.

FRY, A. C. *et al.* Endocrine responses to overreaching before and after 1 year of weightlifting. *Can J Appl Physiol*, v. 19, n. 4, p. 400-410, 1994.

GOMES, A. C. *Treinamento desportivo: Estruturação e periodização*. 2. ed. Porto Alegre: Artmed, 2009.

HARRIES, S. K.; LUBANS, D. R.; CALLISTER, R. Comparison of resistance training progression models on maximal strength in sub-elite adolescent rugby union players. *J Science Med Sport*, v 19, n. 2, p. 163-169, 2016.

HARRIES, S. K.; LUBANS, D. R.; CALLISTER, R. Systematic review and meta-analysis of linear and undulating periodized resistance training programs on muscular strength. *J Strength Cond Res*, v. 29, n 4, p. 1113-1125, 2015.

HOFFMAN, J. R. *Physiological aspects of sport training and performance*. 2. ed. Illinois: Human Kinetics; 2014.

HOFFMAN, J. R. *et al.* Comparison between different off-season resistance training programs in division III American college football players. *Journal of Strength and Conditioning Research*, v. 23, p. 11-19, 2009.

IZQUIERDO, M. *et al.* Detraining and tapering effects on hormonal responses and strength performance. *J Strength Cond Res*, v. 21, n. 3, p. 768–775, 2007.

KOK, L-Y.; HAMER, P. W.; BISHOP, D. J. Enhancing muscular qualities in untrained women: linear versus undulating periodization. *Med Sci Sports Exerc*, v. 41, n. 9, p. 1797-1807, 2009.

KRAEMER, W. J.; FLECK, S. J. *Otimizando o treinamento de força*. 1. ed. São Paulo: Manole, 2009.

KRAFT, J. A.; GREEN, J. M.; GAST, T. M. Work distribution influences session ratings of perceived exertion response during resistance exercise matched for total volume. *J Strength Cond Res*, v. 28, n. 7; p. 2042–2046, 2014.

McLESTER, J. R. *et al.* A series of studies: A practical protocol for testing muscular endurance recovery. *J Strength Cond Res*, v. 17, n. 2, p. 259–273, 2003.

McNAMARA, J. M.; STEARNE, D. J. Flexible nonlinear periodization in a beginner college weight training class. *J Strength Cond Res*, v. 24, p. 17-22, 2010.

MIRANDA, F. *et al.* Effects of linear vs. Daily undulatory periodized resistance training on maximal and submaximal strength gains. *J Strength Cond Res*, v. 25, n. 7, p. 1824–1830, 2011.

MONTEIRO, A. G.; LOPES, C. R. *Periodização esportiva*: estruturação do treinamento. São Paulo: Ag, 2009.

MONTEIRO, A. G. *et al.* Nonlinear periodization maximizes strength gains in split resistance training routines. *J Strength Cond Res*, v. 23, n. 4, p. 1321-1326, 2009.

PRESTES, J. *et al.* Comparison between linear and daily undulating periodized resistance training to increase strength. *J Strength Cond Res*, v. 23, n. 9, p. 2437-2442, 2009b.

PRESTES, J. *et al.* Comparison of linear and reverse linear periodization effects on maximal strength and body composition. *J Strength Cond Res*, v. 23, n. 1, p. 266–274, 2009a.

PRESTES, J. *et al. Prescrição e periodização do treinamento de força em academias*. 2. ed. São Paulo: Manole; 2016.

RAASTAD, T. *et al.* Changes in human skeletal muscle contractility and hormone status during 2 weeks of heavy strength training. *Eur J Appl Physiol*, v. 84, n. 1-2, p. 54-63, 2001.

RATAMESS, N. A. *ACSM's foundations of strength and conditioning*. Lippincott: Williams & Wilkins, 2012.

RATAMESS, N. A. *et al.* The effects of amino acid supplementation on muscular performance during resistance training overreaching. *J Strength Cond Res*, v. 17, n. 2, p. 250-258, 2003.

REUTER, B. *Developing endurance*. Illinois: Human Kinetics; 2012.

RHEA, M. R. *et al.* A comparison of linear and daily undulating periodized programs with equated volume and intensity for local muscular endurance. *J Strength Cond Res*, v. 17, n. 1, p. 82-87, 2003.

RHEA, M. R. *et al.* A comparison of linear and daily undulating periodized programs with equated volume and intensity for strength. *J Strength Cond Res*, v. 16, n. 2, p. 250-255, 2002.

SIMÃO, R. *et al.* Comparison between nonlinear and linear periodized resistance training: Hypertrophic and strength effects. *J Strength Cond Res*, v. 26, n. 5, p. 1389-1395, 2012.

SOUZA, E. O. *et al.* Early adaptations to six weekof non-periodized and periodized strength training regimens in recreaiotnal males. *J Sports Med*, v. 13, p. 604-609, 2014.

STONE, M. H. *et al.* Periodization: Effects of manipulating volume and intensity. Part 1. *Strength Cond J*, v. 21, n. 3, p. 54-60, 1999.

STULTS-LOLEHMAINEN, M. A.; BARTHOLOMEW, J. B.; SINHA, R. Chronic psychological stress impairs recovery of muscular function and somatic sensations over a96-h period. *Journal of Strength and Conditioning Research*, v. 28, n. 7, p. 2007-2017, 2014.

VOLEK, J. S. *et al.* The effects of creatine supplementation on muscular performance and body composition responses to short-term resistance training overreaching. *Eur J Apl Physiol*, v. 91, n. 5-6, p. 628-37, 2004.

WILLOUGHBY, D. S. The effects of meso-cycle-length weight training programs involving periodization and partially equated volume on upper and lower body strength. *J Strength Cond Res*, v. 7, n. 1, p. 2-8, 1993.

21

Treinamento de força no esporte: estratégias de intensificação das cargas de treino e *tapering*

Alexandre Moreira

OBJETIVO DO CAPÍTULO

O objetivo deste capítulo é discutir as estratégias de intensificação das cargas de treinamento e a subsequente etapa de redução dessas cargas, denominada *tapering*, de modo a determinar a relação dose-resposta ideal no período competitivo, evitando, assim, o destreinamento e/ou a fadiga excessiva.

21.1 Carga de treinamento: relação dose-resposta e modelo de condicionamento e fadiga

Em termos conceituais, o estímulo de treinamento (carga) pode ser considerado como uma combinação de respostas concernentes ao condicionamento e fadiga influenciando o rendimento esportivo (Mujica *et al.*, 1996). Investigações acerca da relação entre carga de treinamento e rendimento têm sido desenvolvidas (Foster, 1998). Períodos de treino e competição envolvendo cargas elevadas com insuficientes intervalos de recuperação têm sido associados à emergência de fenômenos (estados funcionais) denominados como *overreaching* funcional, *overreaching* não funcional e a síndrome de *overtraining*. Esses estados funcionais têm sido investigados e discutidos, tanto no que tange às modalidades esportivas individuais (Aubry *et al.*, 2014; Coutts *et al.*, 2007; Mujica *et al.*, 1996), quanto no que concerne ao esporte coletivo, como por exemplo o futebol (Freitas *et al.*, 2014; Kraemer *et al.*, 2004; Naessens *et al.*, 2000) e o basquetebol (Hoffman e Kaminsky, 2000; Nunes *et al.*, 2014; Miloski *et al.*, 2015).

O estado relacionado aos sintomas pós-períodos de intensificação das carga de treinamento, com reversão após alguns dias de recuperação, tem sido denominado como *overreaching* funcional (OF). Caso este período de recuperação não for suficiente para a reversão do estado de *overreaching*, a literatura denomina o fenômeno como um *overreaching* não funcional (ONF). Somente nos casos de alterações severas e prolongadas (meses, anos), o termo síndrome de *overtraining* é utilizado (SOT) (Coutts *et al.*, 2007; Halson e Jeukendrup, 2004; Meeusen *et al.*, 2006; Nederhof *et al.*, 2006, 2008). É importante destacar que as alterações no rendimento (desempenho) e o tempo de recuperação são os dois marcadores mais utilizados para o diagnóstico desses estados e para o monitoramento da sua ocorrência e incidência (Aubry *et al.*, 2014; Coutts *et al.*, 2007; Halson e Jeukendrup, 2004; Hoffman e Kaminsky, 2000).

Os sinais e sintomas observados durante estados de ONF e SOT são bastante similares. Assim, tem sido recomendado que o diagnóstico de um atleta com SOT deva ser realizado somente após a exclusão de todas as outras causas que poderiam levar à redução do desempenho, e ainda, que se tenha observado uma resposta adaptativa negativa sustentada por tempo prolongado. Essa resposta negativa e prolongada é identificada a partir de indicadores de desempenho em associação com alterações de marcadores fisiológicos, comportamentais e hormonais (Meeusen *et al.*, 2013). Considerando essas recomendações, Meeusen *et al.* (2013) propõem um *continuum* de respostas adaptativas que poderiam estar associadas à intensificação das cargas de treinamento (Quadro 21.1).

Quadro 21.1. – *Continuum* das respostas à intensificação do treinamento

Processo	**Aumento da carga de treinamento**	**Intensificação do treinamento** →		
Resultado	Fadiga aguda	OF (OR de curto prazo)	ONF (OR extremo)	SOT
Recuperação	Dias	Dias - semanas	Semanas-meses	Meses – Anos
Desempenho	Melhora	Queda temporária	Estagnação/Queda	Queda

OR= *overreaching*; OF = *overreaching* funcional; ONF = *overreaching* não funcional; SOT = síndrome do *overtraining*
Fonte: adaptado de Meeusen *et al.* (2013).

21.2 Estratégias de intensificação das cargas de treinamento e *tapering*

O desafio na organização das estratégias de intensificação do treinamento é determinar a relação dose-resposta ideal. O efeito da intensificação do treino é difícil de predizer considerando a variabilidade das respostas individuais (Urhausen e Kindermann, 2002). Apesar disso, a estratégia de intensificação das cargas com uma subsequente redução em uma etapa posterior vem sendo investigada como um modelo alternativo de periodização do processo de treinamento, sinalizando caminhos e diretrizes concernentes aos delineamentos experimentais e possibilidades de aplicação prática (Moreira, 2010).

A intensificação deliberada da carga de treinamento é frequentemente utilizada no esporte durante determinados ciclos de treinos (Aubry *et al.*, 2014; Coutts *et al.*, 2007; Freitas *et al.*, 2014;

Hellard *et al.*, 2013; Le Meur *et al.*, 2016; Moreira, 2008; Moreira *et al.*, 2010, 2011, 2012, 2013; Nunes *et al.*, 2014; Miloski *et al.*, 2015; Papacosta, Gleeson e Nassis, 2013) e com diferentes esportes e populações, incluindo jovens e atletas profissionais (Aubry *et al.*, 2014; Coutts *et al.*, 2007; Gomes *et al.*, 2013; Freitas *et al.* 2014; Hellard *et al.*, 2013; Moreira *et al.*, 2013; Nunes *et al.*, 2014; Miloski *et al.*, 2015).

De acordo com os pressupostos da estratégia, os atletas são submetidos, inicialmente, a uma etapa caracterizada pelo aumento das cargas de treinamento durante um ciclo médio de preparação que, usualmente, contempla duas a seis semanas de duração. Em sequência, ocorre a aplicação de uma etapa com redução substancial das cargas, particularmente do volume de treinamento, denominada *tapering,* cuja duração varia entre uma a quatro semanas (Aubry *et al.*, 2014; Bosquet *et al.*, 2007; Mujika, 2010). Essa distribuição das cargas de treinamento tem como objetivo principal gerar um acúmulo de carga *a priori* (etapa de intensificação/*overloading*) e propiciar uma recuperação ampliada no segundo momento (*tapering*), com intuito de que o atleta consiga atingir um estado de supercompensação (efeito rebote) (Aubry *et al.*, 2014; Coutts *et al.*, 2007; Moreira, 2010).

Alguns estudos têm apontado para a eficácia dessa estratégia de organização das cargas de treinamento, no sentido da melhora da aptidão física em atletas de elite (Aubry *et al.*, 2014; Coutts *et al.*, 2007; Moreira, 2008; Papacosta, Gleeson e Nassis, 2013). Papacosta, Gleeson e Nassis (2013), por exemplo, demonstraram melhora do desempenho em testes de resistência à fadiga e salto vertical em um grupo de atletas adultos de judô expostos a duas semanas de intensificação seguidas por duas semanas de *tapering*. Aubry *et al.* (2014), investigando uma amostra de triatletas, mostraram incremento do desempenho no teste de resistência à fadiga com magnitude de efeito de grande para muito grande após duas semanas de *tapering*. Os maiores ganhos foram registrados para o grupo de atletas que atingiu um estado de fadiga acumulada durante a intensificação, mas sem apresentar queda no desempenho, ao final das três semanas de estudo. Por outro lado, os triatletas que atingiram estado de *overreaching* (OR) ao final da intensificação (queda do desempenho associada a aumento nos indicadores de fadiga) apresentaram melhora de desempenho de efeito pequeno para moderado após as duas semanas de *tapering*.

Esses resultados sugerem fortemente a necessidade de se organizar apropriadamente a relação dose-resposta dos atletas submetidos ao processo de intensificação e *tapering* e, também, a importância do monitoramento do treinamento ao longo da preparação. Adicionalmente, os resultados apresentados por Aubry *et al.* (2014) também foram verificados em estudos com jovens atletas de esportes coletivos (Freitas *et al.*, 2014; Miloski *et al.*, 2015). Esses estudos demonstram que a intensificação deliberada do treino não necessariamente pode levar à ocorrência do fenômeno de OR (Aubry *et al.*, 2014; Freitas *et al.*, 2014; Miloski *et al.*, 2015).

> Portanto, é fundamental que treinadores e pesquisadores do esporte façam a distinção entre a estratégia de intensificação deliberada do treinamento e a "resposta" associada ao estado de OR, ou "tão somente" à ocorrência de uma fadiga aguda, com pouca ou nenhuma alteração do rendimento.

Em resumo, é possível destacar alguns pontos essenciais que justificam a utilização da estratégia de intensificação e *tapering* como uma alternativa de concepção de periodização das cargas de treinamento (Quadro 21.2).

Quadro 21.2 – Aspectos balizadores para a utilização da estratégia de intensificação e *tapering* como uma alternativa de concepção de periodização das cargas de treinamento

- Necessidade da diminuição da carga de treinamento após períodos de intensificação para manter o equilíbrio carga-recuperação.
- Necessidade de permitir a recuperação do atleta para induzir respostas adaptativas relacionadas a um subsequente aumento no desempenho.
- Redução da fadiga acumulada ao longo de etapas de intensificação das cargas.
- Necessidade de se conhecer as respostas associadas à forma e duração da redução das cargas de treinamento durante a etapa de *tapering*.
- Redução das cargas de treinamento após a intensificação parece aumentar as chances de incremento no desempenho na competição-alvo.

21.2.1 O que manipular e quais as recomendações

Bosquet *et al.* (2007) e Mujika (2010), a partir de resultados de metanálise e revisão de resultados apresentados por artigos originais com modalidades de *endurance* (resistência), destacam que é possível se assumir que uma ótima estratégia de *tapering* após um período de intensificação dure em torno de duas semanas, com reduções no volume entre 41 e 60% da carga de treinamento pré-*tapering*. A manutenção da intensidade da carga e da frequência de treino também é recomendada durante o período. Neufer *et al.* (1987), investigando amostra de nadadores, demonstraram que a redução da frequência de treinamento em torno de 50-85% resultou em uma diminuição da potência de nado em sete dias, sugerindo que, em especial para as modalidades cuja perfeição e precisão técnicas são determinantes, a redução da frequência pode influenciar negativamente o desempenho específico. Bosquet *et al.* (2007) também propõem que rápidas reduções da carga de treinamento no início da etapa de *tapering* e aumento pouco antes do início da competição-alvo induziriam um consequente aumento do desempenho. Entretanto, essa abordagem ainda carece de sustentação empírica baseada em delineamento consistente e com rigor científico e metodológico necessário.

De acordo com as recomendações e apontamentos da literatura, alguns aspectos fundamentais devem ser considerados no planejamento da etapa de *tapering* após um período de intensificação (Quadro 21.3).

Quadro 21.3 – Aspectos fundamentais para o planejamento do *tapering* após a intensificação das cargas de treinamento.

- Redução da carga de treinamento.
- "Administração" e monitoramento da fadiga e adaptações fisiológicas.
- Tipos de *tapering*.
- Duração do *tapering*.
- Objetivo de performance (desempenho)

Fonte: adaptado de Mujika (2009).

Com relação aos "tipos de *tapering*", Bosquet *et al.* (2007) e Mujika (2010) destacam que a redução nas cargas de treinamento, particularmente no volume de treino, tendo como base o volume realizado na etapa de intensificação, tem sido caracterizada por três diferentes formas, apresentadas no Quadro 21.4:

Quadro 21.4 – Formas de redução do volume da carga de treinamento durante e etapa de *tapering*

- **Redução linear:** a carga de treinamento é reduzida de uma maneira linear e sistemática.
- **Redução exponencial:** a carga de treinamento é reduzida exponencialmente, podendo apresentar uma redução exponencial lenta ou rápida.
- **Redução direta:** a carga de treinamento é reduzida "diretamente" para um valor constante que é mantido ao longo do *tapering* (*step taper*; treinamento reduzido)

Fonte: adaptado de Bosquet *et al.* (2007).

21.2.2 Riscos associados à intensificação do treinamento

Apesar das evidências acerca da eficácia dessa estratégia de periodização do treinamento, é importante ressaltar que, caso a relação entre carga de treinamento e recuperação não seja equilibrada, períodos de intensificação deliberada podem acarretar respostas adaptativas indesejadas, como, por exemplo, lesões, infecções de trato respiratório superior (ITRS), distúrbios no estado de humor, estado de *overreaching* não funcional e até mesmo a síndrome de *overtraining* (SOT) (Halson e Jeukendrup, 2004; Meeusen *et al.*, 2006, 2013).

Portanto, ao adotar essa estratégia, é imperativo que as cargas de treinamento e as respostas individuais sejam acompanhadas criteriosamente a partir de um conjunto de indicadores que possibilitem um monitoramento multidimensional, incluindo parâmetros comportamentais, perceptuais, de desempenho físico e técnico, e respostas hormonais (Borrensen e Lambert, 2009; Buchheit *et al.*, 2013; Freitas *et al.*, 2014; Meeusen *et al.*, 2013; Moreira *et al.*, 2013).

Na prática, instrumentos de fácil acesso (instrumentos psicométricos), que possibilitam a análise de alterações no comportamento em conjunto com indicadores de desempenho têm demonstrado alta sensibilidade para o monitoramento dos processos de intensificação e *tapering*, e a adoção desses instrumentos psicométricos tem sido fortemente recomendada (Coutts *et al.*, 2007; Kiely, 2012; Meeusen *et al.*, 2013; Pyne *et al.*, 2000; Robson-Ansley, Blannin e Gleeson, 2007; Robson-Ansley, Gleeson e Ansley, 2009).

21.2.3 Estratégia de intensificação e *tapering* baseada na concentração das cargas de força

Apesar das evidências e recomendações decorrentes da análise da literatura disponível, deve-se salientar que a maioria das investigações acerca da estratégia de intensificação deliberada do treinamento tem utilizado o aumento do volume total da carga de treinamento como o principal procedimento para o incremento das cargas (intensificação) (Aubry *et al.*, 2014; Coutts *et al.*, 2007; Freitas *et al.*, 2014; Papacosta, Gleeson e Nassis, 2013).

No entanto, apesar de em menor número, estudos vêm demonstrando a efetividade dos modelos de intensificação baseados na concentração das cargas de força (Moreira, 2008; Miloski *et al.*, 2015; Miloski, 2015; Aoki, 2016). Investigações prévias demonstram que o desempenho de força está associado ao desempenho de velocidade (Comfort *et al.*, 2014; McBride *et al.*, 2009) e resistência à fadiga (Beattie *et al.*, 2014; Sundby e Gorelick, 2014).

Portanto, estratégias de intensificação norteadas pela concentração das cargas de força parecem ser uma alternativa para técnicos e treinadores, especialmente para os esportes cuja manifestação da força, potência e velocidade seja fundamental para o desempenho. Adicionalmente, essa estratégia poderia reduzir as chances do efeito negativo da concorrência de utilização de volumes elevados de treinamento com cargas de diferentes finalidades (Moreira, 2010).

21.3 A intensificação do treinamento baseada na concentração de cargas de força: o caso do esporte coletivo

Nesta seção do presente capítulo são apresentados resultados de estudos e abordagens práticas que utilizaram a concentração das cargas de força como forma de organização da estratégia de intensificação e *tapering*. Dado que a literatura relativa a tal tema apresenta número reduzido de investigações com o esporte coletivo quando comparado aos de *endurance*, estudos e abordagens práticas no esporte coletivo foram selecionados. Os resultados de estudos que utilizaram a intensificação das cargas de treinamento baseada na concentração das cargas de força no esporte coletivo, notadamente no basquetebol, são apresentados a seguir, no sentido de permitir ao leitor identificar a organização das cargas e observar as respostas dos atletas durante os períodos de intensificação e *tapering*.

Diferentes marcadores de respostas comportamentais, fisiológicas, hormonais, imunológicas e de desempenho foram utilizados nos estudos incluídos nesta seção. Em conjunto, é possível reconhecer a importância de se elaborar apropriadamente a dose (estímulo) a partir da organização do conteúdo de treinamento e, ao mesmo tempo, acompanhar o processo, ou seja, monitorar as respostas em suas diferentes dimensões, permitindo o ajuste das cargas, a correção na programação e a avaliação da eficácia do processo. Portanto, frisa-se a necessidade de se adotar um sistema integrado de planejamento e monitoramento do treinamento, a partir do qual seja possível a identificação do estímulo (dose), da resposta (fadiga e condicionamento) e das alterações no desempenho.

21.3.1 Experiência em equipes profissionais de basquetebol: estudo de Moreira (2008)

A estratégia de intensificação baseada na concentração das cargas de força foi adotada para uma amostra de 19 jogadores profissionais de basquetebol do sexo masculino (Moreira, 2008). Neste estudo, os jogadores foram divididos em dois grupos. O grupo submetido à intensificação do treinamento (TI), e o grupo sem etapa de intensificação, denominado no estudo de "treinamento normal" (TN). A investigação ocorreu no início da preparação da equipe, portanto, a adoção da estratégia ocorreu durante o período denominado habitualmente no esporte como pré-temporada ou etapa preparatória. A utilização da estratégia de intensificação e *tapering* em condições de pré-temporada, inter-temporada preparação para competições de curta duração, no esporte coletivo, tem sido recomendada (Mujika, 2010).

Durante as seis semanas iniciais do estudo, o grupo TI foi submetido à intensificação do treinamento, utilizando-se o modelo de cargas concentradas aplicado ao basquetebol (Moreira *et al.*, 2004).

Para os propósitos do presente capítulo, será descrita a forma de organização e classificação dos exercícios de treinamento de força utilizada no estudo em questão, para o grupo submetido à estratégia de intensificação e *tapering* baseada na concentração das cargas de força.

Para tal intensificação do treinamento se recorreu ao modelo de cargas concentradas aplicado ao basquetebol (Moreira *et al.*, 2004; Moreira, 2008). Nas semanas 7 e 8 do experimento, ambos os grupos foram submetidos a uma etapa de *tapering*. Testes de desempenho físico "de campo" foram realizados no início da intensificação (T0), final da etapa de intensificação (T1) e no final da etapa de *tapering* (T2). Testes de resistência à fadiga (Yo-Yo *intermittent endurance test* nível 2), força explosiva de salto vertical (salto vertical) e capacidade de mudança de direção (teste "T" 40 metros com mudança de direção) foram utilizados para examinar as alterações na performance de atributos físicos relacionados ao desempenho no basquetebol, decorrentes da aplicação da estratégia de intensificação e *tapering*. (Ver Moreira, 2008 para descrição dos testes).

Organização da etapa de intensificação

Os participantes do grupo TI realizavam treinamento de força no período da manhã, de segunda a sábado. Às segundas, quartas e sextas-feiras, os exercícios eram realizados baseados predominantemente nos métodos de treinamento de força utilizando implemento como pesos, anilhas, halteres e máquinas. Às terças, quintas e aos sábados, os saltos com diferentes abordagens eram efetuados. Ainda às terças e quintas-feiras os atletas realizavam, após os exercícios de saltos (aproximadamente 30 minutos), 20 minutos de treinamento com o método contínuo variado na quadra (Moreira, 2008). Os participantes realizavam ainda um treino técnico-tático no período da tarde.

Organização dos métodos de treinamento de força

Os métodos de treinamento de força foram divididos em relação à amplitude de repetições (mínimo e máximo prescritos para as repetições em uma série), que por sua vez estava estreitamente associada à resistência externa utilizada (Moreira, 2008). Tal resistência foi determinada pelas repetições máximas, ou seja, a quantidade de "peso máximo levantado" com técnica correta para uma determinada amplitude de repetições (Bird, Tarpenning e Marino, 2005).

Adaptando-se à divisão proposta por Zatsiorsky (1992), os exercícios, foram divididos da seguinte maneira: métodos de esforço repetido, máximo e explosivo. Nos Quadros 21.5 e 21.6 são apresentadas a classificação, organização e definição dos métodos de treinamento de força, utilizados no estudo de Moreira (2008).

Os exercícios realizados entre 13 e 15 repetições máximas formaram os extensivos e predominaram nas duas primeiras semanas de investigação.

Os exercícios com esforço repetido, com amplitude de 6 a 12 repetições máximas (intensivos), foram realizados na terceira e quarta semanas, alternando-se em ordem de importância com os de 1 a 5 repetições máximas, que, por sua vez, formaram o grupo dos exercícios com esforço máximo.

Os exercícios com esforço explosivo foram realizados para os membros superiores, e o critério de inclusão neste grupo foi baseado na distinção entre os exercícios "de potência" e os de "força" (Baker e Newton, 2007). Os exercícios explosivo" foram caracterizados pela máxima aceleração possível durante toda a amplitude de movimento, resultando em movimentos rápidos quando comparados aos exercícios com esforço máximo, o repetido extensivo e o repetido intensivo. Os explosivos predominaram nas semanas 5 e 6.

Dessa forma, no estudo propõe-se uma classificação que pode ser utilizada para a organização e quantificação do treinamento de força durante as etapas de intensificação e *tapering*. A diferença entre as etapas consiste na frequência de sessões do TF, sem a redução da intensidade da atividade. É importante frisar que a frequência *diária* de treinamento, dentro da semana, não se reduz, contemplando, portanto, as recomendações para a etapa de *tapering* (manutenção da intensidade e da frequência, redução no volume de treinamento). Utilizando essa classificação, o treinador poderá quantificar o percentual de treinamento realizado a partir dos diferentes tipos de esforço propostos. Por exemplo, em determinado período, 75% do treino foi realizado a partir dos métodos de esforço máximo e 25% com métodos de esforço repetido. Desta forma, fica evidenciada a direção do treinamento em um dado período e o objetivo concreto da etapa.

Considerando a proposta, pode-se resumir a organização do treinamento de força da seguinte maneira (Quadro 21.5).

Quadro 21.5 – Organização do treinamento de força para as etapas de intensificação e *tapering*

- Quanto aos métodos utilizados nas sessões de exercícios (treinamento de força com pesos, anilhas, halteres/exercícios em máquinas): são divididos em relação à amplitude de repetições (mínimo e máximo prescrito para as repetições em uma série), que, por sua vez, está estreitamente associada à resistência externa utilizada.
- A resistência externa de treinamento é determinada pelas repetições máximas (RM), ou seja, a quantidade de peso máximo levantado com técnica correta para uma determinada amplitude de repetições (Bird, Tarpenning e Marino, 2005).

Fonte: adaptado de Moreira (2008).

No Quadro 21.6 são apresentadas as características inerentes aos métodos de treinamento de força; a partir destas, é possível o treinador organizar, prescrever e monitorar a carga externa de treinamento, permitindo, assim, uma apropriada manipulação da carga nas etapas de intensificação e *tapering*.

Quadro 21.6 – Proposta de organização e classificação dos exercícios do treinamento de força

- Esforços repetidos extensivos: exercícios realizados com 13-15 repetições máximas (RM).
- Esforços repetidos intensivos: 6-12 RM.
- Esforços máximos: exercícios realizados com 1-5 RM.
- Exercícios com esforços explosivos: exercícios nos quais se busca máxima aceleração possível durante toda a amplitude de movimento, resultando em movimentos rápidos, quando comparados aos exercícios com esforços máximos, esforços repetidos extensivos e repetidos intensivos.
- Exercícios realizados próximos da exaustão, mas que não impliquem em alcance da exaustão (número máximo de repetições na série para determinada resistência externa), são considerados como "esforços submáximos".

Fonte: adaptado de Moreira (2008).

No que diz respeito à organização dos esforços explosivos, Moreira (2008) o faz relacionando diferentes tipos de exercícios e métodos habitualmente utilizados no treinamento de força. No Quadro 21.7, a definição dos exercícios, para critérios de classificação é apresentada.

Quadro 21.7 – Exercícios e métodos de esforços explosivos e saltos

- Métodos de esforços explosivos: força-velocidade ortodoxos, aqueles com aceleração plena e com alteração da cinética de execução em relação aos tradicionais de treinamento, o método de conglomerados (pausas entre conglomerados de repetições [2-3 repetições]) (Baker e Newton, 2007); além do método de potencialização pós-ativação (complexo ou "método de contraste") através da combinação de resistência externa alta, seguida de resistência externa leve com pesos leves ou com ações rápidas relativas à modalidade como, por exemplo, os passes e arremessos.
- Para os membros inferiores, além dos exercícios com pesos com esforços repetidos e máximos, são discriminados três tipos de saltos: simples, com barra e saltos de profundidade (Moreira *et al.*, 2004, Moreira, 2008). Os saltos simples são aqueles executados na ausência de resistência externa complementar, que não são realizados "para baixo" a partir de alturas distintas (bancos ou plintos). Os saltos realizados "para baixo", com diferentes alturas, saindo de bancos ou plintos, são denominados de saltos de profundidade. Os saltos realizados com barra nas costas, com diferentes resistências externas e distintos modos de execução (pausa entre repetições, saltos com aceleração, saltos com barra dentro do método complexo), são denominados saltos com barra.

Fonte: adaptado de Moreira (2008).

21.3.2 Experiência em equipes profissionais de basquetebol: estudo de Miloski (2016) e Miloski *et al.* (2015)

Este estudo é apresentado no sentido de demonstrar a possibilidade de aplicação da estratégia de intensificação e *tapering* para jovens atletas. O delineamento experimental e os resultados observados foram publicados em Miloski *et al.* (2015) e Miloski (2016). A estratégia de intensificação baseada na concentração das cargas de força foi testada para uma amostra de jogadores jovens (15,3 ± 0,7 anos) de elite de basquetebol. Os atletas, na oportunidade da adoção do modelo, foram campeões estaduais das respectivas categorias. Os jogadores foram submetidos a um programa de treino caracterizado pela intensificação das cargas de treinamento de força. A intervenção foi constituída por duas etapas:

1. intensificação, composta por cinco semanas;
2. *tapering*, composta por três semanas.

Os testes de desempenho físico (mudança de direção; teste T; [Moreira, 2008]) e o teste de Yo-Yo (intermitente nível 1) foram realizados antes do início da intensificação, ao final da intensificação e ao final do período de *tapering*. Nestes mesmos momentos, amostras de saliva foram coletadas para a determinação da concentração de testosterona salivar e um formato de jogo reduzido, de quatro períodos de quatro minutos, com pausas entre os períodos de três minutos, foram realizados, com o objetivo de se avaliar possíveis alterações de desempenho técnico ao longo do experimento. Durante todo o estudo, os jogadores registraram a percepção subjetiva de esforço da sessão (PSE da sessão). O resultado da PSE da sessão era multiplicado pelo tempo de duração da sessão, para estimar a carga interna de treinamento em cada sessão do período experimental. Os atletas também preencheram questionários de estados de humor (POMS) e de tolerância ao estresse (DALDA), com o objetivo de se analisar alterações no comportamento e verificar possíveis associações com respostas hormonais e de desempenho.

Os aspectos principais da organização do treinamento foram:

- Na intensificação, seis sessões de treinamento de força por semana eram realizadas.
- Na fase de *tapering*, os jogadores executavam duas sessões de treinamento de força por semana.
- Durante a etapa de intensificação eram realizadas cinco sessões de treinamento técnico-tático por semana, cada uma com duração aproximada de 90 minutos.
- Durante o *tapering* realizou-se o mesmo número de sessões de treinamento técnico-tático.

No que diz respeito às sessões voltadas para os aspectos técnicos e táticos, os treinadores foram orientados a elaborar atividades de complexidade baixa a moderada, com movimentos realizados em baixa intensidade e com intuito de desenvolvimento dos fundamentos técnicos e do aprendizado do sistema de jogo a ser utilizado pela equipe (por exemplo, padrões de movimentação, jogadas ensaiadas etc.), de acordo com os procedimentos adotados e sugeridos por Moreira (2008).

O Quadro 21.8 apresenta, de forma resumida, os exercícios de força que foram realizados durante as semanas de intensificação e também ao longo das três semanas de *tapering*.

Quadro 21.8 – Exercícios de treinamento de força aplicados durante as etapas de intensificação e *tapering*

Intensificação	Semana				
	1	2	3	4	5
	Segunda / Quarta / Sexta				
Puxada aberta frontal Remada sentada Supino reto	3 séries 12-15 RM	4 séries 12-15 RM	5 séries 12-15 RM	5 séries 12-15 RM	6 séries 12-15 RM
	Terça / Quinta / Sábado				
Leg press 45° Cadeira extensora Agachamento na barra guiada	3 séries 12-15 RM	4 séries 12-15 RM	5 séries 12-15 RM	5 séries 12-15 RM	6 séries 12-15 RM
Tapering	Semanas 6-7-8				
	Duas vezes por semana				
Remada sentada Supino reto *Leg press* 45° Agachamento na barra guiada	3 séries 12-15 RM				

Fonte: extraído de Miloski (2016).

A carga interna de treinamento (CIT) e a fadiga durante o período de intensificação foi significantemente maior quando comparada ao momento de *tapering*.

Os resultados para os testes de desempenho físico, teste T e Yo-Yo sugerem que a estratégia utilizada é eficaz também com jovens atletas. Mesmo com valores elevados de carga interna e de fadiga durante a etapa de intensificação, houve melhora do desempenho.

O grupo reduziu significantemente o tempo para percorrer a distância do teste T e aumentou a distância percorrida no Yo-Yo. Portanto, o desempenho melhorou tanto no que diz respeito à capacidade de resistência à fadiga (Yo-Yo), quanto no tocante à capacidade de realizar acelerações e desacelerações em espaços curtos com mudanças de direção (teste T) após a etapa de intensificação. E ainda, após o *tapering*, o grupo revelou melhoras adicionais, sinalizando a eficácia da estratégia.

21.3.3 Replicação do estudo de Miloski (2016) e Miloski *et al.* (2015)

A abordagem descrita em Miloski *et al.* (2015) e Miloski (2016) foi adotada para outro grupo de jovens jogadores de basquetebol. Considerando os resultados apresentados, a comissão técnica decidiu adotar o modelo para a organização da temporada. Trinta e sete jogadores com idade entre 15 e 17 anos foram submetidos ao programa de intensificação e *tapering* baseado nas cargas concentradas de força.

> Neste programa, a amplitude de repetições máximas (RM) foi diferente da proposta por Miloski *et al.* (2015) e Miloski (2016). Foi feita a opção por uma amplitude de 6-10 RM. Essa diferença denota a possibilidade de modificações na estratégia de organização das cargas de força, revelando um grau de liberdade que deve ser considerado pelos treinadores.

O programa foi constituído por três etapas:

1. familiarização, com duração de duas semanas;
2. intensificação, com duração de quatro semanas;
3. *tapering*, com duração de duas semanas.

21.3.4 Programa de treinamento: intensificação e *tapering*

No período de intensificação foram utilizados os seguintes exercícios às segundas, quartas e sextas:

- agachamento, *leg press* 45°;
- supino reto, remada máquina, terra máquina, puxada máquina;
- afundo máquina e desenvolvimento;

Nas terças, quintas e sábados:

- cadeira extensora e cadeira flexora;
- rosca bíceps, tríceps *pulley;*
- saltos (direto, sobressalto, passada frontal, *hopserlauf* e horizontal).

Três preparadores físicos, integrantes da comissão técnica da equipe analisada, foram responsáveis por orientar os atletas na execução dos exercícios das sessões de força.

> Ao longo do programa, os profissionais também realizaram ajustes nas cargas de maneira individualizada para que cada atleta cumprisse os exercícios com técnica adequada na faixa previamente estipulada para o número de repetições e em regime de repetição máxima.

Durante a intensificação, as sessões de treinamento técnico-tático foram estruturadas de acordo com os procedimentos adotados e sugeridos por Moreira (2008) e utilizados por Miloski *et al.* (2015) e Miloski (2016).

A carga interna de treinamento (CIT) foi quantificada por meio do método da percepção subjetiva de esforço da sessão (PSE da sessão; Foster, 1998), também utilizada em estudos prévios com o basquetebol (Manzi *et al.*, 2010; Moreira *et al.*, 2011; Arruda *et al.*, 2014). A PSE da sessão foi obtida a partir da escala CR-10 adaptada por Foster *et al.* (2001).

Depois de 30 minutos do fim de cada sessão de treinamento, os atletas foram solicitados a responder à pergunta: "Como foi o seu treino? ", apontando sua resposta na escala, sem que houvesse contato com eles. Todos os participantes estavam familiarizados com essa ferramenta e tinham consciência de que, quando questionados, deveriam responder levando em consideração a sessão como um todo e não parte dela.

A CIT foi obtida a partir do produto entre o escore apontado na escala e o tempo da sessão em minutos. O registro da CIT foi feito considerando as sessões de treinamento de força (CIT-F), de treinamento técnico-tático (CIT-TT) e a carga acumulada (CIT-AC; somatória de CIT-F e CIT-TT). Para os propósitos do presente capítulo, são apresentados os valores para CIT-F e CIT-AC.

Considerando a necessidade de se manter a intensidade de treinamento durante a etapa de *tapering* e reconhecendo a importância de se monitorar essa variável durante o programa, a intensidade registrada para a PSE da sessão na escala CR-10 foi classificada e adaptada de acordo com o proposto por Wallace, Slattery e Coutts (2009):

1. zona de intensidade baixa: abaixo de 3;
2. zona de intensidade moderada: entre 3 e 5;
3. zona intensidade alta: acima de 5.

A intensidade das sessões de treinamento também foi registrada considerando as seguintes categorias: sessões de TF, sessões de treino técnico-tático e "acumulada". O percentual de sessões realizadas em cada zona de intensidade de cada etapa do programa é apresentado para ilustrar a dinâmica da intensidade dos treinos de força nas etapas de intensificação e *tapering*.

Essa abordagem é recomendada, pois o volume do TF é reduzido durante o *tapering*; portanto, espera-se que a carga interna de treinamento apresente uma queda significativa, decorrente da diminuição no volume de sessões; porém, a intensidade deve ser mantida. Para tanto, mantém-se a amplitude de 6-10 RM durante todo o programa; monitora-se a intensidade utilizando as zonas de intensidade, decorrentes da escala CR-10 (Tabela 21.1). Mantém-se a frequência de treinamento realizando diariamente as sessões técnico-táticas durante o *tapering*, porém, devem ser de reduzido volume e duração, e manter intensidade elevada de atividade.

Tabela 21.1 – Escala CR10 de Borg modificada por Foster *et al.* (2001).

Classificação	Descritor	
0	Repouso	**Zona I** **Intensidade baixa**
1	Muito, muito fácil	
2	Fácil	
3	Moderado	**Zona II** **Intensidade moderada**
4	Um pouco difícil	
5	Difícil	
6	-	**Zona III** **Intensidade alta**
7	Muito difícil	
8	-	
9	-	
10	Máximo	

Fonte: Nakamura, Moreira e Aoki (2010); coluna à esquerda inserida para ilustração das zonas de intensidade adotadas no programa descrito

Na Figura 21.1 são apresentados os resultados da carga interna para as seis semanas de periodização do treinamento, para as sessões do programa. Nas quatro primeiras semanas o treino foi *intensificado* a partir da realização de seis sessões semanais de treinamento de força. Nas semanas 5 e 6 apenas duas sessões de TF eram realizadas. Porém, a intensidade, baseada na amplitude de repetições (6-10 RM), com ajustes diários da resistência externa em cada exercício (exceto os saltos), e monitorada pela PSE da sessão e percentual de sessões de treinamento nas zonas de intensidade propostas (Tabela 21.1), era mantida.

Figura 21.1 – Carga interna de treinamento nas sessões de força durante as semanas de intensificação e *tapering* (média – desvio padrão). Dados analisados a partir de uma análise de variância (ANOVA) de medidas repetidas (considerando as semanas como fator), seguida pelo *post hoc* de Tukey. Significância estatística estabelecida em 5%.

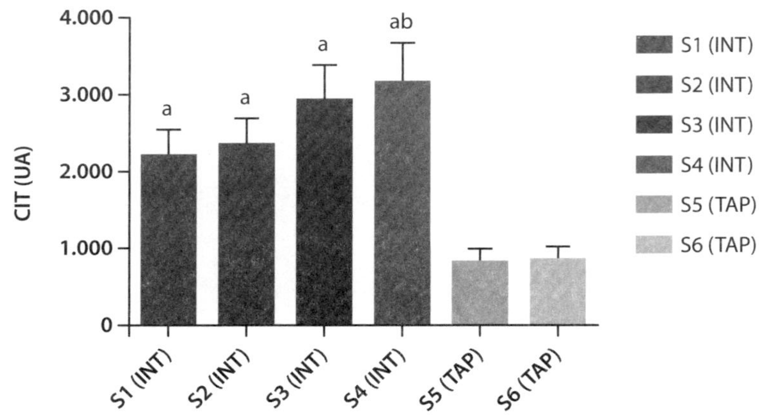

a = Diferença significante ($p < 0,05$) para S5 e S6; b = Diferença significante para S1; s = semanas; CIT = carga interna de treinamento; INT = intensificação; TAP = *tapering*

É possível observar na Figura 21.1 que diferenças significativas para a CIT-F (carga interna de treinamento de força/UA = unidades arbitrárias) ocorreram entre as semanas de treinamento. Maiores valores de CIT-F nas semanas 1, 2, 3, e 4 (intensificação) comparados às semanas 5 e 6 (*tapering*) foram observados. Foi localizada também uma diferença significante entre a semana 4 e semana 1, indicando o aumento gradual da CIT-F ao longo da etapa de intensificação.

A carga interna de treinamento (CIT) de força para dois jogadores é apresentada na Figura 21.2. Os valores demonstram a necessidade de se monitorar as respostas *individualmente*, dada a variabilidade esperada da resposta entre os jogadores; entretanto, é possível se observar que a dinâmica da CIT é semelhante entre os atletas, mostrando a sensibilidade do instrumento para monitorar a carga de treinamento de força apropriadamente.

Figura 21.2 – Carga interna de treinamento nas sessões de força durante as semanas de intensificação e *tapering*

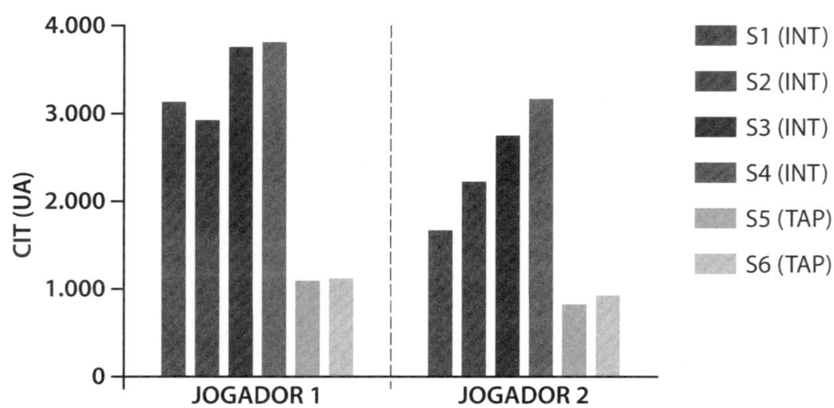

s = semanas; CIT = carga interna de treinamento; INT = intensificação; TAP = *tapering*

Nas Figuras 21.3 e 21.4 são apresentadas as proporções das sessões de treinamento em cada zona de intensidade nas etapas de intensificação e *tapering*, respectivamente. Na Figura 21.3 é possível observar que durante a etapa de intensificação, aproximadamente 57% das sessões de treinamento de força foram realizadas na zona III (intensidade alta) e aproximadamente 43% ocorreram na zona II (intensidade moderada). Apesar da redução da CIT-F (carga interna de treinamento de força), durante a etapa de *tapering* a intensidade das sessões de treinamento de força foi mantida relativamente alta, sendo que apenas 19% das sessões de treinamento de força nesta etapa ocorreram na zona I.

Figura 21.3 – Proporção das sessões em cada zona de intensidade – sessões de treinamento de força

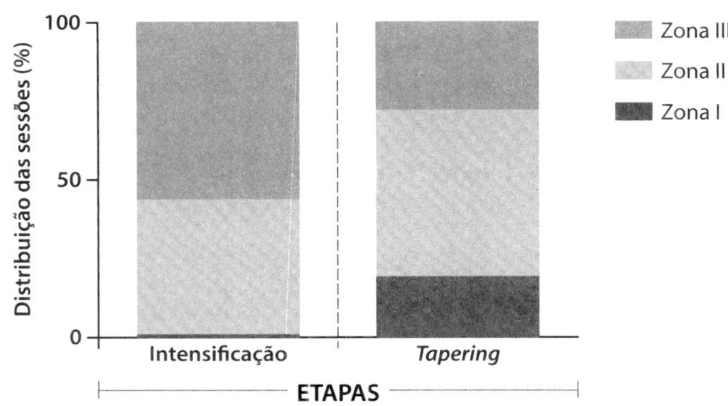

Zonas de intensidade determinadas a partir da escala CR-10; Método da PSE da sessão; Zona I = 0-3 UA; Zona II = >3 a 5 UA; ZONA III = >5 UA.

A mesma dinâmica foi verificada para as sessões "acumuladas" de treinamento, ou seja, pela combinação das sessões de TF com as de treino técnico e tático. Nota-se na Figura 21.4 a predominância substancial das sessões de treinamento nas zonas II e III. Somente 10% das sessões de treinamento foram realizadas na zona I, durante a etapa de *tapering*.

Figura 21.4 – Proporção das sessões em cada zona de intensidade – sessões de treinamento técnico, tático e de força

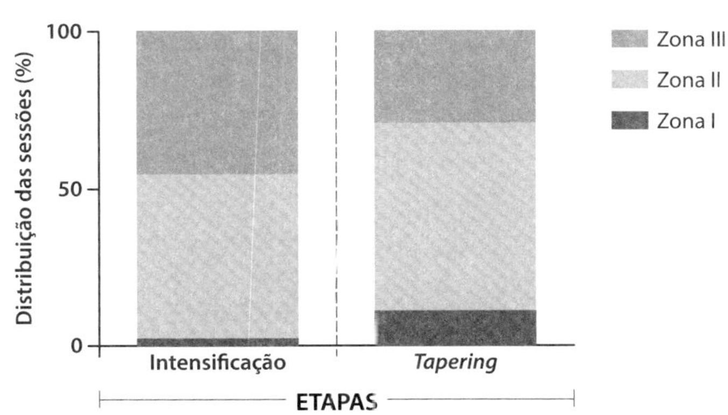

Zonas de intensidade determinadas a partir da escala CR-10; Método da PSE da sessão; Zona I = 0-3 UA; Zona II = >3 a 5 UA; ZONA III = >5 UA.

Na Figura 21.5, são apresentados os valores de média e desvio padrão, para dez jogadores dos 37 que participaram do programa. Corroborando com os resultados apresentados por Miloski *et al.* (2015), neste programa também foi verificada melhora no desempenho (redução do tempo para realizar o teste T), do momento inicial da temporada (pré-intensificação) em comparação ao momento pós-intensificação e também para o momento pós-*tapering*.

Figura 21.5 – Desempenho no teste de capacidade de mudança de direção (teste "T" – 40m)

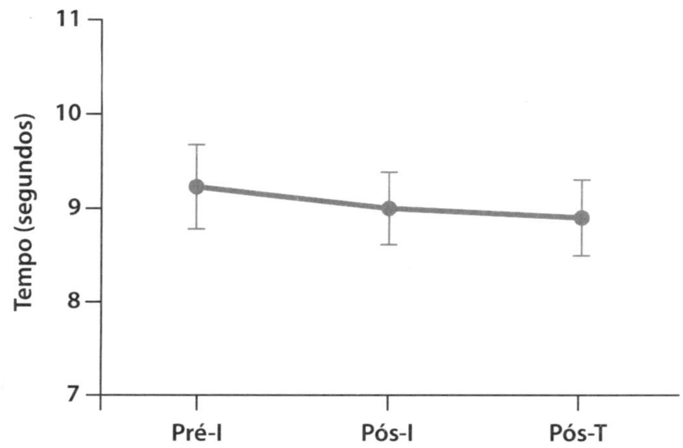

Pré-I = antes da intensificação; Pós-I = após a intensificação; Pós-T = após *tapering*.

A estratégia de intensificação baseada nas cargas concentradas de força também se mostrou eficaz para promover alterações no desempenho no teste de resistência à fadiga (Yo-Yo). Os resultados apresentados na Figura 21.5 vão ao encontro dos relatados por Miloski *et al.* (2015), que também observou melhora significativa para este teste em outra amostra de jovens jogadores de basquetebol. Na Figura 21.6, são apresentados os dados individuais dos mesmos dez jogadores, para os quais os dados de média e desvio padrão para o teste T, foram apresentados na Figura 21.5. Portanto, é razoável se assumir a eficácia deste modelo de intensificação baseado nas cargas concentradas de força, para jovens jogadores.

Figura 21.6. –Desempenho no teste de Yo-Yo (resistência à fadiga). Valores individuais de 10 jogadores entre os 37 que participaram do programa de treinamento. As letras representam cada um dos jogadores

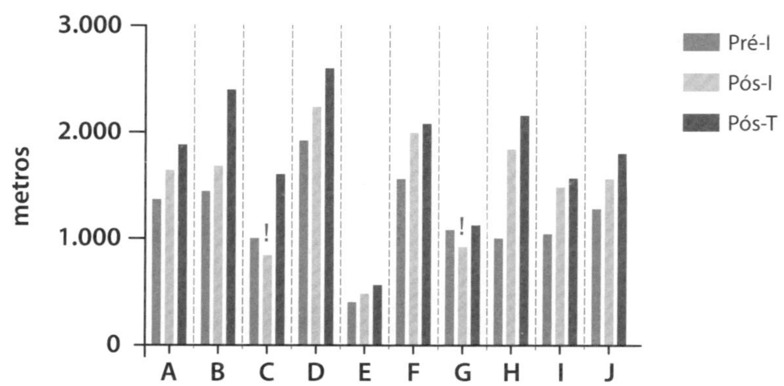

! = redução do desempenho no momento Pós-I; Pré-I = antes da intensificação; Pós-I = após a intensificação; Pós-T = após *tapering*.

Vale destacar que dois dos dez jogadores, cujos valores individuais são apresentados na Figura 21.6, tiveram o desempenho no teste de resistência à fadiga comprometido após a etapa de *tapering* (individuo C e G). Porém, de forma similar aos seus pares, foram observadas melhoras de desempenho após a etapa de *tapering*, demonstrando a importância de possibilitar a redução da fadiga acumulada ao longo da etapa de intensificação e também a necessidade de, na prática, se controlar individualmente as respostas dos jogadores às cargas de treinamento.

Observa-se também que o treinamento baseado na concentração de cargas de força durante o período de intensificação foi efetivo tanto para aqueles que apresentavam valores de desempenho mais elevados desde o início do programa (por exemplo, o indivíduo D), quanto também para aqueles cujo desempenho era de nível inferior (ver indivíduo E, por exemplo).

21.3.5 Experiência em equipes profissionais de basquetebol: estudo de Aoki *et al.* (2016)

Aoki *et al.* (2016) aplicaram a estratégia de intensificação e *tapering* baseada na concentração das cargas de força em uma equipe de basquetebol profissional. Os resultados apresentados corroboram com os verificados para os jovens jogadores e sugerem a utilidade de aplicação e adoção dessa estratégia de periodização também para jogadores profissionais.

Etapa de intensificação

Nesse estudo, foram realizadas seis semanas de intensificação, seguidas de duas semanas de *tapering* (semanas 7 e 8).

Nas três primeiras semanas, seis sessões de treinamento físico eram realizadas semanalmente (concentração das cargas de força).

Nas semanas 4, 5 e 6 o objetivo principal foi o desenvolvimento de potência, incremento gradual dos exercícios de velocidade e mudanças de direção, e manutenção do nível de força alcançado nas três primeiras semanas da preparação; neste momento, eram realizadas seis sessões semanais de treinamento de força.

No Quadro 21.9 está apresentada a descrição de uma semana típica de treinamento realizada na *primeira parte da etapa de intensificação* (semanas 1 a 3). Durante a etapa, seis sessões de treinamento de força eram realizadas na semana (principal objetivo de treinamento da etapa).

As atividades técnico-táticas foram realizadas de acordo com o proposto por Moreira (2008), com utilização de atividades e exercícios de moderada complexidade e relativa baixa intensidade (por exemplo: não eram realizados exercícios de ataque-contra-ataque; e sim exercícios que mimetizassem a atividade, tais como as atividades que simulam o jogo formal, entre outros). Os desenvolvimentos dos fundamentos técnicos e do aprendizado do sistema de jogo a ser utilizado pela equipe notadamente para a automatização dos padrões de movimentação eram o alvo principal dos treinamos técnicos e táticos nesta etapa.

Quadro 21.9 – Descrição de uma semana típica de treinamento na primeira parte da etapa de intensificação

Semana	Atividade
Segunda-feira	Treinamento de força: 4 a 5 séries de 8-12 repetições máximas (RM) (total = sete exercícios, incluindo membros superiores e inferiores). Exercícios de saltos: 4 séries de 4 repetições; 4 exercícios. Exercícios de velocidade: 8 repetições de corridas máximas de 15 metros.
Terça-feira	Treinamento de força: 6 exercícios de 8-12 RM.
Quarta-feira	Igual a segunda-feira + 8 a 10 repetições de 2 minutos de corrida com variação de atividades na quadra com 30 segundos de pausa.
Quinta-feira	Igual a terça-feira.
Sexta-feira	Igual a segunda-feira.
Sábado	Igual a terça e quinta-feira com mais 8 a 10 repetições de 2 minutos de corrida com variação de atividades na quadra com 30 segundos de pausa.
Domingo	Não houve treinamento.

Na *segunda parte da etapa de intensificação*, as cargas de força foram organizadas no sentido do incremento de utilização dos exercícios de potência e força-velocidade, recorrendo, portanto, aos métodos de esforços explosivos, incluindo o "método de contraste" (descritos no Quadro 21.7).

Por exemplo, no método de contraste, os jogadores realizavam 2 a 3 séries de 6 repetições de agachamento, com pausa entre as séries de dois a três minutos e, após um intervalo de três a quatro minutos, realizavam exercícios típicos e adaptados do levantamento olímpico, como o arranque e arremesso.

Outra variação incluía a realização do exercício *leg-press* 45°, com 2 a 3 séries de 4 a 6 RM, com intervalos semelhantes aos descritos para o exercício anterior, seguidos — após intervalo de recuperação de 3-4 minutos, de saltos sobre barreiras. Duas a três passagens pelas séries de contrastes eram realizadas nesta etapa (ex. 2 passagens x 3 séries de *leg-press* 45° — 4 a 6 RM + saltos sobre barreiras — 3-5 repetições).

Exercícios com o "método de contraste" para os membros superiores também eram realizados (por exemplo, duas passagens de 2-3 séries de 3-5 repetições no supino reto 80-90% 1 RM + 2-3 séries de arremessos de *medicine ball*).

Etapa de *tapering*

- no período de *tapering* houve uma redução para três sessões semanais de treinamento de força, com uma duração aproximada de 60 minutos, objetivando a manutenção do condicionamento alcançado e a recuperação das sessões de treino técnico e tático.
- Os exercícios de força eram realizados com redução do número de exercícios em relação às sessões da etapa de intensificação — três a quatro exercícios com amplitude de repetições entre 4-6 RM e exercícios de saltos

(dois exercícios por sessão) e lançamentos (dois exercícios por sessão).

- A intensidade das sessões em "quadra" aumentava gradativamente, especialmente, na semana 8 – segunda semana de *tapering* – porém, a duração das sessões era reduzida em relação às sessões de treinamento na fase de intensificação.

Monitoramento

no estudo, para o monitoramento do desempenho físico dos jogadores os testes de Yo-Yo (IR1), os testes de *sprints* repetidos, salto vertical com contramovimento e salto vertical sem contramovimento, e o teste aeróbio submáximo (5x5) foram realizados. Esse último com o objetivo de avaliar a resposta da frequência cardíaca no teste (FC no exercício) e após o teste (FC recuperação) (Buccheit *et al.*, 2013).

A carga interna foi monitorada utilizando-se a PSE da sessão e também a partir do impulso de treinamento, método baseado na resposta da frequência cardíaca, proposto por Banister (1991).

Os autores relataram que a FC no exercício submáximo diminuiu significativamente após a etapa de *tapering*. A intensificação, baseada na concentração de cargas de força gerou uma estabilidade nesse parâmetro. Esse resultado sugere que a intensificação, apesar de não levar a um comprometimento cardíaco, limita a melhora do condicionamento cardiorrespiratório decorrentes do treinamento; porém, após a redução da fadiga acumulada (*tapering*), há uma melhora substancial do condicionamento físico dos atletas. Adicionalmente, um aumento da velocidade de recuperação da FC após o exercício, relatado no estudo, sugere uma diminuição da atividade simpática pós-exercício, indicando redução da fadiga e possível melhora do condicionamento.

Os resultados dos testes de resistência à fadiga (Yo-Yo) e de salto vertical com contramovimento mostraram aumento significativo para estes atributos, indicando a melhora da aptidão cardiorrespiratória e neuromuscular associadas às variações (resposta) da dinâmica da FC durante e após o teste de Yo-Yo. Ressalta-se que, quando se trata de uma equipe adulta de basquetebol profissional atuando na principal liga brasileira, a magnitude de incremento é bastante relevante.

Esses resultados sugerem que a estratégia de intensificação e *tapering* baseada na concentração das cargas de força pode ser utilizadas com eficácia para atletas de alto nível no esporte coletivo, desde que a integração do treinamento de força, principal objetivo da etapa de intensificação, e as atividades de treinamento técnico-tática sejam adequadamente organizadas. Os resultados desse estudo corroboram com os apresentados por Moreira (2008) e adicionam novas informações acerca da utilização desse modelo e métodos de monitoramento do processo.

Em síntese, os resultados apresentados neste capítulo, decorrentes dos estudos e abordagens práticas, sugerem que a estratégia de intensificação norteada pela concentração das cargas de força pode ser uma interessante alternativa para técnicos e treinadores, especialmente para os esportes cuja manifestação da força, potência e velocidade seja fundamental para o desempenho. Como anteriormente mencionado neste capítulo, essa estratégia poderia reduzir as chances do efeito negativo da concorrência de utilização de volumes elevados de treinamento com cargas de diferentes finalidades (Moreira, 2010). Os resultados aqui apresentados sustentam esta hipótese e reforçam a possibilidade de adoção deste modelo.

Além dos resultados apresentados, o leitor poderá utilizar as informações das diferentes propostas de organização das cargas de treinamento de força, aqui descritas, para nortear a prescrição do treino durante as etapas de intensificação e *tapering;* e também adotar estratégias de monitoramento da carga externa considerando a classificação proposta neste capítulo, bem como fazer uso dos marcadores de dose-resposta mencionados, como por exemplo, o método da PSE da sessão para o monitoramento da carga interna, instrumentos psicométricos para o monitoramento do comportamento (estados de humor, tolerância ao estresse, bem-estar, por exemplo), os testes de campo, tanto os submáximos como o teste aeróbio 5x5, quanto os incrementais máximos (por exemplo, Yo-Yo), teste de saltos, de aceleração e mudança de direção etc.

O conhecimento das respostas ao treinamento, em particular, da estratégia de intensificação das cargas de força, e o subsequente período de *tapering,* deve ser bastante acurado; e a utilização de indicadores de carga externa, carga interna, fadiga, desempenho e comportamento de forma integrada oferecem a possibilidade para o treinador avaliar a eficácia do seu treino e corrigir eventuais distorções no processo.

Referências

AOKI, M. S. *et al.* Monitoring Training Loads in Professional Basketball Players Engaged in a Periodized Training Programme. *J Strength Cond Res*, maio, 2016.

ARRUDA, A.F. *et al.* Influence of competition playing venue on the hormonal responses, state anxiety and perception of effort in elite basketball athletes. *Physiol Behav*, v. 130, p. 1-5, 2014.

AUBRY, A. *et al.* Functional overreaching: The key to peak performance during the taper? *Med Sci Sports Exerc., v.* 46, p. 1769-1777, 2014.

BAKER, D.; NEWTON, R. U. Methods to increase the effectiveness of maximal power training for the upper body. *Strength Cond J, v.* 27, p. 24-32, 2005.

BANISTER, E. W. Modeling elite athletic performance. *In*: GREEN, H. J.; MACDOUGALL, J. D.; WENGER, H. A. (ed.). *Physiological Testing of the High-Performance Athlete*. Champaign: Human Kinetics, 1991.

BEATTIE, K. *et al.* The Effect of Strength Training on Performance in Endurance Athletes. *Sports Med*, v. 44, p. 845-865, 2014.

BIRD, S. P.; TARPENNING, K. M.; MARINO, F. E. Designing resistance training programmes to enhance muscular fitness. A review of the acute programme variables. *Sports Med*, v. 35, p. 841-851, 2005.

BORRESEN, J.; LAMBERTS, M. I. The quantification of training load, the training response and the effect on performance *Sports Med*, v. 39, p. 779-795, 2009.

BOSQUET, L. *et al.* Effects of tapering on performance: a meta-analysis. *Med Sci Sports Exerc*, v. 39, p. 1358-1365, 2007.

BUCCHEIT, M. *et al.* Monitoring fitness, fatigue and running performance during a pre-season training camp in elite football players. *J Sci Med Sport*, v. 16, p. 550-555, 2013.

COMFORT, P. *et al.* Relationships between strength, sprint and jump performance in well-trained youth soccer players. *J Strength Cond Res*, v. 28, p. 173-177, 2014.

COUTTS, A. J.; SLATTERY, K. M.; WALLACE, L. K. Practical tests for monitoring performance, fatigue and recovery in triathletes. *J Sci Med Sport*, v. 10, p. 372-381, 2007.

FOSTER, C. Monitoring training in athletes with reference to overtraining syndrome. *Med Sci Sports Exerc*, v. 30, p. 1164-1168, 1998.

FOSTER, C. *et al.* A new approach to monitoring exercise training. *J Strength Cond Res*, v. 15, p. 109-115, 2001.

FREITAS, C. G. *et al.* Psychophysiological responses to overloading and tapering phases in elite young soccer players. *Pediatr Exerc Sci*, v. 26, p. 195-202, 2014.

GOMES. R. V. *et al.* Monitoring training load, stress, immune-endocrine responses and performance in tennis players. *Biol Sport*, v. 30, p. 173-180, 2013.

HALSON, S. L.; JEUKENDRUP, A. E. Does overtraining exist?: An analysis of overreaching and overtraining research. *Sports Med*, v. 34, p. 967-981, 2004.

HELLARD, P. *et al.* Identifying optimal overload and tapering in elite swimmers over time. *J Sports Sci Med*, v. 12, p. 668-678, 2013.

HOFFMAN, J. R.; KAMINSKY, M. Use of performance testing for monitoring overtraining in elite youth basketball players. *Strength Cond J*, v. 22, p. 54-62, 2000.

KIELY, J. Periodization Paradigms in the 21st Century: Evidence-Led or Tradition-Driven? *Int J Sports Physiol Perform*, v. 7, p. 242-250, 2012.

KRAEMER, W. J. *et al.* Changes in exercise performance and hormonal concentrations over a big ten-soccer season in starters and nonstarters. *J Strength Cond Res*, v. 18, p. 121-128, 2004.

LE MEUR, Y. *et al.* A multidisciplinairy approach to overreaching detection in endurance trained athletes. *J Appl Physiol*, v. 114:, p. 411-420, 2013.

MANZI, V. *et al.* Profile of weekly training load in elite male professional basketball players. *J Strength Cond Res*, v. 24, p. 1399-1406, 2010.

McBRIDE, J. M. *et al.* Relationship between maximal squat strength and five, ten and forty yard sprint times. *J Strength Cond Res*, v. 23, p. 1633-1636, 2009.

MEEUSEN, R. *et al.* Prevention, diagnosis and treatment of the overtraining syndrome. *Eur J Sport Sci*, v. 6, p. 1-14, 2006.

MEEUSEN, R. *et al.* Prevention, diagnosis, and treatment of the overtraining syndrome: joint consensus statement of the European College of Sport Science and the American College of Sports Medicine. *Med Sci Sports Exerc*, v. 45, p 186-205, 2013.

MILOSKI, B. *O efeito da estratégia de periodização baseada na intensificação e tapering nas respostas hormonais, comportamentais, perceptuais e de desempenho em jovens jogadores de basquetebol*. Tese de Doutorado. Escola de Educação Física e Esporte, Universidade de São Paulo (USP), São Paulo, 2015.

MILOSKI, B. *et al.* Does Testosterone Modulate Mood States and Physical Performance in Young Basketball Players? *J Strength Cond Res*, v. 29, p. 2474-2481, 2015.

MOREIRA, A. La periodización del entrenamiento y las cuestiones emergentes: El caso de los deportes de equipo. *Rev Andal Med Deporte*, v. 3, p. 170-178, 2010.

MOREIRA, A. Testes de campo para monitorar desempenho, fadiga e recuperação em basquetebolistas de alto rendimento. *R. da Educação Física / UEM*, v. 19, p. 241-250, 2008.

MOREIRA, A. *et al.* A dinâmica de alteração das medidas de força e o efeito posterior duradouro de treinamento em basquetebolistas submetidos ao sistema de treinamento em bloco. *Rev Bras Med Esporte*, v. 10, p. 243-250, 2004.

MOREIRA, A. *et al.* Monitoring internal training load and mucosal immune responses in futsal athletes. *J Strength Cond Res*, v. 27, p. 1253-1259, 2013.

MOREIRA, A. *et al.* Monitoring stress tolerance and occurrences of upper respiratory illness in basketball players by means of psychometric tools and salivary biomarkers. *Stress Health*, v. 27, p. 166-172, 2011.

MUJICA, I. Intense training: the key to optimal performance before and during the taper. *Scand J Med Sci Sports*, v. 20, p. 24-31, 2010.

MUJICA, I. *Tapering and Peaking for optimal performance*. Champaign: Human Kinetic, 2009.

MUJICA, I. *et al.* Modeled response to training and taper in competitive swimmers. *Med Sci Sports Exerc*, v. 28, p. 251-258, 1996.

NAESSENS, G. *et al.* Clinical useful of nocturnal urinary noradrenaline excretion patterns in the follow-up of training process in high level soccer players. *J Strength Cond Res*, v. 14, p. 125-1231, 2000.

NAKAMURA, F.Y.; MOREIRA, A.; AOKI, M. S. Monitoramento da carga de treinamento: a percepção subjetiva do esforço da sessão é um método confiável? Rev Educação Física/UEM, v. 21, p. 1-11, 2010.

NEDERHOF, E. *et al.* Different diagnostic tools in nonfunctional overreaching. *Int J Sports Med*, v. 29, p. 590-597, 2008.

NEDERHOF, E. *et al.* Psychomotor speed: possibly a new marker of overtraining syndrome. *Sports Med*, v. 36, p. 817-828, 2006.

NEUFER, P. D. *et al.* Effect of reduced training on muscular strength and endurance in competitive swimmers. *Med Sci Sports Exerc*, v. 19, p. 486-490, 1987.

NUNES, J. A. *et al.* Monitoring training load, recovery-stress state, immune-endocrine responses, and physical performance in elite female basketball players during a periodized training program. *J Strength Cond Res*, v. 28, p. 2973-2980, 2014.

PAPACOSTA, E.; GLEESON, M.; NASSIS, G. P. Salivary hormones, IgA, and performance during intense training and tapering in judo athletes. *J Strength Cond Res*, v. 27, p. 2569-2580, 2013.

PYNE, D. B. *et al.* Training Strategies to Maintain Immunocompetence in Athletes. *Int J Sports Med*, v. 21, n. 1, p. S51–S60, 2000.

ROBSON-ANSLEY, P. J.; BLANNIN, A.; GLEESON, M. Elevated plasma interleukin-6 levels in trained male triathletes following na acute period of intense interval training. *Eur J Appl Physiol*, v. 99, p. 353-360, 2007.

ROBSON-ANSLEY, P. J.; GLEESON, M.; ROBSON-ANSLEY, L. Fatigue management in the preparation of Olympic athletes. *J Sports Sci*, v. 27, p. 1409-1420, 2009.

SUNDBY, O. H.; GORELICK, M. L. Relationship between functional hamstring: quadriceps ratios and running economy in highly trained and recreational female runners. *J Strength Cond Res*, v. 28, p. 2214-2227, 2014.

URHAUSEN, A.; KINDERMANN, W. Diagnosis of overtraining: what tools do we have? *Sports Med*, v. 32, p. 95-102, 2002.

WALLACE, L. K.; SLATTERY, K. M.; COUTTS, A. J. The ecological validity and application of the session-RPE method for quantifying training loads in swimming. *J Strength Cond Res*, v. 23, p. 33-38, 2009.

ZATSIOSRKY, W. M. Intensity of strength training – Facts and Theory: Russian and Eastern European Approach. *National Strength Conditioning Association J*, v. 14, p. 46-57, 1992.

SEÇÃO 5

Estratégias de treinamento de força aplicadas

22

Estratégias de *coaching* para adesão ao treinamento de força

Denis Foschini

Douglas Popp Marin

Gustavo Ururahy Correa

OBJETIVO DO CAPÍTULO

O objetivo deste capítulo é fornecer estratégias de *coaching* importantes para a adesão ao treinamento associadas à saúde e ao bem-estar como abordagem para empoderar as pessoas e levá-las a adotar e a sustentar comportamentos saudáveis, incluindo a prática regular de exercícios, hábitos alimentares saudáveis, controle e enfrentamento da ansiedade, do estresse, entre muitos outros benefícios dependentes de mudança.

Segundo o Instituto Brasileiro de Coaching, *coaching* é um processo que utiliza abordagens da psicologia e da filosofia para produzir mudanças positivas e duradouras na vida das pessoas. Conduzido de maneira confidencial, individualmente ou em grupo, o *coaching* é uma oportunidade de visualização clara dos pontos individuais, de aumento da autoconfiança, de superação e de barreiras limitantes para que as pessoas possam conhecer e atingir seu potencial máximo, além de alcançar suas metas/objetivos e sustentá-los.

Outro conceito interessante é apresentado pela Internacional Coaching Federation. A ICF apresenta o *coaching* como um instrumento para ajudar as pessoas a alcançar um maior nível de bem-estar e desempenho na vida e no trabalho, especialmente quando a mudança é difícil.

Na Figura 22.1, pode-se observar a representação básica do processo de *coaching*, em que as ferramentas da psicologia e ou da filosofia são utilizadas para facilitar a(s) mudança(s) do estado inicial (ponto A) rumo ao desejado (ponto B).

Existem diversos tipos de *coaching*, incluindo *coaching* executivo, de liderança, de boa forma, de vida, de saúde, entre outros.

Moore *et al.* (2015) sugerem o *coaching* em saúde e bem-estar como abordagem poderosa para levar as pessoas a adotar e sustentar comportamentos saudáveis, incluindo a prática regular de exercícios físicos (adesão ao exercício), hábitos alimentares saudáveis, controle e enfrentamento da ansiedade, do estresse, entre muitos outros benefícios dependentes de mudança.

Figura 22.1 – Representação da visão geral do processo de *coaching*

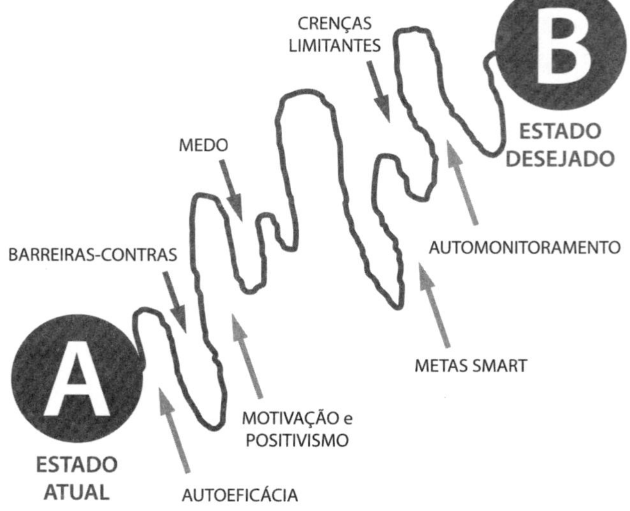

Segundo o ACSM (2014), embora as pessoas busquem conquistar resultados associados ao bem-estar físico e mental, existem fatores pessoais, sociais e ambientais que podem dificultar ou facilitar a conquista dos mesmos.

Os estudos sobre *coaching* em saúde e bem-estar apresentam diversos benefícios, incluindo aumento da qualidade de vida, controle do estresse, da ansiedade, da pressão arterial (Clark et al., 2014), da síndrome metabólica (Sangster *et al.*, 2014), melhora de sintomas depressivos (Shanazari *et al.*, 2013) e de cardiopatias (Armitage e Connor, 2001), do consumo de energia (Armitage e Sprigg, 2010), o aumento do nível e atividade física (Armitage e Connor, 2001).

22.1 Abordagem em *coaching*

No Quadro 22.1, pode-se observar as principais diferenças entre a abordagem de especialista e a nova proposta de abordagem, fundamentada na psicologia do *coaching* (à direita) (ACSM, 2014).

A principal vantagem entre as abordagens é que no processo de *coaching* utiliza-se as teorias da psicologia para o estabelecimento e fortalecimento da parceria (relacionamento) entre cliente e profissional, de forma em que o profissional foca nos pontos fortes do cliente para facilitar a mudança, diminuindo a resistência deste para suas abordagens.

Por outro lado, a abordagem tradicionalmente usada por treinadores difere-se desse contexto por utilizar julgamento dos comportamentos (certo e errado), em que o foco da mudança é melhorar os comportamentos que estão errados (pontos fracos) e, como consequência, é comum o cliente justificar e esconder seus erros, se "defender" do profissional e não avançar nos estágios de mudança. No desenrolar do capítulo, apresentaremos o impacto negativo na motivação da abordagem tradicional.

Clientes de academias e treinamento personalizado precisam de um processo educativo e de liderança que os motive e os encoraje a mudar, que aumente sua autoconfiança, que os ajude a encontrar estratégias para superar as dificuldades e conquistar autonomia para a incorporação e sustentação de comportamentos relacionados à saúde e estética, ou seja, o cliente precisa de um parceiro que tenha habilidades e competências para ajudá-lo ao longo do processo de mudança de hábitos.

Quadro 22.1 – Comparação entre a abordagem tradicional (abordagem de especialista) e abordagem usada em *coaching*

ABORDAGEM TRADICIONAL	ABORDAGEM DE *COACHING*
Autoridade	Parceiro
Instrutor/educador	Facilitador de mudança
Se sente responsável pela saúde do cliente	Cliente é responsável pela própria saúde
Define a agenda do cliente	Esclarece a agenda do cliente
Resolve problemas	Promove possibilidades
Foco no que está errado	Foco no que está correto – apoio
Tem as repostas	Auxilia o cliente a buscar a resposta
Interrompe se o cliente foge do tópico	Aprende com a história do cliente
Trabalha mais do que o cliente – faz pelo cliente	Cliente trabalha tão duro quanto o profissional
"Luta" com o cliente	"Dança" com o cliente – está junto e sem julgamento

Fonte: Moore *et al.* (2015).

Na abordagem em *coaching*, o ponto que determina o *sucesso* do processo é o relacionamento estabelecido entre cliente e profissional.

O *relacionamento* em *coaching* é determinado pelo *nível de confiança* que o cliente possui no profissional.

O nível de confiança que o cliente posui em você é determinado pela crença que ele tem em sua habilidade de ser:

- Benevolente;
- Honesto;
- Competente.

Sabendo que o nível de confiança do cliente em você é o ponto central para uma abordagem facilitadora de mudanças, a próxima questão é:

22.2 Como conquistar confiança de nossos clientes?

Hammerness e Moore (2012) recomendam que os profissionais adotem os seguintes comportamentos para estabelecimento de confiança e aumento do vínculo com seus clientes:

- assegurem que suas considerações são incondicionalmente positivas;
- mostrem empatia;
- sejam um modelo humilde;
- desacelerem, sem ansiedade, estejam plenamente presentes no atendimento (acalmem os pensamentos de tudo que for externo à sessão).
- tenham atenção plena no que o cliente diz;
- prometam menos e entreguem mais;
- sejam confidenciais (a confidencialidade é crucial);
- sejam autênticos.

Além desses comportamentos sugeridos, entre outras habilidades em *coaching* existem três que são essenciais e que podem ser adotadas por profissionais que trabalham em academias ou com treinamento personalizado para facilitar o processo de mudança de seus clientes, são elas:

1. Escutar com atenção plena (escuta ativa).
2. Realizar perguntas abertas.
3. Realizar reflexões perceptivas.

22.2.1 Escutar com atenção plena

Essa, possivelmente, é a habilidade mais importante para construção de confiança e relacionamento. Adicionalmente, é o elemento mais importante para melhorar a qualidade da comunicação entre profissional e cliente.

Trata-se da habilidade extremamente importante de *ouvir sem julgar*, ou seja, envolve "silenciar" os pensamentos para podermos prestar atenção plena no cliente. Envolve ouvir o que não é dito, incluindo as melhores experiências, os valores fundamentais, sentimentos, desafios (barreiras), medos, hábitos, crenças, entre outros. Além disso, escutar com atenção plena é fundamental para superar a intuição e gerar melhores perguntas e reflexões.

É importante não só ouvir os fatos (escuta cognitiva), mas também os sentimentos e necessidades por trás dos fatos (escuta afetiva).

Ouvir tudo o que alguém está dizendo, com consciência e sem julgamento é a grande marca do *coaching*. Entretanto, quando profissionais se distraem durante uma conversa com seu cliente, o relacionamento pode ser abalado.

Muitos clientes aceitam esse baixo nível de foco e engajamento porque é o comportamento mais comum na cultura moderna. Clientes também devem ser estimulados à desenvolver atenção plena (*mindfulness*), uma forma de se libertar do piloto automático e das emoções do núcleo de ansiedade, tristeza e raiva.

Ao prestar atenção plena aos próprios pensamentos, sentimentos, comportamentos e ambientes sem julgamento ou condenação, é possível acordar para a experiência do que está acontecendo de fato ao nosso redor e dentro de nós durante aquele momento. Isso nos permite tomar decisões conscientes sobre novas direções.

O estado de humor dos clientes, emoções, tons, energia, linguagem corporal, hesitações e euforia fornece pistas importantes. Ouvir as tendências e padrões repetidos de comportamentos pode levar a *insights* importantes.

Aqui estão algumas dicas rápidas para escuta ativa:

- Não pense sobre o que você vai dizer até que seu cliente tenha dito a última palavra do seu pensamento.
- Pause depois de o seu cliente ter falado.
- "Ouça" as emoções, bem como os fatos.
- Não interrompa (apenas em momentos raros e extremamente necessários, por exemplo, quando o cliente sair do assunto).
- Repita o que o cliente disse para confirmar se você compreendeu (parafrasear).

Então, escutar com atenção plena é uma habilidade que deve ser treinada e desenvolvida para que você entregue um atendimento de alta qualidade.

22.2.2 Perguntas abertas

Para permitir que clientes se abram para explorarmos suas histórias, é importante fazer perguntas abertas. Perguntas abertas provocam respostas narrativas longas. Por outro lado, as fechadas provocam respostas curtas e pouco exploráveis.

Usar "o quê?" e "como?" muitas vezes são as melhores maneiras de usar perguntas abertas, porque encorajam o cliente a contar histórias. Histórias são as coisas que mais movem as pessoas a mudar.

Por outro lado, usar "por quê?" nas perguntas na maioria das vezes não é tão útil, pois pode "induzir" o cliente a realizar uma análise, em vez de contar histórias. Também provoca resistência, porque pode sugerir julgamento.

Exemplo de pergunta fechada:

"Por que você não veio à academia a semana toda?"

Ao invés de usar o por que e obter a resposta rápida, você poderia dizer:

"Me conta como foi sua semana."

Nesse segundo exemplo, pode-se notar que a ausência na prática do exercício provavelmente surgirá na história naturalmente, e esta ainda pode evocar outros elementos importantes, como os sentimentos de ter se ausentado, a relação com o trabalho e ambiente, valores pessoais etc.

Quando perceber que o cliente evitou responder ou não foi autêntico em sua resposta, uma dica interessante é mudar de assunto e retornar em outro momento. Se isso acontecer de forma consistente a respeito do mesmo assunto, você pode compartilhar essa percepção com o seu cliente, sem julgamento.

Aceitar a decisão do cliente sobre o que conversar é um comportamento comum em *coaching*.

Exemplos de perguntas abertas: Qual a sua opinião sobre exercício físico?; Qual a sua melhor experiência com "dieta"?; O que você espera do nosso programa de treinamento ou da sua "dieta"?; Como seria sua vida se você conquistasse esse objetivo?; O que será necessário para você chegar a essa meta?; O que você pode aprender com isso?

22.2.3 Reflexões perceptivas

Realizar reflexões perceptivas é uma ótima forma de se ouvir a partir da percepção de outra pessoa, pois trata-se de um processo mais provocador e transformador e tem o propósito de evocar emoções e ideias que auxiliam o cliente no processo de mudança

Exemplo de reflexão perceptiva:

Cliente: "Estou ansioso para estabelecer uma meta de corrida, porque eu não corro desde o colegial, mas eu costumava me divertir muito naquela época."

Profissional: "Você está me dizendo que se lembra de se divertir correndo e que está ansioso para sentir dessa forma novamente?"

Outro exemplo:

Cliente: "Eu não vim para a academia porque fiquei com muita preguiça porque choveu."

Profissional: "Você está me dizendo que a chuva te desmotiva a vir para a academia e, por isso, é uma barreira?"

Em resumo, as reflexões perceptivas auxiliam o cliente a ouvir o que disse, mas do ponto de vista de outra pessoa. Pode ser importante para explorar ambivalência e aumentar a autoconsciência.

Outro ponto interessante para reflexão é:

A hipertrofia muscular, o emagrecimento, a melhora ou manutenção da saúde ou o aumento do condicionamento físico dependem apenas da prática do exercício físico?

Como já elucidado neste texto, a resposta é obviamente "não". Então, sugerimos que o profissional, antes de intervir em sua área de formação acadêmica, analise o estilo de vida do cliente e aplique as estratégias da psicologia do *cocching* para auxiliá-lo no processo de mudança.

22.3. Teoria para mudança comportamental

Muitos modelos e teorias para mudanças comportamentais foram propostos. Mais recentemente, o dr. James Prochaska e seus colaboradores unificaram diversas teorias para mudanças comportamentais em uma só. Após estudar o processo de mudança usado em todos os principais métodos psicoterapêuticos, que incluía o behaviorismo, Prochaska *et al.* verificaram que todas essas teorias psicológicas haviam utilizado processos semelhantes durante épocas diferentes da evolução da mudança comportamental. Nesse momento, Prochasca e DiClemente (1983) publicaram um modelo unificador de teorias e por isso chamado de *transteórico* para descrever que a mudança de comportamento passa por estágios.

22.3.1 Modelo transteórico para mudança de comportamento (MTT)

Como citado anteriormente, o MTT prevê que a mudança e sustentação de um novo comportamento passa por uma progressão, dividida em cinco estágios (Figura 22.2).

Figura 22.2 – Apresentação dos estágios de mudança segundo o modelo transteórico.

A prática regular de exercício (adesão) será utilizada como exemplo para ilustrar os estágios de mudança, mas esse modelo pode e dever ser aplicado à diversas mudança de comportamentos relacionados ao estilo de vida de pessoas que frequentam academias.

1. Pré-contemplação: estágio em que a pessoa não pratica o exercício e não tem a intenção de praticá-lo.
2. Contemplação: a pessoa tem a intenção de se exercitar, mas ainda não o faz.
3. Preparação: a pessoa está se preparando para um novo comportamento. No exemplo do exercício físico, seria aquele período em que a pessoa se exercita, mas não com a regularidade adequada ou proposta, ou seja, a prática do novo comportamento é eventual, não sistemática.
4. Ação: a pessoa pratica regularmente o exercício físico, porém por menos de seis meses.
5. Manutenção: a pessoa se exercita regularmente por seis meses ou mais tempo.

Considerando que a mudança de comportamento não é linear e que todos estamos sujeitos a relapsos ou recaídas, uma boa reflexão para esse momento do seu conhecimento é:

> Você acredita que devemos abordar da mesma forma e usar as mesmas estratégias de comunicação e de intervenção em um cliente que está se na preparação e outro que pratica regularmente o exercício há três anos (manutenção)?

A resposta parece ser não, segundo a literatura especializada. Evidentemente um cliente na preparação precisa de auxílio para aumentar a regularidade da prática do exercício, enquanto um sujeito na manutenção precisa de ajuda para se manter motivado com a prática regular, bem como para prevenir a recidiva (volta para estágios anteriores), tão comum nos estágios de ação e manutenção.

Para usar esse modelo com sucesso, você terá que determinar primeiro em que estágio se encontra o cliente para um comportamento particular. O modelo dos estágios de mudança refere-se a comportamentos específico, e não a conceitos gerais e, com frequência, seus clientes estarão em diferentes estágios de prontidão para mudarem diferentes comportamentos.

Por exemplo, um cliente pode estar pronto e motivado para realizar musculação (preparação), mas hesitante e inseguro em se alimentar melhor (pré-contemplação).

Antes de discutirmos as características das pessoas nos diferentes estágios e as estratégias específicas para serem aplicadas, apresentamos um questionários para identificação do estágio de prontidão para mudança (Figura 22.3).

As perguntas que te ajudarão a identificar o estágio de prontidão para cada variável do estilo de vida são simples.

Figura 22.3 – Modelo de questionários para identificação do estágio de prontidão para mudança

Quadro 22.2 – Ferramenta de arquivo do estágio de prontidão para mudança de comportamentos associados à hipertrofia, emagrecimento e saúde

Variável do estilo de vida	Pré	Cont.	Prep.	Ação	Manut.
Satisfação com a vida					
Exercício físico regular					
Alimentação adequada					
Controle da ansiedade					
Enfrentamento do estresse					
Melhora do sono					

Características e estratégias adotadas para diferentes estágios de prontidão

A seguir, você poderá observar uma descrição das características dos clientes em cada estágio de prontidão e as estratégias sugeridas pelo ACSM (2014) e Moore (2012) para intervenção em cada um deles.

Estágio 1: pré-contemplação

Clientes nesse estágio não possuem intenção de mudar nos próximos seis meses. Costumam dizer "eu não quero mudar" ou "eu não posso mudar".

Em termos gerais, os que alegam que não querem mudar estão desinteressados na mudança, enquanto os que alegam que não podem estão deprimidos ou pouco motivados com a mudança, pois não acreditam que tenham um problema.

Quando um cliente te procura na academia é improvável que ele esteja nesse estágio em relação ao exercício, mas é provável que esteja em relação a outro comportamento relacionado ao resultado desejado.

Características gerais de pré-contempladores

1. Contras > Prós (as barreiras para mudança são maiores que o benefícios).
2. São defensivos.
3. Resistentes.
4. Representam 30% de 85% da população com risco de desenvolver doenças crônicas não transmissíveis.
5. Fizeram poucas tentativas de mudança ao longo da vida.
6. Pessoas menos propensas a acreditar que podem mudar seu comportamento.

Estratégias para avançar para o próximo estágio

As estratégias devem ser cognitivas, ou seja, ele precisa tornar-se mais informado e menos resistente à mudança. Para isso, podemos auxiliá-lo a:

1. Aumentar o nível de informações sobre os benefícios do exercício (aumentar os prós).
2. Ser tocado emocionalmente (efeitos desse comportamento).
3. Entender como seu comportamento pode afetar os outros (filhos, esposa, por exemplo).
4. Falar com pessoas que apresentem comportamentos semelhantes, pois a experiência positivas de outras pessoas sobre o mesmo comportamento pode influenciar positivamente a sua intenção.

Diretrizes para intervenções

1. Providenciar vídeos, artigos, livros e website.
2. Fornecer informações sobre o comportamento de risco.
3. Refletir sobre tendências da sociedade (programas de TV, ciclovias, academia na praça etc.).
4. Profissional deve mostrar empatia.
5. Evitar palestras e confrontos.
6. Não tentar movê-los para ação.
7. Mudança é diferente de ação: mudança significa progresso para o estágio de contemplação.
8. Intervenções devem ser menos intensivas.
9. Vários contatos breves são úteis.
10. O objetivo é engajá-lo no processo de mudança.

Estágio 2: contemplação

Clientes nesse estágios possuem a intenção de mudar nos próximos seis meses. Costumam dizer "eu posso" ou "eu poderia".

Nesse estágio, os indivíduos estão perfeitamente cientes de que uma mudança de determinado comportamento poderia beneficiá-los. Estão se tornando mais insatisfeitos com os resultados de não realizarem a mudança. No entanto, terão de solucionar sua ambivalência antes de suas ações obterem sucesso.

Características gerais de contempladores

1. Prós = Contras (os benefícios da mudança são equivalentes às barreiras).
2. Não têm um forte motivador.
3. Não compreendem as barreiras.
4. Não têm estratégias para superar as barreiras ou para iniciar o novo comportamento
5. Falta de compromisso.
6. Falta de confiança que podem sustentar a(s) mudança(s).
7. Representam de 10% a 50% da população com algum risco associado à saúde.

8. Pessoas que pensam na mudança, mas não se comprometem em entrar em ação.
9. Podem ficar presos nesse estágio por anos "contemplação crônica".
10. Começam a usar os processos de mudança.
11. Não estão prontos para programas de ações orientadas.

Estratégias para avançar para o próximo estágio

As estratégias na contemplação também devem ser cognitivas, ou seja, ele precisa tornar-se mais informado e menos resistente à mudança. Para isso, podemos auxiliá-lo a:

- Aumentar a quantidade de prós (benefícios) de iniciar o novo comportamento (balanço decisório descrito na sequência desse texto).
- Reconhecer ambivalência para reconhecer os contras.
- Contrariar ou desafiá-los.
- Focar na resolução de problemas.
- Imaginar como seria a vida e os ganhos que teria ao aderir ao novo comportamento.
- Realizar uma compromisso verbal.

Diretrizes para intervenções

- Fornecer vídeos ou artigos que retratam os efeitos dos problemas nos outros.
- Iniciar pequenos passos (começar a tomar leite desnatado ou caminhar por 10 minutos diários).
- Usar histórias, testemunhos, imagens, vídeos, metáforas que podem evocar emoções positivas sobre os benefícios do novo comportamento.
- Inspirar esperança e emoção sobre a perspectiva de mudança.
- Ler, ouvir, ver vídeo sobre o comportamento problema.
- Usar imagens do antes e depois de outras pessoas que atingiram seus objetivos.
- Usar testemunhos e casos de sucesso de pessoas que mudaram.
- Desenvolver senso de esperança e otimismo.
- Estimular contratos e compromissos verbais e públicos, ou seja, falar para alguém que irá mudar.

Estágio 3: preparação

Clientes nesse estágios possuem a intenção de mudar nos próximos 30 dias. Costumam dizer "eu mudarei".

Nesse estágio, os motivados são definidos e poderosos e os sentimentos de ambivalência foram essencialmente controlados. Em geral o cliente deseja experimentar o novo comportamento e pode mudá-lo em seguida. Porém, o limite entre esse estágio e o próximo está nebuloso. É muito comum os clientes avançarem e recuarem entre fazer o planejamento (que deve ser realizado nesse estágio) de fazer algo rotineiramente e sua execução real. É o estágio mais comum de pessoas que procuram academias. É comum que clientes nesse estágio nem sempre compareçam ou subitamente "sumam" dos treinos.

Características gerais de clientes na preparação

1. Conhecem suas motivações, barreiras e possíveis soluções.
2. Prós > Contras.
3. Têm um plano ou objetivo.
4. Começam a dar os primeiros passos.
5. Decisivos.
6. Mais confiantes, mas têm medo do fracasso.
7. Participam de programas.
8. Representam 5% de 35% da população com risco de desenvolver doenças crônicas não transmissíveis.

Estratégias para avançar ao próximo estágio

Diferentemente dos estágios anteriores, na preparação as estratégias devem ser comportamentais, ou seja, ele precisa planejar e iniciar os novos comportamentos. Para isso, podemos auxiliá-lo a:

- Usar metas SMART (descritas na sequência deste capítulo).
- Encorajar a mudança.
- Focar e desenvolver um plano efetivo com passos corretos e com data de início determinada.
- Fornecer prêmios, suporte e reconhecimento.

Diretrizes para intervenções

- Fortalecer compromissos.
- Falar para outros de seu compromisso.
- Oferecer opções para substituições de exercício (no dia que não puder ir à academia, o que pode fazer para substituir?).
- Fornecer apoio e reforço positivo.
- Identificar outras fontes de apoio (pessoas).
- Fazer o cliente imaginar como estará no futuro (uso de imagens tanto do cliente como de outros).
- Dar *feedback* por meio de testes e avaliações.
- Apoiar pequenas mudanças.
- Identificar crenças problemáticas.
- Substituir pensamentos negativos por positivos para encontrar mais alternativas positivas (ex.: eu não quero viver desse jeito para sempre).
- Evitar situações e lugares tentadores.
- Usar lembretes sobre os benefícios da mudança, sobre o que foi planejado (ex.: colocar o celular para despertar na hora de tomar água quando se objetiva aumentar o consumo de água).

Estágio 4: ação

Clientes nesse estágios estão realizando o comportamento desejado regularmente, por menos de seis meses. Costumam dizer "eu faço".

Esse estágio é o mais atarefado, pois as pessoas estão se concentrando e trabalhando muito intensamente no sentido de praticar o novo comportamento, aperfeiçoando-o e incorporando-o consistentemente em suas vidas.

Na ação existe um grande risco de recuar ao estágio de preparação, pois estabelecer um comportamento novo e saudável não é fácil, por isso as técnicas para evitar com que isso ocorra ou para recuperar-se e aprender com base nessa ocorrência são extremamente importantes.

Características gerais de clientes na ação

1. Estão alcançando suas metas próximo a 100%.
2. Maior risco de recaída nos momentos de angústia, caso as metas sejam inapropriadas (usar metas SMART) ou que o estágio de preparação tenha sido negligenciado.
3. Sofrem muitas tentações para recaídas.

Estratégias para avançar para o próximo estágio

As estratégias devem ser comportamentais, ou seja, ele precisa planejar e iniciar os novos comportamentos. Para isso, podemos auxiliá-lo à:

- Usar metas SMART.
- Utilizar estratégias cognitivas se necessário (ex.: a pessoa não está conseguindo cumprir a meta).
- O princípio básico é aumentar a autoeficácia (crença que o cliente tem que poderá sustentar o novo comportamento).
- Prevenir recaída.

Diretrizes para intervenções

- Usar lembretes.
- Mudar rotinas.
- Planejar com antecedência.
- Autorrecompensa ao atingirem as metas
- Elogiar (cuidado com exagero).

- Reconhecer os benefícios de seu esforço (ex.: após a reavaliação física).
- Dar *feedback* e reforço positivo.
- Oferecer apoio.
- Estimular o cliente encontrar outros apoios.

Estágio 5: manutenção

Está realizando um comportamento saudável por seis meses ou mais. O comportamento se tornou um hábito e está extremamente confiante em mantê-lo. Costuma dizer "eu ainda faço".

A confiança excessiva, o estresse e as emoções negativas são capazes de produzir deslizes durante o estágio de manutenção. Se forem reconhecidos rapidamente, você poderá proporcionar o apoio necessário para prevenir os deslizes.

Características gerais de clientes na ação

1. Possuem menos tentações.
2. São mais confiantes.
3. Possuem alto risco de recaída em situações de angústia.

Estratégias para avançar ao próximo estágio

- Encorajar o cliente a ter um novo motivador.
- Focar na prevenção da recaída.
- Consolidar ganhos.
- Aumentar a autoeficácia.
- Melhorar as habilidades de enfrentamento.
- Estratégias para lidar com a angústia (apoio social, atividade física e relaxamento).
- Pensar positivo.
- Recompensar.
- Encorajar o cliente a ajudar outra pessoa a mudar o comportamento, ou seja, incentivar outros.

22.4 Como auxiliar os clientes a superar as barreiras para adesão ao exercício?

Não basta que o cliente liste as barreiras, é extremamente necessário que ele planeje estratégias específicas para cada barreira prevista ou sempre que uma barreira surgir saiba como superá-la, tornando-o mais confiante, o que sustentará o novo comportamento. As barreiras são potentes desmotivadores para adesão ao exercício e, consequentemente, os maiores fatores para evasão de academias.

O Quadro 22.3 apresenta as estratégias sugeridas pelo ACSM para superação de barreiras pessoais, sociais ou ambientais (3).

Quadro 22.3 – Barreiras pessoais, sociais e ambientais para o exercício

BARREIRAS PESSOAIS	ESTRATÉGIAS
Falta de tempo	Pedir para o cliente documentar como tem usado seu tempo durante uma semana e identificar espaços onde ele possa incorporar o exercício Encorajá-lo a utilizar transportes relacionados com atividade física e fazer escolhas segundo um estilo de vida ativo (ex. andar de bicicleta até o trabalho, subir escadas); Explicar que distribuir atividades em curtos espaços de tempo (10 minutos cada) pode ser tão eficaz quanto uma atividade de longa duração.
Falta de motivação	Discutir com o cliente as razões pelas quais se exercitará; Encorajar o cliente a utilizar estratégias de automonitoramento, como controle de estímulo (gatilhos), para que facilite um estilo de vida ativo; Ajudar o cliente a encontrar atividades que sinta prazer em executar.

Quadro 22.3 – Barreiras pessoais, sociais e ambientais para o exercício (continuação)

BARREIRAS PESSOAIS	ESTRATÉGIAS
Falta de energia	Discutir com o cliente os benefício do exercício, incluindo o aumento de energia; Perguntar ao cliente qual o período do dia ele acredita poder realizar consistentemente os exercícios; Discutir sobre a alimentação para assegurar que o cliente tenha energia para realizar o exercício; Encorajar o cliente a empregar estratégias, como dirigir direto do trabalho para a academia.
Falta de conhecimento sobre o exercício	Utilizar "momentos de ensino" durante o treino do cliente para aumentar o conhecimento dele sobre os conceitos fitness; Postar nos quadros da academia ou em redes sociais os benefícios da prática regular do exercício.
Não gostar de suar ou realizar exercícios vigorosos	Encorajar o cliente a se exercitar por um período maior sob menor intensidade; Assegurar que o cliente entendeu que se exercitar em menor intensidade também pode promover benefícios à saúde; Ensinar o cliente sobre exercícios vigorosos; Integrar aos poucos exercícios de alta intensidade ao programa do cliente para construir, intrinsicamente, a motivação pelos exercícios vigorosos.
Barreiras físicas (ex. obesidade, doenças, machucados)	Ajudar o cliente a aumentar a quantidade de exercícios gradualmente; Prover atividades que não exacerbem condições pré-existentes ou passadas; Discutir com os clientes os benefícios do exercício, uma vez que as barreiras físicas podem vir acompanhadas de medo; Desenvolver metas e discutir um plano para atingi-las.
Barreiras biológicas (ex. gravidez, puberdade, velhice)	Entender que certas mudanças biológicas podem afetar a participação atual ou passada nas atividades. Formular programas que estejam de acordo com as necessidades do cliente e encaminhar a um especialista quando necessário.
Má imagem corporal	Discutir os benefícios do exercício sobre a dimensão psicológica e sobre a saúde, quando em oposição à perda/manutenção do peso; Ajudar o cliente a desenvolver metas e recompensas não relacionadas à perda de peso; Encorajar a reconhecer suas próprias qualidades, incluindo atribuições físicas e não físicas; Utilizar estratégias para construir a autoestima do cliente.
Motivação extrínseca	Cliente com metas extrínsecas poderá se desencorajar pela falta de resultados ou tornar-se complacente uma vez que sejam atingidas. Ajude-o a desenvolver sua motivação intrínseca pelo exercício; Faça-os tomar consciência sobre a eficácia de longa duração das metas intrínsecas quando comparadas à eficácia de curta duração das metas extrínsecas, como a perda de peso.
Más experiências com exercícios no passado	Discutir com o cliente sobre as más experiências passadas antes de começar o programa de treinamento; Considerar cada experiência ruim relatada pelo cliente para assegurar que o programa e as metas darão suporte ao desenvolvimento da autoeficácia e da autoestima.

Quadro 22.3 – Barreiras pessoais, sociais e ambientais para o exercício (continuação)

BARREIRAS PESSOAIS	ESTRATÉGIAS
Medo de se machucar	Relate ao cliente sobre a experiência e credenciais de todos os profissionais envolvidos (ex. equipe multidisciplinar); Comunique-se com o cliente ao longo de todo o programa de treinamento; Avance lentamente no programa de treinamento conforme aumento do nível do condicionamento físico.
BARREIRAS SOCIAIS	**ESTRATÉGIAS**
Família/ Amigos/ Trabalho/ Obrigações	Encoraje seu cliente a ter uma séria discussão com familiares e amigos próximos sobre suas necessidades e objetivos; Ensine-o a como acessar o suporte social tangível que poderão necessitar para dissipar as obrigações; Discuta sobre suas prioridades para que possam identificar circunstancias nas quais as obrigações são autoimpostas (ex. dizer sim para todo mundo que pede).
Falta de apoio social	Encoraje seu cliente a ter uma séria discussão com familiares e amigos próximos sobre suas necessidades e objetivos; Peça para que ele identifique o apoio social que precisam para se exercitarem; Depois, discuta vários métodos de conseguir esse suporte; Ajude-o a identificar atividades que ele possa fazer com familiares e amigos (ex. Atividades que os familiares e os amigos gostem de fazer).
Atividades culturalmente inapropriadas e papel esperado para o gênero	Os papéis desempenhados pelos gêneros podem variar de acordo com a família, idade e cultura. Seja consciente sobre as diferenças entre as obrigações de homens e mulheres. Ajude o cliente a desenvolver estratégias para superar essas barreiras, em acordo com seu estilo de vida e crenças.
BARREIRAS AMBIENTAIS	**ESTRATÉGIAS**
Falta de acesso à programas e estruturas (custo e estruturas)	Dê ao cliente ideias de transporte relacionado à atividade física, estilo de vida e atividades ao ar livre que possa utilizar fora da sessão de treino; Prepare os clientes para tornarem-se independentes quanto ao seu comportamento em relação aos exercícios, ensinando, inclusive, sobre evitar recaídas; Ajude-os a tornarem-se interessados em buscar oportunidades de exercícios gratuitos na comunidade; Ofereça opções de vídeos de exercícios que possam ser utilizados em casa.
Questões de segurança (falta de calçadas, faixa de ciclista, segurança nas ruas)	Ajude-o a identificar parques ou lugares tranquilos em que possa realizar seus exercícios; Use estratégias sobre acesso social para ajudar o cliente a recrutar amigos e familiares para se exercitarem com ele; Ofereça uma lista de equipamentos acessíveis para que ele possa ter em casa e prescreva exercícios que possam ser realizados com eles.
Mau tempo	Ensine-o a criar um plano "B", assim terá planos suportes em caso de adversidades; Ensine-o como planejar em relação às mudanças de tempo. Discuta sobre vestimenta apropriada e temperaturas extremas.
Falta de estrutura para banho	Ofereça ao cliente atividades de baixa intensidade que possam ser realizadas em curto período de tempo.

22.5 Modelo de estabelecimento de metas smart

Para elaborar objetivos comportamentais de forma eficaz, utilize o modelo **SMART** de descrição de metas. É um modelo que entende que é fundamental ser específico quanto aos detalhes de como e quando, por dar aos clientes um período de tempo para completar sua meta. A criação de objetivos mensuráveis identifica quando o sucesso é alcançado.

As metas semanais devem atender aos quatro mecanismos apresentados por Locke e Latham (2002) anteriormente e estar escrita na forma *SMART*:

e**S**pecífica – O quê?
Mensurável – Quanto?
Alcançável – Como?
Relevante – Por quê?
Temporal – Quando?

No entanto, conforme indica o modelo transteórico de mudança de comportamento (MTT), metas comportamentais devem estar adaptadas à fase de mudança de comportamento do cliente. Estruturar e aplicar um planejamento comportamental em clientes que se apresentam nas fases iniciais da mudança (pré-contemplação e contemplação) será contraproducente e criará resistências no relacionamento. Até os clientes estarem prontos, dispostos e capazes de agir, é importante que o *coach* se mantenha em um modo de "perguntar e ouvir" e ajudar o cliente enquanto ele desenvolve um senso de "pensar sobre"; "sentir sobre" e/ou "aprender sobre" objetivos que irão aumentar sua prontidão para a mudança de uma determinado comportamento.

22.5.1 Entendendo a meta smart

Específica

A meta deve ser definida de forma muito específica, a tal ponto que qualquer pessoa possa visualizá-la e entender exatamente o que fazer para completá-la, deve-se detalhar ao máximo o que deve ser feito. A partir dessa descrição, você deve ser capaz de imaginar o objetivo e saber exatamente quando ele estará terminado.

Vejamos um exemplo. Você pode dizer: "vou praticar exercício". O que é praticar exercício? Pode ser uma caminhada em volta do quarteirão, ou uma pedalada de 70km. A importância de especificar é a de não se enganar quanto ao resultado da meta. Se não especificar, poderá confundir qualquer resultado que alcançar como válido para o seu objetivo. A importância de torná-la específica significa explicar em detalhes aquilo de pretende fazer. Isso define limites e evita ilusões.

E se reconstruirmos esse objetivo da seguinte forma: "vou para a academia fazer musculação e correr na esteira". Pronto, agora especificou *o que* seu cliente pretende fazer para cumprir a meta.

Mensurável

Mensurar uma meta significa determinar os seus valores de forma quantitativa.

Se utilizarmos o mesmo exemplo do parâmetro anterior teríamos: "vou para a academia fazer musculação e correr na esteira". *O que* você vai fazer na musculação? *Quanto* do seu tempo será dedicado para isso? E correr na esteira a quanto? Qual o tempo em cada atividade? E a relação volume X intensidade? No exemplo, estamos falando de medidas decorrentes da estruturação do treino, porém, qualquer meta da área da vida que seja criada deve conter uma "quantidade". Tempo de sono, quantidade de alimentos, tempo de estudo, leitura ou qualquer outra meta que seja criada, deve ter uma medida quantitativa de controle.

Se reescrevermos o objetivo acima teríamos: "vou para a academia, treinar musculação de acordo com a ficha de treinamento, terminar o treino em 40 minutos. Depois vou correr na esteira trotando por 3 minutos à 6,5 km/h e depois mais 2 minutos a 9 km/h, repetirei esses tiros por 4 ou 5 vezes". Pronto, agora você mensurou o *quanto* seu cliente pretende fazer de exercício físico.

Alcançável

Para que uma meta se concretize é preciso saber definir quais os passos necessários para realizar esse objetivo. É necessário elaborar um plano de ação. Nós já definimos o que você fará para a meta e definimos o quanto fará dela, mas quando chegar o momento, alguma variável pode interferir no cumprimento do objetivo?

Vamos supor que foi criada uma meta nutricional em comer duas porções de brócolis e uma porção de couve no almoço. Você sabe *o que* e sabe *o quanto* deve ser comido no almoço, mas precisa garantir que no almoço o seu cliente terá o brócolis e a couve para comer. Então é preciso planejar. Se na refeição da empresa tiver essas opções, problema resolvido e variável controlada. Porém, caso não exista, talvez a cliente deva preparar sua comida pela manhã e levar na bolsa para o trabalho. Quando necessário, um plano tem que ser traçado e estratégias aprendidas para garantir que a meta seja alcançada.

Se continuarmos o exemplo de atividade física teríamos: "vou sair de casa para trabalhar com a roupa de treino na mala para treinar na academia do outro lado da avenida". Pronto, você já tem certeza em *como* seu cliente vai realizar sua meta!

Relevante

É a principal pergunta que devemos fazer antes de elaborar a meta do cliente. A meta que estamos construindo vai ao encontro do objetivo final do meu cliente? Atende a sua visão? Está de acordo com seus valores e benefícios esperados? Tendo certeza da importância da meta para o cliente não há muito o que pensar, continue elaborando esses pequenos objetivos.

No exemplo, fica clara a importância de praticar exercícios se o objetivo do seu cliente é melhorar a saúde ou emagrecer. Agora já sabe *por que* está desenvolvendo essas metas.

Temporal

Uma data é importante para o cliente não ficar protelando a execução da tarefa. É preciso ser específico sobre os prazos e o momento em que a meta será cumprida. Uma data específica passa a ideia de desafio e aumenta o comprometimento do cliente com seu objetivo.

Para fecharmos nosso exemplo teríamos: "na próxima semana irei para a academia segunda, quarta e sexta-feira às 17h, logo após o trabalho". Agora você já garantiu *quando* seu cliente irá realizar a meta!

Se pensarmos na meta como um todo, nesse momento teríamos:

- Na próxima semana irei para a academia segunda, quarta e sexta-feira às 17h, logo após o trabalho.
- Vou sair de casa para trabalhar com a roupa de treino na mala.
- Vou fazer musculação e correr na esteira.
- Fazer a musculação de acordo com a ficha de treino. Terminar a ficha em 40 minutos. Correr na esteira por 3 minutos a 6,5 km/h e mais 2 minutos a 9 km/h, repetirei esses tiros por 4 ou 5 vezes.
- Vou realizar essa rotina porque preciso de mais disposição para brincar com meus filhos.

22.6 *Coaching* e estratégias de motivação

A motivação pode ser definida como a força que impulsiona o indivíduo em direção à meta específica (Silva *et al.*, 2008).

Evidências a partir de estudos epidemiológicos, fisiológicos e psicológicos têm estabelecido que a participação regular em programas de exercício aprimora os indicadores de saúde e aptidão física (Garber *et al.*, 2011). Apesar disso, uma grande parte da população mundial não apresenta motivação necessária para realizar as recomendações mínimas de atividade física semanal (150 minutos de exercício moderado a vigoroso) (Garber *et al.*, 2011), reduzindo a possibilidade de usufruir dos benefícios do exercício em relação a qualidade de vida e saúde.

A falta de motivação para a prática de exercício pode ser discutida simplificadamente de duas formas. Primeiro, as pessoas podem não estar suficientemente interessadas no exercício ou seus benefícios não são suficientemente valorizados para se tornar prioridade em suas vidas. Isso é particularmente importante, uma vez que a principal barreira reportada pelas pessoas para não aderir ao exercício é falta de tempo.

Segundo, algumas pessoas não se sentem suficientemente competentes praticando exercício, percebendo que não possuem habilidades necessárias para executar determinadas atividades.

Portanto, um dos grandes desafios das pesquisas envolvendo as ciências do exercício é identificar os fatores que facilitam a adoção e a adesão de um estilo de vida fisicamente ativo.

Nesse sentido, acreditamos que ao invés de considerar a participação do indivíduo em programas de exercício como "tudo ou nada", devemos considerar o processo de adoção e manutenção como um movimento através de estágios, que podem ser vistos como diferentes níveis de prontidão para o exercício. O modelo transteórico de mudança de comportamento, sugerido anteriormente neste capítulo, implica que são necessários diferentes tipos de intervenção para adesão ao exercício, em função do estado de prontidão do indivíduo para iniciar o programa, com o objetivo de facilitar o movimento do indivíduo entre os diferentes estágios de mudança.

Para as pessoas engajadas no exercício regular por um período superior a seis meses, podemos utilizar outras estratégias para o estágio de manutenção tais como: evitar atividades entediantes, reforçar a percepção de sucesso (domínio) e competência em relação ao exercício, estimular a percepção de satisfação e divertimento com o exercício e evitar lesões e desconforto.

Muitas pessoas que apresentam risco elevado de saúde como obesidade, tabagismo e sedentarismo possuem os meios necessários para melhorar sua condição, assumindo que estão dispostas agir. Dessa forma, a falta de motivação para aderir a um processo de mudança de comportamento em direção a um estilo de vida saudável pode ajudar a explicar a incapacidade de se atingir os resultados desejados.

Os treinadores e demais profissionais da saúde podem levar em consideração as variáveis motivacionais individuais (se ele deseja ou não praticar exercício, que tipos de barreiras ele enfrentará para manter a dieta ou o exercício regular) e o contexto sociocultural que circunda o cliente. Uma tendência natural de alguns profissionais é tentar motivar os clientes por meio da apresentação de seus erros de conduta, ou seja, mostrar ao cliente o que ele está fazendo de errado, ou, ainda, apresentar os riscos da continuidade de determinado comportamento.

As abordagens centradas no cliente, apresentadas a seguir, oferecerão uma série de técnicas para o profissional da saúde forneça o ótimo suporte motivacional para promover modificações de comportamento duradouras. Essas abordagens facilitam a construção de um plano de trabalho com o cliente em direção às suas necessidades, valores, forças pessoais, barreiras, motivação e estágio de mudança de comportamento.

A teoria da autodeterminação (TAD) foi desenvolvida como uma estrutura teórica para entender as bases da motivação humana a partir de dois componentes centrais (Nigg, 2014):

1. A energia psicológica; e
2. A meta a qual a energia é direcionada.

A estrutura conceitual da TAD parece ser bem útil para explicar o processo de adesão a intervenções de saúde, explorando a dinâmica da motivação durante a mudança de comportamento. As intervenções fundamentadas na TAD têm sido testadas em programas de controle de diabetes, interrupção do tabagismo, reeducação alimentar, emagrecimento, entre outros (Fortier *et al.*, 2012; Teixeira e Silva *et al.*, 2012).

O processo de motivação caracterizado na TAD foi organizado em um *continuum* de internalização motivacional ajustado através do grau de regulação do comportamento (mais ou menos autorregulado) ou qualidade da motivação (Figura 22.4). A TAD é útil para identificar tipos distintos de motivação, onde cada tipo tem consequências para o aprendizado, desempenho, experiência pessoal e bem-estar (Ryan e Deci, 2000).

Figura 22.4 – Apresentação dos níveis de qualidade do processo *continuum* de internalização motivacional segundo a Teoria da Autodeterminação (TAD).

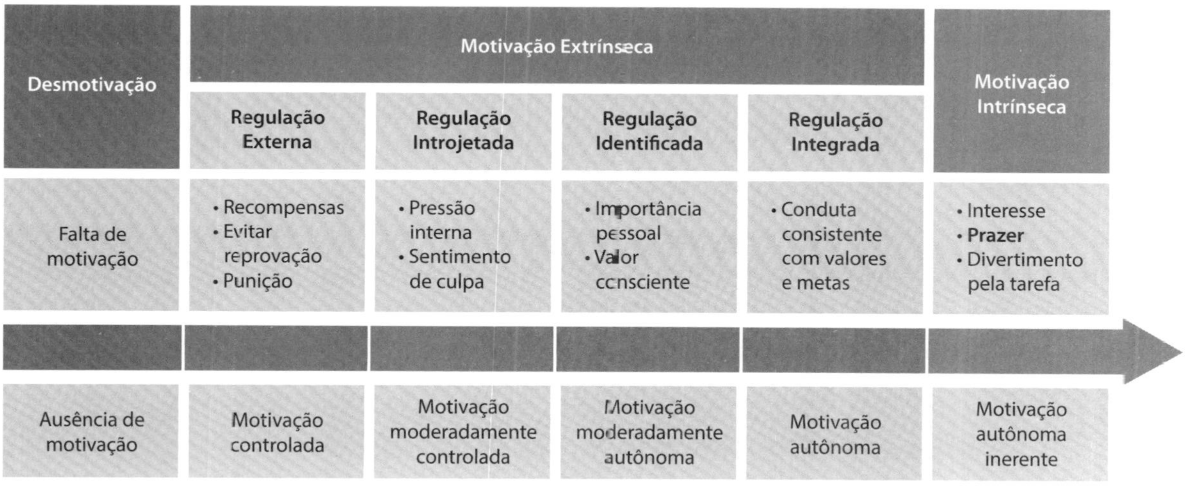

A desmotivação é um estado em que existe uma total ausência de intenção para agir, a pessoa não reconhece os benefícios do comportamento, não valoriza a atividade e não se sente competente.

A motivação extrínseca ocorre quando o indivíduo executa uma atividade para obter resultados externos (recompensa financeira, reconhecimento público, evitar pressão social, evitar sentimento de culpa) e não pela atividade em si. São descritos quatro tipos de motivação extrínseca, que variam de acordo com o grau de autodeterminação (Deci e Ryan, 2000):

- Regulação externa – comportamento controlado por medo de punições, demanda externa, recompensas circunstanciais.
- Regulação introjetada – comportamento controlado por evitar sentimentos de culpa e vergonha, receio de ser julgado por outros. A clássica introjeção é regulada por contingentes de autoestima, onde as pessoas podem ser

motivadas para demonstrar habilidades e competências (ou evitar falhas) com objetivo de manter o sentimento de valor próprio.

- Regulação identificada – a ação é aceita ou reconhecida como pessoalmente importante, na qual há valorização consciente da atividade ou da meta comportamental.
- Regulação integrada – a integração ocorre quando a regulação identificada está totalmente internalizada ao próprio indivíduo, ou seja, está em congruência com seus valores, objetivos e necessidades. As ações caracterizadas por regulação integrada compartilham muitas qualidades motivacionais com a motivação intrínseca, embora ainda sejam consideradas extrínsecas devido ao fato de serem executadas para obter resultados externos, ao invés de divertimento e interesse inerente.

A motivação extrínseca externa e introjetada representam formas controladas de regulação da motivação.

A motivação identificada, integrada e intrínseca são consideradas formas autônomas, sendo que a motivação intrínseca representa o mais alto nível de motivação autodeterminada, pois envolve o foco na tarefa por ela mesma, e produz emoções positivas e energizantes como interesse, prazer/satisfação e desafio.

Trata-se da qualidade mais associada à mudança sustentável de hábitos, incluindo a adesão ao exercício. Ela descreve a inclinação natural do ser humano para assimilação, domínio, interesse espontâneo e exploração essencial para o desenvolvimento cognitivo e social, e representa a principal fonte de divertimento, prazer, satisfação e vitalidade ao longo da vida (Ryan e Deci, 2000).

A motivação é autônoma, também referida como autorregulada ou autodeterminada, quando o indivíduo percebe o lócus de controle interno, ou seja, percebe que a iniciação e a regulação do comportamento motivado provém dele mesmo, ele experimenta a vontade ou a autoaprovação da ação (Deci e Ryan, 2000). O comportamento autônomo é uma expressão por ele mesmo e é entendido com um senso completo de escolha, acompanhado por uma percepção interna do lócus de controle e um senso de vontade verdadeira (Silva *et al.*, 2008).

Existe uma grande probabilidade das pessoas que buscam a prática do exercício apresentarem motivadores extrínsecos. As campanhas de marketing e publicidade enfatizam muito mais os efeitos instrumentais do exercício (emagrecimento, prevenção de doenças) do que em relação aos motivos ou resultados intrínsecos. Quando o cliente apresenta formas controladas de motivação (regulação externa e introjetada) ele treina para alcançar resultados externos, como o emagrecimento estético ou aprovação social. Esse tipo de circunstância pode estimular a adoção do comportamento (estimular a intenção) nos estágios iniciais da mudança (MTT), mas não sua manutenção a longo prazo. Por exemplo, a literatura mostra que a regulação externa do comportamento parece ser negativamente relacionada com o exercício nos últimos estágios de mudança do MTT (ação e manutenção) (Teixeira *et al.*, 2012).

Buckworth *et al.* (2007) reportaram que indivíduos no estágio de pré-contemplação e contemplação para o exercício apresentam maiores escores de motivação extrínseca (recompensas palpáveis) em comparação à motivação autônoma. Por outro lado, indivíduos no estágio de ação reportam maior escore para percepção de escolha, e aqueles em manutenção sugerem maior nível de competência (autoeficácia: conceito descrito a seguir).

O cliente intrinsecamente motivado busca atingir um resultado interno, especialmente a satisfação, o prazer e o divertimento pela própria atividade em si (Ingledew e Markland, 2008). Nessa direção, a questão central é como promover a regulação autônoma para comportamentos extrinsecamente motivados? Para tentar responder, devemos incialmente pensar quais são as condições sociais que nutrem a internalização e a integração da motivação.

O treinador pode utilizar ferramentas que desloquem o fluxo motivacional em direção à motivação autônoma, por meio do suporte de autonomia (estilo de comunicação durante a elaboração do programa), a percepção de relacionamento com os outros (membros da academia ou clube) e o senso de competência (aquisição de habilidades e competência necessárias para o desafio da atividade) (Ryan *et al.*, 2009). Por outro lado, uma abordagem autoritária pode comprometer e frustrar a motivação autônoma.

A literatura mostra que a pressão social sobre um dado comportamento, prazos externamente determinados, meta impostas e ameaças diminuem a motivação intrínseca porque conduzem a percepção de lócus de controle externo (Ryan e Deci, 2000). Em suporte a essas observações, Silva *et al.* (2011) promoveram um modelo de intervenção para aumentar o nível de atividade física de mulheres obesas, enfatizando divertimento, prazer e percepção de domínio, ao invés dos benefícios relacionados ao peso corporal e a aparência. O aumento da motivação intrínseca nas participantes foi um potente preditor do comportamento para o exercício moderado e vigoroso por um período de dois anos após a intervenção.

Vale a pena destacar que a motivação controlada para o exercício (particularmente a regulação identificada da motivação) não é necessariamente problemática, motivacionalmente falando, quando a regulação autônoma é simultaneamente sustentada.

Imaginemos a seguinte situação: uma pessoa busca melhorar a aparência através do exercício (motivo extrínseco) porque seu cônjuge valoriza sua imagem corporal (motivação controlada). Ao mesmo tempo, essa pessoa também valoriza os benefícios do exercício para sua saúde (regulação identificada).

Tomando novamente o exemplo anterior, o treinador pode estimular a regulação identificada enfatizando os benefícios e valores instrumentais da atividade com relação à saúde, aptidão física e qualidade de vida. Ao mesmo tempo, a motivação intrínseca pode ser estimulada pelo divertimento, aquisição de novas habilidades, benefícios afetivos e interesse pessoal. Com relação ao último, deixamos claro que a ênfase é dada no aumento da percepção de bem-estar e vitalidade associado ao exercício.

Logo, treinadores não devem desmerecer os motivos relacionados à aparência e perda de peso, ou qualquer outro motivo, uma vez que podem ameaçar a percepção de autonomia do indivíduo, comprometendo sua adesão.

Do ponto de vista da neurociência, a escolha do indivíduo por realizar um comportamento intrinsecamente motivado promove ativação de áreas cerebrais específicas em comparação aos extrinsecamente motivados. Lee *et al.* (2012) demostraram por imagem de ressonância magnética funcional maior ativação do córtex insular nos processos de tomada de decisão por motivos intrínsecos. O córtex insular está intimamente relacionado com o processamento emocional (Craig, 2009). Baseado nesses resultados, podemos inferir que a tomada de decisão por motivação intrínseca, ou seja, a decisão autônoma de se engajar no comportamento, está relacionada à percepção espontânea de autossatisfação (interesse, prazer, sentimento de liberdade). Em contraste, o córtex cingulado posterior parece ser mais ativado durante a tomada de decisão motivada por razões extrínsecas, particularmente em processos de decisão que envolvam o balanço e valorização de recompensas externas (Lee *et al.*, 2012). Interessantemente, alguns pesquisadores relacionam a ativação do córtex cingulado posterior com o processo de valoração atribuídos ao contexto social (Johnson *et al.*, 2006).

Um aspecto central da TAD fundamenta-se na importância do ser humano satisfazer três necessidades psicológicas básicas. A autonomia (sentimento que a origem da ação é do indivíduo, de livre escolha e vontade), a competência (sentimento de eficácia e confiança na ação) e o relacionamento (sentimento de conexão e de afeto dos outros e para os outros). É por meio do preenchimento e desenvolvimentos das três necessidades que um indivíduo internaliza e integra um determinado comportamento, tornando-o autorregulado no *continuum* da motivação (Deci e Ryan, 2000).

1. Suporte de autonomia

- Relevância (razão clara e significativa para a atividade, facilitando a autoaprovação).
- Respeito (reconhecer a importância da perspectiva do cliente, sentimento e disponibilidade).
- Escolha (encorajar os clientes a seguir seus próprios interesses e providenciar opções sempre que possível).
- Prevenção de controle (não utilizar linguagem coerciva, autoritária ou métodos que induzam o senso de culpa).

2. Suporte de competência

- Clareza nas expectativas (programação colaborativa de metas realistas relacionadas aos resultados).
- Retorno (oferecer *feedback* claro, honesto, relevante e sem julgamento).
- Treinamento de habilidades (desenvolvimento colaborativo de habilidades e competência para executar determinado comportamento).

3. Suporte de relacionamento

- Empatia (tentar ver a situação através da perspectiva do cliente).
- Afeição (apresentar apreciação genuína e preocupação com o cliente).
- Sintonia (empregar atenção plena e coletar informações importantes sobre o cliente).

A satisfação das necessidades psicológicas básicas (relacionamento, competência e autonomia) e as formas de motivação mais autorreguladas (identificada, integrada e intrínseca) aparecem associadas a uma maior adesão e prática de exercício físico.

Por exemplo, Ekkekakis e Ekkekakis (2009) demonstraram que, quando a intensidade do exercício foi imposta pelo treinador (intensidade recomendada pelo Colégio Americano de Medicina do Esporte para indivíduos destreinados – 64 a 70% da frequência cardíaca máxima), houve redução significativa na qualidade da experiência afetiva (menor percepção de interesse e divertimento – aspectos da motivação intrínseca) e redução da percepção de autonomia do exercício. Interessantemente, quando os pesquisadores compararam a intensidade média imposta pelo treinador com a intensidade do exercício autosselecionada pelas voluntárias em outra ocasião não houve diferença significativa para média da frequência cardíaca. Portanto, para a mesma intensidade do exercício, a perda da percepção de autonomia pode afetar negativamente a resposta afetiva ao exercício que, por sua vez, pode comprometer a adesão a longo prazo.

Nas primeiras semanas de exercício, o contato mais frequente com o profissional pode favorecer a adesão. A utilização das estratégias para aumento de percepção de autonomia deve ser aplicada com cautela, e não deve ser confundida com independência do praticante (Edmunds *et al.*, 2007).

De forma prática, o treinador pode adotar algumas condutas para auxiliar o seu cliente a regular a qualidade da motivação e, com isso, facilitar sua adesão ao exercício. Nossas sugestões são:

1. Estimular a escolha das atividades para promover autonomia

Estimular o esforço consciente do cliente para escolher o tipo de exercício, intensidade, duração e frequência. Esse processo de tomada de decisão estimula o desenvolvimento da autonomia e da autodeterminação, além de promover maior resposta afetiva ao exercício (prazer, satisfação e divertimento). O passo inicial para prescrição de exercício é determinante para manter o cliente engajado no programa de exercício.

2. Proporcionar análise racional para a escolha das atividades

Explicar como diferentes formas de exercício promovem respostas adaptativas específicas e benefícios à saúde, auxiliar na autonomia do cliente para a escolha das atividades, além de elevar as expectativas positivas para determinada atividade ou modalidade de exercício. Lembrando que desenvolver a autonomia como necessidade psicológica humana e promover respostas afetivas positivas ao exercício aumentam a motivação intrínseca do indivíduo.

3. Oferecer *feedback* positivo para desenvolver senso de competência

O *feedback* positivo inclui elogios e sugestões construtivas para aprimorar o comportamento. O profissional deve levar em consideração o nível de habilidade e condicionamento para oferecer o *feedback*. Por exemplo, clientes bem condicionados e experientes no treinamento físico podem preferir *feedback* corretivo e de instrução para melhorar a técnica e o desempenho do exercício. Por outro lado, clientes iniciantes ou pouco experientes podem responder mais favoravelmente a elogios e encorajamento. Os *feedbacks* positivos auxiliam no desenvolvimento da percepção de confiança e competência que também fortalecem a resposta afetiva ao exercício e a motivação intrínseca.

4. Desenvolver metas desafiadoras

Para atingir o sucesso na adoção de um comportamento desejado é necessário estabelecer as etapas específicas do processo. Os profissionais devem criar um ambiente fomentado pela competência ao invés da competição para encorajar os clientes a mensurarem seu progresso relativo em direção ao comportamento desejado, e evitar a comparação com os outros.

5. Promover o desenvolvimento de relacionamentos pessoais

A adesão a programas ou novas hábitos de saúde ocorre com maior probabilidade quando os clientes constroem conexões sociais. As conexões, por sua vez, conduzem a maior satisfação pessoal e aumentam as possibilidades de manutenção do comportamento.

Referências

AMERICAN COLLEGE OF SPORTS MEDICINE (ACSM). *Resources for the personal trainer.* Wolters Kluwer: ACSM, 2014.

ARMITAGE, C. J.; CONNOR M. Efficacy of the theory of planned behavior: a meta-analytic review. *British Journal of Social Psychology*, v. 40, p. 471-499, 2001.

ARMITAGE, C. J.; SPRIGG, C. A. The roles of behavioral and implementation intentions in changing physical activity in young children with low socioeconomic status. *Sports and Exercise Psychology*, v. 32, p. 359-376, 2010.

BUCKWORTH, J. *et al*. Decomposing intrinsic and extrinsic motivation for exercise: Application to stages of motivational readiness. *Psychology of Sport and Exercise*, v. 8, n. 4, p. 441-461, 2007.

CLARK, M. M. *et al*. The effectiveness of wellness coaching for improving quality of life. *Mayo Clin Proc.*, v. 89, n. 11, p. 1537-1544, 2014.

CRAIG, A. D. How do you feel--now? The anterior insula and human awareness. *Nat Rev Neurosci.*, v. 10, n. 1, p. 59-70, Jan 2009.

DECI, E. L.; RYAN, R. M. The "What" and "Why" of Goal Pursuits : Human Needs and the Self-Determination of Behavior. *Psychology Inquiry*, v. 11, n. 4, p. 227-268, 2000.

EDMUNDS, J.; DUDA, J. L. A. Adherence and well-being in overweight and obese patients referred to an exercise on prescription scheme: A self-determination theory perspective. *Psychology of Sport and Exercise*, v. 8, n. 8, p. 722-740, 2007.

EKKEKAKIS, S.; EKKEKAKIS, P. Affective Consequences of imposing the intensity of physical activity: does the loss of perceived autonomy matter? *Hellenic Journal of Psychology*, v. 6, p. 125-144, 2009.

FORTIER, M. S. *et al*. Promoting physical activity: development and testing of self-determination theory-based interventions. *Int J Behav Nutr Phys Act.*, v. 9, p. 20, 2012.

GARBER, C. E. *et al*.American College of Sports Medicine position stand. Quantity and quality of exercise for developing and maintaining cardiorespiratory, musculoskeletal, and neuromotor fitness in apparently healthy adults: guidance for prescribing exercise. *Med Sci Sports Exerc.*, v. 43, n. 7, p. 1334-59, Jul 2011.

HAMMERNESS, P.; MOORE, M. *Organize your mind, organize your life*. New York: Harlequin, 2012.

INGLEDEW, D. K.; MARKLAND, D. The role of motives in exercise participation. *Psychol Health*, v. 23, n. 7, p. 807-28, 2008.

INTERNATIONAL COACH FEDERATION. *Coaching competencies*. mar, 2014.

JOHNSON, M. K. *et al*. Dissociating medial frontal and posterior cingulate activity during self-reflection. *Soc Cogn Affect Neurosci.*, v. 1, n. 1, p. 56-64, jun, 2006.

LEE, W. *et al*. Neural differences between intrinsic reasons for doing versus extrinsic reasons for doing: an fMRI study. *Neurosci Res.*, v. 73, n. 1, p. 68-72, mai, 2012.

LOCKE, E. A.; LATHAM, G. P. Building a Practically Useful Theory of Goal Setting and Task Motivation. *American Psychologist.*, v. 57, n. 9, p. 705-717, 2012.

LULEY, C. *et al*. Weight loss by telemonitoring of nutrition and physical activity in patients with metabolic syndrome for 1 year. *J Am Coll Nutr.*, v. 33, n. 5, p. 363-374, 2014.

LUTES, L. D. *et al*. Small changes in nutrition and physical activity promotes weight loss and maintenance: three-month evidence from the ASPIRE randomized trial. *Annals of Behavioral Medicine*, v. 35, p. 351-357, 2008.

MOORE, M.; TSCHANNEN-MORAN, B.; JACKSON, E. Coaching psychology manual. Wolters Kluwer: ACSM, 2015.

NIGG, C. R. ACSM's Behavioral Aspects of Physical Activity and Exercise. Philadelphia: Lippincott Williams & Wilkins, 2014.

PROCHASKA, J.; DICLEMENTE, C. Stages and processes of self-change in smoking: toward an integrative model of change. *Journal of Consulting and Clinical Psychology*, v. 5, p. 390-395, 1983.

RYAN, R. M.; DECI, E. L. Self-determination theory and the facilitation of intrinsic motivation, social development, and well-being. *Am Psychol.*, v. 55, n. 1, p. 68-78, jan, 2000.

RYAN, R. M. *et al.* Self-determination theory: The dynamics of motivation in development and wellness. *Hedonic J Psychol.*, v. 6, p. 107-124, 2009.

SANGSTER, J. *et al.* Effectiveness of a pedometer-based telephone coaching program on weight and physical activity for people referred to a cardiac rehabilitation program: a randomized controlled trial. *J Cardiopulm Rehabil Prev*, 2014.

SFORZO, A. G.; MOORE, M.; SCHOLTZ, M. Health and wellness coaching competencies for exercise professional. *ACSM's Health & Fitness Journal*, v. 19, p. 20-26, 2015.

SHAHNAZARI, M. *et al.* Nutrition-focused wellness coaching promotes a reduction in body weight in overweight US veterans. *J Acad Nutr Diet.*, v. 113, n. 7, p. 928-935, 2013.

SILVA, M. N. *et al.* A randomized controlled trial to evaluate self-determination theory for exercise adherence and weight control: rationale and intervention description. *BMC Public Health*, v 8, p. 234, 2008.

SILVA, M. N. *et al.* Exercise autonomous motivation predicts 3-yr weight loss in women. *Med Sci Sports Exerc.*; v. 43, n. 4, p. 728-737, abr, 2011.

TEIXEIRA, P. J. *et al.* Exercise, physical activity, and self-determination theory: a systematic review. *Int J Behav Nutr Phys Act.* v. 9, p. 78, 2012.

WADDEN, T. A. *et al.* A two-year randomized trial of obesity treatment in primary care practice *N Engl J Med.*, v. 365, n. 21, p. 1969-1979, 2014.

23

Treinamento concorrente

Douglas Popp Marin

Christiano Bertoldo Urtado

OBJETIVO DO CAPÍTULO

Entender a compatibilidade e/ou a ausência de compatibilidade entre o treinamento de resistência aeróbia (TRA) e o treinamento de força (TF); discutir as adaptações fisiológicas e celulares induzidas pelo treinamento concorrente; compreender os efeitos do treinamento concorrente sobre o desempenho de força, a resistência cardiorrespiratória e a hipertrofia muscular; identificar as principais variáveis do TRA que podem comprometer as adaptações neuromusculares; e discutir os benefícios do treinamento concorrente sobre os indicadores de saúde.

Nos últimos anos, vários departamentos de pesquisa e de controle de saúde publicaram relatórios esclarecendo aos profissionais de saúde e condicionamento físico, a dose de exercício físico (duração, intensidade e frequência) necessária para aprimorar os indicadores de saúde física e psicológica, e reduzir a suscetibilidade a doenças e diminuir a mortalidade. As recomendações contidas nesses relatórios para a prescrição de exercício voltada para o condicionamento físico, qualidade de vida e saúde incluem: o treinamento da força e resistência muscular, a resistência aeróbia e a flexibilidade (Ratamess, 2012). Além disso, recentemente, o treinamento de agilidade, propriocepção e potência muscular tem sido incluído nos programas de condicionamento físico global.

Considerando as recomendações supracitadas, a organização dos ciclos de treino que deem conta do desenvolvimento simultâneo de diferentes capacidades físicas, as quais exigem adaptações e métodos de treinamento específicos, representa um dos maiores desafios para o professor ou treinador personalizado. A integração de uma grande variedade de componentes da aptidão física em um programa de condicionamento físico global requer uma cuidadosa avaliação das prioridades do treinamento em fases específicas. Contudo, vale lembrar que a sequência de aplicação dos exercícios, a duração de cada estímulo e a prioridade de cada capacidade física, dependerá da habilidade de cada organismo em se adaptar.

A literatura tem demonstrado grande interesse a respeito do treinamento concorrente, em especial, pela combinação do treinamento de resistência aeróbia (TRA) e o treinamento com força (TF). O músculo esquelético apresenta uma alta capacidade de adaptação metabólica e estrutural em resposta a diferentes estímulos do exercício. Os TRA e TF são modalidades de treinamento divergentes, cada um induzindo respostas adaptativas específicas dentro do ambiente muscular. Nesse sentido, o treinamento concorrente pode ser definido como a integração simultânea do TRA e TF em um regime de treino periodizado (Wilson *et al.*, 2012). Alguns trabalhos mostram que o treinamento concorrente em comparação ao TF isolado pode interferir negativamente nos ganhos de força (Hickson, 1980; Bell *et al.*, 2000; Dolezal e Potteiger, 1998; Kraemer *et al.*, 1995; McCarthy *et al.*, 2002), potência (Häkkinen *et al.*, 2003; Kraemer *et al.*, 1995) e hipertrofia muscular (Hickson, 1980; Kraemer *et al.*, 1995; McCarthy *et al.*, 2002). Por outro lado, outros estudos não apresentam nenhum efeito negativo nas adaptações neuromusculares (McArthy *et al.*, 1995; Sillampää *et al.*, 2008; Wilson *et al.*, 2012).

As adaptações periféricas ao treinamento de resistência aeróbia resultam, tipicamente, em aumento da capacidade oxidativa, aumento da densidade capilar, aumento do número e tamanho das mitocôndrias, enquanto que as adaptações promovidas pelo TF estão relacionadas ao aumento da área de secção transversa do músculo, aumento da capacidade anaeróbia, e, em alguns casos, redução da densidade mitocondrial (MacDougall *et al.*, 1979). Os estímulos antagônicos promovidos pelas sessões de TRA e TF para a mesma massa muscular, ou para tipos específicos de fibras musculares recrutadas, podem promover respostas adaptativas concorrentes, ou seja, podem atenuar a magnitude dos ganhos em capacidade física ou em adaptação estrutural do músculo treinado. Entretanto, é importante ressaltar que existe grande variabilidade na resposta individual para as adaptações neuromusculares ao treinamento concorrente (-12% a 87%) (Karavirta *et al.*, 2011). Esses dados sugerem que alguns indivíduos podem experienciar redução da força muscular, enquanto outros podem desenvolver altos níveis de força por meio do treinamento concorrente.

O TRA e o TF são modalidades de exercício comumente utilizadas em programas de treinamento físico voltados para aprimoramentos dos marcadores de saúde, estética e condicionamento físico. Além disso, o treinamento concorrente é necessário para programas de treinamento físico em várias modalidades esportivas. Diferentes combinações podem ser elaboradas: (I) executar as duas modalidades de exercício durante a mesma sessão de treinamento (< 60 minutos de intervalo); (II) realizar os exercícios em períodos diferentes do dia (por exemplo, exercício aeróbio pela manhã e TF à noite); (III) combinar as modalidades de exercício em dias alternados. Dessa forma, o treinamento concorrente pode ser elaborado com minutos, horas ou dias de intervalo entre o TF e TRA. Este capítulo apresenta os efeitos do treinamento concorrente em diferentes protocolos de exercício voltados para uma ampla variedade de objetivos e necessidades. A literatura apresenta uma grande variedade de protocolos, dificultando qualquer tentativa de generalização na interpretação dos resultados. Até o momento, podemos observar que diferentes programas de treinamento designados para obter incremento na capacidade aeróbia e na força muscular podem interagir, produzindo diferentes níveis de interferência baseado na especificidade das adaptações fisiológicas e celulares.

23.1 Treinamento concorrente: hipóteses e justificativas fisiológicas

Evidências consistentes da literatura apontam que o treinamento concorrente promove adaptações na força, potência e hipertrofia muscular, assim como aprimora o consumo de oxigênio. Entretanto, programas de alto volume de treinamento podem atenuar uma ou outra adaptação, em função do nível dos praticantes, o ergômetro utilizado no exercício aeróbio, a ordem dos exercícios, ou se o TRA e o TF são executados na mesma sessão. Várias hipóteses fisiológicas foram propostas para explicar o efeito de interferência ou a redução dos ganhos de força e hipertrofia quando o TF for realizado simultaneamente com o TRA.

É importante lembrar que as adaptações crônicas ao treinamento envolvem modificações estruturais mediadas por padrões específicos de sinalização e transcrição/tradução de proteínas dentro da célula muscular. Em outras palavras, as respostas observadas no treinamento ocorrem pelo processo de síntese proteica induzido por cada modalidade de exercício.

Os mecanismos que provavelmente explicam a incompatibilidade do TF e de TRA incluem: incompatibilidade de sinalização intracelular, limite genético para o desempenho ou adaptação fisiológica, o excesso de fadiga, estado catabólico acentuado, alteração no padrão de recrutamento de unidades motoras e um possível efeito de transição de tipos de fibras musculares (Docherty e Sporer, 2000; Coffey e Hawley, 2016).

Abaixo estão listados alguns fatores que podem explicar a incompatibilidade associada ao treinamento concorrente (Ratamess, 2012):

1. Recuperação inadequada entre as sessões – este fenômeno está especialmente ligado ao aumento da frequência de treino para os membros inferiores. A interferência do treinamento concorrente sobre as adaptações neuromusculares pode ocorrer em programas de exercício que incluem o TF para os membros inferiores 2 a 3 vezes por semana, associado com o TRA em dias alternados.
2. Fadiga residual – o exercício aeróbio realizado antes das sessões de TF pode produzir acúmulo de fadiga e dificultar o desempenho de força durante a sessão de treino subsequente.

Vale lembrar que o efeito de interferência pode ocorrer somente para as fibras musculares que compõem as unidades motoras recrutadas nas duas modalidades de exercício. Ou seja, o efeito negativo poderá ocorrer somente para aquelas fibras em particular que participaram na produção de força, tanto no exercício aeróbio quanto nos exercícios de força. Por isso, os poucos estudos que apresentam atenuação de hipertrofia muscular com o treinamento concorrente, mostram redução do crescimento celular somente nas fibras musculares do tipo I nos músculos da coxa (Bell *et al.*, 2000; Kraemer *et al.*, 1995).

No caso do exercício aeróbio, o aumento da demanda metabólica produzida pelo exercício promove ajustes fisiológicos necessários para o maior consumo de oxigênio exigido nas fibras musculares utilizadas. O aumento da demanda de ressíntese de ATP pela via aeróbia de transferência de energia induz a uma série de sinalizações intracelulares e processos enzimáticos que, em última instância, promoverão ajustes para aumentar o transporte e a utilização de oxigênio na fibra muscular. Em contrapartida, quando as fibras musculares são recrutadas para produzir força em alta intensidade, os ajustes requeridos estão relacionados aos eventos de síntese de proteínas contráteis, e modificações neurológicas estruturais e funcionais necessárias para produção de força e hipertrofia muscular. Assim, o conflito nas adaptações celulares induzidas pelo treinamento concorrente pode explicar, ao menos em parte, a redução dos ganhos de força, potência e hipertrofia muscular apresentados por alguns programas de treinamento.

23.2 Efeito do treinamento concorrente sobre o desempenho de resistência aeróbia

Vários estudos apresentam evidências não somente ao contrário da crença de que o TF pode ser prejudicial ao desempenho de resistência aeróbia, mas, também, mostraram que o TF pode potencializar as respostas do consumo máximo de oxigênio e o tempo e exaustão em testes de esforço máximos (Kraemer *et al.*, 1999; McCarthy *et al.*, 1995). Os autores desses trabalhos sugerem aumento da atividade das enzimas glicolíticas (maior capacidade e velocidade de ressíntese de ATP), além de adaptações neuromusculares relacionadas com o padrão de recrutamento de unidades motoras, redução da rigidez muscular (*stiffness*) e melhora da função do ciclo alongamento-encurtamento, são responsáveis pela economia de movimento.

Programas de exercício que utilizaram indivíduos não treinados, com duração entre 10 a 12 semanas, frequência de 2-3 vezes por semana, combinando o TF e TRA na mesma sessão ou em dias alternados, demonstraram consistentemente que o TF não compromete as adaptações envolvidas no metabolismo aeróbio (Kraemer *et al.*, 1999; McCarthy *et al.*, 1995). O TF pode ser adicionado ao treinamento de resistência para aumentar o desempenho em eventos de curta (15 minutos) e longa duração (7 horas). A combinação do TF (periodização linear, 2-3 vezes por semana, com progressão entre 12 a 5 RM) e TRA (10 a 18h de volume semanal) durante 16 semanas promoveu aumento significativo do desempenho aeróbio (8%) em ciclistas dinamarqueses de elite. Importante achado do estudo foi a maior transição de fibras do tipo IIb para IIa no grupo treinamento concorrente em relação ao grupo que treina somente resistência aeróbia. Em contrapartida, Nelson *et al.* (1990) mostraram que o treinamento concorrente (4 vezes por semana) apresentou ganhos similares de capacidade aeróbia em relação ao TRA isolado, somente na primeira parte do estudo (11 semanas). Ao final da segunda parte (20 semanas), o grupo que treinou somente resistência aeróbia continuou aprimorando o consumo de oxigênio, enquanto o grupo de treinamento concorrente não mostrou alterações adicionais. Isso pode indicar que a capacidade aeróbia pode não estar totalmente livre de interferência negativa. Estudos a curto prazo (8 a 12 semanas) podem não manifestar incompatibilidade do TF sobre a capacidade aeróbia. De qualquer forma, o treinamento concorrente a longo prazo, porém com frequência reduzida (2 vezes por semana), pode minimizar o efeito de interferência (Mikkola *et al.*, 2012). Isso parece ser aplicável principalmente aos praticantes iniciantes com pouco lastro de treinamento.

Embora algumas evidências apontem que o treinamento concorrente promova incremento da capacidade aeróbia, os benefícios do TF para indivíduos bem treinados em resistência podem ser discretos. Bishop *et al.* (1999) investigaram o efeito do TF sobre o desempenho de resistência em ciclistas treinadas. As sessões de TF incluíram

5x2-8 RM de agachamento livre até a exaustão, 2 vezes por semana. Após 12 semanas, não houve diferença para o desempenho (tempo de exaustão), limiar de lactato, capacidade aeróbia, ou atividade enzimática muscular com a adição do TF. O treinamento de força parece ter impacto positivo na economia de movimento, mas não sobre a cinética do consumo de oxigênio (Millet *et al.*, 2002).

Coletivamente, a literatura propõe que a combinação do TF e TRA não compromete as adaptações associadas ao metabolismo aeróbio, ou ainda, pode contribuir para a melhora de economia de movimento e, consequentemente, o desempenho em eventos específicos. As adaptações neuromusculares envolvidas no aumento do desempenho de resistência (redução do tempo de contato com o solo, maior eficiência do ciclo alongamento-encurtamento, transição dos subtipos de fibras musculares), sem impactar negativamente sobre densidade capilar e mitocondrial, podem ser desenvolvidas com o TF de alta intensidade com baixo volume de treinamento. Entretanto, é importante lembrar que a inclusão do TF não pode interferir na programação da frequência do treinamento de resistência aeróbia.

Figura 23.1 – Efeito do treinamento concorrente sobre a capacidade aeróbia

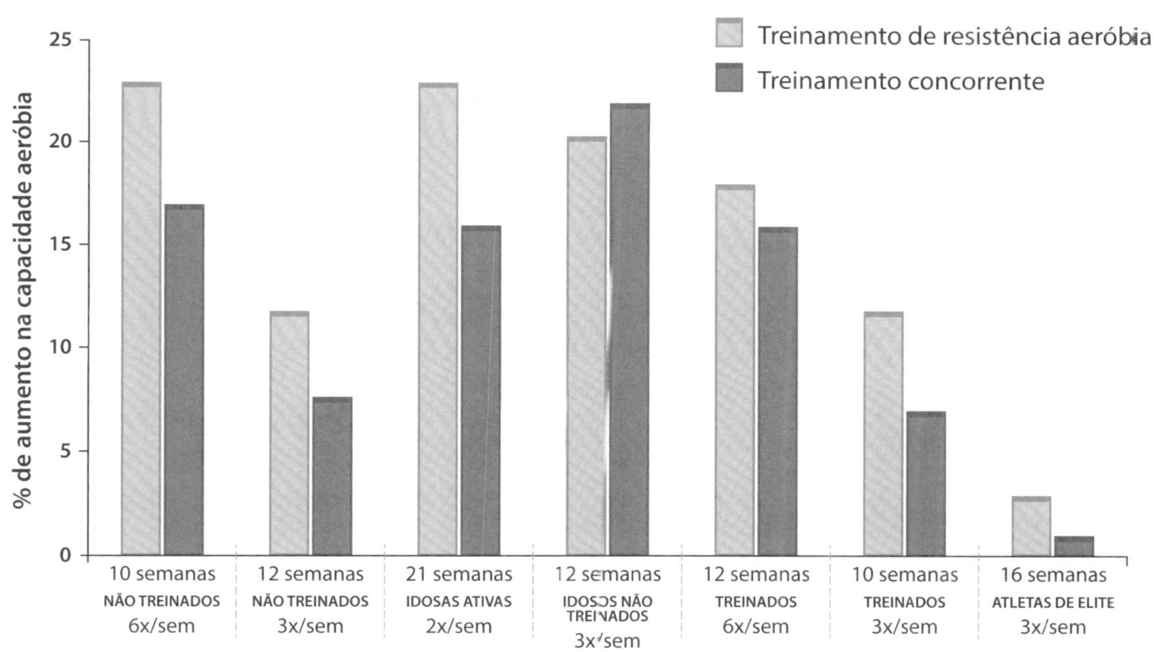

Fonte: adaptado de Hickson (1980); Kraemer *et al.* (1995); Silanpää *et al.* (2009); Cadore *et al.* (2011); McCarthy *et al.* (1995); Dolezal e Potteiger, (1998); Aargard *et al.* (2011).

23.3 Efeito do treinamento concorrente sobre as adaptações neuromusculares

Hickson (1980) introduziu o conceito de interferência quando o programa de treinamento associou exercícios de força e resistência aeróbia na mesma sessão e resultou em atenuação dos ganhos de força máxima comparado ao grupo que realizou o TF isolado. Entretanto, evidências recentes sugerem que a depender de como são manipuladas as variáveis de prescrição de exercício, o TF pode potencializar o desempenho de resistência, bem como o treinamento aeróbio pode não exercer influência sobre os ganhos de força e hipertrofia muscular. No estudo de Hickson (1980), os voluntários realizaram o treinamento concorrente de alto volume e frequência (Figura 23.2) durante 10 semanas. Houve aumento da força muscular até aproximadamente as semanas 6 e 7, seguido por um período de platô e decréscimo nas duas últimas semanas do estudo. O volume excessivo de treinamento pode ter esgotado a capacidade adaptativa do organismo, seguido de estagnação e redução do desempenho físico. Alguns cientistas do exercício propuseram que o volume excessivo induzido pela combinação dos dois tipos de treinamento poderia induzir ao *overtraining*.

Figura 23.2 – Efeito do treinamento concorrente sobre o desenvolvimento da força máxima

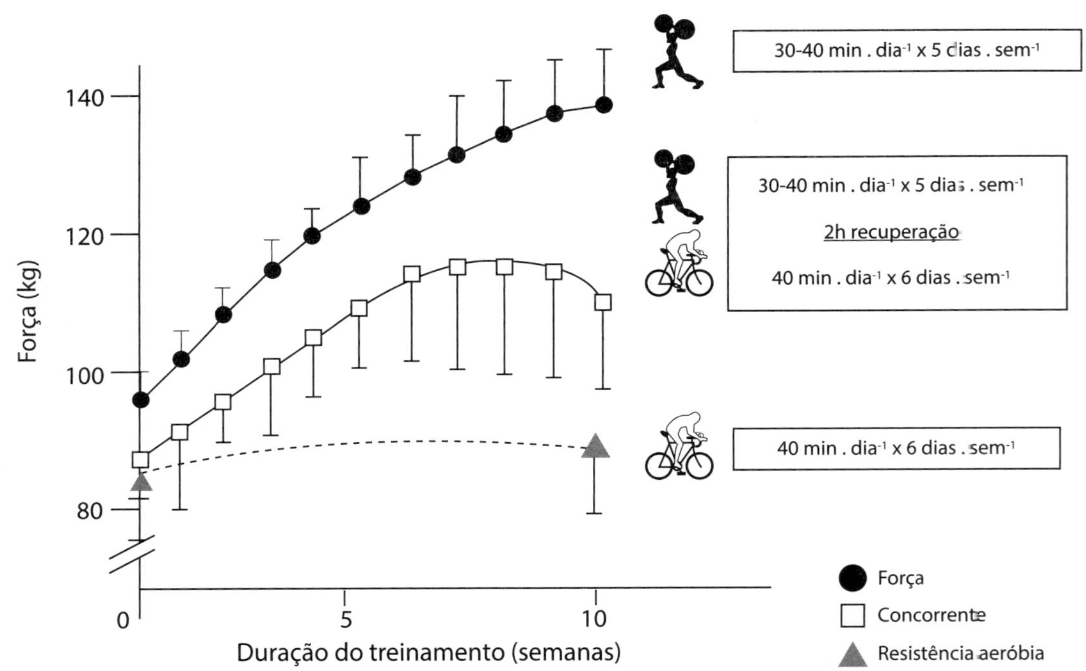

Fonte: adaptado de Hickson (1980).

Hickson (1980) e Kraemer *et al.* (1995) observaram diferenças nos ganhos de força muscular para o treinamento concorrente em comparação ao TF isolado (30% e 19,5%; e 35% e 24%, respectivamente), utilizando protocolos de TRA de alto volume, alta frequência (5-6 vezes por semana) e intensidade moderada em método contínuo.

Por outro lado, de Souza *et al.* (2013) utilizaram a combinação de um protocolo de treinamento intervalado de alta intensidade, com o TF de baixo volume. Eles verificaram ganhos de força similares com o treinamento concorrente. Na mesma direção, tal treino concorrente realizado na mesma sessão (TRA antes e TF imediatamente depois) e com frequência de 2 vezes por semana não demonstrou incompatibilidade sobre a força máxima e resistência de força de membros superiores e inferiores (Silva *et al.*, 2012). Esses dados sugerem que o volume semanal do TRA parece ser responsável pelo efeito de interferência do treinamento concorrente. Um menor número de sessões semanais de exercício aeróbioc (2 vezes por semana) permite maior recuperação e pode minimizar o efeito de interferências sobre a força muscular, especialmente em praticantes iniciantes.

Os estudos que não observaram efeito de interferência com o treinamento concorrente são caracterizados por baixo volume e baixa frequência de treinamento o que, tipicamente, é observado no treino personalizado. Professores e treinadores podem evitar o planejamento do treinamento para alunos iniciantes e intermediários que incluam sessões de TF e resistência aeróbia em dias separados, com frequência de 3 vezes por semana para cada modalidade. Essa recomendação atenderia principalmente aos programas cujo objetivo for otimizar os ganhos de força muscular. A combinação de diferentes modalidades de exercício pode expor o praticante a um elevado volume total de treinamento, associado com um período insuficiente de recuperação.

23.4 Efeito do treinamento concorrente sobre a hipertrofia muscular

O treinamento concorrente tem sido criticado devido ao potencial efeito de interferência nas adaptações neuromusculares. Entretanto, se programado cuidadosamente, o treinamento combinado de força e resistência aeróbia pode favorecer ganhos de massa muscular (Figura 23.3), redução do percentual de gordura e a desempenho físico. Na prática, poucas evidências na literatura sugerem inibição da resposta hipertrófica com o treinamento concorrente (Murach e Bagley, 2016).

Lundberg *et al.* (2013) compararam o efeito do treinamento concorrente sobre a resposta de hipertrofia muscular em homens moderadamente treinados. Os participantes executaram 4x7 repetições máximas de cadeira extensora 2-3 vezes por semana durante 5 semanas. As sessões de resistência aeróbia (45 minutos em bicicleta ergométrica a 70% da potência máxima) foram realizadas 6 horas antes do TF. Houve aumento significativo da massa muscular do quadríceps femoral, potência e força muscular. Além disso, o treinamento concorrente não aumentou a expressão de genes associados à via de sinalização do catabolismo de proteínas (miostatina, MuRF-1 e atrogina-1). Nesse estudo, o aumento da massa muscular foi mais pronunciado com o treinamento concorrente realizado em bicicleta ergométrica. O estímulo sinérgico entre o TF e o TRA em bicicleta poderia auxiliar no desenvolvimento da hipertrofia.

A literatura aparentemente indica que o treinamento concorrente de baixo volume e alta intensidade não promove efeito de interferência para o desenvolvimento da hipertrofia muscular. McCarthy *et al.* (2002) reportaram incremento similar na área de secção transversa do quadríceps femoral comparando o TF isolado (12%) e o treinamento concorrente (14%). O protocolo de treino inclui exercícios para os membros superiores e inferiores, executados em 3x6 repetições máximas (até a exaustão), 3 vezes por semana. As sessões de resistência aeróbia (45 minutos a 70% da frequência cardíaca de reserva em bicicleta ergométrica) não foram suficientes para interferir na hipertrofia muscular. Sillanpää *et al.* (2008) mostraram que 30 minutos de exercício aeróbio em bicicleta ergométrica, 2 vezes por semana, em intensidade abaixo do limiar de lactato, não afetou negativamente o desenvolvimento da massa magra em mulheres. Hakkinen *et al.* (2003)

investigaram o efeito do treinamento concorrente em homens não treinados em comparação ao TF isolado durante 21 semanas. O TF (50-80% 1 RM) foi realizado 2 vezes por semana, enquanto o treinamento concorrente inclui 2 dias de TF mais 2 dias de exercícios aeróbios (30-90 minutos de bicicleta ergométrica em diferentes intensidades em relação ao limiar de lactato) em sessões alternadas. Os resultados indicaram aumento similar entre os grupos para a hipertrofia muscular do quadríceps femoral, com aumento na área das fibras do tipo I, IIa e IIb. Esses dados sugerem que o desenvolvimento da hipertrofia muscular não é prejudicado pelo TRA até um determinado limiar de volume e frequência.

Figura 23.3 – Efeito do treinamento concorrente sobre a hipertrofia muscular

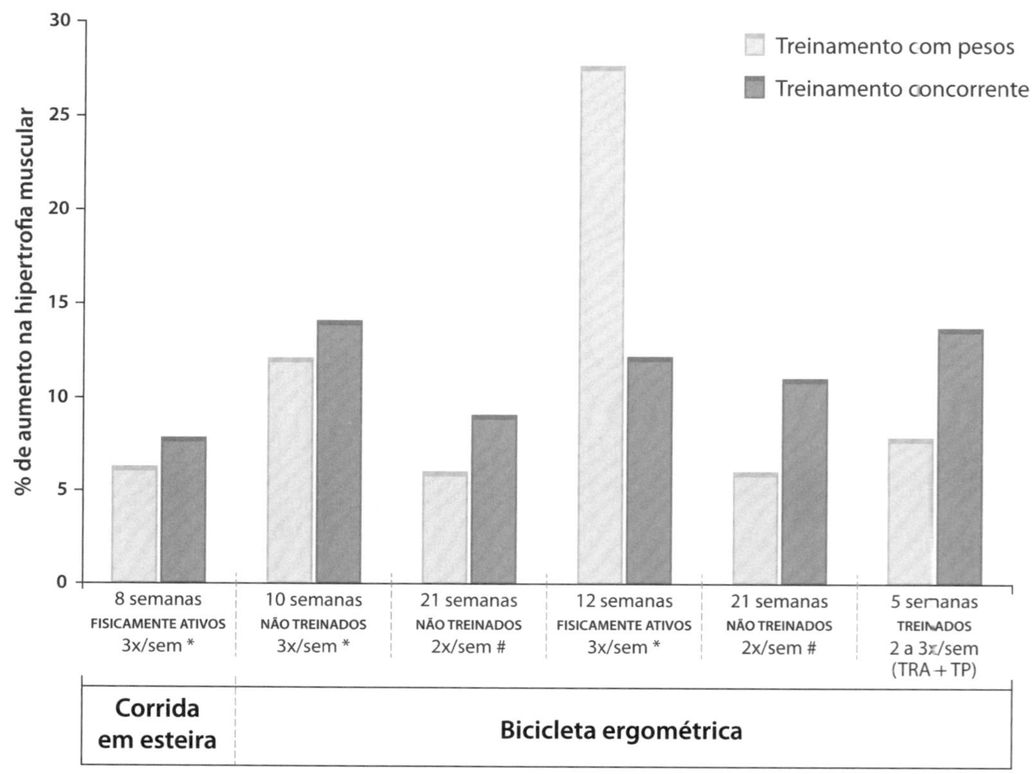

Fonte: adaptado de de Souza *et al.* (2013); McCarthy *et al.* (2002); Hakkinen *et al.* (2003); Bell *et al.* (2000); Mikkola *et al.* (2012); Lundberg *et al.* (2003).

Kraemer *et al.* (1995) investigaram o treinamento concorrente de alta intensidade (4 vezes por semana) em voluntários fisicamente ativos. Nesse estudo (Figura 23.4), foi observado aumento na área das fibras do tipo I e tipo II nos grupos que realizaram o treinamento concorrente e somente o TF. Entretanto, o grupo treinamento concorrente obteve somente 16% de hipertrofia muscular, enquanto que o grupo TF isolado alcançou 28%. O grupo que realizou somente TRA demonstrou redução significativa na área das fibras do tipo I.

Bell *et al.* (2000) investigaram a resposta de hipertrofia muscular induzida pelo TF (3 vezes por semana; 2 a 6 séries e 4 a 12 repetições) e pelo treinamento concorrente (similar o TF + 3 vezes por semana; 30 a 40 minutos de bicicleta ergométrica próxima ou acima do limiar de lactato) em homens e mulheres fisicamente ativos. As sessões de TRA foram realizadas em dias alternados em relação ao TF. O treinamento concorrente resultou em atenuação da resposta de hipertrofia muscular, especialmente para as fibras do tipo I. Os dados acima remetem à ideia de que o treinamento de alto volume (6 vezes por semana) pode inibir em algum nível a hipertrofia muscular. Portanto, programas de exercício voltados para o aumento da massa muscular e, simultaneamente a redução do percentual de gordura, devem incluir os protocolos de treinamento concorrente, desde que o professor ou treinador considere o controle do volume e da frequência de treino com cautela, além de levar em consideração as respostas individuais para progressão das cargas de treinamento.

Figura 23. 4 – Efeito do treinamento concorrente sobre as alterações na área de secção transversa nos tipos de fibra muscular

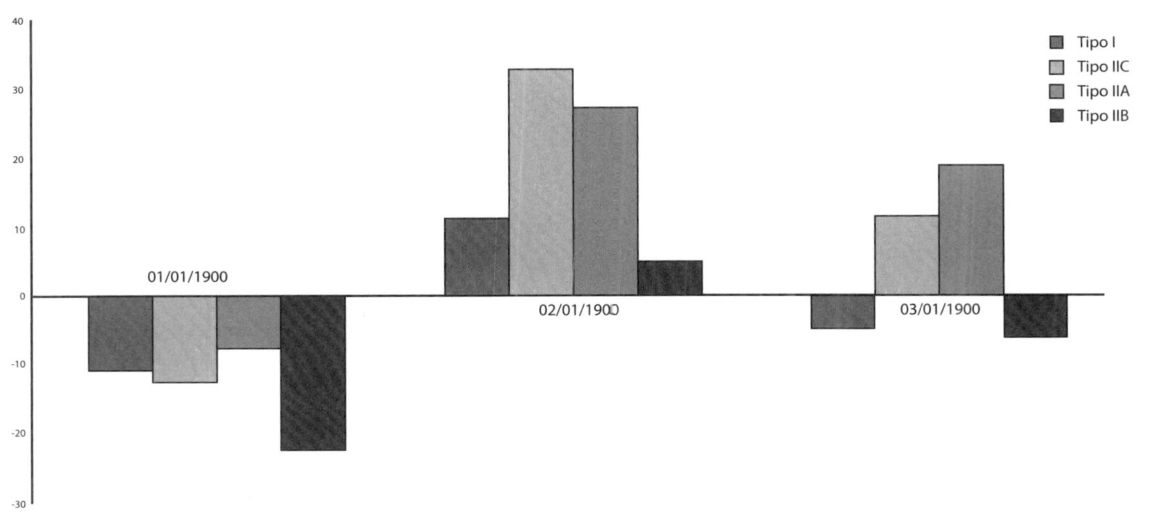

Fonte: adaptado de Kraemer *et al.* (1995).

23.5 Efeito do treinamento concorrente sobre a resistência de força

O efeito de interferência sobre a resistência de força ocorre quando a intensidade do exercício aeróbio é suficiente para depletar o glicogênio muscular. Por outro lado, a força máxima não parece ser afetada agudamente pelos mecanismos metabólicos de fadiga, devido à predominância neural dos processos de produção de força (Docherty e Sporer, 2000). Durante o exercício aeróbio leve-moderado, unidades motoras pequenas são preferencialmente recrutadas para o ajuste das exigências de força do exercício. À medida que a intensidade do exercício aumenta (>85% VO_2máx), unidades motoras progressivamente maiores serão adicionalmente recrutadas (fenômeno conhecido como princípio do tamanho). Em função da escolha da intensidade do

TF e do TRA na mesma sessão, poderia haver repetição do mesmo padrão de recrutamento entre as duas modalidades de exercício, acentuando o efeito de interferência aguda (Nelson *et al.*, 1990). Nessa direção, de Souza *et al.* (2007) observaram que o exercício aeróbio contínuo (corrida de 5km) abaixo da velocidade do limiar de lactato não produziu interferência aguda no desempenho de força máxima ou resistência de força. Em contraste, quando a corrida foi realizada pelo método intervalado em velocidade correspondente ao VO_2máx, houve redução significativa do desempenho de resistência de força (número máximo de repetições a 80% 1 RM) no exercício de *leg press*, mas não no supino reto. Laveritt *et al.* (2000) encontraram redução no número de repetições máximas no agachamento durante a primeira série quando executado 30 minutos após o exercício aeróbio intermitente. Esses dados creditam a hipótese de que o exercício aeróbio da alta intensidade pode comprometer o volume de repetições executadas em uma sessão de TF. O treino voltado para a força máxima ou resistência de força pode ser realizado após o exercício aeróbio contínuo de baixa intensidade e curta duração, mas não após o exercício de corrida intermitente em intensidade próxima ao VO_2máx, devido ao acúmulo de fadiga imediatamente após tal esforço.

23.6 Respostas moleculares induzidas pelo treinamento concorrente

As adaptações musculares ao treinamento físico ocorrem como resultado acumulativo da sinalização intracelular aguda e da subsequente expressão de genes após a sessão de exercício. Como resultado, observa-se a longo prazo um acúmulo de proteínas específicas alterando o fenótipo e a função celular.

A magnitude da resposta anabólica do tecido muscular é mediada pela ativação e inibição de diferentes vias de sinalização intracelular. O praticante avançado no TF apresenta resposta cada vez mais específica para síntese de proteína miofibrilar, especialmente pelo aumento da responsividade à fosforilação de proteínas específicas envolvidas no crescimento tecidual. Estudos que avaliaram a resposta aguda ao treinamento concorrente não observaram interferência no crescimento celular ao nível de transcrição da síntese proteica em comparação com o TF isolado (Pugh *et al.*, 2015). Isso foi observado inclusive quando a sessão de TRA foi imediatamente após a sessão de TF.

O mecanismo molecular que poderia explicar como o exercício aeróbio prejudicaria o desenvolvimento da hipertrofia muscular destaca o efeito inibitório do estresse metabólico oxidativo sobre a atividade de mTOR (*mammalian target of rapamycin*). Evidências destacam o papel central da atividade de mTOR no controle de iniciação da tradução de proteínas, da biogênese ribossomal e da síntese proteica em resposta ao TF (Hamilton e Philip, 2013). Por outro lado, as adaptações celulares promovidas pelo TRA são, ao menos em parte, mediadas pela atividade da proteína AMPK (*adenosine monophosphate-activated protein kinase*). Esta proteína responde a alterações na concentração de AMP intracelular mais especificamente, e é responsiva ao aumento na razão AMP/ATP intramuscular (Hamilton e Philip, 2013).

O aumento da demanda de ATP pela via aeróbia pode resultar na fosforilação de AMPK, que, atuando como um sensor energético da célula, estimula as vias de transferência e produção de energia e reduz as vias metabólicas de consumo de energia (Hamilton e Philip, 2013). A síntese de proteína (anabolismo celular) requer uma alta demanda de energia para a célula muscular (aproximadamente quatro ligações de fosfato de alta energia para cada ligação peptídica formada). Em circunstâncias de estresse energético, a AMPK é ativada, implicando a supressão da síntese de proteína pela ativação do inibidor de mTOR, a proteína TSC2 (Tuberous Sclerosis 2) (Baar, 2014) (Figura 23.5). Entretanto, poucas evidências suportam uma inibição direta induzida pela ativação de AMPK sobre a taxa de síntese de proteína miofibrilar ao TF (Coffey e Hawley, 2016).

Figura 23.5 – Vias celulares envolvidas na adaptação ao treinamento de força e de resistência aeróbia.

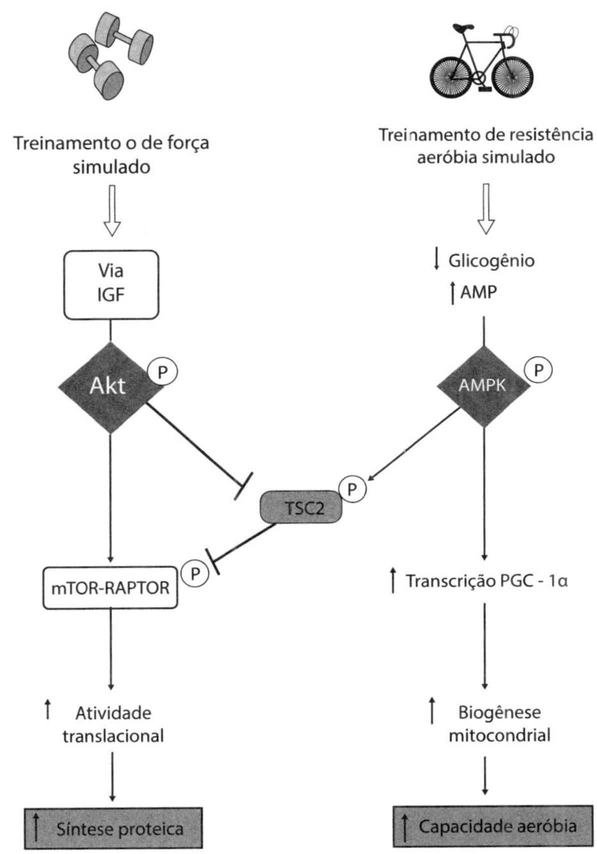

Fonte: adaptado de Coffey e Hawley (2007).

Alguns estudos têm tentado detectar a possível interferência molecular em resposta ao treinamento concorrente em humanos. No entanto, a maior parte da literatura tem falhado em reproduzir os mecanismos de interferência aguda observados em estudos com modelos animais. Evidências sugerem que o treinamento concorrente pode atenuar (Coffey *et al.*, 2009), não interferir (Carrithers *et al.*, 2007), ou mesmo potencializar (Kazior *et al.*, 2016) a sinalização anabólica muscular. Portanto, o fenômeno de interferência do treinamento concorrente ao nível molecular ainda permanece pouco esclarecido.

Em humanos, Coffey *et al.* (2009) mostraram que a ativação de mTOR induzida por 8x5 de cadeira extensora (80% 1 RM) teria sido suprimida se os voluntários tivessem realizado 10x6 segundos de esforço máximo em bicicleta 15 minutos antes do TF. É interessante notar que quando os autores repetiram o protocolo e substituíram o treinamento intervalado de alta intensidade pelo exercício moderado, *não houve interferência do exercício aeróbio na atividade de mTOR*. Esses dados são importantes devido ao crescimento da popularidade dos regimes de treinamento intervalado de alta intensidade para o emagrecimento, parâmetros de saúde e condicionamento físico. Consistente com o efeito da intensidade, Lundberg *et al.* (2013) não encontraram qualquer inibição de mTOR após o TF, quando os voluntários realizaram 45 minutos de bicicleta ergométrica a 70% do VO_2máx, 6 h após o treinamento de força. Do ponto de vista molecular, o exercício aeróbio de alta intensidade pode impactar sobre a atividade de mTOR pelo aumento da razão AMP/ATP e redução do conteúdo de glicogênio muscular como principais ativadores de AMPK (Baar, 2014). Silva *et al.* (2012) investigaram o efeito da intensidade do treino concorrente em mulheres fisicamente ativas. Os autores não encontraram diferença no desenvolvimento da força muscular comparando os grupos de treinamento concorrente contínuo (TRA em bicicleta próximo ao limiar ventilatório) e intervalado (TRA em esteira rolante em velocidade referente ao VO_2máx). Esses dados podem indicar que a intensidade do TRA promove pouca influência nas adaptações ao treinamento concorrente, ao passo que o volume do TRA parece produzir interferência mais pronunciada (Wilson *et al.*, 2012).

A modalidade do TRA empregada no protocolo de treinamento concorrente pode modular o efeito de interferência. É interessante notar que a maioria dos estudos que encontrou efeito de interferência sobre as adaptações neuromuscular utilizou protocolos de corrida para prescrição do TRA (Wilson *et al.*, 2012).

A maior parte dos estudos que investigou o efeito do treino sobre as vias de sinalização celular foram realizados em bicicleta ergométrica. Wilson *et al.* (2012) em um estudo de metanálise reportaram que o exercício aeróbio em bicicleta ergométrica não compromete o desenvolvimento da hipertrofia muscular. Além disso, outros trabalhos também demonstraram aumento da síntese de proteínas e ativação de mTOR após o exercício moderado (65%-70% VO_2máx) em bicicleta ergométrica (Mascher *et al.*, 2011). Em contrapartida, quando a corrida é aplicada como modalidade para o TRA, parece haver um efeito de interferência na hipertrofia muscular (Wilson *et al.*, 2012). A relação entre a modalidade de exercício (corrida *vs* bicicleta) e a resposta de AMPK e mTOR no treinamento concorrente ainda permanece desconhecida.

De fato, alguns estudos não sugerem a inibição de mTOR induzida pelo exercício aeróbio, ou mesmo redução da taxa de síntese de proteína miofibrilar no período pós-treino em indivíduos jovens (Carrithers *et al.*, 2007). No entanto, o efeito da exposição prolongada ao treinamento concorrente tem sido pouco investigado sob o ponto de vista da sinalização celular. De Souza *et al.* (2013) dividiram 37 homens fisicamente ativos em quatro grupos: treinamento intervalado, TF, treinamento concorrente e grupo controle. O TF inclui repetições entre 6-12 para *leg press*, cadeira extensora e flexora. Os voluntários do grupo intervalado realizaram corrida em esteira rolante entre 80%-100% da velocidade referente ao VO_2máx. O treino concorrente inclui os dois protocolos anteriores na mesma sessão, alternando a ordem de execução. Após oito semanas, os resultados indicaram aumento similar na área de secção transversa o quadríceps para o grupo TF (6,2%) e treinamento concorrente (7,8%). O treino intervalado promoveu aumento na ativação de AMPK, enquanto que no grupo que executou o treinamento concorrente não houve diferença. Os autores lançaram a hipótese de que o estímulo do TF pode suprimir ou "desligar" a via de sinalização de AMPK, favorecendo a sinalização anabólica.

Figura 23.6 – Resposta de hipertrofia muscular no quadríceps femoral com o treinamento concorrente comparado ao treinamento com pesos isolado. TC treinamento concorrente, TP treinamento com pesos. * TC significativamente maior que TF isolado.

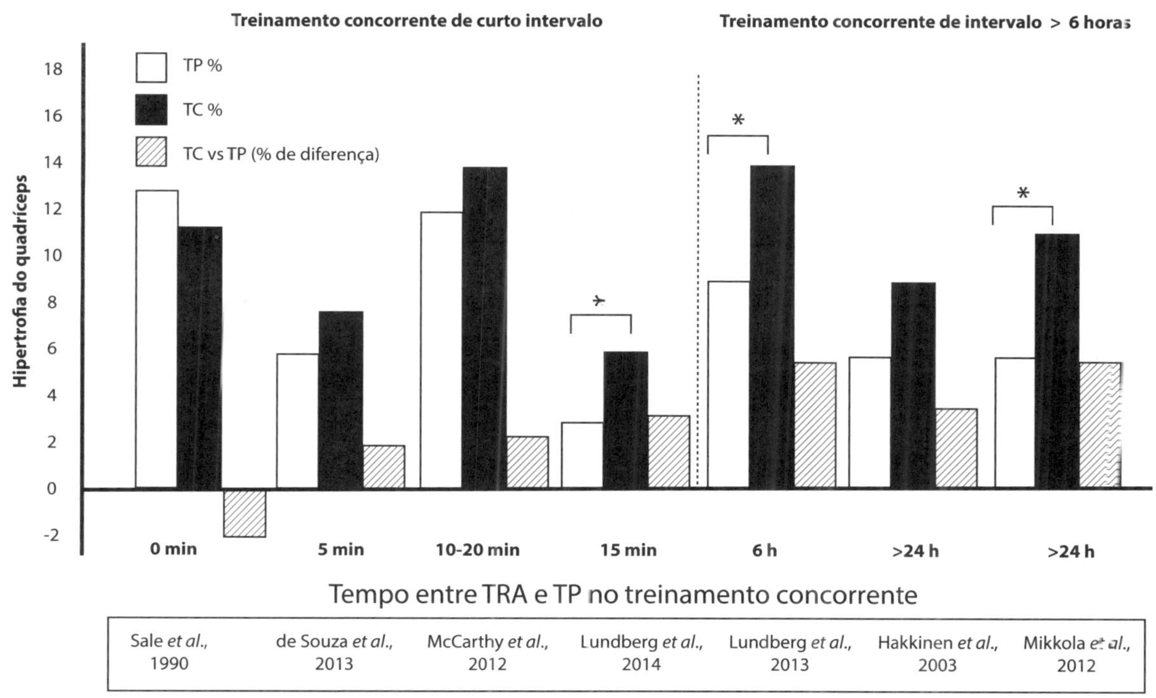

Fonte: adaptado de Murach e Bagley (2016).

Os estudos em humanos que realizaram o treinamento concorrente na mesma sessão de exercício não revelaram diferença na hipertrofia muscular em comparação ao TF isolado (De Souza *et al.*, 2013; McCarthy *et al.*, 2002; Lundberg *et al.*, 2014). Entretanto, o fator primário que parece determinar o perfil molecular de sinalização gerado pelo treino concorrente é o nível de condicionamento ou lastro de treinamento dos indivíduos. Por exemplo, Coffey *et al.* (2006) investigaram o efeito da especificidade de treino sobre a resposta molecular ao treinamento concorrente em atletas de força (*powerlifters*) e atletas de *endurance*. Os autores observaram aumento da fosforilação de AMPK após o exercício de bicicleta ergométrica (60 minutos – 70% VO_2pico) somente nos atletas de força. Em contraste, a fosforilação da proteína ribossomal de 70kDA (S6K) responsável pelo controle da tradução da síntese de proteína foi observada somente nos atletas de *endurance* após o TF (8x5 – 3 minutos de intervalo). Os dados sugerem que a sinalização intracelular após o estímulo de uma sessão de treino pode ser modificada pelo lastro específico de treinamento.

Comparados a atletas ou indivíduos altamente treinados, indivíduos não treinados ou intermediários apresentam maior capacidade de ativar o maquinário molecular muscular em resposta ao estímulo do exercício. Isso se deve ao fato de que indivíduos pouco treinados estão mais susceptíveis a uma maior perturbação metabólica induzida pelo exercício e, como consequência, apresentam maior ativação das cascatas de sinalização celular, independentemente da modalidade de exercício (Coffey e Hawley, 2016). Portanto, é possível que sujeitos no início dos programas de exercício não sejam afetados pelo efeito de interferência do treinamento concorrente, devido ao seu alto grau de inespecificidade de resposta muscular. Isso parece ser evidente pelo fato de o TRA induzir a modestos ganhos de hipertrofia muscular em indivíduos não treinados (Konopka e Harber, 2014), mas não em ciclistas treinados (Rønnestad *et al.*, 2010).

Parece razoável sugerir que quando indivíduos previamente sedentários ou moderadamente treinados iniciam qualquer programa de treinamento concorrente, a resposta para as duas modalidades de exercício é aditiva e promove uma adaptação genérica na ausência de especificidade do efeito do treino. Nesse caso, o efeito de interferência do treinamento concorrente pode ser indistinguível nesses indivíduos, particularmente quando o volume de treino é baixo (Figura 23.7). À medida que o treinamento progride (anos), as sessões de exercício voltadas para mesma orientação funcional promovem modificação do fenótipo muscular e adaptações específicas. A modificação do fenótipo muscular coincide com a maior necessidade de sobrecarga de treinamento para romper a homeostase e promover adaptações adicionais. Dessa forma, especula-se que quanto maior for o lastro específico do treinamento, mais exacerbados serão os efeitos de interferência do treino concorrente em comparação a uma única modalidade isolada de exercício.

Figura 23.7 – Curso temporal hipotético para adaptação muscular e funcional ao treinamento.

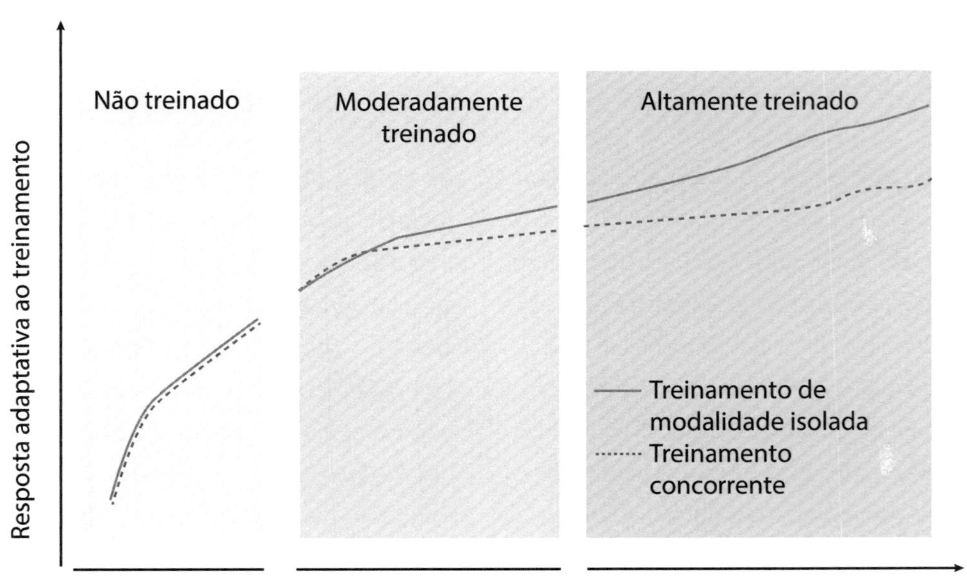

Fonte: adaptado de Coffey e Hawley (2016).

23.7 Resposta endócrina ao treinamento concorrente

Conforme vimos até o momento, a combinação do TF e o TRA não compromete significativamente o desempenho nas duas modalidades em indivíduos não treinados ou com pouca experiência. Contudo, em praticantes avançados e com grande lastro adaptativo no TF, o treinamento aeróbio a longo prazo pode interferir no desenvolvimento da força e potência muscular (Wilson *et al.*, 2012). A combinação das duas modalidades pode elevar drasticamente o volume de treinamento semanal, reduzindo a possibilidade de recuperação entre as sessões. O sistema endócrino, particularmente a secreção dos hormônios anabólicos em resposta ao exercício, está intimamente associado aos processos de recuperação e o remodelamento muscular. Portanto, o padrão de resposta hormonal ao treinamento concorrente pode ajudar a explicar as respostas adaptativas musculares observadas a longo prazo.

O TF isolado promove um potente estímulo para a secreção aguda dos hormônios anabólicos. Entretanto, o treinamento concorrente pode reduzir a resposta de testosterona, independentemente da ordem dos exercícios (Schumann *et al.*, 2014). Apesar de o papel da secreção aguda dos hormônios anabólicos sobre as adaptações neuromusculares ainda permanecer em debate na literatura, parece que o exercício aeróbio pode suprimir a resposta endócrina estimulada pelo TF. Schumann *et al.* (2014) avaliaram o efeito da ordem dos exercícios (TRA + TF *vs* TF + TRA) sobre a resposta endócrina em indivíduos não treinados. O exercício aeróbio (30 minutos em bicicleta ergométrica a 65% da potência aeróbia máxima) realizado antes do TF (4x10 de *leg press* a 75%-85% de 1 RM – 3 minutos de intervalo entre as séries) diminuiu a concentração de testosterona ao final da sessão de treinamento, e por até 48h pós-treino (-23%) em relação aos valores pré-exercício. Os autores sugerem que a combinação de TRA + TF pode ser fisiologicamente mais estressante para alunos sem experiência, necessitando de maior tempo de recuperação entre as sessões, especialmente nas primeiras semanas do programa de treinamento. Contudo, a menor concentração de testosterona não influenciou as adaptações neuromusculares, uma vez que, ao final de 24 semanas de treinamento o grupo TRA + TF apresentou maiores ganhos de força (17%) em relação ao grupo TF + TRA (13%). Nesse sentido, as respostas fisiológicas no início do programa não necessariamente determinam a magnitude das adaptações a longo prazo. O mesmo estudo reporta que após 24 semanas de treinamento regular não foram detectadas diferenças na resposta hormonal aguda em relação à ordem dos exercícios. Embora o estresse fisiológico tenha sido maior para o grupo TRA + TF, à medida que os participantes se tornaram progressivamente mais treinados, o impacto da ordem dos exercícios foi significativamente reduzido.

Kraemer *et al.* (1995) avaliaram a resposta hormonal em homens fisicamente ativos durante 12 semanas de treinamento concorrente de alto volume (6 vezes por semana). O grupo que realizou somente o TF apresentou redução da concentração de cortisol, sugerindo um ambiente favorável ao anabolismo muscular (maior razão testosterona/cortisol). Já no grupo que treinou somente exercícios aeróbios, houve elevação da concentração de cortisol em repouso. O grupo concorrente mostrou aumento simultâneo na concentração de testosterona e cortisol ao final das 12 semanas de treinamento, com predominância para o aumento do cortisol. Em contraste com o estudo anterior, a concentração de testosterona e cortisol em repouso não foi modificada após

12 semanas de treinamento concorrente de baixa frequência (3 vezes por semana – 30-50 minutos a 70%-80% da capacidade aeróbia) (Kraemer *et al.*, 1999).

Embora algumas evidências sugiram que o TF para hipertrofia muscular deve ser realizado no início da sessão, o exercício aeróbio primeiro pode maximizar a resposta dos hormônios anabólicos ao final da sessão de treinamento. Rosa *et al.* (2015) reportaram aumento da concentração de testosterona e IGFBP-3 após o exercício quando o TRA (corrida intervalada em esteira rolante) foi realizado primeiro. O protocolo de TF foi composto por exercícios para os grandes grupos musculares, 3x10 repetições a 70% de 1 RM. Porém, quando os exercícios foram executados em ordem inversa, não houve elevação na resposta aguda de testosterona, comparando com os valores pré-exercício. Esses resultados podem sugerir um ambiente mais favorável ao anabolismo muscular nos períodos iniciais de recuperação pós-treino. Contudo, vale ressaltar que se esse possível ambiente agudamente mais anabólico resultará em maior magnitude nas adaptações neuromusculares a longo prazo ainda é algo desconhecido.

Podemos observar que a literatura apresenta resultados mistos com relação à resposta endócrina no treinamento concorrente, principalmente em função de diferentes metodologias de treinamento aplicadas e o nível dos participantes. Até o momento, o treino concorrente não parece modificar a concentração dos hormônios anabólicos em repouso. Futuros estudos são necessários para esclarecer o papel da sinalização endócrina sobre as adaptações ao treinamento concorrente a longo prazo.

23.8 Efeito da ordem dos exercícios

O treinamento concorrente realizado na mesma sessão de treino é a forma mais popular de prescrição, e requer que o professor ou treinador estabeleça a ordem em que as modalidades serão executadas. O treinamento concorrente realizado no mesmo dia geralmente implica em uma menor frequência semanal de exercício, diminuindo a possibilidade de interferências nas adaptações de força e hipertrofia muscular (McCarthy *et al.*, 1995). Até o momento, não há consenso na literatura sobre a ordem mais efetiva, embora algumas sugestões podem ser discutidas dependendo da prioridade dos programas.

Geralmente, professores e treinadores têm utilizado a ordem de prioridades, ou seja, se o indivíduo busca o desenvolvimento das adaptações neuromusculares, a sessão deve ser iniciada pelo TF, seguido, então, pelo exercício aeróbio. Argumenta-se que essa ordem seria adequada para os ganhos de massa muscular e redução da gordura corporal, pois o desenvolvimento da força muscular está associado ao desempenho ótimo da sessão. Nesse sentido, o TRA pode comprometer o desempenho nos exercícios de força devido à fadiga residual ou depleção de substrato (Leveritt *et al.*, 1999). Sporer e Wenger (2003) documentaram redução do desempenho de força no *leg press* por até 8 horas após o exercício aeróbio contínuo moderado ou intervalado de alta intensidade. Portanto, os autores sugerem que devemos considerar um período maior de recuperação entre as modalidades, ou evitar a prescrição do TRA no mesmo dia que o TF para membros inferiores, principalmente quando o objetivo for desenvolver a força máxima.

Ainda em favor da ordem de prioridades, iniciar a sessão com exercícios aeróbios pode facilitar o desenvolvimento do desempenho e aptidão aeróbia. Chtara *et al.* (2005) investigaram o efeito do treinamento concorrente utilizando corridas intervalas próximas ao VO_2máx e o TF em circuito. O treino concorrente iniciando pelo exercício aeróbio promoveu maior incremento no consumo máximo de oxigênio (10,4%) do que o grupo que iniciou a sessão pelo TF (8,2%).

Entendemos que a ordem de prioridades deve ser considerada para as adaptações específicas às modalidades de exercício. Em outras palavras, parece adequado considerar o TF no início da sessão, quando o objetivo principal for desenvolver a força e potência muscular. Da mesma forma, podemos acreditar que o TRA realizado primeiro pode potencializar o desenvolvimento da potência aeróbia e consumo máximo de oxigênio.

Recentemente Schumann *et al.* (2014) verificaram o efeito da ordem dos exercícios sobre a fadiga residual e a recuperação da força muscular (Figura 23.8). Indivíduos não treinados foram divididos em dois grupos: grupo TRA + TF (30 minutos de bicicleta ergométrica a 65% da potência aeróbia máxima + 4x10 de *leg press* a 75% de 1 RM com 3 minutos de intervalo entre as séries) e grupo TF + TRA utilizando os mesmos protocolos, porém em ordem inversa. Ao final da sessão, os dois protocolos induziram a redução similar da força voluntária máxima (TRA + TF = -23% *vs* TF + TRA = -22%), retornando aos valores iniciais em 24h pós-treino. Além disso, os autores mostraram que realizar o exercício aeróbio após o TF não acentua a fadiga muscular. Isso quer dizer que o TF parece induzir a um platô de fadiga que não é aumentado com a adição do TRA. O professor poderá prescrever o TRA moderado e de baixo volume sem comprometimento no processo de recuperação neuromuscular de curto prazo.

Figura 23.8 – Resposta aguda e durante a recuperação da força isométrica voluntária máxima.

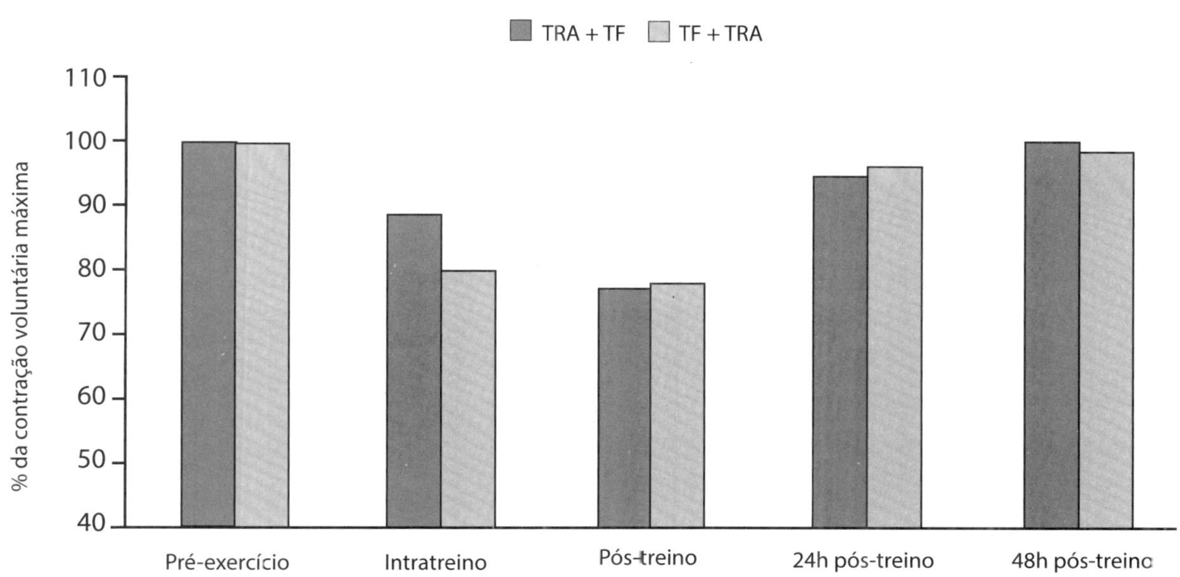

Fonte: adaptado de Schumann *et al.* (2014).

Alguns achados da literatura sugerem que realizar o exercício aeróbio de baixo volume antes do TF para os mesmos grupos musculares não interfere negativamente no desenvolvimento da massa muscular. A hipótese é fundamentada em evidências que apontam para a duração da ativação de AMPK após o exercício ser maior que 3 horas (Coffey *et al.*, 2006; Coffey *et al.*, 2009), comparada com a resposta anabólica (fosforilação de p70S6K e mTOR) ao TF (> 24 horas)

Executar o TF após o exercício aeróbio poderia sobrepor a atividade de AMPK e, ao mesmo tempo, iniciar o estímulo para a fosforilação de mTOR. Na prática, isso significa que programar uma sessão de TF com 1 hora de duração após exercício aeróbio poderia prevenir a ativação simultânea de AMPK e mTOR. Ao final do TF, a atividade de AMPK estaria baixa, enquanto que o estímulo de mTOR estaria aumentando progressivamente. Ogasawara *et al.* (2013) observaram que o exercício aeróbio após o TF resultou em maior atividade de AMPK, a qual atenuou a atividade de mTOR, bem como o anabolismo muscular. Por outro lado, a inversão da ordem dos exercícios resultou em ativação de AMPK por somente 1 hora após o término do TRA. A ativação de mTOR induzida pelo TF não foi afetada pelo exercício aeróbio anterior, promovendo um ambiente anabólico mais favorável para a célula muscular. *Os autores afirmam que o último estímulo do exercício promove atividade predominante nos períodos iniciais de recuperação.* Recentemente, Kazior *et al.* (2016) verificaram que o treinamento concorrente iniciando pelo TRA (contínuo e intervalado) promoveu maior aumento da ativação de AKT (32%) e mTOR (24%) em relação ao TF isolado após 7 semanas de treinamento em homens não treinados. Somente o grupo que realizou o treino concorrente apresentou aumento significativo da ativação de AKT. Os autores encontraram correlação estatisticamente significativa entre a ativação de AKT e o os ganhos de hipertrofia muscular nas fibras do tipo I e tipo II. Em relação à hipertrofia, o grupo que realizou o treinamento concorrente obteve aumento de 28% na área de secção transversa das fibras musculares, enquanto que o grupo TF isolado obteve somente 1,2%.

Em estudo longitudinal, Cadore *et al.* (2013) dividiram 26 homens idosos não treinados em dois grupos de treinamento concorrente: grupo TF antes (força + resistência aeróbia) ou TF depois (resistência aeróbia + força). Os voluntários treinaram durante 12 semanas, 3 vezes por semana e em dias alternados. O programa de TF foi conduzido por modelo de progressão linear, utilizando exercício para os grandes grupos musculares, enfatizando inicialmente a resistência de força (18-20 RM), seguido pela hipertrofia (12-14 RM) e força muscular (6-8 RM). O TRA foi realizado em bicicleta ergométrica durante 20-30 minutos, em intensidade próxima ao limiar ventilatório. Os resultados demonstraram um aumento significativamente maior na força muscular dos membros inferiores para o grupo que realizou o TF primeiro (35%), em comparação com o grupo que iniciou as sessões com a resistência aeróbia (22%). Não houve diferença para os ganhos de força máxima para os membros superiores (15% *vs* 11,5%). Com relação à hipertrofia muscular, a ordem dos exercícios não influenciou a hipertrofia dos músculos anteriores e posteriores da coxa. Portanto, a ordem dos estímulos pode influenciar o desempenho de força a longo prazo, mas não a magnitude da hipertrofia muscular. Podemos utilizar essas informações na tentativa de otimizar os ganhos de força em idosos, porém devemos ter cautela ao extrapolar esses dados para outras populações.

Em um estudo interessante, Babcock *et al.* (2012) mostraram que o exercício aeróbio (90 minutos a 60% da potência máxima em bicicleta ergométrica) pode limitar a ativação aguda das células satélites em resposta ao TF (4x10 a 75% de 1 RM). A densidade de células satélites nas fibras do tipo I aumentou 38% quatro dias após o TF, enquanto que o treinamento concorrente apresentou redução de 6% abaixo dos valores iniciais (Figura 23.9). O aumento da demanda metabólica induzida pelo exercício aeróbio após o TF pode inibir a regulação das células satélites por meio da atividade de AMPK. Esses achados podem ajudar a explicar a redução da capacidade recuperativa com o treinamento concorrente de alta frequência ou do volume de treino proposta por outros autores (Kramer *et al.*, 1995; Hickson, 1980), ou ainda justificar a ausência da resposta hipertrófica nas fibras do tipo I com o treinamento concorrente (Kraemer *et al.*, 1995).

Figura 23.9 – Percentual de densidade de células satélites quatro dias após o treinamento de força (TF), treino aeróbio e treinamento concorrente

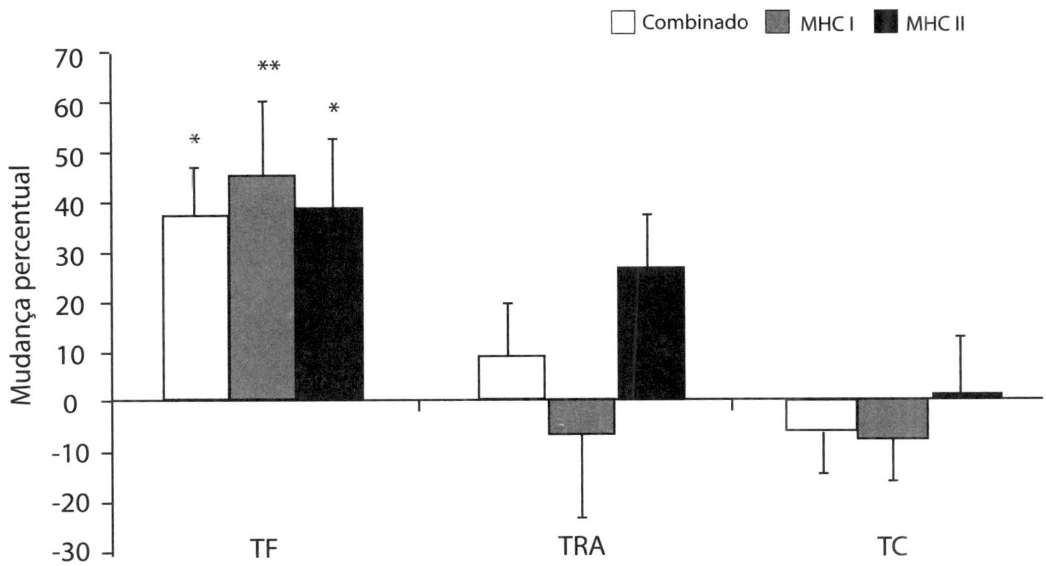

Fonte: adaptado de Babcock *et al.* (2012).

23.9 Minimizando o efeito de interferência do treinamento concorrente

A prescrição do treinamento concorrente deve levar em consideração vários aspectos envolvendo a individualidade como respostas adaptativas ao programa, preferências (relação afetiva com o exercício) e experiências anteriores. Entretanto, algumas abordagens podem minimizar os inconvenientes da incompatibilidade entre as modalidades de exercício:

23.9.1 Sugestões

1. Utilizar ergômetros como bicicleta e remo. Os ergômetros reduzem o dano muscular induzido pelo componente excêntrico da corrida.
2. Utilizar diferentes distribuições de volume do TF e resistência aeróbia ao longo do mesociclos e microciclos.
3. O treino de resistência em alta intensidade (por exemplo, o treinamento intervalado de alta intensidade – HIIT) deve ser realizado no mesmo dia e antes do TF. Do ponto de vista celular e molecular, um período de 1-3 horas de intervalo entre a sessão de resistência e o TF seria adequado para diminuir a atividade de AMPK e minimizar o efeito de supressão sobre a atividade de mTOR por até 18 horas após o TF (Baar, 2014).

4. Separar as sessões de exercício por 6 a 24 horas (Murach e Bagley, 2016).
5. Quando o objetivo for otimizar a hipertrofia muscular, sugere-se que a prescrição do exercício aeróbio não ultrapasse 3 vezes por semana e 20-30 minutos por sessão, e seja programada em sessões de TF para os membros superiores.
6. Reduzir o volume total de treinamento – prescrever somente dois exercícios para membros inferiores quando a sessão incluir o TRA e TF em curto espaço de tempo (Murach e Bagley, 2016).

23.10 Treinamento concorrente e parâmetros de saúde

O exercício físico representa um marco na prevenção primária de pelo menos 35 doenças crônicas. No entanto, ao longo das últimas duas décadas, o conhecimento sobre o significado do exercício como tratamento de primeira linha de várias doenças aumentou consideravelmente. O exercício físico regular é, reconhecidamente, uma potente ferramenta no tratamento e na prevenção de doenças cardiometabólicas como obesidade, hiperlipidemia, síndrome metabólica, diabetes tipo 2, doença arterial coronariana e hipertensão arterial.

Um estudo de revisão do Instituto Cochrane (Shaw *et al.*, 2006), que compreendeu 3476 indivíduos com sobrepeso ou obesos, estudou 41 ensaios clínicos randomizados e concluiu que o exercício físico sozinho induz melhoras significativas nos parâmetros de saúde, enquanto que combinado com dieta restrita e aconselhamento dietético foi ainda mais eficaz. Além disso, exercícios de alta intensidade foram mais eficazes do que a atividade moderada. A intervenção consistiu principalmente de atividades aeróbias e anaeróbias, como treinamento de força. A revisão mostrou que a combinação entre exercícios aeróbios com exercícios de força, aliados ou não com a dieta, tiveram efeitos positivos no peso corporal e fatores de risco para doença cardiovascular. Nesse sentido, faz-se necessária uma discussão sobre o impacto do treinamento concorrente sobre os parâmetros de saúde.

23.11 Treinamento concorrente e resistência à insulina

Síndrome da resistência à insulina, também conhecida como síndrome metabólica, tem como uma das características a atividade reduzida da insulina. Existem várias definições para a síndrome metabólica, que englobam obesidade abdominal, resistência à insulina, hipertensão e hiperlipidemia.

A síndrome metabólica raramente ocorre em pessoas com peso normal e é um precursor de diabetes tipo 2. Estudos epidemiológicos em larga escala mostram que o exercício físico pode prevenir o aparecimento da síndrome (Illanne-Parikka *et al.*, 2010).

Alguns estudos compararam diferentes intensidades do TRA em pessoas com síndrome metabólica, mas pouco se sabe sobre o efeito do TF *vs* TRA nesse grupo de indivíduos. O treinamento concorrente é amplamente utilizado devido às vantagens comparado à realização do TRA e TF isolados.

Stensvold *et al.* (2010) compararam os efeitos de 12 semanas de treinamento aeróbio intervalado, TF e a combinação de ambos nos fatores de risco para síndrome metabólica. O grupo de treinamento concorrente realizou o treino aeróbio intervalado 2 vezes por semana (4 minutos a 90-95% frequência cardíaca máxima), enquanto que o protocolo de TF incluiu 2 séries de

15–20 repetições a 40%–50% de 1 RM. Durante a primeira semana a carga foi ajustada para 60% de 1 RM e após a primeira semana o programa de treino foi realizado com 3 séries a 80% de 1 RM. Os fatores de risco que compreendem a síndrome metabólica foram avaliados antes e depois da intervenção. A circunferência da cintura foi significativamente reduzida após o programa de treinamento; o consumo de oxigênio aumentou 10% com o treino combinado e observaram também aumento de 31% da força máxima, além da melhora da função endotelial após 12 semanas. Em conclusão, o programa apresentou efeitos benéficos sobre as anomalias fisiológicas associadas à síndrome metabólica.

Tibana *et al.* (2014) também avaliaram o papel do treinamento concorrente em mulheres portadoras de síndrome metabólica. As voluntárias, de 35 anos em média, completaram 10 semanas de treino concorrente que consistiu em três sessões semanais de aproximadamente 60 minutos de TRA (30 minutos em esteira a 65%-70% da frequência cardíaca de reserva) e TF (3 séries de 8-12 RM para grandes grupos musculares). Os autores concluíram que 10 semanas de treinamento concorrente reduziu os marcadores relacionados à síndrome metabólica, além de melhorar a qualidade de vida (domínio função física) e capacidade funcional.

A resistência à insulina também pode ser melhorada com o exercício físico, principalmente quando a atividade aeróbia é combinada com o TF. Parece haver uma relação direta entre o exercício e a sensibilidade à insulina. Notavelmente, o efeito positivo do exercício sobre tal sensibilidade foi demonstrado por até 12-48 horas após a última sessão de exercício, destacando a importância do exercício físico regular.

Balducci *et al.* (2010) estudaram os efeitos do treinamento concorrente sobre marcadores da sensibilidade à insulina em indivíduos com síndrome metabólica. O programa foi realizado duas vezes por semana com a sessão de 40 minutos de TRA entre 70 e 80% do VO_2máx e 20 minutos de TF a 80% de 1 RM. Os autores mostraram que o programa de treinamento concorrente foi suficiente para redução dos marcadores de resistência à insulina, sendo essas melhoras independentes da redução do peso corporal, mostrando que não necessariamente estão relacionadas com a redução do peso, mas o exercício, sim, é de fundamental importância.

A sensibilidade à insulina também foi foco do estudo de Jorge *et al.* (2011), no qual foi utilizado o treinamento concorrente de 60 minutos, três dias na semana por um período de 12 semanas. A rotina de TF focou nos grandes grupos musculares realizados em forma de circuito. O TRA consistiu em atividade no cicloergômetro na frequência cardíaca correspondente ao limiar de lactato. Os resultados mostraram que o grupo de voluntários que executaram o treinamento concorrente obteve uma ativação de 90% do receptor de insulina (e consequentemente melhora na sensibilidade), além da redução de parâmetros relacionados à síndrome metabólica.

Estudo de Medeiros *et al.* (2015) avaliou os efeitos do treinamento concorrente executado em 3 ou 5 vezes por semana. Cada sessão de treino foi dividida em 5 minutos de aquecimento, 30 minutos de TRA (50% a 65% do VO_2pico), 30 minutos de TF (50% a 75% de 1 RM) e 5 minutos de alongamento. Os autores encontraram que o treinamento concorrente executado cinco vezes na semana reduziu o percentual de gordura e aumentou a taxa metabólica basal. No entanto, parece que uma frequência de três vezes na semana foi suficiente para melhorar a sensibilidade à insulina (HOMA-IR).

Mais recentemente, Lopes *et al.* (2016) avaliaram os efeitos de 12 semanas de treinamento concorrente sem restrição calórica na resistência à insulina e outros marcadores de saúde em meninas com sobrepeso. O programa de TF consistiu em seis exercícios (3 séries de 6-10 repetições a 60%-70% de 1 RM) seguido por 30 minutos de TRA (caminhada/corrida) a 50%-80% do VO_2máx, com o total da sessão durando 60 minutos, 3 vezes por semana. Os resultados mostraram melhora da composição corporal e da força, assim como redução da resistência à insulina.

A manipulação de volume e intensidade no TF realizado juntamente com o TRA parece influenciar na melhora da sensibilidade à insulina. Estudo de Foschini *et al.* (2010) se propôs a avaliar o papel do treinamento concorrente em adolescentes com obesidade, sendo 30 minutos TRA em intensidade correspondente ao limiar ventilatório I e 30 minutos de TF seguindo 2 modelos de periodização (linear e ondulatória) por 14 semanas. Os dois grupos periodizados realizaram duas semanas de adaptação com 3 séries de 15 a 20 RM, e posteriormente foram expostos aos modelos linear e ondulatório. Na periodização linear, cada microciclo durou quatro semanas. No primeiro microciclo (semanas 3-6), os participantes realizaram três séries de 15-20 RM, no segundo microciclo (semanas 7-10), 3 séries de 10-12 RM, e no terceiro microciclo (semanas 11-14), 3 séries de 6-8 RM. Já na periodização ondulatória no dia 1 (segunda-feira), os participantes treinaram 3 séries de 15-20 RM e no dia 2 (quarta-feira), 3 séries de 10-12 RM, e no dia 3 (sexta-feira), 3 séries de 6-8 RM. O esquema foi repetido durante as 12 semanas após a fase de adaptação. Os resultados mostraram que somente o grupo da periodização ondulatória apresentou redução significativa nas concentrações basais de insulina e resistência à insulina (HOMA-IR). Isso poderia ter ocorrido devido à maior intensidade do exercício experimentado no grupo da periodização ondulatória desde o início da intervenção, momento em que o corpo do indivíduo fica resistente à insulina e é mais susceptível aos efeitos de dieta e exercício.

23.12 Treinamento concorrente e diabetes tipo 2

O exercício físico é considerado fundamental no tratamento para a diabetes tipo 2, juntamente com dieta e medicação de eficácia comprovada. Embora a eficácia do exercício em melhorar o controle da glicemia, perfil lipídico e outros resultados neste grupo seja bem documentada, há menos certeza sobre os efeitos relativos de diferentes tipos de exercício.

O TRA é tradicionalmente o exercício mais estudado, que recruta grandes grupos de músculos e inclui caminhada, ciclismo, natação e corrida. No entanto, 80% das pessoas com diabetes tipo 2 apresentam excesso de peso ou são obesos (Bloomgarden, 2000), e muitos têm problemas de mobilidade, neuropatia periférica, deficiência visual ou doença cardiovascular. Para esses pacientes, poderá ser impraticável atingir o volume desejado e a intensidade do exercício aeróbio, e o exercício de força pode ser mais viável.

Estima-se que até 80% da glucose no sangue é captada pelo músculo esquelético, o tecido mais ativo durante o exercício. Nesse tecido, o exercício melhora a utilização da glicose por translocar a isoforma 4 do transportador de glucose (GLUT4) a partir de locais intracelulares para o sarcolema, onde medeia o consumo da glicose independente da insulina. Além disso, o exercício também aumenta a expressão de GLUT4 no músculo esquelético, o que contribui para o aumento da capacidade de resposta à insulina.

O exercício físico também melhora a sensibilidade à insulina através do aumento da capacidade oxidativa do músculo esquelético. O aumento na capacidade oxidativa, o que melhora o *turnover* de lípides na célula, é um resultado da regulação positiva de proteínas envolvidas na biogênese mitocondrial (Bruce e Hawley, 2004).

Os mecanismos subjacentes à captação de glucose induzida pela contração dos músculos esqueléticos estão bem menos caracterizados em relação aos mecanismos induzidos pela insulina. Vários sinais intracelulares desencadeados pela contração muscular têm sido mostrados por estarem envolvidos no aumento do GLUT4 no sarcolema e no aumento do transporte de glucose. Os sinais mais bem caracterizados são os seguintes: (a) o aumento do AMP que ocorre quando há uma queda no estado de energia das células, (b) o aumento de cálcio (Ca^{2+}) intracelular em resposta à despolarização do sarcolema e membranas do túbulo T durante contração do músculo, e (c) o óxido nítrico (NO) que é produzido por neuronal sintase neuronal (nNOS) durante o exercício.

Stuart *et al.* (2010) estudaram os efeitos do exercício aeróbio na expressão de GLUT4 após seis semanas de exercício em cicloergômetro (40-50 minutos 70%-85% da frequência cardíaca máxima). Os autores mostraram que houve um aumento de 66% na expressão de GLUT4.

Tokmakidis *et al.* (2004) avaliaram os efeitos de um programa de treinamento concorrente aeróbio no controle glicêmico e ação da insulina em pacientes com diabetes tipo 2. O programa com duração de quatro meses consistiu em duas sessões de TF (3 séries de 12 repetições a 60% de 1 RM) e duas sessões de TRA (60%-80% da frequência cardíaca máxima). Foi observada redução significativa de 8,1% na glicemia e 20,7% de insulina após 4 semanas de treinamento. Após 16 semanas, a glicemia reduziu em 12,5% e a insulina 38%. A hemoglobina glicada (HbA1c) foi significativamente menor após 4 e 16 semanas. Os resultados do estudo indicam que combinar o treino aeróbio e de força pode induzir adaptações positivas no controle da glicemia, ação da insulina em pacientes com diabetes tipo 2.

Em suma, com todas as evidências apresentadas, percebe-se que o treinamento concorrente é uma ferramenta poderosa no que tange às melhoras dos sintomas da síndrome metabólica, resistência à insulina e diabetes tipo 2. Essas melhoras estão relacionadas principalmente à redução do peso corporal, aumento da capacidade oxidativa do músculo, redução da resistência à insulina e aumento da massa muscular, em decorrência ao treinamento concorrente.

23.13 Treinamento concorrente, colesterol e perfil lipídico

O termo "perfil lipídico" descreve os diferentes níveis de lipídios no sangue, sendo os mais comumente relatados: lipoproteína de baixa densidade (LDL), lipoproteína de alta densidade (HDL) e triglicérides. Níveis elevados de LDL-colesterol (LDL-C) indicam lipídios excedentes no sangue que, por sua vez, aumentam o risco de complicações cardiovasculares. A lipoproteína de alta densidade transporta lipídios de volta para o fígado para reciclagem e eliminação; consequentemente, os níveis elevados de HDL-colesterol (HDL-C) são um indicador de um sistema cardiovascular saudável. Os triglicérides no plasma são derivados de gorduras dos alimentos ingeridos ou a partir de outras fontes de energia. Um excesso de triglicérides no plasma é positivamente e independentemente associado com doença cardiovascular. A lipoproteína de muito baixa densidade (VLDL), geralmente menos frequentemente relatada na literatura, correlaciona-se positivamente com triglicérides e pode estar associada de forma independente com o risco cardiovascular, mesmo em indivíduos que expressam níveis normais de LDL.

O'Donovan *et al.* (2005) controlaram o volume do treinamento para avaliar diretamente o impacto da intensidade do esforço sobre os lipídios circulantes. Sessenta e quatro homens previamente sedentários foram alocados aleatoriamente para um grupo de controle, um grupo exercício de intensidade moderada (60% do VO_2máx) ou um grupo de exercícios de alta intensidade (80% VO_2máx). Os grupos que se exercitaram completaram três sessões de 400 kcal por semana durante 24 semanas. Os participantes foram instruídos a manter seus hábitos alimentares. Foi relatado que a melhoria significativa do perfil lipídico ocorreu apenas no grupo de alta intensidade, com uma diminuição significativa nos níveis de colesterol total (6,02 para 5,48 mmol/L), LDL-C (4,04 para 3,52 mmol/L) e colesterol não HDL (4,58 para 4,04 mmol / L).

Prabhakaran *et al.* (1999) investigaram o efeito de 14 semanas de TF em mulheres pré-menopausa. A intensidade do treinamento foi de 85% de 1 RM. Os participantes foram randomizados em TF ou controle (sem exercício). As sessões foram supervisionadas e tiveram duração de 40-50 minutos executadas três vezes por semana. Foi observada diminuição significativa no colesterol total (4,6 para 4,26 mmol/L) e LDL-C (2,99 para 2,57 mmol/L), juntamente com redução da gordura corporal (27,9 para 26,5%).

Realizando a combinação do TRA com TF, Shaw *et al.* (2009) examinaram o efeito de 16 semanas de treinamento concorrente. O protocolo durou 45 minutos de exercícios aeróbios (60% da frequência cardíaca máxima) combinados com TF (2x15 a 60% de 1 RM). Foi relatado redução significativa do LDL-C (de 4,39 para 3,23 mmol/L) após o programa.

As relações entre o exercício concorrente e colesterol também foram investigadas por Yang *et al.* (2011). Os autores avaliaram mulheres de meia-idade obesas (n = 40, índice de massa corporal de 25 kg/m²) com idade entre 30 a 60 anos. O protocolo experimental consistiu de 45 minutos de TRA (60-75% da frequência cardíaca máxima) e 20 minutos de TF, cinco vezes por semana, durante um período de 12 semanas. Foram observadas reduções nos níveis de colesterol total (de 5,2 para 4,2 mmol/L), LDL-C (de 3,2 para 2,6 mmol/L) e triglicerídeos (de 3,0 para 2,5 mmol/L).

Mais recentemente, Mohamed *et al.* (2015) estudaram dois grupos de mulheres, sendo o primeiro inserido em um programa de atividade aeróbia de alta intensidade e o segundo grupo inserido em uma atividade aeróbia de baixa intensidade associada ao TF por um período de 24 semanas. Os resultados mostraram que houve redução dos parâmetros antropométricos, exceto a massa magra que aumentou no grupo que realizou o treinamento concorrente e ambos os grupos tiveram reduções estatísticas do colesterol total, LDL-C e triglicerídeo. Os dados sugerem que o treinamento concorrente foi eficiente para melhorar a composição corporal e os fatores de risco para doença cardiovascular em mulheres com sobrepeso e obesidade.

Referências

AAGARD, P. *et al.* M. Effects of resistance training on endurance capacity and muscle fiber composition in Young top-level cyclists. *Scand J Med Sci Sports*, v. 21, n. 6, p. 298-307, 2011.

BAAR, K. Using molecular biology to maximize concurrent training. *Sports Med.*, v. 44, (suplemento 2), p. 117-125, 2014.

BABCOCK, L. *et al.* Concurrent aerobic exercise interferes with satellite cell response to acute resistance exercise. *Am J Physiol Regul Integr Comp Physiol.*, v. 302, p. 1458-1465, 2012.

BALDUCCI, S. *et al.* Anti-inflammatory effect of exercise training in subjects with type 2 diabetes and the metabolic syndrome is dependent on exercise modalities and independent of weight loss. *Nutr Metab Cardiovasc Dis.*, v. 20, n. 8, p. 608-617, 2010.

BELL, G. J. *et al.* Effect of concurrent strength and endurance training on skeletal muscle properties and hormone concentrations in humans. *Eur J Appl Physiol.*, v. 81, n. 15, p. 418-427, 2000.

BISHOP, D. *et al.* The effects of strength training on endurance performance and muscle characteristics. *Med Sci Sports Exerc.*, v. 31, n. 6, p. 886-891, 1999.

BLOOMGARDEN, Z. T. American Diabetes Association Annual Meeting, 1999: diabetes and obesity. *Diabetes Care*, v. 23, n. 118-124, 2000.

BRUCE, C. R. Improvements in insulin resistance with aerobic exercise training: a lipocentric approach. *Med Sci Sports Exerc.*, v. 36, n. 7, p. 1196-1201, 2004.

CADORE, E. L. *et al.* Neuromuscular adaptations to concurrent training in the elderly: effects of intrasession exercise sequence. *Age*, v. 35, n. 3, p. 891-903, 2013.

CARRITHERS, J. A. *et al.* Concurrent exercise and muscle protein synthesis: implications for exercise countermeasures in space. *Aviat Space Environ Med.*, v. 78, p. 457-462, 2007.

CHTARA, M. *et al.* Effects of intra-session concurrent endurance and strength training sequence on aerobic performance and capacity. *Br J Sports Med*, v. 39, p. 555-560, 2005.

COFFEY, V. G.; HAWLEY, J. A. The molecular bases of training adaptations. *Sports Med.*, v. 37, n. 9, p. 737-763, 2007.

COFFEY, V. G. *et al.* Effect of consecutive repeated sprint and resistance exercise bouts on acute adaptative responses in human skeletal muscle. *Am J Physiol Reg Integr Comp Physiol.*, v. 297, p. 1187-1197, 2009.

DE SOUZA, E. O. *et al.* Acute effect of two aerobic exercise modes on maximum strength and strength endurance. *J Strength Cond Res.*, v. 21, n. 4, p. 1286-1290, 2007.

DE SOUZA, E. O. *et al.* Molecular adaptations to concurrent training. *Int J Sports Med.*, v. 34, n. 3, p. 207-213, 2013.

DOCHERTY, D.; SPORER, B. A. Proposed model for examining the interference phenomenon between concurrent aerobic and strength training. *Sports Med.*, v. 30, p. 385-394, 2000.

DOLEZAL, B. A.; POTTEIGER, J. A. Concurrent resistance and endurance training influence basal metabolic rate in nondieting individuals. *J Appl Physiol.*, v. 85, n. 2, p. 695-700, 1998.

FOSCHINI, D. *et al.* Treatment of obese adolescents: the influence of periodization models and ACE genotype. *Obesity* (Silver Spring), v. 18, n. 4, p. 766-772, 2010.

KAZIOR, Z. *et al.* Endurance exercise enhances the effect of strength training on muscle fiber size and protein expression. AKt and mTOR. *PLoS One*, v. 17, n. 11, p. e149082, 2016.

HÄKKINEN, K. *et al.* Neuromuscular adaptations during concurrent strength and endurance training versus strength training. *Eur J Appl Physiol.*, v. 89, n. 1, p. 42-52, 2003.

HAMILTON, D. L.; PHILIP A. Can AMPK mediated supression of mTORC1 explain the concurrent training effect? *Cellular and Molecular Exercise Physiology*, v. 2, n. 1, p. 1-8, 2013.

HICKSON, R. C. Interference of strength development by simultaneously training for strength and endurance. *Eur J Appl Physiol Occup Physiol.*, v. 45, p. 255-263, 1980.

ILANNE-PARIKKA, P. *et al.* Leisure-time physical activity and the metabolic syndrome in the Finnish diabetes prevention study. *Diabetes Care*, v. 33, p. 1610-1617, 2010.

KARAVIRTA, L. *et al.* Individual responses to combined endurance and strength training in older adults. *Med Sci Sports Exerc.*, v. 43, p. 484-490, 2011.

KRAEMER, W. *et al.* Compatibility of high-intensity strength and endurance training on hormonal and skeletal muscle adaptations. *J Appl Physiol.*, v. 78, n. 3, p. 976-989, 1995.

KRAEMER, W. *et al.* Influence of exercise training on physiological and performance changes with weight loss in men. *Med Sci Sports Exerc.*, v. 31, n. 9, p. 1320-1329, 1999.

LEVERITT, M. *et al.* Concurrent strength and endurance training. *Sports Med.*, v. 28, p. 413-427, 1999.

LOPES, W. A. *et al.* Effects of 12 weeks of combined training without caloric restriction on inflammatory markers in overweight girls. *J Sports Sci.*, v. 6, p. 1-11, 2016.

LUNDBERG, T. R. *et al.* Aerobic exercise does not compromise muscle hypertrophy response to short-term resistance training. *J Appl Physiol.*, v. 114, p. 81-89, 2013.

MCCARTHY, J. P.; POZNIAK, M. A.; AGRE, J. C. Neuromuscular adaptations to concurrent strength and endurance training. *Med Sci Sports Exerc.*, v. 34, n. 3, p. 511-519, 2002.

MCCARTHY, J. P. *et al.* Compatibility of adaptive responses with combining strength and endurance training. *Med Sci Sports Exerc.*, v. 27, n. 3, p. 429-436, 1995.

MACDOUGALL, J. D. *et al.* Mitochondrial volume density in human skeletal muscle following heavy resistance training. *Med Sci Sports Exerc.*, v. 11, n. 2, p. 164-166, 1979.

MASCHER, H. *et al.* Enhanced rates of muscle protein synthesis and elevated mTOR signaling following endurance exercise in human subjects. *Acta Physiol (Oxf).*, v. 202, p. 175-184, 2011.

MEDEIROS, N. da S. *et al.* Effects of concurrent training on oxidative stress and insulin resistance in obese individuals. *Oxid Med Cell Longev.*, v. 2015, 2015.

MIKKOLA, J. *et al.* Neuromuscular and cardiovascular adaptations during concurrent strength and endurance training in untrained men. *Int J Sports Med.*, v. 33, n. 9, p. 702-710, 2012.

MILLET, G. P. *et al.* Effects of concurrent endurance and strength training on running economy and VO2 kinetics. *Med Sci Sports Exerc.*, v. 34, n. 8, p. 1351-1359, 2002.

MOHAMED, S. A. *et al.* Effects of high-impact aerobics vs. mixed low-impact aerobics and strength training program on body composition, physical fitness and CVD risk factors in overweight and obese grade I women. *J Sports Med Phys Fitness*, v. 26, 2015.

NELSON, A. G. *et al.* Consequences of combining strength and endurance training regimens. *Phys. Ther.*, v. 70, p. 287-294, 1990.

O'DONOVAN, G. *et al.* Changes in cardiorespiratory fitness and coronary heart disease risk factors following 24 wk of moderate- or high-intensity exercise of equal energy cost. *J Appl Physiol.*, v. 98, n. 5, p. 1619-1625, 2005.

OGASAWARA, R. *et al.* mTOR signaling response to resistance exercise is altered by chronic resistance training and detraining in skeletal muscle. *J Appl Physiol.*, v. 114, n. 7, p. 934-940, 2013.

PRABHAKARAN, B. *et al*. Effect of 14 weeks of resistance training on lipid profile and body fat percentage in premenopausal women. *Br J Sports Med.*, v. 33, n. 3, p. 190-195, 1999.

RATAMESS, N. A. *ACSM's foundations of strength and conditioning*. Lippincott Williams & Wilkins: 2012.

ROSA, C. *et al*. Order effect of combined strength and endurance training on testosterone, cortisol, growth hormone, and IGF-I binding protein 3 in concurrently trained men. *J Strength Cond Res.*, v. 29, n. 1, p. 74-79, 2015.

SCHUMANN, M. *et al*. The order effect combined endurance and strength loadings on force and hormone responses: effects of prolonged training. *Eur J Appl Physiol.*, v. 14, n. 4, p. 867-880, 2014.

SHAW, I.; SHAW, B.; KRASILSHCHIKOV, O. Comparison of aerobic and combined aerobic and resistance training on low-density lipoprotein cholesterol concentrations in men. *Cardiovasc J Afr.*, v. 20, n. 5, p. 290-295, 2009.

SHAW, K. *et al*. Exercise for overweight or obesity. *Cochrane Database Syst Rev.*, CD003817, 2006.

SILLANPÄÄ, E. *et al*. Body composition and fitness during strength and/or endurance training in older men. *Med Sci Sports Exerc.*, v. 40, n. 5, p. 950-958, 2008.

SILVA, R. F. *et al*. Concurrent training with different aerobic exercises. *Int J Sports Med.*, v. 33, n. 8, p. 627-634, 2012.

SPORER, B. C.; WENGER, H. A. Effects of aerobic training on strength performance following various periods of recovery. *J Strength and Cond Res.*, v. 17, n. 4, p. 638-644, 2003.

STENSVOLD, D. *et al*. Strength training versus aerobic interval training to modify risk factors of metabolic syndrome. *J Appl Physiol.*, v. 108, n. 4, p. 804-810, 2010.

STUART, C. A. *et al*. Cycle training increased GLUT4 and activation of mammalian target of rapamycin in fast twitch muscle fibers. *Med Sci Sports Exerc.*, v. 42, n. 1, p. 96-106, 2010.

TIBANA, R. A. *et al*. Enhancing of women functional status with metabolic syndrome by cardioprotective and anti-inflammatory effects of combined aerobic and resistance training. *PLoS One*, v. 9, n. 11, p. e110160, 2014.

TOKMAKIDIS, S. P. *et al*. The effects of a combined strength and aerobic exercise program on glucose control and insulin action in women with type 2 diabetes. *Eur J Appl Physiol.*, v. 92, n. 4-5, p. 437-442, 2004.

WILSON, J. M. *et al*. Concurrent training: A meta-analysis examining interference of aerobic and resistance exercise. *J Strength Cond Res.*, v. 26, n. 8, p. 2293-2307, 2012.

YANG, S. J. *et al*. Effects of a three-month combined exercise programme on fibroblast growth factor 21 and fetuin-A levels and arterial stiffness in obese women. *Clin Endocrinol (Oxf)*, v. 75, n. 4, p. 464-469, 2011.

24

Treinamento de força aplicado a grupos especiais

Bianca Ramallo

OBJETIVO DO CAPÍTULO

O objetivo deste capitulo é abordar as fisiopatologias de doenças metabólicas e cardiovasculares, e associar o tratamento e a prevenção dessas doenças com o treinamento de força aplicado a grupos especiais: crianças, adolescentes, gestantes e idosos.

24.1. Doenças metabólicas: diabetes e treinamento de força

Diabetes é uma doença crônica não comunicável que vem aumentando com o passar dos anos: em 2013, eram 382 milhões de adultos diagnosticados; estima-se que, até 2035, esse número aumentará para 592 milhões de diabéticos no mundo. Acredita-se ainda que a diabetes é gravemente subestimada e que o número de pessoas doentes sem diagnóstico seja próximo ao número de pessoas diagnosticadas (Karstoft e Pedersen, 2015).

Essa doença é caracterizada por um distúrbio do metabolismo dos carboidratos, caracterizado por níveis elevados de glicose no sangue (hiperglicemia) e sua presença na urina (glicosúria). Ela pode ocorrer devido a um comprometimento na produção e/ou na utilização da insulina.

Classicamente são conhecidos dois tipos de diabetes: tipo I e tipo II. Diabetes tipo I resulta de uma resposta autoimune, possivelmente como resultado de uma única proteína que estimula o sistema imune do organismo a tornar as células ß incapazes de produzir insulina. Os portadores desse tipo de diabetes são conhecidos como "insulinodependentes", pois o pâncreas não é capaz de produzir a insulina e o paciente deve administrar insulina sintética para manter as funções do organismo normais. Essa doença representa de 5% a 10% dos casos de diabetes e acomete principalmente crianças.

Na diabetes tipo II (DM2), o início da doença é mais gradual. É frequentemente caracterizado por uma entre três disfunções metabólicas:

- Produção excessiva de glicose pelo fígado;
- Secreção de insulina retardada ou diminuída;
- Redução da ação da insulina nos tecidos responsivos (resistência à insulina) e redução do número e da ativação dos receptores de insulina.

Esse segundo tipo de diabetes é denominado "não insulinodependente". Isso porque, nesses pacientes, a produção de insulina é normal; porém, ela não consegue exercer sua função com eficiência. Neste caso, são acometidos, em geral, adultos com mais de 40 anos. Entretanto, houve um aumento impressionante na incidência em crianças, situação induzida por aumento significativo na obesidade infantil.

A DM2 é, sem dúvida, a mais prevalente, correspondendo a aproximadamente 90% dos casos. Esse tipo de diabetes está relacionado principalmente à disfunção metabólica e inflamação sistêmica, o que também aumenta os riscos cardiovasculares para seus portadores (Karstoft e Pedersen, 2015).

A hiperglicemia decorrente da diabetes tipo II está associada a diversas complicações, sendo o fator apontado como principal a acidose metabólica, que pode levar à perda da visão, a falência renal crônica e a danos aos nervos periféricos e perda da sensibilidade, o que pode, por sua vez, causar úlceras de pé, inclusive com risco de amputação. Também podem ocorrer danos ao sistema nervoso autônomo, causando sintomas gastrintestinais, geniturinários e cardiovasculares, além de disfunção sexual. Todos estes sintomas dependem diretamente do grau e duração da hiperglicemia.

Figura 24.1 – Retinopatia diabética

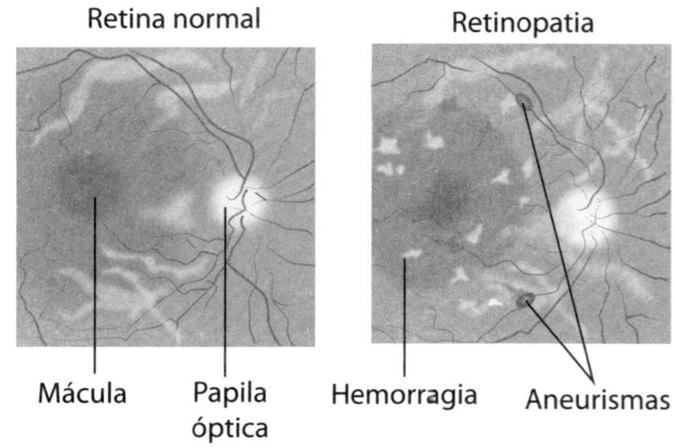

Entre as doenças associadas à DM2, a doença cardiovascular constitui a principal causa de morte, sendo mais prevalente do que na população não diabética, devido à aterogênese acelerada. Após 10 anos de diabetes, 50% dos portadores têm retinopatia, subindo para 80% após 15 anos de doença.

Figura 24.2 – Doença cardiovascular (aterosclerose)

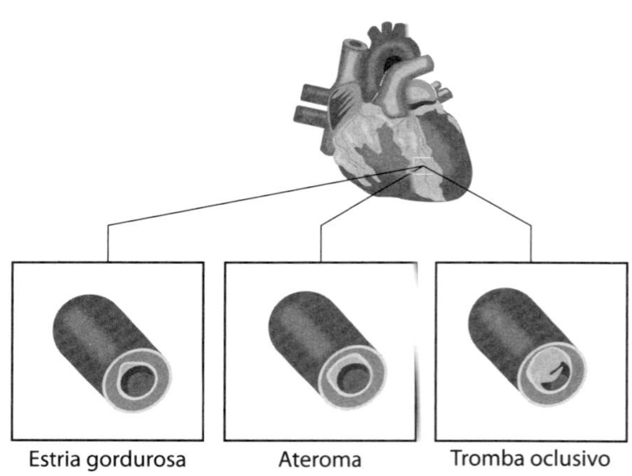

Neuropatia diabética é a presença de sinais ou sintomas de disfunção nos nervos periféricos em pacientes diabéticos, caracterizada pela perda progressiva das fibras nervosas. Os sintomas mais clássicos são sensações de dormência e agulhadas nas pernas e nos pés.

Uma das consequências mais conhecidas e mais comuns é o pé diabético: as paredes dos vasos ficam mais espessas, diminuindo o espaço interno para o sangue fluir. Assim, a irrigação sanguínea fica diminuída, não levando matéria prima para a cicatrização dos tecidos. O pé diabético é a infecção **e**/ou distribuição de tecidos profundos associados a anormalidades neurológicas e a vários graus de doença vascular periférica no membro inferior. A tríade é composta por: neuropatia, doença vascular periférica e infecção.

Figura 24.3 – Neuropatia periférica (pé diabético)

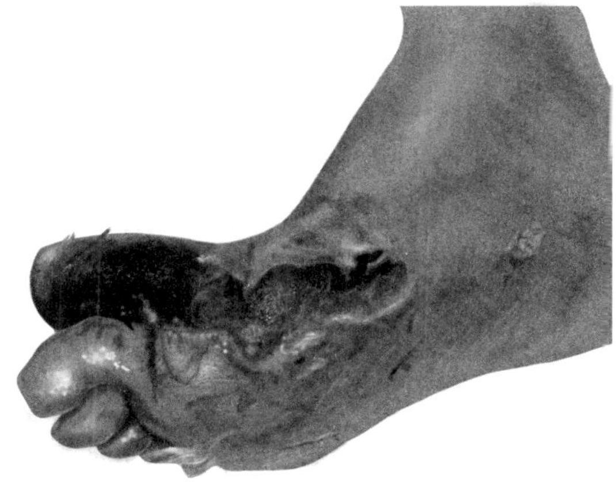

Apesar da DM2 ser conhecida como não insulinodependente, em alguns casos, a administração de insulina nessa doença se faz necessária, como:

- Hiperglicemia severa;
- Grande perda de peso;
- Hiperglicemia apesar de tratamento oral combinado;
- Enfermidade intercorrente com hiperglicemia;
- Gravidez;
- Corticoterapia.

Quadro 24.1 – Tipos de insulina e tempo de ação

Tipo de Insulina	Início (horas)	Pico (horas)	Duração (horas)	Duração Máxima (horas)
Humalog®	< 15 min	0,5 – 1,5	2 – 4	4 – 6
Regular®	0,5 – 1	2 – 3	3 – 6	6 – 10
NPH®	2 – 4	4 – 10	10 – 16	14 – 18
Lenta®	3 -4	4 – 12	12 – 18	16 – 20
Ultralenta®	6 – 10	18 mínimo	18 – 20	20 – 24

A inflamação sistêmica é apontada como a desencadeadora principal das complicações da DM2 e é caracterizada por altos níveis circulantes de citocinas, que podem levar ao desenvolvimento de várias comorbidades como cardiopatia, hipertensão e até depressão. Na DM2, as citocinas em maior concentração são: Proteína Reativa C (PCR), Fator de Necrose Tumoral Alfa (TNF-α), Interleucina 1 beta (IL-1β) e Interleucina-6 (IL-6) (Knudsen e Pedersen, 2015).

Evidências demonstram que IL-1β e TNF-α são os mediadores inflamatórios responsáveis pelo dano nas células β do pâncreas e, consequentemente, pela resistência à insulina (Scheen *et al.*, 2015).

Para que o tratamento seja realizado, a condição de cada paciente deve ser avaliada individualmente, podendo ser necessário o tratamento medicamentoso e sempre envolvendo atividade física e dieta.

A atividade física é considerada como primeira opção para o tratamento da DM2, e há consenso de que o treinamento de força melhora marcadores metabólicos nos indivíduos portadores, além de modular a inflamação – tanto aguda quanto cronicamente –, tornando-se importante na prevenção de outras comorbidades (Diabetes Care, 2014).

O treinamento de força promove melhoras físicas e psicológicas, além das adaptações cardiovascular, respiratória e muscular e da manutenção dos níveis de glicose plasmática (normoglicemia).

Os benefícios gerados pelo treinamento de força dependem do tipo de diabetes e da gravidade da doença. Na diabetes tipo I, o treinamento de força auxilia no controle da glicemia apenas em alguns casos; na maioria dos doentes, não há interferência direta. No entanto, ele é eficiente na redução dos riscos coronarianos, cerebrovasculares e arteriais periféricos, auxiliando também no controle da pressão arterial, aumento do gasto energético e melhora da qualidade de vida.

A prescrição do treinamento de força para esses diabéticos deve levar em conta o tipo de insulina utilizado, conhecendo sua forma de ação, tempo de elevação e chegada ao pico. O diabético tipo I não deve realizar os exercícios próximo ao pico de insulina, pois isso poderia levar a uma hipoglicemia grave, gerando diversas complicações.

Já para os pacientes com diabetes tipo II, o treinamento de força promove benefícios fisiológicos, psicológicos e sociais, que podem ser alcançados a curto, médio e longo prazo como, por exemplo:

- Melhora no perfil lipídico;
- Redução dos riscos cardiovasculares;
- Aumento do gasto energético;
- Aumento da massa magra;
- Redução da massa gorda;
- Melhora da qualidade de vida;
- Melhora do controle glicêmico;
- Aumento da sensibilidade à insulina;
- Maior translocação da proteína transportadora de glicose, GLUT- 4;
- Aumento no número de GLUT-4, diminuindo a dependência muscular da insulina;
- Maior eficiência na redução da resistência à insulina (em comparação aos exercícios de resistência aeróbia).

O treinamento de força também é de extrema importância por prevenir e reduzir o acúmulo de gordura visceral, que, segundo o consenso, é mais inflamatória que a gordura subcutânea independente do Índice de Massa Corpórea (IMC), portanto favorecendo o surgimento das comorbidades (Yudkin *et al.*, 2007).

Os estudos têm demonstrado de forma consistente melhora no controle glicêmico, sensibilidade à insulina, composição corporal e resistência cardiovascular, além de benefícios no perfil lipídico e controle da pressão arterial (Church *et al.*, 2010; Umpierre *et al.*, 2011).

A prática do treinamento de força é capaz de induzir modulações inflamatórias que reduzem o risco de diabetes e suas complicações. É possível que as miocinas tenham um importante papel na limitação do acúmulo de gordura visceral. A interleucina-15 (IL-15) parece ser a responsável por isso, reduzindo o acúmulo de gordura visceral, conforme observado em ratos (Rinnov *et al.*, 2014).

A IL-15 se mostrou aumentada após semanas de treinamento de *endurance*. Ainda não há consenso sobre uma liberação significativa de IL-15 após um período de treinamento de força (Rinnov *et al.*, 2014).

O mais comum na prescrição de exercícios para diabéticos é um treinamento aeróbio contínuo de intensidade leve a moderada – isso porque os efeitos positivos desse tipo de treinamento já são bem conhecidos para essa população. Enquanto o treino aeróbio continua sendo o mais tradicional, o treinamento de força tem demonstrado melhora do controle da glicemia e, além disso, manutenção da densidade mineral óssea, aumento da força muscular e prevenção de osteoporose (Yang *et al.*, 2014).

O treinamento de força também tem seu destaque quando se trata de diabetes: a massa muscular aumentada protege contra o acúmulo de gordura visceral, por liberar diversas miocinas como miostatina, LIF, IL-4, IL-6, IL-7 e IL-15, que parecem estar envolvidas com o crescimento e manutenção muscular, além de miocinas como a irisina, que está envolvida no metabolismo do tecido adiposo marrom (Pedersen, 2013; Rao *et al.*, 2014).

Uma metanálise realizada por Ishiguro *et al.* (2015) revelou que o treinamento de força causou uma redução modesta, mas estatisticamente significativa, na glicemia de pacientes com DM2. O TF poderia ser recomendado na fase inicial da DM2.

Independente da modalidade de treinamento, é de extrema importância que o exercício seja supervisionado por um profissional capacitado. Uma metanálise realizada por Umpierre *et al.* (2011) revelou que, ao passo que o exercício supervisionado foi eficiente, o treinamento sem acompanhamento não proporcionou melhora da glicemia em diabéticos tipo 2.

Quanto às variáveis do treinamento, de forma geral, é bem aceita a relação entre volume de treino e metabolismo: muitos estudos demonstram que, quanto maior o volume, melhor as adaptações metabólicas no diabético. No entanto, existem estudos que demonstram efeitos significativos com pequenos volumes de treino e não conseguem encontrar resultados positivos com grandes volumes. Ou seja, o volume ideal para o treinamento de indivíduos diabéticos ainda não é um consenso e parece não ser determinante sozinho (Umpierre *et al.*, 2013).

O treino de alta intensidade não é comumente indicado para diabéticos tipo 2, devido aos riscos de complicações e também à redução da aderência ao programa de exercícios. Os estudos demonstram que a intensidade moderada é a mais indicada, por promover os benefícios esperados para essa população, com risco baixo de desencadear outros problemas. No entanto, outros estudos demonstram que intensidades maiores promovem maior gasto energético, auxiliando no controle da glicemia, e potencializam as adaptações cardiovasculares. Assim, a intensidade ideal de treino ainda não está totalmente elucidada (Hansen *et al.*, 2009).

O treinamento intervalado vem ganhando força nos últimos anos. Quando o volume é equalizado com o treino contínuo, o intervalo apresenta resultados mais significativos em todos os aspectos da síndrome metabólica.

O melhor tipo de exercício ainda não está claro. A Associação Americana de Diabetes e o Colégio Americano de Medicina do Esporte indicam a combinação de exercício aeróbio e treinamento de força como o mais eficaz no controle da glicemia. Mas diversas formas têm sido estudadas: somente o aeróbio, somente o treinamento de força e a combinação dos dois (Schwingshackl *et al.*, 2014).

Todas as modalidades promovem benefícios na melhora metabólica e na diminuição do risco cardiovascular em pacientes com DM2. O treinamento de força se mostrou mais eficaz no aumento da sensibilidade à insulina – provavelmente devido a um aumento da massa muscular –, o treinamento aeróbio foi mais eficiente na redução da hemoglobina marcada – demonstrando maior controle glicêmico – e o treinamento combinado foi o método mais eficaz na melhora do controle glicêmico – incluindo redução da hemoglobina glicada, bem como melhora na velocidade da captação de glicose e do perfil lipídico, da pressão arterial diastólica e do peso corporal (Schwingshackl *et al.*, 2014).

Na modalidade de exercícios combinados, é recomendado que ambos sejam utilizados, mas preferencialmente em dias diferentes, de modo a otimizar os benefícios no controle glicêmico (Schwingshackl *et al.*, 2014).

A prática de exercícios para prevenir e tratar a DM2 não precisa ser vigorosa para ser eficaz. Uma caminhada leve pode auxiliar na redução dos fatores de risco associados à DM2, pois proporciona uma redução da gordura visceral, dos níveis de colesterol plasmático e da resistência à insulina. Herzig *et al.* (2014) demonstraram que 6.520 passos por dia, que podem ser acompanhados por um acelerômetro, são suficientes para prevenir o desenvolvimento da DM2.

Recomendações do Colégio Americano de Medicina do Esporte e da Associação Americana de Diabetes

- O exercício promove aumento da captação de glicose para os músculos com maior dependência de carboidratos, usando-a como combustível para a atividade muscular com o aumento da intensidade.
- Contrações musculares estimulam o transporte de glicose através de um mecanismo independente daquele prejudicado pela resistência à insulina.
- Embora o exercício moderado melhore a glicemia e a insulina de forma aguda, o risco de hipoglicemia induzida pelo exercício é mínimo sem uso de insulina exógena.
- Para hiperglicemia transitória, realizar exercício intenso.
- Os efeitos agudos do treinamento de força em pacientes com diabetes tipo II incluem menores níveis de glicemia em jejum por pelo menos 24 horas após o exercício.
- O treinamento combinado (exercício aeróbio + treinamento de força) é mais eficaz no controle da glicemia do que o treino aeróbio sozinho – o efeito pode durar de 2 a 72 horas após o exercício. Esse tipo de exercício também melhora a oxidação de lipídeos.
- O treinamento de força promove aumento da massa magra, aumentando a captação de glicose.
- O exercício pode promover redução do peso corporal. A duração deve ser em torno de 60 minutos se o emagrecimento depender apenas do exercício.
- Realizar um mínimo mínimo de 150 minutos por semana de exercício aeróbio (moderado a vigoroso), distribuído em 3 vezes por semana, não mais do que 2 dias consecutivos.
- Treinamento de força (moderado a vigoroso): realizar pelo menos 2 a 3 vezes por semana.
- O treinamento combinado traz benefícios adicionais para a saúde, embora formas mais leves de exercício (como a ioga) têm mostrado resultados conflitantes.

- Flexibilidade pode ser incluída, mas não deve substituir os treinamentos aeróbio e de força.
- Cuidado com níveis de glicemia superior a 300 mg/dL (16,7 mmol/L) sem cetose.
- Em usuários de insulina, pode ser necessária a ingestão de carboidratos para evitar hipoglicemia durante e após o exercício, além de ajustar a dose medicamentosa.
- Doença cardiovascular não é uma contraindicação absoluta para prática de exercício. Cada caso deve ser avaliado individualmente, principalmente o grau de comprometimento do organismo em função da presença da doença.
- Se a pessoa com diabetes apresentar angina classificada como risco moderado ou alto, o programa de atividade física considerado deve ser o de reabilitação cardíaca. Quando um indivíduo possui mais de uma doença, a prescrição do exercício é realizada sempre em função da doença mais grave e mais limitante.
- O paciente que possuir neuropatia periférica, porém sem ulceração aguda, poderá realizar o treinamento de força e o exercício aeróbio em intensidade moderada, sempre atentando ao tipo de sapato utilizado para reduzir o máximo possível o risco de ulceração nos pés.
- A intensidade do exercício pode ser controlada através da porcentagem da frequência cardíaca de reserva, lembrando a importância de realizar o controle também com a escala de percepção de esforço, que, para o nível moderado, deve ficar entre 11 e 14.

Sabemos que, durante o exercício, os músculos em atividade chegam a captar sete vezes mais glicose em comparação ao período de repouso. Esse aumento permanece por algum tempo após o término do exercício, podendo durar por até 4 horas. A contração muscular faz com que os GLUT4 localizados no interior da célula migrem para a membrana, se fundindo com ela, e esse efeito pode ser mantido por até 48 horas após a sessão de treino. Se o treinamento é interrompido, as melhoras obtidas na sensibilidade à insulina e na tolerância a glicose desaparecem; porém, elas podem ser recuperadas rapidamente com o retorno a atividade.

24.2. Treinamento de força e doenças cardiovasculares

A sociedade atual leva um estilo de vida predominantemente inativo, com baixa qualidade na ingestão alimentar e altos níveis de estresse – fatores que, somados e relacionados a alterações genéticas, têm levado a um número cada vez maior de indivíduos com doenças cardiovasculares. A hipertensão se destaca entre essas doenças.

Pressão arterial é a mensuração da força exercida pelo sangue contra a parede das grandes artérias. A existência dessa pressão é indispensável para a manutenção da homeostase – isso porque é necessário que haja pressão sanguínea suficiente para que o sangue possa circular por todo o corpo, chegando normalmente ao sistema nervoso central e a todos os outros tecidos.

A pressão arterial depende do volume de sangue ejetado pelo ventrículo esquerdo e da resistência vascular periférica, a qual se localiza principalmente nas arteríolas. O volume de ejeção reflete a pressão arterial sistólica, ao passo que a resistência vascular periférica reflete a pressão arterial diastólica.

As maiores variações na pressão arterial são decorrentes da flutuação do débito cardíaco, que sofre grande influência das variações do retorno venoso. A variação de pressão é determinada pela seguinte fórmula:

$$\mathbf{PA = (VS \times FC) \times RVP}$$

PA: pressão arterial
VS: volume sistólico
FC: frequência cardíaca
RVP: resistência vascular periférica

A modulação da pressão arterial se dá em função de dois mecanismos: neurais e humorais:

- Neurais = tono simpático dirigido para o coração e para as arteríolas.
- Humorais = substâncias químicas lançadas no meio extracelular que vão agir de forma sistêmica ou local.

A hipertensão é uma doença crônica não comunicável. Ela é considerada uma síndrome multifatorial de causa desconhecida e acomete grande parte da população. Apesar de, na maioria das vezes, a hipertensão ser de causa desconhecida, ela está fortemente associada a um maior risco de eventos cardiovasculares e de doenças renais não fatais. Existem diversos quadros que visam classificar o indivíduo segundo sua pressão arterial e diagnosticar os indivíduos que apresentam o quadro de hipertensão; no entanto, deve-se lembrar de que todas essas tabelas são construídas levando em consideração os parâmetros da média populacional, sendo, assim, de extrema importância considerar o caso de cada indivíduo.

Quadro 24.2 – Classificação da pressão arterial e recomendações do Colégio Americano de Medicina do Esporte

Pressão arterial sistólica	Pressão arterial diastólica	Classificação	Recomendação
< ou = 120	< ou = 80	Normal	
120 a 139	89	Pré-hipertensão	Dieta + Exercício
140 a 159	90 a 99	Hipertensão Leve	Dieta + Exercício
> 160	> 100	Hipertensão	Dieta + Exercício + Fármaco

A epidemiologia da hipertensão é grave: sabe-se que ela já afeta aproximadamente um bilhão de indivíduos no mundo inteiro e é responsável direta por 700 mil casos de derrames e 500 mil mortes por infarto anualmente; 40% dos pacientes acometidos por hipertensão são levados a óbito. Se não tratada adequadamente, provoca lesões no sistema vascular e em órgãos-alvo (cérebro, coração e rins).

Estudos apontam que, em média, 75% e 65% dos casos de hipertensão em homens e mulheres, respectivamente, são altamente relacionados com o sobrepeso e obesidade.

Existem diferentes tipos e prevalências de hipertensão:

- Aproximadamente 90% da população hipertensa apresenta hipertensão primária, também conhecida como essencial. Nesse tipo de hipertensão, não existe um único fator responsável pela doença, diversos fatores associados podem fazer com que ela se desenvolva.
- Os 10% restantes da população hipertensa desenvolvem a hipertensão secundária, na qual a causa é conhecida e geralmente está associada a alguma alteração renal.

Segundo a pesquisa do Vigitel (Vigilância de Fatores de Risco e Proteção para Doenças Crônicas por Inquérito Telefônico) realizada em 2012, 24,3% da população brasileira é hipertensa. Em 2006, primeiro ano de realização da pesquisa, esse valor correspondia a 22,5%, refletindo que a doença vem crescendo ao longo dos anos e é considerada um problema de saúde pública, sendo urgentemente necessária a formulação de estratégias para prevenir o seu surgimento e reduzir as intercorrências médicas decorrentes dela.

Como já dito anteriormente, para a grande maioria dos hipertensos, a causa é multifatorial, podendo estar relacionada a:

- Histórico familiar;
- Idade;
- Etnia;
- Consumo de sal em pessoas predispostas;
- Obesidade;
- Diabetes;
- Abuso de álcool;
- Vida sedentária;
- Cigarro;
- Estresse.

Os fatores de risco como histórico familiar, idade e etnia não podem ser modificados. No entanto, existe um fator de risco extremamente preocupante e que pode ser modificado: a obesidade.

Existem diversos métodos para a classificação do individuo quanto à obesidade, os mais simples e, portanto, os mais utilizados são IMC (índice de massa corporal) e circunferência da cintura. Sendo classificado como obeso o indivíduo que apresentar IMC > 30 kg/m e circunferência da cintura > 102 cm (para homens) ou > 88 cm (para mulheres). Aproximadamente 17% dos obesos irão desenvolver hipertensão arterial.

A principal correlação da obesidade com o desenvolvimento de hipertensão está nas adipocinas. Essas substâncias químicas são liberadas pelo tecido adiposo branco e, em sua grande maioria, possuem características pró-inflamatórias. Algumas delas auxiliam de maneira importante a formação da placa de ateroma, tendo como consequência diversas alterações hemodinâmicas, incluindo o aumento da pressão arterial.

O quadro que favorece a formação da placa de ateroma é o LDL (lipoproteína de baixa densidade) alto e o HDL (lipoproteína de alta densidade) baixo. O LDL possui baixa densidade devido à sua alta concentração de lipídeos; é por esse mesmo motivo que ele possui maior afinidade pela parede das artérias, se prendendo a elas. Esse LDL consegue permear pela membrana da artéria, instalando-se em sua camada íntima. No entanto, na parede da artéria, existem moléculas denominadas "moléculas de adesão"; através delas, os monócitos que posteriormente irão se diferenciar em macrófagos também conseguem penetrar na íntima da artéria.

Já dentro da artéria, os macrófagos se unem aos LDL através de receptores denominados *scavenger*. Após essa ligação, os macrófagos iniciam seu trabalho de fagocitose, na tentativa de eliminar o LDL. No entanto, pela alta quantidade de lipídeos a serem digeridos, os macrófagos não conseguem terminar o trabalho e morrem durante o processo. Assim, restam LDL parcialmente fagocitados e restos de macrófago morto, e essas estruturas juntas formam as células espumosas, que ficarão acumuladas na artéria, formando a placa de ateroma.

Duas adipocinas intensificam o processo descrito acima e aumentam a formação da placa de ateroma. A primeira chama-se PCR (proteína reativa C) que aumenta a permeabilidade dos monócitos pelas moléculas de adesão. A segunda chama-se TNF-α (fator de necrose tumoral – alfa) e aumenta a ligação do LDL aos receptores *scavenger*.

Figura 24.4 – Formação da placa de ateroma

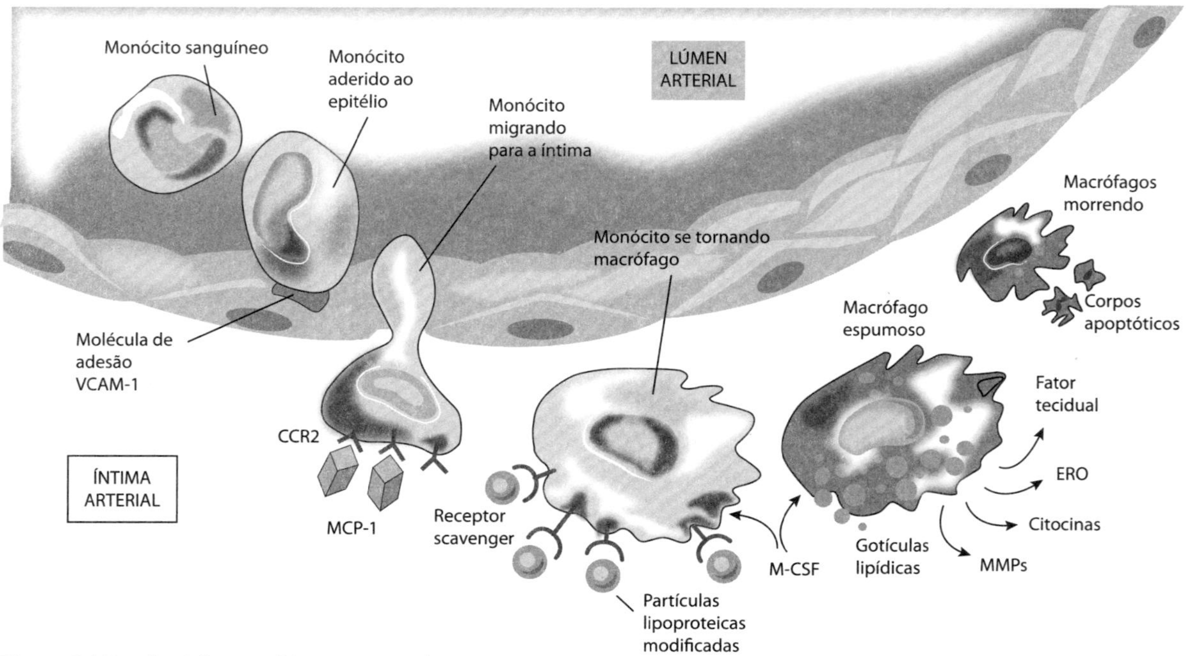

Figura 24.5 – Artéria com lúmen normal

Figura 24.6 – Artéria com placa de ateroma

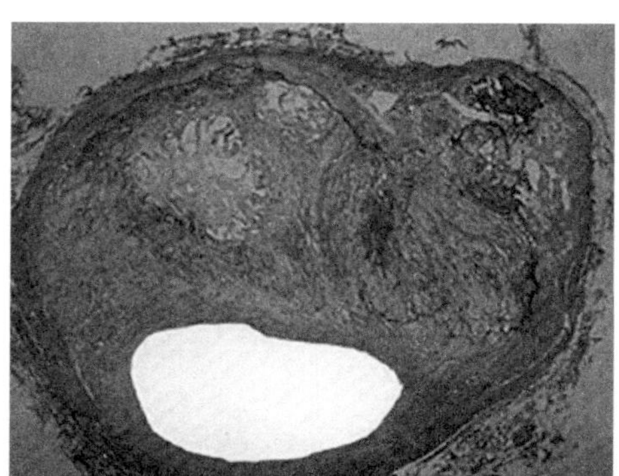

Figura 24.7 – Infarto agudo do miocárdio

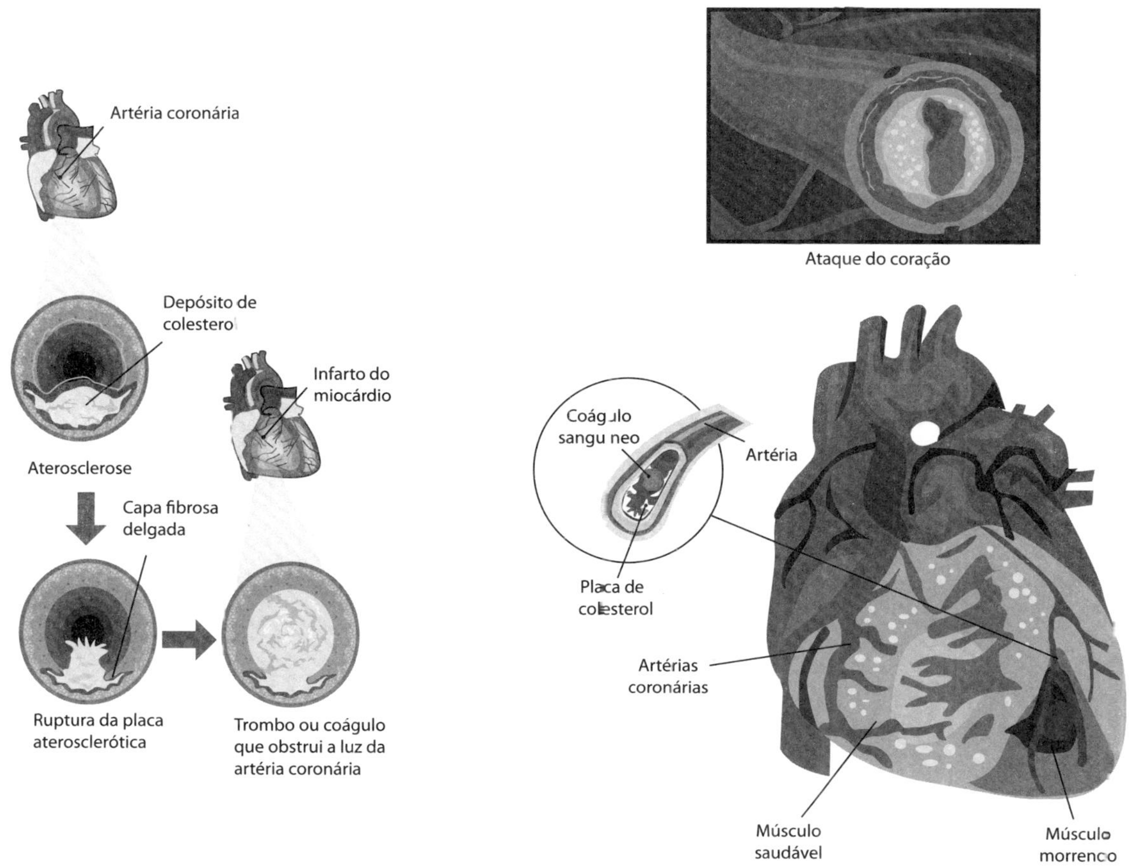

Uma metanálise realizada recentemente por Hammonds *et al.* (2016) demonstrou que o exercício é capaz de reduzir as concentrações de PCR tanto em homens saudáveis como em cardiopatas. Os estudos que envolveram homens saudáveis demonstraram efeitos observados de 6 semanas a 18 meses, duração de exercícios de 20 a 90 minutos, frequência de 3 a 6 vezes por semana, intensidade do exercício aeróbio de 70% a 75% do VO_2máx e intensidade do treinamento de força de 75% a 80% de 1 RM. A predominância nos estudos é o treinamento de 12 semanas com duração de 45 a 60 minutos, 3 vezes por semana, 70% a 75% do VO_2máx e 75% a 80% de 1 RM. Esses resultados demonstram a importância do exercício na prevenção da hipertensão. Já os estudos realizados com cardiopatas tiveram protocolos de 4 semanas a 24 meses, 30 a 55 minutos, frequência de 2 a 6 vezes por semana e aeróbio com 65% a 80% da FC máx. Os estudos observaram uma redução significativa de PCR, destacando o treinamento como forma de tratamento não farmacológico da hipertensão.

O exercício é um importante aliado na prevenção da obesidade e da formação das placas de ateroma (através do controle de LDL e HDL), auxiliando também no controle dos fatores de risco para desenvolvimento da hipertensão. A prescrição de exercícios para indivíduos hipertensos envolve treino aeróbios e de flexibilidade, além do treinamento de força.

Na prescrição de exercícios aeróbios, é indicado o envolvimento de grandes grupos musculares e, preferencialmente, movimentos cíclicos, como andar, correr, pedalar, entre outros. A intensidade que mostra maiores benefícios é a moderada, realizada no mínimo 3 vezes por semana.

Não existe uma prescrição fixa para esse grupo; tudo vai depender das afinidades, escolhas do aluno ou seu nível de aptidão e comprometimento físico e fisiológico. No entanto, a escolha da atividade deve respeitar alguns princípios básicos, para que ela não ofereça nenhum risco ao aluno.

- Deve-se escolher atividades que possibilitem aferir a pressão arterial durante sua realização; assim, se houver alguma alteração significativa, o exercício pode ser interrompido imediatamente.
- Para que o indivíduo seja introduzido em um plano de atividade física, sua pressão arterial precisa estar controlada, mesmo que com o uso de medicamentos. Isso porque sabemos que, durante a atividade física, a pressão arterial sistólica sempre irá aumentar e que um pico pressórico pode levar a um acidente vascular cerebral (AVC), por exemplo.
- As atividades na água só são recomendadas para os indivíduos com a pressão arterial controlada há algum tempo; isso porque, em imersão, o corpo sofre ação da pressão hidrostática (de baixo para cima), favorecendo o retorno venoso e aumentando o volume plasmático central e, consequentemente, a pressão arterial.
- Em imersão, não é possível aferir a pressão arterial. Ocorre uma queda da frequência cardíaca em até 10 batimentos por minuto, já que ocorre um aumento do volume sistólico devido ao retorno venoso favorecido.
- Acredita-se ainda que a água quente pode causar analgesia e camuflar um sintoma de angina.

A angina é considerada uma síndrome caracterizada por sensação de dor ou desconforto nas regiões precordial ou torácica, ou, menos frequentemente, na mandíbula ou membro superior esquerdo. Em geral, ocorre em pacientes com doença aterosclerótica obstrutiva (> 70% do lúmen do vaso), desencadeada ou agravada por esforço físico e emoções e aliviada com repouso e nitrato sublingual.

Os estudos demonstram que, com mais sessões de exercício por semana, a redução pressórica é mais significativa. Recomenda-se, no mínimo, 3 sessões por semana e, quando possível, aumentar para 5 a 7 sessões por semana. A duração deve ser entre 30 e 60 minutos e a intensidade de 40% a 60% da frequência cardíaca de reserva.

O controle da intensidade pode ser realizado através do acompanhamento:

- da respiração: sem ficar ofegante (conseguir falar frases compridas sem interrupção);
- do cansaço subjetivo: sentir-se moderadamente cansado (escala de percepção de esforço de Borg entre 11 e 14);
- da frequência cardíaca.

Essa prescrição de exercício aeróbio é recomendada pelo Colégio Americano de Medicina do Esporte e parece não oferecer prejuízos aos indivíduos hipertensos.

Antigamente, a prática de exercícios para hipertensos era considerada por muitos como arriscada; no entanto já havia recomendações para o treinamento aeróbio, ao passo que o treinamento de força continuava sendo considerado arriscado e sem grandes benefícios. Hoje, o TF não é somente reconhecido como benéfico para hipertensos como sua prática é recomendada.

A indicação é de que o treinamento de força para essa população seja baseado em uma prescrição básica:

- 1 a 3 séries.
- 8 a 10 exercícios:
  - Envolver grandes grupos musculares.
  - Alternar membros superiores e inferiores.
- Intensidade por volta de 50% de 1 RM:
  - 30% a 40% de 1 RM para membros superiores.
  - 50% a 60% de 1 RM para membros inferiores.

- Repetições = 10 a 15 até a fadiga moderada:
  - – Cansaço 11 a 14 na escala de percepção subjetiva de esforço.
  - – Prática = Se o aluno realizar 15 movimentos com facilidade, deve-se aumentar a intensidade.
  - – Em caso de evidência de apnéia com 10 repetições, deve-se diminuir a intensidade.
- As pausas devem ser longas, entre 1 e 2 minutos.
- Progressão:
  - – Quando atingir limite superior confortavelmente, deve-se aumentar 5% na carga.
- Execução adequada:
  - – Maneira rítmica com velocidade moderada e controlada.
  - – Toda amplitude de movimento.
  - – Evitar apnéia, manobra de valsalva, e isometria.
- Material: elástico; pesos livres; máquinas.

O treinamento de flexibilidade deve ser realizado no mínimo duas vezes por semana, podendo ser feito de maneira isolada ou associada ao treinamento de força ou aeróbio.

Inúmeros benefícios estão relacionados à pratica de exercícios para indivíduos hipertensos. Esses benefícios estão divididos em agudos e crônicos. O principal agudo refere-se ao efeito hipotensivo pós-exercício. Durante o período de recuperação, ocorre uma queda na pressão arterial abaixo dos valores pré-exercício, variando entre 5mmHg e 7mmHg a menos.

Durante a transição do repouso para o exercício, ocorre um aumento da pressão arterial sistólica, que tende a se estabilizar durante o exercício (intensidade constante), ao passo que a diastólica normalmente se mantém ou pode até apresentar uma queda devido à vasodilatação arteriolar induzida pelo exercício. Quando o indivíduo termina o treino e inicia a recuperação (para os valores de repouso), os ajustes que mantinham a pressão aumentada cessam rapidamente. No entanto, a vasodilatação periférica se mantém durante um tempo maior, provocando, assim, a hipotensão pós-exercício.

Atividades físicas de características aeróbias apresentam redução significativa dos níveis pressóricos pós-exercício, ao passo que exercícios resistidos têm evidenciado resultados controversos, como a elevação, manutenção, ou ainda redução da pressão arterial pós-exercício.

Quanto maior for a duração da sessão de exercício (45 minutos *vs* 25 minutos), mais acentuado e prolongado é o efeito hipotensivo pós--exercício, e isso tem sido observado tanto para indivíduos normotensos como para hipertensos.

Existem evidências de que o exercício realizado a 30%, 50% e 80% do VO_2 pico resulta em reduções semelhantes na pressão arterial pós-exercício em normotensos. Além disso, intensidades variadas – alternando-se entre 50% e 80% da frequência cardíaca de reserva – resultam em valores pressóricos mais baixos durante 24 horas após o exercício em relação aos valores obtidos no exercício de intensidade constante – realizado a 60% da frequência cardíaca de reserva – em hipertensos.

São poucos os estudos que avaliaram a resposta pressórica ao exercício intervalado ou de intensidades alternadas, com um maior número de pesquisas contemplando o exercício regular, refletindo as recomendações do Colégio Americano de Medicina do Esporte de exercícios aeróbios a intensidades constantes para controle da pressão arterial ou tratamento não medicamentoso da hipertensão arterial.

Quanto aos efeitos crônicos, no exercício físico ajustado para uma mesma intensidade relativa, não é verificada atenuação na pressão arterial em indivíduos normotensos. No entanto, indivíduos hipertensos apresentam atenuação da pressão arterial em cargas relativas. Os mecanismos para que isso aconteça são o aumento da excreção urinária de sódio e a redução da atividade nervosa simpática, dos níveis de catecolaminas circulantes e da resistência vascular sistêmica.

O endotélio ainda é capaz de liberar substâncias vasodilatadoras: Óxido nítrico (ON) – que causa inibição da agregação e adesão plaquetária, da ativação leucocitária e da proliferação muscular lisa –; Prostaciclina (PGI2) – que também inibe a agregação plaquetária, diminui a quantidade de colesterol que penetra nos macrófagos e células musculares lisas e previne a liberação de fatores de crescimento que provocam o espessamento da parede vascular. Pode liberar, também, substâncias vasoconstritoras: endotelina I, prostaglandina (PGH2) e Angiotensina II, que auxiliam na regulação da pressão arterial.

A prática de exercício físico para indivíduos portadores de doenças cardiovasculares é comprovadamente segura e benéfica. No entanto, para evitar intercorrências clínicas e prejuízos à saúde dessa população, o treinamento deve seguir corretamente as prescrições e cuidados indicados.

24.3. Treinamento de força e envelhecimento

Analisando os acontecimentos dos últimos anos, observa-se que a fecundidade é cada vez menor e a expectativa de vida maior. Com essa nova realidade, é possível observar um aumento na proporção de idosos e a redução relativa de jovens. Assim, torna-se imprescindível identificar os fatores de risco e estabelecer terapias eficazes para a prevenção e recuperação de patologias típicas do envelhecimento.

O envelhecimento é um processo contínuo e irreversível, caracterizado por um declínio progressivo de todos os processos fisiológicos; porém, sabe-se que se mantendo um estilo de vida ativo e saudável é possível retardar as alterações morfofuncionais que ocorrem com a idade.

Para os órgãos internacionais, são considerados idosos os indivíduos com 60 anos ou mais. Estima-se que, no mundo, a cada 10 indivíduos, um se encaixe nesse quadro. Já no Brasil, considera-se idoso o indivíduo com 65 anos ou mais. Segundo dados do IBGE (2016), em 2000, os idosos representavam 5,61% da população brasileira; hoje, representam 8,17% e, em 2030, estima-se que serão cerca de 13,44%.

Figura 24.8 – Evolução dos grupos etários 2000–2030

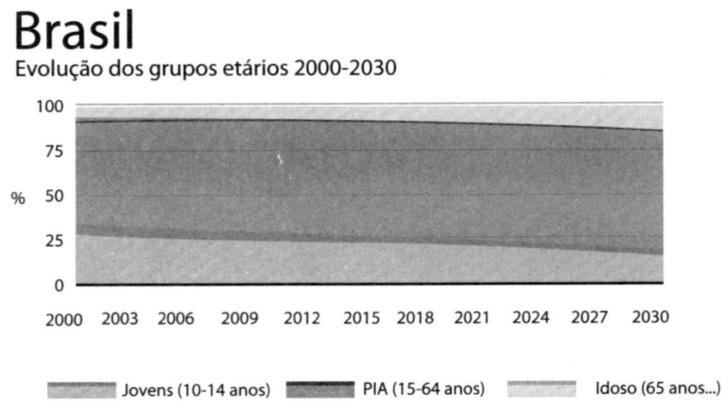

Fonte: IBGE (2016).

Alguns fatores foram indicados como determinantes para o aumento da população idosa, entre eles, temos: aumento da assistência médica; melhores hábitos de vida (incluindo fatores nutricionais, econômicos, culturais e sociais); maior acesso a medicamentos e aumento na prática de atividade física.

As alterações físicas e fisiológicas são inevitáveis. Com isso, somado a vários eventos particulares negativos, como a perda do parceiro, começam a aparecer alterações psicológicas, o que leva a um isolamento social, diminui a atividade física diária e aumenta o surgimento de doenças crônicas não comunicáveis. Com todos esses acometimentos, o idoso acaba desenvolvendo dependência e perdendo sua autonomia, o que gera queda significativa da qualidade de vida e aumenta ainda mais a morbidade e mortalidade desses indivíduos.

Todos os sistemas sofrem declínio com o envelhecimento, sendo o sistema nervoso um dos mais afetados, principalmente devido ao seu desuso. As células velhas e que não são estimuladas sofrem apoptose, comprometendo, assim, a sinalização e o comando de todos os outros sistemas.

Figura 24.9 – Estruturas neuronais

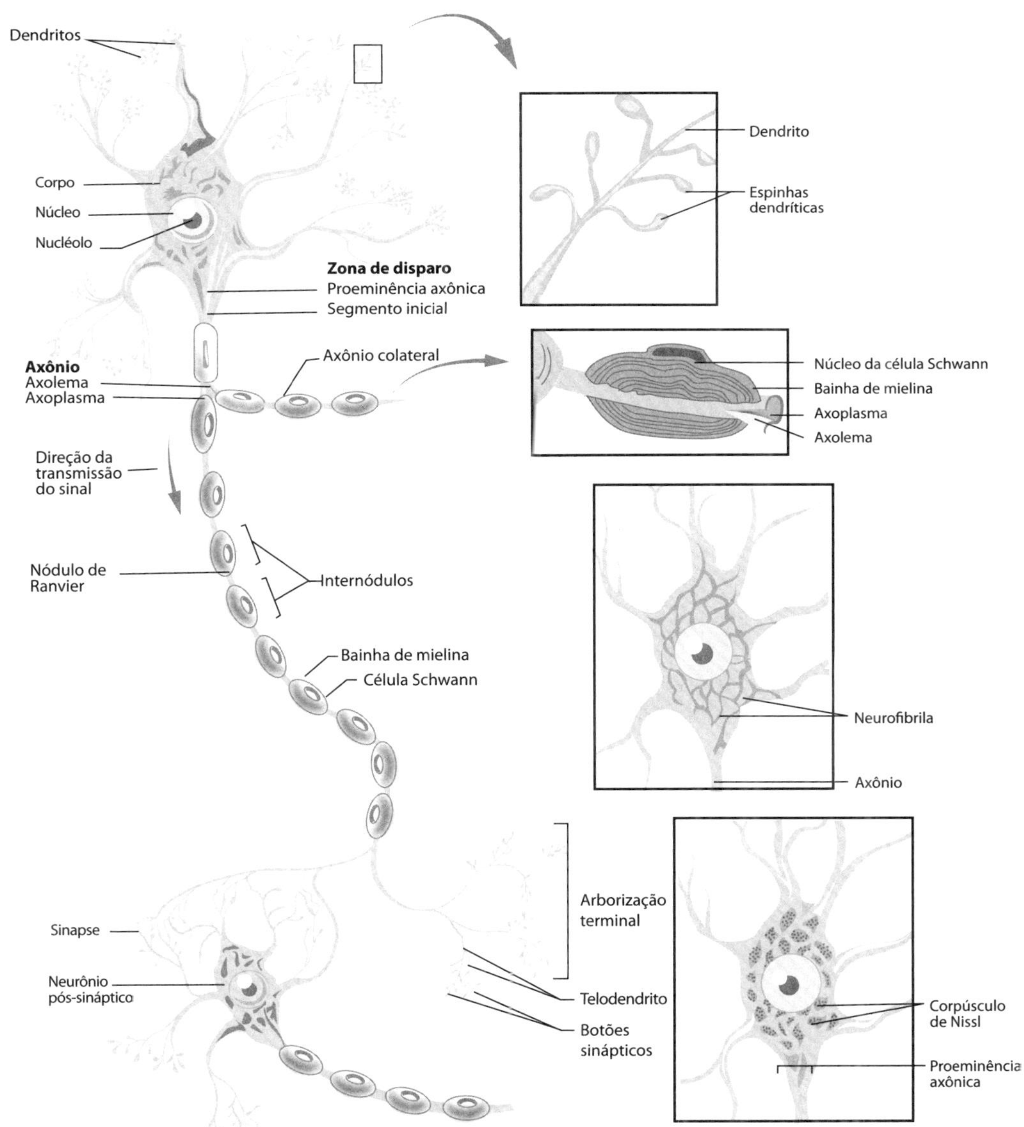

O comprometimento do sistema nervoso é de extrema preocupação, já que esse sistema não possui capacidade de regeneração, sendo sua decadência, portanto, um processo irreversível. Ele pode ser afetado por fatores intrínsecos como *genética, circulação, metabolismo* e *radicais livres* e/ou por fatores extrínsecos como *ambiente, sedentarismo, tabagismo, drogas* e *radiações*. Com tudo isso, é importante buscar meios e estratégias para reduzir o máximo possível a exposição a esses fatores.

Outro sistema afetado é o cardiovascular, que sofre uma *redução de sua capacidade funcional*. Estima-se que o VO_2máx sofra redução de 10% a cada década, sendo que foi caracterizado que em indivíduos ativos a redução é mais lenta: indivíduos mais velhos e treinados, sofrem redução de aproximadamente 5,5% no VO_2máx a cada década, ao passo que os sedentários podem ter redução em torno de 12%, diferença essa que equivale a 10 anos entre o envelhecimento cronológico e fisiológico.

Anatomicamente, o tamanho do coração não muda. Ocorre, porém, um aumento leve na massa e rigidez da parede do ventrículo esquerdo; a aorta perde elasticidade e o sistema cardiovascular apresenta uma redução na complacência. Essa redução está relacionada a uma maior incidência de hipertensão arterial.

A literatura destaca que estas alterações cardíacas podem ter efeitos mínimos nos indivíduos em repouso, mas tornam-se significativas durante o exercício. O treinamento físico é um importante aliado na manutenção da função cardíaca durante o processo do envelhecimento.

Como já foi dito anteriormente, uma grande preocupação com o envelhecimento é a perda da autonomia do idoso. Sabemos que a força é um fator importante para a manutenção das capacidades funcionais, e que o pico de força ocorre entre os 25 e os 30 anos, diminuindo principalmente depois dos 40 anos. A estimativa é de que ocorra uma redução de aproximadamente 10% na massa muscular entre os 25 e os 50 anos e uma redução de 40% entre os 50 e 80 anos. O principal fator associado a esta redução são as alterações hormonais e metabólicas. A redução na massa muscular, conhecida como processo de sarcopenia, ocorre devido **à** diminuição no tamanho e no número de fibras musculares, sendo que as principais fibras musculares atingidas são as do tipo II, com uma redução aproximada de 60% dessas fibras e de 25% das fibras tipo I, levando à letargia dos movimentos. Isso ocorre de maneira mais dramática posteriormente aos 70 anos de idade, principalmente em membros inferiores (devido à redução da estimulação). Assim, há uma diminuição do nível de atividade física total diária e um aumento da incidência de lesões por queda.

Diversos mecanismos estão associados à redução da força e da potência muscular com a idade, entre eles:

- alterações musculoesqueléticas;
- acúmulo de doenças crônicas;
- uso de medicamentos;
- alterações no sistema nervoso, como redução da excitabilidade do músculo e junção mioneural;
- redução das secreções hormonais;
- desnutrição;
- atrofia muscular;
- número reduzido de unidades motoras;
- alterações da contratilidade muscular;
- redução de atividades enzimáticas;
- diminuição da atividade física.

Entre as adaptações neurais ao envelhecimento, uma das principais é a desnervação (perda de unidades motoras), processo induzido pela queda na duração e na amplitude do potencial de ação das unidades motoras, pela diminuição da velocidade de condução motora e pela desmielinização.

Figura 24.10 – Degeneração da bainha de mielina.

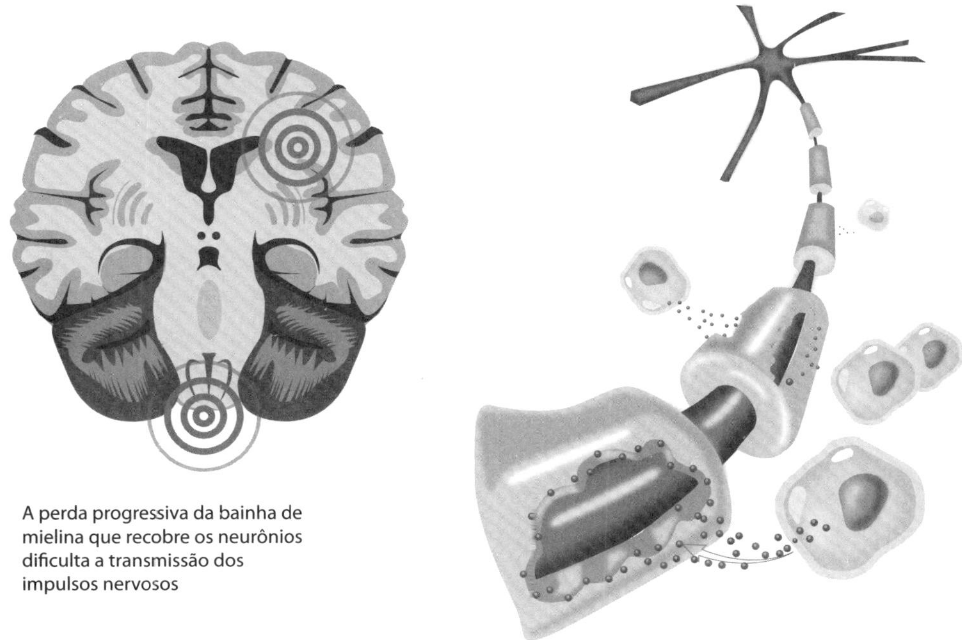

Sabe-se que a perda de motoneurônios grandes é maior que de motoneurônios pequenos. Isso está relacionado ao fato das fibras tipo II sofrerem mais desenervação. Com isso, as unidades motoras lentas (I) promovem reinervação das fibras desnervadas. O motivo pelo qual isso acontece ainda não está completamente entendido. Devido a essas alterações, os idosos apresentam movimentos mais lentos e menos fadigáveis. Esta lentidão é um dos principais fatores relacionados ao aumento da incidência de queda em idosos.

Figura 24.11 – Desenervação e reinervação neuronal.

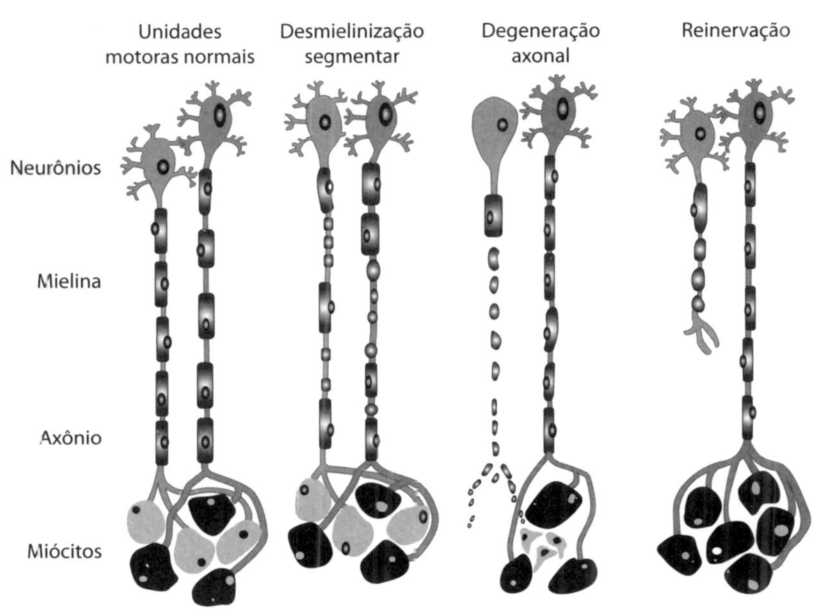

A fraqueza muscular pode evoluir até que o indivíado não consiga realizar atividades comuns da vida diária. As variáveis da força mais estáveis com o envelhecimento são as que recebem maiores estímulos no dia a dia, determinadas principalmente pelo estilo de vida e necessidades diárias, como por exemplo:

- força nos músculos envolvidos nas atividades da vida diária;
- força isométrica;
- ações de velocidade lenta;
- ações repetidas de baixa intensidade;
- força de articulação de pequenos ângulos;
- força muscular no gênero masculino.

O exercício regular e sistemático é eficiente para aumentar ou manter a aptidão física desta população. Além disso, ele promove o bem estar funcional, diminui a taxa de morbidade e mortalidade, sendo o treinamento de força um dos meios mais eficazes em aumentar a força e a condição funcional do idoso.

A prescrição de exercícios no envelhecimento tem como objetivo manter a autonomia e saúde do idoso, melhorando, assim, sua qualidade de vida. Essa prescrição deverá ser direcionada ao nível de dependência funcional do idoso, para que os programas sejam mais específicos às necessidades dessa população, aumentando a eficácia do programa e reduzindo os riscos.

NÍVEL DE CLASSIFICAÇÃO FUNCIONAL DE ACORDO COM O NÍVEL DE ATIVIDADES DA VIDA DIÁRIA (SPIRDUSO *ET AL.*, 1995)

Siglas:
AVD: Atividades da vida diária
ABVD: Atividades básicas da vida diária
AIVD: Atividades intermediárias da vida diária
AAVD: Atividades avançadas da vida diária

- Nível I – Fisicamente incapaz / fisicamente dependente. Não realiza nenhuma AVD e tem total dependência dos outros.
- Nível II – Fisicamente frágil. Indivíduos que podem fazer ABVD, mas não podem realizar nenhuma AIVD, como fazer compras, lavar e limpar a casa.
- Nível III – Fisicamente independente. É capaz de realizar todas as AIVD e ABVD, sem sintomas de doença crônica, mas com baixo nível de saúde e condicionamento físico.
- Nível IV – Fisicamente apto/ fisicamente ativo. Realiza trabalho físico moderado, esporte de resistência e jogos. Capaz de fazer todas as AAVD. Aparência física jovial.
- Nível V – Atleta. Realiza atividades competitivas, podendo competir em nível internacional e praticar esportes de risco.

Apesar das alterações hormonais e metabólicas, estudos demonstram que o músculo esquelético do idoso sofre adaptações similares às dos adultos mediante o treinamento de força, principalmente no que diz respeito à proliferação de células satélites. Os estudos demonstram que 12 semanas de treinamento de força aumentam significativamente a proliferação de células satélites e, portanto, permite que ocorra hipertrofia muscular, melhorando a força e a capacidade funcional dessa população.

As recomendações do Colégio Americano de Medicina do Esporte para a prescrição de exercício para idosos sugerem que sejam realizados exercícios ao menos 5 vezes por semana; incluindo atividades de fortalecimento muscular, de flexibilidade e de equilíbrio, além de atividades aeróbias. As sessões de alongamento devem acontecer no mínimo 2 vezes na semana, acompanhadas de exercício aeróbio e de fortalecimento muscular.

A flexibilidade desenvolve-se até a idade adulta (20–25 anos) e diminui com a idade, sendo mais evidente a partir dos 55 anos. Os autores apontam como o principal responsável pela redução da flexibilidade a falta de exercício físico. O exercício mantém e/ou melhora a amplitude articular, mantendo o tecido conectivo saudável e atenuando a degeneração articular, prevenindo o aparecimento de doenças osteoarticulares.

Com o fortalecimento muscular e o treinamento de flexibilidade, a manutenção do equilíbrio e da marcha torna-se mais fácil. Essas duas variáveis sofrem grande alteração devido à perda da força e a alteração da comunicação nervosa. As reduções do equilíbrio e da qualidade da marcha estão relacionadas ao maior risco de quedas e, consequentemente, de fraturas, facilitadas pela desmineralização óssea típica do idoso.

Figura 24.12 – Principais fatores responsáveis pelo aumento das quedas em idosos

O declínio mais acentuado no equilíbrio ocorre a partir dos 60 anos de idade. Há uma maior oscilação e a correção da estabilidade corporal perante uma perturbação é mais lenta, dificultando a manutenção do equilíbrio estático e dinâmico – outro fator que contribui para que isso aconteça é a deterioração da visão e dos sistemas vestibular e somatossensorial.

Alterações degenerativas da coluna, desequilíbrio muscular e curva cifótica mais acentuada favorecem o desequilíbrio e a alteração da marcha do idoso.

Figura 24.13 – Alterações geradas pelo envelhecimento que aumentam o risco de quedas

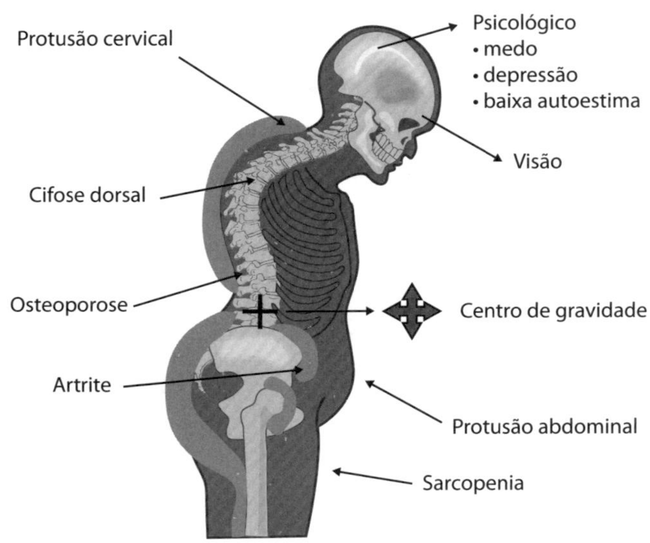

O principal distúrbio mineral ósseo que acomete os idosos e aumenta a incidência de fraturas e a dependência dos indivíduos é a osteoporose. Os fatores de risco de fraturas e osteoporose são divididos em modificáveis e não modificáveis.

Fatores não modificáveis

- História pessoal de fratura no adulto.
- História de fratura relacionada à osteoporose.
- Etnia caucasiana ou asiática.
- Idade.
- Gênero feminino.
- Demência.
- Saúde comprometida por doenças crônicas.

Fatores modificáveis

- Baixa densidade mineral óssea.
- Tabagismo.
- Baixo peso.
- Deficiência de estrogênio.
- Uso de glicocorticoide oral.
- Alcoolismo.
- Baixa ingestão de cálcio.
- Quedas frequentes.
- Sedentarismo.
- Não adesão ou uso incorreto da farmacologia terapêutica.
- Diminuição da acuidade visual.

A osteoporose é um distúrbio osteometabólico caracterizado pela diminuição da densidade mineral óssea, levando a um aumento da fragilidade esquelética e do risco de fraturas. Ela está relacionada a um aumento da reabsorção óssea e uma redução da formação óssea.

Figura 24.14 – Densidade óssea, em um osso com osteoporose e em um osso normal

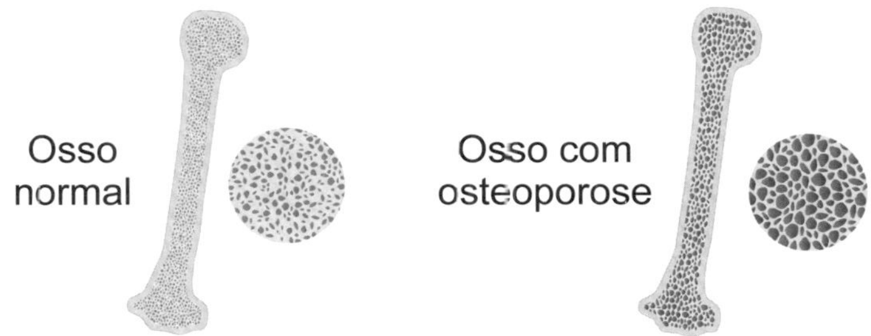

O exercício é um importante fator na prevenção e tratamento da osteoporose. Sabemos que durante a contração da musculatura ocorre uma deformação óssea e o osso interpreta esta deformação como um estímulo à formação, ativando, portanto, os osteoblastos e aumentando o depósito de cálcio na matriz óssea, fazendo o caminho inverso ao que leva a osteoporose.

A incidência de osteoporose por ano no Brasil é muito elevada e gera consequências que podem ser permanentes:

- 70 mil pessoas sofrem fratura no colo do fêmur;
- 20% morrem de complicações nos primeiros 6 meses;
- 50% nunca mais terão uma vida independente;
- 20–30% vão necessitar de cuidados institucionais ou de enfermagem domiciliar.

Por isso, é de extrema importância um trabalho para evitar o desenvolvimento de qualquer fator de risco para o surgimento de distúrbios minerais ósseos.

Figura 24.15 – Degeneração óssea diante do envelhecimento, levando a alterações posturais, alteração da marcha e desequilíbrio.

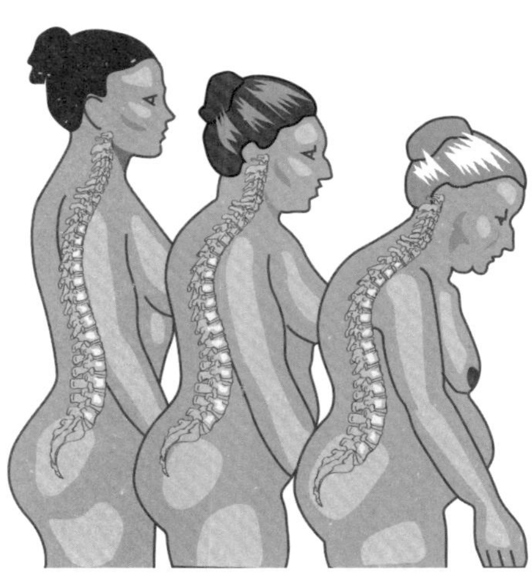

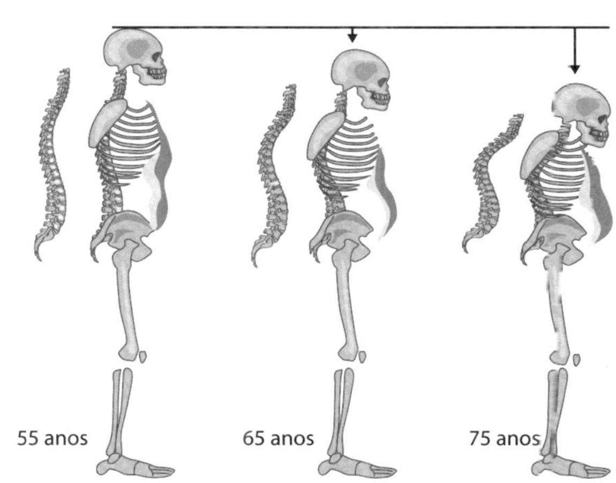

Com o envelhecimento, também ocorre uma mudança significativa na composição corporal, principalmente nas mulheres. É encontrado um aumento na gordura corporal total, devido, principalmente, à diminuição da atividade física e da taxa metabólica basal, além da redistribuição desse tecido, caracterizada por uma diminuição nos membros e por aumento de acúmulo principalmente na região abdominal. Essas modificações possuem uma estreita relação com alterações metabólicas, aumentando o aparecimento de doenças como as cardiovasculares e a diabetes.

Além de todos os benefícios físicos e fisiológicos trazidos pela prática de exercícios durante o processo de envelhecimento, os idosos mais ativos possuem também melhores aspectos psicossociais.

Sabemos que os idosos sofrem, socialmente, preconceito e discriminação, isso devido a uma visão negativa da sociedade em relação ao corpo envelhecido. Com isso, torna-se difícil para essa população ter uma imagem positiva de si mesm. A percepção sobre o aumento da aptidão física traz um importante fator para a melhora psicológica. O exercício torna o idoso mais confiante, ele passa a acreditar na realização de coisas novas e aumenta a confiança no próprio corpo, sendo que, para a obtenção desses benefícios, o exercício que ganha maior destaque é o treinamento de força. Os idosos praticantes de exercício físico são mais inteligentes, imaginativos e independentes comparados aos não praticantes.

Por fim, temos as orientações básicas para a prescrição de exercício para idosos, lembrando sempre que, no planejamento do programa de exercícios, é imprescindível que seja levado em consideração as características de cada indivíduo, adequando, assim, a atividade às necessidades de cada um e, portanto, facilitando alcançar todos os benefícios que foram comentados.

PRESCRIÇÃO DO TREINAMENTO DE FORÇA PARA IDOSOS FRÁGEIS E MUITO FRÁGEIS

- Grupos musculares relevantes clinicamente: os envolvidos nas atividades da vida diária.
- Priorizar os exercícios com pesos livres para treinar o equilíbrio.
- Intensidade: a partir de 80% de 1 RM (exercícios de alta intensidade são mais seguros do que os de baixa intensidade).
- Frequência: duas a três vezes por semana.

PRESCRIÇÃO DO TREINAMENTO DE FORÇA PARA IDOSOS VISANDO GANHOS DE FORÇA E HIPERTROFIA

- Repetições: 8 a 12.
- Intensidade: 60% a 80% de 1 RM.
- Progressão: máquinas para pesos livres.
- Grupos musculares: exercícios multiarticulares e monoarticulares.
- Frequência: duas a três vezes por semana em dias alternados.
- Tempo de recuperação entre as séries: 1 a 2 minutos.

O treinamento aeróbio e de flexibilidade também são importantes. A flexibilidade deve ser treinada 2 a 3 vezes por semana, preferencialmente separada dos outros treinos; já o aeróbio segue a recomendação do Colégio Americano de Medicina do Esporte (ACSM) para manutenção da saúde: mínimo de 5 vezes por semana, mas preferencialmente 7 vezes, por no mínimo 50 minutos, sem que volumes maiores apresentam maiores benefícios, com uma intensidade moderada a vigorosa. O treino do idoso deve começar com intensidade leve e ir aumentando conforme adaptação do organismo e as limitações do próprio indivíduo.

Apesar do envelhecimento estar associado a um declínio irreversível dos sistemas fisiológicos, a prática adequada e sistemática de exercícios promove melhoras consideráveis na saúde física e mental e na aptidão de idosos. Nunca é tarde para iniciar um programa de exercícios e desfrutar de todos os benefícios proporcionados por ele.

24.4. Treinamento de força para crianças e adolescentes

Antes de falarmos de exercícios para crianças e adolescentes, precisamos definir alguns termos importantes: crescimento, desenvolvimento e maturação. Crescimento refere-se ao aumento do tamanho do corpo ou de qualquer uma de suas partes; desenvolvimento está relacionado às alterações funcionais/fisiológicas e maturação é a aquisição da forma adulta e totalmente funcional – como, por exemplo, maturidade esquelética, na qual o sistema esquelético encontra-se completamente desenvolvido e os ossos já completaram sua maturação e sua ossificação normal. O estado de maturidade de uma criança ou de um adolescente pode ser definido por: idade cronológica, idade óssea e estágio de maturação sexual. A adolescência é o período mais difícil de definir, pois varia o início e o final. Geralmente nas meninas vai dos 8 aos 19 anos e nos meninos dos 10 aos 22 anos.

É cada vez maior o trabalho para melhora e aprimoramento do condicionamento em crianças. Nesse sentido, devemos sempre levar em consideração que crianças não são adultos em miniatura, ou seja, um programa de treinamento de um adulto não pode ser utilizado para uma criança. As capacidades fisiológicas e de desempenho são impostas por cada fase do desenvolvimento. Com o aumento das estruturas corporais, a habilidade motora, geração de força e capacidades aeróbia e anaeróbia também aumentam.

Quando vamos prescrever exercícios para crianças, nos deparamos com diversos questionamentos: o exercício físico promove benefícios para a criança ou adolescente? Qual tipo de exercício? Qual a intensidade e os volumes adequados?

As respostas para essas perguntas ainda não estão completamente elucidadas, devido às restrições éticas de realizar pesquisas com crianças. Assim, a maioria dos estudos são observacionais ou com características conservadoras. É nessas pesquisas que baseamos nossas prescrições.

No mundo atual, observa-se um índice cada vez maior de crianças com obesidade e doenças correlacionadas. Estudos demonstram que, em 2020, aproximadamente 73% dos adultos irão apresentar disfunções orgânicas devido a hábitos alimentares inadequados e inatividade física. Sabe-se que a infância e a adolescência são períodos importantes para estimular hábitos e comportamentos de um estilo de vida mais saudável, que podem perdurar por toda a vida.

O programa de exercícios a ser elaborado deve ser sistemático, prazeroso e variado, jamais deve ter um caráter punitivo ou necessariamente competitivo. Nessa faixa etária, a aderência ao treinamento é um fator fundamental.

Se nos perguntarmos: "Qual tipo de exercício deve ser prescrito para crianças e adolescentes?" A resposta é: todos. A criança pode realizar exercícios aeróbios, de força e flexibilidade, e eles podem ser prescritos de forma isolada ou associados e ainda em conjunto com modalidades esportivas. Nessa fase é importante estimular vivências variadas, para aprimorar o repertório motor e desenvolver as habilidades e capacidades da criança. É de extrema importância que o programa de treinamento seja elaborado especificamente para cada grupo etário, mantendo em mente os fatores de desenvolvimento associados à idade.

Ao observarmos os fatores associados ao sistema cardiovascular, podemos notar que a criança apresenta um menor débito cardíaco, em função de um menor volume sistólico; isso se dá devido a um coração pequeno e um menor volume total de sangue. Como forma de compensação, a frequência cardíaca é maior – porém, mesmo assim, o débito cardíaco ainda é menor. As crianças envolvidas em esportes de resistência – como corrida ou natação – aumentam a potência aeróbia máxima de forma comparável aos adultos e não apresentam indicações de dano ao sistema cardiopulmonar. Além disso, estudos demonstram que crianças parecem se adaptar ao treinamento de resistência de maneira semelhante aos adultos, desde que esse treino seja adequado.

O VO_2máx é praticamente igual para meninos e meninas na infância, já que a composição corporal não é diferente. No início da puberdade, o VO_2 dos meninos continua aumentando enquanto o das meninas tende a estabilizar. O primeiro motivo para isso é o fato das meninas assumirem uma postura mais sedentária precocemente; o outro é o fato de que, com a chegada da puberdade, a massa muscular aumenta significativamente nos meninos, devido à testosterona, enquanto nas meninas ela praticamente não se altera (Dietz *et al.*, 2012).

Outro grande questionamento é se o exercício interfere no crescimento longitudinal da criança. Sabemos que a estatura final é determinada por fenômenos morfológicos, bioquímicos, celulares e biológicos, que são pré-determinados geneticamente, mas sofrem grande interferência de fatores ambientais como ingestão alimentar adequada, diferenças étnicas, efeitos climáticos, doenças, fatores psicossociais e condição socioeconômica.

Existem teorias de que crianças praticantes de corrida ou levantamento de peso podem sofrer microtraumatismos constantes, devido ao treinamento repetitivo, e que isso poderia induzir um fechamento prematuro da placa epifisária e retardo do crescimento. Essas alterações foram comprovadas em ratos, mas não em humanos. Alguns pesquisadores ainda dizem que caso ocorra uma lesão epifisária, o osso que não irá mais crescer será apenas o lesionado, não comprometendo a estatura total. Outra teoria investigada é a do estresse (físico, nutricional ou psicológico) interferindo na liberação de hormônio do crescimento (GH) e reduzindo a estatura final. Apesar de controversa, é devido a essa teoria que não se recomenda a prescrição de exercícios com intensidades muito altas ou muito extenuantes para crianças e adolescentes (Anliker *et al.*, 2012).

O esqueleto humano pré-púbere é mais sensível à estimulação mecânica pela atividade física, dando aos ossos imaturos alta responsividade ao estresse mecânico, sobretudo em razão da presença da cartilagem de crescimento. A placa de crescimento ósseo é o local onde ocorre o estímulo para esse crescimento, cujo término depende de cada osso, mas geralmente ocorre em torno dos 18 aos 20 anos de idade. Quando o crescimento para, a placa se ossifica, tornando a cartilagem madura ao adulto.

Figura 24.16 – Crescimento ósseo: representação da placa de crescimento epifisário.

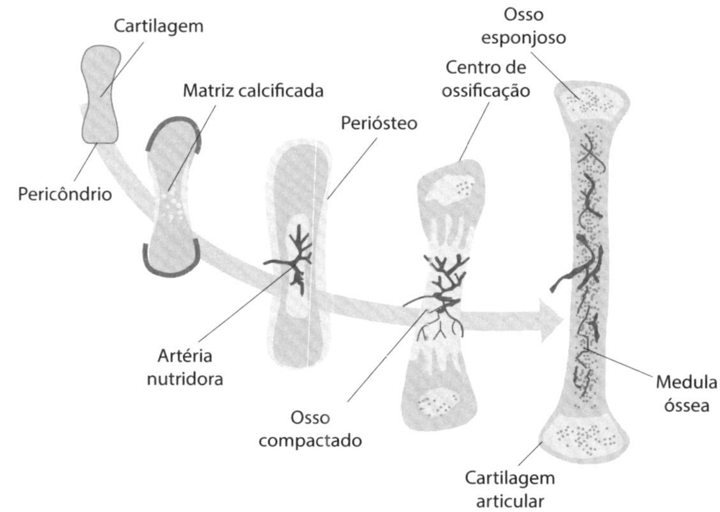

Até aproximadamente 12–14 anos de idade, meninos e meninas não apresentam diferenças em estatura, massa corporal, proporção, largura dos ossos ou espessura das dobras cutâneas. O pico do crescimento longitudinal ocorre aproximadamente aos 12 anos para as meninas e aos 14 para os meninos.

As alterações na massa corporal são semelhantes às da estatura, os maiores ganhos ocorrem nos dois primeiros anos, seguidos de aumento progressivo mais lento até a puberdade, momento em que ocorre novo pico de ambos. Logo após, ocorre uma diminuição brusca até atingir o que foi determinado geneticamente. Até a puberdade, não há diferença significativa na concentração plasmática de testosterona, e, portanto, não há diferença na produção de força. Com o aumento de 10 vezes na concentração de testosterona nos meninos, a massa muscular é potencialmente aumentada e, junto com ela, a força. Na puberdade, a massa muscular aumenta de 27% para 41,8% nos homens e para 35% nas mulheres.

Os estudos demostram que 12 semanas de TF são suficientes para promover o aumento da força muscular por unidade de secção transversa e prevenir o aumento de gordura em meninos pré-púberes. Estudos com meninas ainda são escassos e não chegam a um consenso (Cunha, 2014).

Quanto às células adiposas, os depósitos de gordura têm início nessas células ao mesmo tempo em que elas são formadas, no começo do desenvolvimento fetal, e continuam indefinidamente. Nos dois primeiros anos de vida, a célula adiposa tem uma capacidade reduzida de hipertrofiar. Assim, o limite crítico é atingido rapidamente e a célula sofre mitose e hiperplasia, com a chegada da puberdade, a carga hormonal faz com que essas células se tornem mais capazes de hipertrofiar, reduzindo assim a necessidade de hiperplasia. A quantidade normal de células na primeira infância é de 6 bilhões, podendo aumentar ilimitadamente. As meninas tendem a acumular mais gordura corporal mesmo antes da puberdade, devido a fatores sociais (estilo de vida menos ativo que os meninos); depois da puberdade, essa diferença fica bem mais evidente devido ao aumento significativo nas concentrações de estrogênio.

Devido a todas essas características de crescimento, desenvolvimento e maturação, antigamente, o treinamento físico era visto como ineficiente e arriscado para a saúde das crianças. Atualmente, os principais órgãos na área da saúde (como o ACMS, a American Orthopedic Society of Sports Medicine, a American Academy of Pediatrics e a National Strength and Conditioning Association) recomendam a prática de exercícios para crianças e adolescentes, inclusive do treinamento de força. Porém, eles ressaltam que os benefícios da participação de crianças em TF são dependentes da elaboração apropriada do programa e de uma supervisão competente.

Um programa de exercício físico bem elaborado pode trazer diversos benefícios a crianças e adolescentes, como por exemplo: aumento da força; aptidão cardiovascular e relativa à flexibilidade; alteração da composição corporal, com diminuição da massa gorda e aumento da massa magra; diminuição da incidência de lesões; promoção do bem-estar físico e mental; a indução de atitudes positivas em direção à aderência da prática de atividades físicas (Hernández-Álvarez *et al.*, 2015).

A Organização Mundial de Saúde (OMS), em sua recomendação sobre a queda dos níveis de atividade física e consequentemente o aumento das doenças crônicas não comunicáveis, publicou Recomendações Globais de Atividade Física e Saúde (2010). *A OMS recomenda que crianças de 6 a 17 anos façam 60 minutos de atividade física moderada a vigorosa todos os dias e façam exercícios vigorosos, exercícios de força para músculos e ossos pelo menos 3 vezes por semana.*

Estudos demonstram que o treinamento de força realizado de 2 a 3 vezes por semana, a 75%–85% de 1 RM, promove aumento significativo na força muscular de crianças e adolescentes, e o exercício aeróbio realizado a 45%–55% do VO_2máx, por aproximadamente 30 minutos, promove benefícios cardiorrespiratórios, ambos sem induzir lesões ou oferecer riscos (Malina, 2009).

A sugestão de treinamento mais conservadora propõe treino combinado (aeróbio + TF), com duração de 40 a 60 minutos, com intensidade de 65% a 70% do VO_2máx, por no mínimo 3 vezes por semana, sendo que uma frequência maior oferece mais benefícios. Quando o objetivo for redução de gordura, é indicada a realização de uma dieta hipocalórica, aproximadamente 1.500–1.800kcal/dia em associação aos exercícios (Hernández-Álvarez *et al.*, 2015).

Para que o treinamento seja seguro para as crianças e adolescentes, são sugeridas algumas diretrizes:

1. Cada criança deve compreender os benefícios e riscos associados ao treinamento de força.
2. O equipamento deve ser adequado ao tamanho da criança. Caso isso não seja possível, a utilização de halteres e barras pode ser uma boa opção, desde que o indivíduo possua uma boa coordenação.
3. O aquecimento específico ou geral deve ser realizado cuidadosamente.
4. Aumentar a carga sempre de forma progressiva.
5. Realizar de 6 a 15 repetições, priorizando os exercícios multiarticulares.
6. Frequência semanal: 2–3 vezes, permitindo sempre que ocorra uma recuperação adequada.

7. O treinamento deve ser periodizado adequadamente.
8. A ingestão de líquidos deve ser constante a cada 15–20 minutos;
9. A alimentação adequada é fundamental para a saúde na qualidade de vida e no desempenho físico e esportivo.

24.5. Treinamento de força para gestantes

A prática de exercícios físicos na gestação há algum tempo é bem aceita e até recomendada por órgãos importantes como as Diretrizes do Congresso Americano de Obstetras e Ginecologistas (ACOG, 2002).

Durante a gestação, existe uma tendência das mulheres reduzirem seu nível de atividade física, uma situação imposta até pela sociedade, já que as pessoas de uma maneira geral acreditam ser arriscada a movimentação corporal durante tal período. Sabemos que, para qualquer indivíduo, o sedentarismo está relacionado ao aumento da incidência de doenças crônicas não comunicáveis. Um estudo da Finlândia representa o que vem acontecendo mundialmente: no país em questão, o sedentarismo atingiu a faixa de 71%, ultrapassando o excesso de peso (37%), o fumo (35%), a hipercolestrolemia (26%) e a hipertensão (15%) como causas de morte (Vuori, 2011). Assim, verificamos a importância da mulher manter um estilo de vida ativo durante toda sua gestação.

Além do maior risco de desenvolver doenças crônicas não comunicáveis, quando a gestante se mantém inativa, ela apresenta redução da aptidão física, ganho de peso descontrolado e aumento das dores e dos edemas.

A prescrição de exercício durante a gestação possui diversos benefícios, mas também gera riscos e exige cuidados. Tudo isso deve ser conversado com a gestante antes de se iniciar um programa. O treino para grávidas segue as mesmas características da prescrição para saúde pública, sendo necessário incluir exercício aeróbio e treinamentos de força e de flexibilidade, considerando sempre os cuidados individuais para cada gestante e para cada fase da gestação.

Para iniciar um programa de treinamento na gravidez, é necessário primeiro saber sua condição fisiológica e para isso é imprescindível uma liberação médica. Depois, devemos determinar os objetivos do programa, sendo os principais a melhora da qualidade de vida e a diminuição das intercorrências médicas. *Em nenhum momento do programa deve ser objetivado o condicionamento físico ou a estética.*

Ainda no início do treinamento, deve ser realizada uma anamnese geral e específica com a gestante. A anamnese específica deve conter questões sobre: as *características emocionais* e de convivência familiar – a fim de investigar se a gravidez em questão está sendo bem aceita ou não por parte da família e da própria gestante –; limitações físicas pré-existentes – já que a gestacão pode piorar essas limitações – e atividade profissional que a mulher exerce. Essa última pergunta é de extrema importância, uma vez que o seu treinamento pode minimizar os efeitos deletérios deste trabalho na mulher – como por exemplo, edemas e dores – ou piorar esse quadro.

O período gestacional impõe diversas alterações fisiológicas, morfológicas, funcionais e psicológicas na mulher. A alteração postural mais relatada é hiperlordose lombar.

Com o passar do tempo gestacional, o volume abdominal cresce significativamente, provocando uma alteração do centro de gravidade, que, ao invés de recair entre os pés, fica deslocado à frente.

Figura 24.17 – Alteração do centro de gravidade, determinado pelo aumento do volume abdominal com o passar dos meses gestacionais. Centro de gravidade deslocado à frente.

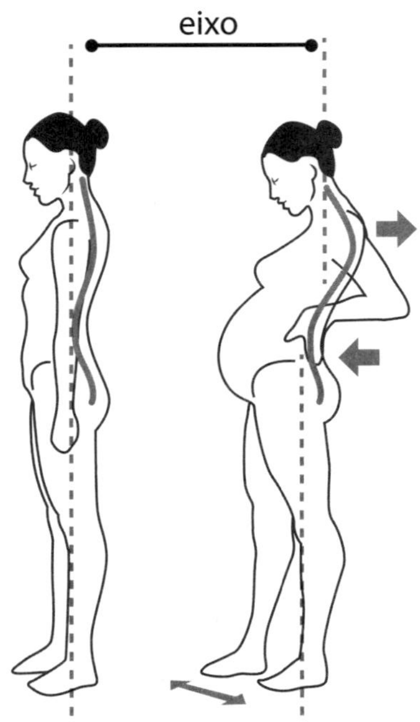

Para compensar essa alteração do centro de gravidade, a gestante precisa inclinar o tronco para trás, induzindo então uma hiperlordose. Como sabemos, as alterações posturais exigem compensações e acabam associando outras alterações. Na gestante, observa-se uma anteversão da pelve, que resulta em uma hiperlordose, que é seguida por uma hipercifose torácica e que ainda pode estar associada a uma protusão da cabeça. A gestante pode apresentar todas, algumas ou nenhuma dessas alterações, por isso é tão necessário que seja feita uma boa avaliação e uma prescrição individualizada.

A dor mais relatada na literatura é a dor lombar, sendo queixa de 50% das mulheres com mais de 4 meses de gestação. Ela é representada por um complexo de sintomas no qual a dor é localizada na coluna lombar ou referida na perna, no pé e na região sacral e/ou glútea, sem implicar um diagnóstico ou causa. Essa dor é estimulada principalmente no movimento de flexão do tronco e durante a palpação da musculatura paravertebral lombar, causando diminuição da amplitude de movimento e limitando algumas tarefas diárias. Geralmente, ela surge entre o 3º e o 6º mês, de forma intermitente (pontada), em uma intensidade moderada e predominantemente à tarde e à noite.

As causas dessa dor ainda são discutidas: alguns autores acreditam que ela seja fruto do aumento da curvatura lombar para compensação do centro de gravidade, outros defendem que ela surge em função de alterações biomecânicas, originadas de um trabalho mais intenso atribuído a determinados grupos musculares, como os paravertebrais, ao passo que outros passam a ser menos exigidos – no caso, o reto abdominal passa a exercer menos força no controle postural devido à sua distensão pra acomodar o bebê.

A segunda teoria (alterações biomecânicas) possui maior credibilidade. Em 2005, Garshasbi e Zadeh realizaram um estudo em que 107 gestantes participaram de programa de exercícios: 3 vezes por semana, com duração de 60 minutos cada sessão, constituída de caminhada lenta, alongamento do iliopsoas e paravertebrais, treinamento de força para os músculos abdominal e posteriores de coxa e relaxamento. O grupo controle foi constituído de 105 gestantes, orientadas apenas para manter as atividades diárias. A dor foi avaliada pela escala de percepção subjetiva, validada internacionalmente. Os autores encontraram redução na intensidade da dor lombar no grupo exercitado, ao passo que houve um aumento na dor do grupo controle. Não foram encontrados, porém, efeitos sobre a lordose lombar. Eles concluem, portanto, que a dor lombar não necessariamente está relacionada à alteração da curva lombar.

Para prevenir a dor lombar e auxiliar na sua melhora, é importante que o programa de treinamento tenha exercícios de alongamento para os músculos dorsais, principalmente os envolvidos na postura, e para os posteriores de coxa, além de exercícios de fortalecimento da musculatura abdominal e paravertebrais.

Existem alguns fatores de risco relacionados à maior incidência de dor lombar na gestação, entre eles mulheres acometidas de dor lombar previamente à gestação, baixo nível socioeconômico (maior sobrecarga de trabalho) e fatores ocupacionais (trabalhos pesados, repetitivos e com mesma postura). Todos devem ser considerados ao se prescrever um programa de exercícios para gestantes.

Para facilitar as adaptações ao período gestacional, o corpo lúteo (a partir da 2ª semana de gestação) e a placenta (a partir da 12ª semana) liberam um hormônio chamado relaxina, cuja função é aumentar os movimentos da pelve para acomodar o bebê e permitir o alongamento dos músculos abdominais e dos músculos do assoalho pélvico durante o parto, possibilitando um processo mais fácil. Porém, como sua ação é sistêmica, ele também leva a uma maior frouxidão ligamentar e consequente redução da estabilidade articular. Levando em consideração esses efeitos, o exercício deve ser bem orientado e acompanhado para evitar que ocorram lesões articulares durante este período. Lembrando que esses cuidados devem permanecer inclusive no pós-parto, já que os efeitos desse hormônio persistem até 5 meses após o nascimento.

Ao longo do programa de treinamento para gestantes, as alterações no corpo da mulher devem ser observadas cuidadosamente. Uma delas é a extensibilidade do músculo reto abdominal: na evolução da gravidez, os músculos abdominais são alongados até o ponto de seu limite elástico; o reto abdominal pode alongar-se até 115% do seu tamanho fisiológico, além de alargar-se. Esse alargamento pode ser acompanhado através do afastamento da linha alba durante o 3º trimestre, considerando-se normal uma separação de 2–4 cm de largura e de 2–5 cm de comprimento. Porém, em alguns casos, essa separação pode ser ainda maior, tornando-se uma alteração denominada diástase.

A diástase do reto abdominal pode progredir a ponto do útero ficar apenas parcialmente coberto por peritônio, fáscia e pele (todos tecidos moles), prejudicando, assim, o sistema de proteção da região visceral. Clinicamente, essa situação pode criar problemas para o parto e prejudicar funções básicas como tosse, micção, respiração e estabilidade do tronco, já que todas essas funções exigem força no músculo reto abdominal e quanto mais distendido e mais separado ele estiver, menor será sua capacidade de gerar força.

Figura 24.18 – A) Linha alba com separacão fisiológica. B) Separação da linha alba durante a gestação, caracterizando uma diástase.

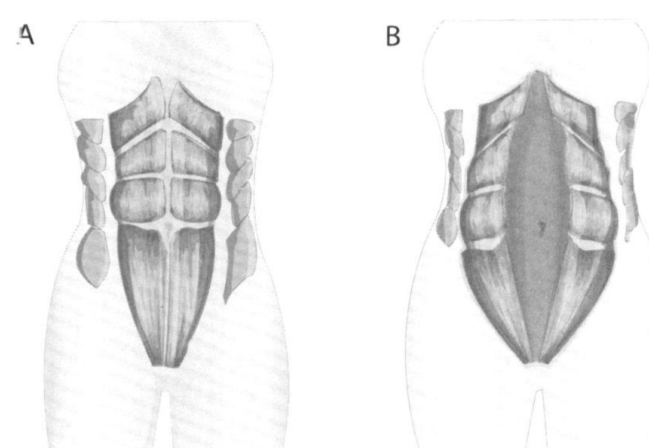

A estratégia mais adequada é evitar que a diástase aconteça. Para isso, o músculo reto abdominal deve ser fortalecido. Porém, nos deparamos com um grande questionamento: gestantes e exercícios abdominais. Ao contrário do que se acredita popularmente, na gravidez, a mulher deve realizar fortalecimento dos músculos abdominais, principalmente o reto abdominal, possibilitando, assim, reduzir a incidência ou a gravidade da diástase e ainda auxiliando na manutenção da postura, reduzindo a sobrecarga lombar e, consequentemente, a dor relacionada a ela.

O importante é ter clareza de que a gestante não pode executar qualquer tipo de exercício abdominal, o mais tradicional (em decúbito dorsal, joelhos flexionados e realizando flexão de tronco) não é recomendado para este período, pois nessa posição, o bebê pode gerar uma compressão da veia cava inferior, diminuindo o retorno venoso e podendo levar a mãe ao desmaio.

Nas gestantes, são estimulados os exercícios abdominais sentados ou recostados em uma bola, evitando a compressão na veia cava inferior e, ainda assim, gerando estímulos significativos para a musculatura abdominal.

Figura 24.19 – A) Exercício abdominal com auxilio da bola suíça (deixar a bola com a maior estabilidade possível). B) Exercício abdominal sentada, com contração dos músculos abdominais durante todo o movimento, realizando flexão e extensão do tronco.

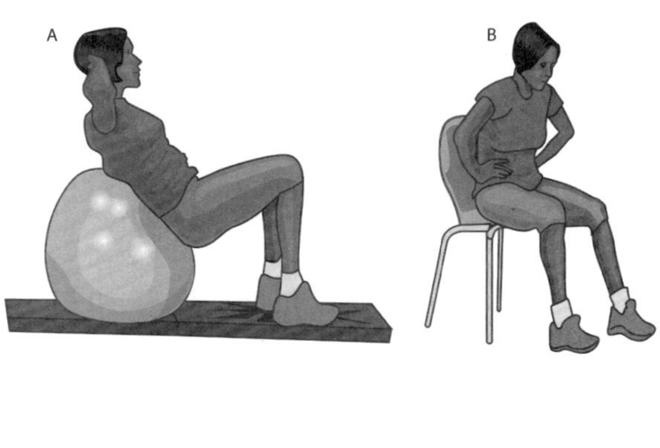

Existe, popularmente, uma forte associação entre gestante e exercícios na água – como a hidroginástica, por exemplo. Fisiologicamente, o exercício em imersão (com água na altura do tórax, pelo menos) apresenta algumas vantagens em relação ao exercício no solo.

Quando em imersão, o nosso corpo passa a sofrer a ação da pressão hidrostática (dos pés para a cabeça). Assim, o retorno venoso fica facilitado e proporciona aumento do volume plasmático e do débito cardíaco, induzindo a diurese (eliminação de água pela urina) e a natriurese (eliminação de sódio pela urina). Esses dois ajustes favorecem o controle da pressão arterial na gestante, fato extremamente importante, levando em consideração que a hipertensão afeta 6%–8% de todas as grávidas e é responsável por 13% das mortes na gestação (Haahstad *et al.*, 2016).

O exercício no solo também é capaz de reduzir a pressão arterial na gestação. Haakstad *et al.* (2016) realizaram um estudo com 61 gestantes, das quais 35 participaram durante 12 semanas de um programa de exercícios com 60 minutos de duração: 5 para aquecimento; 35 a 40 minutos de exercício aeróbio como dança e *step*, sem impacto e com intensidade moderada, acompanhada por escala de percepção de esforço 12 a 14; 15 minutos de treinamento de força para os paravertebrais, músculos pélvicos e abdômen (3 séries de 12 a 15 repetições); e 5 minutos de volta a calma. Os resultados demonstraram redução significativa da pressão arterial sistólica quando comparado ao grupo controle, composto por 26 mulheres.

Outro benefício do exercício na água é o menor risco de intensificar as curvaturas fisiológicas, além de não possuir risco de queda durante a execução do treinamento, proporcionando mais segurança para a gestante. Por outro lado, quando comparado ao exercício no solo, ele possui menor estímulo para o equilíbrio e menor estimulação dos músculos posturais, além de trabalhar menos a resistência muscular geral, já que, na água, na maioria das vezes, a capacidade de gerar sobrecarga é limitada. Portanto, a melhor indicação é, sempre que possível, periodizar o treinamento com exercícios no solo e na água; assim, podemos obter os benefícios de ambos.

Sabemos que a gestação é dividida em duas fases, sendo a primeira uma fase anabólica, na qual quem "cresce" é a mãe, o crescimento fetal é mínimo e os nutrientes exógenos são conservados quando a mãe se alimenta – o resultado disso é um aumento do peso corporal materno, especificamente pelo acúmulo de gordura. A outra fase é a chamada catabólica, na qual ocorre um intenso anabolismo fetal, sustentado pela transferência de nutrientes a partir da circulação materna, reduzindo assim seus estoques. Ou seja: na primeira fase ocorre o crescimento da mãe e na segunda, do feto.

A gestante sempre terá que aumentar seu peso corporal: mesmo que ela não queira aumentar os estoques de gordura na primeira metade da gestação, na segunda, o peso corporal terá que aumentar impreterivelmente, isso porque ocorre um crescimento significativo do concepto (feto, placenta, líquido amniótico), além da retenção líquida, fatores que devem aumentar de qualquer maneira, já que são essenciais para o bom desenvolvimento do feto.

Não existe um valor fixo de quanto peso corporal seria bom para a gestante ganhar; tudo depende do seu índice de massa corporal (IMC) anteriormente à gestação. Mulheres com IMC < 19,8 kg/m^2 podem ganhar entre 12,5 kg e 18 kg; com IMC de 19,8–25 kg/m^2, o ganho pode ser de 11,5 kg a 16 kg; com sobrepeso (IMC= 26–29 kgm^2), deve-se ganhar menos peso, de 7 kg a 11,5 kg; para as obesas (IMC > 29,1 kg/m^2), o ganho de peso corporal deve ser inferior a 7 kg.

O ganho de peso corporal em excesso está relacionado ao surgimento de doenças crônicas não comunicáveis durante a gestação, principalmente diabetes e hipertensão, além de acarretar maior incidência de distúrbios psicológicos – os mais relatados são: menor satisfação corporal; distorção da imagem corporal; baixa autoestima; depressão pós-parto.

Nesse sentido, a atividade física exerce um importante papel no controle de peso corporal, diminui a resistência à insulina, auxilia na regulação da pressão arterial e melhora todos os fatores psicológicos descritos acima.

A prescrição de exercícios para gestante deve ser totalmente individualizada, respeitando suas alterações, dores, limitações e fase gestacional. Para nortear nossa prescrição, temos algumas indicações básicas desse treinamento.

O programa de treino deve incluir exercícios aeróbios, de força e de flexibilidade. O exercício aeróbio deve ter uma duração entre 30 e 40 minutos, ser realizado 3 vezes por semana, em uma intensidade moderada, aproximadamente 70% do VO_2máx. O treinamento de força deve ser realizado de 2 a 3 vezes por semana, composto por 8 a 10 exercícios e 2 a 3 séries para cada exercício; a intensidade também deve ser moderada, entre 55% e 70% de 1 RM, realizando-se de 10 a 12 repetições, com 1 a 2 minutos entre as séries. Não realizar exercícios na posição supina e evitar a mesma posição por muito tempo seguido – uma boa estratégia para isso é alternar exercícios de membro inferior e superior. Recomenda-se evitar contrações isométricas e realizar exercícios em ambientes quentes e úmidos (Perales *et al.*, 2016).

Os exercícios podem ser realizados durante toda a gestação, prestando sempre atenção às respostas da gestante, e deve ser imediatamente interrompido a qualquer sinal de sangramento; perda de fluído; aumento exagerado da frequência cardíaca e pressão arterial; fadiga excessiva, palpitações e dor no peito; dor de cabeça insistente ou distúrbios visuais; ganho insuficiente de peso corporal (menor que 1 quilo por mês nos últimos dois meses); dor abdominal sem causa definida; edema, dor e rubor em membros inferiores; edema súbito de tornozelo, face e mãos. Ocorrendo qualquer uma dessas situações, a gestante deve ser encaminhada ao médico e só poderá retornar à prática de atividade física após a liberação médica.

Após o parto, o retorno da aluna aos exercícios depende de diversos fatores, como: cicatrização; término do período hemorrágico; reequilíbrio hormonal e articular; recuperação da musculatura abdominal; retorno do útero ao tamanho normal e liberação médica.

Referências

ACOG. Committee opinion. Number 267, January 2002: Exercise during pregnancy and the postpartum period. *Obstet Gynecol*, v. 99, 2002.

AMERICAN DIABETES ASSOCIATION. Standards of medical care in diabetes – 2014. *Diabetes Care*, v. 37, n. 1, 2014.

AMERICAN HEART ASSOCIATION. Resistance exercise in individuals with and without cardiovascular disease: benefits, rationale, safety, and prescription: an advisory from the Committee on Exercise, Rehabilitation, and Prevention, Council on Clinical Cardiology, American Heart Association; Position paper endorsed by the American College of Sports Medicine. *Circulation*, v. 101, n. 7, 2000.

ANLIKER, E. *et al.* Effects of jumping exercise on maximum ground reaction force and bone in 8- to 12-year-old boys and girls: a 9-month randomized controlled trial. *J Musculoskelet Neuronal Interact*, v. 12, n. 2, p. 56-67, 2012.

ARIZABATELA, A.V. M. *et al.* Aerobic exercise during pregnancy improves health-related quality of life: a randomized trial. *Journal of Phisiotherapy*, v. 56, 2010.

BACIUK, E. P. *et al.* Water aerobics in pregnancy: cardiovascular response, labor and neonatal outcomes. *Reproductive Health*, v. 5, n. 10, 2008.

BALE, P. The functional performance of children in relation to growth, maturation and exercise. *Sports Medicine*, v. 13, n. 13, 1992.

BEAGLEY, J. *et al.* Global estimates of undiagnosed diabetes in adults for 2013 for the IDF Diabetes Atlas. *Diabetes Res. Clin. Pract.*, 2013.

BECKER, D. M.; VACCARO, P. Anaerobic threshold alteration caused by endurance training in Young children. *International Journal of Sports Medicine and Physical Fitness*, v. 23, 1998.

BORG-STEIN, J; DUGAN, S. A.; GRUBER, J: Musculoskeletal aspects of pregnancy. *Am J Phys Med Rehabil*, v. 84, 2005.

BRAITH, R. W.; STEWART, K. J. Resistance exercise training: its role in the prevention of cardiovascular disease. *Circulation*, v. 113, n. 22, 2006.

CARTER, M. C. *et al.* Adherence to a smartphone application for weight loss compared to a website and paper diary: pilot randomized controlled trial. *J Med Internet Res*, v. 15, n. 4, 2013.

CHODZKO-ZAJKO, W. J. *et al.* American College of Sports Medicine position stand. Exercise and physical activity for older adults. *Med Sci Sports Exerc*, v. 41, n. 7, 2009.

CHURCH, T. S. *et al.* Effects of aerobic and resistance training on hemoglobin A1c levels in patients with type 2 diabetes: a randomized controlled trial. *JAMA*, v. 304, 2010.

CUNHA, G.S.; SANT'ANNA, M.M.; CADORE, L.E. Physiological Training in Prepubertal Boys. *Research Quarterly for Exercise and Sport*, 2014.

DAVIES, C. T. M.; BARNES, C.; GODFREY, S. Body composition and maximal exercise performance in children. *Human Biological*, v. 44, 1972.

DIETZ, P. *et al.* Influence of exclusive resistance training on body composition and cardiovascular risk factors in overweight or obese children: A systematic review. *Obesity Facts*, v. 5, 2012.

GARBER, C. E. *et al.* American College of Sports Medicine position stand. Quantity and quality of exercise for developing and maintaining cardiorespiratory, musculoskeletal, and neuromotor fitness in apparently healthy adults: guidance for prescribing exercise. *Med Sci Sports Exerc*, v. 43, n. 7, 2011.

GARSHASBI, A.; FAGHIH ZADEH S. The effect of exercise on the intensity of low back pain in pregnant women. *Int J Gynaecol Obstet*, v. 88, n. 3, 2005.

GHASHGHAEI, F. E. *et al.* Gender differences in risk factors of obese patients after cardiac rehabilitation program. *Iran J Nurs Midwifery Res*, v. 17, n. 5, 2012.

HAAKSTAD, L. A. H.; EDVARDSEN, E.; BØ, K. Effect of regular exercise on blood pressure in normotensive pregnant women. A randomized controlled trial. *Hypertension in Pregnancy*, 2016.

HAMER, M.; SABIA, S.; BATTY, G. D. *et al.* Physical activity and inflammatory markers over 10 years: Follow-up of men and women from the White Hall II, Cohort study. *Circulation*, v. 126, 2012.

HAMMONDS, T. I.; GATHRIGHT, E. C.; GOLDSTEIN, C.M. Effects of exercise on c-reative protein in healthy patients and in patients with heart disease: a meta-analysis. *Heart & Lung*, 2016.

HANSEN, D. *et al.* Continuous low- to moderate-intensity exercise training is as effective as moderate- to high-intensity exercise training at lowering blood HbA(1c) in obese type 2 diabetes patients. *Diabetologia*, v. 52, 2009.

HERNÁNDEZ-ÁLVAREZ, E. D.; VALEO--BERNAL, M. V.; MANCERA-SOTO, E.M. Efficacy of the prescription of physical activity in the obese child population. *Rev. Salud Pública*, v. 17, n. 1, 2015.

HERZIG, K.-H. *et al.* Light physical activity determined by a motion sensor decreases insulin resistance, improves lipid homeostasis and reduces visceral fat in high risk subjects. *International Journal of Obesity*, v. 38, 2014.

INSTITUTO BRASILEIRO DE GEOGRAFIA E ESTATÍSTICA (IBGE). *Projeção da população do Brasil e das Unidades da Federação.* 2016.

ISHIGURO, H. *et al.* In Search of the Ideal Resistance Training Program to Improve Glycemic Control and its Indication for Patients with Type 2 Diabetes Mellitus: A Systematic Review and Meta-Analysis. *Sports Med*, 2015.

KARSTOFT, K.; PEDERSEN, B. K. Exercise and type 2 diabetes: Focus on metabolism and inflammation. *Immunology and Cell Biology*, v. 94, 2015.

KNIGHT, E., PETRELLA, J. R. Prescribing Physical Activity for Healthy Aging: Longitudinal Follow-Up and Mixed Method Analysis of a Primary Care Intervention. *The Physician and Sportsmedicine*, v. 42, n. 4, 2014.

KNIGHT, E.; STUCKEY, M.I.; PETRELLA, R.J. Health promotion through primary care: enhancing self-management with activity prescription and mHealth. *Phys Sportsmed*, v. 42, n. 3, 2014.

KNIGHT, E.; STUCKEY, M.I.; PETRELLA, R.J. Prescribing physical activity through primary care: Does activity intensity matter? *Phys Sportsmed*, v. 42, n. 3, 2014.

KNUDSEN, S. H.; PEDERSEN, B. K. Targeting Inflammation Through a Physical Active Lifestyle and Pharmaceuticals for the Treatment of Type 2 Diabetes. *Curr. Diab. Rep*, v. 15, n. 82, 2015.

MADDEN, K. M. Evidence for the benefit of exercise therapy in patients with type 2 diabetes. *Diabetes Metab Syndr Obes*, v. 3, n. 6, 2013.

MALINA, R. M.; BOUCHARD, C.; BAR-OR, O. *Crescimento, maturação e atividade física.* São Paulo: Phorte, 2009.

MARTINS, R. F.; SILVA, J. L. P. Tratamento da lombalgia e dor pélvica posterior na gestação por um método de exercícios. *Rev Bras Ginecol Obstet*, n. 27, v. 5, 2005.

MELO, C. M. *et al.* Postexercise hypotension induced by low-intensity resistance exercise in hypertensive women receiving captopril. *Blood Press Monit*, v. 11, n. 4, 2006.

MOURIDSEN, M. R. *et al.* High-sensitivity c-reactive protein and exercise-induced changes in subjects suspected of coronary artery desease. *J Inflamm Res*, v. 7, 2014.

ORGANIZAÇÃO MUNDIAL DA SAÚDE (OMS). *Global recommendations on physical activity and health*. Organização Mundial da Saúde, Genebra, 2010.

PEDERSEN, B. K. Muscle as a secretory organ. *Compr. Physiol*, v. 3, 2013.

PERALES, M *et al.* Benefits of aerobic or resistence training during pregnancy on maternal health and perinatal outcomes: A systematic review. *Early Human Development*, 2016.

RAKOBOWCHUK, M. *et al.* Effect of whole body resistance training on arterial compliance in young men. *Exp Physiol*, v. 90, n. 4, 2005.

RAO R. R. *et al.* Meteorin-like is a hormone that regulates immune-adipose interactions to increase beige fat thermogenesis. *Cell*, v. 157, 2014.

RIBEIRO, F.; ALVES, A. J.; TEIXEIRA, M. Exercise training increases interleukin-10 after na acute myocardial infarction: a randomized clinical trial. *Int J Sports Med*, v. 33, 2012.

RINNOV, A. *et al.* Endurance training enhances skeletal muscle interleukin-15 in human male subjects. *Endocrine*, v. 45, 2014.

SCHEEN, A. J.; ESSER, N.; PAQUOT, N. Antidiabetic agents: Potential anti-inflammatory activity beyond glucose control. *Diabetes Metab*, v. 41, 2015.

SCHWINGSHACKL, L. *et al.* Impact of different training modalities on glycaemic control and blood lipids in patients with type 2 diabetes: a systematic review and network meta-analysis. *Diabetologia*, v. 57, 2014.

SPIRDUSO, W. W.; FRANCIS, K. L.; MACRAE, P. G. *Physical Dimensions of Aging*. 2. ed. Champaign: Human Kinetics, 1995.

STUCKEY, M. I.; KNIGHT, E.; PETRELLA, R. The Step test and exercise prescription tool in primary care: a critica review. *Crit Rev Phys Rehabil Med*, v. 24, n. 1-2, 2012.

STUCKEY, M. I. *et al.* Remote monitoring technologies for the prevention of metabolic syndrome: The Diabetes and Technology for Increased Activity (DaTA) Study. *J Diabetes Sci Technol*, v. 5, n. 4, 2011.

SWARDFAGER, W.; HERRMANN, N.; CORNISH, S. Exercise intervention and inflammatory markers in coronary artery desease: a meta-analysis. *Am Heart J*, v. 163, 2012.

TAAFFE, D. R. *et al.* Reduced central blood pressure in older adults following progressive resistance training. *J Hum Hypertens*, v. 21, n. 1, 2007.

UMPIERRE, D. *et al.* Physical activity advice only or structured exercise training and association with HbA1c levels in type 2 diabetes: a systematic review and meta-analysis. *JAMA*. v. 305, 2011.

UMPIERRE, D. *et al.* Volume of supervised exercise training impacts glycaemic control in patients with type 2 diabetes: a systematic review with meta-regression analysis. *Diabetologia*, v. 56, 2013.

VUORI, I. M. Health benefits of physical activity with special reference to interaction with diet. *Public Health Nutrition*, v. 4, n. 2B, 2011.

YANG, Z. *et al.* Resistance exercise versus aerobic exercise for type 2 diabetes: a systematic review and meta-analysis. *Sports Med*, v. 44, n. 4, 2014.

YUDKIN, J. S. Inflammation, obesity, and the metabolic syndrome. *Horm. Metab Res*, v. 39, 2007.

25

Musculação competitiva

Gustavo Allegretti João

Bráulio Socorro

Lauri Blair

OBJETIVO DO CAPÍTULO

O objetivo deste capitulo será entender e discutir as metodologias de treinamento avançado para objetivos competitivos, de modo que o leitor seja capaz de montar periodizações para modalidades competitivas da musculação com maior segurança, como planilhas de periodização para treinamento de força explosiva/potência (*weightlifting*), ciclos de periodização para treinamento de força máxima (*powerlifting*) e periodização de treinamento para força hipertrófica com objetivos estéticos (*bodybuilding*).

25.1 *Weightlifting*

25.1.1 História do *weightlifting*

Apesar da grande dificuldade em transcrever a linha histórica do *weightlifting*, será feito um resumo dos principais fatos que marcaram a modalidade, por exemplo, como esta tornou-se conhecida na Grécia, entre outras referências sobre o desenvolvimento da força e do interesse do homem em aumentar seu rendimento no decorrer dos tempos.

O *weightlifting*, também conhecido no Brasil como levantamento de peso olímpico (LPO), teve origem há cerca de cinco mil anos, na China. A prática era incentivada pelos imperadores, para tornar seus soldados mais fortes. Para isso, utilizavam pesadas pedras para se exercitarem. Na Grécia, escrituras antigas também apontam a prática de carregar grandes quantidades de pedras, como a famosa pedra de Bybon, com, aproximadamente, 143 kg, e também há referência à sistematização de treinamento feita por Milon de Crotona para o desenvolvimento da força (Pérez e Pitta, 1990).

No Cairo, capital do Egito, existem gravuras datadas de quatro mil anos atrás, perto das tumbas dos faraós, que demonstram o uso de pedras e de sacos de areia para ganhar músculos. Nos Estados Unidos, havia um número circense de demonstração de força para levantar grandes pedras e bigornas, e mais tarde iniciou-se torneios organizados. Segundo o site da International Weightlifting Federation (IWF, 2012) o primeiro concurso de que se tem notícia foi disputado na cidade de

Viena, na Áustria, em 1890. Em Atenas, Grécia, em 1896, foram realizadas duas provas: o levantamento com uma só mão e o levantamento com duas mãos. Um fato marcante ocorreu na prova do levantamento com uma só mão: o rei George I, da Grécia, entrou na arena para cumprimentar o vencedor, e, ao ver o halter de 71 kg no chão, não resistiu à tentação de elevá-lo (Lancelotti, 1996). Por incrível que pareça, o rei conseguiu levantar o peso de maneira mais fácil e rápida que o campeão olímpico (Pérez e Pitta, 1990; Oleshko, 2008).

Em 1891, em Londres, aconteceu uma competição internacional com sete atletas de seis países, na qual Edward Lawrence Levy, da Grã-Bretanha, ganhou o título de "Campeão Amador *Weightlifter* do Mundo". O halterofilismo foi incluído como modalidade olímpica nas Olimpíadas da Era Moderna em 1896, em Atenas. Foi retirado do programa olímpico de Paris, França, em 1900, e retornou nos jogos de Saint Louis, nos Estados Unidos, em 1904.

Nas Olimpíadas de Saint Louis, foram incluídas formas diferentes de competição com nove exercícios e mais um exercício extra (Quadro 25.1), e, no exercício extra, o atleta poderia escolher qualquer forma para levantar o peso. Com o término das provas seriam dados pontos para cada levantamento, e, assim, seria conhecido o campeão olímpico.

Quadro 25.1 – Exercícios de *weightlifting* nos Jogos de Saint Louis, Estados Unidos, 1904

Dia 1	Dia 2
• Agachamento frontal com halteres • Rosca bíceps unilateral • Arranco com halter • Arremesso com tesoura e com halteres a partir do peito • Desenvolvimento com halteres	• Rosca bíceps com halteres • Arremesso até o peito com halter • Arremesso com halter a partir do peito • Arremesso a partir do peito com tesoura e com halteres • Exercício à escolha do atleta

Fonte: adaptado de Topend Sports (2008).

Ao final dos jogos de 1904, sagrou-se campeão olímpico o americano Oscar Osthoff. Não se pode deixar de comentar sobre tal organização da competição (Figura 25.1). Essa formatação fez surgir exercícios não muito usuais e que não pareciam muito seguros para que os atletas executassem (Pérez e Pitta, 1990).

Figura 25.1 – Exercício realizado na Olimpíada de Saint Louis, Estados Unidos, 1904

Em 1905, fundou-se a Amateur-Athleten--Weltunion, que seria predecessora da Fédération Internationale d'Haltérophilie (FIH). Essas federações também organizavam os esportes de lutas e foram responsáveis pelas primeiras divisões por categorias de massa corporal (Quadro 25.2), importante fato competitivo, já que a massa corporal está associada à força muscular (IWF, 2012).

Em 1920, a FIH tornou-se a IWF, órgão oficial que rege as normas competitivas na modalidade *weightlifting*. Atualmente, conta com mais de 190 filiados, federações nacionais em todo o mundo, de todos os cinco continentes (IWF, 2012). A IWF é reconhecida pelo Comitê Olímpico Internacional (COI) como a principal organizadora dos eventos competitivos internacionais. É membro do SportAccord e da Association of Summer Olympic International Federations (ASOIF).

Quadro 25.2 – Primeiras divisões de categorias por massa corporal no *weightlifting* (três categorias masculinas de massa corporal) e os quatro exercícios realizados

Divisões de categorias	
Categorias	**Massa corporal (kg)**
Leve	70
Médio	80
Pesado	+ 80
Exercícios	
Arranco mão direita	
Arranco mão esquerda	
Duas mãos *press* (força militar)	
Arremesso com duas mãos	

Fonte: adaptado de IWF (2012).

Nos jogos de Antuérpia, na Bélgica, em 1920, ocorreu a separação entre as federações de luta e de *weightlifting* e a FIH. Na Bélgica, houve melhorias estruturais e organizacionais competitivas, sendo o primeiro evento de *weightlifting* com formatação mais perto da dos dias atuais (Lancellotti, 1996). As informações sobre quais exercícios eram os realizados nessa olimpíada ainda não são consenso no histórico apresentado pela IWF (2012). Contudo, acredita-se que seriam o arranco com uma mão, o arremesso com uma mão e o arremesso com duas mãos. Um fato que marcou essa Olimpíada foram as divisões de categorias por massa corporal. Em 15 de março de 1925, foram publicados recordes mundiais com levantamentos realizados com a mão direita e esquerda (IWF, 2012). Em 1925, a FIH publicou as primeiras listas de recordes mundiais nos seguintes exercícios: arranco com as mãos direita e esquerda, arremesso com as mãos direita e esquerda, arranco, arremesso e força militar.

Nos jogos de Amsterdã, na Holanda, em 1928, foram definidos os três exercícios que passaram a compor as competições de *weightlifting*: o *desenvolvimento* (força militar), o *arranco* e o *arremesso*. Esses exercícios permanecem até hoje, com exceção do desenvolvimento e do levantamento com uma só mão (Figura 25.2).

Figura 25.2 – Atleta realizando o levantamento com uma mão, o arranco unilateral

A partir das Olimpíadas de Montreal, no Canadá, em 1976, somente o arranco (*snatch*) e o arremesso (*clean & jerk*) continuaram como movimentos no *weightlifting*, pois o desenvolvimento foi retirado. O motivo para sua exclusão é a possibilidade do aumento significativo do risco de lesões nos atletas. Ressalta-se que o movimento unilateral e o exercício desenvolvimento não podem ser considerados incorretos, mas, sim, inapropriados para segurança do atleta, pois os atletas realizam movimentos biomecânicos compensatórios, o que pode ocasionar lesões como, por exemplo, hiperextensão lombar (Figura 25.3) (Keogh, Hume e Pearson, 2006).

Figura 25.3 – Atleta realizando o exercício desenvolvimento (*military press*)

O atleta que mais obteve sucesso no levantamento, em todos os tempos, foi o turco Naim Süleymanoğlu, que foi campeão em 1988, em 1992 e em 1996. O húngaro Imre Földi é o recordista que ficou mais tempo com a melhor marca, de 1960 até 1976, ao passo que o americano Norbert Schemansky é o único que conquistou medalha em quatro jogos: prata, em 1948; ouro, em 1952; bronze, em 1960 e em 1964. O grego Pyrros Dimas ganhou quatro medalhas em mundiais: ouro, em 1993, 1995 e 1998; prata, em 1999; quatro medalhas olímpicas, três de ouro consecutivas (1992, 1996, 2000) e uma de bronze (em 2004); foi eleito para o Hall da Fama, em 2009 (IWF, 2012).

25.1.2 Histórico da mulher no *weightlifting*

No dia 23 de março de 1986, em Budapeste, na Hungria, ocorreu o primeiro torneio feminino de *weightlifting*, com 23 atletas de cinco países diferentes. Em 1997, a barra feminina com 2010 mm de comprimento, 25 mm diâmetro e 15 kg começou a ser usada (IWF, 2012). Sydney 2000 foram os primeiros Jogos Olímpicos com participação feminina na modalidade (IWF, 2012). A atleta Maria Elizabete Jorge, então com 43 anos, foi a primeira representante brasileira do *weightlifting* em Olimpíadas, durante os Jogos de Sydney, justamente quando a prova feminina entrou no programa oficial da competição. A mineira de Viçosa conseguiu levantar 60 kg no arranco e 75 kg no arremesso, ficando em nono lugar na categoria até 48 kg.

25.1.3 Histórico do *weightlifting* no Brasil

No Brasil, o *weightlifting* competitivo é praticado em cinco estados: Paraíba, Rio Grande do Sul, Minas Gerais, Rio de Janeiro e São Paulo (CBLP, 2014). Apesar do pouco material histórico no Brasil a respeito da modalidade, os primeiros relatos datam dos Jogos Olímpicos de Helsinque, na Finlândia, em 1952, com a participação de três brasileiros: Silvio Robin, Bruno Barabani e Waldemar Vianna. Em 1968, as Olimpíadas do México tiveram a participação do brasileiro Luiz Gonzaga de Almeida (Lancellotti, 1996). Após essas datas, houve uma lacuna de 44 anos sem a participação de atletas brasileiros em Jogos Olímpicos. Em 2012 (Olimpíada de Londres) e em 2016 (Olimpíada do Rio de Janeiro), o Brasil voltou ao cenário olímpico com os atletas: Fernando S. Reis, Wellisson R. Silva e Matheus F. Gregório, no masculino, e Jaqueline Ferreira e Rosane dos Reis Santos, no feminino.

Figura 25.4 – Lauri Blair, o primeiro atleta brasileiro a levantar 200 kg no arremesso

Ambas as técnicas (arranco e arremesso) requerem força explosiva, além de boa interação entre os sistemas coordenativos inter e intramusculares, associados à velocidade. Portanto, os exercícios de levantamento de peso olímpico exigem aumento da capacidade de força máxima, mas em menor espaço de tempo (Marković, 2007; Mangine *et al.*, 2008; Zatsiorsky e Kraemer, 2008; Arabatzi *et al.*, 2010).

25.1.4 Exercícios competitivos do *weightlifting*

Arranco

Considerado um dos elementos olímpicos de maior dificuldade de execução, o exercício arranco (Figura 25.5) deve ser realizado em um movimento único e contínuo. O atleta inclina o corpo sobre o halter para levantá-lo rapidamente sobre a cabeça, sem pausa na ação.

Figura 25.5 – Arranco

Arremesso

O segundo exercício executado na disputa competitiva é o arremesso, que se diferencia do arranco por ser composto de duas partes, conhecidas como *primeiro tempo* e *segundo tempo* do arremesso (Figura 25.6). Como no arranco, o objetivo é elevar a barra acima da cabeça, mas, no arremesso, isso acontece em dois tempos. No primeiro tempo, o atleta traz a barra até a cintura escapular, elevando-a até os ombros em posição temporária de sustentação. Em seguida, acontece o segundo tempo, no qual o atleta se prepara para realizar a impulsão com os membros inferiores, elevando a barra acima da cabeça em um movimento brusco e direto, com os braços totalmente estendidos. Existem duas possibilidades de posicionamento de pernas após a impulsão do segundo tempo, *tesoura* ou *power jerk*. A tesoura é mais usada em Olimpíadas: o atleta realiza um movimento de abertura anteroposterior de membros inferiores, a qual lembra uma tesoura.

Figura 25.6 – Segundo tempo em tesoura, com alto nível de profundidade

Outra possibilidade é a abertura laterolateral de membros inferiores, realizando o movimento chamado de *power jerk* (Figura 25.7).

Figura 25.7 – Segundo tempo em *power jerk*

Em ambos os movimentos de segundo tempo (tesoura ou *power jerk*), o objetivo será elevar a barra acima da cabeça em um único movimento, sem que aconteça um desenvolvimento na extensão dos cotovelos. Essas técnicas têm como principal função reduzir o percurso da barra acima da cabeça e aumentar sua impulsão.

Perante a análise técnica dos árbitros, os movimentos, tanto de arranco como de arremesso, podem ser considerados válidos ou inválidos. A invalidação em ambos ou as faltas são consideradas quando o levantador não fizer um movimento contínuo de extensão de braços ao sustentar a barra acima da cabeça, caracterizando, assim, um movimento de extensão de cotovelos, popularmente conhecido como exercício de desenvolvimento. Outra possibilidade de invalidar o movimento é quando o atleta para o movimento após a retirada da barra do solo, e, depois, o recomeça. Caso a barra esteja fora do apoio do solo sobre o tablado de competição, somente os pés do atleta podem tocar o tablado. Além disso, a barra e as anilhas devem ser controladas enquanto estiverem acima da cabeça e acompanhadas com as mãos segurando a barra ao retorno para o solo, após o movimento ser autorizado pelo árbitro para que se retorne a barra ao tablado. Não é permitido que o joelho encoste no cotovelo durante qualquer fase do exercício, mas, sobretudo, na fase de fixação do primeiro tempo, em que o atleta realiza um agachamento frontal, e os joelhos ficam muito perto dos cotovelos.

Os atletas de *weightlifting* utilizam a estratégia de segurar a barra com o polegar posicionado embaixo dos outros dedos, conhecida como *pegada de gancho*. A primeira falange do polegar é posicionada entre a barra, e o resto dos dedos, por cima do polegar, para dar mais firmeza.

Figura 25.8 – Pegada convencionalmente utilizada

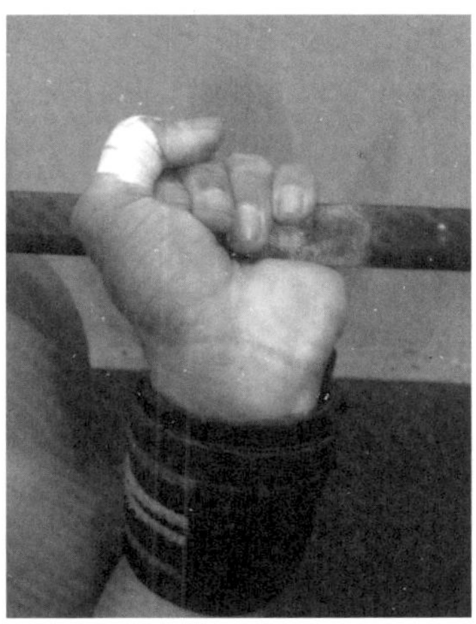

Figura 25.9 – Pegada utilizada no *weightlifting*

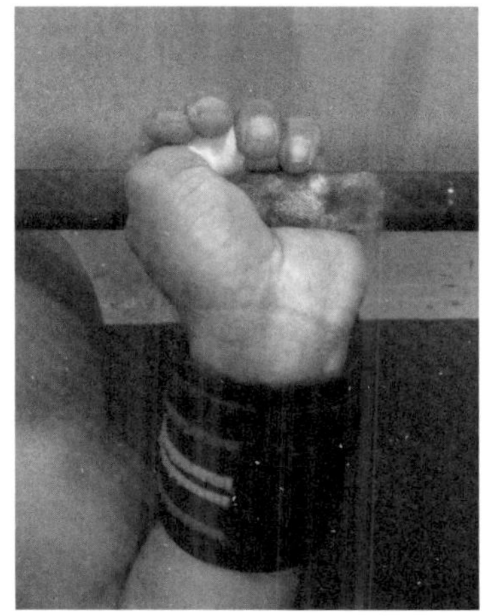

25.1.5 Biomecânica do movimento competitivo

Em análise *cinemática do movimento*, o levantamento olímpico é composto por seis fases, classificadas em (Akkuş, 2012):

- *1ª fase*: primeira puxada.
- *2ª fase:* transição.
- *3ª fase:* segunda puxada.
- *4ª fase:* retorno da barra.
- *5ª fase:* fixação.
- *6ª fase:* subida do agachamento.

Figura 25.10 – As fases do levantamento olímpico: (a) primeira puxada; (b) transição; (c) segunda puxada; (d) retorno da barra; (e) fixação; (f) subida do agachamento

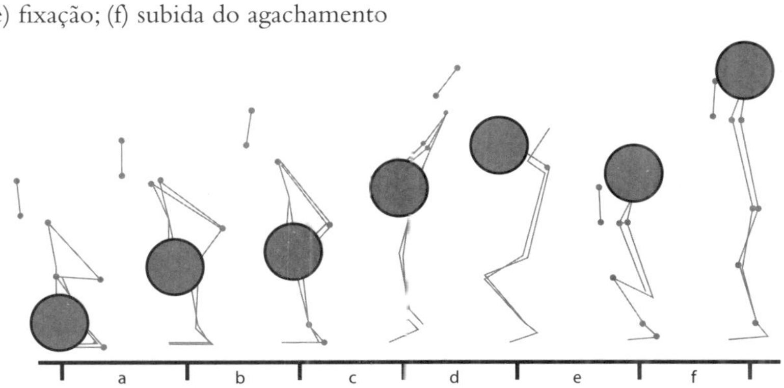

Fonte: adaptada de Akkuş (2012).

Na 1ª fase (Figura 25.11), chamada de primeira puxada, o atleta deve posicionar os pés totalmente apoiados no solo; os quadris devem estar em posição mais alta do que os joelhos; as costas devem estar em posição ereta; os braços devem ficar estendidos, sem tensão; e as mãos fazem a pegada mais aberta, para realizar o movimento do arranco, ou fechada, mais perto do joelho, para realizar o arremesso. O final da primeira puxada ocorre quando a barra atinge a altura dos joelhos.

Figura 25.11 – Posição inicial – Primeira puxada (1ª fase)

Na 2ª fase (Figura 25.12), ocorre a transição. Após a barra ser retirada do estado da inércia, o atleta começa o início da aceleração. O movimento inicial é resultado unicamente da extensão dos joelhos, enquanto o quadril e as costas mantêm a posição original.

Figura 25.12 – Transição (2ª fase)

A 3ª fase (Figura 25.13), a segunda puxada, acontece quando a barra ganha velocidade com o movimentar rápido dos joelhos, ocorrendo a extensão do tronco de volta à posição vertical, trazendo a barra para perto do quadril, produzindo, assim, aumento na força concêntrica.

Figura 25.13 – Segunda puxada (3ª fase)

Na 4ª fase (Figura 25.14), há o retorno da barra (recuperação), o movimento mais crítico, pois é o momento em que o atleta tem que ganhar tempo para entrar embaixo da barra. Quando o tronco volta para a posição vertical, ocorre a extensão dos quadris e dos joelhos. Então, inicia-se a flexão plantar do tornozelo, responsável por 10% da velocidade máxima da barra, e a extensão completa das três articulações com salto vertical faz os pés perderem contato com o solo e a barra atingir sua máxima velocidade vertical, juntamente com o pico de força e de potência.

Figura 25.14 – Retorno da barra (4ª fase)

A 5ª fase (Figura 25.15), fixação, acontece com o final do movimento de ascensão da barra, produzido pela puxada, seguido do movimento de agachamento profundo, em que o atleta fica posicionado abaixo da barra.

Figura 25.15 – Fixação (5ª fase)

Em seguida da fase de fixação, dá-se a 6ª fase (Figura 25.16), subida do agachamento, na qual os pés ficam firmemente apoiados no solo, e os braços, estendidos no arranco ou flexionados, apoiando a barra na cintura escapular no arremesso, na primeira fase. Dessa forma, quando a barra estiver em equilíbrio, o atleta fica em pé, retornando à posição inicial.

Figura 25.16 – Subida do agachamento (6ª fase)

25.1.6 Regras básicas do *weightlifting*

No total, os atletas devem realizar três tentativas para o arranco e três para o arremesso, totalizando seis tentativas. Contudo, é obrigatório o acerto de uma tentativa de arranco para seguir para a próxima fase da competição, que consiste no exercício de arremesso. Além disso, o atleta deve acertar uma tentativa das três disponíveis no arremesso a tentativa do exercício de arranco ser validada no final da competição. Dessa forma, o atleta tem que acertar pelo menos uma tentativa das três disponíveis no arranco e uma das três do arremesso.

A competição inicia-se pelo arranco (*snatch*), seguido pelo arremesso (*clean & jerk*). O atleta deve pedir carga (peso em kg) inicial (1 tentativa), que será colocada na súmula e escalonada da mais leve para a maior carga levantada entre os competidores. Ao iniciar a competição, o atleta tem, para cada tentativa, 1 minuto para começar o movimento. Portanto, se o atleta iniciar o movimento antes de acabar o tempo de 1 minuto, o movimento será considerado válido. No entanto, se o atleta não iniciar o movimento antes do final do tempo, ele perderá a tentativa. Além disso, durante o tempo, o atleta pode realizar duas trocas possíveis para estipular nova carga para ser levantada em cada uma das três tentativas no arranco e no arremesso. Quando o atleta solicita a carga, por exemplo, de 100 kg, o tempo de 1 minuto inicia após os árbitros autorizarem sua tentativa; até 30 segundos antes do início do movimento que sucede a tentativa do atleta, o técnico ou o próprio atleta poderá estipular nova carga, aumentando o peso (102,5 kg) para a mesma tentativa. Se o atleta consegue executar o primeiro exercício e nenhuma nova carga é estipulada no tempo de 1 minuto após ele ter terminado o levantamento, ocorre novo aumento automático de 1 kg.

Para tentativas consecutivas, os atletas dispõem de um tempo maior entre elas (2 minutos), que acontece quando nenhum outro atleta solicitou a mesma carga, quando o atleta erra a tentativa (nesse caso, terá de retornar para repeti-la com a mesma carga) ou quando o atleta é o último competidor, ou seja, o que está solicitando a maior quantidade de carga. No entanto, esse tempo maior pode ser alterado quando dois atletas solicitam a mesma carga, e um deles solicita o aumento da carga; desse modo, mesmo sendo sua tentativa subsequente, terá apenas 1 minuto para realizá-la.

Táticas de competição

Alguns técnicos e atletas utilizam esse sistema de carga progressiva como estratégia competitiva, ou seja, após o início da competição, a carga colocada na barra nunca poderá regredir. Técnicos e atletas solicitam cargas que nem sempre são as cargas reais que o atleta está apto a levantar na competição; por exemplo, o atleta já levanta 120 kg em treino, mas o técnico decide iniciar a competição com 115 kg. O objetivo é confundir o adversário, adquirir tempo maior entre as tentativas e obrigar outro competidor (oponente) a realizar tentativas consecutivas. Segue o exemplo:

Tabela 25.1 – Exemplo de súmula de um evento competitivo de arranco e arremesso

Nome	Peso (kg)	Clube	Arranco			Arremesso		
			1ª	2ª	3ª	1ª	2ª	3ª
A	70	X	100	101 108 110		120		
B	72	X	101	101	108	115		
C	72	X	110			110		
D	70,5	X	115			105		
E	71	X	120			100		

Acerto Erro Tentativa

Na Tabela 25.1, nota-se que o atleta A está pedindo a menor quantidade de peso no exercício arranco, mas, no exercício arremesso, o atleta está com a maior pedida. Portanto, no exercício arranco, ele deverá iniciar a competição, e, no arremesso, será o último das tentativas, a menos que o atleta B solicite mais peso, antes ou no decorrer do evento competitivo.

No exemplo, o atleta A realiza a primeira tentativa com êxito, e sua segunda tentativa é igual à primeira tentativa do atleta B (101 kg). Nesse caso, o atleta B deve iniciar; e o atleta A aguardar para levantar o peso de 101 kg. Se o atleta B errar a tentativa, como mostra a Tabela 25.1 (o peso está marcado com hachuras diagonais), ele pode repetir a carga (peso em kg), mas esta será considerada sua segunda tentativa, e isso acontecerá após a segunda tentativa do atleta A.

Esse instante é o momento em que acontece o jogo de estratégia. O técnico do atleta A pode colocar pressão competitiva sobre o atleta B. No exemplo, o atleta A realizou a primeira tentativa com sucesso, e a segunda tentativa foi, automaticamente, igual à carga do atleta B, que errou sua primeira tentativa e terá que repetir o mesmo peso, pois seria arriscado para o técnico solicitar mais carga sem ao menos o atleta ter realizado uma tentativa válida para se manter na competição. Contudo, o atleta A usou a tática de começar o evento com uma *carga de segurança*, definida como a carga na qual o atleta tem confiança em realizar para validar a primeira tentativa e estar oficialmente dentro do evento competitivo. Dessa forma, sua carga real (inicial), ou seja, a quilagem competitiva inicial seria de 110 kg, para, assim, tentar mais peso na segunda e na terceira tentativa. Dessa forma, notamos que o atleta A abre o evento com 100 kg, mas sua carga competitiva é de 110 kg, e, em sua segunda tentativa, ele solicita a mesma carga que o atleta B havia solicitado em sua primeira tentativa.

Se o atleta B errar sua primeira tentativa, ele terá de repetir o peso na segunda tentativa, e, então, seria a vez de o atleta A realizar sua segunda tentativa, com 101 kg de carga, enquanto o atleta B espera (período de recuperação). Entretanto, nesse momento, quando os juízes autorizam a tentativa de 101 kg para o atleta A, e o tempo de 1 minuto começa a correr, seu técnico vai à mesa de arbitragem e solicita mais peso: 108 kg. A partir desse momento, a tentativa passa, automaticamente, para o atleta B, que terá 1 minuto para realizar a tentativa consecutiva.

Nota-se, na Tabela 25.1, que a carga que aparece em cor cinza demonstra que a segunda tentativa do atleta B foi válida, o qual solicitou a terceira tentativa, de 108 kg, igual à mudança ocorrida do atleta A. Isso significa que o atleta A tem 1 minuto para realizar sua segunda tentativa. Porém, novamente, o atleta A solicita mais peso, 110 kg. Portanto, o atleta B passa a ter 1 minuto para realizar sua terceira e última tentativa, com pouco tempo de recuperação entre as tentativas. Observe que o atleta A solicitou o peso igual ao do atleta C, que, até o momento, ainda não havia realizado nenhuma tentativa. Dessa forma, a tentativa de 110 kg passa para o atleta C, dando continuidade à competição. Após o término de todas as pedidas de arranco, acontece uma pausa de 10 minutos, para que os atletas possam se aquecer para o exercício seguinte (arremesso), no qual cada atleta terá três tentativas para conseguir atingir sua melhor marca. A organização da competição com o exercício arremesso acontece da mesma forma que com o exercício anterior, o arranco.

Tabela 25.2 – Exemplo de súmula completa de um evento competitivo de arranco e de arremesso

Nome	Peso	Clube	Arranco				Arremesso					
			1ª	2ª	3ª	Posição no arranco	1ª	2ª	3ª	Posição no arremesso	Total	Classificação final
A	70	X	101	110	113	4	120	130	140	1	243	2
B	72	X	101	101	108	5	115	120	128	3	236	4
C	72	X	110	120	125	2	110	120	130	2	255	1
D	70,5	X	115	120	120	3	105	110	113	4	228	5
E	71	X	120	125	130	1	100	105	110	5	240	3

Acerto Erro

Na Tabela 25.2, observa-se que a súmula está completa, demonstrando o final da competição. O atleta E foi o vencedor no exercício arranco, e, no exercício arremesso, os atletas A e E levantaram a maior carga. No entanto, o vencedor do evento competitivo foi o atleta C, que obteve a maior soma com os dois exercícios (arranco e arremesso), totalizando a carga de 255 kg válidos: 125 kg na terceira tentativa do arranco e 130 kg também na terceira, e última, tentativa do arremesso. O atleta C ainda realizou a sua última tentativa de 130 kg como estratégia, em vez de tentar com 128 kg. A escolha do incremento de carga considerou a posição do atleta A durante a competição, pois, se o atleta A levantasse os 140 kg em sua última tentativa, ele atingiria a marca de 253 kg de total e poderia ser o campeão por critério de desempate (massa corporal). Portanto, o atleta C não poderia solicitar 128 kg para sua última tentativa, porque essa carga daria um total de 253 kg levantados, iguais ao do atleta A, e, em caso de empate, o primeiro critério seria o atleta com a menor massa corporal. Caso ocorresse novo empate de carga e ambos os competidores tivessem massa corporal igual, o critério de desempate seria o atleta que solicitou a maior carga primeiro.

Divisões das categorias por massa corporal

No levantamento olímpico, como mencionado, a massa corporal é um importante critério de desempate, caso dois atletas levantem a mesma carga. Além disso, a massa corporal e o total de peso levantado (arranco + arremesso) são utilizados para o posicionamento no *ranking* mundial e as disputas entre as categorias de massa corporal, para saber quem é o atleta mais forte entre todas essas categorias. Para isso, utilizam-se o valor da força absoluta (quilagem total levantada) e o valor da força relativo (peso em kg/massa corporal), por meio uma fórmula estatística chamada de *coeficiente Sinclair*.

O coeficiente Sinclair é uma fórmula estatística que verifica, entre as divisões de categorias, o atleta que realmente foi o melhor levantador de peso da competição comparando todas as categorias. Por exemplo, os atletas com maior massa corporal obteriam sucesso, pois são os atletas que levantam mais carga durante a competição e apresentam maior força absoluta. No entanto, quando se associam as forças absoluta e relativa utilizando métodos estatísticos que levam em consideração a massa corporal *versus* a carga total levantada (somados arranco e arremesso), em geral, são os atletas das categorias médias que apresentam vantagens e maior índice Sinclair. Portanto, o atleta que apresentar o maior coeficiente Sinclair é declarado o vencedor geral do evento competitivo. O site da IWF (2012) disponibiliza o coeficiente Sinclair.

A pesagem é realizada 2 horas antes do evento competitivo; se o atleta não atingir o peso corporal da categoria desejada, ele terá 1 hora para tentar alcançar o peso, e, caso isso não ocorra, o atleta não competirá.

Dez novas categorias de massa corporal tanto para homens como para mulheres foram aprovadas pelo Conselho Executivo da IWF e serão agora submetidas ao Congresso 2018 da IWF para ratificação. Sete de cada uma dessas categorias também foram aprovadas para os Jogos Olímpicos de Tóquio 2020.

As categorias de massa corporal júnior e sênior são apresentadas na Tabela 25.3.

Tabela 25.3 – Categorias de massa corporal júnior e sênior (masculino e feminino) para eventos competitivos de *weightlifting*

HOMENS		MULHERES	
Categorias IWF	**Olímpico**	**Categorias IWF**	**Olímpico**
55	61	45	49
61	67	49	55
67	73	55	59
73	81	59	64
81	96	64	76
89	109	71	87
96	+109	76	+87
102	—	81	—
109	—	87	—
+109	—	+87	—

Fonte: FWF.

Material utilizado no *weightlifting*

O material utilizado no levantamento de peso olímpico, tanto em competições quanto em treinamento, é composto por: barras, anilhas, tablado e presilha. Além disso, os atletas podem utilizar materiais pessoais como sapatos especiais, faixas (bandas elásticas) de joelhos e punhos, vestimenta (*suit*) e cinto.

O tablado de competição tem a área de dimensão de 4 m² (4 × 4).

Figura 25.17 – Tablado

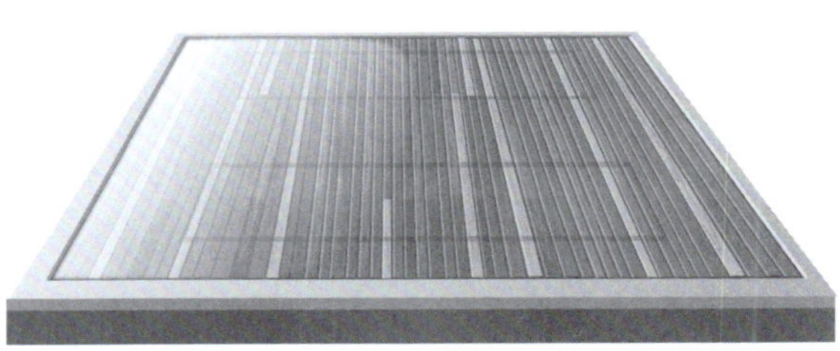

Quanto ao material de competição, a modalidade utiliza barra de 15 kg nas categorias femininas e de 20 kg nas categorias masculinas.

Figura 25.18 – Barras

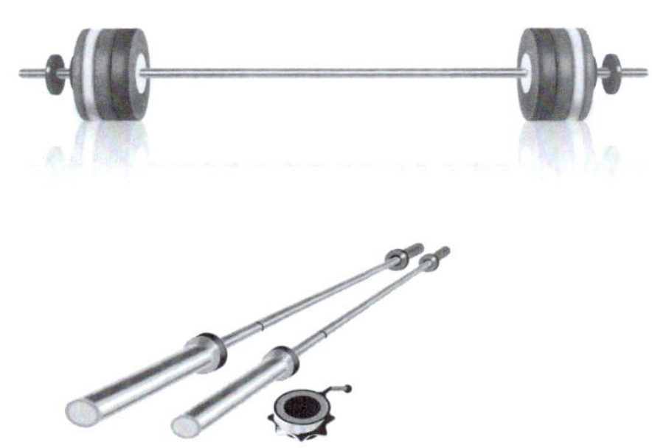

Em competição, porém, todas as barras devem ser usadas com as presilhas. Dessa forma, isso acrescenta mais 5 kg (2,5 kg de cada presilha) à barra; então, a barra utilizada na categoria feminina passa a pesar 20 kg e, na masculina, 25 kg.

Figura 25.19 – Presilha

As anilhas são fabricadas com cores diferentes para cada quilagem, com uma borracha especial que suporta impacto. Estão disponíveis nas quilagens: 25 kg (vermelha); 20 kg (azul); 15 kg (amarela); 10 kg (verde); 5 kg (branca); 2,5 kg (vermelha); 2 kg (azul); 1,5 kg (amarela); 1 kg (verde) e 0,5 kg (branca). O objetivo das anilhas serem de cores diferentes reside no fato de facilitar a visualização e a verificação da carga.

Figura 25.20 – Anilhas

O atleta da modalidade dispõe de alguns materiais de suporte para auxiliar na competição e no treinamento.

O primeiro item (obrigatório) é o sapato com um salto de, aproximadamente, 2 cm no calcanhar. O principal objetivo do sapato é auxiliar na estabilidade ao realizar o movimento, tanto no arranco quanto no arremesso, pois o salto projeta o atleta cerca de 15 graus à frente, mudando o centro de gravidade e facilitando seu equilíbrio quando na posição de agachamento com os joelhos flexionados, permitindo, assim, o equilíbrio em mudanças no centro de gravidade (Sato, Fortenbaugh e Hydock, 2012).

Figura 25.21 – Sapato de levantamento de peso olímpico

O segundo item, obrigatório na competição, é o *suit*, uma vestimenta especial que deixa à mostra os braços e as pernas do atleta, com o objetivo de que o árbitro tenha uma visão do movimento dos membros superiores e inferiores.

Figura 25.22 – *Suit* ou macacão de levantamento de peso olímpico

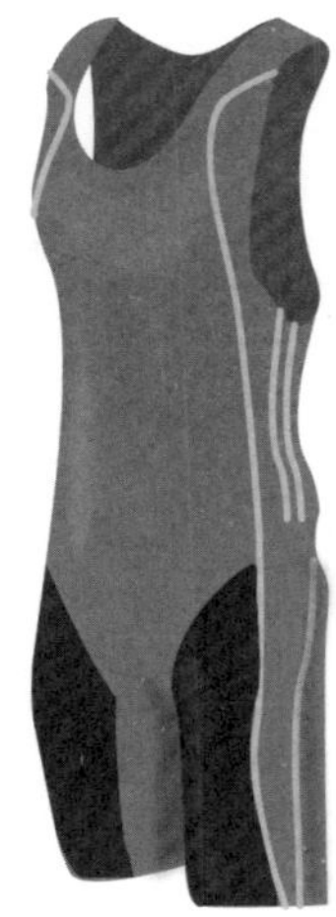

O terceiro item é o cinto. Considerado item opcional, o atleta pode optar em utilizá-lo ou não durante a competição. O cinto tem a função de proteger a coluna como um todo, de conter pressão nos discos intervertebrais (*pressão força/área*) e de não deixar expandir e/ou aumentar a região abdominal. Portanto, a principal função do cinto é a contenção da pressão. Em geral, os atletas optam por utilizar o cinto no arremesso, pois, no momento do primeiro tempo, o *clean*, a barra apoia-se na cintura escapular do atleta, o que aumenta a pressão interna na região intervertebral e abdominal. Outro fator é que, no arremesso, o atleta normalmente realiza o exercício com maior sobrecarga que no arranco. Além disso, conforme mencionado pelo professor Lauri H. Blair, um dos colaboradores deste livro, durante o movimento de arranco, o percurso da barra é feito mais perto do corpo do atleta (3ª e 4ª fases do movimento), em comparação com o arremesso. Dessa forma, a barra pode encostar no cinto e atrapalhar o movimento do atleta.

Figura 25.23 – Cinto de contenção

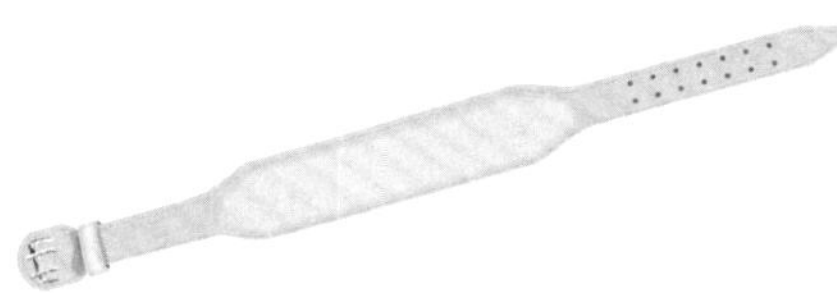

O quarto item dos materiais apresentado e é o *strap*, faixa que envolve o punho do atleta e a barra ao mesmo tempo. O objetivo é facilitar para o atleta a execução do movimento, uma vez que pode deixar os flexores dos dedos mais relaxados; desse modo, o atleta pode concentrar-se na técnica do movimento. O *strap* é muito utilizado em exercícios como arranco (*snatch*) e nas puxadas de arranco e de arremesso (*pull snatch* e *pull-clean*). Contudo, seu uso é permitido somente nos treinamentos, sendo proibido em competições.

Figura 25.24 – *Strap*

O quinto e o sexto itens (opcionais) são faixas elásticas (bandas elásticas) para o joelho e o punho. Ambas têm o mesmo objetivo do cinto, contenção articular dos joelhos e dos punhos e uso da força elástica armazenada durante o movimento.

Figura 25.25 – Joelheiras de neoprene

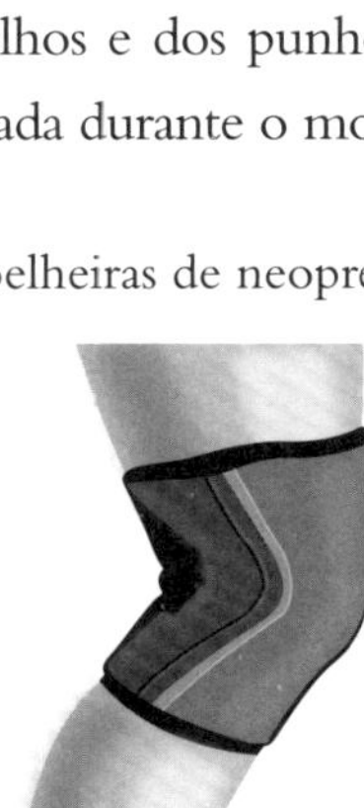

Figura 25.26 – Faixas elásticas para punhos

O sétimo e último item (opcional) é o carbonato de magnésio, popularmente chamado de pó de magnésio, que auxilia na redução da umidade. Os atletas o utilizam passando nas mãos, para evitar que a barra possa escorregar por qualquer motivo, por exemplo, o suor nas mãos.

Figura 25.27 – Carbonato de magnésio

25.1.7 Metodologia de treinamento de *weightlifting*

O *weightlifting* é um dos esportes que mais realiza planejamento por meio de planilhas de treinamento norteadas por objetivos a serem alcançados em cada evento competitivo. Para o êxito, em qualquer esporte, é de suma importância um bom planejamento. Sabe-se que, fisiologicamente, seria muito difícil manter um atleta com 100% de condições durante todos os eventos competitivos no ano inteiro. Dessa forma, as modalidades olímpicas desenvolveram planejamento adequado para que o atleta atingisse o ápice de sua forma física e de rendimento durante um ou dois eventos esportivo competitivos no ano ou, até mesmo, a cada quatro anos (ciclo olímpico). Esse planejamento é chamado de *periodização*.

A periodização foi originalmente criada para ajudar atletas de força e potência. A ideia foi desenvolvida com base em estudos do canadense Hans Selye sobre as glândulas adrenais e os efeitos de diferentes tipos de estresse em animais, desenvolvendo, assim, diversas fases de adaptação de estímulo dose-resposta ao estresse, e, depois, utilizada para o treinamento de desportos e de força (Selye, 1976). Basicamente, a periodização de treinamento para *weightlifting* segue o esquema de macrociclo, mesociclo e microciclo de desportos competitivos.

Os *microciclos* são os menores ciclos de treinamento, que duram, em média, de cinco a sete dias e coincidem com o período de uma semana. Mesociclos são formados por vários microciclos. No *weightlifting*, de acordo com Braulio Socorro de Carvalho, um dos colaboradores deste livro, são utilizados entre quatro e sete microciclos para formar um mesociclo. O macrociclo representa a organização geral, o planejamento para um determinado evento e/ou planejamento anual de todo o treinamento. A estruturação desse período de treino obedece a um plano e encerra no ponto máximo de *performance*, quando o atleta atinge o ápice de 100% de suas capacidades físicas esperadas, ou seja, o *peak* do indivíduo. O macrociclo é composto de vários mesociclos, e cada mesociclo apresenta um objetivo específico a ser alcançado (Häkkinen *et al.*, 2003; Bompa, Di Pasquale e Cornacchia, 2004; Kraemer, Fleck e Deschenes, 2016).

Além do planejamento geral e parcial dos treinos, no *weightlifting*, para controle de carga no treinamento, são utilizadas, sobretudo, as variáveis de volume e de intensidade. O volume espelha componentes quantitativos: tipos e características dos exercícios; número de repetições; frequência de treinamento diário e semanal; quantidade de exercícios. A intensidade é classificada como aspecto qualitativo do treinamento: grandeza das cargas; velocidade de movimento; intervalo de recuperação (ritmo). Dessa forma, são realizadas sessões sempre com exercícios (três a cinco) divididos de acordo com o período do treinamento.

O treinamento de *weightlifting* é dividido em dois períodos distintos:

- *Período preparatório*: o volume das repetições é maior para os exercícios de força, por exemplo, agachamento e puxada. O atleta realiza exercícios didáticos específicos do arranco e do arremesso como exercícios em suspensão, o chamado *power snatch*. Nesse período, o atleta não irá realizar nenhum exercício retirando a barra do solo, apenas os de puxadas são realizados do solo. Também são utilizados exercícios auxiliares, como agachamento com ênfase no aumento da força.
- *Período de transferência*: o segundo período do treinamento também é conhecido como *período pré-competitivo*, no qual o volume é maior para exercícios técnicos. O objetivo desse período é que ocorra a transferência dos ganhos de força do período preparatório. Para isso, acontece o "encolhimento" dos treinamentos, ou seja, o treino tende ao foco na realidade da competição, os movimentos são completos, tanto no arranco quanto no arremesso. Os exercícios auxiliares são retirados, e só devem ser realizados se o atleta ainda apresentar alguma deficiência que demonstre a necessidade da inclusão desse tipo de trabalho.

Para entender melhor os objetivos de cada período, é preciso compreender a diferença dos exercícios que são realizados em treinamento, específicos e/ou educativos, com o objetivo da melhora da técnica do arranco e do arremesso. Portanto, os atletas realizam uma variedade de puxadas, incluindo puxadas a partir de um bloco, puxadas altas da posição parada, suspensão etc. Esses exercícios são realizados (arranco ou arremesso) de forma parcial ou, até mesmo, didática, com o objetivo de melhora da aprendizagem neuromotora, portanto, da técnica.

Os exercícios de *weightlifting* podem ser divididos e combinados entre dois grupos (Oleshko, 2008):

- *Tipos de movimentos*
  - de competição (com agachamento profundo);
  - explosivo (pequena flexão das pernas);
  - com puxada (somente a puxada acima da cabeça, sem fixar).
- *Posição inicial da barra*
  - no solo;
  - em blocos;
  - no suporte.

São realizados exercícios de suspensão de arranco ou de arremesso, exercícios em caixotes com alturas diferentes, com o objetivo de diminuir o percurso da barra. Contudo, o atleta tem de realizar o movimento muito mais rápido, para compensar a perda de velocidade causada pela redução do percurso da barra por não estar saindo do solo.

Em geral, frequência de treinamento traz duas sessões por dia: a primeira, com ênfase técnica, e a segunda, com ênfase em aumento de força máxima, utilizando exercícios básicos, como agachamento e puxadas. A frequência semanal de treinamento é de quatro a seis vezes por semana.

Também é utilizado o *método pliométrico*, que consiste em distender rapidamente o músculo na fase excêntrica e imediatamente antes da fase concêntrica, ou de encurtamento, da contração específica para membros inferiores. O método pliométrico é um método no qual a potência muscular é a valência física mais objetivada, assim como os benefícios de velocidade *versus* potência quando treinados dessa forma (Arabatzi *et al.*, 2010; Chaouachi *et al.*, 2014). Os exercícios realizados na pliometria são: salto vertical; saltos múltiplos; saltos repetitivos no mesmo lugar; saltos em profundidade ou descida de uma altura de, aproximadamente, 1 metro; saltos com uma única perna, ou com ambas as pernas, e várias outras modificações.

Arabatzi *et al.* (2010) compararam os efeitos de um programa de treinamento de *weightlifting*, de um de pliometria e outro combinando *weightlifting* e pliometria associados à melhora do salto vertical. Trinta e seis homens foram divididos aleatoriamente em quatro grupos. Os grupos experimentais foram treinados três vezes por semana durante oito semanas. Cinemática sagital, altura, potência e eletromiografia do músculo reto femoral e gastrocnêmio medial foram coletados durante o salto com agachamento e saltos contramovimento, antes e depois do treinamento.

Os resultados demonstraram que todos os grupos experimentais melhoraram a altura do salto. Esses resultados indicam que todos os programas de treinamento são eficientes na melhora do desempenho. No entanto, o treino combinado de *weightlifting* e pliometria aumenta a resposta eletromiográfica, sugerindo melhor resposta neuromuscular (aumento de recrutamento de fibras) (Arabatzi *et al.*, 2010).

O treinamento *weightlifting* pode ser mais apropriado para alcançar mudanças no desempenho e na potência no período pré-competitivo da temporada de treinamento. Deve ser dada ênfase aos exercícios pliométricos no período de competição, ao passo que a combinação de exercícios pode ser utilizada nas fases de transição de pré-competitivo para o período de competição.

Outro fator importante na preparação de um atleta de *weightlifting* está no volume e na intensidade do treino. Para a preparação de um período de treinamento, os técnicos utilizam volumes mensais de repetições que podem variar entre 600 e 1.800 repetições, divididas entre os exercícios, os dias e as semanas de treino de um mês. Atletas iniciantes realizam, em média, 250 ± 50 levantamentos com a barra; atletas intermediários realizam, em média, 330 ± 70 levantamentos; e atletas de nível internacional realizam, em média, 420 ± 120 levantamentos por semana. No entanto, essas são apenas sugestões de volume. Ajustes devem ser feitos de acordo com a individualidade biológica de cada atleta, o potencial de assimilar cargas de treinos e a recuperação.

Método de periodização do treinamento de *weightlifting*

Na preparação física especializada de *weightlifting*, são incluídos exercícios de força máxima e de força explosiva:

- *Arranco e arremesso*: 20% a 35% do volume total de carga do período de treinamento.
- *Agachamento* (com a barra apoiada na cintura escápula, chamado de *agachamento frente*, ou com a barra apoiada nas costas): 20% a 35% do volume total de carga do período de treinamento (ver Tabela 25.9).
    - *Exercícios de tração* (arranco e arremesso em exercícios auxiliares): 10% a 25% do volume total de carga do período de treinamento.

Normalmente, no *weightlifting*, realiza-se a planificação do treinamento com uma tabela indicando a carga nos exercícios de arranco e de arremesso, divididos por zona de intensidade (ZI), que pode variar de 50% da carga máxima até 100% de uma repetição máxima (1 RM). Cada ZI tem um objetivo específico:

- ZI 1-2 = 50%-65% de 1 RM: desenvolvimento da resistência de força (RF).
- ZI 3-4 = 70%-85%: taxa de desenvolvimento de força (TDF).
- ZI 5 = 90%-95%: potência.
- ZI 6 = 100%: força máxima (FM).

Cada técnico faz sua própria planilha, tomando como referência algum autor, experiências anteriores ou, até mesmo, passando de técnicos para técnicos.

Para facilitar a compreensão, foi criada uma planilha de treinamento (exemplo) de fácil aplicação, com os elementos do *weightlifting* para indivíduos iniciantes, ou seja, que queiram realizar o programa pela primeira vez; para intermediários, que já dispõem de nível técnico de conhecimento em treinamento de força; e para avançados, que deverão realizar alterações no volume do treinamento. Essa planilha é de fácil aplicabilidade tanto para quem tem o objetivo de utilizar o *weightlifting* como forma de treinamento físico, como para aqueles que vão utilizar os métodos de treinamento do *weightlifting* para preparação física de outros esportes.

Inicia-se a planilha com o número de levantamento de barras; não importa o exercício, mas, sim, o volume de repetições que será utilizado durante o mesociclo. Utiliza-se como exemplo 500 repetições para cada exercício (arranco e arremesso) no mesociclo, sendo compostos por 4 microciclos (Tabela 25.4).

Tabela 25.4 – Distribuição do número de repetições por mesociclo de treinamento de *weightlifting*

Zona de intensidade		Mesociclo de 500 repetições em 4 semanas							
			Semana 1		Semana 2		Semana 3		Semana 4

Agora, definem-se os percentuais de repetições por microciclo. Para isso, é importante saber que é preciso manter o equilíbrio volume *versus* intensidade. Dessa forma, nos microciclos 3 e 4, haverá redução do volume no número de repetições, possibilitando, assim, aumento na intensidade (% de 1 RM) no treinamento (Tabela 25.5).

Tabela 25.5 – Distribuição do percentual do volume dos microciclos de treinamento de *weightlifting*

		Mesociclo de 500 repetições em 4 semanas							
Zona de intensidade (ZI-%RM)			Semana 1		Semana 2		Semana 3		Semana 4
			28% = 140 repetições		32% = 160 repetições		22% = 110 repetições		18% = 90 repetições

Na Tabela 25.6, acrescentam-se os dias de treinamento por semana. No caso, utiliza-se o exemplo de duas vezes por semana. Então, o praticante realiza os treinos com exercícios de *weightlifting* às terças e às quintas-feiras.

Tabela 25.6 – Distribuição da frequência das semanas de treinamento de *weightlifting*

		Mesociclo de 500 repetições em 4 semanas							
Zona de intensidade (ZI-%RM)			Semana 1		Semana 2		Semana 3		Semana 4
			28% = 140 repetições		32% = 160 repetições		22% = 110 repetições		18% = 90 repetições
			Terça e quinta		Terça e quinta		Terça e quinta		Terça e quinta

Na Tabela 25.7, insere-se o nível de importância do desenvolvimento de cada capacidade (força e técnica). Por exemplo, no microciclo 1, 40% do volume total da semana de treinamento foi destinado para a técnica, e 60% do volume total da semana, para o desenvolvimento de força. Isso significa que a prioridade desse microciclo é o desenvolvimento de força e a manutenção da técnica.

Tabela 25.7 – Distribuição do percentual de força e técnica do treinamento de *weightlifting*

Zona de intensidade (ZI-%RM)	Mesociclo de 500 repetições em 4 semanas			
	Semana 1	**Semana 2**	**Semana 3**	**Semana 4**
	28% = 140 repetições	32% = 160 repetições	22% = 110 repetições	18% = 90 repetições
	Terça e quinta	Terça e quinta	Terça e quinta	Terça e quinta
	Técnica: 40%	Técnica: 50%	Técnica: 60%	Técnica: 70%
	Força: 60%	Força: 50%	Força: 40%	Força: 30%

Na Tabela 25.8, devem ser inseridos os exercícios que compõem a modalidade, ou seja, o arranco e o arremesso, e seus percentuais de treinamento devem ser baseados na importância. Portanto, 40% do microciclo 1 foi destinado para a formação técnica, sendo distribuído em igualdade para os dois exercícios que compõem a modalidade (arranco e arremesso).

Tabela 25.8 – Distribuição do percentual de técnica do treinamento de *weightlifting*

Zona de intensidade (ZI-%RM)	Mesociclo de 500 repetições em 4 semanas			
	Semana 1	**Semana 2**	**Semana 3**	**Semana 4**
	28% = 140 repetições	32% = 160 repetições	22% = 110 repetições	18% = 90 repetições
	Terça e quinta	Terça e quinta	Terça e quinta	Terça e quinta
	Técnica: 40%	Técnica: 50%	Técnica: 60%	Técnica; 70%
	Força: 60%	Força: 50%	Força: 40%	Força: 30%
	Arranco: 20%	Arranco: 25%	Arranco: 30%	Arranco: 35%
	Arremesso: 20%	Arremesso: 25%	Arremesso: 30%	Arremesso: 35%

Na Tabela 25.9, devem ser inseridos os exercícios de força, que auxiliam os principais da modalidade, como agachamentos e puxada de arranco e de arremesso. Também serão divididos os percentuais destinados para cada um dos exercícios e seu nível de importância no movimento. No microciclo 1, foram destinados 60% para ganhos de força (35% para o agachamento; 25% para as puxadas), 40% para técnica.

Tabela 25.9 – Distribuição do percentual do desenvolvimento de força do treinamento de *weightlifting*

		Mesociclo de 500 repetições em 4 semanas			
Zona de intensidade (ZI-%RM)		**Semana 1**	**Semana 2**	**Semana 3**	**Semana 4**
		28% = 140 repetições	32% = 160 repetições	22% = 110 repetições	18% = 90 repetições
		Terça e quinta	Terça e quinta	Terça e quinta	Terça e quinta
		Técnica: 40%	Técnica: 50%	Técnica: 60%	Técnica: 70%
		Força: 60%	Força: 50%	Força: 40%	Força: 30%
		Arranco: 20%	Arranco: 25%	Arranco: 30%	Arranco: 35%
		Arremesso: 20%	Arremesso: 25%	Arremesso: 30%	Arremesso: 35%
		Agachamento: 35%	Agachamento: 30%	Agachamento: 25%	Agachamento: 20%
		Puxada: 25%	Puxada: 20%	Puxada: 15%	Puxada: 10%

Depois de realizar todas as distribuições de percentual relacionado ao volume do treinamento e ao nível de importância para cada capacidade do treinamento, fica fácil saber quantas repetições serão realizadas em cada exercício. Por exemplo: no microciclo 1, foram destinados 20% das repetições total (140 repetições = 100%), ou seja, 20% de 140 repetições são 28 repetições que serão realizadas no exercício arranco. A forma de distribuição das séries e a quantidade de repetições que serão realizadas por série não têm uma regra exata; deve ser levada em consideração a manifestação da força que será desenvolvida, na qual o objetivo principal do *weightlifting* é o desenvolvimento de potência. Dessa forma, dificilmente o praticante realiza grandes quantidades de repetições como em geral acontece quando o objetivo é força hipertrófica. É comum que o praticante de *weightlifting* realize entre 1 e 15 séries e 1 a 5 repetições por série.

Na Tabela 25.10, no microciclo 1, serão realizadas 28 repetições que foram distribuídas em: 1 série de 4 repetições; 4 séries de 3 repetições; 5 séries de 2 repetições; 2 séries de 1 repetição. Contudo, isso não é uma regra: poderiam ser realizadas 5 séries de 5 repetições. O motivo que leva os técnicos e os praticantes a dividirem dessa forma está relacionado à balança "volume *versus* intensidade": conforme a intensidade aumenta, o volume deve ser reduzido, para manter o equilíbrio. Outro ponto importante é a fadiga cumulativa, fazendo que o atleta reduza a velocidade de movimento.

Tabela 25.10 – Distribuição do número de repetições e de séries (volume) do treinamento de *weightlifting*

Zona de intensidade (ZI-%RM)	Mesociclo de 500 repetições em 4 semanas			
	Semana 1	**Semana 2**	**Semana 3**	**Semana 4**
	28% = 140 repetições	32% = 160 repetições	22% = 110 repetições	18% = 90 repetições
	Terça e quinta	Terça e quinta	Terça e quinta	Terça e quinta
	Técnica: 40%	Técnica: 50%	Técnica: 60%	Técnica: 70%
	Força: 60%	Força: 50%	Força: 40%	Força: 30%
	Arranco: 20%	Arranco: 25%	Arranco: 30%	Arranco: 35%
	28 repetições = 1 × 4 4 × 3 5 × 2 2 × 1	40 repetições = 2 × 4 5 × 3 6 × 2 5 × 1	33 repetições = 1 × 4 5 × 3 4 × 2 6 × 1	31 repetições = 1 × 4 5 × 3 4 × 2 4 × 1
	Arremesso: 20%	Arremesso: 25%	Arremesso: 30%	Arremesso: 35%
	28 repetições = 1 × 4 4 × 3 5 × 2 2 × 1	40 repetições = 2 × 4 5 × 3 6 × 2 5 × 1	33 repetições = 1 × 4 5 × 3 4 × 2 6 × 1	31 repetições = 1 × 4 5 × 3 4 × 2 4 × 1
	Agacha-mento: 35%	Agacha-mento: 30%	Agacha-mento: 25%	Agacha-mento: 20%
	49 repetições = 2 × 5 4 × 4 5 × 3 4 × 2	48 repetições = 4 × 4 4 × 3 6 × 2 8 × 1	27 repetições = 1 × 4 4 × 3 4 × 2 3 × 1	19 repetições = 1 × 4 2 × 3 2 × 2 5 × 1
	Puxada 25%	Puxada 20%	Puxada 15%	Puxada 10%
	35 repetições = 1 × 5 2 × 4 3 × 3 4 × 2 5 × 1	32 repetições = 2 × 4 3 × 3 5 × 2 5 × 1	17 repetições = 1 × 4 2 × 3 2 × 2 3 × 1	9 repetições = 2 × 2 5 × 1

Na última fase da montagem de uma planilha de treinamento de *weightlifting* (Tabela 25.11), a manifestação da força e suas ZIs estão relacionadas entre si. Sabe-se que 50% de 1 RM está caracterizado como desenvolvimento de força de resistência, assim como 70%-80% de 1 RM caracteriza TDF. No exemplo dado, o programa de treinamento inicia no primeiro microciclo (semana 1), com as zonas 1/2/2/2, ou seja, para o primeiro bloco de séries deve ser realizada 1 série com 4 repetições (1 × 4) usando a ZI-1 (50% de 1 RM). O segundo bloco foi composto de 4 séries com 3 repetições para cada uma, e a intensidade segue para a ZI-2 (60% de 1 RM), e assim por diante, até que complete os blocos de séries (1 série × 4 repetições = ZI-1; 4 séries × 3 repetições = ZI-2; 5 séries × 2 repetições = ZI-2; 2 séries × 1 repetição = ZI-2), e para todos os exercícios que compõem a semana de treinamento (Peterson, Rhea e Alvar, 2005; Fry *et al.*, 2003; Schoenfeld *et al.*, 2015b).

Tabela 25.11 – Distribuição do número de repetições e séries (volume) do treinamento de *weightlifting*

	Mesociclo de 500 repetições em 4 semanas							
Zona de intensidade (ZI-%RM)		**Semana 1**		**Semana 2**		**Semana 3**		**Semana 4**
1 = 50% RF		28% = 140 repetições		32% = 160 repetições		22% = 110 repetições		18% = 90 repetições
2 = 60%-65% RF		Terça e quinta		Terça e quinta		Terça e quinta		Terça e quinta
3 = 70%-75% TDF		Técnica: 40%		Técnica: 50%		Técnica: 60%		Técnica: 70%
4 = 80%-85% TDF		Força: 60%		Força: 50%		Força: 40%		Força: 30%
5 = 90%-95% PM		Arranco: 20%		Arranco: 25%		Arranco: 30%		Arranco: 35%
6 = 100% FM		28 repetições = 1 × 4 4 × 3 5 × 2 2 × 1		40 repetições = 2 × 4 5 × 3 6 × 2 5 × 1		33 repetições = 1 × 4 5 × 3 4 × 2 6 × 1		31 repetições = 1 × 4 5 × 3 4 × 2 4 × 1
	ZI	**1/2/2/2**	**ZI**	**2/2/3/3**	**ZI**	**2/3/4/5**	**ZI**	**3/4/5/6**
		Arremesso: 20%		Arremesso: 25%		Arremesso: 30%		Arremesso: 35%
		28 repetições = 1 × 4 4 × 3 5 × 2 2 × 1		40 repetições = 2 × 4 5 × 3 6 × 2 5 × 1		33 repetições = 1 × 4 5 × 3 4 × 2 6 × 1		31 repetições = 1 × 4 5 × 3 4 × 2 4 × 1
	ZI	**1/2/2/2**	**ZI**	**2/2/3/3**	**ZI**	**2/3/4/4**	**ZI**	**2/3/4/4**

Tabela 25.11 – Distribuição do número de repetições e séries (volume) do treinamento de *weightlifting* (continuação)

Zona de intensidade (ZI-%RM)		Mesociclo de 500 repetições em 4 semanas							
			Semana 1		Semana 2		Semana 3		Semana 4
			Agacha- mento: 35%		Agacha- mento: 30%		Agacha- mento: 25%		Agacha- mento: 20%
			49 repetições = 2 × 5 4 × 4 5 × 3 4 × 2		48 repetições = 4 × 4 4 × 3 6 × 2 8 × 1		27 repetições = 1 × 4 4 × 3 4 × 2 3 × 1		19 repetições = 1 × 4 2 × 3 2 × 2 5 × 1
		ZI	**2/3/4/5**	**ZI**	**2/3/4/5**	**ZI**	**3/4/5/6**	**ZI**	**3/4/5/6**
			Puxada: 25%		Puxada: 20%		Puxada: 15%		Puxada: 10%
			35 repetições = 1 × 5 2 × 4 3 × 3 4 × 2 5 × 1		32 repetições = 2 × 4 3 × 3 5 × 2 5 × 1		17 repetições = 1 × 4 2 × 3 2 × 2 3 × 1		9 repetições = 2 × 2 5 × 1
		ZI	**2/3/4/5/5**	**ZI**	**2/3/4/5**	**ZI**	**2/3/4/5**	**ZI**	**5 e 6**

% de 1 RM: percentual de 1 repetição máxima; **RF**: resistência de força; **TDF**: taxa de desenvolvimento de força; **PM**: potência; **FM**: força máxima; **ZI**: zona de intensidade.

Outra sugestão para montar a planilha de treinamento de *weightlifting* é apenas definir o volume do mesociclo e, depois, dividir em microciclo; em seguida, dividir pelos exercícios realizados em cada microciclo de forma equalizada, ou seja, o mesmo número de repetições para todos os exercícios. Contudo, ressalta-se que a forma de distribuição das repetições por exercício não segue uma regra. Isso implica entender e utilizar os conceitos do princípio do treinamento, por exemplo, a adaptação biológica, a individualidade (genótipo e fenótipo), a continuidade e a especificidade do praticante.

No exemplo a seguir (Tabela 25.12), foi realizada uma distribuição de acordo com a experiência do praticante (iniciante). Dessa forma, foram estipuladas 25 repetições para cada exercício. A sugestão é que, nas primeiras séries, o volume de repetições seja maior e, nas séries seguintes, ele se reduza. No método de planilha mensal (Tabela 25.12) para iniciante com total de 800 repetições (número de levantamento da barra), o treino foi divido em 4 semanas (800 / 4 = 200); depois, dividiu-se o resultado pelo número de sessões semanais (duas vezes por semana) (200/2 = 100) e o número de exercícios que serão realizados a cada sessão de treino (100/4 = 25), ficando com 25 repetições, que foram divididas em: 1 × 5, 2 × 4, 2 × 3, 3 × 2 para todos os exercícios.

Ainda na Tabela 25.12, há a progressão de carga, na qual o volume passa de 800 para 960 repetições mensais e segue o mesmo critério descrito anteriormente. Dessa forma, dividem-se as 960 repetições por 4 semanas (960/4 = 240 repetições); depois, divide-se o resultado por duas sessões semanais (240/2 = 120 repetições). Finalmente, divide-se esse valor pelo número de exercícios por sessão (120/4 = 30 repetições).

A vantagem desta planilha está no fato de que, após o praticante ter definido a distribuição dos volumes em blocos de séries, as modificações ocorridas nos mesociclos posteriores tiveram foco na intensidade, ou seja, o percentual de 1 RM que será utilizado para alcançar o objetivo.

Tabela 25.12 – Planilha com volume do treinamento de *weightlifting* fixos para iniciante

Observações	**Nome:** **Planificação mensal (iniciante)**												
	4 semanas = 800 repetições							**4 semanas = 960 repetições**					
	200 repetições semanais							240 repetições semanais					
	2 dias de treino (duas sessões de treino)							2 dias de treino (duas sessões de treino)					
	Arranco	**Controle**						**Arranco**	**Controle**				
	25 repetições = 1 × 5 2 × 4 2 × 3 3 × 2	**65**	**65**	**70**	**70**			30 repetições = 1 × 5 2 × 4 2 × 3 3 × 2 5 × 1					
	Arremesso	**Controle**						**Arremesso**	**Controle**				
	25 repetições = 1 × 5 2 × 4 2 × 3 3 × 2	**65**	**65**	**70**	**70**			30 repetições = 1 × 5 2 × 4 2 × 3 3 × 2 5 × 1					
	Agachamento	**Controle**						**Agachamento**	**Controle**				
	25 repetições = 1 × 5 2 × 4 2 × 3 3 × 2	**75**	**80**	**80**	**85**			30 repetições = 1 × 5 2 × 4 2 × 3 3 × 2 5 × 1					

Tabela 25.12 – Planilha com volume do treinamento de *weightlifting* fixos para iniciante (continuação)

Observações	**Nome: Planificação mensal (iniciante)**												
	Puxada	**Controle**						**Puxada**	**Controle**				
	25 repetições = 1 × 5 2 × 4 2 × 3 3 × 2	**85**	**85**	**90**	**95**			30 repetições = 1 × 5 2 × 4 2 × 3 3 × 2 5 × 1					

A progressão do treinamento deve seguir em alterações do volume do treino para adequação do nível do praticante. Mais uma vez, ressalta-se que a forma de distribuição das repetições por exercício não segue uma regra. Sugere-se, na Tabela 25.13, que o praticante intermediário realize cerca de 1.200 repetições por mês e o praticante avançado, mais de 1.200 repetições mensais. Outra mudança está na frequência semanal: o iniciante realizava dois treinos semanais, o intermediário realiza três e o avançado, quatro.

Tabela 25.13 – Planilha com volume do treinamento de *weightlifting* fixos para intermediário/avançado

Observações		**Nome: Planificação mensal (intermediário/avançado)**												
		4 semanas = 1.200 repetições							**4 semanas = 1.280 repetições**					
		300 repetições semanais							320 repetições semanais					
		3 dias de treino (100 repetições)							4 dias de treino (80 repetições)					
		Arranco	**Controle**						**Arranco**	**Controle**				
		25 repetições = 1 × 5 2 × 4 2 × 3 3 × 2							20 repetições = 1 × 5 1 × 4 1 × 3 3 × 2 2 × 1					
		Arremesso	**Controle**						**Arremesso**	**Controle**				
		25 repetições = 1 × 5 2 × 4 2 × 3 3 × 2							20 repetições = 1 × 5 1 × 4 1 × 3 3 × 2 2 × 1					
		Agachamento	**Controle**						**Agachamento**	**Controle**				

Tabela 25.13 – Planilha com volume do treinamento de *weightlifting* fixos para intermediário/avançado (continuação)

		25 repetições = 1 × 5 2 × 4 2 × 3 3 × 2							20 repetições = 1 × 5 1 × 4 1 × 3 3 × 2 2 × 1					
		Puxada	**Controle**						**Puxada**	**Controle**				
		25 repetições = 1 × 5 2 × 4 2 × 3 3 × 2							20 repetições = 1 × 5 1 × 4 1 × 3 3 × 2 2 × 1					

Em resumo, o *weightlifting* é uma modalidade que desenvolve força explosiva e pode ser utilizado para diversos esportes que apresentem similaridades em demandas fisiológicas ou em relação à manifestação da força aplicada.

Neste primeiro trecho do capítulo, o estudo aprofundou-se na modalidade *weightlifting*, em sua trajetória até os dias atuais, compreendendo suas regras competitivas. Foram abordados, também, os aspectos biomecânicos da modalidade, bem como suas exigências e seus ajustes fisiológicos. Além disso, foram discutidas as formas de periodização, de controle e de progressão de carga, e foram exemplificadas, de forma detalhada, a montagem do programa e das planilhas de treinamento, desde o iniciante ao praticante avançado.

25.2 *Powerlifting*

25.2.1 História do *powerlifting*

O *powerlifting*, como esporte, iniciou-se nos Estados Unidos, na Austrália e no Reino Unido, na década de 1950. O nome vem do inglês: *power*, força, e *lifting*, levantar; na antiga União Soviética, foi denominado triatlo de força. A modalidade *powerlifting* exige força de membros inferiores, de membros superiores e de coluna para levantar o máximo de carga na competição (Miletello, Beam e Cooper, 2009; Oleshko, 2008).

Durante os anos 1950, o halterofilismo, que tinha sua maior força no *bodybuilding*, encontrava-se em declínio nos Estados Unidos ao passo que muitos esportes com características de desenvolvimento de força ganharam novos adeptos. Em 1958, a AAU National Weightlifting Committee decidiu começar a reconhecer recordes para os chamados *oddlifts*. Entre 1950 e 1960, vários eventos foram realizados e, assim, foram estipulados os exercícios específicos competitivos (supino reto, agachamento e levantamento terra). No fim dos anos 1950, houve interesse em desenvolver uma organização separada de outras modalidades, formada para atender aos interesses dos levantadores de *powerlifting* que não estavam particularmente interessados na modalidade de levantamento de peso olímpico, a qual envolvia dois exercícios específicos e de características mais técnicas: o arranco e o arremesso. Em 1964, a primeira competição estadunidense foi realizada; dois anos mais tarde, em 1966, foi realizado o primeiro campeonato britânico. No fim dos anos 1960 e no início da década de 1970, vários encontros de amigos em concursos internacionais foram realizados, até que, em 1973, foi criada a International Powerlifting Federation (IPF), que impulsionou a criação da European Powerlifting Federation (EPF), em 1974. Em 1978, foi realizado o primeiro campeonato nacional nos Estados Unidos para categoria feminina pela IPF e, posteriormente, em 1979, adicionada no calendário competitivo da IPF. O esporte *powerlifting* tornou-se, em 1984, esporte paraolímpico de acordo com as normas da IPF (Hunt e Todd, 2007; IPF, 2008; Unitt, 2012).

Para referencial histórico, foram considerados relatos apresentados pela IPF, entidade reconhecida pelo Comitê Olímpico Internacional (COI), embora existam outras organizações internacionais que realizam campeonatos com as variações do *powerlifting*, como: United States Powerlifting Federation (USPF), American Powerlifting Federation (APF), entre outras, como citam Hunt e Todd (2007).

No Brasil, o início do *powerlifting* ocorreu com campeonatos organizados pelas federações de levantamento de peso olímpico (*weightlifting*) e de culturismo (*bodybuilding*), que eram organizados pela extinta Confederação Brasileira de Desportos. Em 1978, foi oficialmente realizado o primeiro Campeonato Brasileiro de Levantamentos Básicos no Clube Pinheiros, em São Paulo. A partir de 1991, formou-se, extraoficialmente, a Confederação Brasileira de Levantamentos Básicos (CBLB) com a responsabilidade de organização dos campeonatos nacionais.

O esporte *powerlifting* é chamado de levantamento de peso básico ou levantamento de potência. Entretanto, é um conceito errôneo chamar o *powerlifting* de levantamento de potência, pois nenhum de seus exercícios competitivos precisa ser realizado em curto espaço de tempo, sendo esse um dos fatores determinantes para a potência, considerando a distância percorrida pela barra e a força aplica por unidade de tempo, a velocidade do movimento. O *powerlifting* conceitua-se como um esporte que utiliza o máximo da força que um grupo muscular pode gerar para mover a carga durante 1 repetição. A força muscular pode ser definida como a força máxima produzida por 1 única contração máxima (1 RM) (Hatten, Lyons e Bena, 2007).

> Levantamento de força = Levantamento de peso básico = *Powerlifting* ≠ Potência (não há o fator tempo)

25.2.2 Exercícios competitivos do *powerlifting*

A modalidade *powerlifting*, atualmente, tem três exercícios diferentes para competição: agachamento (*squat*), supino reto (*bench press*) e levantamento terra (*deadlift*) são exercícios considerados básicos em um programa de treinamento de força muscular. Quando a modalidade estava no início, existia um quarto exercício, que era a rosca direta com barra reta, mas foi retirado na década de 1980, por motivos técnicos de arbitragem e julgamento. Cada atleta tem três tentativas para cada exercício, sendo considerado o maior valor de cada exercício, somando todas as melhores marcas. Assim, o campeão é aquele que tiver o maior total dos três exercícios.

Agachamento

O agachamento é considerado um exercício de cadeia cinética fechada durante o *squat* com a barra livre. As articulações terminais encontram resistência externa considerável, que impede ou restringe sua movimentação livre (Wilk *et al.*, 1996; Escamilla *et al.*, 1998; Ellenbecker e Davies, 2001; Adouni e Shirazi-Adl, 2009)

O exercício agachamento é realizado com o apoio da barra sobre os grupos musculares deltoide posterior e trapézio (Figura 25.28). Porém, na modalidade *powerlifting* esse ponto de apoio se encontra tipicamente mais baixo, sobre os deltoides posteriores. O objetivo dessa técnica é aumentar a área de contato da barra com toda a cintura escapular, diminuindo a pressão que ela exerce sobre as vértebras e os músculos.

Figura 25.28 – Técnica de apoio da barra e aumento da área de contato

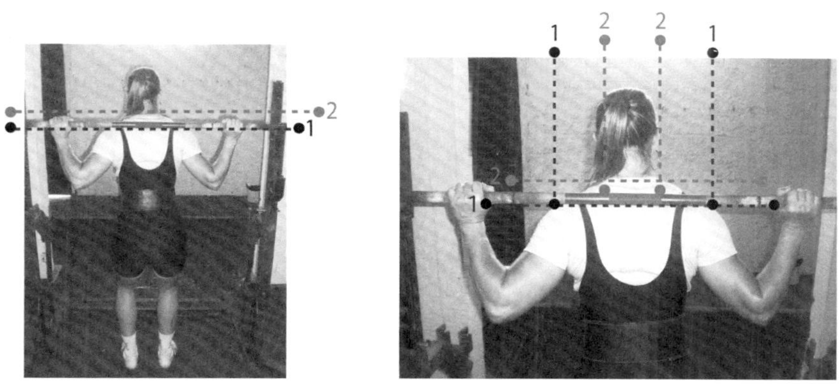

O traço 1 apresenta a técnica de apoio da barra nos grupos musculares posteriores do ombro de atletas de *powerlifting*; o traço 2, o apoio reduzido em cima do grupo muscular do trapézio parte descendente.

Fonte: adaptada de Coutinho (2011).

Com essa técnica, também é possível notar a diminuição do braço de alavanca, e o aumento de velocidade e da aceleração do movimento (Miletello, Beam e Cooper, 2009).

O exercício agachamento livre com barra consiste em realizar uma flexão dos joelhos na fase excêntrica do movimento, atingindo o ângulo abaixo de 90 graus, em uma visão sagital. As normas internacionais da competição de *powerlifting* estabelecidas pela IPF dizem que, na altura correta para o agachamento, deve-se visualizar a linha do quadril passando a linha do joelho, o que seria em torno de 100 a 110 graus de flexão. Isso indica um agachamento profundo, mas não completo, pois o atleta não chega a sentar sobre os calcanhares, como no levantamento olímpico (Escamilla, 2001; Schoenfeld, 2010).

Figura 25.29 – Profundidade e amplitude no *squat*

Profundidade do agachamento: pode-se visualizar a linha do joelho sendo ultrapassada pelo quadril. Profundidade regulamentada pela IPF (2011).

Fonte: adaptada de Coutinho (2011).

Em indivíduos que não apresentam lesão ou dor nos joelhos, o agachamento próximo a 100° de flexão aumenta a eficácia em trabalho dos grupamentos de quadríceps, femorais e gastrocnêmios (Escamilla, 2001). Segundo revisão de Schoenfeld (2010), o exercício agachamento foi classificado em categorias de três ângulos diferentes, apresentados na Tabela 25.14.

Tabela 25.14 – Classificação da amplitude no exercício agachamento

Classificação	Amplitude do movimento
Parcial	Até 40°
Meio agachamento	70° a 100°
Profundo	Mais que 100°

Fonte: adaptada de Schoenfeld (2010).

O movimento articular do *squat* é extensão de quadril, joelho e tornozelo. Na primeira, utiliza os seguintes grupamentos musculares: glúteo máximo e isquiotibiais (semitendíneo, semimembranáceo, bíceps femoral). Na extensão de joelho, utiliza o quadríceps femoral (reto femoral, vasto medial, vasto intermédio e vasto lateral). Na do tornozelo, utiliza o tríceps sural (gastrocnêmio lateral, gastrocnêmio medial e sóleo) (Marchetti, Calheiros Neto e Charro, 2007; Uchida *et al.*, 2013).

Estudo de Swinton *et al.* (2009) comparou o agachamento *tradicional* com o agachamento do *powerlifting*. Os resultados demonstraram que houve maior afastamento das pernas (laterolateral) no de agachamento do *powerlifting* em comparação com o tradicional. O *squat* do *powerlifting* apresentou diferença significante na manutenção da posição do tronco, sendo ela mais vertical do que o agachamento tradicional.

Supino reto

A palavra supino significa "elevado, posição superior do corpo em decúbito dorsal", do latim *supinus* (Fernandes, 1999; Freitas, 2004). O movimento do supino reto consiste em realizar aproximação e afastamento da barra em relação ao tórax, com os movimentos articulares de adução ou flexão horizontal de ombros, abdução de escápulas e extensão de cotovelos na fase concêntrica do movimento. As articulações envolvidas são: ombro (úmero-escápula); acromioclavicular (escápula-clavícula); cavidade glenoidal da escápula (glenoumeral). A aproximação entre articulações é mantida pelo tônus do manguito rotador (supraespinhal, infraespinhal, subescapular e redondo menor), grupo de músculos cujos tendões se fundem e reforçam a lâmina fibrosa da cápsula articular, além da cabeça longa do bíceps e tríceps braquial, reforçando a estabilidade articular.

Os grupos musculares envolvidos na adução horizontal de ombros são peitoral maior, deltoide anterior e coracobraquial. A escápula realiza movimento de abdução, juntamente com peitoral menor e serrátil anterior, que são os grupos musculares envolvidos no movimento do supino reto. O movimento articular de extensão do cotovelo é realizado pelos grupos musculares do tríceps braquial e o ancôneo (Marchetti, Calheiros e Charro, 2007; Miletello, Beam e Cooper, 2009; Marchetti e Uchida, 2011).

A IPF (2011) considera o movimento competitivo válido quando a barra toca o músculo do peitoral do atleta, realizando pausa visível de, aproximadamente, 2 segundos, e retornando à posição inicial com a extensão contínua e completa dos cotovelos.

Levantamento terra

O popularmente conhecido no Brasil como levantamento terra também é chamado de *deadlift* e consiste em retirar a barra do chão com as duas mãos, deslocando até a linha da cintura pélvica. A IPF (2011) permite a utilização de dois tipos de movimentos: o clássico e o sumô. No levantamento terra estilo clássico, o atleta realiza um pequeno afastamento laterolateral das pernas que acompanha a linha dos ombros. O levantamento terra estilo sumô consiste em realizar uma abertura máxima laterolateral das pernas, aproximando as pontas dos pés nas anilhas. Esse estilo ainda pode diminuir a magnitude das cargas nas vértebras lombares, pois, no início do movimento, o tronco encontra-se mais ereto, o que reduz o percurso da barra, facilitando o atleta a realizar o movimento, proporcionando uma maior carga na barra. Nos últimos anos, o estilo sumô tem sido mais utilizado nos campeonatos internacionais.

Na Figura 25.30*a*, visualiza-se o início do movimento levantamento terra estilo sumô, com os pés mais afastados e o tronco verticalizado em comparação ao estilo levantamento terra clássico (Figura 25.30*c*). Outra diferença que se nota ao comparar ambas as figuras são os braços, que, no estilo clássico, ficam posicionados ao lado dos joelhos, e, no estilo sumô, ficam posicionados entre os joelhos. Nas Figuras 25.30*b* e 25.30*d*, visualiza-se a posição final de ambos os estilos.

Escamilla *et al.* (2000) compararam a cinemática do levantamento terra sumô e clássico, e os resultados apresentaram diferenças significantes na abertura laterolateral, sendo uma posição mais larga (70 ± 11 cm *versus* 32 ± 8 cm), aumento da velocidade, redução do ângulo de inclinação de tronco, de quadris e de joelhos no estilo sumô, que podem ser vantagens competitivas.

Swinton *et al.* (2011), por sua vez, compararam a cinética do movimento do exercício levantamento terra com duas barras distintas (convencional reta e barra hexagonal). Na barra hexagonal, os indivíduos foram capazes de aumentar a carga máxima (kg - % RM), havendo aumento significante do pico de força e da velocidade, em comparação com a barra reta. Os dados demonstraram que a escolha da barra para a realização do exercício *deadlift* tem efeito significativo sobre a cinética do movimento e o rendimento. Isso pode acarretar aumento da força associado ao percurso da barra e a ativação muscular pelas alterações das características mecânicas dos exercícios.

Figura 25.30 – Diferenças de posicionamento inicial e final no levantamento terra estilo sumô e estilo clássico

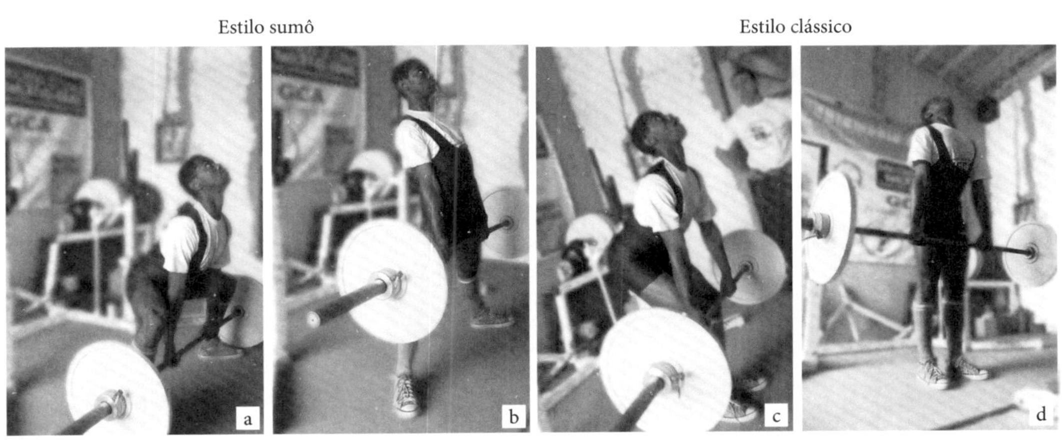

Fonte: adaptada de Coutinho (2011).

A descrição do movimento articular na fase concêntrica do *deadlift* consiste em extensão de quadris, joelhos, tornozelos, ombros e coluna. A extensão de quadril envolve os grupos musculares do glúteo máximo e isquiotibiais: semitendíneo, semimembranáceo e bíceps femoral. A extensão de joelhos, os grupos musculares do quadríceps femoral: reto femoral, vasto medial, vasto intermédio e vasto lateral. A extensão de tornozelo envolve flexão plantar e tríceps sural: gastrocnêmio lateral, gastrocnêmio medial e sóleo. A extensão de ombros utiliza os grupos musculares do latíssimo do dorso e redondo maior, além dos que fazem a retração escápulo-torácica (cintura escapular), romboides e trapézio (parte transversa). A extensão de coluna envolve os grupos musculares eretores da coluna (paravertebrais): multífido, longuíssimo do pescoço, coluna vertebral, entre outros (Marchetti, Calheiros Neto e Charro, 2007; Uchida *et al.*, 2013).

25.2.3 Equipamentos de suporte no *powerlifting*

Os atletas de *powerlifting* utilizam os seguintes materiais de treinamento: barras, anilhas, presilhas, tablados, cavaletes para agachamento e supino, além de materiais de suporte para o uso pessoal do atleta no momento do levantamento, como: pó de magnésio, *suit* de agachamento, faixas de punho e joelhos, cinto de compressão, sapato ou botas e camisa de supino, segundo regulamento da IPF (2011).

Inicia-se tratando dos equipamentos necessários para a prática da modalidade e, depois, segue-se para os equipamentos de suporte de uso pessoal do atleta. Assim como no *weightlifting*, o *powerlifting* utiliza barra e anilhas; no entanto, existem algumas diferenças entre os materiais para cada modalidade.

Barra e anilhas

A barra deve ser reta, bem recartilhada e marcada, respeitando as seguintes dimensões, especificadas pelo regulamento da IPF (2011):

- o comprimento total da barra não deve exceder 2,2 metros;
- a distância entre os colares internos não deve exceder 1,32 metro ou ser menor que 1,31 metro;
- o diâmetro da barra não deve exceder 29 mm ou ser menor que 28 mm (Figura 25.31);
- o peso da barra, com as presilhas, deve ser de 25 kg, sendo 20 kg da barra e 2,5 kg de cada presilha, com o total de 5 kg em presilhas (para ambos os sexos), as quais têm a finalidade de fixar as anilhas na barra, evitando risco de lesão, além de agregar mais peso à barra;
- o diâmetro de encaixe para anilhas (as pontas) não deve exceder 52 mm, nem ser menor que 50 mm.

Figura 25.31 – Especificações da barra solicitada pela IPF (2011)

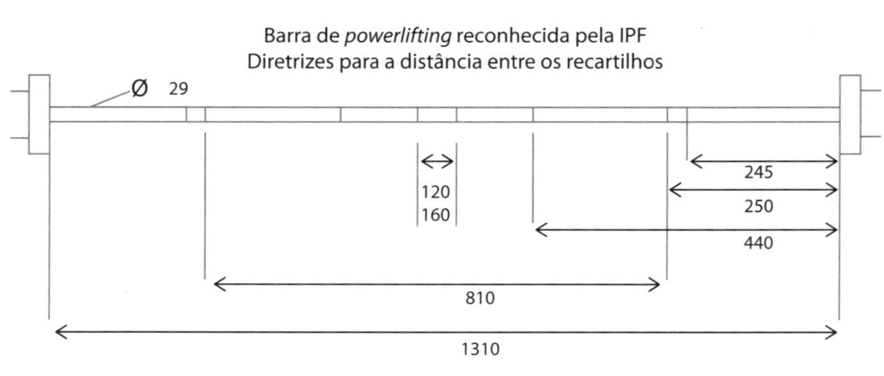

Medidas em milímetros (distâncias dos recartilhos dentro dos cilindros de encaixe de anilhas – pontas).

Todas as anilhas usadas em competições devem pesar cerca de 0,25% ou 10 g do valor da face em quilogramas, respeitando os seguintes valores: 50 kg, 25 kg, 20 kg, 15 kg, 10 kg, 5 kg, 1,25 kg, 500 g, 250 g. As anilhas que pesam 20 kg ou mais não devem exceder 6 centímetros de espessura, e as de 15 kg ou menos não devem exceder 3 centímetros de espessura. Além disso, devem seguir as seguintes especificações de cores:

- 10 kg ou menos: qualquer cor.
- 15 kg: amarela.
- 20 kg: azul.
- 25 kg: vermelha.
- 50 kg: verde.

O diâmetro do furo no meio da anilha não deve exceder 53 mm ou ser menor que 52 mm. Para a finalidade de recordes, anilhas mais leves podem ser usadas para conseguir carga de, pelo menos, 1 kg a mais do que o recorde alcançado.

Todas as anilhas devem estar claramente marcadas com seus pesos e colocadas na sequência das mais pesadas para as menores, arranjadas com o peso decrescente, para que os árbitros possam ler o peso de cada uma. A primeira anilha mais pesada colocada na barra deve estar com a face para dentro; as demais anilhas devem ser colocadas com a face para fora, facilitando a visualização dos valores das anilhas e o somatório da carga total levantada.

Cavaletes de agachamento e de supino reto

Somente são permitidos os cavaletes de agachamento de fabricantes autorizados, registrados e aprovados pelo Comitê Técnico de *Powerlifting* da IPF. Dessa forma, os cavaletes de agachamento devem ser projetados para ajuste de altura mínima de 1 metro, na posição mais baixa, para extensão de 1,70 metro, com intervalos de 5 cm. Todos os suportes devem ficar seguros nas alturas requeridas, por meio de pinos.

Essa regra se aplica para o banco de supino reto, que deve ser autorizado, registrado e aprovado pelo Comitê Técnico de *Powerlifting* da IPF. O banco de supino deve ter construção firme para estabilidade máxima e estar de acordo com as dimensões a seguir:

- o comprimento não pode ser menor que 1,22 metro, plano e horizontal;
- a largura não pode ser menor que 29 cm, nem exceder 32 cm;
- não é permitida altura menor que 42 cm ou maior que 45 cm medidos do chão ao topo da superfície;
- deve ser estofado, ajustável, de, no mínimo, 75 cm e, no máximo, 110 cm, medidos do chão até a posição de descanso da barra;
- a largura mínima entre as partes internas dos descansos da barra deve ser de 1,10 metro;
- a cabeça do banco deve estender 22 cm além dos suportes, com tolerância de 5 cm, para mais ou para menos;
- os suportes adicionais de segurança devem ser usados em todos os eventos.

25.2.4 Material de suporte de uso pessoal do atleta de *powerlifting*

Os equipamentos de suporte promovem o efeito conhecido como *carryover*. Poucos estudos são encontrados sobre a eficácia do uso de equipamentos de suporte no incremento da força de atletas envolvidos em programas de treinamento de alta intensidade. Em geral, tais equipamentos são produzidos sob medida ou reajustados no atleta, o que permite aumento da carga sustentada, embora poucos estudos demonstrem esse fenômeno.

Nesse contexto, o estudo Godawa, Credeur e Welsch (2012) analisou o rendimento de atletas de *powerlifting* utilizando *suits* para agachamento, camisa de supino e banda elástica, tanto no treinamento quanto na competição, comparando com o grupo que não utilizou os materiais de suporte. Os resultados demonstraram que ambos os grupos obtiveram melhoras do rendimento. Contudo, o grupo que utilizou os equipamentos de suporte apresentou aumento significante de força em 42,92 kg em relação ao grupo que não utilizou os materiais.

O atleta de *powerlifting* treina em média 8 a 12 semanas por ciclo competitivo, sendo comum no último ciclo da periodização utilizar materiais de suporte completo, como *suits* modernos e camisetas de supino, que são ajustados para favorecer o movimento nesses exercícios. Tais materiais são utilizados no treinamento e em competição. No *squat*, utilizam-se o *suit*, o cinto de contenção, a banda elástica e os sapatos especiais; no supino reto, a camisa de supino e a banda elástica; no *deadlift*, o *suit*, como o utilizado no agachamento, embora os lados sejam invertidos (ou seja, as costas na frente) ao ser vestido, o cinto de contenção e a banda elástica (Wallace, Winchester e McGuigan, 2006; Silver, Fortenbaugh e Williams, 2009; Eitner, LeFavi e Riemann, 2011; Coutinho, 2011; Godawa, Credeur e Welsch, 2012).

No agachamento, é utilizado o *suit*, confeccionado em poliéster e/ou em jeans, com costuras extremamente apertadas nos quadris. Seu objetivo é manter o trocânter do fêmur sob forte compressão, por meio de alças reforçadas que tracionam os ombros para baixo, auxiliam a manutenção da coluna em postura rígida e, em consequência, aumentam a força e a sustentação da carga levantada, no entanto, há poucos dados científicos que comprovem essa hipótese. O uso do *suit* no *squat* tem como principal objetivo armazenar energia elástica, que, durante a fase excêntrica do movimento, é acumulada e, durante a fase concêntrica, liberada (Doan *et al.*, 2003). Miletello, Beam e Cooper (2009) examinaram as variáveis cinemáticas de atletas de *powerlifting* universitários, do ensino médio e de atletas iniciantes, e determinaram as taxas de aceleração concêntrica entre os três grupos durante vários pontos do levantamento do peso no exercício agachamento livre com a barra, disputado na modalidade. Concluíram que os atletas mais experientes foram capazes de levantar mais peso e obtiveram uma velocidade do movimento maior na fase concêntrica em comparação aos atletas iniciantes e atletas do ensino médio (Doan *et al.*, 2003). Esses dados sugerem que o equipamento de suporte, por exemplo, *suit* de agachamento, pode aumentar a velocidade concêntrica, resultando no aumento da carga total levantada. Blatnik, Skinner e McBride (2012) examinaram o efeito do uso de *suit* no aumento da força e da velocidade durante o *squat*. Os resultados demonstraram aumento significante da velocidade concêntrica e ápice de força com o uso do material de suporte, em comparação a todas as intensidades sem o uso dele.

Figura 25.32 – *Suit*

No *powerlifting*, é comum o uso de sapato projetado para o agachamento. Antigamente, esses sapatos eram confeccionados com couro, de pouca flexibilidade e muito pesados. Hoje, são produzidos com materiais leves, como o EVA, e vêm com alça para apoio do calcanhar adicional. A função do sapato para agachamento é deslocar o centro de gravidade do atleta entre 5 a 10 graus, permitindo maior estabilidade ao movimento (Sato, Fortenbaugh e Hydock, 2012). Os sapatos do atleta de *powerlifting* têm como principal função aumentar a estabilidade e a manutenção do equilíbrio durante os movimentos. Foram projetados com apoio no calcanhar de, aproximadamente, 1,5 cm, com o objetivo de deslocar o centro de gravidade durante o agachamento, reduzindo a inclinação do tronco. Nesse sentido, o estudo de Sato, Fortenbaugh e Hydock (2012) comparou calçados utilizados no levantamento de peso (*powerlifting* e *weightlifting*) com calçados usados na corrida, que não apresentam apoio no calcanhar. A análise cinemática do movimento de agachamento com barra demonstrou diferença significante no ângulo de deslocamento na inclinação do tronco (> 3,5 graus; 22 mm) em comparação com o calçado de corrida. Os dados demonstraram redução na inclinação do tronco com o uso do calçado específico de levantamento de peso.

Figura 25.33 – Sapato para agachamento no *powerlifting*

No exercício supino reto, é usada a camisa de supino, que auxilia o movimento. Sua confecção utiliza material altamente resistente e pouco elástico, como poliéster e *jeans*, regularizados pela IPF (2011). A função da camisa é oferecer uma resistência contra a carga (peso em kg) na abdução horizontal dos ombros que ocorre na fase excêntrica do movimento, por meio das mangas costuradas anteriormente ao tronco, com ajuste e medidas extremamente apertadas. A camisa parece manter o úmero dentro da cavidade glenoide, aumentando a estabilização do ombro. A eficácia desse material na diminuição das lesões ainda carece de mais estudos, mas seu uso em competições vem demonstrando grande eficácia para aumento de carga sem desconforto de movimento articular por parte dos atletas. É comum a necessidade da ajuda de duas pessoas para conseguir vesti-la (Godawa, Credeur e Welsch, 2012).

O estudo de Silver, Fortenbaugh e Williams (2009) mostrou que o uso da camisa de supino poderia alterar a mecânica do movimento (trajetória da barra), havendo redução significante na trajetória vertical da barra com a condição de uso, em comparação ao grupo que não utilizou a camisa de supino.

Figura 25.34 – Camisa de supino

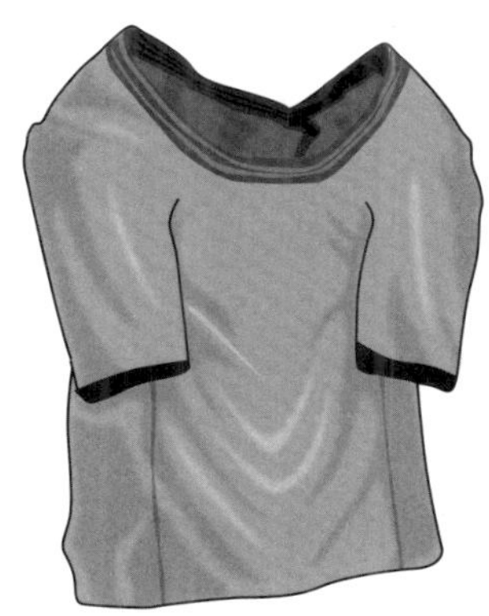

Entre os equipamentos de suporte, o mais usado, sobretudo por atletas da modalidade, é a banda elástica (Wallace, Winchester e McGuigan,

2006; Eitner, LeFavi e Riemann, 2011). As bandas elásticas para punho não devem exceder 1 metro de comprimento e 8 cm de largura. As bandas elásticas para joelhos não podem exceder 2 metros de comprimento e 8 cm de largura, e não podem exceder 15 cm, tanto para cima quanto para baixo do centro articular do joelho. O objetivo do material é atingir o ponto máximo de deformação e transferir a energia cinética acumulada na fibra elástica do material para o atleta no ato do levantamento de peso. A banda elástica pode atingir 346 N de força. Além disso, ela auxilia a reduzir a percepção de esforço e redução na ativação muscular do vasto lateral (Lake, Carden e Shorter, 2012; Gomes, Coutinho e Marchetti, 2013; Gomes *et al.*, 2015).

No estudo de Wallace, Winchester e McGuigan (2006), foram avaliados dez atletas no exercício agachamento (barra apoiada nas costas) com intensidade de 60% a 85% de 1 RM, utilizando a banda elástica. Os resultados demonstraram incremento de força e de potência-pico com o uso da banda elástica, principalmente com cargas de 85% de 1 RM.

Figura 25.35 – Banda elástica

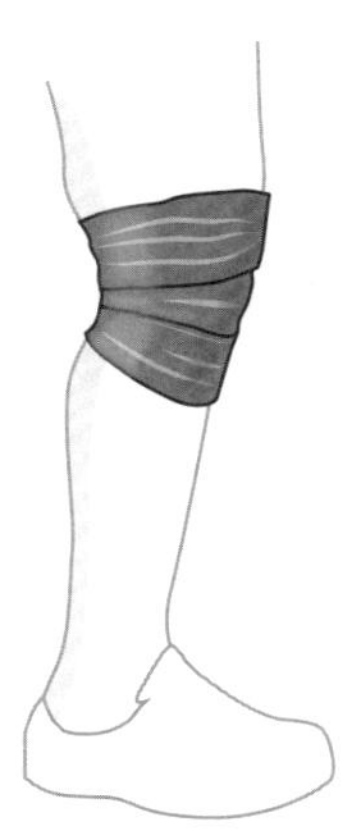

Além do *suit*, da camisa de supino e da banda elástica, o material de suporte mais utilizado por praticantes de exercícios com peso e também por atletas competitivos é o cinto de contenção (Lake, Carden e Shorter, 2012). O cinto deve seguir as seguintes dimensões: largura máxima de 10 cm; espessura máxima de 1 mm ao longo do comprimento principal; largura interna máxima da fivela em 11 cm; largura externa máxima da fivela em 13 cm; largura entre o final do cinto na fivela e a extremidade oposta do passante de 25 cm. O objetivo é o aumento da pressão intra-abdominal, diminuindo a incidência de forças compreensivas na coluna e estabilizando a pelve (Zink *et al.*, 2001; Lake, Carden e Shorter, 2012). Zink *et al.* (2001) analisaram a cinemática no *squat* com o uso do cinto de contenção. Concluíram que não houve aumento significante da força muscular com a utilização do cinto. Em contrapartida, o grupo que o utilizou o aumentou significantemente a velocidade do movimento (em 7,7%), em comparação com o grupo de controle.

Figura 25.36 – Cinto de contenção

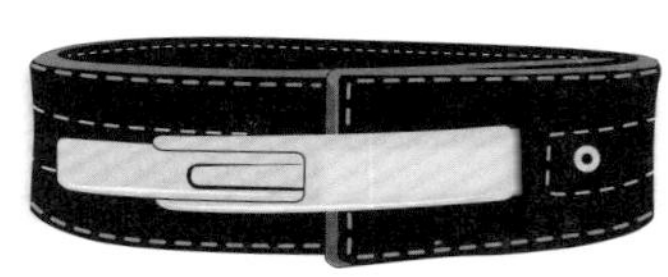

25.2.5 Categorias divididas por massa corporal e idade no *powerlifting*

As variáveis que basicamente estabelecem as divisões de categorias são: idade, sexo (feminino e masculino) e massa corporal. A idade é o fator que divide as categorias, tanto femininas como masculinas, em: subjúnior, júnior, adulto *open* e *master* (Tabela 25.15).

Tabela 25.15 – Divisões de categorias do *powerlifting* de acordo com a idade

Idade	Categoria
15-18 anos	Subjúnior
19-23 anos	Júnior
Qualquer idade	Adulto *open*
40 anos ou mais	*Master* I
50 anos ou mais	*Master* II
60 anos ou mais	*Master* III
70 anos ou mais	*Master* IV (apenas para a categoria masculina)

No *powerlifting*, é permitido que um atleta da categoria juvenil e *master* dispute a categoria adulta (*open*), mas não é permitido que um atleta da categoria adulta participe das demais categorias juvenis ou *master*.

A carreira de um atleta de *powerlifting* pode ser prolongada em comparação com outras modalidade esportivas, por exemplo, a ginástica olímpica e o atletismo. Na Tabela 25.15, notam-se as categorias *master*, cujos atletas iniciam aos 40 anos, e podem disputá-las até os 70 anos (*master* IV). Não é incomum encontrar atletas dessa idade em competições.

Além da divisão por idade, outras propostas têm feito relação de comparação entre força muscular *versus* massa corporal diferente. Para a divisão das categorias por massa corporal, deve ser levada em consideração a relação com o rendimento (força muscular) e a massa corporal (kg), para que ocorra um equilíbrio dentro de cada categoria de massa corporal. Dessa forma, são utilizados diferentes métodos de cálculos, como método de regressão, método de equações alométricas, método de diferentes ordens polinomiais, método multiexponencial de funções etc. Todos têm como objetivo principal definir um coeficiente de equilíbrio na disputa entre os atletas dentro de uma faixa de massa corporal: por exemplo, de 50 kg a 60 kg, a disputa seria mais equilibrada do que 50 kg a 65 kg (García-Manso *et al.*, 2008).

Em alguns eventos competitivos, o melhor atleta entre todas as categorias disputadas também é premiado como o melhor atleta da competição. Para identificá-lo entre todas as diferentes categorias de massa corporal, usa-se a fórmula de Wilks, assim denominada por ter sido criada por Robert Wilks. O coeficiente de Wilks é utilizado para comparar a força máxima de um atleta contra outros, apesar da diferente massa corporal entre eles. Dessa forma, pode-se saber qual atleta entre todas as categorias disputadas foi o que realmente atingiu a melhor relação entre a força absoluta (sobrecarga máxima levantada) e a relativa (sobrecarga máxima levantada associada à massa corporal). É óbvio que um atleta de categoria leve não consegue levantar a mesma sobrecarga que um atleta de categoria superpesada. Em contrapartida, ao usar uma fórmula para análise, é possível dizer com melhor precisão qual atleta levantou maior sobrecarga associada à sua massa corporal, comparativamente às demais categorias de massa corporal.

O sistema de Wilks é utilizado para que forneça um método estatístico ajustado para comparar todos os levantadores de diferentes categorias e gêneros em igualdade, e faz provisões para as disparidades. Gráficos Wilks e uma calculadora estão disponíveis gratuitamente no site da IPF.

Dessa forma, em 2010, havia onze categorias masculinas e dez categorias femininas divididas por massa corporal. A partir de 2011, foram reduzidas para nove as categorias masculinas e oito femininas (Tabela 25.16). As divisões de categorias por de idade mantiveram-se inalteradas.

Tabela 25.16 – Divisão de categorias do *powerlifting* por massa corporal

		Classes de massa corporal IPF										
		1	**2**	**3**	**4**	**5**	**6**	**7**	**8**	**9**	**10**	**11**
Homens (em kg)	Até 2010	–52	–56	–60	–67,5	–75	–82,5	–90	–100	–110	–125	+125
	Atual (a partir de 2011)	Até –53 Subjúnior/Júnior	–59	–66	–74	–83	–93	–105	–120	+120		
Mulheres (em kg)	Até 2010	–44	–48	–52	–56	–60	–67,5	–75	–82,5	–90	+90	
	Atual (a partir de 2011)	Até –43 Subjúnior/Júnior	–47	–52	–57	–63	–72	–84	+84			

25.2.6 Regras de competição de *powerlifting*

As regras descritas nesta seção estão de acordo com a IPF (2011).

A competição de *powerlifting* segue um sistema diferente do *weightlifting*, pois tem o sistema de *rounds*. Em geral, a pesagem acontece 2 horas antes do início do evento. Durante a pesagem, o atleta deve preencher o cartão de inscrição (Quadro 25.3), que deve conter as informações de sua primeira tentativa. Dessa maneira, a mesa de técnica e a arbitragem podem escalonar em ordem crescente, da menor carga solicitada para a maior, por atleta de uma mesma categoria. Após a pesagem, o atleta deve levar todo o seu material de suporte competitivo de uso pessoal, como *suit* de agachamento, camisa de supino, sapato, cinto de contenção, banda elástica de joelho e punho, entre outros, para a vistoria. O último passo é comparecer ao suporte (cavalete) de agachamento, onde um árbitro anotará o pino equivalente à altura que deseja encontrar quando for realizar suas tentativas, e, ainda, o atleta pode optar por ter o cavalete com hastes normais (abertas) ou mais aproximadas do centro (fechadas).

Diferentemente do *weightlifting*, o sistema de *rounds* não possibilita a realização dos jogos de estratégia, conforme mencionado anteriormente. No *powerlifting*, todos os atletas realizam suas primeiras tentativas na forma progressiva da carga, até chegar ao último atleta, o que representa o fim do primeiro *round*. Com as novas tentativas em mãos, a mesa técnica e os árbitros colocam novamente em ordem progressiva de sobrecarga, possibilitando a todos os atletas realizarem suas segundas tentativas, até que chegue novamente ao último atleta, finalizando o segundo *round*. Isso também deve ocorrer no terceiro e último *round* e em todos os exercícios, seguindo a ordem competitiva: agachamento, seguido do supino reto, e levantamento terra, para finalizar.

Para que o sistema de *rounds* aconteça, é necessário que a mesa técnica tenha em mãos as novas pedidas, uma vez que todas as primeiras pedidas foram entregues com o cartão de inscrição previamente preenchido na pesagem (Quadro 25.3). Dessa forma, após cada tentativa, o atleta dispõe de 1 minuto para entregar sua nova carga (kg) de sua próxima tentativa por meio do cartão de pedidas (Quadro 25.4). Se, por algum motivo, o atleta não entregar em 1 minuto sua nova sobrecarga, a mesa técnica repetirá a sobrecarga anterior no caso de insucesso, ou, em caso de êxito do atleta em sua tentativa anterior, serão acrescentados 2,5 kg para a próxima tentativa. Como mencionado, isso só acontecerá se o atleta não entregar o cartão com sua nova pedida na mesa técnica antes de 1 minuto pós-tentativa.

Quadro 25.3 – Cartão de inscrição e primeiras tentativas no *powerlifting*

<table>
<tr><th colspan="6">Cartão do locutor</th></tr>
<tr><td colspan="3">Nome:</td><td colspan="3">Data de nascimento:</td></tr>
<tr><td>Nação/Clube:</td><td colspan="4">Peso corporal:</td><td>Classe:</td></tr>
<tr><td colspan="3">Fórmula de Wilks:</td><td colspan="3">Número do lote:</td></tr>
<tr><td colspan="6">Assinatura do levantador/técnico:</td></tr>
<tr><td>Disciplina</td><td>1ª tentativa</td><td>2ª tentativa</td><td>3ª tentativa</td><td>Melhor tentativa</td><td></td></tr>
<tr><td>Agachamento</td><td></td><td></td><td></td><td></td><td></td></tr>
<tr><td>Supino reto</td><td></td><td></td><td></td><td></td><td></td></tr>
<tr><td>Levantamento terra</td><td></td><td></td><td></td><td></td><td></td></tr>
<tr><td>Subtotal</td><td></td><td></td><td></td><td></td><td></td></tr>
<tr><td>Agrupamento: 1, 2, 3, 4, 5</td><td colspan="2">Classificação:</td><td colspan="2">Pontos Wilks:</td><td>Total:</td></tr>
</table>

Quadro 25.4 – Cartões de tentativas que devem ser entregues na mesa técnica

<table>
<tr><th colspan="3">Agachamento</th></tr>
<tr><td colspan="3">Nome:</td></tr>
<tr><td>1ª</td><td>2ª</td><td>3ª</td></tr>
<tr><td></td><td></td><td></td></tr>
<tr><td colspan="3">Assinado:</td></tr>
</table>

Quadro 25.4 – Cartões de tentativas que devem ser entregues na mesa técnica (continuaçãc)

Supino reto		
Nome:		
1ª	2ª	3ª
Assinado:		

Levantamento terra		
Nome:		
1ª	2ª	3ª
Assinado:		

Na área de competição (tablado), são necessários três árbitros: um central, o árbitro principal, que comanda o início e o término dos movimentos e dois árbitros laterais que auxiliam o central em seu julgamento. Para cada árbitro, são dispostas duas bandeiras: uma de cor vermelha, que deve ser levantada quando ocorrer um movimento não correto, e uma bandeira de cor branca, que deve ser erguida ao final da tentativa do atleta para validar o movimento. Em algumas competições e em alguns eventos internacionais, o placar é eletrônico, portanto, em vez de o árbitro ter bandeiras nas mãos, ele terá um controle com dois botões disponíveis, um da cor branca e outro da cor vermelha, com a mesma finalidade das bandeiras de validar ou invalidar as tentativas.

Quando o atleta não obtém sucesso em alguma tentativa, os árbitros automaticamente levantam cartões, chamados cartões de falta, demonstrando o principal motivo da invalidação do movimento e para o atleta qual foi a penalidade que levou ao insucesso de sua tentativa; assim, o atleta consegue corrigir suas próximas tentativas.

Quadro 25.5 – Cores dos cartões de faltas no *powerlifting*

Cor dos cartões
Vermelho
Azul
Amarelo

No agachamento, as faltas para cartão vermelho ocorrem quando o atleta não atinge a altura correta do agachamento para executar o exercício. No exercício supino reto, uma falta para cartão vermelho acontece quando a barra não desce até que encoste no peitoral ou em outra região, como a área abdominal. No exercício levantamento terra, considera-se falta para cartão vermelho quando o atleta deixa de realizar a extensão completa dos joelhos (ou seja, visualmente, os joelhos devem estar retos no término do movimento), ou se o atleta não esperar o sinal de autorização do árbitro para retornar a barra até o solo após o término do movimento.

Para cada exercício, agachamento, supino reto e levantamento terra, o atleta tem três tentativas, ou seja, três tentativas para *squat*, três tentativas para supino reto e três tentativas para *deadlift*. Para permanecer na competição, o atleta deverá realizar pelo menos uma tentativa válida de agachamento e, assim, será habilitado para seguir na competição, sendo o próximo exercício o supino reto, que ocorrerá da mesma maneira. Se o atleta não validar uma tentativa no supino reto, sua marca de agachamento não será reconhecida, mesmo que seja recorde, e isso o impossibilitará de seguir para o próximo exercício da competição, o levantamento terra.

O atleta será o vencedor da competição quando atingir o maior total, portanto, somam-se as melhores marcas validadas atingidas pelo atleta em cada exercício, obtendo, assim, seu total de carga levantada. Em caso de empate, é utilizada a massa corporal como forma de desempate: o atleta que apresentar menor massa corporal será o vencedor.

No *powerlifting*, também acontece a disputa para escolher o melhor atleta do evento. Para isso, é utilizada a fórmula de Wilks, com o objetivo de encontrar a melhor relação de massa corporal e força entre os atletas. O atleta que apresentar o coeficiente mais alto é o atleta que levantou mais sobrecarga em relação à sua própria massa corporal. O coeficiente Wilks também é utilizado para *ranking* internacional dos atletas entre todas as categorias da IPF.

25.2.7 Metodologia de treinamento do *powerlifting*

O *powerlifting* organiza seu período de treinamento em ciclagem, muito semelhante à periodização. Em seus ciclos preparatórios, os atletas utilizam diversos sistemas de treinamento. Entre os mais utilizados para ganhos de força no *powerlifting* estão o sistema seriado piramidal truncado e completo, o de repetição forçada, o de treino excêntrico e o de isometria. Também são divididos em duas fases fundamentais: a primeira fase compreende o período preparatório, conhecido como pré-temporada, e a segunda fase abarca o período pré-competitivo e a competição. A Tabela 25.17 apresenta um exemplo de ciclo de treinamento (ciclagem) com suas respectivas divisões de volume e intensidade:

Tabela 25.17 – Exemplo de uma ciclagem

Intensidade	%RM	Volume	Aquecimento	IR
Leve	60%-70%	12 repetições	5 séries	3-5 min
Moderada	70%-85%	8 repetições	5 séries	3-5 min
Pesada	85%-95%	Até 5 repetições	5 séries	3-5 min

%RM: percentual de 1 repetição máxima; **IR**: intervalo de recuperação.

Fonte: adaptada de Groves (2002).

Segundo Groves (2002), existe a possibilidade de montagem de um programa de treinamento de 8 a 16 semanas. Dessa forma, o exemplo do autor foi de 11 semanas com a seguinte distribuição:

Tabela 25.18 – Exemplo de programa de 11 semanas

Programa de 11 semanas (ciclagem)				
Semanas	**Intensidade**	**Volume**	**Aquecimento**	**IR**
5 semanas	60%-70%	8-12 repetições	5 séries	3-5 min
3 semanas	70%-85%	6-8 repetições	5 séries	3-5 min
2 semanas	85%-90%	4-5 repetições	5 séries	3-5 min
1 semana	90%-100%	2 repetições	5 séries	3-5 min

%RM: percentual de 1 repetição máxima; **IR**: intervalo de recuperação.

Fonte: adaptada de Groves (2002).

Portanto, o praticante deve permanecer com a intensidade entre 60% e 70% de 1 RM, entre 8 e 12 repetições durante 5 semanas consecutivas. Nas próximas 3 semanas, o praticante deve aumentar a intensidade, permanecendo entre 70% e 85% de 1 RM, reduzindo o volume de treinamento a 6-8 repetições, e assim sucessivamente, como demonstra o exemplo da Tabela 25.18.

O uso dos percentuais da carga máxima é a forma mais simples e de fácil compreensão para início de um programa de treinamento (ciclagem). Sugere-se que seja iniciado com, aproximadamente, 50% de 1 RM para iniciantes. Em caso de atletas ou de praticantes mais experientes, esse percentual pode ser elevado, mas a carga pode começar com uma margem de segurança, 60%-62% do último melhor levantamento, e aumentada 2,5% a cada semana, até que chegue a 85%. Nesse ponto, deve ser realizado um teste de carga máxima e o ciclo recomeçado (Groves, 2002).

Há poucas publicações científicas sobre a modalidade *powerlifting* e seus métodos de treinamento. No entanto, com a internet, diversos técnicos e atletas vêm divulgando e comercializando em sites seus métodos de treinamento e suas planilhas de periodização. Uma proposta que vem sendo utilizada por técnicos e atletas é o método chamado de sistema 3 × 3, uma ciclagem de treinamento de 8 semanas que consiste em duas fases, nas quais são realizados os três exercícios da modalidade no mesmo dia de treino. A fase I é o ponto do treinamento que deve ter maior volume. A fase II é a fase de competição, em que o volume do treino é menor, mas a intensidade é maior. As cargas de treinamento serão de 58% a 64%, com intervalos em 58%, 60%, 62%, 64% da máxima projetada na fase I, e de 80% a 95%, com intervalos em 80%, 85%, 90%, 95% na fase II (Tabela 25.20). O sistema de treinamento tem como objetivo a adaptação neuromuscular com uma rotina de treino baseada em uma periodização com ênfase no volume, e não na intensidade.

Com a finalidade de auxiliar no exercício específico de competição, por exemplo, no agachamento, sugere-se que sejam realizados outros estímulos além do *squat* para o grupamento do quadríceps, isquiotibiais, glúteos, flexores dos quadris e região eretora da coluna e lombar (Groves, 2002). Dessa forma, realiza-se uma variedade de exercícios além do específico, ou se pode combinar o exercício específico com auxiliares. Em contrapartida, alguns autores sugerem treinar somente os exercícios específicos (Keogh, Hume e Pearson, 2006; Arandjelović, 2010; João *et al.*, 2014a). A principal vantagem dessa opção é que o exercício trabalha os músculos exatamente do jeito que eles são exigidos e necessários para o evento competitivo. Veja o *squat* como exemplo. Com um máximo de carga no agachamento de 100 kg e cronograma de treinamento atual de 5 séries de 5 repetições uma vez por semana com 75% de 100 kg (75 kg), realiza-se um volume de 25 repetições (5 séries de 5 repetições), e quilagem total no exercício agachamento de (25 × 75 = 1.875 kg) por semana. Ao utilizar o sistema 3 × 3 no exercício de agachamento, em quatro semanas, você usa 64% de 100 kg (64 kg), para um máximo de 40 repetições (8 séries de 5 repetições). A quilagem total de apenas um treino é de 2.560 kg. Outro fator interessante dessa periodização é que os treinos serão realizados três vezes na semana, terminando com a quilagem total no exercício de agachamento de 7.680 kg por semana. Isso corresponde a mais de duas vezes e meia o volume do programa anterior sugerido de 5 séries de 5 repetições com 75% RM. O sistema 3 × 3 cria um estímulo carga de trabalho *versus* força do grupamento muscular, com aumento de estímulos neuromusculares e uma exigência de trabalhar muito mais alto em volume, e não em intensidade.

- *Sistema de 3 × 3*
  - *Objetivo*: força máxima.
  - *Praticante*: iniciante/avançado.
  - *Número de semanas recomendado*: indefinido.
  - *Procedimento*: o sistema consiste em repetir três vezes (ciclos) do mesmo exercício na semana. Dessa forma, em um dia de treinamento, deve-se realizar os três exercícios do *powerlifting* (agachamento, supino reto e levantamento terra). O objetivo é aumentar o estímulo neuromuscular nos grupos musculares exigidos no movimento competitivo.

Tabela 25.19 – Exemplo de volume e intensidade do sistema de treinamento 3 × 3

Exemplo: Fase I (séries × repetições)		
Dia 1	**Dia 2**	**Dia 3**
Agachamento: 8 séries × 5 repetições	Agachamento: 8 séries × 5 repetições	Agachamento: 8 séries × 5 repetições
Supino reto: 8 séries × 6 repetições	Supino reto: 8 séries × 6 repetições	Supino reto: 8 séries × 6 repetições
Levantamento terra: 8 séries × 5 repetições	Levantamento terra: 8 séries × 5 repetições	Levantamento terra: 8 séries × 5 repetições
Exemplo: Fase II (séries × repetições)		
Dia 1	**Dia 2**	**Dia 3**
Agachamento: 3 séries × 3 repetições	Agachamento: 3 séries × 3 repetições	Agachamento: 1-2 séries × 1 repetição
Supino reto: 5 séries × 4 repetições	Supino reto: 1-2 séries × 1 repetição	Supino reto: 5 séries × 4 repetições
Levantamento terra: 1-2 séries × 1 repetição	Levantamento terra: 3 séries × 3 repetições	Levantamento terra: 3 séries × 3 repetições

Tabela 25.20 – Exemplo de distribuição de volume e intensidade entre as fases do sistema de treinamento 3 × 3

Fase I	%RM		**Considerações**
Semana 1	58%		
Semana 2	60%		Somente cinto e faixa
Semana 3	62%	(1 RM × 0%)	Teste ou cálculo de cargas máximas. *Observação*: sem teste, fórmula de estimativa de 1 repetição máxima (1 RM) – Epley (repetições × 0,033 × carga) + carga.
Semana 4	64%		
Fase II	**%RM**		**Considerações**
Semana 1	80%		
Semana 2	85%		Equipamento completo
Semana 3	90%	(1 RM × 0%)	Teste ou cálculo de cargas máximas. *Observação*: sem teste, fórmula de repetição máxima (repetições × 0,033 × carga) + carga.
Semana 4	95%		60% para os dois exercícios restantes

Outra sugestão de ciclagem de treinamento muito utilizada pelos atletas de *powerlifting* é um método bem simples, que pode ser usado por atletas iniciantes, intermediários e avançados. O atleta inicia o ciclo de treinamento com 60% de 1 RM realizando 6 séries de 6 repetições. A cada semana, 2,5% são acrescentados, reduzindo o volume de treinamento, por exemplo, 5 séries de 5 repetições. Se esse acréscimo de carga estiver associado ao período competitivo, quanto mais perto da competição o atleta estiver, maior será o acréscimo de carga, que pode ser entre 10% e 12,5%, no máximo. Em contrapartida, quanto mais distante da competição o atleta estiver, menor será o acréscimo de carga, sendo o mínimo 2,5%. Nota-se que a periodização é linear e, nela, é acrescentada sobrecarga (intensidade) de treinamento a cada semana (microciclo), reduzindo o número de repetições e de séries (volume), sucessivamente, até que chegue perto de 90% de 1 RM. Quando o atleta atingir 90% de 1 RM, deverá ser realizada uma carga de choque, que será o teste de 1 RM.

Quando o atleta estiver perto da competição, na primeira semana após a carga de choque, o atleta deve realizar treinos recuperativos, utilizando 70% de 1 RM e 5 séries de 5 repetições. Na segunda semana após o teste de carga máxima, a semana da competição, o atleta deverá realizar repouso absoluto. No caso em que o atleta ainda esteja distante da competição, após a carga de choque realizada no fim do ciclo de treinamento, deve-se iniciar uma nova ciclagem.

No Quadro 25.6, é realizada a divisão do programa de treinamento de atletas de *powerlifting*. Em geral, os exercícios competitivos são realizados separadamente durante a semana e, em um dia da semana, são realizados os três exercícios na mesma sessão. Sugere-se fazer isso no sábado, treinando-se os três exercícios juntos, a exemplo do que ocorre na competição. Nos dias em que não são realizados os exercícios do *powerlifting*, a sugestão é realizar exercícios auxiliares, caracterizados por movimentos articulares associados aos exercícios competitivos e específicos para a modalidade. Por exemplo, no agachamento, os exercícios auxiliares mais comuns são agachamentos parciais (meio agachamento), *squat* com corrente, agachamento com pausa de 2 segundos no ponto mais baixo, agachamento em caixotes etc. No exercício supino reto, os exercícios auxiliares mais comuns são supino reto em *board* (em que é colocada uma tábua com três níveis de altura sobre o peito do atleta), supino reto com alterações da amplitude da pegada na barra (aberta, fechada). No *deadlift*, os exercícios mais comuns são: levantamento terra parcial (alterando a altura de saída da barra, por exemplo, acima do joelho); com uso de resistência elástica; levantamento terra em suspensão; levantamento terra com alterações da amplitude da pegada na barra (aberta e fechada) (Galpin *et al.*, 2015).

Quadro 25.6 – Exemplo de montagem de treinamento de *powerlifting*

Segunda	Terça	Quarta	Quinta	Sexta	Sábado	Domingo
Agachamento	Exercícios auxiliares	Supino reto	Exercícios auxiliares	Levantamento terra	Agachamento Supino reto Levantamento terra	*Off*

Na Tabela 25.21, no canto superior direito, o atleta deverá colocar os valores de 1 RM com acréscimo entre 10% e 25%. Esse valor será a base da periodização do atleta e o valor que deverá ser alcançado no final do macrociclo. Depois disso, o atleta simplesmente deverá seguir a ordem da montagem do programa de treinamento do Quadro 25.6 e a carga de trabalho do treinamento (volume e intensidade) na Tabela 25.21. Se houver necessidade, poderá realizar algum ajuste de intensidade ou volume, ou, até mesmo, alterar a ordem e os exercícios. É valido ressaltar que o Quadro 25.6 e a Tabela 25.21 são apenas sugestões de montagens e de carga de trabalho utilizadas por atletas dessa modalidade. Dessa forma, deve-se levar em consideração os princípios de treinamento, como o da individualidade biológica, o da adaptação, o da sobrecarga, o da progressão e o da continuidade.

Tabela 25.21 – Exemplo de distribuição de volume e de intensidade durante o ciclo de treinamento de *powerlifting*

				AG	SR	LT
	Valor de 1 RM (100% de RM)			–	–	–
	Duração			**%RM**	**Séries**	**Repetições**
	1S	Mesociclo 1	Mês 1	60	6	6
	2S			62,5	6	6
	3S			65	6	6
Macrociclo	4S			67,5	6	6
	5S	Mesociclo 2	Mês 2	70	6	5
	6S			72,5	5	5
	7S			75	5	5
	8S			77,5	5	4
	9S	Mesociclo 3	Mês 3	80	5	4
	10S			82,5	5	4
	11S			85	5	3
	12S			87,5	5	2
	13S	Mesociclo 4	Choque/teste	–	–	–
	14S		Transição/recuperação	70	5	5
	15S		Competição	–	–	–

S: semana; **%RM**: percentual de 1 repetição máxima; **AG**: agachamento; **SR**: supino reto; **LT**: levantamento terra.

Controle de carga de treinamento

O controle de carga desempenha um papel importante durante o treinamento do atleta de levantamento de peso. Por meio do controle de carga, é possível manipular importantes variáveis, estipulando as sobrecargas que serão usadas no próximo ciclo competitivo. Existem diversas variáveis no treinamento de força (TF), e as mais utilizadas são intensidade e volume. A intensidade representa os aspectos qualitativos do TF, alterando os valores de sobrecarga colocada no aparelho ou na barra (kg ou %1 RM), a velocidade e a amplitude do movimento, o intervalo de recuperação e a frequência de treinamento. O volume espelha os aspectos quantitativos, em geral, no TF, alteram-se o número de RM, a duração do trabalho (horas ou minutos de treinamento) ou o número de séries. Todos esses elementos tornam o TF muito complexo e, ao mesmo tempo, atraente para a prescrição, pois possibilita diversas formas de controle de carga e de modulação de micro e mesociclos de treinamento.

Contudo, é importante lembrar que o volume e a intensidade são interdependentes, como uma balança que deve sempre estar equilibrada ou quando favorecer um lado, o outro deverá ceder (Figura 25.37). Dessa maneira, quando ocorre aumento, nesse caso, de intensidade, o volume deverá ser reduzido, e vice-versa. Para aumentar o volume, pode-se alterar o número de repetições, a quantidade de séries, considerando o nível do atleta e a relação volume-intensidade. O atleta iniciante deve fazer os treinos com séries bem limitadas; o intermediário pode chegar a realizar de 3-6 séries por exercício; e atletas avançados podem utilizar até 20 séries por exercício.

Figura 25.37 – Balança de controle de carga volume *versus* intensidade

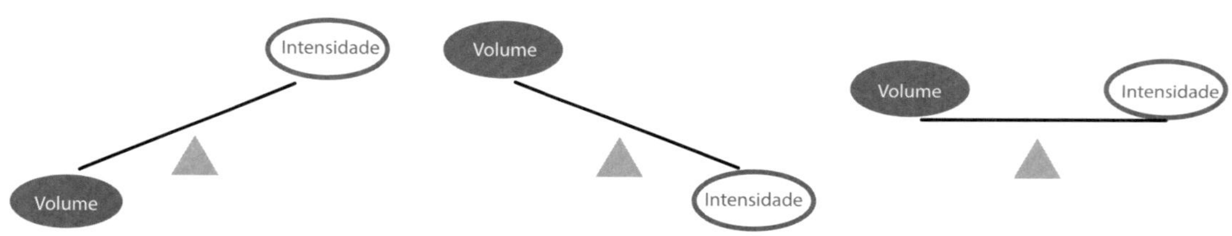

Em geral, os atletas de *powerlifting* utilizam o teste de carga máxima para estipular o 100%, ou a última carga atingida em competição. No entanto, para atletas iniciantes ou com pouca experiência também pode ser utilizada a fórmula de Boyd Epley (1985 *apud* Reynolds, Gordon e Robergs, 2006). A fórmula consiste em estimar o valor de 100% de 1 RM. Em seu estudo, Reynolds, Gordon e Robergs (2006) concluíram que a força muscular dinâmica (teste de 1 RM) pode ser precisamente estimada por meio de testes de repetição múltipla. Os dados revelam que não mais do que 10 repetições devem ser utilizadas nas equações lineares para estimar 1 RM para as ações de supino reto e de *leg press*. Portanto, a fórmula Epley é bastante simples e apresenta bom grau de precisão quando não se ultrapassam 10 repetições.

- Fórmula Epley (1985 *apud* Reynolds, Gordon e Robergs, 2006):

1 RM estimada = (peso levantado em kg × 0,033 × número de repetições máximas) + peso levantado em kg

Segue um exemplo em que o peso levantado foi de 100 kg e foram 8 repetições máximas:

1 RM estimada = (100 kg × 0,033 × 8) + 100

1 RM estimada = 26,4 + 100

1 RM estimada = 126,400 kg

Há diversas maneiras de calcular a carga máxima pela repetição. Alguns sites disponibilizam fórmulas prontas para serem utilizadas.

Por meio do teste de 1 RM, o atleta de *powerlifting* deverá estimar uma nova carga a ser alcançada, e essa carga será a base do cálculo de formação de percentual para elaboração do plano de treinamento de ciclagem. O valor da carga máxima da última competição poderá ser utilizado como valor de 1 RM, contudo, o atleta deve estimar um valor maior. Por exemplo, no exercício supino reto, se o atleta levantou 100 kg no último teste 100 kg, deverá aumentar cerca de 10% a 15% (10 kg). Esse valor será o novo objetivo a ser alcançado, o valor 100% (1 RM), que será utilizado no novo ciclo de treinamento, que deve ser de 110 kg no supino reto; o valor de 1 RM será utilizado para estipular os percentuais de carga durante o período de treinamento. Isso também deve ser feito para os outros exercícios: no agachamento, a estimativa de aumento é de 20%-25% e, no *deadlift*, por volta de 30%.

25.2.8 Evidências científicas da modalidade *powerlifting*

O *powerlifting* é um esporte que desenvolve a manifestação da força máxima. No entanto, a modalidade vem chamando a atenção por atender algumas normas e recomendações de treino de destaque no meio científico (Krieger, 2010; Uchida *et al.*, 2013). Ao se observar a divisão dos exercícios dessa modalidade, nota-se que os três principais (agachamento, supino reto e levantamento terra), necessariamente nessa ordem, conforme ocorre na competição e nos treinamentos, atendem aos princípios básicos da divisão de treinamento recomendada e reforçada por Garber *et al.* (2011).

Garber *et al.* (2011) recomendam que, na montagem de um programa de treinamento, privilegie-se que a ordem de execução seja a seguinte: primeiro, os exercícios de grandes grupamentos musculares e, depois, os menores. A ordem de execução dos exercícios exigidos em competição e treinamento é: primeiro, o agachamento livre com a barra, seguido por supino reto e levantamento terra. Na etapa seguinte, a recomendação é de que os exercícios envolvam maior quantidade de articulações simultaneamente em um único tipo de movimento (multiarticular) sejam trabalhados antes, e, depois, os que envolvem menores quantidades de articulações (monoarticulares).

O *powerlifting* atende bem a essa recomendação, iniciando o seu programa com o exercício agachamento, que envolve a articulação dos quadris, dos joelhos e dos tornozelos (ou seja, multiarticular), seguido do supino reto, que também envolve mais de uma articulação, no caso as articulações dos ombros (realizando a adução horizontal de ombro) e as articulações dos cotovelos (na extensão do tríceps), e o último exercício, o levantamento terra, envolve articulações da coluna, dos quadris, dos joelhos, dos tornozelos e dos ombros. Por fim, as recomendações recaem no critério que a ordem dos exercícios devem ter uma boa alternância no que diz respeito a membro superior, membro inferior e exercício para coluna, envolvendo os paravertebrais e eretores da coluna. Novamente, é fácil notar isso na modalidade *powerlifting*, com o exercício agachamento livre priorizando membros inferiores, o exercício supino reto para membros superiores, e, por último, o exercício levantamento terra, que engloba dorsais, paravertebrais e coluna.

Com esses três exercícios escolhidos por atenderem à sua característica de esporte competitivo, e que são reproduzidos no TF, o *powerlifting* atende plenamente às recomendações supracitadas, tanto nos aspectos competitivos quanto em treinamento. Outro fato que demonstra a importância do TF com alta intensidade, em especial, a modalidade *powerlifting*, são estudos científicos evidenciando sua eficácia.

Para compreender melhor a modalidade e suas prerrogativas científicas, foi realizada uma revisão de literatura organizada, com objetivo de identificar os aspectos do TF e as adaptações fisiológicas, morfofuncionais, neuromusculares, hemodinâmicas de atletas de *powerlifting*. Foi feita vasta busca em diversas bases de dados (Biblioteca Virtual da Saúde, Ebsco, Pubmed, Medline, Scopus, Scielo e Portal Periódicos da Capes Brasil), utilizando as palavras-chave: *powerlifting*; *strength training*; *weight training*; *powerlifting and training*; *powerlifting and anthropometry*; *powerlifting exercise*. Após a aplicação dos critérios de inclusão e exclusão, foram selecionados alguns estudos que atenderam aos parâmetros preestabelecidos. No Quadro 25.7, apresentam-se os principais temas, autores, periódicos e ano de publicação, além de um breve resumo de cada estudo.

Quadro 25.7 – Resumo dos artigos das principais evidências científicas sobre a modalidade *powerlifting*: revisão de literatura

	Temática/título	**Autores/ano**	**Periódico**	**Resultados**
Material de suporte	Effects of the Bench Shirt on Sagittal Bar Path	Silver, Fortenbaugh e Williams (2009)	*J. Strength Cond. Res.*	Material de suporte como incremento de sobrecarga no exercício supino reto.
	Kinematic and Kinetic Analysis of the Squat With and Without Knee Wraps	Eitner, LeFavi e Riemann (2011)	*J. Strength Cond. Res.*	Não houve diferença significativa no agachamento entre o grupo que utilizou a banda elástica em comparação com o grupo que não a utilizou. No entanto, foi encontrada diferença significativa para fase concêntrica e excêntrica na flexão de (quadril > joelho > tornozelo).
	Influence of Compressive Gear on Powerlifting Performance: Role of Blood Flow Restriction Training	Godawa, Credeur e Welsch (2012)	*J. Strength Cond. Res.*	Houve aumento significante de força no agachamento em razão do aumento da pressão interna exercida pelo uso de material de compressão.
Nutrição	Avaliação da dieta nutricional de atletas de força: estudo de caso sobre equipe de *powerlifting*	Gonçalves, Chelotti e Rodrigues (2007)	*RBNE*	Consumo insuficiente para exigência da modalidade de força *powerlifting* de todos os micronutrientes na maioria dos atletas analisados.

Quadro 25.7 – Resumo dos artigos das principais evidências científicas sobre a modalidade *powerlifting*: revisão de literatura (continuação)

	Temática/título	Autores/ano	Periódico	Resultados
Religião	Can We Consider Religiousness as a Protective Factor Against Doping Behavior in Sport?	Rodek, Sekulic e Pasalic (2009)	*J. Relig. Health*	A religião não demonstrou ser o principal fator impeditivo para o uso de recursos ergogênicos.
Biomecânica	A Three-Dimensional Biomechanical Analysis of Sumo and Conventional Style Deadlifts	Escamilla *et al.* (2000)	*Med. Sci. Sports Exerc.*	Houve diferença significante entre as técnicas analisadas. O estilo sumô apresentou um percurso menor e uma velocidade maior de deslocamento da barra.
	Biomechanical Substantiation of Handicap in Powerlifting for Athletes With a Disability	Briskin *et al.* (2008)	*Fizjoterapia/ Physiotherapy*	Método do *handicap* foi criado para estimativa das possibilidades motoras de atletas deficientes, com base em testes musculares. Notou-se forte correlação entre o resultado do competidor oficial e o resultado do teste muscular.
	A Biomechanical Analysis of the Squat Between Competitive Collegiate, Competitive High School, and Novice Powerlifters	Miletello, Beam e Cooper (2009)	*J. Strength Cond. Res.*	Atletas novatos completaram a fase ascendente do movimento de agachamento em 3,28 ± 0,53 segundos, com graus de profundidade de 66,17 ± 7,44, significantemente mais rápido e em menor profundidade do que os atletas mais experientes (4,38 ± 0,88 segundos, 68,35 ± 11,95 graus de profundidade).
	Kinematic Analysis of the Powerlifting Style Squat and the Conventional Deadlift During Competition: Is There a Cross-Over Effect Between Lifts?	Hales, Johnson e Johnson (2009)	*J. Strength Cond Res.*	A fase concêntrica do agachamento representou um movimento simultâneo ou sinérgico, ao passo que o levantamento terra demonstrou um movimento segmentado, o que indica que os movimentos individuais são muito diferentes.
	A Biomechanical Analysis of Straight and Hexagonal Barbell Deadlifts Using Submaximal Loads	Swinton *et al.* (2011)	*J. Strength Cond. Res.*	Demonstraram aumento da eficiência em levantar maior carga utilizando a barra hexagonal.
	A Biomechanical Comparison of the Traditional Squat, Powerlifting Squat, and the Box	Swinton *et al.* (2012)	*J. Strength Cond. Res.*	O agachamento no método *powerlifting* apresentou maior eficiência quando comparado ao agachamento tradicional

Quadro 25.7 – Resumo dos artigos das principais evidências científicas sobre a modalidade *powerlifting*: revisão de literatura (continuação)

	Temática/título	Autores/ano	Periódico	Resultados
Antropometria	Effects of High-Intensity Resistance Training on Bone Mineral Density in Young Male Powerlifters	Tsuzuku, Ikegami e Yabe (1998)	*Calcif. Tissue Int.*	Os resultados sugerem que a alta intensidade foi efetiva na densidade mineral óssea.
	Allometric Modeling of the Bench Press and Squat: Who Is the Strongest Regardless of Body Mass?	Dooman e Vanderburgh (2000)	*J. Strength Cond. Res.*	O método polinômio de segunda ordem proporciona melhor ajuste, em comparação com o método alométrico, nos exercícios supino e agachamento.
	The Upper Range of Lumbar Spine Bone Mineral Density? An Examination of the Current World Record Holder in the Squat Lift	Dickerman, Pertusi e Smith (2000)	*Int. J. Sports Med.*	Ocorreu aumento da densidade óssea ao final do programa de treinamento de força em alta intensidade.
	Considering Body Mass Differences, Who Are the World's Strongest Women?	Vanderburgh e Dooman (2000)	*Med. Sci. Sports Exerc.*	O método polinômio de segunda ordem proporcionou melhor ajuste do método alométrico para a população de elite estudada.
	Quantitative Heel Ultrasound Variables in Powerlifters and Controls	Jawed, Horton e Masud (2001)	*Br. J. Sports Med.*	Melhoras significantes das variáveis de ultrassonografia quantitativa do calcanhar (QUS), das variáveis de atenuação da ultrassonografia de banda larga (BUA) e da velocidade do som (VOS), em comparação ao grupo de controle.
	The Role of FFM Accumulation and Skeletal Muscle Architecture in Powerlifting Performance	Brechue e Abe (2002)	*Eur. J. Appl. Physiol.*	O acúmulo de tecido adiposo pode influenciar negativamente na *performance* e a disposição muscular (arquitetura) desempenha papel importante na *performance*.
	Digital Photogrammetry Versus ISAK Anthropometry in Determining Body Segment Lengths of Powerlifters	Mellow *et al.* (2003)	*J. Sci. Med. Sport*	A fotogrametria digital ainda não é um método válido em relação à antropometria ISAK, mas exibiu alta confiabilidade em testes.
	Características morfológicas de levantamento de potência de participantes do XXIII campeonato brasileiro de *powerlifting*	Moura *et al.* (2005)	*Rev. Bras. Cineantrop. Desem. Hum.*	Atletas brasileiros apresentaram maior adiposidade em comparação a atletas internacionais nos valores de dobras cutâneas e de massa corporal associados à faixa etária.
	Adjust Powerlifting Performances for Differences in Body Mass	Cleather (2006)	*J. Strength Cond. Res.*	Verificou-se relação positiva no método alométrico linear de regressão e a utilização da fórmula Siff para apropriados parâmetros.
	Modeling the Influence of Body Size on Weightlifting and Powerlifting Performance	Marković e Sekulić (2006)	*Coll. Antrop.*	Os expoentes de massa corporal obtidos não fornecem tamanho independente nos índices de levantamento de peso em relação à *performance*, já que o método alométrico exibe tendência favorável para levantadores da categoria de peso média na maioria dos dados de modalidade analisados.

Quadro 25.7 – Resumo dos artigos das principais evidências científicas sobre a modalidade *powerlifting*: revisão de literatura (continuação)

	Temática/título	Autores/ ano	Periódico	Resultados
Antropometria	Anthropometric Dimensions of Male Powerlifters of Varying Body Mass	Keogh *et al* (2007)	*J. Sports Sci.*	Atletas das categorias com maior massa corporal, houve aumento significante nas variáveis de massa muscular, de tamanho dos segmentos corporais e de quantidade de massa magra muscular.
	Male Powerlifting Performance Described from the Viewpoint of Complex Systems	García-Manso *et al.* (2008)	*J. Theor. Biol.*	Concluem que o esporte é dividido em três subgrupos: leve (< 52 kg; < 56 kg; < 60 kg); médio (< 67,5 kg; < 75 kg; < 82,5 kg; < 90 kg) e pesado (< 100 kg; < 110 kg; < 125 kg; > 125 kg). Essa dinâmica deve ser revista ao fim de cada campeonato mundial.
	To What Extent Does Sexual Dimorphism Exist in Competitive Powerlifters?	Keogh *et al.* (2008)	*J. Sports Sci.*	Atletas de *powerlifting* são altamente mesomorfos e têm grandes perímetros e diâmetros ósseos. Os comprimentos de segmentos relativamente semelhantes e diâmetros ósseos também, independentemente do gênero.
	Can Absolute Proportional Anthropometric Characteristics Distinguish Stronger and Weaker Powerlifters	Keogh *et al.* (2009)	*J. Strength Cond. Res.*	A falta de proporcionalidade muscular apresentou relação com o desempenho dos atletas. Portanto, atletas de *powerlifting* podem necessitar de treinamentos para o desenvolvimento de hipertrofia muscular.
	Case Study: Bone Mineral Density of Two Elite Senior Female Powerlifters	Walters, Jezequel e Grove (2012)	*J. Strength Cond. Res.*	Aumento significante no índice de massa óssea, quando comparados indivíduos da mesma faixa etária e do mesmo sexo.
	Interrelationships Between Strength, Anthropometrics, and Strongman Performance in Novice Strongman Athletes	Winwood, Keogh e Harris (2012)	*J. Strength Cond. Res.*	Os resultados do estudo sugerem que a estrutura corporal e os exercícios de força realizados em academias estão intrinsecamente relacionados com o bom desempenho de atletas iniciantes de *strongman*.
	Perfil morfológico de atletas de *powerlifting*	João *et al.* (2014b)	*Rev. Bras. Fisiol. Exercício*	Revisão de literatura dos principais periódicos publicados entre 2004 e 2014 associados ao perfil morfofuncional de atletas de *powerlifting*.

Quadro 25.7 – Resumo dos artigos das principais evidências científicas sobre a modalidade *powerlifting*: revisão de literatura (continuação)

	Temática/título	Autores/ano	Periódico	Resultados
Neuromuscular	Validation of the Wilks Powerlifting Formula	Vanderburgh e Batterham (1999)	*Med. Sci. Sports Exerc.*	Coeficiente entre massa corporal e carga máxima atingida.
	Age-Related Declines in Anaerobic Muscular Performance Weightlifting and Powerlifting	Anton, Spirduso e Tanaka (2004)	*Med. Sci. Sports Exerc.*	Potência anaeróbia diminui progressivamente. Declínio em tarefas que requerem movimentos mais complexos. As taxas relacionadas com a idade de declínio são maiores nas mulheres que nos homens. Membros (superior/inferior) demonstraram taxa semelhante de declínio com a idade.
	Contemporary Training Practices in Elite British Powerlifters: Survey Results From an International Competition	Swinton *et al.* (2009)	*J. Strength Cond. Res.*	A *acomodação de carga* é utilizada para oscilação da periodização, reduzindo os níveis de estresse muscular e as chances de fadiga, bem como os riscos de lesões ao atleta.
	A Mathematical Model of Neuromuscular Adaptation to Resistance Training and its Application In A Computer Simulation of Accommodating Loads	Arandjelović (2010)	*Eur. J. Appl. Physiol.*	O método de acomodação de carga não produz resultados superiores à progressão de carga normalmente utilizada.
	Effect of 16 Weeks of Periodized Resistance Training on Strength Gains of Powerlifting Athletes	João *et al.* (2014a)	*J. Exerc. Physiol. Online*	Aumento significativo de 30Δ% no supino, de 33Δ% para agachamento e de 76,9Δ% para o exercício levantamento terra, em comparação com os valores pré-treinamento. Os resultados indicam que a periodização linear aplicada a atletas é um método eficiente para aumentar a força muscular.
	Powerlifting: Success and Failure at the 2012 Oceania and 2013 Classic World Championships	Pritchard e Morton (2015)	*J. Aust. Strength Cond.*	Demonstraram o *tapering* no *powerlifting*, com redução do volume de, aproximadamente, 58,9% ± 8,4%. A intensidade foi mantida (ou ligeiramente reduzida). A última sessão de treinamento com peso (anilhas e halteres) foi realizada, em média, a 3,7 ± 1,6 dias da pré-competição. O exercício de *deadlift* apresentou tempo maior para plena recuperação quando comparado com os outros exercícios.

Quadro 25.7 – Resumo dos artigos das principais evidências científicas sobre a modalidade *powerlifting*: revisão de literatura (continuação)

	Temática/título	Autores/ ano	Periódico	Resultados
Lesão	Medical History Associated With Adolescent Powerlifting	Brown e Kimball (1983)	*Pediatrics*	Nível de incidência de dor foi maior na região das costas, dos eretores da coluna e do quadrado lombar.
	Kinematics and Kinetics of the Dead Lift in Adolescent Power Lifters	Brown e Abani (1985)	*Med. Sci. Sports Exerc.*	Nível de incidência de dor maior na região das costas, dos eretores da coluna e do quadrado lombar, em razão do torque.
	Injuries and Damage Caused by Excess Stress in Body Building and Power Lifting	Goertzen *et al.* (1989)	*Sportverletz Sportschaden*	As regiões lombar e do joelho foram os locais de maior incidência de lesões em atletas de *powerlifting*.
	Lumbar Spine Loads During the Lifting of Extremely Heavy Weights	Cholewicki, McGill e Norman (1991)	*Med. Sci. Sports Exerc.*	Nos grupos musculares eretores da coluna e lombar foram constatados 24% de lesões.
	Retrospective Injury Epidemiology of one Hundred One Competitive Oceania Powerlifters: the Effects of Age, Body Mass, Competitive Standard, and Gender	Keogh, Hume e Pearson (2006)	*J. Strength Cond. Res.*	Concluíram que a frequência de lesões foi de 1 a 2 por ano. Essas lesões, em geral, ocorreram no ombro, com frequência de 36%, reflexo das largas cargas de estresse no exercício supino reto, que aplica uma rotação na articulação acrômio clavicular e na cápsula articular do ombro.
	Exact Moment of Tendon of Pectoralis Major Muscle Rupture Captured on Video	Pochini *et al.* (2007)	*Br. J. Sports Med.*	A ruptura do músculo peitoral maior pela rotação na articulação acrômio clavicular e na cápsula articular do ombro.
	The Influence of Biological Restitution on the Sport Results Among Handicapped Powerlifting with Cerebral Palsy	Prystupa, Wołyńska-Ślężyńska e Ślężyński (2010)	*Polish J. Sport Med.*	Restituição biológica é um fator complexo importante que facilita o treinamento do esporte de levantadores deficientes com paralisia cerebral.
	Deadlift Muscle Force and Activation Under Stable and Unstable Conditions	Chulvi--Medrano *et al.* (2010)	*J. Strength Cond. Res.*	Lesões de eretores da coluna em razão do torque de compressão nos quadris/na lombar durante o movimento articular de extensão de quadris, utilizado tanto no exercício agachamento quanto no levantamento terra.
	Injuries and Overuse Syndromes in Powerlifting	Siewe *et al.*(2011)	*Int. J. Sports Med.*	A taxa de lesão (acidentes) é baixa quando comparada com a de outros esportes.

Quadro 25.7 – Resumo dos artigos das principais evidências científicas sobre a modalidade *powerlifting*: revisão de literatura (continuação)

	Temática/título	Autores/ano	Periódico	Resultados
Cardiovascular e metabólico	Glucose Tolerance and Lipid--Lipoprotein Levels in Middle-Aged Powerlifters	Hurley *et al.*. (1987)	*J. Clin. Physiol.*	Sugerem que atletas de *powerlifting* de meia-idade, em contraste com atletas de resistência, têm risco aumentado de desenvolvimento de doenças arteriais coronarianas.
	Acute Myocardial Infarction in a 22-Year-Old World Class Weight Lifter Using Anabolic Steroids	McNutt *et al.*(1988)	*Am. J. Cardiol.*	Demonstraram que atletas de *powerlifting* apresentaram hipercolesterolemia e probabilidade maior de infarto agudo do miocárdio.
	Qualitative Description of the Prevalence and Use of Anabolic Androgenic Steroids by United States Powerlifters	Curry e Wagman (1999)	*Percept. Mot. Skill*	Existe discrepância em admitir o uso de recursos ergogênicos.
	Middle Cerebral Artery Blood Flow Velocity in Elite Power Athletes During Maximal Weight-Lifting	Dickerman *et al.* (2000)	*Neurol. Res.*	Atribuíram como uma adaptação fisiológica necessária ao enorme aumento da pressão arterial gerado durante o levantamento do peso, que ultrapassou, mais de uma vez, o peso corpóreo do atleta.
	Powerlifter's Purpura: a Valsalva-Associated Phenomenon	Pierson e Suh (2002)	*Cutis*	Classificado como uma modalidade que usa manobra de Valsava.
	Surpassing the Upper Limits of Physiologic Concentric Left Ventricular Hypertrophy: Atrial Fibrillation in an Elite Power Athlete	Stevens e Dickerman (2001)	*Int. J. Cardiol.*	Atribuíram as mudanças fisiológicas cardíacas à adaptação da pressão arterial exercida pelo enorme esforço durante o exercício agachamento.
	The Effects of Anabolic-Androgenic Steroids Upon Resting and Peak Exercise Left Ventricular Heart Wall Motion Kinetics in Male Strength and Power Athletes	Climstein *et al.* (2003)	*J. Sport Sci. Med.*	Resultados do treinamento de força de alta intensidade com e sem utilização de esteroides anabólico-androgênicos induziram alterações da parede ventricular esquerda.
	Cortisol, DHEA, and Testosterone Concentrations in Saliva in Response to an International Powerlifting Competition.	Le Panse *et al.* (2010)	*Stress*	Não houve diferença significante no hormônio testosterona.

Quadro 25.7 – Resumo dos artigos das principais evidências científicas sobre a modalidade *powerlifting*: revisão de literatura (continuação)

	Temática/título	Autores/ano	Periódico	Resultados
Cardiovascular e metabólico	Changes in Steroid Hormones During an International Powerlifting Competition	Le Panse *et al.* (2012)	*Steroids*	Aumento significante nos hormônios adrenais em ambos os sexos, com aumento no hormônio esteroide das gônadas masculinas. Mais estudos são necessários para analisar as mudanças no estradiol e na progesterona nas mulheres e seu potencial de impacto sobre o desempenho durante a competição.
	Modified Daily Undulating Periodization Model Produces Greater Performance than a Traditional Configuration in Powerlifters	Zourdos *et al.* (2016)	*J. Strength Cond. Res.*	Demonstraram efeito significante na ordem da periodização, iniciando com a manifestação da força hipertrófica, seguida de potência, com força máxima no final (ordem modificada), em comparação com a ordem força hipertrófica, seguida de força máxima e, por último, potência (tradicional).
	Sessões de *powerlifting* promovem hipotensão significativa pós--exercício	João *et al.* (2017)	*Rev. Bras. Med. Esporte*	Demonstraram que uma sessão *powerlifting* não causa sobrecarga cardíaca (aumenta a pressão arterial sistólica) e promove efeito hipotensor pós-esforço (após 60 min). A resposta cardiovascular persistiu após 24 horas.

Nota-se que, na modalidade *powerlifting*, poucas pesquisas foram encontradas, contudo, os estudos trazem informações importantes e parâmetros para o desenvolvimento do esporte, que podem ser utilizados por técnicos e atletas. Nesse sentido, Galpin *et al.* (2015) analisaram os efeitos da resistência elástica no exercício levantamento terra e concluíram que houve aumento significante de velocidade e de potência. Dessa forma, o uso de elástico torna-se uma alternativa para técnicos e atletas utilizarem durante a periodização do treinamento.

Em resumo, o *powerlifting* é uma modalidade que utiliza os três exercícios básicos de qualquer programa de treinamento de força. O principal objetivo do *powerlifting* é o desenvolvimento de força máxima.

Nesta seção, aprofundou-se na modalidade *powerlifting*, traçou-se sua trajetória até os dias atuais e compreendeu-se as regras competitivas. Abordou-se, também, os aspectos técnicos e as estratégias competitivas da modalidade, bem como suas exigências e ajustes fisiológicos. Ademais, discutiu-se as formas de periodização, de controle e de progressão de carga e exemplificou-se, de forma detalhada, a montagem do programa e planilhas de treinamento, desde o praticante iniciante até o avançado.

25.3 *Bodybuilding*

Nesta seção, objetiva-se entender o surgimento do *bodybuilding* e o seu crescimento como esporte competitivo, além das regras e das formas de julgamento em competições nacionais e internacionais. Ademais, apresentam-se as formas de montagem de programa, os sistemas de treinamento mais utilizados e as estratégias de treino usadas em competições por atletas de *bodybuilding*.

Para alcançar objetivos competitivos, os atletas de *bodybuilding* lançam mão de estratégias nutricionais importantes que auxiliam o aumento de massa muscular e a redução do percentual de gordura. Dessa forma, é preciso compreender a diferença entre as fases *pre-contest* e *off-season* que compõem a modalidade, e como a alimentação deve ser realizada em cada fase.

Tem-se o intuito de discutir a forma de periodização da modalidade, a progressão de carga e o controle das cargas de treinamento. Apresenta-se uma planilha de treino de fácil aplicabilidade, tanto para quem tem o objetivo de utilizar o *bodybuilding* como forma de treinamento físico estético competitivos quanto para aqueles que utilizarão os métodos apresentados para fins estéticos não competitivos.

25.3.1 História do *bodybuilding*

Figura 25.38 – João Bispo de Andrade

O *bodybuilding*, também conhecido como fisiculturismo, surgiu do halterofilismo competitivo. Segundo Oleshko (2008), a partir de 1901, Canadá, Inglaterra, França, Bélgica, Alemanha, entre outros países, iniciaram concursos internacionais do *bodybuilding*. Esse foi o primeiro ano de uma competição de fisiculturismo organizada na Europa, quando um famoso *strongman* alemão, Eugen Sandow, participou do Royal Albert Hall, em Londres. Em dezembro de 1906, foi formada a Health and Strength League por um grupo de entusiastas que queria perseguir todos os aspectos da cultura física (NABBA, 2014). Em 1948, a Health and Strength League organizou o primeiro concurso de Mister Universo para comemorar os Jogos Olímpicos realizados em Londres naquele ano. Em 1950, a NABBA foi formada e o concurso Mister Universo foi vencido, nesse ano, por Steve Reeves, Mr. América, que, mais tarde, atuou em mais de trinta filmes interpretando Hércules. No ano seguinte, quando Reg Park ganhou, um dos concorrentes era um jovem do Canadá, Joe Weider. Nos anos seguintes, nomes famosos, como os americanos John Grimek, Steve Reeves e Bill Pearl, faziam parte de um grupo que incluía, também, Reg Park, da Inglaterra, e Arnold Schwarzenegger, da Áustria. Esses cinco atletas foram os vencedores mais influentes, que, depois, tornaram-se lendas nesse universo (NABBA, 2014).

Atualmente, as competições são organizadas e homologadas por federações como a National Amateur Body-Builders' Association (NABBA), a International Federation of Bodybuilding and Fitness (IFBB), e a World Fitness Federation (WFF), entre outras federações e associações.

A principal diferença entre as federações que organizam eventos competitivos em todo o mundo diz respeito às regras e premiações. Por exemplo, a NABBA não pode realizar premiações em dinheiro, por ser uma federação que promove o esporte amador e não profissional. A IFBB organiza eventos com premiação alta em dinheiro e patrocínios de empresa de suplementos para atletas com contratos milionários, sobretudo nos Estados Unidos, onde as empresas de suplementos geram grandes receitas. Um de seus eventos mais famosos no mundo do *bodybuilding* é o Mister Olympia.

25.3.2 Regras competitivas de *bodybuilding*

Os participantes do esporte de *bodybuilding* são julgados pela aparência em vez do desempenho (Lambert, Frank e Evans, 2004). As federações avaliam aspectos similares na competição, como (IFBB-SP, 2017):

- *Simetria*: mesmo padrão de desenvolvimento tanto de volume quanto de definição em todos os segmentos corporais, ou seja, membros superiores com o mesmo padrão dos inferiores.
- *Volume*: grande desenvolvimento de massa muscular.
- *Definição muscular*: apresentar divisões visíveis entre os músculos e os grupos musculares.
- *Performance atlética*: quando a categoria (por exemplo, *Fitness*) exige movimentos atléticos obrigatórios durante a rotina de coreografias no palco.
- *Bronzeamento da pele*: cor da pele que destaque a definição.
- *Coreografia*: 90 segundos, com poses compulsórias.

A principal diferença entre as principais federações (NABBA e IFBB) está na divisão de categorias. A NABBA realiza sua divisão por estatura (Tabela 25.22):

Tabela 25.22 – Divisão de categorias pela NABBA realizada, sobretudo, pela estatura dos atletas

Femininas e masculinas	**Especial**	Única
Femininas e masculinas	**Júnior**	Apenas idade
Femininas e masculinas	***Master***	Apenas idade
Femininas	***Miss fitness***	Categoria única feminina
	***Bodybuilding* feminino**	Única, atletas de musculação feminina
	Toned I	Acima de 1,63 m
	Toned II	Até 1,63 m
	Figure I	Acima de 1,63 m
	Figure II	Até 1,63 m
Masculinas (metro)	***Mister fitness***	Categoria única masculina
	Class I	Acima 1,79 m
	Class II	Até 1,79 m
	Class III	Até 1,72 m
	Class IV	Até 1,65 m
Femininas e masculinas	***Overall***	Única (todos os vencedores das outras categorias competem entre si)

Fonte: adaptada de NABBA (2017).

Na IFBB, o principal critério de divisão de categorias é pela massa corporal, porém, em algumas categorias, pode-se utilizar a estatura ou a associação de ambas (massa corporal e estatura) (Tabela 25.23).

Tabela 25.23 – Divisão das categorias pela IFBB realizada, sobretudo, pela massa corporal dos atletas

Especial	Única
***Bodyfitness* juvenil**	*De 16 a 21 anos, completos no ano da competição* Até 1,63 m Acima de 1,63 m
***Bodyfitness* sênior**	Até 1,58 m Até 1,63 m Até 1,68 m Acima de 1,68 m *Overall*
Bodyfitness master	*Acima de 35 anos, completos no ano da competição* Única
***Bikini fitness* (apenas feminina)**	*Acima de 16 anos* Até 1,63 m Acima de 1,63 m
Wellness	*Acima de 16 anos* Até 1,58 m Até 1,63 m Até 1,67 m Acima de 1,67 m *Master* Acima de 30 anos

Tabela 25.23 – Divisão das categorias pela IFBB realizada, sobretudo, pela massa corporal dos atletas (continuação)

Miss fitness	Apenas idade
Body fitness	Apenas idade
***Bodybuilding* juvenil masculino**	*Até 23 anos, completos no ano da competição* Até 75 kg Acima de 75 kg
Masculino	–65 kg –70 kg –75 kg –80 kg –87,5 kg –95 kg Acima de 95 kg
***Bodybuilding* juvenil feminino**	De 16 a 21 anos, completos no ano da competição
***Bodybuilding* sênior masculino**	–60 kg –65 kg –70 kg –75 kg –80 kg –85 kg –90 kg –100 kg +100 kg
***Bodybuilding* sênior feminino**	–55 kg + 55 kg
Juvenil masculino	Até 80 kg Acima de 80 kg
***Bodybuilding* master masculino**	*De 40 a 49 anos, completos no ano da competição* Até 70 kg Até 80 kg Até 90 kg Acima 90 kg
	De 50 a 59 anos, completos no ano da competição Até 80 kg Acima 80 kg
	Acima de 60 anos, completos no ano da competição
***Bodybuilding* master feminino**	Acima de 35 anos, completos no ano da competição aberto
Miss fitness	Até 1,58 cm
	Até 1,64 cm
	Acima 1,64 cm
Bodyfitness	Até 1,64 cm
	Acima de 1,64 cm

Tabela 25.23 – Divisão das categorias pela IFBB realizada, sobretudo, pela massa corporal dos atletas (continuação)

Culturismo clássico	Até e inclusive 1,68 m Peso máximo = Altura (cm) – 100 + 0 kg Até e inclusive 1,71 m Peso máximo = Altura (cm) – 100 + 2 kg Até e inclusive 1,75 m Peso máximo = Altura (cm) – 100 + 4 kg Até e inclusive 1,80 m Peso máximo = Altura (cm) – 100 + 6 kg Acima de 1,80 m Peso máximo = Altura (cm) – 100 + 8 kg Acima de 1,90 m Peso máximo = Altura (cm) – 100 + 9 kg Acima de 1,98 m Peso máximo = Altura (cm) – 100 + 10 kg
Body shape	Até 1,75 m Acima de 1,75 m
Men's physique	Até 1,75 m Acima de 1,75 m
Women's physique	Até 1,63 m Acima de 1,63 m

Fonte: adaptada de IFBB-Brasil (2015) e de IFBB-Rio (2016).

Formas e critérios de julgamento do *bodybuilding*

Os critérios de julgamento das competições estão de acordo com as categorias e com a instituição a que o atleta está filiado (NABBA ou IFBB). Ambas as instituições, a NABBA e a IFBB, realizam congressos técnicos com o objetivo de padronizar as competições em aspectos organizacionais e estabelecer critérios de julgamento padronizados. No entanto, as instituições seguem parâmetros parecidos de organização de eventos competitivos. Em geral, os eventos são realizados em teatros ou espaços que ofereçam as seguintes estruturas: palco, área de aquecimento, som, iluminação.

A área de aquecimento é o local em que todos os atletas devem permanecer e preparar-se (pintura do corpo, aquecimento etc.). Esse local é importante para o bom andamento da competição, onde o atleta tem condição de escutar a chamada de entrada no palco, algo de inteira responsabilidade do atleta, visto que, depois que a categoria estiver no palco, não será permitida a entrada. Também na área de aquecimento, o atleta realiza a pintura do corpo com o material de pintura apropriado, sendo proibido fazer essa ação em outro local. A pintura é de inteira responsabilidade do atleta; dessa forma, se, por exemplo, um atleta que for visto fazendo pintura fora da área de aquecimento, sujar ou danificar a estrutura do local do evento, ele será desclassificado da competição.

Além da área de aquecimento para a organização da entrada do palco e disputa da competição e de local específico para a pintura dos atletas, é necessário ter *palco*, *som*, *iluminação*, *música de apresentação individual do atleta* e *mesa técnica*. No palco, é proibido que os atletas puxem as sungas durante as apresentações de poses obrigatórias, compulsórias e coreografia, realizem poses e atos obscenos e bebam água. Não é permitida a permanência do atleta no palco em caso de mal-estar. Ele deve ser retirado pela organização da competição.

A música de apresentação individual do atleta para coreografia deve ser entregue à mesa de som, obedecendo aos procedimentos de entrega, antes de sua apresentação. Na ausência desse material, o atleta poderá se apresentar com música aleatória escolhida pela mesa técnica de som (DJ) do evento.

Em relação ao julgamento, a IFBB e a NABBA seguem um roteiro parecido. Basicamente, a competição é dividida por *etapas* (Quadro 25.8).

Quadro 25.8 – Etapas competitivas

Etapa I	Quarto de volta	*Round* da simetria
Etapa II	Rotina coreográfica	*Round* de poses livres
Etapa III	Poses compulsórias	*Round* de confronto com poses
Etapa IV	*Show*	*Posedown*

A etapa I, chamada de prévias ou, também, de *pre-judging*, consiste na competição propriamente dita. Portanto, o atleta se apresenta para os árbitros, que, por sua vez, solicitam o chamado um quarto de volta, para análise de simetria entre membros superiores e inferiores.

Figura 25.39 – Primeira etapa da competição um quarto de volta, *round* de simetria

A etapa II consiste numa pequena demonstração da sua rotina de coreografia de, aproximadamente, 30 segundos. Na etapa III, são solicitadas as poses compulsórias obrigatórias aos atletas em confronto (Quadro 25.9), ou seja, os árbitros selecionam de quatro a seis atletas que estão em melhores condições gerais e realizam o julgamento nesse grupo, solicitando diversas poses. Para finalizar, na etapa IV, acontece o show para o público presente e um pequeno confronto de poses entre os atletas, chamado de *posedown*.

Quadro 25.9 – Poses obrigatórias e oficiais realizadas durante as competições

	Nº	Pose
Poses compulsórias obrigatórias	**1**	De frente, duplo bíceps
	2	De frente, expansão de dorsal e de coxas
	3	De lado, peitoral
	4	De costas, duplo bíceps
	5	De costas, expansão de dorsal
	6	De lado, tríceps
	7	De frente, abdominais e coxas
	8	"O mais musculoso" – trapézio
Poses compulsórias não obrigatórias (Variação)	**9**	Duplo gêmeo contraído
	10	Contração de coxa – direita e esquerda
	11	Mãos nos quadris – mais musculoso
	12	Contração de coxa – direita e esquerda
	13	Mãos nas costas – mais musculoso
	14	Serrátil e oblíquos – ambos os lados
	15	Contração de posteriores de coxa – costas e lado
	16	Mãos acima da cabeça "Pose da vitória" – de frente e de costas

Fonte: adaptado de IFBB-SP (2017).

As poses compulsórias são exercícios isométricos realizados pelo atleta, com o objetivo de mostrar o desenvolvimento de determinado grupo muscular e suas divisões entre grupos musculares (definição muscular). Assim como qualquer outra modalidade, o atleta de *bodybuilding* deverá praticar os exercícios competitivos, ou seja, as poses obrigatórias (compulsórias). Para executar cada pose compulsória, recomenda-se que o atleta inicie a prática das poses com três meses de antecedência do evento competitivo. Esse período coincide com o início do mesociclo de definição muscular; nessa fase, é comum o atleta iniciar uma dieta com restrição calórica. Além disso, são adicionados exercícios aeróbios à sua rotina de treinamento. Portanto, as poses compulsórias englobam essa fase como importante ferramenta que auxilia esse momento da periodização do treinamento, atribuindo rotinas de exercícios isométricos.

O atleta deve adicionar tais poses como parte da sua rotina de treinamento. Durante os intervalos de recuperação entre os exercícios, o atleta realiza a pose compulsória do mesmo grupo muscular; por exemplo: se o atleta estiver realizando o exercício supino reto, que envolve o peitoral e o tríceps no movimento articular, a pose compulsória deve ser "de lado, peitoral" e/ou "de lado, tríceps".

Para realizar as poses compulsórias, os atletas posicionam-se diante do espelho, ou de um parceiro, e iniciam a contração, sustentação da pose por 3 a 5 segundos, repetitivamente, até que finalize seu intervalo de recuperação, para então reiniciar a série do exercício que estava sendo executado. Deverá dedicar 30 minutos, três vezes por semana, aumentando de maneira gradativa, podendo chegar a 2 horas por dia de poses obrigatórias, que devem ser executadas, inicialmente, durante o intervalo de recuperação entre as séries dos exercícios, e, depois, também deve ser agregada uma rotina composta apenas de poses compulsórias, que deve ser realizada de modo isolado após o término do treinamento regulamentar (Oleshko, 2008).

A seguir, serão descritas as poses compulsórias.

- *De frente, duplo bíceps*

O atleta deve realizar a abdução de ombros e a flexão de cotovelos, colocando os braços alinhados à articulação dos ombros. As mulheres complementam a pose com a contração dos músculos do abdome, das coxas e da pernas.

Figura 25.40 – De frente, duplo bíceps

- *De frente, expansão de dorsal e de coxas*

O atleta posiciona-se de frente para os árbitros, com mãos fechadas e apoiadas na cintura, as pernas afastadas na largura da pelve e a isometria na articulação do ombro para a frente, contraindo simultaneamente músculos do peitoral, o abdome e a coxa.

Figura 25.41 – De frente, expansão de dorsal e de coxas

- *De lado, peito e bíceps*

De lado para os árbitros, flexão de cotovelos, até que um dos braços fique no ângulo de 90°, com o punho fechado e voltado para cima; a mão do outro braço deve ser colocada sobre a articulação radiocarpal da outra mão. A perna mais próxima dos árbitros, a do mesmo lado do braço, é mantida flexionada no joelho, e o atleta deve apoiar-se na ponta do pé. A outra perna deve ficar semiflexionada.

Figura 25.42 – De lado, peito e bíceps

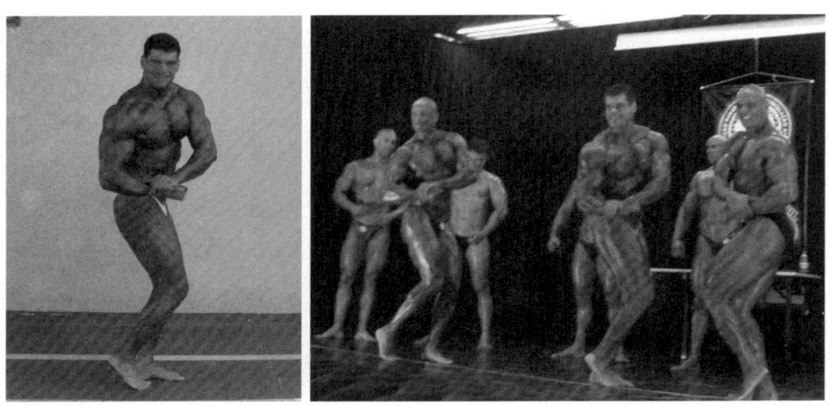

- *De costas, duplo bíceps*

O atleta deve realizar abdução de ombro e flexão de cotovelos, colocando os braços alinhados com a articulação dos ombros. Os cotovelos flexionados devem ficar voltados para os lados. Além disso, é preciso fazer a contração dos músculos da região superior, média e inferior das costas, da região da cintura escapular, dos braços e feixes posteriores das coxas e das pernas. Uma das pernas deve ficar um pouco para trás, apoiada na ponta do pé.

Figura 25.43 – De costas, duplo bíceps

- *De costas, expansão de dorsal*

O atleta permanece na quarta pose e coloca as mãos na cintura. Já a atleta realiza a mesma posição, mas com as mãos para cima. Uma das pernas pode ficar um pouco atrás, apoiada na ponta do pé, e os cotovelos voltados para os lados.

Figura 25.44 – De costas, expansão de dorsal

- *De lado, tríceps*

O atleta posiciona-se de lado para os árbitros, com as mãos nas costas, o braço mais perto da mesa de arbitragem deve ser estendido, e a mão do outro braço deve segurar a articulação radiocarpal do braço estendido. Com a força dos músculos do braço, deve-se contrair o tríceps, mantendo contraído também peito, abdome, coxas e pernas. A perna mais próxima dos árbitros é mantida na ponta do pé e semiflexionada na articulação do joelho.

Figura 25.45 – De lado, tríceps

- *De frente, abdominais e coxas*

De frente para os árbitros, mãos acima da cabeça, uma das pernas um pouco à frente, leve inclinação do tronco à frente para realizar a contração de abdome, forçando a ponta de um dos pés no chão para contrair o músculo do quadríceps.

Figura 25.46 – De frente, abdominais e coxas

- *"O mais musculoso" – Trapézio*

Pose livre: o atleta realiza a pose que possibilitar apresentar seu grande desenvolvimento muscular. Em geral, o atleta posiciona os braços à frente, realizando adução de ombros, contraindo o músculo do peitoral, o trapézio, o bíceps, o abdome, as coxas e as pernas. Ressalta-se que, dependendo da categoria disputada, podem ocorrer algumas variações das poses obrigatórias.

Figura 25.47 – "O mais musculoso" – trapézio

25.3.3 Categorias competitivas

Embora IFBB e NABBA utilizem as poses compulsórias como exercícios competitivos e forma de comparação e de julgamento entre os atletas, cada categoria tem características a serem observadas nas poses julgadas. Por exemplo, no *bodybuilding* masculino e feminino, IFBB e/ou NABBA, o principal objetivo é o desenvolvimento da massa muscular chamado de volume muscular associado à definição muscular, que pode ser definido como a separação dos músculos e dos grupos musculares de forma visível em profundidade (Oleshko, 2008). A densidade muscular é associada à proporção entre tronco e membros inferiores e superiores, e a simetria é definida como desenvolvimento proporcional entre os segmentos do lado direito e do esquerdo (Figura 25.48).

No *Culturismo Clássico* (IFBB), existe uma relação entre a proporcionalidade estatura e massa corporal. A massa muscular deve ter volume compatível com estatura, definição e profundidade. O atleta deverá apresentar boa densidade, proporção, simetria. Nessa categoria, os atletas costumam apresentar um físico longilíneo, em que as estruturas corporais básicas (tronco e coxas) são menores se comparadas às do *bodybuilding* (Figura 25.49).

Figura 25.48 – Atletas de *bodybuilding* (NABBA) realizando pose compulsória de frente.

Fonte: Dino Geromella (Shutterstock).

Figura 25.49 – Atletas do Culturismo Clássico (IFBB) realizando pose de frente

Fonte: Ververidis Vasilis (Shutterstock).

Na IFBB, as sungas devem ser de cor sólida, sem brilho, sem enchimento, já a NABBA permite brilhos nas sungas. Em ambas, o número de competição deverá ser fixado na parte frontal esquerda. Outro fator importante que pode acarretar perda de pontos e/ou desclassificação do atleta em ambas as instituições são as chamadas "anomalias", que são algumas modificações corporais fora do comum, deformidade muscular e assimetria severa. No caso de atletas do sexo masculino, podem ocorrer casos de ginecomastia, ou seja, o crescimento das mamas nos homens, em geral, associados ao desequilíbrio hormonal (Figura 25.50).

Figura 25.50 – Atleta com problema de ginecomastia

Fonte: Oleksandr Zamuruiev (Shutterstock).

No *Body Shape* e no *Men's Physique* (IFBB), os atletas devem apresentar-se com baixo volume e boa definição muscular, com um físico saudável, atlético, e baixo percentual de gordura. A proporcionalidade entre os segmentos tronco-membros (inferiores e superiores) deve seguir a forma que lembra a letra "V". A principal diferença entre essas duas categorias está no volume e na definição muscular como se nota na Figura 25.51. Além disso, no *Men's Physique*, os atletas se apresentam de bermudas, que podem ser de cor livre, devem estar limpas e com o número de competição na parte frontal esquerda. As bermudas devem cobrir toda a circunferência da cintura, sem deixar cueca ou sunga à mostra, e, em todas as posições, os atletas devem permanecer com uma das mãos na cintura.

A categoria *Men's Physique* é mundialmente reconhecida, o que possibilita aos atletas participarem de competições internacionais. Ademais, serve como evolução da categoria *Body Shape*.

Figura 25.51 – Atleta *Body Shape* (IFBB) (a) e *Men's Physique* (IFBB) (b) realizando pose de frente

Fonte: ferlistockphoto (iStockPhoto) e Andrej Bondarchik (Shutterstock).

No *Bodyfitness* (IFBB) e no *Toned* (NABBA), as atletas devem apresentar-se com baixo volume muscular, mas com alta definição muscular. A beleza é priorizada em todos os momentos. As atletas devem ter um físico saudável, normal e atlético, ou seja, com tonicidade muscular e baixo percentual de gordura. Atletas que se apresentem com aspecto de magreza exagerada perdem pontos (Figura 25.52).

Figura 25.52 – Atleta de *Toned Figure* (NABBA)

Fonte: unomat (iStockPhoto).

No *Bikini Fitness* (IFBB), os grupos musculares devem ter uma forma natural, baixo percentual de gordura corporal e baixo volume muscular aparente. O biquíni deve cobrir dois terços dos glúteos, e a cor pode ser livre e com brilho. Os sapatos podem ser de cor e modelo livres, exceto pelos sapatos com amarrações na perna, que são proibidos. A beleza é priorizada em todos os momentos. As atletas devem ser simpáticas no palco (Figura 25.53*a*).

No *Wellness* (IFBB), as atletas devem apresentar moderado desenvolvimento dos grupos musculares, ou seja, o volume muscular deve ser controlado, com baixo percentual de gordura corporal. A beleza é priorizada em todos os momentos. As atletas devem apresentar físico saudável, com impressão clara de prática de musculação, presença de palco e simpatia (Figura 25.53*b*).

Figura 25.53 – Atleta de *Bikini Fitness* (IFBB) (a) e atleta de *Wellness* (IFBB) (b)

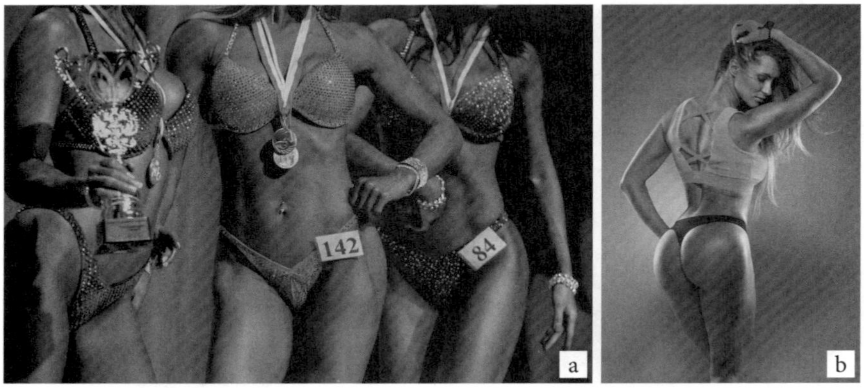

Fonte: sportpoint e I T A L O (Shutterstock).

Nas categorias *Women's Physique* (IFBB) e *Figure* (NABBA), as atletas devem apresentar-se com volume muscular regular e boa definição muscular. Dessa forma, nessas categorias, as atletas devem ter um físico mais desenvolvido.

Figura 25.54 – Atletas de *Figure* (NABBA)

Fonte: Studio Peace (Shutterstock).

25.3.4 Metodologia de treinamento do *bodybuilding*

O atleta de *bodybuilding* divide a periodização de seu programa de treinamento em dois períodos específicos: *a* fase preparatória, conhecida como o período de *off-season*, e a fase competitiva, conhecida como a fase de *pre-contest*, que serão discutidos a seguir. Dentro das fases preparatória e competitiva, Bompa, Di Pasquale e Cornacchia (2004) sugerem que a periodização de um atleta de *bodybuilding* englobe seis fases de treinamento (Quadro 25.10). Cada mesociclo deve trabalhar as variáveis de volume e de intensidade do treinamento. Nesse método de periodização, é comum chamar os mesociclos pelos objetivos a serem alcançados.

Quadro 25.10 – Mesociclos de treinamento para atletas de *bodybuilding*

Fase do treinamento
Adaptação Anatômica (AA)
Hipertrofia Muscular (H)
Treinamento Misto (M)
Treinamento de Força Máxima (FM)
Definição Muscular (DM)
Transição (T)

Fonte: adaptado de Bompa, Di Pasquale e Cornacchia (2004).

Fase preparatória: período de *off-season*

A primeira fase de um programa de treinamento para *bodybuilding* consiste no aumento do volume muscular. O objetivo é aumentar a massa muscular durante o período em que não há eventos competitivos (Lambert, Frank e Evans, 2004; Schoenfeld *et al.*, 2014).

Nesse período, o atleta busca melhor adaptação neuromuscular, usando sistemas de treinamento, como: múltiplas séries, sistema de pirâmide truncada, sistema de repetição forçada, sistema de negativa, sistema de roubada etc.

Todos esses sistemas têm características similares entre si; por exemplo, são sistemas de séries múltiplas, ou seja, o praticante deverá realizar todas as séries no mesmo sistema antes que troque o exercício. A forma mais convencional de séries múltiplas acontece quando o aluno realiza sempre o mesmo número de séries e repetições sem alteração. Nesse caso, por exemplo, a intensidade deve estar entre 75% e 85% de 1 repetição máxima (RM) e o volume de repetição, entre 8 a 12 repetições e 3 a 4 séries para cada exercício, podendo chegar ao limite da recomendação de 9 a 16 séries para um determinado grupo muscular (Fry, 2003; Peterson, Rhea e Alvar, 2005; Garber *et al.*, 2011; Schoenfeld *et al.*, 2014, 2015b; Soares *et al.*, 2016).

O intervalo de recuperação é um fator determinante para estabelecer o nível de recuperação e o aumento de microlesão muscular. Portanto, não deve ultrapassar 2 minutos, e o tempo total de treinamento deve ser de, aproximadamente, 45 a 60 minutos. O motivo para que a sessão de treinamento não ultrapasse 60 minutos é simples: recomenda-se de 8 a 12 exercícios, que são disponibilizados em uma ficha de treinamento (Fry, 2003; Peterson, Rhea e Alvar, 2005; ACSM, 2009; Schoenfeld *et al.*, 2014, 2017; Soares *et al.*, 2016). Além disso, vários estudos (Melanson *et al.*, 2005; Szivak *et al.*, 2013; Shariat *et al.*, 2015) têm demonstrado efeito negativo no treinamento de longa duração no incremento de massa muscular (hipertrofia). Quando o treino físico ultrapassa 60 minutos, pode ocorrer a diminuição da testosterona e o aumento do cortisol sérico, promovendo o catabolismo. Outros fatores que podem influenciar negativamente o tempo de recuperação após treinamento exaustivo são:

- Restauração trifosfato de adenosina-fosfocreatina (ATP-CP), que pode levar de 3 a 5 minutos;
- Restauração glicogênio muscular após exercícios prolongados de 10 a 48 horas;
- Remoção do ácido láctico do músculo e do sangue ou de outros subprodutos metabólicos de 1 a 2 horas;
- Restauração de enzimas e vitaminas até 24 horas;

- Recuperação após TF de alta intensidade, aspectos do sistema nervoso central (SNC).

Portanto, é de grande importância um período de recuperação adequado entre os treinos, a divisão entre os grupamentos musculares e sua forma de distribuição durante a rotina semanal de treino (McArdle, Katch e Katch, 2008; Shariat *et al.*, 2015; Soares *et al.*, 2016).

Entre todos esses fatores, um que tem se destacado é a recuperação do SNC. Em geral, o praticante não dá importância para esse aspecto no desenvolvimento de força máxima, em que todas as unidades motoras mobilizáveis são postas sincronicamente em ação, com frequência de impulso máximo. Muitos praticantes de musculação acabam negligenciando esse fator tão importante, que é a recuperação do SNC. O praticante costuma relatar que, após praticar um grupo muscular, por exemplo, de membros superiores, poderia seguir o treinamento para membros inferiores já que eles ainda não foram solicitados. O fato é que a fadiga pode ser tanto periférica (músculos) ou central (no SNC, que, por sua vez, controla os impulsos neuromusculares). A sugestão seria de 2 a 3 dias de recuperação após treinamento intenso de força, apesar de muitos praticantes não sentirem a necessidade de um intervalo de recuperação após o esforço em determinados grupos musculares. Autores como Borchardt *et al.* (2009), Schoenfeld (2010) e Szivak *et al.* (2013) demonstraram que existe uma redução no disparo neuromuscular, uma redução no recrutamento de unidade motoras miofibrilares, e, em consequência, alterações em capacidades absolutas de treinamento. Suzuki *et al.* (2016) demonstraram que a fadiga central (eletromiografia) foi mais determinante do que a fadiga periférica (lactato) na execução e manutenção da carga durante o esforço.

Portanto, atletas de *bodybuilding*, com frequência, dividem o programa de treinamento em dois, três ou mais programas distintos, considerando o tempo de recuperação adequado entre os estímulos para o mesmo grupo muscular, que pode ser de 24, 48, 72, 96 ou de 168 horas. Além disso, é recomendado que atletas avançados realizem de 5 a 6 sessões de treino por semana, intermediários, de 4 a 5 treinos por semana, e iniciante, de 2 a 3 sessões semanais (Fry, 2003; Peterson, Rhea e Alvar, 2005; ACSM, 2009; Schoenfeld *et al.*, 2014, 2017).

No período de desenvolvimento muscular, em geral, o atleta realiza exercícios multiarticulares com maior ênfase nos grandes grupos musculares, respeitando três leis básicas do treinamento de força (TF) (Bompa, Di Pasquale e Cornacchia, 2004; ACSM, 2009; Uchida *et al.*, 2013):

- Antes de desenvolver a força muscular, recomenda-se desenvolver a flexibilidade articular;
- Antes de desenvolver a força muscular, recomenda-se fortalecer os tendões e os ligamentos;
- Antes de desenvolver os membros, recomenda-se desenvolver o tronco.

Em relação à primeira lei, antes de desenvolver a força muscular, recomenda-se desenvolver a flexibilidade articular. Não se pode dizer que existe movimento inadequado ou exercícios que não possam ser realizados, o que pode ser dito é que existem pessoas despreparadas para determinados movimentos. Por exemplo, o exercício de adução de ombro, popularmente conhecido como *pulley costas*, quando realizado por trás da nuca, exige uma flexibilidade da articulação glenoumeral, do tubérculo maior, o que pode causar pressão no acrômio quando houver falta de flexibilidade nessa articulação.

Na segunda lei, antes de desenvolver a força muscular, recomenda-se fortalecer os tendões e os ligamentos. Em geral, é realizado um maior número de repetições para atletas iniciantes, ou após um longo período sem treinamento (entre 2 e 4 semanas). O maior número de repetições auxilia o praticante iniciante/o atleta a aprender o gesto motor do movimento. Outro aspecto positivo do número elevado de repetições está associado ao tecido conjuntivo do músculo (tendão), que é formado pelos tecidos conjuntivos que organizam o músculo, chamados de endomísio, epimísio e perimísio. O tecido conjuntivo muscular tem um tempo de adaptação aos estímulos diferentes. Dessa forma, realizar treinamento com intensidade baixa e volume alto pode auxiliar o seu processo adaptativo.

Na última lei, antes de desenvolver os membros, recomenda-se desenvolver o tronco. O primeiro foco deve ser no fortalecimento da área central do corpo que trará *suporte e estabilidade* para outros exercícios, por exemplo, os grupos musculares eretores da coluna (longuíssimos, paravertebrais, lombares, multífidos) e os músculos do abdome (reto, transverso e oblíquos). No exercício agachamento com barra apoiada na região das costas, temos os movimentos articulares de extensão de quadris, de joelhos e de tornozelos. Dessa forma, os eretores da coluna no movimento articular de extensão de quadris são recrutados similarmente ao recrutamento do vasto medial (Schwanbeck, Chilibeck e Binsted, 2009).

Durante o período *off-season*, é vantajoso para o atleta de *bodybuilding* estar em balanço energético positivo, para que uma energia extra esteja disponível para o anabolismo muscular. Além disso, a proteína adequada deve estar disponível para fornecer aminoácidos para a síntese proteica.

Os atletas de *bodybuilding* são famosos por carregarem bolsas com "marmitas" que contêm todas as refeições necessárias durante todo o dia. O *bodybuilding* é um dos esportes mais sacrificantes, pois não basta o atleta ir para a academia e realizar 1 hora de treino, ele treina praticamente 24 horas por dia: assim que acaba sua sessão, tudo o que for feito durante as próximas 23 horas — por exemplo, durante o dia, repouso, horas de sono, alimentação (não só quantidade, mas, também, a qualidade e o tipo do alimento) — serão levados em conta para o resultado nos palcos. Esses motivos levam os praticantes a dizer que, no *bodybuilding*, o treino é de 24 horas.

Lambert, Frank e Evans (2004) demonstraram que a ingestão de proteína por atletas de *bodybuilding* apresentava-se relativamente alta: cerca de 30% do consumo de energia, com o objetivo de minimizar as perdas de massa magra. Os dados sugerem que o nível adequado de ingestão de proteína para essa modalidade está entre 1,2 e 1,7 g/kg/dia, quantidade substancialmente maior do que o nível de ingestão de proteína sugerido para a população em geral, que é 0,8 g/kg/dia, mas suficiente para suprir as necessidades fisiológicas do treinamento da modalidade. Quanto aos carboidratos, os pesquisadores descobriram que é preciso consumir 3,15 g de carboidratos/kg/dia para restaurar o glicogênio muscular 24 horas pós-exercício, contudo, nenhum benefício adicional foi constatado com uma ingestão de carboidrato superior a 7,71 g/kg/dia. Em relação à gordura, o estudo demonstrou que tanto a redução do teor de gordura da dieta quanto a substituição da gordura saturada pela poli-insaturada podem reduzir os níveis circulantes de testosterona. Dessa forma, o nível de testosterona total pode reduzir aproximadamente 15% com uma dieta com teor de gordura abaixo de 18% do consumo de energia. A ingestão de alto teor de gordura poli-insaturada resultou num nível de testosterona total cerca de 13% menor.

A gordura poli-insaturada é um ácido graxo com mais de uma ligação dupla em suas moléculas. Os mais conhecidos poli-insaturados são os ômegas 3 e 6. Os peixes de água fria e o óleo de canola são ricos em ômega 3; óleos de girassol e de soja e sementes oleaginosas são ricos em ômega 6. Esse tipo de gordura auxilia o colesterol HDL, elevando suas taxas e reduzindo o LDL, além de ajudar nas funções endócrinas do organismo, como a produção de testosterona (por ser derivada do colesterol).

Com estudos como o de Lambert, Frank e Evans (2004), pode-se avaliar melhor o consumo de macronutrientes, que pode ser superestimado por atletas dessa modalidade. A recomendação é a de que a ingestão de carboidrato seja de moderada a alta, antes e depois dos exercícios; 5 a 6 g/kg/dia de carboidrato, ou seja, 55%-60% da ingestão energética diária demonstrou ser adequada para a reposição dos níveis de glicogênio muscular. Os níveis moderados de gordura devem ser de 15% a 20% da ingestão total de energia, com algumas gorduras saturadas, na tentativa de evitar a diminuição dos níveis circulantes de testosterona. A ingestão de proteína deve ser de 25% a 30% da ingestão total de energia. Nota-se, com base no estudo, um consumo excessivo de proteínas pelos praticantes, com uso de suplementos de alto valor proteico.

A dieta de um atleta de *bodybuilding* consiste em uma rotina alimentar bem simples, obedecendo dietas anuais ricas em proteína, moderadas em carboidrato e pobres em alguns tipos de gordura, variando apenas as calorias, mais altas quando estão aumentando a massa muscular *off-season* e mais baixas durante a fase de *pre-contest*. Os alimentos têm alto valor nutricional, e os carboidratos são, de preferência, polissacarídeos. Batatas, arroz integral, mingau de aveia e arroz são as principais fontes de carboidratos, e clara de ovo, frango sem pele cozido ou assado e peixes (corvina, truta, tilápia Saint Peter, atum em conserva etc.) são as principais fontes de proteínas.

Bompa, Di Pasquale e Cornacchia (2004) sugerem que os atletas devem aumentar sua massa corporal em até 15% para a competição. No caso de um atleta que compita por estatura, o valor também é de 15% em relação ao seu último peso em *off-season*. Para isso, a estratégia, segundo os autores, é que consuma 50-55 kcal/kg do seu novo peso ideal por dia. Isso significa que um atleta que pesa 100 kg deve consumir 5.500 kcal (100 kg × 55 kcal) mais 15% (5.500 kcal × 0,15%), totalizando 6.325 kcal por dia. Caso o atleta tenha problemas em consumir o suficiente, é preciso transformar as calorias em objetivo semanal, em vez de diário. O que funciona melhor nessa fase é que o aumento de massa semanal ocorra entre 500 g a 1 kg por semana, sendo a melhor relação de ganhos de massa muscular sem grandes incrementos em adiposidade; se o aumento for maior do que 1 kg por semana, a tendência é de que ocorra aumento exacerbado de tecido adiposo (Bompa, Di Pasquale e Cornacchia, 2004).

É importante ressaltar que o percentual de tecido adiposo não deve ultrapassar 12%-18%. Portanto, é prudente terminar a "fase de aumento de massa" ao atingir um novo peso ideal ou quando o nível de gordura ultrapassar 18%, dependendo do que acontecer primeiro. No entanto, independentemente do que ocorrer, a fase de aumento de massa terminará, no mínimo, 12 semanas antes da competição.

Por que fazer dieta para a fase de preparação? Segundo Lambert, Frank e Evans (2004), o aumento da massa muscular e a definição muscular são elementos críticos para o êxito. Dados científicos demonstram a necessidade de uma abordagem especial para atletas, como: reposição do estoque de glicogênio muscular adequado;

composição adequada de macronutrientes para maximizar o ganho de massa muscular e para diminuir o tecido adiposo; micronutrientes são essenciais para a redução de radicais livres e na supercompensação após o estímulo (treino). Dietas especiais para cada modalidade específica vêm trazendo vantagens morfofuncionais. Por exemplo, a sobrecarga de carboidrato oferece vantagens metabólicas, evitando a depleção de outros macronutrientes para obtenção de energia, melhorando a resposta hormonal associada à resposta anabólica relacionada com a ingestão adequada de proteínas e outros micronutrientes.

Fase competitiva: período *pre-contest*

A fase competitiva é a fase em que o atleta tem como principal objetivo a redução do tecido adiposo, sobretudo na região subcutânea. Para que isso ocorra, o atleta deve usar a sobrecarga metabólica em vez da sobrecarga tensional utilizada no primeiro período da fase preparatória. Portanto, os sistemas de treinamento escolhidos para esse período são séries de passagem e/ou em circuito de treinamento, por exemplo: *bi-set*; *tri-set*; *superset* (I e II); séries gigantes; sistema prioritário; sistema de exaustão; superlento; sistema de isometria; sistema de repetições parcial; sistema de *drop-set*. Nesse período, raramente o atleta opta por utilizar sistema de múltiplas séries.

É normal, nesse período, que o atleta/praticante realize o número de repetições de forma indefinida, ou seja, o que determina o final de uma série é a fadiga muscular associada à impossibilidade de realizar a fase concêntrica do exercício em esforço máximo, e/ou a falha concêntrica muscular momentânea. Dessa forma, devem ser feitas mais de 15 repetições, e isso implica reduzir a intensidade do exercício.

Sabe-se que o volume e a intensidade são interdependentes: quando existe aumento na intensidade, ocorre redução no volume, e vice-versa. Isso significa que quanto mais repetições, menor deve ser a sobrecarga utilizada. Segundo Willardson (2007), no TF, até a falha concêntrica muscular momentânea é capaz de proporcionar aumento de estímulo para os mais altos limites de unidades rápidas de contração motora, que, por sua vez, são capazes de acentuar os aumentos de força hipertrófica. Portanto, a falha concêntrica muscular momentânea é, em teoria, mais benéfica, simplesmente porque isso assegura o recrutamento de unidades motoras, de fibras musculares e, talvez, o aumento do uso de glicogênio muscular (Willardson e Burkett, 2008).

Em contrapartida, nessa etapa, o atleta deve iniciar seu período de dieta com restrição calórica; para isso, reduz o consumo do principal macronutriente: os carboidratos. A diminuição do consumo de carboidrato limita a quantidade de energia disponível para realizar sua rotina de treinamento, fazendo o atleta reduzir a intensidade do treino em cerca de 25%-35%. Dessa forma, a intensidade utilizada nesse período é de, no máximo, 65% de 1 RM. Outro fator que contribui para a redução drástica na intensidade do treinamento é a escolha do sistema de treino. Por exemplo, se o atleta escolher realizar o sistema *bi-set* para o mesmo grupo muscular, uma vez que todas as séries tenham de chegar a 15 repetições ou até a falha concêntrica momentânea, isso levará à redução da intensidade (peso em kg) do treinamento.

Ainda nessa fase, o atleta está com baixo consumo de carboidrato, e, como este é um dos principais macronutrientes para aumento de massa muscular (aumento de hormônios importante para sinalização anabólica), pelo período de competição estar próximo, seria arriscado usar intensidade (peso em kg, ou cargas), pois poderia ocorrer uma lesão. Recomenda-se que o atleta aumente o volume do treino, alterando o intervalo de recuperação de 90 segundos para menos de 1 minuto. Também é recomendado que o tempo total da sessão de treinamento se reduza a menos de 45 minutos no total, mas, se levar em conta o tempo dedicado para o treinamento de poses compulsórias (30-40 minutos) e o aeróbio (20-30 minutos), pode-se dizer que o treino de um atleta de *bodybuilding*, nessa fase, aumenta, consideravelmente, para quase 2 horas por dia.

Em contrapartida, caso o treinamento de um atleta nessa fase dure 2 horas, pode ser catastrófico, em razão da facilidade do catabolismo associado à dieta e ao volume do treinamento. Para que isso não ocorra, em geral, os atletas dividem os grupos musculares em mais um treino por dia, respeitando 15 a 20 minutos por sessão para cada grupo muscular. Portanto, se o atleta treinar mais de um grupo muscular por dia, deve realizar um intervalo de recuperação entre os grupos musculares de, pelo menos, 2 horas, sendo ideal o intervalo de 4 horas. Nos dias em que realizam exercícios aeróbios, o treinamento com peso poderá se realizar de 15 a 20 minutos, após o treino aeróbio. Alguns atletas preferem realizar sua rotina de exercícios aeróbios pelo período da manhã. Perto do meio-dia, costumam realizar a primeira sessão de treinamento com peso, e fazem a segunda rotina no final da tarde. Por isso, na fase de competitiva de *pre-contest*, é comum que os atletas realizem mais sessões por semana, variando entre 2 e 3 vezes por dia, podendo chegar a 7 dias por semana.

A rotina de treinamento aeróbio e a adaptação cardiovascular aumentam a eficiência na realização das atividades diárias, até no TF com peso, pois envolve a adaptação progressiva dos aspectos fisiológicos e bioquímicos. Os benefícios são (McArdle, Katch e Katch, 2008):

- Reduzir a frequência cardíaca em repouso;
- Elevar o volume sistólico reduzindo a pressão arterial;
- Aumentar a capacidade pulmonar com alteração de volume maior.

Um dos exercícios mais utilizados por atletas de *bodybuilding* é o ergômetro de escada. O motivo para a preferência é o movimento biomecânico similar ao de um *leg-press* ou de um avanço. O atleta realiza uma atividade aeróbia similar ao movimento realizado em seus TFs com peso. Destaca-se, também, o baixo impacto nas articulações de membros inferiores: a grande intensidade do exercício reside no fato de que o atleta tem que realizar um movimento unilateral com seu peso corporal a cada passo na escada, promovendo um aumento do desgaste muscular nos membros inferiores, elevando a frequência cardíaca. Segundo pesquisa de Pettitt e Clark (2013) sobre a bioenergética, a corrida vem demonstrando um alto uso de proteínas como substrato energético, acentuando uma perda de massa muscular (proteólise). Dessa forma, um longo tempo de duração em exercícios como corrida pode causar uma proteólise, pois o organismo inicia um processo de conversão de proteína em fonte energética simples carboidrato (Lambert, Frank e Evans, 2004; Pettitt e Clark, 2013).

Seguem alguns lembretes e algumas dicas para fase de *pre-contest*, também compreendida como fase de definição muscular (Bompa, Di Pasquale e Cornacchia, 2004):

- Prevalência de exercícios monoarticulares, com ênfase nos pequenos grupos musculares;
- Grupos musculares devem ser constantemente alternados, assim como os movimentos articulares e tipos de exercícios;
- O número de repetições não pode ser exatamente igual em todos exercícios; as repetições não devem ser limitadas, mas a velocidade, controlada (*moderada*);

- Os exercícios e os aparelhos utilizados devem ser selecionados de forma que o atleta não demore mais que 2 a 3 segundos na sua transição.

O objetivo do atleta nesse período (*pre-contest*) será promover o aumento do gasto calórico total associado à dieta (restrição calórica). Dessa forma, é comum que os atletas realizem treinamentos mais volumosos (alto números de repetições) na tentativa de elevar o gasto calórico do treino.

Outra hipótese está relacionada ao elevado número de repetição e à carga moderada, associados a uma dieta restritiva de carboidratos, que, em consequência, levaria à redução dos estoques de glicogênio muscular que seriam utilizados como combustível durante esforço. Como a glicose estocada no músculo na forma de glicogênio é limitada, aumentaria a cetose (ocorre quando o fígado converte gorduras em ácidos graxos e corpos cetônicos, que podem ser usados pelo corpo para energia), causando o aumento da prevalência pelo substrato energético ácidos graxos. A oxidação máxima dos ácidos graxos livres é determinada pelo influxo destes no músculo em trabalho e pelo *status* do treinamento aeróbio do atleta, assim como a disponibilidade de oxigênio é fundamental para o processo de respiração celular, e a prevalência do substrato energético como o carboidrato afeta a disponibilidade energética celular.

O atleta, nessa fase, encontra-se em balanço calórico negativo (*déficit*), com quantidades limitadas de carboidratos. O mecanismo adjacente é induzido por alto volume de repetições, e o organismo aumenta o processo de fermentação quando a liberação do Ca^{++} no retículo sarcoplasmático induz mudanças no ambiente citosólico, o que, por sua vez, aumenta os níveis de íons de H^{+}, Ca^{++}, nucleotídeo de adenina e Mg^{2+}, o que é sinalizado pela fadiga muscular (Josse *et al.*, 2011; Robinson *et al.*, 2015).

As trocas bioquímicas durante a contração resultam na liberação de íons de hidrogênio, que, por sua vez, produzem a acidose quando não há oxigênio disponível, e o piruvato não entra no ciclo do ácido cítrico. Nesse momento, o organismo inicia o processo láctico, com a fermentação e o subproduto, lactato, que parecem determinar o ponto de exaustão; as repetições altas estimulam tetania repetida, pela acidose e pelo aumento de íons H^{-} (Robergs, Ghiasvand e Parker, 2008).

As fibras musculares trabalham em recrutamento progressivo: à medida que as fibras tornam-se fatigadas, elas recrutam outras, progressivamente. O exercício prolongado esgota o ATP-CP e o glicogênio muscular, deixando os ácidos graxos como o único substrato energético disponível para manter essa atividade. A junção de todos esses fatores (restrição calórica, incremento no volume de treinamento, repetições até a fadiga muscular), induz ao uso de mais gordura na forma de ácidos graxos, localizados nos adipócitos e nos tecidos subcutâneos (Bompa, Di Pasquale e Cornacchia, 2004; Areta *et al.*, 2014; Furber *et al.*, 2017).

Existe, ainda, a importância da genética. Por exemplo, a miostatina é uma expressão de "anticrescimento" genótipo, inibindo o desenvolvimento muscular tanto para redução de tecido adiposo quanto para as adiponectinas. Pesquisas (Helge *et al.*, 2003; Fain, Bahouth e Madan, 2004; Kadowaki e Yamauchi, 2005) sugerem a variação genética na interleucina IL-15RA, que é um importante receptor e mediador de massa muscular em resposta ao TF. Foram encontradas pesquisas (Steensberg *et al.*, 2000; Ferguson *et al.*, 2004; Jürimäe, Purge e Jürimäe, 2005) sobre outros genótipos, incluindo o TNF-α (fator de necrose tumoral alfa) e o CNTF (fator neurotrófico ciliar). O aumento das adiponectinas é causado pelo aumento da expressão IL-6 e TNF-α, reportado por Ouchi e Walsh (2007), demonstrando seu importante papel pró-inflamatório provocado pela resposta ao exercício e pela redução do tecido adiposo.

As adipocinas são hormônios secretados por adipócitos, e, segundo Kadowaki e Yamauchi (2005), estimulam o uso de glicose e oxidam gorduras. A IL-6 e o TNF-α são importantes marcadores pró-inflamatórios de adipócitos, secretados primeiramente por células imunes. Resultados de Fain, Bahouth e Madan (2004) demonstraram que, quando o músculo contrai, ele induz o aumento do plasma IL-6, sem danos musculares, e essa liberação depende de uma correlação entre intensidade, volume, liberação de glicogênio muscular e concentração de adrenalina plasmática (Helge *et al.*, 2003).

Ferguson *et al.* (2004) demonstraram em seus estudos que não houve mudanças nas adipocinas com exercícios de ciclo ergômetro para mulheres e homens. Jürimäe, Purge e Jürimäe (2005) demonstraram aumento de cerca de 20% em adiponectinas após 30 minutos de exercício em intensidades agudas. Os estudos sugerem que alta circulação de adiponectinas e marcadores como IL-6 e TNF-α são favorecidos durante exercícios que produzem energia por meio do metabolismo aeróbio. Porém, ao aumentar a oxidação de gorduras, há entrada de glicose nos músculos esqueléticos. Esses são fatores relacionados à intensidade mais elevada no exercício (Gökbel *et al.*, 2012). Portanto, alguns atletas nessa fase optam por não aumentar o volume de treinamento (maior número de repetições), mantendo a intensidade o mais elevada possível (peso em kg).

Conclui-se que a fase de definição muscular (DM) de um atleta de *bodybuilding* apresenta metodologia específica com numerosas repetições, aumento da acidose muscular e degradação dos estoques de glicogênio muscular, estimulando o organismo a utilizar ácidos graxos como principal fonte de substrato energético. Os atletas realizam trabalhos de prevalência aeróbia e restrição calórica por meio de dietas e redução de fontes de energia (carboidrato).

Para um atleta de *bodybuilding*, da sexta até a décima segunda semana antes da competição, o principal objetivo é manter a massa muscular e reduzir a gordura corporal para níveis muito baixos (Lambert, Frank e Evans, 2004). Durante essa fase pré-competição, o balanço energético deve ficar negativo, de modo que a gordura corporal possa ser oxidada.

Além disso, a ingestão de proteína deve ser adequada para manter a massa muscular e um balanço nitrogenado alto (Areta *et al.*, 2014; Furber *et al.*, 2017). Lambert, Frank e Evans (2004) encontraram evidências de que a ingestão relativamente alta de proteína (cerca de 30% do consumo de energia total) reduz a perda de massa magra em relação a uma menor ingestão de proteína de cerca de 15% durante a fase de restrição energética. Um maior consumo de proteína também proporciona um efeito térmico, que pode auxiliar na redução da gordura corporal. O excesso de gordura saturada na dieta pode agravar a doença arterial coronariana. No entanto, as dietas com baixo teor de gordura resultam em redução nos níveis de testosterona circulante. Assim, Lambert, Frank e Evans (2004) sugeriram que as gorduras sejam inseridas na dieta com o percentual entre 15%-20% no *off-season* e no *pre-contest*. O consumo de proteínas, de aminoácidos e de carboidratos imediatamente antes e logo depois das sessões de treinamento pode aumentar a síntese proteica e a ressíntese de glicogênio muscular e reduzir a degradação de proteínas. A taxa ideal de carboidratos ingeridos logo após uma sessão de treinamento deve ser 1,2 g/kg/h, em intervalos de 30 minutos, durante 4 horas, e os carboidratos devem ser de alto índice glicêmico (Lambert, Franks e Evans, 2004).

Em suma, a composição de dietas para *bodybuilding* deve ser de, aproximadamente, 55%-60% de carboidratos, 25%-30% de proteínas e 15%-20% de gorduras, tanto para a fase preparatória quanto para a de pré-competição. Durante o período preparatório, a dieta deve ser ligeiramente hiperenergética (*superavit*), com aumento de cerca de 15% no consumo de energia (pode aumentar cerca de 350 kcal por dia), e, durante a fase de pré-competição, a dieta deve ser hipoenergética (*deficit*), reduzindo-se 15%-25% no consumo de energia (pode reduzir em torno de 1.000 kcal por dia).

Para evitar grandes perdas de massa magra e para que o corpo não oxide mais proteína numa dieta de baixa caloria do que na convencional, alguns estudos (Bompa, Di Pasquale e Cornacchia, 2004; Lambert, Frank e Evans, 2004; Carbone, McClung e Pasiakos, 2012; Hussain *et al.*, 2012) sugerem, no mínimo, entre 2,4 e 3 g/kg/dia de proteína de alta qualidade para atleta de *bodybuilding*.

Para aumentar a oxidação de gordura, na tentativa de manutenção da massa magra, uma das estratégias utilizadas pelos atletas de *bodybuilding* nessa fase de competição é não consumir carboidratos durante alguns dias. Quando privado de carboidrato, o corpo entra em estado de cetose. Os corpos cetônicos são determinados pela produção de um tipo "maligno" de álcool, chamado cetona, produzido quando a gordura é utilizada como fonte de energia em vez do glicogênio. Os corpos cetônicos são três substâncias solúveis em água, que são produtos derivados da quebra dos ácidos graxos para fornecer energia ao coração e ao cérebro (Carbone, McClung e Pasiakos, 2012; Hussain *et al.*, 2012). No cérebro, são fontes de energia vital durante o jejum. Os corpos cetônicos são produzidos de acetilcoenzima A (acetil-CoA), sobretudo, na matriz mitocondrial das células do fígado, quando os carboidratos estão escassos e a energia deve ser obtida pela quebra de outros substratos energéticos, no caso, os ácidos graxos. A acetona é formada da descarboxilação espontânea do acetoacetato, e intensifica a lipólise, aumentando a concentração de acetil-CoA que ocorre no fígado. Quando se está em jejum, as moléculas de oxaloacetato são destinadas para a produção de glicose pela gliconeogênese. Com isso, a quantidade de oxaloacetato disponível diminui, e, consequentemente, pouco acetil-CoA entra no ciclo de Krebs, aumentando a produção de corpos cetônicos (Burgomaster, Heigenhauser e Gibala, 2006; Chance *et al.*, 2006; McArdle, Katch e Katch, 2008; Robergs, Ghiasvand e Parker, 2008; Carbone, McClung e Pasiakos, 2012; Hussain *et al.*, 2012; Areta *et al.*, 2014; Furber *et al.*, 2017).

A cetose não é totalmente ruim, pois é um indicativo de que a gordura está sendo utilizada como fonte de energia. Para evitar esse problema, o melhor é manter o corpo entrando e saindo do estado cetônico periodicamente, por meio da flutuação no consumo de carboidrato (procedimento preconizado pelo doutor Mauro Di Pasquale) (Bompa, Di Pasquale e Cornacchia, 2004), usado por diversos estudos associados ao controle da massa corporal em indivíduos obesos (Johnstone, 2015).

Os atletas de *bodybuilding* utilizam dessa estratégia de flutuação de carboidratos realizando a dieta conhecida como 2:1 (2 dias com e 1 dia sem carboidrato), 1:1 (1 dia com e 1 dia sem carboidrato), ou a flutuação de carboidrato (o atleta começa a semana com alta quantidade de carboidrato, reduzindo todos os dias até que chegue no último dia da semana sem carboidrato, então, repete o processo). É preciso manter o consumo adequado de proteína e de gordura (Lambert, Frank e Evan, 2004). Além disso, como a dieta é hipoenergética, o atleta deve reduzir as quantidades de carboidratos a cada semana. Em todas as situações (2:1, 1:1 ou flutuação de carboidrato), o consumo de carboidrato deve ser reduzido até 1.000 kcal por dia. Johnstone (2015) usou essa estratégia em seu estudo, com eficiência na redução do peso corporal e na manutenção adequada da dieta em indivíduos com sobrepeso corporal. Segundo o autor, a principal vantagem que desse modelo de restrição calórica é a facilidade da manutenção quando comparado a outros.

A fase de transição acontece logo depois de um grande evento competitivo, que consiste em um período regenerativo neuromuscular. O principal objetivo do período de transição é repor os depósitos energéticos esgotados, a recuperação do SNC. Nesse período, o volume e a intensidade do treinamento são reduzidos, facilitando a eliminação da fadiga adquirida. O atleta realiza o destreino por 1 a 2 semanas, sem realizar nenhum tipo de treinamento. Alguns atletas preferem realizar pelo menos dois treinos semanais, para não perder totalmente as condições adquiridas, mas os exercícios são realizados com características de manutenção e com cargas classificadas como leves, utilizando-se a montagem alternada por segmento. A intensidade, nesse caso, não ultrapassa 50% de 1 RM.

25.3.5 Métodos de divisão do treinamento do *bodybuilding* (*Split*)

No Quadro 25.11, apresenta-se as sugestões de divisões mais utilizadas por atleta de *bodybuilding*. Para atleta um iniciante, utiliza-se a divisão mais simples de 3 dias por semana, estimulando todas as partes do corpo em uma única sessão de treino. A sugestão seria na segunda, na quarta e na sexta-feira, sem treino no sábado e no domingo. Para atletas de nível intermediário, utiliza-se o sistema chamado 4:1, que consiste em 4 dias de treinamento com 1 dia de recuperação, por exemplo, na segunda, na terça, na quarta e na quinta-feira, o atleta treina, e, na sexta-feira, recupera-se, para, então, reiniciar o ciclo no sábado e seguir pelo domingo, pela segunda e pela terça-feira, com período recuperação na quarta-feira, e assim por diante. Para atletas avançados, utiliza-se o sistema de 2:1. Ele segue o mesmo padrão do 4:1, mas, em vez de treinar 4 vezes, o atleta realiza apenas dois treinos, e, então, acontece o intervalo de recuperação. Por exemplo, o atleta treina na segunda e na terça-feira, faz recuperação na quarta-feira, treina na quinta e na sexta-feira, com período de recuperação no sábado. Então, treina no domingo e na segunda-feira, com recuperação na terça-feira, e assim por diante.

Quadro 25.11 – Divisão de dias de treinamento mais usada por atletas de *bodybuilding*

	Segunda	Terça	Quarta	Quinta	Sexta	Sábado	Domingo
3 *on* / 4 *off*	X	*Off*	X	*Off*	X	*Off*	*Off*
4 *on* / 1 *off*	X	X	X	X	*Off*	X	X
	X	X	*Off*	X	X	X	X
2 *on* / 1 *off*	X	X	*Off*	X	X	*Off*	X
	X	*Off*	X	X	*Off*	X	X

X: dias de treinos; *off*: dias sem treinos recuperação.

Além da escolha da divisão dos dias de treinamento, é importante a variação dos estímulos associados à manifestação da força. Alguns atletas de *bodybuilding* utilizam uma variação do programa tradicional de força hipertrófica (H) que corresponde somente a 60%-80% de 1 RM para uma programa misto (M) utilizando o treinamento de força máxima (FM), com aumento de carga de trabalho entre 95% e 100% de 1 RM. É possível usar, também, a combinação de ambos no mesmo mesociclo, chamado de treinamento misto (M), utilizando o treino de força máxima (FM), com aumento de carga de trabalho entre 95% e 100% de 1 RM, e de força hipertrófica (H), que corresponde somente a 60%-80% de 1 RM.

O objetivo do treinamento FM é o aumento da hipertrofia crônica ou tônus e da densidade do músculo em longo prazo. Isso ocorre porque o FM inserido entre o treinamento tradicional de hipertrofia possibilita o aumento de recrutamento muscular com inervação intramuscular melhorada, possibilitando melhores condições para da hipertrofia de fibras musculares (Figura 25.55).

Figura 25.55 – Adaptação ao treinamento de força associado à grandeza da carga

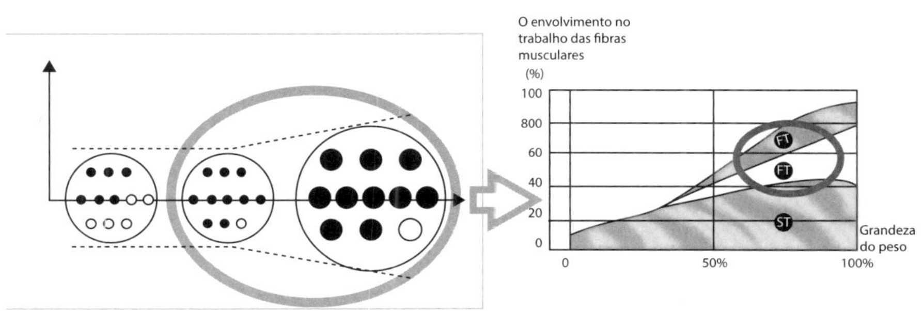

Fonte: adaptada de Weineck (2005, p. 188).

São muitos os benefícios do FM no TF hipertrófico associados às adaptações no sistema nervoso e neuromusculares, destacam-se (Le Panse *et al.*, 2010, 2012; Walters, Jezequel e Grove, 2012; Schoenfeld *et al.*, 2015b):

- Disparo da fibra muscular de contração rápida;
- Aumento da secreção hormonal (IGF — Gh);
- Aumento do nível de catecolamina (epinefrina e norepinefrina, que enfatizam a enérgica resposta fisiológica desse treino);
- Coordenação intramuscular e sincronização dos grupos musculares;
- Aumento no diâmetro dos elementos contráteis do músculo;
- Aumento do nível corporal de testosterona;
- Aumento da frequência de impulsos nervosos (Hz);
- Aumento do número de unidades motoras recrutadas;
- Aumento das captações das unidades motoras maiores.

Além disso, o TF intenso e contínuo pode aumentar os impulsos nervosos e agir na secreção de importantes hormônios, como a adrenalina (ou epinefrina), um simpaticomimético neurotransmissor, secretado pelas glândulas suprarrenais em situações de estresse. O aumento da secreção hormonal tem como principal função preparar o organismo para grandes esforços físicos, estimulando o coração. Ocorre, assim, a elevação da pressão arterial, numa sincronia de relaxar certos músculos e contrair outros. Com isso, ocorre a redução do fluxo sanguíneo nos vasos e no sistema gastrintestinal, ao passo que a maximização desse fluxo para os músculos voluntários e o uso de ácidos graxos contido nas células adiposas. Isso permite que o corpo esteja preparado para uma reação, por exemplo, reagir agressivamente ou fugir. Em contrapartida, afeta tanto os receptores beta[1]-adrenérgico (cardíaco) e beta[2]-adrenérgico (pulmonar), tem propriedades alfa-adrenérgicas e resulta em vasoconstrição momentânea durante o esforço (Weineck, 2005; Bompa, Di Pasquale e Cornacchia, 2004; McArdle, Katch e Katch, 2008; Le Panse *et al.*, 2012).

Controle de carga de treinamento (CT)

Ao determinar a montagem (divisão) do programa de treinamento e o sistema (volume e intensidade de trabalho), comumente, o atleta de *bodybuilding*, o praticante e/ou o profissional de treinamento não equalizam as cargas de treino, o que pode ser definido como a relação entre quantidade de exercícios, número de séries e repetições realizados na sessão de treinamento para cada grupo muscular. Dessa forma, negligenciam alguns grupos musculares, dando mais carga de trabalho para outros. Um exemplo simples desse fato é o bíceps femoral. Com frequência, o atleta realiza de 3 a 4 exercícios para o quadríceps e apenas 1 ou 2 exercícios para o bíceps femoral.

O bíceps femoral faz parte dos isquiotibiais, sendo comum a ocorrência de lesões durante desempenho atlético por desequilíbrio entre as forças nessa articulação (joelho). O equilíbrio muscular e a estabilidade articular dos flexores dos joelhos (isquiotibiais) que apresentam 2/3 da força dos extensores dos joelhos (quadríceps femoral). Qual o motivo dessa diferença de força? O motivo dessa diferença está nas alavancas que são formadas. Essa é a proporção de força (torque produzido) em relação ao equilíbrio de forças nessa articulação. Dessa forma, a força que pode ser produzida pelos quadríceps, que conseguem proteger (opor) essa articulação é o antagonista daquele músculo. Assim, podemos entender que a estabilidade articular do joelho está associada ao equilíbrio entre os grupos musculares envolvidos nessa articulação. Por exemplo, uma corrida de 100 metros rasos exige muita força nos quadríceps, pela extensão de joelhos, pois, quando chega ao limite da amplitude da extensão, o ligamento cruzado posterior limita essa extensão ou os músculos dos isquiotibiais. O ideal é que o músculo limite essa extensão e não sobrecarregue o ligamento, evitando, assim, a lesão (estiramento, lesão ou até rompimento ligamentar). Outro exemplo: quando se realiza rotação externa lateral, o músculo responsável é o bíceps femoral; ao realizar uma rotação interna, usam-se os músculos semitendinoso e semimembranáceo; portanto, em uma rotação externa, os músculos semitendinoso e semimembranáceo limitam o movimento e quando se realiza a rotação interna, o bíceps femoral limita o movimento. Caso esses músculos não estejam fortalecidos o suficiente, ocorrerá sobrecarga no ligamento cruzado anterior. Essa situação ocorre em outras articulações, por exemplo, quando se realiza uma flexão do cotovelo (bíceps braquial), caso seja preciso parar esse movimento no meio da ação do músculo antagonista (tríceps braquial) (Enoka, 2008; Padulo *et al.*, 2013; Schoenfeld *et al.*, 2015a).

Quando não há o equilíbrio de forças entre os grupos musculares, aumentam as chances de lesões, sobretudo nos ligamentos. Portanto, a montagem de programa de treinamento (quantidade de exercícios) que gera o equilíbrio (mais equalizado em relação à quantidade de exercícios realizados na sessão para cada grupo muscular) entre as forças musculares é importante para o desenvolvimento do praticante/atleta.

Outro grupo muscular que traz preocupações de desenvolvimento hipertrófico para os atletas de *bodybuilding* e praticantes de musculação é o tríceps sural (gastrocnêmio e sóleo). Com frequência, pratica-se menos exercícios para esse grupo muscular por diversos motivos, como a existência de poucas variações de estímulos para tal. Para esse grupo muscular, os atletas usam como critério de variação de estímulos músculos monoarticulares e biarticulares e a insuficiência ativa, que pode ser definida quando o músculo reduz seu potencial de tração; por exemplo, ao se aproximar da origem da inserção de um músculo, reduz-se a tensão passiva do músculo (tornando-o frouxo), e isso reduz seu potencial de tração, gerando uma insuficiência ativa (Marchetti *et al.*, 2010).

Por definição, músculos monoarticulares são aqueles que atravessam apenas uma articulação, e músculos biarticulares são os que atravessam mais de uma articulação em um mesmo movimento. Dessa forma, é possível aumentar ou reduzir a participação de alguns músculos em razão dessa característica (mono ou multiarticulares). Por exemplo, os gastrocnêmios (medial e lateral) se originam nos côndilos do fêmur e sua inserção é na tuberosidade calcânea, tendo ação nas duas articulações: joelho, quando realiza a flexão; tornozelo, com a flexão plantar. Já o músculo do sóleo não atravessa a articulação do joelho, tem como origem terço superior da tíbia e cabeça da fíbula, e insere-se na tuberosidade calcânea. Portanto, o sóleo faz parte do mesmo grupo muscular (tríceps sural), mas é um músculo monoarticular; e o gastrocnêmio, biarticular. Dessa forma, quando se realiza a flexão plantar com os joelhos flexionados (nome popular do exercício cadeira panturrilha), aproxima-se da origem da inserção do gastrocnêmio, gerando insuficiência ativa e aumentando a solicitação do músculo sóleo. Outra variação de estímulo que é utilizada com frequência para o tríceps sural é a rotação externa ou interna dos pés, o que poderia aumentar a participação do gastrocnêmio lateral (rotação externa) e medial (rotação interna). Pereira *et al.* (2017), em estudo sobre eletromiografia superficial, não encontraram diferenças significantes ao observarem a realização dos exercícios de gastrocnêmio na posição sentada ou em pé, com rotação dos pés para o lado externo e interno, nem ao compararem com a posição neutra. A alavanca é inter-resistente, e a aplicação da resistência está localizada entre a força e o eixo, reduzindo, assim, a aplicação da sobrecarga no movimento articular. Além disso, o gastrocnêmio e o sóleo têm composições de fibras diferentes de outros grupos musculares. Em geral, existe prevalência maior de fibras de contração lenta (cerca de 76%) do que de contração rápida (por volta de 24%), além de mudanças no ângulo de penação, favorecendo a força muscular. Ainda dispõem de proporção mais alta de vasos capilares, capazes de repor ATP-CP mais rapidamente. Portanto, o ideal é que o intervalo de recuperação não ultrapasse 30-45 segundos, a fim de inibir a restauração imediata de ATP-CP (Chance *et al.*, 2006; McArdle, Katch e Katch, 2008; Kraemer, Fleck e Deschenes, 2016).

É comum o atleta e os profissionais alterarem os treinamentos, modificando a intensidade de todas as variáveis envolvidas, o percentual de RM e o volume, sendo as séries e as repetições suas principais variáveis. Quando ocorre a alteração de todas elas juntas, há um aumento acentuado da carga de treinamento, o que pode levar a um excesso de treino, caracterizado como *overtraining*. Dessa forma, para evitar erros de equalização de carga, foi usado o controle de carga de trabalho com base no cálculo de carga de treino (CT), que corresponde à densidade do treinamento.

CT = Intensidade × Volume / Tempo total de trabalho

Intensidade: resistência muscular, carga voluntária máxima (%CVM), carga variável; *Volume*: distância, quantidade de exercícios, quantidade de séries.

Segue um exemplo prático de aplicação da CT (em unidade arbitrária – UA). Inicia-se com um atleta de *bodybuilding*, que realiza um treinamento para o grupamento muscular peitoral e grupo do bíceps braquial, sendo 3 exercícios para o primeiro e 3 exercícios para o do bíceps. Dessa forma, o atleta realiza um total de 18 séries, cada série leva cerca de 40 segundos e o intervalo de recuperação 2 minutos (ou seja, 120 segundos).

- 18 séries.
- 40 segundos para executar cada série.
- 120 segundos de intervalo de recuperação entre as séries.

CT = séries × intensidade (em segundos) / intervalo (em segundos) × séries

CT = 18 × 40 / 120 × 18

CT = 720 / 2.160

CT = 0,33 UA

Outra forma de calcular é utilizar as séries, as repetições e a quantidade de exercícios, dividindo tudo pelo tempo de trabalho.

- 3 exercícios para o grupo do peitoral (supino reto, supino declinado e crucifixo).
- 3 séries cada exercício.
- 12 repetições em cada série.
- 2 minutos de intervalo de recuperação entre as séries.
- 30 minutos para realizar a sessão.

CT = 3 exercícios × 3 séries × 12 repetições / 30 minutos

CT = 108 / 30

CT = 3,6

Observa-se na literatura que aumentar a intensidade é uma forma de diminuir os períodos de recuperação entre as séries. Contudo, diminuir a pausa sem alteração de outras variáveis acarreta em um aumento da densidade, e não na intensidade do treinamento. Se for considerado que a redução da pausa pode resultar em diminuição do peso, pode haver, então, uma redução da intensidade, contrariando o que foi exposto (Peterson, Rhea e Alvar, 2005).

25.3.6 Sistema de periodização no *bodybuilding*

A periodização no *bodybuilding* teve início em 1988, quando ocorreu uma adaptação da periodização desenvolvida do treinamento de força, descrita por uns como "a ciência por trás das repetições e séries" por outros, como "o princípio da progressão de cargas de treinamento" e alguns como "filosofia" (Bompa, Di Pasquale e Cornacchia, 2004; Oliveira, Sequeiros e Dantas, 2005).

A periodização no *bodybuilding* acontece da mesma forma que em outros desportos, portanto, o atleta deve estar em 100% de suas condições físicas em determinada data. Para isso, ele deve realizar as divisões das fases anteriormente de acordo com o seu calendário competitivo. Por exemplo, se o atleta tem um evento importante em novembro, nessa data, ele deve estar no pico de sua forma física. Para isso, deve iniciar seu período competitivo com 12 semanas (3 meses) antes do evento. Nesse período, o atleta deve realizar uma dieta específica para a manutenção da massa magra e a redução da adiposidade, discutidas anteriormente. Porém, antes de chegar nessa fase, nos primeiros meses do ano, deve ter sido realizado o período de aumento de massa muscular também agregado à dieta especial para aumento de massa muscular. Em todos os períodos, foi sugerido que realizasse a periodização do treinamento utilizando os objetivos como nome dos mesociclos.

Para melhor compreensão e aplicação, será apresentada uma periodização de treinamento para atletas de *bodybuilding*, que pode ser utilizada por praticantes de todos os níveis: iniciantes, intermediários e avançados.

Ressalta-se que são apenas sugestões já descritas na literatura (Bompa, Di Pasquale e Cornacchia, 2004; Marchetti, Calheiros Neto e Charro, 2007; Prestes *et al.*, 2012; Uchida *et al.*, 2013). Para cada nível de atleta, deve ocorrer ajuste de volume e de intensidade, entre outras variáveis. O primeiro passo é saber quando será a competição, por exemplo, em outubro. O segundo passo é dividir os meses em duas fases preparatórias: uma com 70% de todo o período e outra com 30%.

Para uma competição em outubro, inicia-se o treinamento em fevereiro. A preparação utiliza os conceitos de montagem de programa e sistemas de treinamentos sugeridos por Uchida *et al.* (2013). Segue-se a fase preparatória até junho; no mês seguinte, julho, há o período transitório, antes do início da fase competitiva (Tabela 25.24). Recorda-se: para melhores resultados, a dieta deve ser hipercalórica nos períodos de ganho de massa magra.

Tabela 25.24 – Periodização de atletas de *bodybuilding*: fase preparatória – mesociclos mensais

Mês	**Fevereiro**				**Março**			
Semana	1	2	3	4	5	6	7	8
Mesociclo	AA				H1			
Montagem	Alternado por segmento				Localizado por articulação agonista/antagonista (para o mesmo grupo muscular)			
Grupos musculares por sessão	Todos os segmentos	Todos os segmentos	Todos os segmentos	Todos os segmentos	2	2	2	2
Sistema	Passagem				Passagem			
Frequência por semana	2	2	2	2	3	3	3	3
Séries	1	2	2	3	3	3	3	3
Repetições	15	15	15	10	10	10	10	10
Exercícios	12	12	12	12	8	8	8	8
%RM	50%-60%	50%-60%	50%-60%	50%-60%	60%-70%	60%-70%	60%-70%	60%-70%
IR	2 min	2 min	2 min	2 min	2 min	2 min	2 min	2 min

Tabela 25.24 – Periodização de atletas de *bodybuilding*: fase preparatória – mesociclos mensais (continuação)

Treinamento aeróbio	N	N	N	N	N	N	N	N
Mês	**Abril**				**Maio**			
Semana	9	10	11	12	13	14	15	16
Mesociclo	H2				FM			
Montagem	Direcionado por grupo muscular				Direcionado por grupo muscular			
Grupos musculares por sessão	2	2	2	2	2	2	2	2
Sistema	Pirâmide truncada crescente				Pirâmide completa			
Frequência por semana	3-4	3-4	3-4	3-4	3-4	3-4	3-4	3-4
Séries	3	3	3	3	7	7	7	7
Repetições	10-8-6	10-8-6	10-8-6	10-8-6	10-8-6-1-6-8-10	10-8-6-1-6-8-10	10-8-6-1-6-8-10	10-8-6-1-6-8-10
Exercícios	6	6	6	6	6	6	6	6
IR	2-5 min	2-5 min	2-5 min	2-5 min	2-5 min	2-5 min	2-5 min	2-5 min
%RM	80%-95%	80%-95%	80%-95%	80%-95%	80%-95%	80%-95%	80%-95%	80%-95%
Treinamento aeróbio	N	N	N	N	N	N	N	N
Mês	**Junho**				**Julho**			
Semana	17	18	19	20	21	22	23	24
Mesociclo	H3				Transitório			
Montagem	Direcionado por grupo muscular				Alternado por segmento			
Grupos musculares por sessão	2	2	2	2	Todos os segmentos	Todos os segmentos	Todos os segmentos	Todos os segmentos
Sistema	Pirâmide truncada decrescente				Passagem			
Frequência por semana	4-5	4-5	4-5	4-5	3	3	3	3
Séries	6	6	6	6	3	3	3	3
Repetições	4-6-8-10-12-15	4-6-8-10-12-15	4-6-8-10-12-15	4-6-8-10-12-15	12	12	12	12
Exercícios	6	6	6	6	15	15	15	15
IR	2-5 min	2-5 min	2-5 min	2-5 min	2 min	2 min	2 min	2 min
%RM	70%-95%	70%-95%	70%-95%	70%-95%	80%-90%	80%-90%	80%-90%	80%-90%
Treinamento aeróbio	N	N	N	N	N	N	N	N

%RM: intensidade calculada por 1 repetição máxima; **AA**: adaptação anatômica; **H**: treinamento de força hipertrófica; **FM**: treinamento de força máxima; **DM**: treinamento de resistência muscular com objetivo de definição muscular; **IR**: intervalo de recuperação; **N**: não realiza treinamentos aeróbios.

Inicia-se a dieta metabólica com a fase competitiva, portanto, se o atleta deseja estar pronto em outubro, deverá começar a dieta e os treinos de sobrecarga metabólica 12 semanas antes da data prevista para competição (3 meses). Recorda-se: é um exemplo. Essas sugestões podem ser utilizadas tanto por atletas em todos os níveis quanto por praticantes de TF que tenham objetivos estéticos não competitivos.

Na Tabela 25.25, seguem as sugestões de montagens e de sistemas mais utilizadas nesse período por atletas de competição, recomendadas por Uchida *et al.* (2013). Vale ressaltar que, nesse período, é realizada uma dieta mais restritiva com redução de calorias. A sugestão é que se inicie o primeiro mesociclo com redução de 50% da quantidade de carboidratos e se mantenha igual o consumo de proteínas e de gorduras. No segundo, é indicado que se inicie a flutuação de carboidratos, como discutido anteriormente. O atleta pode usar nesse segundo mesociclo, por exemplo, a opção 2:1 (2 dias com e 1 dia sem carboidrato) e, no próximo mesociclo, intensificar para 1:1 (1 dia com e 1 dia sem carboidrato).

Tabela 25.25 – Periodização de atletas de *bodybuilding*: fase competitiva – mesociclos mensais

Mês	**Agosto**				**Setembro**			
Semana	25	26	27	28	29	30	31	32
Mesociclo	DM1				DM2			
Montagem	Múltiplas séries convencionais				Direcionado por grupo muscular			
Grupos musculares por sessão	2	2	2	2	2	2	2	2
Sistema	Seriado				*Bi-set*			
Frequência por semana	4-5	4-5	4-5	4-5	5-6	5-6	5-6	5-6
Séries	3	3	3	3	3	3	3	3
Repetições	15	15	15	15	15 por exercício	15 por exercício	15 por exercício	15 por exercício
Exercícios	8	8	8	8	6	6	6	6
%RM	60%	60%	60%	60%	50%	50%	50%	50%
IR	≤ 1 min	≤ 1 min	≤ 1 min	≤ 1 min	≤ 1 min	≤ 1 min	≤ 1 min	≤ 1 min
Treinamento aeróbio	S	S	S	S	S	S	S	S
	Intermitente, duas vezes por semana: 5 min de aquecimento leve; depois, 5 séries de 2 min a 85%FCmáx / 1 min a 55%FCmáx = 20 min, no total				*Intermitente*, duas vezes por semana: 5 min de aquecimento leve; depois, 5 séries de 2 min a 85%FCmáx / 1 min a 55%FCmáx = 20 min, no total			

Mês	**Outubro**			
Semana	33	34	35	36
Mesociclo	DM3			
Montagem	Direcionado por grupo muscular			
Grupos musculares por sessão	2-3	2-3	2-3	2-3

Tabela 25.25 – Periodização de atletas de *bodybuilding*: fase competitiva – mesociclos mensais (continuação)

Sistema	Exaustão			
Frequência por semana	6-7	6-7	6-7	6-7
Séries	3	3	3	3
Repetições	Até a exaustão	Até a exaustão	Até a exaustão	Até a exaustão
Exercícios	6-9	6-9	6-9	6-9
%RM	≤ 45 s	≤ 45 s	≤ 45 s	≤ 45 s
IR	50%	50%	50%	50%
Treinamento aeróbio	S	S	S	S
	Intermitente, duas a três vezes por semana: 5 min de aquecimento leve; depois, 5 séries de 2 min a 85%FCmáx / 1 min a 55%FCmáx = 20 min, no total			

%RM: intensidade calculada por meio de 1 repetição máxima; **AA**: adaptação anatômica; **H**: treinamento força hipertrófica; **FM**: treinamento força máxima; **DM**: treinamento de resistência muscular com objetivo de definição muscular; **IR**: intervalo de recuperação; **S**: sim, realiza treinamentos aeróbios.

Na semana do evento, o atleta costuma reduzir o consumo de água pela metade e, um dia antes do evento, o atleta não ingere nenhum líquido. Nessa mesma semana, o atleta não ingere carboidratos, por exemplo: se a competição é no sábado, o atleta para de consumir carboidratos na segunda-feira e reduz a água pela metade. Na sexta-feira, a partir do meio-dia, não consome mais nenhum líquido e inicia a estratégia de supercompensação de carboidratos. Essa é uma estratégia arriscada, que pode trazer riscos à saúde, mas é comumente utilizada por *bodybuilders* em período de competição.

A estratégia de supercompensação de carboidratos está relacionada às suas ligações bioquímicas. O principal substrato dos carboidratos é a glicose. Quando os níveis de glicose no sangue são altos e a demanda energética é baixa, ocorre o processo de armazenamento de glicose ($C_6H_{12}O_6$) na forma de glicogênio, que é um polímero ramificado que se forma a partir de unidades de glicose por ligações glicosídicas. Por ser altamente ramificado, seus grânulos são hidratados, pois as cadeias têm hidroxilas expostas, que se ligam às moléculas de água.

Em tese, o corpo absorveria todo o líquido residual, deixando o atleta com aspecto mais definido. Além disso, o carboidrato seria rapidamente absorvido pelo músculo que estivesse, nesse momento, com níveis muito baixos de glicogênio, em virtude da dieta metabólica e da sobrecarga metabólica realizada durante os últimos três mesociclos.

Vale ressaltar que não há evidências científicas para essa etapa da preparação de *bodybuilders*. Dessa forma, o que está escrito são informações empíricas e da experiência dos autores na modalidade.

No entanto, outros estudos têm demonstrado que as estratégias que os atletas utilizam no período de *pre-contest* com objetivo de redução do tecido adiposo e manutenção da massa magra podem ser estratégias eficientes. Pode-se citar alguns estudos que realizaram restrição calórica associada a um alto consumo de proteína, similar às estratégias utilizadas por atletas de *bodybuilding*, por exemplo:

- Furber *et al.* (2017) observaram a manutenção e o aumento da taxa metabólica de repouso em dietas de restrição calórica com ingestão de proteína elevada e com baixa ingestão de carboidrato em 48 homens saudáveis.
- Friedlander *et al.* (2005), Carbone, McClung e Pasiakos (2012) e Areta *et al.* (2014) demonstraram a atenuação da perda de massa magra em dietas com alta ingestão de proteína, auxiliando a manutenção da taxa metabólica de repouso em indivíduos saudáveis.
- Johnstone (2015), em estudo de revisão, verificou a melhora na composição corporal e no perfil lipídico, e a redução de riscos de doenças coronárias em indivíduos obesos com dietas intermitentes.
- Hussain *et al.* (2012) mostraram que a manipulação da ingestão de carboidratos como regulador da manutenção/perda de massa corporal e da melhora do perfil lipídico em indivíduos com sobrepeso ou obesos.
- Nakazato e Song (2008) relacionaram a alta ingestão de proteínas (35% de proteína) associada ao aumento da expressão de PGC-1α, em comparação à dieta de controle (15% de proteína), demonstrando aumento significante na oxidação de gordura; a pesquisa foi realizada em modelo animal (19 ratos Wistar).

Outros esportes também utilizam a estratégia de sobrecarga de carboidrato com o objetivo de aumentar os estoques de glicogênio muscular e hepático, como o esporte de *endurance*. Alguns dias antes de uma competição intensa e prolongada, o atleta deve balancear a dieta e o treino na tentativa de supercompensar ou saturar as reservas de glicogênio muscular (Brewer, Williams e Patton, 1988; Helge *et al.*, 2003).

Referências

ADOUNI, M.; SHIRAZI-ADL, A. Knee joint biomechanics in closed-kinetic-chain exercises. *Comput Methods Biomech Biomed Engin.* v. 12, n. 6, p. 661-70, 2009.

AKKUŞ, H.; Kinematic analysis of the snatch lift with elite female weightlifters during the *2010 World Weightlifting Championship. J Strength Cond Res.* v. 26, n. 4, p. 897-905, 2012.

AMERICAN COLLEGE OF SPORTS MEDICINE (ACSM). American College of Sports Medicine position stand. Progression models in resistance training for healthy adults. *Med Sci Sports Exerc.* v. 41, n. 3, p. 687-708.

ANTON, M. M.; SPIRDUSO, W. W.; TANAKA H. Age-related declines in anaerobic muscular performance: weightlifting and powerlifting. *Med Sci Sports Exerc.* v. 36, n. 1, p. 143-147, 2004.

ARABATZI, F.; KELLIS, E.; SAÈZ-SAEZ DE VILLARREAL, E.; Vertical jump biomechanics after plyometric, weight lifting, and combined (weight lifting + plyometric) training. *J Strength Cond Res.* v. 24, n.9, p. 2440-2448, 2010.

ARANDJELOVIĆ, O. A mathematical model of neuromuscular adaptation to resistance training and its application in a computer simulation of accommodating loads. *Eur J Appl Physiol.* v. 110, n. 3, p. 523-538, 2010.

ARETA, J. L. *et al.* Reduced resting skeletal muscle protein synthesis is rescued by resistance exercise and protein ingestion following short-term energy deficit. *Am J Physiol Endocrinol Metab.* v. 306, n. 8, p. E989-997, 2014.

BARROSO, R.; TRICOLI, V.; UGRINOWITSCH, C. Adaptações neurais e morfológicas ao treinamento de força com ações excêntricas. *R Bras Ci e Mov.* v.13, n. 2, p. 111-122.

BARSS, T. S. *et al.* Velocity-specific strength recovery after a second bout of eccentric exercise. *J Strength Cond Res*. v. 28, n. 2, p. 339-349, 2014.

BLATNIK, J. A.; SKINNER, J. W.; MCBRIDE, J. M. Effect of supportive equipment on force, velocity, and power in the squat. *J Strength Cond Res*. v. 26, n. 12, p. 3204-3208, 2012.

BOMPA, T. O. *et al. Treinamento de força levado a sério*. Barueri: Manole, 2004.

BORCHARDT, J. C. W. Das Training: ein buch für Bodybuilder, *Powerlifter und den interesierten Sportler*. Norderstedt: Books on Demand GmbH, 2009.

BRECHUE, W. F.; ABE, T. The role of FFM accumulation and skeletal muscle architecture in powerlifting performance. *Eur J Appl Physiol*. v. 86, n. 4, p. 327-336, 2002.

BREWER J.; WILLIAMS, C.; PATTON, A. The influence of high carbohydrate diets on endurance running performance. *Eur J Appl Physiol*. v. 57, n. 6, p. 698-706.

BRISKIN, Y. *et al.* Biomechanical substantiation of handicap in powerlifting for athletes with a disability. *Fizjoterapia/Physiotherapy*. v. 16, n. 2, p. 38-43, 2008.

BROWN, E. W.; ABANI, K. Kinematics and kinetics of the dead lift in adolescent power lifters. *Med Sci Sports Exerc*. v. 17, n. 5, p. 554-566, 1985.

BROWN, E. W.; KIMBALL, R. G. Medical history associated with adolescent powerlifting. *Pediatrics*. v. 72, n. 5, p. 636-644, 1983.

BURGOMASTER, K. A.; HEIGENHAUSER, G. J. F.; GIBALA, M. J. Effect of short-term sprint interval training on human skeletal muscle carbohydrate metabolism during exercise and time-trial performance. *J Appl Physiol (1985)*. v. 100, n. 6, p. 2041-2047, 2006.

CARBONE, J. W.; MCCLUNG, J. P.; PASIAKOS, S. M. Skeletal muscle responses to negative energy balance: effects of dietary protein. *Adv Nutr*. v. 3, n. 2, p. 119-126, 2012.

CHANCE, B. *et al.* Skeletal muscle energetics with PNMR: personal views and historic perspectives. *NMR Biomed*. v. 19, n. 7, p. 904-926, 2006.

CHAOUACHI, A. *et al.* Olympic weightlifting and plyometric training with children provides similar or greater performance improvements than traditional resistance training. *J Strength Cond Res*. v. 28, n. 6, p. 1483-1496, 2014.

CHOLEWICKI, J.; MCGILL, S. M.; NORMAN, R. W. Lumbar spine loads during the lifting of extremely heavy weights. *Med Sci Sports Exerc*. v. 23, n. 10, p. 1179-1186, 1991.

CHULVI-MEDRANO, I. *et al.* Deadlift muscle force and activation under stable and unstable conditions. *J Strength Cond Res*. v. 24, n. 10, p. 2723-1730, 2010.

CLEATHER, D. J. Adjust powerlifting performances for differences in body mass. *J Strength Cond Res*. v. 20, n. 2, p. 412-421, 2006.

CLIMSTEIN, M. *et al.* The effects of anabolic-androgenic steroids upon resting and peak exercise left ventricular heart wall motion kinetics in male strength and power athletes. *J Sport Sci Med*. v. 6, n. 4, p. 387-397, 2003.

CONFEDERAÇÃO BRASILEIRA DE LEVANTAMENTO DE PESOS (CBLP). *Federações filiadas*, 2014 [acesso em 03 out 2017]. Disponível em: http://www.cblp.org.br/federacoes/.

CONFEDERAÇÃO BRASILEIRA DE MUSCULAÇÃO, FISICULTURISMO E FITNESS (IFBB-Brasil). *Modalidades*, 2015 [acesso em 08 set 2017]. Disponível em: http://ifbbbrasil.com.br/modalidades/.

COUTINHO, M. *De volta ao básico*: powerlifting – treinamento funcional, esporte de alto rendimento e prática corporal para todos. São Paulo: Phorte, 2011.

CURRY, L. A.; WAGMAN, D. F. Qualitative description of the prevalence and use of anabolic androgenic steroids by United States powerlifters. *Percept Mot Skill*. v. 88, n. 1, p. 224-233, 1999.

DICKERMAN, R. D.; PERTUSI, R.; SMITH, G. H. The upper range of lumbar spine bone mineral density? An examination of the current world record holder in the squat lift. *Int J Sports Med*. v. 21, n. 7, p. 469-470, 2000.

DICKERMAN, R. D. *et al*. Middle cerebral artery blood flow velocity in elite power athletes during maximal weight-lifting. *Neurol Res*. v. 22, n. 4, p. 337-340, 2000.

DOAN, B. *et al*. Evaluation of a lower-body compression garment. *J Sports Sci*. v. 21, n. 8, p. 601-610, 2003.

DOOMAN, C. S.; VANDERBURGH, P. M. Allometric modeling of the bench press and squat: who is the strongest regardless of body mass? *J Strength Cond Res*. v. 14, n. 1, p. 32-36, 2000.

EITNER, J. D.; LEFAVI, R. G.; RIEMANN, B. L. Kinematic and kinetic analysis of the squat with and without knee wraps. *J. Strength Cond Res*. v. 25, p. S41, 2011.

ELLENBECKER, T. S.; DAVIES, G. J. *Closed kinetic chain exercise: a comprehensive guide to multiple joint exercise*. Champaign: Human Kinetics, 2001.

ENOKA, R. M. Motor unit recruitment threshold. *J Appl Physiol*. v. 105, n. 5, p. 1676, 2008.

EPLEY, B. *Poundage chart*: Boyd Epley workout. p. 86. Lincoln: University of Nebraska; 1985.

ESCAMILLA, R. F. Knee biomechanics of the dynamic squat exercise. *Med Sci Sports Exerc*. v. 33, n. 1, p. 127-141, 2001.

ESCAMILLA, R. F. *et al*. A three-dimensional biomechanical analysis of sumo and conventional style deadlifts. *Med Sci Sports Exerc*. v. 32, n. 7, p. 1265-1275, 2000.

ESCAMILLA, R. F. *et al*. Biomechanics of the knee during closed kinetic chain and open kinetic chain exercises. *Med Sci Sports Exerc*. v. 30, n. 4, p. 556-569, 1998.

FAIN, J. N.; BAHOUTH, S. W.; MADAN, A. K. TN. Falpha release by the nonfat cells of human adipose tissue. *Int J Obes Relat Metab Disord*. v. 28, n. 4, p. 616-622, 2004.

FARTHING, J. P.; CHILIBECK, P. D. The effects of eccentric and concentric training at different velocities on muscle hypertrophy. *Eur J Appl Physiol*. v. 89, n. 6, p. 578-586, 2003.

FEDERAÇÃO DE CULTURISMO E FITNESS (IFBB-Rio). *Categorias*, 2016 [acesso em 08 set 2017]. Disponível em: http://www.ifbbrio.com.br.

FEDERAÇÃO PAULISTA DE CULTURISMO (IFBB-SP). *Categorias* [acesso em 04 out 2017]. Disponível em: http://www.ifbbsp.com.br/categorias.php?ct=PROD&cd_categoria=5964&mostra_menu_onde_estou=S#ifrm_principal_anchor.

FERGUSON, M. A. *et al*. Plasma adiponectin response to acute exercise in healthy subjects. *Eur J Appl Physiol*. v. 91, n. 2-3, p. 324-329, 2004.

FERNANDES, G. J. M. *Eponímia*: glossário de termos em anatomia e etimologia: dicionário etimológico da nomenclatura anatômica. São Paulo: Plêiade, 1999.

FREITAS, V. *Anatomia*: conceitos e fundamentos. São Paulo: Artmed, 2004.

FRIEDLANDER, A. L. *et al*. Three weeks of caloric restriction alters protein metabolism in normal-weight young men. *Am J Physiol Endocrinol Metab*. v. 289, n. 3, p. E446-455, 2005.

FRY, A. C. *et al*. Muscle fiber characteristics and performance correlates of male Olympic-style weightlifters. *J Strength Cond Res*. v. 17, n. 4, p. 746-754, 2003.

FURBER, M. *et al*. A 7-day high protein hypocaloric diet promotes cellular metabolic adaptations and attenuates lean mass loss in healthy males. *Clinical Nutrition Experimental*. v. 14, p. 13-25, 2017.

GALPIN, A. J. *et al*. Acute effects of elastic bands on kinetic characteristics during the deadlift at moderate and heavy loads. *J Strength Cond Res*. v. 29, n. 12, p. 3271-3278, 2015.

GARBER, C. E. *et al.* American College of Sports Medicine position stand. Quantity and quality of exercise for developing and maintaining cardiorespiratory, musculoskeletal, and neuromotor fitness in apparently healthy adults: guidance for prescribing exercise apparently healthy adults: guidance for prescribing exercise. *Med Sci Sports Exerc.* v. 43, n. 7, p. 1334-1359, 2011.

GARCÍA-MANSO, J. M. *et al.* Male powerlifting performance described from the viewpoint of complex systems. *J Theor Biol.* v. 251, n. 3, p. 498-508, 2008.

GLYNN, E. L. *et al.* Muscle protein breakdown has a minor role in the protein anabolic response to essential amino acid and carbohydrate intake following resistance exercise. *Am J Physiol Regul Integr Comp Physiol.* v. 299, n. 2, p. R533-540, 2010.

GODAWA, T. M.; CREDEUR, D. P.; WELSCH, M. A. Influence of compressive gear on powerlifting performance: role of blood flow restriction training. *J Strength Cond Res.* v. 26, v. 5, p. 1274-1280, 2012.

GOERTZEN, M. *et al.* Injuries and damage caused by excess stress in body building and power lifting. *Sportverletz Sportschaden.* n. 3, v. 1, p. 32-36, 1989.

GÖKBEL, H. *et al.* Effects of repeated bouts of supramaximal exercise on plasma adiponectin, interleukin-6, and tumor necrosis factor-α levels in sedentary men. *J Strength Cond Res.* v. 26, n. 6, p. 1675-1679, 2012.

GOMES, W. A.; COUTINHO, M.; MARCHETTI, P. H. Revisão dos efeitos biomecânicos do uso de banda elástica no joelho durante o agachamento no levantamento básico. *Rev. CPAQV – Centro de Pesquisas Avançadas em Qualidade de Vida.* v. 5, n. 3, 2013.

GOMES, W. A. *et al.* Kinematic and sEMG analysis of the back squat at different intensities with and without knee wraps. *J Strength Cond Res.* v. 29, n. 9, p. 2482-2487, 2015.

GONÇALVES, M. M. S.; CHELOTTI, C. M.; RODRIGUES, T. Avaliação da dieta nutricional de atletas de força: estudo de caso sobre equipe de powerlifting. *RBNE.*, v. 1, n. 2, p. 12-22, 2007.

GROVES, B. *Powerlifting*: levantamento básico – técnicas e treinamento para desenvolvimento muscular atlético. Barueri: Manole, 2002.

HÄKKINEN, K. *et al.* Neuromuscular adaptations during concurrent strength and endurance training versus strength training. *Eur J Appl Physiol.* v. 89, n. 1, p. 42-52, 2003.

HALES, M. E.; JOHNSON, B. F.; JOHNSON, J. T. Kinematic analysis of the powerlifting style squat and the conventional deadlift during competition: is there a cross-over effect between lifts? *J Strength Cond Res.* v. 23, n. 9, p. 2574-2580, 2009.

HATTEN, T. L.; LYONS, B.; BENA, I. High school and college weight training course. Promoting concepts and debunking misconception. *J Illinois Fall.* v. 21, p. 21-26, 2007.

HELGE, J. W. *et al.* The effect of graded exercise on IL-6 release and glucose uptake in human skeletal muscle. *J Physiol.* v. 546, n 1, p. 299-305, 2003.

HUNT, T. M.; TODD, J. Powerlifting's watershed: Frantz vs. United States Powerlifting Federation: the legal case that changed the nature of a sport. *Iron Game History.*, v. 9, n. 3, p. 7-19, 2007.

HURLEY, B. F. *et al.* Glucose tolerance and lipid-lipoprotein levels in middle-aged powerlifters. *J Clin Physiol.* v. 7, n. 1, p. 11-19, 1987.

HUSSAIN, T. A. *et al.* Effect of low-calorie versus low-carbohydrate ketogenic diet in type 2 diabetes. *Nutrition.* v. 28, n. 10, p. 1016-1021, 2012.

International Powerlifting Federation (IPF). History, 2008 [acesso em 04 out. 2017]. Disponível em: http://www.powerlifting-ipf.com/federation/history.html.

INTERNATIONAL POWERLIFTING FEDERATION (IPF). Technical rules, 2011 [acesso em 04 out. 2017]. Disponível em: http://www.powerlifting-ipf.com/rulescodesinfo/technical-rules.html.

INTERNATIONAL WEIGHTLIFTING FEDERATION (IWF). About, 2012 [acesso em 17 jun 2014].Disponívelem:http://www.iwf.net/focus-on-iwf/about/.

JAWED, S.; HORTON, B.; MASUD, T. Quantitative heel ultrasound variables in powerlifters and controls. *Br J Sports Med*. v. 34, n. 4, p.. 274-275, 2001.

JOÃO, G. A. *et al*. Effect of 16 weeks of periodized resistance training on strength gains of powerlifting athletes. *J Exerc Physiol Online*. v. 17, n. 3, p. 102-109, 2014a.

JOÃO, G. A. *et al*. Perfil morfológico de atletas de powerlifting. *Rev Bras Fisiol Exercício*. v. 13, n. 1, p. 54-66, 2014b.

JOÃO, G. A. *et al*. Sessões de powerlifting promovem hipotensão significativa pós-exercício. *Rev Bras Med Esporte*. v. 23, n. 2, p. 118-122, 2017.

JOHNSTONE, A. Fasting for weight loss: an effective strategy or latest dieting trend? *Int J Obes (Lond)*. v. 39, n. 5, p. 727-733, 2015.

JOSSE, A. R. *et al*. Increased consumption of dairy foods and protein during diet- and exercise-induced weight loss promotes fat mass loss and lean mass gain in overweight and obese premenopausal women. *J Nutr*. v. 141, n. 9, p. 1626-1634, 2011.

JÜRIMÄE, J.; PURGE, P.; JÜRIMÄE, T. Adiponectin is altered after maximal exercise in highly trained male rowers. *Eur J Appl Physiol*. v. 93, n. 4, p. 502-505, 2005.

KADOWAKI, T.; YAMAUCHI, T. Adiponectin and adiponectin receptors. *Endocr Rev*. , v. 26, n. 3, p. 439-451, 2005.

KEOGH, J. W.; HUME, P. A.; PEARSON, S. Retrospective injury epidemiology of one hundred one competitive Oceania powerlifters: the effects of age, body mass, competitive standard, and gender. *J Strength Cond Res*. v. 20, n. 3, p. 672-681, 2006.

KEOGH, J. W. *et al*. Anthropometric dimensions of male powerlifters of varying body mass. *J Sports Sci*. v. 25, n. 12, p. 1365-1376, 2007.

KEOGH, J.W. *et al*. Can absolute proportional anthropometric characteristics distinguish stronger and weaker powerlifters. *J Strength Cond Res*. v. 23, n. 8, p. 2256-2265, 2009.

KEOGH, J. W. *et al*. To what extent does sexual dimorphism exist in competitive powerlifters? *J Sports Sci*. v. 26, n. 5, p. 531-541, 2008.

KOMI, P.V. *Força e potência no esporte*. São Paulo: Artmed, 2006.

KRAEMER, W. J. *et al*. *Fisiologia do exercício*: teoria e prática. 2. ed. Rio de Janeiro: Guanabara Koogan, 2016.

KRIEGER, J. W. Single vs. multiple sets of resistance exercise for muscle hypertrophy: a meta-analysis. *J Strength Cond Res*. v. 24, n. 4, p. 1150-1159, 2010.

KUBO, K. *et al*. Time course of changes in muscle and tendon properties during strength training and detraining. *J Strength Cond Res*. v. 24, n. 2, p. 322-331, 2010.

LAKE, J. P.; CARDEN, P. J.; SHORTER, K. A. Wearing knee wraps affects mechanical output and performance characteristics of back squat exercise. *J Strength Cond Res*. v. 26, n. 10, p. 2844-2849, 2012.

LAMBERT, C. P.; FRANK, L. L.; EVANS, W. J. Macronutrient considerations for the sport of bodybuilding. *Sports Med*. v. 34, n. 5, p. 317-327, 2004.

LANCELLOTTI, S. *Olimpíadas 100 anos*: história completa dos jogos. São Paulo: Círculo do Livro, 1996.

LE PANSE, B. *et al*. Changes in steroid hormones during an international powerlifting competition. *Steroids*. v. 77, n. 13, p. 1339-1344, 2012.

LE PANSE, B. *et al*. Cortisol, DHEA, and testosterone concentrations in saliva in response to an international powerlifting competition. *Stress*. v. 13, n. 6, p. 528-532, 2010.

MANGINE, G. T. *et al.* The effects of combined ballistic and heavy resistance training on maximal lower- and upper-body strength in recreationally trained men. *J Strength Cond Res*. v. 22, n. 1, p. 132-139, 2008.

MARCHETTI, P. H.; CALHEIROS NETO, R.; CHARRO, M. *Biomecânica aplicada: uma abordagem ao treinamento de força*. São Paulo: Phorte, 2007.

MARCHETTI, P. H.; UCHIDA, M. C. Effects of the pullover exercise on the pectoralis major and latissimus dorsi muscles as evaluated by EMG. *J Appl Biomech*. v. 27, n. 4, p. 380-384, 2011.

MARCHETTI, P. H. *et al.* Exercício supino: uma breve revisão sobre os aspectos biomecânicos. *Br J Sport Exer Res*. v. 1, n. 2, p. 135-142, 2010.

MARKOVIĆ, G. Does plyometric training improve vertical jump height? A meta-analytical review. *Br J Sports Med*. v. 41, n. 6, p. 349-355, 2007.

MARKOVIĆ, G.; SEKULIĆ, D. Modeling the influence of body size on weightlifting and powerlifting performance. *Coll Antrop*. v. 30, n. 3, p. 607-613, 2006.

MCARDLE, W. D.; KATCH, F. I.; KATCH, V. L. *Fisiologia do exercício*: energia, nutrição e desempenho humano. 6. ed. Rio de Janeiro: Guanabara Koogan, 2008.

MCNUTT, R. A. *et al.* Acute myocardial infarction in a 22-year-old world class weight lifter using anabolic steroids. *Am J Cardiol*. v. 62, n. 1, p. 164.

MELANSON, E. L. *et al.* Twenty-four-hour metabolic responses to resistance exercise in women. *J Strength Cond Res*. v. 19, n. 1, p. 61-66, 2005.

MELLOW, P. *et al.* Digital photogrammetry versus ISAK anthropometry in determining body segment lengths of powerlifters. *J Sci Med Sport*. v. 6, n. 4, Suppl 1, p. 25, 2003.

MILETELLO, W. M.; BEAM, J. R.; COOPER, Z. C. A biomechanical analysis of the squat between competitive collegiate, competitive high school, and novice powerlifters. *J Strength Cond Res*. v. 23, n. 5, p. 1611-1617, 2009.

MOURA, J. A. R. *et al.* Características morfológicas de levantamento de potência de participantes do XXIII campeonato brasileiro de powerlifting. *Rev Bras Cineantrop Desem Hum*. v. 7, n. 2, p. 44-54, 2005.

MUJIKA, I.; PADILLA, S. Scientific bases for precompetition tapering strategies. *Med Sci Sports Exerc*. v. 35, n. 7, p. 1182-1187, 2003.

NAKAZATO, K.; SONG, H. Increased oxidative properties of gastrocnemius in rats fed on a high-protein diet. *J Nutr Biochem*. v. 19, n. 1, p. 26-32, 2008.

NATIONAL AMATEUR BODY-BUILDERS' ASSOCIATION (NABBA). *Divisions*, 2017 [acesso em 4 out 2017]. Disponível em: https://nabba.co/divisions.

NATIONAL AMATEUR BODY-BUILDERS' ASSOCIATION (NABBA). *History:* history of NABBA & NABBA USA, 2014 [acesso em 5 jun 2017]. Disponível em: http://www.nabba.co/about-us.

OLESHKO, V. G. *Treinamento de força: teoria e prática do levantamento de peso, powerlifting e fisiculturismo*. CARVALHO, F. F., tradutor. São Paulo: Phorte, 2008.

OLIVEIRA, A. L. B.; SEQUEIROS, J. L. S.; DANTAS, E. H. M. Estudo comparativo entre o modelo de periodização clássica e Matveev e o modelo de periodização de blocos de Verkhoshanski. *Fitness & Performance Journal*. v. 4, n. 6, p. 358-362, 2005.

OUCHI, N.; WALSH, K. Adiponectin as an anti-inflammatory factor. *Clin Chim Acta*. v. 380, n. 1-2, p. 24-30, 2007.

PADULO, J. *et al.* EMG amplitude of the biceps femoris during jumping compared to landing movements. *Springerplus*. v. 2, p. 520, 2013.

PEREIRA, R. S. *et al.* Does feet position alter triceps surae EMG record during heel-raise exercises in leg press machine? *MTP&RehabJournal*. v. 15, n. 529, p. 1-4, 2017.

PÉREZ, C. S. C.; PITTA, A. G. Levantamiento de pesas, deporte de fuerza. *Pueblo y Educación*. v. 1, p. 1-2, 1990.

PETERSON, M. *et al*. A. Applications of the dose-response for muscular strength development: a review of meta-analytic efficacy and reliability for designing training prescription. *J Strength Cond Res*. v. 19, n. 4, p. 950-958, 2005.

PETTITT, R. W.; CLARK, I. E. High-intensity exercise tolerance: an update on bioenergetics and assessment. *Strength Cond J*. v. 35, n. 2, p. 11-16, 2013.

PIERSON, J. C.; SUH, P. S. Powerlifter's purpura: a valsalva-associated phenomenon. *Cutis*. v. 70, n. 2, p. 93-94, 2002.

PLATONOV, V. N. *Tratado geral de treinamento desportivo*. SALES, D.; CARVALHO, F. F., tradutores. São Paulo: Phorte, 2008.

POCHINI, A. C. *et al*. Exact moment of tendon of pectoralis major muscle rupture captured on video. *Br J Sports Med*. v. 41, n. 9, p. 618-619, 2007.

PRESTES, J. *et al*. *Prescrição e periodização do treinamento de força em academias*. Barueri: Manole, 2012.

PRITCHARD, H. J.; MORTON, R. H. Powerlifting: success and failure at the 2012 Oceania and 2013 Classic World Championships. *J Aust Strength Cond*. v. 23, n. 6, p. 67-70, 2015.

PRITCHARD, H. J. *et al*. Effects and mechanisms of tapering in maximizing muscular strength. *Strength Cond J*. v. 37, n. 2, p. 72-83, 2015.

PRYSTUPA, T.; WOŁYŃSKA-ŚLĘŻYŃSKA, A.; ŚLĘŻYŃSKI, J. The influence of biological restitution on the sport results among handicapped powerlifters with cerebral palsy. *Polish J Sport Med*. v. 26, n. 4, p. 193-204, 2010.

REYNOLDS, J. M.; GORDON, T. J.; ROBERGS, R. A. Prediction of one repetition maximum strength from multiple repetition maximum testing and anthropometry. *J Strength Cond Res*. v. 20, n. 3, p. 584-592, 2006.

ROBERGS, R. A.; GHIASVAND, F.; PARKER, D. Biochemistry of exercise-induced metabolic acidosis. *Am J Physiol Regul Integr Comp Physiol*. v. 287, n. 3, p. R502-516, 2004.

ROBINSON, S. L. *et al*. A nutrition and conditioning intervention for natural bodybuilding contest preparation: case study. *J Int Soc Sports Nutr*. v. 12, p. 20, 2015.

RODEK, J.; SEKULIC, D.; PASALIC, E. Can we consider religiousness as a protective factor against doping behavior in sport? *J Relig Health*. v. 48, n. 4, p. 445-453, 2009.

SATO, K.; FORTENBAUGH, D.; HYDOCK, D. S. Kinematic changes using weightlifting shoes on barbell back squat. *J Strength Cond Res*. v. 26, n. 1, p. 28-33, 2012.

SCHOENFELD, B. J. Squatting kinematics and kinetics and their application to exercise performance. *J Strength Cond Res*. v. 24, n. 12, p. 3497-3506, 2010.

SCHOENFELD, B. J.; OGBORN, D.; KRIEGER, J. W. Dose-response relationship between weekly resistance training volume and increases in muscle mass: a systematic and meta-analysis. *J Sports Sci*. v. 35, n. 11, p. 1073-1082, 2017.

SCHOENFELD, B. J. *et al*. A. Effects of different volume-equated resistance training loading strategies on muscular adaptations in well-trained men. *J Strength Cond Res*. v. 28, n. 10, p. 2909-2918, 2014.

SCHOENFELD B. J. *et al*. Influence of resistance training frequency on muscular adaptations in well-trained men. *J Strength Cond Res*. v. 29, n. 7, p. 1821-1829, 2015b.

SCHOENFELD, B. J. *et al*. Regional differences in muscle activation during hamstrings exercise. *J Strength Cond Res*. v. 29, n. 1, p. 159-164, 2015a.

SCHWANBECK, S.; CHILIBECK, P. D.; BINSTED, G. A comparison of free weight squat to smith machine squat using electromyography. *J Strength Cond Res*. v. 23, n. 9, p. 2588-2591, 2009.

SELYE, H. Forty years of stress research: principal remaining problems and misconceptions. *Can Med Assoc J*. v. 115, n. 1, p. 53-56, 1976.

SHARIAT, A. *et al*. Intensive resistance exercise and circadian salivary testosterone concentrations among young male recreational lifters. *J Strength Cond Res*. v. 29, n. 1, p. 151-158, 2015.

SIEWE, J. *et al*. W. Injuries and overuse syndromes in powerlifting. *Int J Sports Med*. v. 32, n. 9, p. 703-711, 2011.

SILVER, T.; FORTENBAUGH, D.; WILLIAMS, R. Effects of the bench shirt on sagittal bar path. *J. Strength Cond Res*. v. 23, n. 4, p. 1125-1128, 2009.

SILVERTHORN, D. U. *Fisiologia humana*: uma abordagem integrada. 5. ed. Porto Alegre: Artmed, 2010.

SOARES, E. G. *et al*. Efeito agudo da ordem de exercícios tradicional e pré-exaustão no treinamento de força. *Rev Bras Med Esporte*. v. 22, n. 1, p. 27-30, 2016.

SPENNEWYN, K. C. Strength outcomes in fixed versus free-form resistance equipment. *J Strength Cond Res*. v. 22, n. 1, p. 75-81, 2008.

SPERETTA, G. F. F. *et al*. Efeito do intervalo entre as séries sobre o volume de repetições no método piramidal crescente. *RBPFEX*. v. 3, n. 14, p. 118-123, 2009.

STEENSBERG, A. *et al*. Production of interleukin-6 in contracting human skeletal muscles can account for the exercise-induced increase in plasma interleukin-6. *J Physiol*. 2000;529 (Pt 1):237-42.

STEVENS, Q. E.; DICKERMAN, R. D. Surpassing the upper limits of physiologic concentric left ventricular hypertrophy: atrial fibrillation in an elite power athlete. *Int J Cardiol*. v. 81, n. 2-3, p. 275-276, 2001.

SUZUKI, F. S. *et al*. Physical activity level does not influence the neuromuscular fatigue in adults. *Rev Bras Med Esporte*. v. 22, n. 2, p. 97-101, 2016.

SWINTON, P. A. *et al*. A biomechanical analysis of straight and hexagonal barbell deadlifts using submaximal loads. *J Strength Cond Res*. v. 25, n. 7, p. 2000-2009, 2011.

SWINTON, P. A. *et al*. A biomechanical comparison of the traditional squat, powerlifting squat, and box squat. *J Strength Cond Res*. v. 26, n. 7, p. 1805-1816, 2012.

SWINTON, P. A. *et al*. Contemporary training practices in elite British powerlifters: survey results from an international competition. *J Strength Cond Res*. v. 23, n. 2, p. 380-384, 2009.

SZIVAK, T. K. *et al*. Adrenal cortical responses to high-intensity, short rest, resistance exercise in men and women. *J Strength Cond Res*. v. 27, n. 3, p. 748-760, 2013.

TERZIS, G. *et al*. Throwing performance after resistance training and detraining. *J Strength Cond Res*. v. 22, n. 4, p. 1198-1204, 2008.

TOPEND SPORTS. *Weightlifting all around dumbbell contests*, 2008 [acesso em 18 jun 2014]. Disponível em: http://www.topendsports.com/events/discontinued/weights-allround-dumbbell.htm.

TSUZUKU, S.; IKEGAMI, Y.; YABE, K. Effects of high-intensity resistance training on bone mineral density in young male powerlifters. *Calcif Tissue Int*. v. 63, n. 4, p. 283-286, 1998.

UCHIDA, M. C. *et al*. *Manual de musculação*: uma abordagem teórico-prática do treinamento de força. 7. ed. São Paulo: Phorte, 2013.

UNITT, D. J. Revisão histórica sobre a modalidade: cinquenta anos atrás não havia IPF, não havia powerlifting, 2012 [acesso em 18 jun 2014]. Disponível em: http://www.powerlifting-ipf.com/23.html.

URSO, A. *Weightlifting sport for all sports*. Perugia: Calzetti Mariucci, 2011.

VANDEBURGH, P. M.; BATTERHAM, A. M. Validation of the Wilks powerlifting formula. *Med Sci Sports Exerc.* v. 31, n. 12, p. 1869-1875, 1999.

VANDERBURGH, P. M.; DOOMAN, C. Considering body mass differences, who are the world's strongest women? *Med Sci Sports Exerc.* v. 32, n. 1, p. 97-201, 2000.

WALLACE, B. J.; WINCHESTER, J. B.; MCGUIGAN, M. R. Effects of elastic bands on force and power characteristics during the back squat exercise. *J Strength Cond Res.* v. 20, n. 2, p. 268-272, 2006.

WALTERS, P. H.; JEZEQUEL, J. J.; GROVE, M. B. Case study: bone mineral density of two elite senior female powerlifters. *J Strength Cond Res.* v. 26, n. 3, p. 867-872, 2012.

WEINECK, J. *Biologia do esporte.* 7. ed. Barueri: Manole, 2005.

WILBER, R. L.; MOFFATT, R. J. Physiological and biochemical consequences of detraining in aerobically trained individuals. *J Strength Cond Res.* v. 8, n. 2, p. 110-124, 1994.

WILK, K. E. *et al.* A comparison of tibiofemoral joint forces and electromyographic activity during open and closed kinetic chain exercises. *Am J Sports Med.* v. 24, n. 4, p. 518-527, 1996.

WILLARDSON, J. M. The application of training to failure in periodized multiple-set resistance exercise programs. *J Strength Cond Res.* v. 21, n. 2, p. 628-631, 2007.

WILLARDSON, J. M.; BURKETT, L. N. The effect of different rest intervals between sets on volume components and strength gains. *J Strength Cond Res.* v. 22, n. 1, p. 146-152, 2008.

WINWOOD, P. W.; KEOGH, J. W.; HARRIS, N. K. Interrelationships between strength, anthropometrics, and strongman performance in novice strongman athletes. *J Strength Cond Res.* v. 26, n. 2, p. 513-522, 2012.

ZATSIORSKY, V. M.; KRAEMER, W. J. *Ciência e prática do treinamento de força.* 2. ed. São Paulo: Phorte, 2008.

ZINK, A. J. *et al.* The effects of a weight belt on trunk and leg muscle activity and joint kinematics during the squat exercise. *J Strength Cond Res.* v. 15, n. 2, p. 235-240, 2001.

ZOURDOS, M. C. *et al.* Modified daily undulating periodization model produces greater performance than a traditional configuration in powerlifters. *J Strength Cond Res.* v. 30, n. 3, p. 784-791, 2016..

26

Biomecânica aplicada: explorando o treinamento de força e potência

Carlos Noriega
Charles Ricardo Lopes
Paulo Henrique Marchetti

OBJETIVO DO CAPÍTULO

O objetivo do capítulo é capacitar o leitor a respeito dos princípios gerais da biomecânica voltados para o entendimento dos conceitos de força e potência e mostrar conceitos básicos sobre fisiologia neuromuscular, diagramas que representam a contração muscular e modelos que comportam e exemplificam diferentes métodos de treinamento voltados para força e potência.

A força muscular é um dos componentes mais importantes da aptidão física, relacionada não só com o desempenho atlético, mas, também, com a saúde do indivíduo. Força e potência são, provavelmente, as duas capacidades mais requisitadas pelos treinadores e atletas de alto rendimento esportivo, no entanto, tais atributos também são pretendidos por praticantes de diferentes modalidades esportivas. Todos os movimentos dos seres humanos necessitam gerar apropriados níveis de força e potência muscular, atletas ou praticantes de diferentes modalidades esportivas, nas quais a potência é necessária para o desempenho ou execução de seus movimentos, precisam do máximo de desenvolvimento individual das capacidades musculares. Para isso, planificam e estruturam seus treinos, programam suas refeições e descansos, planejam suas cargas de trabalho, dosificam seus esforços, tudo em prol de atingir o potencial máximo de gerar esforço. Quando um profissional de medicina ou de esporte avalia um sujeito, observa diferentes características como flexibilidade, movimentação e postura, ademais, observa a capacidade muscular de gerar força ou potência e o equilíbrio muscular, tanto na relação de força (músculos antagônicos) como na de todos os músculos responsáveis por cada um dos segmentos articulares do corpo envolvidos em um determinado movimento, isso para fazer o planejamento dos treinos ou das sessões de reabilitação. Justamente para compreender esses movimentos e entender as forças que interagem durante a sua execução é que se usa a biomecânica, a aplicação da mecânica na compreensão da estática e dinâmica dos organismos vivos. Inicialmente, o estudo de análise do movimento humano, suas lesões e desenho de equipamento são reconhecidos mundialmente também como parte integral da ciência do esporte, ergonomia, medicina esportiva e ortopedia (Siff, 2000). Portanto, para fins medicinais, terapêuticos e esportivos faz-se necessário compreender as bases que comportam os mecanismos geradores de força e potência.

26.1 Forças do movimento

Força é uma magnitude física de caráter vetorial que representa toda ação ou influência capaz de modificar o estado de movimento ou repouso de um corpo, ou seja, é um conceito usado para descrever as interações físicas entre objetos. Quando várias forças atuam sobre um corpo, estas somam-se vetorialmente, dando assim lugar a uma força total ou resultante. A ciência que estuda a força e os movimentos é a mecânica. A partir da perspectiva da engenharia, é o campo que estuda a ação das forças sobre os corpos materiais e se subdivide em dois tipos: a estática e a dinâmica; a estática estuda partículas e os corpos rígidos em equilíbrio estático e, por sua vez, a dinâmica divide-se em dois campos: a cinemática e a cinética. A cinemática estuda as leis do movimento dos corpos sem considerar as causas que o produzem, limitando-se, essencialmente, a estudar a trajetória em função do tempo, isto é, estudar a velocidade, a aceleração e as mudanças de direção. A cinética estuda os elementos que aceitam movimento, tais como massa, força e energia.

26.1.1 Leis de Newton

Isaac Newton estabeleceu as relações existentes entre força e movimento em três princípios ou leis, conhecidas como as Leis do Movimento, sendo estas a Lei da Inércia, a Lei da Aceleração e a Lei da Ação-Reação (Enoka, 2002).

a) Primeira Lei de Newton (princípio da inércia): uma partícula permanecerá em estado de repouso ou em movimento em uma linha reta com velocidade constante se não houver forças atuando sobre ela. Para o entendimento dessa lei, é necessário estabelecer dois conceitos: o primeiro é a massa, que é a quantidade de matéria que compõe um objeto, de unidade de medida o quilograma (kg); o segundo é a inércia, que relaciona a dificuldade de alterar a velocidade de um objeto (*Idem, ibidem*).
   Como o movimento é descrito em termos de velocidade, a inércia é uma característica da matéria que só será percebida quando um objeto começa a ser acelerado. Considere o seguinte exemplo: duas pessoas fazendo agachamento, ambas com as mesmas características antropométricas e as mesmas velocidades de execução, mas cada uma com diferentes cargas nas costas. No momento de descer e chegar no ponto de retorno, a pessoa que possui a maior carga terá a maior dificuldade de retornar (realizar a parte concêntrica do movimento) devido a maior inércia motivada pela maior massa.
b) Segunda Lei de Newton (aceleração): as forças resultantes num corpo produzem nele uma aceleração com a mesma direção e sentido da força resultante. É a popular fórmula F = m.a conhecida também como a Lei Fundamental da Dinâmica. A unidade de medida da força é o Newton (N).

Força = massa do corpo × aceleração (N)

Por exemplo, qual seria a aceleração que um objeto de 5 kg teria ao aplicar uma força de 20 N?

$$F = m.a$$

$20 = 5.a \rightarrow a = 4\ m/s^2$

Na equação que representa a segunda lei de Newton, por se tratar de uma igualdade, é possível manipular o lado direito (massa e aceleração) para se obter os resultados no lado esquerdo (força), isto é:

F= ↑m . a — Nesta situação, a massa é maior e a aceleração é menor.
F= m . ↑a — Nesta situação, a massa é menor e a aceleração é maior.
F= m . a — Nesta situação, ambas, a massa e a aceleração, são moderadas.

Na primeira situação, na qual os pesos são muito altos, encontram-se os *powerlifters* ou basistas; na segunda situação, como exemplo, os praticantes de trilha e campo; e na terceira encontram-se os *bodybuilders* que utilizam pesos menores para conseguir fazer repetições que estimulem a hipertrofia com movimentos controlados. Praticantes de levantamento de peso olímpico são um caso especial, pois ao se utilizarem de grandes pesos, o fazem em diferentes velocidades, procurando como finalidade a geração máxima de potência.

c) Terceira Lei (ação – reação): a toda ação corresponde uma reação de igual magnitude, mas em sentido contrário, ou para cada ação existe uma reação oposta e de igual magnitude. Retomando o exemplo do agachamento, imagine agora uma pessoa de 80 kg fazendo o exercício com uma carga de 100 kg, tanto a massa carregada como a pessoa são atraídos pela força de gravidade da terra, assim, no momento da fase positiva (concêntrica), a força aplicada nos pés é igual a essa carga total, mas em sentido contrário à gravidade do planeta. Se a pessoa descer com maior velocidade, a inércia (1ª lei de Newton) será maior, portanto terá de aplicar maior quantidade de esforço para subir no agachamento.

Por isso, atletas de *powerlifting* descem lentamente ao executar o agachamento, controlando cada parte da trajetória para minimizar as mudanças de velocidade e, portanto, diminuir a inércia que só aumentaria o esforço. Existem outras execuções de agachamento que não seguem essa lógica, mas estão orientadas para a especificidade de cada sujeito e necessidade atlética ou do desempenho.

26.2 Definições numéricas prévias

As quantidades podem ser definidas como escalares e quantidades vetoriais. As escalares só possuem magnitude e podem somar-se aritmeticamente. Exemplos de quantidades escalares são massa, superfície, volume. As quantidades vetoriais, por sua vez, possuem magnitude, direção e sentido, e devem somar-se vetorialmente para obter valores como deslocamento, velocidade, aceleração, momento e força.

Utilizando o conhecimento básico da engenharia, os principais conceitos mecânicos são:

- Trabalho (*Work*) é uma quantidade escalar que é calculada mediante o produto do deslocamento de um objeto e a força atuando na direção desse deslocamento. Sua unidade de medida é o joule (J), equivalente a 1N.m. O trabalho pode ser negativo ou positivo, sendo que se a força atua no mesmo sentido do deslocamento então ele será positivo.

Trabalho (J) = força × distância

- Potência (*Power*) é uma quantidade escalar definida como a quantidade de trabalho feito dividido pela quantidade de tempo. Sua unidade de medida é watts (W).

P (W) = trabalho/tempo

Nesta equação, pode-se substituir o trabalho, tendo a forma a seguir:

P (W) = (força x distância)/tempo

E como a potência é representada por uma mudança de energia no sistema, então esta também pode ser reescrita como o nível de mudança de energia:

P (W) = força × velocidade

As equações anteriormente expostas (de trabalho e potência) se aplicam em objetos se deslocando no espaço, com a linha de projeção do caminho percorrido sendo projetada desde seu centro de massa, no entanto, no caso dos movimentos de um ser humano, nem sempre existe translação. Todos os movimentos feitos por um ser humano involucram a rotação dos segmentos em torno de seus eixos, e essas ações são produzidas pela interação de forças associadas a cargas externas, cuja capacidade de produzir tais rotações é denominada como torque ou momento de força.

Se uma força é aplicada em um corpo a certa distância (l), a partir de um determinado ponto, a força pode causar um determinado movimento angular naquele ponto (Wirhed, 2002), chamado de torque ou momento de força.

- Torque

$\tau = r \times F$ onde

τ = torque, r = momento e F = força

Se o objeto não se desloca então a força não resulta em trabalho, mas se só gira em torno de si mesmo devido à força nele aplicada pode-se calcular:

- Trabalho rotacional = torque × deslocamento angular, onde o torque é o produto da força e a distância perpendicular aplicada no objeto, e o deslocamento angular é a quantidade de graus que o objeto gira.
- Potência rotacional = torque (τ) × (deslocamento angular / tempo), sendo que tendo o deslocamento angular / tempo pode-se substituí-lo pela velocidade angular, formando assim:

  Potência rotacional = torque × velocidade angular.

- Aceleração: definida como a mudança de velocidade por período de tempo. É expressa em metro por segundo ao quadrado (m/s^2). Pode ser descrita na seguinte fórmula:

  $a = v_1 - v_0 / t_1 - t_0$ onde:
  t_0 é o tempo em que se começa a observar o movimento
  t_1 é o tempo em que se termina a observação
  v_0 é a velocidade inicial
  v_1 é a velocidade final

  Um exemplo de aplicação: um velocista está treinando, dá a partida e alcança uma velocidade de 5,0 m/s depois de 2,0 m/s. Qual foi a aceleração durante esse tempo?
  $a = 5{,}0 - 0 / 2{,}0 - 0 = 2{,}5\ m/s^2$

26.3 Biomecânica dos músculos

No corpo humano, existem três diferentes tipos de músculos: liso, cardíaco e esquelético. No presente capítulo, apenas as características do músculo esquelético serão consideradas. Esses músculos são frequentemente chamados de músculos estriados, em razão de sua semelhança com as estrias. Os músculos esqueléticos podem ser agrupados segundo diferentes critérios; o interesse aqui, porém, será descrever sua arquitetura ou forma, ou seja, o tipo de arranjo das fibras em relação à origem/inserção na qual se produz a força. Temos, dessa maneira: (a) músculo fusiforme, que possui forma de fuso, e as fibras se alinham com a origem/inserção; e (b) músculo peniforme/penado, que possui forma de pena ou leque (Figura 26.1).

Figura 26.1 – Comparativo de músculos fusiforme e peniforme

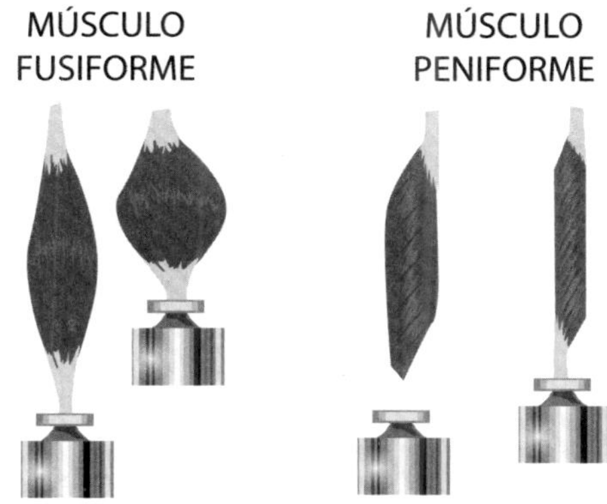

Fonte: Delavier (2015).

Quadro 26.2 – Características anatômicas e mecânicas de músculos fusiformes e peniformes

Tipo	Características
Fusiforme	Encontrado onde são necessárias maiores amplitudes de movimento. Fibras longas e paralelas. Músculos: sartório, bíceps braquial.
Peniforme	Encontrado onde se necessita de menor amplitude, mas muita força. Fibras curtas e diagonais. Músculos: deltoide, gastrocnêmio, peitoral maior, glúteo máximo.

Um corte transversal ao sentido das fibras musculares fornecerá a quantidade de filamentos de actina e miosina que estão contidos, sendo que um músculo pode desenvolver uma força máxima de 50 N/cm^2 por área de secção transversa, então uma área de 6 cm^2 terá uma capacidade mecânica de produzir 300 N de força máxima (Wirhed, 2002). Músculos peniformes possuem uma maior área na sua secção transversa, por isso são muito mais fortes que os fusiformes.

26.3.1 Força muscular

Há diversas definições a respeito da força muscular na literatura científica, mas pode-se generalizar como a capacidade do músculo de exercer, se não a máxima, quase a máxima capacidade de esforço/tensão sobre um objeto. É importante indicar que a força muscular é produzida por uma ótima e não uma máxima frequência de disparo nervoso (Vorobyev, 1978), e que essa ótima frequência de disparo muda em função do nível de fadiga muscular (Kernell, 1982).

A) Tipos de força

A partir do ponto de vista da biomecânica, há dois tipos de força: internas e externas (Zatsiorsky, 2000). As forças externas são aquelas que interatuam com o corpo do sujeito, as quais são as forças do ambiente, como a gravidade, a resistência do ar, a resistência da água e a inércia. Observa-se que estas não são próprias do objeto ou do sujeito (ou elemento) que aplica força. As forças internas são aquelas que reagem frente às externas e são conhecidas como tensões, como as forças musculares. As forças internas são, por exemplo, as de um osso para outro osso ou de tendão-osso, entre outras.

- Resistência muscular: é a capacidade de suportar ou manter um trabalho muscular por um tempo extenso.
- Força máxima: é a capacidade máxima de contração muscular voluntária gerada pelo sistema neuromuscular que pode ser gerada a uma velocidade determinada. É representada também pela maior carga que pode ser levantada por um indivíduo para uma única tentativa.
- Força explosiva ou potência muscular: a partir da análise da fórmula (P= trabalho/tempo), considera-se que como o trabalho é desenvolvido em uma unidade de tempo, e isso indica sua importante influência em atividades diárias ou esportivas que solicitem o tempo de ação como estratégia. Por isso, na literatura, a força é indicada como parâmetro de limitação ou indicador do declínio funcional. Assim, a força explosiva é aquela aplicada em uma unidade de tempo, isto é, a habilidade de gerar a máxima contração muscular o mais rápido possível, expressa em $N.s^{-1}$. Uma característica importante desse tipo de força é o sincronismo na contração das fibras musculares, que permite um recrutamento instantâneo e que eleva o nível da força explosiva. No entanto, para Zatsiorsky e Kraemer (2006), a força explosiva é relacionada à capacidade de se obter valores elevados de força em um tempo muito curto, ou seja, uma alta capacidade de estimulação neurossensorial, também definida como taxa de produção de força. A equação que comporta a força explosiva é:

Força explosiva = força máxima / tempo máximo (tempo em produzir a força máxima)

- Método pliométrico ou pliometria: o termo pliometria também pode ser substituído por "exercícios cíclicos de alongamento-encurtamento", que é uma sequência de ações excêntricas e concêntricas executadas no menor espaço de tempo possível em apenas um único movimento. Os meios mais utilizados para o treinamento de potência são: saltos pliométricos e (ou) saltos profundos, onde há o uso de de saltos com plintos, bancos, *steps* e barreiras com inúmeras variações dos saltos. Já os exercícios utilizando lançamentos de bolas (*medicine ball*) são empregados para o desenvolvimento da potência dos membros superiores. Do ponto de vista fisiológico, o trabalho pliométrico também pode ser chamado de ciclo alongamento-encurtamento, no qual há como resultado uma ação concêntrica poderosa devido à energia elástica armazenada em músculos e tendões e da pré-inervação gerada pelo reflexo do fuso muscular. O maior proveito da força se dá pelo acúmulo de energia potencial elástica, o qual pode ocorrer pela presença de proteínas elásticas do sarcômero, entre elas a titina, como afirma Rassier (2005). O número de saltos, a altura de queda e a pausa são as principais variáveis que devem ser manipuladas no treinamento pliométrico. As Tabelas 26.1, 26.2 e 26.3 demonstram exemplos de treinamentos pliométricos.

Tabela 26.1 – Exemplo de um treinamento pliométrico para iniciantes

Séries	Repetições	Pausa (entre séries)	Exercício	Altura do Salto
10	6 saltos	2' a 5'	Saltos múltiplos com barreiras (laterais e frontais)	40 a 80 cm

Tabela 26.2 – Exemplo de um treinamento pliométrico intermediário

Séries	Repetições	Pausa (entre séries)	Exercício	Altura do Salto
8 a 10	10 saltos	2' a 5'	Saltos múltiplos com barreiras (laterais e frontais)	40 a 100 cm

Tabela 26.3 – Exemplo de um treinamento pliométrico avançado

Séries	Repetições	Pausa (entre séries)	Exercício	Altura do Salto
10 a 12	10 saltos	2' a 5'	Saltos múltiplos com barreiras (laterais e frontais)	40 a 110 cm

Descrição das variáveis manipuladas no protocolo de treinamento de pliometria:

- A **intensidade** refere-se à altura do salto e à complexidade deste. Considera-se como uma intensidade alta o suficiente para recrutar fibras do tipo IIA e IIX.
- O **volume** é aproximadamente de 3 a 10 repetições, o que leva à utilização de fosfocreatina como principal substrato energético necessário para realização de tal trabalho mecânico.
- A **pausa** é considerada como suficiente para recuperação completa dos estoques de fosfocreatina, conferindo um caráter metabólico anaeróbio alático ao protocolo.

No esporte, as ações explosivas mais conhecidas são: saltos, acelerações, lançamentos, golpes de objetos móveis etc. A força explosiva está conformada por quatro componentes essenciais, diferentes entre eles e que podem ser treinados de forma separada para melhorar as características gerais desta. Estes componentes são:

- Velocidade absoluta;
- Força inicial;
- Força de aceleração;
- Força absoluta.

b) Elementos determinantes da força muscular

Em linhas gerais, a força depende de alguns fatores estruturais e funcionais mencionados a seguir (Siff, 2000; Wirhed, 2002):

- Porção fisiológica cruzada ou secção transversa;
- Densidade das fibras musculares por unidade de porção fisiológica;
- Eficiência das alavancas articulares;

- Número de fibras que se contraem simultaneamente;
- Sincronização do disparo de fibras musculares;
- O grau de inibição de fibras musculares que não contribuem no movimento;
- O comprimento muscular inicial antes da contração.

c) Fatores mecânicos que afetam a força muscular

A magnitude da força gerada por um músculo está relacionada, entre outros elementos, com as suas propriedades mecânicas, as quais comportam a capacidade de contração muscular. Consideram-se cinco propriedades mecânico-musculares e suas características (Zatsiorsky, 2000) (Figura 26.2):

Figura 26.2 – Gráfico de força-velocidade, força-potência, potência e carga ótima

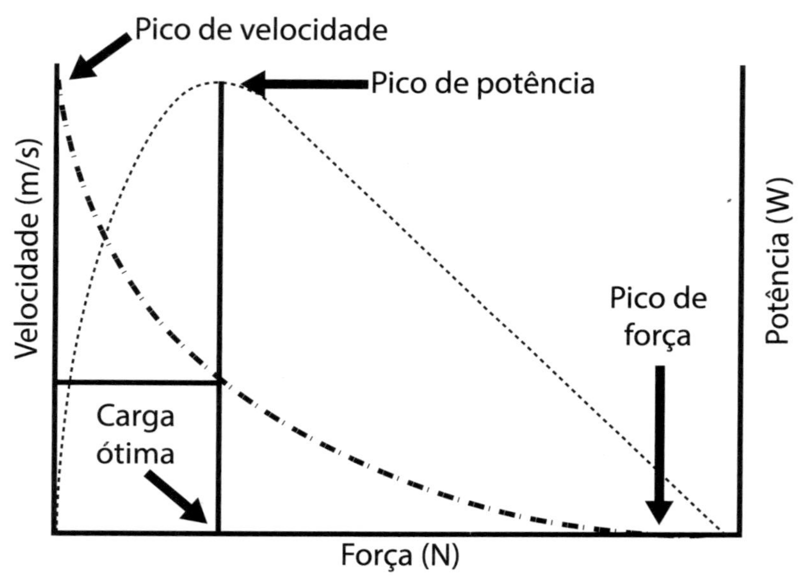

- Relação força-comprimento: relaciona a máxima força isométrica produzida em relação ao comprimento. A relação força-comprimento é uma propriedade estática dos músculos esqueléticos. Esse comprimento é dado pelos ângulos formados pelas articulações. Tal relação indica também que existe um comprimento ou ângulo ótimo para exercer a maior contração muscular possível. Enoka (2000) indica que na contração muscular existem outros processos além do ciclo das pontes transversas, as quais seriam a iteração dos tecidos conjuntivos que se comportam como uma banda rígida, os quais, quando alongados além de seu comprimento de repouso, exercem uma força passiva que se combina com o mecanismo das pontes transversas, resultando numa relação de que a força exercida pelos músculos é produto dos elementos contráteis (miofilamentos) junto com os estruturais (tecido conjuntivo, citoesqueleto).
- Relação força-velocidade: descreve a relação entre a máxima força em um ótimo comprimento e a velocidade correspondente de

contração muscular. Nas contrações concêntricas (fase positiva), a máxima capacidade de força decresce com o incremento de velocidade. Para contrações excêntricas (fase negativa), a força que um músculo pode exercer cresce conforme se incrementa a velocidade. No instante de gerar a contração, seja para movimentar um segmento ou alguma carga, as fibras musculares se encurtam a uma velocidade específica. Isso gera uma força que se ajusta continuamente à velocidade do sistema contrátil.

- Relação potência-velocidade: essa relação pode ser derivada da relação força-comprimento e é representada por P = F.v (potência = força × velocidade). O máximo desenvolvimento de potência acontece quando se usa uma carga (peso) de 30% da força máxima, obtendo a maior velocidade de encurtamento.
- Relação resistência-tempo-estresse: as três propriedades anteriores não consideram a fadiga em suas representações. A fadiga do músculo esquelético é definida por Zatsiorsky (2000) como a inabilidade de um músculo de manter uma força solicitada. Um músculo pode manter uma contração intensa por curto tempo. Exemplo: um grupo de músculos de um indivíduo que possui maior quantidade de fibras de contração lenta poderá manter uma contração por mais tempo que outro indivíduo que possui maior quantidade de fibras de contração rápida, assim como a diferença de um maratonista com um velocista.
- Propriedades de força selecionadas histórico-dependentes: seus efeitos dependem de atividades anteriores como fadiga ou potencialização pós-ativação.

Já para Enoka (2002), a potência muscular indica que os fatores que afetam ou determinam a produção e a potência são a quantidade de fibras musculares ativadas em paralelo e a velocidade que os miofilamentos podem fazer a conversão de energia em trabalho mecânico.

26.4 Ciclo alongamento-encurtamento

As características mecânicas da musculatura esquelética possuem um efeito tão determinante na força e na velocidade das ações musculares que o sistema nervoso central tem uma estratégia preferida para maximizar o desempenho na maior parte dos movimentos rápidos: o ciclo de alongamento-encurtamento, CAE, ou SSC, sigla em inglês (Knudson, 2007).

- Modelo conceitual de Hill: definido em 1950, seu modelo desenvolve-se em três elementos:
  - Os contráteis responsáveis pela parte contrátil, a actina-miosina atuando como uma força ativa.
  - Os elementos elásticos em série, as cabeças de miosina e os tendões responsáveis por acumular e liberar energia potencial elástica (Ugrinowitsch, 1998).
  - Os elementos elásticos em paralelo, a aponeurose e a fáscia muscular, responsáveis pela manutenção do músculo.

O ciclo de alongamento-encurtamento acontece nos movimentos mais naturais e representa a função mais básica do músculo, onde a pré-ativação muscular acontece quando o músculo é alongado (ação excêntrica) e seguidamente é encurtado (ação concêntrica), tornando o músculo mecanicamente muito mais forte (Seiberl, Power *et al.*, 2015). Três fases podem ser caracterizadas durante uma ação muscular no ciclo de alongamento-encurtamento:

- Excêntrica, na qual acontece o alongamento das fibras musculares do agonista e, fisiologicamente, parte da energia mecânica é absorvida e armazenada nos componentes elásticos do músculo (elementos elásticos em série) sob a forma de energia potencial elástica.
- Amortização, na qual acontece a transição entre as fases de alongamento e encurtamento. Fisiologicamente uma fibra aferente do Tipo Ia faz sinapse com um neurônio motor alfa (responsável por inervar a fibra muscular), que por sua vez transmite sinais para o grupo muscular agonista.
- Concêntrica, na qual acontece o encurtamento das fibras musculares do agonista e a energia potencial elástica armazenada é liberada (portanto, converte-se em energia cinética) dos componentes elásticos do músculo. Fisiologicamente os neurônios motores alfa estimulam o grupo muscular agonista.

Quando há passagem/transferência rápida da fase excêntrica para concêntrica, os músculos podem utilizar melhor a energia elástica, aumentando, assim, a geração de força com um menor custo metabólico, porém, se a passagem for lenta, os músculos não aproveitariam a energia potencial elástica acumulada para transformá-la em energia cinética e a dissipariam apenas na forma de calor (Ugrinowitsch, 1998).

26.5 Modalidades esportivas para treino de força e potência

Treinamentos usando resistências externas (pesos) são ministrados para desenvolvimento de força, cada um com suas próprias filosofias de treino e características: musculação, levantamento básico e levantamento de peso olímpico. Dantas (1995) explica que na musculação o objetivo é desenvolver hipertrofia minimizando o porcentual de gordura, onde os treinos são ministrados com diversidade de princípios, diferentes ângulos e posições que permitam estimular o músculo. No capítulo anterior, abordou-se que no levantamento básico o objetivo é levantar a maior quantidade de peso possível em três exercícios: supino, agachamento e levantamento terra. No levantamento de peso olímpico (LPO), também conhecido como halterofilismo, existem duas modalidades envolvidas na competição: o *snatch*, também conhecido como arranco, no qual a barra é levantada por cima da cabeça sem pausas em um único movimento, e o *clean & jerk*, também conhecido como arremesso ou dois tempos, no qual a barra é levada primeiro para os ombros e posteriormente para acima da cabeça.

26.5.1 Modelos e exemplo de treino

Ao examinar a literatura, as abordagens focam unidimensionalmente no desenvolvimento de força ou potência, no entanto, não há enfoque na maximização dos ganhos de força, potência e desempenho geral nos esportes. Desta forma, existem combinações de métodos que podem potencializar o desempenho esportivo (Haff e Ninphius, 2012), como visto na Figura 26.3. Uma estratégia utilizada para maximizar os ganhos de potência inclui a variação de cargas de treinamento, bem como de exercícios utilizados no programa de treino. Por exemplo, pode-se usar o agachamento com cargas que podem variar entre 30 a 70% de 1-RM, ou também pode-se ministrar o agachamento com salto vertical, utilizando cargas entre 10 a 30% de 1-RM. Essas cargas podem levar a valores elevados de potência (5000 a 6500 watts); outra estratégia interessante seria utilizar os exercícios de levantamento olímpico (arranco e/ou arremesso) com cargas entre 70 a 95% de 1-RM (Figura 26.3).

Figura 26.3 – Relação dos métodos de treinamento para o desenvolvimento de potência, força e velocidade de movimento

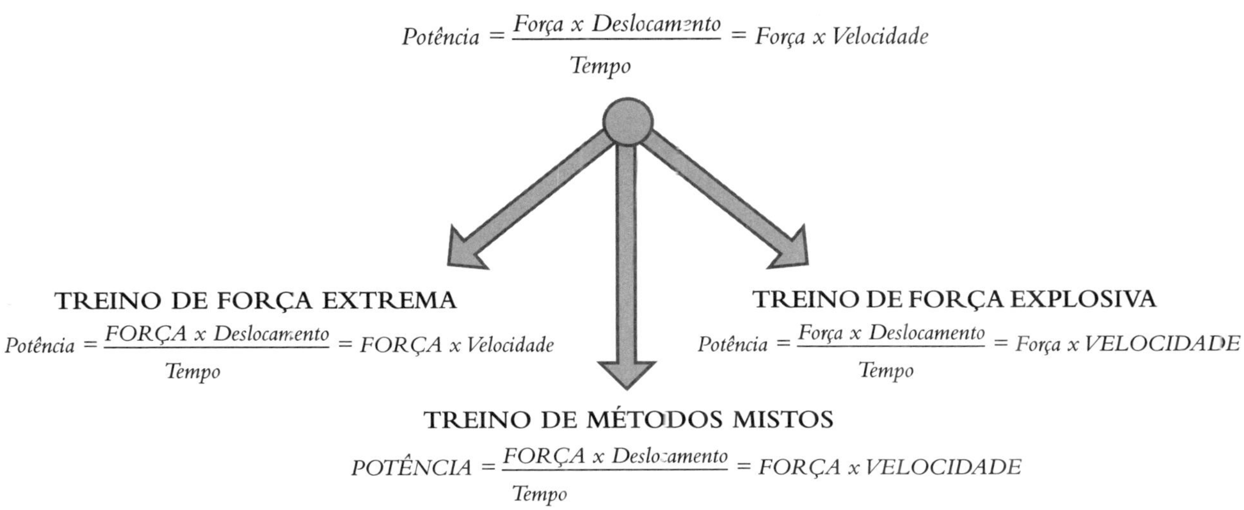

A) Treino de levantamento básico

Os basistas ou *powerlifters*, denominação dos praticantes dessa modalidade, utilizam treinos diversos baseados em diferentes experiências de atletas e treinadores. No exemplo a seguir, foi usado o treino 5/3/1 (Wendler, 2011), que é um método bastante popular e usado pela comunidade esportiva.

- Desenvolvido em 2005, é um método que coloca ênfase em trabalhos multiarticulares e não utiliza exercícios para "isolar" articulações como a cadeira extensora, idealizando, assim, construir força e tamanho de forma geral.
- Treinamentos feitos entre três a quatro vezes por semana dos quais um dia é orientado para o desenvolvimento em pé (*military press*), outro para o agachamento, outro para o terra e, finalmente, outro para o supino.
- Cada ciclo de treinamento será de quatro semanas: na primeira semana se executam três séries de cinco repetições (3x5); na segunda semana se executam três séries de três repetições (3x3); na terceira semana se executam uma série de cinco repetições, uma série de três repetições e uma série de uma repetição, de onde vem o nome 5/3/1; finalmente, na quarta semana se executam três séries de cinco repetições, uma semana de descarregamento.
- O atleta define os dias em que podem ser feitos os treinamentos.

Segue um exemplo de como seria um treino da semana:

Quadro 26.1 – Treinos da semana

Dia 1	Dia 2	Dia 3	Dia 4
Aquecimento	Aquecimento	Aquecimento	Aquecimento
Desenvolvimento	Terra	Supino	Agachamento
Fortalecimento	Fortalecimento	Fortalecimento	Fortalecimento

Devido ao fato de o exercício levantamento terra requerer alta exigência dos eretores espinhais, glúteos e membros inferiores, é que esse dia de treinamento está separado do dia do agachamento, para evitar fase de sobretreino (*overeaching*) não funcional, ou seja, quando o descanso não é suficiente para recuperar os músculos. O *overtraining* envolve fatores psicológicos como perda de motivação e/ou fatores fisiológicos, como fadiga muscular ou lesão, bem como mudanças hormonais e neurais. O mesmo se aplica para o treino de desenvolvimento em pé e supino, pois ambos recrutam com intensidade os deltoides, portanto devem ser treinos separados com no mínimo 24-48 horas. Ao observar o exemplo acima de planejamento, tem-se no final de cada dia a palavra "fortalecimento", que são os exercícios auxiliares para o dia de treino, ficando ao critério individual tanto a ordem de colocação como o tipo de exercício, mas a modo de exemplo podem ser:

- Para o dia 1: remada (3x12), elevação escapular (3x15), paralelas (5x10);
- Para o dia 2: avanços ou afundos (3x6), elevação de pernas (3x15) ou hiperextensões (3x12);
- Para o dia 3: rosca direta ou rosca alternada (3x10), antebraços (algum exercício em pegada pronada) 3x10;
- Para o dia 4: *leg press* 5x20, cadeira flexora 3x10.

Todo programa de treinamento deve ter um planejamento, um sistema de periodização que permita controlar as cargas utilizadas e as intensidades a que o organismo é submetido. A seguir, duas propostas que podem colaborar e estruturar os treinos do sistema 5/3/1:

Tabela 26.2 – Opção A

Semana 1	Semana 2	Semana 3	Semana 4
65% x cinco repetições	70% x três repetições	75% x cinco repetições	40% x cinco repetições
75% x cinco repetições	80% x três repetições	85% x três repetições	50% x cinco repetições
85% x cinco repetições ou mais	90% x três repetições ou mais	95% x uma repetição ou mais	60% x cinco repetições

Tabela 26.3 – Opção B

Semana 1	Semana 2	Semana 3	Semana 4
75% x cinco repetições	80% x três repetições	75% x cinco repetições	40% x cinco repetições
80% x cinco repetições	85% x três repetições	85% x três repetições	50% x cinco repetições
85% x cinco repetições ou mais	90% x três repetições ou mais	95% x uma repetição ou mais	60% x cinco repetições

B) Utilização do treinamento de levantamento de peso olímpico para ganhos de força explosiva e potência

Em modalidades esportivas nas quais a potência atlética é uma característica determinante do desempenho, faz-se necessário melhorar os mecanismos responsáveis geradores dessa potência, chamada, no treinamento esportivo, de "tripla extensão", que permite um maior desenvolvimento desses mecanismos (Frounfelter, 2009; Haff, 2009), sendo o levantamento de peso olímpico a modalidade esportiva que melhor o representa, ao permitir o desenvolvimento de toda a extensão do movimento dessa execução. Está amplamente documentado que o desenvolvimento da potência muscular dos membros inferiores está diretamente relacionado com a performance geral de um atleta, sendo esta a maior característica dos movimentos do LPO (Hori e Newton *et al.* 2007; Izquierdo e Hakkinen *et al.*, 2002). Daí a sua ampla prática nas diferentes modalidades esportivas e utilização em diferentes planejamentos em procura de desempenho e potência muscular: natação, futebol australiano, salto vertical em velocistas de 100 e 200 metros, voleibol e até em aplicações de desenvolvimento de habilidades com crianças de 12-13 anos (Chaouachi e Hammami *et al.*, 2014). Por isso a relevância da utilização dos exercícios do levantamento de peso olímpico nas diferentes modalidades esportivas.

Algumas considerações prévias antes de detalhar o treino:

- Sobre a carga de treinamento: após uma sessão de treino, o nível de testosterona se eleva, mas decresce conforme os treinos com intensidades altas vão acontecendo, contudo, um dia de descanso absoluto consegue solucionar esse problema, por isso a variabilidade (Hakkinen e Pakarinen, 1988) deve ser usada como estratégia no desenho de um programa, uma vez que permite reduzir a possibilidade de *overreaching* não funcional enquanto mantém os progressos do atleta. Entende-se como variabilidade as periódicas oscilações na sobrecarga de trabalho planejado, organizando estrategicamente até os dias de descanso.
- A biomecânica do movimento: os movimentos do levantamento de peso olímpico não requerem apenas força, mas também velocidade, reação e coordenação. O praticante dessa modalidade demora meses ou até anos para aprimorar a técnica e conseguir o objetivo de automatizar o gesto esportivo (que é o resultado não só das experiências motoras prévias e do treinamento específico, mas também das alterações estruturais e neuromusculares). Por isso a técnica é relevante no sucesso dos movimentos e foi amplamente estudada, tanto na cinética como na sua cinemática de execução (Enoka, 1979; Garhammer, 1976; Kristof Kipp, 2012).
- Sobre os exercícios: pesquisadores (Garhammer e Takano, 2003) determinaram que a variabilidade também se aplica na seleção dos exercícios a serem executados. Isso permite não só a ênfase no desenvolvimento das capacidades físicas necessárias que requerem os movimentos, tais como flexibilidade, força e velocidade, mas também em um auxílio para os sintomas de estresse da monotonia de estar repetindo os mesmos padrões motores constantemente.

Fases do treino para levantamento de peso olímpico

O primeiro em apresentar os critérios básicos para a periodização no levantamento de peso olímpico foi Matveyev (1972), que indica que um programa é periodizado quando é dividido em fases, onde cada uma possui seus objetivos primários e secundários. A sugestão geral usada nos treinamentos de LPO é:

- Fase de força-potência: parte de preparação, na qual a característica mais ressaltante é o alto volume (várias repetições) com baixa intensidade (pouco peso). Conforme as semanas se passam, o volume diminui e a intensidade incrementa. A ideia central é ir acostumando o organismo às necessidades específicas de realizar um máximo esforço.
- Fase preparatória: aumenta a quantidade de treinos por semana (6-15), aumenta a quantidade de exercícios por treino (3-6), as séries (3-6) e as repetições por série (4-6).
- Fase de competição: contém de 5-12 treinos por semana, de 1-4 exercícios por treino, de 3-5 séries por exercício e de 1-3 repetições por série. As últimas duas fases se executam duas ou mais vezes por ano.

Outro modelo de periodização foi feito por Stone *et al.* (1982), no qual as mudanças das fases foram menos intensas. Caracterizada pelas seguintes fases:

- Fase de incremento muscular: exercícios de 5 séries por 10 repetições (agachamento e *pull*).
- Fase de melhora da força básica: exercícios de 3 a 5 séries com 3 repetições.
- Fase de competição: exercícios de 1-3 séries com uma a 1-3 repetições. (O uso de séries com 10 repetições para os exercícios auxiliares foi estabelecido nos anos 1970 e ainda é utilizado com muitas pequenas modificações.

Existem diversas metodologias de treinamento no levantamento de peso olímpico; no capítulo anterior, viu-se algumas sugestões de planificação do treinamento. Nesse momento, serão exploradas outras "escolas", com suas próprias metodologias, características e filosofias. Na atualidade, a escola chinesa apresenta ótimos resultados, o Irã aportou vários medalhistas olímpicos na categoria superpesada (anteriormente dominada Leste Europeu), entretanto devem-se mencionar as duas escolas que deram origem e base científica para o treino de levantamento de peso olímpico: a russa e a búlgara. O método russo se aplica na maior quantidade de pessoas da população global, tanto pelo critério da dosagem das cargas como pela técnica de execução dos praticantes. Já o método búlgaro envolve um pequeno número de atletas selecionados especificamente e trabalha com cargas muito altas e pequenas mudanças técnicas. Devido à sua localização geográfica, alguns países utilizaram esse método com sucesso: Grécia, Turquia e Irã. O método russo permite ao atleta alcançar longevidade competitiva, já o método búlgaro ocasiona na mudança de representante do país a cada ciclo olímpico (Garhammer e Takano, 2003). Pode-se dizer, portanto, que os russos focam em trabalho e aperfeiçoamento de anos, já os búlgaros preparam-se em camadas geracionais.

Exemplo de treino búlgaro

Dia 1

Manhã

Sessão 1 *Snatch* → 1-6 esforços máximos.

Descanso de 30 minutos

Sessão 2 *Clean & jerk* → 1-6 esforços máximos

Tarde

repetição do mesmo da manhã

Noite

repetição do mesmo da manhã

Dia 2: Repetição do dia 1

Dia 3:

Sessão 1 *Power snatch* → 1-6 esforços máximos. Descanso de 30 minutos

Sessão 2 *Power clean & jerk* → 1-6 esforços máximos

Agachamento → 1-6 esforços máximos

Dia 4: Repetição do dia 1

Dia 5: Repetição do dia 1

Dia 6: Repetição do dia 3

Dia 7: Sessão leve, sem carga definida

No sistema búlgaro apresentado, cada sessão deve durar 45 minutos. Os atletas fazem um aquecimento intenso e fazem cada repetição com esforços máximos, elevando a carga para cada repetição. Esse sistema precisa de acompanhamento muito próximo por parte do treinador, já que isso permitirá a escolha dos exercícios de fortalecimento e definir as cargas de cada repetição. Observa-se que é um treino muito intenso, com demandas de rendimento muito altas através do tempo.

Exemplo de treino russo

O método utiliza uma grande variedade de exercícios durante os treinos, além de sessões em um mesmo dia, iniciadas com um treino de movimentos em diferentes posições e apoios, além de porcentagens de representação das cargas. Os treinos são representados no seguinte formato:

Nome do exercício (com a indicação da posição de início) **(75%/3)2**

Esses números significam que no exercício indicado será usado 75% da carga máxima, quantidade de repetições (denominador) e, fora dos parênteses, a quantidade de séries. Por exemplo: *Power clean* joelho embaixo (60%/3)2, (70%/2)2.

Com essa indicação, seria executado o *power clean*, começando pelo movimento embaixo do joelho (em *hang*), com uma carga de 60% do máximo e 2 séries de 3 repetições. Depois, o peso aumentaria para 70% do máximo e seriam feitas 2 séries de 2 repetições.

As pausas entre séries e exercícios devem ser de 2 a 5 minutos para recuperação do sistema nervoso central (SNC) e ressíntese completa da fosfocreatina (PCr). A seguir, um exemplo de treino de preparação sob o modelo russo adaptado de Komi (2003):

Dia 1

Manhã

Desenvolvimento sentado (60%/3)2, (70%/3)2

Snatch (arranco) (60%/3)2, (70%/3)3, (80%/2)2

Agachamento frontal (60%/4)2, (70%/4)3, (80%/4)2

Tarde

Clean abaixo do joelho + *jerk* (60%/3+1)3, (70%/3+1)2, (80%/3+1)3

Pull de *clean* (70%/4)1, (80%/4)2, (85%/4)2

Bom dia (x/8)4

Dia 2

Manhã

Power snatch do solo (65%/3)3, (75%/3)2, (80%/2)2

Power clean + *jerk* (60%/3+1)2, (70%/3+1)2, (80%/2+1)3

Jerk (70%/3)2, (80%/2)2

Pull de snatch excêntrico (80%/3)6 20 segundos descendo

Pull de clean excêntrico (80%/3)6 20 segundos descendo

Dia 3

Descanso ativo

Dia 4

Manhã

Desenvolvimento em pé (60%/4), (70%/4), (80%/3)2
Clean + *jerk* (60%/3+1)2, (70%/3+1)2, (80%/3+1)2
Agachamento (60%/5)2, (70%/5)2, (80%/5)2
Tarde
Snatch acima do joelho (60%/3)3, (70%/3)2, (75%/2)3
Pull (*halon*) de *snatch* (70%/4)2, (80%/4), (90%/4)2
Bom dia (x/8)4

Dia 5

Manhã
Snatch (60%/3)3, (70%/3)2, (80%/2)2
Clean acima do joelho + *jerk* (60%/3+1)3, (70%/3+1)2, (80%/2+1)2
Pull (*halon*) de *snatch* (70%/4)2, (80%/4)2, (90%/3)2
Agachamento frontal (70%/5)2, (80%/4)2, (90%/3)2

Dia 6

Manhã
Power clean + *jerk* (60%/3+1)2, (70%/3+1)2, (80%/2+1)2
Jerk (70%/3), (80%/3)2, (90%/2)2
Agachamento (70%/5)2, (50%/5)2, (90%/3)2
Tarde
Snatch baixo o joelho (60%/3)3, (70%/3)2, (80%/2)2
Pull (*halon*) de snatch (60%/4)2, (70%/4)2, 80%/3
Snatch lento (80%/3)6 10 segundos

Método complexo ou PPA (potencialização pós-ativação)

A potencialização pós-ativação (PPA) é conhecida como aumento da performance aguda após uma ativação da musculatura que será exercida durante a atividade subsequente (ex.: quadríceps para o salto contramovimento) (Okuno, 2011; Rassier e MacIntosh, 2000). A atividade de estimulação é descrita como atividade condicionante (AC) que pode ser realizada por estímulos elétricos, denominada de potencialização pós-tetânica (PPT), porém, quando executada previamente por contrações voluntárias, a atividade que será analisada é chamada de PPA (Okuno, 2011).

Portanto, a literatura aponta que a PPA está ligada a diversos aspectos fisiológicos, tanto do sistema muscular como de origem do sistema nervoso central (Batista, 2005; Batista *et al.*, 2010). Assim, na Tabela 26.4 se apresentam os mecanismos que levam ao efeito da PPA, que podem ser relacionados à maior liberação de cálcio do retículo sarcoplasmático, em consequência, há a ativação da quinase da miosina regulatória de cadeia leve (RCL) e sua fosforilação (Rassier e MacIntosh, 2000; Sale, 2002) além dessa explicação, outros mecanismos são apresentados, como um maior recrutamento de unidades motoras, inibição recíproca da musculatura antagonista, sincronia dos disparos de impulsos nervosos e diminuição da influência de mecanismos inibitórios centrais (células de Renshaw) e periféricos (OTG) (Baker, 2003).

Além disso, a PPA é explorada após diversos tipos de AC, que podem envolver níveis máximos ou submáximos de intensidades (Ferreira *et al.*, 2012; Morana e Perrey, 2009; Okuno, 2011; Tillian e Bishop, 2009). A estimulação por contrações voluntárias pode ser explorada por meio de exercícios de força e atividades que envolvam o ciclo alongamento-encurtamento (saltos).

O desempenho do músculo é envolvido pelas contrações anteriores realizadas, podendo reportar o mecanismo de PPA ou acionar o processo de fadiga (Rassier e MacIntosh, 2000; Sale, 2002; Wilson *et al.*, 2013). O processo de fadiga pode ser evidenciado caso haja a redução da liberação de Ca^{2+} (Morana e Pierrey, 2009), já o efeito de PPA só se evidencia quando há a superação da fadiga (Rassier e MacIntosh, 2000), pois a PPA pode ser usada para impactar positivamente a potência (Esoformes *et al.*, 2011). Desse modo, encontrar a relação ideal entre a fadiga e a PPA é importante, pois ela determinará se o desempenho da atividade principal será prejudicado ou aprimorado (Ferreira *et al.*, 2012). Com isso, para que o efeito da PPA se prove, Sale (2002) afirma que modalidades que exigem força, velocidade e potência parecem melhorar de forma efetiva o desempenho em comparação com atividades de baixa intensidade.

No entanto, o desempenho da PPA depende de alguns fatores que podem implicar de forma positiva ou negativa no seu efeito. Ide, Lopes e Sarraipa (2010) mostram uma preocupação relacionada à PPA de como manipular as variáveis do treinamento, para que o desempenho melhore.

Na Tabela 26.4, listam-se alguns exemplos de treinamentos complexos para algumas modalidades.

Tabela 26.4 – Exemplos de treinamentos complexos

Exercício de ativação	**Intensidade e volume da ativação**	**Pausa pós-ativação**	**Exercício de potencialização**	**Pausa pós-potencialização**
Agachamento	3 repetições com 90%-95% 1 RM	2 a 4 minutos	Salto vertical máximo	2 a 5 minutos
Afundo	2 repetições com 95%-100% 1 RM	2 a 4 minutos	Tiro de velocidade máxima de 30 metros	2 a 5 minutos
Arremesso	1 repetição com 90% 1 RM	2 minutos	Realizar duas entradas de golpes (judô ou jiu-jitsu)	2 a 5 minutos
Leg press	3 repetições com zonas de RM	2 a 4 minutos	Realizar situação de ataque e contra-ataque no voleibol	2 a 5 minutos
Arranco	2 repetições com 95%-100% 1 RM	2 a 4 minutos	Realizar situação de contra-ataque no basquetebol	2 a 5 minutos

A seguir, microciclos para desenvolvimento da potência muscular com ênfase nas capacidades de caráter neural.

Tabela 26.5 – Distribuição das sessões ao longo do microciclo

	Segunda	Terça	Quarta	Quinta	Sexta	Sábado	Domingo
Cap. física	F. Máx.	Potência (musculação)	F. Máx.	Potência (musculação)	F. Máx.	Potência (musculação)	-----
Volume	4 exercícios	4 exercícios	4 exercícios	4 exercícios	4 exercícios	4 exercícios	-----
Intensidade	Zona de RM	30% a 50% de 1 RM	Zona de RM	30% a 50% de 1 RM	Zona de RM	30 a 50% de 1 RM	-----
Pausa	2 a 5' entre séries e exercícios	2 a 3' entre séries e exercícios	2 a 5' entre séries e exercícios	2 a 3' entre séries e exercícios	2 a 5' entre séries e exercícios	2 a 3' entre séries e exercícios	-----
Velocidade de execução	Con: Rápida Exc: Lenta	Con: Rápida Exc: Rápida	Con: Rápida Exc: Lenta	Con: Rápida Exc: Lenta	Con: Rápida Exc: Lenta	Con: Rápida Exc: Rápida	-----

F. Máx. = força máxima; con = concêntrica; Exc = excêntrica; ' = minutos.

Descrição dos exercícios de força máxima: supino, remada aberta, *leg press* e agachamento completo.

Descrição dos exercícios de potência: supino lançado no Smith, agachamento com salto com 30% de 1 RM, *leg press* lançado e desenvolvimento frontal com barra.

Tabela 26.6 – Microciclo com ênfase na potência muscular

	Segunda	Terça	Quarta	Quinta	Sexta	Sábado	Domingo
Cap. física	Potência (quadra ou pista)	Potência (musculação)	F.Máx.	Potência (quadra ou pista)	Potência (musculação)	-----	-----
Volume	3 exercícios 10 x 8 saltos e lançamentos	2 exercícios 3 x 3-5 repetições	4 exercícios 3 x 4	3 exercícios 10 x 8 saltos e lançamentos	2 exercícios 3 x 3-5 repetições	-----	-----
Intensidade	Máxima	80% a 90% de 1-RM	Zona de RM	Máxima	80% a 90% de 1-RM	-----	-----
Pausa	2 a 3' entre séries e exercícios	2 a 3' entre séries e exercícios	2 a 5' entre séries e exercícios	2 a 3' entre séries e exercícios	2 a 3' entre séries e exercícios	-----	-----
Velocidade de execução	Con: Rápida Exc: Rápida	Con: Rápida Exc: Rápida	Con: Rápida Exc: Lenta	Con: Rápida Exc: Lenta	Con: Rápida Exc: Rápida	-----	-----

F. Máx. = força máxima; Con = concêntrica; Exc = excêntrica; ' = minutos.

Descrição dos exercícios de força máxima: desenvolvimento frontal com barra, remada aberta, afundo no Smith e agachamento frontal completo.

Descrição dos exercícios de potência na academia: arranco e arremesso.

Descrição dos exercícios na quadra ou pista: saltos múltiplos sobre barreiras entre 40-100 cm, saltos horizontais e lançamento de *medicine ball* com cargas de 2 a 5 kg.

Curiosidades

Existem diversos elementos involucrados na produção da força e da potência (anteriormente já expostos), mas a técnica dos movimentos e a depuração constante da execução são relevantes no aperfeiçoamento de um atleta. Esse tipo de sistema já está presente há alguns anos no mercado, mas é a sua aplicação interdisciplinar o que potencializa seu uso. Um exemplo é uma parceria entre os Laboratórios de Biomecatrônica e o Laboratório de Sistemas Integráveis, ambos da Escola Politécnica da USP, onde foi desenvolvido um *avatar* que representa a execução de um exercício de LPO para ser utilizado como ferramenta educacional na aquisição de habilidades motoras nessa modalidade esportiva. Como mostrado na Figura 26.4, marcas são colocadas nas zonas articulares do atleta para, mediante um sistema de câmeras infravermelhas e um *software* de captura do movimento, permitir a reconstrução de: (a) os movimentos que foram executados por um especialista da modalidade, (b) depois de um processo de construção e renderização, se cria um *avatar* (c) que reflete todos os parâmetros associados à performance e que será usado para fazer pesquisas que aprofundam no processo de aprendizado e aquisição de habilidades motoras em sujeitos sadios.

Figura 26.4 – Construção de *avatar* para ensino de habilidades motoras em levantamento de peso olímpico: (a) captura de dados via marcadores infravermelhos; (b) execução do movimento por especialista; (c) *avatar* terminado.

Referências

BAKER, D. Acute effect of alternating heavy and light resistances on power output during upper-body complex power training. *Journal Strength & Conditioning Research*, Champaign, v. 17, n. 3, p. 493-497, 2003.

BATISTA, M. A. B. *Influência da experiência em treinamento de força na potencialzação da força explosiva*. 67f. Dissertação (mestrado), Escola de Educação Física e Esporte. Universidade de São Paulo: São Paulo, 2005.

BATISTA, M. A. B. *et al.* Potencialização pós-ativação: possíveis mecanismos fisiológicos e sua aplicação no aquecimento em atletas de modalidade de potência. *Revista da Educação Física/ UEM*, v. 21, n. 1, p. 161-174, 2010.

CHAOUACHI, A. *et al.* Olympic Weightlifting and Plyometric Training with Children Provides Similar or Greater Performance Improvements Than Traditional Resistance Training. *Journal of Strength and Conditioning Research*, v. 28, n. 6, p. 1483-1496, 2014.

DANTAS, E. *A Prática da Preparação Física*. Rio de Janeiro: Shape, 1995.

DELAVIER, F. *Guia dos Movimentos de musculação - Abordagem Anatômica*: Manole, 2015.

ENOKA, R. M. *Neuromechanics of Human Movement*. Champaign: Human Kinetics Publishers, 2002.

ENOKA, R. M. The Pull in Olympic Weightlifting. *Medicine and Science in Sports and Exercise*, v. 11, n. 2, p. 131-137, 1979.

FROUNFELTER, G. Triple Extension: The Key of Athletic Power. *NSCA's Performance Training Journal*, v. 8, n. 1, p. 14-15, 2009.

GARHAMMER, J. Force Plate Analysis of Snatch Lift. International Olympic Lifter, 1976.

GARHAMMER, J;. B. TAKANO. Training For Weightlifting. *Strength and Power in Sport*, Oxford: Blackwell Scientific Publications. v. 3, p. 357-369, 2003.

HAFF, G. Triple Extension: The key to athletic power. *NSCA's Performance Journal*, v. 8, n. 1, p. 14-15, 2009.

HAKKINEN, K.; PAKARINEN, A. Neuromuscular and hormonal adaptations in athletes to strength training in two years. *Journal of Applied Physiology*, v. 65, n. 6, p. 2406-2412, 1988.

HORI, N. *et al.* Comparison of four different methods to measure power output during the hang power clean and the weighted jump squat. *J Strength Cond Res*, v. 21, n. 2, p. 314-320, 2007.

IZQUIERDO, M. *et al.* Effects of long-term training specificity on maximal strength and power of the upper and lower extremities in athletes from different sports. *Eur J Appl Physiol*, v. 87, n. 3, p. 264-271, 2002.

KERNELL, D.; MONSTER, A. Time course and properties of late adaptation in spinal motoneurons of the cat. *Experimental Brain Research*, n. 46, p. 191-196, 1982.

KNUDSON, D. *Fundamentals in biomechanics*. Nova York: Springer, 2007.

KOMI, P.V. *Strength and power in sport*. Hoboken: Wiley-Blackwell, 2003.

KRISTOF KIPP, J. R.; SABICK. M. B. Weightlifting Performance Is Related to Kinematic and Kinetic Patterns of the Hip and Knee Joints. *Journal of Strength and Conditioning Research*, v. 26, n. 7, p. 1838-1844, 2012.

MATVEYEV, L. Periodisicrang des sportlichen training. *National Strength and Conditioning Association Journal*, parte 3, n. 3, 1972.

SEIBERL, W. *et al.* The stretch-shortening cycle (SSC) revisited: residual force enhancement contributes to increased performance during fast SSCs of human m. adductor pollicis. *Physiol Rep*, v. 3, n. 5, 2015.

SIFF, M. Biomecanical foundations os strength and power training. *Biomechanics in sports*, p. 103-138, 2000.

STONE, M. *et al.* A Theoretical Model of Strength Training. *NSCA Strength and Conditioning Journal*, v. 4, n. 4, p. 36-39, 1982.

UGRINOWITSCH, C.; BARBANTI, V. O ciclo de alongamento e encurtamento e a 'performance' no salto vertical. *Revista Paulista de Educação Física*, v. 12, n. 1, p. 85-94, São Paulo, 1998.

VOROBYEV, A. *A Textbook on Weightlifting*. Budapeste: International Weightlifting Federation, 1978.

WENDLER, J. *5/3/1: The Simplest and Most Effective Training System to Increase Raw Strength*. Morrisville: lulu.com, 2011.

WIRHED, R. *Capacidade atlética e anatomia do movimento*. São Paulo: Manole, 2002.

ZATSIORSKY, V. *Biomechanics in sport - Performance Enhancement And Injury Prevention*. Hoboken: Wiley-Blackwell Science, 2000.

ZATSIORSKY, V.; KRAEMER, W. *Science and Practice of Strength Training*. Champaign: Human Kinetics Publishers, 2006.

27

Treinamento de força para emagrecimento e controle da obesidade

Denis Foschini

Christiano Bertoldo Urtado

Ramires Tibana

Jonato Prestes

OBJETIVO DO CAPÍTULO

O objetivo do capítulo é discutir as metodologias de treinamento de força para emagrecimento e controle do peso corporal, de modo a possibilitar a manipulação das variáveis e dos métodos de treino de força para incrementar o gasto calórico da sessão.

As doenças infecciosas e parasitárias, até as décadas de 1930-1940 do século XX, eram as principais causas de adoecimento e morte da população brasileira, e a partir da evolução do controle sanitário, da ciência e do avanço da expectativa de vida, doenças relacionadas a estilos de vida inadequados (alto consumo de gordura saturada, açúcar de adição e inatividade física) passaram ser as principais responsáveis pelo adoecimento e morte da população.

A obesidade é atualmente um dos maiores problemas de saúde pública em países desenvolvidos e em desenvolvimento, tanto pelo impacto na expectativa média de vida como pelo impacto na qualidade de vida, sendo considerada uma epidemia global (World Health Organization, 2014). A Organização Mundial da Saúde (OMS) estima que mais de um bilhão de adultos em todo o mundo estão acima do peso, destes, pelo menos 300 milhões são obesos (World Health Organization, 2014). No Brasil, estima-se que 40% dos indivíduos adultos esteja acima de seu peso ideal (sobrepeso), e que 8,9% dos homens e 13,1% das mulheres sejam obesos. Está bem documentado na literatura especializada que o excesso de peso corporal é um fator de risco modificável para prevenção de diabetes, determinados tipos de câncer, hipertensão arterial (HA), doenças coronarianas e morte precoce (Eckersley, 2001; Wilson *et al.*, 2002). Estima-se que uma em cada dez mortes prematuras de adultos seja diretamente atribuída ao sobrepeso e à obesidade (Allison *et al.*, 1999; Flegal *et al.*, 2005). Ademais, a estimativa divulgada pela OMS sugere que os custos diretos e indiretos com atenção à obesidade representam entre 2 a 8% dos gastos com saúde (World Health Organization, 2014).

Por outro lado, recentes revisões de literatura têm demonstrado várias estratégias para redução do peso em adultos, incluindo uma combinação de ingestão dietética reduzida, aumento da atividade física e modificação de comportamento (Collins *et al.*, 2013; Ramage *et al.*, 2014).

Nesse sentido, cabe ressaltar que o controle da ingestão alimentar e a prática regular do exercício físico são comportamentos influenciados por múltiplos fatores, o que faz surgir a complexidade que compõe o processo de emagrecimento. A Figura 27.1 apresenta fatores não controláveis pelo indivíduo, incluindo pré-disposição genética, fatores endócrinos, metabólicos e os demais fatores biológicos de sua natureza, que quando combinados aos fatores ambientais determinam o sucesso ou o insucesso do processo de emagrecimento.

As variáveis intrínsecas do consumo de alimentos saborosos e altamente calóricos interagem com um ambiente moderno, em que os alimentos de alto teor calórico são facilmente acessíveis. Esta combinação produz um desejo crônico de comer alimentos não saudáveis, em oposição às metas de controle de peso dos indivíduos. Da mesma forma, as possibilidades de gasto energético no ambiente moderno são restritas, e as preferências inatas das pessoas para conservar energia normalmente limitam o esforço necessário para se realizar a combinação adequada de atividades estruturadas (exercício físico) e atividades físicas na vida diária (estilo de vida) (Twells *et al.*, 2014).

Figura 27.1 – Complexidade do processo de emagrecimento e fatores que influenciam a magnitude e/ou sucesso dele

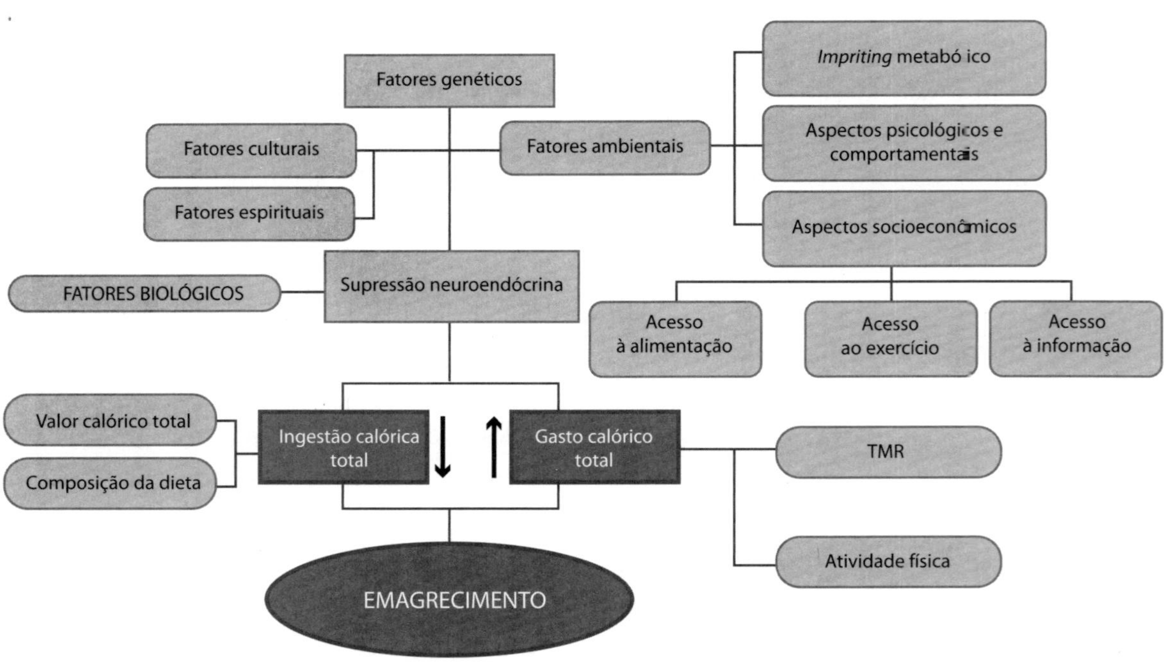

Além disso, deve-se considerar que as estratégias usadas para redução de peso, geralmente, não são compatíveis com a manutenção do novo peso. Algumas das práticas mais comuns são (Teixeira e Silva, 2009): o emagrecimento feio por meio de alterações alimentares radicais, fato que limita a manutenção desse padrão alimentar por longo tempo; uso de suplementos ou medicamentos para "acelerar" o processo, que, no entanto, ocasiona na interrupção desse efeito ao finalizar a "terapia", resultando em reganho do peso na maioria das vezes; e falta de aumento do nível de atividade física de forma regular e significativa, no qual há pessoas que superestimam o gasto calórico induzido pelo exercício ou que não conseguem manter a recomendação semanal mínima de exercício para emagrecimento.

Nesse sentido, programas de perda de peso variam drasticamente em quantidade de exercício físico utilizado e nível de restrição energética imposta, com maior déficit de energia produzindo maior perda de peso. A maioria dos programas de emagrecimento impõe limite de consumo de energia para um valor específico (por exemplo, 500-1500 kcal/dia), independentemente do sexo dos indivíduos participantes (Balkestein *et al.*, 1999; Borg *et al.*, 2002), ou determina um déficit específico de energia por meio de dieta (por exemplo, restrição energética de 300 kcal/dia) e/ou exercício (por exemplo, 300 kcal/dia) para conseguir uma redução total de energia (por exemplo, 600 kcal/dia) (Christ *et al.*, 2004; Heilbronn, 2006; Melanson *et al.*, 2004).

Dentre as estratégias relacionadas ao exercício físico, a atividade aeróbia, o treinamento de força e a combinação entre as duas práticas têm dominado o meio científico e os estudos que se propõem a identificar quais são os melhores exercícios e a melhor dose-resposta para o emagrecimento.

Os mecanismos pelos quais a força muscular impede o excesso de adiposidade corporal não estão totalmente esclarecidos. No entanto, sabe-se que a obesidade é resultado do desequilíbrio energético durante período prolongado e que pode ser alterada pela diminuição da ingestão calórica e/ou aumento do gasto energético. O gasto energético total é em grande parte composto por taxa metabólica de repouso e gastos relacionados com a atividade física.

27.1 Respostas agudas ao treinamento de força

Segundo o posicionamento do American College of Sports Medicine (ACSM) (2009), as estratégias e intervenções apropriadas para perda de peso e prevenção da recuperação do peso enfatizaram restrição nutricional e exercício aeróbio. Para o ACSM (2009), as evidências sobre o papel do treinamento de força no controle do peso corporal eram insuficientes, mesmo que estas, no entanto, afirmassem que esse tipo de exercício pode desenvolver a massa muscular, aumentando, por sua vez, o gasto energético em 24 horas.

Pesquisas mostram aumento no gasto calórico durante e após uma sessão de treinamento de força, embora a contribuição total desse tipo de exercício para o gasto calórico diário parece mais relacionada à sua influência durante o exercício em si (Melanson *et al.*, 2002; Poehlman *et al.*, 2002).

Com relação à contribuição do gasto energético durante o exercício para o processo de emagrecimento, comparando o treinamento de força com os métodos de circuito e contínuo, Pichon *et al.* (1996) observaram que o método circuito ocasionou maior gasto energético para sua execução, porém, neste estudo, além da forma de execução, volume e número de repetições, a intensidade e o intervalo entre as séries foram diferentes entre os protocolos. Interessantemente, a primeira foi relevante para a determinação do gasto energético, uma vez que sua razão com o volume total de trabalho foi maior no protocolo tradicional, sendo esse caracterizado por maior intensidade e menor volume. Estudo de Olds e Abernethy (1993) mostrou que o treinamento de força realizado a 75% de 1 RM com 12 repetições proporcionou maior gasto calórico quando comparado à intensidade de 60% de 1 RM, em uma sessão de 56 minutos de exercício utilizando-se de 7 exercícios, 2 séries cada com 3,5 minutos de intervalo de recuperação entre séries. Corroborando esses achados, Thornton e Potteiger (2002) mostraram que, em mulheres treinadas, o treinamento de força mais intenso (85% *versus* 45% de 8 RM) e com volume equivalente proporcionou maior gasto calórico comparado ao protocolo de menor intensidade. Foram realizados 9 exercícios com 2 séries de oito repetições em 23 minutos para o protocolo intenso e 2 séries de 15 repetições em 26 minutos para o protocolo leve.

Fatouros *et al.* (2009) estudaram homens sedentários e com sobrepeso, de 65 a 82 anos, divididos em quatro grupos: sem exercício; baixa intensidade (45%-50% de 1 RM com 2 minutos de intervalo entre as séries); moderada intensidade (60%-65% de 1 RM com 4 minutos de intervalo entre as séries); e alta intensidade (80%-85% de 1 RM com 6 minutos de intervalo entre as séries). Todos os grupos realizaram 3 séries nos seguintes exercícios: supino, extensão dos joelhos, desenvolvimento, flexão e extensão do cotovelo, abdominal e extensão lombar, com sessões de duração de 60 minutos. Os resultados mostraram que os grupos exercitados apresentaram aumento do gasto calórico, porém o de maior intensidade (80%-85% de 1 RM) demonstrou maior gasto comparado aos grupos de intensidades menores.

Corroborando o estudo anterior, Scott *et al.* (2011) estudaram o gasto calórico durante 2 séries de supino até a fadiga em três intensidades diferentes: 70, 80 e 90% de 1 RM. Os autores mostraram que, em termos de razão do trabalho exercido pelo gasto calórico, a menor quantidade de trabalho, realizada a 90% de 1 RM, requer maior gasto calórico que 70% e 80% de 1 RM.

Outro fator a ser considerado para a relação de gasto calórico durante o treinamento de força e a sua contribuição para o emagrecimento é a velocidade de execução do movimento. Mazzetti *et al.* (2007), estudaram o efeito da execução lenta (2 segundos) e rápida (explosão/potência) no exercício de agachamento. Os grupos realizaram o mesmo número de séries (4), repetições (8) e mantiveram a mesma carga (80% de 1 RM). A taxa média do gasto calórico (kcal/minuto) foi significativamente maior (7,27 kcal por minuto de exercício *versus* 6,43 kcal por minuto de exercício) durante a execução rápida do movimento (explosão/potência). Os autores concluíram que o exercício de agachamento realizado de forma rápida (explosão/potência) e intensidade moderada induz maior aumento do gasto calórico que o agachamento realizado de forma lenta.

Ainda sobre a variável velocidade de execução, mais recentemente, Mazzetti *et al.* (2011) corroboram o estudo citado anteriormente. Os pesquisadores tiveram como objetivo principal, comparar o gasto energético entre os protocolos de exercícios de força usando movimentos explosivos máximos ou lentos contra movimentos recreativos (normalmente utilizados por praticantes convencionais em academias), porém nesse estudo o público era composto por homens treinados e não treinados. Para isso, sete homens treinados (21,9 ± 2,1 anos) e sete homens não treinados (20,1 ± 2,2 anos) realizaram três protocolos de exercício quase idênticos. Os indivíduos realizaram 3 séries de agachamento, remada com halter, levantamento terra, supino, puxador costas, desenvolvimento, flexão do cotovelo e tríceps banco. A taxa de gasto calórico foi significativamente maior para os movimentos explosivos máximos, comparado aos movimentos lentos e também aos movimentos tradicionalmente realizados nas academias durante todos os exercícios, exceto no levantamento terra em homens não treinados. Em homens treinados, o total de kcal foi significativamente maior no grupo que realizou os movimentos explosivos máximos (507 kcal) em comparação com movimentos recreativos (431 kcal), mas não nos voluntários não treinados. Os autores sugerem que para programas de treinamento de força para o corpo inteiro, movimentos explosivos máximos otimizam o gasto calórico em homens treinados.

Em contrapartida, parece que o gasto calórico no supino se apresenta de forma diferente em relação a exercícios para membros inferiores, como o agachamento. Scott (2012) avaliou o gasto calórico durante o supino em homens de 23 anos, fisicamente ativos, durante 3 séries de 5 repetições (para evitar a fadiga, o que poderia interferir no gasto calórico) a 70% de 1 RM em três cadências diferentes: 1,5 segundos na fase concêntrica e excêntrica (15 segundos por série e 45 segundos no total); 4 segundos na fase excêntrica e 1 segundo na concêntrica (25 segundos por série e 75 segundos no total); e 1 segundo na fase excêntrica e 4 segundos na concêntrica (25 segundos por série e 75 segundos no total). O gasto calórico (kJ) foi significativamente maior nos grupos de 4 segundos na excêntrica e 1 segundo na concêntrica (80 kJ) e 4 segundos na concêntrica e 1 segundo na excêntrica (84 kJ), em comparação ao grupo de 1,5 segundos tanto para a concêntrica quanto para a excêntrica (60,2 kJ). O autor sugere que, para o supino, maior tempo de execução com intensidade submáxima proporciona maior gasto calórico para esse tipo de exercício.

Alegadamente o aumento do gasto calórico pode também ser influenciado pelo número de séries realizadas durante o treinamento de força. Recentemente, Mookerjee *et al.* (2015) compararam o gasto calórico em protocolo de série simples (SS) e múltiplas séries (MS) usando calorimetria indireta. Doze homens e doze mulheres (idade = 21,4 ± 1,3 anos) realizaram os protocolos com 70% de 1 RM, sendo cinco exercícios para membro superior do corpo de uma ou três séries por exercício realizados em ordem aleatória. O gasto calórico foi significativamente maior no protocolo MS (167,9 ± 58,7 kcal) comparado ao SS (71,3 ± 26,5 kcal), além de diferenças significativas entre os sexos, em que os valores foram maiores nos homens do que nas mulheres. Os pesquisadores sugerem que o protocolo de MS deu maiores demandas metabólicas do que o protocolo de SS quando o número de exercícios realizados foram os mesmos.

27.2 Efeito EPOC e o gasto calórico

Após o exercício, o consumo de oxigênio permanece superior aos níveis de repouso por um determinado período de tempo, possibilitando maior gasto energético durante tal período. Tal consumo extra de oxigênio é denominado EPOC (*excess post-exercise oxygen consumption*). Embora sua existência seja bem estabelecida, sua magnitude, duração e bases metabólicas precisam ainda ser melhor compreendidas, assim como o efeito de diferentes variáveis relacionadas ao exercício físico. O gasto de energia baseia-se na oxidação de substrato, o qual é diferente para os períodos de exercício e de recuperação pós exercício (exemplo: com a glicose como combustível, 1 litro de absorção de oxigênio = 21,1 kJ;

com gordura, 1 litro de absorção de oxigênio = 19,6 kJ). A utilização do substrato também tem o potencial de afetar o consumo de oxigênio. Por exemplo, a "troca" do substrato na recuperação pós-exercício de hidrato de carbono para gordura pode ser responsável por 10% a 15% do excesso de consumo de oxigênio pós-exercício (Bahr, 1992).

A literatura sobre EPOC aponta que determinadas variáveis podem exercer efeitos distintos dos anteriormente apresentados em relação ao custo energético durante a realização do exercício. Há evidências de que o treinamento de força pode apresentar um gasto calórico pós-exercício superior ao apresentado pela atividade aeróbia, porém não há base científica concreta para afirmar que é determinante para o processo de emagrecimento. Num estudo (Burleson *et al.*, 1998), comparou-se a duração do EPOC de uma sessão de treino de força com a de atividade aeróbia com as mesmas características de volume (duração de 27 minutos) e intensidade (por volta de 44% do VO_2máx). Os resultados mostraram que o consumo de oxigênio permaneceu significativamente elevado até 90 minutos após o término da sessão de treinamento de força e apenas 30 minutos após a sessão do treino aeróbio. Além disso, os autores reportaram que o EPOC foi estatisticamente mais alto nos primeiros 30 minutos de TF (19 litros) comparado com o aeróbio (12,7 litros), o que representou um gasto adicional de 95 e 64 kcal, respectivamente.

Mais recentemente e na mesma direção desses achados, Greer *et al.* (2015) decidiram comparar o EPOC em homens com baixo nível de atividade física. Os voluntários realizaram três sessões de exercícios (isocalóricos) em um período de sete dias: treinamento de força; exercício aeróbio no *steady state*; e exercício aeróbio intermitente. Para a sessão de treino de força, os pesquisadores usaram cinco exercícios com 1 série até a fadiga com intensidade de 60% de 1 RM e 1 minuto de intervalo entre os exercícios. Os resultados mostraram que o treinamento de força apresentou maior gasto calórico (45 kcal) pós-exercício por até 21 horas quando comparado ao exercício aeróbio no *steady state* (39 kcal) e, consequentemente, pode ser mais efetivo para o gasto calórico diário quando comparado ao exercício aeróbio.

Pesquisa de Thornton e Potteiger (2002) avaliou o EPOC em 14 mulheres treinadas após protocolo de treino de força de alta e baixa intensidade, com mesmo volume e intervalo entre as séries. Os resultados mostraram que o EPOC do grupo submetido à atividade de alta intensidade (8 repetições a 85% de 8 RM com duração de 23 minutos) foi estatisticamente superior ao do grupo de baixa intensidade (15 repetições a 45% de 8 RM com duração de 26 minutos).

Curiosamente, Thornton *et al.* (2011) sugerem que para mulheres com sobrepeso não treinadas parece não haver diferença no EPOC entre intensidades maiores e menores. O protocolo utilizado no estudo foi de nove exercícios com 3 séries de 15 repetições a 45% de 8 RM para um grupo e 3 séries de 8 repetições a 85% de 8 RM para o outro. Os resultados do estudo mostraram uma tendência de maior EPOC para o grupo de maior intensidade (1,26 litros de oxigênio por minuto) comparado ao de menor intensidade (0,870 litros de oxigênio por minuto), porém não revelaram diferenças significativas no VO_2 entre os protocolos. Os dados sugerem que o treinamento de força de baixa ou alta intensidade com volume de trabalho equiparado produzirá consumo de oxigênio semelhantes pós-exercício para mulheres com sobrepeso. Os autores ainda reportam que ambos os programas foram bem tolerados e podem ser utilizados para populações sedentárias.

O número de séries nos protocolos parece ser um fator que pode contribuir com o aumento do EPOC, embora estudo de Heden *et al.* (2011) tenha mostrado que uma simples sessão de treinamento de força, realizando apenas uma série, seja suficiente para elevar o gasto calórico pós-exercício similarmente a 3 séries por até 72 horas pós exercício. Nesse estudo, o objetivo dos pesquisadores foi comparar os efeitos agudos de 1 ou 3 séries de uma sessão de treino de força realizado para o corpo todo. Para isso, jovens com sobrepeso (IMC de 25 kg/m^2) foram submetidos a uma única sessão de treinamento de força e realizavam 1 ou 3 séries de dez exercícios com 10 repetições máximas. Ao avaliar pela calorimetria indireta, os autores não observaram diferenças estatísticas em 24, 48 e 72 horas após a sessão de TF. No entanto, o gasto calórico em repouso foi aumentado (5%, aproximadamente 400 kJ/dia) em 24, 48 e 72 horas em ambos os protocolos, quando comparado aos valores basais. O estudo sugere que um programa simples de treinamento de força com uma série exigindo apenas 15 minutos para sua execução é tão efetivo quanto 3 séries (35 minutos) para elevar o gasto calórico pós-exercício por até 72 horas em indivíduos com excesso de peso corporal e com alto risco de desenvolvimento da obesidade.

Métodos de treino, como *super-sets*, e a sua contribuição sobre o EPOC também vêm sendo estudados. Kelleher *et al.* (2010) compararam o consumo de oxigênio pós-exercício entre o treinamento de força tradicional com treino de força de múltiplas séries com alta intensidade para agonista/antagonista e intervalo de recuperação reduzido (*super-sets*). Os grupos realizaram seis exercícios com 4 séries de 10 RM. Foi avaliado o consumo de oxigênio durante e após 60 minutos pós-exercício para cada sessão de treinamento de força. Os resultados do estudo mostraram que o protocolo de *super-sets* proporcionou maior EPOC (79,36 kJ/minuto) quando comparado ao tradicional (59,67 kJ/minuto). Os autores sugerem que praticantes que possuem pouco tempo disponível para o treinamento de força podem utilizar o método *super-set* para proporcionar maior EPOC.

Outro método de treino muito popular nas academias e que também tem recebido atenção quanto ao gasto calórico é o "treino negativo" ou treinamento de força com ênfase na fase excêntrica do movimento. Hackney *et al.* (2008) estudaram homens jovens treinados e não treinados em oito exercícios, 8 séries, 6 repetições, sendo 1 segundo para a fase concêntrica e 3 segundos para a fase excêntrica. A principal contribuição dos pesquisadores foi que o treinamento de força com ênfase na fase excêntrica aumentou o gasto calórico por até 72 horas pós-exercício, tanto em jovens treinados quanto não treinados.

Paoli *et al.* (2012) compararam o treinamento de força tradicional com o treino de força de alta intensidade, manipulando o intervalo de recuperação dentro das séries, chamado pelos autores de treinamento de força intervalado de alta intensidade (HIRT, do inglês *high-intensity interval resistance training*). O protocolo consiste em executar 6 repetições, 20 segundos de recuperação, 2 a 3 repetições, 20 segundos de recuperação e 2 a 3 repetições com 2 minutos e 30 segundos de recuperação entre as séries; três exercícios para um total de 7 séries. O treinamento de força tradicional foi realizado em oito exercícios com 4 séries de 8 a 12 repetições com 1-2 minutos de recuperação com quantidade total de 32 séries. O HIRT mostrou um maior aumento no gasto calórico em repouso (2.362 kcal/dia) após 22 horas em relação ao tradicional (1999 kcal/dia). A razão de troca respiratória foi significativamente menor no HIRT (0,798) comparado com o tradicional (0,822), sugerindo, assim, que o treinamento de força de alta intensidade, com manipulação dos intervalos de recuperação, pode melhorar a oxidação das gorduras.

Outra preocupação entre profissionais e pessoas interessadas no emagrecimento e no papel do exercício sobre os processos para que a redução da gordura corporal ocorra é a relação entre o EPOC e a oxidação de nutrientes (carboidrato *versus* gordura). Dentro dessa perspectiva, Melanson *et al.* (2002) objetivaram estudar os efeitos do treinamento de força *versus* treinamento aeróbio no gasto calórico em 24 horas e na oxidação de nutrientes dentro desse período. Para isso, compararam dez homens que realizaram 49 minutos de atividade aeróbia em cicloergômetro a 70% do VO_2máx com 70 minutos de atividade de força em circuito (4 séries, dez exercícios a 70%-1 RM). Os autores concluíram que o treinamento de força e o treino aeróbio têm efeito similar na oxidação de nutrientes em 24 horas.

Fatores relacionados ao metabolismo, os quais são reportados na literatura como os principais responsáveis pelo EPOC, ainda não estão plenamente explicados e justificados, porém sabe-se que há dois componentes: 1) componente prolongado; 2) componente rápido. O prolongado pode estar relacionado, principalmente, à exigência do metabolismo anaeróbio durante o exercício. O componente rápido relaciona-se à elevação das concentrações sanguíneas de lactato, restauração dos estoques de oxigênio dos músculos do sangue e à ressíntese de creatina dentro do músculo (Binzen *et al.*, 2001; Gaesser *et al.*, 1984).

O treinamento de força realizado em alta intensidade resulta em maior ativação do sistema nervoso simpático (Fatouros *et al.*, 2010; Vierck *et al.*, 2000), o que proporciona aumento do metabolismo de gordura pós-exercício em decorrência da mudança no fornecimento de energia (de carboidrato para gordura). Um dos principais fatores responsáveis pelo maior gasto calórico que ocorre várias horas após o término do treino de força intenso é o estímulo do triacilglicerol (TAG) no tecido adiposo, além de outros fatores importantes: a ressíntese de glicogênio, as microlesões e os efeitos indutores da hipertrofia proporcionado pelo treino de força (Greer *et al.*, 2015; Vierck *et al.*, 2000).

Assim como dito anteriormente, além do gasto calórico na sessão e do EPOC, outros fatores relacionados ao treinamento de força também podem contribuir para o emagrecimento. São eles: a quebra da célula adiposa (lipólise) e a utilização de gordura do combustível para o exercício (oxidação). Ainda há poucas evidências científicas para a confirmação de tais mecanismos, porém alguns estudos se propuseram a avaliá-los tanto em indivíduos magros, como em obesos.

O sistema nervoso autônomo tem controle direto sobre o tecido adiposo por meio de seus componentes simpático e parassimpático. A inervação simpática relaciona-se principalmente com as ações catabólicas, tais como a lipólise mediada pelos receptores β-adrenérgicos, dependente da atividade da enzima lipase hormônio-sensível (LHS) e ação inibitória dos receptores alfa-adrenérgicos expressos no tecido adiposo (Pénicaud *et al.*, 2000; Stich *et al.*, 2003). A sua ativação se dá por meio de fosforilação em serina, pela ação da cinase proteica A (PKA). Este processo é estimulado pelas catecolaminas e ocorre durante o exercício físico e certas situações de estresse, nas quais há uma intensa solicitação simpática. Durante a ativação da lipólise, aumentam os níveis intracelulares de AMP cíclico (AMPc) com a consequente ativação da PKA. Esta atua também sobre as perilipinas de forma semelhante à LHS. As perilipinas fosforiladas se deslocam da superfície da membrana celular, dispersam-se pelo citosol e abrem espaços para o acesso da LHS ao TAG. Os ácidos graxos livres (AGL) formados se ligam à FABP e são levados à membrana celular, onde são liberados para o meio extracelular (Lee *et al.*, 2005).

Polak *et al.* (2005) se propuseram a investigar se o treinamento de força dinâmico modifica o controle da lipólise, com especial atenção ao envolvimento da via antilipolítica (receptor adrenérgico alfa-2). Foram avaliados homens obesos (IMC: 32,7) de 47 anos inseridos em programa de três vezes na semana de treinamento de força, com duração de 1 hora por um período de 12 semanas. Os exercícios realizados foram: supino, *leg press*, crucifixo, puxador, extensão da coluna, abdominal, flexão e extensão dos cotovelos, mesa flexora e flexão plantar. A intensidade do treinamento foi fixada em 60%-70% de 1 RM com o número de repetições entre 12 a 15 e as cargas ajustadas ao longo do programa para manutenção da intensidade. Os resultados sugerem que o treinamento de força dinâmico aumenta a capacidade de resposta à estimulação do receptor beta adrenérgico e ação das catecolaminas mediadas pelo receptor antilipolítico.

Outro estudo que investigou a responsividade do tecido adiposo ao treinamento de força foi o de Chatzinikolaou *et al.* (2008). O objetivo dos pesquisadores foi avaliar a lipólise em pessoas magras e obesas, em decorrência do treinamento de força agudo. Para isso, homens jovens magros (IMC 23,7 kg/m^2) e obesos (IMC 31,2 kg/m^2) realizaram uma sessão de 30 minutos de treinamento de força com o método circuito. Foram realizadas três passagens pelos seguintes exercícios: supino; remada sentada; *leg press*; desenvolvimento; extensão dos joelhos; flexão dos joelhos; rosca bíceps; *pulley* tríceps; abdominal e extensão de coluna. Os voluntários realizavam de 10 a 12 repetições por série a 70%-75% de 1 RM com 30 segundos de entre as séries em um total de 30 minutos. Os resultados apontam que a lipólise aumentou 18 vezes em 5 minutos de exercício nos homens magros e 16 vezes em 10 minutos de exercício em homens obesos. A ativação lipolítica nos obesos foi refletida nas concentrações de ácidos gordos e glicerol que aumentaram no soro após o programa de treinamento de força. A pesquisa concluiu que o TF proporciona maior gasto calórico em homens magros e obesos e regula a lipólise do tecido adiposo.

Além da sensibilidade dos receptores beta-adrenérgicos, outros mecanismos relacionados à lipólise induzida pelo treinamento de força podem ser explicados pelas respostas hormonais induzidas por esse tipo de exercício. As catecolaminas estimulam a lipólise via ativação dos receptores beta-adrenérgicos em alguns tecidos-alvo como o tecido adiposo e o muscular (Lafontan *et al.*, 2009; Wahrenberg *et al.*, 1992). As catecolaminas, adrenalina e noradrenalina, ligam-se tanto em receptores adrenérgicos lipolíticos como em antilipolíticos, como visto anteriormente, porém parece que a adrenalina é mais decisiva que a noradrenalina para induzir a lipólise em tecido adiposo humano (De Glisezinski *et al.*, 2009).

Outro hormônio modulado pelo treinamento de força que apresenta um papel importante na lipólise é o do crescimento (GH), cuja função é a estimulação da lipólise em tecido adiposo humano, induzindo um aumento nos níveis de ácidos graxos no plasma. O efeito envolve a estimulação de lipase hormônio sensível (LHS) (Chaves, Júnior e Bertolini, 2013).

A lipólise induzida pela adrenalina e pelo GH em decorrência do treinamento de força foi estudada por Ormsbee *et al.* (2009). Dez homens magros (IMC: 20.9 kg/m^2; percentual de gordura: 13%) e dez homens obesos (IMC: 36.2 kg/m^2, percentual de gordura: 37.8%), sedentários, com idades entre 18 a 40 anos, foram recrutados para o estudo. A lipólise foi avaliada de forma direta por meio de microdiálises introduzidas na região percutânea, a 5 centímetros da cicatriz umbilical, para dosagem do glicerol (marcador de lipólise). O protocolo de treinamento de força foi realizado com carga equivalente a 85% de 10 RM, 2 séries de 10 repetições e a uma terceira série até a exaustão. Os resultados mostraram aumento significativo das catecolaminas, dentre elas a adrenalina, tanto em magros quanto em obesos, e aumento do GH comparado ao momento pré-treino de força, sendo esse mais pronunciado em magros quando comparados aos obesos. Além disso, os pesquisadores demonstraram aumento significativo do glicerol intersticial, indicando ocorrência de lipólise durante a prática do treinamento de força.

Além da lipólise, a oxidação de gordura já havia sido alvo de pesquisadores com o intuito de investigar qual o papel do treinamento de força frente ao uso dos lipídeos como substrato. Um estudo de Ormsbee *et al.* (2007) avaliou a oxidação de gordura imediatamente antes e após a sessão de TF, por meio do quociente respiratório adquirido pela calorimetria indireta. O quociente respiratório (expresso pela razão VCO_2/VO_2) varia entre 0,7 (que aponta metabolismo exclusivamente lipídico); 0,8 (que indica consumo de proteína); 0,84 (que sugere metabolismo misto); e 1,0 (que indica metabolismo puramente da glicose) (Brandi, Bertolini e Calafa, 1997). O protocolo foi composto pelos seguintes exercícios: supino, puxador costas, *leg press*, desenvolvimento, extensão e flexão dos joelhos. Cada exercício foi realizado em 3 séries de 10 repetições com carga equivalente a 85%-100% de 10 RM. Os intervalos de recuperação foram de 90 segundos entre todas as séries e exercícios com a sessão durando entre 40 a 45 minutos. Os resultados mostraram uma redução significativa de 16% na razão de troca respiratória no dia da realização do treinamento de força (0,71) comparado ao dia sem exercício (0,85), e maior oxidação de gordura (10,2 gramas por hora) pós-realização do treinamento de força comparada ao dia em que a sessão não foi realizada (5,0 gramas por hora), o que representou diferença de 105%. Portanto, os autores sugerem que o mecanismo por trás do treinamento de força que contribui para melhorar a composição corporal é, em parte, devido ao aumento da lipólise do tecido adiposo abdominal, maior oxidação de gordura corporal total e gasto calórico.

Outro estudo de Ormsbee *et al.* (2009), já citado anteriormente, também avaliou a oxidação de gordura, porém, dessa vez, comparando--a entre homens magros e obesos. Os resultados mostraram aumento na oxidação após a sessão de treinamento de força de alta intensidade (2 séries, 10 RM e a terceira série até a exaustão, com 85% de 10 RM) por um período de 40 minutos, no entanto, não encontraram diferenças significativas entre homens magros e obesos. A conclusão do estudo sugere que o TF de alta intensidade melhora a oxidação de gordura corporal em homens sedentários, tanto magros quanto obesos.

O treinamento de força excêntrico tem sido estudado e parece ser uma estratégia promissora com relação à oxidação de gordura. Paschalis *et al.* (2011) estudaram os efeitos do treinamento excêntrico sobre o perfil lipídico e a oxidação de gordura em mulheres saudáveis. O programa de treino foi realizado em dinamômetro isocinético para o exercício de extensão dos joelhos a uma velocidade angular de 60° por segundo, 5 séries de 15 movimentos com 2 minutos de intervalo entre as séries. Os resultados mostraram que, agudamente, o treinamento de força excêntrico aumentou 12,9% a oxidação de gordura e, cronicamente, após oito semanas, aumentou em 9,9%

em comparação com a primeira semana de treinamento, além da melhora da lipidemia durante o período do estudo. Os autores sugerem que apenas 30 minutos de exercício excêntrico por semana durante oito semanas podem ser suficientes para melhorar os fatores de risco à saúde.

Em outro estudo, também de Paschalis *et al.* (2010), havia a proposição de avaliar o papel do treinamento de força excêntrico na oxidação de gordura, nesse caso específico em mulheres magras (19,9% de gordura) e com sobrepeso (31,4% de gordura). O exercício foi realizado na cadeira extensora isocinética a 60° por segundo, 5 séries de 15 repetições com 2 minutos de intervalo entre as séries. Os valores elevados do quociente respiratório pré-exercício no grupo com sobrepeso denotaram reduzida utilização de lipídeos. Após o treinamento de força excêntrico, houve aumento e prolongada redução do quociente respiratório no grupo com excesso de peso corporal em comparação com o grupo de mulheres magras, sugerindo maior utilização de gordura como substrato energético após a realização do protocolo. Também foram observadas redução dos triglicerídeos. O estudo sugere que o treinamento de força excêntrico pode ser um fator promissor de estilo de vida para combater a obesidade e dislipidemia.

27.3 Respostas crônicas ao treinamento de força

O treinamento de força de longo prazo gera, além da resposta aguda no aumento da taxa de oxidação de gordura após o exercício por meio do EPOC, uma adaptação crônica caracterizada por mudanças estruturais resultantes de um aumento do tamanho das fibras preexistentes, processo que é denominado de hipertrofia miofibrilar. Esse aumento no tamanho das fibras explicaria, em parte, a manutenção da taxa metabólica de repouso após um período de restrição alimentar (Hunter *et al.*, 2008) , que previne o ganho de tecido adiposo (Hunter *et al.*, 2010), preserva o gasto calórico total e aumenta a atividade física (Hunter *et al.*, 2015).

Na seção anterior, ficou evidente que uma sessão aguda do treinamento de força pode favorecer a oxidação de gorduras após o exercício quando comparado à situação controle (sedentarismo). Entretanto, quando são analisados estudos crônicos (com duração superior a oito semanas) em relação ao treinamento de força isolado (sem alteração dietética e inclusão de exercícios cardiovasculares) os resultados no processo do emagrecimento têm sido conflitantes. Por exemplo, Tibana *et al.* (2013) analisaram os efeitos do treinamento de força isolado durante oito semanas (três vezes por semana, exercícios para os membros inferior e superior, 8-12 RM) em mulheres com sobrepeso/obesidade nos marcadores de adiposidade corporal. Os autores demonstraram que o programa não foi efetivo na alteração da adiposidade corporal (índice de massa corporal +1,2; percentual de gordura +0,7).

De forma análoga, Willis *et al.* (2012) demonstraram que o treinamento de força isolado (três vezes por semana, 3 séries, 8-12 RM) durante oito meses não foi efetivo na diminuição da massa gorda (-0,26 kg) e da circunferência da cintura (-0,06 cm) em sedentários com sobrepeso ou obesidade. Perez-Gomez *et al.* (2013) demonstraram que em homens jovens eutróficos o treinamento de força realizado durante dez semanas (50-90% de 1 RM) também não apresenta diferenças significativas na alteração do percentual de gordura corporal (-0,83%) e na massa gorda (-0,5 kg). Não obstante, Ismail *et al.* (2012) realizaram revisão sistemática com metanálise comparando os efeitos do treinamento de força isolado ou do exercício cardiovascular isolado na diminuição da gordura visceral em indivíduos com sobrepeso ou obesidade. Com efeito, os pesquisadores encontraram apenas tamanho de efeito significativo em relação ao grupo controle para aqueles indivíduos que faziam o exercício cardiovascular (-0,33). Por outro lado, quando comparado o grupo que realizou apenas o treinamento de força, o tamanho do efeito não foi significativo (0,09). Demonstrando, por meio dessa revisão, que a combinação do exercício cardiovascular aliado ao treinamento de força pode ser a melhor estratégia para quem deseja diminuir a gordura visceral.

O treinamento de força isolado parece ter poucos efeitos benéficos em relação à alteração de massa gorda, da diminuição da circunferência da cintura e do percentual de gordura se realizado de maneira isolada (sem alteração dietética e sem a inclusão de exercícios cardiovasculares). No entanto, parece que apesar de não alterar significativamente os marcadores de adiposidade corporal, indivíduos que praticam o treinamento de força a longo prazo, e possuem sobrepeso/obesidade, apresentam uma saúde metabólica similar aos eutróficos praticantes de treinamento de força e melhor que a dos indivíduos sedentário com sobrepeso e obesidade. Essa afirmativa foi comprovada no estudo de Roberts *et al.* (2015), após analisarem 90 homens jovens, divididos em três grupos: sobrepesados sedentários (n=30); sobrepesados e treinados no TF (n=30) e eutróficos treinados (n=30). Os resultados encontrados demonstraram que os indivíduos classificados com sobrepeso ou obesidade grau 1 apresentam perfis de risco metabólicos e cardiovasculares semelhantes aos eutróficos treinados, e um melhor do que os sobrepesados sedentários. Nesse aspecto, apesar de o treinamento de força isolado apresentar efeitos limitados na alteração da gordura corporal, sua adoção pode ser importante para uma boa saúde cardiovascular e metabólica.

Outra questão importante está relacionada à efetividade do exercício físico (treinamento de força ou cardiovascular) isolado no processo do emagrecimento. Johns *et al.* (2014), após realizarem uma revisão sistemática com metanálise, demonstraram que, quando analisado o grupo de dieta e exercício físico *versus* apenas exercício físico, após 12 meses de programa, o grupo dieta e exercício físico alcançaram uma perda de -6,29 kg a mais que o grupo que só fez o exercício físico isolado (independentemente do tipo, modo e duração). Além disso, quando realizado apenas dieta inicialmente (três meses de programa), a perda foi similar ao grupo dieta + exercício físico, no entanto, aos 12 meses o grupo de dieta e exercício alcançaram maior perda de peso. Portanto, a inclusão da dieta somada ao programa de exercício físico parece ser a melhor opção no processo do emagrecimento.

Então, parece claro que o emagrecimento e o controle da maioria das doenças associadas à obesidade dependem da combinação de exercícios físicos com uma mudança nos padrões alimentares (chamada até então de dieta).

Nesse sentido, o grupo de estudos da obesidade da Universidade Federal de São Paulo realizou diversos estudos que compararam os efeitos do treinamento cardiovascular predominantemente aeróbio (TA = 60 min moderado) com os efeitos de um programa combinado (COMB = cardiovascular 30 min moderado + TF com cargas de 6 a 20 RM – Quadro 27.1) em 14 semanas (Foschini, 2008) ou 1 ano (Ackel-D'Elia *et al.*, 2014; Campos *et al.*, 2015; De Piano *et al.*, 2012; Mello *et al.*, 2011) de terapia interdisciplinar, todos mantendo o mesmo protocolo de tratamento, incluindo consulta médica (uma vez ao mês), terapia nutricional (uma vez por semana), terapia psicológica (uma vez por semana) e exercícios físicos (três vezes por semana).

A Tabela 27.1 apresenta os resultados dos estudos. Pode-se observar, após 14 semanas de intervenção, que ambos os grupos apresentaram redução significativa na massa corporal total, IMC, massa gorda (kg), no tecido adiposo visceral (TAV) e no tecido adiposo subcutâneo (TAS). Colesterol total, LDL-C, % de gordura, pressão arterial sistólica (PAS), pressão arterial diastólica (PAD), insulinemia e HOMA-IR diminuíram apenas no grupo COMB.

É interessante observar que a massa magra (kg) reduziu apenas no grupo TA e aumentou no grupo COMB.

Quadro 27.1 – Protocolo de TF

Exercícios e ordem dos exercícios	
(1) Supino máquina	(6) Extensão da coluna máquina
(2) *Leg press*	(7) Desenvolvimento máquina
(3) Abdominal máquina	(8) Extensão do tornozelo sentada
(4) *Pulley* puxada pela frente	(9) Rosca simultânea máquina
(5) Cadeira flexora	(10) Tríceps máquina

O protocolo foi realizado durante 14 semanas, três vezes por semana (segundas, quartas e sextas-feiras), carga de trabalho de 6 a 20 RM (repetições máximas), 1 a 1,5 min de intervalo entre as séries.

Tabela 27.1 – Comparação entre os grupos TA e COMB após 14 semanas de tratamento interdisciplinar

MEDIDAS	TA	Δ%	COMB	Δ%
Massa corporal total (kg)	↓	6,6	↓	9,8
IMC (kg/m²)	↓	6,0	↓	10,1
% gordura	⟷	3,6	↓	17,5
Massa gorda (kg)	↓	10,4	↓	24,8
Massa magra (kg)	↓	5,3	↑	2,3
TAV (kg)	↓	13,5	↓	31,8
TAS (kg)	↓	8,1	↓	16,7
Colesterol total (mg/dL)	⟷	3,5	↓	13,6
HDL colesterol (mg/dL)	⟷	2,7	⟷	NS
LDL colesterol (mg/dL)	⟷	NS	↓	15,4
PAS (mmHg)	⟷	NS	↓	14,7
PAD (mmHg)	⟷	3,5	↓	13,1
VO_2máx	↑	17,5	↑	13,2

Tabela 27.1 – Comparação entre os grupos TA e COMB após 14 semanas de tratamento interdisciplinar (continuação)

MEDIDAS	TA	Δ%	COMB	Δ%
TMR (kcal)	⟷	NS	⟷	NS
Glicemia (mg/dL)	↑	2,6	⟷	NS
Insulinemia (μU/dL)	↑	4,3	↓	22,2
HOMA-IR	↑	26,5	↓	21

IMC = índice de massa corporal; TAV = tecido adiposo visceral; TAS = tecido adiposo subcutâneo; PAS = pressão arterial sistólica; PAD = pressão arterial diastólica; TMR = taxa metabólica de repouso. Adaptado de FOSCHINI, 2008; ⟷ = não apresentou alteração estatisticamente significativa (NS); ↑ = aumentou com a intervenção ($p<0{,}05$); ↓ = reduziu-se com a intervenção ($p<0{,}05$). Δ% = percentual de alteração.

Na Tabela 27.2, pode-se observar que, após um ano de intervenção, ambos os grupos apresentaram redução significativa na massa corporal total, IMC, massa gorda (kg), no tecido adiposo visceral (TAV) e no tecido adiposo subcutâneo (TAS). A massa magra, o conteúdo mineral ósseo e a concentração plasmática de adiponectina (adipocina anti-inflamatória) aumentaram apenas no grupo COMB. Insulinemia, HOMA-IR e ALT/TGP reduziram-se apenas no grupo COMB.

Quando comparada à magnitude de controle das variáveis, os estudos apresentam que o COMB foi estatisticamente superior ao exercício cardiorrespiratório, com predominância aeróbia sobre: TAS, LDL colesterol, ALT/TGP, adiponectina (De Piano *et al.*, 2012), composição corporal, circunferência da cintura (Mello *et al.*, 2011), glicemia e colesterol total (De Piano *et al.*, 2012; Mello *et al.*, 2011).

Tabela 27.2 – Comparação entre os grupos TA e COMB após 1 ano de tratamento interdisciplinar

MEDIDAS	TA	COMB
Massa corporal total (kg)	↓	↓
IMC (kg/m²)	↓	↓
Massa gorda (kg)	↓	↓
Conteúdo mineral ósseo	⟷	↑
Massa magra (kg)	↓	↑
TAV (kg)	↓	↓
TAS (kg)	↓	↓
Adiponectina	⟷	↑
Insulinemia	⟷	↓
ALT/TGP	⟷	↓
HOMA-IR	⟷	↓

IMC = índice de massa corporal; TAV = tecido adiposo visceral; TAS = tecido adiposo subcutâneo; TGP = transaminase glutâmico pirúvica; ⟷ = não apresentou alteração estatisticamente significativa (NS); ↑ = aumentou com a intervenção ($p<0{,}05$); ↓ = reduziu-se com a intervenção ($p<0{,}05$).

Como consideração final, a revisão da literatura apresentada nesse capítulo indica que o treinamento de força isolado parece não oferecer benefícios significativos e sustentáveis para o emagrecimento ou o controle da obesidade e suas comorbidades. Os estudos indicam que os efeitos agudos do TF parecem ser significativos e expressivos, porém, a longo prazo, tais efeitos aparentam ser encontrados somente quando o treinamento de força é combinado com mudanças no padrão de alimentação e com o controle de fatores intrínsecos e extrínsecos que compõem a complexidade do estilo de vida moderno.

Referências

ACKEL-D'ELIA, C. *et al.* Effects of Different Physical Exercises on Leptin Concentration in Obese Adolescents. *Int J Sports Med*, n. 35, p. 164–171, 2014.

ALLISON, D. B. *et al.* Annual deaths attributable to obesity in the United States. *JAMA*, v. 282, n. 16, p. 1530-1538, 27 out. 1999.

BAHR, R. Excess postexercise oxygen consumption-magnitude, mechanisms and practical implications. *Acta Physiol Scand Suppl*, n. 605, p. 1-70, jan. 1992.

BALKESTEIN, E. J. *et al.* The effect of weight loss with or without exercise training on large artery compliance in healthy obese men. J *Hypertens*, v. 17, n. 12, pt. 2, p. 1831-1835, dez. 1999.

BINZEN, C. A.; SWAN, P. D.; MANORE, M. Postexercise oxygen consumption and substrate use after resistance exercise in women. *Med Sci Sports Exerc.*, v. 33, n. 6, p. 932-938, jun. 2001.

BORG P. *et al.* Effects of walking or resistance training on weight loss maintenance in obese, middle-aged men: a randomized trial. *Int J Obes Relat Metab Disord*, v. 26, n. 5, p. 676-683, maio 2002.

BRANDI, L. S.; BERTOLINI, R.; CALAFA, M. Indirect calorimetry in critically ill patients: clinical applications and practical advice. *Nutrition*, n. 4, p. 349-358, 1997.

BURLESON, M. A. *et al.* Effect of weight training and treadmill exercise on post-exercise oxygen consumption. *Med Sci Sports Exerc.*, v. 30, n. 4, p. 518-522, abr. 1998.

CAMPOS, R. M. *et al.* Aerobic Plus Resistance Training Improves Bone Metabolism and Inflammation in Obese Adolescents. *J Strength Cond Res*, v. 28, n. 3, mar. 2014.

CHATZINIKOLAOU, A. *et al.* Adipose tissue lipolysis is upregulated in lean and obese men during acute resistance exercise. Diabetes Care, v. 31, n. 7, p. 1397-1399, jul. 2008.

CHAVES, V. E.; JÚNIOR, F. M.; BERTOLINI, G. L. The metabolic effects of growth hormone in adipose tissue. *Endocrine*, v. 44, n. 2, p. 293-302, out. 2013.

CHRIST, M. *et al.* Effects of a weight reduction program with and without aerobic exercise in the metabolic syndrome. Int *J Cardiol*, v. 97, n. 1, p. 115-122, out. 2004.

COLLINS, C. *et al.* Effectiveness of interventions with a dietary component on weight loss maintenance: a systematic review. *JBI Database Syst Rev Implement Reports*, v. 11, n. 8, p. 317-414, 2013.

DE GLISEZINSKI, I. *et al.* Adrenaline but not noradrenaline is a determinant of exercise-induced lipid mobilization in human subcutaneous adipose tissue. *J Physiol*, v. 587, pt. 13, p. 3393-3404, jul. 2009.

DE PIANO, A. *et al.* Long-term effects of aerobic plus resistance training on the adipokines and neuropeptides in nonalcoholic fatty liver disease obese adolescents. *Eur J Gastroenterol Hepatol*, v. 24, n. 11, p. 1313-1324, nov. 2012.

DONNELLY, J. E. *et al.* American College of Sports Medicine Position Stand. Appropriate physical activity intervention strategies for weight loss and prevention of weight regain for adults. *Med Sci Sports Exerc*, v. 41, n. 2, p. 459-471, fev. 2009.

ECKERSLEY, R. M. Losing the battle of the bulge: Causes and consequences of increasing obesity. *The Medical Journal of Australia*, v. 174, n. 11, p. 590-592, jul. 2001.

FATOUROS, I. *et al.* Acute resistance exercise results in catecholaminergic rather than hypothalamic-pituitary-adrenal axis stimulation during exercise in young men. *Stress*, v. 13, n. 6, p. 461-468, nov. 2010.

FATOUROS, I. G. *et al.* Intensity of resistance exercise determines adipokine and resting energy expenditure responses in overweight elderly individuals. *Diabetes Care*, v. 32, n. 12, p. 2161-2167, dez. 2009.

FLEGAL, K. M. *et al.* Excess deaths associated with underweight, overweight, and obesity. *JAMA*, v. 293, n. 15, p. 1861-1867, abr. 2005.

FOSCHINI, D. *Efeitos de diferentes tipos de treinamento físico associados à intervenção multidisciplinar em adolescentes obesos*. Tese de doutorado. Universidade Federal de São Paulo – UNIFESP/EPM. 2008.

GAESSER, G. A.; BROOKS, G. A. Metabolic bases of excesso post-exercise oxygen consumption: a review. *Med Sci Sports Exerc.*, v. 16, n. 1, p. 29-43, 1984.

GREER, B. K. *et al.* EPOC Comparison Between Isocaloric Bouts of Steady-State Aerobic, Intermittent Aerobic, and Resistance Training. *Res Q Exerc Sport*, v. 86, n. 2, p. 190-195, jun. 2015.

HACKNEY, K. J.; ENGELS, H. J.; GRETEBECK, R. J. Resting energy expenditure and delayed-onset muscle soreness after full-body resistance training with an eccentric concentration. *J Strength Cond Res.*, v. 22, n. 5, p. 1602-1609, set. 2008.

HEDEN, T. *et al.* One-set resistance training elevates energy expenditure for 72 h similar to three sets. *Eur J Appl Physiol.*, vol. 111, n. 3, p. 477-484, mar. 2011.

HEILBRONN, L. K. *et al.* Effect of 6-month calorie restriction on biomarkers of longevity, metabolic adaptation, and oxidative stress in overweight individuals: a randomized controlled trial. *JAMA*, v. 295, n. 13, p. 1539-1548, abr. 2006.

HUNTER, G. R. *et al.* Exercise Training and Energy Expenditure following Weight Loss. *Med Sci Sports Exerc*, v. 47, n. 4, p. 1950-1957, set. 2015.

HUNTER, G. R. *et al.* Exercise training prevents regain of visceral fat for 1 year following weight loss. *Obesity* (Silver Spring), v. 18, n. 4, p. 690-695, abr. 2010.

HUNTER, G. R. *et al.* Resistance training conserves fat-free mass and resting energy expenditure following weight loss. Obesity (Silver Spring), v. 16, n. 5, p. 1045-1051, maio 2008.

ISMAIL. I. *et al.* A systematic review and meta-analysis of the effect of aerobic vs. resistance exercise training on visceral fat. *Obes Rev.*, v. 13, n. 1, p. 68-91, jan. 2012.

JOHNS, D. J. *et al.* Diet or exercise interventions vs combined behavioral weight management programs: a systematic review and meta-analysis of direct comparisons. *J Acad Nutr Diet*, v. 114, n. 10, p. 1557-1568, out. 2014.

KELLEHER, A. R. *et al.* The metabolic costs of reciprocal supersets vs. traditional resistance exercise in young recreationally active adults. *J Strength Cond Res*, v. 24, n. 4, p. 1043-1051, abr. 2010.

LAFONTAN, M.; LANGIN, D. Lipolysis and lipid mobilization in human adipose tissue. *Prog Lipid Res.*, v. 48, n. 5, p. 275-297, 2009.

LEE, D. H. *et al.* The effects of thiazolidinedione treatment on the regulations of aquaglyceroporins and glycerol kinase in OLETF rats. *Metabolism*, v. 54, n. 10, p. 1282-1289, out. 2005.

MAZZETTI, S. *et al.* Effect of explosive versus slow contractions and exercise intensity on energy expenditure. *Med Sci Sports Exerc.*, v. 39, n. 8, p. 1291-1301, ago. 2007.

MAZZETTI, S. *et al.* Effect of maximal and slow versus recreational muscle contractions on energy expenditure in trained and untrained men. *J Sports Med Phys Fitness*, v. 51, n. 3, p. 381-392, set. 2011.

MELANSON, E. *et al.* Effect of exercise intensity on 24 h energy expenditure and nutrient oxidation. *J Appl Physiol*, v. 92, n. 3, p. 1045-1052, mar. 2002.

MELANSON, E. L. *et al.* Resistance and aerobic exercise have similar effects on 24-h nutrient oxidation. *Med Sci Sports Exerc.*, v. 34, n. 11, p. 1793-1800, nov. 2002.

MELANSON, K. J. *et al.* Changes in multiple health outcomes at 12 and 24 weeks resulting from 12 weeks of exercise counseling with or without dietary counseling in obese adults. *Nutrition*, v. 20, n. 10, p. 849–856, out. 2004.

MELLO, M. T. *et al.* Long-Term Effects of Aerobic Plus Resistance Training on the Metabolic Syndrome and Adiponectinemia in Obese Adolescents. *The Journal of Clinical Hypertension*, v. 13, n. 5, p. 343-350, maio 2011.

MOOKERJEE, S.; WELIKONICH, M. J.; RATAMESS, N. A. Comparison of Energy Expenditure during Single vs. Multiple-Set Resistance Exercise. *J Strength Cond Res.*, v. 30, n. 5, p. 1447-1452, 6 out. 2015.

OLDS, T. S.; ABERNETHY, P. J. Postexercise oxygen consumption following heavy and light resistance exercise. *J Strength Cond Res*, v. 7, n. 3, p. 147-152, ago. 1993.

ORMSBEE, M. J. *et al.* Fat metabolism and acute resistance exercise in trained men. *J Appl Physiol* (1985), v. 102, n. 5, p. 1767-1772, maio 2007.

ORMSBEE, M. J. *et al.* Regulation of fat metabolism during resistance exercise in sedentary lean and obese men. *J Appl Physiol* (1985), v. 106, n. 5, p. 1529-1537, maio 2009.

PAOLI, A. *et al.* High-Intensity Interval Resistance Training (HIRT) influences resting energy expenditure and respiratory ratio in non-dieting individuals. *J Transl Med*, v. 10, n. 2012, nov. 2012.

PASCHALIS, V. *et al.* A weekly bout of eccentric exercise is sufficient to induce health-promoting effects. *Med Sci Sports Exerc*, v. 43, n. 1, p. 64-73, jan. 2011.

PASCHALIS, V. *et al.* Beneficial changes in energy expenditure and lipid profile after eccentric exercise in overweight and lean women. Scand J Med Sci Sports, v. 20, n. 1, p. 103-111, fev. 2010.

PÉNICAUD, L. *et al.* The autonomic nervous system, adipose tissue plasticity, and energy balance. Nutrition, v. 16, n. 10, p. 903-908, out. 2000.

PEREZ-GOMEZ, J. *et al.* Effect of endurance and resistance training on regional fat mass and lipid profile. *Nutr Hosp*, v. 28, n. 2, p. 340-346, mar.-abr. 2013.

PICHON, C. *et al.* Blood pressure and heart rate response and metabolic cost of circuit versus traditional weight training. *J Strength Cond Res*, v. 10, n. 3, p. 153-156, ago. 1996.

POEHLMAN, E. T. *et al.* Effects of endurance and resistance training on total daily energy expenditure in young women: a controlled randomized trial. *J Clin End Metabol*, v. 87, n. 3, p. 1004–1009, mar. 2002.

POLAK, J. *et al.* Dynamic strength training improves insulin sensitivity and functional balance between adrenergic alpha 2A and beta pathways in subcutaneous adipose tissue of obese subjects. *Diabetologia*, v. 48, n. 12, p. 2631-2640, dez. 2005.

PRATLEY, R. *et al.* Strength training increases resting metabolic rate and norepinephrine levels in healthy 50- to 65-yr-old men. *J Appl Physiol*, v. 76, n. 1, p. 133-137, jan. 1994.

RAMAGE, S. *et al.* Healthy strategies for successful weight loss and weight maintenance: a systematic review. *Appl Physiol Nutr Metab*, v. 39, n. 1, p. 1-20, jan. 2014.

ROBERTS, C. K. *et al.* Strength fitness and body weight status on markers of cardiometabolic health. *Med Sci Sports Exerc*, v. 47, n. 6, p. 1211-1218, jun. 2015.

SCOTT, C. B. The effect of time-under-tension and weight lifting cadence on aerobic, anaerobic, and recovery energy expenditures: 3 submaximal sets. *Appl Physiol Nutr Metab*, v. 37, n. 2, p. 252-256, abr. 2012.

SCOTT, C. B.; LEARY, M. P.; TENBRAAK, A. J. Energy expenditure characteristics of weight lifting: 2 sets to fatigue. *Appl Physiol Nutr Metab*, v. 36, n. 1, p. 115-120, fev. 2011.

STICH, V. *et al.* Activation of alpha 2 adrenergic receptors blunts epinephrine-induced lipolysis in subcutaneous adipose tissue during a hyperinsulinemic euglycemic clamp in men. *Am J Physiol Endocrinol Metab*, v. 285, n. 3, p. E599-E607, set. 2003.

TEIXEIRA, P.; SILVA, M. *Repensar o peso: Princípios e métodos testados para controlar o seu peso.* Lisboa: Lidel. 2009.

THORNTON, M. K.; POTTEIGER, J. A. Effects of resistance exercise bouts of different intensities but equal work on EPOC. *Med Sci Sports Exerc.*, v. 34, n. 4, p. 715-722, abr. 2002.

THORNTON, M. K.; ROSSI, S. J.; MCMILLAN, J. L. Comparison of two different resistance training intensities on excess post-exercise oxygen consumption in African American women who are overweight. *J Strength Cond Res.*, v. 25, n. 2, p. 489-496, fev. 2011.

TIBANA, R. A. *et al.* Effects Of Eight Weeks Of Resistance Training On The Risk Factors Of Metabolic Syndrome In Overweight/Obese Women – A Pilot Study. *Diabetol Metab Syndr*, v. 5, n. 1, p. 11, fev. 2013.

TWELLS, L. K. *et al.* Current and predicted prevalence of obesity in Canada: a trend analysis. *CMAJ Open*, v. 2, n. 1, p. E18-26, mar. 2014.

VIERCK, J. *et al.* Satellite cell regulation following myotrauma caused by resistance exercise. *Cell Biol Int*, v. 24, n. 5, p. 263-272, 2000.

WAHRENBERG, H. *et al.* Importance of beta-adrenoceptor function in fat cells for lipid mobilization. *Eur J Clin Invest*, v. 22, n. 6, p. 412-419, 1992.

WILLIS, L. H. *et al.* Effects of aerobic and/or resistance training on body mass and fat mass in overweight or obese adults. *J Appl Physiol*, v. 113, n. 12, p. 1831-1837, dez. 2012.

WILSON, P. W. *et al.* Overweight and obesity as determinants of cardiovascular risk: The Framingham experience. *Arch Intern Med*, v. 162, n. 16, p. 1867-1872, set. 2002.

WORLD HEALTH ORGANIZATION. Obesity and overweight, World Health Organization, Genebra, 2014. Disponível em: <www.who.int/mediacentre/factsheets/fs311/en/>. Acesso em: 9 dez. 2015.

28

Gasto calórico em programa de treinamento de força aplicado à musculação

Gustavo Paula Leite de Almeida

Gustavo Allegretti João

Mario Augusto Charro

Aylton Figueira Junior

OBJETIVO DO CAPÍTULO

Apresentar pontos importantes sobre o gasto calórico durante o treinamento de força e no período de recuperação entre sessões. Este capítulo permitirá que os profissionais de Educação Física possam basear suas decisões na prescrição do treinamento de força com maior sustentação científica na intervenção direcionada a alunos com diferentes idades e níveis de aptidão física, visando à adequação da composição corporal associada ao emagrecimento saudável.

Os benefícios do treinamento de força são evidenciados pela melhora da *performance* física (Blazevich *et al.*, 2007), pela redução da mortalidade (Tibana e Prestes, 2013), pela redução da fragilidade em idosos (Tartaruga *et al.*, 2005), com especial atenção à prevenção e ao tratamento de doenças crônicas (Stamatakis *et al.*, 2019), associados à qualidade de vida em todas as idades (Araújo e Araújo, 2000).

Segundo o American College of Sports Medicine (ACSM, 2009), o treinamento de força deve ser realizado seguindo uma progressão gradual de carga. Além disso, o programa, para ser otimizado, deve ser realizado de forma que os exercícios multiarticulares devam anteceder os monoarticulares (os de alta intensidade antes dos de menor intensidade). Quando o objetivo é o ganho de força muscular, recomenda-se treinar com cargas de treinamento a uma intensidade de 1-6 repetições máximas (RM), com intervalos entre 3 e 5 minutos. Para hipertrofia, é recomendado treinar com cargas de treinamento a uma intensidade de 6-12 RM, e intervalos entre 1 e 2 minutos. Por segurança, indivíduos iniciantes devem treinar com cargas de treinamento a uma intensidade de 8-12 RM. Indivíduos nos níveis intermediário e avançado podem variar as repetições entre 1-12 RM, sendo enfatizadas 1-6 RM, com descanso médio de 3 minutos entre as séries. A frequência de treinamento para pessoas nos níveis iniciante e intermediário deve ser de 2-3 vezes, e para as do avançado, de 4-5 vezes semanais, com um dia de descanso no meio da semana, garantindo significativas melhorias à saúde.

Nesse sentido, o treinamento de força é indicado para diferentes populações que buscam melhorar sua condição de saúde e sua aptidão física, com foco inicial na evolução da força e hipertrofia muscular (Evangelista *et al.*, 2021).

Porém, é importante ressaltar a indicação do treinamento de força como estratégia determinante para a prevenção e o tratamento de pessoas com excesso de peso e em estado de obesidade (Garber *et al.*, 2011), bem como para a adequação da composição corporal. Dessa forma, o treinamento de força promove aumentos significativos no gasto calórico, em virtude do aumento da força e da massa muscular, o que resulta em maior gasto calórico em repouso, durante o exercício e nas atividades da vida diária (AVDs).

Com o aumento da massa muscular e da força, tem sido observada melhora da resposta metabólica e do perfil lipídico sérico (Gonzalez-Hernández *et al.*, 2020; Nuñez *et al.*, 2020) pela maior demanda metabólica (aeróbia e anaeróbia), gerando aumento significativo no consumo de oxigênio (VO_2) (Scott, Croteau e Ravlo, 2009; Stec e Rawson, 2012), consequentemente no gasto calórico.

O American College of Sports Medicine (ACSM, 2000) tem recomendado, em seus posicionamentos, a inclusão do treinamento de força em rotinas de treinamento com objetivos relacionados à mudança da composição corporal, ressaltando que benefícios adicionais à saúde serão atingidos com a redução do tempo sentado, aumento das AVDs, ao se acumular, pelo menos, 30 minutos de atividades físicas na maioria dos dias da semana em intensidade moderada-vigorosa, o que poderia proporcionar um gasto calórico médio entre 150-250 kcal por sessão (Garber *et al.*, 2011; Ratamess *et al.*, 2009).

Segundo João *et al.* (2020a), os benefícios para a saúde relacionados à prática regular de exercícios estão associados à quantidade total de energia gasta de uma sessão de treino, que, por sua vez, está relacionada à forma como a sessão é organizada, utilizando as diferentes variáveis do treinamento, com a combinação da relação entre volume e intensidade.

A carga utilizada no treinamento, entendida como a intensidade relativa ao esforço (absoluta, em quilogramas, ou relativa, em percentual de 1 RM), assim como a velocidade de execução, os intervalos de recuperação entre as séries e os exercícios, a amplitude do movimento, a ordem e a quantidade de exercícios, o número de repetições e de séries, a frequência de treino, o tipo de exercício e as articulações nele envolvidas podem interferir na resposta metabólica e influenciar diretamente o gasto calórico durante uma sessão de treino (Meirelles e Gomes, 2004; Reis *et al.*, 2011; Stec e Rawson, 2012).

Controlar as implicações dessas variáveis no gasto calórico durante o treinamento de força pode resultar em respostas diferentes no programa de emagrecimento e no aumento de secção transversa muscular, pela relação da demanda metabólica associada ao esforço e à recuperação. É importante ressaltar que as características individuais, como sexo, idade, composição corporal e nível de aptidão física, também são consideradas potenciais variáveis que podem influenciar o gasto calórico.

A quantidade de energia que será gasta durante o treinamento de força está diretamente relacionada à combinação das variáveis citadas, e que são entendidas como magnitude da dose-resposta do esforço (Argus *et al.*, 2014; Farinatti e Castinheiras Neto, 2011; Hunter, Seelhors e Snyder, 2003; Hunter *et al.*, 2015; João *et al.*, 2020a; Krieger, 2010; Vezina *et al.*, 2014).

Porém, para que tenhamos a análise do gasto calórico, tanto na sessão do treinamento de *endurance* como no treinamento de força, deve-se considerar a condição metabólica a que a célula é submetida. Lembramos que, na *Seção 1 – Princípios fisiológicos aplicados ao treinamento de força*, ficou delineado que o gasto calórico é considerado um benefício agudo, que está relacionado às AVDs e aos benefícios crônicos do treinamento, associados ao incremento/à manutenção da taxa metabólica de repouso em relação à massa muscular (Foureaux, Kelerson e Dâmaso, 2006). Dessa forma, a quantidade de quilocalorias (kcal) metabolizadas durante a sessão de treinamento é expressa em quilocaloria (1 kcal = 4,184 kJ).

Partindo do pressuposto de que a célula humana depende da quantidade de oxigênio presente em seu interior na produção de adenosina trifosfato (ATP), o desequilíbrio dessa quantidade exigirá mudança na resposta cardiovascular, respiratória e, consequentemente, metabólica, para que haja uma quantidade de oxigênio que permita a recuperação/a manutenção do *steady-state*. Dessa forma, será pela quantidade de oxigênio envolvida na atividade e na recuperação (entre exercícios, séries, no caso da musculação, e entre sessões) que o gasto calórico deve ser determinado. Nesse sentido, é fundamental que se considere que a quantidade de oxigênio na atividade mitocondrial se associe à oxidação de glicose e aos ácidos graxos, preferencialmente.

Portanto, como critério específico de ativação metabólica, cada litro de oxigênio promoverá a conversão-padrão de 1 litro de O_2 utilizado na célula, oxidando macronutrientes (carboidratos, proteínas e gorduras), estabelecida em 5,0 kcal ou 21,1 kJ. O consumo de O_2 pode ser expresso pelo valor absoluto de litros de O_2 consumidos por minuto (L/min) ou pelo valor relativo em mililitros de oxigênio por quilograma de massa corporal por minuto (ml/kg/min). Para quantificar o *gasto calórico* tanto em repouso (taxa metabólica de repouso) quanto em esforço, utilizamos a equivalência metabólica de trabalho (MET). Portanto, 1 MET equivale ao consumo de 3,5 ml/kg/min de O_2 em repouso (Burgomaster, Heigenhauser e Gibala, 2006; Chance *et al.*, 2006). Dessa forma, a massa corporal total e a composição corporal (massa corporal e massa magra) são variáveis que contribuem para o *gasto calórico* total e determinam a taxa metabólica de repouso e de esforço. O *gasto calórico* em homens pode ser mais elevado, em comparação com o das mulheres, em virtude da maior quantidade de massa magra (Meirelles e Gomes, 2004). No entanto, essas diferenças desaparecem quando os resultados são expressos por valores relativos, utilizando a massa magra expressa em kcal/kg. Isso demonstra a importância da composição corporal na interpretação dos resultados do gasto calórico no treinamento de força.

Além da massa magra, a intensidade se relaciona ao gasto calórico. Exemplificando: um determinado exercício realizado a 2 MET significa uma demanda duas vezes maior do que o metabolismo de repouso; do mesmo modo, a 6 MET implica 6 vezes a mais do que o repouso. Dessa forma, é possível quantificar o gasto calórico da sessão de treinamento utilizando a taxa de equivalência metabólica relacionada à intensidade do exercício (Vezina *et al.*, 2014):

- *leve*: 1,6-3,9 MET;
- *moderado*: 4,0-6,9 MET;
- *vigoroso*: 7,0-9,9 MET;
- *muito vigoroso*: > 10,0 MET.

O MET possibilita quantificar aproximadamente o gasto calórico de qualquer atividade física, embora vários estudos (Scott, 2017; Scott *et al.*, 2006; Vezina *et al.*, 2014) tenham demonstrado que o gasto calórico pode ser subestimado se quantificado em atividades físicas que não se encontram em estado de equilíbrio, ou *steady-state*.

As capacidades metabólicas dos músculos esqueléticos são diferentes de acordo com os tipos de fibras. Aquelas classificadas como tipo II são fibras de contração rápida, não apresentam muitas mitocôndrias em suas células, portanto, produzem pouca quantidade de ATP por via glicolítica. As fibras do tipo I são fibras de capacidade metabólica aeróbia, de contrações lenta e apresentam grandes quantidades de mitocôndria em suas células o que possibilita atividades de longa duração e de baixa intensidade, portanto, necessitam de quantidade suficiente de O_2 para produzir ATP por ciclo de Krebs e cadeia respiratória (Burgomaster, Heigenhauser e Gibala, 2006; Chance *et al.*, 2006; Gastin, 2001; Grassi, 2005; Hug *et al.*, 2005; Juel *et al.*, 2004; Kaplan, 2001; LeBlanc *et al.*, 2004; Robergs, Ghiasvand e Parker, 2004).

Dessa forma, também visto na *Seção 1*, o gasto calórico está associado aos processos metabólicos aeróbios e/ou anaeróbios, os quais fornecem energia oriunda dos substratos energéticos (compostos orgânicos), transformando-os em energia química, resultando em ATP e, consequentemente, utilizado na contração muscular (Burgomaster, Heigenhauser e Gibala, 2006; Chance *et al.*, 2006; Crowther *et al.*, 2002; Gastin, 2001; Robergs, Ghiasvand e Parker, 2004; Scott, Croteau e Ravlo, 2009; Scott *et al.*, 2011; Vezina *et al.*, 2014). Um mol de ATP degradado produz o equivalente a 7,3 kcal. A energia potencial liberada pela oxidação de um mol de glicose é de 686 kcal. Portanto, o valor de eficiência do metabolismo aeróbio pode ser calculado ao considerar:

38 mol de ATP × 7,3 kcal/mol = 277,4 kcal
Energia potencial total da glicose = ~ 686 kcal
(277,4 kcal / 686 kcal = 0,4043, ou 40% de energia para trabalho celular)

A eficiência metabólica da cadeia respiratória aeróbia é de, aproximadamente, 40%, e os 60% remanescentes de energia livre da oxidação da glicose são liberados na forma de calor (Achten e Jeukendrup, 2004; Burgomaster, Heigenhauser e Gibala, 2006; Chance *et al.*, 2006; Gastin, 1994; Hug *et al.*, 2005; Kaplan, 2001).

Nesse contexto, notamos que a quantificação do gasto calórico no treinamento de força utilizando medidas de consumo de oxigênio, geralmente realizado no estado não estável, torna-se um problema, pois não leva em consideração a bioenergética do metabolismo anaeróbio (Crowther *et al.*, 2002; Hunter, Seelhorst e Snyder, 2003; Scott *et al.*, 2011; Vezina *et al.*, 2014). A maioria dos estudos que quantificaram o gasto calórico no treinamento de força exclui ou não considerou o gasto calórico do consumo de oxigênio pós-esforço (recuperação). Além disso, a falta de uma proposta metodológica padrão entre os estudos para quantificar o gasto calórico no treinamento de força torna a interpretação mais subjetiva do que objetiva.

A taxa metabólica pode ser mensurada pela produção de calor determinada pelo método direto de mensuração, a calorimetria direta, ou pelo consumo de O_2, ou de modo indireto, conhecido como medida por calorimetria indireta pela oxidação dos diferentes substratos e produção de dióxido de carbono (CO_2) (Ainslie, Reilly e Westerterp, 2003; Alcaraz *et al.*, 2011; Burgomaster, Heigenhauser e Gibala, 2006; Reis *et al.*, 2011; Santos, 2013).

Embora a calorimetria direta seja mais precisa para determinar a taxa metabólica, apresenta custo elevado e técnica complexa, sendo o motivo de a maioria dos estudos utilizarem a calorimetria indireta na estimativa das quilocalorias utilizadas em atividades ou repouso (Burgomaster, Heigenhauser e Gibala, 2006; Grassi, 2005; Reis *et al.*, 2011; Scott *et al.*, 2011; Volp *et al.*, 2011).

A calorimetria indireta é uma técnica de custo aceitável, não invasiva; seus instrumentos são mais leves e facilitam a manutenção da medida. Ainda assim, exige que o indivíduo respire dentro de uma máscara que pode ter dimensões variáveis (Ainslie, Reilly e Westerterp, 2003; Reis *et al.*, 2011; Santos, 2013). A calorimetria indireta determina o consumo de oxigênio (O_2) e o gás carbônico (CO_2) expirado nas etapas anaeróbia e aeróbia, permitindo, por essa associação, quantificar o gasto calórico total e a contribuição das fontes de energia (carboidratos e ácidos graxos) ao processo metabólico (Achten e Jeukendrup, 2004; Burgomaster, Heigenhauser e Gibala, 2006; Crowther *et al.*, 2002; Grassi, 2005; Kaplan, 2001; Reis *et al.*, 2011; Santos, 2013; Volp *et al.*, 2011).

Portanto, todas as reações que liberam energia estão relacionadas à utilização do O_2. Desse modo, quando medimos os valores do O_2 inspirado e do CO_2 expirado, é possível determinar o percentual de cada substrato utilizado, bem como a produção de energia e a sua razão de troca respiratória (Burgomaster, Heigenhauser e Gibala, 2006; Grassi, 2005; Meirelles e Gomes, 2004; Reis *et al.*, 2011; Robergs, Ghiasvand e Parker, 2004; Santos, 2013; Scott *et al.*, 2011; Volp *et al.*, 2011). Os valores do consumo de O_2 podem ser expressos de forma absoluta (litros por minuto – L/min) ou relativa (mililitros por minuto por quilograma de massa corporal – ml/kg/min) (Meirelles e Gomes, 2004; Reis *et al.*, 2011; Santos, 2013; Scott, 2017).

O consumo de O_2 está relacionado com dispêndio de energia (gasto calórico) de, aproximadamente, 5 kcal quando utilizamos uma mistura de carboidrato, gordura e proteínas com 1 L de O_2 (Achten e Jeukendrup, 2004; Grassi, 2005; Juel *et al.*, 2004; Kaplan, 2001; LeBlanc *et al.*, 2004; Meirelles e Gomes, 2004; Prampero e Ferretti, 1999; Reis *et al.*, 2011; Robergs, Ghiasvand e Parker, 2004; Santos, 2013; Scott *et al.*, 2011; Vezina *et al.*, 2014).

Metabolismo de macronutrientes + consumo de 1 L de oxigênio = 5 kcal

Considerando que o gasto calórico determinado pelo consumo de oxigênio, ao mensurar o quanto de oxigênio está presente na atividade física, no exercício ou no repouso, para cada litro de oxigênio, haverá a participação da glicose e de ácidos graxos na formação de ATP, que, por meio da conversão de kJ para kcal pela presença de oxigênio, sabe-se a demanda metabólica no exercício. Portanto, a oxidação completa da glicose (tanto na fase anaeróbia como aeróbia resultará em 21,1 kJ, que, na conversão, representa 5,05 kcal para cada litro de oxigênio consumido) (Crowther *et al.*, 2002; Scott *et al.*, 2011; Skelly *et al.*, 2014; Swain, 2000; Williams *et al.*, 2013).

Embora o exercício de curta duração não permita que o oxigênio tenha ação predominante na formação de energia, considera-se que, nessa etapa metabólica, o componente anaeróbio seja próximo de 7% do ciclo metabólico da glicose, ou seja, 0,3585 kcal (1,5 kJ) para cada litro de O_2 (Figura 28.1).

Figura 28.1 – Degradação da glicose por via glicólise anaeróbia, respiração aeróbia e relação com a produção de energia. *Vide Seção 1.*

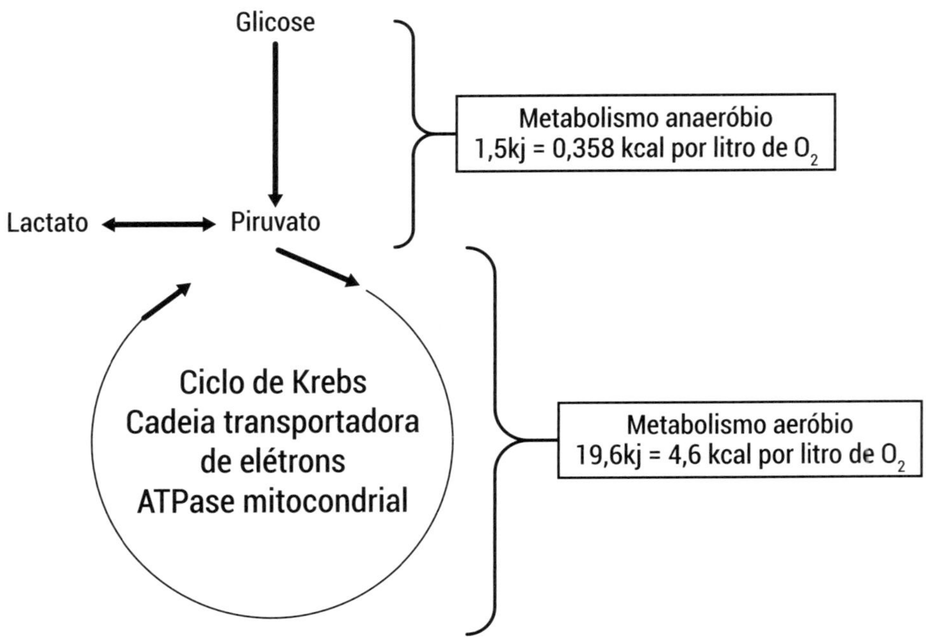

Fonte: adaptada de Scott *et al.* (2011).

Em contrapartida, considerando a estrutura molecular dos ácidos graxos, o processo de oxidação ocorre em condição específica, conhecida como betaoxidação, a qual resulta na formação de Acetil-CoA, seguindo para o ciclo de Krebs. Portanto, deve-se considerar que, na etapa anaeróbia, não ocorre ação da gordura na formação de energia, fazendo o processo metabólico do ácido graxo tornar-se exclusivo na etapa oxidativa. Dessa maneira, a oxidação do gordura ocorrerá como valor de 19,6 kJ, ou seja 4,68 kcal para cada litro de oxigênio consumido (Burgomaster, Heigenhauser e Gibala, 2006; Chance *et al.*, 2006; Gastin, 1994, 2001; Reis *et al.*, 2011; Santos, 2013; Scott *et al.*, 2011; Swain, 2000).

Assim, com base em Scott *et al.* (2011), o componente anaeróbio representa 7% do ciclo similar ao percentual de ressíntese de ATP produzido de forma anaeróbia (2-3 ATPs), em comparação à produção de ATP via metabolismo aeróbio (34-36 ATPs). Portanto, ao subtrair o componente anaeróbio (1,5 kJ = 0,3585 kcal) da fase em que a glicose foi completamente oxidada (21,1 kJ = 5,05 kcal), ou seja, 5,05 – 0,3585 kcal, resulta em 4,68 kcal provenientes da oxidação da gordura.

Ainda vale ressaltar que, após o exercício físico, haverá uma quantidade de oxigênio maior do que a demanda durante o exercício, independentemente do tipo de exercício. Essa fase, conhecida como excesso de consumo de oxigênio pós-esforço (EPOC), é vista como exclusivamente oxidativa, o que não se associa à produção de lactato, pois a fase de esforço já se encerrou

(Crowther *et al.*, 2002; Gastin, 1994, 2001; Reis *et al.*, 2011; Scott *et al.*, 2011; Swain, 2000).

Dessa forma, imaginar que haverá oxidação maior de qualquer substrato após exercício anaeróbio não tem sustentação nem conclusão específica de contribuição efetiva no gasto calórico total. Essa afirmação se baseia na condição de que a glicólise é baixa após o exercício, sendo predominantes, na recuperação, a oxidação do lactato e a gordura. Deve-se considerar que, em repouso, a quantidade de oxigênio é baixa, portanto, a demanda metabólica segue a mesma tendência (Achten e Jeukendrup, 2004; Chance *et al.*, 2006; Crowther *et al.*, 2002; Gastin, 2001; Juel *et al.*, 2004; Kaplan, 2001; LeBlanc *et al.*, 2004; Parra *et al.*, 2000; Scott *et al.*, 2011; Swain, 2000).

Em virtude de a concentração de lactato estar maior após o exercício, pode-se considerar a contribuição da oxidação do lactato no gasto calórico total, somente se a remoção for menor do que a produção (Benetti, Santos e Carvalho, 2000; (Burgomaster, Heigenhauser e Gibala, 2006; Chance *et al.*, 2006; Crowther *et al.*, 2002; Juel *et al.*, 2003; Kaplan, 2001; Kelleher *et al.*, 2010; Prampero e Ferretti, 1999; Scott, 2017; Scott, Croteau e Ravlo, 2009; Scott *et al.*, 2006, 2011). Vale ressaltar que a remoção de lactato é um assunto complexo a ser considerado apenas no contexto da oxidação, pois uma quantidade significativa de lactato será posteriormente oxidada ou convertida em glicose (Juel *et al.*, 2004; LeBlanc *et al.*, 2004; Robergs, Ghiasvand e Parker, 2004; Scott *et al.*, 2011; Swain, 2000).

Considerando que a produção de lactato tenha aumentado no exercício e havido necessidade de remoção, haverá a conversão de lactato sanguíneo em energia à medida que oxigênio estiver presente, na equivalência de que aumentar 1 $mmol^{-1}$ de lactato, e haverá necessidade de 3 ml de O_2 para cada quilograma de massa corporal. Portanto, o gasto calórico total, em razão da contribuição do componente anaeróbio (pela concentração de lactato), é estimado pela subtração entre a concentração de lactato em repouso (antes do exercício) e a maior concentração durante o exercício. Ao multiplicar esse valor pela massa corporal e por 3 ml de O_2, consideraremos a contribuição da oxidação do lactato no gasto total. Por fim, saberemos quantos mililitros de oxigênio necessários para essa oxidação, cabendo à multiplicação final, com o valor de 5,0 kcal, para cada litro de oxigênio encontrado (Almeida *et al.*, 2011; Crowther *et al.*, 2002; Hunter, Seelhorst e Snyder, 2003; Hunter *et al.*, 2015; Kelleher *et al.*, 2010; Reis *et al.*, 2011; Santos, 2013; Scott, 2017; Scott *et al.*, 2011; Swain, 2000).

Com essa análise, é preciso considerar que, em esforços em curta duração e alta intensidade, a demanda metabólica não se dará predominantemente pela oxidação, o que dificulta a determinação do gasto calórico, mesmo pela calorimetria indireta. Como no treinamento de força há produção de lactato, é necessário esse indicador para estimar o gasto calórico total. Erroneamente, usam-se frequencímetros, que superestimam o valor do gasto de energia na musculação. Ainda, ressalta-se que, na musculação, haverá alternância de grupos musculares e/ou intervalos de recuperação entre as séries/passagens, fatores que alterarão o gasto energético pela inconstância do consumo de oxigênio. Dessa forma, haverá aumento do consumo de O_2 no período de recuperação, em comparação ao momento do exercício, o que aumentará o gasto calórico (de forma adicional) em relação ao período pré-exercício. Assim, é necessário medir o consumo de oxigênio durante a recuperação e após a sessão de treinamento para conhecer o gasto calórico total da sessão (Almeida *et al.*, 2011; Aniceto *et al.*, 2013; Hunter *et al.*, 2015; Kelleher *et al.*, 2010; Reis *et al.*, 2011; Santos, 2013; Scott, 2017; Scott,

Croteau e Ravlo, 2009; Scott *et al.*, 2006, 2011; Swain, 2000; Vezina *et al.*, 2014).

Em termos relativos, indivíduos do sexo feminino consomem mais oxigênio do que os do sexo masculino, porque as mulheres utilizam mais o metabolismo aeróbio, o que gera mais transferência de energia pela via aeróbia quando realizam contrações musculares em intensidades maiores do que 50% de 1 RM (Morgan, Woodruff e Tiidus, 2003). Isso se deve, em parte, pela maior atividade de enzimas aeróbias e menor atividade de enzimas glicolíticas em mulheres (Kent-Braun *et al.*, 2002).

Porém, é de grande relevância destacar que o gasto calórico total é significativamente mais alto em indivíduos do sexo masculino, em comparação com o sexo feminino, pela maior quantidade de massa magra, em relação à massa corporal total (Ballor, Becque e Katch, 1989; Scala *et al.*, 1987), o que aponta para a importância da composição corporal e do sexo na interpretação dos resultados e na prescrição do treinamento para a potencialização do gasto calórico na sessão de exercícios.

Ortego *et al.* (2009) compararam o gasto calórico de 10 homens e 10 mulheres, com experiência em treinamento de força, que realizaram um protocolo de treino em circuito. A sessão de treino consistia em 3 passagens com 10 repetições e 6 exercícios com carga para 12 RM. Ao final do estudo, verificaram que o gasto calórico total dos homens foi 820 ± 68,27 kcal *versus* 473 ± 25,35 kcal das mulheres, sugerindo que maiores massa corporal, volume sistólico e fração de ejeção dos homens parecem contribuir com o incremento do consumo de oxigênio no exercício, fator determinante para o gasto calórico.

Phillips e Ziuraitis (2004) avaliaram o gasto calórico em sessão de treinamento de força que envolveu 5 homens e 5 mulheres, submetidos a uma série com 8 exercícios e 15 repetições. O gasto calórico dos homens foi 5,63 ± 0,7 $kcal/min^{-1}$, e o das mulheres 3,4 ± 0,5 $kcal/min^{-1}$. Foi observada consistência nesses achados, em que os homens apresentaram gasto calórico pelo menos 50% maior do que as mulheres na mesma prescrição apresentada.

A melhor compreensão do assunto proporcionará uma prescrição de treino mais segura e eficaz, fazendo os objetivos esperados serem atingidos em menor tempo. Dessa perspectiva, o capítulo tem como objetivo esclarecer algumas questões: Como as variáveis de treinamento podem influenciar o gasto calórico? Qual seria o gasto calórico com diferentes intensidades no treinamento de força? Qual sistema de treinamento é mais eficiente para incrementar o gasto calórico durante uma sessão de treinamento de força? Como estimar o gasto calórico no treinamento de força?

28.1 O gasto calórico durante o treino de força

O primeiro estudo sobre o assunto aconteceu no final da década de 1970, Wilmore *et al.* (1978) observaram que homens e mulheres com idades entre 17 e 36 anos, ao realizarem a mesma sessão de treinamento em circuito com duração de 22 minutos, tiveram o gasto calórico de 131 kcal (homens) e 95 kcal (mulheres), sugerindo que os valores encontrados no estudo foram influenciados pelo gênero dos participantes. A menor massa muscular das mulheres gerou um menor gasto calórico, em comparação ao dos homens, isso, porque, quanto maior a massa muscular, maior o gasto energético.

Desse momento em diante, novas pesquisas começaram a ser realizadas com o objetivo de compreender melhor os fatores que podem influenciar o gasto calórico resultante do consumo e do dispêndio de energia durante a realização do treino de força, e foi constatado que o efeito termogênico da atividade física é um fator relevante que pode gerar incrementos no gasto calórico (Ballor *et al.*, 1996).

O consumo de oxigênio e o gasto calórico no treinamento de força estão relacionados a mecanismos como: maior ativação de grupos musculares adicionais; intensificação da atividade muscular respiratória; recrutamento das fibras musculares do tipo I e tipo II; aumento da temperatura muscular em virtude do deslocamento de algumas proteínas (nomeadas de UCPs) que se encontram na membrana mitocondrial e que, ao se deslocarem, geram calor; aumento da taxa metabólica basal; acúmulo de lactato; entre outros mecanismos (Reis Filho, Vieira Júnior e Voltarelli, 2013; Zoładź e Korzeniewski, 2001).

Nesse contexto, o treinamento de força apresenta grande potencial para gerar incremento no gasto calórico, bem como promover o aumento de massa muscular, o que contribui para o aumento do gasto calórico basal e o exercício (Sword, 2012). Dessa forma, aumentar o gasto calórico em uma sessão de treinamento de força é uma estratégia que contribui com o controle da composição corporal.

Shaw e Shaw (2006) investigaram o efeito do treinamento de força na melhora da composição corporal de 28 homens com idade entre 20 e 35 anos. A amostra foi randomizada e dividida em dois grupos: grupo de controle e grupo de treinamento de força. Após 8 semanas de intervenção, o grupo treinamento de força apresentou significante melhora na massa corporal magra (pré = 56,25 ± 2,98 kg; pós = 59,31 ± 3,19 kg), acompanhado por diminuição na massa gorda (pré = 21,53 ± 2,66 kg; pós = 18,92 ± 2,54 kg) e no percentual de gordura corporal (pré = 26,83 ± 1,52%; pós = 23,33 ± 1,73%) em comparação ao grupo de controle, que não apresentou mudanças significativas.

Batista e Barbosa (2006) realizaram um estudo de 10 semanas para avaliar o efeito do treinamento de força (a 60% de 1 RM) na composição corporal de 24 homens sedentários entre 18 e 35 anos. O treinamento de força reduziu significativamente o percentual de gordura corporal 12%) e aumentou a massa magra em 2%.

Com relação às mudanças na composição corporal, os estudos mostraram que o treinamento de força contribui diretamente com a redução da massa gorda, melhora o percentual de gordura e aumenta a massa corporal magra. Contudo, quanto ao gasto calórico e aos efeitos do treinamento de força, as pesquisas apresentam inconsistências em razão da amostra, do sistema de treinamento e da forma de quantificação da demanda metabólica.

Entretanto, consideramos que o gasto calórico durante o treinamento de força é um fator que deve ser mais bem obsevado na prescrição de exercícios, pois encontramos que a adesão em programas de treinamento se associa à velocidade com que os objetivos são atingidos (Liz e Andrade, 2016). Dessa forma, entender como otimizar o gasto calórico durante a prescrição de treinamento de força se torna uma condição vantajosa que proporcionará menos chance de desistência, sobretudo por pessoas que apresentam histórico de insucesso na perda de peso e insatisfação com a imagem corporal, em especial pessoas do sexo feminino (Melo *et al.*, 2018).

28.2 A influência da manipulação das váriaveis de treinamento sobre o gasto calórico

Como previamente apresentado neste capítulo, o gasto calórico de uma sessão de treinamento de força é modulado pela intensidade e pelo volume do treinamento, e a manipulação das variáveis de treinamento está totalmente relacionada ao gasto calórico total da sessão (Braun, Hawthorne e Markofski, 2005; Scott *et al.*, 2006).

Por esse motivo, uma estratégia que possibilita o praticante a gerar estímulos diferentes e mais intensos durante a sessão de treinamento é a utilização dos sistemas de treinamento, que manipulam as variáveis de volume e de intensidade (Peterson, Rhea e Alvar, 2005).

É importante ressaltar que as variáveis de volume e de intensidade têm uma relação inversa entre si, em que, quanto maior o volume da sessão de treinamento de força, menor é intensidade utilizada, e vice-versa. Dessa forma, entender a melhor combinação entre essas variáveis será determinante para otimizar o maior gasto calórico no treinamento de força, em especial, na musculação.

28.2.1 Volume e gasto calórico

A literatura científica indica que o volume no treinamento de força é um dos principais determinantes do VO_2 e do gasto calórico durante as sessões de treinamento de força. Phillips e Ziuraitis (2004) investigaram o gasto calórico em 5 homens e 5 mulheres, com média de idade de 73 ± 0,5 anos, durante uma sessão de treinamento composta por 8 exercícios, sendo realizados por uma única série com 15 repetições. O gasto calórico (kcal) dos homens foi 84,2 ± 14,6, e o das mulheres, 69,7 ± 17,4. Os autores sugeriram que uma série em uma sessão de *treinamento de força* pode ser uma alternativa para contribuir com o gasto calórico total de idosos, porém, é necessário aumentar o número de séries e/ou de repetições, para acumular pelo menos 150 a 200 kcal em uma sessão de treinamento (ACSM, 2000).

Scott *et al.* (2009) concluíram que o maior volume no treinamento de força parece influenciar positivamente no gasto calórico na sessão de treinamento, sugerindo que o número maior de repetições gerará maior demanda energética. Os autores investigaram o gasto calórico no supino reto em três sessões com número de repetições diferentes (7, 14 e 21, com intensidade de 50% de 1 RM). Os resultados foram 2,62 kcal (7 repetições), 5,25 kcal (14 repetições) e 7,17 kcal com 21 repetições, indicando a influência do volume total no gasto calórico da sessão de treinamento.

Heden *et al.* (2011) compararam o efeito agudo de 1 e 3 séries de treinamento de força no gasto calórico em 8 homens (21 ± 1 anos, 91,4 ± 8,6 kg, 175 ± 5 cm) com excesso de peso (IMC 25,6 ± 1,5 kg/m^2). Os dois protocolos promoveram o aumento da taxa metabólica, porém, o valor encontrado no treinamento realizado com 1 série apresentou 25% menor gasto calórico (4,2 kcal/min^{-1}) do que o em 3 séries (5,6 kcal/min^{-1}), corroborando com a hipótese de que o maior volume de treinamento se relaciona com o incremento do gasto calórico.

Mais recentemente, Mookerjee, Welikonich e Ratamess (2016) compararam o gasto calórico no treinamento em circuito de uma única série com o de múltiplas séries (3 séries), e, em ambos os protocolos, a intensidade foi ajustada a 70% de 1 RM. Os protocolos foram idênticos, com 5 exercícios para membros superiores. O volume total (séries × repetições × peso [kg]) foi significantemente maior no protocolo de múltiplas séries (6.001,1 ± 3.621,3 kg), em comparação ao treino em circuito de uma única série (2.000, 4 ± 1.207,1 kg), resultando no maior no gasto calórico (treino em circuito de uma única série = 71,3 ± 26,5 kcal, e 167,9 ± 58,7 kcal em múltiplas séries).

Dessa forma, consideramos que, quanto maior o volume de uma sessão de treinamento de força, maior será o gasto calórico total da sessão, considerando a mesma intensidade relativa.

Nesse contexto, uma estratégia para gerar incrementos no gasto calórico na sessão de treinamento de força, buscando otimizar o emagrecimento, é a prescrição de treinamento com sessões em maior volume. Aumentar o número de séries, de repetições na sessão de treinamento e de frequência semanal parece auxiliar o aumento do gasto calórico e, paralelamente, a melhora da composição corporal.

28.2.2 Intensidade e gasto calórico

No treinamento de força, as maiores intensidades relativas à força máxima, com baixo número de repetições, podem ser possibilidades que parecem contribuir com aumento da força máxima, considerando que o treinamento com menor intensidade e mais repetições, resultam em ganhos na resistência de força muscular localizada (RML) (Campos *et al.*, 2002).

Considerando que o recrutamento da unidade motora associa-se, inicialmente, às fibras com menor limiar de ativação (fibras do tipo I – oxidativas), postula-se que são ativadas durante as contrações submáximas (Burgomaster, Heigenhauser e Gibala, 2006; Chance *et al.*, 2006), ao passo que as fibras de limiar superior (fibras do tipo II – glicolíticas) são progressivamente recrutadas, conforme a intensidade é maior (Morton *et al.*, 2019). Dessa forma, conjectura-se que, quanto maior a intensidade no treinamento de força, maior será o gasto calórico da sessão, considerando o volume equalizado.

O efeito da intensidade no gasto calórico, até o presente momento, ainda é inconsistente na literatura. Alguns estudos apontam que treinar com intensidade mais alta pode gerar menor aderência (Ekkekakis, Hall e Petruzzello, 2005), intolerância ou desconforto e, em alguns casos, até podendo levar a náuseas e vertigens por parte de alguns praticantes (Richards *et al.*, 2010; Whyte, Gill e Cathcart, 2010; Whyte *et al.*, 2013).

Analisando o efeito de diferentes sistemas de treinamento que manipulam as variáveis de intensidade no treinamento de força, encontramos em alguns, a melhor possibilidade de otimizar o gasto calórico, e que poderia provocar elevadas perturbações metabólicas (*Seção 4 – Organização, princípios e prescrição do treinamento de força*). A seguir, alguns exemplos desses sistemas e o que os estudos vêm apontando com relação ao gasto calórico.

Quadro 28.1 – Sistemas de treinamento de força e suas características na execução

Sistema de treinamento	Características
Drop-set	Realiza-se um exercício até a falha mecânica momentânea, e, em seguida, sem realizar um intervalo de recuperação, diminui-se a carga (kg) entre 20% e 30%, e, novamente, o exercício é realizado até uma nova falha mecânica momentânea. Esse sistema é utilizado para contornar a fadiga instalada durante a execução do exercício (Salles e Simão, 2014).
Bi-set	Realizam-se dois exercícios seguidos do mesmo grupamento muscular, sem realizar um intervalo de recuperação entre eles. Esse sistema é utilizado para aumentar o estresse muscular de uma musculatura-alvo durante a execução do exercício, o que induz à falha mecânica (Foschini e Prestes, 2007).
Superset (agonista/antagonista)	Realizam-se exercícios para grupamentos musculares antagônicos (exemplo: bíceps e tríceps ou quadríceps e isquiotibiais), sem intervalo de recuperação entre eles. O método agonista-antagonista tem como pressuposto a ativação da musculatura antagonista, criando uma estabilidade articular em um processo denominado cocontração, que, por conseguinte, mantém atividade na musculatura oposta (Robbins *et al.*, 2010).
Superslow	Realizam-se as repetições de forma lenta durante os exercícios, em geral, com 5 segundos para fase excêntrica e 5 segundos na fase concêntrica na execução do movimento. Sua utilização é mais comum em exercícios monoarticulares e que tenham uma grande amplitude de movimento. A proposta é aumentar o tempo sob tensão da musculatura trabalhada (Schuenke *et al.*, 2012).

Alves *et al.* (2018) compararam o gasto calórico em sessões de treinamento de força utilizando o sistema de treinamento *drop-set*, o *bi-set* e o tradicional (múltiplas séries). Foram avaliados nove indivíduos ativos do sexo masculino (idade: 21,6 ± 5,6 anos; altura: 174,5 ± 3,6 cm; peso: 75,2 ± 3,6 kg). Os participantes realizaram os três protocolos em dias distintos, separados por intervalos de uma semana, a 80% de 1 RM. O sistema *drop-set* e o de múltiplas séries seguiram a mesma ordem dos exercícios, ao passo que o *bi-set* foi realizado com dois exercícios para um mesmo grupo muscular, executados sequencialmente, sem intervalo entre eles. Os resultados demonstraram que o método *drop-set* gerou maior valor no VO_2, na frequência cardíaca, na razão de trocas gasosas e no gasto calórico absoluto (*drop-set* = 5,2 ± 2,3 $kcal/min^{-1}$; *bi-set* = 4,8 ± 2,6 $kcal/min^{-1}$; múltiplas séries = 4,5 ± 2,3 $kcal/min^{-1}$), ao comparar os protocolos.

Kelleher *et al.* (2010) compararam o gasto calórico do sistema *superset* e o tradicional de múltiplas séries. Os autores constataram que o sistema de treinamento *superset* resultou em maior concentração de lactato sérico, em comparação com o tradicional, em virtude do maior trabalho mecânico e da demanda metabólica. Além disso, foi constatado que, quando expresso em tempo, o gasto calórico no sistema *superset* (34,70 ± 2,97 $kcal/min^{-1}$) foi maior, quando comparado ao tradicional (26,28 ± 2,43 $kcal/min^{-1}$). E, com relação ao EPOC, o sistema *superset* também apresentou valores maiores em relação ao de múltiplas séries (tradicional = 59,67 ± 8,37 kJ; *superset* = 79,36 ± 7,49 kJ), evidenciando que o uso do sistema *superset* no treinamento de força parece beneficiar os praticantes que tentam aumentar o gasto calórico e que tenham um tempo disponível limitado para realizar a sessão de treinamento.

Hunter, Seelhors e Snyder (2003) compararam o gasto calórico do sistema de treino *superslow* com o de múltiplas séries em 7 homens treinados (24,3 ± 3,8 anos). Os dois protocolos foram compostos por 10 exercícios, todos realizados com 8 repetições. Porém, o protocolo *superslow* foi realizado apenas com 1 série para cada exercício, duração de 10 segundos na fase concêntrica e de 5 segundos na fase excêntrica, a 25% de 1 RM, ao passo que o protocolo de múltiplas séries foi composto por 2 séries, realizadas a 65% de 1 RM, cadência de 0,9 segundos na fase concêntrica e de 0,8 segundos na fase excêntrica. Os resultados apontaram que o gasto calórico no treinamento de múltiplas séries foi 45% maior do que o *superslow* (155 ± 28 e 107 ± 20 kcal, respectivamente).

Roberson *et al.* (2017) compararam o gasto calórico de três diferentes protocolos de circuitos em 7 homens e em 8 mulheres (20,0 ± 0,9 anos). Os protocolos foram elaborados da seguinte forma: *heavy-load explosive* (cargas elevadas com movimentos explosivos – HLEC), a 80% de 1 RM (concêntrica realizada com máxima velocidade, excêntrica em 2 segundos); *heavy-load controlled* (cargas elevadas com movimentos controlados – HLCC), também com intensidade em 80% de 1 RM (concêntrica em 2 segundos e excêntrica em 2 segundos), e o protocolo *moderate-load explosive* (cargas moderadas com movimentos explosivos – MLEC), com intensidade a 50% de 1 RM, máxima velocidade de execução da fase concêntrica, e a excêntrica com 2 segundos. Não houve diferença significante nos valores do gasto calórico entre os protocolos (HLEC = 52,9 ± 2,3 kcal; HLCC = 54,5 ± 2,4 kcal; MLEC = 54,0 ± 2,0 kcal). Como os valores entre os protocolos não apresentaram diferenças significativas, os autores sugeriram que treinar com intensidade moderada parece ser mais vantajoso, em comparação com treinos em altas intensidades, já que o treino em intensidades moderadas contribui para uma menor percepção subjetiva de esforço, levando a uma maior adesão por aqueles que não gostam do treinamento com alta intensidade.Assim, é indicado para praticantes iniciantes no treinamento de força que desejem reduzir a gordura corporal.

Cesar *et al.* (2013) investigaram o gasto calórico de dois protocolos de treinamento de força com diferentes intensidades em 13 mulheres saudáveis, com experiência mínima de 6 meses em treinamento de força (idade: 23,46 ± 3,38 anos; estatura: 1,66 ± 0,08 cm; massa corporal: 58,49 ± 5,75 kg). O primeiro protocolo de treino foi composto por 8 exercícios, 3 séries, 5 repetições, intervalo de recuperação entre as séries de 3 minutos, com duração da sessão de treino de, aproximadamente, 78 minutos e intensidade a 90% de 1 RM (protocolo de força); o segundo protocolo foi composto por 8 exercícios, 3 séries, 20 repetições, intervalo de recuperação entre as séries de 1 minuto, com duração da sessão de treino de 48 minutos e intensidade a 50% de 1 RM (protocolo de resistência muscular). O gasto calórico relativo (kcal/min^{-1}) a 50% foi mais eficiente (2,8 kcal/min^{-1}) do que a 90% (1,86 kcal/min^{-1}); *já o gasto calórico total após as sessões de treino foi maior* no protocolo realizado a 90% de 1 RM (145,17 ± 21,57 kcal) em comparação ao protocolo de 50% de 1 RM (137,79 ± 55,20 kcal). Os autores apontam que o gasto calórico foi maior no protocolo de resistência muscular, provavelmente, pelo predomínio do sistema anaeróbio aláctico do protocolo de força. Entretanto, o gasto calórico total do treinamento de força foi maior do que o de resistência muscular, o que é explicado pelo maior tempo total da sessão de treinamento a 90% de 1 RM.

Mais recentemente, Brunelli *et al.* (2019) investigaram o gasto calórico em uma sessão de treino de flexão e extensão de joelhos (cadeira flexora) em 3 séries, realizado até a falha concêntrica momentânea, a 30% de 1 RM (baixa intesidade) e a 80% de 1 RM (alta intesidade), em 11 homens (22 ± 3 anos, 71,8 ± 7,7 kg; 1,75 ± 0,06 cm). Houve maior gasto calórico quando o exercício foi realizado a 30% de 1 RM. Os autores sugerem que a quantidade de trabalho realizada durante o protocolo a 30% de 1 RM pode ter promovido uma maior contribuição do sistema anaeróbio láctico, gerando uma maior perturbação metabólica, evidenciada por maiores níveis de lactato, resultando em um aumento do gasto calórico, em comparação ao protocolo de 80% de 1 RM. Os exercícios, quando realizados até a falha concêntrica momentânea em protocolos de baixa intensidade, promovem maior acúmulo e depuração de lactato, e isso pode refletir na maior contribuição do sistema láctico anaeróbio, para aumentar o gasto energético, em comparação a protocolos de alta intensidades. Dessa maneira, o uso de múltiplas séries com baixa carga, realizadas até a falha concêntrica momentânea, parece ser mais benéfica para quem deseja ou precisa perder peso.

O Grupo de Estudos em Treinamento, Atividade Física e Saúde (Getafis), vinculado à Universidade São Judas Tadeu, em trabalho desenvolvido por João *et al.* (2020b), avaliou o gasto calórico em três protocolos agudos de treinamento de força com diferentes intesidades. Foram avaliados 15 homens treinados (22,9 ± 2,61 anos), submetidos a 3 sessões de treinamento compostas por 8 exercícios. Os protocolos de treinamento foram:

- *alta intensidade (HS)*: 6 séries de 5 repetições a 90% de 1 RM;
- *intensidade intermediária (IS)*: 3 séries de 10 repetições a 75% de 1 RM;
- *baixa intensidade (LS)*: 2 séries de 15 repetições a 60% de 1 RM.

Os resultados demostraram baixa correlação entre o peso total levantado na intensidade a 90% de 1 RM, bem como foi verificada a baixa correlação entre o gasto calórico por sessão e carga de treinamento. Essa tendência foi observada com as demais intensidades (60% e 75% de 1 RM). Em contrapartida, o gasto o gasto calórico por série foi significantemente maior com intensidade a 60% de 1 RM, em comparação à intensidade a 90% de 1 RM.

Outro achado do estudo conduzido por João *et al.* (2020b) evidencia que o gasto calórico em cada exercício e em diferentes intensidades, com o volume equalizado foi significantemente maior quando realizado em intensidade vigorosa em todos os exercícios. Em contrapartida, o estudo aponta que os valores do gasto calórico em uma série e no intervalo de recuperação entre as séries foram significantemente menores na intensidade a 90% de 1 RM, em comparação com intensidades a 75% e 60% de 1 RM. Assim, os autores sugerem que o gasto calórico pode ser influenciado não apenas pela intensidade e pelo volume do treinamento, mas também pelo intervalo de recuperação como estratégia para incrementar o gasto calórico no treinamento de força. A Tabela 28.1, a seguir, demonstra os valores em quilocalorias em cada exercício.

Tabela 28.1 – Gasto calórico em uma série de cada exercício em diferentes intensidades no treinamento de força

	90% de 1 RM (kcal)	**75% de 1 RM (kcal)**	**60% de 1 RM (kcal)**	**Delta Δ%**		
				90% × 75%	**90% × 60%**	**75% × 60%**
SR	1,51 ± 0,26	2,00 ± 0,89	2,17 ± 0,77*	32,45	43,71	8,50
PD	1,21 ± 0,36	1,87 ± 1,10*	1,80 ± 0,56*	54,55	48,76	–3,74
AG	1,80 ± 0,74	3,00 ± 2,35	3,90 ± 1,45*	66,67	116,67	30,00
PF	1,31 ± 0,38	2,24 ± 0,91*	2,77 ± 0,59*	70,99	111,45	23,66
RD	1,42 ± 0,60	2,38 ± 1,18*	2,77 ± 0,86*	67,61	95,07	16,39
TR	1,32 ± 0,45	2,33 ± 1,40*	2,43 ± 0,75*	76,52	84,09	4,29
CF	1,42 ± 0,62	2,47 ± 1,59*	3,27 ± 1,36	73,94	130,28	32,39
AB	1,24 ± 0,58	2,42 ± 1,67*	2,07 ± 0,84*	95,16	66,94	–14,46
Média	1,40	2,34	2,65			

Supino reto (**SR**); *peck deck* (**PD**); agachamento (**AG**); *pulley* frente (**PF**); rosca direta (**RD**); tríceps *pulley* (**TR**); cadeira flexora (**CF**); abdominal na máquina (**AB**); gasto calórico por série (**kcal/série**). Intensidade: 90% a 1 RM, 6 séries; 75% a 1 RM, 3 séries; 60% a 1 RM, 2 séries. Valores expressos por média ± desvio-padrão. * $p < 0,05$ *versus* 90% 1 RM.

Podemos observar, também, na Tabela 28.2, a seguir, o gasto calórico durante o intervalo de recuperação entre as séries por exercício em diferentes intensidades no treinamento de força. Não foi encontrada diferença significante na maioria dos exercícios em relação à intensidade. Os resultados indicam que, a 60% de 1 RM, haverá tendência de superioridade no gasto, em comparação a 75% de 1 RM e a 90% de 1 RM.

Tabela 28.2 – Gasto calórico do intervalo de recuperação entre as séries por exercício em diferentes intensidades no treinamento de força

	90% de 1 RM (kcal)	75% de 1 RM (kcal)	60% de 1 RM (kcal)	Delta Δ%		
				90% × 75%	90% × 60%	75% × 60%
SR	8,33 ± 2,58	9,07 ± 2,83	9,87 ± 2,20	8,88	18,49	8,82
PD	8,73 ± 2,91	9,80 ± 1,93	9,13 ± 2,00	12,26	4,58	–6,84
AG	13,47 ± 2,45	16,17 ± 6,55	15,13 ± 4,09	20,04	12,32	–6,43
PF	11,29 ± 1,54	11,37 ± 2,77	13,87 ± 2,29*‡	0,71	22,85	21,99
RD	10,77 ± 1,15	10,73 ± 2,77	13,13 ± 2,97*‡	–0,37	21,91	22,37
TR	10,08 ± 1,22	10,17 ± 2,58	11,60 ± 1,64*‡	0,89	15,08	14,06
CF	9,57 ± 1,60	11,33 ± 2,38*	9,93 ± 3,63‡	18,39	3,76	–12,36
AB	9,20 ± 1,15	11,00 ± 4,10	10,20 ± 3,03	19,57	10,87	–7,27
Média	10,18	11,21	11,61			

Supino reto (**SR**); *peck deck* (**PD**); agachamento (**AG**); *pulley* frente (**PF**); rosca direta (**RD**); tríceps *pulley* (**TR**); cadeira flexora (**CF**); abdominal na máquina (**AB**); gasto calórico no IR por série (**kcal/IR/série**). Valores expressos por média ± desvio-padrão. * p < 0,05 *versus* 90% de 1 RM. ‡ p < 0,05 *versus* 75% de 1 RM.

Ainda, no mesmo estudo, a análise do gasto calórico em relação à quantidade de séries e aos intervalos de recuperação nas três intensidades estudadas, no treinamento de musculação, demostrou que foi superior para 90% de 1 RM quanto maior o volume total, com base no número de séries, pois foram mais séries e maior intervalo, sugerindo que o volume, considerando a duração do treinamento de força, é uma variável relevante no gasto calórico total.

Tabela 28.3 – Gasto calórico do exercício considerando a quantidade de séries e de intervalos de recuperação realizados em cada intensidade no treinamento de força

	90% de 1 RM *6 séries* (kcal)	75% de 1 RM *3 séries* (kcal)	60% de 1 RM *2 séries* (kcal)	Delta Δ%		
				90% × 75%	90% × 60%	75% × 60%
SR	50,73 ± 12,27	24,13 ± 6,55*	14,20 ± 1,37*‡	–52,68	–72,09	–41,01
PD	50,93 ± 13,30	25,20 ± 5,93*	12,73 ± 1,58*‡	–49,99	–74,87	–49,74
AG	78,13 ± 12,06	41,33 ± 17,23*	22,93 ± 2,89*‡	–47,10	–70,65	–44,52
PF	64,33 ± 7,00	29,47 ± 4,91*	19,40 ± 1,55*‡	–54,19	–69,95	–34,41
RD	62,40 ± 8,21	28,60 ± 7,63*	18,67 ± 3,22*‡	–53,64	–70,08	–35,46
TR	58,33 ± 5,89	27,33 ± 6,32*	16,47 ± 2,29*‡	–52,61	–71,44	–39,74
CF	56,40 ± 9,40	30,07 ± 6,41*	16,47 ± 2,07*‡	–46,68	–70,80	–45,23
AB	53,47 ± 6,46	29,27 ± 9,07*	14,33 ± 2,26*‡	–45,26	–73,20	–51,04
Média	59,34	29,43	16,90			

Supino reto (**SR**); *peck deck* (**PD**); agachamento (**AG**); *pulley* frente (**PF**); rosca direta (**RD**); tríceps *pulley* (**TR**); cadeira flexora (**CF**); abdominal na máquina (**AB**); gasto calórico por total [séries + IR entre as séries] (**kcal/total**). Observação: 90% de 1 RM, 6 séries, 5 IR entre as séries; 75% de 1 RM, 3 séries 2 IR entre as séries; 60% de 1 RM, 2 séries, 1 IR entre as séries. Valores expressos por média ± desvio-padrão. * p < 0,05 *versus* 90% de 1 RM. ‡ p < 0,05 *versus* 75% de 1 RM.

Em última análise, ressaltamos que o gasto calórico no estudo de João *et al.* (2020b) foi maior nos exercícios multiarticulares, em comparação com exercícios monoarticulares em todas as intensidades. A Tabela 28.4, a seguir, representa o somatório do gasto calórico de todos os exercícios multi e monoarticulares analisados nas três intensidades. Consigna-se que o treinamento de musculação promoveu maior gasto calórico nos exercícios multiarticulares do que exercícios monoarticulares ao redor de 90%.

Tabela 28.4 – Gasto calórico nos exercícios mono e multiarticulares em diferentes intensidades no treinamento de força

	Multiarticulares (kcal)	Monoarticulares (kcal)	Δ	IC 95%	*t*	df	p
90% de 1 RM	246,80 ± 26,17	227,40 ± 24,54	–7,86	7,33–31,46	3,44	14	0,003
75% de 1 RM	124,13 ± 25,40*	111,80 ± 22,78*	–9,93	3,25–21,41	2,91	14	0,011
60% de 1 RM	70,80 ± 6,28*ǂ	64,40 ± 6,72*ǂ	–9,04	3,95–8,84	5,60	14	0,000

IC: intervalo de confiança. Exercícios *multiarticulares* (supino reto, agachamento, *pulley* frente e abdominal na máquina). Exercícios *monoarticulares* (*peck deck*, rosca direta, tríceps *pulley* e cadeira flexora). Valores expressos por média ± desvio-padrão. * $p < 0,05$ *versus* 90% de 1 RM. ǂ $p < 0,05$ *versus* 75% de 1 RM.

Nesse contexto, as evidências demonstram que a maior intensidade parece não elevar o gasto calórico durante a sessão de treinamento de força, o que sugere que o volume tem maior efeito em gerar gastos calóricos mais elevados do que a intensidade do treinamento de força. Se o objetivo do aluno for melhorar a composição corporal e promover o emagrecimento, treinar com intensidades mais baixas, como mostra o estudo de João *et al.* (2020b), parece ser a melhor estratégia, pois o volume total da sessão de treinamento (números de repetições alcançadas ou séries ou número de exercícios) é maior, em comparação com uma sessão de treinamento feita em intensidades elevadas.

28.2.3 Como quantificar com melhor precisão o gasto calórico durante o treinamento de força

Como já visto neste capítulo, existem diferentes métodos para mensurar o gasto calórico durante o treinamento de força, com destaque para a calorimetria indireta (determinação do consumo de oxigênio – VO_2), que consiste em um método não invasivo que possibilita determinar a taxa de utilização dos substratos energéticos a partir do consumo de oxigênio (VO_2) e da produção de gás carbônico (VCO_2) (Branson, 1990). Esse método exige que um analisador de gases esteja disponível, fato pouco ecológico no dia a dia do profissional de Educação Física dentro de uma academia.

Foi pensando nessa dificuldade encontrada pelos profissionais da área que o Getafis tem desenvolvido pesquisas para determinar o gasto calórico no treinamento de força e em outras atividades, para que possam indiretamente determinar a demanda metabólica, fato realizado por equações de regressão, muito aplicadas no dia a dia dos profissionais.

João *et al.* (2020c) realizaram um estudo que apresenta uma equação que permite estimar o gasto calórico em sessão de treinamento de força em intensidade moderada (60%-75%). A amostra foi composta por 15 indivíduos do sexo masculino (22,9 ± 2,61 anos; 83,60 ± 9,76 kg; 183,07 ± 5,60 cm) com, pelo menos, 12 meses de experiência em treinamento de força, especificamente na musculação. Todos os participantes do estudo realizaram uma sessão de treino composta por 8 exercícios (supino reto, *peck deck*, agachamento, *pulley* costas, rosca direta, tríceps *pulley*, flexora deitada e abdominal *crunch*), 3 séries e 10 RM, 120 segundos de intervalo entre as séries e intensidade a 60%-75% de 1 RM.

Dessa maneira, foi elaborada a construção de uma equação que torna possível realizar o cálculo do gasto calórico de uma sessão de treinamento de força (João *et al.*, 2020c):

EQUAÇÃO I Gasto calórico = $-473{,}595 + [-1{,}2110(X_1)] + 17{,}5723(X_2)$

em que: X_1 = refere-se ao valor do volume total (séries × repetições × exercícios) realizado na sessão de treinamento físico; X_2 = representa a duração da sessão em minutos (tempo).

Essa duração pode variar, mas deve ter valores próximos, pois a relação de volume total de treinamento considera a duração total da sessão.

Para o desenvolvimento da equação, foi utilizado o valor médio entre as intensidades de 60% e 75% de 1 RM, considerando que são as intensidades mais utilizadas pelos praticantes.

O exemplo a seguir auxiliará na construção do entendimento do cálculo do gasto calórico no treinamento de musculação com intensidade moderada. Deve-se considerar a prescrição de uma sessão composta por 8 exercícios, sendo realizadas em 3 séries de 10 RM, e com duração de 50 minutos de treino. O primeiro passo é calcular o X_1 (volume do treinamento).

Passo 1:

EQUAÇÃO I

X_1 = volume de carga (número de exercícios × número de séries × número de repetições)

X_1 = 8 exercícios × 3 séries × 10 repetições

X_1 = 240 repetições

A duração da sessão de treino é identificada sem precisar realizar cálculo algum, então, o segundo passo é colocar as informações (X_1 e X_2) na equação.

X_1 = 240 repetições

X_2 = 50 minutos

EQUAÇÃO I

Gasto calórico = $-473{,}595 + [-1{,}2110(X_1)] + 17{,}5723(X_2)$

Passo 2:

Gasto calórico total = $-473{,}595 + [-1{,}2110(X_1)] + 17{,}5723(X_2)$

Gasto calórico total = $-473{,}595 + [-1{,}2110 \times \mathbf{(240)}] + [17{,}5723 \times \mathbf{(50)}]$

Gasto calórico total = $-473{,}595 + [587{,}975]$

Gasto calórico total = 114,38 kcal

É importante ressaltar que, embora as equações preditoras tenham sido estatisticamente significantes na intensidade de 60%-75% de 1 RM, a capacidade de explicar a variabilidade foi baixa. Desse modo, essa equação de regressão é capaz de responder com 69% de certeza do total da variabilidade do gasto calórico no treinamento de força. Além disso, outro fator limitante, que pode explicar a variabilidade, é o fato de ser impossível medir completamente o gasto calórico no treinamento de força por calorimetria indireta, pois esse método ignora as contribuições do sistema fosfagênio e da via glicolítica.

A equação I, citada anteriormente, foi feita com base na elaboração de uma equação de regressão preditora no gasto calórico nas intensidades entre 60% e 75%:

EQUAÇÃO II $\text{kcal/sessão} = 38{,}8837 - 1{,}5848(X_1) + 0{,}003177(X_2) + 10{,}3467(X_3)$

em que: X_1 = volume total (séries × repetições × exercícios); X_2 = representa o peso total levantado na sessão (kg total); X_3 = representa a duração da sessão em minutos (tempo).

Assim, o exemplo a seguir auxiliará na construção do entendimento do cálculo do gasto calórico no treinamento de musculação pelo uso da equação II. Deve-se considerar que seja prescrita uma sessão de 65 minutos, composta por 9 exercícios, realizados em 3 séries de 10 repetições perto da máxima.

1) Supino reto = 50 kg.
2) Supino inclinado = 30 kg.
3) Desenvolvimento aberto na máquina = 20 kg.
4) Desenvolvimento fechado na máquina = 15 kg.
5) *Leg press* = 150 kg.
6) Cadeira extensora = 60 kg.
7) Cadeira flexora sentada = 40 kg.
8) Cadeira flexora deitada = 50 kg.
9) Gêmeos sentado na máquina = 60 kg.

O primeiro passo é calcular o X_1 (volume do treinamento) e o X_2 (peso total levantado na sessão, ou seja, kg totais), para podermos aplicá-los à fórmula:

Passo 1:

EQUAÇÃO II

X_1 = volume total (séries × repetições × exercícios);

X_1 = 9 exercícios × 3 séries × 10 repetições

X_1 = 270 repetições

X_2 = (carga utilizada nos exercícios, que é a soma de todos os pesos)

X_2 = 475

X_3 = 65 minutos

A duração da sessão de treino já foi identificada sem precisar realizar cálculo algum. Agora, o segundo passo é colocar as informações (X_1, X_2 e X_3) na equação.

Passo 2:

EQUAÇÃO II

kcal/sessão = 38,8837 – 1,5848 (X_1) + 0,003177 (X_2) + 10,3467(X_3)

kcal/sessão = 38,8837 – 1,5848 × **(270)** + 0,003177 × **(475)** + 10,3467 × **(65)**

kcal/sessão = 38,8837 – 427,896 + 1,509075 + 672,5355

kcal/sessão = 285,03 kcal

Em ambas as fórmulas, é necessário considerar algumas premissas. Toda equação preditiva apresenta limitações, portanto, haverá menos limitações no uso da equação quando: a sessão de treinamento for composta de 8 a 10 exercícios, de 10 a 12 repetições e 3 séries (volume total entre 230-260); o tempo total da sessão tiver cerca de 50-60 minutos; a intensidade estiver entre 60% e 75% de 1 RM. A presente estimativa tem entre 61% e 89% de assertividade, fato que permite orientação em programa de treinamento de musculação em intensidade moderada. É preciso considerar que, de todas as variáveis utilizadas na construção da presente fórmula de gasto calórico, o volume de treinamento é fundamental no processo.

28.2.4 Intervalo de recuperação e gasto calórico

Quando se fala em intervalo de recuperação entre as séries, refere-se a uma das variáveis de treino de maior relevância para a elaboração e a prescrição do treinamento de força. Como apresentado na *Seção 4*, os intervalos de recuperação entre as séries têm influência direta na determinação da demanda metabólica da sessão de treinamento de força e da carga total que pode ser manipulada durante o treino, pois promovem efeito significante no volume total de treino (Ahtiainen *et al.*, 2005; Matuszak *et al.*, 2003; Willardson e Burkett, 2005). Assim, à medida que o intervalo de recuperação entre séries diminui, a intensidade relativa do esforço aumenta.

Nesse contexto, poderia o intervalo de recuperação também influenciar o incremento do gasto calórico?

DeGroot *et al.* (1998) investigaram o gasto calórico em dois protocolos de treinamento em circuito com diferentes intervalos de recuperação entre as séries. Uma amostra foi realizada com nove indivíduos do sexo masculino (idade: 63,33 ± 7,45 anos; estatura: 1,75 ± 10,62 cm; massa corporal: 86,74 ± 26,72 kg), que realizaram quatro sessões de treino em intensidades diferentes (40% e 60% de 1 RM) e intervalos de recuperação entre as séries de 30 e 60 segundos. Os participantes realizaram quatro diferentes intervalos: 60%, por 30 segundos; 60%, por 60 segundos; 40%, por 30 segundos; 40%, por 60 segundos. Os resultados apontaram que o treinamento em circuito com menor intervalo (30 segundos) gerou maior gasto calórico (60%, por 30 segundos = 3,81 ± 0,47 kcal/min^{-1}; 60%, por 60 segundos = 3,48 ± 0,43 kcal/min^{-1}; 40%, por 30 segundos = 3,76 ± 0,78 kcal/min; 40%, por 60 segundos = 2,98 ± 0,62 kcal/min^{-1}), sugerindo, dessa maneira, que cargas elevadas associadas ao descanso reduzido parecem gerar estímulo capaz de causar maior estresse metabólico, ocasionando maior gasto calórico.

Haltom *et al.* (1999) verificaram o gasto calórico em dois protocolos de treinamento de força com diferentes intervalos de recuperação. Sete homens saudáveis (idade: 26,9 ± 1,4 anos; estatura: 180,4 ± 2,8 cm; peso corporal: 85,4 ± 3,0 kg) realizaram as sessões de treinamento em um circuito de 2 passagens, compostas por 8 exercícios, realizados em 20 repetições a 75% de 1 RM e intervalos de 20 e 60 segundos. A sessão de treinamento com intervalo de recuperação de 20 segundos gerou maior gasto calórico do que o protocolo com 60 segundos de intervalo de recuperação (8,5 kcal/min^{-1} *versus* 6,7 kcal/min^{-1}).

Em outro estudo, Ratamess *et al.* (2007) investigaram o gasto calórico no supino reto com intervalos de 30 segundos, 1, 2, 3 e 5 minutos de recuperação. A amostra foi composta por 8 homens (idade: 21,4 ± 2,4 anos; estatura: 178,9 ± 7,7 cm; peso corporal: 92,8 ± 25,9 kg) experientes em treinamento de força (6,6 ± 3,3 anos), que foram randomizados em 10 protocolos: 5 séries, 10 repetições, 75% a 85% de 1 RM e intervalos diferentes e 5 repetições (30 segundos, 1, 2, 3 e 5 minutos, respectivamente). A maior redução no desempenho ocorreu com menores intervalo de recuperação (abaixo de 1 minuto), sendo o desempenho mantido durante as primeiras séries (terceira e quarta) quando o intervalo de recuperação foi de 3 e 5 minutos. Os autores concluíram que o gasto calórico por minuto em todos os intervalos foi maior nos protocolos de 10 repetições, em comparação com os protocolos de 5 repetições (6,0 ± 1,3 kcal/min^{-1} *versus* 5,7 ± 1,2 kcal/min^{-1}), e o gasto calórico total ao final dos protocolos de 10 repetições (65,1 ± 13,7 kcal) também foi maior, em comparação com os protocolos de 5 repetições (56,5 ± 11,5 kcal).

Aniceto *et al.* (2013) compararam o gasto calórico de dois protocolos de treinamento de força: o treino em circuito com intervalos de recuperação de 20 segundos entre as estações, com o tradicional de múltiplas séries e 60 segundos de intervalo de recuperação. Em ambos os protocolos, o trabalho total foi padronizado: 60% de 1 RM, 24 séries/estações, 10 repetições, velocidade de execução com 1 segundo na fase excêntrica e 1 segundo na fase concêntrica. A amostra foi composta por 10 homens treinados (idade: 21,30 ± 3,33 anos; massa corporal: 80,46 ± 6,84 kg; estatura: 176,55 ± 5,11 cm). Ao final do estudo, os autores verificaram que não houve diferença significativa no gasto calórico total entre os protocolos (tradicional: 720,08 ± 89,43 kJ; circuito: 740,93 ± 96,63 kJ).

Nesse contexto, ao analisar os resultados dos estudos citados, podemos observar que a manipulação do intervalo de recuperação entre as séries pode influenciar a intensidade, a carga total de treinamento e, consequentemente, o gasto calórico durante as sessões do treinamento de força.

28.2.5 A influência da ordem dos exercícios e o número de articulações sobre o gasto calórico

Na *Seção 4*, foi apresentado que a escolha na ordem dos exercícios em um programa de treinamento de musculação é uma variável importante na prescrição. Diferentes estudos apontam que a escolha errada dos exercícios pode afetar significativamente a *performance* muscular na sessão de treinamento. Diante disso, o ACSM (2009) recomenda que os exercícios multiarticulares sejam realizados antes dos monoarticulares.

Em geral, os exercícios monoarticulares são utilizados quando o objetivo é "isolar" grupos musculares específicos, apresentando menor risco de lesões. Os exercícios multiarticulares têm maiores demandas neurais, hormonais e metabólicas, em razão da maior quantidade de sobrecarga muscular envolvida (Bird, Tarpenning e Marino, 2005; Prestes *et al.*, 2010).

Em estudo recente, João *et al.* (2020b) verificaram a influência do número de articulações envolvidas no movimento sobre o gasto calórico no treinamento de força em diferentes intensidades. Os participantes do estudo realizaram dois protocolos de treinamento de força: o protocolo multiarticular (supino reto, agachamento, *pulley* frente e abdominal na máquina) e o monoarticular (*peck deck*, rosca direta, *pulley* tríceps e cadeira flexora), em intensidades correspondentes a 90%, 75% e 60% de 1 RM. À intensidade de 60% de 1 RM, foram realizadas 2 séries de 15 repetições; à intensidade de 75% de 1 RM, foram realizadas 3 séries de 10 repetições; e à intensidade de 90% de 1 RM, foram realizadas 6 séries de 5 repetições. Em todos os protocolos, foi adotado o intervalo de recuperação de 120 segundos entre as séries. Ao final do estudo, os autores observaram incrementos significativos no gasto calórico na sessão multiarticular em comparação com a sessão monoarticular nas três intensidades: a 90% de 1 RM multiarticular 246,80 ± 26,17 kcal *versus* monoarticular 227,40 ± 24,54 kcal; a 75% de 1 RM multiarticular 124,13 ± 25,40 kcal *versus* monoarticular 111,80 ± 22,78 kcal; a 60% de 1 RM multiarticular 70,80 ± 6,28 kcal *versus* monoarticular 64,40 ± 6,72 kcal.

Mas será que a ordem dos exercícios e o número de articulações envolvidas também podem influenciar o gasto calórico de uma sessão de treino?

Farinatti, Simão e Monteiro (2009) investigaram o efeito da ordem dos exercícios de força no gasto calórico em 10 mulheres treinadas (idade: 22 ± 2 anos; peso corporal: 64 ± 11 kg; estatura: 166 ± 7 cm). Foram realizados dois protocolos: no primeiro, os multiarticulares e, depois, os monoarticulares; no segundo protocolo, os monoarticulares e, depois, os multiarticulares. Os exercícios foram supino reto, desenvolvimento de ombros e *pulley* tríceps. Em ambos os protocolos, foram realizadas 3 séries de cada exercício, intervalo de 3 minutos de recuperação entre as séries e 10 repetições. Os autores verificaram que a ordem dos exercícios não influenciou o gasto calórico total nos protocolos (protocolo 1 = 128,30 ± 38,23; protocolo 2 = 125,31 ± 20,58 kcal).

Em outro estudo, Farinatti e Castinheiras Neto (2011) verificaram a influência de diferentes grupos musculares no gasto calórico. A amostra foi composta por 10 homens (idade: 26 ± 3 anos; estatura: 179 ± 6 cm; peso corporal: 78 ± 7 kg), que foram randomizados e realizaram 5 séries, 10 repetições em dois exercícios (*leg press* e supino reto) e intervalos de recuperação de 1 e 3 minutos entre as séries. O gasto calórico foi significantemente influenciado pela massa muscular envolvida dos exercícios, em 1 e 3 minutos de intervalo, respectivamente (*leg press*: 88-91 kcal; supino reto: 50-54 kcal).

Ratamess *et al.* (2014) investigaram se a ordem de execução dos exercícios agachamento livre e supino reto pode influenciar o gasto calórico. A amostra foi composta por 17 indivíduos do sexo masculino (idade: 21,6 ± 2,3; peso corporal: 82,7 ± 16,5; estatura: 176,9 ± 6,9), que foram randomizados e divididos em dois grupos: o *Momento 1* executou o agachamento livre e, depois, o supino reto; e o *Momento 2* executou o supino reto e, posteriormente, o agachamento livre. Em cada momento, 3 protocolos de treinamento com 5 séries, 10 repetições de cada exercício, a 75% de 1 RM e intervalos de recuperação com 1, 2 e 3 minutos de duração entre as séries. O maior gasto calórico (kcal/min) foi no exercício agachamento, em relação ao supino. Já o menor tempo de recuperação entre as séries promoveu um gasto maior. Porém, a ordem de execução entre os dois exercícios não demonstrou afetar no gasto calórico.

Tabela 28.5 – Gasto calórico dos exercícios agachamento e supino nos diferentes intervalos de recuperação

Exercício	Intervalo de 1 minuto	Intervalo de 2 minutos	Intervalo de 3 minutos
Agachamento	8,3 kcal/min	7,1 kcal/min	6,0 kcal/min
Supino	6,5 kcal/min	6,0 kcal/min	5,6 kcal/min

Dessa forma, uma estratégia interessante é adicionar exercícios multiarticulares à prescrição de treinamento. Contudo, é importante ressaltar que o nível de treinamento de seu aluno é um fator determinante, e, para indivíduos iniciantes em treinamento de força, o ACSM recomenda a prescrição de exercícios monoarticulares e, preferencialmente, em máquinas.

Nesse contexto, conforme o aluno/cliente adquirir mais experiência, exercícios multiarticulares, como agachamento, supino reto, levantamento terra, remadas, puxadas altas, entre outros, são estratégias que poderão contribuir para o incremento no gasto calórico no programa de treinamento de musculação.

Considerações finais

No presente capítulo, analisou-se a possibilidade de uma melhor compreensão do gasto calórico no treinamento de força, especificamente na musculação, considerando a relevância em programas de emagrecimento.

O gasto calórico de uma sessão de treinamento de força parece estar mais fortemente relacionada às váriaveis de volume do que pela intensidade, observando o sistema de treinamento utilizado, o intervalo de recuperação, o número de articulações envolvidas, de séries, de exercícios e de repetições.

Dessa forma, uma eficiente manipulação dessas váriaveis permitirá mais segurança e mais efetividade nos objetivos esperados, o que poderá ser um fator determinante para garantir a aderência dos clientes.

Referências

ACHTEN, J.; JEUKENDRUP, A. E. Optimizing fat oxidation through exercise and diet. *Nutrition*, v. 20, n. 7-8, p. 716-27, 2004.

ALMEIDA, A. P.V. *et al.* Consumo de oxigênio de recuperação em resposta a duas sessões de treinamento de força com diferentes intensidades. *Rev. Bras. Med. Esporte*, v. 17, n. 2, p. 132-6, 2011.

ARAÚJO, D. S. M. S.; ARAÚJO, C. G. S. Aptidão física, saúde e qualidade de vida relacionada à saúde em adultos. *Rev. Bras. Med. Esporte*, v. 6, n. 5, set./out. 2000.

ARGUS, C. K. *et al.* Assessing the variation in the load that produces maximal upper-body power. *J. Strength Cond. Res.*, v. 28, n. 1, p. 240-4, 2014.

ALCARAZ, P. E. *et al.* Similarity in adaptations to high-resistance circuit vs. traditional strength training in resistance-trained men. *J. Strength Cond. Res.*, v. 25, n. 9, p. 2519-27, 2011.

AMERICAN COLLEGE OF SPORTS MEDICINE (ACSM). *ACSM's guidelines for exercise testing and prescription.* Philadelphia: Lippincott Williams & Wilkins, 2000.

AMERICAN COLLEGE OF SPORTS MEDICINE (ACSM). Progression models in resistance training for healthy adults. *Med. Sci. Sport Exerc.*, v. 41, n. 3, p. 687-708, 2009.

AHTIAINEN, J. P. *et al.* Short vs. long rest period between the sets in hypertrophic resistance training: Influence on muscle strength, size, and hormonal adaptations in trained men. *J. Strength Cond. Res.*, v. 19, n. 3, p. 572-82, 2005.

ALVES, R. C. *et al.* Comparação do gasto energético em diferentes métodos do treinamento de força. *Conscientiae Saúde*, v. 17, n. 3, p. 293-301, 2018.

ANICETO, R. R. *et al.* Efeitos agudos de diferentes métodos de treinamento com pesos sobre o gasto calórico em homens treinados. *Rev. Bras. Med. Esporte*, v. 19, n. 3, p. 181-5, 2013.

AINSLIE, P.; REILLY, T.; WESTERTERP, K. Estimating human energy expenditure: a review of techniques with particular reference to doubly labelled water. *Sports Med.*, v. 33, n. 9, p. 683-98, 2003.

BATISTA, G. J.; BARBOSA, M. T. D. S. Efeitos de 10 semanas do treinamento com pesos sobre indicadores da composição corporal em indivíduos do gênero masculino. *Movimentum*: Revista Digital de Educação Física, Ipatinga, MG, v. 1, ago./dez. 2006.

BALLOR, D. L.; BECQUE, M. D.; KATCH, V. L. Energy output during hydraulic resistance circuit exercise for males and females. *J. Appl. Sport Sci. Res.*, v. 3, p. 7-12, 1989.

BALLOR, D. L. *et al.* Contrasting effects of resistance and aerobic training on body composition and metabolism after diet-induced weight loss. *Metabolism*, v. 45, n. 2, p. 179-83, 1996.

BENETTI, M.; SANTOS, R. T.; CARVALHO, T. Cinética de lactato em diferentes intensidades de exercícios e concentrações de oxigênio. *Rev. Bras. Med. Esporte*, v. 6, n. 2, p. 50-6, 2000.

BRAUN, W. A.; HAWTHORNE, W. E.; MARKOFSKI, M. M. Acute EPOC response in women to circuit training and treadmill exercise of matched oxygen consumption. *Eur. J. Appl. Physiol.*, v. 94, n. 5-6, p. 500-4, 2005.

BRANSON, R. D. The measurement of energy expenditure: instrumentation, practical considerations and clinical application. *Respir. Care*, v. 35, p. 640-59, 1990.

BRUNELLI, D. T. *et al.* Acute low- compared to high-load resistance training to failure results in greater energy expenditure during exercise in healthy young men. *PLoS One*, v. 14, n. 11, 2019.

BLAZEVICH, A. J. *et al.* Influence of concentric and eccentric resistance training on architectural adaptation in human quadriceps muscles. *J. Appl. Physiol.*, v. 103, n. 5, p. 1565-75, 2007.

BIRD, S. P.; TARPENNING, K. M.; MARINO, F. E. Designing resistance training programmes to enhance muscular fitness: a review of the acute programme variables. *Sports Med.*, v. 35, n. 10, p. 841-51, 2005.

BURGOMASTER, K. A.; HEIGENHAUSER, G. J. F.; GIBALA, M. J. Effect of short-term sprint interval training on human skeletal muscle carbohydrate metabolism during exercise and time-trial performance. *J. Appl. Physiol.*, v. 100, n. 6, p. 2041-7, 2006.

CAMPOS, G. E. R. *et al.* Muscular adaptations in response to three different resistance-training regimens: specificity of repetition maximum training zones. *Eur. J. Appl. Physiol.*, v. 88, n. 1-2, p. 50-60, 2002.

CHANCE, B. *et al.* Skeletal muscle energetics with PNMR: personal views and historic perspectives. *NMR Biomed.*, v. 19, p. 904-26, 2006.

CROWTHER, G. J. *et al.* Control of glycolysis in contracting skeletal muscle. I. Turning it on. *Am. J. Physiol. Endocrinol. Metab.*, v. 282, n. 1, p. E67-73, 2002.

CESAR, M. C. *et al.* Comparação do gasto calórico de mulheres jovens durante o treinamento de força máxima e resistência muscular localizada. *Motricidade*, v. 9, n. 1, p. 50-6, 2013.

DEGROOT, D. W. *et al.* Circuit weight training in cardiac patients: Determining optimal workloads for safety and energy expenditure. *J. Cardiopulm. Rehabil.*, v. 18, n. 2, p. 145-52, 1998.

EKKEKAKIS, P.; HALL, E. E.; PETRUZZELLO, S. J. Variation and homogeneity in affective responses to physical activity of varying intensities: an alternative perspective on dose-response based on evolutionary considerations. *J. Sports Sci.*, v. 23, n. 5, p. 477-500, maio 2005.

EVANGELISTA, A. L. *et al.* Rotina de treinamento distribuída ou de corpo inteiro: qual a melhor estratégia para aumentar força e hipertrofia muscular? *Einstein* (São Paulo), v. 19, p. 1-8, 2021.

FARINATTI, P.T.V.; SIMÃO, R.; MONTEIRO, W. D. Influence of exercise order on oxygen uptake during strength training in young women. *J. Strength Cond. Res.*, v. 23, n. 3, p. 1037-44, 2009.

FARINATTI, P.T.V.; CASTINHEIRAS NETO, A. G. The effect of between-set rest intervals on the oxygen uptake during and after resistance exercise sessions performed with large- and small-muscle mass. *J. Strength Cond. Res.*, v. 25, n. 11, p. 3181-90, 2011.

FOUREAUX, G.; KELERSON, M. C. P.; DÂMASO, A. Efeito do consumo excessivo de oxigênio após exercício e da taxa metabólica de repouso no gasto calórico. *Rev. Bras. Med. Esporte*, v. 12, n. 6, nov./dez. 2006.

FOSCHINI, D.; PRESTES, J. Acute hormonal and immune responses after a bi-set strength training. *Fit. Perform. J.* (Online Edition), v. 6, n. 1, 2007.

GARBER, C. E. *et al.* American College of Sports Medicine position stand. Quantity and quality of exercise for developing and maintaining cardiorespiratory, musculoskeletal, and neuromotor fitness in apparently healthy adults: guidance for prescribing exercise. *Med. Sci. Sports Exerc.*, v. 43, n. 7, p. 1334-59, 2011.

GASTIN, P. B. Energy system interaction and relative contribution during maximal exercise. *Sports Med.*, v. 31, n. 10, p. 725-41, 2001.

GASTIN, P. B. Quantification of anaerobic capacity. *Scand. J. Med. Sci. Sports.*, v. 4, p. 91-112, 1994.

GRASSI, B.; Delayed metabolic activation of oxidative phosphorylation in skeletal muscle at exercise onset. *Med. Sci. Sports Exerc.*, v. 37, n. 9, p. 1567-73, 2005.

GONZALEZ-HERNÁNDEZ, J. M. *et al.* Mechanical, metabolic, and perceptual acute responses to different set configurations in full squat. *J. Strength Cond. Res.*, v. 34, n. 6, p. 1581-90, 2020.

HALTOM, R. W. *et al.* Circuit weight training and its effects on excess postexercise oxygen consumption. *Med. Sci. Sports Exerc.*, v. 31, n. 11, p. 1613-8, 1999.

HEDEN, T. *et al.* One-set resistance training elevates energy expenditure for 72 h similar to three sets. *Eur. J. Appl. Physiol.*, v. 111, n. 3, p. 477-84, 2011.

HUNTER, G. R. *et al.* Exercise training and energy expenditure following weight loss. *Med. Sci. Sports Exerc.*, v. 47, n. 9, p. 1950-7, 2015.

HUNTER, G. R.; SEELHORST, D.; SNYDER, S. Comparison of metabolic and heart rate responses to super slow vs. traditional. *J. Strength Cond. Res.*, v. 17, n. 1, p. 76-81, 2003.

HUG, F. *et al.* Metabolic recovery in professional road cyclists: a 31 P-MRS study. *Med. Sci. Sports Exerc.*, v. 37, n. 5, p. 846-52, 2005.

JOÃO, G. A. *et al.* Can intensity in strength training change caloric expenditure? Systematic review and meta-analysis. *Clin. Physiol. Funct. Imaging*, v. 40, n. 2, p. 55-66, 2020a.

JOÃO, G. A. *et al.* Does the number of joints involved in exercise promote changes in energy expenditure? *Rev. Bras. Med. Esporte*, v. 26, n. 5, p. 425-30, 2020b.

JOÃO, G. A. *et al.* Energy expenditure estimation of a moderate-intensity strength training session. *Cogent Medicine*, v. 7, n. 1, 2020c.

JUEL, C. *et al.* Effect of high-intensity intermittent training on lactate and H^+ release from human skeletal muscle. *Am. J. Physiol. Endocrinol. Metab.*, v. 286, n. 2, p. E245-51, 2004.

KAPLAN, R. S. Structure and function of mitochondrial anion transport proteins. *J. Membr. Biol.*, v. 179, n. 3, p. 165-83, 2001.

KRIEGER, J. W. Single vs. multiple sets of resistance exercise for muscle hypertrophy: a meta-analysis. *J. Strength Cond. Res.*, v. 24, n. 4, p. 1150-9, 2010.

KELLEHER, A. R. *et al.* The metabolic costs of reciprocal supersets vs. traditional resistance exercise in young recreationally active adults. *J. Strength Cond. Res.*, v. 24, n. 4, p. 1043-51, 2010.

KENT-BRAUN, J. A. *et al.* Human skeletal muscle responses vary with age and gender during fatigue due to incremental isometric exercise. *J. Appl. Physiol.*, v. 93, n. 5, p. 1813-23, 2002.

LEBLANC, P. J. *et al.* Effects of aerobic training on pyruvate dehydrogenase and pyruvate dehydrogenase kinase in human skeletal muscle. *J. Physiol.*, v. 557, p. 559-70, 2004.

LIZ, C. M. D.; ANDRADE, A. Análise qualitativa dos motivos de adesão e desistência da musculação em academias. *Rev. Bras. Ciênc. Esporte*, v. 38, n. 3, 267-74, 2016.

MATUSZAK, M. E. *et al.* Effect of rest interval length on repeated 1 repetition maximum back squats. *J. Strength Cond. Res.*, v. 17, n. 4, p. 634-7, 2003.

MEIRELLES, C. D. M.; GOMES, P. S. C. Efeitos agudos da atividade contra resistência sobre o gasto energético: revisitando o impacto das principais variáveis. *Rev. Bras. Med. Esporte*, v. 10, n. 2, p. 122-30, 2004.

MELO, C. C. *et al.* Fatores que influenciam a evasão de clientes em uma academia: estudo de caso. *Rev. Bras. Psicol. Esporte*, v. 7, n. 2, p. 57-69, 2017.

MOOKERJEE, S.; WELIKONICH, M. J.; RATAMESS, N. A. Comparison of energy expenditure during single-set vs. multiple-set resistance exercise. *J. Strength Cond. Res.*, v. 30, n. 5, p. 1447-52, 2016.

MORTON, R. W. *et al.* Muscle fibre activation is unaffected by load and repetition duration when resistance exercise is performed to task failure. *J. Physiol.*, v. 597, n. 17, p. 4601-13, 2019.

MORGAN, B.; WOODRUFF, S. J.; TIIDUS, P. M. Aerobic energy expenditure during recreational weight training in females and males. *J. Sports Sci. Med.*, v. 2, n. 3, p. 117-22, 2003.

NUÑEZ, T. P. *et al.* Metabolic effects of two high-intensity circuit training protocols: does sequence matter? *J. Exerc. Sci. Fit.*, v. 18, n. 1, p. 14-20, 2020.

ORTEGO, A. R. *et al.* Effects of gender on physiological responses to strenuous circuit resistance exercise and recovery. *J. Strength Cond. Res.*, v. 23, n. 3, p. 932-8, 2009.

PARRA, J. *et al.* The distribution of rest periods affects performance and adaptations of energy metabolism induced by high-intensity training in human muscle. *Acta Physiol. Scand.*, v. 169, p. 157-65, 2000.

PETERSON, M. D.; RHEA, M. R.; ALVAR, B. A. Applications of the dose-response for muscular strength development: a review of metaanalytic efficacy and reliability for designing training prescription. *J. Strength Cond. Res.*, v. 19, n. 4, p. 950-8, 2005.

PHILLIPS, W. T.; ZIURAITIS, J. R. Energy cost of single-set resistance training in older adults. *J. Strength Cond. Res.*, v. 18, n. 3, p. 606-9, 2004.

PRAMPERO, P. E.; FERRETTI, G. The energetic of anaerobic muscle metabolism: a reappraisal of older and more recent concepts. *Respir. Physiol.*, v. 118, p. 103-115, 1999.

PRESTES, J. *et al. Prescrição e periodização do treinamento de força em academias.* São Paulo: Manole, 2010.

RATAMESS, N. A. *et al.* Acute oxygen uptake and resistance exercise performance using different rest interval lengths: The influence of maximal aerobic capacity and exercise sequence. *J. Strength Cond. Res.*, v. 28, n. 7, p. 1875-88, 2014.

RATAMESS, N. A. *et al.* Progression models in resistance training for healthy adults. *Med. Sci. Sports Exerc.*, v. 41, n. 3, p. 687-708, 2009.

RATAMESS, N. A. *et al.* The effect of rest interval length on metabolic responses to the bench press exercise. *Eur. J. Appl. Physiol.*, v. 100, n. 1, p. 1-17, 2007.

REIS, V. M. *et al.* Energy cost of resistance exercises: an update. *J. Hum. Kinet.*, v. 29A, p. 33-9, 2011.

REIS FILHO, A. D. R.; VIEIRA JÚNIOR, R. C.; VOLTARELLI, F. A. Exercício físico, proteína desacopladora-3 e termogênese. *Revista Brasileira de Prescrição e Fisiologia do Exercício*, v. 7, n. 38, 2013.

RICHARDS, J. C. *et al.* Short-term sprint interval training increases insulin sensitivity in healthy adults but does not affect the thermogenic response to β-adrenergic stimulation. *J. Physiol.*, v. 588, n. 15, p. 2961-72, 2010.

ROBERSON, K. B. *et al.* Loads and movement speed affect energy expenditure during circuit resistance exercise. *Appl. Physiol. Nutr. Metab.*, v. 42, n. 6, p. 637-46, 2017.

ROBERGS, R. A; GHIASVAND, F.; PARKER, D. Biochemistry of exercise-induced metabolic acidosis. *Am. J. Physiol. Regul. Integr. Comp. Physiol.*, v. 287, p. R502-16, 2004.

ROBBINS, D.W. *et al.* Physical performance and electromyographic responses to an acute bout of paired set strength training versus traditional strength training. *J. Strength Cond. Res.*, v. 24, n. 5, p. 1237-45, 2010.

SALLES, B. F.; SIMÃO, R. Bases científicas dos métodos e sistemas de treinamento de força. *Revista Uniandrade*, v. 15, n. 2, p. 127-33, 2014.

SANTOS, C. A. R. Custo energético em musculação: estudo da precisão da sua estimativa pela relação consumo de oxigênio / intensidade nos exercícios de extensão de pernas (leg extension), supino inclinado (inclined bench press), extensão de pernas na prensa (leg press) e flexão de antebraços (scott biceps curl). 2013. 104 f. Tese (Doutorado em Ciências do Desporto) – Universidade de Trás-os-Montes e Alto Douro, Vila Real, 2013.

SCALA, D. *et al.* Metabolic cost of a preparatory phase of training in weight lifting: a practical observation. *J. Appl. Sport Sci. Res.*, v. 1, p. 48-52, 1987.

SCOTT, C. B. *How to maximize the caloric costs of exercise*: a relatively short story. New York: Archway Publishing, 2017.

SCOTT, C. B.; CROTEAU, A.; RAVLO, T. Energy expenditure before, during, and after the bench press. *J. Strength Cond. Res.*, v. 23, p. 611-8, 2009.

SCOTT, C. B. *et al.* Aerobic, anaerobic, and excess postexercise oxigen consumption energy expenditure of muscular endurance and strength: 1-set of bench press to muscular fatigue. *J. Strength Cond. Res.*, v. 25, n. 4, p. 903-8, 2011.

SCOTT, C. B. *et al.* Differences in oxygen uptake but equivalent energy expenditure between a brief bout of cycling and running. *Nutr. Metabol.*, v. 3, n. 1, p. 1743-707, 2006.

SCHUENKE, M. D. *et al.* Early-phase muscular adaptations in response to slow-speed versus traditional resistance-training regimens. *Eur. J. Appl. Physiol.*, v. 112, n. 10, p. 3585-95, 2012.

SHAW, I.; SHAW, B. S. Consequence of resistance training on body composition and coronary artery disease risk. *Cardiovasc. J. South Afr.*, v. 17, n. 3, p. 111-6, 2006.

SKELLY, L. E. *et al.* High-intensity interval exercise induces 24-h energy expenditure similar to traditional endurance exercise despite reduced time commitment. *Appl. Physiol. Nutr. Metab.*, v. 39, n. 7, p. 845-8, 2014.

STAMATAKIS, E. *et al.* Sitting time, physical activity, and risk of mortality in adults. *J. Am. Coll. Cardiol.*, v. 73, n. 16, 2019.

STEC, M. J.; RAWSON, E. S. Estimation of resistance exercise energy expenditure using triaxial accelerometry. *J. Strength Cond. Res.*, v. 26, n. 5, p. 1413-22, 2012.

SWORD, D. O. Exercise as a management strategy for the overweight and obese: where does resistance exercise fit in? *Strength Cond. J.*, v. 34, n. 5, p. 47-55, 2012.

SWAIN, D. P. Energy cost calculations for exercise prescription. *Sports Med.*, v. 30, n. 1, p. 17-22, 2000.

TARTARUGA, M. P. *et al.* Treinamento de força para idosos: uma perspectiva de trabalho multidisciplinar. *EFDeportes*: Revista Digital, ano 10, n. 82, 2005.

TIBANA, R.A.; PRESTES, J. Treinamento de força e síndrome metabólica: uma revisão sistemática. *Rev. Bras. Cardiol.* v. 26, n. 1, p. 66-76, 2013.

VEZINA, J. W. *et al.* An examination of the differences between two methods of estimating energy expenditure in resistance training activities. *J. Strength Cond. Res.*, v. 28, n. 4, p. 1026-31, 2014.

VOLP, A. C. P. *et al.* Energy expenditure: components and evaluation methods. *Nutr. Hosp.*, v. 26, n. 3, p. 430-40, 2011.

WILLARDSON, J. M.; BURKETT, L. N. A comparison of 3 different rest intervals on the exercise volume completed during a workout. *J. Strength Cond. Res.*, v. 19, n. 1, p. 23-6, 2005.

WILMORE, J. H. *et al.* Energy cost of circuit weight training. *Med. Sci. Sports Exerc.*, v. 10, n. 2, p. 75-8, 1978.

WILLIAMS, C. B. *et al.* Changes in mechanisms proposed to mediate fat loss following an acute bout of high-intensity interval and endurance exercise. *Appl. Physiol. Nutr. Metab.*, v. 38, n. 12, p. 1236-44, 2013.

WHYTE, L. J.; GILL, J. M. R.; CATHCART, A. J. Effect of 2 weeks of sprint interval training on health-related outcomes in sedentary overweight/obese men. *Metabolism*, v. 59, n. 10, p. 1421-8, 2010.

WHYTE, L. J. *et al.* Effects of single bout of very high-intensity exercise on metabolic health biomarkers in overweight/obese sedentary men. *Metabolism*, v. 62, n. 2, p. 212-9, 2013.

ZOŁADŹ, J. A.; KORZENIEWSKI, B. Physiological background of the change point in VO2 and the slow component of oxygen uptake kinetics. *J. Physiol. Pharmacol.*, v. 52, n. 2, p. 167-84, 2001.

Bibliografia consultada

ASTRUP, A. *et al.* Meta-analysis of resting metabolic rate in formerly obese subject. *Am. J. Clin. Nutr.*, v. 69, n. 6, p. 1117-22, 1999.

BAHR, R. *et al.* Effect of duration of exercise on excess postexercise O2 consumption. *J. Appl. Physiol.*, v. 62, n. 2, p. 485-90, 1987.

BENITO, P. J. *et al.* Cardiovascular fitness and energy expenditure response during a combined aerobic and circuit weight training protocol. *PloS One*, v. 11, n. 11, p. e0164349, 2016.

HICKSON, R. C. Interference of strength development by simultaneously training for strength and endurance. *Eur. J. Appl. Physiol. Occup. Physiol.*, v. 45, n. 2-3, p. 255-63, 1980.

KRAEMER, W. J. *et al.* Changes in muscle hypertrophy in women with periodized resistance training. *Med. Sci. Sports Exerc.*, p. 697-708. 2003.

LARSON, G. D.; POTTEIGER, J. A. A comparison of three different rest intervals between multiple squat bouts. *J. Strength Cond. Res.*, v. 11, p. 115-8, 1997.

LEVERITT, M. *et al.* Concurrent strength and endurance training: a review. *Sports Med.*, v. 28, n. 6, p. 413-27, 1999.

MCARDLE, W. D.; KATCH, F. I.; KATCH V. L. *Fisiologia do exercício*: energia: nutrição e desempenho humano. 6. ed. Rio de Janeiro: Guanabara Koogan, 2008.

PANISSA, V. L. G. *et al.* Exercício concorrente: análise do efeito agudo da ordem de execução sobre o gasto calórico total. *Rev. Bras. Med. Esporte*, v. 15, n. 2, p. 127-31, 2009.

PESCATELLO, L. S. *et al.* Position Stand: Exercise and hypertension. *Med. Sci. Sports Exerc.*, v. 36, n. 3, p. 533-53, 2004.

PICKERING, T. G. *et al.* Recommendations for blood pressure measurement in humans and experimental animals: part 1: Blood pressure measurement in humans: a statement for professionals from the subcommittee of professional and public education of the American Heart Association council on high blood pressure research. *Circulation*, v. 111, n. 5, p. 142-61, 2005.

SCOTT, C. B.; KEMP, R. B. Direct and indirect calorimetry of lactate oxidation: implications for whole-body energy expenditure. *J. Sports Sci.*, v. 23, n. 1, p. 15-9, 2005.

THORNTON, K.; POTTEIGER, J. A. Effects of resistance exercise bouts of different intensities but equal work on EPOC. *Med. Sci. Sports Exerc.*, v. 34, n. 4, p. 715-22, 2002.

SOBRE OS ORGANIZADORES

Mario Augusto Charro

Graduado em Educação Física pela Universidade Santo Amaro (Unisa). Pós-graduado em Musculação e Condicionamento Físico pela FMU. Mestre em Biotecnologia pela Universidade de Mogi das Cruzes (UMC). Professor nos cursos de graduação em Educação Física na FMU e na USCS. Coordenador nos cursos de pós-graduação em Educação Física nas FMU, USCS, UNIFAE e Estácio de Sá. Conselheiro do Conselho Regional de Educação Física da 4ª Região – Estado de São Paulo (CREF4/SP).

Aylton Figueira Junior

Graduado em Educação Física - FEC do ABC. Pós-graduado em Fisiologia e Bioquímica do Exercício – Instituto de Medicina Esportiva - CUBA. Mestre e Doutor em Adaptação Humana, Atividade Física e Saúde – UNICAMP. Docente do Programa de Mestrado e Doutorado – Universidade São Judas Tadeu. Docente do Instituto Israelita de Ensino e Pesquisa Albert Einstein – Pós-Graduação. Docente do Curso de Educação Física da Universidade Nove de Julho – UNINOVE. Coordenador do Grupo de Estudos em Promoção de Saúde e Atividade Física, vinculado ao Laboratório de Fisiologia Translacional. Coordenador do Cursos de Pós-Graduação Lato Sensu em Treinamento Esportivo da FMU. Assessor Ad Hoc da Fundação de Amparo a Pesquisa do Estado de São Paulo – FAPESP. Membro da Comissão de Avaliação de Curso Superior – Secretaria de Educação do Estado de São Paulo.

Gustavo Allegretti João

Licenciatura plena em Educação Física pelas Faculdades Metropolitanas Unidas (FMU). Mestre e doutorando em Biodinâmica do Movimento e Desempenho Humano pela Universidade São Judas Tadeu (USJT). Professor das disciplinas de Musculação, Fisiologia do Exercício e Processos Biológicos na FMU. Professor de cursos de pós-graduação das seguintes instituições: Estácio da Sá, FMU, Hospital Israelita Albert Einstein, Universidade Municipal de São Caetano do Sul (USCS), Centro Universitário das Faculdades Associadas de Ensino (UNIFAE) e Centro Universitário Maurício de Nassau (Uninassau). Membro do grupo de estudos do Laboratório de Pesquisa de Fisiologia Translacional. Ex-atleta de musculação, com vários títulos conquistados durante a trajetória competitiva.

Sobre o Livro
Formato: 21 x 28 cm
Mancha: 15,6 x 22,8 cm
Papel: Offset 90g
nº páginas: 712
2ª edição: 2022

Equipe de Realização
Assistência editorial
Liris Tribuzzi

Edição de texto
Gerson Silva (Supervisão de revisão)
Balão Editorial (Preparação do original, copidesque e revisão)

Capítulo *Gasto calórico em programa de treinamento de força aplicado à musculação*, segunda edição
Roberta Heringer de Souza Villar (Preparação do original e copidesque)
Fernanda Fonseca (Revisão)

Editoração eletrônica
Évelin Kovaliauskas Custódia (Capa e projeto gráfico)
Douglas Docelino e Ricardo Howards (Ilustrações)
Balão Editorial (Diagramação)

Impressão
BMF Gráfica e Editora